आर. गुप्ता® कृत

पॉपुलर मास्टर गाइड

BPSC

बिहार लोक सेवा आयोग

माध्यमिक विद्यालय अध्यापक

कक्षा 9–10

भर्ती परीक्षा

विषय

हिन्दी

RPH संपादक मंडल

द्वारा संपादित

2026 EDITION

रमेश पब्लिशिंग हाउस, नई दिल्ली

प्रकाशक

ओ॰पी॰ गुप्ता, **रमेश पब्लिशिंग हाउस**

प्रशासनिक कार्यालय

12-H, न्यू दरियागंज रोड, ऑफिसर्स मेस के सामने,
नई दिल्ली-110002 ✆ 23275224, 23245124

E-mail: info@rameshpublishinghouse.com
For Online Shopping: www.rameshpublishinghouse.com

विक्रय केन्द्र

• बालाजी मार्किट, नई सड़क, दिल्ली-6 ✆ 23253720, 23282525
• 4457, नई सड़क, दिल्ली-6, ✆ 23918938

Book Code: R-2526

ISBN: 978-93-5477-563-5

मूल्य: ₹ 440

मुद्रक: दीपक ऑफसैट, दिल्ली

अनुक्रमणिका

भाषा

संबंधित विषय

सामान्य अध्ययन

Written Examination

For Secondary School Teacher (Class 9-10)

Part	Subjects	No. of Questions	Total Marks	Duration
Part-I : Language (Qualifying)	English and Hindi/Urdu/Bangla	30	30	2.30 hours
Part-II : General Studies	Primary Maths, General Awareness, General Science, Indian National Movement and Geography	40	40	
Part-III : Concerned Subject	Hindi	80	80	
	Total	**150**	**150**	

बिहार लोक सेवा आयोग (BPSC)

माध्यमिक विद्यालय हिन्दी अध्यापक

भर्ती परीक्षा, 2024

(Exam held on 21-07-2024)

PART-I

ENGLISH LANGUAGE

Directions (Qs. No. 1 to 5): *Read the passage given below and answer the questions that follow:*

Amitabh Bachchan, popularly known as big B, was born in Allahabad, Uttar Pradesh on 11 October 1942. He is an iconic actor whose career in Indian Cinema has spanned four decades. His father H.R. Bachchan was a well-known Hindi poet. (Bachchan is actually his father's pen name but has now become the family surname) Amitabh attended boys' High School in Allahabad, followed by Sherwood College in Nainital and earned a degree in science from Delhi university. His first film was 'Saat Hindustani' (1969). He became well-known as a movie star in 1973 after the success of 'Abhimaan' and 'Zanjeer' which was followed by his box office successes such as 'Sholay' 'Amar Akbar Anthony', 'Trishul', 'Don' and 'Deewar'. He often played the role of an angry young man fighting a corrupt establishment, a theme that had tremendous appeal in India at that time.

1. Which city is the birth place of Amitabh in India?
A. Bombay
B. Delhi
C. Bangalore
D. More than one of the above
E. None of the above

2. How long has Amitabh Bachchan dominated Indian Cinema?
A. Three decades
B. Four decades
C. Two decades
D. More than one of the above
E. None of the above

3. From which university did Amitabh earn his degree in science?
A. Aligarh Muslim University
B. Banaras Hindu University
C. Punjab University
D. More than one of the above
E. None of the above

4. When did Amitabh got recognition as a movie star in India?
A. 1966
B. 1969
C. 1973
D. More than one of the above
E. None of the above

5. Which film of the following is Amitabh's first film?
A. 'Zanjeer'
B. 'Abhiman'
C. 'Saat Hindustani'
D. More than one of the above
E. None of the above

Directions (Qs. No. 6 and 7): *Fill in the blanks with suitable articles like 'a' 'an' 'the' :*

6. The shadow of moon fills on ______ Earth.
A. an
B. a
C. the
D. More than one of the above
E. None of the above

1. E	2. B	3. E	4. C	5. C	6. C

7. I have always wanted to study abroad, not only for ______ degree but also for the experience.

A. an
B. a
C. the
D. More than one of the above
E. None of the above

8. First May 2024 is Wednesday, what day of the week would be 9th of May?

A. Friday
B. Thursday
C. Monday
D. More than one of the above
E. None of the above

हिन्दी भाषा

निर्देश (प्र.सं. 9 से 14 तक): *निम्नलिखित गद्यांश को पढ़कर पूछे गए प्रश्नों का उत्तर दीजिए:*

पंडित राम प्रसाद बिस्मिल उन महान क्रांतिकारियों में से एक थे, जिन्होंने अपने कार्यों से अंग्रेजी हुकूमत को हिला दिया था। जब राम प्रसाद आर्य समाज के संपर्क में आए, इनके जीवन में क्रांति आ गई, इनमें बुराइयों का सामना करने का साहस जाग उठा। उन दिनों स्वतंत्रता आंदोलन जोर पर था। राम प्रसाद को पता चला कि क्रांतिकारी युवक देश में सजग हैं तथा देश की स्वतंत्रता के लिए मर मिटने को तैयार हैं। बिस्मिल क्रांतिकारी संगठन के सदस्य बन गए। इन्होंने एक पुस्तक भी लिखी– 'अमरीका को स्वतंत्रता कैसे मिली?' इनकी 'स्वदेश-रंग' नामक पुस्तक बहुत प्रसिद्ध है। आंदोलन में धन की कमी एक बहुत बड़ी समस्या थी। धन जुटाने के लिए इन्होंने किसी दीन-हीन को नहीं सताया, बल्कि अंग्रेजों का सरकारी खजाना लूटने की योजना बनाई। इन्होंने 9 अगस्त, 1925 को काकोरी स्टेशन पर धन लूटकर स्वाधीनता संग्राम में लगा दिया। इसके लिए इनपर मुकदमा चलाया गया। इन्हें फाँसी की सजा दी गई। पंडित बिस्मिल ने 26-27 वर्ष की आयु में वह कार्य कर दिखाया, जो लंबी आयु जीने वाले भी नहीं कर पाते। ये एक कवि भी थे, इनकी ये पंक्तियाँ समय-समय पर हमें प्रेरणा देती हैं:

'सरफरोशी की तमन्ना अब हमारे दिल में है।
देखना है जोर कितना बाजू ए-कातिल में है।।'

9. 'राम प्रसाद के जीवन में परिवर्तन कब आया?

A. क्रांतिकारियों के संपर्क में आने पर
B. जब अमरीका को स्वतंत्रता मिली
C. जब वे आर्य समाज के संपर्क में आए
D. उपर्युक्त में से एक से अधिक
E. उपर्युक्त में से कोई नहीं

10. बिस्मिल ने धन की समस्या कैसे हल की?

A. सरकारी खजाना लूटकर
B. चंदा इकट्ठा करके
C. गरीबों को लूटकर
D. उपर्युक्त में से एक से अधिक
E. उपर्युक्त में से कोई नहीं

11. बिस्मिल महान क्रांतिकारी क्यों कहलाए?

A. क्योंकि उन्हें फाँसी की सजा दी गई।
B. क्योंकि उन्होंने पुस्तकें लिखीं।
C. क्योंकि उन्होंने अपने कार्यों से अंग्रेजी हुकूमत को हिला दिया।
D. उपर्युक्त में से एक से अधिक
E. उपर्युक्त में से कोई नहीं

12. 'सजग' में मूल शब्द है:

A. सज
B. जग
C. ग
D. उपर्युक्त में से एक से अधिक
E. उपर्युक्त में से कोई नहीं

13. 'स्वतंत्रता' शब्द का विलोम है:

A. गणतंत्रता
B. लोकतंत्रता
C. प्रजातंत्रता
D. उपर्युक्त में से एक से अधिक
E. उपर्युक्त में से कोई नहीं

14. 'लंबी आयु जीने वाला' वाक्यांश के लिए एक शब्द है:

A. लंबायु
B. दीर्घायु
C. अल्पायु
D. उपर्युक्त में से एक से अधिक
E. उपर्युक्त में से कोई नहीं

निर्देश (प्र.सं. 15 से 18 तक): *निम्नलिखित गद्यांश को पढ़कर पूछे गए प्रश्नों का उत्तर दीजिए:*

मनुष्य का जीवन संसार के छोटे-बड़े प्राणियों और पदार्थों में श्रेष्ठ माना गया है। वह इसलिए कि मनुष्य बड़ा बुद्धिमान और कल्पनाशील प्राणी है। अपने विचारों के बल पर ही वह जो चाहे कर सकता है और बहुत ऊँचा उठ सकता है। परंतु विचार सच्चे, सादे और पवित्र होने

7. B	8. B	9. C	10. A	11. C	12. B	13. E	14. B

के साथ-साथ मनुष्य के व्यावहारिक जीवन से संबंध रखने वाले होने चाहिए। इन्हीं बातों को आधार बनाकर 'सादा जीवन, उच्च विचार' को मानव-जीवन की सफलता की सीढ़ी माना गया है। सादगी मनुष्य के पहनावे से नहीं, बल्कि उसके प्रत्येक हाव-भाव, विचार तथा जीवन के ढंग से टपकनी चाहिए। यही वास्तविक सादगी है, जो विचारों को भी उच्च बनाकर सब प्रकार की उन्नति और विकास का कारण बनती है। संसार का इतिहास इस बात का गवाह है कि आरंभ से ही सादगी पसंद व्यक्ति ही जनता को उच्च विचार देकर उन्नति और विकास की राह प्रशस्त करते आ रहे हैं। महात्मा बुद्ध, संत कबीर, गुरू नानक, महात्मा गाँधी, डॉ. राधाकृष्णन, विनोबा भावे आदि इस तथ्य के प्रत्यक्ष प्रमाण हैं।

15. मनुष्य का जीवन श्रेष्ठ क्यों माना जाता है?
- A. क्योंकि वह सफल है
- B. क्योंकि वह बुद्धिमान और कल्पनाशील है
- C. क्योंकि वह परिश्रमी और कठोर है।
- D. उपर्युक्त में से एक से अधिक
- E. उपर्युक्त में से कोई नहीं

16. उन्नति करने के लिए मनुष्य के विचार कैसे होने चाहिए?
- A. झूठे, ऊँचे और अपवित्र
- B. बेबुनियाद
- C. मोह-माया से युक्त
- D. उपर्युक्त में से एक से अधिक
- E. उपर्युक्त में से कोई नहीं

17. वास्तविक सादगी क्या है?
- A. वैचारिक और व्यावहारिक
- B. मनुष्य का पहनावा
- C. मनुष्य का दिखावा
- D. उपर्युक्त में से एक से अधिक
- E. उपर्युक्त में से कोई नहीं

18. 'उन्नति' शब्द का उचित विलोम शब्द है:
- A. प्रोन्नति
- B. पदोन्नति
- C. अवनति
- D. उपर्युक्त में से एक से अधिक
- E. उपर्युक्त में से कोई नहीं

19. 'महान है जो आत्मा' का समास है:
- A. कर्मधारय समास
- B. अव्ययीभाव समास
- C. तत्पुरुष समास
- D. उपर्युक्त में से एक से अधिक
- E. उपर्युक्त में से कोई नहीं

20. 'प्रत्येक' शब्द का सही वर्ण-विच्छेद है:
- A. प् + र् + आ + त् + अ + य् + ए + क्
- B. प् + र् + अ् + त् + अ + य् + ए + क् + अ
- C. प् + र् + अ + त् + य् + ए + क् + अ
- D. उपर्युक्त में से एक से अधिक
- E. उपर्युक्त में से कोई नहीं

21. निम्नलिखित में से वृद्धि संधि का उदाहरण है:
- A. पित्रादेश
- B. गिरीश
- C. महौजस्वी
- D. उपर्युक्त में से एक से अधिक
- E. उपर्युक्त में से कोई नहीं

22. निम्नलिखित में से शुद्ध वर्तनी है:
- A. अद्वितिय
- B. अद्वितीय
- C. अद्वित्तीय
- D. उपर्युक्त में से एक से अधिक
- E. उपर्युक्त में से कोई नहीं

23. निम्नलिखित में से जातिवाचक संज्ञा है:
- A. बहन
- B. मंत्री
- C. जुलाहा
- D. उपर्युक्त में से एक से अधिक
- E. उपर्युक्त में से कोई नहीं

24. 'चंद्रमा' का पर्यायवाची है:
- A. राकेश
- B. सारंग
- C. आदित्य
- D. उपर्युक्त में से एक से अधिक
- E. उपर्युक्त में से कोई नहीं

25. 'स्थिर' का विलोम शब्द है:
- A. चंचल
- B. अस्थिर
- C. निर्विकार
- D. उपर्युक्त में से एक से अधिक
- E. उपर्युक्त में से कोई नहीं

26. 'मैं एक लीटर दूध पीता हूँ'– में विशेषण शब्द है:
- A. मैं
- B. एक लीटर
- C. दूध
- D. उपर्युक्त में से एक से अधिक
- E. उपर्युक्त में से कोई नहीं

15. B	**16.** E	**17.** A	**18.** C	**19.** A	**20.** C
21. C	**22.** B	**23.** D	**24.** D	**25.** D	**26.** B

27. 'कृष्णार्पण' शब्द में कौन-सा समास है?

A. अव्ययीभाव
B. कर्मधारय
C. बहुब्रीहि
D. उपर्युक्त में से एक से अधिक
E. उपर्युक्त में से कोई नहीं

28. निम्नलिखित वाक्यांश के लिए एक शब्द बताइएः
'कम बोलने वाला'

A. मितभाषी
B. वाचाल
C. मिष्टभाषी
D. उपर्युक्त में से एक से अधिक
E. उपर्युक्त में से कोई नहीं

29. 'उदासीन हो जाने' के लिए सही मुहावरा हैः

A. आँखें चुराना
B. आँखों में गड़ना
C. आँखें फेर लेना
D. उपर्युक्त में से एक से अधिक
E. उपर्युक्त में से कोई नहीं

30. 'निरपराध' में उपसर्ग हैः

A. नि
B. निर्
C. निस्
D. उपर्युक्त में से एक से अधिक
E. उपर्युक्त में से कोई नहीं

PART-II

सामान्य अध्ययन

31. एक खिलाड़ी किसी वृत्ताकार पथ के 7 पूरे चक्कर लगाकर 2200 मीटर की दौड़ पूरी करता है। वृत्ताकार पथ की त्रिज्या हैः ($\pi = 22/7$)

A. 42 मीटर
B. 45 मीटर
C. 50 मीटर
D. उपर्युक्त में से एक से अधिक
E. उपर्युक्त में से कोई नहीं

32. यदि किसी बेलनाकार टैंक की धारिता 1848 मी.^{3} और उसके आधार का व्यास 14 मी. हो, तो टैंक की गहराई होगीः ($\pi = 22/7$)

A. 8 मीटर
B. 12 मीटर
C. 16 मीटर
D. उपर्युक्त में से एक से अधिक
E. उपर्युक्त में से कोई नहीं

33. यदि किसी संख्या का आठवाँ भाग 30 है, तो उस संख्या का 62% कितना होगा?

A. 181.3
B. 178.24
C. 148.8
D. उपर्युक्त में से एक से अधिक
E. उपर्युक्त में से कोई नहीं

34. एक अधिकारी का वेतन 25% बढ़ा दिया जाता है। नये वेतन को कितने प्रतिशत घटा दिया जाए कि वह पुराने वेतन पर आ जाए?

A. 25
B. 22.5
C. 20
D. उपर्युक्त में से एक से अधिक
E. उपर्युक्त में से कोई नहीं

35. $\left(-\frac{2}{3}\right)^{-3}$ को किस संख्या से विभाजित किया जाए कि भागफल $\left(\frac{4}{9}\right)^{-2}$ हो?

A. $\frac{2}{3}$
B. $-\frac{2}{3}$
C. $-\frac{3}{2}$
D. उपर्युक्त में से एक से अधिक
E. उपर्युक्त में से कोई नहीं

36. यदि $x + \frac{1}{x} = 5$, तो $x^4 + \frac{1}{x^4}$ का क्या मान है?

A. 525
B. 527
C. 529
D. उपर्युक्त में से एक से अधिक
E. उपर्युक्त में से कोई नहीं

37. एक थैले में ₹ 5, ₹ 2 तथा ₹ 1 के सिक्के 2 : 3 : 4 के अनुपात में हैं। सभी सिक्कों का कुल मूल्य ₹ 2,000 है। थैले में ₹ 2 के कितने सिक्के हैं?

A. 200
B. 250
C. 400
D. उपर्युक्त में से एक से अधिक
E. उपर्युक्त में से कोई नहीं

27. B	28. A	29. C	30. B	31. C	32. B	33. C	34. C	35. B	36. B	37. E

38. एक समबहुभुज का अन्तःकोण उसके बहिष्कोण से 108° अधिक है। इस बहुभुज में कितनी भुजायें हैं?

A: 10 B. 9
C. 8 D. उपर्युक्त में से एक से अधिक
E. उपर्युक्त में से कोई नहीं

39. जिंक आक्साइड का साधारण रूप से किसके उत्पादन में उपयोग होता है।

A. पेन्ट B. विस्फोटकों
C. घोलकों D. उपर्युक्त में से एक से अधिक
E. उपर्युक्त में से कोई नहीं

40. लेन्ज के नियम की व्युत्पत्ति के लिए निम्न में किसके संरक्षण नियम का उपयोग होता है?

A. चुम्बकत्व B. संवेग
C. आवेश D. उपर्युक्त में से एक से अधिक
E. उपर्युक्त में से कोई नहीं

41. मानव शरीर के यकृत एवं माँसपेशियों में संधारित ग्लाइकोजेन का रूप होता है:

A. मोनोसैकाराइड B. पॉलीसैकाराइड
C. प्रोटीन D. उपर्युक्त में से एक से अधिक
E. उपर्युक्त में से कोई नहीं

42. रक्त में त्रुटिपूर्ण हेमोग्लोबिन निम्न में किसमें दिखता है?

A. रक्तगुल्म B. दात्र कोशिका अरक्तता
C. हेमोफीलिया D. उपर्युक्त में से एक से अधिक
E. उपर्युक्त में से कोई नहीं

43. निम्न में किस प्रकार की दवाई उत्पादन में इथाइल अल्कोहल का उपयोग किया जा सकता है?

A. एन्टी सेप्टिक B. एन्टी पाइरेटिक
C. एन्टी-एलर्जिक D. उपर्युक्त में से एक से अधिक
E. उपर्युक्त में से कोई नहीं

44. 15°C ताप एवं 380 mm दाब पर ध्वनि वेग 340 मी.से.$^{-1}$ है। यदि ताप को अपरिवर्तित रखते हुए दाब को दो गुना कर दिया जाए तब ध्वनि वेग का मान होगा।

A. 680 मी.से.$^{-1}$ B. 170 मी.से.$^{-1}$
C. 190 मी.से.$^{-1}$ D. 340 मी.से.$^{-1}$
E. उपर्युक्त में से कोई नहीं

45. यदि एक जीवाण्विक कोशिका प्रत्येक 15 मिनट में विभक्त होती है तब 2 घंटे में कितने जीवाण्विक निर्मित होंगे?

A. 8 B. 16
C. 64 D. 256
E. उपर्युक्त में से कोई नहीं

46. पौधों एवं पशु कोशिकाओं में अंतर निम्न में किस संरचना से स्पष्ट होता है?

A. एंजाइम B. नाभिक
C. कोशिका भित्ति D. उपर्युक्त में से एक से अधिक
E. उपर्युक्त में से कोई नहीं

47. फोर्ब्स का हालिया रिपोर्ट के अनुसार दुनिया की सबसे मजबूत मुद्रा कौन-सी है?

A. ओमानी रियाल B. कुवैती दीनार
C. बहरीन दीनार D. उपर्युक्त में से एक से अधिक
E. उपर्युक्त में से कोई नहीं

48. पी.एम. नरेन्द्र मोदी ने 8 अमृत परियोजनाओं की शुरूआत महाराष्ट्र के किस शहर से की?

A. कोल्लम B. बड़ौदा
C. सोलापुर D. उपर्युक्त में से एक से अधिक
E. उपर्युक्त में से कोई नहीं

49. IIT मद्रास ने ई-मोबिलिटी सिमुलेशन लैब लान्च करने के लिए किसके साथ करार किया है?

A. अल्टेयर B. स्टारलिंक
C. फार्बर स्पेशलिटी लैब D. उपर्युक्त में से एक से अधिक
E. उपर्युक्त में से कोई नहीं

50. अकादमी पुरस्कार 2024 (ऑस्कर्स) में सर्वश्रेष्ठ अभिनेता का पुरस्कार किसने जीता?

A. डवेन जॉनसन B. सिलियन मर्फी
C. टामक्रूज D. उपर्युक्त में से एक से अधिक
E. उपर्युक्त में से कोई नहीं

51. किसे हाल ही में वर्ष 2023 के लिए ICC महिला T20i क्रिकेटर ऑफ द ईयर चुना गया?

A. स्मृति मंधाना (भारत) B. नेट साइवर-ब्रंट (इंग्लैण्ड)
C. हेले मैथ्यूज (वेस्टइंडीज) D. उपर्युक्त में से एक से अधिक
E. उपर्युक्त में से कोई नहीं

52. मुम्बई में सम्पन्न मिस वर्ल्ड 2024 का ताज किसके सिर पर सजा?

A. मिस चेक क्रिस्टीना पिसकोवा
B. मिस इंडिया सिनी सेट्टी
C. मिस लेबनान यास्मीना जेयटाउन
D. उपर्युक्त में से एक से अधिक
E. उपर्युक्त में से कोई नहीं

38. A	**39.** A	**40.** E	**41.** B	**42.** B	**43.** A	**44.** D	**45.** D
46. C	**47.** B	**48.** C	**49.** A	**50.** B	**51.** C	**52.** A	

53. IPEF द्वारा क्लीन एनर्जी इन्वेस्टर फोरम का आयोजन किस देश में किया जायेगा?

A. फ्रांस में
B. सिंगापुर में
C. स्पेन में
D. उपर्युक्त में से एक से अधिक
E. उपर्युक्त में से कोई नहीं

54. भारत ने विदेशी सिटवे बंदरगाह को संचालित करने का अधिकार हासिल किया है, यह किस देश में है?

A. श्रीलंका में
B. बांग्लादेश में
C. म्यांमार में
D. उपर्युक्त में से एक से अधिक
E. उपर्युक्त में से कोई नहीं

55. गंगा डेल्टा के सदाबहार वन क्षेत्र को क्या कहते है?

A. सुन्दरवन
B. सुन्दरगढ़
C. सुरेन्द्रनगर
D. उपर्युक्त में से एक से अधिक
E. उपर्युक्त में से कोई नहीं

56. बिहार की कौन-सी नदी अपना मार्ग परिवर्तित करने के लिए जानी जाती है?

A. गण्डक
B. कोसी
C. पुनपुन
D. उपर्युक्त में से एक से अधिक
E. उपर्युक्त में से कोई नहीं

57. वृक्ष की जड़ों को मृदा से पानी कैसे मिलता है?

A. बँधा जल
B. आर्द्रता जल
C. केशिका जल
D. उपर्युक्त में से एक से अधिक
E. उपर्युक्त में से कोई नहीं

58. विषुवृत्तीय व्यास ध्रुवीय व्यास से कितना अधिक है?

A. 36 किमी.
B. 43 किमी.
C. 49 किमी.
D. उपर्युक्त में से एक से अधिक
E. उपर्युक्त में से कोई नहीं

59. किस रेखांश पर भारतीय मानक समय अपनाया जाता है?

A. 82.5° पूर्व
B. 78.5° पूर्व
C. 87.5° पूर्व
D. उपर्युक्त में से एक से अधिक
E. उपर्युक्त में से कोई नहीं

60. भारत में 'हरित क्रांति' का श्रेय किसे जाता है?

A. डॉ. वी. कुरियन
B. डॉ. एम.एस. स्वामीनाथन
C. श्री सुन्दरलाल बहुगुणा
D. उपर्युक्त में से एक से अधिक
E. उपर्युक्त में से कोई नहीं

61. भारत की सबसे ऊँची पर्वत श्रेणी हैं:

A. एवरेस्ट
B. कंचनजंगा
C. के-2
D. उपर्युक्त में से एक से अधिक
E. उपर्युक्त में से कोई नहीं

62. भारतीय उपमहाद्वीप पूर्व में मूलतः एक भाग था:

A. गोण्डवाना लैण्ड का
B. टेथिस का
C. पैंजिया का
D. उपर्युक्त में से एक से अधिक
E. उपर्युक्त में से कोई नहीं

63. बिहार में 1857 की क्रांति को किसने नेतृत्व दिया था।

A. तात्या टोपे
B. कुंवर सिंह
C. नाना साहेब
D. उपर्युक्त में से एक से अधिक
E. उपर्युक्त में से कोई नहीं

64. राष्ट्रवाद की आध्यात्मिक दिशा किस के द्वारा लोकप्रिय बनाया गया?

A. राजा राममोहन राय
B. स्वामी श्रद्धानन्द
C. स्वामी विवेकानन्द
D. उपर्युक्त में से एक से अधिक
E. उपर्युक्त में से कोई नहीं

65. भारत के स्वतंत्रता आंदोलन के दौरान गहन राष्ट्रवादी विचारों को किस समाचार-पत्र के द्वारा प्रचारित किया जाता था?

A. पायनियर
B. अमृत बाजार पत्रिका
C. स्टेट्समैन
D. उपर्युक्त में से एक से अधिक
E. उपर्युक्त में से कोई नहीं

66. 1918 में अहमदाबाद के मिल-मालिकों और मजदूरों के मध्य विवाद में किसने हस्तक्षेप किया था?

A. वल्लभभाई पटेल
B. महात्मा गाँधी
C. जमशेदजी टाटा
D. उपर्युक्त में से एक से अधिक
E. उपर्युक्त में से कोई नहीं

67. बिहार के किस वाम-पंथी नेता ने बिहार प्रांतीय किसान सभा को लोकप्रिय बनाया था, नाम बताईये:

A. कार्यानन्द शर्मा
B. वधवा राम
C. पी.सी. जोशी
D. उपर्युक्त में से एक से अधिक
E. उपर्युक्त में से कोई नहीं

68. मुद्दीमन कमेटी को किसकी कार्य प्रणाली पर रिपोर्ट देने के लिए नियुक्त किया गया था?

A. द्वैत-प्रणाली
B. साम्प्रदायिक प्रतिनिधित्व
C. संघवाद
D. उपर्युक्त में से एक से अधिक
E. उपर्युक्त में से कोई नहीं

53. B	**54.** C	**55.** A	**56.** B	**57.** C	**58.** B	**59.** A	**60.** B
61. C	**62.** *	**63.** B	**64.** C	**65.** B	**66.** B	**67.** A	**68.** A

69. ''भारत में वह महान एकता कर्त्ता था जिसने केवल दूसरों को सहिष्णु ही नहीं बनाया अपितु उनको अपने मित्रों और साथियों में आपसी जिम्मेदारी के साथ भी स्वीकार्य करवाया था'' यह किसने कहा?

A. सुभाष चंद्र बोस
B. बालगंगाधर तिलक
C. राजेन्द्र प्रसाद
D. उपर्युक्त में से एक से अधिक
E. उपर्युक्त में से कोई नहीं

70. देश के बाहर स्वतंत्र भारत की अस्थाई सरकार को संगठित करने में कौन आगे बढ़ा?

A. राजा महेन्द्र प्रताप
B. रास बिहारी बोस
C. सुभाष चंद्र बोस
D. उपर्युक्त में से एक से अधिक
E. उपर्युक्त में से कोई नहीं

PART-III

संबंधित विषय : हिन्दी

71. हिंदी साहित्य के इतिहास को कितने कालों में बाँटा गया है?

A. तीन
B. चार
C. पाँच
D. उपर्युक्त में से एक से अधिक
E. उपर्युक्त में से कोई नहीं

72. कबीर दास का जन्म कब हुआ था?

A. 1398 ई.
B. 1410 ई.
C. 1427 ई.
D. उपर्युक्त में से एक से अधिक
E. उपर्युक्त में से कोई नहीं

73. विद्यापती की भाषा क्या थी?

A. अवधी
B. खड़ी बोली
C. मैथिली
D. उपर्युक्त में से एक से अधिक
E. उपर्युक्त में से कोई नहीं

74. ''मैया मैं नहिं माखन खाय्यो।
ख्याल परै पे सखा सबै मिलि, मेरे मुख लपटायौ।''
—किसकी पंक्तियाँ हैं?

A. कृष्णदास
B. नंददास
C. सूरदास
D. उपर्युक्त में से एक से अधिक
E. उपर्युक्त में से कोई नहीं

75. तुलसीदास श्रीरामचरितमानस में कितने कांड है?

A. पाँच
B. सात
C. आठ
D. उपर्युक्त में से एक से अधिक
E. उपर्युक्त में से कोई नहीं

76. रीति काल के कवि नहीं है:

A. बिहारी
B. जायसी
C. घनानंद
D. उपर्युक्त में से एक से अधिक
E. उपर्युक्त में से कोई नहीं

77. आधुनिक काल का प्रारंभ किस सन् से माना गया है?

A. 1850 ई.
B. 1870 ई.
C. 1900 ई.
D. उपर्युक्त में से एक से अधिक
E. उपर्युक्त में से कोई नहीं

78. 'द्विवेदी युग' का नामकरण किसके नाम पर हुआ है?

A. आचार्य हजारी प्रसाद द्विवेदी
B. आचार्य महावीर प्रसाद द्विवेदी
C. आचार्य रामेश्वर द्विवेदी
D. उपर्युक्त में से एक से अधिक
E. उपर्युक्त में से कोई नहीं

79. किस कवि को राष्ट्रकवि से संबोधित किया जाता है?

A. जय शंकर प्रसाद
B. राम नरेश त्रिपाठी
C. मैथिली शरण गुप्त
D. उपर्युक्त में से एक से अधिक
E. उपर्युक्त में से कोई नहीं

80. सुभद्रा कुमारी चौहान किस रस की कवयित्री हैं?

A. भक्ति रस
B. वात्सल्य रस
C. वीर रस
D. उपर्युक्त में से एक से अधिक
E. उपर्युक्त में से कोई नहीं

81. ''दुनियाँ कैसी बाउरी, पत्थर पूजन जाए।
घर की चकिया कोउ न पूजे, जिसका पीसा खाए।।''
—किस कवि की पंक्तियाँ हैं?

A. रहीम दास
B. कबीर दास
C. सुंदर दास
D. उपर्युक्त में से एक से अधिक
E. उपर्युक्त में से कोई नहीं

82. 'गोदान' किसका लिखा उपन्यास है?

A. प्रेमचंद
B. कमलेश्वर
C. जैनेंद्र
D. उपर्युक्त में से एक से अधिक
E. उपर्युक्त में से कोई नहीं

69. E	**70.** B	**71.** B	**72.** A	**73.** C	**74.** C	**75.** B
76. B	**77.** A	**78.** B	**79.** C	**80.** C	**81.** B	**82.** A

83. 'शतरंज के खिलाड़ी' किस विधा की रचना है?

A. महाकाव्य B. उपन्यास

C. खंडकाव्य D. उपर्युक्त में से एक से अधिक

E. उपर्युक्त में से कोई नहीं

84. 'पुष्प की अभिलाषा' किसकी कविता है?

A. राम नरेश त्रिपाठी B. माखन लाल चतुर्वेदी

C. बालकृष्ण शर्मा 'नवीन' D. उपर्युक्त में से एक से अधिक

E. उपर्युक्त में से कोई नहीं

85. निम्नलिखित में से उपन्यास कृति का चयन कीजिए:

A. कर्मभूमि B. गोदान

C. उसने कहा था D. उपर्युक्त में से एक से अधिक

E. उपर्युक्त में से कोई नहीं

निर्देश (प्र.सं. 86 से 90 तक): *प्रस्तुत अपठित गद्यांश को ध्यानपूर्वक पढ़िए और पूछे गए प्रश्नों के सही विकल्प चुनकर उत्तर-पत्रक में चिह्नित कीजिए।*

मनुष्य विधाता की सृष्टि का सर्वाधिक चिंतनशील प्राणी है। उसकी प्रगति के लिए प्रकृति परिवेश सदा मुस्कराता रहता है। प्रातः कालीन सूर्य की स्वर्णिम किरणें जागरण गीत सुनाती हैं। वाटिका के पुष्प उनका पथ सुरभित करते हैं। वैश्वीकरण में दशों दिशाओं में मानव-मार्ग प्रशस्त हो गया है।

86. 'मनुष्य विधाता की सृष्टि का सर्वाधिक चिंतनशील प्राणी है।' में किसकी चर्चा की गई है?

A. विधाता की B. विधाता की सृष्टि की

C. मनुष्य की D. उपर्युक्त में से एक से अधिक

E. उपर्युक्त में से कोई नहीं

87. प्रकृति परिवेश किसके लिए मुस्कराता है?

A. मनुष्य के लिए B. सृष्टि के लिए

C. विधाता के लिए D. उपर्युक्त में से एक से अधिक

E. उपर्युक्त में से कोई नहीं

88. जागरण गीत कौन गा रहा है?

A. सूर्य B. किरणें

C. प्रातः काल D. उपर्युक्त में से एक से अधिक

E. उपर्युक्त में से कोई नहीं

89. वाटिका के पुष्प किसका पथ सुरभित करते हैं?

A. मनुष्य का B. सृष्टि का

C. सूर्य का D. उपर्युक्त में से एक से अधिक

E. उपर्युक्त में से कोई नहीं

90. वैश्वीकरण में मार्ग प्रशस्त होने का क्या अर्थ है?

A. हजारों मार्ग होना B. सैकड़ों मार्ग होना

C. मार्ग सुलभ होना D. उपर्युक्त में से एक से अधिक

E. उपर्युक्त में से कोई नहीं

निर्देश (प्र.सं. 91 से 95 तक): *प्रस्तुत अपठित गद्यांश को ध्यानपूर्वक पढ़िए और पूछे गए प्रश्नों के सही विकल्प चुनकर उत्तर-पत्रक में चिह्नित कीजिए।*

मनुष्य अपनी सफलता और प्रसन्नता के लिए बचपन से ही प्रयत्नशील रहता है। सहजानुभूति में गतिशील रहने की ऊर्जा मिलती है। माँ की मुस्कान देख हँसने की इच्छा जग जाती है। पिता की ऊँगली पकड़कर भागने की इच्छा जग जाती है। साहित्य–चर्चा और सृजन धर्म अपनाने से सरस्वती के उपासक बन जाते हैं।

91. इसमें किसकी चर्चा की गई है?

A. प्रयत्न की

B. सफलता की

C. प्रसन्नता की

D. उपर्युक्त में से एक से अधिक

E. उपर्युक्त में से कोई नहीं

92. गतिशील रहने की ऊर्जा कब मिलती है?

A. अनुभूति में B. सहजता में

C. सहजानुभूति में D. उपर्युक्त में से एक से अधिक

E. उपर्युक्त में से कोई नहीं

93. बच्चे को हँसने की इच्छा कब होती है?

A. माँ को देखकर B. मुस्कान देखकर

C. माँ की मुस्कान देखकर D. उपर्युक्त में से एक से अधिक

E. उपर्युक्त में से कोई नहीं

94. पिता की ऊँगली पकड़ कर किसे भागने की इच्छा होती है?

A. पुत्र की

B. पुत्री की

C. दोस्त की

D. उपर्युक्त में से एक से अधिक

E. उपर्युक्त में से कोई नहीं

95. सरस्वती के उपासक कैसे बनते हैं?

A. साहित्य-चर्चा से

B. साहित्य-सृजन से

C. साहित्य-चर्चा और साहित्य-सृजन से

D. उपर्युक्त में से एक से अधिक

E. उपर्युक्त में से कोई नहीं

83. E	**84.** B	**85.** D	**86.** C	**87.** A	**88.** B	**89.** A
90. C	**91.** E	**92.** C	**93.** C	**94.** D	**95.** C	

निर्देश (प्र.सं. 96 से 100 तक): *प्रस्तुत अपठित गद्यांश को ध्यानपूर्वक पढ़िए और पूछे गए प्रश्नों के सही विकल्प चुनकर-उत्तर पत्रक में चिह्नित कीजिए।*

पर्वत के झर-झर झरते, झरने अपने संगीत से पर्वतीय प्रदेश संगीतमय बना देते हैं। तरंगों से मचलती सरिता अपने निकटवर्ती क्षेत्र को हरा-भरा कर देती है। पर्वत से लुढ़कता पाषाण सरिता की गतिशीलता के संग बहकर कल्याणकारी शिव बन जाता है। वनस्पतियों के बीज पक्षियों का संग पाकर दूर-दूर पहुँचकर मचलते लता-गुल्म और वृक्ष बन जाते हैं। वसंत की भींनी हवा कलियों के ओठों पर मधुर मुस्कान ला देती है।

96. पर्वतीय प्रदेश संगीतमय कैसे बन जाता है?

A. झरने से
B. झरने के झर-झर से
C. झरने के संगीत से
D. उपर्युक्त में से एक से अधिक
E. उपर्युक्त में से कोई नहीं

97. सरिता का निकटवर्ती क्षेत्र हरा-भरा कैसे हो जाता है?

A. सरिता की निकटता से
B. सरिता की जल-तरंगों से
C. सरिता के मचलने से
D. उपर्युक्त में से एक से अधिक
E. उपर्युक्त में से कोई नहीं

98. पत्थर से शिव बनने का क्या अर्थ है?

A. सुंदर रूप पाना
B. चमत्कार होना
C. कल्याणकारी होना
D. उपर्युक्त में से एक से अधिक
E. उपर्युक्त में से कोई नहीं

99. वनस्पतियों के नए-नए लता-गुल्म दूर-दूर कैसे पहुँच जाते हैं?

A. उनके बीज से
B. पक्षियों से
C. संगति से
D. उपर्युक्त में से एक से अधिक
E. उपर्युक्त में से कोई नहीं

100. वसंत में कलियों में मुस्कान क्यों आती है?

A. वसंत की भीनी हवा से
B. हवा से
C. भीनी हवा से
D. उपर्युक्त में से एक से अधिक
E. उपर्युक्त में से कोई नहीं

निर्देश (प्र.सं. 101 से 105 तक): *प्रस्तुत अपठित गद्यांश को ध्यानपूर्वक पढ़िए और पूछे गए प्रश्नों के सही विकल्प चुनकर उत्तर-पत्रक में चिह्नित कीजिए।*

विधाता की सृष्टि सूर्य और चाँद की आभा से आलोकित है। सर सरिता से हरी-भरी, मानवता से परिलसित है। प्रकृति के अप्रतिम सौंदर्य में मानव के मानवीय भावाकर्षण में विधाता को धरती पर बार-बार अवतार लेना पड़ता है। धर्म भूमि संत, महात्माओं को पाकर धन्य हो गई है। शत-शत नमन है यह पावन, दिव्य स्थली मातृभूमि को।

101. विधाता की सृष्टि किस प्रकार आलोकित है?

A. आभा से आलोकित है
B. सूर्य की आभा से आलोकित है
C. सूर्य और चाँद की आभा से आलोकित है
D. उपर्युक्त में से एक से अधिक
E. उपर्युक्त में से कोई नहीं

102. किसे परिलसित होने की बात कही गई है?

A. मानवता
B. सर-सरिता
C. सृष्टि
D. उपर्युक्त में से एक से अधिक
E. उपर्युक्त में से कोई नहीं

103. विधाता को बार-बार धरती पर अवतार क्यों लेना पड़ता है?

A. प्रकृति से
B. प्रकृति-सौंदर्याकर्षण
C. मानवीय भावाकर्षण
D. उपर्युक्त में से एक से अधिक
E. उपर्युक्त में से कोई नहीं

104. यह भूमि धन्य कैसे हुई?

A. संत-महात्माओं को पाकर
B. संत को पाकर
C. महात्माओं को पाकर
D. उपर्युक्त में से एक से अधिक
E. उपर्युक्त में से कोई नहीं

105. किसको शत-शत नमन किया गया है?

A. पावनता को
B. दिव्य स्थली को
C. मातृभूमि को
D. उपर्युक्त में से एक से अधिक
E. उपर्युक्त में से कोई नहीं

निर्देश (प्र.सं. 106 से 110 तक): *प्रस्तुत अपठित गद्यांश को ध्यानपूर्वक पढ़िए और पूछे गए प्रश्नों के सही विकल्प चुनकर उत्तर-पत्रक में चिह्नित कीजिए।*

गुरू मोमबत्ती की तरह जलकर गलकर शिष्य को उजाला देता है। शिष्य गुरू का सान्निध्य पाकर सन्मार्ग का पथिक बन जाता है। शिष्य में आत्म-विश्वास का आलोक जगमगा उठता है। आत्म-चिंतन, आत्म-विश्वास लक्ष्य तक पहुँचाने का आधार बन जाता है। सफलता का ध्वज उसके मस्तक के पसीने को साफ करने के लिए लहराने लगता है।

106. गुरू का मोमबत्ती की तरह जलना-गलना का क्या अर्थ है?

A. जीवन-खपाना
B. सद्कार्य करना
C. समय लगाना
D. उपर्युक्त में से एक से अधिक
E. उपर्युक्त में से कोई नहीं

107. सान्निध्य पाना का क्या भाव है?

A. साथ
B. सहकर्म
C. छत्रछाया
D. उपर्युक्त में से एक से अधिक
E. उपर्युक्त में से कोई नहीं

96. C	**97.** D	**98.** C	**99.** B	**100.** A	**101.** C
102. C	**103.** D	**104.** A	**105.** C	**106.** B	**107.** C

108. आत्म-विश्वास का आलोक क्या है?

A. कर्म-पथ पर चलने का सुदृढ़ निश्चय
B. किसी अन्य पर भरोसा न करना
C. आत्मा-परमात्मा का ज्ञान
D. उपर्युक्त में से एक से अधिक
E. उपर्युक्त में से कोई नहीं

109. लक्ष्य-प्राप्ति का आधार क्या बताया गया है?

A. आत्म-चिंतन
B. आत्म-विश्वास
C. आत्म-चिंतन और आत्म-विश्वास
D. उपर्युक्त में से एक से अधिक
E. उपर्युक्त में से कोई नहीं

110. मस्तक के पसीने को साफ करने के लिए ध्वज लहराना का क्या भाव है?

A. चर्चित होना
B. सफलता का निश्चयन
C. खुश होना
D. उपर्युक्त में से एक से अधिक
E. उपर्युक्त में से कोई नहीं

111. स्वर संधि शब्द का चयन कीजिए:

A. जगदीश
B. परोपकार
C. सज्जन
D. उपर्युक्त में से एक से अधिक
E. उपर्युक्त में से कोई नहीं

112. विसर्ग संधि शब्द का चयन कीजिए:

A. नमस्ते
B. नरेंद्र
C. विद्यालय
D. उपर्युक्त में से एक से अधिक
E. उपर्युक्त में से कोई नहीं

113. दयानंद का संधि विच्छेद है:

A. दया + नंद
B. दय + आनंद
C. दया + आनंद
D. उपर्युक्त में से एक से अधिक
E. उपर्युक्त में से कोई नहीं

114. हिंदी में समास के कितने भेद हैं?

A. पाँच
B. छः
C. सात
D. उपर्युक्त में से एक से अधिक
E. उपर्युक्त में से कोई नहीं

115. कर्मधारय समास—शब्द का चयन करें:

A. काली टोपी
B. चौमासा
C. नील कमल
D. उपर्युक्त में से एक से अधिक
E. उपर्युक्त में से कोई नहीं

116. 'नीलकंठ' में किस समास की योजना है?

A. बहुव्रीहि समास
B. कर्मधारय समास
C. अव्ययीभाव समास
D. उपर्युक्त में से एक से अधिक
E. उपर्युक्त में से कोई नहीं

117. व्याकरण के शब्द 'Subject' का हिंदी पारिभाषिक शब्द है:

A. विषय
B. संदर्भ
C. कर्ता
D. उपर्युक्त में से एक से अधिक
E. उपर्युक्त में से कोई नहीं

118. व्याकरण के शब्द 'Verb' का हिंदी पारिभाषिक शब्द है:

A. कार्य
B. क्रिया
C. काम
D. उपर्युक्त में से एक से अधिक
E. उपर्युक्त में से कोई नहीं

119. शुद्ध पारिभाषिक हिंदी शब्द का चयन कीजिए:

A. जल हवा
B. नीर वायु
C. जलवायु
D. उपर्युक्त में से एक से अधिक
E. उपर्युक्त में से कोई नहीं

120. 'वह आज धीरे-धीरे चल रहा है।'
—वाक्य में धीरे-धीरे व्याकरण के अनुसार क्या है?

A. क्रिया
B. क्रिया विशेषण
C. विशेषण
D. उपर्युक्त में से एक से अधिक
E. उपर्युक्त में से कोई नहीं

121. 'पेड़ पर पक्षी चहवहा रहे हैं।'
वाक्य में 'पर' किस कारक का चिह्न प्रयुक्त है?

A. करण कारक
B. अपादान कारक
C. अधिकरण कारक
D. उपर्युक्त में से एक से अधिक.
E. उपर्युक्त में से कोई नहीं

122. 'कमर कसना' मुहावरे का अर्थ है:

A. पेटी लगाना
B. तैयार होना
C. कमर पर बाँधना
D. उपर्युक्त में से एक से अधिक
E. उपर्युक्त में से कोई नहीं

123. 'किस्मत खुलना' मुहावरे का अर्थ है:

A. भाग्य चमकना
B. भाग्योदय
C. भाग्य पलट जाना
D. उपर्युक्त में से एक से अधिक
E. उपर्युक्त में से कोई नहीं

108. A	**109.** C	**110.** B	**111.** B	**112.** A	**113.** C	**114.** B	**115.** D
116. A	**117.** C	**118.** B	**119.** C	**120.** B	**121.** C	**122.** B	**123.** D

124. 'मुँह में राम बगल में छूरी' लोकोक्ति का अर्थ है:

A. ऊपर से मित्रता, अंदर से शत्रुता
B. धोखे की भक्ति
C. राम नाम लेकर गला काटना
D. उपर्युक्त में से एक से अधिक
E. उपर्युक्त में से कोई नहीं

125. शुद्ध वाक्य का चयन कीजिए:

A. रवि के बाद सोमवार का दिन होता है।
B. रविवार के बाद सोम होता है।
C. रविवार के बाद सोमवार होता है।
D. उपर्युक्त में से एक से अधिक
E. उपर्युक्त में से कोई नहीं

126. शुद्ध वाक्य का चयन कीजिए:

A. आप आज कहाँ जा रहे है।
B. कितना सुंदर फूल है।
C. श्याम ने उनसे क्या कहा था?
D. उपर्युक्त में से एक से अधिक
E. उपर्युक्त में से कोई नहीं

127. मर्यादा पुरूषोत्तम राम वाटिका के खिलखिलाकर हँसते सुंदर फूलों को देखकर हँस रहे थे।

—वाक्य के विशेषण पद्बंध का चयन कीजिए।

A. मर्यादापुरूषोत्तम राम B. खिलखिलाकर हँसते सुंदर
C. हँस रहे थे D. उपर्युक्त में से एक से अधिक
E. उपर्युक्त में से कोई नहीं

128. "वह भयंकर तूफान के झोंके की तरह भाग गया"

—वाक्य में कौन-सा सा पदबंध है?

A. संज्ञा पदबंध B. विशेषण पदबंध
C. क्रिया विशेषण पदबंध D. उपर्युक्त में से एक से अधिक
E. उपर्युक्त में से कोई नहीं

129. वाच्य के कितने भेद हैं?

A. तीन B. चार
C. पाँच D. उपर्युक्त में से एक से अधिक
E. उपर्युक्त में से कोई नहीं

130. 'उससे पढ़ा नहीं जाता'

—वाक्य में किस वाच्य की योजना है?

A. कर्तृवाच्य B. कर्मवाच्य
C. भाववाच्य D. उपर्युक्त में से एक से अधिक
E. उपर्युक्त में से कोई नहीं

131. रचना के आधार पर वाक्य के कितने भेद हैं?

A. दो B. तीन
C. पाँच D. उपर्युक्त में से एक से अधिक
E. उपर्युक्त में से कोई नहीं

132. 'मैं लिख रहा हूँ और आप हँस रहे हैं!'

—संरचना आधार पर वाक्य रूप बताइए।

A. सरल वाक्य B. संयुक्त वाक्य
C. मिश्र वाक्य D. उपर्युक्त में से एक से अधिक
E. उपर्युक्त में से कोई नहीं

133. मेघमय आसमान से
उतर रही संध्या सुंदरी परी सी
धीरे, धीरे, धीरे!

—इस पद्यांश में कौन-सी शब्द शक्ति है?

A. अभिधा B. लक्षणा
C. व्यंजना D. उपर्युक्त में से एक से अधिक
E. उपर्युक्त में से कोई नहीं

134. उदित उदय गिरी मंच पर, रघुवर बाल पतंग।
विकसे संत-सरोज सब, हरषे लोचन भृंग।।

—इन पंक्तियों में किस अलंकार की योजना है?

A. उत्प्रेक्षा B. उपमा
C. रूपक D. उपर्युक्त में से एक से अधिक
E. उपर्युक्त में से कोई नहीं

135. 'पीयर पात सरिस मन डोला।'

—इनमें किस अलंकार की योजना है?

A. रूपक B. उत्प्रेक्षा
C. विरोधाभास D. उपर्युक्त में से एक से अधिक
E. उपर्युक्त में से कोई नहीं

136. अति कटु बचन कहति कैकेई।
मानहु लोन जरे पर देई।।

—इस पद्यांश में किस अलंकार की योजना है?

A. उत्प्रेक्षा B. विरोधाभास
C. उपमा D. उपर्युक्त में से एक से अधिक
E. उपर्युक्त में से कोई नहीं

137. या अनुरागी चित्त की, गति समुझै नहिं कोई।
ज्यों-ज्यों बूड़ै, स्याम रंग, त्यों-त्यों उज्जवल होइ।।

—इस पद्यांश में किस अलंकार की योजना है?

A. उत्प्रेक्षा B. उपमा
C. विरोधाभास D. उपर्युक्त में से एक से अधिक
E. उपर्युक्त में से कोई नहीं

124. A	**125.** C	**126.** C	**127.** B	**128.** C	**129.** A	**130.** C
131. B	**132.** B	**133.** B	**134.** C	**135.** E	**136.** A	**137.** C

138. अर्थालंकार की परिभाषा है:
A. इसमें अर्थगत चमत्कार होता है।
B. इसमें भावपक्ष की प्रधानता होती है।
C. इसमें कल्पना का भी आधार हो सकता है।
D. उपर्युक्त में से एक से अधिक
E. उपर्युक्त में से कोई नहीं

139. छंद की परिभाषा का स्वरूप है:
A. कविता में वर्णों की योजना छंद है।
B. कविता में मात्रा की योजना छंद है।
C. कविता में मति की योजना छंद है।
D. उपर्युक्त में से एक से अधिक
E. उपर्युक्त में से कोई नहीं

140. अस कहि फिर चितए तेहि ओरा।
सिय मुख ससि भए, नयन चकोरा।।
—इसमें किस छंद की योजना है?
A. चौपाई
B. रोला
C. सोरठा
D. उपर्युक्त में से एक से अधिक
E. उपर्युक्त में से कोई नहीं

141. दोहा छंद में मात्रा विधान क्या है?
A. प्रथम-तृतीय चरण में 11 मात्राएँ और द्वितीय-चतुर्थ चरण में 13 मात्राएँ।
B. प्रथत-तृतीय चरण में 13 मात्राएँ और द्वितीय-चतुर्थ चरण में 11 मात्राएँ
C. चारों चरणों में 12-12 मात्राओं की योजना
D. उपर्युक्त में से एक से अधिक
E. उपर्युक्त में से कोई नहीं

142. इंद्रवज्रा छंद की परिभाषा है:
A. 11 वर्णों की योजना में तगण, जगण और दो गुरू होते हैं।
B. 11 वर्णों की योजना में तगण, जगण, जगण और दो गुरू होते हैं।
C. 11 वर्णों की योजना में तगण-तगण, जगण और दो गुरू होते हैं।
D. उपर्युक्त में से एक से अधिक
E. उपर्युक्त में से कोई नहीं

143. बड़ा कि छोटा कुछ काम की जै, परंतु पूर्वा पर सोच ली जै।
बिना विचारे यदि काम होगा, कभी न अच्छा परिणाम होगा।।
—इसमें किस छंद की योजना है?
A. इंद्रवज्रा
B. उपेंद्रवज्रा
C. मालिनी
D. उपर्युक्त में से एक से अधिक
E. उपर्युक्त में से कोई नहीं

144. बना रहे प्रेम सदा स्वदेश का,
तथा रहे ध्यान सदा स्वदेश का।
बुरा हमरा न कभी चरित्र हो,
विचारधारा अति ही पवित्र हो।।
—इसमें किस द्वंद्व की योजना है?
A. द्रुतविलंबित
B. मालिनी
C. वंशस्थ
D. उपर्युक्त में से एक से अधिक
E. उपर्युक्त में से कोई नहीं

145. आचार्य भरतमुनि ने काव्य-गुणों की संख्या कितनी मानी है?
A. दस
B. तेरह
C. पंद्रह
D. उपर्युक्त में से एक से अधिक
E. उपर्युक्त में से कोई नहीं

146. मंद मंद मुरली बजावत अधर धरे।
मंद मंद निकरचो मुकुंद मधुवन तें।।
—इसमें किस काव्य-गुण की योजना है?
A. ओज गुण
B. कांति गुण
C. माधुर्य गुण
D. उपर्युक्त में से एक से अधिक
E. उपर्युक्त में से कोई नहीं

147. मुंड कटत कहुँ, रूंड नटत कहुँ सुंड पटत धन।
गिद्ध लसत कहुँ, सिद्ध हँसत सुख वृद्धि रसत मन।।
—इसमें किस काव्य-गुण की योजना है?
A. प्रसाद
B. ओज
C. उदारता
D. उपर्युक्त में से एक से अधिक
E. उपर्युक्त में से कोई नहीं

148. करूण रस का स्थायी भाव क्या है?
A. निर्वेद
B. क्रोध
C. शोक
D. उपर्युक्त में से एक से अधिक
E. उपर्युक्त में से कोई नहीं

149. मैया कबहि बढ़ेगी चोटी,
किती बार मोहिं दूध पियत मई, यह अजहूँ है छोटी।
तू जो कहती बल की बेनी, ज्यों हवै हैं लंबी मोटी।
काढ़त गुहत नहावत पोंछत नागिन सी मुँइ लोटी।
—इसमें किस रस की अभिव्यक्ति होती है?
A. श्रृंगार
B. वात्सल्य
C. शांत
D. उपर्युक्त में से एक से अधिक
E. उपर्युक्त में से कोई नहीं

150. "रण बीच चौकड़ी भर-भर कर, चेतक बन गया निराला था।
राणा की पुतली फिरी नहीं, तब तक चेतक मुड़ जाता था।"
—इन पंक्तियों में किस रस की योजना है:
A. वीर रस
B. रौद्र रस
C. भयानक रस
D. उपर्युक्त में से एक से अधिक
E. उपर्युक्त में से कोई नहीं

138. D	**139.** D	**140.** A	**141.** B	**142.** C	**143.** B	**144.** C
145. A	**146.** C	**147.** B	**148.** C	**149.** B	**150.** A	

व्याख्यात्मक उत्तर

1. (E): The passage states that Amitabh Bachchan was born in Allahabad, Uttar Pradesh, which is not listed in the options. Therefore, the correct answer is "None of the above."

2. (B): According to the passage, Amitabh Bachchan's career in Indian cinema has spanned four decades. Thus, the correct answer is "Four decades."

3. (E): The passage mentions that Amitabh Bachchan earned a degree in science from Delhi University, which is not listed in the options provided. Therefore, the correct answer is "None of the above."

4. (C): The passage mentions that Amitabh Bachchan became well-known as a movie star in 1973 following the success of the films "Abhimaan" and "Zanjeer." Therefore, the correct answer is "1973."

5. (C): The passage indicates that Amitabh Bachchan's first film was "Saat Hindustani" (1969). Therefore, the correct answer is "Saat Hindustani."

6. (C): The correct article to complete the sentence is "the" because we are referring to a specific entity, "the Earth." Therefore, the correct answer is "the."

7. (B): In the context of the sentence, "a degree" is correct because we are referring to any degree in general, not a specific one. Therefore, the correct answer is "a."

8. (B): First May 2024 is a Wednesday. Since May 9 is 8 days later, it would be one day after the following Wednesday, which is a Thursday. Therefore, the correct answer is "Thursday."

9. (C): गद्यांश के अनुसार, पंडित राम प्रसाद बिस्मिल के जीवन में परिवर्तन तब आया जब वे आर्य समाज के संपर्क में आए। इस संपर्क ने उनमें साहस जगाया और क्रांति का संचार किया। इसलिए, सही उत्तर "जब वे आये समाज के संपर्क में आए" है।

10. (A): गद्यांश के अनुसार, पंडित बिस्मिल ने स्वतंत्रता संग्राम के लिए धन एकत्र करने के उद्देश्य से अंग्रेजों का सरकारी खजाना लूटने की योजना बनाई और इसे काकोरी स्टेशन पर सफलतापूर्वक अंजाम दिया। इसलिए, सही उत्तर "सरकारी खजाना लूटकर" है।

11. (C): गद्यांश में बताया गया है कि पंडित बिस्मिल अपने कार्यों से अंग्रेजी हुकूमत को हिलाने में सफल हुए और इस कारण उन्हें महान क्रांतिकारी माना गया। इसलिए, सही उत्तर "क्योंकि उन्होंने अपने कार्यों में अंग्रेजी हुकूमत को हिला दिया" है।

12. (B): शब्द "सजग" का मूल शब्द "जग" है, जिसका अर्थ "जाग्रत" या "सतर्क" होता है। इसलिए, सही उत्तर "जग" है।

13. (E): "स्वतंत्रता" का विलोम शब्द "परतंत्रता" है, जो कि दिए गए विकल्पों में नहीं है। इसलिए, सही उत्तर "उपर्युक्त में से कोई नहीं" है।

14. (B): "लंबी आयु जीने वाला" का एक शब्दीय पर्याय "दीर्घायु" है। इसलिए, सही उत्तर "दीर्घायु" है।

15. (B): गद्यांश में बताया गया है कि मनुष्य का जीवन श्रेष्ठ माना गया है क्योंकि वह बुद्धिमान और कल्पनाशील प्राणी है। इस विशेषता के कारण वह ऊँचाई तक पहुँच सकता है। इसलिए, सही उत्तर "क्योंकि वह बुद्धिमान और कल्पनाशील है" है।

16. (E): गद्यांश के अनुसार, उन्नति के लिए मनुष्य के विचार सच्चे, सादे, पवित्र और व्यावहारिक जीवन से जुड़े होने चाहिए। विकल्पों में यह संयोजन नहीं है, इसलिए सही उत्तर "उपर्युक्त में से कोई नहीं" है।

17. (A): गद्यांश में सादगी को व्यक्ति के हाव-भाव, विचार और जीवन के ढंग से जुड़ा बताया गया है, जो विचारों को भी उच्च बनाती है। इसका तात्पर्य वैचारिक और व्यावहारिक सादगी से है। इसलिए, सही उत्तर "वैचारिक और व्यावहारिक" है।

18. (C): "उन्नति" का उचित विलोम "अवनति" है, जो विपरीत अर्थ को दर्शाता है। इसलिए, सही उत्तर "अवनति" है।

19. (A): "महान है जो आत्मा" में "महान" विशेषण "आत्मा" को विशेषता देता है। यह कर्मधारय समास का उदाहरण है, जहाँ विशेषण और विशेष्य एक साथ मिलकर अर्थ को स्पष्ट करते हैं। इसलिए, सही उत्तर "कर्मधारण समास" है।

20. (C): "प्रत्येक" शब्द का सही वर्ण-विच्छेद "प् + र् + अ + त् + य् + ए + क् + अ" है, जो सही ध्वनियों को दर्शाता है। इसलिए, सही उत्तर "प् + र् + अ + त् + य् + ए + क् + अ" है।

21. (C): "महौजस्वी" वृद्धि संधि का उदाहरण है, जहां "मह" और "उजस्वी" में वृद्धि संधि का प्रयोग होता है। इसलिए, सही उत्तर "महौजस्वी" है।

22. (B): "अद्वितीय" सही वर्तनी है, जिसका अर्थ होता है "अद्वितीय" या "बेजोड़"। इसलिए, सही उत्तर "अद्वितीय" है।

23. (D): जातिवाचक संज्ञा वह संज्ञा है जो किसी जाति, वर्ग या समूह का बोध कराती हैं। दिए गए विकल्पों में "मंत्री" और "जुलाहा" जातिवाचक संज्ञाएँ हैं क्योंकि ये वर्ग या जाति का बोध कराते हैं। इसलिए, सही उत्तर "उपर्युक्त में से एक से अधिक" है।

24. (D): ''चंद्रमा'' के पर्यायवाची शब्दों में ''राकेश'' और ''सारंग'' शामिल हैं। इसलिए, सही उत्तर ''उपर्युक्त में से एक से अधिक'' है।

25. (D): ''स्थिर'' का विलोम ''अस्थिर'' और ''चंचल'' दोनों होते हैं। इसलिए, सही उत्तर ''उपर्युक्त में से एक से अधिक'' है।

26. (B): इस वाक्य में ''एक लीटर'' विशेषण है क्योंकि वह ''दूध'' की मात्रा का बोध कराता है। इसलिए, सही उत्तर ''एक लीटर'' है।

27. (B): ''कृष्णार्पण'' में ''कृष्ण'' और ''अर्पण'' दो शब्दों का संयोजन है, जिसमें ''कृष्ण को अर्पण'' का भाव निहित है। यह कर्मधारण समास का उदाहरण है। इसलिए, सही उत्तर ''कर्मधारय'' है।

28. (A): ''कम बोलने वाला'' के लिए एक शब्द ''मितभाषी'' है, जिसका अर्थ होता है ''संयम से बोलने वाला'' इसलिए, सही उत्तर ''मितभाषी'' है।

29. (C): ''उदासीन हो जाने'' के लिए सही मुहावरा ''आँखें फेर लेना'' है, जिसका अर्थ होता है किसी से मुँह मोड़ लेना या ध्यान न देना। इसलिए, सही उत्तर ''आँखें फेर लेना'' है।

30. (B): ''निरपराध'' शब्द में ''निर्'' उपसर्ग है, जो ''बिना'' का भाव प्रकट करता है। इसलिए, सही उत्तर ''निर्'' है।

31. (C): वृत्ताकार पथ की त्रिज्या ज्ञात करने के लिए कुल दूरी को चक्करों की संख्या से विभाजित करके एक चक्कर की लंबाई निकालते हैं।

कुल दूरी = 2200 मीटर

चक्करों की संख्या = 7

एक चक्कर की लंबाई = $\frac{2200}{7}$ = 314.2857 मीटर

वृत्त की परिधि = $2\pi r$

$$314.2857 = 2 \times \left(\frac{22}{7}\right) \times r$$

$$314.2857 = \left(\frac{44}{7}\right) \times r$$

$$r = \frac{(314.2857 \times 7)}{44}$$

$r = 50$ मीटर।

32. (B): बेलनाकार टैंक की गहराई (h) ज्ञात करने के लिए धारिता सूत्र का उपयोग करते हैं:

धारिता = $\pi r^2 h$

$$1848 = \left(\frac{22}{7}\right) \times (7)^2 \times h$$

$$1848 = \left(\frac{22}{7}\right) \times 49 \times h$$

$$1848 = 154 \times h$$

$$h = \frac{1848}{154}$$

$h = 12$ मीटर।

33. (C): यदि किसी संख्या का आठवाँ भाग 30 है, तो पूरी संख्या $= 30 \times 8 = 240$

240 का 62% = $0.62 \times 240 = 148.8$.

34. (C): माना कि अधिकारी का पुराना वेतन = x

वेतन वृद्धि = 25%

नया वेतन = $1.25x$

पुराने वेतन पर वापस आने के लिए नया वेतन घटाना होगा:

$$1.25x \times \left(1 - \frac{P}{100}\right) = x$$

$$1 - \frac{p}{100} = 0.8$$

$$p = 20\%.$$

35. (B): दिया गया समीकरण:

$$\frac{\left(-\frac{2}{3}\right)^{-3}}{X} = \left(\frac{4}{9}\right)^{-2}$$

$$\left(-\frac{2}{3}\right)^{-3} = \left(-\frac{3}{2}\right)^{3} = -\frac{27}{8}$$

$$\left(\frac{4}{9}\right)^{-2} = \left(\frac{9}{4}\right)^{2} = \frac{81}{16}$$

$$\frac{-\frac{27}{8}}{X} = \frac{81}{16}$$

$$X = -\frac{27}{8} \times \frac{16}{81} = -\frac{2}{3}.$$

36. (B): दिया गया है:

$$x + \frac{1}{x} = 5$$

$$x^2 + \frac{1}{x^2} = \left(x + \frac{1}{x}\right)^2 - 2$$

$$= 25 - 2 = 23$$

$$x^4 + \frac{1}{x^4} = \left(x^2 + \frac{1}{x^2}\right)^2 - 2$$

$$= 529 - 2 = 527.$$

37. (E): सिक्कों का अनुपात = ₹ 5 : ₹ 2 : ₹ 1

$$= 2k : 3k : 4k$$

$$\text{कुल मूल्य} = 5 \times (2k) + 2 \times (3k) + 1 \times (4k)$$

$$= 10k + 6k + 4k$$

$$= 20k = 2000$$

$$k = 100$$

$$\text{₹ 2 के सिक्के} = 3k = 300$$

विकल्पों में 300 नहीं है, इसलिए सही उत्तर (E)।

38. (A): एक समबहुभुज में:

$$\text{प्रत्येक अन्तःकोण} = \frac{[(n-2)\times 180]}{n}$$

$$\text{प्रत्येक बहिष्कोण} = \frac{360}{n}$$

दिया गया है:

$$\text{अन्तःकोण} = \text{बहिष्कोण} + 108°$$

$$\frac{[(n-2)\times 180]}{n} = \frac{360}{n} + 108$$

$$180(n-2) = 360 + 108n$$

$$180n - 360 = 360 + 108n$$

$$72n = 720$$

$$n = 10.$$

39. (A): जिंक आक्साइड का मुख्य उपयोग पेंट के उत्पादन में होता है। यह पेंट को टिकाऊ और मजबूत बनाने में सहायक होता है।

40. (E): लेन्ज के नियम की व्युत्पत्ति में मुख्यतः ऊर्जा संरक्षण के नियम का उपयोग होता है, जो दिए गए विकल्पों में सीधे तौर पर शामिल नहीं है। इसलिए सही उत्तर (E) है।

41. (B): मानव शरीर में यकृत (लीवर) और माँसपेशियों में ग्लाइकोजेन के रूप में ऊर्जा का संचय होता है। ग्लाइकोजेन एक पॉलीसैकराइड (बहुशर्करा) होता है, जो ग्लूकोज की शाखित संरचना है। यह शरीर को ऊर्जा प्रदान करने का एक महत्वपूर्ण स्रोत है।

42. (B): त्रुटिपूर्ण हेमोग्लोबिन रक्त की दात्र कोशिकाओं (रक्तगुल्मों) में ही नहीं बल्कि दात्रा कोशिका अरक्तता जैसे विकारों में भी दिखाई देता है। दात्रा कोशिका अरक्तता में हेमोग्लोबिन का निर्माण असामान्य होता है, जिससे लाल रक्त कणिकाओं का कार्यप्रणाली प्रभावित होती है।

43. (A): इथाइल अल्कोहल का मुख्य उपयोग एंटी सेप्टिक (कीटाणुनाशक) दवाओं के उत्पादन में किया जाता है। यह बैक्टीरिया और वायरस को मारने में सक्षम होता है, जिससे घावों की सफाई और संक्रमण से बचाव होता है।

44. (D): ध्वनि वेग गैस में मुख्यतः तापमान पर निर्भर करता है और दाब पर प्रत्यक्ष प्रभाव नहीं पड़ता। यदि तापमान अपरिवर्तित रखा जाए और दाब को दोगुना किया जाए, तो ध्वनि वेग समान ही रहेगा। अतः ध्वनि वेग 340 मीटर प्रति सेकंड ही रहेगा।

45. (D): यदि एक जीवाण्विक कोशिका प्रत्येक 15 मिनट में विभाजित होती है, तो 2 घंटे में विभाजन की संख्या = 120 मिनट/15 मिनट = 8 विभाजन।

प्रत्येक विभाजन में कोशिकाओं की संख्या दोगुनी होती है।

तो कुल जीवाणु = $2^8 = 256$।

46. (C): पौधों की कोशिकाओं में कोशिका भित्ति (Cell wall) होती है, जबकि पशु कोशिकाओं में नहीं होती। यह संरचनात्मक अंतर पौधों और पशु कोशिकाओं को अलग करता है। कोशिका भित्ति पौधों को मजबूती प्रदान करती है और उन्हें आकार में बनाए रखती है।

47. (B): फोबर्स का रिपोर्ट के अनुसार, कुवैती दीनार (Kuwaiti Dinar) दुनिया की सबसे मजबूत मुद्रा मानी जाती है। इसकी उच्च विनिमय दर अन्य मुद्राओं की तुलना में अधिक है, जिससे यह सबसे मूल्यवान मुद्रा में से एक है।

48. (C): पी.एम. नरेंद्र मोदी ने महाराष्ट्र के सोलापुर शहर से 8 अमृत परियोजनाओं की शुरुआत की है। ये परियोजनाएँ विभिन्न सामाजिक और आर्थिक विकास के लिए हैं, जो राज्य के विकास में महत्वपूर्ण भूमिका निभाएंगी।

49. (A): आईआईटी मद्रास ने ई-मोबिलिटी सिमुलेशन लैब लांच करने के लिए अल्टेयर (Altair) के साथ करार किया है। अल्टेयर सॉफ्टवेयर और सिमुलेशन उपकरण प्रदान करता है जो ई-मोबिलिटी के विकास में सहायक हैं, जैसे कि वाहन डिजाइन और परीक्षण।

50. (B): सिलियन मर्फी को अकादमी पुरस्कार 2024 (ऑस्कर्स) में सर्वश्रेष्ठ अभिनेता का पुरस्कार मिला। यह पुरस्कार उनकी उत्कृष्ट अभिनय क्षमता के लिए प्रदान किया गया, विशेष रूप से उनकी नवीनतम भूमिका में प्रभावशाली प्रदर्शन के कारण।

51. (C): वर्ष 2023 के लिए ICC महिला T20i क्रिकेटर ऑफ द ईयर का पुरस्कार हेले मैथ्यूज को उनके असाधारण प्रदर्शन के लिए मिला। वेस्टइंडीज की यह खिलाड़ी अपनी बैटिंग और बॉलिंग दोनों में उत्कृष्टता के लिए जानी जाती हैं।

52. (A): मिस वर्ल्ड 2024 का खिताब क्रिस्टीना पिसकोवा ने जीता। मिस चेक गणराज्य की यह मॉडल अपने सामाजिक कार्यों और बुद्धिमत्ता के लिए जानी जाती हैं, जिसने उन्हें यह प्रतिष्ठित खिताब दिलाया।

53. (B): IPEF द्वारा क्लीन एनर्जी इन्वेस्टर फोरम का आयोजन सिंगापुर में किया जाएगा। यह फोरम हरित ऊर्जा के निवेश को बढ़ावा देने और पर्यावरण अनुकूल परियोजनाओं को प्रोत्साहन देने के लिए आयोजित किया जा रहा है।

54. (C): भारत ने म्यांमार में सिटवे बंदरगाह को संचालित करने का अधिकार हासिल किया है। यह बंदरगाह भारत की 'एक्ट ईस्ट पॉलिसी' के तहत भारत-म्यांमार व्यापारिक संबंधों को मजबूत करने में महत्वपूर्ण है।

55. (A): गंगा डेल्टा के सदाबहार वन क्षेत्र को 'सुन्दरवन' कहते हैं। यह क्षेत्र अपनी जैव विविधता और रॉयल बंगाल टाइगर के लिए प्रसिद्ध है।

56. (B): बिहार की कोसी नदी अपने मार्ग को बार-बार बदलने के लिए जानी जाती है। इस नदी को 'बिहार का शोक' भी कहा जाता है, क्योंकि यह बाढ़ और क्षति का कारण बनती है।

57. (C): वृक्ष की जड़ों को मृदा से पानी केशिका जल के रूप में मिलता है। केशिका जल मिट्टी के कणों के बीच फंसा होता है और पौधों द्वारा आसानी से अवशोषित किया जा सकता है।

58. (B): पृथ्वी के विषुवृत्तीय व्यास और ध्रुवीय व्यास के बीच का अंतर 43 किलोमीटर है। यह अंतर पृथ्वी के चपटी गोलाकार आकार (oblate spheroid) के कारण होता है।

59. (A): भारतीय मानक समय (IST) 82.5° पूर्वी देशांतर रेखा पर आधारित है। यह रेखा इलाहाबाद (प्रयागराज) के पास से गुजरती है और भारत के मानक समय की गणना का आधार है।

60. (B): भारत में हरित क्रांति का श्रेय डॉ. एम.एस. स्वामीनाथन को जाता है। उनके नेतृत्व में उच्च उत्पादकता वाली फसलों का विकास और कृषि क्षेत्र में तकनीकी प्रगति हुई, जिसने भारत को खाद्यान्न उत्पादन में आत्मनिर्भर बनाया।

61. (C): भारत की सबसे ऊँची पर्वत श्रेणी कराकोरम है, जिसमें के-2 सबसे ऊँचा पर्वत है। के-2 की ऊँचाई 8,611 मीटर है और यह भारतीय क्षेत्र में आता है।

63. (B): बिहार में 1857 की क्रांति का नेतृत्व कुंवर सिंह ने किया था। वे जगदीशपुर (आरा) के जमींदार थे और इस संग्राम में ब्रिटिश सेना के खिलाफ लड़ते हुए 80 वर्ष की आयु में शहीद हुए।

64. (C): स्वामी विवेकानन्द ने राष्ट्रवाद को आध्यात्मिक दिशा में लोकप्रिय बनाया। उनके विचारों ने भारत की संस्कृति और आत्मनिर्भरता के प्रति गौरव को प्रोत्साहित किया और युवाओं में देशभक्ति की भावना जागृत की।

65. (B): भारत के स्वतंत्रता आंदोलन के दौरान गहन राष्ट्रवादी विचारों को 'अमृत बाजार पत्रिका' के माध्यम से प्रचारित किया गया। यह समाचार-पत्र स्वतंत्रता संग्राम का प्रमुख समर्थक था।

66. (B): 1918 में अहमदाबाद के मिल-मालिकों और मजदूरों के विवाद को सुलझाने के लिए महात्मा गांधी ने हस्तक्षेप किया। उन्होंने सत्याग्रह के माध्यम से मजदूरों की मांगों का समर्थन किया और सफल समाधान निकाला।

67. (A): बिहार प्रांतीय किसान सभा को लोकप्रिय बनाने का श्रेय कार्यानन्द शर्मा को जाता है। उन्होंने वामपंथी विचारधारा के साथ किसानों के अधिकारों के लिए संघर्ष किया।

68. (A): मुद्दीमन कमेटी को भारत में द्वैत-प्रणाली की कार्यप्रणाली पर रिपोर्ट देने के लिए नियुक्त किया गया था। द्वैत-प्रणाली 1919 के भारत सरकार अधिनियम के तहत स्थापित की गई थी।

69. (E): यह कथन मोहनदास करमचंद गांधी ने दिया था। उन्होंने भारत में सहिष्णुता और सामूहिक जिम्मेदारी की भावना को प्रोत्साहित किया। दिए गए विकल्पों में यह सही नहीं है, इसलिए उत्तर (E) है।

70. (B): देश के बाहर स्वतंत्र भारत की अस्थाई सरकार को संगठित करने में रास बिहारी बोस ने महत्वपूर्ण भूमिका निभाई। उन्होंने भारतीय स्वतंत्रता आंदोलन को अंतरराष्ट्रीय मंच पर समर्थन दिलाने का प्रयास किया।

71. (B): हिंदी साहित्य के इतिहास को चार प्रमुख कालों में बाँटा गया है: आदिकाल, भक्तिकाल, रीतिकाल और आधुनिककाल। यह विभाजन साहित्यिक प्रवृत्तियों और काल की विशेषताओं के आधार पर किया गया है।

72. (A): कबीर दास का जन्म 1398 ई. में हुआ था। वे भारतीय संत और कवि थे, जिन्होंने भक्ति आंदोलन को गहराई से प्रभावित किया। उनके काव्य में निर्गुण भक्ति और सामाजिक समानता का संदेश है।

73. (C): विद्यापति की भाषा मैथिली थी। वे मैथिली भाषा के महान कवि थे और उनके काव्य में प्रेम और भक्ति दोनों का सुंदर समन्वय देखने को मिलता है।

74. (C): "मैया मैं नहिं माखन खायो" सूरदास की प्रसिद्ध पंक्तियाँ हैं। वे भक्ति काल के प्रमुख कवि थे और श्रीकृष्ण की बाल लीलाओं का वर्णन उनकी रचनाओं का मुख्य विषय है।

75. (B): तुलसीदास द्वारा रचित श्रीरामचरितमानस में कुल सात कांड (बालकांड, अयोध्याकांड, अरण्यकांड, किष्किंधाकांड, सुंदरकांड, लंकाकांड और उत्तरकांड) हैं। यह ग्रंथ भगवान राम के जीवन की कथा है।

76. (B): मलिक मुहम्मद जायसी रीतिकाल के कवि नहीं हैं। मलिक मुहम्मद जायसी भक्तिकाल के कवि थे और उन्होंने "पद्मावत" की रचना की। जबकि बिहारी और घनानंद रीतिकाल के प्रमुख कवि थे।

77. (A): आधुनिक काल का प्रारंभ 1850 ई. से माना गया है। यह काल भारत में अंग्रेजी शिक्षा के प्रभाव और आधुनिक चेतना के प्रसार के साथ शुरू होता है।

78. (B): 'द्विवेदी युग' का नामकरण आचार्य महावीर प्रसाद द्विवेदी के नाम पर हुआ। वे हिंदी साहित्य के उन्नायक थे और उनके प्रयासों से हिंदी गद्य को एक मजबूत आधार मिला।

79. (C): मैथिली शरण गुप्त को राष्ट्रकवि कहा जाता है। उनकी रचनाएँ, जैसे ''भारत-भारती'', राष्ट्रभक्ति से ओतप्रोत हैं और भारतीय स्वतंत्रता आंदोलन के दौरान प्रेरणास्रोत बनीं।

80. (C): सुभद्रा कुमारी चौहान वीर रस की कवयित्री थीं। उनकी प्रसिद्ध कविता ''झाँसी की रानी'' स्वतंत्रता संग्राम के नायकों को समर्पित है और वीरता का अद्‌भुत वर्णन करती है।

81. (B): ''दुनियाँ कैसी बाउरी, पत्थर पूजन जाए...'' यह पंक्तियाँ संत कबीरदास की हैं। वे अपने दोहों में अंधविश्वास और मूर्ति पूजा की आलोचना करते थे। उनके काव्य में समाज सुधार और आध्यात्मिक ज्ञान का संदेश मिलता है।

82. (A): 'गोदान' हिंदी साहित्य के महान उपन्यासकार मुंशी प्रेमचंद द्वारा लिखा गया है। यह भारतीय किसानों के जीवन और उनकी कठिनाइयों का सजीव चित्रण करता है।

83. (E): 'शतरंज के खिलाड़ी' एक कहानी है, जो प्रेमचंद द्वारा लिखी गई थी। यह किसी महाकाव्य, उपन्यास या खंडकाव्य की श्रेणी में नहीं आती, इसलिए उत्तर (E) है।

84. (B): ''पुष्प की अभिलाषा'' माखनलाल चतुर्वेदी की प्रसिद्ध कविता है। यह कविता देशभक्ति और त्याग के भाव को व्यक्त करती है।

85. (D): 'कर्मभूमि' और 'गोदान' दोनों ही उपन्यास हैं, जबकि 'उसने कहा था' एक कहानी है। इसलिए उत्तर ''उपयुक्त में से एक से अधिक'' है।

86. (C): गद्यांश में स्पष्ट रूप से ''मनुष्य'' की चर्चा की गई है, जो सृष्टि का सबसे चिंतनशील प्राणी है।

87. (A): गद्यांश के अनुसार प्रकृति परिवेश मनुष्य की प्रगति के लिए मुस्कराता है। इसका संकेत मानव-प्रगति और प्रकृति के संबंध को दर्शाता है।

88. (B): गद्यांश में प्रातः काल की स्वर्णिम किरणों का वर्णन किया गया है, जो जागरण गीत सुनाती हैं। इसलिए उत्तर ''किरणें'' है।

89. (A): गद्यांश में वाटिका के पुष्प मनुष्य का पथ सुरभित करते हैं, जो उसके जीवन में सौंदर्य और सुख का प्रतीक है।

90. (C): वैश्वीकरण का अर्थ है मानव-जीवन में नए मार्ग और अवसरों का खुलना और उन्हें सुलभ बनाना। यह प्रगति का प्रतीक है।

91. (E): गद्यांश में मनुष्य के प्रयत्न, सफलता और प्रसन्नता तीनों की चर्चा की गई है। इस प्रकार ''उपर्युक्त में से कोई नहीं'' सही उत्तर है, क्योंकि सभी विकल्प इस पूर्णता को नहीं दर्शाते।

92. (C): गद्यांश में कहा गया है कि सहजानुभूति में गतिशील रहने की ऊर्जा मिलती है। ये सहजानुभूति का अर्थ है स्वाभाविक अनुभव।

93. (C): गद्यांश में स्पष्ट रूप से उल्लेख है कि माँ की मुस्कान देखकर बच्चे में हँसने की इच्छा जागती है। यह माँ और बच्चे के बीच के भावनात्मक संबंध को दर्शाता है।

94. (D): गद्यांश में यह स्पष्ट नहीं किया गया है कि पिता की ऊँगली पकड़कर भागने की इच्छा पुत्र या पुत्री की होती है। इसलिए ''उपर्युक्त में से एक से अधिक'' सही उत्तर है।

95. (C): गद्यांश के अनुसार, सरस्वती के उपासक बनने का माध्यम साहित्य-चर्चा और साहित्य-सृजन दोनों है। इसलिए उत्तर ''साहित्य-चर्चा और साहित्य-सृजन से'' है।

96. (C): गद्यांश में उल्लेख है कि झरने अपनी संगीत से पर्वतीय प्रदेश को संगीतमय बना देते हैं। इसलिए ''झरने के संगीत से'' सही उत्तर है।

97. (D): सरिता के निकटवर्ती क्षेत्र को हरा-भरा करने का कारण उसकी जल तरंगे और निकटता दोनों हैं। इसलिए, ''उपर्युक्त में से एक से अधिक'' सही उत्तर है।

98. (C): पत्थर के शिव बनने का अर्थ है एक साधारण पाषाण का कल्याणकारी रूप धारण करना। इसका प्रतीकात्मक अर्थ है उपयोगी और शुभ होना।

99. (B): गद्यांश में उल्लेख है कि वनस्पतियों के बीज पक्षियों का संग पाकर दूर-दूर तक पहुँचते हैं और नए लता-गुल्म और वृक्ष बन जाते हैं। इसलिए सही उत्तर ''पक्षियों से'' है।

100. (A): गद्यांश में स्पष्ट रूप से कहा गया है कि वसंत की भीनी हवा कलियों के ओठों पर मुस्कान लाती है। अतः सही उत्तर ''वसंत की भीनी हवा से'' है।

101. (C): गद्यांश में उल्लेख है कि विधाता की सृष्टि सूर्य और चाँद की आभा से आलोकित है। यह प्रकाश और सौंदर्य का प्रतीक है।

102. (C): गद्यांश में कहा गया है कि विधाता की सृष्टि मानवता से परिलसित होती है। इसका अर्थ है कि मानवता सृष्टि का सौंदर्य और उसकी विशिष्टता को दर्शाती है।

103. (D): गद्यांश में कहा गया है कि विधाता को मानव के मानवीय भावाकर्षण के कारण बार-बार धरती पर अवतार लेना पड़ता है। यह मानवता के प्रति दिव्य प्रेम और करुणा को दर्शाता है।

104. (A): गद्यांश के अनुसार, यह भूमि संत और महात्माओं को पाकर धन्य हुई है। संत और महात्माओं का प्रभाव इस धरती को पवित्र बनाता है।

105. (C): गद्यांश में पावन और दिव्य स्थली के रूप में मातृभूमि को शत्-शत् नमन किया गया है। यह मातृभूमि के प्रति आदर और प्रेम का प्रतीक है।

106. (B): गुरु का मोमबत्ती की तरह जलना-गलना का अर्थ है सद्कार्य करना। यह गुरु के त्याग और सेवा को दर्शाता है, जो शिष्य को सन्मार्ग पर प्रेरित करता है।

107. (C): गद्यांश में सान्निध्य का अर्थ गुरु की छत्रछाया और उनकी उपस्थिति से है, जो शिष्य को सन्मार्ग पर ले जाती है।

108. (A): गद्यांश में आत्म-विश्वास का आलोक कर्म-पथ पर दृढ़ता से चलने के संकल्प को दर्शाता है। यह सफलता के लिए आवश्यक है।

109. (C): गद्यांश में लक्ष्य-प्राप्ति के आधार के रूप में आत्म-चिंतन और आत्म-विश्वास दोनों का उल्लेख है। यह स्पष्ट रूप से आत्म-सशक्तिकरण का संदेश देता है।

110. (B): मस्तक के पसीने को साफ करने के लिए ध्वज लहराना का भाव सफलता का प्रतीक है। यह इंगित करता है कि कठिन परिश्रम के बाद सफलता सुनिश्चित होती है।

111. (B): 'परोपकार' शब्द स्वर संधि का उदाहरण है। इसमें 'पर' और 'उपकार' के मेल से 'परोपकार' बनता है, जहाँ स्वर 'उ' के कारण संधि होती है।

112. (A): 'नमः' और 'ते' के मेले से 'नमस्ते' बनता है। यह विसर्ग संधि का उदाहरण है, क्योंकि 'ः' विसर्ग और स्वर के मिलन से यह संधि बनती है।

113. (C): 'दयानंद' शब्द का संधि विच्छेद 'दया' और 'आनंद' होता है। यहाँ 'आ' स्वर के कारण स्वर संधि होती है।

114. (B): हिंदी में समास के मुख्य छः भेद होते हैं: अव्ययीभाव, तत्पुरुष, कर्मधारय, द्वंद्व बहुव्रीहि और द्विगु।

115. (D): 'काली टोपी' और 'नील कमल' दोनों ही कर्मधारय समास के उदाहरण हैं। इनमें विशेषण और विशेष्य के मेल से अर्थ स्पष्ट होता है।

116. (A): 'नीलकंठ' बहुव्रीहि समास का उदाहरण है। इसका अर्थ है 'जिसके कंठ का रंग नीला हो', लेकिन इसका अर्थ 'नीला कंठ' नहीं है, बल्कि शिव का संदर्भ है।

117. (C): व्याकरण में 'Subject' का हिंदी पारिभाषिक शब्द 'कर्ता' है। यह वाक्य में वह होता है जो क्रिया करता है या क्रिया का आधार होता है।

118. (B): व्याकरण में 'Verb' का हिंदी पारिभाषिक शब्द 'क्रिया' है। यह वाक्य में होने वाली क्रिया या कार्य को व्यक्त करता है।

119. (C): 'जलवायु' शुद्ध पारिभाषिक हिंदी शब्द है, जो 'जल' और 'वायु' के मेल से बनता है और वातावरण को संदर्भित करता है।

120. (B): वाक्य में 'धीरे-धीरे' क्रिया विशेषण है, क्योंकि यह 'चल रहा है' क्रिया की गति को स्पष्ट करता है।

121. (C): वाक्य में ''पेड़ पर'' शब्द 'अधिकरण कारक' का चिह्न है, क्योंकि 'पर' स्थिति को दर्शाता है, जो अधिकरण का संकेत देता है।

122. (B): 'कमर कसना' मुहावरे का अर्थ है किसी कार्य के लिए पूरी तरह तैयार होना। यह संकल्प और तत्परता का प्रतीक है।

123. (D): 'किस्मत खुलना' मुहावरे का अर्थ है 'भाग्य चमकना' और 'भाग्योदय'। इसलिए सही उत्तर ''उपर्युक्त में से एक से अधिक'' है।

124. (A): 'मुँह में राम बगल में छूरी' लोकोक्ति का अर्थ है ऊपर से मित्रता दिखाना लेकिन अंदर से शत्रुता रखना। यह कपटपूर्ण व्यवहार का संकेत देता है।

125. (C): 'रविवार के बाद सोमवार होता है' वाक्य व्याकरण और अर्थ के अनुसार शुद्ध है। इसमें दिन और क्रम का सही उल्लेख है।

126. (C): यह वाक्य व्याकरण और अर्थ की दृष्टि से शुद्ध है। इसमें प्रश्नवाचकता का सही उपयोग किया गया है और वाक्य का गठन सही है। इसलिए सही उत्तर ''श्याम ने उनसे क्या कहा था?'' है।

127. (B): वाक्य में ''खिलखिलाकर हँसते सुंदर'' शब्द विशेषण पदबंध है, जो फूलों के गुण को व्यक्त करता है।

128. (C): वाक्य में ''भयंकर तूफान के झोंके की तरह'' शब्द क्रिया विशेषण पदबंध है, क्योंकि यह 'भाग गया' क्रिया को विशेष रूप से वर्णित करता है।

129. (A): वाच्य के तीन भेद होते हैं: कर्तृवाच्य, कर्मवाच्य और भाववाच्य।

130. (C): ''उससे पढ़ा नहीं जाता'' वाक्य में कार्य का जोर है, इसलिए यह भाववाच्य वाक्य का उदाहरण है।

131. (B): रचना के आधार पर वाक्य के तीन भेद होते हैं:

सरल वाक्यः जिसमें एक ही भाव या क्रिया होती है।

संयुक्त वाक्यः जिसमें दो या अधिक स्वतंत्र उपवाक्य संयोजक शब्दों से जुड़े होते हैं।

मिश्र वाक्यः जिसमें एक मुख्य उपवाक्य और एक या अधिक आश्रित उपवाक्य होते हैं।

132. (B): ''मैं लिख रहा हूँ और आप हँस रहे हैं।'' संयुक्त वाक्य है क्योंकि इसमें दो स्वतंत्र उपवाक्य 'मैं लिखा रहा हूँ' और 'आप हँस रहे हैं' संयोजक 'और' से जुड़े हैं।

134. (C): ''उदित उदय गिरी मंच पर, रघुवर बाल पतंग'' में रूपक अलंकार है। इसमें रघुवर को बाल पतंग के रूप में प्रस्तुत किया गया है। यह रूपक की विशेषता है जिसमें उपमेय और उपमान को सीधे एकरूपता दी जाती है।

(A): "अति कटु बचन कहति कैकेई। मानुह लोन जरे पर देई।।" में उत्प्रेक्षा अलंकार है क्योंकि यहाँ कल्पना की गई है कि कटु वचन की तुलना जले हुए नमक से की गई है।

(C): "ज्यों-ज्यों बूड़े, स्याम रंग, त्यों-त्यों उज्जवल होइ।" में विरोधाभास अलंकार है। इसमें डूबने और उज्जवन होने जैसे परस्पर विरोधी भावों का वर्णन है।

(D): अर्थालंकार में कल्पना का आधार होता है, भावपक्ष की प्रधानता होती है, और अर्थगत चमत्कार भी होता है। यह तीनों विशेषताएँ अर्थालंकार की परिभाषा में आती हैं।

(D): छंद कविता वर्णों और मात्राओं की योजना से बनता है। इसलिए (A) और (B) दोनों सही हैं, और सही उत्तर "उपर्युक्त में से एक से अधिक" है।

(A): "अस कहि फिर चितए तेहि ओरा। सिय मुख ससि भए, नयन चकोरा।" में चौपाई छंद का उपयोग हुआ है। चौपाई में प्रत्येक चरण में 16 मात्राएँ होती हैं।

(B): दोहा छंद का मात्रा विधान इस प्रकार हैः प्रथम और तृतीय चरण में 13 मात्राएँ, जबकि द्वितीय और चतुर्थ चरण में 11 मात्राएँ होती हैं। यह छंद की विशिष्ट पहचान है।

(C): इंद्रवज्रा छंद में 11 वर्ण होते हैं। इसकी योजना इस प्रकार हैः तगण (— ∪ ∪), तगण (— ∪ ∪), जगण (∪ — ∪) और अत में दो गुरु वर्ण।

143. (B): दिए गए छंद की योजना उपेंद्रवज्रा छंद से मेल खाती है। इसमें 11 वर्णों की योजना होती है और यह तगण, जगण तथा दो गुरु वर्णों से बनता है।

144. (C): इस छंद में वर्ण और मात्राओं की योजना वंशस्थ छंद के अनुरूप है। वंशस्थ छंद में पंक्तियों की संरचना और लय स्पष्ट रूप से दिखती है।

145. (A): आचार्य भरतमुनि ने काव्य-गुणों की संख्या दस मानी है। ये गुण काव्य की भावनात्मक और कलात्मक अभिव्यक्ति को समृद्ध करते हैं।

146. (C): "मंद मंद मुरली बजावत अधर धरे..." में माधुर्य गुण है। यह गुण काव्य में मधुरता, कोमलता और संगीतात्मक प्रवाह को दर्शाता है।

147. (B): "मुंड कटत कहुँ, रूंड नटत कहुँ... में ओज गुण है। यह वीरता, शक्ति और प्रभावशाली वर्णन को व्यक्त करता है, जो ओज गुण का मुख्य लक्षण है।

148. (C): करुण रस का स्थायी भाव 'शोक' है। यह रस दुःख और संवेदना की अभिव्यक्ति के लिए उपयोग किया जाता है।

149. (B): दिए गए पद्यांश में वात्सल्य रस है। यह माता और संतान के बीच के स्नेह और मासूमियत को दर्शाता है।

150. (A): "रण बीच चौकड़ी भर-भर कर..." में वीर रस है। यह साहस और शौर्य का वर्णन करता है, जो वीर रस का मुख्य तत्व है।

YOUR SPACE

पिछले प्रश्न-पत्र (हल सहित)

बिहार लोक सेवा आयोग (BPSC)

माध्यमिक विद्यालय अध्यापक–हिन्दी

भर्ती परीक्षा, 2023

PAPER-1 : भाषा *

भाग-I : English Language

Directions (Qs. No. 1 to 5): *Fill in the blanks with a/an/the.*

1. Your brother is appointed as _____ SDO.
A. a
B. an
C. the
D. More than one of the above
E. None of the above

2. If I can't move this desk, will you give it _____ push?
A. a
B. an
C. the
D. More than one of the above
E. None of the above

3. Bring _____ book I gave you yesterday.
A. the
B. an
C. a
D. More than one of the above
E. None of the above

4. Anand went to the doctor because he had _____ ear infection.
A. a
B. an
C. the
D. More than one of the above
E. None of the above

5. He is pursuing MA from _____ University.
A. a
B. an
C. the
D. More than one of the above
E. None of the above

Directions (Qs. No. 6 to 10): *Choose the correct alternative for each of the following.*

6. Which is ***not*** a part of a plant?
A. Leaves
B. Branches
C. Birds and animals
D. More than one of the above
E. None of the above

7. Which of the following you do ***not*** use in a computer?
A. Hard drive
B. Keyboard
C. Toothbrush
D. More than one of the above
E. None of the above

8. What among the following a lady does ***not*** use in kitchen?
A. Drier
B. Oven
C. Induction
D. More than one of the above
E. None of the above

9. Which one is ***not*** allowed in an examination?
A. Mobile phone
B. Earphone
C. Book
D. More than one of the above
E. None of the above

1. B	**2.** A	**3.** A	**4.** B	**5.** A	**6.** C	**7.** C	**8.** A	**9.** D

Exam held on 25-08-2023.

10. Which of the following is ***not*** found in a hospital?
- A. Nurse
- B. Operation theatre
- C. Telescope
- D. More than one of the above
- E. None of the above

Directions (Qs. No. 11 to 15): *Complete the sentences given below using the correct alternative.*

11. The person who writes a book is known as its
- A. reader
- B. author
- C. publisher
- D. More than one of the above
- E. None of the above

12. If today is Wednesday, day after tomorrow will be
- A. Tuesday
- B. Thursday
- C. Monday
- D. More than one of the above
- E. None of the above

13. We must _____ traffic signals.
- A. not break
- B. break
- C. not follow
- D. More than one of the above
- E. None of the above

14. If today is the 12th of December, the next month will be
- A. April
- B. January
- C. February
- D. More than one of the above
- E. None of the above

15. A month can have ______ days.
- A. 28 or 29
- B. 30
- C. 31
- D. More than one of the above
- E. None of the above

Directions (Qs. No. 16 to 20): *Choose the correct answer for each of the following.*

16. Daughter's daughter is
- A. sister
- B. granddaughter
- C. cousin
- D. More than one of the above
- E. None of the above

17. Grandfather's father is
- A. grandpa
- B. great grandfather
- C. father
- D. More than one of the above
- E. None of the above

18. Mother's father is
- A. paternal grandfather
- B. maternal grandfather
- C. great grandfather
- D. More than one of the above
- E. None of the above

19. Aunt's daughter is
- A. mother
- B. grandmother
- C. niece
- D. More than one of the above
- E. None of the above

20. Mother's and father's children are
- A. sisters and brothers
- B. cousins
- C. aunts and uncles
- D. More than one of the above
- E. None of the above

Directions (Qs. No. 21 to 25): *Choose the correct option to the questions based on the given passage.*

Once upon a time, a hunter came to a forest. It was summer, and water was scarce. Many of the animals had died of thirst. The hunter killed a deer and took it back to his house. The Forest God was very sad because he could not protect his animals. He prayed to the Rain God and the monsoon arrived. The animals could breed again because there was enough to eat and drink.

21. Whom did the Forest God pray to?
- A. The hunter
- B. The deer
- C. The Rain God
- D. More than one of the above
- E. None of the above

22. The Forest God was very _____ that he could not protect his animals.
- A. joyous
- B. sad
- C. neutral
- D. More than one of the above
- E. None of the above

10. C **11.** B **12.** E **13.** A **14.** B **15.** D **16.** B **17.** B **18.** B **19.** E **20.** A **21.** C **22.** B

23. In which season did the animals have enough to eat and drink?
A. Summer
B. Monsoon
C. All through the year
D. More than one of the above
E. None of the above

24. When the hunter came to the forest, it was
A. winter
B. monsoon
C. summer
D. More than one of the above
E. None of the above

25. Who killed the deer?
A. Rain God
B. Forest God
C. A hunter
D. More than one of the above
E. None of the above

भाग-II : हिन्दी भाषा

26. निम्नलिखित में से कौन-सा शब्द अव्यय **नहीं** है?
A. जूता
B. आज
C. भीतर
D. उपर्युक्त में से एक से अधिक
E. उपर्युक्त में से कोई नहीं

27. ह्रस्व, दीर्घ और प्लुत किसके प्रकार हैं?
A. संधि
B. व्यंजन
C. स्वर
D. उपर्युक्त में से एक से अधिक
E. उपर्युक्त में से कोई नहीं

28. तालव्य ध्वनियाँ कौन-सी हैं?
A. च, छ
B. ज, झ
C. ट, ढ
D. उपर्युक्त में से एक से अधिक
E. उपर्युक्त में से कोई नहीं

29. निम्नलिखित में से कौन-सा उत्तम पुरुषवाची शब्द **नहीं** है?
A. तुम
B. हमको
C. मुझमें
D. उपर्युक्त में से एक से अधिक
E. उपर्युक्त में से कोई नहीं

30. 'मरुभूमि में कहीं धान उगता है?' वाक्य में कौन-सा क्रिया-विशेषण है?
A. समयवाचक
B. रीतिवाचक
C. स्थानवाचक
D. उपर्युक्त में से एक से अधिक
E. उपर्युक्त में से कोई नहीं

31. निम्नलिखित में से कौन-सी लक्षणा की विशेषता है?
A. व्यंग्यार्थ
B. मुख्यार्थ
C. रूढ़ि का प्रयोग
D. उपर्युक्त में से एक से अधिक
E. उपर्युक्त में से कोई नहीं

32. विभाव किसे कहते हैं?
A. स्थायी भाव के उद्‌बोधक कारक
B. जिसमें रस उत्पन्न हो
C. जिसको रस उत्पन्न हो
D. उपर्युक्त में से एक से अधिक
E. उपर्युक्त में से कोई नहीं

33. 'लड़के ने कुत्ते को मारा।' वाक्य में कौन-सा कारक है?
A. करण और अपादान
B. संबंध और करण
C. अधिकरण और करण
D. उपर्युक्त में से एक से अधिक
E. उपर्युक्त में से कोई नहीं

34. कौन-सी संक्षिप्ति की विशेषता **नहीं** है?
A. संक्षिप्ति एक स्वतंत्र शब्द है
B. संक्षिप्ति मूल शब्द का अर्थ वहन करती है
C. यह शब्द अपने आप में पूर्णता नहीं रखता
D. उपर्युक्त में से एक से अधिक
E. उपर्युक्त में से कोई नहीं

23. B **24.** C **25.** C **26.** A **27.** C **28.** D **29.** A **30.** E **31.** D **32.** A **33.** E **34.** C

35. 'महाशय' शब्द में कौन-सी स्वर संधि है?
A. स्वर संधि
B. दीर्घ स्वर संधि
C. यण स्वर संधि
D. उपर्युक्त में से एक से अधिक
E. उपर्युक्त में से कोई नहीं

निर्देश (प्र.सं. 36 से 40 तक) : *अशुद्ध वाक्य दिए गए हैं, अतः शुद्ध वाक्य का चयन कर (A), (B), (C), (D) और (E) में से सही विकल्प का चयन कीजिए।*

36. हमने जो कहे थे वही सत्य है।
A. हमने कहे थे वहीं सत्य है।
B. हमने जो कहे रहे वह सत्य है।
C. हमने जो कहा था वही सत्य है।
D. उपर्युक्त में से एक से अधिक
E. उपर्युक्त में से कोई नहीं

37. आपका पत्र धन्यवाद सहित मिला।
A. आपका पत्र धन्यवाद के साथ मिला।
B. आपका पत्र मिला धन्यवाद।
C. धन्यवाद के साथ आपका पत्र मिला।
D. उपर्युक्त में से एक से अधिक
E. उपर्युक्त में से कोई नहीं

38. कृपया करके कार्यक्रम में पधारें।
A. कृपया कार्यक्रम में पधारें।
B. कृपा कर कार्यक्रम में पधारे।
C. कार्यक्रम में पधारे।
D. उपर्युक्त में से एक से अधिक
E. उपर्युक्त में से कोई नहीं

39. मुझसे बेफिजूल बात मत करो।
A. मुझसे फिजूल बात मत करे।
B. मुझसे बेफिजूल में बात मत करो।
C. बेफिजूल में मुझसे बात मत करो।
D. उपर्युक्त में से एक से अधिक
E. उपर्युक्त में से कोई नहीं

40. बिहारी ने गागर में सागर भर दिया है।
A. बिहारी गागर में सागर भर दिए है।
B. बिहारी ने गागर में सागर भरा है।
C. बिहारी ने गागर में सागर भर दिए रहे।
D. उपर्युक्त में से एक से अधिक
E. उपर्युक्त में से कोई नहीं

निर्देश (प्र.सं. 41 से 45 तक) : *निम्नलिखित शब्द किस भाषा का है? (A), (B), (C), (D) और (E) में से सही विकल्प का चयन कीजिए।*

41. बेगम
A. अरबी
B. फारसी
C. पुर्तगाली
D. उपर्युक्त में से एक से अधिक
E. उपर्युक्त में से कोई नहीं

42. सिनेमा
A. पुर्तगाली
B. फारसी
C. अंग्रेजी
D. उपर्युक्त में से एक से अधिक
E. उपर्युक्त में से कोई नहीं

43. अर्दली
A. अरबी
B. फारसी
C. पुर्तगाली
D. उपर्युक्त में से एक से अधिक
E. उपर्युक्त में से कोई नहीं

44. तौलिया
A. देशी भाषा
B. पुर्तगाली
C. फारसी
D. उपर्युक्त में से एक से अधिक
E. उपर्युक्त में से कोई नहीं

45. रिक्शा
A. जापानी
B. चीनी
C. अरबी
D. उपर्युक्त में से एक से अधिक
E. उपर्युक्त में से कोई नहीं

निर्देश (प्र.सं. 46 से 50 तक) : *दिए गए शब्दों के पर्यायवाची शब्द जो नहीं हैं, उनके लिए (A), (B), (C), (D) और (E) में से सही विकल्प का चयन कीजिए।*

46. दुर्जन
A. शठ
B. कपटी
C. कंजूस
D. उपर्युक्त में से एक से अधिक
E. उपर्युक्त में से कोई नहीं

35. B **36.** C **37.** B **38.** A **39.** A **40.** B **41.** E **42.** C **43.** E **44.** B **45.** A **46.** C

47. देह

A. काया

B. शरीर

C. तन

D. उपर्युक्त में से एक से अधिक

E. उपर्युक्त में से कोई नहीं

48. स्त्री

A. वनिता

B. कांता

C. सविता

D. उपर्युक्त में से एक से अधिक

E. उपर्युक्त में से कोई नहीं

49. बिजली

A. विद्युत्

B. आभा

C. चंचला

D. उपर्युक्त में से एक से अधिक

E. उपर्युक्त में से कोई नहीं

50. लक्ष्मी

A. उमा

B. रमा

C. कमला

D. उपर्युक्त में से एक से अधिक

E. उपर्युक्त में से कोई नहीं

निर्देश (प्र.सं. 51 से 55 तक) : *निम्नलिखित वाक्यों में ऐसी हिन्दी का प्रयोग कीजिए जो बोलचाल की भाषा है तथा (A), (B), (C), (D) और (E) में से सही विकल्प का चयन कीजिए।*

51. परीक्षाएँ सन्निकट हैं।

A. परीक्षाएँ दूर है।

B. परीक्षाएँ पास है।

C. परीक्षाएँ भविष्य में है।

D. उपर्युक्त में से एक से अधिक

E. उपर्युक्त में से कोई नहीं

52. बरसात में सरिताओं में बाढ़ आ जाती है।

A. बरसात में नदियों में बाढ़ आ जाती है।

B. बरसात में पहाड़ों पर भी बाढ़ आ जाती है।

C. बरसात में पूरी सृष्टि बाढ़ में डूब जाती है।

D. उपर्युक्त में से एक से अधिक

E. उपर्युक्त में से कोई नहीं

53. मैं आपसे नितांत अपरिचित हूँ।

A. मैं आपसे बिल्कुल अपरिचित हूँ।

B. मैं आपसे एकदम अपरिचित हूँ।

C. मैं आपसे सर्वथा अपरिचित हूँ।

D. उपर्युक्त में से एक से अधिक

E. उपर्युक्त में से कोई नहीं

54. दूरदर्शन की अनेक शृंखलाएँ प्रसिद्ध हैं।

A. दूरदर्शन के अनेक नाटक प्रसिद्ध हैं।

B. दूरदर्शन के अनेक फिल्में प्रसिद्ध हैं।

C. दूरदर्शन के अनेक धारावाहिक प्रसिद्ध हैं।

D. उपर्युक्त में से एक से अधिक

E. उपर्युक्त में से कोई नहीं

55. वे अभी नवधनाढ्य हुए हैं।

A. वह अभी धनी हुए हैं।

B. वह अभी नए अमीर हुए हैं।

C. वह अभी नौ दौलत मंद हुए हैं।

D. उपर्युक्त में से एक से अधिक

E. उपर्युक्त में से कोई नहीं

निर्देश (प्र.सं. 56 से 60 तक) : *दिए गए शब्दों के विलोम शब्द चुनकर (A), (B), (C), (D) और (E) में से सही विकल्प का चयन कीजिए।*

56. इच्छा

A. अइच्छा

B. आशा

C. अनिच्छा

D. उपर्युक्त में से एक से अधिक

E. उपर्युक्त में से कोई नहीं

57. उन्मूलन

A. उन्नयन

B. अवमूल्यन

C. रोपण

D. उपर्युक्त में से एक से अधिक

E. उपर्युक्त में से कोई नहीं

58. कर्कश

A. मधुर

B. कोमल

C. कठोर

D. उपर्युक्त में से एक से अधिक

E. उपर्युक्त में से कोई नहीं

47. E	**48.** C	**49.** B	**50.** A	**51.** B	**52.** A	**53.** D	**54.** C	**55.** B	**56.** C	**57.** C	**58.** D

59. जंगम
A. वन
B. स्थावर
C. जंगल
D. उपर्युक्त में से एक से अधिक
E. उपर्युक्त में से कोई नहीं

60. शासक
A. शासित
B. पोषक
C. सत्ताधारी
D. उपर्युक्त में से एक से अधिक
E. उपर्युक्त में से कोई नहीं

निर्देश (प्र.सं. 61 से 65 तक) : *निम्नलिखित प्रत्येक वाक्य में एक शब्द रेखांकित है। प्रत्येक रेखांकित शब्द के लिए (A), (B), (C), (D) और (E) के सामने एक-एक विकल्प दिया गया है। इनमें से रेखांकित शब्द के लिए अर्थ की दृष्टि से उपयुक्त विकल्प चुनकर उत्तर-पुस्तिका में चिह्नित कीजिए।*

61. शिशु तेरी अनुपम छवि निहार
A. युवक
B. बालक
C. युवती
D. उपर्युक्त में से एक से अधिक
E. उपर्युक्त में से कोई नहीं

62. युद्ध निरंतर युद्ध विश्व है
A. शांति
B. अंधकार
C. संग्राम
D. उपर्युक्त में से एक से अधिक
E. उपर्युक्त में से कोई नहीं

63. गुमी हुई आजादी की कीमत सबने पहचानी थी
A. स्वाधीनता
B. गुलाम
C. गुलामी
D. उपर्युक्त में से एक से अधिक
E. उपर्युक्त में से कोई नहीं

64. जिसको सुन रिपु के दिल टूटे
A. शत्रु
B. आरि
C. आराति
D. उपर्युक्त में से एक से अधिक
E. उपर्युक्त में से कोई नहीं

65. सोम सुधा बरसाता
A. अमृत
B. अमरित
C. पियूष
D. उपर्युक्त में से एक से अधिक
E. उपर्युक्त में से कोई नहीं

निर्देश (प्र.सं. 66 से 70 तक) : *निम्नलिखित तत्सम शब्दों के लिए पाँच-पाँच विकल्प (A), (B), (C), (D) और (E) दिए गए हैं। इनमें से सर्वाधिक उपयुक्त विकल्प चुनकर उत्तर-पुस्तिका में चिह्नित कीजिए।*

66. खग
A. विहग
B. द्विज
C. खगी
D. उपर्युक्त में से एक से अधिक
E. उपर्युक्त में से कोई नहीं

67. गणेश
A. एकदन्त
B. नन्दी
C. नन्दन
D. उपर्युक्त में से एक से अधिक
E. उपर्युक्त में से कोई नहीं

68. काक
A. फिसफिस
B. काग
C. पिशुन
D. उपर्युक्त में से एक से अधिक
E. उपर्युक्त में से कोई नहीं

69. ठक
A. जालसाज
B. खौफ
C. त्रास
D. उपर्युक्त में से एक से अधिक
E. उपर्युक्त में से कोई नहीं

70. देह
A. वपु
B. क्षीर
C. पय
D. उपर्युक्त में से एक से अधिक
E. उपर्युक्त में से कोई नहीं

59. B **60.** A **61.** B **62.** C **63.** A **64.** A **65.** A **66.** D **67.** A **68.** D **69.** A **70.** A

निर्देश (प्र.सं. 71 से 75 तक) : *निम्नलिखित वाक्य के लिए एक शब्द चुनिए तथा (A), (B), (C), (D) और (E) में से सही विकल्प का चयन कीजिए।*

71. जिसके आने की तिथि न हो
A. अतिथि
B. पोषक
C. सत्ताधारी
D. उपर्युक्त में से एक से अधिक
E. उपर्युक्त में से कोई नहीं

72. जो लज्जा से रहित हो
A. निर्मम
B. निर्लज्ज
C. बेशर्म
D. उपर्युक्त में से एक से अधिक
E. उपर्युक्त में से कोई नहीं

73. जो सिंहासन का अधिकारी हो
A. युवराज
B. युग निर्माता
C. गद्दीधारी
D. उपर्युक्त में से एक से अधिक
E. उपर्युक्त में से कोई नहीं

74. वर्ष में एक बार होने वाला
A. वर्ष भर
B. वार्षिक
C. सालों तक
D. उपर्युक्त में से एक से अधिक
E. उपर्युक्त में से कोई नहीं

75. जो स्वेच्छा से सेवा करे
A. नौकर
B. स्वयं पाकी
C. स्वयं सेवक
D. उपर्युक्त में से एक से अधिक
E. उपर्युक्त में से कोई नहीं

निर्देश (प्र.सं. 76 से 80 तक) : *निम्नलिखित मुहावरों के उपयुक्त अर्थ का चयन कर (A), (B), (C), (D) और (E) में से सही विकल्प का चयन कीजिए।*

76. अंक भरना
A. खाली स्थानों को भरना
B. भाग्य चमकना
C. स्नेह से लिपटा लेना
D. उपर्युक्त में से एक से अधिक
E. उपर्युक्त में से कोई नहीं

77. आस्तीन का साँप
A. कपटी मित्र
B. मित्र को खतरा
C. मित्र को साँप काटना
D. उपर्युक्त में से एक से अधिक
E. उपर्युक्त में से कोई नहीं

78. किस खेत की मूली
A. अधिकारहीन
B. शक्तिहीन
C. हैसियत वाला
D. उपर्युक्त में से एक से अधिक
E. उपर्युक्त में से कोई नहीं

79. घड़ों पानी पड़ना
A. विजयी होना
B. पराजित होना
C. गर्वित होना
D. उपर्युक्त में से एक से अधिक
E. उपर्युक्त में से कोई नहीं

80. नाच नचाना
A. तंग करना
B. नृत्य सिखाना
C. नाच के लिए प्रेरित करना
D. उपर्युक्त में से एक से अधिक
E. उपर्युक्त में से कोई नहीं

निर्देश (प्र.सं. 81 से 85 तक) : *निम्नलिखित अशुद्ध शब्दों के लिए शुद्ध शब्द चुनिए तथा (A), (B), (C), (D) और (E) में से सही विकल्प का चयन कीजिए।*

81. अनाधिकार
A. अनधिकार
B. अनाधीकार
C. अन अधिकार
D. उपर्युक्त में से एक से अधिक
E. उपर्युक्त में से कोई नहीं

82. परलौकिक
A. परालौकिक
B. पारलौकिक
C. परालोकिक
D. उपर्युक्त में से एक से अधिक
E. उपर्युक्त में से कोई नहीं

71. A **72.** D **73.** A **74.** B **75.** C **76.** C **77.** A **78.** D **79.** E **80.** A **81.** A **82.** B

83. चांद

A. चॉन्द

B. चान्द

C. चाँद

D. उपर्युक्त में से एक से अधिक

E. उपर्युक्त में से कोई नहीं

84. सौंदर्यता

A. सौंदर्य

B. सोन्दरता

C. सुदर्य

D. उपर्युक्त में से एक से अधिक

E. उपर्युक्त में से कोई नहीं

85. परसाद

A. प्रशाद

B. प्रसाद

C. प्रषाद

D. उपर्युक्त में से एक से अधिक

E. उपर्युक्त में से कोई नहीं

निर्देश (प्र.सं. 86 से 90 तक) : *निम्नलिखित वाक्यों के सही प्रकार चुनिए तथा (A), (B), (C), (D) और (E) में से सही विकल्प का चयन कीजिए।*

86. उसने कहा कि मैं कल आऊँगी।

A. सरल वाक्य

B. संयुक्त वाक्य

C. मिश्र वाक्य

D. उपर्युक्त में से एक से अधिक

E. उपर्युक्त में से कोई नहीं

87. तुम जाओ और अपने पिताजी से कहना।

A. सरल वाक्य

B. संयुक्त वाक्य

C. मिश्र वाक्य

D. उपर्युक्त में से एक से अधिक

E. उपर्युक्त में से कोई नहीं

88. यह चित्र इस दीवार पर असंगत है।

A. आज्ञावाचक

B. निषेधवाचक

C. विधिवाचक

D. उपर्युक्त में से एक से अधिक

E. उपर्युक्त में से कोई नहीं

89. अरे! तुम अभी यहीं खड़े हो।

A. विस्मयबोधक

B. आश्चर्यबोधक

C. आज्ञार्थक

D. उपर्युक्त में से एक से अधिक

E. उपर्युक्त में से कोई नहीं

90. तुम सदा सुखी रहो।

A. इच्छार्थक

B. आज्ञार्थक

C. विधिवाचक

D. उपर्युक्त में से एक से अधिक

E. उपर्युक्त में से कोई नहीं

निर्देश (प्र.सं. 91 से 95 तक) : *निम्नलिखित शब्दों में प्रयुक्त प्रत्यय को पहचानकर सही विकल्प को उत्तर-पुस्तिका में चिह्नित कीजिए।*

91. स्वाधीन

A. धीन

B. न

C. अधीन

D. उपर्युक्त में से एक से अधिक

E. उपर्युक्त में से कोई नहीं

92. भुलौवल

A. वल

B. औवल

C. ल

D. उपर्युक्त में से एक से अधिक

E. उपर्युक्त में से कोई नहीं

93. बढ़िया

A. या

B. इया

C. ईया

D. उपर्युक्त में से एक से अधिक

E. उपर्युक्त में से कोई नहीं

94. झगड़ालू

A. ड़ालू

B. लू

C. आलू

D. उपर्युक्त में से एक से अधिक

E. उपर्युक्त में से कोई नहीं

83. C **84.** A **85.** B **86.** C **87.** B **88.** B **89.** D **90.** A **91.** C **92.** B **93.** B **94.** C

95. मनौती
A. औती
B. ती
C. औति
D. उपर्युक्त में से एक से अधिक
E. उपर्युक्त में से कोई नहीं

निर्देश (प्र.सं. 96 से 100 तक) : *निम्नलिखित अवतरण को ध्यानपूर्वक पढ़िए और पूछे गए प्रश्नों के सही विकल्प चुनकर उत्तर-पुस्तिका में चिह्नित कीजिए।*

संकटों से वीर घबराते नहीं,
आपदाएँ देख छिप जाते नहीं।
लग गए जिस काम में पूरा किया,
काम करके व्यर्थ पछताते नहीं।।
कठिन पथ को देख मुस्कुराते सदा,
संकटों के बीच वे गाते सदा।
है असंभव कुछ नहीं उनके लिए,
सरल-संभव कर दिखाते वे सदा।।

96. पद्यांश के लिए उपयुक्त शीर्षक है :
A. संकट के बादल
B. वीर
C. कठिन पथ
D. उपर्युक्त में से एक से अधिक
E. उपर्युक्त में से कोई नहीं

97. वीर संकटों को देखकर क्या करते हैं?
A. छिप जाते हैं
B. रोते हैं
C. सोते हैं
D. उपर्युक्त में से एक से अधिक
E. उपर्युक्त में से कोई नहीं

98. वीर सभी कार्य को कैसे करते हैं?
A. सोचते हुए
B. छिपते हुए
C. मुस्कुराते हुए
D. उपर्युक्त में से एक से अधिक
E. उपर्युक्त में से कोई नहीं

99. वीर किसे देखकर मुस्कुराते हैं?
A. मित्र
B. कठिन पथ
C. असंभव
D. उपर्युक्त में से एक से अधिक
E. उपर्युक्त में से कोई नहीं

100. 'आपदाएँ' शब्द का अर्थ क्या है?
A. विपत्ति
B. सम्मति
C. अनुमति
D. उपर्युक्त में से एक से अधिक
E. उपर्युक्त में से कोई नहीं

व्याख्यात्मक उत्तर

1. (B): "An" is used before words that start with a vowel sound. In the phrase "SDO," which likely stands for a title like "Sub-Divisional Officer," the initial sound is a vowel sound (ess-dee-oh), hence "an SDO" is correct.

2. (A): The indefinite article "a" is used before words that begin with a consonant sound. In this sentence, "push" starts with a consonant sound, so "a push" is appropriate. The use of "a" suggests any push, not a specific one.

3. (A): "The" is the definite article used before a specific noun which is already known to the listener or reader. In this case, "the book I gave you yesterday" refers to a specific book that was given yesterday, making "the" the correct choice.

4. (B): "An" is used before words that start with a vowel sound. "Ear infection" starts with a vowel sound (ee-), so "an ear infection" is correct. This indicates Anand had a type of ear infection, but not a specific, previously known one.

5. (A): "A" is used before words that begin with a consonant sound. Since "University" starts with a 'yoo-' sound, which is a consonant sound, "a University" is correct. The use of "a" here suggests the name of the university is not specified or known to the listener.

6. (C): Birds and animals are not a part of a plant. Plants consist of parts like leaves and branches, but birds and animals are separate entities that may interact with plants but are not components of them.

95. A	**96.** B	**97.** E	**98.** C	**99.** B	**100.** A

7. **(C):** A toothbrush is not used in a computer. Computers typically include hardware components like hard drives and input devices like keyboards. A toothbrush, being a personal hygiene item, has no function in the operation or maintenance of a computer.

8. **(A):** A drier is not typically used in a kitchen. Kitchens usually contain appliances for cooking and food preparation, such as ovens and induction cooktops. A drier, more commonly associated with laundry and clothes drying, is not a standard kitchen appliance.

9. **(D):** More than one of the above options are not allowed in an examination. Mobile phones, earphones, and books are generally prohibited in exam settings to prevent cheating and distractions, ensuring the integrity of the examination.

10. **(C):** A telescope is not found in a hospital. Hospitals are equipped with medical personnel like nurses and facilities like operation theatres for patient care. A telescope, being an instrument for observing distant objects, typically in astronomy, has no relevance in a hospital setting.

11. **(B):** The person who writes a book is known as its author. An author is someone who creates and writes the content of a book. Readers, publishers, and others may be involved in the book's lifecycle, but the author is the one who actually writes it.

12. **(E):** If today is Wednesday, the day after tomorrow will be Friday. The progression of days follows a set order, so two days after Wednesday is Friday.

13. **(A):** We must not break traffic signals. Following traffic signals is a fundamental aspect of road safety and law. "Not break" means to adhere to the rules and signals while driving.

14. **(B):** If today is the 12th of December, the next month will be January. The sequence of months is fixed, with January coming after December in the Gregorian calendar.

15. **(D):** A month can have 28, 29, 30, or 31 days. Different months have varying numbers of days: February has 28 or 29 days (29 in a leap year), April, June, September, and November have 30 days, and the remaining months have 31 days.

16. **(B):** A daughter's daughter is her granddaughter. This term specifically refers to the female grandchild of a person.

17. **(B):** A grandfather's father is a great-grandfather. This term denotes the father of one's grandfather.

18. **(B):** A mother's father is referred to as a maternal grandfather. The term "maternal" indicates the relationship through the mother's side of the family.

19. **(E):** An aunt's daughter is neither a mother, grandmother, nor niece in relation to the person in question. The correct term for an aunt's daughter is a cousin, which describes the children of one's parents' siblings.

20. **(A):** Mother's and father's children are their sons and daughters, or in other terms, sisters and brothers to each other. This describes the sibling relationship within a family.

21. **(C):** The Forest God prayed to the Rain God. This is stated directly in the passage, indicating the Forest God's appeal for help to bring rain and alleviate the drought conditions in the forest.

22. **(B):** The Forest God was very sad that he could not protect his animals. The passage explicitly mentions this emotional response to the situation where animals were dying due to lack of water.

23. **(B):** The animals had enough to eat and drink in the monsoon season. The passage mentions that the arrival of the monsoon, which was a result of the Forest God's prayer to the Rain God, provided sufficient food and water for the animals.

24. **(C):** When the hunter came to the forest, it was summer. This is specified at the beginning of the passage, highlighting the challenging conditions due to water scarcity during this season.

25. **(C):** A hunter killed the deer. This is clearly stated in the passage, describing the action of the hunter in the forest during the summer.

26. **(A):** 'जूता' (shoe) अव्यय नहीं है। अव्यय वे शब्द होते हैं जो संज्ञा, सर्वनाम, विशेषण या क्रिया की तरह कार्य नहीं करते हैं। जूता एक संज्ञा है, जबकि 'आज' और 'भीतर' अव्यय हैं।

27. **(C):** 'ह्रस्व, दीर्घ और प्लुत' स्वरों के प्रकार हैं। ये तीनों शब्द वर्णमाला के स्वर खंड से संबंधित हैं, जहाँ स्वरों की विभिन्न अवधि को दर्शाया गया है।

28. **(D):** 'तालव्य ध्वनियाँ' वे ध्वनियाँ हैं जो तालु (जीभ के ऊपरी भाग) की सहायता से उत्पन्न होती हैं। 'च, छ' (च-वर्ग) और 'ज, झ' (ज-वर्ग) दोनों ही तालव्य ध्वनियाँ हैं।

29. **(A):** 'तुम' उत्तम पुरुष वाची शब्द नहीं है। उत्तम पुरुष वह होता है जो वक्ता को संबोधित करता है, जैसे 'मैं' या 'हम'।

'तुम' मध्यम पुरुष में आता है, जो संबोधित किए जाने वाले व्यक्ति को दर्शाता है। 'हमको' और 'मुझमें' उत्तम पुरुष वाची शब्द हैं।

30. **(E):** वाक्य 'मरुभूमि में कहीं धान उगता है?' में कोई क्रिया-विशेषण नहीं है। क्रिया-विशेषण वे शब्द होते हैं जो क्रिया की विशेषता बताते हैं, जैसे समय, स्थान, तरीका आदि। इस वाक्य में 'मरुभूमि' (रेगिस्तान) स्थान का उल्लेख करता है, लेकिन यह क्रिया-विशेषण नहीं है, बल्कि यह सिर्फ स्थान का संज्ञानात्मक वर्णन करता है।

31. **(D):** लक्षणा की विशेषता में 'व्यंग्यार्थ', 'मुख्यार्थ', और 'रूढ़ि का प्रयोग' सभी शामिल हैं। लक्षणा तब होती है जब शब्द का अर्थ इसके मूल अर्थ से अलग होता है, और यह व्यंग्य, मुख्यार्थ और रूढ़ि प्रयोग के जरिए हो सकता है।

32. **(A):** विभाव को 'स्थायी भाव के उद्‌बोधक कारक' के रूप में परिभाषित किया जाता है। नाट्यशास्त्र में, विभाव वह तत्व होता है जो रस की अनुभूति के लिए आवश्यक स्थायी भाव को जागृत करता है। इसमें अलंकार, पात्र, और परिस्थितियाँ शामिल हो सकती हैं।

33. **(E):** वाक्य 'लड़के ने कुत्ते को मारा' में 'लड़के' 'कर्ता' कारक है, और 'कुत्ते को' 'कर्म' कारक है। इस वाक्य में करण या अपादान कारक नहीं है।

34. **(C):** 'संक्षिप्ति' की विशेषता यह नहीं है कि यह शब्द अपने आप में पूर्णता नहीं रखता। संक्षिप्ति एक स्वतंत्र और मूल शब्द का अर्थ वहन करने वाला शब्द होता है, जो उसका संक्षेपित रूप होता है।

35. **(B):** 'महाशय' शब्द में 'दीर्घ स्वर संधि' है। यह शब्द 'महा' और 'आशय' के मिलन से बना है, जहां 'महा' के अंतिम 'अ' और 'आशय' के प्रारंभिक 'आ' का मेल होकर 'आ' बनता है, जो दीर्घ स्वर संधि का एक उदाहरण है।

36. **(C):** शुद्ध वाक्य है 'हमने जो कहा था वही सत्य है।' यहाँ 'कहे थे' की जगह 'कहा था' का प्रयोग होना चाहिए, क्योंकि वाक्य भूतकाल में है और 'हमने' के साथ 'कहा था' का प्रयोग उचित है।

37. **(B):** शुद्ध वाक्य है 'आपका पत्र मिला धन्यवाद।' 'धन्यवाद सहित' की जगह 'धन्यवाद' का प्रयोग वाक्य को अधिक स्पष्ट और सही बनाता है।

38. **(A):** शुद्ध वाक्य है 'कृपया कार्यक्रम में पधारें।' 'कृपया करके' का प्रयोग अतिरिक्त है, और 'पधारें' शिष्टाचारपूर्ण आमंत्रण हेतु सही शब्द है।

39. **(A):** शुद्ध वाक्य है 'मुझसे फिजूल बात मत करो।' 'बेफिजूल' का प्रयोग अशुद्ध है, और सही शब्द 'फिजूल' है।

40. **(B):** शुद्ध वाक्य है 'बिहारी ने गागर में सागर भरा है।' यहाँ 'भर दिया है' की जगह 'भरा है' का प्रयोग उचित है, जो किसी काम को पूर्ण करने की क्रिया को दर्शाता है।

41. **(E):** 'बेगम' शब्द तुर्की भाषा का है। यह शब्द मुख्य रूप से उच्च स्थान पर आसीन महिलाओं या रानियों के लिए प्रयोग किया जाता है।

42. **(C):** 'सिनेमा' शब्द अंग्रेजी भाषा का है। सिनेमा शब्द ग्रीक भाषा के किनेमेटोग्राफोस–किनेमा और ग्रामो से बना है। किनेमा का अर्थ आंदोलन और ग्रामो का अर्थ है लिखना या रिकॉर्ड करना।

43. **(E):** 'अर्दली' शब्द का मूल न तो अरबी, फारसी, न ही पुर्तगाली भाषा में है। यह शब्द तुर्की भाषा से आया है और सैन्य सहायक या व्यक्तिगत सहायक के लिए प्रयोग किया जाता है।

44. **(B):** 'तौलिया' शब्द पुर्तगाली भाषा का है। यह शब्द वस्त्र या तौलिये के संदर्भ में प्रयोग किया जाता है।

45. **(A):** 'रिक्शा' शब्द जापानी भाषा का है। यह शब्द एक प्रकार के छोटे वाहन के लिए प्रयोग किया जाता है जिसे मानव द्वारा खींचा जाता है।

46. **(C):** 'कंजूस' दुर्जन का पर्यायवाची शब्द नहीं है। दुर्जन का अर्थ होता है दुष्ट या बुरे व्यक्ति, जिसके पर्यायवाची शब्द हैं 'शठ' और 'कपटी'। 'कंजूस' का अर्थ है मितव्ययी या कृपण, जो दुर्जन के अर्थ से भिन्न है।

47. **(E):** 'काया', 'शरीर', और 'तन' सभी देह के पर्यायवाची शब्द हैं। देह का अर्थ होता है शरीर, और इन सभी शब्दों का प्रयोग शरीर के लिए किया जाता है।

48. **(C):** 'सविता' स्त्री का पर्यायवाची शब्द नहीं है। स्त्री का अर्थ होता है महिला या नारी, जिसके पर्यायवाची शब्द हैं 'वनिता' और 'कांता'। 'सविता' सूर्य देवता की पत्नी या देवी का नाम है, जो स्त्री के अर्थ से भिन्न है।

49. **(B):** 'आभा' बिजली का पर्यायवाची शब्द नहीं है। बिजली का अर्थ होता है विद्युत, जिसके पर्यायवाची शब्द हैं 'विद्युत्' और 'चंचला'। 'आभा' का अर्थ होता है प्रकाश या चमक, जो बिजली के अर्थ से भिन्न है।

50. **(A):** 'उमा' लक्ष्मी का पर्यायवाची शब्द नहीं है। लक्ष्मी धन और समृद्धि की देवी हैं, जिनके पर्यायवाची शब्द हैं 'रमा' और 'कमला'। 'उमा' हिन्दू धर्म में पार्वती या शक्ति का एक नाम है, जो लक्ष्मी से भिन्न है।

51. **(B):** 'परीक्षाएँ पास है' वाक्य 'परीक्षाएँ सन्निकट हैं' के समान अर्थ रखता है। 'पास' शब्द का इस्तेमाल बोलचाल की भाषा में 'निकट' या 'सन्निकट' के समान अर्थ में होता है।

52. **(A):** 'बरसात में नदियों में बाढ़ आ जाती है' वाक्य 'बरसात में सरिताओं में बाढ़ आ जाती है' के समान अर्थ रखता है। 'नदियों' शब्द का इस्तेमाल बोलचाल में 'सरिताओं' के समान अर्थ में होता है।

53. **(D):** 'मैं आपसे बिल्कुल अपरिचित हूँ' वाक्य 'मैं आपसे नितांत अपरिचित हूँ' के समान अर्थ रखता है। 'बिल्कुल' शब्द का प्रयोग बोलचाल की भाषा में 'नितांत' के समान अर्थ में होता है।

54. **(C):** 'दूरदर्शन के अनेक धारावाहिक प्रसिद्ध हैं' वाक्य 'दूरदर्शन की अनेक श्रृंखलाएँ प्रसिद्ध हैं' के समान अर्थ रखता है। धारावाहिक का प्रयोग बोलचाल की भाषा में टीवी शो या सीरीज के लिए किया जाता है।

55. **(B):** 'वह अभी नए अमीर हुए हैं' वाक्य 'वे अभी नवधनाढ्य हुए हैं' के समान अर्थ रखता है। 'नए अमीर' का प्रयोग बोलचाल की भाषा में हाल ही में धनी बने लोगों के लिए होता है।

56. **(C):** 'इच्छा' का विलोम 'अनिच्छा' है। इच्छा का अर्थ है चाहना या चाह, और अनिच्छा का अर्थ है न चाहना या न चाह।

57. **(C):** 'उन्मूलन' का विलोम 'रोपण' है। उन्मूलन का अर्थ होता है जड़ से उखाड़ना या नष्ट करना, जबकि रोपण का अर्थ है पौधे लगाना या रोपना।

58. **(D):** कर्कश का अर्थ होता है कठोर या रूखा, इसलिए इसका विलोम मधुर एवं कोमल होगा।

59. **(B):** 'जंगम' का विलोम 'स्थावर' है। जंगम का अर्थ है चलायमान या गतिशील, और स्थावर का अर्थ है स्थिर या अचल।

60. **(A):** 'शासक' का विलोम 'शासित' है। शासक का अर्थ है वह जो शासन करता है, और शासित का अर्थ है वह जिस पर शासन किया जाता है।

61. **(B):** 'शिशु' का अर्थ होता है बालक या छोटा बच्चा। इसलिए यहाँ सही विकल्प 'बालक' है।

62. **(C):** 'युद्ध' का अर्थ होता है संग्राम या लड़ाई। इसलिए यहाँ सही विकल्प 'संग्राम' है।

63. **(A):** 'आजादी' का अर्थ होता है स्वाधीनता या स्वतंत्रता। इसलिए यहाँ सही विकल्प 'स्वाधीनता' है।

64. **(A):** 'रिपु' का अर्थ होता है 'शत्रु या दुश्मन। इसलिए यहाँ सही विकल्प 'शत्रु' है।

65. **(A):** 'सोम' का एक अर्थ होता है अमृत, जो देवताओं का पेय होता है। इसलिए यहाँ सही विकल्प 'अमृत' है।

66. **(D):** 'खग' का अर्थ होता है पक्षी, और इसके पर्यायवाची शब्द हैं 'विहग' और 'खगी'। 'द्विज' भी पक्षियों के लिए प्रयोग किया जाता है, लेकिन इसका प्राथमिक अर्थ ब्राह्मण या दूसरी बार जन्मा हुआ होता है।

67. **(A):** 'गणेश' के लिए सर्वाधिक उपयुक्त तत्सम शब्द 'एकदन्त' है, जो गणेश जी का एक नाम है और उनके एक दांत के होने का संदर्भ देता है।

68. **(D):** 'काक' का अर्थ होता है कौवा, और इसके पर्यायवाची शब्द हैं 'फिसफिस' और 'पिशुन'। 'काग' भी कौवे के लिए प्रयोग किया जाता है।

69. **(A):** 'ठग' का अर्थ होता है धोखेबाज या चालाक, और इसके पर्यायवाची शब्द में 'जालसाज' शामिल है।

70. **(A):** 'देह' का अर्थ होता है शरीर, और इसके पर्यायवाची शब्द में 'वपु' शामिल है। 'क्षीर' और 'पय' का संबंध दूध या तरल पदार्थ से है, जो देह के अर्थ से अलग है।

71. **(A):** 'जिसके आने की तिथि न हो' के लिए सही शब्द 'अतिथि' है। अतिथि का अर्थ होता है वह व्यक्ति जिसके आने की कोई निश्चित तिथि न हो।

72. **(D):** 'जो लज्जा से रहित हो' के लिए सही शब्द निर्लज्ज और 'बेशर्म' है। इसका अर्थ होता है वह व्यक्ति जिसमें लज्जा या शर्म की कमी हो।

73. **(A):** 'जो सिंहासन का अधिकारी हो' के लिए सही शब्द 'युवराज' है। युवराज का अर्थ होता है वह व्यक्ति जो सिंहासन या राज-पद का अधिकारी हो।

74. **(B):** 'वर्ष में एक बार होने वाला' के लिए सही शब्द 'वार्षिक' है। वार्षिक का अर्थ होता है कुछ ऐसा जो हर साल एक बार होता है।

75. **(C):** 'जो स्वेच्छा से सेवा करे' के लिए सही शब्द 'स्वयंसेवक' है। स्वयंसेवक का अर्थ होता है वह व्यक्ति जो अपनी इच्छा से, बिना किसी बाध्यता के, सेवा करता है।

76. **(C):** 'अंक भरना' मुहावरे का अर्थ होता है स्नेह से लिपटा लेना या गले लगाना। यह प्यार या आत्मीयता दर्शाने के लिए प्रयोग किया जाता है।

77. **(A):** 'आस्तीन का साँप' मुहावरे का अर्थ होता है कपटी मित्र या धोखेबाज दोस्त। यह ऐसे व्यक्ति के लिए प्रयोग किया जाता है जो दिखावे में तो मित्र है पर वास्तव में शत्रुता रखता है।

78. **(D):** 'किस खेत की मूली' मुहावरे का अर्थ होता है अधिकारहीन या शक्तिहीन या ऐसा व्यक्ति जिसका कोई महत्व नहीं होता। इसका प्रयोग किसी की अहमियत या स्थिति को कम करके आंकने के लिए किया जाता है।

79. **(E):** 'घड़ों पानी पड़ना' मुहावरे का अर्थ उपलब्ध विकल्पों में से किसी से मेल नहीं खाता। इस मुहावरे का अर्थ होता है अचानक बहुत अधिक नुकसान होना या किसी बड़ी आपदा का होना।

80. **(A):** 'नाच नचाना' मुहावरे का अर्थ होता है तंग करना या किसी काम में असमर्थ होना। इसका प्रयोग अक्सर उस स्थिति में किया जाता है जब कोई व्यक्ति अपनी अक्षमता के लिए बहाने बनाता है और दूसरों को तंग करता है।

81. **(A):** 'अनाधिकार' का शुद्ध रूप 'अनधिकार' है।

82. **(B):** 'परलौकिक' का शुद्ध रूप 'पारलौकिक' है, जिसका अर्थ होता है परलोक से संबंधित या दिव्य।

83. **(C):** 'चांद' का शुद्ध रूप 'चाँद' है।

84. **(A):** 'सौंदर्यता' का शुद्ध रूप 'सौंदर्य' है।

85. **(B):** 'परसाद' का शुद्ध रूप 'प्रसाद' है। यह शब्द आमतौर पर देवताओं को अर्पित भोजन या पदार्थों के बाद भक्तों को दिए जाने वाले पवित्र भोजन या वस्तु के लिए प्रयोग किया जाता है।

86. **(C):** 'उसने कहा कि मैं कल आऊँगी।' यह वाक्य मिश्र वाक्य है।

87. **(B):** 'तुम जाओ और अपने पिताजी से कहना।' यह वाक्य संयुक्त वाक्य है क्योंकि इसमें दो सरल वाक्यों को 'और' के माध्यम से जोड़ा गया है।

88. **(B):** 'यह चित्र इस दीवार पर असंगत है।' यह वाक्य निषेधवाचक है क्योंकि इसमें चित्र के दीवार पर होने की अनुपयुक्तता या असंगतता का वर्णन किया गया है।

89. **(D):** 'अरे! तुम अभी यहीं खड़े हो।' इस वाक्य में विस्मयबोधक और आश्चर्यबोधक दोनों तत्व मौजूद हैं। इसमें आश्चर्य और विस्मय का भाव व्यक्त होता है।

90. **(A):** 'तुम सदा सुखी रहो।' यह वाक्य इच्छार्थक है क्योंकि इसमें किसी के लिए सुखी रहने की कामना या इच्छा व्यक्त की गई है।

91. **(C):** 'स्वाधीन' शब्द में प्रयुक्त प्रत्यय 'अधीन' है। इसमें 'स्व' उपसर्ग है और 'अधीन' मूल शब्द है।

92. **(B):** 'भुलौवल' शब्द में प्रयुक्त प्रत्यय 'औवल' है। 'भुल' मूल शब्द है और 'औवल' प्रत्यय है।

93. **(B):** 'बढ़िया' शब्द में प्रयुक्त प्रत्यय 'इया' है। 'बढ़' मूल शब्द है और 'इया' प्रत्यय है।

94. **(C):** 'झगड़ालू' शब्द में प्रयुक्त प्रत्यय 'आलू' है। 'झगड़' मूल शब्द है और 'आलू' प्रत्यय है।

95. **(A):** 'मनौती' शब्द में प्रयुक्त प्रत्यय 'औती' है। 'मन' मूल शब्द है और 'औती' प्रत्यय है।

96. **(B):** इस पद्यांश का उपयुक्त शीर्षक 'वीर' है, क्योंकि यह पूरे पद्यांश में वीरता और साहसिकता की भावना को दर्शाता है।

97. **(E):** वीर संकटों को देखकर न तो छिपते हैं, न रोते हैं, और न ही सोते हैं। इसलिए उपलब्ध विकल्पों में से कोई भी सही नहीं है।

98. **(C):** वीर सभी कार्यों को मुस्कराते हुए पूरा करते हैं और व्यर्थ पछताते नहीं हैं।

99. **(B):** वीर कठिन पथ को देखकर मुस्कुराते हैं, जो उनकी साहसिकता और सकारात्मक दृष्टिकोण को दर्शाता है।

100. **(A):** 'आपदाएँ' शब्द का अर्थ 'विपत्ति' या संकट होता है।

PAPER-3*

भाग-I : सामान्य अध्ययन

1. 10 वर्ष पूर्व रमेश एवं राजीव की आयु का अनुपात 1 : 3 था। अब से 5 वर्ष पश्चात् यह अनुपात 2 : 3 हो जाएगा। वर्तमान में उनकी आयु का अनुपात क्या है?

A. 2 : 5
B. 3 : 5
C. 1 : 2
D. उपर्युक्त में से एक से अधिक
E. उपर्युक्त में से कोई नहीं

2. यदि मैं अपने घर से 5 किमी. प्रति घंटा की गति से स्टेशन के लिए चलता हूँ, तो मेरी गाड़ी मेरे स्टेशन पहुँचने से 7 मिनट पहले छूट चुकी होती है। किन्तु यदि मैं 6 किमी. प्रति घंटा की गति से चलता हूँ, तो मैं स्टेशन पर गाड़ी के छूटने से 5 मिनट पहले पहुँच जाता हूँ। तदनुसार, मेरे घर और स्टेशन के बीच की दूरी क्या है?

A. 7 किमी.
B. 6.5 किमी.
C. 6 किमी.
D. उपर्युक्त में से एक से अधिक
E. उपर्युक्त में से कोई नहीं

3. P और Q की औसत मासिक आय ₹ 5,050 है। Q और R की औसत मासिक आय ₹ 6,250 है तथा P और R की औसत मासिक आय ₹ 5,200 है। P की मासिक आय है :

A. ₹ 3,500
B. ₹ 4,050
C. ₹ 4,000
D. उपर्युक्त में से एक से अधिक
E. उपर्युक्त में से कोई नहीं

4. यदि P का 30%, Q के 40% में जोड़ दिया जाए, तो वह Q का 80% हो जाता है। तदनुसार Q, P का कितना प्रतिशत है?

A. 40%
B. 50%
C. 75%
D. उपर्युक्त में से एक से अधिक
E. उपर्युक्त में से कोई नहीं

5. A, B, C, D के बीच 5 : 2 : 4 : 3 के अनुपात में धन का वितरण किया जाना है। यदि C को D से ₹ 1,000 अधिक मिलते हैं, तो B का हिस्सा क्या है?

A. ₹ 500
B. ₹ 1,500
C. ₹ 2,000
D. उपर्युक्त में से एक से अधिक
E. उपर्युक्त में से कोई नहीं

6. एक दुकानदार एक घड़ी बेचते समय बिक्री मूल्य पर 5% छूट देता है। यदि वह उस पर 6% की छूट दे देता है, तो उसे पहले से ₹ 15 कम का लाभ मिलेगा। तदनुसार, उस घड़ी का अंकित बिक्री मूल्य क्या है?

A. ₹ 1,400
B. ₹ 1,500
C. ₹ 1,800
D. उपर्युक्त में से एक से अधिक
E. उपर्युक्त में से कोई नहीं

7. तीन संख्याएँ 3 : 4 : 5 के अनुपात में हैं। उनमें सबसे बड़ी एवं सबसे छोटी संख्याओं का योग, दूसरी संख्या तथा 52 के योग के बराबर है। तदनुसार, सबसे छोटी संख्या कौन-सी है?

A. 27
B. 39
C. 52
D. उपर्युक्त में से एक से अधिक
E. उपर्युक्त में से कोई नहीं

8. यदि $2^{2n-1} = \frac{1}{8^{n-3}}$, तो n का मान है :

A. –3
B. 2
C. –2
D. उपर्युक्त में से एक से अधिक
E. उपर्युक्त में से कोई नहीं

9. निम्नलिखित में से कौन-सा फोटो-इलेक्ट्रिक उपकरण डिजिटल अनुप्रयोगों के लिए सबसे उपयुक्त है?

A. फोटो-वोल्टिक सेल
B. फोटो-उत्सर्जक सेल
C. फोटो-डायोड
D. उपर्युक्त में से एक से अधिक
E. उपर्युक्त में से कोई नहीं

1. B	**2.** C	**3.** C	**4.** C	**5.** C	**6.** B	**7.** B	**8.** B	**9.** A

**Exam held on 26-08-2023.*

10. किसी विखण्डनीय द्रव्य का क्रान्तिक द्रव्यमान होगा :
A. एक किलोग्राम समतुल्य
B. शृंखला अभिक्रिया हेतु आवश्यक न्यूनतम द्रव्यमान
C. 10^{10} जूल के समतुल्य विराम द्रव्यमान
D. उपर्युक्त में से एक से अधिक
E. उपर्युक्त में से कोई नहीं

11. फलों को जबरदस्ती पकाने के लिए निम्नलिखित में से किस गैस का उपयोग किया जाता है?
A. ईथेन
B. एथिलीन
C. मेथिलीन
D. उपर्युक्त में से एक से अधिक
E. उपर्युक्त में से कोई नहीं

12. निम्नलिखित में से किसकी ऑक्टेन संख्या शून्य है?
A. आइसो-ऑक्टेन
B. निओ-ऑक्टेन
C. *n*-ऑक्टेन
D. उपर्युक्त में से एक से अधिक
E. उपर्युक्त में से कोई नहीं

13. लीची का खाद्य भाग है :
A. एरिल
B. थैलेमस
C. बीज कोट
D. उपर्युक्त में से एक से अधिक
E. उपर्युक्त में से कोई नहीं

14. आणविक ऑक्सीजन का पत्तियों से निकलना कौन-सी भौतिक क्रिया है?
A. विसरण
B. वाष्पोत्सर्जन
C. परासरण
D. उपर्युक्त में से एक से अधिक
E. उपर्युक्त में से कोई नहीं

15. किसी गुणसूत्र पर जीनों की आपेक्षिक स्थिति ज्ञात करने की प्रक्रिया कहलाती है :
A. जीनोम का चलना
B. गुणसूत्र का चलना
C. जीन मानचित्रण
D. उपर्युक्त में से एक से अधिक
E. उपर्युक्त में से कोई नहीं

16. ब्रायोफाइट में बीजाणु मातृ कोशिका होती है :
A. अगुणित
B. द्विगुणित
C. त्रिगुणित
D. उपर्युक्त में से एक से अधिक
E. उपर्युक्त में से कोई नहीं

17. भारत सरकार द्वारा पर्यावरण और वन की सुरक्षा के लिए किस वर्ष NGT (नैशनल ग्रीन ट्रिब्यूनल) की स्थापना की गई थी?
A. 2010
B. 2011
C. 2012
D. उपर्युक्त में से एक से अधिक
E. उपर्युक्त में से कोई नहीं

18. भारत के किस शहर ने सबसे पहले पानी के नीचे मेट्रो की शुरूआत की?
A. कोच्चि
B. विशाखापत्तनम
C. बेंगलुरु
D. उपर्युक्त में से एक से अधिक
E. उपर्युक्त में से कोई नहीं

19. भारत की G20 अध्यक्षता में पर्यटन कार्यसमूह की बैठक कहाँ हुई थी?
A. पटना (बिहार)
B. श्रीनगर (जम्मू और कश्मीर)
C. रामनगर (उत्तराखंड)
D. उपर्युक्त में से एक से अधिक
E. उपर्युक्त में से कोई नहीं

20. इनमें से किसने राष्ट्रीय अंडर-17 बालिका कुश्ती चैम्पियनशिप में रजत पदक प्राप्त किया?
A. लीजा तोमर
B. निर्जला
C. पुष्पा यादव
D. उपर्युक्त में से एक से अधिक
E. उपर्युक्त में से कोई नहीं

21. उपन्यास *टॉम्ब ऑफ सैंड* के लिए अन्तर्राष्ट्रीय बुकर पुरस्कार, 2022 किसने जीता?
A. गीतांजलि श्री और डेजी रॉकवेल
B. डेविड डिओप और अन्ना मोस्कोवाकिस
C. मैरीलिन बूथ और जोखा अल्हार्थी
D. उपर्युक्त में से एक से अधिक
E. उपर्युक्त में से कोई नहीं

10. B **11.** B **12.** E **13.** A **14.** A **15.** C **16.** B **17.** A **18.** E **19.** B **20.** B **21.** A

22. भारत के 74वें गणतंत्र दिवस पर कौन मुख्य अतिथि थे?
A. मोहम्मद बिल सलमान
B. अब्देल फतह अल-सिसी
C. शेख मोहम्मद बिन राशिद अल मकतूम
D. उपर्युक्त में से एक से अधिक
E. उपर्युक्त में से कोई नहीं

23. बिहार के किस जिले में प्रथम तैरता हुआ सोलर ऊर्जा संयंत्र बनाया गया है?
A. दरभंगा
B. पश्चिम चम्पारण
C. मधुबनी
D. उपर्युक्त में से एक से अधिक
E. उपर्युक्त में से कोई नहीं

24. बिहार में निम्नलिखित में से किसे GI टैग मिला है?
A. मगही पान
B. बासमती चावल
C. चंदेरी साड़ी
D. उपर्युक्त में से एक से अधिक
E. उपर्युक्त में से कोई नहीं

25. सूची-I को सूची-II से सुमेलित कीजिए :

सूची-I	**सूची-II**
(*a*) चार	1. पंजाब का मैदान
(*b*) कंकर	2. डेल्टा
(*c*) कायल	3. बांगर
(*d*) मांड	4. तटीय मैदान

नीचे दिए गए कूट का प्रयोग कर सही उत्तर चुनिए।
A. (*a*)-1, (*b*)-4, (*c*)-2, (*d*)-3
B. (*a*)-2, (*b*)-3, (*c*)-4, (*d*)-1
C. (*a*)-3, (*b*)-1, (*c*)-4, (*d*)-2
D. उपर्युक्त में से एक से अधिक
E. उपर्युक्त में से कोई नहीं

26. निम्नलिखित में से कौन-सी सहायक नदी ब्रह्मपुत्र से उत्तर दिशा से **नहीं** मिलती है?
A. सुबनसिरी
B. बेलसिरी
C. मानस
D. उपर्युक्त में से एक से अधिक
E. उपर्युक्त में से कोई नहीं

27. लिखापानी हिमनद भारत के निम्नलिखित में से किस राज्य में स्थित है?
A. अरुणाचल प्रदेश
B. हिमाचल प्रदेश
C. सिक्किम
D. उपर्युक्त में से एक से अधिक
E. उपर्युक्त में से कोई नहीं

28. मगध एवं अंग का मैदान किसके हिस्से हैं?
A. ऊपरी गंगा का मैदान
B. मध्य गंगा का मैदान
C. निम्न गंगा का मैदान
D. उपर्युक्त में से एक से अधिक
E. उपर्युक्त में से कोई नहीं

29. जलप्रपात और नदी के निम्नलिखित जोड़ों में से कौन-सा जोड़ा सही सुमेलित **नहीं** है?
A. जोग--शरावती
B. कपिलधारा–कावेरी
C. धुआँधार–गोदावरी
D. उपर्युक्त में से एक से अधिक
E. उपर्युक्त में से कोई नहीं

30. भारत के निम्नलिखित बंदरगाहों को उत्तर से दक्षिण दिशा में व्यवस्थित कीजिए :

1. काकीनाड़ा	2. मछलीपट्टनम
3. नागपट्टिनम	4. विशाखापत्तनम

नीचे दिए गए कूट का प्रयोग कर सही उत्तर चुनिए।
A. 1, 2, 3, 4
B. 4, 1, 2, 3
C. 1, 3, 2, 4
D. उपर्युक्त में से एक से अधिक
E. उपर्युक्त में से कोई नहीं

31. 1954 में किन दो देशों के बीच कोसी सिंचाई एवं जलविद्युत् परियोजना समझौता हस्ताक्षरित हुआ था?
A. भारतवर्ष और बांग्लादेश
B. भारतवर्ष और चीन
C. भारतवर्ष और नेपाल
D. उपर्युक्त में से एक से अधिक
E. उपर्युक्त में से कोई नहीं

32. आर.एल. सिंह के वर्गीकरण स्कीम के अनुसार, बिहार किस प्रकार के जलवायु प्रदेश में आता है?
A. आर्द्र दक्षिण-पूर्व
B. उपार्द्र संक्रमणकालीन
C. उपार्द्र महाद्वीपीय
D. उपर्युक्त में से एक से अधिक
E. उपर्युक्त में से कोई नहीं

22. B **23.** A **24.** A **25.** B **26.** E **27.** A **28.** B **29.** D **30.** B **31.** C **32.** B

33. भारतीय राष्ट्रीय कांग्रेस के किस अधिवेशन में 'पूर्ण स्वराज' का सिद्धान्त गृहीत हुआ था?
A. कानपुर अधिवेशन, 1925
B. लाहौर अधिवेशन, 1929
C. कराची अधिवेशन, 1931
D. उपर्युक्त में से एक से अधिक
E. उपर्युक्त में से कोई नहीं

34. पंजाब में 'कूका आन्दोलन' का प्रारम्भिक उद्देश्य क्या था?
A. सिख धर्म को परिष्कृत करना
B. पंजाब में राजनीतिक शक्ति प्राप्त करना
C. कृषक आन्दोलन का संगठन
D. उपर्युक्त में से एक से अधिक
E. उपर्युक्त में से कोई नहीं

35. 1857 के विद्रोह को किसके द्वारा 'प्रथम भारतीय स्वतंत्रता संग्राम' के रूप में वर्णित किया गया था?
A. वी.डी. सावरकर
B. बाल गंगाधर तिलक
C. बिपिन चन्द्र पाल
D. उपर्युक्त में से एक से अधिक
E. उपर्युक्त में से कोई नहीं

36. भारतीय किसानों के इतिहास में संगठित असहयोग का प्रथम उदाहरण कहाँ घटित हुआ था?
A. बिहार और बंगाल
B. मद्रास प्रेसीडेंसी
C. पंजाब प्रोविन्स
D. उपर्युक्त में से एक से अधिक
E. उपर्युक्त में से कोई नहीं

37. वर्ष 1946 में बनी अन्तरिम सरकार में डॉ. राजेन्द्र प्रसाद के पास कौन-सा विभाग था?
A. रक्षा
B. गृह
C. खाद्य एवं कृषि
D. उपर्युक्त में से एक से अधिक
E. उपर्युक्त में से कोई नहीं

38. गाँधीजी को विशेष रूप से चम्पारण आने और वहाँ के कृषकों की दयनीय स्थिति को देखने हेतु किसने अनुग्रह किया था?
A. बृजकिशोर प्रसाद
B. राजकुमार शुक्ल
C. सुखराम गणेश
D. उपर्युक्त में से एक से अधिक
E. उपर्युक्त में से कोई नहीं

39. मुस्लिम लीग द्वारा किस तिथि को 'मुक्ति दिवस' मनाया गया था?
A. 22 दिसम्बर, 1939
B. 17 अक्टूबर, 1939
C. 22 दिसम्बर, 1940
D. उपर्युक्त में से एक से अधिक
E. उपर्युक्त में से कोई नहीं

40. नेशनल कॉलेज ऑफ बिहार विद्यापीठ का शिलान्यास किसने किया था?
A. डॉ. राजेन्द्र प्रसाद
B. मौलाना अब्दुल बारी
C. महात्मा गाँधी
D. उपर्युक्त में से एक से अधिक
E. उपर्युक्त में से कोई नहीं

भाग-II : हिन्दी

41. राजस्थानी भाषा का उद्भव अपभ्रंश के किस क्षेत्रीय रूप से हुआ है?
A. अर्धमागधी अपभ्रंश
B. शौरसेनी अपभ्रंश
C. ब्राचड़ अपभ्रंश
D. उपर्युक्त में से एक से अधिक
E. उपर्युक्त में से कोई नहीं

42. राजभाषा आयोग के प्रथम अध्यक्ष कौन थे?
A. ए.पी. शर्मा
B. जी.बी. वर्गीज
C. बी.जी. खेर
D. उपर्युक्त में से एक से अधिक
E. उपर्युक्त में से कोई नहीं

43. निम्नलिखित में से कौन-सी बोली पश्चिमी हिंदी की नहीं है?
A. ब्रजभाषा
B. बाँगरू
C. कन्नौजी
D. उपर्युक्त में से एक से अधिक
E. उपर्युक्त में से कोई नहीं

33. B **34.** A **35.** A **36.** A **37.** C **38.** B **39.** A **40.** C **41.** B **42.** C **43.** E

44. निम्नलिखित में से कौन-सा क्षेत्र खड़ी बोली का **नहीं** है?
A. सहारनपुर
B. मुरादाबाद
C. बरेली
D. उपर्युक्त में से एक से अधिक
E. उपर्युक्त में से कोई नहीं

45. निम्नलिखित बोलियों को उनके क्षेत्र के साथ सुमेलित कीजिए तथा सही कूट का चयन कीजिए :

बोली	क्षेत्र
(*a*) अवधी	1. झाँसी
(*b*) बुंदेली	2. बिलासपुर
(*c*) ब्रजभाषा	3. इलाहाबाद
(*d*) छत्तीसगढ़ी	4. मथुरा

कूटः

	(*a*)	(*b*)	(*c*)	(*d*)
A.	1	4	3	2
B.	2	3	1	4
C.	4	2	3	1

D. उपर्युक्त में से एक से अधिक
E. उपर्युक्त में से कोई नहीं

46. हिंदी भाषा के विकास के लिए विशेष निर्देश भारत के संविधान के किस अनुच्छेद में हैं?
A. अनुच्छेद 351
B. अनुच्छेद 147
C. अनुच्छेद 349
D. उपर्युक्त में से एक से अधिक
E. उपर्युक्त में से कोई नहीं

47. अब तक की जानकारी के अनुसार हिंदी भाषा में हिंदी साहित्य के इतिहास लेखन का सबसे पहला प्रयास किस विद्वान् का है?
A. जॉर्ज ग्रियर्सन
B. शिव सिंह सेंगर
C. रामचंद्र शुक्ल
D. उपर्युक्त में से एक से अधिक
E. उपर्युक्त में से कोई नहीं

48. ''चित्तवृत्तियों की परम्परा को परखते हुए साहित्य-परम्परा के साथ सामंजस्य दिखाना ही साहित्य का इतिहास कहलाता है।'' यह विचार किस विद्वान् का है?
A. रामचंद्र शुक्ल
B. हजारी प्रसाद द्विवेदी
C. रामकुमार वर्मा
D. उपर्युक्त में से एक से अधिक
E. उपर्युक्त में से कोई नहीं

49. मिश्र बंधु द्वारा लिखित 'हिंदी नवरत्न' में इनमें से किस कवि को स्थान **नहीं** मिला है?
A. गोस्वामी तुलसीदास
B. सूरदास
C. मलिक मुहम्मद जायसी
D. उपर्युक्त में से एक से अधिक
E. उपर्युक्त में से कोई नहीं

50. पं. विश्वनाथ प्रसाद मिश्र ने 'उत्तर मध्यकाल' को किस नाम से अभिहित किया है?
A. शृंगार काल
B. रीतिकाल
C. कला काल
D. उपर्युक्त में से एक से अधिक
E. उपर्युक्त में से कोई नहीं

51. भारतीय पत्रकारिता का पितामह किसे माना जाता है?
A. जेम्स हिक्की
B. गणेश शंकर विद्यार्थी
C. मदन मोहन मालवीय
D. उपर्युक्त में से एक से अधिक
E. उपर्युक्त में से कोई नहीं

52. ''तात्पर्य यह है कि छायावाद जिस आकांक्षा का परिणाम था उसका लक्ष्य केवल अभिव्यंजना की रोचक प्रणाली का विकास था।'' छायावाद के संबंध में यह विचार किस विद्वान् का है?
A. डॉ. नगेन्द्र
B. पं. शांतिप्रिय द्विवेदी
C. रामचंद्र शुक्ल
D. उपर्युक्त में से एक से अधिक
E. उपर्युक्त में से कोई नहीं

53. इनमें से किस जैव कवि को अपभ्रंश का वाल्मीकि कहा जाता है?
A. पुष्पदन्त
B. स्वयंभू
C. हेमचंद्र
D. उपर्युक्त में से एक से अधिक
E. उपर्युक्त में से कोई नहीं

44. C **45.** E **46.** A **47.** B **48.** A **49.** C **50.** A **51.** A **52.** C **53.** B

54. निम्नलिखित दार्शनिक मतों को उनके प्रवर्तक आचार्यों के साथ सुमेलित कीजिए तथा सही कूट का चयन कीजिए :

दार्शनिक मत	प्रवर्तक आचार्य
(*a*) विशिष्टाद्वैतवाद	1. शंकराचार्य
(*b*) शुद्धाद्वैतवाद	2. रामानुजाचार्य
(*c*) अद्वैतवाद	3. निम्बार्काचार्य
(*d*) द्वैताद्वैतवाद	4. बल्लभाचार्य

कूटः

	(*a*)	(*b*)	(*c*)	(*d*)
A.	4	1	3	2
B.	3	2	4	1
C.	1	3	2	4

D. उपर्युक्त में से एक से अधिक
E. उपर्युक्त में से कोई नहीं

55. ''प्रगतिवाद केवल साम्यवादी मार्ग को ही अपनाने के लिए विवश है, जबकि प्रगतिशील किसी भी वाद विशेष से आबद्ध नहीं होता।'' यह विचार किस विद्वान् का है?
A. डॉ. नामवर सिंह
B. नंददुलारे वाजपेयी
C. गणपति चंद्र गुप्त
D. उपर्युक्त में से एक से अधिक
E. उपर्युक्त में से कोई नहीं

56. 'प्रपद्यवाद' के अंतर्गत इनमें से किस रचनाकार का नाम सम्मिलित **नहीं** है?
A. नलिन विलोचन शर्मा
B. नंद किशोर आचार्य
C. केशरी कुमार
D. उपर्युक्त में से एक से अधिक
E. उपर्युक्त में से कोई नहीं

57. ''शमशेर मूड्स के कवि हैं किसी विजन के नहीं।'' यह कथन किस विद्वान् का है?
A. मलयज
B. नेमिचंद्र जैन
C. अशोक वाजपेयी
D. उपर्युक्त में से एक से अधिक
E. उपर्युक्त में से कोई नहीं

58. इनमें से कौन छायावादी कवि अपने रचनाकाल के अंतिम दौर के प्रगतिवाद के भौतिक दर्शन के साथ-साथ अरविंद दर्शन से प्रभावित हुआ?
A. जयशंकर प्रसाद
B. सुमित्रानंदन पंत
C. सूर्यकांत त्रिपाठी 'निराला'
D. उपर्युक्त में से एक से अधिक
E. उपर्युक्त में से कोई नहीं

59. ''भूलि कहत नवरस सुकवि, सकल मूल सिंगार।'' यह विचार रीतिकाल के किस आचार्य का है?
A. चिंतामणि त्रिपाठी
B. कुलपति मिश्र
C. प्रताप साही
D. उपर्युक्त में से एक से अधिक
E. उपर्युक्त में से कोई नहीं

60. इन आचार्यों में से अलंकारवादी आचार्य कौन है?
A. चिंतामणि त्रिपाठी
B. सोमनाथ
C. केशवदास
D. उपर्युक्त में से एक से अधिक
E. उपर्युक्त में से कोई नहीं

61. निम्नलिखित कथनों, स्थापना (अ) और तर्क (ब) पर विचार कीजिए और नीचे दिए गए कूट से सही विकल्प का चयन कीजिए।

स्थापना (अ): पाश्चात्य समीक्षाशास्त्र से परिचित होने के बाद हिंदी आलोचना का स्वरूप बदला है अब कृति की मूल प्रवृत्तियों एवं शाश्वत तत्वों का विवेचन होने लगा है।

तर्क (ब): संस्कृत पद्धति पर आधारित आलोचना में केवल शास्त्रीय पक्ष को महत्व मिलता है। अतः कृति के समस्त गुण-दोषों का उद्घाटन नहीं हो सकता।

कूटः
A. (अ) और (ब) दोनों सही हैं
B. (अ) और (ब) दोनों गलत हैं
C. (अ) गलत और (ब) सही है
D. उपर्युक्त में से एक से अधिक
E. उपर्युक्त में से कोई नहीं

62. इनमें से कौन मनोवैज्ञानिक उपन्यासकार **नहीं** है?
A. जैनेन्द्र
B. यशपाल
C. इलाचंद्र जोशी
D. उपर्युक्त में से एक से अधिक
E. उपर्युक्त में से कोई नहीं

63. प्रेमचंद के किस उपन्यास में विधवा समस्या है?
A. गबन
B. गोदान
C. रंगभूमि
D. उपर्युक्त में से एक से अधिक
E. उपर्युक्त में से कोई नहीं

54. E **55.** C **56.** B **57.** A **58.** B **59.** E **60.** C **61.** A **62.** B **63.** E

64. जयशंकर प्रसाद के किस नाटक में तलाक और पुनर्विवाह की समस्या है?

A. स्कंदगुप्त
B. ध्रुवस्वामिनी
C. चंद्रगुप्त
D. उपर्युक्त में से एक से अधिक
E. उपर्युक्त में से कोई नहीं

65. "आधुनिक काल में गद्य का आविर्भाव सबसे प्रधान घटना है।" यह कथन किसका है?

A. रामविलास शर्मा
B. नंददुलारे वाजपेयी
C. रामचंद्र शुक्ल
D. उपर्युक्त में से एक से अधिक
E. उपर्युक्त में से कोई नहीं

66. कालिदास के 'शकुंतला' नाटक का खड़ी बोली में अनुवाद किसने किया?

A. राजा लक्ष्मण सिंह
B. लल्लूलाल
C. सदल मिश्र
D. उपर्युक्त में से एक से अधिक
E. उपर्युक्त में से कोई नहीं

67. मोहन राकेश के किस नाटक में टूटते पारिवारिक मूल्यों का चित्रण है?

A. लहरों के राजहंस
B. आषाढ़ का एक दिन
C. पैर तले की जमीन
D. उपर्युक्त में से एक से अधिक
E. उपर्युक्त में से कोई नहीं

68. 'कौमुदी महोत्सव' एकांकी किस सम्राट के काल को चित्रित करती है?

A. सम्राट अशोक
B. सम्राट समुद्रगुप्त
C. सम्राट चंद्रगुप्त
D. उपर्युक्त में से एक से अधिक
E. उपर्युक्त में से कोई नहीं

69. इनमें से कौन प्रगतिवादी परम्परा का कहानीकार **नहीं** है?

A. इलाचंद्र जोशी
B. यशपाल
C. रांगेय राघव
D. उपर्युक्त में से एक से अधिक
E. उपर्युक्त में से कोई नहीं

70. 'जिंदगी और गुलाब के फूल' यह प्रसिद्ध कहानी संकलन किसका है?

A. मन्नू भंडारी
B. कृष्ण सोबती
C. शिवानी
D. उपर्युक्त में से एक से अधिक
E. उपर्युक्त में से कोई नहीं

71. "पं. प्रतापनारायण मिश्र और बालकृष्ण भट्ट ने हिंदी गद्य-साहित्य में वही काम किया जो अंग्रेजी में एडीसन और स्टील ने किया।" यह विचार किसका है?

A. हजारी प्रसाद द्विवेदी
B. रामचंद्र शुक्ल
C. रामविलास शर्मा
D. उपर्युक्त में से एक से अधिक
E. उपर्युक्त में से कोई नहीं

72. 'निर्वैयक्तिकता' का सिद्धांत किसका है?

A. अरस्तू
B. क्रोचे
C. इलियट
D. उपर्युक्त में से एक से अधिक
E. उपर्युक्त में से कोई नहीं

73. साहित्य का उद्देश्य 'विरेचन' किसने माना है?

A. अरस्तू
B. प्लेटो
C. कॉलरिज
D. उपर्युक्त में से एक से अधिक
E. उपर्युक्त में से कोई नहीं

74. भरतमुनि के रससूत्र की 'भुक्तिवाद' पर आश्रित व्याख्या किस आचार्य की है?

A. भट्टलोल्लट
B. अभिनवगुप्त
C. भट्टनायक
D. उपर्युक्त में से एक से अधिक
E. उपर्युक्त में से कोई नहीं

75. संस्कृत के किस आचार्य ने 'विशेषोगुणात्मका' सूत्र के आधार पर रीति और गुण में अभेद माना है।

A. कुन्तक
B. क्षेमेन्द्र
C. राजशेखर
D. उपर्युक्त में से एक से अधिक
E. उपर्युक्त में से कोई नहीं

64. B **65.** C **66.** A **67.** E **68.** C **69.** A **70.** E **71.** B **72.** C **73.** A **74.** C **75.** E

76. डॉ. नामवर सिंह को उनकी किस आलोचना कृति पर साहित्य अकादमी पुरस्कार मिला है?

A. छायावाद
B. इतिहास और आलोचना
C. कविता के नए प्रतिमान
D. उपर्युक्त में से एक से अधिक
E. उपर्युक्त में से कोई नहीं

77. निम्नलिखित सूचियों को सुमेलित कीजिए तथा सही कूट का चयन कीजिए :

सूची-I (प्रवर्तक)	**सूची-II (सम्प्रदाय)**
(*a*) भरतमुनि	1. ध्वनि सम्प्रदाय
(*b*) आनंदवर्द्धन	2. वक्रोक्ति सम्प्रदाय
(*c*) कुंतक	3. रीति सम्प्रदाय
(*d*) वामन	4. रस सम्प्रदाय

कूटः

	(*a*)	(*b*)	(*c*)	(*d*)
A.	2	1	4	3
B.	4	1	2	3
C.	3	4	2	1

D. उपर्युक्त में से एक से अधिक
E. उपर्युक्त में से कोई नहीं

78. क्रोचे के अभिव्यंजनावाद को वक्रोक्ति सिद्धांत का 'विलायती संस्करण' किसने कहा है?

A. श्यामसुंदर दास
B. नंददुलारे वाजपेयी
C. गुलाबराय
D. उपर्युक्त में से एक से अधिक
E. उपर्युक्त में से कोई नहीं

79. 'स्त्री-विमर्श' पर आधारित 'तब्दील निगाहें' किस लेखिका की कृति है?

A. कृष्णा सोबती
B. मैत्रेयी पुष्पा
C. ऊषा प्रियंवदा
D. उपर्युक्त में से एक से अधिक
E. उपर्युक्त में से कोई नहीं

80. 'दलित साहित्य का सौंदर्यशास्त्र' नामक कृति के लेखक हैं :

A. डॉ. एन. सिंह
B. ओमप्रकाश वाल्मीकि
C. रवीन्द्र प्रभात
D. उपर्युक्त में से एक से अधिक
E. उपर्युक्त में से कोई नहीं

81. आदिवासी विमर्श पर आधारित 'आदिवासियों का संसार' नामक-पुस्तक के लेखक हैं :

A. मैत्रेयी पुष्पा
B. रमणिका गुप्त
C. भारती मीणा
D. उपर्युक्त में से एक से अधिक
E. उपर्युक्त में से कोई नहीं

82. "संदेश यहाँ मैं नहीं स्वर्ग का लाया।
इस भूतल को ही स्वर्ग बनाने आया।।"

उपर्युक्त पंक्तियों के रचयिता हैं :

A. रामधारी सिंह 'दिनकर'
B. माखनलाल चतुर्वेदी
C. अयोध्यासिंह उपाध्याय 'हरिऔध'
D. उपर्युक्त में से एक से अधिक
E. उपर्युक्त में से कोई नहीं

83. रामधारी सिंह 'दिनकर' को उनकी किस कृति पर 'भारतीय ज्ञानपीठ' पुरस्कार प्राप्त हुआ है?

A. रश्मिरथी
B. कुरुक्षेत्र
C. उर्वशी
D. उपर्युक्त में से एक से अधिक
E. उपर्युक्त में से कोई नहीं

84. निम्नलिखित में से कौन-सा रासों ग्रंथ छंदों का अजायबघर कहलाता है?

A. परमाल रासो
B. पृथ्वीराज रासो
C. बीसलदेव रासो
D. उपर्युक्त में से एक से अधिक
E. उपर्युक्त में से कोई नहीं

85. कबीर उलटबासियों के विशेषज्ञ माने जाते हैं, इससे पहले उलटबासियाँ किस साहित्य में प्राप्त होती हैं?

A. बौद्ध साहित्य
B. सूफी साहित्य
C. सिद्ध साहित्य
D. उपर्युक्त में से एक से अधिक
E. उपर्युक्त में से कोई नहीं

76. C **77.** B **78.** E **79.** B **80.** B **81.** E **82.** E **83.** C **84.** B **85.** C

86. मैथिलीशरण गुप्त को 'राष्ट्रकवि' की उपाधि किसने दी?
A. महात्मा गाँधी
B. इंदिरा गाँधी
C. रामचंद्र शुक्ल
D. उपर्युक्त में से एक से अधिक
E. उपर्युक्त में से कोई नहीं

87. निम्नलिखित कृतियों को उनके रचनाकारों के साथ सुमेलित कीजिए तथा सही कूट का चयन कीजिए :

सूची-I	सूची-II
(*a*) अकाल और उसके बाद	1. मुक्तिबोध
(*b*) कलगी बाजरे की	2. भावनी प्रसाद मिश्र
(*c*) गीतफरोश	3. अज्ञेय
(*d*) ब्रह्मराक्षस	4. नागार्जुन

कूटः

	(*a*)	(*b*)	(*c*)	(*d*)
A.	2	1	4	3
B.	4	3	2	1
C.	3	4	1	2

D. उपर्युक्त में से एक से अधिक
E. उपर्युक्त में रो कोई नहीं

88. "एक आदमी रोटी बेलता है,
एक आदमी रोटी खाता है,
एक तीसरा आदमी भी है,
जो न रोटी बेलता है, न रोटी खाता है।"

उपर्युक्त पंक्तियाँ धूमिल की किस कविता से हैं?
A. नक्सलबाड़ी
B. मोचीराम
C. अकाल दर्शन
D. उपर्युक्त में से एक से अधिक
E. उपर्युक्त में से कोई नहीं

89. कमलेश्वर द्वारा रचित कहानी **नहीं** है :
A. एक और जिंदगी
B. राजा निरबंसिया
C. मांस का दरिया
D. उपर्युक्त में से एक से अधिक
E. उपर्युक्त में से कोई नहीं

90. 'चंद्रगुप्त' नाटक में दृश्यों की कुल संख्या है :
A. 40
B. 44
C. 45
D. उपर्युक्त में से एक से अधिक
E. उपर्युक्त में से कोई नहीं

91. 'शेखर एक जीवनी' उपन्यास के नायक के चरित्र की प्रमुख विशेषता है :
A. विनम्रता
B. भावुकता
C. उदारता
D. उपर्युक्त में से एक से अधिक
E. उपर्युक्त में से कोई नहीं

92. 'महामाया' हजारी प्रसाद द्विवेदी के किस उपन्यास की पात्र है?
A. पुनर्नवा
B. अनामदास का पोथा
C. बाणभट्ट की आत्मकथा
D. उपर्युक्त में से एक से अधिक
E. उपर्युक्त में से कोई नहीं

93. 'गैंग्रीन' कहानी के लेखक हैं :
A. निर्मल वर्मा
B. कमलेश्वर
C. ज्ञान रंजन
D. उपर्युक्त में से एक से अधिक
E. उपर्युक्त में से कोई नहीं

94. बहुत कम कहानी लिखकर भी सर्वाधिक लोकप्रियता प्राप्त कहानीकार इनमें से कौन हैं?
A. सुदर्शन
B. चंद्रधर शर्मा 'गुलेरी'
C. विश्वंभरनाथ शर्मा 'कौशिक'
D. उपर्युक्त में से एक से अधिक
E. उपर्युक्त में से कोई नहीं

95. प्रजातंत्र और लोकतंत्र के नाम पर हमारे चारों ओर फलने-फूलने वाली राजनीतिक संस्कृति के प्रतिनिधि पात्र वैद्य जी किस उपन्यासकार की सृष्टि हैं?
A. अमृतलाल नागर
B. राही मासूम रजा
C. शिव प्रसाद सिंह
D. उपर्युक्त में से एक से अधिक
E. उपर्युक्त में से कोई नहीं

96. अमृतलाल नागर का कौन-सा उपन्यास महाकवि सूरदास पर आधारित है?
A. बूँद और समुद्र
B. खंजन नयन
C. अमृत और विष
D. उपर्युक्त में से एक से अधिक
E. उपर्युक्त में से कोई नहीं

86. A **87.** B **88.** E **89.** A **90.** B **91.** E **92.** C **93.** E **94.** B **95.** E **96.** B

97. ''जिसे संसार दुःख कहता है, वहीं कवि के लिए सुख है। धन और ऐश्वर्य, रूप और बल, विद्या और बुद्धि, ये विभूतियाँ चाहे संसार को कितना ही मोहित कर लें, कवि के लिए यहाँ जरा भी आकर्षण नहीं है।'' यह कथन 'गोदान' के किस पात्र का है?

A. मेहता
B. मालती
C. मिल मालिक खन्ना
D. उपर्युक्त में से एक से अधिक
E. उपर्युक्त में से कोई नहीं

98. 'देवसेना' जयशंकर प्रसाद के किस नाटक की पात्र हैं?

A. अजातशत्रु
B. ध्रुवस्वामिन्नी
C. स्कंदगुप्त
D. उपर्युक्त में से एक से अधिक
E. उपर्युक्त में से कोई नहीं

99. 'लघुमानव' की महत्ता को किसने प्रतिपादित किया?

A. दुष्यंत कुमार
B. विजयदेव नारायण साही
C. धूमिल
D. उपर्युक्त में से एक से अधिक
E. उपर्युक्त में से कोई नहीं

100. इनमें से किस लेखक के निबंध 'ललित निबंध' विधा के प्रस्थान बिंदु बने?

A. कुबेरनाथ राय
B. हजारी प्रसाद द्विवेदी
C. विद्यानिवास मिश्र
D. उपर्युक्त में से एक से अधिक
E. उपर्युक्त में से कोई नहीं

निर्देश (प्र. सं. 101 से 105 तक): *इस खण्ड में नीचे दिए गए गद्यांश से संबंधित प्रश्न दिए गए हैं। सही विकल्प चुनकर उत्तर पत्रक में अंकित कीजिए।*

राष्ट्रीयता के विकास के लिए भाषा एक महत्वपूर्ण तत्व है। भाषा ही एक ऐसा साधन है, जिसके द्वारा मनुष्य और मानव-समुदाय अपने भावों को एक-दूसरे के सामने प्रकट करते हैं। जिस प्रकार पहाड़, नदी तथा समुद्र मनुष्य के आपस में मिलने-जुलने में रुकावट पैदा करते हैं, वैसे ही भाषा की भिन्नता मनुष्यों में पारस्परिक संबंध स्थापित करने में बाधक होती है। मनुष्य के विभिन्न समुदायों के अपने-अपने आदर्श, विचार और अपनी-अपनी भावनाएँ होती हैं जिनकी अभिव्यक्ति भाषा द्वारा होती है। संगीत और साहित्य की अभिव्यक्ति का साधन भी भाषा ही है। भाषा एक ऐसा साधन है, जिससे मनुष्य एक-दूसरे के समीप आ जाते हैं, उनमें घनिष्ठता स्थापित हो जाती है। यही कारण है कि एक भाषा बोलने वाले लोग परस्पर सहानुभूति रखते हैं। राष्ट्रीयता की भावना के लिए भाषा तत्व परम आवश्यक है।

101. उपर्युक्त गद्यांश का सर्वाधिक उपयुक्त शीर्षक क्या होगा?

A. राष्ट्रीयता और मनुष्य
B. भाषा का महत्व
C. अभिव्यक्ति का साधन
D. उपर्युक्त में से एक से अधिक
E. उपर्युक्त में से कोई नहीं

102. 'अभिव्यक्ति' शब्द का अर्थ है :

A. खोज करना
B. वार्ता करना
C. प्रकट करना
D. उपर्युक्त में से एक से अधिक
E. उपर्युक्त में से कोई नहीं

103. 'प्रकट' का विलोम शब्द है :

A. गुप्त
B. पारदर्शी
C. सूक्ष्म
D. उपर्युक्त में से एक से अधिक
E. उपर्युक्त में से कोई नहीं

104. 'नदी' का पर्यायवाची शब्द **नहीं** है :

A. तरंगिणी
B. इला
C. तटिनी
D. उपर्युक्त में से एक से अधिक
E. उपर्युक्त में से कोई नहीं

105. गद्यांश का आशय है :

A. भाषा की समानता मनुष्यों को निकट लाती है
B. राष्ट्रीयता भाषा का विकास करती है
C. साहित्य एवं संगीत राष्ट्र का निर्माण करते हैं
D. उपर्युक्त में से एक से अधिक
E. उपर्युक्त में से कोई नहीं

106. गुणवाचक विशेषण **नहीं** है :

A. पतला
B. चौगुना
C. घना
D. उपर्युक्त में से एक से अधिक
E. उपर्युक्त में से कोई नहीं

107. 'एक आँख से देखना' मुहावरे का अर्थ है :

A. बराबर मानना
B. कम दिखाई देना
C. बारीकी से देखना
D. उपर्युक्त में से एक से अधिक
E. उपर्युक्त में से कोई नहीं

97. A **98.** C **99.** B **100.** B **101.** B **102.** C **103.** A **104.** B **105.** A **106.** B **107.** A

108. किस शब्द में दीर्घ स्वरसंधि **नहीं** है?
A. महाशय
B. महोत्सव
C. पितृण
D. उपर्युक्त में से एक से अधिक
E. उपर्युक्त में से कोई नहीं

109. "मैंने रमेश को मारा था।" वाक्य में भूतकाल का कौन-सा भेद है?
A. सामान्य भूतकाल
B. पूर्ण भूतकाल
C. संदिग्ध भूतकाल
D. उपर्युक्त में से एक से अधिक
E. उपर्युक्त में से कोई नहीं

110. "मनोज पुस्तक पढ़ता है।" वाक्य में वाच्य है :
A. कर्मवाच्य
B. कर्तृवाच्य
C. भाववाच्य
D. उपर्युक्त में से एक से अधिक
E. उपर्युक्त में से कोई नहीं

111. द्वंद्व समास का उदाहरण है :
A. प्रतिदिन
B. भूखा-प्यासा
C. बेकाम
D. उपर्युक्त में से एक से अधिक
E. उपर्युक्त में से कोई नहीं

112. शुद्ध वर्तनी है :
A. सम्राज्य
B. श्राप
C. पैतृक
D. उपर्युक्त में से एक से अधिक
E. उपर्युक्त में से कोई नहीं

113. 'चट मंगनी पट ब्याह' लोकोक्ति का अर्थ है :
A. शीघ्र विवाह होना
B. अड़चन दूर होना
C. तत्काल कार्य होना
D. उपर्युक्त में से एक से अधिक
E. उपर्युक्त में से कोई नहीं

114. 'अनल-अनिल' श्रुतिसम भिन्नार्थक शब्दों के अर्थ हैं :
A. अग्नि-वायु
B. हवा-पानी
C. जल-आकाश
D. उपर्युक्त में से एक से अधिक
E. उपर्युक्त में से कोई नहीं

115. 'वागजाल' का संधि-विच्छेद होगा :
A. वाग + जाल
B. वाक् + जाल
C. वाग् + जाल
D. उपर्युक्त में से एक से अधिक
E. उपर्युक्त में से कोई नहीं

116. 'अ' प्रत्यय से युक्त शब्द **नहीं** है :
A. मौन
B. शैव
C. कुलीन
D. उपर्युक्त में से एक से अधिक
E. उपर्युक्त में से कोई नहीं

117. अशुद्ध वाक्य है :
A. आज दिन सबसे अच्छा है।
B. मैं प्रातःकाल के समय घूमने जाता हूँ।
C. तुम्हें इतनी देर क्यों हुई?
D. उपर्युक्त में से एक से अधिक
E. उपर्युक्त में से कोई नहीं

118. "अस्पताल में मरीज की मृत्यु हो जाने के बाद जब डॉक्टर इलाज के लिए आया, लोगों ने कहा कि ____।" रिक्त स्थान की पूर्ति के लिए उपयुक्त लोकोक्ति है :
A. का वर्षा जब कृषि सुखानी
B. ओस के चाटे प्यास नहीं बुझती
C. नक्कारखाने में तूती की आवाज
D. उपर्युक्त में से एक से अधिक
E. उपर्युक्त में से कोई नहीं

119. द्विगु समास का प्रयोग किस वाक्य में हुआ है?
A. मोहन के घर के निकट चौराहा है।
B. तुम बेखटके आ सकते हो।
C. विक्रमादित्य के राजदरबार में बहुत से विद्वान थे।
D. उपर्युक्त में से एक से अधिक
E. उपर्युक्त में से कोई नहीं

120. किस वाक्य में प्रेरणार्थक क्रिया का प्रयोग हुआ है?
A. मेरे हाथ खुजलाते हैं।
B. पिता पुत्र से पत्र लिखवाता है।
C. लड़का अपने को सुधार रहा है।
D. उपर्युक्त में से एक से अधिक
E. उपर्युक्त में से कोई नहीं

108. B	**109.** B	**110.** B	**111.** B	**112.** C	**113.** C	**114.** A
115. B	**116.** C	**117.** B	**118.** A	**119.** A	**120.** B	

व्याख्यात्मक उत्तर

1. **(B):** माना 10 वर्ष पूर्व रमेश और राजीव की आयु x वर्ष और $3x$ वर्ष थी

तब, रमेश और राजीव की वर्तमान आयु $x + 10$ वर्ष और $3x + 10$ वर्ष है

5 वर्ष बाद, $(x + 10 + 5) : (3x + 10 + 5) = 2 : 3$

$\Rightarrow \quad (x + 15) : (3x + 15) = 2 : 3$

$\Rightarrow \quad (x + 15) \times 3 = (3x + 15) \times 2$

$\Rightarrow \quad 3x + 45 = 6x + 30$

$\Rightarrow \quad 6x - 3x = 45 - 30$

$\Rightarrow \quad 3x = 15 \Rightarrow x = 5$

$\therefore$ वर्तमान में उनकी आयु का अनुपात

$= (x + 10) : (3x + 10)$

$= 15 : 25 = 3 : 5.$

2. **(C):** माना घर और स्टेशन के बीच की दूरी d किमी. है

तब, $\frac{d}{5} - \frac{7}{60} = \frac{d}{6} + \frac{5}{60}$

$\Rightarrow \quad \frac{d}{5} - \frac{d}{6} = \frac{7}{60} + \frac{5}{60}$

$\Rightarrow \quad \frac{d}{30} = \frac{12}{60} \Rightarrow \frac{d}{30} = \frac{1}{5}$

$\Rightarrow \quad d = 6$ किमी.

अतः मेरे घर और स्टेशन के बीच की दूरी 6 किमी. है।

3. **(C):** कुल आय

$P + Q = 2 \times ₹\,5050 = ₹\,10100 \quad ...(i)$

$Q + R = 2 \times ₹\,6250 = ₹\,12500 \quad ...(ii)$

$P + R = 2 \times ₹\,5200 = ₹\,10400 \quad ...(iii)$

(i), (ii) और (iii) को जोड़ने से,

$\therefore \quad 2(P + Q + R) = ₹\,10100 + ₹\,12500 + ₹\,10400$

$\Rightarrow \quad P + Q + R = \frac{33000}{2}$

$\Rightarrow \quad P + Q + R = ₹\,16500 \quad ...(iv)$

(ii) को (iv) में से घटाने पर,

$P = 16500 - 12500 = ₹\,4000$

अतः P की मासिक आय ₹ 4000 है।

4. **(C):** दिया है,

$P \times \frac{30}{100} + Q \times \frac{40}{100} = Q \times \frac{80}{100}$

$\Rightarrow \quad 3P + 4Q = 8Q$

$\Rightarrow \quad 3P = 8Q - 4Q$

$\Rightarrow \quad 3P = 4Q \Rightarrow \frac{P}{Q} = \frac{4}{3}$

अब, $P \times \frac{x}{100} = Q \Rightarrow 4 \times \frac{x}{100} = 3$

$\Rightarrow \quad x = 75\%$

अतः Q, P का 75% है।

5. **(C):** माना A, B, C और D का हिस्सा ₹ $5x$, ₹ $2x$, ₹ $4x$ और ₹ $3x$ है

तब $\quad 4x - 3x = ₹\,1000$

$\Rightarrow \quad x = ₹\,1000$

$\therefore \quad$ B का हिस्सा $= 2x = 2 \times 1000 = ₹\,2000.$

6. **(B):** माना घड़ी का अंकित बिक्री मूल्य ₹ x है

तब, $x \times \frac{100 - 5}{100} - x \times \frac{100 - 6}{100} = ₹\,15$

$\Rightarrow \quad x \times \frac{95}{100} - x \times \frac{94}{100} = ₹\,15$

$\Rightarrow \quad \frac{x}{100} = ₹\,15$

$\Rightarrow \quad x = ₹\,1500$

$\therefore$ घड़ी का अंकित बिक्री मूल्य = ₹ 1500.

7. **(B):** माना 3 संख्याएँ $3x$, $4x$ और $5x$ हैं

तब, $\quad 5x + 3x = 4x + 52$

$\Rightarrow \quad 8x = 4x + 52$

$\Rightarrow \quad 8x - 4x = 52 \Rightarrow 4x = 52 \Rightarrow x = 13$

अतः सबसे छोटी संख्या $= 3x = 3 \times 13 = 39.$

8. **(B):** दिया है, $\quad 2^{2n-1} = \frac{1}{8^{n-3}}$

$\Rightarrow \quad 2^{2n-1} . 8^{n-3} = 1$

$\Rightarrow \quad 2^{2n-1} . 2^{3(n-3)} = 1$

$\Rightarrow \quad 2^{2n-1} . 2^{3n-9} = 1$

$\Rightarrow \quad 2^{2n-1} + 3^{n-9} = 1$

$\Rightarrow \quad 2^{5n-10} = 1$

$\Rightarrow \quad 2^{5n-10} = 2^{\circ}$

$\Rightarrow \quad 5^{n-10} = 0 \Rightarrow n = 2.$

9. **(A):** डिजिटल अनुप्रयोगों के लिए, फोटो-वोल्टिक सेल सबसे उपयुक्त है। ये सेल प्रकाश ऊर्जा को सीधे बिजली में परिवर्तित करते हैं, जो डिजिटल उपकरणों के लिए आवश्यक ऊर्जा प्रदान करता है। अन्य विकल्प जैसे फोटो-उत्सर्जक सेल और फोटो-डायोड इस कार्य के लिए उतने प्रभावी नहीं होते।

10. **(B):** किसी विखण्डनीय द्रव्य का क्रान्तिक द्रव्यमान, उस न्यूनतम द्रव्यमान को दर्शाता है जो एक श्रृंखला अभिक्रिया (chain reaction) हेतु आवश्यक होता है। यह वह द्रव्यमान है जिस पर विखंडन अभिक्रिया स्वतः बनी रहती है, जिससे परमाणु बम या परमाणु रिएक्टर में ऊर्जा मुक्त होती है।

11. **(B):** फलों को जबरदस्ती पकाने के लिए, एथिलीन गैस का उपयोग किया जाता है। एथिलीन एक प्राकृतिक रूप से उत्पन्न होने वाला पादप हार्मोन है जो फलों के पकने की प्रक्रिया को तेज करता है। इसका उपयोग व्यावसायिक रूप से फलों को तेजी से पकाने में किया जाता है।

12. **(E):** ऑक्टेन संख्या एक माप है जो पेट्रोल के दहन गुणों को दर्शाता है। आइसो-ऑक्टेन, निओ-ऑक्टेन और *n*-ऑक्टेन, ये सभी ऑक्टेन हैं जिनकी ऑक्टेन संख्या शून्य नहीं होती। इसलिए, इनमें से किसी की भी ऑक्टेन संख्या शून्य नहीं होती है।

13. **(A):** लीची का खाद्य भाग एरिल होता है। एरिल एक नरम, मांसल संरचना होती है जो कई फलों में बीज को ढँकती है और लीची में यह स्वादिष्ट और मीठा होता है। यह बीज के चारों ओर विकसित होता है और फल का खाने योग्य हिस्सा होता है।

14. **(A):** पत्तियों से आणविक ऑक्सीजन का निकलना विसरण की एक भौतिक क्रिया है। विसरण प्रक्रिया के माध्यम से, ऑक्सीजन अणु पत्तियों की सतह से वायुमंडल में चले जाते हैं। यह प्रक्रिया तब होती है जब पौधे प्रकाश संश्लेषण के दौरान ऑक्सीजन का उत्पादन करते हैं।

15. **(C):** किसी गुणसूत्र पर जीनों की आपेक्षिक स्थिति ज्ञात करने की प्रक्रिया को जीन मानचित्रण कहते हैं। यह विधि जीनों के बीच की दूरी और क्रम को निर्धारित करती है, जिससे वैज्ञानिकों को विभिन्न आनुवंशिक लक्षणों और बीमारियों के लिए जीनों की पहचान करने में मदद मिलती है।

16. **(B):** ब्रायोफाइट में बीजाणु मातृ कोशिका द्विगुणित (diploid) होती है। ब्रायोफाइट्स में, यह कोशिका बीजाणुओं का उत्पादन करती है, जो एकल-कोशिका वाली और अगुणित (haploid) होती हैं। इस प्रक्रिया को मीओसिस कहते हैं, जिसमें द्विगुणित कोशिका अगुणित बीजाणुओं में विभाजित होती है।

17. **(A):** नैशनल ग्रीन ट्रिब्यूनल (NGT) की स्थापना भारत सरकार द्वारा 2010 में की गई थी। इसका उद्देश्य पर्यावरण और वनों की सुरक्षा तथा उनसे संबंधित मुद्दों पर त्वरित न्यायिक निर्णय प्रदान करना है। NGT पर्यावरण से जुड़े कानूनी मुद्दों पर विशेष ध्यान देता है।

18. **(E):** उपलब्ध विकल्पों में किसी भी शहर ने सबसे पहले पानी के नीचे मेट्रो की शुरुआत नहीं की है। हालाँकि, कोलकाता मेट्रो हुगली नदी के नीचे से गुजरती है, जो इस प्रकार की परियोजना का एक उदाहरण है, लेकिन यह विकल्पों में से नहीं है।

19. **(B):** भारत की G20 अध्यक्षता में पर्यटन कार्य समूह की बैठक श्रीनगर (जम्मू और कश्मीर) में हुई थी। यह बैठक G20 के सदस्य देशों के पर्यटन मंत्रियों के बीच अंतर्राष्ट्रीय पर्यटन के विकास और सहयोग के लिए आयोजित की गई थी। इस बैठक में पर्यटन क्षेत्र के सतत विकास, टिकाऊ पर्यटन, और वैश्विक स्तर पर पर्यटन क्षेत्र में सहयोग बढ़ाने पर चर्चा की गई थी।

20. **(B):** राष्ट्रीय अंडर-17 बालिका कुश्ती चौम्पियनशिप में रजत पदक प्राप्त करने वाली खिलाड़ी निर्जला थीं। निर्जला ने इस प्रतियोगिता में अपने श्रेणी में उत्कृष्ट प्रदर्शन किया, जिससे उन्होंने रजत पदक प्राप्त किया। उनकी उपलब्धि ने न केवल उनके निजी करियर को बल्कि भारतीय महिला कुश्ती के स्तर को भी उच्च स्तर पर पहुँचाया।

21. **(A):** अंतर्राष्ट्रीय बुकर पुरस्कार, 2022 के लिए 'टॉम्ब ऑफ सैंड' (उपन्यास का मूल शीर्षक 'रेत समाधि') को चुना गया था, जिसे गीतांजलि श्री ने लिखा था और डेजी रॉकवेल ने अंग्रेजी में अनुवाद किया था। यह उपन्यास भारत-पाकिस्तान विभाजन के समय की एक महिला की यात्रा का वर्णन करता है और इसके द्वारा उसके जीवन के अनुभवों और आंतरिक यात्रा को दर्शाया गया है।

22. **(B):** भारत के 74वें गणतंत्र दिवस पर मुख्य अतिथि अब्देल फतह अल-सिसी थे। अब्देल फतह अल-सिसी मिस्र के राष्ट्रपति हैं और उनका इस गणतंत्र दिवस पर भारत आना दोनों देशों के बीच संबंधों की मजबूती और सहयोग का प्रतीक था। भारत और मिस्र के बीच ऐतिहासिक और सांस्कृतिक संबंध रहे हैं, और इस तरह के उच्च-स्तरीय आदान-प्रदान से इन संबंधों को और भी प्रगाढ़ किया जाता है।

23. **(A):** बिहार के दरभंगा जिले में प्रथम तैरता हुआ सोलर ऊर्जा संयंत्र बनाया गया है। यह संयंत्र नवीन और पर्यावरण के अनुकूल ऊर्जा स्रोतों की दिशा में एक महत्वपूर्ण कदम है। तैरते हुए सोलर पैनल जल संरक्षण में मदद करते हैं और साथ ही साथ पानी के वाष्पीकरण को कम करते हैं, जो जल संसाधनों की सुरक्षा में योगदान करता है। इस प्रकार के संयंत्र न केवल ऊर्जा उत्पादन में सहायक होते हैं, बल्कि वे पर्यावरणीय संतुलन और सतत विकास के प्रति भी संवेदनशील होते हैं।

24. **(A):** बिहार में मगही पान को GI (भौगोलिक संकेतक) टैग मिला है। GI टैग एक प्रकार का व्यापार चिह्न होता है जो किसी विशेष भौगोलिक क्षेत्र के उत्पादों की विशेषताओं और प्रतिष्ठा को पहचानता है। मगही पान बिहार के मगध क्षेत्र का एक प्रसिद्ध उत्पाद है, जिसकी गुणवत्ता और स्वाद उस क्षेत्र की भौगोलिक परिस्थितियों के कारण अनूठा होता है। GI टैग प्राप्त करने से इस उत्पाद को अंतर्राष्ट्रीय स्तर पर पहचान मिलती है और इससे स्थानीय उत्पादकों को लाभ होता है।

25. **(B):** इस सूची में भौगोलिक शब्दों को उनके संदर्भ के साथ सुमेलित किया गया है।

(*a*) **चार (Char):** यह शब्द नदी द्वारा बनाए गए छोटे टापुओं या सैंडबैंक्स के लिए प्रयोग किया जाता है, जो आमतौर पर

डेल्टा क्षेत्रों में पाए जाते हैं। इसलिए (*a*) का सही जोड़ है 2. डेल्टा।

(*b*) **कंकर (Kankar):** यह एक प्रकार की चूना पत्थर की जमावट होती है जो बांगर क्षेत्र में पाई जाती हैं। बांगर, पुराने जलोढ़ (Alluvial) मैदानों को संदर्भित करता है। इसलिए (*b*) का सही जोड़ है 3. बांगर।

(*c*) **कायल (Kayal):** यह शब्द तटीय क्षेत्रों में पाए जाने वाले खारे पानी के जलाशयों के लिए प्रयोग किया जाता है। इसलिए (*c*) का सही जोड़ है 4. तटीय मैदान।

(*d*) **मांड (Maand):** यह पंजाब के मैदानों में पाए जाने वाले उपजाऊ क्षेत्रों को दर्शाता है। इसलिए (*d*) का सही जोड़ है 1. पंजाब का मैदान।

26. **(E):** ब्रह्मपुत्र नदी की सहायक नदियों में सुबनसिरी, बेलसिरी और मानस शामिल हैं, जो इससे उत्तर दिशा से मिलती हैं। इसलिए, दिए गए विकल्पों में से कोई भी सहायक नदी ऐसी नहीं है जो ब्रह्मपुत्र से उत्तर दिशा से नहीं मिलती है।

27. **(A):** लिखापानी हिमनद भारत के अरुणाचल प्रदेश राज्य में स्थित है। यह हिमनद हिमालय की पूर्वी श्रृंखला में स्थित है और इस क्षेत्र के जलवायु और जल संसाधनों पर महत्वपूर्ण प्रभाव डालता है। अरुणाचल प्रदेश के पर्वतीय क्षेत्रों में स्थित होने के कारण, यह हिमनद इस क्षेत्र की भौगोलिक और पर्यावरणीय विशेषताओं का एक अभिन्न हिस्सा है।

28. **(B):** मगध और अंग का मैदान मध्य गंगा के मैदान का हिस्सा हैं। यह क्षेत्र उपजाऊ और विस्तृत ऑलुवियल मैदानों से युक्त है, जो गंगा नदी और इसकी सहायक नदियों द्वारा निर्मित हैं। मगध और अंग का क्षेत्र भारतीय इतिहास और संस्कृति में महत्वपूर्ण हैं, और इन्हें अपनी उपजाऊ मिट्टी और अनुकूल कृषि स्थितियों के लिए जाना जाता है।

29. **(D):** जलप्रपात और नदी के जोड़ों में दिए गए सभी जोड़े सही सुमेलित नहीं हैं।

- जोग जलप्रपात शरावती नदी पर स्थित है।
- कपिलधारा जलप्रपात नर्मदा नदी पर है, न कि कावेरी पर।
- धुआँधार जलप्रपात नर्मदा नदी पर है, न कि गोदावरी पर।

चूँकि विकल्प (B) और (C) दोनों गलत है, इसलिए विकल्प (D) उपर्युक्त में से एक से अधिक सही उत्तर है।

30. **(B):** भारत के बंदरगाहों को उत्तर से दक्षिण दिशा में व्यवस्थित करने पर क्रम निम्नवत होगा :

- **विशाखापत्तनम :** यह आंध्र प्रदेश राज्य में स्थित है और उत्तर में है।
- **काकीनाडा :** यह भी आंध्र प्रदेश में है और विशाखापत्तनम के दक्षिण में स्थित है।
- **मछलीपट्टनम :** यह भी आंध्र प्रदेश में है और काकीनाडा के दक्षिण में स्थित है।
- **नागपट्टिनम :** यह तमिलनाडु में स्थित है और इस सूची में सबसे दक्षिण में है।

इस प्रकार, सही क्रम है 4, 1, 2, 3।

31. **(C):** 1954 में भारत और नेपाल के बीच कोसी सिंचाई और जलविद्युत परियोजना पर समझौता हुआ था। यह समझौता जल संसाधन प्रबंधन और ऊर्जा उत्पादन में दोनों देशों के सहयोग का एक महत्वपूर्ण उदाहरण था। कोसी नदी, जिसे अक्सर बिहार का 'शोक' कहा जाता है, अपनी विनाशकारी बाढ़ के लिए कुख्यात थी, जिससे भारत और नेपाल में भारी क्षति होती थी। इस समझौते के तहत नदी के प्रवाह को नियंत्रित करने के लिए बाँध और बैराज का निर्माण हुआ, जिसका उद्देश्य बाढ़ को नियंत्रित करना, सिंचाई सुविधा प्रदान करना और हाइड्रोइलेक्ट्रिक ऊर्जा उत्पन्न करना था।

32. **(B):** आर.एल. सिंह के वर्गीकरण स्कीम के अनुसार, बिहार 'उपार्द्र संक्रमणकालीन' जलवायु प्रदेश में आता है। इस वर्गीकरण में जलवायु की विशेषताओं को वर्षा, तापमान, और आर्द्रता के आधार पर देखा जाता है। बिहार, जो भारत के पूर्वी भाग में स्थित है, उष्णकटिबंधीय मानसून जलवायु का अनुभव करता है। यहाँ गर्म गर्मियाँ, एक स्पष्ट मानसून सीजन, और ठंडी सर्दियाँ होती हैं। उपार्द्र संक्रमणकालीन जलवायु वर्गीकरण इंगित करता है कि राज्य मानसून के दौरान पर्याप्त वर्षा प्राप्त करता है, लेकिन शेष वर्ष में यह सूखा हो जाता है।

33. **(B):** भारतीय राष्ट्रीय कांग्रेस का 1929 में लाहौर अधिवेशन, भारत के स्वतंत्रता संग्राम में एक महत्वपूर्ण मोड़ था। इस अधिवेशन में, जवाहरलाल नेहरू की अध्यक्षता में, कांग्रेस ने पहली बार 'पूर्ण स्वराज' या पूर्ण आजादी का संकल्प लिया था। इससे पहले, कांग्रेस का मुख्य लक्ष्य डोमिनियन स्टेटस, यानी ब्रिटिश साम्राज्य के भीतर स्वशासन की मांग करना था। लाहौर अधिवेशन के दौरान नेहरू ने ब्रिटिश शासन के खिलाफ पूर्ण आजादी के लिए संघर्ष का आह्वान किया, जो भारतीय स्वतंत्रता संघर्ष की दिशा में एक निर्णायक कदम था।

34. **(A):** कूका आंदोलन, जिसे नामधारी आंदोलन भी कहा जाता है, 19वीं शताब्दी के मध्य में पंजाब में उभरा था। इसका प्रारंभिक उद्देश्य सिख धर्म को परिष्कृत करना था। इस आंदोलन के संस्थापक बाबा राम सिंह थे, जिन्होंने सिख धर्म के मूल सिद्धांतों की ओर वापसी की वकालत की। उन्होंने सिख समुदाय में व्याप्त रीति-रिवाजों, अंधविश्वासों और ब्रिटिश प्रभाव के खिलाफ आवाज उठाई। हालाँकि, समय के साथ यह आंदोलन राजनीतिक और सामाजिक स्वरूप लेते हुए ब्रिटिश शासन के खिलाफ विद्रोह में परिवर्तित हो गया।

35. **(A):** 1857 का विद्रोह भारतीय इतिहास में एक महत्वपूर्ण घटना थी, जिसे विनायक दामोदर सावरकर ने 'प्रथम भारतीय स्वतंत्रता संग्राम' के रूप में वर्णित किया था। सावरकर ने इस विद्रोह को भारतीय राष्ट्रवाद की एक शुरुआती और महत्वपूर्ण अभिव्यक्ति

के रूप में प्रस्तुत किया। उनके अनुसार, यह विद्रोह न केवल एक सैन्य विद्रोह था, बल्कि यह ब्रिटिश शासन के खिलाफ भारतीय जनता के व्यापक असंतोष का परिणाम था।

36. **(A):** भारतीय किसानों के इतिहास में संगठित असहयोग का प्रथम उदाहरण बिहार और बंगाल में घटित हुआ था। यह घटना विशेष रूप से 1919-1922 के दौरान खेड़ा चंपारण और बारडोली सत्याग्रह से जुड़ी हुई है। चंपारण सत्याग्रह, जिसे महात्मा गांधी ने नेतृत्व किया था, बिहार के नील किसानों के शोषण के खिलाफ एक संघर्ष था, जबकि खेड़ा सत्याग्रह गुजरात में कर विरोधी आंदोलन था। ये आंदोलन किसानों के संगठित प्रतिरोध के प्रारंभिक उदाहरण हैं, जिन्होंने भारतीय स्वतंत्रता आंदोलन को एक नई दिशा प्रदान की।

37. **(C):** वर्ष 1946 में बनी अंतरिम सरकार में डॉ. राजेंद्र प्रसाद के पास खाद्य एवं कृषि विभाग था। यह अंतरिम सरकार भारतीय स्वतंत्रता की ओर एक महत्वपूर्ण कदम थी, जिसमें विभिन्न भारतीय नेताओं को शासन के विभिन्न विभागों की जिम्मेदारी दी गई थी। डॉ. राजेन्द्र प्रसाद, को स्वतंत्र भारत के प्रथम राष्ट्रपति बनने का गौरव प्राप्त है।

38. **(B):** गांधीजी को चंपारण आने और वहाँ के किसानों की दयनीय स्थिति को देखने के लिए राजकुमार शुक्ल ने अनुग्रह किया था। राजकुमार शुक्ल चंपारण के एक किसान नेता थे और उन्होंने गांधीजी को नील की खेती में किसानों के शोषण की स्थिति से अवगत कराया। गांधीजी का चंपारण आगमन और उनका वहाँ के किसानों के लिए किया गया काम, भारतीय स्वतंत्रता आंदोलन में एक महत्वपूर्ण मोड़ साबित हुआ। यह आंदोलन न केवल किसानों की स्थिति में सुधार लाया, बल्कि यह गांधीजी के सत्याग्रह की शुरुआत भी थी।

39. **(A):** मुस्लिम लीग द्वारा 22 दिसंबर, 1939 को 'मुक्ति दिवस' के रूप में मनाया गया था। यह दिन उस समय के भारतीय राजनीतिक इतिहास में एक महत्वपूर्ण क्षण था। इस दिन को मुस्लिम लीग ने तब मनाया था जब कांग्रेस ने अपनी अखिल भारतीय विधान सभाओं की सत्ता से इस्तीफा दिया था। कांग्रेस का यह इस्तीफा ब्रिटिश सरकार द्वारा बिना भारतीयों की सहमति के भारत को जर्मनी के विरुद्ध द्वितीय विश्वयुद्ध में शामिल करने के घोषणा की विरोध में था।

40. **(C):** नेशनल कॉलेज और बिहार विद्यापीठ का शिलान्यास महात्मा गांधी ने किया था। यह कॉलेज भारतीय स्वतंत्रता आंदोलन के दौरान शिक्षा के क्षेत्र में एक महत्वपूर्ण पहल थी। गांधीजी का यह कदम ब्रिटिश शिक्षा प्रणाली के विरुद्ध एक प्रतिक्रिया थी, और इसका उद्देश्य भारतीय समाज को अपनी जड़ों से जुड़ी और स्वदेशी शिक्षा प्रदान करना था।

41. **(B):** राजस्थानी भाषा का उद्भव शौरसेनी अपभ्रंश से हुआ है। शौरसेनी अपभ्रंश, प्राचीन भारतीय भाषा प्रकारों में से एक, मध्यकालीन अवधि में प्रचलित था। यह मुख्य रूप से मध्य भारत और राजपुताना (वर्तमान राजस्थान) क्षेत्र में बोली जाती थी। राजस्थानी भाषा, जो अब राजस्थान की मुख्य भाषा है, इसी अपभ्रंश से निकली है और इसमें कई स्थानीय बोलियाँ और उपबोलियाँ शामिल हैं।

42. **(C):** राजभाषा आयोग के प्रथम अध्यक्ष बी.जी. खेर थे। राजभाषा आयोग की स्थापना भारतीय संघीय सरकार द्वारा की गई थी, जिसका उद्देश्य भारत में राजभाषा के रूप में हिंदी के प्रयोग और प्रोत्साहन के लिए दिशा-निर्देश तय करना था। बी.जी. खेर की अध्यक्षता में आयोग ने हिंदी के प्रचार-प्रसार और विकास के लिए कई महत्वपूर्ण सिफारिशें कीं।

44. **(C):** बरेली खड़ी बोली का क्षेत्र नहीं है। खड़ी बोली, जिसे स्टैंडर्ड हिंदी का आधार माना जाता है, मुख्य रूप से उत्तर प्रदेश के पश्चिमी हिस्से और हरियाणा के कुछ क्षेत्रों में बोली जाती है। सहारनपुर और मुरादाबाद इस भाषाई क्षेत्र के भाग हैं, जबकि बरेली इस क्षेत्र से बाहर आता है और यहाँ की बोली खड़ी बोली से भिन्न होती है।

45. **(E):** निम्नलिखित बोलियों और क्षेत्रों का सही मिलान निम्नानुसार है :

(*a*) अवधी	3. इलाहाबाद
(*b*) बुंदेली	1. झाँसी
(*c*) ब्रजभाषा	4. मथुरा
(*d*) छत्तीसगढ़ी	2. बिलासपुर

इसलिए, सही कूट हैः (*a*)–3, (*b*)–1, (*c*)–4, (*d*)–2 जो उपलब्ध विकल्पों में से किसी के साथ मेल नहीं खाता।

46. **(A):** हिंदी भाषा के विकास के लिए विशेष निर्देश भारत के संविधान के अनुच्छेद 351 में दिए गए हैं। इस अनुच्छेद में हिंदी भाषा के रूप, संवर्धन और प्रसार के लिए संघ की जिम्मेदारी को स्पष्ट किया गया है, ताकि यह भारत की राजभाषा के रूप में अपनी व्यापकता और प्रभाव को बनाए रखे।

48. **(A):** 'चित्तवृत्तियों की परंपरा को परखते हुए साहित्य-परंपरा के साथ सामंजस्य दिखाना ही साहित्य का इतिहास कहलाता है' यह विचार रामचंद्र शुक्ल का है। शुक्ल ने हिंदी साहित्य के इतिहास को एक नए दृष्टिकोण से परिभाषित किया, जिसमें साहित्य के इतिहास को केवल घटनाओं के क्रम के रूप में न देखकर उसके आंतरिक साहित्यिक और भावनात्मक तत्वों के साथ जोड़ा गया।

49. **(C):** मिश्र बंधु द्वारा लिखित 'हिंदी नवरत्न' में मलिक मुहम्मद जायसी को स्थान नहीं मिला है। 'हिंदी नवरत्न' में मिश्र बंधु ने हिंदी साहित्य के नौ प्रमुख कवियों का चयन किया था, जिनमें गोस्वामी तुलसीदास और सूरदास शामिल थे, लेकिन मलिक मुहम्मद जायसी का नाम इसमें नहीं आता।

50. **(A):** पं. विश्वनाथ प्रसाद मिश्र ने 'उत्तर मध्यकाल' को 'शृंगार काल' के नाम से अभिहित किया है। इस काल में हिंदी साहित्य में शृंगार रस की काव्य परंपरा का विकास हुआ, जिसमें प्रेम और सौंदर्य के विविध पहलुओं का चित्रण किया गया।

51. **(A):** भारतीय पत्रकारिता का 'पितामह' जेम्स हिक्की को माना जाता है। हिक्की ने 1780 में 'हिक्कीज बंगाल गजट' नामक पहला समाचार-पत्र प्रकाशित किया, जो भारतीय पत्रकारिता का आरंभ माना जाता है।

52. **(C):** 'तात्पर्य यह है कि छायावाद जिस आकांक्षा का परिणाम था उसका लक्ष्य केवल अभिव्यंजना की रोचक प्रणाली का विकास था।' यह विचार रामचंद्र शुक्ल का है। शुक्ल ने छायावाद को हिंदी साहित्य में एक नई अभिव्यंजनात्मक शैली के रूप में देखा, जिसमें भावनाओं और कल्पनाओं को एक नया और गहरा आयाम प्रदान किया गया था।

53. **(B):** अपभ्रंश के जैन कवि स्वयंभू को अपभ्रंश का वाल्मीकि कहा जाता है। स्वयंभू ने अपभ्रंश भाषा में कई महत्वपूर्ण काव्य रचनाएं कीं, जिनमें उनकी काव्य शैली और भाषा की विशेषताओं के कारण उन्हें इस उपाधि से नवाजा गया।

54. **(E):** दार्शनिक मतों और उनके प्रवर्तक आचार्यों का सही सुमेलन निम्नानुसार है :

(*a*) विशिष्टाद्वैतवाद	2. रामानुजाचार्य
(*b*) शुद्धाद्वैतवाद	4. बल्लभाचार्य
(*c*) अद्वैतवाद	1. शंकराचार्य
(*d*) द्वैताद्वैतवाद	3. निम्बार्काचार्य

सही कूट है : (*a*)–2, (*b*)–4, (*c*)–1, (*d*)–3 जो उपलब्ध विकल्पों में से किसी के साथ मेल नहीं खाता।

55. **(C):** 'प्रगतिवाद केवल साम्यवादी मार्ग को ही अपनाने के लिए विवश है, जबकि प्रगतिशील किसी भी वाद विशेष से आबद्ध नहीं होता।' यह विचार गणपति चंद्र गुप्त का है। इस कथन में उन्होंने प्रगतिवाद और प्रगतिशीलता के बीच के मूलभूत अंतर को रेखांकित किया है।

56. **(B):** 'प्रपद्यवाद' के अंतर्गत नंद किशोर आचार्य का नाम सम्मिलित नहीं है। प्रपद्यवाद, जो समर्पण और आत्मनिवेदन के भाव पर आधारित है, में नलिन विलोचन शर्मा और केशरी कुमार जैसे रचनाकारों का योगदान रहा है, लेकिन नंद किशोर आचार्य इस धारा से संबंधित नहीं हैं।

57. **(A):** 'शमशेर मूड्स के कवि हैं किसी विजन के नहीं।' यह कथन मलयज का है। इस कथन के माध्यम से मलयज ने शमशेर बहादुर सिंह की कविता की विशिष्टता को रेखांकित किया है, जिसमें उन्होंने उनकी कविताओं में मनोभावों की गहराई और उनके अनूठे शैली की प्रशंसा की है।

58. **(B):** छायावादी कवि सुमित्रानंदन पंत अपने रचनाकाल के अंतिम दौर में प्रगतिवाद के भौतिक दर्शन के साथ-साथ अरविंद दर्शन से प्रभावित हुए थे। पंत की कविताओं में प्रकृति, जीवन दर्शन, और आध्यात्मिकता के प्रति उनकी गहरी समझ और अभिव्यक्ति प्रमुख थी, जिसमें उन्होंने इन दोनों दर्शनों के प्रभाव को समाहित किया।

59. **(E):** 'भूलि कहत नवरस सुकवि, सकल मूल सिंगार।' यह विचार रीतिकाल के किसी भी आचार्य का नहीं है, जो उपलब्ध विकल्पों में से किसी के साथ भी मेल नहीं खाता है। इस विचार में नवरस के सारतत्व और शृंगार रस के महत्व को दर्शाया गया है।

60. **(C):** अलंकारवादी आचार्य केशवदास हैं। केशवदास ने अपने ग्रंथ 'रसिकप्रिया' में अलंकार शास्त्र की विस्तृत व्याख्या की है, जिसमें उन्होंने विभिन्न अलंकारों का वर्णन और उनके उपयोग के तरीके बताए हैं। उनका यह कार्य अलंकार शास्त्र में एक महत्वपूर्ण योगदान माना जाता है।

63. **(E):** प्रेमचंद के किसी भी उपन्यास में विधवा समस्या प्रमुख रूप से नहीं आती है। 'गबन', 'गोदान', और 'रंगभूमि' में अन्य सामाजिक और आर्थिक मुद्दे उठाए गए हैं, लेकिन विधवा समस्या इनका मुख्य विषय नहीं है।

64. **(B):** जयशंकर प्रसाद के नाटक 'ध्रुवस्वामिनी' में तलाक और पुनर्विवाह की समस्या है। इस नाटक में प्रसाद ने प्राचीन भारतीय समाज में इन मुद्दों को उठाया है, जिसमें नायिका ध्रुवस्वामिनी का चरित्र केंद्रीय है।

65. **(C):** आचार्य रामचंद्र शुक्ल का कथन है कि 'आधुनिक काल में गद्य का आविर्भाव सबसे प्रधान घटना है।' शुक्ल ने आधुनिक हिंदी साहित्य में गद्य के उदय और विकास को बहुत महत्व दिया। उनके अनुसार, आधुनिक काल में गद्य ने नए विचारों और शैलियों को जन्म दिया, जिससे साहित्य में एक नई तरह की चेतना और अभिव्यक्ति का सृजन हुआ। इस दौर में गद्य ने काव्य की प्रमुखता को चुनौती दी और नाटक, कहानी, उपन्यास, निबंध, आलोचना आदि विधाओं में अपनी विशिष्ट पहचान बनाई।

66. **(A):** कालिदास के 'शकुंतला' नाटक का खड़ी बोली में अनुवाद राजा लक्ष्मण सिंह ने किया था। उनका यह अनुवाद आधुनिक हिंदी साहित्य में एक महत्वपूर्ण कृति माना जाता है। इस अनुवाद के माध्यम से राजा लक्ष्मण सिंह ने संस्कृत साहित्य के इस महान कृति को हिंदी पाठकों के लिए सुलभ बनाया। उनका यह प्रयास हिंदी साहित्य के विकास में एक मील का पत्थर साबित हुआ।

67. **(E):** मोहन राकेश के किसी भी नाटक में टूटते पारिवारिक मूल्यों का चित्रण नहीं है, जो 'लहरों के राजहंस', 'आषाढ़ का एक दिन', या 'पैर तले की जमीन' में नहीं आता है। उनके नाटकों में पारिवारिक मूल्यों के बजाय अन्य सामाजिक, आर्थिक और व्यक्तिगत संघर्षों का अधिक चित्रण हुआ है। मोहन राकेश को आधुनिक हिंदी नाट्य साहित्य में उनके नवीन प्रयोगों और गहरी मानवीय संवेदनाओं के चित्रण के लिए जाना जाता है।

68. **(C):** 'कौमुदी महोत्सव' एकांकी सम्राट चंद्रगुप्त के काल को चित्रित करती है। इस नाटक में चंद्रगुप्त मौर्य के शासनकाल के दौरान हुए राजनीतिक और सामाजिक परिवर्तनों का चित्रण किया गया है। इस नाटक में उस समय के राजनीतिक संघर्ष, साम्राज्य निर्माण, और राजा चंद्रगुप्त के व्यक्तित्व और उनके समय की सांस्कृतिक गतिविधियों को दर्शाया गया है।

69. **(A):** इलाचंद्र जोशी प्रगतिवादी परंपरा के कहानीकार नहीं हैं। यशपाल और रांगेय राघव प्रगतिवादी परंपरा के प्रमुख कहानीकारों में से हैं, जिनकी रचनाएं सामाजिक और राजनीतिक परिवर्तनों, जनता की समस्याओं और सामाजिक यथार्थवाद को प्रस्तुत करती हैं। हालाँकि, इलाचंद्र जोशी ने अपनी रचनाओं में मनोवैज्ञानिक पहलुओं पर अधिक जोर दिया है और वे प्रगतिवादी परंपरा के तहत नहीं आते।

70. **(E):** 'जिंदगी और गुलाब के फूल' यह प्रसिद्ध कहानी संकलन उषा प्रियंवदा द्वारा रचित है जिनका नाम उपलब्ध विकल्पों में नहीं है।

71. **(B):** यह विचार आचार्य रामचंद्र शुक्ल का है। शुक्ल ने कहा था कि 'पं. प्रताप नारायण मिश्र और बालकृष्ण भट्ट ने हिंदी गद्य-साहित्य में वही काम किया जो अंग्रेजी में एडीसन और स्टील ने किया।' इस विचार के माध्यम से, शुक्ल ने उनके द्वारा हिंदी गद्य साहित्य में किए गए महत्वपूर्ण योगदान को उजागर किया। मिश्र और भट्ट ने अपने साहित्यिक कार्यों के द्वारा हिंदी गद्य को नई दिशा और गतिशीलता प्रदान की, जैसा कि एडीसन और स्टील ने अंग्रेजी साहित्य के लिए किया था।

73. **(A):** साहित्य में 'विरेचन' (कैथार्सिस) की अवधारणा का श्रेय अरस्तू को जाता है। अरस्तू, एक ग्रीक दार्शनिक, ने अपने कार्य 'पोएटिक्स' में इस विचार पर व्यापक चर्चा की। उनका मानना था कि साहित्य, विशेषकर त्रासदी, कैथार्सिस की प्रक्रिया के माध्यम से भावनाओं की शुद्धि या निर्मलीकरण करती है, जिसमें करुणा और भय जैसी भावनाएँ शामिल हैं। यह प्रक्रिया दर्शकों को भावनात्मक मुक्ति का अनुभव कराने और नैतिक व आध्यात्मिक नवीनीकरण की स्थिति प्राप्त करने में सहायक होती है। अरस्तू का कैथार्सिस का सिद्धांत नाटकीय कलाओं के अध्ययन में एक महत्वपूर्ण मील का पत्थर है और इसने विभिन्न साहित्यिक सिद्धांतों और आलोचनाओं पर प्रभाव डाला है।

76. **(C):** डॉ. नामवर सिंह को उनकी आलोचना कृति 'कविता के नए प्रतिमान' पर साहित्य अकादमी पुरस्कार मिला है। इस पुस्तक में, नामवर सिंह ने हिंदी कविता की आधुनिक धाराओं और उनके विकास को विश्लेषित किया है। उन्होंने विभिन्न कविता रूपों और उनकी प्रकृति के साथ-साथ आधुनिकता और प्रयोगवाद के प्रभावों का विस्तार से अध्ययन किया। इस पुस्तक के माध्यम से उन्होंने हिंदी साहित्य में नए साहित्यिक आदर्शों और मानदंडों को स्थापित किया, जिससे उन्हें यह प्रतिष्ठित सम्मान प्राप्त हुआ।

77. **(B):** यह सुमेलित जोड़ी इस प्रकार है - (*a*) भरतमुनि का संबंध 'रस सम्प्रदाय' से है, (*b*) आनंदवर्धन का संबंध 'ध्वनि सम्प्रदाय' से है, (*c*) कुंतक का संबंध 'वक्रोक्ति सम्प्रदाय' से है, और (*d*) वामन का संबंध 'रीति सम्प्रदाय' से है। भरतमुनि ने 'नाट्यशास्त्र' में रस सिद्धांत की नींव रखी, आनंदवर्धन ने 'ध्वन्यालोक' में ध्वनि सिद्धांत का विकास किया, कुंतक ने 'वक्रोक्तिजीवित' में वक्रोक्ति सिद्धांत की रचना की, और वामन ने 'काव्यालंकार सूत्रवृत्ति' में रीति सिद्धांत का प्रतिपादन किया।

78. **(E):** बेनेडेटो क्रोचे के अभिव्यंजनावाद को वक्रोक्ति सिद्धांत का 'विलायती संस्करण' कहने का श्रेय उपर्युक्त में से किसी भी आलोचक को नहीं जाता है। क्रोचे का अभिव्यंजनावाद यूरोपीय आलोचना की एक प्रमुख धारा है, जिसमें कला के माध्यम से भावनाओं के अभिव्यक्ति को महत्व दिया गया है। यह सिद्धांत साहित्यिक आलोचना के भारतीय वक्रोक्ति सिद्धांत से भिन्न है, जिसका प्रतिपादन कुंतक ने किया। भारतीय और यूरोपीय साहित्यिक आलोचना की इन दो धाराओं का सीधा संबंध या तुलना किसी भी उपर्युक्त आलोचक ने विशेष रूप से नहीं की है।

79. **(B):** 'तब्दील निगाहें' मैत्रेयी पुष्पा की कृति है। इस पुस्तक में, मैत्रेयी पुष्पा ने 'स्त्री-विमर्श' के विषय पर गहन चिंतन किया है। उन्होंने स्त्रियों के जीवन, उनके संघर्षों, और समाज में उनकी स्थिति का विश्लेषण किया है। इस कृति के माध्यम से वे स्त्री जीवन के विभिन्न पहलुओं को उजागर करती हैं और समाज में स्त्रियों के प्रति नजरिए में बदलाव की आवश्यकता पर बल देती हैं।

80. **(B):** 'दलित साहित्य का सौंदर्यशास्त्र' के लेखक ओमप्रकाश वाल्मीकि हैं। इस पुस्तक में, वाल्मीकि ने दलित साहित्य के सौंदर्यशास्त्र का विश्लेषण किया है। उन्होंने इस साहित्य की विशेषताओं, थीम्स, और उसके समाजिक प्रभाव को समझाने का प्रयास किया है। ओमप्रकाश वाल्मीकि दलित साहित्य के प्रमुख आवाजों में से एक हैं और उनका यह कार्य दलित चिंतन और अध्ययन में महत्वपूर्ण योगदान माना जाता है।

81. **(E):** 'आदिवासियों का संसार' नामक पुस्तक की लेखिका आशा सुषमा किस्कू है जिनका नाम उपलब्ध विकल्पों में नहीं है। इस पुस्तक में आदिवासी जीवन और उनके समाज के विभिन्न पहलुओं का चित्रण किया गया होगा। आदिवासी विमर्श से संबंधित साहित्य आमतौर पर आदिवासी समुदायों के अनुभवों, संघर्षों, संस्कृति और परंपराओं को उजागर करता है, जिसमें उनके अधिकारों, पहचान और सामाजिक न्याय के प्रश्न शामिल होते हैं।

82. **(E):** उपर्युक्त पंक्तियाँ राष्ट्रकवि मैथिलीशरण गुप्त द्वारा रचित महाकाव्य 'साकेत' के 'संदेश यहाँ में नहीं स्वर्ग का लाया' शीर्षक कविता से ली गई है। इन पंक्तियों में कवि ने श्रीराम के माध्यम से आदर्श शासक के कर्तव्यों का उल्लेख किया है।

83. **(C):** रामधारी सिंह 'दिनकर' को उनकी कृति 'उर्वशी' पर 'भारतीय ज्ञानपीठ' पुरस्कार प्राप्त हुआ है। 'उर्वशी' एक महत्वपूर्ण काव्य कृति है जिसमें दिनकर ने प्राचीन पौराणिक कथा का आधुनिक संदर्भ में वर्णन किया है। इस कृति में उन्होंने नारी और पुरुष

के संबंधों की गहराई और जटिलता को चित्रित किया है, और इसमें मानवीय भावनाओं और दार्शनिक विचारों का सुंदर समावेश किया है।

84. **(B):** 'पृथ्वीराज रासो' को छंदों का अजायबघर कहा जाता है। यह एक महाकाव्य है जिसे चंद बरदाई ने लिखा था। इस ग्रंथ में राजा पृथ्वीराज चौहान के जीवन और कार्यों का वर्णन किया गया है। 'पृथ्वीराज रासो' को इसके विविध और समृद्ध छंदों के प्रयोग के लिए जाना जाता है, और इसमें विभिन्न प्रकार के छंदों का उपयोग करके कथा को रोचक और जीवंत बनाया गया है।

85. **(C):** कबीर को उलटबासियों का विशेषज्ञ माना जाता है, लेकिन इससे पहले उलटबासियाँ सिद्ध साहित्य में प्राप्त होती हैं। सिद्ध साहित्य भारतीय धार्मिक और आध्यात्मिक परंपरा का एक हिस्सा हैं, जो मुख्य रूप से तांत्रिक और योगिक शिक्षाओं पर आधारित हैं। इस साहित्य में उलटबासी का प्रयोग आध्यात्मिक और रहस्यमय सत्यों को प्रकट करने के लिए किया जाता था। कबीर ने इस परंपरा को आगे बढ़ाया और अपने दोहों और पदों में उलटबासी का व्यापक रूप से उपयोग किया।

86. **(A):** मैथिलीशरण गुप्त को 'राष्ट्रकवि' की उपाधि महात्मा गाँधी ने दी। मैथिलीशरण गुप्त भारतीय स्वतंत्रता आंदोलन के दौरान प्रमुख कवियों में से एक थे और उनकी कविताओं ने राष्ट्रीय चेतना और स्वतंत्रता की भावना को प्रोत्साहित किया। उनकी कृतियाँ, जैसे 'भारत-भारती', ने भारतीय समाज में राष्ट्रीयता के विचार को मजबूत किया।

88. **(E):** उपर्युक्त पंक्तियाँ कवि धूमिल द्वारा रचित 'रोटी और संसद' नामक कविता से ली गई हैं जिसका उल्लेख उपलब्ध विकल्पों में नहीं है।

89. **(A):** 'एक और जिंदगी' कमलेश्वर द्वारा रचित कहानी नहीं है। कमलेश्वर, जो हिंदी साहित्य के प्रमुख लेखकों में से एक थे, ने 'राजा निरबंसिया' और 'मांस का दरिया' जैसी कहानियाँ लिखीं। उनकी रचनाएँ सामाजिक और राजनीतिक मुद्दों पर केंद्रित होती हैं। 'एक और जिंदगी' मोहन राकेश द्वारा रचित है।

90. **(B):** 'चंद्रगुप्त' नाटक में दृश्यों की कुल संख्या 44 है। 'चंद्रगुप्त' एक प्रमुख हिंदी नाटक है, जिसमें चंद्रगुप्त मौर्य के जीवन और उनके समय के इतिहास का चित्रण किया गया है। इस नाटक में विभिन्न ऐतिहासिक पात्रों और घटनाओं के माध्यम से उस युग की राजनीतिक और सामाजिक स्थितियों का वर्णन किया गया है।

91. **(E):** 'शेखर : एक जीवनी' उपन्यास के नायक शेखर के चरित्र की प्रमुख विशेषता उपर्युक्त विकल्पों में से कोई भी नहीं है। यह उपन्यास अज्ञेय द्वारा लिखित है और इसमें नायक शेखर के जीवन और उसके मानसिक विकास की कहानी को प्रस्तुत किया गया है। शेखर का चरित्र गहरी अंतर्दृष्टि और आत्म-विश्लेषण की ओर झुकाव वाला है। वह एक जटिल और विचारशील चरित्र है, जिसमें आत्म-संघर्ष, अस्थिरता और अंतर्मुखी प्रवृत्ति की झलक मिलती है। उपन्यास के माध्यम से अज्ञेय ने मानव मन की गहराइयों को उजागर किया है।

92. **(C):** 'महामाया' हजारी प्रसाद द्विवेदी के उपन्यास 'बाणभट्ट की आत्मकथा' की पात्र है। इस उपन्यास में, हजारी प्रसाद द्विवेदी ने प्राचीन भारतीय कवि और विद्वान बाणभट्ट के जीवन का काल्पनिक वर्णन किया है। 'महामाया' इस उपन्यास की महत्वपूर्ण पात्र है, जिसका चरित्र और उसके जीवन की घटनाएँ उपन्यास के कथानक को प्रभावित करती हैं। उपन्यास में ऐतिहासिक और सांस्कृतिक तथ्यों के साथ-साथ कल्पना का सुंदर सम्मिश्रण किया गया है।

93. **(E):** 'ग्रैंग्रीन' कहानी के लेखक सच्चिदानंद हीरानंद वात्स्यायन अज्ञेय हैं जिनका उल्लेख उपलब्ध विकल्पों में नहीं है।

94. **(B):** चंद्रधर शर्मा 'गुलेरी' बहुत कम कहानियाँ लिखकर भी सर्वाधिक लोकप्रियता प्राप्त कहानीकार हैं। उनकी सबसे प्रसिद्ध कहानी 'उसने कहा था' है, जो हिंदी साहित्य में एक मील का पत्थर मानी जाती है। इस कहानी में उन्होंने प्रेम, त्याग और वीरता के विषय को बहुत ही संवेदनशीलता और गहराई के साथ चित्रित किया है। गुलेरी की कहानियाँ उनकी गहरी मानवीय समझ और भाषाई कौशल के लिए जानी जाती हैं।

95. **(E):** प्रजातंत्र और लोकतंत्र के नाम पर हमारे चारों ओर फलने-फूलने वाली राजनीतिक संस्कृति के प्रतिनिधि पात्र 'वैद्यजी' उपर्युक्त उपन्यासकार श्रीलाल शुक्ल की सृष्टि हैं।

96. **(B):** अमृतलाल नागर का उपन्यास 'खंजन नयन' महाकवि सूरदास पर आधारित है। इस उपन्यास में नागर ने सूरदास के जीवन, उनके काव्य और उनकी भक्ति के विभिन्न पहलुओं का चित्रण किया है। 'खंजन नयन' में सूरदास के जीवन की कथा के साथ-साथ उनके समय की सामाजिक और धार्मिक स्थितियों का भी वर्णन है। यह उपन्यास सूरदास के जीवन के अनेक अज्ञात पहलुओं को उजागर करता है और उनके काव्य और दर्शन को समझने में मदद करता है।

97. **(A):** उपर्युक्त कथन 'गोदान' में मेहता का है। 'गोदान', मुंशी प्रेमचंद की एक महान कृति है, जिसमें भारतीय ग्रामीण जीवन और समाज के विभिन्न पहलुओं का चित्रण किया गया है। मेहता, इस उपन्यास में एक ऐसा पात्र है जो विश्लेषणात्मक और दार्शनिक विचारों के लिए जाना जाता है। उनका यह कथन कवि और साहित्य के प्रति उनकी गहरी समझ और सराहना को दर्शाता है, जहाँ वे सांसारिक आकर्षणों की अपेक्षा कला और साहित्य की महत्ता को अधिक महत्व देते हैं।

98. **(C):** 'देवसेना' जयशंकर प्रसाद के नाटक 'स्कंदगुप्त' की पात्र हैं। जयशंकर प्रसाद ने 'स्कंदगुप्त' में गुप्त साम्राज्य के उत्थान और पतन की कहानी का चित्रण किया है, जिसमें देवसेना एक महत्वपूर्ण पात्र है। इस नाटक में उन्होंने स्कंदगुप्त के चरित्र के साथ-साथ उस समय के राजनीतिक, सामाजिक और धार्मिक पहलुओं को भी दर्शाया है। देवसेना का चरित्र इस नाटक में विशेष रूप से प्रमुखता से प्रस्तुत किया गया है।

99. **(B):** 'लघुमानव' की महत्ता को विजयदेव नारायण साही ने प्रतिपादित किया है। विजयदेव नारायण साही, हिंदी साहित्य में एक महत्वपूर्ण आलोचक और लेखक हैं। उनकी लेखनी में 'लघुमानव' यानी 'छोटा मनुष्य' के महत्व और उसके जीवन की जटिलताओं का गहन विवेचन मिलता है। उन्होंने अपनी आलोचना और लेखन में सामान्य मनुष्य की जीवन शैली, उसके संघर्ष और अनुभवों को महत्व दिया है।

100. **(B):** हजारी प्रसाद द्विवेदी के निबंध 'ललित निबंध' विधा के प्रस्थान बिंदु बने। द्विवेदी जी हिंदी साहित्य में एक प्रमुख आलोचक, निबंधकार और इतिहासकार थे। उनके निबंधों की भाषा और शैली अत्यंत परिष्कृत और सुग्राह्य है। उनके लेखन में गहरी विद्वता और साहित्यिक सौंदर्य का समावेश है, जिसने 'ललित निबंध' की परंपरा को नई दिशा और गति प्रदान की। उनके निबंध विषयों की व्यापकता, शिल्प की नवीनता और भाषा की सरलता के लिए जाने जाते हैं, जिसने आगे चलकर हिंदी निबंध लेखन को प्रभावित किया। उनके निबंध साहित्य, संस्कृति, इतिहास और दर्शन पर गहन चिंतन प्रस्तुत करते हैं।

101. **(B):** 'भाषा का महत्व' इस गद्यांश का सर्वाधिक उपयुक्त शीर्षक होगा। इस गद्यांश में भाषा की भूमिका और उसके महत्व पर चर्चा की गई है, विशेषकर यह कैसे मनुष्य और मानव समुदायों के बीच संवाद और भावनात्मक अभिव्यक्ति का माध्यम बनती है।

102. **(C):** 'अभिव्यक्ति' शब्द का अर्थ 'प्रकट करना' है। इसका उपयोग भावनाओं, विचारों या अन्य संवेदनाओं को व्यक्त करने के संदर्भ में किया जाता है।

103. **(A):** 'प्रकट' का विलोम शब्द 'गुप्त' है। 'प्रकट' का अर्थ होता है खुलासा किया गया या जाहिर किया गया, जबकि 'गुप्त' का अर्थ होता है छिपा हुआ या गोपनीय।

104. **(B):** 'इला' 'नदी' का पर्यायवाची शब्द नहीं है। 'तरंगिणी', 'तटिनी' नदी के पर्यायवाची हैं, लेकिन 'इला' नदी का पर्यायवाची नहीं है।

105. **(A):** गद्यांश का आशय यह है कि 'भाषा की समानता मनुष्यों को निकट लाती है'। गद्यांश में बताया गया है कि भाषा किस प्रकार मनुष्यों के बीच संबंधों को मजबूत करती है और उन्हें एक-दूसरे के समीप लाती है। यह भाषाई समानता के माध्यम से पारस्परिक सहानुभूति और घनिष्ठता की स्थापना करती है।

106. **(B):** 'चौगुना' गुणवाचक विशेषण नहीं है। 'चौगुना' एक परिमाणवाचक विशेषण है, जो किसी चीज के मात्रात्मक गुण को दर्शाता है, जैसे कि किसी चीज का चार गुना होना। दूसरी ओर, 'पतला' और 'घना' गुणवाचक विशेषण हैं, क्योंकि ये गुणों का वर्णन करते हैं।

107. **(A):** 'एक आँख से देखना' मुहावरे का अर्थ 'बराबर मानना' है। यह मुहावरा किसी को समान रूप से मानने या समान दृष्टि से देखने की भावना को व्यक्त करता है।

108. **(B):** 'महोत्सव' शब्द में दीर्घ स्वर संधि नहीं है। 'महोत्सव' शब्द में 'महा' (महान) और 'उत्सव' (उत्सव) का संयोजन है, लेकिन यह दीर्घ स्वर संधि का उदाहरण नहीं है। 'महाशय' और 'पितृण' में दीर्घ स्वर संधि है।

109. **(B):** 'मैंने रमेश को मारा था।' वाक्य में पूर्ण भूतकाल का भेद है। इस वाक्य में कार्य पूर्ण हो चुका है और इसका संदर्भ पहले के समय से है, जो पूर्ण भूतकाल की विशेषता है।

110. **(B):** 'मनोज पुस्तक पढ़ता है।' वाक्य में कर्तृवाच्य है। इस वाक्य में 'मनोज' कर्ता है और 'पुस्तक पढ़ना' क्रिया है। कर्तृवाच्य में क्रिया का कर्ता प्रमुख होता है, और वाक्य में कर्ता का उल्लेख किया जाता है।

111. **(B):** द्वंद्व समास का उदाहरण 'भूखा-प्यासा' है। द्वंद्व समास में दो या दो से अधिक पद मुख्य होते हैं और उनमें समानता होती है। 'भूखा-प्यासा' में 'भूखा' और 'प्यासा' दोनों पद मुख्य हैं और दोनों की समानता इस समास को द्वंद्व समास का उदाहरण बनाती है।

112. **(C):** 'पैतृक' शुद्ध वर्तनी है। 'सम्राज्य' और 'श्राप' दोनों में वर्तनी त्रुटियाँ हैं। सही वर्तनी 'साम्राज्य' और 'श्राप' है।

113. **(C):** 'चट मंगनी पट ब्याह' लोकोक्ति का अर्थ है तत्काल कार्य का सम्पन्न हो जाना।

114. **(A):** 'अनल-अनिल' श्रुतिसम भिन्नार्थक शब्दों के अर्थ 'अग्नि-वायु' हैं। 'अनल' का अर्थ अग्नि और 'अनिल' का अर्थ वायु होता है।

115. **(B):** 'वाग्जाल' का संधि-विच्छेद 'वाक्, जाल' होगा। इसमें 'वाक्' का अर्थ बोलना या वाणी से है और 'जाल' का अर्थ जाल या नेटवर्क से है, इसलिए संधि-विच्छेद 'वाक्-जाल' है।

116. **(C):** 'कुलीन' शब्द 'अ' प्रत्यय से युक्त नहीं है। 'मौन' और 'शैव' दोनों में 'अ' प्रत्यय का प्रयोग हुआ है, लेकिन 'कुलीन' में 'अ' प्रत्यय नहीं है।

117. **(B):** 'मैं प्रातः काल के समय घूमने जाता हूँ।' अशुद्ध वाक्य है। इस वाक्य में अनावश्यक रूप से 'के समय' का प्रयोग हुआ है। सही वाक्य होगा 'मैं प्रातः काल घूमने जाता हूँ।'

118. **(A):** इस संदर्भ में उपयुक्त लोकोक्ति 'का वर्षा जब कृषि सुखानी' उस स्थिति को दर्शाती है जहाँ एक कार्य विफलता के बाद किया जाता है और इसका कोई महत्व नहीं रह जाता।

119. **(A):** 'मोहन के घर के निकट चौराहा है।' वाक्य में द्विगु समास का प्रयोग हुआ है। द्विगु समास में दो शब्दों का संयोजन होता है जिसमें पहला शब्द संख्यावाचक होता है। यहाँ 'चौराहा' का अर्थ 'चार रास्तों वाली जगह' है, जो द्विगु समास का उदाहरण है।

120. **(B):** 'पिता पुत्र से पत्र लिखवाता है।' वाक्य में प्रेरणार्थक क्रिया का प्रयोग हुआ है। प्रेरणार्थक क्रिया में क्रिया को किसी दूसरे द्वारा करवाया जाता है। यहाँ पिता अपने पुत्र से पत्र लिखवाता है, जो प्रेरणार्थक क्रिया का उदाहरण है।

English Language

1

Comprehension Passages

ENGLISH LANGUAGE COMPREHENSION

The objective of language comprehension test is to ascertain the ability of the candidates to understand the passage properly.

Therefore candidates are required to take notice of the following points:

1. Read the full passage very attentively and intelligently.
2. Try to comprehend the gist of it.
3. Make a mental note of all the important details and points given in the passage.
4. Read the passage for the second time in case you have not been able to understand it satisfactorily.
5. Divide the time proportionately for all the passages.
6. Answer the questions on the basis of facts, as given in the paragraph.
7. Don't waste much time in answering the questions of any one passage.
8. Check all the answers once again, very carefully, to see whether any question is left unanswered by mistake.

MODEL QUESTIONS (FOR PRACTICE)

Directions: *Each of the following passages is followed by five questions. Read the passage carefully and then answer the questions that follow each. For each question, four probable answers A, B, C and D are given. Only one out of these is correct. Choose the correct answer.*

PASSAGE-1

The use of words like 'welcome', 'thank you', 'please', etc., at the right moment reflects a polite nature. The civic sense also lies within the scope of good manners. We should not shout or talk loudly in public places like hospitals and libraries and create disturbance. We should not cheat people or make fun of them. Cleanliness is also necessary. We must not throw the waste on roads and make use of dustbins. We should not harm the public property as it belongs to all of us. While in a queue, discipline should be maintained. We must give fair chance to others.

1. Expressions like 'welcome' 'thank you' and 'please' reflect
A. happiness B. discipline
C. civic sense D. polite nature

2. While in a library, we should
A. respect others B. avoid arguments
C. talk in low tone D. be courteous

3. A public property belongs to
A. nobody B. all of us
C. government D. one who maintains it

4. Discipline is
A. the rule of proper conduct or action
B. the rule of road sense
C. making use of dustbins
D. forming a queue

5. The most appropriate title for this passage would be
A. Polite Nature B. Courtesy
C. Good Manners D. Civic Sense

PASSAGE-2

There is an old proverb 'Early to bed and early to rise makes a man healthy and wise.' I am in the habit of getting up early in the morning and have formed the habit of taking long morning walks in the past two years. It is a light exercise and best for physical fitness. The morning air which is fresh and pure is beneficial for the lungs. The early rays of the rising sun are good for healthy skin. 'Health is wealth' and doctors also recommend morning walk to their patients for gaining sound health and freshness of energy.

1. What is good for lungs?
A. Sunrays B. Fresh air
C. Sound sleep D. Light exercise

2. What is a light exercise?
A. Early to bed B. Early to rise
C. Morning walk D. Gaining sound health

3. What is good for skin?
A. Fresh air B. Morning air
C. Morning walk D. Rising sun's rays

4. What is best for physical fitness?
A. Light exercise B. Long morning walk
C. Early to rise D. Fresh and pure air

5. Long morning walk
A. bring sound sleep
B. ensures physical fitness
C. ensures healthy skin
D. keeps healthy, wealthy and wise

PASSAGE-3

Mahatma Gandhi lived a splendid long life and has set great moral standards before us. He showed to the world the true way to peace. He wished to see India prosper but he became a martyr for the noble cause of Hindu-Muslim unity at the time of partition when a religious fanatic, Nathuram Godse, shot him dead on January 30, 1948. His last words were 'Hey Ram'. He lived and died for his country and countryman.

1. Mahatma Gandhi showed the world the true way to
A. prosperity B. love
C. truth D. peace

2. Mahatma Gandhi became a martyr for the noble cause of
A. truth B. non-violence
C. freedom of India D. Hindu-Muslim unity

3. Mahatma Gandhi was shot dead
A. before India achieved independence
B. by a mad man
C. by an intolerant religious person
D. by a non-religious person

4. Mahatma Gandhi set great moral standards. It means
A. he was a great religious teacher
B. he was a great moralist
C. he made India morally stronger
D. moral was everything to him

5. Gandhiji lived and died for his country and countryman. It means
A. he was born in India and died in India
B. he was a patriot
C. he was a great moralist
D. he sacrified his life for India and her people

PASSAGE-4

On one hot day a crow felt very thirsty. He flew from one place to another in search of water. After long hours of labour he found a pitcher. Eagerly, he perched on the mouth of the pitcher. He found that the water was at the bottom of the vessel. He tried his best to dip his beak but did not succeed. He did not know what to do. Suddenly some pebbles lying nearby gave him an idea. One by one he dropped the pebbles with his beak into the pitcher. The level of water slowly came up to the mouth of the pitcher. The crow then drank the water and quenched his thirst.

1. The crow found a pitcher
A. as it flew
B. after many hours of labour
C. full of water
D. which was empty

2. What is the moral of the passage?
A. No pains, no gains
B. God helps those who help themselves
C. Necessity is the mother of invention
D. Try and try again, you will succeed at last

3. The crow flew from place to place
A. in search of pitcher B. in search of pebbles
C. in search of water D. in search of a vessel

4. The pitcher, the crow found
A. was full of water
B. was dry
C. had little water in the bottom
D. had water up to its mouth

5. As the crow dropped pebbles into the pitcher, what happend?
A. The pitcher broke down
B. The water leaked one of the pitcher
C. The level of water into the pitcher rose up slowly
D. Water level immediately rose to the mouth of the pitcher

PASSAGE-5

Once upon a time a crane and a fox lived in a forest. They were good friend. One day the fox invited the crane to a feast. He made a tasty food and served it before the crane on a plate. The crane could not eat anything because of the long beak. But the fox licked all his food. The crane felt insulted. He decided to teach the fox a lesson. Next day he invited the fox. He prepared the same tasty food and placed it in front of the fox inside a narrow glass. The crane ate easily while the fox looked on. Now, it was the fox's turn to remain hungry.

1. What is the moral of the passage?
A. Beware of the wicked
B. One good turn deserves another
C. Be contented with what you have
D. Tit for tat

2. The crane could not eat tasty food because the
A. food was served in a shallow plate
B. food was very hot
C. food was served in a long jar
D. crane was not hungry

3. The fox had to remain hungry because
A. the food served was not enough in quantity
B. the food was served inside a narrow glass
C. the food served was not tasty
D. the food was all liquid

4. Why did the crane feel insulted?
A. Because he was invited to feast but he could not eat anything
B. Because the food was served in a shallow plate and he could not eat
C. Because the food was too hot
D. Because the fox gulped all the food quickly

5. The crane successfully taught a lesson to the fox when he invited the fox to a feast and served the food
A. in a narrow glass B. in a large plate
C. in a broken plate D. in a long jar

PASSAGE-6

The family set down at the table and began to talk about the summer holidays. They had to decide a place to visit during the vacation. Should they go to their village or to a hill station? The parents preferred the village while the children wished to go the hill station. After few moments of discussion the elders decided to visit both the places. First they shall go to the village for a week and then stay at the hill station for the remaining days. For the first time the family shall be together during the holidays. The children were happy with the holiday plan.

1. The purpose for which the family set down at the table was
A. to decide a place to visit during the vacation
B. to educate the children how to carry articles during a visit to a hill station
C. to decide the date when they should start their journey
D. to tell the children that they will visit a hill station during this vacation

2. The final plan was to visit
A. their village
B. a hill station
C. their village as well as a hill station
D. their home town

3. The final decision was made by
A. the boys B. the girls
C. the women D. the elders

4. They decided first to go to their village and stay there for
A. a day B. a week
C. ten days D. a fortnight

5. Why were children happy?
A. Because a hill station was included in their holiday plan
B. Because a visit to their village was excluded from their holiday pla
C. Because their choice prevailed
D. Because they were going all alone to the hill station

PASSAGE-7

Once Govind intended to go on pilgrimage with his family. He asked Mirind to accompany. But for his trade's reason, he did not go with him. So Govind thought it safe to leave the box of his jewellery with him, as it was dangerous to leave it in a lone house or take it on the journey. So he went to him with the box. He took him to a lonely place under a tree and handed it over to him. He told Mirind, "Keep it safe with you. I shall return from the journey after six month then I shall take it back from you." Mirind said, "Don't worry. I shall keep it as safe as own."

1. Govind intended to go
A. for a business trip
B. to a hill station
C. on a long journey to a sacred place
D. to his home town for a long period

2. Why did Govind leave his box of jewellery with Mirind?
A. Because it was not safe to take the box with him on a long journey
B. Because Mirind was his fast friend
C. Because the box was very heavy
D. Because his house was unsafe

3. Why did Govind take Mirind to a lonely place?
A. To tell him that the box contained valuable jewellery
B. So that no third person could see box
C. To show him what was within the box
D. To tell him that the box will remain with him

4. Where did Govind hand over the box of jewellery to Mirind?
A. At Mirind's house
B. At his own house
C. In a lonely place
D. In a lonely place under a tree

5. It was not safe to leave the box in a lone house. Here the word 'lone house' means
A. a house in a deserted place
B. a house where none lives
C. a house without door and lock
D. a house near the forest

PASSAGE-8

Zahir-ud-din Babar was the first Mughal emperor of India. A descendent of Timur on father's side and Changez Khan on his mother's side, Babar was a brave warrior. After defeating Ibrahim Lodhi in the First Battle of Panipat in 1526 he entered Delhi and soon gained control over Agra. After many more battles with Rajputs he extended his empire over Punjab, Uttar Pradesh and north Bihar. He died at a young age of 48 years in 1530 at his capital Agra without getting much time to consolidate his victories.

1. Zahir-ud-din Babar was the first
A. Muslim ruler of India B. Mughal ruler of India
C. Afghan ruler of India D. Turk ruler of India

2. Babar was born in the years
A. 1480 B. 1482
C. 1492 D. 1962

3. Babar first occupied
A. Punjab B. Agra
C. Delhi D. Panipat

4. Babar was a brave warrior. Here brave warrior means
A. courageous soldier B. a kind hearted soldier
C. a clever fighter D. a victorious general

5. Babar extended his empire over Punjab and Uttar Pradesh after many more battles with the
A. Afghans B. Rajputs
C. Mughals D. Lodhies

PASSAGE-9

Our National Flag is tricolour. It has three equal horizontal strips. The strip at the top is saffron, in the middle is white and at the bottom is green. The ratio of width to length of the flag is 2 : 3. In the centre of the white strip is a wheel in navy blue. The wheel represents the *chakra.* Its design is similar to the wheel which appears on the abacus of the Sarnath Lion Capital of Ashoka. Its diameter approximates to the width of the white strip. The wheel has 24 spokes. It was adopted by Constituent Assembly on July 22, 1947. We love our national flag. We respect it. We are ready to sacrifice our life to protect its honour. It represents the nation. So it is a symbol of national honour.

1. In our national flag the wheel is located in the centre of
- A. saffron strip B. white strip
- C. green strip D. blue strip

2. In our national flag which of the strips is at the bottom in our national flag
- A. blue C. saffron
- B. white D. green

3. Why do we love our national flag?
- A. Because it is tricolour
- B. Because it has three strips
- C. Because it has a wheel at the centre
- D. Because it is a symbol of national honour

4. Our national flag was approved by
- A. President
- B. Lok Sabha
- C. Parliament
- D. Constituent Assembly

5. The diameter approximates to the width of the white strip. Here the word 'approximates' means
- A. is more or less equal
- B. is exactly equal
- C. is not equal
- D. is related

PASSAGE-10

Distance in large cities are long. All the people do not have their own means of transport. They have to depend upon the state or private buses. The number of bus users is very large. Every bus stop is, therefore, crowded. The number of buses is not adequate. Thus people suffer the torture of long wait at the bus stop. Some bus stops are quite orderly. People form queues and get into the buses turn by turn. However, often this order is forgotten and confusion spreads when the bus comes and the law of jungle prevails.

1. Why are the bus stops crowded?
- A. Because they are small is size
- B. Because the number of passengers is very large
- C. Because they are situated at some busy centre
- D. Because people do not form queues

2. Long wait at the bus stop is the result of
- A. over-crowding in the buses
- B. late running of buses
- C. shortage of buses
- D. slow speed of buses

3. Some bus stops are quite orderly where
- A. there is no crowd
- B. the number of buses is adequate
- C. people do not have to wait for long
- D. people form queues and enter the buses one by one

4. Most of the people who travel by buses are
- A. non-working
- B. do not have their own vehicles
- C. have to go a long distance
- D. live in large cities

5. What happens when people do not have their own transport?
- A. They have to wait for a bus at a bus stop
- B. They have to depend upon the state or private buses
- C. They have to travel long distances
- D. They form queues and get into buses one by one

ANSWERS

Passage	1	2	3	4	5
Passage 1.	D	C	B	A	C
Passage 2.	B	C	D	B	B
Passage 3.	D	D	C	B	D
Passage 4.	B	C	C	C	C
Passage 5.	D	A	B	B	A
Passage 6.	A	C	D	B	A
Passage 7.	C	A	B	D	B
Passage 8.	B	B	C	A	B
Passage 9.	B	D	D	D	A
Passage 10.	B	C	D	B	B

●●●

2

English Grammar

PARTS OF SPEECH

Part of speech	Definition or Function	Examples
Noun	Name of a person, place, animal, quality or thing	Ram, boy, dog pen, sun, Delhi, truth, honesty
Pronoun	Used in place of a noun	I, you, he she, they
Articles & Determiners	Points out indefinite and definite nouns	a, an, the, few, some
Adjective	Describes a noun or pronoun	big, honest, wooden valuable, quiet, deep, soft, narrow
Adverb	Describes a verb, an adjective or another adverb	silently, widely, softly, quietly, very, carefully
Verb	Tells about action or state of something or someone	is, am, was, have, do, like, walk, work, make, throw, tell
Conjuction	Joins words, clauses or sentences	and, but, when, yet, while, else
Preposition	Links a noun or pronoun to another word	at, to, after, on for, under, over, with
Interjection	Expresses sudden feelings or emotions	Ah!, Alas!, oh!, ouch!, hi!, well!, Hurrah!

NOUNS

A word which denotes a person, a thing, an animal or a place is said to be a noun.

There are two noun numbers in English — the *Singular* and the *Plural*.

Singular Numbers : A noun that denotes one person or one thing, is said to be in the Singular number. For example — book, pencil, bird, dog, hen etc. are in singular number.

Plural Number : A noun that denotes more than one person or one thing is said to be in plural number. For example — boys, pens, lions, girls, men etc. are in plural number.

REMEMBER

Singular	*Plural*	*Singular*	*Plural*
Cat	Cats	Book	Books
Pen	Pens	Room	Rooms
Tree	Trees	Bus	Buses
Bush	Bushes	Box	Boxes
Glass	Glasses	Dish	Dishes
Judge	Judges	Tax	Taxes
Watch	Watches	Calf	Calves
Thief	Thieves	Knife	Knives
Scarf	Scarves	Wife	Wives
Leaf	Leaves	Wolf	Wolves
Half	Halves	Monarch	Monarchs
Roof	Roofs	Hoof	Hoofs
Gulf	Gulfs	Staff	Staffs
Radio	Radios	Bamboo	Bamboos
Folio	Folios	Hero	Heroes
Volcano	Volcanoes	Mango	Mangoes
Potato	Potatoes	Photo	Photos
Piano	Pianos	Baby	Babies
Fly	Flies	Country	Countries
Lady	Ladies	Boy	Boys
Monkey	Monkeys	Ox	Oxen
Child	Children	Man	Men
Woman	Women	Tooth	Teeth
Axis	Axes	Basis	Bases
Foot	Feet	Goose	Geese
Englishman	Englishmen	Radius	Radii
Vertex	Vertices	Stimulus	Stimuli

1. Note the plurals of the following nouns:

Singular	*Plural*	*Singular*	*Plural*
copy	copies	cry	cries
baby	babies	duty	duties
body	bodies	country	countries
family	families	diary	diaries
fly	flies	fairy	fairies
city	cities	spy	spies
army	armies	storey	storeys
bay	bays	monkey	monkeys

2. The following nouns do not undergo any change in plural form, in general.

Singular	*Plural*	*Singular*	*Plural*
deer	deer	sheep	sheep
thousand	thousand	pair	pair
hundred	hundred	score	score
dozen	dozen	gross	gross

Note: We can write—

(*a*) thousands of men; (*b*) two pairs of shoes; (*c*) dozens of mangoes; (*d*) scores of people etc. But—
(*a*) two thousand rupees; (*b*) three hundred men; (*c*) five dozen eggs, etc.

3. The following nouns are usually used in plural forms. They take a plural verb after them—

eatables	fetters	surroundings
riches	alms	spectacles
trousers	pants	scissors
premises	thanks	annals
congratulations	goods	shorts
tongs	pains	arms
breeches	(for troubles)	

4. The following are the nouns which are plural in appearance but are usually used in singular number. They are followed by a singular verb—

news	politics	physics
mathematics	economics	ethics
politics	classics	gallows
statistics	athletics	innings
mechanics	summons	mumps

5. Collective nouns often used as plurals—

public	police	cattle
audience	clergy	folk
people	poultry	nation
elite	gentry	glitterati

6. The nouns that are usually used in singular forms—

advice	hair	rice
fuel	alphabet	machinery
offspring	issue	furniture
mischief	stationery	luggage
bedding	information	abuse

7. Material nouns are always used in singular number—

gold	copper	milk
water	silk	wool

Note: They may be used in plural with a different meaning. copper coins (coppers), chains or fetters (irons), cans made of tin (tins).

GENDERS

The difference in sex is denoted by Gender in grammar. The various genders are as follows :

1. **Masculine Gender :** A noun that denotes a male is said to be of the masculine gender, as man, uncle, ox, boy etc.
2. **Feminine Gender :** A noun that denotes a female is said to be of feminine gender, as woman, aunt, princess, cow etc.
3. **Common Gender :** Nouns which denote both males and females are said to be of the common gender, as friend, cousin, person, parent, baby etc.
4. **Neuter Gender :** A noun that denotes the name of object without life is said to be of neuter gender, as file, table, pencil.

REMEMBER

Masculine	***Feminine***
Boy	Girl
Son	Daughter
Brother	Sister
Murderer	Murderess
Sorcerer	Sorceress
Son-in-law	Daughter-in-law
Father-in-law	Mother-in-law
Man-servant	Maid-servant
Land-lord	Land-lady
Bachelor	Maid
Gentleman	Lady
Monk	Nun
Earl	Countess
Lad	Lass
Sir	Madam
Duke	Dutchess
Emperor	Empress
Milk-man	Milk-maid
Pea-cock	Pea-hen
Step-father	Step-mother
Hero	Heroine
Viceroy	Vicerine
Mr.	Mrs.
Governor	Governess
Master	Mistress
Wizard	Witch
Heir	Heiress
Host	Hostess
Lion	Lioness
Mayor	Mayoress
Actor	Actress
Buck	Doe
Colt	Filly
Dog	Bitch
Horse	Mare
Count	Countess
Hunter	Huntress
Prince	Princess
Abbot	Abbess
God	Goddess
Author	Authoress
Ox	Cow
Widower	Widow
Grand-father	Grand-mother
He-goat	She-goat
Milk-man	Milk-woman
Bridegroom	Bride
Tiger	Tigress
Priest	Priestess
Poet	Poetess
Shepherd	Shepherdess
Nephew	Niece
Stag	Hind

PRONOUNS

The repetition of a noun in a sentence or a set of sentences is really boring. So, instead of repeating the noun, we can use a word (for that noun) called the pronoun.
"A pronoun is a word that we use instead of a noun".

Example:
This is *Sachin. He* plays cricket.
Note: *He* is the pronoun used in place of *Sachin.*

Kinds of Pronouns

1. **Personal pronouns :** A pronoun which is used instead of the name of a person is known as a 'Personal Pronoun'. A list of the 'Personal pronouns' is listed below :
   I, my, mine, me, we (First Person)
   You, your, yours (Second Person)
   He, his, him, she, her, hers, it,
   its, they, their, theirs, them (Third Person)

2. **Demonstrative, Indefinite and Distributive Pronouns :**
   (a) Demonstrative Pronouns : Pronouns used to point out the objects to which they refer are called Demonstrative Pronouns.
   Examples :
   (i) *This* is a present from my uncle.
   (ii) *These* are merely excuses.
   (iii) Bembay mangoes are better than *those* of Bangaluru.
   (b) Indefinite Pronouns : All pronouns which refer to persons or things in a general way and do not refer to any particular person or thing are called Indefinite Pronouns.
   Examples :
   (i) *Somebody* has stolen my watch.
   (ii) *Few* escaped unhurt.
   (iii) Did you ask *anybody* to come?
   (c) Distributive Pronouns : Each, either, neither are called distributive pronouns because they refer to persons or things one at a time. For this reason they are always singular and followed by the verb in singular.
   Examples :
   (i) *Each* of the men received a reward.
   (ii) *These* men received *each* a reward.
   (iii) *Either* of you can go.

3. **Relative Pronouns :** A relative pronoun refers or relates to some noun going before, which is called its Antecedent.
   Examples :
   (i) I met Hari *who* used to live here.
   (ii) I have found the pen *which* I had lost.
   (iii) Here is the book *that* you lent me.

4. **Interrogative Pronouns :** These pronouns, are used for asking questions.
   Examples :
   (i) *Whose* book is this?
   (ii) *What* will all the neighbours say?
   (iii) *Which* do you prefer, tea or coffee?

Note : Interrogative pronouns can also be used in asking indirect questions. Consider the following examples :
(i) I asked *who* was speaking.
(ii) Tell me *what* you have done.
(iii) Say *which* you would like best.

Behaviour of the Pronouns

1. If three pronouns are used together in the same sentence they are arranged in the following order :

2	+	3	+	1
↓		↓		↓
Second Person		Third Person		First Person

   Examples :
   I, you and he must help *that* poor man. (Incorrect)
   You, he and I must help *that* poor man. Correct)
2. When two or more singular nouns are joined by and, the pronoun used for them should be plural.
   Examples :
   Mohan and Sohan are friends. *They* play football. *They* live at Lajpat Nagar.
3. But if these nouns joined by and refer to the same person or thing, the pronoun used should be singular.
   Examples :
   (i) Delhi, the beautiful city and the capital of India, is famous for *its* historical monuments.
   (ii) The manager and owner of the firm expressed *his* views on the demands of the workers.
4. When two nouns are used with as well as, the pronoun agrees with the first subject.
   Examples :
   (a) Mohan as well as his friends is doing *his* work.
   (b) The students as well as their teachers are doing *their* work.
5. When two singular nouns joined by 'and' are preceded by *each* or *every,* the pronoun used must be singular and should agree in gender with the second noun.
   Examples :
   (a) Every man and every woman will do *her* best for the nation.
   (b) Each boy and each girl went to *her* house.
6. When two nouns are joined by using 'with', the pronoun agrees with the noun coming before 'with'.
   Examples :
   (a) The boy with *his* parents has gone to see a movie.
   (b) The children with *their* parents have gone to picnic.
7. When two different nouns are joined by either......... or; neither .... nor, the pronoun is used according to the number and gender of the second noun.

Examples :

(a) Either your sister or you have done *your* work.

(b) Neither the students nor the teacher was in *his* class.

8. The pronoun coming after '*than*' must be in the same case as that coming before '*than*'.

Examples :

(a) She plays better than *me*. (Incorrect)
She plays better than *I*. (Correct)

(b) His elder brother is more intelligent than *him*. (Incorrect)
His elder brother is more intelligent than *he*. (Correct)

9. 'Many a' always takes a singular pronoun and singular verb.

Example :

Many a soldier has met *his* death in the battle field.

10. 'Who', 'Whose', 'Whom' are used only for persons.

Examples :

(a) *Who* is knocking at the door?

(b) *Whose* pen is this?

(c) *What* do you want?

11. 'Which' is used for things.

Example : *Which* game do you like?

MULTIPLE CHOICE QUESTIONS

Directions: *In the following questions choose the correct options to fill the blanks.*

1. The place was so dirty that ..... wished to run away from there.
A. everybody B. anybody
C. few D. some

2. ..... was there to help me.
A. Somebody B. Anything
C. Anybody D. Nobody

3. Is there .... to eat?
A. some B. something
C. any D. few

4. ..... of the students were making a great noise.
A. Anyone B. Somebody
C. Many D. Nobody

5. ..... of the students can solve this sum.
A. Someone B. Anybody
C. Somebody D. None

6. ...... of us should try our best to make India a heaven.
A. Any B. Somebody
C. Anybody D. All

7. ...... of us do not know the real meaning of our lives.
A. Any B. Something
C. Several D. Many

8. My .... black.
A. hairs are B. hair is
C. hairs shall D. hair will

9. She saw two .... on the last Sunday.
A. thiefs B. theifs
C. thieves D. theives

10. My sister is a ....
A. bacheloress B. bachelor
C. unmaried D. spinster

11. One is supposed to do ....
A. our duty B. their duty
C. one's duty D. his duty

12. Take anything .... you want.
A. that B. which
C. than D. then

13. I cannot tolerate ....
A. separated you B. your separation
C. separation from you D. you separated

14. He is .... faithful partner.
A. Yours B. You
C. Your D. Your's

15. Ajay is more smart than ....
A. her B. hers
C. herself D. she

16. Vivek works harder than ....
A. me B. I
C. her D. his

17. They should help......... .
A. the poor people B. the poor
C. the poor persons D. the poor peoples

18. .... are mad.
A. All his sons B. His all sons
C. Sons all his D. All sons his

19. The poor fellow .... to fate.
A. resigned B. resigned himself
C. resigned itself D. resigned themselves

20. Nobody will help you but ....
A. I B. me
C. ours D. his

21. It is a good chance, You must avail .... this opportunity.
A. of B. yourself of
C. for D. from

22. The person who is elected .... my relative.
A. is B. he is
C. his D. him

23. He made ....
A. yours mention B. mention of you
C. mention for you D. mention about you

24. .... I know, he is quite faithful.
A. As far as B. So far as
C. So far this D. So far so

25. It is a duty of a person to take .... for his family.
A. pain B. pains
C. pain-killers D. pained

26. She does not love .... husband.
A. his B. her
C. its D. their

27. Let .... work together.
A. him and me B. he and I
C. he and him D. I and me

28. Copper, Silver and Gold ....
A. each will do B. either will do
C. any one will do D. any will do

29. Jessica and Roma are very irregular .... habits.
A. in her B. in their
C. in its D. in every

30. One likes to enjoy .... who was a great poet.
A. The sonnets of Shakespeare
B. Shakespeare's sonnets
C. Sonnets
D. Shakespeare

ANSWERS

1	2	3	4	5	6	7	8	9	10
A	D	B	C	D	D	D	B	C	D
11	**12**	**13**	**14**	**15**	**16**	**17**	**18**	**19**	**20**
C	A	C	C	D	B	B	A	B	B
21	**22**	**23**	**24**	**25**	**26**	**27**	**28**	**29**	**30**
B	A	B	A	B	B	A	C	B	A

ARTICLES

The family of the articles has only three members. They are : A, An and The. However, they fall under two groups :
(a) Definite Article *(b)* Indefinite Article

'The' is known as definite article whereas 'a' and 'an' are known as indefinite articles.

Use of the Definite Article 'The'

'The' is used before

1. The superlative degree :
He is the ablest man of the town.
(ablest is a superlative degree)
2. The name of states, countries etc. having a descriptive name :
(i) The J & K is a small state. (J & K is a descriptive name)
(ii) He lives in the U.S.A. (U.S.A. is a descriptive name)
(But the Delhi and the America are wrong because neither Delhi nor America is a descriptive name)
3. The names of the scriptures :
The Gita is a holy book. (Gita is a scripture)
4. Name of newspapers :
The Tribune is published from Chandigarh.
5. Name of rivers, canals, seas, oceans, bays, gulfs, groups of islands etc. :
(i) The Ganga is a holy river.
(ii) The Indian Ocean is the deepest ocean.
(iii) The Persian Gulf is a narrow gulf.
6. The name of famous buildings :
The Taj is one of the best buildings in India.
7. The names of nationals, sects and communities:
(i) The English defeated the Germans in the World War.
(ii) The rich should help the poor.
(iii) The Hindus believe in the caste system.
8. Proper nouns used as common nouns :
(i) Kalidas is the Shakespeare of India.
(ii) Delhi is the London of India.
9. Famous historical events :
The Industrial Revolution changed the face of England.
10. The directions and the celestial bodies:
The sun rises in the east.
11. Titles : Akbar, the Great was loved by his subjects.

Do not use 'the'

1. Before languages :
The English is an international language. (Incorrect)
English is an international language. (Correct)
2. Before the names of games :
The hockey is a popular game. (Incorrect)
Hockey is a popular game. (Correct)

Use of the Indefinite Articles 'A' and 'An'

'A' is used before :

1. All singular common nouns beginning with a consonant :
(i) A boy sings a song.
(ii) A black and a white cow were grazing in the field.
2. If a word begins with a vowel but gives the sound of a consonant, 'a' should be used before it :
(i) He was helped in his work by a European.
(ii) He is a one-eyed man.
(iii) It is a useful work.

'An' is used as follows :

1. All singular common nouns beginning with a vowel (*i.e.*, a, e, i, o, u) :
   (i) He is an artist. (ii) He is an old man. (iii) I intend to buy an umbrella.
2. If a word starts with a consonant but gives the sound of a vowel, "an" should be used before it :
   (i) Brutus is an honourable man.
   (ii) He is an honour to his profession.
   (iii) He is an L.L.B.

Demonstratives, that, these and those

1. The demonstrative adjectives and pronouns are for objects nearby the speaker:
   this (singular) those (plural)
   and for objects far away from the speaker.
   That (singular) those (plural)
2. Demonstratives are the only adjectives that agree in number with their nouns.
   That hat is nice.
   Those hats are nice.
3. When there is the idea of selection, the pronoun "one" (or "ones") often follows the demonstrative.
   I want a book. I'll get this (one).
   If the demonstrative is followed by an adjective, "one"(or "ones") must be used.
   I want a book. I'll get this big one.

MULTIPLE CHOICE QUESTIONS

Directions: *In the following questions choose the correct options to fill the blanks.*

1. .... will have to be paid for this material.
A. Half rupee B. Half a rupee
C. A half rupee D. An half rupee

2. .... is taking keen interest in India.
A. The USA B. USA
C. An USA D. A USA

3. Only .... can save our country.
A. the Hitler B. a Hitler
C. Hitler D. an Hitler

4. I can run for ....
A. hundred miles B. the hundred miles
C. a hundred miles D. an hundred miles.

5. .... man-eater has been killed.
A. The B. A
C. An D. Either A or B

6. What .... fine idea!
A. the B. an
C. a D. No article

7. .... earth is moving around the sun.
A. An B. A
C. The D. No article

8. This is .... first example while I got.
A. the B. a
C. an D. No article

9. This is .... house which was built during earthquake.
A. a B. an
C. the D. No article

10. .... America is a rich country.
A. The B. An
C. A D. No article

11. .... U.S.A. is a developed country.
A. A B. An
C. The D. No article

12. .... Bible is a holy book.
A. A B. The
C. An D. No article

13. .... rich should help the poor.
A. The B. A
C. An D. No article

14. .... Gold is a costly metal.
A. The B. A
C. An D. No article

15. Kalidas is .... Shakespeare of India.
A. a B. an
C. the D. No article

16. I cannot do .... difficult work.
A. a such B. the such
C. such the D. such a

17. How foolish .... plan it is!
A. a B. an
C. the D. No article

18. An ink is .... useful article.
A. an B. a
C. the D. No article

19. There are .... husband and wife.
A. a B. an
C. the D. No article

20. He is learning .... French
A. the B. a
C. an D. No article

ANSWERS

1	2	3	4	5	6	7	8	9	10
B	A	B	C	D	C	C	A	C	D
11	**12**	**13**	**14**	**15**	**16**	**17**	**18**	**19**	**20**
C	B	A	D	C	D	A	B	D	D

ADJECTIVES & ADVERBS

An Adjective is a word which adds something to the meaning of a noun or a pronoun.

Mridula is an *intelligent* girl. He has a *black* goat.
He is a *brilliant* student. She is a *clever* girl.
It is a *beautiful* picture.

In the sentences given above, the words in italics are adjectives.

An Adverb is a word which qualifies the meaning of a Verb, an Adjective or another Adverb.

(*i*) He talks *slowly*.
(*ii*) He is a *very* good student.
(*iii*) He talks *very* slowly.

In sentence (*i*), *slowly* qualifies the verb *talks*.
In sentence (*ii*), *very* qualifies the adjective *good*.
In sentence (*iii*), *very* qualifies the adverb *slowly*.

Adjectives have three degrees of comparison :

1. **Positive Degree :** It expresses the common form of an adjective.
   Example :
   Ram is a *tall* boy.
   In the above sentence *tall* is an adjective and expresses the common form.

2. **Comparative Degree :** It expresses the more of the same form.
   Example :
   Ram is *taller* than Mahesh.
   In the above sentence *taller* is an adjective that expresses the more of the common form of the adjective *tall*.

"When and How to Use" Comparative Degree?

(a) Comparative Degree is used when two persons or two groups of persons or things are compared.
Examples :
(a)He is *wiser* than his younger brother.
(b)This glass is *cleaner* than the other.

(b) When two different qualities in the same person are compared, more is used instead of 'er' to form the comparative. The formula used in this case should be :
More + Positive Degree
She is *fairer* than polite. (Incorrect)
She is *more fair* than polite. (Correct)

(c) When selection of one out of two persons or things is meant, the degree of comparison is followed by of and *the* is used before it.
Example :
Zia is abler of *the* two sisters.

(d) If two comparatives are used in the same sentence to impress upon an idea, both should be preceded by the definite article.
Examples :
(i) The higher you go, the cooler it is.
(ii) The more we get, the more we desire.

(e) When one person or thing is compared with another of the same kind, other is used after the comparative degree. In such sentences other is normally preceded by any or all.
Examples :
(i) Kalidas is greater than any dramatist. (Incorrect)
Kalidas is greater than any other dramatist. (Correct)
(ii) Lead is heavier than all metals. (Incorrect)
Lead is heavier than all other metals. (Correct)

(f) Senior, junior, superior, inferior, prior, anterior (earlier than) and posterior (later than) are always followed by 'to'.
Examples :
(i) Ram is senior *to* Mohan by three years.
(ii) That pen is inferior *to* that.
(iii) He is junior *to* me in rank.
(iv) This event was posterior *to* that.

Note: Never use *than* after the above mentioned adjectives.

Important Information

(a) 'Preferable' is also used as an adjective of the comparative degree. As such, it is always followed by *to* and not *a*.
Death is preferable than dishonour. (Incorrect)
Death is preferable *to* dishonour. (Correct)

(b) To intensify the Degree of comparison, we use *far* or *much* before the comparative.
Examples :
(i) This book is *far* better than that.
(ii) His performance was *much* better than Mohan's.
Warning : Always avoid the use of double comparatives.
Don't say : Ram is more cleverer than his younger brother.
Say: Ram is cleverer than his younger brother.

3. **Superlative Degree :** It expresses the most of the common form of an adjective.
   Example :
   He is the ablest man of the town.

How and when to use the Superlative Degree?

(a) The Superlative Degree is used when more than two persons or things are compared.

(b) The Superlative Degree is generally preceded by 'the' and followed by 'of' in most of the cases or otherwise.

(c) When an adjective of the superlative degree is preceded by a Possessive Adjective or a Noun in the Possessive case, 'the' should not be used before it.
Example :
Which is Kalidas' best play?

It will be a blunder to use 'the' before the Superlative Degree in such cases.

Don't say : Which is Kalidas' the best play.

(d) To intensify the degree of comparison, *by far* is used before the superlative degree.

Example :

India is *by far* the most beautiful country of the world.

Note: Always avoid the use of double superlatives.

Don't say : He is the most strongest boy in the class.

Say : He is the strongest boy in the class.

Use of some Important Adjectives

1. (a) '**Some**' is used as follows :
   (i) With countable nouns where it means— a little, a small quantity.
   (ii) In a question which shows some request.

   Examples :
   (i) There is some water in the bottle.
   (ii) Some of the students were absent yesterday.
   (iii) Will you have some milk?
   (iv) Will you buy some fruit for me?

   (b) '**Any**' is used as follows :
   (i) In negative sentences.
   (ii) In interrogative sentences.
   (iii) After 'Hardly', 'Scarcely' and 'Barely'.
   (iv) After 'If'.

   Examples :
   (i) There is not any sugar in the pot.
   (ii) We haven't any rice in the house.
   (iii) I have hardly any money.
   (iv) There are scarcely any plants in this field.
   (v) If there is any danger, blow the whistle.

2. (a) **Older :** Older (and oldest) are used for persons animals and things. But 'Older' and 'Oldest' refer to the persons who do not belong to the same family.

   Examples :
   (i) Radha is older than Shyama.
   (ii) John is the oldest member of the staff.
   'Older' and 'Oldest' refer to the persons who do not belong to the same family.

   (b) **Elder** (and **eldest**) are used in respect of the members of the same family like sons, daughters, brothers, sisters.

   Examples :
   (i) My elder sister is a lecturer.
   (ii) Meenakshi is the eldest of the three sisters.

   Note :
   (i) 'Elder' is not followed by 'than'.
   (ii) 'Elder' and 'Eldest' cannot be used for things.

3. (a) '**Few**' is negative and is the opposite of 'Many'. It means 'not many'.
   (b) '**A few**' is positive and means 'some at least'. It is the opposite of 'None'.
   (c) '**The few**' means 'minority' and suggests 'whether there is'.

   Examples :
   (i) We have few holidays in school.
   (ii) Only a few boys will fail in the examination.
   (iii) The few poems that he wrote are very popular.

4. (a) **Further** means 'something additional'.
   (b) **Farther** means 'a greater distance'.

   Examples :
   (i) Further discussion will be held in the office of the principal.
   (ii) Amritsar is farther from Delhi than Ambala.

5. (a) **Little** is negative. It means, 'not much', or 'hardly any'.
   (b) **A little** is positive. It means 'some quantity'.
   (c) **The little** denotes quantity. It means, 'not much but all that is, or whatever quantity there is'.

   Examples :
   (i) There is little hope of his success.
   (ii) He knows a little of everything.
   (iii) I have spent the little money I had.
   (iv) The little knowledge of shoe-making proved very useful to me.

6. (a) '**Much**' expresses 'quantity'.
   (b) '**Many**' expresses 'number'.
   (c) '**Many a**'—'Singular noun' and 'Singular verb' are used with 'many a'.

   Examples :
   (i) There is not *much* water in the jug.
   (ii) *Many* boys are absent today.
   (iii) *Many* a battle has been fought on the soil of India.

7. (a) '**Less**' denotes 'in a small degree'.
   (b) '**Fewer**' denotes 'number'.

   Examples :
   (i) He devotes less time to his studies.
   (ii) There are no fewer than ten chairs in this room.

8. (a) '**Each**' is used for a single number of 'two persons' or 'things'.
   (b) '**Every**' is used for a single number of 'many persons' or 'things'.

   Examples :
   (i) Each boy must take part in games.
   (ii) There are only two poets. Each poet recited his poem.
   (iii) Every man dies in this world.
   (iv) Every man is expected to do his duty.

9. (a) '**Either**' means one of the two or both.
   (b) '**Neither**' is negative of the either.

   Examples :
   (i) You may buy either of these two chairs.
   (ii) Neither of them could speak on the stage.

10. (a) '**Later**' expresses 'late in time'.
   (b) '**Latter**' means 'second in position or order'.

   Examples :
   (i) My father reached later than I expected.
   (ii) The latter position was better than the former.

Use of some Important Adverbs

1. (a) Also, too, enough:
   (i) He taught English. Also, he edited the school magazine
   (ii) He is a writer and also he is a painter.
   (iii) He is too obstinate to listen to any reason.
   (iv) This is too difficult a piece for the junior students.
   (v) Sarla was kind enough to help the poor.
   (vi) He is brave enough to help the truth.
   Note: 'Too' is used in a negative sense, but enough is used in a positive sense.

   (b) Fairly and rather: Both suggest the meaning 'moderately'. But, mainly 'fairly' is used with the words that denote a positive meaning and rather is used with the words that denote a negative meaning:
   (i) Rita did fairly well in that competition, but her performance was rather poor in sports.
   (ii) Mona is fairly rich, but she is rather stingy.
   Note: 'Rather' can also be used in a positive sense.
   (i) This is a rather interesting job.
   (ii) That boy is rather smart.

   (c) Hardly, barely, scarcely: These words mostly convey the negative suggestions and are almost similar.
   (i) I have hardly any strength now.
   (ii) There was barely any supply to the township,
   (iii) There were scarcely a hundred guests present.
   Note: With slight variance in the meaning, the words given above convey the idea of 'very little', 'not enough', 'lack of quantity and number'.

   (d) Yet, Still: These adverbs can often be used to connect the sentence units:
   (i) He has been defeated many times in the contest; still he wants to be a competitor.
   (ii) Mona was sick; yet she went on doing her work.

   (e) Alone:
   (i) He alone (none else) is capable of handling that fire,
   (ii) He hunted all alone in the forest. (not in any company)

Special Note:

(a) Apart from their conventional positions the adverbs might be used in different positions with different meanings and angles.
   (i) He had only four books.
   (ii) John only contacted his friend in need.
   (iii) He greeted me only.
   (iv) Only he greeted me there.

(b) Inversion: Some adverbs can be inverted *i.e.* placed in the beginning of the sentence and then be followed by an interrogative form. The most common of these adverb are: so, seldom, never, nowhere, under no circumstances, hardly, scarcely etc.
   (i) So big was the bus that it could not enter the narrow lane.
   (ii) Hardly had he reached the station when he received the message.

MULTIPLE CHOICE QUESTIONS

Directions: *In the following questions choose the correct options to fill the blanks.*

1. The girl whom you met is the .... sister of Ravi.
A. eldest B. elder
C. older D. oldest

2. The historical place is ....
A. seeing worth B. worthy of seeing
C. worth seeing D. worthy seeing

3. These flowers smell ....
A. sweet B. sweetly
C. more sweetly D. sweetest

4. .... aspirant cannot pass the entrance examination.
A. Each B. Every
C. All D. No

5. Harivansh Rai .... second Shakespeare.
A. is a B. is
C. is the D. is an

6. .... student in the class got prizes.
A. Each and every B. Every and each
C. Every D. Never

7. It is .... picture than the one we saw last Monday.
A. interesting B. much interesting
C. more interesting D. most interesting

8. She is clever ....
A. that her mother is B. as her mother is
C. to her mother is D. than her mother is

9. They will get ....
A. Red, green and black paper
B. Red, green black paper
C. Red and green and black paper
D. Red green black paper

10. Health is .... wealth.
A. preferable to B. more preferable than
C. more preferable to D. most preferable then

11. .... water that was in the jug evaporated.
A. Little B. The little
C. Small D. A small

12. He has not sung .... songs.
A. much B. most
C. more D. many

13. Srishti has searched .... office.
A. whole the B. the whole
C. a whole D. some whole

14. Premchand was .... best and .... famous writer.
A. a, the most B. the, a most
C. the, more D. the, the most

15. William Shakespeare is famous as ....
A. a poet and a dramatist
B. a poet and dramatist
C. the poet and the dramatist
D. a poet and the dramatist

16. What does .... leader suggest?
A. other
B. another
C. others
D. anothers

17. He .... money.
A. has few
B. have few
C. has little
D. have little

18. The .... boys are rewarded.
A. first two
B. two first
C. firsts two
D. two's first

19. He is .... brave.
A. stronger than
B. stronger then
C. more strong then
D. more strong than

20. No sooner said ....
A. so done
B. and done
C. then done
D. but done

21. She returned .... than I had thought.
A. quickly
B. more quicker
C. more quickly
D. quicker

22. He is .... foolish person.
A. rather the
B. a rather
C. rather a
D. rather

23. This pen .... rupees.
A. costs twenty
B. twenty costs only
C. costs only twenty
D. only costs twenty

24. It is .... pride.
A. nothing else but
B. nothing else than
C. else nothing than
D. but

25. This tea is .... to drink.
A. too hot
B. very hot
C. enough hot
D. much hot

ANSWERS

1	2	3	4	5	6	7	8	9	10
A	C	A	B	A	C	C	C	A	A
11	**12**	**13**	**14**	**15**	**16**	**17**	**18**	**19**	**20**
B	D	B	D	B	B	C	A	D	C
21	**22**	**23**	**24**	**25**					
C	C	C	A	A					

DETERMINERS

Determiners are actually Adjectives. They are always followed by nouns.

Determiners are of the following kinds:

1. **Demonstrative Determiners :** this, that, these, those
2. **Possessive Determiners :** my, our, your, his, her, its, their
3. **Quantitative Determiners :** some, any, much, enough, sufficient, whole, a little, the little, little, all, both
4. **Numerical Determiners:** a few, some, few, the few, any, several, many, no, etc.
   One, two, three ... (Cardinals)
   First, second, third ... (Ordinals)
5. **Distributive Determiners:** either, neither
6. **Articles: Indefinite:** a, an, **Definite:** the

MULTIPLE CHOICE QUESTIONS

Directions: *In the following questions choose the correct options to fill the blanks.*

1. Give me .... rice.
A. some
B. few
C. a few
D. any

2. ...... sheep grazing on the slope of the hill had gone away.
A. Any
B. The few
C. This
D. Much

3. Have you got .... magazines to read?
A. all
B. much
C. some
D. little

4. I have ...... money that I want to spend on shares.
A. any
B. much
C. less
D. some

5. There is .... owl on the branch of the tree.
A. a
B. the
C. an
D. some

6. My brother is .... MBA.
A. a
B. an
C. the
D. any

7. Have you got .... cheese?
A. some
B. many
C. a few
D. few

8. No, I have not got .... cheese.
A. many
B. few
C. any
D. some

9. There is only .... milk left in the bottle.
A. enough B. few
C. much D. a little

10. There is .... hope of his recovery.
A. any B. little
C. many D. few

11. .... dogs were barking at the strangers.
A. Some B. Any
C. Much D. Less

12. The girl bought her father .... juice.
A. few B. some
C. any D. many

13. You should take .... honey everyday.
A. any B. many
C. a little D. a few

14. .... boy was punished by the teacher.
A. Either B. All
C. Any D. Many

15. .... girl was asked to join the army.
A. None B. Neither
C. All D. Any

16. .... water in the jug has been drunk by Mohan.
A. The little B. The few
C. A few D. Few

17. I shall play .... piano at the party.
A. some B. any
C. the D. few

18. .... labourers were found dead in the mine.
A. Any B. Fewer
C. Many D. Less

19. Could I borrow .... umbrella?
A. our B. your
C. yours D. my

20. My brother is standing in the .... row.
A. any B. many
C. some D. first

ANSWERS

1	2	3	4	5	6	7	8	9	10
A	B	C	D	C	B	A	C	D	B
11	**12**	**13**	**14**	**15**	**16**	**17**	**18**	**19**	**20**
A	B	C	A	B	A	C	C	B	D

THE VERB

A Verb is a word that tells something about the action or state of or happenning to a person or thing.

A Verb tells the following:

1. What a person or thing does.
Sachin goes to school daily.
The bell *rang* loudly.
Many birds fly in the sky.
She *sang* a song.

2. What a person or thing is.
India *is* the biggest democracy in the world.
Ram Mehar *is* very rich.
They *are* happy.

3. What is done to a person or thing.
You *are liked* by all.
Two thieves *were arrested.*
Four students *were punished* by the teacher.

4. What happens to a person or thing.
His maternal uncle *died* last week.
Two ships *sank* yesterday.
Leaves *turn* yellow in autumn.

5. What a person or thing has, had, and so on.
I *have* a new car.
He *had* a scooter last year.
He *has* several cows and goats.

It goes without saying that a verb is the most important part of a sentence. No sentence is complete without a Verb.

Important Information

1. If two or more singular nouns are joined by 'and' the verb used will be plural.
   Example:
   (i) He and I were going to the market.
   (ii) Ram and Mohan are friends.
2. If two singular nouns joined by 'and' points out to the same thing or person, the verb used must be singular.
   Example:
   (i) Rice and curry is the favourite food of the Punjabis.
   (ii) The Collector and District Magistrate is away.
3. In case two subjects are joined by 'as well as' the verb agrees with the first subject.
   Example :
   (i) Kanta as well as her children is playing.
   (ii) Children as well as their mother are playing.
   In the case of first sentence the verb (is) agrees with Kanta and in the case of second sentence the verb (are) agrees with the children.
4. 'Neither', 'Either', 'Every', 'Each', 'Everyone', and 'Many a' are followed by a singular verb.
   Example :
   (i) Either of the plans is to be adopted.
   (ii) Neither of the two brothers is sure to pass.
   (iii) Every student is expected to be obedient.
   (iv) Everyone of them desires this.
   (v) Many a person is drowned in the sea.

5. If two subjects are joined by 'Either .... or' / 'Neither .... nor', the verb agrees with the subject near to it.

   Example :

   (i) Either my brother or I am to do this work.

   (ii) Neither he nor they are prepared to do this work.

6. 'A great many' is always followed by a 'plural noun' and a 'plural verb'. For example :

   A great many students have been declared successful.

7. Similarly if two subjects are joined by 'with', 'together with', 'no less than', in addition to 'and not', etc. the verb agrees with the first subject.

   Example :

   (i) The boy with his parents has arrived.

   (ii) He, no less than I, is to blame.

8. Nouns, plural in form, but singular in meaning, take a singular verb.

   Example :

   This news was broadcast from television yesterday.

MULTIPLE CHOICE QUESTIONS

Directions: *In the following questions choose the correct options to fill the blanks.*

1. The bus with all its passengers .... lost.
A. were B. was
C. are D. would

2. You as well as I .... responsible for this work.
A. am B. are
C. was D. is

3. Raghava like all his companions .... a spoiled child.
A. are B. were
C. is D. will be

4. Pen and ink .... required for me.
A. are B. were
C. is D. has required

5. Every girl and every boy .... attended the seminar.
A. have B. has
C. is D. are

6. Not only she but all her sisters ...... been married.
A. has B. have
C. is D. are

7. There .... nothing but miseries in life.
A. is B. are
C. were D. will be

8. Neither prose nor poem .... given.
A. were B. was
C. has D. have

9. Either he or I .... wrong.
A. is B. are
C. am D. were

10. Either Sulekha or Rekha .... coming here.
A. are B. is
C. were D. have

11. .... the child or his parents to blame?
A. Is B. Are
C. Were D. Has

12. You and I .... neighbours.
A. am B. are
C. was D. has

13. The house with all its belongings ..... sold away.
A. were B. are
C. was D. must

14. Either water or juice .... required.
A. is B. are
C. were D. has

15. There were not as many tables as .... required.
A. was B. were
C. is D. are

16. They each .... a book.
A. have B. are
C. has D. is

17. He and I .... class friends.
A. is B. am
C. was D. are

18. She as well as I .... guilty.
A. is B. are
C. am D. must be

19. Purushottam .... not read more on this chapter.
A. needs
B. has been need
C. need
D. had been need

20. He came .... to his aunt.
A. run B. running
C. to run D. in run

ANSWERS

1	2	3	4	5	6	7	8	9	10
B	B	C	C	B	B	A	B	C	B
11	**12**	**13**	**14**	**15**	**16**	**17**	**18**	**19**	**20**
A	B	C	A	B	A	D	A	C	B

CONJUNCTIONS

A conjunction is a word which connects words, clauses or sentences.

Look at the following sentences.

(i) He bought apples *and* mangoes.

(ii) God made the country *and* man made the town.

(iii) The door was open *but* there was no one in the house.

(iv) He knows that I am here *and* that I want to see him.

In the sentence (i), *and* connects two words—*apples* and *mangoes.*

In the sentence (ii), *and* connects two sentences—*God made the country* and *man made the town.*

In the sentence (iii), *but* connects two sentences—*The door was open* and *there was no one in the house.*

In the sentence (iv), *and* connects two clauses—*that I am here* and *that I want to see him.*

The main coordinating conjunctions are:

and, but, for, or, nor, also, either ..... or, neither ..... nor.

There are some conjunctions which are used in pairs. They are:

either .... or, ... neither .... nor, both .... and, though .... yet, whether .... or, not only .... but also.

Example: *Either* take it *or* leave it.

It is *neither* useful *nor* ornamental.

They *both* like *and* respect me.

Though he is suffering from high fever, *yet* he does not cry.

He does not care *whether* you go *or* stay.

He is *not only* doltish, *but also* obstinate.

The conjunctions which are used in pairs in this way, are called correlative conjunctions, or merely correlatives.

Use of Important Conjunctions

1. **As soon as :** As soon as denotes simultaneous time.
   Example : As soon as he saw his enemy, he took to his heels.
2. **No sooner .... than :**
   (a) 'No sooner' is always followed by 'than'.
   (b) Please remember that 'No sooner' is always followed by do/does/did. As such only first form of the verb should be used after the subject.
   Example :
   No sooner did he see his enemy than he took to his heels.
3. **Hardly :** Hardly is followed by when.
   Examples :
   (i) Hardly had I left the house when it started raining.
   (ii) We had hardly come into the room when his father began chastising him.
   Note :
   A. Hardly is never followed by than.
   B. 'Scarcely' can also be used in the sense and manner of 'Hardly'.
4. **Lest :** Lest is used in the sense of so that .... not. It is always followed by should. Lest is negative in sense. Hence 'not' should never be used with it.
   Example :
   Work hard lest you should fail.
   Note : 'Lest' is always followed by 'should' and not 'may'.
5. **Unless :** Unless expresses condition. It is also used in the negative sense. Use of 'not' is not allowed with unless because unless is already in the negative sense.
   Example :
   Unless you labour hard you will not pass.
6. **Until :** 'Until' expresses time. It means 'till not'.
   Example : Wait here until I return.
   Note : Until is in the negative sense. So 'not' should not be used with it. Example :
   Wait here until I do not return. (Incorrect)
   Wait here until I return. (Correct)
7. **As well as :** When two subjects are joined by 'as well as', the verb always agrees with the first subject.
   Examples :
   (i) The teacher as well as students is playing.
   (ii) Students as well as the teacher are playing.
   Note : 'Both' and 'as well as' cannot be used together in the same sentence.
   Examples :
   Both Sita as well as Kanta are beautiful. (Incorrect)
   Sita as well as Kanta is beautiful. (Correct)
   Both Sita and Kanta are beautiful. (Correct)
8. **As if :** 'As if' is used in the sense of pretension. While using 'as if' in a sentence, we should see that even the third person singular subject gets 'were'.
   Example : He talks as if he were mad.
9. **Till :** Till expresses time. Till is always used in the affirmative.
   Example :
   We did not come back till sunset.
10. **Rather than :** 'Rather than' is used in the sense of 'preference'. 'Rather' is always followed by 'than'.
    Example :
    I would rather die than submit.
11. **As long as/so long as :** Both express time during which an action or event takes place.
    Example :
    As long as there is life, there is hope.
12. **However :** It is both a subordinate and co-ordinate clause.
    Examples :
    (a) Mala worked hard, she however, failed.
    (b) However hard he may work, he cannot pass.
13. **Such as :** 'Such as' gives us the sense of 'like'. Such is always followed by 'as'.
    Example :
    Life is such a puzzle as cannot be solved.

MULTIPLE CHOICE QUESTIONS

Directions: *In the following questions choose the correct options to fill the blanks.*

1. Neither he .... his friend is good.
A. or B. and
C. but D. nor

2. The officer asked the peon .... why he was late.
A. that B. if
C. but D. No word needed

3. Both Ajay .... Vijay are intelligent.
A. or B. nor
C. and D. No word needed

4. No Sooner did the thief see the public .... he ran away.
A. then B. and
C. but D. than

5. Abhinav .... his brothers was going to Mumbai.
A. but
B. yet
C. No word needed
D. together with

6. He behaves .... he were the captain of the team.
A. as if B. as
C. No word needed D. that

7. Either Rupali .... Sonali is going to attend the meeting.
A. and B. but
C. nor D. or

8. Neither Nirmal .... Ashwinee is going to listen the speech.
A. and B. but
C. nor D. or

9. Ravi .... Prakash are going to Kolkata.
A. or B. nor
C. but D. and

10. Rice .... curry is my usual breakfast.
A. and B. but
C. then D. than

11. Hardly had he left .... his brother came.
A. then B. than
C. when D. that

12. I would rather have a copy .... a book.
A. then B. than
C. when D. that

13. He is no other .... my friend.
A. then B. than
C. when D. but

14. He saw a snake ....he awoke.
A. then B. when
C. than D. No word needed

15. Ten years have passed .... my grandmother died.
A. since B. when
C. then D. than

16. She is .... good .... bad.
A. either, not B. neither, or
C. neither, nor D. neither, than

17. The cellphone is both cheap .... best.
A. than B. and
C. then D. or

18. No sooner did the rogue see the police .... he disappeared.
A. then B. than
C. so D. because

19. Srishti will go .... Sanju goes.
A. if B. than
C. then D. although

20. She is wise .... timid.
A. and B. yet
C. but D. however

21. Make hay .... the sun shines.
A. though B. while
C. after D. before

22. He is so weak .... he cannot walk.
A. but B. that
C. then D. so

23. Although he is rich, ... he is unhappy.
A. but B. yet
C. so D. still

24. Wait here .... I come back.
A. till B. until
C. before D. after

25. He is my friend .... I shall help him.
A. so B. hence
C. that is why D. therefore

26. He must go away .... he will be beaten.
A. otherwise B. and
C. or D. else

27. God loves good men .... good men love God.
A. and B. or
C. that D. those

28. He was late .... he was not punished.
A. but B. yet
C. still D. therefore

29. Walk slowly ...., you may fall.
A. and B. or
C. so D. otherwise

30. Work hard, ... you will fail.
A. and B. or
C. otherwise D. else

ANSWERS

1	2	3	4	5	6	7	8	9	10
D	D	C	D	D	A	D	C	D	A
11	12	13	14	15	16	17	18	19	20
C	B	B	B	A	C	B	B	A	C
21	22	23	24	25	26	27	28	29	30
B	B	B	A	B	C	A	C	D	D

PREPOSITIONS

A *Preposition* is a word which is placed before a noun or a pronoun to show its relation to some other word in the sentence.

1. I saw a goat *in* the field.
2. I am fond *of* hot coffee.

In sentence 1. the word *in* shows the relation between two things—*goat* and *field.*

In sentence 2. the word *of* shows the relation between the attribute expressed by the adjective *found* and *tea.*

The words *in* and *of* are here used as prepositions.

The noun or pronoun which is used with a preposition is called its object. The noun or pronoun is in the objective case. It is governed by the preposition. Now it is absolutely clear that in sentence 1. the noun *field* is in the objective case. The word *field* is governed by the preposition *in.*

A preposition may have two or more objects.

The road runs over *hill* and *plain.*

Here, the words *hill* and *plain* are used as objects.

Use of Important Prepositions

1. Among, Between

'**Among**' is used for more than two persons or things; '**Between**' is used only for two.

Examples :

(i) Distribute these sweets *among* the poor students of the class.

(ii) Distribute these books *between* Ram and Shyam.

2. Among, In

'**Among**' is used before collective plural nouns. '**In**' is used before collective singular nouns.

Examples :

(i) I found him standing *among* the crowd.

(ii) I saw him in the crowd.

3. Beside, Besides

'**Beside**' means 'by the side of'. '**Besides**' means 'in addition to'.

Examples :

(i) The daughter was sitting *beside* her mother.

(ii) *Besides* his relatives, he invited his friends also.

4. In, Within

'**In**' means at the expiry of a period of time in future. '**Within**' means before the expiry of a period of time in any tense.

Examples :

(i) She will return *in* a week.

(ii) I shall finish my work *within* a weak.

5. On, Upon

'**On**' is used for things at rest; '**Upon**' is used for things in motion.

Examples :

(i) He is sitting *on* the floor.

(ii) The dog sprang *upon* the table.

6. By, With

'**By**' denotes the agent or doer. '**With**' denotes the instrument with which anything is done.

Examples :

(i) The bird was killed *by* the hunter with an arrow.

(ii) He beat the dog *with* a stick.

(iii) I shall reach here *by* five o'clock.

7. After, In

'**After**' means at the end of a period of time in the past. '**In**' means at the end of a period of time in future.

Examples :

(i) I shall return your book *in* a week.

(ii) He returned the book *after* a week.

8. For, From, Since

'**For**' is used before a noun denoting a period of time with all the tenses. '**From**' is used before a noun or phrase denoting a point of time, it is used in all the tenses. '**Since**' is used before a noun or phrase denoting some point of time and is always produced by a verb in the perfect continuous tense or third form of a verb.

Examples :

(i) We have been playing cards *for* two hours.

(ii) She stayed with her uncle *from* the 15th of March to the 15th of May.

(iii) I have been reading this book *since* morning.

9. Above, Over

'**Above**' means 'higher from'. **Over** is used in the following four senses :

(i) In the sense of 'above' :
At noon, the sun is *over* our heads.

(ii) In the sense of 'beyond' :
I cannot get *over* my disappointment.

(iii) In the sense of 'Superiority' :
God *over* all blesses for ever more.

(iv) In the sense of 'Conclusion' :
It is all *over* with me.

10. At, Towards

'**At**' denotes the idea of aim. '**Towards**' denotes the idea of destination.

Examples :

(i) He threw the stone *at* the cat.
(ii) He went *towards* the house.

11. At, In, On

'At' is used as follows :

(i) '**At**' is used with small towns and villages. **Examples:**
(a) He was born *at* Sonepat.
(b) He lives *at* village Bangra. (Bangra is a village)

(ii) '**At**' is used before a noun denoting a definite point of time.

Example :

He called on me *at* 9 p.m. yesterday.

'In' is used as follows :

(iii) '**In**' is used with the names of big cities, provinces and countries.

Examples :

(a) His father lives *in* England.
(b) His younger brother lives *in* Calcutta.

(iv) '**In**' is used before the names of months and years.

Example :

His elder sister was born *in* 1972 *in* the month of May.

'**On**' is used with dates and names of days. **Examples:**
(a) I joined college *on* the 26th April.
(b) He will leave for Kolkata *on* Wednesday next.

Important Information

1. '**In**' is also used in the following phrases :
   In the morning; In the evening, In winter, In summer.
2. '**In**' also denotes a place inside anything.
   He travelled *in* a crowded bus.
3. '**At**' is used in the following phrases :
   At home, *At* the station, *At* work, *At* play.

12. Below, Beneath

Below means 'of lower level in position, dignity and expectation' etc. *Beneath* means 'under'.

Examples :

(i) It is *below* my dignity to talk to her.
(ii) They rested *beneath* the shade of a tree.

13. In, Into, To

'**In**' expresses Rest or Motion inside anything. '**Into**' expresses Motion towards the inside of anything or change from one medium to another. '**To**' denotes motion from one place to another.

Examples :

(i) The boys are *in* the room.
(ii) Translate this passage from English *into* Hindi.
(iii) Every morning he goes *to* the temple.

14. Till, By, Of, Off

- 'Till' means upto or not earlier than.
- 'By' means not later than.
- 'Of' shows cause, source, separation, quality, contents, possession, apposition, point of reference, space in time etc.
- 'Off' shows separation at a near distance, and detached condition.

Consider the following examples:

(i) I shall work *till* 5 a.m.
(ii) Madhu died *of* cancer.
(iii) The nib *of* the pen is made *of* gold.
(iv) He presented me a bottle *of* perfume.
(v) Our principal is a man *of* principle.
(vi) He lived in the house *of* his friend.
(vii) *By* this time tomorrow, I'll have finished my job.
(viii) My house is *off* the road.
(ix) The book fell *off* the table.

MULTIPLE CHOICE QUESTIONS

Directions: *Tick the correct preposition for the blank in each of the following sentences.*

1. He applied ...... the manager.
A. for B. to
C. with D. by

2. Trust ...... God and do the right.
A. in B. for
C. to D. with

3. She is worthy ...... a prize.
A. with B. for
C. to D. of

4. Mr. Gomes has no taste ...... music.
A. of B. for
C. with D. to

5. You are hard ...... hearing.
A. at B. of
C. with D. for

6. He is sure ...... his success
A. for B. with
C. on D. of

7. Preeti was warned ...... the danger ahead.
A. for B. at
C. of D. about

8. I am thankful ...... you for a good advice.
A. for B. with
C. to D. of

9. Deepak would not surrender ...... the police.
A. with B. to
C. for D. on

10. The small plant in your lawn is very sensitive ...... touch.
A. on B. with
C. to D. about

11. Divya was sure to succeed ..... the examination.
A. for B. in
C. to D. with

12. Geeta was jealous ...... Ravina's beauty.
A. to B. with
C. for D. of

13. He was ignorant ..... what was happening there.
A. for B. of
C. to D. with

14. Your pen is inferior ...... mine.
A. than B. with
C. from D. to

15. Reenu is no match ...... Meenu.
A. to B. for
C. with D. upon

16. It is necessary ...... you to apply for this job.
A. on B. with
C. for D. to

17. Be loyal ...... your country.
A. for B. to
C. on D. with

18. Mukesh is junior ...... me.
A. than B. to
C. from D. of

19. Deepika was innocent ...... the crime.
A. of B. with
C. from D. to

20. I am desirous.... joining the Indian cricket team.
A. for B. of
C. to D. on

ANSWERS

1	2	3	4	5	6	7	8	9	10
B	A	D	B	B	D	D	D	B	D
11	**12**	**13**	**14**	**15**	**16**	**17**	**18**	**19**	**20**
B	D	B	D	B	D	B	B	A	B

SYNONYMS

A synonym is a word which conveys a meaning similar to the given word.

REMEMBER

Words	*Synonyms*
Add	Increase
Adequate	Enough
Adjust	Adapt
All	Aggregate
Allow	Permit
Abode	Dwelling
Apt	Proper
Assess	Appraise
Accuse	Calumniate
Abashed	Timid
Annoy	Displease
Ample	Enough, Sufficient
Amplify	Increase
Apathetic	Unenthusiastic
Accost	Address
Authentic	True
Adjust	Fit
Approve	Assent, Allow, Accept
Adapt	Conform
Adversary	Opponent, Rival, Competitor
Beat	Whack
Benign	Kind
Breeze	Zephyr
Baffle	Puzzle
Booty	Spoil
Beauty	Charm
Beast	Animal
Bandit	Robber
Blaze	Shine
Bond	Tie
Bend	Twist
Bate	Diminish
Beg	Plead
Barbaric	Wild, Savage
Bashful	Shy, Reserved
Begin	Start
Blend	Mix, Mingle
Bizarre	Funny
Below	Under
Bedevil	Confuse
Bemoan	Lament
Babble	Nonsense
Blame	Fault
Behaviour	Demeanour
Call	Accost
Copy	Imitate
Close	Shut
Caress	Love
Camp	Stay
Connect	Attach
Cut	Injure, Curtail
Cling	Stick
Conical	Funny
Convey	Carry
Conspicuous	Prominent
Cheerful	Happy, Pleasant

Words	Synonyms
Curtail	Decrease
Cheerless	Sad, Dejected
Curious	Strange
Circumstance	Factor, Situation, Condition
Competent	Capable
Congruent	Overlapping
Cope	Deal, Endure
Confident	Sure
Complex	Intricate
Cajole	Coax, Flatter
Cunning	Crafty
Delectable	Joyful, Delightful
Devilish	Diabolical
Delicate	Soft
Devil	Fiend
Delay	Postpone
Dislike	Repugnance
Destroy	Ruin
Dwell	Live, Dilate
Declare	Pronounce
Drunk	Flushed
Deficient	Lacking
Damn	Condemn, Curse
Decrease	Diminish
Destruction	Devastation
Efficient	Competent
Ethnic	Racial
Enthral	Enslave
Earnest	Serious
Envious	Jealous
Ending	Final
Egg	Incite
Extempore	At once
Extensive	Far-ranging
Extra	Surplus
Existence	Life
Exceed	Overstep
Enormous	Vast
Excessive	Superfluous
Free	Unhindered
Frigid	Cold
Feed	Cater
Fame	Reputation
Frame	Make
First	Initial
Frighten	Terrorise, Intimidate
Fervent	Fervid
Fall	Decline
Feeble	Frail
Fickle	Changeable
Finish	Conclude
Fraud	Deception
Forgiving	Placable
Grow	Develop
Greed	Avidity
Greet	Welcome
Grave	Serious
Group	Constellation
Given	Bestowed
Gratitude	Thankfulness
Have	Possess
Hire	Rent
Hit	Strike
Handsome	Beautiful
Hinder	Prevent
Heap	Pile
Hope	Expect
Hard	Harsh
Help	Aid
Hymn	Song
Henpecked	Enslaved
Hoodwink	Mystify, Cheat
Humble	Polite, Urbane, Modest
Harass	Vex, Trouble
Impart	Instil
Intact	Untouched
Instal	Establish
Indict	Impeach
Imitate	Ape
Instigate	Incite
Initiate	Start, Introduce
Inimical	Unfriendly
Insufferable	Intolerable
Impartiality	Justice
Jolly	Merry
Joyful	Delectable
Join	Conjoin
Kind	Benign
Kill	Murder
Kindred	Similar
Kinship	Relationship
Keen	Sharp
Knowledge	Scholarship
Lazy	Slothful
Large	Substantial, Gargantuan
Listless	Careless, Lackadaisical
Lax	Loose
Little	Small
Lifelike	Realistic
Lofty	High
Lenient	Soft, Gentle
Lacking	Deficient, Wanting
Lessen	Decrease
Middleclass	Bourgeois
Mitigate	Lessen, Abate
Modesty	Humility, Lowliness

Words	Synonyms
Mix	Mingle, Blend
Mixture	Mingling
Mixed	Assorted
Modify	Decrease
Mean	Imply
Multifarious	Varied
Miscarry	Abort
Note	Notice
Noble	Stately
Native	Indigenous
Needful	Necessary
Notify	Declare
Nervous	Shaky, Tremulous, Timid
Natural	Spontaneous
Near	Close
Normal	Natural
Offend	Displease
Oppress	Persecute, Tyrannize
Opponent	Adversary
Obstruct	Hinder, Check
Offence	Fault
Offender	Villain
Overstep	Exceed
Overlapping	Congruent
Occult	Mystic
Profane	Unholy
Patience	Forbearance
Pornographic	Obscene
Plenitude	Abundance
Prominent	Important
Prodigal	Spender
Procrastinate	Postpone
Promote	Develop, Honour
Persecute	Tyrannise
Profess	Claim
Pliant	Flexible
Plebian	Common
Polished	Sophisticated
Quake	Shake
Quit	Leave
Queer	Eccentric
Quell	Suppress
Quantify	Allot
Reply	Answer
Relinquish	Retire
Read	Peruse
Relation	Reference
Render	Do
Remainder	Residuals
Repeat	Reiterate
Repentant	Contrite
Retaliative	Retaliatory
Rumour	Hearsay
Reveal	Divulge

Words	Synonyms
Ritualistic	Ceremonious
Soft	Delicate
Sort	Kind, Choose, Select
Selfish	Egoistic
Sensual	Earthly
Suppress	Quell, Check
Stimulate	Provoke
Tasteless	Insipid
Travel	Journey
True	Authentic, Faithful, Truthful
Turbulence	Turmoil
Tragedy	Calamity
Tasteful	Tasty, Delicious
Touching	Painful
Thankful	Grateful
Tremendous	Great, Huge
Tough	Strong
Terminate	Conclude, End
Theory	Doctrine
Tell	Relate
Tremble	Shake, Shiver
Urge	Spur
Unbeaten	Unsubdued
Use	Utilize, Practise
Underhand	Unfair, Undue
Unfair	Unjust
Unravel	Reveal, Divulge
Unimportant	Common
Unconcerned	Apathetic
Unimitated	Inimitable
Unfortunate	Unlucky
Understand	Perceive, Comprehend
Vain	Proud, Haughty, Conceited, Shameless
Vale	Valley, Dale, Dell
Vice	Fault
Virtue	Quality
Veracity	Reality
Value	Price, Prize
Vex	Tease
Vibrate	Quiver, Shake
Violent	Excessive
Vivid	Clear, Lucid
Victory	Triumph
Vulgar	Indecent
Virtuous	Honest
Variegated	Varied, Multifarious
Well	Good
Yell	Cry, Shout
Yonder	There
Yearn	Wish, Desire
Yoke	Slavery
Zest	Earnestness, Enthusiasm
Zealous	Earnest

ANTONYMS

A antonym is a word which conveys a meaning opposite to the given word.

REMEMBER

Words	*Antonyms*
Abhor	Love
Abnormal	Normal
Able	Unable
Acceptable	Unacceptable
Adequate	Inadequate
Amusing	Boring
Angry	Calm
Apex	Bottom
Attract	Repel
Bad	Good
Barren	Fertile
Beautiful	Ugly
Bitter	Sweet
Brave	Cowardly
Brief	Lengthy
Bright	Dull
Calm	Violent
Careful	Careless
Clear	Vague, Cloudy
Cold	Hot
Cruel	Kind
Dear	Cheap
Deep	Shallow
Difficult	Easy
Direct	Indirect
Dishonest	Honest
Disobey	Obey
Encourage	Discourage
Enormous	Tiny
Excellent	Bad
Expensive	Cheap
Eat	Fast
Fair	Unfair
Fake	Authentic
False	True
Famous	Notorious
Fool	Genius
Generous	Miserly
Genius	Fool
Genuine	Unauthentic
Gigantic	Tiny
Glad	Depressed
Good	Bad
Great	Little
Happy	Sad
Hard	Soft
Hate	Love
Honest	Dishonest
Idle	Busy

Words	*Antonyms*
Immoral	Moral
Include	Exclude
Incorrect	Correct
Intelligent	Unintelligent
Kind	Cruel
Like	Dislike
Long	Short
Lucid	Vague
Major	Minor
Naive	Experienced
Nadir	Apex
Neat	Clumsy
Obedient	Disobedient
Obscure	Clear
Oppose	Support
Optimistic	Pessimistic
Out	In
Patience	Impatience
Peaceful	Belligerent
Pious	Impious
Polite	Impolite
Potent	Impotent
Prominent	Unimportant
Proper	Improper
Pure	Impure
Quick	Slow
Quiet	Disturbance
Real	False, Unreal
Reject	Select, Choose
Reliable	Unreliable
Respect	Disrespect
Right	Wrong
Robust	Feeble, Weak
Sad	Happy
Secret	Open
Sensible	Insensible
Severe	Mild
Sharp	Blunt
Simple	Complex
Sociable	Unsociable
Tall	Short
Tidy	Untidy
Uncanny	Canny
Violent	Calm
Vivid	Vague
Strong	Weak
Big	Small
Easy	Difficult
Fast	Slow
High	Low
Catchy	Unattractive
Ugly	Handsome, Beautiful, Tidy
Tasty	Insipid
Sonorous	Harsh

MULTIPLE CHOICE QUESTIONS

Directions (Qs. 1 to 20): *In the following questions choose the word which best expresses the meaning of the given word.*

1. ABSURD
A. Foolish B. Simple
C. Courageous D. Silly

2. ABANDON
A. Lose B. Profit
C. Vacate D. Foil

3. CAJOLE
A. Pause B. Lenient
C. Blast D. Lure

4. COMBAT
A. Fight B. Conflict
C. Shoot D. Quarrel

5. LAMENT
A. Condone B. Console
C. Complain D. Contribution

6. DEBACLE
A. Disgrace B. Defeat
C. Collapse D. Decline

7. SHIVER
A. Fear B. Tremble
C. Shake D. Ache

8. TORTURE
A. Terror B. Harassment
C. Torment D. Tranquility

9. LAUDABLE
A. Lovable B. Commendable
C. Profitable D. Oblivious

10. FIXED
A. Sterile B. Static
C. Stubborn D. Parennial

11. QUEER
A. Unfamiliar B. Cute
C. Curious D. Strange

12. SUFFICIENT
A. Fit B. Proper
C. Adequate D. Vast

13. GLOSS
A. Brightness B. Soothing
C. Rubbing D. Miracle

14. LONGING
A. Prune B. Apathy
C. Curtail D. Craving

15. JEER
A. Applaud B. Magnanimity
C. Avoid D. Scoff

16. ZENITH
A. Minimum B. Nadir
C. Plant D. Peak

17. GARB
A. Distort B. Dress
C. Trivial D. Rage

18. ABHOR
A. Rude B. Reconcile
C. Crave D. Detest

19. YIELD
A. Shum B. Incisive
C. Retain D. Surrender

20. YOKE
A. Twist B. Release
C. Link D. Extra

Directions (Qs. 21 to 26): *In the following questions choose the word which best expresses the opposite of the given word.*

21. TRAGIC
A. Dramatic B. Strong
C. Gentle D. Comic

22. ORAL
A. Verbal B. Sane
C. Minor D. Written

23. ADMIRE
A. Hate B. Unlike
C. Dislike D. Enough

24. VIOLENT
A. Gentle B. Savage
C. Haughty D. Decline

25. ADVERSITY
A. Windfall B. Inprosperity
C. Prosperity D. Slave

26. GENUINE
A. Spurious B. Obscure
C. Countless D. Apathetic

ANSWERS

1	2	3	4	5	6	7	8	9	10
D	C	D	A	C	C	B	C	B	B
11	**12**	**13**	**14**	**15**	**16**	**17**	**18**	**19**	**20**
D	C	A	D	D	D	B	D	D	C
21	**22**	**23**	**24**	**25**	**26**				
D	D	C	A	C	A				

●●●

3

Sentence Completion

It is such an exercise which starts with the primary schools and continues in the highest level of competitive examinations. One must practise it regularly to score well.

Directions (Qs. 1 to 15): *Pick out the most effective word(s) from the given words to fill in the blanks to make the sentence meaningfully complete.*

1. The student ...... that book from the library to study at home.
   A. issued B. borrowed
   C. hired D. lent
2. I wish I ...... a king.
   A. was B. am
   C. should be D. were
3. He ...... to listen to my arguments and walked away.
   A. denied B. disliked
   C. objected D. refused
4. The flow of blood was so ...... that the patient died.
   A. intense B. adequate
   C. profuse D. extensive
5. When I met her yesterday, it was the first time I ...... her since Christmas.
   A. saw B. have seen
   C. had seen D. have been seing
6. Can you pay ...... all these articles?
   A. for B. of
   C. off D. out
7. I ...... you to be at the party this evening.
   A. expect B. hope
   C. look forward to D. desire
8. ...... being a handicapped person, he is very cooperative and self-reliant.
   A. Because B. Although
   C. Since D. Despite
9. The child broke ...... from his mother and ran towards the painting.
   A. away B. after
   C. down D. with
10. With his ...... income, he finds it difficult to live a comfortable life.
    A. brief
    B. sufficient
    C. meagre
    D. huge
11. He could ...... a lot of money in such a short time by using his intelligence and working hard.
    A. spend
    B. spoil
    C. exchange
    D. accumulate
12. Though the brothers are twins, they look ......
    A. alike B. handsome
    C. indifferent D. different
13. Unfavourable weather conditions can ..... illness.
    A. cure B. detect
    C. treat D. enhance
14. No sooner did the bell ring, ... the actor started singing.
    A. when B. than
    C. after D. before
15. If I ...... realised it, I would not have acted on his advice.
    A. was B. had
    C. were D. have

Directions (Qs. 16 to 25): *In each question, an incomplete statement (Stem) followed by four fillers is given. Pick out the best one which can complete the incomplete stem correctly and meaningfully.*

16. Unless you work harder you will fail, means .....
    A. if you fail you will work harder.
    B. you must at least plan well than you will not fail.
    C. hardly you will fail if you do not desire so.
    D. if you do not put more efforts, then you will fail.
17. Even if it rains I shall come, means .....
    A. if I come it will not rain.
    B. if it rains I shall not come.
    C. I will certainly come whether it rains or not.
    D. whenever there is rain I shall come.
18. Dinesh is as stupid as he is lazy means .....
    A. Dinesh is stupid because he is lazy.
    B. Dinesh is lazy because he is stupid.
    C. Dinesh is either stupid or lazy.
    D. Dinesh is equally stupid and lazy.
19. He is so lazy that he .....
    A. cannot depend on others for getting his work done.
    B. cannot delay the schedule of completing the work.
    C. can seldom complete his work on time.
    D. dislike to postpone the work that he undertakes to do.

20. He always stammers in public meetings, but his today's speech .....
A. was fairly audible to everyone present in the hall.
B. was not received satisfactorily.
C. could not be understood properly.
D. was free from that defect.

21. In order to raise the company's profit, the employees.....
A. demanded two additional increments.
B. decided to go on paid holidays.
C. requested the management to implement new welfare schemes.
D. offered to work overtime without any compensation.

22. Although, he is reputed for making very candid statements, ...
A. his today's speech was not fairly audible.
B. his promises had always been realistic.
C. his speech was very interesting.
D. his today's statements were very ambiguous.

23. I felt somewhat more relaxed .....
A. but tense as compared to earlier.
B. and tense as compared to earlier.
C. as there was already no tension at all.
D. and tension-free as compared to earlier.

24. With great efforts his son succeeded in convincing him not to donate his entire wealth to an orphanage ....
A. and lead the life of a wealthy merchant.
B. but to a home for the forsaken children.
C. and make an orphan of himself.
D. as the orphanage needed a lot of donations.

25. Even though it is a very large house, ...
A. there is a lot of space available in it for children.
B. there is hardly any space available for children.
C. there is no dearth of space for children.
D. the servants take a long time to clean it.

ANSWERS

1	2	3	4	5	6	7	8	9	10
B	D	D	C	C	A	A	D	A	C
11	**12**	**13**	**14**	**15**	**16**	**17**	**18**	**19**	**20**
D	D	D	B	B	D	C	D	C	D
21	**22**	**23**	**24**	**25**					
D	D	D	C	B					

●●●

4

Spotting Errors

The most common errors in English are of spellings, grammar and usage of words. By regular practice, the errors can be easily spotted and minimised.

MULTIPLE CHOICE QUESTIONS

Directions: *In the following questions some of the sentences have errors and some are correct. Find out which part of a sentence has an error, the number of that part is your answer. If a sentence is free from errors, then your answer is D i.e., No error.*

1. (A) Either Ram or/(B) you is responsible/(C) for this action./(D) No error.
2. (A) The student flatly denied/(B) that he had copied/(C) in the examination hall./(D) No error.
3. (A) By the time you arrive tomorrow/(B) I have finished/(C) my work./(D) No error.
4. (A) The captain with the members of his team/(B) are returning/(C) after a fortnight./(D) No error.
5. (A) After returning from/(B) an all-India tour/(C) I had to describe about it./(D) No error.
6. (A) The teacher asked his students/(B) if they had gone through/(C) either of the three chapters included in the prescribed text./(D) No error.
7. (A) Do you know/(B) how old were you/(C) when you came here?/(D) No error.
8. (A) Beware of/(B) a fair-weather friend/(C) who is neither a friend in need nor a friend indeed./(D) No error.
9. (A) Copernicus proved/(B) that Earth/(C) moves round the Sun./(D) No error.
10. (A) The property/(B) was divided/(C) among the two brothers./(D) No error.
11. (A) I am quite certain/(B) that the lady is not only greedy/(C) but miserly./(D) No error.
12. (A) The brilliant success in the examination/(B) as well as his record in sports/(C) deserves high praise./(D) No error.
13. (A) I cannot find/(B) where has he gone/(C) though I have tried may best./(D) No error.
14. (A) If I was/(B) the Prime Minister of India/(C) I would work wonders/(D) No error.
15. (A) If it weren't/(B) for you,/(C) I wouldn't be alive today./(D) No error.
16. (A) He looked like a lion/(B) baulked from/(C) its prey./(D) No error.
17. (A) Widespread flooding/(B) is affecting/(C) large areas of the villages./(D) No error.
18. (A) If we really set to/(B) we can get the whole house/(C) cleaned in an afternoon./(D) No error.

ANSWERS

1	2	3	4	5	6	7	8	9	10
B	D	B	B	C	C	D	D	B	C
11	**12**	**13**	**14**	**15**	**16**	**17**	**18**	**19**	**20**
C	D	B	A	C	C	C	A	A	C

EXPLANATORY ANSWERS

1. Replace 'is' by 'are'.
2. No error.
3. Replace 'have' by 'would have'.
4. Replace 'are' by 'is'.
5. Replace 'had to describe' by 'described'.
6. Replace 'either' by 'any'.
7. No error.
8. No error.
9. Omit 'that'.
10. Replace 'among' by 'between'.
11. Add 'also'.
12. No error.
13. Replace 'has he' by 'he has'.
14. Replace 'was' by 'were'.
15. Replace 'wouldn't be' by 'would not have been'.
16. Replace 'its' by 'his'.
17. Replace 'areas' by 'area'.
18. Replace 'set to' by 'set on'.

●●●

5

One Word Substitution

There are many single words in English language which can be perfectly used for a number of words. These words help in expressing ideas in a short and correct manner for the right occasion. Such words not only increase the vocabulary but also enable you to economise in the use of words to a great extent.

Multiple Word Expression	*Substitution*
One who always looks towards the bright side of things	Optimist
One who always looks towards the dark side of things	Pessimist
The time when one develops from a child into an adult	Adolescence
The process of growing more plants in order to form a forest.	Afforestation
The science which deals with farming	Agriculture
From some other country or place etc.	Alien
A term, etc. giving more than one meaning	Ambiguous
A vehicle which is used to carry sick persons	Ambulance
An animal which can live both in water and on land	Amphibian
A lawless situation when there is no government	Anarchy
Belonging to the history of thousands of years old	Ancient
Once a year	Annual
A very old object but still valuable	Antique
Words of opposite meanings	Antonyms
Words of similar meanings	Synonyms
Signatures of a famous person	Autograph
A government led by one person with absolute authority	Autocracy
A written work of one's own life history	Autobiography
A person who has never been married	Bachelor
A person usually having no hair on his head	Bald
A place where one can deposit money and get interest	Bank
A person who cuts our hair	Barber
A building/group of buildings where soldiers live	Barracks
A person who makes buns and biscuits	Baker
A person who lives by asking people for food and money without doing any useful job	Beggar
The crime of having married to two persons at the same time	Bigamy
The branch of science which deals with the study of plants	Botany
Able to speak two languages	Bilingual
Able to speak more than two languages	Polyglot
The branch of science which deals with the living organisms	Biology
A powerful snow storm	Blizzard
A great successful book or movie	Blockbuster
A short news on the radio or TV	Bulletin
A system in which the most important works are organised by the government officials	Bureaucracy
A person who has no vision in his eyes	Blind
A page or a series of pages on which the information of days, weeks, months, etc. is given	Calendar
A person who eats human flesh	Cannibal
A complete list of items often arranged alphabetically	Catalogue
A sudden disaster	Catastrophe
A period of 100 years	Century

Multiple Word Expression	*Substitution*
A branch of science which deals with chemicals	Chemistry
A printed leaf usually issued by banks that we sign to carry certain financial deal	Cheque
A person who makes or mends shoes	Cobbler
A group of people who has been chosen by others to make decisions on their own	Committee
A building in which nuns live	Convent
An animal which feeds on other animals	Carnivorous
A person who does criticism	Critic
A person who cannot hear	Deaf
A condition in which one loses a lot of water from one's body because of vomiting, etc.	Dehydration
A system of government in which the people cast their votes to elect their leaders	Democracy
The study of skin problems	Dermatology
A long piece of land covered with sand	Desert
The art of managing relationships between countries	Diplomacy
A piece of information about the words in a book form	Dictionary
A piece of information about the telephone numbers of the people in a book from	Directory
A person in charge of a newspapers, magazine etc.	Editor
A person who thinks he is better than the others	Egoist
To leave your country and settle in some other country	Emigrate
A book or series of books giving almost all knowledge about an area or some persons etc.	Encyclopaedia
Study of insects	Entomology
Time when day and night are of the same duration	Equinox
To sell things out of the country	Export
To purchase things from some other country	Import
A plant or animal no longer in existence	Extinct
A situation when there is a shortage of food for a long period of time	Famine
An amount of money that we pay for some action or services	Fee
Related to women	Feminine
An animal strong and aggressive	Ferocious
A piece of land where plants grow easily from the soil that is favourable to them	Fertile
A work of literature having some imaginary events	Fiction
A large amount of water covering certain area	Flood
A person who sells flowers	Florist
A religious ceremony for burying or cremating a dead person	Funeral
A substance which kills fungus	Fungicide
A person studying or having studied the diseases and the related things of female reproductory system	Gynaecologist
The murder of the person of the same group race or country	Genocide
A substance which kills germs	Germicide
A situation in which many people die because of fire during war	Holocaust
The act of killing a person deliberately	Homicide
A word having the pronunciation as the other one does but it differs in meaning	Homophone
A word having the same spelling as the other one does but it is pronounced in some other way	Homonym
A person who is attracted towards the person of the same sex	Homosexual
Go across and parallel to the ground	Horizontal
A substance which kills the insects	Insecticide
That cannot be corrected	Incorrigible
That cannot be defeated	Invincible
That cannot be eaten	Inedible
That cannot be seen	Invisible
A place in a school or college where books are kept for the benefit of students, teachers etc.	Library
A place in a school or college where scientific experiments are performed	Laboratory

Multiple Word Expression	Substitution
An official who is a judge in the lowest court	Magistrate
A piece of music or a book before it is printed	Manuscript
Related to men	Masculine
One who believes in the existence of God	A theist
One who does not believe in the existence of good	An atheist
That can be believed	Credible
That cannot be believed	Incredible
That which dissolves in a solvent	Soluble
That which does not dissolves in a solvent	Insoluble
Hard writing that can be read	Legible
Hard writing that cannot be read	Illegible
A person who does jobs beneficial to mankind	Philanthropist
A person who goes on foot	Pedestrian
A person who fights for his own country	Patriot
An act of killing oneself	Suicide
A woman whose husband is dead	Widow
A man whose wife is dead	Widower
A person who eats vegetarian and non-vegetarian diets	Omnivorous
Something which is everywhere at the same time	Omnipresent
One who knows everything	Omniscient
A child who does not have parents	Orphan
An award etc. given after the death of the person	Posthumous
The place where animals are kept for amusement and to increase the knowledge of the public	Zoo
The science which deals with the study of animals	Zoology

MULTIPLE CHOICE QUESTIONS

Directions: *In questions given below, out of the four alternatives, choose the one which can be substituted for the given words/sentences.*

1. Something that relates to everyone in the world
A. General B. Common
C. Usual D. Universal

2. An expression of mild disapproval
A. Warning B. Denigration
C. Impertinence D. Reproof

3. One who is not easily pleased by anything
A. Maiden B. Medieval
C. Precarious D. Fastidious

4. Murder of a king
A. Infanticide B. Matricide
C. Genocide D. Regicide

5. A remedy for all diseases
A. Stoic B. Marvel
C. Panacea D. Recompense

6. A dramatic performance
A. Mask B. Mosque
C. Masque D. Mascot

7. Study of birds
A. Orology B. Optology
C. Ophthalmology D. Ornithology

8. Ready to believe
A. Credulous B. Credible
C. Creditable D. Incredible

9. Incapable of being seen through
A. Ductile B. Opaque
C. Obsolete D. Potable

10. One who eats everything
A. Omnivorous B. Omniscient
C. Irresistible D. Insolvent

11. A place where bees are kept is called
A. An apiary B. A mole
C. A hive D. A sanctuary

12. One who cannot be corrected
A. Incurable B. Incorrigible
C. Hardened D. Invulnerable

13. One who is in charge of a museum
A. Curator B. Supervisor
C. Caretaker D. Warden

14. Continuing fight between parties, families, clans, etc.
A. Enmity B. Feud
C. Quarrel D. Skirmish

15. A voice loud enough to be heard
A. Audible B. Applaudable
C. Laudable D. Oral

16. A paper written by hand
A. Handicraft B. Manuscript
C. Handiwork D. Thesis

17. Habitually silent or talking little
A. Serville B. Unequivocal
C. Taciturn D. Synoptic

18. To slap with a flat object
A. Chop B. Hew
C. Gnaw D. Swat

19. A person who speaks many languages
A. Linguist B. Monolingual
C. Polyglot D. Bilingual

20. A light sailing-boat built specially for racing
A. Canoe B. Yacht
C. Frigate D. Dinghy

21. A fixed orbit in space in relation to earth
A. Geological B. Geo-synchronous
C. Geo-centric D. Geo-stationary

22. A style in which a writer makes a display of his knowledge
A. Pedantic B. Verbose
C. Pompous D. Ornate

23. A religious discourse
A. Preach B. Stanza
C. Sanctorum D. Sermon

24. A place that provides refuge
A. Asylum B. Sanatorium
C. Shelter D. Orphanage

25. Detailed plan of a journey
A. Travelogue B. Travelkit
C. Schedule D. Itinerary

26. A person who insists on something
A. Disciplinarian B. Stickler
C. Instantaneous D. Boaster

27. A drawing on transparent paper
A. Red print B. Blue print
C. Negative D. Transparency

28. One who believes that all things and events in life are predetermined is a
A. Fatalist B. Puritan
C. Egoist D. Tyrant

29. A school boy who cuts classes frequently is a
A. Defeatist B. Sycophant
C. Truant D. Martinet

30. The act of violating the sanctity of the church is
A. Blasphemy B. Heresy
C. Sacrilege D. Desecration

31. A place where monks live as a secluded community
A. Cathedral B. Diocese
C. Convent D. Monastery

32. One who is fond of fighting
A. Bellicose B. Aggressive
C. Belligerent D. Militant

33. Tending to move away from the centre or axis
A. Centrifugal B. Centripetal
C. Axiomatic D. Awry

34. Words inscribed on tomb
A. Epitome B. Epistle
C. Epilogue D. Epitaph

35. Leave or remove from a place considered dangerous
A. Evade B. Evacuate
C. Avoid D. Exterminate

36. Original inhabitants of a country
A. Abroge B. Aborger
C. Aborgory D. Aborigins

37. Government by the officials
A. Theocracy B. Plutocracy
C. Bureaucracy D. Democracy

38. Incapable of being exhausted
A. Inexhaustible B. Inaexhaustible
C. Exhaustable D. Non-tired

39. A person of good understanding, knowledge and reasoning power
A. Expert B. Intellectual
C. Snob D. Literate

40. One absorbed in his own thoughts and feelings rather than in things outside
A. Scholar B. Recluse
C. Introvert D. Intellectual

ANSWERS

1	2	3	4	5	6	7	8	9	10
D	D	D	D	C	C	D	A	B	A
11	**12**	**13**	**14**	**15**	**16**	**17**	**18**	**19**	**20**
A	B	A	B	A	B	C	D	A	B
21	**22**	**23**	**24**	**25**	**26**	**27**	**28**	**29**	**30**
D	A	D	A	D	B	D	A	C	C
31	**32**	**33**	**34**	**35**	**36**	**37**	**38**	**39**	**40**
D	A	A	D	B	B	C	A	B	C

●●●

6

Spelling Errors

There are thousands of words in English language. It is difficult to remember the spellings and meanings of all at once. Try to learn as many as you can. Use a dictionary regularly.

Directions: *Find the correctly spelt words.*

1. A. Damage B. Dammage C. Damaige D. Dammege
2. A. Efficiant B. Effecient C. Efficient D. Eficient
3. A. Schedule B. Schdule C. Schedale D. Schedeule
4. A. Occurad B. Occurred C. Ocurred D. Occured
5. A. Grieff B. Grief C. Grieef D. Grrief
6. A. Guarantee B. Garuntee C. Guaruntee D. Gaurantee
7. A. Meddicine B. Medicine C. Medicene D. Medicinne
8. A. Benefeted B. Benefitted C. Benifited D. Benefited
9. A. Acommodation B. Acomodation C. Accomodation D. Accommodation
10. A. Querrelsome B. Quarrelsame C. Quarrelsome D. Querralsome
11. A. Sympathetic B. Smypathetic C. Sympothetic D. Sympethetic
12. A. Prograssive B. Progressive C. Progrèsive D. Prograsive
13. A. Uncivilized B. Uncevilized C. Uncivillized D. Uncevelized
14. A. Extravagant B. Extreragent C. Extreregant D. Extravegent
15. A. Missunderstood B. Miesunderstood C. Misunderstood D. Misunderstod
16. A. Belligerent B. Beligirent C. Belligarant D. Belligerrent
17. A. Astonished B. Astronished C. Astoneshed D. Asstonished
18. A. Sincerely B. Sencerely C. Sincerelly D. Sincerrely
19. A. Rigourous B. Rigerous C. Rigorous D. Regerous
20. A. Satellite B. Sattellite C. Satelite D. Sattelite
21. A. Pesanger B. Passenger C. Pessenger D. Pasanger
22. A. Humurous B. Humorous C. Humoreus D. Humorrous
23. A. Exeggerate B. Exaggerate C. Exadgerate D. Exagerate
24. A. Fariegn B. Forein C. Foriegn D. Foreign
25. A. Excesive B. Excessive C. Exccessive D. Exccesive
26. A. Forcaust B. Forcast C. Forecast D. Forecaste
27. A. Paralleted B. Paralelled C. Parralleled D. Parallelled
28. A. Ocasion B. Occassion C. Occasion D. Ocassion
29. A. Boquet B. Bouquet C. Bouquete D. Bouquette
30. A. Chettering B. Chaterring C. Chattering D. Chatering
31. A. Discourage B. Disscourage C. Discourege D. Discaurage
32. A. Curageous B. Courageous C. Courrageous D. Couregeous
33. A. Abandon B. Abanddon C. Abendon D. Abbandon
34. A. Embarassment B. Emberrassement C. Embarrassment D. Embbaresment
35. A. Eccintric B. Eccentrie C. Eccentric D. Eccintrie
36. A. Occasional B. Occassional C. Occesional D. Occessional
37. A. Querrel B. Querral C. Quarrel D. Quarel
38. A. Contrebution B. Contribution C. Contributtion D. Conterbution

39. A. Desgrace B. Disgrece
C. Disgrice D. Disgrace

40. A. Harassment B. Herassment
C. Harasment D. Harassmient

41. A. Imaginative B. Imeginative
C. Imagenative D. Imaginetive

42. A. Suficient B. Suficiant
C. Sufficient D. Sufficiant

43. A. Adequate B. Edequate
C. Adaquete D. Edaquete

44. A. Exparienced B. Experianced
C. Experienced D. Experrienced

45. A. Flatering B. Fletering
C. Flattering D. Fletaring

46. A. Cuttiveted B. Culltrivated
C. Cultivated D. Caltivated

47. A. Praiceworthy B. Peiseworthy
C. Praiseworthy D. Praisaworthy

48. A. Profesional B. Professionel
C. Professional D. Profissional

49. A. Ameteur B. Amateur
C. Amataur D. Amateor

50. A. Unfevourable B. Unfevaurable
C. Unfavourable D. Unfivourable

ANSWERS

1	2	3	4	5	6	7	8	9	10
A	C	A	B	B	A	B	B	D	C
11	**12**	**13**	**14**	**15**	**16**	**17**	**18**	**19**	**20**
A	B	A	A	C	A	A	A	C	A
21	**22**	**23**	**24**	**25**	**26**	**27**	**28**	**29**	**30**
B	B	B	D	B	C	A	C	B	C
31	**32**	**33**	**34**	**35**	**36**	**37**	**38**	**39**	**40**
A	B	A	C	C	A	C	B	D	A
41	**42**	**43**	**44**	**45**	**46**	**47**	**48**	**49**	**50**
A	C	A	C	A	C	C	C	B	C

•••

हिन्दी व्याकरण

व्याकरण

'व्याकरण' शब्द का अर्थ है– 'वाक् पृथक्करण-प्रक्रिया'। इसका निर्माण वि+आकरण यानि 'आ' उपसर्ग को 'कृ' धातु में जोड़कर जो रूप निष्पन्न होता है उसमें पुनः लुयुट् प्रत्यय जोड़ने से होता है। व्याकरण से भाषा में अनुशासन बना रहता है। वस्तुतः व्याकरण एक शास्त्र है। व्याकरण का निर्माण भाषा-विशेष के लिए होता है। अर्थात् प्रत्येक भाषा का अपना निजी व्याकरण होता है। इसके द्वारा भाषा विशेष के वर्ण, शब्द, ध्वनि और वाक्य के शुद्ध रूप एवं प्रयोग के नियम का सम्यक् निरूपण किया जाता है। दूसरे शब्दों में, व्याकरण वह शास्त्र है जिसका निर्माण भाषा-विशेष के लिए होता है और जिससे भाषा-विशेष के शुद्ध रूप तथा प्रयोग की नियमावली का ज्ञान होता है।

लिंग

हिन्दी में दो लिंग होते हैं–स्त्रीलिंग और पुल्लिंग। जो शब्द स्त्री जाति का बोध कराते हैं, उन्हें स्त्रीलिंग कहा जाता है, जैसे–राधा, लड़की, पुत्री, पुस्तक, शेरनी, चिड़िया आदि। इसके विपरीत जो शब्द पुरुष जाति का बोध कराते हैं, उन्हें पुल्लिंग कहा जाता है, जैसे–कृष्ण, शेर, बैल, गीदड़, पुत्र, लड़का। ध्यान रहे कि नपुंसक लिंग का प्रयोग संस्कृत में होता है, हिन्दी में नहीं होता।

कुछ शब्द जो प्रायः स्त्रीलिंग ही होते हैं–

(1) ईकारान्त शब्द। जैसे–चिट्ठी, पत्री, लेखनी, बोली, गोली, चोली, डोली इत्यादि।
अपवाद–मोती, घी, जी, पानी आदि शब्द पुल्लिंग हैं।

(2) नदियों के नाम। जैसे–गंगा, यमुना, सरस्वती, रावी इत्यादि।
प्रायः सभी नदियों के साथ नदी शब्द का प्रयोग किया जा सकता है।

(3) संस्कृत के स्त्रीलिंग और नपुंसक लिंग जैसे–आशा, माता, दिशा इत्यादि।

(4) राशियों, तिथियों और नक्षत्रों के नाम। जैसे–मेष, वृष, मिथुन, कन्या, तीज, प्रतिपदा, आश्विन, रोहणी आदि।

(5) धातुओं के नाम जैसे–चांदी, मिट्टी, धातु आदि।

(6) कुछ समुदाय वाचक संज्ञाएं। जैसे–सेना, शाला, फौज, टोली, सभा, श्रेणी, कक्षा इत्यादि।

(7) अनाज, दालें इत्यादि। जैसे–अरहर, मकई आदि।

(8) कुछ प्राणीवाचक शब्द। जैसे–भगिनी, गाय, कोयल, चील, मैना, बिल्ली आदि।

कुछ शब्द जो प्रायः पुल्लिंग ही होते हैं–

(1) पर्वतों आदि के नाम। जैसे–हिमालय, शिवालिक, विंध्याचल आदि।

(2) भावनावाचक संज्ञाएं–जिनके अन्त में आव, पन, पा, त्व हों। जैसे–चढ़ाव, बहाव, बड़प्पन, बचपन, रंडापा, बुढ़ापा, महत्व, पुरुषत्व।

(3) महीने और दिनों के नाम। जैसे–ज्येष्ठ, बैसाख, चैत्र, मंगलवार, रविवार।

(4) ग्रहों के नाम। जैसे–मंगल, बुध, राहु, केतु आदि।

(5) वर्णमाला के सभी अक्षर–केवल इ, ई और ऋ को छोड़कर।

(6) संस्कृत के नपुंसक लिंग। जैसे–दही, मधु आदि।

(7) पेड़, अनाज सम्बन्धी शब्द। जैसे–बड़, पीपल, आम, चावल, गेहूँ, बाजरा, उड़द।

(8) द्रव्यवाचक शब्द। जैसे–सोना, तांबा, लोहा, मोती, माणिक आदि।

पुल्लिंग से स्त्रीलिंग बनाने के नियम–

(1) अकारान्त और आकारान्त शब्दों के अन्त में ई जोड़ देने से स्त्रीलिंग बन जाता है। जैसे–

नाना–नानी	लड़का–लड़की	दादा–दादी
चाचा–चाची	पुत्र–पुत्री	देव–देवी
गीदड़–गीदड़ी	कबूतर–कबूतरी	नट–नटी

(2) कुछ आकारान्त शब्दों के अन्त का 'आ' हटा कर 'इया' जोड़ दिया जाता है। जैसे–

चिड़ा–चिड़िया	चूहा–चुहिया	डिब्बा–डिबिया
कुत्ता–कुतिया	बेटा–बिटिया	बूढ़ा–बुढ़िया

(3) कुछ व्यापार-सूचक (अकारान्त, आकारान्त, इकारान्त) शब्दों के पीछे 'इन' प्रत्यय लगाकर स्त्रीलिंग बनाते हैं। जैसे–

जुलाहा–जुलाहिन	धोबी–धोबिन	कहार–कहारिन
चमार–चमारिन	ठठेरा–ठठेरिन	ग्वाला–ग्वालिन

(4) कुछ प्राणीवाचक शब्दों के पीछे 'नी' या 'इनी' प्रत्यय लगाया जाता है। जैसे–

हंस–हंसिनी	जाट–जाटिनी	हाथी–हथिनी
शेर–शेरनी		

(5) कुछ प्राणीवाचक शब्दों के पीछे 'आनी' प्रत्यय भी लगाया जाता है। जैसे–

नौकर–नौकरानी	जेठ–जेठानी	देवर–देवरानी
चौधरी–चौधरानी	सेठ–सेठानी	मेहतर–मेहतरानी

(6) कुछ अकारान्त शब्दों के अन्त में 'आ' प्रत्यय लगाने से, जैसे–

शिव–शिवा	शूद्र–शूद्रा	प्रिय–प्रिया
बाल–बाला	सुत–सुता	

(7) कुछ शब्दों के अन्त में 'वती' या 'मती' लगाने से, जैसे–

भगवान्–भगवती	गुणवान्–गुणवती	श्रीमान्–श्रीमती
रूपवान्–रूपवती	बुद्धिमान्–बुद्धिमती	धनवान्–धनवती

(8) कुछ उपनाम सम्बन्धी शब्दों के अन्त में 'आइन' प्रत्यय लगाने से, जैसे–

लाला–ललाइन	ठाकुर–ठकुराइन	बाबू–बबुआइन
दुबे–दुबाइन	पण्डित–पण्डिताइन	

(9) कुछ शब्दों के अन्त में 'अक' आता है। उनको स्त्रीलिंग बनाने के लिए 'अक' प्रत्यय का 'इका' कर लिया जाता है। जैसे–

अध्यापक–अध्यापिका	सेवक–सेविका	नायक–नायिका
बालक–बालिका	प्रेषक–प्रेषिका	लेखक–लेखिका

(10) कुछ शब्दों के अन्त में 'त्री' लगाने से स्त्रीलिंग बन जाता है। जैसे–

कवि–कवयित्री कर्ता–कर्त्री

(11) कुछ इकारान्त शब्दों के अन्त में 'ई' प्रत्यय को 'इ' करके 'णी' लगाकर स्त्रीलिंग बना लिया जाता है। जैसे–

परोपकारी–परोपकारिणी अधिकारी–अधिकारिणी

सहधर्मी–सहधर्मिणी कल्याणकारी–कल्याणकारिणी

(12) कुछ पुल्लिंग शब्दों के स्त्रीलिंग सर्वथा भिन्न होते हैं, जैसे–

पिता–माता वर–वधु

राजा–रानी विद्वान–विदुषी

वचन

वचन का शाब्दिक अर्थ है- बोली। परन्तु हिन्दी में व्याकरण की दृष्टि में वचन का अर्थ संख्या से लिया जाता है। इसलिए वचन को परिभाषित करते हुए कहा जा सकता है– संज्ञा, सर्वनाम, विशेषण और क्रिया के जिस रूप से संख्या का बोध होता है, उसे वचन कहते हैं।

वचन के भेद

हिन्दी में वचन के दो भेद माने गए हैं (1) एकवचन (2) बहुवचन

(1) एकवचन (Singular Number) : जैसा कि नाम से स्पष्ट है, एकवचन विकारी शब्द का वह रूप है जिससे एक ही व्यक्ति या वस्तु का बोध होता है। उदाहरण- घोड़ा दौड़ता है। गाय चरती है। इन वाक्यों में 'घोड़ा' और 'गाय' से एक जानवर का बोध होता है। अतः ये एकवचन हैं।

(2) बहुवचन (Plural Number) : बहुवचन वह विकारी शब्द है जिससे एक से अधिक वस्तुओं, व्यक्तियों आदि का बोध होता है। जैसे- घोड़े चरते हैं। गायें दौड़ती हैं। 'घोड़े' और 'गायें' कहने से एक से अधिक जानवरों का बोध होता है। अतः ये बहुवचन हैं।

वचन के रूपान्तर : यद्यपि वचन के कारण संज्ञा, सर्वनाम, विशेषण और क्रिया के रूप में परिवर्तन होता है तथापिं सर्वनाम, विशेषण और क्रिया के रूप मूलतः इनसे जुड़ी संख्या पर ही आधारित होते हैं। अतएव एकवचन में संज्ञा शब्दों के रूपान्तर की ही प्रमुखता है।

वचन के अधीन संज्ञा के रूप दो तरह से परिवर्तित होते हैं– (1) विभक्ति रहित (2) विभक्ति सहित

विभक्ति रहित संज्ञाओं के बहुवचन बनाने के नियम :

विभक्ति रहित संज्ञाओं का बहुवचन साधारणतः निम्नलिखित नियमों के अन्तर्गत बनाया जाता है-

1. पुल्लिंग संज्ञा के आकारान्त को एकारान्त कर बहुवचन बनाया जाता है। यथा-

एकवचन	बहुवचन	एकवचन	बहुवचन
घोड़ा	घोड़े	गधा	गधे
लड़का	लड़के		

अपवाद- मामा, नाना, बाबा, पिता, योद्धा, आत्मा, देवता, जामाता आदि। इन शब्दों के रूप दोनों वचनों में समान होते हैं।

2. पुल्लिंग आकारान्त शब्दों के अतिरिक्त अन्य मात्राओं से अन्त होने वाले शब्दों के रूप दोनों वचनों में एक समान रहते हैं। जैसे–

एकवचन	बहुवचन	एकवचन	बहुवचन
एक बालक	चार बालक	एक डाकू	चार डाकू
एक भाई	चार भाई	एक जौ	चार जौ

3. आकारान्त स्त्रीलिंग शब्दों के अन्त में 'एँ' जोड़ने से बहुवचन बनता है। जैसे–

एकवचन	बहुवचन	एकवचन	बहुवचन
शाखा	शाखाएँ	लता	लताएँ
माता	माताएँ	महिला	महिलाएँ

4. अकारान्त स्त्रीलिंग संज्ञा के बहुवचन शब्द में आगत अंतिम अ को यें कर देने से बनता है। जैसे–

एकवचन	बहुवचन	एकवचन	बहुवचन
गाय	गायें	रात	रातें
बात	बातें	आँख	आँखें
याद	यादें		

5. दीर्घ या ह्रस्व इकारान्त संज्ञाओं को ह्रस्व इकारान्त कर उनके अन्त में याँ जोड़ देने से बहुवचन बनता है। जैसे–

एकवचन	बहुवचन	एकवचन	बहुवचन
नारी	नारियाँ	पहेली	पहेलियाँ
लड़की	लड़कियाँ	सहेली	सहेलियाँ
नीति	नीतियाँ	नदी	नदियाँ
घड़ी	घड़ियाँ	छड़ी	छड़ियाँ
धोती	धोतियाँ	साड़ी	साड़ियाँ

6. जिन स्त्रीलिंग शब्दों के अन्त में 'या' आता है, 'या' पर चन्द्रबिन्दु लगाकर बहुवचन बनाया जाता है जैसे–

एकवचन	बहुवचन	एकवचन	बहुवचन
बुढ़िया	बुढ़ियाँ	चिड़िया	चिड़ियाँ
गुड़िया	गुड़ियाँ	डिबिया	डिबियाँ
दुनिया	दुनियाँ		

7. ह्रस्व या दीर्घ ऊकारान्त स्त्रीलिंग संज्ञाओं को ह्रस्व उकारान्त बनाकर अन्त में 'एँ' लगाने से बहुवचन का निर्माण होता है। जैसे-

एकवचन	बहुवचन	एकवचन	बहुवचन
धेनु	धेनुएँ	वस्तु	वस्तुएँ
बहू	बहुएँ	ऋतु	ऋतुएँ

8. कुछ शब्द समष्टि मूलक होते हैं। जैसे– गण, कुल, वृन्द, समूह, वर्ग, लोग, जन, मण्डल, दल, ग्राम, मण्डली आदि। ये शब्द विशेषतः वहाँ जोड़े जाते हैं, जहाँ दोनों वचनों में पुल्लिंग अथवा स्त्रीलिंग में एक ही रूप होते हैं।

उदाहरण :

एकवचन	बहुवचन	एकवचन	बहुवचन
पाठक	पाठकगण	आप	आप लोग
तुम	तुम लोग	छात्र	छात्रगण
विद्यार्थी	विद्यार्थीगण		

विभक्ति सहित संज्ञाओं के बहुवचन बनाने के नियम :-

सविभक्ति संज्ञाओं के बहुवचन बनाने के सामान्य नियम निम्नलिखित हैं–

1. संस्कृत शब्दों को छोड़कर हिन्दी के अकारान्त, आकारान्त तथा एकारान्त संज्ञाओं के अन्तिम अ, आ, ए के बदले बहुवचन बनाने में इसे 'ओं' कर दिया जाता है। जैसे-

एकवचन	बहुवचन
नर	नरों (का)
चीता	चीतों (द्वारा)
चोर	चोरों (ने)
घोड़ा	घोड़ों (को)

विभक्ति चिह्नों के साथ प्रयोग :

(क) नरों की कहानी।

(ख) चीतों का भय।

(ग) चोरों की पकड़।

(घ) घोड़ों की हिनहिनाहट।

कारक

संज्ञा या सर्वनाम के उस रूप को कारक कहते हैं जिससे उसका सम्बन्ध वाक्य के अन्य शब्दों विशेषतः क्रिया के साथ प्रकट होता है। वास्तव में, विभक्ति चिह्नों से युक्त संज्ञा या सर्वनाम शब्द ही वाक्य में अन्य शब्दों से सम्बन्ध प्रकट करते हैं।

ने, को, से, द्वारा– आदि विभक्ति चिह्न हैं। कारक का एक उदाहरण इस प्रकार है-'मोहन ने बाग में डण्डे से आम तोड़ा।' इस वाक्य में मोहन ने, डण्डे से, और आम संज्ञाओं के रूपान्तरण हैं। जिस तत्त्व के द्वारा इन रूपान्तरित संज्ञाओं का सम्बन्ध तोड़ा, क्रिया से स्पष्ट होता है, वही कारक है।

कारक-चिह्न

हिन्दी में कारक के आठ भेद माने जाते है :

	कारक	विभक्ति या कारक चिह्न
1.	कर्त्ता	ने
2.	कर्म	को
3.	करण	से, द्वारा
4.	सम्प्रदान	को, के लिए
5.	अपादान	से
6.	सम्बन्ध	का, के, की, रा, रे, री, ना, ने, नी
7.	अधिकरण	में, पर
8.	सम्बोधन	हे, हो, अरे, अजी, अहो आदि।

कारक-चिह्न/विभक्ति/परसर्ग

हिन्दी में कारक का ज्ञान कराने के लिए संज्ञा या सर्वनाम के साथ जो प्रत्यय लगाये जाते हैं, उन्हें ही व्याकरण में विभक्ति कहते हैं। हिन्दी में चूँकि विभक्ति चिह्न पद से अलग प्रयुक्त होते हैं इसलिए इन्हें 'परसर्ग' भी कहा जाता है। परसर्ग का शब्दिक अर्थ है- पीछे जुड़ना। कारक चिह्न सदैव संज्ञा या सर्वनाम के पीछे जुड़ते हैं।

(i) कर्त्ता कारक : कर्त्ता का अभिप्राय है, करने वाला। वाक्य में जो क्रिया सम्पन्न करता है, उसे कर्त्ता कहा जाता है। जैसे- राम पढ़ता है। सुरेश पत्र लिखता है। इन वाक्यों में राम और सुरेश कर्त्ता कारक हैं क्योंकि ये ही क्रिया को सम्पादित करने वाले हैं।

(ii) कर्म कारक : कर्त्ता द्वारा सम्पादित क्रिया का फल जिस पर पड़ता है, उसे 'कर्म' कहते हैं। जैसे– शीला ने राजेश को पढ़ाया। इस वाक्य में कर्त्ता है- शीला, क्रिया है– पढ़ाना। पढ़ाना क्रिया का फल राजेश पर स्पष्ट पड़ रहा है। इसलिए यहाँ राजेश कर्म कारक की स्थिति में है।

(iii) करण कारक : वाक्य में कारण कारक उस शब्द को कहते हैं जो क्रिया को पूर्ण करने में साधन के रूप में कर्ता का सहायक होकर आता है। जैसे– मैं कलम से लिखता हूँ। इस वाक्य में 'कलम से' करण कारक है क्योंकि लेखन-क्रिया में कलम साधन है।

(iv) सम्प्रदान कारक : कर्त्ता क्रिया की सिद्धि जिसके लिए करता है अथवा जिसको कुछ देता है, उसे प्रकट करने वाले शब्द रूप को सम्प्रदान कारक कहते हैं। जैसे– श्याम मीरा के लिए खिलौने लाया। राकेश शीला के लिए रोता है। इन वाक्यों में लाना और रोना क्रियाएँ क्रमशः मीरा और शीला के लिए सम्पादित की जा रही हैं। इसलिए मीरा और शीला के लिए शब्द रूप सम्प्रदान कारक है।

संधि

सन्धि शब्द का सामान्य अर्थ है– मेल अथवा मिलन। जब दो निकटवर्ती शब्दों का परस्पर मेल होता है, तो उसे संधि कहते हैं। संधि पहले वाले शब्द के अंतिम वर्ण और दूसरे वाले शब्द के प्रथम वर्ण (दोनों वर्णों) के मिलन से होती है। जब संधि होती है, तो दोनों शब्दों के मेल से बना शब्द (नया वाला शब्द) दोनों शब्दों का सामान्य संयोग मात्र नहीं होता, बल्कि उनके मेल से बना नया शब्द कुछ भिन्न होता है। यह भिन्नता या परिवर्तन उन्हीं दोनों वर्णों में होता है, जिनका मेल होता है। उदाहरण के लिए यदि हम 'हिम' और 'आलय' दोनों शब्दों की संधि करें, तो संधि से बनने वाला शब्द 'हिमालय' होगा। इसी प्रकार 'विद्या' और 'अर्थी' शब्दों की संधि से 'विद्यार्थी' शब्द बनता है।

संधि के मुख्य रूप से तीन भेद हैं– स्वर संधि, व्यंजन संधि और विसर्ग संधि।

(क) स्वर संधिः जब स्वर के साथ स्वर का मेल हो और स्वर में परिवर्तन हो, तो उसे स्वर संधि कहते हैं। उदाहरण के लिए 'छात्र' और आवास में 'त्र' और 'आ' का मेल होकर 'त्रा' बनेगा और संधि के फलस्वरूप बना शब्द 'छात्रावास' होगा।

इसी प्रकार 'रमा' और ईश' के मेल से 'रमेश' बनता है। 'महा' और 'ऋषि' के मेल से 'महर्षि' बनता है। 'यदि' और 'अपि' के मेल से 'यद्यपि' बनता है।

(ख) व्यंजन संधिः जब दो व्यंजनों के मेल से नया शब्द बनता है, तो उसे व्यंजन संधि कहते हैं। जैसे 'जगत' और 'नाथ' के मेल से 'जगन्नाथ' शब्द बनता है। 'तन्' और 'मय' के मेल से 'तन्मय' शब्द बनता है। 'सत्' और 'चित' के मेल से 'सच्चित' शब्द बनता है। 'सम्' और 'राट' के मेल से 'सम्राट' शब्द बनता है।

(ग) विसर्ग संधिः जब विसर्ग के साथ व्यंजन का मेल हो तो विसर्ग संधि होती है। जैसे– 'निः' और 'जन' के मेल से 'निर्जन' तथा 'दुः' और 'चरित्र' के मेल से 'दुश्चरित्र' बनता है।

संधि के प्रकार

हिन्दी में संधि के तीन प्रकार हैं–(1) स्वर संधि (2) व्यंजन संधि (3) विसर्ग संधि।

(1) स्वर संधि

दो स्वरों के मेल से जो विकार या वर्ण के रूप में परिवर्तन होता है, वही स्वर संधि कहलाता है।

स्वर संधि के भेदः स्वर संधि के निम्नलिखित पाँच भेद हैं :–

(क) दीर्घ संधि (ख) गुण संधि (ग) वृद्धि संधि (घ) यण् संधि (ङ) अयादि संधि।

(क) दीर्घ संधिः जब दो सवर्ण स्वरों का मेल होता है तो एक दीर्घ स्वर बन जाता है। यह दीर्घ संधि है। अ और आ सवर्ण स्वर हैं। इसी प्रकार इ ई उ ऊ और ऋ सवर्ण स्वर हैं। ह्रस्व या दीर्घ अ इ उ ऋ के बाद यदि पूर्ववत् ह्रस्व या दीर्घ स्वर हो तो दोनों के स्थान पर एक सवर्ण दीर्घ स्वर होता है।

जैसे– अ + अ = आ (नर + अधय = नराधय)
अ + आ = आ (कार्य + आलय = कार्यालय)
आ + अ = आ (विद्या + अर्थी = विद्यार्थी)
आ + आ = आ (महा + आशय = महाशय)
इ + इ = ई (मुनि + इन्द्र = मुनीन्द्र)
इ + ई = ई (कपि + ईश = कपीश)
ई + इ = ई (मही + इन्द्र = महीन्द्र)
ई + ई = ई (नदी + ईश = नदीश)
उ + उ = ऊ (साधु + उवाच = साधूवाच)

(ख) गुण संधिः अ या आ के बाद यदि इ या ई, उ या ऊ और ऋ आवे तो दोनों के मेल से क्रमशः ए, ओ अर हो जाता है।

जैसे– अ + इ = ए (नर + इन्द्र = नरेन्द्र)
आ + इ = ए (महा + इन्द्र = महेन्द्र)

(ग) वृद्धि संधिः अ या आ के बाद यदि ए या ऐ और ओ या औ का आगमन होता है, तो दोनों मिलकर क्रमशः ऐ और औ उत्पन्न करते हैं।

जैसे– अ + ए = ऐ (एक + एक = एकैक)
आ + ए = ऐ (तथा + एव = तथैव)

(घ) यण संधिः ह्रस्व या दीर्घ इ, उ, ऋ के अनन्तर यदि कोई असवर्ण स्वर आता है तो 'इ' का य्, उ का व् और ऋ का र् हो जाता है।

जैसे– इ + आ = या (अति + आनन्द = अत्यानन्द)
इ + ए = ये (प्रति + एक = प्रत्येक)

(ङ) अयादि संधिः ए ऐ ओ औ के अनन्तर यदि कोई असवर्ण स्वर आये तो ए का अय्, ऐ का आय, ओ का अव् और औ का आव हो जाता है।

जैसे– ए + अ = अय (ने + अन = नयन)
ऐ + अ = आय (नै + अक = नायक)

(2) व्यंजन संधि

व्यंजन संधि उसे कहते हैं जिसमें संधि होने वाले दो वर्णों में से प्रथम वर्ण व्यंजन हो और दूसरा स्वर या व्यंजन हो।

जैसे– दिक् + गज = दिग्गज।

व्यंजन संधि के प्रमुख नियम इस प्रकार हैं–

(क) यदि किसी वर्ण के पहले व्यंजन के अनन्तर किसी वर्ग का पंचम वर्ण आता है तो प्रथम व्यंजन वर्ग का परिवर्तन उसी वर्ग के पंचम वर्ण में होता है।

जैसे– जगत् + नाथ = जगन्नाथ।
वाक् + मय = वाङ्मय।

(ख) यदि म् के बाद किसी स्पर्श वर्ण का आगमन होता है तो म् अनुस्वार में बदल जाता है।

जैसे– किम + चित् = किंचित् या किञ्चित्।
अहम् + कार = अहंकार या अहङ्कार।

(ग) यदि म् के बाद य र ल व (अन्तस्थ) और श ष स ह (ऊष्म) वर्ण हों तो 'म्' अनुस्वार में बदल दिया जाता है।

जैसे– सम् + षय = संशय।
सम् + सार = संसार।

(घ) यदि वर्ग के प्रथम वर्ण के अनन्तर कोई स्वर हो या किसी वर्ग का तृतीय, चतुर्थ व्यंजन हो या य र ल व में से कोई वर्ण आए तो वर्ग के प्रथम वर्ण के स्थान पर तृतीय वर्ण हो जाता है।

जैसे– वाक् + दन्त = वाग्दन्त।
सत् + गति = सद्गति।

(ङ) यदि च अथवा ज के अनन्तर न का आगमन होता है तो दोनों का स्थान ञ ले लेता है।

जैसे– यज् + न = यज्ञ।

(3) विसर्ग संधि

विसर्ग के साथ स्वर अथवा व्यंजन के मेल से उत्पन्न विकार को विसर्ग संधि कहा जाता है।

जैसे– मनः + रथ = मनोरथ।

विसर्ग संधि के प्रमुख नियम

(क) विसर्ग के बाद च् या छ् ट् या ढ् तथा त् या यू आवे तो क्रमशः श, ष हो जाता है।

जैसे– निः + चय = निश्चय
निः + तार = निस्तार

(ख) यदि विसर्ग के बाद श, ष या स आवे तो विसर्ग को उसी परवर्ती सकार में बदल दिया जाता है।
जैसे– दुः + शासन = दुश्शासन
निः + सन्देह = निस्संदेह

(ग) यदि विसर्ग के पूर्व अ आवे और उसके बाद किसी वर्ग का तीसरा चौथा पाँचवां या य र ल व ह में से कोई व्यंजन आवे तो विसर्ग का 'उ' होता है और उ अपने पूर्ववर्ती अ के साथ जुड़कर ओ में रूपान्तरित हो जाता है।
जैसे– सरः + वर = सरोवर।
पयः + धर = पयोधर।

(घ) यदि विसर्ग के बाद र् व्यंजन आवे तो विसर्ग का पूर्ववर्त्ती स्वर दीर्घ हो जाता है साथ ही विसर्ग का लोप हो जाता है।
जैसे– निः + रव = नीरव।
निः + रोग = नीरोग।

(ङ) यदि विसर्ग के पूर्व अकार के अतिरिक्त कोई दूसरा स्वर हो और उसके बाद कोई स्वर हो अथवा किसी वर्ग का तीसरा, चौथा, पाँचवां वर्ण हो तो विसर्ग 'र' में रूपान्तरित होता है।
जैसे– दुः + गन्ध = दुर्गन्ध।
निः + रोग = नीरोग।

समास

अनेक शब्द जब मिलकर एक पद बन जाते हैं तो समास कहलाता है। अर्थात् जब दो या दो से अधिक पद अपने प्रत्ययों या विभक्तियों को छोड़कर मिलते हैं तब उस संयोग को समास कहते हैं।

समास की उपयोगिताः भाषा में समास की उपयोगिता कई दृष्टियों से है–

(क) समास से भाषा में संक्षिप्तता आती है।
(ख) समास से उच्चारण-प्रक्रिया में सहजता का बोध होता है।
(ग) भाषा समास के प्रयोग से चुस्त होती है।
(घ) भाषा के सौंदर्य में वृद्धि समास के प्रयोग से संभव है।

समास के भेद

पदों की प्रधानता को आधार मानकर समास को मुख्यतः चार भागों में विभाजित किया जाता है तथापि छः भेद स्वीकार किये जाते हैं।

(1) अव्ययीभाव समास – पहला पद प्रधान होता है।
(2) तत्पुरुष समास – दूसरा पद प्रधान होता है।
(3) द्वन्द्व समास – दोनों पद प्रधान होते हैं।
(4) बहुब्रीहि समास – कोई भी पद प्रधान नहीं होता है।

नोटः 'कर्मधारय' को तत्पुरुष का एक भेद माना गया है और 'द्विगु' को कर्मधारय का एक भेद माना गया है।

(1) अव्ययीभाव समास

अव्ययीभाव समास का पहला पद क्रिया-विशेषण अव्यय होता है और प्रधानता प्रायः प्रथम पद की ही होती है। जैसे– यथा समय (समय के अनुसार) प्रति वर्ष (प्रत्येक वर्ष)।

अव्ययीभाव समास के अन्तर्गत निम्नलिखित कोटि के पद आते हैं–

(क) अव्यय शब्दों के योग से बनने वाले समास– आचरण, व्यर्थ, यावज्जीवन, प्रतिदिन, यथा-संभव, आदि।
(ख) शब्दों की द्विरुक्ति से भी अव्ययीभाव समास बनता है। जैसे– वन-वन, घर-घर, मन्दिर-मन्दिर आदि।
(ग) द्विरुक्ति शब्दों के बीच में कभी-कभी ही, आ, ओं भी प्रयुक्त होते हैं। जैसे–एका-एक, हाथों-हाथ, मन-ही-मन आदि।

(2) तत्पुरुष समास

जिस समस्त पद में द्वितीय या अंतिम पद की प्रधानता को स्वीकारा जाता है उनमें तत्पुरुष समास होता है। जैसे :– राज-भवन (राजा का **भवन**)। उत्तर पद भवन प्रधान है।

तत्पुरुष समास के भेद

(i) व्यधिकरण तत्पुरुष– यह वास्तव में तत्पुरुष समास होता है।
(ii) समानाधिकरण तत्पुरुष– इस समास को कर्मधारय समास कहते हैं।

समस्त पदों में जिस कारक या विभक्ति चिह्न का लोप होता है उसी के आधार पर उसका नामकरण किया जाता है। तत्पुरुष समास में प्रथम पद कारक की स्थिति में होता है। इसके निम्नलिखित भेद हैं–

(क) कर्म तत्पुरुषः प्रथम पद कर्मधारय की स्थिति में होता है तथा कर्म की विभक्ति 'को' का लोप हो जाता है।
जैसे– गगन चुम्बी (गगन को चूमने वाला)
माखन चोर (माखन को चुराने वाला)

(ख) करण तत्पुरुषः प्रथम पद करण कारक की स्थिति में होता है और करण की विभक्ति चिह्न 'से' द्वारा 'के साथ' का लोप होता है।
जैसे– ईश्वर दत्त (ईश्वर द्वारा दत्त)
विश्व बन्ध (विश्व द्वारा बन्ध)

(ग) सम्प्रदान तत्पुरुषः प्रथम पद सम्प्रदान कारक में रहता है तथा सम्प्रदान की विभक्ति 'को', 'के लिए', 'निमित्त', 'हेतु' आदि का लोप होता है।
जैसे– स्वाधीनता संग्राम (स्वाधीनता के लिए संग्राम)

(घ) अपादान तत्पुरुषः इसमें भी प्रथम पद अपादान कारक में होता है तथा अपादान कारक के विभक्ति चिह्न 'से' का लोप हो जाता है।
जैसे– धर्म विमुख (धर्म से विमुख)

(ङ) सम्बन्ध तत्पुरुषः इसका पूर्व पद सम्बन्ध कारक में होता है तथा सम्बन्ध के विभक्ति चिह्न का, के, की का लोप होता है।
जैसे– वन मानुष (वन का मानुष)

(च) **अधिकरण तत्पुरुषः** अधिकरण तत्पुरुष में पहला पद अधिकरण कारक में होता है तथा अधिकरण कारक का विभक्ति चिह्न 'में' या 'पर' आदि का बोध होता है।

जैसे– आपबीती (आप पर बीती)

(3) द्वन्द्व समास

द्वन्द्व समास में दोनों ही पद प्रधान होते हैं और समस्त पद में दोनों पद संज्ञा या उसका समूह होता है। स्मरणीय है कि इसमें 'और', 'वा' 'अथवा', समुच्चय बोधक का लोप रहता है। इस समुच्चय बोधक के द्वारा दोनों पद जुड़े रहते हैं। द्वन्द्व समास के सामान्यतः निम्नलिखित भेद होते हैं :–

(क) **इतरेतर द्वन्द्वः** इतरेतर द्वन्द्व में समस्त पदों के बीच 'और' समुच्चय बोधक का लोप होता रहता है।

जैसे– माता-पिता (माता और पिता)
सीता-राम (सीता और राम)
देवर-भाभी (देवर और भाभी)

(ख) **समाहार द्वन्द्वः** समाहार द्वन्द्व में समस्त पद अपने अर्थ के अलावा उसी रूप के अन्य अर्थ का भी आभास देता है।

जैसे– नमक-रोटी (नमक और रोटी के अतिरिक्त और भी उसी कोटि की खाद्य-सामग्री) रुपया-पैसा, धन-दौलत, सेठ-साहूकार, मान-मर्यादा।

(ग) **वैकल्पिक द्वन्द्वः** वैकल्पिक द्वन्द्व में दोनों पदों के मध्य 'थ' और 'अथवा' समुच्चय बोधक का लोप रहता है। इस समस्त पद में साधारणतः दो परस्पर विरोधी शब्दों का योग होता है।

जैसे– मान-अपमान, धर्म-अधर्म, ज्ञान-अज्ञान, पाप-पुण्य, चार-छः, दो-चार, जात-कुजात, भला-बुरा।

(4) बहुब्रीहि समास

बहुब्रीहि समास उस समास को कहते हैं जिसमें दोनों ही पद अप्रधान होते हैं। उसमें एक नये अर्थ का संकेत मिलता है।

जैसे– चन्द्रशेखर (चन्द्रमा है शिखर पर जिसके अर्थात् शिव)
चतुर्भुज (चार भुजाएँ हैं जिनकी अर्थात् विष्णु)
गजानन (गज के समान मुख है जिसका अर्थात् गणेश)

(5) कर्मधारय (समानाधिकरण तत्पुरुष)

कर्मधारय समास में दोनों पद प्रधान होते हैं। इसके पदों में विशेषज्ञ-विशेषण, विषेशज्ञ-विशेषण, उपमान-उपमेय का भाव होता है।
जैसे– शशिमुख (शशि सम मुख), नीलाम्बर, पीताम्बर।

कर्मधारय के प्रकार– कर्मधारय के मुख्यतः दो भेद हैं– (1) विशेषता वाचक (2) उपमान वाचक।

(1) **विशेषता वाचक**

विशेषण पूर्वपदः पहला पद विशेषण होता है। जैसे– पीताम्बर, नीलकण्ठ, सुन्दर लाल, सद्‌गुण, खुशबू, बदबू, काली मिर्च, नीलगाय, छुटभैया।

विशेषणोत्तर पदः इसमें उत्तरपद विशेषण होता है। जैसे– पुरुषोतम, प्रभुदयाल, रामदहिन, देशान्तर, मुनीश्वर, युगान्तर, नराधम, जन्मान्तर।

विशेषणोभय पदः दोनों ही पद विशेषण होते हैं। जैसे– नील-पीत, मोटा ताजा, लाल पीला, श्याम सुन्दर, श्वेत-श्याम, भला-बुरा, खट्टा-मिट्ठा।

विशेष्योभय पदः दोनों ही पद विशेष्य होते हैं। जैसे– प्राणप्रिय, वज्रदेह।

(2) **विशेषता वाचक**

उपमानोत्तर पदः उत्तर पद उपमान होता है। जैसे– मुखारविन्द, राजर्षि।

(6) द्विगु समास

द्विगु समास कर्मधारय समास का एक भेद है। इस समास में पहला पद संख्या बोधक होता है और द्वितीय पद प्रधान होता है। संख्यावाची शब्द समुदाय (समाहार) के अर्थ में प्रयुक्त होता है।

जैसे–नवरत्न (नवरत्नों का समूह), अष्टाध्यायी (आठ अध्यायों का समाहार), त्रिभुवन, तिमाही, पंसेरी, सप्तशती, त्रिकाल, चौमाल।

वर्तनी

हिन्दी शब्दों को लिखने में वर्तनी का बड़ा महत्व है। प्रायः विद्यार्थी लिखने में वर्तनी सम्बन्धी अशुद्धियां करते हैं। ये अशुद्धियाँ संयुक्त वर्ण, विभक्ति चिह्न, क्रिया पद में तो होती ही है साथ ही, व ब तथा श ष स में भी देखने को मिलती हैं। इन अशुद्धियों से बचने का सही उपाय है कि शुद्ध वर्तनी का ज्ञान हो। और यह निरन्तर अभ्यास से ही सम्भव है।

पर्यायवाची

एकार्थ बोधक शब्दों को पर्यायवाची शब्द कहा जाता है। पर्यायवाची शब्दों में से कुछ पूर्ण पर्याय तथा कुछ अपूर्ण पर्याय की श्रेणी में आते हैं। पूर्ण पर्याय—कपि, वानर, मर्कट, प्लवंग आदि बन्दर के पर्याय हैं। अपूर्ण पर्याय—कृपा, दया, करुणा को कहा जाता है, किन्तु इनके प्रयोग में बहुत अन्तर है। भाषा के सूक्ष्म अध्ययन की दृष्टि से अपूर्ण पर्यायों के मध्य सूक्ष्म अन्तर होता है। इस अन्तर को देखते हुए ही उनका प्रयोग किया जाता है। हिन्दी के शब्द-भंडार की पर्याप्त वृद्धि हुई है। इस दिशा में डॉ. रघुवीर जैसे भाषा-पंडितों ने बहुत काम किया है। भारत सरकार का केन्द्रीय हिन्दी निदेशालय, अनुवाद ब्यूरो तथा राजभाषा विधायी आयोग आदि संस्थाओं द्वारा किए जा रहे शब्द रचना के कार्य सराहनीय हैं। हमारे देश में संस्कृत समृद्ध भाषा है जिससे हिन्दी को बहुत-से शब्द प्राप्त हुए हैं, अतएव पर्यायवाची शब्दों की दृष्टि से हिन्दी समृद्ध है।

विलोमार्थी शब्द

ऐसे शब्दों को विपरीतार्थक, विलोमार्थी अथवा विरोधी शब्द कहा जाता है जो किसी शब्द के ठीक विपरीत अर्थ प्रकट करते हैं। अंग्रेजी में जिन

शब्दों को एण्टानिम्स (Antonyms) कहा जाता है हिन्दी में वही शब्द विलोमार्थी अथवा प्रतिकूल अर्थ के बोधक कहे जाते हैं। अतएव विलोमार्थी शब्दों को यदि हम परिभाषाबद्ध करना चाहें तो कह सकते हैं कि—'किसी एक शब्द के ठीक विपरीत अर्थ प्रकट करने वाले शब्द विलोम कहे जाते हैं। इन शब्दों को विपर्याय के रूप में भी जाना जाता है।'

विलोमार्थी शब्दों का महत्त्व

भाषा कोई भी क्यों न हो उसकी सम्पन्नता उसके शब्दों की संख्या से जानी जाती है। आज विश्व में सर्वाधिक सम्पन्न भाषा अंग्रेजी है जिसके शब्दों का निरंतर वार्धक्य होता जाता है। नये-नये विज्ञानों का प्रादुर्भाव होने से उससे सम्बन्धित शब्द भी गढ़े जाते हैं। और उन शब्दों के प्रतिकूल शब्दों की आवश्यकता भी अनुभव की जाती है। नतीजतन शब्दों का सृजन अनवरत गति से चलता रहा है। हिन्दी में भी यह काम काफी द्रुतगति से हो रहा है। कोई माने या न माने किन्तु जब से केन्द्र में हिन्दी को राजभाषा का गरिमामय पद मिला है तब से उसके विकास की गति भी बढ़ी है। विभिन्न क्षेत्रों में उसका प्रवेश हो रहा है। विज्ञान, इंजीनियरी, चिकित्साशास्त्र, आणविकी आदि सभी से सम्बन्धित शब्दों की रचना हिन्दी में अबाध गति से की जा रही है। ये सब प्रभावी लक्षण हैं। शब्दों के समानार्थी तथा विपरीतार्थी दोनों की जरूरत पड़ती रहती है और आज के युग में जबकि प्रतियोगिता का महत्त्व काफी बढ़ गया है विपरीतार्थी शब्द भी किसी के भाषाई ज्ञान की माप करने में उपादेय सिद्ध होते हैं।

इसके अतिरिक्त विपरीतार्थक शब्द किन्हीं दो अच्छी या बुरी वस्तुओं की तुलना करने के लिए भी काफी उपादेय सिद्ध होते हैं। ऐसे शब्दों के प्रयोग से भाषा में निखार आता है, भाषण प्रभावशाली बन जाता है तथा लेखन गरिमावान दिखाई पड़ने लगता है।

श्रुति समभिन्नार्थक शब्द

युग्म शब्द को श्रुतिसम भिन्नार्थक या समोच्चरित शब्द भी कहा जाता है। इस प्रकार के दो शब्दों में मामूली-सा अन्तर होता है। वह अन्तर मात्रागत या वर्णगत होता है। फलतः ऐसे शब्द सुनने में एक समान तो लगते हैं लेकिन अर्थ भिन्न-भिन्न होते हैं। हिन्दी में ऐसे शब्दों की संख्या अत्यधिक है। नीचे वैसे प्रमुख शब्द युग्मों को अर्थ सहित प्रस्तुत किया जा रहा है :

1.	अंश	=	भाग/हिस्सा
	अंस	=	कन्धा
2.	अपेक्षा	=	आवश्यकता/उम्मीद
	उपेक्षा	=	अवहेलना
3.	अभिराम	=	सुन्दर
	अविराम	=	लगातार
4.	अनल	=	आग
	अनिल	=	हवा
5.	अवलम्ब	=	आश्रय/सहारा
	अविलम्ब	=	शीघ्र
6.	अन्त	=	समाप्त/खतम
	अन्त्य	=	अन्तिम
7.	अभिहित	=	कथित
	अविहित	=	अनुचित
8.	अम्बुज	=	कमल
	अम्बुद	=	बादल
9.	अलि	=	भ्रमर
	अली	=	सखी
10.	उपकार	=	भलाई
	अपकार	=	बुराई
11.	अजिक	=	ललाट
	अलीक	=	झूठ
12.	अभिनय	=	स्वांग
	अविनय	=	उद्दण्डता
13.	अतल	=	तलहीन
	अतुल	=	जिसकी तुलना न हो सके
14.	अकथ	=	जो कहा नहीं जाय
	अथक	=	बिना थके हुए
15.	अन्न	=	अनाज
	अन्य	=	दूसरा
16.	आदि	=	आरम्भ/शुरू
	आदी	=	अभ्यस्त, अदरक
17.	अभय	=	निर्भय
	उभय	=	दोनों
18.	अर्जन	=	संग्रह
	अर्चन	=	पूजा
19.	अमित	=	अत्यधिक
	अमीत	=	शत्रु
20.	अणु	=	सूक्ष्म कण
	अनु	=	पीछे
21.	अशक्त	=	असमर्थ
	असक्त	=	विरक्त
22.	अब्ज	=	कमल
	अब्द	=	बादल
23.	अवधि	=	समय
	अवधी	=	अवध की भाषा
24.	अभ्यास	=	अनुशीलन
	अभ्याश	=	पड़ोस
25.	आभरण	=	आभूषण
	आमरण	=	मरण तक
26.	आकर	=	खान
	आकार	=	आकृति
27.	आयत	=	चतुर्भुज
	आयात	=	बाहर से लाना
28.	आर्त	=	दुःखी
	आर्द्र	=	गीला

29. आवास = वास स्थान
आभास = झलक
30. आवृत्त = घिरा हुआ
आवृत्ति = दुहराना
31. इत्र = सुगन्धित पदार्थ
इतर = दूसरा
32. स्त्री = महिला
इस्तिरी = कपड़े पर कलप करना
33. अरि = दुश्मन
अरी = स्त्री के लिए सम्बोधन
34. उद्यत = तैयार, तत्पर
उद्धत = उद्‌दण्ड
35. ॠतु = मौसम
ॠत = सत्य
36. कश = चाबुक
कष = कसौटी
37. कुल = वंश
कूल = किनारा
38. कलि = कलियुग
कली = अधखिला फूल
39. कपिश = मटमैला
कपीश = बन्दरों का राजा
40. कर्म = कार्य
क्रम = सिलसिला
41. कंगाल = दरिद्र
कंकाल = ठठरी (मानव की)
42. कटिबद्ध = तैयार
कटिबन्ध = कमर बन्द
43. करोड़ = सौ लाख की संख्या
क्रोड़ = गोद
44. कृत = किया हुआ
क्रीत = खरीदा हुआ
45. कृपण = कंजूस
कृपाण = कटार
46. कृषाण = किसान
कृशानु = आम
47. क्रान्ति = उलटफेर, आन्दोलन
कांति = चमक
48. कुट = किला
कूट = पहाड़ की चोटी
49. कुजन = दुर्जन
कूजन = पक्षियों का कलरव
50. केशर = सिंह की गर्दन के बाल
केसर = कुमकुम
51. कोष = खजाना
कोश = शब्द-संग्रह
कोस = दो मील की दूरी

52. खाद = उर्वरक
खाद्य = खाने की सामग्री
53. खोया = भूल गया
खोआ = दूध से निर्मित खाद्य पदार्थ
54. गिरि = पर्वत
गिरी = बीज/गूदा
55. चषक = प्याला
चसक = आदत
56. चरण = पैर
चारण = भाट
57. चिर = पुराना
चीर = वस्त्र
58. चिता = शव जलाने के लिए लकड़ियों की शय्या
चीता = एक हिंसक पशु
59. गृह = घर
ग्रह = नक्षत्र
60. करण = इन्द्रियाँ, करण कारक
कर्ण = कान
61. कुच = स्तर
कूच = प्रस्थान
62. कौर = ग्रास
कोर = किनारा
63. चतुष्पद = चौपाया
चतुष्पथ = चौराहा
64. चक्रवात = बवंडर
चक्रवाक = चकवा पक्षी
65. छत्र = छाता
छात्र = विद्यार्थी
66. क्षति = हानि
क्षिति = पृथ्वी
67. जलज = कमल
जलद = बादल
68. नीरज = कमल
नीरद = बादल
69. जघन्य = गर्हित
जघन = जाँच
70. जगत् = संसार
जगत = कुएँ का चबूतरा
71. जामन = दूध जमाने के लिए प्रयुक्त पदार्थ
जामुन = एक फल
72. जेठ = वर्ष का एक महीना
ज्येष्ठ = बड़ा (उम्र में)
73. टुक = थोड़ा
टूक = टुकड़ा
74. टोटा = घाटा
टोंटा = बन्दूक का कारतूस

75. तरणि = सूर्य
तरणी = नाव
76. दाई = धामी, नौकरानी
दायी = जवाबदेह
77. दारु = लकड़ी
दारू = शराब
78. दिवा = दिन
दीया = दीपक
79. दिन = दिवस
दीन = गरीब
80. द्विप = हाथी
द्वीप = टापू
81. दुर्ग = गढ़
दुर्गा = एक देवी
82. दमन = दबाना
दामन = आँचल
83. तक्र = मट्ठा
तर्क = बहस
84. द्रव्य = धन
द्रव = तरल पदार्थ
85. देव = देवता
दैव = भाग्य
86. नहर = कृत्रिम नदी
नाहर = सिंह
87. नग = पहाड़
नाग = सर्प
88. नगर = शहर
नागर = चतुर व्यक्ति
89. नाश = ध्वंश
नास = सुंघनी
90. नारी = स्त्री
नाड़ी = नब्ज
91. निसान = झण्डा
निशान = चिह्न, प्रतीक
92. निर्जर = देवता
निर्झर = झरना
93. निहित = छिपा हुआ
निहत = मरा हुआ
94. नियत = निश्चित
नीयत = इरादा
नियति = भाग्य
95. नमित = नत
निमित्त = कारण
96. नीर = जल
नीड़ = घोंसला
97. निर्माण = बनाना
निर्वाण = मोक्ष
98. नकल = अनुकरण
नकुल = नेवला, पाण्डवों में एक
99. निधन = मृत्यु
निर्धन = गरीब
100. नित = प्रतिदिन
नीत = लाथा हुआ
101. नीम = एक पेड़
नींव = आधार
102. नेत्र = आँख
नेतृ = नेता
103. पुरुष = मर्द
परुष = कठोर
104. परिधान = वस्त्र
प्रधान = मुख्य
105. पवन = हवा
पावन = पवित्र
106. पाहन = पत्थर
पाहुन = अतिथि
107. परवाह = चिन्ता
प्रवाह = बहाव
108. प्रहर = समय
प्रहार = चोट
109. परिताप = दुःख
प्रताप = पराक्रम
110. पथ = मार्ग
पथ्य = रोगी का भोजन
111. पट्ट = तख्ता
पट = वस्त्र
112. प्रमाण = सबूत
प्रणाम = नमस्कार
113. परिणाम = फल
परिमाण = मात्रा
114. प्रणय = प्रेम
परिणय = विवाह
115. परदेश = दूसरा देश
प्रदेश = प्रान्त, राज्य
116. परीक्षा = इम्तहान
परिक्षा = कीचड़
117. प्रदीप = दीपक
प्रतीप = उल्टा
118. पानी = जल
पाणि = हाथ
119. पास = निकट
पाश = बन्धन
120. पिक = कोयल
पीक = पान का थूक

121. प्रेषित = भेजा हुआ
प्रोषित = प्रवासी
122. फन = कला
फण = साँप का फण
123. बलि = बलिदान
बली = वीर
124. बहन = भगिनी
वहन = ढोना
125. बहु = बहुत
बहू = पुत्रवधू
126. बार = दफा
वार = दिन
127. वाण = तीर
बान = आदत
128. बात = वचन
वात = हवा
129. भवन = घर
भुवन = संसार
130. भट = योद्धा
भट्ट = पण्डित
131. भाल = ललाट
भार = वजन
132. मल = गन्दगी
मल्ल = पहलवान
133. मणि = रत्न
मणी = सर्प
134. मद = अहंकार
मद्य = शराब
135. मनुज = मनुष्य
मनोज = कामदेव
136. मांस = गोश्त
मास = महीना
137. मात्र = केवल
मातृ = माता
138. मेध = यज्ञ
मेघ = बादल
139. मेदा = पेट
मैदा = बारीक आटा
140. रत = तल्लीन
रक्त = खून
141. रेचक = दस्तावर
रोचक = रूचिकर
142. लक्ष = लाख
लक्ष्य = उद्देश्य
143. लवण = नमक
लवन = खेत के फसल की कटाई

144. वस्तु = चीज
वास्तु = इमारत, भवन
145. अकुल = बिना कुल के
आकुल = व्याकुल
146. वरद = वर देने वाला
विरद = यश
147. वरण = चुनना
वरन् = बल्कि
148. वाद = विचार/सिद्धान्त
वाद्य = बाजा
149. वदन = मुख
बदन = शरीर
150. विस्मृत = भूला हुआ
विस्मित = आश्चर्य में पड़ा हुआ
151. विपिन = जंगल
विपन्न = दुःखी, निर्धन
152. वित्त = धन
वृत्त = गोलाकार
153. विष = जहर
विस = कमल का डण्ठल
बीस = उन्नीस से एक अधिक संख्या
154. सम = समान
शय = संचय
155. सहर = सबेरा
शहर = नगर
156. शव = लाश
शब = रात
157. सिता = चीनी
सीता = जानकी
158. शस्त्र = हथियार
शास्त्र = ग्रन्थ
159. सर = तालाब
शर = बाण
160. सुर = देवता
सूर = अंधा
शूर = वीर
161. सुत = बेटा
सूत = सारथी, धागा
162. सप्त = सात
शप्त = शाप ग्रस्त
163. शंकर = शिव
संकर = दोगला
164. सर्ग = काव्य का अध्याय
स्वर्ग = कल्पित लोक
165. स्वपच = स्वयंवाकी
श्वपच = चाण्डाल

166. सत्व = सार
स्वत्व = अधिकार
167. समिति = सभा
सम्मति = सलाह
168. शय्या = बिछावन
सज्जा = सजावट
169. संग = साथ
संघ = समिति, संगठन
170. शाला = घर
साला = पत्नी का भाई
171. सबल = ताकतवर
शवल = चितकबरा
172. सर्व = सभी
शर्व = शंकर
173. सुगन्ध = खुशबू
सौगन्ध = कसम
174. शुक्ति = सीप
सूक्ति = अच्छी उक्ति
175. शीशा = काँच
सीसा = एक धातु
176. सती = पतिव्रता नारी
शती = शताब्दी
177. श्वेत = सफेद
श्वेद = पसीना
178. शुक = सुगा
शूक = जौ
179. शिखर = चोटी (पर्वत की)
शेखर = सिर
180. शक्ल = चेहरा
सकल = सम्पूर्ण
181. हरि = विष्णु
हरी = हरे रंग की
182. सुमन = फूल
सुअन = पुत्र
183. संदेह = शक
सदेह = सशरीर
184. स्व = अपना
श्व = आने वाला दिन
185. शुचि = पवित्र
सूची = विषय क्रम
186. सुधि = स्मरण
सुधी = समझदार, विद्वान्
187. हल = जोतने का यंत्र
हल् = शुद्ध व्यंजन
188. भंगि = लहर
भंगी = मेहतर
189. दूत = संवाददाता
द्यूत = जुआ का खेल
190. देश = राज्य
द्वेष = शत्रुता
191. तरंग = लहर
तुरंग = घोड़ा
192. चालक = ड्राइवर
चालाक = चतुर
193. लोम = रोवाँ
लोभ = लालच
194. बिना = रहित, अभाव
वीणा = एक वाद्य यंत्र
195. प्रसाद = कृपा
प्रासाद = महल
196. भित्ति = दीवार
भीति = डर
197. मूल = जड़
मूल्य = दाम
198. अक्ष = धुरी
यक्ष = एक देव योनि
199. अश्व = घोड़ा
अश्म = पत्थर
200. आसन = बैठने की वस्तु
अशन = भोजन
201. अह = दिन
अहि = साँप
202. अणि = सूई की नोक
अनी = फौज
203. दारा = पत्नी
द्वार = दरवाजा
204. पृथा = कुन्ती
प्रथा = रीति
205. श्रवण = कान
स्रवन = बहना
206. श्याम = श्री कृष्ण
स्याम = एक देश
207. वृन्द = समूह
वृन्त = डण्ठल
208. मित = थोड़ा
मित्र = दोस्त
209. दुरति = पाप
दुरत = छिपा
210. चार = चार की संख्या
चारु = सुन्दर

वाक्यों की शुद्धता

वाक्य में शब्दों के प्रयोग पर हमें विशेष ध्यान रखना चाहिए। प्रत्येक शब्द का अपना एक विशेष अर्थ होता है। एक ही अर्थ देने वाले कई शब्द हो सकते हैं, किन्तु हमें ध्यान रखना चाहिए कि किस प्रसंग में कौन-सा शब्द प्रयुक्त होगा और कौन-सा शब्द वहां उपयुक्त नहीं बैठेगा। अनुपयुक्त शब्द का प्रयोग करने से अर्थ-भ्रान्ति पैदा होती है। शब्दों का ठीक प्रयोग करने से अभीष्ट अर्थ निकलेगा।

अशुद्धियों के कारणों का विश्लेषण करने के बाद हम देख सकते हैं कि वर्तनी की गलतियाँ होती हैं। ह्रस्व और दीर्घ मात्राओं की गलतियां होती हैं, संयुक्ताक्षरों की गलतियां होती हैं और वाक्यों के निर्माण में भी गलतियाँ होती हैं। मोटे तौर पर हम कह सकते हैं कि वर्ण, शब्द और वाक्य तीनों प्रकार की अशुद्धियाँ देखने को मिलती हैं। इन अशुद्धियों के कारण भाषा दूषित हो जाती है। यदि हम थोड़ी सी सावधानी बरतें, तो हम ऐसी अशुद्धियों से बच सकते हैं।

वाक्यांश के लिए एक शब्द

कथन में लम्बे-लम्बे वाक्यों का प्रयोग करने तथा शब्दों को परिभाषित करने के बजाय यदि एक शब्द का प्रयोग किया जाए तो कथन स्वत: संक्षिप्त और स्पष्ट हो जाता है। कुशल साहित्यकार अपनी रचनाओं में शब्दों का अपव्यय नहीं करते। वाक्य या वाक्यांश के लिए एक शब्द का प्रयोग कथन में आकर्षण और सौन्दर्य भर देता है। हिन्दी भाषा की यह विशेषता है कि उसे संस्कृत शब्दों का प्रचुर भण्डार सुलभ है। इसलिए हिन्दी भाषा कोश में ऐसे अनेक तत्सम शब्द हैं जो वाक्य या वाक्यांश के लिए प्रयोग में लाए जाते हैं।

अपने आशय और मन्तव्य को संक्षेप में प्रकट करने के लिए ही ऐसे शब्दों को गढ़ा गया है जिन्हें गागर में सागर कहा जा सकता है।

इसीलिए अपनी भाषा को समर्थ, प्रभावी तथा आकर्षक बनाने के लिए ऐसे शब्दों की जानकारी रखना नितान्त आवश्यक होता है। भाषा में शक्ति के स्रोत उसके शब्द माने जाते हैं। यहाँ इसी उद्देश्य से अनेक ऐसे शब्द संजोए गए हैं जिनका अर्थ पूरे वाक्य या वाक्यांश द्वारा ही स्पष्ट होता है। इनसे न केवल पाठकों के शब्द भण्डार में वृद्धि होगी वरन् वे हिन्दी भाषा लिखने में भी कुशल बन सकेंगे।

मुहावरा एवं लोकोक्तियां

मुहावरे

मुहावरा ऐसा शब्द-समूह होता है, जो अपने शब्दों के निहित अर्थ न देकर उससे भिन्न, किन्तु एक रूढ़ अर्थ देता है। मुहावरा अभिधेय अर्थ का अनुसरण नहीं करता : वह अपना विलक्षण अर्थ प्रकट करता है। चूँकि मुहावरा लोक-मानस की स्वाभाविक अभिव्यक्ति होता है, अत: इसमें दुरूहता नहीं होती। मुहावरा अपने लोक-परम्परागत रूप में ही शोभायमान और सार्थक होता है। इसका रूप और अर्थ दोनों ही प्राय: रूढ़ होते हैं।

मुहावरे का सम्बन्ध साहित्य से कम और भाषा से अधिक होता है। यह भाषा के सामर्थ्य का प्रतीक होता है। इसका सटीक अर्थ और निर्दिष्ट अर्थ होता है। मुहावरों के माध्यम से भाषा ऊर्जस्वी बनती है और अर्थ का सटीक सम्प्रेषण होता है। मुहावरेदार भाषा असरदार होती है।

मुहावरे एक दृष्टि से 'गागर में सागर' होते हैं। गुल खिलना, रंग में भंग होना, नौ-दो ग्यारह होना, गप हाँकना, चिकना घड़ा होना, नानी मरना आदि मुहावरे व्यापक अर्थ में परिपूर्ण हैं। इनका प्रयोग सुनते ही मन में इनका अर्थ अपने आप उभरने लगता है।

लोकोक्तियाँ

जैसाकि शब्द से ही स्पष्ट है लोकोक्ति का अर्थ है लोक + उक्ति; अर्थात् लोक में प्रचलित उक्ति। जो उक्ति समाज में चिरकाल से प्रचलित होती है, उसे लोक प्रचलित उक्ति अर्थात् लोकोक्ति कहते हैं। लोकोक्तियाँ भूतकाल के अनुभव और प्रेक्षण का संचय होती हैं। लोकोक्तियों में लोक-बोध, लोक-मान्यता और लोक-स्वीकृति होती है। कुछ लोकोक्तियाँ किसी अन्तर्कथा को अभिव्यक्त करती हैं। लोकोक्तियों के उद्भव को किसी स्थान या काल से नहीं जोड़ा जा सकता।

लोकोक्तियाँ अपने आप में पूर्ण वाक्य होती हैं। इनका उद्देश्य उक्ति चमत्कार पैदा करना नहीं होता। इनका अभिधात्मक अर्थ ही लिया जाता है। अत: इनके शाब्दिक अर्थ और सांकेतिक अर्थ में समानता होती है। इनका प्रयोग प्राय: दृष्टांत के लिए अथवा किसी बात का समर्थन करने के लिए किया जाता है। ये अभिव्यक्ति का सशक्त साधन हैं।

मुहावरों और लोकोक्तियों में अन्तर

मुहावरों और लोकोक्तियों में रूप सम्बन्धी और अर्थ सम्बन्धी भी अन्तर होता है।

रूप सम्बन्धी पहला अन्तर यह है कि मुहावरों के अन्त में अधिकांशत: **ना** होता है, जैसे सिर धुन**ना**, आँख लग**ना**, टेढ़ी खीर हो**ना**, मक्खी मार**ना**, आसमान सिर पर उठा**ना** आदि जबकि लोकोक्तियों के अन्त में **ना** नहीं होता; जैसे—आ बैल मुझे मार, का वर्षा जब कृषि सुखानी, दीवार के भी कान होते हैं, और धोबी का कुत्ता, घर का न घाट का, आदि।

रूप सम्बन्धी दूसरा अन्तर यह होता है कि मुहावरे मात्र शब्द-समूह होते हैं, जैसे 'गुल खिलाना'; इसे स्वतन्त्र रूप से प्रयोग में नहीं लाया जा सकता, किसी वाक्य में इसे उपयुक्त ढंग से प्रयुक्त किया जाता है; जैसे—'उस बूढ़ी औरत ने क्या गुल खिलाया'; इसके विपरीत लोकोक्ति का प्रयोग स्वतंत्र वाक्य के रूप में किया जा सकता है; जैसे—'न रहेगा बाँस, न बजेगी बाँसुरी'।

वस्तुनिष्ठ प्रश्न

संधि

1. 'मृत्यु + उपरांत' में संधि करने से एक शब्द होगा–
A. मृत्यूपरांत B. मृत्योपरांत
C. मृत्युपर्यन्त D. मर्त्योपरांत

2. 'अनधिकृत' शब्द का संधि-विग्रह होगा–
A. अन + अधिकृत B. अन् + अधिकृत
C. अन्य + अधिकृत D. अन्नधि + कृत

3. 'कपि + ईश' का सही संधि-संयोजन कीजिए–
A. कपिश B. कपीश
C. कपेश D. कपिशि

4. विसर्ग के साथ स्वर अथवा व्यंजन के संयोग से जो विकार उत्पन्न होता है, उसे किस संधि के नाम से जानते हैं?
A. स्वर संधि B. व्यंजन संधि
C. विसर्ग संधि D. इनमें से कोई नहीं

5. 'परोपकार' शब्द का संधि-विच्छेद होगा–
A. परा + उपकार B. परो + पकार
C. परोप + कार D. पर + उपकार

6. 'मनः + रमा' में संधि करने से जो शब्द बनेगा, उसका सम्बन्ध किस संधि से होगा?
A. विसर्ग संधि B. स्वर संधि
C. व्यंजन संधि D. भाव संधि

7. 'चन्द्रोदय' में कौन-सी संधि है?
A. यण संधि B. दीर्घ संधि
C. वृद्धि संधि D. गुण संधि

8. निम्नलिखित में से 'वृद्धि स्वर संधि' किस शब्द में है?
A. रजनीश B. महौषध
C. यतीन्द्र D. शोधार्थी

9. 'सदाशय' का सही संधि-विच्छेद होगा–
A. सद + आशय B. सतत + आशय
C. सत् + आशय D. सदा + आशय

10. 'सन्मार्ग' में कौन-सी संधि है?
A. स्वर संधि B. व्यंजन संधि
C. विसर्ग संधि D. इनमें से कोई नहीं

11. 'ज्ञानोदय' में कौन-सी संधि है?
A. स्वर संधि B. व्यंजन संधि
C. विसर्ग संधि D. इनमें से कोई नहीं

12. 'निराधार' में कौन-सी संधि है?
A. स्वर संधि B. व्यंजन संधि
C. विसर्ग संधि D. इनमें से कोई नहीं

13. निम्नलिखित शब्दों में से किसमें विसर्ग संधि है?
A. अतएव B. नरेन्द्र
C. सज्जन D. सदैव

14. निम्नलिखित शब्दों में से किसमें व्यंजन संधि है?
A. सप्तर्षि B. निराधार
C. सत्कार D. हिमालय

15. 'जगन्नाथ' किस संधि का उदाहरण है?
A. व्यंजन संधि B. विसर्ग संधि
C. दीर्घ स्वर संधि D. यण स्वर संधि

16. निम्नलिखित शब्द का संधि-विच्छेद क्या होगा?
भानूदय
A. भानु + उदय B. भानू + उदय
C. भानू + ऊदय D. भानु + ऊदय

17. 'निर्गुण' का संधि-विच्छेद होगा–
A. निर + गुण B. नि + गुण
C. निः + गुण D. निर + गुण

18. 'महेन्द्र' का संधि विच्छेद है–
A. मही + इन्द्र B. महो + इन्द्र
C. महा + इन्द्र D. इनमें से कोई नहीं

19. 'यद्यपि' का संधि विच्छेद है–
A. यदि + अपि B. यद् + द्यपि
C. यद्यि + अपि D. यद + अपि

20. निम्नलिखित में 'भारतेंदु' का सही संधि-विच्छेद है–
A. भारत + तेन्दु B. भार + तेन्दु
C. भारत + एन्दु D. भारत + इन्दु

21. 'उद्घाटन' शब्द का सही संधि-विच्छेद होगा–
A. उत् + घाटन B. उद् + घाटन
C. उद्ध + आटन D. इनमें से कोई नहीं

22. 'सत्कर्म' का संधि-विच्छेद है–
A. सत + कर्म B. सतत् + कर्म
C. सत् + कर्म D. सम + कर्म

23. 'अत्यन्त' शब्द का सही संधि-विग्रह है–
A. अत् + यन्त B. अति + यन्त
C. अति + अन्त D. अत् + अन्त

24. निम्नलिखित शब्द का सही संधि-विच्छेद चुनिए–
ब्रह्माण्ड
A. ब्रह्मा + अंड B. ब्रह्मण + अंड
C. बृहत् + अंड D. बृह + माण्ड

25. 'निरपेक्ष' शब्द का संधि-विच्छेद होगा–
A. निर् + पेक्ष B. नि + पेंक्ष
C. निर + पेक्ष D. निः + अपेक्ष

26. तत् + शंकर की संधि होगी–

A. तश्शंकर B. तच्छंकर

C. तक्षंकर D. उपर्युक्त में से कोई नहीं

27. 'कठोपनिषद्' का संधि-विच्छेद होगा–

A. कटु + उपनिषद् B. कठो + उपनिषद्

C. कठोप + निषद् D. कठ + उपनिषद्

28. 'भावुक' का संधि-विच्छेद होगा–

A. भाव + उक B. भो + ऊक

C. भव्य + उक D. भौ + उक

29. 'विद्यामंदिर' का विग्रह होगा–

A. विद्या का मंदिर B. विद्या के लिए मंदिर

C. विद्या और मंदिर D. विद्या के समान मंदिर

30. 'उत्कोच' का संधि विच्छेद होगा–

A. उद् + कोच B. उत् + कोच

C. उत + कोच D. उद + कोच

31. कौन-सा शब्द विसर्ग संधि का नहीं है?

A. यशोगान B. निष्कपट

C. मनोहर D. अभिषेक

32. 'मनीषा' का संधि-विच्छेद है–

A. मनि + ईषा B. मनी + ईषा

C. मनस् + ईषा D. मणि + ईशा

33. निम्नलिखित में से दीर्घ संधि का उदाहरण कौन-सा है?

A. नरेश B. नेति

C. मध्वाचार्य D. कामायनी

34. 'अति + उक्ति' शब्दों की संधि करने पर शब्द होगा–

A. अत्युक्ति B. अत्योक्ति

C. अतियुक्ति D. अतिउक्ति

35. 'निराधार' शब्द का संधि-विच्छेद है–

A. निः + आधार B. निरा + आधार

C. निरम् + आधार D. निर् + आधार

36. 'अन्वेषण' का संधि-विच्छेद होगा–

A. अन + वेषण B. अनु + एषण

C. अनु + ऐषण D. अन् + वेषण

37. 'सज्जन' का संधि-विच्छेद होगा–

A. सज् + जन B. सद् + जन

C. सत् + जन D. स + ज् + जन

38. 'इत्यादि' का सन्धि-विच्छेद होगा–

A. इत + आदि B. इति + यादि

C. इति + आदि D. इत्य + आदि

39. 'दुर्जन' का सन्धि-विच्छेद होगा–

A. दुर + जन B. दु + जन

C. दुः + जन D. दु + रजन

40. 'नमस्ते' शब्द का सन्धि-विच्छेद है–

A. नम + स्ते B. नमस् + ते

C. नमः + स्ते D. नमः + ते

41. 'महोत्सव' का संधि-विच्छेद है–

A. महा + उत्सव B. महो + उत्सव

C. मह + ओत्सव D. मही + उत्सव

42. 'पवन' का शुद्ध सन्धि-विच्छेद है–

A. पो + अन B. पव + अन

C. पः + अवन D. पव + न्

43. 'विष्णवे' का संधि-विच्छेद है–

A. विष्णु + ए B. विष्णो + ए

C. विष्णु + अए D. विष्णु + अवे

44. 'स्वागतम्' में कौन-सी संधि है?

A. गुण संधि B. यण् संधि

C. वृद्धि संधि D. दीर्घ संधि

45. 'उच्चारण' में कौन-सी संधि है?

A. व्यंजन संधि B. स्वर संधि

C. विसर्ग संधि D. विलोम संधि

46. 'उल्लेख' का संधि-विच्छेद है–

A. उल् + लेख B. उत् + लेख

C. उल्ल + लेख D. उ + आलेख

47. 'अत्याचार' का शुद्ध संधि-विच्छेद है–

A. अत्य + आचार B. अति + चार

C. अत्या + चार D. अति + आचार

48. 'दिगम्बर' का संधि-विच्छेद क्या होगा?

A. दिग् + अम्बर B. दिक् + अम्बर

C. दिग + अम्बर D. दिक + अम्बर

49. 'पावक' का शुद्ध संधि-विच्छेद होगा–

A. पौ + अक B. पा + अवक

C. पव + अक् D. पाव + अक

50. 'उपैति' का संधि-विच्छेद बताइए–

A. अप + इति B. उपै + इति

C. उप + ऐति D. उप + एति

51. 'नवोढ़ा' का सन्धि-विच्छेद है–

A. नव + उढ़ा B. नवो + ढ़ा

C. नव + ऊढ़ा D. न + ओढ़ा

52. 'उड्डयनम' का सन्धि-विच्छेद होगा–

A. उत + डयनम् B. उद् + डयनम्

C. उड + अयनम् D. उड् + डयनम्

53. 'दिगंत' शब्द का संधि-विच्छेद होगा–

A. दिक् + अंत B. दिग् + अंत

C. दि + गंत D. दिग + अंत

54. 'परिच्छेद' में कौन-सी सन्धि है?
A. व्यंजन संधि B. दीर्घ संधि
C. विसर्ग संधि D. वृद्धि संधि

55. 'अन्यान्य' शब्द का संधि-विच्छेद होगा–
A. अ + न्यान्य B. अन्य + अन्य
C. अन् + यान्य D. अन्या + आन्य

56. व्यंजन संधि का उदाहरण नहीं है–
A. उत् + चारणम् = उच्चारणम्
B. रामस् + टीकते = रामष्टीकते
C. गंगा + उदकम = गंगोदकम्
D. सत् + चित् = सच्चित्

57. स्वस्त्यस्तु का संधि-विच्छेद होगा–
A. स्वस्ति + अस्तु B. स्वः + अस्त्यस्तु
C. स्वस्त्य + अस्तु D. स्व + स्त्यस्तु

58. 'तेजोमय' का सही सन्धि-विच्छेद है–
A. तेज + ओमय B. तेजः + अमय
C. तेजः + मय D. तेजो + मय

59. 'तथेति' का सन्धि-विच्छेद होगा–
A. तथ + इति B. ता + थेति
C. तथा + इति D. तथा + इत

60. 'वृहस्पति' का संधि-विच्छेद है–
A. वृहस + पति B. वृहस् + पति
C. वृहः + पति D. वृहश् + पति

61. 'व्याप्त' में संधि है–
A. गुण संधि B. दीर्घ संधि
C. यण् संधि D. अयादि संधि

62. 'पित्राकृतिः' का शुद्ध संधि विच्छेद है–
A. पितृ + आकृतिः B. पित्र + आकृतिः
C. पित्रृ + आकृतिः D. पितु + आकृतिः

63. 'न्यून' का संधि विच्छेद होगा–
A. नि + ऊन B. न्यू + नन
C. नव + ऊन D. नवी + नन

64. 'षडानन' में कौन-सी संधि है?
A. दीर्घ संधि B. वृद्धि संधि
C. यण संधि D. गुण संधि

65. 'धर्मात्मा' में कौन-सी संधि है?
A. स्वर संधि B. व्यंजन संधि
C. विसर्ग संधि D. यण संधि

66. 'रेखांकित' में प्रयुक्त संधि है–
A. गुण संधि B. वृद्धि संधि
C. दीर्घ संधि D. स्वर संधि

67. 'निश्छल' में कौन-सी संधि है?
A. गुण संधि B. स्वर संधि
C. दीर्घ संधि D. वृद्धि संधि

68. 'दुरुपयोग' में प्रयुक्त संधि है–
A. स्वर संधि B. यण संधि
C. गुण संधि D. दीर्घ संधि

69. 'अत्यावश्यक' का संधि विच्छेद है–
A. अ + आवश्यक B. अति + आवश्यक
C. अत्य + आवश्यक D. अत्या + वश्यक

70. 'वाङ्मय' का संधि विच्छेद है–
A. वांग + मय B. वाक् + मय
C. वान् + मय D. इनमें से कोई नहीं

71. 'उपर्युक्त' का संधि विच्छेद क्या है?
A. उप + रूक्त B. उपरि + उक्त
C. उपर + युक्त D. उपः + युक्त

72. 'चन्द्रोदय' शब्द में है–
A. स्वर संधि B. व्यंजन संधि
C. विसर्ग संधि D. इनमें से कोई नहीं

73. 'निष्कपट' का संधि विच्छेद है–
A. निः + कपट B. निष + कपट
C. नि + कपट D. इनमें से कोई नहीं

74. 'प्रत्युपकार' का सही संधि विच्छेद है–
A. प्रत्युप + कार B. प्रति + उपकार
C. प्रत्यु + उपकार D. प्रत्य + उपकार

75. 'स्वागत' शब्द का संधि विच्छेद है–
A. स्वा + गत B. स्व + आगत
C. स् + वागत D. सु + आगत

समास

निर्देश (प्र.सं. 1 से 70 तक): *नीचे दिए गए शब्दों में प्रयुक्त समास के नाम का चयन कीजिए–*

1. पीताम्बर–
A. तत्पुरुष B. अव्ययीभाव
C. बहुब्रीहि D. द्विगु

2. चरणकमल–
A. तत्पुरुष B. कर्मधारय
C. बहुब्रीहि D. अव्ययीभाव

3. घुड़सवार–
A. द्विगु B. कर्मधारय
C. तत्पुरुष D. अव्ययीभाव

4. स्वर्गप्राप्त–
A. कर्म तत्पुरुष B. करण तत्पुरुष
C. सम्प्रदान तत्पुरुष D. अपादान तत्पुरुष

5. गर्वशून्य–
A. कर्म-तत्पुरुष B. संप्रदान-तत्पुरुष
C. करण-तत्पुरुष D. अपादान-तत्पुरुष

6. 'लम्बोदर' में कौन-सा समास है?
A. तत्पुरुष B. बहुब्रीहि
C. द्विगु D. कर्मधारय

7. 'देवालय' में कौन-सा समास है?
A. तत्पुरुष B. बहुब्रीहि
C. द्विगु D. इनमें से कोई नहीं

8. 'खरा खोटा' शब्द में कौन-सा समास है?
A. द्वंद्व B. द्विगु
C. कर्मधारय D. बहुब्रीहि

9. 'निर्विवाद' में कौन-सा समास है?
A. कर्मधारय B. अव्ययीभाव
C. तत्पुरुष D. बहुब्रीहि

10. 'दहीबड़ा' में कौन-सा समास है?
A. तत्पुरुष B. द्विगु
C. बहुब्रीहि D. द्वन्द्व

11. 'चौराहा' में समास है–
A. तत्पुरुष B. द्वन्द्व
C. कर्मधारय D. द्विगु

12. 'माता-पिता' शब्द में समास है–
A. द्वन्द्व B. द्विगु
C. तत्पुरुष D. कर्मधारय

13. 'वज्रपाणि' शब्द में कौन-सा समास है?
A. तत्पुरुष B. बहुब्रीहि
C. द्वन्द्व D. द्विगु

14. 'देशभक्ति' शब्द में समास होगा–
A. अपादान तत्पुरुष B. सम्बन्ध तत्पुरुष
C. अधिकरण तत्पुरुष D. सम्प्रदान तत्पुरुष

15. 'सुनीता के बच्चे घास-फूस की तरह बढ़ रहे हैं।'
उपर्युक्त वाक्य में प्रयुक्त 'घास-फूस' शब्द में समास होगा–
A. कर्मधारय B. द्वन्द्व
C. द्विगु D. अव्ययीभाव

16. निम्नलिखित शब्दों में कौन-सा शब्द बहुब्रीहि समास का उदाहरण है?
A. शूलपाणि B. यथाक्रम
C. हँसमुख D. हथकड़ी

17. इनमें से कौन-सा शब्द 'द्विगु' समास है?
A. भुजदण्ड B. माखनचोर
C. पंचशील D. लज्जाशील

18. 'प्रतिदिन' शब्द में समास होगा–
A. द्विगु B. कर्मधारय
C. तत्पुरुष D. अव्ययीभाव

19. जिन समस्त पदों में पहला शब्द संख्यावाची हो और उससे समुदाय का बोध होता हो, तो उसे कहते हैं–
A. द्विगु समास B. द्वन्द्व समास
C. कर्मधारय समास D. अव्ययीभाव समास

20. जिसमें पहला शब्द विशेषण हो और दूसरा शब्द विशेष्य, तो उसे कौन-सा समास कहेंगे?
A. द्विगु B. कर्मधारय
C. द्वन्द्व D. तत्पुरुष

21. 'पंचवटी' शब्द के लिए दिए गए विकल्प में से उपयुक्त समास कौन-सा है?
A. द्विगु B. तत्पुरुष
C. बहुब्रीहि D. कर्मधारय

22. 'बुरा-भला' शब्द में कौन-सा समास है?
A. द्वन्द्व B. द्विगु
C. कर्मधारय D. तत्पुरुष

23. 'चिड़ीमार' शब्द में कौन-सा समास है?
A. द्विगु B. कर्मधारय
C. तत्पुरुष D. अव्ययीभाव

24. 'यथोचित' शब्द में समास बताइए–
A. अव्ययीभाव B. कर्मधारय
C. बहुब्रीहि D. तत्पुरुष

25. समास कहते हैं–
A. शब्दों के मेल को
B. अक्षर के मेल को
C. स्वर-से-स्वर के मेल को
D. स्वर के साथ व्यंजन के मेल को

26. 'शिवार्पण' शब्द में कौन-सा समास है?
A. अधिकरण तत्पुरुष B. करण तत्पुरुष
C. सम्प्रदान तत्पुरुष D. अपादान तत्पुरुष

27. निम्नलिखित में किसमें तत्पुरुष समास है?
A. पदप्राप्त B. शताब्दी
C. चौमासा D. भाई-बहन

28. 'रसगुल्ला' में कौन-सा समास है?
A. तत्पुरुष B. बहुब्रीहि
C. द्वन्द्व D. अव्ययीभाव

29. 'भुखमरा' का समास विग्रह होगा–
A. भूख से जो मर गया B. भूख से मरा हुआ
C. भूखों मर गया जो D. भूख द्वारा मरा हुआ

30. 'दशरथ सुत' में कौन-सा समास है?
A. तत्पुरुष B. बहुब्रीहि
C. द्विगु D. द्वन्द्व

31. 'अष्टाध्यायी' में कौन-सा समास है?
A. द्वन्द्व B. द्विगु
C. तत्पुरुष D. कर्मधारय

32. 'यथाशीघ्र' में कौन-सा समास है?
A. अव्ययीभाव B. द्वन्द्व
C. कर्मधारय D. तत्पुरुष

33. चौखंभा में कौन-सा समास है?
A. बहुब्रीहि B. द्वन्द्व
C. द्विगु D. तत्पुरुष

34. कौन-सा समास विशेषण के रूप में प्रयुक्त होता है?
A. अव्ययीभाव B. तत्पुरुष
C. कर्मधारय D. बहुब्रीहि

35. द्विगु समास का उदाहरण होगा–
A. षट्कोण B. कुपुत्र
C. प्रतिवर्ष D. सूरसागर

36. कौन-सा शब्द अव्ययीभाव समास का उदाहरण है?
A. नवग्रह B. गाँठकर
C. महात्मा D. आमरण

37. 'राजपुत्र' में कौन-सा समास है?
A. बहुब्रीहि B. तत्पुरुष
C. द्विगु D. कर्मधारय

38. निम्नलिखित में से तत्पुरुष समास किसमें है?
A. नील गाय B. राजकुमार
C. त्रिलोचन D. दशानन

39. निम्नलिखित में द्वन्द्व समास बताइए–
A. प्रतिदिन B. चौमासा
C. घी-शक्कर D. महादेव

40. 'आजीवन' में कौन-सा समास है?
A. अव्ययीभाव B. तत्पुरुष
C. कर्मधारय D. द्विगु

41. निम्नलिखित में 'यथाविधि' का सही समास कौन-सा है?
A. अव्ययीभाव B. तत्पुरुष
C. कर्मधारय D. बहुब्रीहि

42. 'पर्णकुटी' शब्द का समास है–
A. तत्पुरुष B. द्वन्द्व
C. कर्मधारय D. बहुब्रीहि

43. निम्नलिखित में 'द्वन्द्व समास' का शब्द है–
A. आज-कल B. रातों-रात
C. दिन-दिन D. वीर पुरुष

44. 'निशिदिन' शब्द में प्रयुक्त समास है–
A. द्वन्द्व B. अव्ययीभाव
C. कर्मधारय D. तत्पुरुष

45. जिस समास में पहला शब्द प्रधान होता है और समूचा शब्द क्रिया विशेषण अव्यय होता है, उसे कौन-सा समास कहते हैं?
A. अव्ययीभाव B. तत्पुरुष
C. बहुब्रीहि D. द्वन्द्व

46. 'जलपिपासु' में कौन-सा समास है?
A. तत्पुरुष B. अव्ययीभाव
C. द्वन्द्व D. बहुब्रीहि

47. 'वनवास' में कौन-सा समास है?
A. तत्पुरुष B. कर्मधारय
C. द्वन्द्व D. बहुब्रीहि

48. 'दिगम्बर' में कौन-सा समास है?
A. बहुब्रीहि B. द्वन्द्व
C. द्विगु D. कर्मधारय

49. 'नरोत्तम' में कौन-सा समास है?
A. द्वन्द्व B. तत्पुरुष
C. अव्ययीभाव D. कर्मधारय

50. 'आजन्म' में कौन-सा समास है?
A. द्विगु B. तत्पुरुष
C. कर्मधारय D. अव्ययीभाव

51. 'अकालपीड़ित' में समास होगा–
A. कर्मधारय B. द्वन्द्व
C. तत्पुरुष D. बहुब्रीहि

52. 'जय-पराजय' में कौन-सा समास है?
A. द्वन्द्व B. कर्मधारय
C. द्विगु D. तत्पुरुष

53. 'वियोग-विकल' शब्द में प्रयुक्त समास है–
A. तत्पुरुष B. कर्मधारय
C. द्वन्द्व D. द्विगु

54. इन युग्मों में से कौन-सा सही नहीं है?
A. नीलोत्पलम् – कर्मधारय समास
B. दशाननः – बहुब्रीहि समास
C. रामलक्ष्मणौ – अव्ययीभाव समास
D. दिवारात्रि – द्वन्द्व समास

55. 'तिरंगा' शब्द में समास है–
A. द्वन्द्व B. अव्ययीभाव
C. द्विगु D. कर्मधारय

56. 'लम्बोदर' उदाहरण है–
A. बहुब्रीहि समास का B. द्वन्द्व समास का
C. द्विगु समास का D. कर्मधारय समास का

57. निम्नलिखित में से कर्मधारय समास किसमें है?
A. चक्रपाणि B. चतुर्युगम्
C. नीलोत्पलम् D. माता-पिता

58. 'चक्रपाणिदर्शनार्थं' पद में मान्य समास है–
A. कर्मधारय B. तत्पुरुष
C. अव्ययीभाव D. बहुब्रीहि

59. 'कठपुतली' में कौन-सा समास है?
A. सम्प्रदान तत्पुरुष B. सम्बन्ध तत्पुरुष
C. अधिकरण तत्पुरुष D. कर्म तत्पुरुष

60. 'कष्टापन्नः' शब्द में समास है–
A. अव्ययीभाव B. तत्पुरुष
C. बहुब्रीहि D. कर्मधारय

61. 'चन्द्रकान्तिः' में समास है–
A. बहुब्रीहि B. कर्मधारय
C. तत्पुरुष D. इनमें से कोई नहीं

62. 'चन्द्रशेखर' में प्रयुक्त समास है–
A. तत्पुरुष B. कर्मधारय
C. बहुब्रीहि D. द्विगु

63. 'रात-दिन' में कौन-सा समास होता है?
A. द्वन्द्व B. द्विगु
C. कर्मधारय D. अव्ययीभाव

64. 'बहन-भाई' में समास है–
A. बहुब्रीहि B. तत्पुरुष
C. द्वन्द्व D. द्विगु

65. 'दशमुख' में कौन-सा समास है?
A. तत्पुरुष B. बहुब्रीहि
C. द्वन्द्व D. कर्मधारय

66. 'यथाशक्ति' में समास है–
A. द्विगु B. तत्पुरुष
C. कर्मधारय D. अव्ययीभाव

67. 'देशभक्ति' में समास है–
A. तत्पुरुष B. बहुब्रीहि
C. द्विगु D. कर्मधारय

68. 'हस्तलिखित' में प्रयुक्त समास है–
A. कर्मधारय B. तत्पुरुष
C. बहुब्रीहि D. द्वन्द्व

69. 'त्रिनेत्र' में कौन-सा समास है?
A. तत्पुरुष B. बहुब्रीहि
C. द्विगु D. द्वन्द्व

70. 'भरपेट' में कौन-सा समास है?
A. अव्ययीभाव B. कर्मधारय
C. तत्पुरुष D. बहुब्रीहि

वर्तनी

निर्देश (प्र.सं. 1 से 80 तक): *नीचे के प्रश्नों में एक शब्द की चार अलग-अलग वर्तनियां दी हुई हैं। इनमें से सही वर्तनी छाँटकर उस पर निशान लगाइये:*

1. A. जयोत्स्ना B. ज्योत्स्ना
C. जोत्स्ना D. ज्योत्सना

2. A. कवयित्री B. कवियित्री
C. कवियत्री D. कवित्री

3. A. उत्ज्वल B. उज्जवल
C. ऊज्जवल D. उज्ज्वल

4. A. छः B. छह
C. छह् D. छै

5. A. जिजीविषा B. जिजीवषा
C. जजीवषा D. जिजिवीषा

6. A. दृश्य B. द्रश्य
C. दृष्य D. दि्श्य

7. A. इतिहासिक B. ऐतिहासिक
C. ऐतिहासीक D. ऐतीहासिक

8. A. वाङ्मय B. वाँङ्मय
C. वांग्मय D. वांगमय

9. A. सौर्हाद्र B. सैहार्द
C. सैर्हाद D. सौहार्द

10. A. आर्शीवाद B. आशिर्वाद
C. आशीर्वाद D. आर्शिवाद

11. A. भूगोलिक B. भूगौलिक
C. भोगौलिक D. भौगोलिक

12. A. सन्कीर्णता B. सन्कीरणता
C. संर्कीणता D. संकीर्णता

13. A. परचन्ड B. प्रचण्ड
C. प्रचान्ड D. परचण्ड

14. A. तार्क्रिक B. तार्किक
C. ताकृिक D. ताक्रिक

15. A. इर्षा B. ईर्षा
C. इर्ष्या D. ईर्ष्या

16. A. पूज्यनीय B. पुजनीय
C. पूजनीय D. पुज्यनीय

17. A. अधम्र B. अध्रम
C. अधर्म D. अधृम

18. A. अधिकृत B. अधिक्रित
C. अधिक्रित्त D. अधिर्कित

19. A. अनुकृम B. अनुक्रम
C. अनुकर्म D. अनुकम्र

20. A. अनवेषण B. अन्वेषण
C. अन्वेछण D. अन्वेशण

21. A. अभिशेक B. अभिषेख
C. अभिषेक D. अभीषेक

22. A. इच्छुक B. इक्षुक
C. इक्छुक D. इच्छिक

23. A. इन्र्दिय B. इन्द्रिय
C. इन्दिय D. इन्द्रिय

24. A. उतकण्ठा B. उत्कण्ठा
C. उत्क्णठा D. उत्त्कन्ठा

25. A. उमृिला B. उम्रिला
C. उमिर्ला D. उर्मिला

26. A. रिषि B. ऋषि
C. त्रिषि D. ऋशि्

27. A. एकागृ B. एकाग्र
C. एकार्ग D. एक्राग्र

28. A. ओजश्वि B. ओजस्वी
C. ओजश्वी D. ओजष्वी

29. A. औशधी B. औषधी
C. औषधि D. औष्धि

30. A. करम B. क्राम
C. कम्र D. कर्म

31. A. ग्रिहीत B. ग्रहीत
C. गृहीत D. गर्हित

32. A. कृतज्ञ B. क्रतज्ञ
C. क्रितज्ञ D. क्रितग्य

33. A. चतुदर्श B. चर्तुदश
C. चतुर्दश D. चतुद्रश

34. A. जर्जर B. जरर्जर
C. जज्रर D. जरजर

35. A. जघ्नय B. जघ्रय
C. जघ्न्य D. जघन्य

36. A. जेष्ठ B. ज्येश्ठ
C. ज्येष्ठ D. ज्येस्ठ

37. A. तपस्वनी B. तपस्विनी
C. तपिस्वनी D. तपिस्विनी

38. A. तादातमय B. तदात्ल्य
C. तादात्म्य D. तादात्यम

39. A. तृष्णा B. तृिष्णा
C. त्रिष्णा D. तृश्णा

40. A. त्रिमूर्ती B. त्रिमुर्ति
C. त्रिमूर्ति D. त्रृमूर्ति

41. A. दक्छ B. दक्च्छ
C. दक्ष D. दज्ञ

42. A. द्रर्पन B. दर्पन
C. दपर्ण D. दर्पण

43. A. दामपत्य B. दम्पत्य
C. दाम्पत्य D. दाम्पत

44. A. दीप्पित B. दीपति
C. दीप्ति D. दीप्ती

45. A. दीर्घायु B. दीरघायु
C. दीघार्यु D. दीर्घियु

46. A. दुर्निती B. दुनीर्ति
C. दुरनीति D. दुर्नीति

47. A. दुर्दषा B. दुह्शा
C. दुर्दशा D. दुद्रशा

48. A. दुर्योधन B. दुयोर्धन
C. दूरयोधन D. द्रुयोधन

49. A. दुरबुद्धि B. दुर्बुधि
C. दुबुद्धि D. दुर्बुद्धि

50. A. धनुष्विद्या B. धनुर्विद्या
C. धर्नुविद्या D. धनुर्वेद्या

51. A. धर्मे B. धृर्म
C. ध्रर्म D. धम्र

52. A. ध्रुर्व B. धुव्र
C. ध्रुव D. धुर्व

53. A. नम्रदेश्वर B. नम्रदेश्वर
C. नमर्देश्वर D. नमदेश्वर

54. A. निरक्षेप B. निक्क्षेप
C. निक्षेप D. निक्छेप

55. A. निर्गह B. नृग्रह
C. निग्रह D. निगर्ह

56. A. निरजीव B. निर्जीव
C. निृजीव D. निज्रीव

57. A. निम्रूल B. निर्मूल
C. निरमूल D. नृर्मूल

58. A. निवृत्त B. निव्रत्त
C. निवृत D. नृिवत्त

59. A. प्रिक्रमा B. परीक्रमा
C. परिकृमा D. परिक्रमा

60. A. प्रयटन B. पयटन
C. पर्यटन D. प्रर्यटन

61. A. प्रक्रिति B. प्रकृति
C. प्रक्रति D. पृक्रति

62. A. बहिंमुख B. बहिर्मुख
C. बहिम्रुख D. बहिमुर्ख

63. A. भरतस्ना B. भर्त्सना
C. भर्तसना D. भर्तृसना

64. A. मूर्ती B. मूर्ति
C. मूर्तृि D. मूरती

65. A. गिद्ध B. गीध
C. गिद्धा D. ग्रिद्ध

66. A. निकर्सन B. निर्कषन
C. निकर्षण D. निर्कषण

67. A. निकृष्ट B. निक्रस्ट
C. निकृस्ट D. निक्रिष्ट

68. A. पार्थिव B. पार्थिव
C. पार्थीव D. पाथिर्व

69. A. विदूश्क B. विदूष्क
C. विदूशक D. विदूषक

70. A. फुर्तीला B. फुर्तीला
C. फुर्तिला D. फुर्तला

71. A. वर्ज B. वज्र
C. वजृ D. वज्र

72. A. ब्रम्हचर्य B. ब्रह्मचर्य
C. बृह्मचर्य D. ब्रह्मर्चय

73. A. मत्स्य B. मतस्य
C. मत्सत्य D. मत्श्य

74. A. भ्रित्य B. भर्त्य
C. भृत्य D. भ्रत्य

75. A. निग्रंध B. निर्गंध
C. निंगंध D. नृगंध

76. A. प्रकर्श B. प्रकर्ष
C. पृकर्श D. पृकर्ष

77. A. भद्र B. भदृ
C. भर्द्र D. भर्द

78. A. मंजूशा B. मंजूषा
C. मंजुषा D. मंजुशा

79. A. मुर्मूषु B. मुमुर्षू
C. मुमुर्षु D. मुमूर्षु

80. A. ब्राह्मण B. बृाह्मण
C. ब्राम्हण D. बृाहम्ण

निर्देश (प्र.सं. 81 से 115 तक): *नीचे प्रत्येक प्रश्न में A, B, C और D अक्षरांक में चार शब्द दिए गए हैं। जिनमें से एक में वर्तनी सम्बन्धी त्रुटि हो सकती है। उस त्रुटियुक्त शब्द का अक्षरांक ही आपका उत्तर होगा। यदि चारों शब्दों की वर्तनी सही है तो उत्तर दीजिए E अर्थात् 'सभी सही हैं'।*

81. A. अप्रयुक्त B. अतीषयोक्ति
C. अशोध्य D. सम्मति
E. सभी सही हैं

82. A. अभ्युक्ति B. इष्टतम
C. अपुरित D. उपस्थित
E. सभी सही हैं

83. A. उत्तरजिवीता B. प्रारक्षित
C. क्षैतिज D. आयातित
E. सभी सही हैं

84. A. आस्थगित B. आतिथ्य
C. अंतरिम D. निर्धारित
E. सभी सही हैं

85. A. किफायत B. परिस्थिति
C. संतुलित D. असिंचीत
E. सभी सही हैं

86. A. तात्पर्य B. महोत्सव
C. दंभ D. कृशक
E. सभी सही हैं

87. A. लक्षण B. व्यंजन
C. पगडंडी D. पारंगत
E. सभी सही हैं

88. A. स्थानापन्न B. व्यावशयिक
C. कोशिका D. आर्थिक
E. सभी सही हैं

89. A. दांडधिकारी B. प्राधिकरण
C. आदित्य D. क्रियान्वयन
E. सभी सही हैं

90. A. गोपनीयता B. कार्यवाही
C. उत्रदायित्व D. वयस्क
E. सभी सही हैं

91. A. चूल्लु B. जीविका
C. ठिठोली D. तकली
E. सभी सही हैं

92. A. नजरिया B. पंडीताइ
C. फरियादी D. बधाई
E. सभी सही हैं

93. A. प्रकाशकीय B. फाल्गुन
C. बधिर D. भोतिक
E. सभी सही हैं

94. A. हौसला B. स्वीकृति
C. व्यवासायिक D. लिपाई
E. सभी सही हैं

95. A. फलित B. बटोही
C. भजनीक D. मंडली
E. सभी सही हैं

96. A. अनामिष B. अपरिहार्य
C. किफायती D. गिलाफ
E. सभी सही हैं

97. A. गोधुलि B. चांचल्य
C. जिजीविषु D. तमोली
E. सभी सही हैं

98. A. तितिक्षा B. दखलंदाजी
C. दिप्ति D. दैनिकी
E. सभी सही हैं

99. A. नजदिकी B. नियोक्ता
C. परिणीता D. पाणिग्रहण
E. सभी सही हैं

100. A. पुनीत B. प्रख्यापीत
C. फरोख्त D. बुजुर्गी
E. सभी सही हैं

101. A. अद्‌भुत B. व्यंग्य
C. अदृश्य D. समारंभ
E. सभी सही हैं

102. A. लक्षण B. महात्मन
C. सम्पर्क D. कर्तज्ञ
E. सभी सही हैं

103. A. गझिन B. आशय
C. निशपादन D. आकर्षण
E. सभी सही हैं

104. A. उत्तरीय B. स्थान्नापन
C. कुंभ D. असामान्य
E. सभी सही हैं

105. A. न्ययाधिश B. पुरस्कृत
C. वारिद D. अधिशासी
E. सभी सही हैं

106. A. चिनाई B. तंबूल
C. ठिठोली D. तन्मय
E. सभी सही हैं

107. A. अगड़ाइ B. गठीला
C. खिलाफ D. कल्पनातीत
E. सभी सही हैं

108. A. सूरत B. वैधव्य
C. लतीका D. रेगिस्तान
E. सभी सही हैं

109. A. इति B. अखिलेश
C. कबूतर D. खेरात
E. सभी सही हैं

110. A. चमत्कृत B. जिल्द
C. तमोली D. दमित
E. सभी सही हैं

111. A. प्रहसन B. तात्पर्य
C. महसूल D. पाणिगृहण
E. सभी सही हैं

112. A. मस्तिष्क B. प्रोत्साहन
C. सम्वत् D. क्रियाविधि
E. सभी सही हैं

113. A. विचारणीय B. क्रन्दन
C. पर्यावर्ण D. उपलब्धि
E. सभी सही हैं

114. A. विसतृत B. वाग्विलास
C. तात्कालिक D. अलंकार
E. सभी सही हैं

115. A. दृष्टांत B. रूढ़ि
C. सूचि D. आचमन
E. सभी सही हैं

पर्यायवाची

1. 'कमल' शब्द का पर्यायवाची होगा–
A. कन्दर्प B. अनंग
C. घनेश D. इन्दीवर

2. 'क्रोध' के लिए इन दिए गए पर्यायवाची शब्दों में एक गलत शब्द है, उसे चयनित कीजिए–
A. रोष B. अमर्ष
C. स्वत्व D. कोप

3. निम्नलिखित पर्यायवाची शब्दों में से जो एक शब्द 'मोर' का पर्यायवाची नहीं है, उसे चिन्हित कीजिए–
A. केकी B. कीश
C. शिखी D. शिखण्डी

4. इनमें से कौन-सा शब्द 'कृष्णा' का पर्यायवाची है?
A. राधा B. रुक्मिणी
C. द्रोपदी D. यशोदा

5. इनमें से एक शब्द 'बैल' का पर्यायवाची नहीं है, उसे चयनित कीजिए–
A. अश्म B. बृषभ
C. बलीवर्द D. गो

6. निम्नलिखित में से जो शब्द 'सौन्दर्य' का पर्यायवाची नहीं है, उसे चयनित कीजिए–
A. सुषमा B. शोभा
C. सुन्दरता D. रमणी

7. निम्नलिखित विकल्पों में से एक शब्द 'नदी' का पर्यायवाची नहीं है, उसे चयनित कीजिए–
A. तरंगिणी B. तटिनी
C. तरिणी D. सरिता

8. नीचे दिए गए विकल्पों में से एक शब्द 'घर' का पर्यायवाची नहीं है, उसे चयनित कीजिए–
A. भवन B. भुवन
C. निकेतन D. सदन

9. इनमें से कौन-सा शब्द 'पार्थ' का पर्यायवाची है?
A. भीष्म B. श्रीकृष्ण
C. युधिष्ठिर D. अर्जुन

10. 'दुःख' का पर्यायवाची शब्द निम्नलिखित में से कौन-सा है?
A. व्यथा B. पीड़ा
C. वेदना D. ये सभी पर्याय हैं

11. नीचे दिए गए शब्दों में से एक शब्द 'गीदड़' का पर्यायवाची नहीं है, उसका चयन कीजिए–
A. खगेश B. शृंगाल
C. सियार D. जम्बुक

12. निम्न में से कौन चन्द्रमा का पर्यायवाची नहीं है?
A. शशि B. हिमकर
C. शशांक D. रूपक

13. निम्न में से कौन गाय का पर्यायवाची नहीं है?
A. हेरम्ब B. गौरी
C. भद्रा D. धेनु

14. कुत्ता का पर्यायवाची शब्द निम्नलिखित में से कौन-सा है?
A. सारमेय B. क्रमेलक
C. कीर D. नागान्तक

15. आनंद का पर्यायवाची नहीं है–
A. हर्ष B. उल्लास
C. चाह D. आह्लाद

16. 'कृशानु' का पर्यायवाची शब्द है–
A. अनल B. पवन
C. दोहित्री D. अनिल

17. 'द्रौपदी' का पर्याय नहीं है–
A. द्रुपदसुता B. याज्ञसेनी
C. पांचाली D. रमणी

18. 'महादेव' का पर्यायवाची शब्द चुनिए–
A. गरुड़ध्वज B. नारायण
C. चन्द्रशेखर D. विश्वम्भर

19. 'चन्द्रमा' का पर्यायवाची शब्द चुनिए–
A. निशाकर B. निशाचर
C. तरणि D. कृशानु

20. 'धन' का पर्यायवाची जो शब्द नहीं है, उसे चुनिए–
A. द्रव्य B. द्रव
C. सम्पदा D. दौलत

21. 'पुत्री' का पर्यायवाची शब्द नहीं है–
A. तनय B. सुता
C. आत्मजा D. दुहिता

22. निम्नलिखित में से कौन-सा शब्द 'कमल' का पर्यायवाची शब्द नहीं है?
A. सरोज B. अरविन्द
C. सलिल D. पंकज

23. निम्नलिखित किस समूह में सभी शब्द 'कामदेव' के पर्यायवाची हैं?
A. कंदर्प, मदन, मनसिज, मारक
B. मदन, मन्मथ, अनंग, कंदर्प
C. मान, त्रिपुर, मन्मथ, अनंग
D. मन्मथ, मनसिज, त्रिपुर, अनंग

24. कौन-सा शब्द जंगल शब्द का पर्यायवाची नहीं है?
A. अटवी B. कान्ता
C. कान्तार D. कानन

25. कौन-सा शब्द 'अम्बर' का पर्यायवाची है?
A. आकाश B. अवनि
C. मेघ D. बादल

26. कौन-सा शब्द 'मित्र' का पर्याय नहीं है?
A. अलि B. सखा
C. सुहृद D. मीत

27. निम्नांकित में किस शब्द का अर्थ कमल होता है?
A. उत्पल B. उपल
C. जलद D. नीरद

28. निम्नलिखित में 'पुत्री' शब्द के पर्यायवाची शब्द-समूह कौन हैं?
A. भार्या, कान्ता, अबला, वनिता
B. लड़की, बेटी, अचला, वसुधा
C. सुता, धरा, वसुमती, अचला
D. तनया, आत्मजा, दुहिता, तनुजा

29. निम्नलिखित शब्द-समूह में 'बिजली' के पर्यायवाची कौन हैं?
A. ज्योति, रोशनी, चमक, प्रभा
B. विद्युत, तड़ित, चपला, दामिनी
C. उजाला, प्रभंजन, विहग, निशापति
D. मंदाकिनी, अश्म, प्रस्तर, प्रभा

30. 'जलधि' शब्द का पर्यायवाची क्या है?
A. नहर B. नाव
C. नदी D. समुद्र

31. 'पंकज' शब्द का पर्यायवाची क्या है?
A. सूर्य B. कमल
C. चन्द्रमा D. अमृत

32. 'तरकश' का पर्यायवाची शब्द है–
A. तीर B. धनुष
C. प्रत्यंचा D. निषंग

33. 'स्त्री' का पर्यायवाची शब्द नहीं है–
A. तरुणी B. प्रमदा
C. ललाम D. ललना

34. 'गणेश' का पर्यायवाची शब्द है–
A. सुधांशु B. कुबेर
C. एकदंत D. सुधाकर

35. निम्नलिखित में से कौन-सा शब्द 'तलवार' का पर्यायवाची नहीं है?
A. असि B. खड्ग
C. कृपण D. चंद्रहास

36. इनमें से कौन 'कौआ' का पर्यायवाची है?
A. वायस B. पाली
C. भद्रा D. उदक

37. निम्न में से कौन 'पत्ता' का पर्यायवाची नहीं है?
A. दल B. पर्ण
C. पल्लव D. प्रसून

38. निम्न में से कौन 'हंस' का पर्यायवाची है?
A. मराल B. सारंग
C. अनीक D. अरि

39. निम्न में से कौन 'रण' का पर्यायवाची नहीं है?
A. युद्ध B. संग्राम
C. समर D. सार

40. इनमें से कौन 'युवती' का पर्यायवाची नहीं है?
A. तरुणी B. किशोरी
C. श्यामा D. यामिनी

41. निम्न में से कौन 'इन्द्र' का पर्यायवाची नहीं है?
A. सुरपति B. मधवा
C. धनाधिप D. सुरेश

42. इनमें से कौन 'सरस्वती' का पर्यायवाची नहीं है?
A. वीणापाणि B. वाचा
C. धनद D. शारदा

43. निम्न में से कौन 'कन्या' का पर्यायवाची नहीं है?
A. तनुजा B. आत्मजा
C. नन्दिनी D. भार्या

44. इनमें से कौन 'मयूर' का पर्यायवाची नहीं है?
A. सारंग B. शिखी
C. विशिख D. केकी

45. इनमें से कौन 'शेर' का पर्यायवाची नहीं है?
A. तुरंग B. मृगेन्द्र
C. मृगराज D. व्याघ्र

46. निम्न में से कौन 'अग्नि' का पर्यायवाची है?
A. अनल B. धनद
C. सारंग D. जाह्नवी

47. 'अलंकेश' पर्यायवाची शब्द है–
A. बादल का B. कल्पवृक्ष का
C. कुबेर का D. चपला का

48. इनमें से किस शब्द के पर्यायवाची गलत हैं?
A. कमल – जलज, पंकज, सरोज
B. पुष्प – कुसुम, फूल, सुमन
C. सरस्वती – गिरा, भारती, वाणी
D. सूर्य – दिवस, याम, वासर

49. निम्नलिखित में कौन-सा शब्द 'पताका' का पर्यायवाची नहीं है?
A. झण्डा B. निशान
C. प्रस्तर D. ध्वज

50. निम्नलिखित शब्दों में से 'हनुमान' का पर्यायवाची शब्द नहीं है–
A. रामभक्त B. पवनपुत्र
C. बजरंगबली D. कपीश्वर

51. 'खेचर' का पर्याय होगा–
A. आकाश में चलने वाला B. पक्षी
C. ग्रह D. इनमें से सभी

52. 'बटोही' का पर्यायवाची निम्न में से कौन शब्द-समूह होगा?
A. वटमार, एकाकी B. असहाय, दुर्गम
C. पथिक, राहगीर D. पाथेय, मेघ

53. निम्न में से कौन-सा शब्द समूह 'विरद' का पर्यायवाची होगा?
A. यश, ख्याति B. बीज, मूल
C. वृक्ष, पौधा D. विरही, वियोगी

54. 'यातु' का पर्यायवाची निम्न में से कौन शब्द-समूह होगा?
A. पथिक, कष्ट B. काल, हवा
C. यातना, हिंसा D. राक्षस, निशाचर

55. 'विभु' का पर्यायवाची शब्द-समूह होगा–
A. सर्वव्यापक, नित्य B. ब्रह्म, आत्मा
C. महान, ईश्वर D. चिरस्थायी, दृढ़

56. 'क्षुद्र' का पर्यायवाची शब्द-समूह होगा–
A. कंजूस, कृपण B. निर्धन, दरिद्र
C. अल्प, मामूली D. नीच, अधम

57. 'कुबेर' शब्द का निम्नलिखित में से कौन- सा शब्द पर्यायवाची नहीं है?
A. श्वान B. कोषपाल
C. धनपति D. यक्षपति

58. 'सेवक' का पर्यायवाची है–
A. परिचर्या B. यायावर
C. शायक D. परिचारक

59. 'पार्वती' का पर्यायवाची है–
A. कमला B. इला
C. गौरा D. विभा

60. 'अग्र' शब्द का पर्यायवाची नहीं है–
A. शिखर B. अगला
C. ज्येष्ठ D. दावा

61. निम्नलिखित में से कौन-सा एक 'जानकी' का पर्यायवाची नहीं है?
A. जनकात्मजा B. वैदेही
C. जनकसूता D. वामा

62. 'पुष्प' का पर्यायवाची नहीं है–
A. सुमन B. प्रसून
C. कुसुम D. निलय

63. 'पत्थर' का पर्यायवाची है–
A. हिमगिरि B. पाषाण
C. गिरि D. शैल

64. 'पावक' का पर्यायवाची शब्द निम्नलिखित में से कौन-सा है?
A. पृथ्वी B. जल
C. अग्नि D. वायु

65. निम्नलिखित में से जो शब्द 'पत्नी' का पर्याय न हो, उसे चिन्हित कीजिए–
A. कलत्र B. दौहित्र
C. भार्या D. जाया

66. 'अर्वाचीन' शब्द का पर्यायवाची है–
A. आधुनिक B. विदेशी
C. चीनी D. प्राचीन

विलोमार्थी शब्द

निर्देश (प्र.सं. 1 से 75 तक): *सही-सही विलोम शब्द चुनिए–*

1. अनादर
A. मान B. सम्मान
C. आदर D. सत्कार

2. अभिज्ञ
A. अज्ञानी B. अनभिज्ञ
C. अनिपुण D. मूर्ख

3. अथ
A. इति B. समाप्त
C. खत्म D. संपूर्ण

4. करुण
A. कठोर B. निष्ठुर
C. निर्दय D. कोमल

5. ऋजु
A. सीधा B. सरल
C. तिर्यक् D. वक्र

6. मौन
A. मुखर B. मूक
C. वाचाल D. प्रगल्भ

7. निर्दय
A. निर्भय B. सहृय
C. सभय D. सदय

8. तिमिर
A. प्रकाश्य B. आलोक
C. ज्योतिर्मय D. आभास

9. तीक्ष्ण
A. मंद B. तीव्र
C. प्रखर D. क्षीण

10. कृत्रिम
A. प्राकृतिक B. स्वनिर्मित
C. स्वाभाविक D. स्वचालित

11. उदात्त
A. उद्धत B. दानशील
C. अनुदात्त D. क्षमावान्

12. उदार
A. कठोर B. निर्भय
C. अपव्यय D. अनुदार

13. शुक्ल
A. काला B. कृष्ण
C. असित D. श्यामल

14. प्रस्थान
A. आगमन B. गमनागमन
C. निगम D. निर्गम

15. शूल
A. मूल B. धूल
C. फूल D. तूल

16. अपेक्षा
A. कामना B. भावना
C. अभीप्सा D. उपेक्षा

17. निरक्षर
A. शिक्षित B. अशिक्षित
C. साक्षर D. अक्षर

18. प्रकट
A. गुप्त B. लुप्त
C. सुप्त D. विलुप्त

19. उर्वर
A. उपजाऊ B. बंजर
C. गत्वर D. शस्यश्यामल

20. संधि
A. अनुग्रह B. ग्रह
C. विच्छेद D. मैत्री

21. संयोग
A. प्रयोग B. सुयोग
C. नियोग D. वियोग

22. विकास
A. सीमा B. ह्रास
C. दुबला D. नीचा

23. उत्थान
A. नमन B. पतन
C. उदय D. ध्वंस

24. क्षुद्र
A. क्षुद्रतर B. महान्
C. तुच्छ D. अवमान

25. इहलोक
A. उपकार B. पाताल
C. आदि D. परलोक

26. ज्योति
A. पुंज B. दीपक
C. तम D. रोशनी

27. यथार्थ
A. मनोवांछित B. अनुमानित
C. कल्पित D. सत्य

28. अमर
A. देवता B. मरणशील
C. मर्त्य D. दानव

29. आघात
A. अनाघात B. विस्तीर्ण
C. स्निग्ध D. डरपोक

30. व्यष्टि
A. सृष्टि B. वृष्टि
C. समष्टि D. इनमें से कोई नहीं

31. सज्जन
A. चापलूस B. व्यभिचारी
C. सहयोगी D. दुर्जन

32. उत्कर्ष
A. अपकर्ष B. परामर्श
C. संघर्ष D. विमर्श

33. क्षुधा
A. तृषा B. तृष्ण
C. तृप्ति D. मृगतृष्णा

34. सुबह
A. प्रातः B. शाम
C. रात D. दिन

35. अनुकूल
A. प्रतिकूल B. अपकूल
C. अनुकूलन D. सानूकूल

36. आहूत
A. अनागत B. आगत
C. अनेक D. अनाहूत

37. श्रीगणेश
A. समापन B. इतिश्री
C. अंत D. अथ

38. निंदा
A. स्तुति B. संस्तुति
C. संवेदना D. स्तवन

39. आचार
A. आनाचार B. अनाचार
C. अत्याचार D. विचार

40. सहज
A. असहज B. असली
C. अप्राकृतिक D. निर्मित

41. प्राच्य
A. उदीच्य B. प्रतीच्य
C. पाश्चात्य D. अर्वाचीन

42. गुण
A. दोष B. पुण्य
C. अधिक D. विशाल

43. 'लाघव' शब्द का विपरीतार्थक शब्द है–
A. विस्तार B. संक्षेप
C. लम्बा D. दीर्घकालीन

44. आहार
A. प्रतिहार B. साहार
C. अनाहार D. विहार

45. 'ध्वंस' शब्द का विलोम बताइए–
A. विनाश B. निर्माण
C. विध्वंस D. उत्कर्ष

46. 'वादी' का विलोमार्थी शब्द बताएँ–
A. समवादी B. कुवादी
C. अनुवादी D. प्रतिवादी

47. अतिवृष्टि का विलोमार्थी शब्द है–
A. अन्तरवृष्टि B. अल्पवृष्टि
C. असमयवृष्टि D. अस्तवृष्टि

48. आदि
A. अंत B. प्रारम्भ
C. व्याधि D. बर्बादी

49. शाश्वत
A. मृत्यु B. मर्त्य
C. नश्वर D. क्षणिक

50. व्यस्त
A. विश्रांत B. अभ्यस्त
C. अव्यस्त D. अतिव्यस्त

51. गत्यात्मक
A. गतिभाव B. स्थिर
C. अस्थिर D. प्रत्यात्मक

52. अज्ञ
A. अनज्ञ B. सुमज्ञ
C. विज्ञ D. कुमज्ञ

53. कटु
A. मधुर B. पटु
C. मृदु D. मीठा

54. नीरस
A. रसीला B. सरस
C. विरस D. अरस

55. ओजस्वनी
A. तेजस्वनी B. निर्जस्वी
C. निस्तेज D. तपस्वी

56. अर्पण
A. ग्रहण B. तर्पण
C. समर्पण D. प्रत्यर्पण

57. अनभिज्ञ
A. भिज्ञ B. अज्ञ
C. अभिज्ञ D. अतिभिज्ञ

58. अन्यमनस्क
A. स्वस्थ B. प्रसन्न
C. सजग D. सतर्क

59. अपव्यय
A. अधिव्यय B. व्यय
C. मितव्यय D. इनमें से कोई नहीं

60. आवरण
A. अनावरण B. आचरण
C. सुवरण D. अवज्ञा

61. गमन
A. आना B. उतरना
C. रुकना D. आगमन

62. राजा
A. देवता B. साथी
C. विज्ञ D. प्रजा

63. विश्लेषण
A. संश्लेषण B. गवेषण
C. विशेषण D. अन्वेषण

64. दिवस
A. विभावरी B. अरविन्द
C. प्रवाहिणी D. विचक्षण

65. निर्मल
A. पवित्र B. शुद्ध
C. मलिन D. मृदु

66. उद्यम
A. प्रवीण B. आलस्य
C. नीरज D. नृप

67. द्युति
A. छवि B. प्रभा
C. ज्योति D. अन्धकार

68. रुक्ष
A. पिच्छल B. चिक्कण
C. स्निग्ध D. सरस

69. विघटन
A. सामूहिकता B. संगठन
C. एकीकरण D. समष्टि

70. गरिमा
A. कालिमा B. लघुमा
C. अरुणिमा D. लालिमा

71. सामिष
A. निरामिष B. वैष्णव
C. शाकाहारी D. मांसरहित

72. अंधेरा
A. सुबह B. उजाला
C. प्रकाश D. झुरमुट

73. उदय
A. अस्त B. अवसान
C. विनाश D. नाभ

74. कुटिल
A. संत B. उदार
C. साधु D. सरल

75. ग्राह्य
A. त्याज्य B. ग्रहण
C. तरल D. वाञ्छा

वाक्यों की शुद्धता

निर्देश (प्र.सं. 1 से 35 तक): *नीचे दिए गए प्रश्नों में चार वाक्यों में एक वाक्य शुद्ध है और तीन अशुद्ध हैं। शुद्ध वाक्य को चुनिए।*

1. A. मैंने एक रुपए का सामान खरीदा
B. मैं एक रुपए का सामान खरीदा
C. मुझने एक रुपया का सामान खरीदा
D. मैं एक रुपया का सामान खरीदी

2. A. उसे कॉफी बनाना नहीं आता
B. उसे कॉफी बनानी नहीं आता
C. उसे कॉफी बनाना नहीं आती
D. उसे कॉफी बनाने को नहीं आते

3. A. देश का सम्मान की रक्षा करो
B. देश के सम्मान की रक्षा करो
C. देश को सम्मान की रक्षा करो
D. देश के लिए सम्मान की रक्षा करो

4. A. अतिथि को चाकू से काटकर फल खिलाओ
B. चाकू से अतिथि को काटकर फल खिलाओ
C. चाकू से फल काटकर अतिथि को खिलाओ
D. फल को काटकर चाकू से अतिथि को खिलाओ

5. A. राम ने पेट भर मिठाई खाई
B. राम ने पेट भर के मिठाई खाई
C. राम ने भरपेट मिठाई खाई
D. इनमें से सभी शुद्ध हैं

6. A. मैं आपकी सौजन्यता पर मुग्ध हूँ
B. मैं आपके सौजन्य पर मुग्ध हूँ
C. मैं आपके सुजन्य पर मुग्ध हूँ
D. इनमें से तीनों वाक्य अशुद्ध हैं

7. A. लाओ एक पानी का गिलास
B. एक पानी का गिलास लाओ
C. गिलास एक पानी का लाओ
D. एक गिलास पानी लाओ

8. A. हमारी सौभाग्यवती कन्या का विवाह होने जा रहा हैं।
B. हमारी आयुष्मती कन्या का विवाह होने जा रहा है।
C. हमारी सौभाग्यवती कन्या का विवाह होने जा रही है
D. इनमें से सभी शुद्ध हैं

9. A. माँ बच्चे को दूध धाय से पिला रही है
B. माँ बच्चे को दूध धाय से पिलवा रही है
C. माँ बच्चे को दूध धाय से पी रही है
D. माँ बच्चे को दूध धाय से चखा रही है

10. A. ये हमारे पास रहते हैं और वे दूर
B. वे हमारे पास रहते हैं और ये दूर
C. वे हमारे पास रहते हैं और वह दूर
D. ये हमारे पास रहते हैं और वह दूर

11. A. वेदों के छः अंग माने जाते हैं
B. वेदों में छः अंग माने जाते हैं
C. वेदों से छः अंग माने जाते हैं
D. वेदों पर छः अंग माने जाते हैं

12. A. भक्तों की सेना जा रही थी
B. भक्तों की मंडली जा रही थी
C. भक्तों की टुकड़ी जा रही थी
D. भक्तों की भीड़ जा रही थी

13. A. आपकी शंका का परिहार हुआ कि नहीं
B. आपकी शंका का निदान हुआ कि नहीं
C. आपकी शंका का समाधान हुआ कि नहीं
D. आपकी शंका निर्मूल हुई कि नहीं

14. A. यह ग्रंथ विद्वतापूर्ण लिखा गया है
B. यह ग्रंथ विद्वतापूर्वक लिखा गया है
C. यह ग्रंथ विद्वानपूर्ण लिखा गया है
D. यह ग्रंथ विद्वानपूर्वक लिखा गया है

15. A. वह टका-सा उत्तर देता है
B. वह टका-सा प्रश्न करता है
C. वह टका-सा जवाब देता है
D. इनमें से कोई नहीं

16. A. जो मिठाई पसन्द हों आप खा लो
B. जो मिठाई पसन्द हों तुम खा लो
C. जो मिठाइयाँ पसन्द हों तुम खा लो
D. जो मिठाइयाँ पसन्द हों उन्हें आप खाइए

17. A. हम बचपन में वहाँ जायेंगे
B. हम बचपन में वहाँ जाते रहे हैं
C. मैं बचपन में वहाँ जाता रहा
D. मैं बचपन में वहाँ जाऊँगा

18. A. प्रत्येक व्यक्ति कविता कर सकते हैं
B. प्रत्येक व्यक्ति कविता नहीं कर सकते हैं
C. प्रत्येक व्यक्ति कविता नहीं कर सकता
D. हर व्यक्ति कविता कर सकते हैं

19. A. हेम नरेश की पुस्तक दी
B. हेग ने नरेश को पुस्तक दी
C. हेम नरेश का पुस्तक देगा
D. हेम ने नरेश का पुस्तक दिया

20. A. मन्त्री ड्राइवर से कार चलवाता है
B. मन्त्री ड्राइवर की कार चलवाता है
C. मन्त्री ड्राइवर के लिए कार चलवाता है
D. मन्त्री ड्राइवर पर कार चलवाता है

21. A. उसकी आयु तीस वर्ष है इस समय
B. इस समय उसकी अवस्था तीस वर्ष है
C. तीस वर्ष की अवस्था है इस समय उसकी
D. इस समय तीस वर्ष की अवस्था है उसकी

22. A. रागिनी अपने आप चली गई
B. रागिनी खुद से चली गई
C. रागिनी अपने से ही चली गई
D. रागिनी आपके आप चली गई

23. A. श्याम पौधे को जल से सींच रहा है
B. पौधे को जल से सींच रहा है श्याम
C. श्याम पौधे सींच रहा है
D. जल से सींच रहा है श्याम पौधे को

24. A. वह उदद्दंडनीय है
B. वह दण्ड भोगने के योग्य है
C. वह दण्डयोग्य है
D. वह दण्ड देने के योग्य है

25. A. हमारे यहाँ तरुण नवयुवकों की शिक्षा का अच्छा प्रबन्ध है
B. हमारे यहाँ तरुण नवयुवकों का शिक्षा का अच्छा प्रबन्ध है
C. हमारे नवयुवकों की शिक्षा का यहाँ अच्छा प्रबन्ध है
D. हमारे यहाँ नवयुवकों की शिक्षा का अच्छा प्रबन्ध है

26. A. मुरझाया हुआ फूल वर्षा की फुहार से अभिसिंचित होकर पुनः खिल उठा
B. मुरझाई हुई फूल वर्षा की फुहार से अभिसिंचित होकर पुनः खिल उठा
C. मुरझाया हुआ फूल वर्षा की फुहार से अभिसिंचित होकर पुनः खिल उठी
D. मुरझाया हुआ फूल वर्षा के फुहार द्वारा अभिसिंचित होकर पुनः खिल उठे

27. A. आपके दर्शन दुर्लभ हैं
B. वह विलाप करके रोने लगा
C. हम लोग कुशलपूर्वक से हैं
D. उसे मृत्युदण्ड की सजा मिली है

28. A. तीन महानगरों के नाम बताइए
B. इस समस्या की औषधि मेरे पास है
C. चरखा कातना चाहिए
D. यह एक इतिहासिक घटना है

29. A. मेरे को कल छुट्टी जाना होगा
B. आप ही तो मना किये थे
C. मुझको लौटने में विलम्ब हो गया
D. कपड़े डालकर तुमने मेरे साथ क्या करा?

30. A. राम का बहन गांधीजी पर कविता लिखी है
B. राम का बहन गांधीजी पर कविता लिखा है
C. राम की बहन ने गांधीजी पर कविता लिखी है
D. राम की बहन गांधीजी के ऊपर कविता लिखा है

31. A. कवि ने सम्पादक को एक कविता भेजा
B. अध्यापिका ने शिष्य से प्रश्न पूछी
C. बच्चे ने कहा था, पर आप ने नहीं सुनी
D. अमित ने जेब से दस रुपए का नोट निकाला

32. A. पेड़ की पत्ता गिरी
B. पेड़ में से पत्ता गिरा
C. पत्ता गिर पड़ा पेड़ों से
D. पेड़ से पत्ता गिरा

33. A. बैल और बकरी घास चरती हैं
B. बैल और बकरी घास चरते हैं
C. बैल और बकरी घास चरता है
D. बैल और बकरी घास चरती है

34. A. महात्मा गांधी का देश सदा आभारी रहेगा
B. देश महात्मा गांधी का सदा आभारी रहेगा
C. आभारी रहेगा देश सदा महात्मा गांधी का
D. देश आभारी रहेगा सदा महात्मा गांधी का

35. A. कश्मीर में अनेक दर्शनीय स्थल देखने योग्य हैं
B. अनेक दर्शनीय स्थल कश्मीर में देखने योग्य हैं
C. कश्मीर में अनेक दर्शनीय स्थल हैं
D. अनेक दर्शनीय स्थल देखने योग्य हैं कश्मीर में

निर्देश (प्र.सं. 36 से 80 तक): *नीचे दिया गया हर एक वाक्य चार भागों में बाँटा गया है जिन्हें (A), (B), (C) और (D) अक्षरांक दिए गए हैं। आपको यह देखना है कि वाक्य के किसी भाग में व्याकरण, भाषा, वर्तनी, शब्दों के गलत प्रयोग या इसी तरह की कोई त्रुटि तो नहीं है। त्रुटि अगर हो तो वाक्य के किसी एक भाग में ही होगी। उस भाग का अक्षरांक ही उत्तर है। अगर वाक्य त्रुटिरहित है तो उत्तर (E) दीजिए।*

36. कैक्टस के पौधे में कई चमत्कारी गुण (A)/ होते हैं लेकिन यह दुखदायी की बात (B)/ है कि हमारे देश में अभी तक इस पर (C)/ बहुत अधिक ध्यान नहीं दिया गया है। (D)/ त्रुटिरहित (E).

37. वाणिज्यिक वाहन निर्माताओं के (A)/ अनुसार, ईधन की कीमतों में तेजी के (B)/ बावजूद बिक्री वाणिज्यिक वाहनों की (C)/ में तेजी दर्ज की गई है। (D)/ त्रुटिरहित (E).

38. जब तपती और धूल भरी (A)/ सड़कों पर मोटी-मोटी बूँदें गिरतीं तब (B)/ उमस के साथ मिट्टी की (C)/ भुनी भुनी गंध वातावरण में फैल जाती थी। (D)/ त्रुटिरहित (E).

39. औसत अगर मध्यवर्गीय (A)/ परिवार की बात करें तो उसमें (B)/ स्त्री मन को समझने की (C)/ गुंजाइश बहुत कम होती है। (D)/ त्रुटिरहित (E).

40. सुखद स्मृतियाँ चमकीले वर्तमान (A)/ से कहीं ज्यादा आनंददायक, (B)/ दुष्प्रेरणादायक और स्फूर्ति (C)/ प्रदान करने वाली होती हैं। (D)/ त्रुटिरहित (E).

41. किसी तंदरुस्त वृद्ध की देहयष्टि (A)/ देखकर लग पड़ता है (B)/ कि आयु ने उनके शरीर (C)/ पर अपना प्रभाव नहीं डाला है। (D)/ त्रुटिरहित (E).

42. कोशिश करने से मसले (A)/ समय रहते हल हो जाएं (B)/ तो ठीक वरना मन (C)/ में ग्रंथियाँ बन जाती हैं। (D)/ त्रुटिरहित (E).

43. यदि कोई विकलांग व्यक्ति (A)/ घर का मुखिया हो (B)/ तो वह गरीबी रेखा से (C)/ नीचे के दायरे में आएगा। (D)/ त्रुटिरहित (E).

44. एक मध्यवर्गीय भारतीय परिवार में पिता (A)/ काम के बोझ या दूसरे कारणों से अपने (B)/ बच्चों से कट जाता है, जिसका बच्चों (C)/ के मन पर प्रतिकूल प्रभावशाली पड़ता है। (D)/ त्रुटिरहित (E).

45. अर्थव्यवस्था विश्व के बदतर हो रहे (A)/ हालात से चिंतित वित्त मंत्री ने (B)/ कहा कि सरकार के पास नरमी (C)/ से निपटने के विकल्प सीमित हैं। (D)/ त्रुटिरहित (E).

46. बचत बैंक खातों (A)/ में बैंकों द्वारा (B)/ ब्याज की अदायगी (C)/ किया जाता है। (D)/ त्रुटिरहित (E).

47. वर्ष 2010 को आधार (A)/ बना कर राष्ट्रीय स्तर पर (B)/ नया उपभोक्ता तूल्य (C)/ सूचकांक जारी किया गया है। (D)/ त्रुटिरहित (E).

48. गुजरात की (A)/ राजरानी गांधीनगर (B)/ में एक बहुत बड़े समारोह का (C)/ आयोजन किया गया है। (D)/ त्रुटिरहित (E).

49. विमानन क्षेत्र का (A)/ नामी कम्पनी की (B)/ मुश्किलें दिनोंदिन (C)/ बढ़ती जा रही हैं। (D)/ त्रुटिरहित (E).

50. सरकार अपनी योजनाओं (A)/ का लाभ केवल कमजोर (B)/ वर्ग के लोगों तक सीमित (C)/ रखने के कक्ष में नहीं है। (D)/ त्रुटिरहित (E).

51. भारत सरकार द्वारा अर्जित (A)/ कुल राजस्व की (B)/ अधिकतम राशि आय कर (C)/ से प्राप्त होती है। (D)/ त्रुटिरहित (E).

52. दूरदर्शन के अधिकारियों (A)/ ने लोकप्रिय वाहिका (B)/ का प्रसारण बंद करने (C)/ का आदेश दिया है। (D)/ त्रुटिरहित (E).

53. राष्ट्रीय एकता तथा मानवीय (A)/ मूल्यों के मूलभूत सिद्धान्तों (B)/ को म्यान में रखकर (C)/ पाठ्य-सामग्री तैयार की गई है। (D)/ त्रुटिरहित (E).

54. दोनों देशों के वाणी (A)/ सचिवों की बैठक में (B)/ परस्पर व्यापार बढ़ाने (C)/ के लिए सहमति हो गयी। (D)/ त्रुटिरहित (E).

55. कोश के इस (A)/ नए संस्करण में बहुत (B)/ से नए शब्द (C)/ शामिल किए गए हैं। (D)/ त्रुटिरहित (E).

56. बैंक से जारी होने वाले (A)/ सभी परिपत्र, आदेश आदि (B)/ कागज के बजाय डिजिटल (C)/ माध्यमों से प्रेषित किया जाता है। (D)/ त्रुटिरहित (E).

57. नियंत्रण प्राधिकारियों से (A)/ भी अपेक्षा की गई है (B)/ कि वे प्रतिदिन प्रतिवेदन (C)/ का अध्ययन अवश्य करें। (D)/ त्रुटिरहित (E).

58. ग्लोबल वार्मिंग रूपी (A)/ शत्रु पर आक्रमण कर उसे (B)/ परस्त करने में सभी (C)/ का योगदान होना चाहिए। (D)/ त्रुटिरहित (E).

59. पेड़ नहीं सोंचते कि झोंका (A)/ आए तो झूमें या न (B)/ झूमें वे झूमते हैं और अपने (C)/ जड़ों पर यकीन रहते हैं। (D)/ त्रुटिरहित (E).

60. कितने वर्षों की अवधि (A)/ तक खाते में कोई भी लेन-देन न (B)/ होने पर खाते को (C)/ निष्कृत माना जाता है? (D)/ त्रुटिरहित (E).

61. सामाजिक कुरीतियों (A)/ का मुख्य कारण (B)/ अज्ञानता है (C)/ यह बात एकदम सही है। (D)/ त्रुटिरहित (E).

62. उसकी सौन्दर्यता (A)/ देखकर मन मयूर (B)/ नृत्य करने लगा (C)/ दिलीप ने श्याम को बताया। (D)/ त्रुटिरहित (E).

63. नगेन्द्र जी (A)/ हिन्दी के (B)/ लब्धप्रतिष्ठित (C)/ आलोचक एवं लेखक हैं। (D)/ त्रुटिरहित (E).

64. साहित्य (A)/ और जीवन का (B)/ घनघोर (C)/ सम्बन्ध है। (D)/ त्रुटिरहित (E).

65. दिल्ली से (A)/ अनेकों (B)/ पत्र-पत्रिकाओं का (C)/ प्रकाशन होता है। (D)/ त्रुटिरहित (E).

66. गाय को घास (A)/ खिलाने से और पंछी (B)/ को दाना डालने (C)/ से पूण्य मिलता है। (D)/ त्रुटिरहित (E).

67. एक संख्या का पाँच (A)/ बटा-नौ दूसरी संख्या (B)/ के पच्चीस प्रतिशत (C)/ के सम्मान है। (D)/ त्रुटिरहित (E).

68. दिनेश की मासिक (A)/ आय सुरेश की (B)/ मासिक आय से (C)/ चुगना है। (D)/ त्रुटिरहित (E).

69. इस कार की कीमत कम (A)/ होगी और कम्पनी इसमें ज्यादा से ज्यादा (B)/ भारतीय पूर्जे लगाने (C)/ की कोशिश कर रही है। (D)/ त्रुटिरहित (E).

70. कहतें हैं कि (A)/ हर दस कोश (B)/ पर बोली (C)/ बदलती है। (D)/ त्रुटिरहित (E).

71. वैश्वीकरण के इस (A)/ युग में हिन्दी भाषा (B)/ नीत नवीन शब्दों से (C)/ समृद्ध हो रही है। (D)/ त्रुटिरहित (E).

72. आज भी कई किसान (A)/ और कमजोर वर्ग के (B)/ लोग साहूकारों के अंगुल (C)/ में फँसे हुए हैं। (D)/ त्रुटिरहित (E).

73. हमें शिक्षा ऋण (A)/ लेने वाले ऋणकर्ताओं (B)/ से इस आश्रय की (C)/ शिकायतें प्राप्त हो रही हैं। (D)/ त्रुटिरहित (E).

74. बचत बैंक खाते में (A)/ एक महीना में अन्य (B)/ बैंक के ATM से (C)/ निःशुल्क 5 आहरणों की छूट हैं। (D)/ त्रुटिरहित (E).

75. कृपया बोधित (A)/ अनुदेश सभी पदाधिकारियों (B)/ को सूचित करने (C)/ की व्यवस्था करें। (D)/ त्रुटिरहित (E).

76. एक मादा सूअर अपनी (A)/ छः बच्चों के साथ जो (B)/ अभी नौ-नौ इंच से बड़े नहीं हुए (C)/ थे, रेलगाड़ी की तरह चलती जा रही थी। (D)/ त्रुटिरहित (E).

77. एक इरावती ही थी जिससे वह टूटी-फूटी (A)/ हिन्दी में बातां कर लेती थी, हालाँकि उसकी (B)/ पंजाबी हिन्दी और इरावती की कोंकणी (C)/ हिन्दी में जमीन- आसमान का फर्क था। (D)/ त्रुटिरहित (E).

78. अपने बेटे की वजह से ही वह (A)/ यहाँ परदेस में पड़ा था, जहाँ (B)/ न कोई उसकी जबान समझता था, न वह (C)/ किसी को जबान समझता था। (D)/ त्रुटिरहित (E).

79. चेचक के दागों और झुर्रियों से भरा (A)/ उसका चेहरा दीमक खाई लकड़ी की (B)/ तरह जाना पड़ता था, जो बदसूरत तो था (C)/ ही जुगुप्सा भी जगा देता था। (D)/ त्रुटिरहित (E).

80. शालिनी नित नेम की भांति दीपक जलाई (A)/ और एक अज्ञात देवता के सामने (B)/ हाथ जोड़ने की प्रक्रिया पूरी करके (C)/ घुटनों पर बाँहें रखे वहीं बैठी रही। (D)/ त्रुटिरहित (E).

वाक्यांश के लिए एक शब्द

1. एक स्थान से दूसरे स्थान पर जाना या ले जाना–
A. खिसका हुआ B. उखड़ा हुआ
C. स्थानच्युत D. विस्थापित

2. इंद्रियों को जीतने वाला–
A. अजातशत्रु B. इन्द्रस्वामी
C. जितेंद्रिय D. मुमुक्षु

3. एक ही कोख से जन्म लेने वाला–
A. संतति B. जातक
C. आत्मज D. सहोदर

4. अपनी इच्छा से चलने वाला–
A. स्वेच्छाचारी B. स्वच्छंद
C. अराजक D. स्वेच्छक

5. जो हर हाल में हो ही जाए–
A. होनहार B. अवश्यंभावी
C. भाग D. तत्पर

6. जो कठिनाई से समझ में आए–
A. दुर्गम B. दुर्बोध
C. दुर्लभ D. दुर्धर्ष

7. एक पर ही श्रद्धा अथवा आस्था रखने वाला–
A. एकाकी B. अलौकिक
C. अधिकारिक D. एकनिष्ठ

8. बड़ा बनने की इच्छा रखने वाला–
A. पदलोलुप B. चाटुकार
C. विवेकवान D. महत्वाकांक्षी

9. मन का दुर्भाव–
A. दृष्टिवैषम्य B. भेदभाव
C. मनोमालिन्य D. कलुषित

10. पूर्णतः स्वच्छ करना–
A. परिष्कार B. सुधार
C. आविष्कार D. पुनरोद्धार

11. जिसका जन्म उच्च कुल में हुआ हो–
A. सेठ B. अभद्र
C. अमीर D. कुलीन

12. ईश्वर को नहीं मानने वाला–
A. आस्तिक B. अधर्मवान
C. बंदा D. नास्तिक

13. उपकार मानने वाला–
A. कृतघ्न B. परोपकारी
C. अनोपचारी D. कृतज्ञ

14. किसी के पास रखी हुई दूसरे की वस्तु–
A. गिरवी B. जमानत
C. धरोहर D. सामान

15. एक स्थान से दूसरे स्थान को हटाया हुआ–
A. आंतरित B. प्रवासी
C. मुसाफिर D. स्थानांतरित

16. जिसे कठिनाई से भेदा जा सके–
A. अभेद्य B. दुर्भेद्य
C. दुर्दम्य D. अगम्य

17. जो सबको समान भाव से देखे–
A. दूरदर्शी B. क्रांतदर्शी
C. सूक्ष्मदर्शी D. समदर्शी

18. परलोक से सम्बन्धित–
A. पारलौकिक B. अलौकिक
C. इहलौकिक D. लौकिक

19. पीछे-पीछे चलने वाला–
A. अनुगामी B. प्रतिगामी
C. पश्चगामी D. अग्रगामी

20. जिसके हृदय में ममता नहीं है–
A. निर्दय B. कठोर
C. क्रूर D. निर्मम

21 जो व्यर्थ की बातें करता हो–
A. बहुभाषी B. कुवक्ता
C. वाचाल D. वाक्पटु

22. जो देखने में प्रिय लगता हो–
A. समदर्शी B. प्रियदर्शी
C. प्रियपात्र D. दर्शनप्रिय

23. अहसान न मानने वाला–
A. कृतज्ञ B. कृतघ्न
C. विश्वासघाती D. परोपजीवी

24. जिसे कठिनाई से जीता जा सके–
A. विजित B. अज्ञेय
C. अजेय D. दुर्जेय

25. बचपन और जवानी के बीच की अवस्था–
A. नवयुवा B. नवोढ़ा
C. वयःसंधि D. वयस्कता

26. पशुओं के समान व्यवहार करने वाला–
A. पाशविक B. पशुसा
C. क्रूर D. दानव

27. वह अग्नि जो जंगल में लग जाती है–
A. वनाग्नि B. दावानल
C. अनल D. प्रचंडाग्नि

28. वह वस्तु जो नाशवान है–
A. नाशक B. नासन्य
C. नासांतिक D. नश्वर

29. परिश्रम के बदले प्राप्त धनराशि–
A. मुद्रा B. करेंसी
C. पारिश्रमिक D. सिक्का

30. अधिक पढ़ी-लिखी महिला–
A. विदूषक B. विज्ञानी
C. अफसर D. विदुषी

31. दोपहर का समय–
A. अपराह्न B. पूर्वाह्न
C. अधपहर D. मध्याह्न

32. जिसके समान कोई दूसरा न हो–
A. असामान्य B. अद्वितीय
C. असाधारण D. महान्

33. जो अधिक व्यय न करता हो–
A. धन्नासेठ B. खर्चीला
C. अव्यय D. मितव्ययी

34. जो पृथ्वी से सम्बन्धित हो–
A. पार्थिव B. पृथ्वी
C. अलौकिक D. जड़

35. जो काटा न जा सके–
A. दो टूक B. तर्कातीत
C. अकाट्य D. निश्चित

36. जिसके पास कुछ भी न हो–
A. अकिंचन B. किंचित्
C. आकुंचन D. अलभ्य

37. अनिश्चित जीविका–
A. आंशिक सेवा B. अस्थायी सेवा
C. अर्द्ध रोजगार D. आकाशवृत्ति

38. जिस पर हमला न किया गया हो–
A. आक्रान्ता B. आक्रामक
C. अयोध्या D. अनाक्रान्त

39. जो बहुत मंद गति से कार्य करता हो–
A. मंथर B. दीर्घसूत्री
C. सत्वर D. मंदाक्रान्ता

40. उचित-अनुचित का ज्ञान रखने वाला–
A. विवेकी B. ज्ञानी
C. चतुर D. दूरदर्शी

41. जो अपने कर्त्तव्य का निश्चय न कर सके–
A. द्वन्द्वग्रस्त B. भ्रमित
C. किंकर्त्तव्यविमूढ़ D. द्विविधाग्रस्त

42. अनेक युगों से चला आने वाला–
A. समीचीन B. प्राचीन
C. कालान्तर D. सनातन

43. ऐसा कवि जो तत्काल रचना करता हो–
A. कविराज B. आशुकवि
C. महाकवि D. कवीश

44. जिस स्त्री का पति जीवित होता है–
A. कामिनी B. सुभगा
C. सधवा D. मधवा

45. अनुचित व्यय करने वाला–
A. अतिव्ययी B. मितव्ययी
C. दुर्व्ययी D. अपव्ययी

46. मुकदमा चलाने वाला–
A. प्रतिवादी B. मुकदमेबाज
C. वादी D. इनमें से कोई नहीं

47. जिस पर अभियोग लगाया गया हो–
A. प्रतिवादी B. अभियोगी
C. अभियुक्त D. याची

48. मोक्ष प्राप्त करने की इच्छा रखने वाला–
A. मोक्षेसु B. ममुक्ष
C. मुमुक्ष D. मुमुक्षु

49. 'वह स्त्री जिसका पति परदेस से आने वाला हो' के लिए एक शब्द है–
A. आगतपतिका B. प्रव्रत्स्यतपतिका
C. प्रेषितपतिका D. आगमिस्यतपतिका

50. 'जिसमें धैर्य न हो' के लिए एक शब्द है–
A. अंधर B. धरातल
C. अधीर D. धीरता

51. 'जो पहले कभी न हुआ हो' के लिए एक शब्द है–
A. अद्भुत B. अभूतपूर्व
C. अपूर्व D. अनुपम

52. 'जिसे किसी से लगाव न हो' के लिए उपयुक्त एक शब्द है–
A. नश्वर B. लिप्सु
C. निर्लिप्त D. अलगाववादी

53. 'जो कुछ जानने की इच्छा रखता हो' के लिए एक शब्द है–
A. जिज्ञासु B. जननी
C. जानकी D. नीतिज्ञ

54. 'जो बात लोगों से सुनी गई हो' के लिए एक शब्द है–
A. अश्रुति B. सर्वप्रिय
C. लोकोक्ति D. किंवदन्ती

55. 'सबके समानाधिकार पर विश्वास' के लिए एक शब्द है–
A. अधिकारी B. समाजवाद
C. प्रगतिवाद D. अधिकारवाद

56. 'जिस बीमारी का ठीक होना सम्भव न हो' के लिए एक शब्द है–
A. असाध्य B. विकट
C. भयानक D. घातक

57. जिस पर विजय प्राप्त कर ली गई हो–
A. आक्रान्त B. अजेय
C. विजित D. पराजित

58. सूर्य के उदय होने का स्थान–
A. उदयाचल B. सूर्योदय
C. प्रभात स्थान D. गंधमादन

59. जो कहा न जा सके–
A. अकथित B. अकथनीय
C. अकथ्य D. नामुमकिन

60. जिसे बहुत बातें करनी आती हों–
A. वाचाल B. गम्भीर
C. समालोचक D. मुनि

61. जो स्त्री के वशीभूत हो–
A. स्त्रीदास B. गुलाम
C. स्त्रैण D. प्रेमी

62. जो समान न हो–
A. बराबर B. जटिल
C. अविषम D. विषम

63. जिसे पढ़ना-लिखना आता हो–
A. अल्पज्ञानी B. शिक्षित
C. बुद्धिजीवी D. साक्षर

64. जो खाना मुफ्त में मिलता हो–
A. भण्डार B. लंगर
C. खुराक D. राशन

65. जो अपने कर्त्तव्य को न जानता हो–
A. अनजान B. अज्ञानी
C. किंकर्त्तव्यविमूढ़ D. कर्त्तव्यहीन

66. 'युद्ध में स्थिर रहने वाला' के लिए एक शब्द है–
A. योद्धा B. साहसी
C. युधिष्ठिर D. वीर

67. 'जो ईश्वर में विश्वास रखता है' के लिए एक शब्द है–
A. आस्थावान B. धार्मिक
C. आध्यात्मिक D. आस्तिक

68. आयु में बड़ा व्यक्ति–
A. कनिष्ठ B. पूजनीय
C. ज्येष्ठ D. वरिष्ठ

69. नया उदित होने वाला–
A. नवोदित B. नवजात
C. नवागन्तुक D. इनमें से कोई नहीं

70. बहुत-सी भाषाओं को जानने वाला–
A. तत्वचिन्तक B. बहुज्ञ
C. बहुभाषाविद् D. भाषा-वैज्ञानिक

71. जो किसी की ओर मुँह किए हो–
A. अभिमुख B. अनमुख
C. सुमुख D. इनमें से कोई नहीं

72. 'सात सौ वाली' के लिए निम्नलिखित में से कौन-सा शब्द उपयुक्त है?
A. सतखड़ा B. सतनजा
C. सतमासा D. सतसई

73. 'तेज चलने वाला' के लिए एक शब्द है–
A. गतिशील B. चुस्त
C. कर्मठ D. द्रुतगामी

74. 'बिना स्वार्थ के कार्य करने वाला' के लिए एक शब्द होगा–
A. सहायक B. निस्वार्थी
C. पुण्यात्मा D. हितैषी

75. 'किसी की सहायता करने वाला' के लिए एक शब्द है–
A. सहकार B. सहायक
C. सहृदय D. सहचर

मुहावरा एवं लोकोक्तियाँ

1. 'सब्जबाग दिखाना' मुहावरा का अर्थ है–
A. बाग में घूमने जाना B. साग-सब्जी पैदा करना
C. प्रलोभन देना D. भयभीत करना

2. 'खुदा गंजे को नाखून न दे' लोकोक्ति का अभिप्राय है–
A. छोटे आदमी का प्रेम अस्थिर होता है
B. लज्जित होकर दूसरे पर क्रोध न निकाले
C. एक दोष पहले से था, दूसरा और आ गया
D. अत्याचारी को शक्ति नहीं मिलनी चाहिए

3. 'कभी नाव गाड़ी पर कभी गाड़ी नाव पर' लोकोक्ति का सही आशय है–
A. संघर्ष होना B. जीवन में उतार-चढ़ाव का क्रम
C. भलाई करना D. एक-से स्वभाव वाले होना

4. 'एक हाथ से ताली नहीं बजती' लोकोक्ति का अभिप्राय है–
A. शत्रुता दोनों पक्षों की गलती से होती है
B. संघर्ष बराबरी वाले दो पक्षों में होना चाहिए
C. एक आदमी से काम नहीं चलता
D. सराहना हेतु दोनों हाथ से ताली बजाएँ

5. 'उड़ती चिड़ियों के पंख गिनना' मुहावरा का सही अर्थ होगा–
A. अनुभवी होना B. वाक्चतुर होना
C. प्रतिभाशाली होना D. असंभव कार्य करना

6. 'नक्कारखाने में तूती की आवाज' मुहावरा का अर्थ है–
A. तूती की आवाज सबसे ऊँची होती है
B. नक्कारखाने में तूती नहीं बोलती
C. नकारे लोगों की सर्वत्र तूती बोलती रहती है
D. समर्थ व्यक्ति के सामने असमर्थ व्यक्ति का प्रभाव नहीं पड़ता

7. 'आँख के अंधे नाम नयनसुख' का सही अर्थ है–
A. गुणों के विरुद्ध नाम का होना
B. बुद्धिहीन, किन्तु पर्याप्त धनवान
C. अंधा आदमी प्रायः गुणवान होता है
D. एक आँख के अंधे को भी सभी सुखद आ सकते हैं

8. 'चिकना घड़ा होना' मुहावरा का सही अर्थ है–
A. चिकना चुपड़ा होना B. समृद्ध होना
C. निर्लज्ज होना D. मधुरभाषी होना

9. 'बेटा समय रहते न पढ़े, तो भविष्य में बुरी तरह पछताओगे' – वाक्य में 'बुरी तरह पछताओगे' के स्थान पर यह मुहावरा आ सकता है–
A. अंगारों पर लोटोगे B. आठ-आठ आँसू रोओगे
C. अंचरा पसारोगे D. कुएँ में गिरोगे

10. ''मुहावरे का प्रयोग वाक्य के अन्तर्गत होता है और लोकोक्ति पूर्ण वाक्य में होती है।'' यह कथन–
A. सही है
B. गलत है
C. कथन का प्रथम अंश सही है
D. कथन का अंतिम अंश सही है

11. 'समय के अनुसार काम करना चाहिए' अर्थ की बोधक लोकोक्ति है–
A. झूठ के पैर नहीं होते
B. जाके पांव न फटी बिवाई, सो क्या जाने पीर पराई
C. उँगली पकड़ कर पहुँचा पकड़ना
D. का बरसा जब कृषि सुखाने

12. 'भारत के अतुलित धन वैभव पर अंग्रजों ने दाँत गड़ा दिए'–वाक्य में प्रयुक्त 'दाँत गड़ा दिए' का अर्थ है–
A. किसी वस्तु को गलत ढंग से पाने की गहरी चाह
B. दूसरे की वस्तु देखकर ललचा जाना
C. दूसरे की वस्तु चुराने की चेष्टा करना
D. धोखे से दूसरे की वस्तु लेना

13. 'चाँद पर थूकना' मुहावरे का आशय है–
A. असम्भव काम करना
B. निरर्थक काम करना
C. सौंदर्य का अनादर करना
D. सम्माननीय का अनादर करना

14. 'नियम विरुद्ध कार्य करना' अर्थ के अनुकूल सही मुहावरा है–
A. सूरज को दिया दिखाना
B. उल्टी गंगा बहाना
C. दाई से पेट छिपाना
D. नौ दो ग्यारह हो जाना

15. 'खाला जी का घर' मुहावरे का क्या अर्थ है?
A. आसान कार्य B. मौसी का घर
C. भाई-भतीजावाद D. रिश्तेदार को लाभ पहुँचाना

16. 'सिर चढ़ाना' मुहावरे का अर्थ है–
A. मनमानी करने की छूट देना
B. सिर पर बैठाना
C. सिरदर्द का बहाना करना
D. सिर पर उठा लेना

17. किस लोकोक्ति का अर्थ ''वैभव क्षणिक होता है'' होगा?
A. साँच को आँच नहीं
B. अधजल गगरी छलकत जाए
C. पाँचों उँगलियाँ बराबर नहीं होतीं
D. चार दिन की चाँदनी फिर अँधेरी रात

18. 'आँधी के आम होना' मुहावरे का अर्थ है–
A. मुफ्त उपलब्ध होना
B. संयोगवश बहुत सस्ता उपलब्ध होना
C. वैभवशाली बनना
D. अत्यन्त प्रिय होना

19. 'पाँच सात की लकड़ी, एक जने का बोझ' लोकोक्ति का अर्थ है–
A. बहुत कठिन कार्य होना
B. असम्भव बड़ी शर्त रखना
C. छोटे या कमजोर व्यक्ति की बात को कोई नहीं मानता
D. मिलकर काम करने से कठिन कार्य भी सरल हो जाता है

20. इनमें से कौन एक लोकोक्ति है?
A. अंगूठा दिखाना B. अंधा होना
C. ऊँट के मुँह में जीरा D. इधर-उधर की हाँकना

21. 'कलम तोड़ना' मुहावरे का क्या अर्थ है?
A. सही लिखना
B. अच्छा लिखना
C. ज्यादा लिखना
D. बेकार लिखकर प्रायश्चित करना

22. 'ढाँक के तीन पात' का अर्थ है–
A. अपने स्थान पर अडिग रहना
B. साफ इनकार कर देना
C. बेकार घूमना
D. कभी किसी विशेषता से सम्पन्न न होना

23. 'घड़ों पानी पड़ जाना' मुहावरे का अर्थ है–
A. चिन्ता में डूब जाना B. बर्बाद हो जाना
C. पसीने से भीग जाना D. लज्जा से दब जाना

24. किस लोकोक्ति का अर्थ 'बिना परिश्रम के सफलता नहीं मिलती' होगा?
A. नौ दिन चले अढ़ाई कोस
B. जिन खोजा तिन पाइयाँ गहरे पानी पैठ
C. बालू से तेल निकालना
D. डूबते को तिनके का सहारा

25. 'हाथ कंगन को आरसी क्या' कहावत का अर्थ है–
A. समझदार के लिए उपदेश व्यर्थ है
B. प्रत्यक्ष के लिए प्रमाण की क्या आवश्यकता है
C. मूल्यवान वस्तु के सामने तुच्छ वस्तु का कोई महत्व नहीं
D. हाथ में कंगन ही चाहिए आरसी नहीं

26. 'दाँतों तले अंगुली दबाना' का अर्थ होगा–
A. मुसीबत में पड़ना
B. बहुत हैरान होना
C. आश्चर्य करना
D. दीनता प्रकट करना

27. 'अनिश्चितता' के भाव को प्रकट करने के लिए उपयुक्त मुहावरे का चयन कीजिए–
A. बंद मुट्ठी में क्या है
B. पर्दे के पीछे कौन है
C. न जाने भाग्य में क्या है
D. न जाने ऊँट किस करवट बैठेगा

28. 'कुपात्र की सहायता करना व्यर्थ है' इस उक्ति को चरितार्थ करने वाली कहावत है–
A. अंधे को न्यौता, दो जने आये
B. कुत्ते को खिलाई खीर, पाप में न पुण्य में
C. गधे की खाई खेती, न पाप में न पुण्य में
D. बन्दर क्या जाने अदरक का स्वाद

29. मूर्ख व्यक्ति के सामने ज्ञान की बातें करने के लिए उपयुक्त मुहावरा क्या होगा?
A. रेत से तेल निकालना
B. अंधे के आगे रोना
C. भैंस के आगे बीन बजाना
D. आकाश से बातें करना

30. निम्नलिखित मुहावरे का अर्थ बताइए–
'सिर से पानी गुजर जाना'
A. अच्छी चीज का और अच्छा हो जाना
B. अपमान सहन कर लेना
C. सहनशीलता की सीमा टूट जाना
D. बाढ़ आ जाना

31. 'बहती गंगा में हाथ धोना' इस मुहावरे का क्या अर्थ है?
A. अधिकाधिक उन्नति होना
B. अवसर का फायदा उठाना
C. असम्भव काम को सम्भव करना
D. बहुत परिश्रम करना

32. निम्नलिखित वाक्यों में मुहावरे का सही प्रयोग क्या है?
A. धोनी अच्छे क्रिकेट का प्रदर्शन करके राँची वापस पहुँचा तो लोगों ने मैदान मार लिया
B. धोनी अच्छे क्रिकेट का प्रदर्शन करके राँची वापस पहुँचा, तो लोगों के हाथ के तोते उड़ गए
C. धोनी अच्छे क्रिकेट का प्रदर्शन करके राँची वापस पहुँचा, तो लोगों ने तिल का ताड़ बना लिया
D. धोनी अच्छे क्रिकेट का प्रदर्शन करके राँची वापस पहुँचा, तो लोगों ने उसे सिर आँखों पर बिठा लिया

33. निम्नलिखित के लिए उपयुक्त मुहावरा क्या है?
'मुसीबत देखकर घबरा जाना'
A. नाक पर धब्बा लगना
B. नौ दो ग्यारह होना
C. दाँतों तले अंगुली दबाना
D. नानी याद आना

34. 'काठ की हांडी बार-बार नहीं चढ़ती' लोकोक्ति का अर्थ है–
A. बुरे लोग लाख प्रयत्न के बाद भी अपनी बुराई नहीं छोड़ते
B. कठिन काम अकेले आदमी के वश की बात नहीं है
C. छल कपट का काम एक बार ही होता है
D. दुष्ट व्यक्ति बात से नहीं, बल्कि दण्ड से ही मानता है

35. 'रंगा सियार' मुहावरे का अर्थ क्या है?
A. डरपोक व्यक्ति
B. धोखेबाज व्यक्ति
C. झूठ बोलने वाला व्यक्ति
D. वीर व्यक्ति

36. 'बेपेंदी का लोटा' मुहावरे का अर्थ क्या है?
A. निर्धन व्यक्ति
B. स्थिर विचारों का न होने वाला व्यक्ति
C. मूर्ख व्यक्ति
D. दुष्ट व्यक्ति

37. 'घी के दिए जलाना' मुहावरा का सही अर्थ है–
A. दीपावली मनाना
B. खुशी मनाना
C. रईसी प्रकट करना
D. अपने को विशिष्ट समझना

38. 'सोने में सुगन्ध' मुहावरा का सही अर्थ है–
A. सुन्दर वस्तु में और गुण होना
B. सुगन्ध से युक्त आभूषण
C. सुन्दर आभूषण होना
D. सुगन्धित सोना

39. 'आँख का अंधा गाँठ का पूरा' लोकोक्ति का सही अर्थ है–
A. अंधा परन्तु विवेकशील होना
B. मूर्ख धनी
C. अंधे के पास धन होना
D. आँखों का रोग

40. 'गोद में लड़का, शहर भर में ढिंढोरा' मुहावरा का सही अर्थ है–
A. छोटे शिशु को तलाशना
B. अत्यधिक शरारती बालक
C. पास में वस्तु रहते हुए चारों ओर खोजना
D. छोटे बालक की प्रशंसा करना

41. 'पानी का बुलबुला' मुहावरे का क्या अर्थ है?
A. शीघ्र नष्ट हो जाने वाला
B. स्वच्छंद हो जाना
C. हार कर भागना
D. कष्ट उठाना

42. 'चाँदी का जूता मारना' मुहावरे का सही अर्थ है–
A. लुभाना
B. आदर करना
C. शोभा बढ़ाना
D. रुपए के बल पर दबाना

43. 'आगे नाथ न पीछे पगहा' लोकोक्ति का क्या अर्थ है?
A. पूर्ण स्वतन्त्र
B. अपने मन की करना
C. बन्धन रहित होना
D. इधर-उधर भागना

44. 'अन्धे पीसे कुत्ते खाएं' लोकोक्ति का सही अर्थ क्या है?
A. बेहिसाब काम करना
B. असावधानी से अयोग्य को लाभ
C. लाचारी का अनुचित लाभ
D. अपना माल लुटाना

45. 'अधजल गगरी छलकत जाए' का क्या अर्थ है?
A. गगरी में छेद होना
B. बेकायदे काम करना
C. व्यर्थ की बातें करना
D. कम ज्ञान का अधिक प्रदर्शन

46. 'जस दूल्हा तसि बनी बराता' लोकोक्ति का क्या अर्थ है?
A. अच्छा दूल्हा और अच्छे साथी
B. अच्छा दूल्हा और खराब बराती
C. सभी लोगों का अच्छा होना
D. जैसा व्यक्ति वैसे साथी

47. 'तीन लोक से मथुरा न्यारी' लोकोक्ति का अर्थ है–
A. बहुत सुन्दर होना
B. दूर की वस्तु सुन्दर लगना
C. जरूरत से ज्यादा बड़ाई करना
D. कृष्ण भक्त होना

48. 'थोथा चना बाजे घना' लोकोक्ति का क्या अर्थ है?
A. बहुत अधिक बोलना
B. ओछे व्यक्ति अधिक दिखावा करते हैं
C. बढ़ा-चढ़ाकर बात करना
D. बहुत शोर करना

49. 'खग जाने खग ही की भाषा' का क्या अर्थ है?
A. पक्षियों की भाषा जानना
B. समान प्रवृत्ति वाले ही एक-दूसरे को समझते हैं
C. पक्षी अपनी भाषा स्वयं समझते हैं
D. पक्षियों की तरह बोलना

50. 'अदृश्य शत्रु' अर्थ के अनुरूप उपयुक्त मुहावरा है–
A. मीठी छुरी
B. मुँह में राम बगल में छूरी
C. पेट में दाढ़ी
D. आस्तीन का साँप

51. 'पापड़ बेलना' मुहावरे का क्या अर्थ है?
A. पापड़ बनाना
B. मुसीबत उठाना
C. खाना बनाना
D. पतली रोटी बेलना

52. 'पानी-पानी होना' मुहावरे का क्या अर्थ है?
A. घबड़ा जाना
B. बहुत भीग जाना
C. बहुत लज्जित होना
D. बाढ़ आ जाना

53. 'गूलर का फूल होना' मुहावरे का क्या अर्थ है?
A. सुगंधित होना
B. फूल की तरह खिलना
C. दुर्लभ होना
D. अति प्रसन्न होना

54. 'कान का कच्चा होना' मुहावरे का क्या अर्थ है?
A. कम सुनना
B. सुनी बात पर विश्वास करना
C. दूसरे की बात न मानना
D. कान का कमजोर होना

55. 'उन्नीस-बीस होना' मुहावरे का क्या अर्थ है?
A. बहुत कम अन्तर होना
B. बहुत अन्तर होना
C. हिसाब जोंड़ना
D. भाग जाना

56. 'खून का घूँट पीना' मुहावरे का क्या अर्थ है?
A. गुस्सा करना
B. खून की उल्टी करना
C. क्रोध दबाना
D. दाँत से होठ कट जाना

57. 'पौ बारह होना' मुहावरे का सही अर्थ है–
A. सब तरह की सुख-सुविधाओं का होना
B. उपद्रव करना
C. पलायन कर जाना
D. प्रयासरत होना

58. 'कागजी घोड़े दौड़ाना' मुहावरे का सही अर्थ है–
A. प्रयास करना
B. लिखा-पढ़ी करना
C. कागज काला करना
D. व्यर्थ का काम करना

59. 'कान भरना' मुहावरे का अर्थ है–
A. धोखा देना
B. चाणक होना
C. चुगली करना
D. असर न होना

60. 'सिर उठाना' मुहावरे का सही अर्थ है–
A. रंग उतर जाना
B. भेद प्रकट करना
C. बहुत पछताना
D. विद्रोह करना

61. 'आडम्बर' बहुत, किन्तु वास्तविकता कुछ नहीं' के लिए सही लोकोक्ति है–
A. आँख का अंधा नाम नयनसुख
B. ऊँची दुकान, फीका पकवान
C. ऊँट के मुँह में जीरा
D. खोदा पहाड़, निकली चुहिया

62. 'चैन की वंशी बजाना' का अर्थ है–
A. साइकिल की चैन की बांसुरी बनाकर बजाना
B. मौज करना
C. फुर्सत में वंशी बजाना
D. बेरोजगार होना

63. 'आँख की किरकिरी होना' का अर्थ है–
A. अप्रिय लगना
B. धोखा देना
C. कष्टदायक होना
D. बहुत प्रिय होना

64. 'कीचड़ उछालना' मुहावरा का सही अर्थ है–
A. मल फेंकना
B. दूसरे के कपड़े गन्दे करना
C. बदनाम करना
D. दलदल में फँसना

65. 'अवांछित संवाद' अर्थ के लिए उपयुक्त मुहावरा है–
A. सिर खपाना
B. सिर खाना
C. सिर नीचा होना
D. सिर पड़ना

उत्तरमाला

संधि

1	2	3	4	5	6	7	8	9	10
A	A	B	C	D	A	D	B	C	B
11	12	13	14	15	16	17	18	19	20
A	C	A	C	A	A	C	C	A	D
21	22	23	24	25	26	27	28	29	30
A	C	C	A	A	B	D	D	A	B
31	32	33	34	35	36	37	38	39	40
D	C	C	A	A	B	C	C	C	D
41	42	43	44	45	46	47	48	49	50
A	A	B	B	A	B	D	B	A	C
51	52	53	54	55	56	57	58	59	60
C	A	A	A	B	C	A	C	C	C
61	62	63	64	65	66	67	68	69	70
C	A	A	A	A	C	B	A	B	B
71	72	73	74	75					
B	A	A	B	D					

समास

1	2	3	4	5	6	7	8	9	10
C	B	C	A	C	B	A	A	B	A
11	12	13	14	15	16	17	18	19	20
D	A	B	D	B	C	C	D	A	B
21	22	23	24	25	26	27	28	29	30
A	A	C	A	A	C	A	A	A	A
31	32	33	34	35	36	37	38	39	40
B	A	C	C	A	D	B	B	C	A
41	42	43	44	45	46	47	48	49	50
A	A	A	C	A	A	A	D	B	D
51	52	53	54	55	56	57	58	59	60
C	A	A	C	C	A	C	C	B	B
61	62	63	64	65	66	67	68	69	70
B	C	A	C	B	D	A	B	C	A

वर्तनी

1	2	3	4	5	6	7	8	9	10
B	A	D	B	A	A	B	A	D	C
11	12	13	14	15	16	17	18	19	20
D	D	B	B	D	C	C	A	B	B
21	22	23	24	25	26	27	28	29	30
C	A	D	B	D	B	B	B	C	C
31	32	33	34	35	36	37	38	39	40
C	A	C	A	D	C	B	C	A	C
41	42	43	44	45	46	47	48	49	50
C	D	C	C	A	D	C	A	D	B
51	52	53	54	55	56	57	58	59	60
A	C	D	C	C	B	B	A	D	C
61	62	63	64	65	66	67	68	69	70
B	B	B	B	A	C	A	D	D	B
71	72	73	74	75	76	77	78	79	80
B	B	A	C	B	B	A	B	D	A

81	82	83	84	85	86	87	88	89	90
B	C	A	A	D	D	E	B	A	C
91	92	93	94	95	96	97	98	99	100
A	B	D	C	C	A	A	C	A	B
101	102	103	104	105	106	107	108	109	110
E	D	C	B	A	B	A	C	D	E
111	112	113	114	115					
D	E	C	A	C					

पर्यायवाची

1	2	3	4	5	6	7	8	9	10
D	C	D	D	A	D	C	B	D	D
11	12	13	14	15	16	17	18	19	20
A	D	A	A	C	A	D	C	A	B
21	22	23	24	25	26	27	28	29	30
A	C	B	B	A	A	A	D	B	D
31	32	33	34	35	36	37	38	39	40
B	D	C	C	C	A	D	A	D	D
41	42	43	44	45	46	47	48	49	50
C	C	D	C	A	A	C	D	C	A
51	52	53	54	55	56	57	58	59	60
D	C	A	D	A	D	A	D	C	D
61	62	63	64	65	66				
D	D	B	C	B	A				

विलोमार्थी शब्द

1	2	3	4	5	6	7	8	9	10
C	B	A	B	D	A	D	A	A	A
11	12	13	14	15	16	17	18	19	20
C	D	B	A	C	D	C	A	B	C
21	22	23	24	25	26	27	28	29	30
D	B	B	B	D	C	C	C	A	C
31	32	33	34	35	36	37	38	39	40
D	A	C	B	A	D	B	A	B	A
41	42	43	44	45	46	47	48	49	50
C	A	A	C	B	D	B	A	D	C
51	52	53	54	55	56	57	58	59	60
B	C	A	B	D	A	C	C	C	A
61	62	63	64	65	66	67	68	69	70
D	D	A	A	C	B	D	C	B	B
71	72	73	74	75					
A	B	A	D	A					

वाक्यों की शुद्धता

1	2	3	4	5	6	7	8	9	10
A	A	B	C	C	B	D	A	B	A
11	12	13	14	15	16	17	18	19	20
A	B	C	B	C	D	C	C	B	A
21	22	23	24	25	26	27	28	29	30
B	A	C	C	D	A	A	A	C	C
31	32	33	34	35	36	37	38	39	40
D	D	B	B	C	B	C	D	A	C

41	42	43	44	45	46	47	48	49	50
A	E	A	D	A	D	C	B	A	D
51	**52**	**53**	**54**	**55**	**56**	**57**	**58**	**59**	**60**
C	B	C	A	B	D	A	C	C	D
61	**62**	**63**	**64**	**65**	**66**	**67**	**68**	**69**	**70**
C	A	C	C	B	D	D	D	C	B
71	**72**	**73**	**74**	**75**	**76**	**77**	**78**	**79**	**80**
C	C	C	B	A	A	B	D	C	A

वाक्यांश के लिए एक शब्द

1	2	3	4	5	6	7	8	9	10
D	C	D	A	B	B	D	D	C	A
11	**12**	**13**	**14**	**15**	**16**	**17**	**18**	**19**	**20**
D	D	D	C	D	B	D	A	A	D
21	**22**	**23**	**24**	**25**	**26**	**27**	**28**	**29**	**30**
C	B	B	D	C	A	B	D	C	D
31	**32**	**33**	**34**	**35**	**36**	**37**	**38**	**39**	**40**
D	B	D	A	C	A	D	D	A	A
41	**42**	**43**	**44**	**45**	**46**	**47**	**48**	**49**	**50**
C	D	B	C	D	C	C	D	D	C
51	**52**	**53**	**54**	**55**	**56**	**57**	**58**	**59**	**60**
B	C	A	D	B	A	C	A	B	A
61	**62**	**63**	**64**	**65**	**66**	**67**	**68**	**69**	**70**
C	D	D	B	C	C	D	C	A	C
71	**72**	**73**	**74**	**75**					
A	D	D	B	B					

मुहावरा एवं लोकोक्तियाँ

1	2	3	4	5	6	7	8	9	10
C	D	B	A	A	D	A	C	B	A
11	**12**	**13**	**14**	**15**	**16**	**17**	**18**	**19**	**20**
D	A	D	B	A	A	D	B	D	C
21	**22**	**23**	**24**	**25**	**26**	**27**	**28**	**29**	**30**
B	D	D	B	B	C	D	B	C	C
31	**32**	**33**	**34**	**35**	**36**	**37**	**38**	**39**	**40**
B	D	D	C	B	B	B	A	B	C
41	**42**	**43**	**44**	**45**	**46**	**47**	**48**	**49**	**50**
A	D	C	C	D	D	C	B	B	D
51	**52**	**53**	**54**	**55**	**56**	**57**	**58**	**59**	**60**
B	C	C	B	A	C	A	D	C	D
61	**62**	**63**	**64**	**65**					
B	B	A	C	B					

❑❑❑

हिन्दी साहित्य

हिन्दी साहित्य का इतिहास

पूर्वपीठिका

अतीत के किसी भी तथ्य, तत्त्व एवं प्रवृत्ति के वर्णन, विवरण, विवेचन व विश्लेषण को, जो कि कालविशेष या कालक्रम की दृष्टि से किया गया हो, इतिहास कहा जा सकता है।

यद्यपि उन्नीसवीं शती से पूर्व विभिन्न कवियों और लेखकों द्वारा अनेक ऐसे ग्रंथों की रचना हो चुकी थी जिनमें हिंदी के विभिन्न कवियों के जीवनवृत्त एवं कृतित्व का परिचय दिया गया है, जैसे : 'चौरासी वैष्णवन की वार्ता', 'दो सौ बावन वैष्णवन की वार्ता', 'भक्तिमाल', 'कविमाला', 'कालिदास हजारा' आदि; किंतु इनमें कालक्रम, सन्-सवंत् आदि का अभाव होने के कारण इन्हें 'इतिहास' की संज्ञा नहीं दी जा सकती। वस्तुतः अब तक की जानकारी के अनुसार, हिंदी साहित्य के इतिहास-लेखन का सबसे पहला प्रयास एक फ्रेंच विद्वान **गार्सा द तॉसी** का ही समझा जाता है, जिन्होंने फ्रेंच भाषा में 'इस्त्वार द ला लितरेत्युर ऐन्दुई ऐ ऐन्दुस्तानी' ग्रंथ लिखा, जिसमें हिंदी और उर्दू के अनेक कवियों का विवरण वर्णक्रमानुसार दिया गया है। इसका प्रथम भाग 1839 में तथा द्वितीय 1847 ई. में प्रकाशित हुआ था।

तॉसी की परंपरा को आगे बढ़ाने का श्रेय **शिवसिंह सेंगर** को है, जिन्होंने 'शिवसिंह सरोज' (1883) में लगभग एक सहस्र भाषा-कवियों का जीवनचरित उनकी कविताओं के उदाहरण सहित प्रस्तुत करने का प्रयास किया है। कवियों के जन्मकाल, रचनाकाल आदि के संकेत भी दिये गये हैं, यह दूसरी बात है कि वे संकेत बहुत विश्वसनीय नहीं हैं। इतिहास के रूप में इस ग्रंथ का भी महत्त्व अधिक नहीं है, किंतु फिर भी इसमें उस समय तक उपलब्ध हिंदी कविता संबंधी ज्ञान को संकलित कर दिया गया है।

सन् 1888 में एशियाटिक सोसायटी ऑफ बंगाल की पत्रिका के विशेषांक के रूप में **जार्ज ग्रियर्सन** द्वारा रचित ' द मॉडर्न वर्नेक्युलर लिटरेचर ऑफ हिंदुस्तान' का प्रकाशन हुआ, जो नाम से 'इतिहास' न होते हुए भी सच्चे अर्थ में हिंदी साहित्य का पहला इतिहास कहा जा सकता है।

मिश्रबंधुओं द्वारा रचित 'मिश्रबंधु-विनोद' चार भागों में विभक्त है, जिसके प्रथम तीन भाग 1913 ई. में प्रकाशित हुए तथा चतुर्थ भाग 1934 ई. में प्रकाशित हुआ। मिश्रबंधुओं ने अपने ग्रंथ को 'इतिहास' की संज्ञा न देते हुए भी भरसक इस बात का यत्न किया कि यह एक आदर्श इतिहास सिद्ध हो। इसे परिपूर्ण एवं सुव्यवस्थित बनाने के लिए उन्होंने एक ओर तो इसमें लगभग पांच हजार कवियों को स्थान दिया है तथा दूसरी ओर इसे आठ से भी अधिक काल-खंडों में विभक्त किया है।

हिंदी साहित्येतिहास की परंपरा में सर्वोच्च स्थान **आचार्य रामचंद्र शुक्ल** द्वारा रचित 'हिंदी साहित्य का इतिहास' (1929) को प्राप्त है, जो मूलतः नागरीप्रचारिणी सभा द्वारा प्रकाशित 'हिंदी-शब्द-सागर' की भूमिका के रूप में लिखा गया था तथा जिसे आगे परिवर्द्धित एवं विस्तृत करके स्वतंत्र पुस्तक का रूप दे दिया गया।

वस्तुतः आचार्य शुक्ल ने इतिहास के मूल विषय को आरम्भ करने के पूर्व ही हिन्दी साहित्य के 900 वर्षों (आदिकाल से लेकर छायावादी युग तक) के इतिहास को चार सुस्पष्ट काल-खंडों में विभक्त किया जो सच्चे अर्थों में साहित्य का इतिहास प्रतीत होता है। इसके बाद उन्हीं के अनुकरण पर अनेक इतिहास ग्रंथ लिखे गए, जिनमें कुछ प्रमुख निम्नांकित हैं–

1. इस्तवार द ला लितरे-त्यूर ऐन्दुई ऐन्दुस्तानी – फ्रेंच विद्वान गार्सा दा तासी, फ्रेंच भाषा में 1839 ई॰ में प्रथमतः प्रकाशित।
2. द माडर्न वर्नाक्यूलर लिटरेचर ऑफ हिन्दुस्तान – जार्ज ग्रियर्सन, सन् 1888
3. मिश्रबंधु विनोद-मिश्रबंधु-प्रथम तीन भाग 1913 में चतुर्थ भाग – 1934 में
4. शिवसिंह सरोज-शिवसिंह सेंगर – 1873
5. हिन्दी साहित्य का इतिहास-आ॰ रामचंद्र शुक्ल-1929 ना.प्र.स॰ वाराणसी
6. हिन्दी साहित्य की भूमिका–आ॰ हजारी प्रसाद द्विवेदी
7. हिन्दी साहित्य : उद्‌भव और विकास – हजारी प्रसाद द्विवेदी
8. हिन्दी साहित्य का आदिकाल – हजारी प्रसाद द्विवेदी
9. हिन्दी साहित्य का आलोचनात्मक इतिहास – डॉ॰ रामकुमार वर्मा – 1938
10. हिन्दी साहित्य का वृहत् इतिहास – नागरी प्रचारिणी सभा, 1961
11. हिन्दी साहित्य – डॉ॰ धीरेन्द्र वर्मा
12. हिन्दी साहित्य का इतिहास – सं॰ नगेन्द्र
13. राजस्थानी साहित्य की रूपरेखा–मोतीलाल मनेरिया, 1939
14. जैन इतिहास की पूर्व पीठिका तथा हमारा अभ्युत्थान् – हीरालाल जैन, 1939
15. Modern Hindi Literature–डॉ॰ इन्द्रनाथ मदान, 1939
16. A Scatch of Hindi Lit. – Adwin Greeks, 1917
17. A History of Hindi Lit. – एफ. इ. के. महोदय, 1920
18. हिन्दी भाषा और साहित्य – श्यामसुंदर दास, 1930
19. हिन्दी भाषा और उसके साहित्य का विकास – अयोध्या सिंह उपाध्याय, 1930
20. हिन्दी साहित्य का विवेचनात्मक इतिहास – सूर्यकांत शास्त्री, 1930
21. हिन्दी साहित्य का इतिहास–रमाशंकर शुक्ल रसाल, 1931
22. आधुनिक हिन्दी साहित्य का इतिहास – कृष्ण शंकर शुक्ल, 1934
23. हिन्दी साहित्य का अतीत – डॉ॰ विश्वनाथ प्रसाद मिश्र, 1960
24. हिन्दी साहित्य का संक्षिप्त इतिहास – डॉ. विश्वनाथ त्रिपाठी, 1985
25. हिन्दी साहित्य और संवेदना का विकास – रामस्वरूप चतुर्वेदी
26. हिन्दी साहित्य का दूसरा इतिहास – बच्चन सिंह

काल विभाजन और नामकरण

सामान्यतः इतिहास के लेखन में विद्वानों के काल विभाजन के लिए निम्नलिखित आधार रहे हैं–

1. ऐतिहासिक कालक्रम
2. शासक और उनका शासन काल
3. लोकनायक एवं उनका प्रभाव
4. साहित्यिक नेता एवं उसकी प्रभाव-परिधि

5. राष्ट्रीय, सामाजिक एवं सांस्कृतिक आन्दोलन
6. साहित्यिक प्रवृत्ति

सामान्यतः काल विभाजन का आधार निम्नानुसार होना चाहिए–

1. काल विभाजन साहित्यिक प्रवृत्तियों और आदर्शों में समानता के आधार पर
2. कालों का नामकरण मूल साहित्य-चेतना को आधार मानकर साहित्यिक प्रवृत्ति के अनुसार
3. कालों का सीमांकन मूल प्रवृत्तियों के आरम्भ और अवसान के अनुसार

इस लक्ष्य को आधार मान कर हिंदी साहित्य का कालविभाजन तथा नामकरण सामान्यतः इस प्रकार किया जा सकता है:

आदिकाल : सातवीं शती के मध्य से चौदहवीं शती के मध्य तक।

भक्तिकाल : चौदहवीं शती के मध्य से सत्रहवीं शती के मध्य तक।

रीतिकाल : सत्रहवीं शती के मध्य से उन्नीसवीं शती के मध्य तक।

आधुनिक काल : उन्नीसवीं शती के मध्य से अब तक:

1. पुनर्जागरणकाल (भारतेंदुकाल) 1857–1900 ई.
2. जागरणसुधारकाल (द्विवेदीकाल) 1900–1918 ई.
3. छायावादकाल 1918–1938 ई.
4. छायावादोत्तरकाल
   (क) प्रगति-प्रयोगकाल 1938–1953 ई.
   (ख) नवलेखनकाल 1953 ई. से अब तक

आचार्य शुक्ल का काल विभाजन

हिन्दी काव्य साहित्य का प्रारम्भ सामान्यतया 11वीं शताब्दी से माना जाता है। यद्यपि इससे पूर्व भी काव्य ग्रंथों की रचना हुई थी, लेकिन अधिकांश विद्वान उन्हें अपभ्रंश की रचनायें मानते हैं, हिन्दी की नहीं। 11वीं शताब्दी से लेकर अब तक हिन्दी काव्य की धारा स्वाभाविक गति से प्रवाहमान रही है। इस सम्पूर्ण काल का व्यवस्थित व क्रमबद्ध इतिहास उपलब्ध है।

11वीं शताब्दी से अब तक की अवधि को आचार्य रामचन्द्र शुक्ल ने चार कालों में विभाजित किया है: (1) वीरगाथा काल, (2) भक्ति काल (3) रीति काल और (4) आधुनिक काल। इनका समय इस प्रकार है:

वीरगाथा काल – (सं. 1050 से 1375 तक)
भक्ति काल – (सं. 1375 से 1700 तक)
रीति काल – (सं. 1700 से 1900 तक)
आधुनिक काल – (सं. 1900 से अब तक)

आचार्य शुक्ल ने उपरोक्त काल विभाजन, काल विशेष की रचनाओं की मुख्य प्रवृत्तियों के आधार पर किया है। किसी विशेष काल में जिस विशेष ढंग की रचनाओं की प्रचुरता रही, उसी के आधार पर उन्होंने उस काल का नामकरण किया। उदाहरण के लिए जिस काल में वीरों की गाथायें अधिक लिखी गईं, उसे उन्होंने वीरगाथा काल कहा। जिस काल में भक्ति की रचनाओं की प्रचुरता रही, उसे उन्होंने भक्ति काल का नाम दिया। इसी प्रकार जिस काल में रीति ग्रंथ अधिक लिखे गये, उस काल का नाम उन्होंने रीति काल रखा। आधुनिक विचारों, समस्याओं तथा नए अलंकारों, प्रतीकों, नए प्रयोगों और नई अभिव्यक्ति प्रणालियों से समृद्ध साहित्य वाले काल को उन्होंने आधुनिक काल की संज्ञा प्रदान की।

आदिकाल

वीरगाथा काल को आदि काल भी कहा जाता है। इस काल में भारत का राजनैतिक वातावरण अशान्त था। देश पर बाहर से आक्रमण हो रहे थे। देश के भीतर कोई शक्तिशाली केन्द्रीय सत्ता नहीं थी। अनेक छोटे-छोटे शासक थे, जिनके बीच पारस्परिक ईर्ष्या-द्वेष था। वे आपस में लड़ते भी रहते थे। अतः देश की राजसत्ता निरन्तर क्षीण होती जा रही थी।

जब देश में युद्ध और संघर्ष का वातावरण हो, तो स्वाभाविक ही था कि इस काल के कवि वीर रस की कवितायें लिखते। यद्यपि इस काल की रचनाओं में वीररस की प्रधानता थी, किन्तु शृंगार रस की भी उनमें प्रचुर मात्रा थी। कवियों ने जहां किसी राजा (प्रायः अपने आश्रयदाता) की वीरता, उसके यश और शौर्य का अतिशयोक्तिपूर्ण वर्णन किया है, वहीं वे राजकुमारियों के सौन्दर्य का सुन्दर अंकन करने में भी नहीं चूके हैं। अतः इस काल की कविता का सामान्य विषय है– किसी राजकुमारी के रूप पर किसी राजा का आसक्त होना; उसी राजकुमारी को लेकर दोनों पक्षों के बीच युद्ध होना। इन परिस्थितियों में कवियों को राजाओं के पराक्रम, शौर्य प्रशस्ति और राजकुमारियों के शृंगार, उनके स्वयंवर व हरण का विस्तृत एवं अतिरंजित वर्णन करने का सुअवसर मिला। अतः इस काल के कवियों की रचनायें वीर और शृंगार रस से परिपूर्ण हैं जिनमें वीर रस प्रधान है और शृंगार रस गौण है।

वीरगाथा काल की कविता युद्ध के उन्माद, खड्गों की झनकारों और विजय की हुंकारों की कविता है। अतः इसमें ओजपूर्ण शब्दावली की भरमार है।

सम्पूर्ण वीर गाथा काल की रचनाओं की गणना करना यहां आवश्यक नहीं है, किन्तु उपलब्ध साहित्य का सामान्य परिचय दिया जाता है।

इस काल की रचनायें दो रूप में मिलती हैं:– (*i*) प्रबन्ध काव्य के रूप में, और (*ii*) मुक्तक रूप में। मुक्तक रचनायें सामान्यतया वीर गीत हैं।

वीरगाथा काल का सबसे प्राचीन ग्रंथ 'खुमान रासो' है। इसका रचयिता दलपति विजय था। इस काल का सबसे प्रसिद्ध काव्य 'पृथ्वीराज रासो' है, जिसके रचनाकार चन्दबरदाई थे, जो पृथ्वीराज के समकालीन थे। पृथ्वीराज रासो में दिल्ली के शासक पृथ्वीराज चौहान की गौरवगाथा है। यह काव्य बड़ी मार्मिक और ओजपूर्ण भाषा में है।

इसमें नायक के प्रेम पक्ष और शौर्य – दोनों का बड़ा सजीव और प्रभावोत्पादक वर्णन मिलता है। इस काल की एक [illegible] रचना 'आल्हा खण्ड' है। इसका लेखक जगनिक था। इस ग्रंथ में आल्हा और ऊदल की वीर-कथा का वर्णन है। यह बड़ी ओजस्वी रचना है। आजकल भी वर्षा ऋतु में देहातों में लोग बड़े उत्साह और उमंग से आल्हा गाते और सुनते हैं। नरपति नाल्ह रचित 'बीसलदेव रासो' नामक काव्य इस काल का एक अन्य प्रमुख ग्रंथ है। इसमें राजपूताना के राजा बीसलदेव की कीर्ति का वर्णन है। भट्ट केदार द्वारा लिखा गया 'जयचन्द प्रकाश' और मधुकर द्वारा रचित 'जय मयंक जस चन्द्रिका' इस काल के अन्य ग्रंथ हैं।

इस काल के अन्त के लगभग हमें दो अन्य कवियों की रचनायें मिलती हैं– अमीर खुसरो और विद्यापति। अमीर खुसरो ने पहेलियां और मुकरियां लिखी हैं और विद्यापति के शृंगार और भक्ति के गीतों का संग्रह पदावली में है। खुसरो की पहेलियों और मुकरियों में खड़ी बोली के प्रारम्भिक रूप का दर्शन होता है। विद्यापति की पदावली के गीतों पर मैथिली का प्रभाव है।

प्रमुख प्रवृत्तियाँ एवं विशेषताएँ

हिन्दी साहित्य का प्रथम काल जो वीरगाथा काल, आदिकाल, चारणकाल, संधिकाल आदि नामों से जाना जाता है, हिन्दी साहित्य का महत्त्वपूर्ण काल है। यह हिन्दी भाषा और हिन्दी काव्य का सूर्योदय काल है। इस काल की प्रमुख प्रवृत्तियाँ एवं विशेषताएँ निम्नलिखित हैं :–

आश्रयदाताओं की प्रशंसा : इस काल के कवियों ने अपने-अपने आश्रयदाताओं की बढ़-चढ़कर प्रशंसा की है। अपने आश्रयदाताओं को ऊँचा दिखाने के लिए इन्होंने अपनी पूरी ताकत खर्च कर दी है। स्वर्णमुद्रा के लोभ में इन कवियों ने राजाओं का झूठा यशोगान किया है। परिणामस्वरूप इस काल का साहित्य स्तुतिपरक होकर सिमट गया है।

ऐतिहासिकता का प्रभाव : इन रचनाओं में इतिहास प्रसिद्ध चरित्र नायकों को लिया गया है किन्तु उनका वर्णन ऐतिहासिक नहीं है। इनके कार्यकलापों की तिथियाँ इतिहास से मेल नहीं खातीं। इनमें इतिहास की अपेक्षा कल्पना की प्रधानता है। इनमें कवियों ने कल्पना और अतिरंजना का समिश्रण किया है।

संदिग्ध रचनाएँ : इस काल की रचनाओं की प्रामाणिकता संदिग्ध है। भाषा शैली और विषय वस्तु की दृष्टि से कई रचनाओं में व्यापक परिवर्तन मिलता है। लगता है, इन पुस्तकों में शताब्दियों तक परिवर्तन होने के कारण इनका वर्तमान स्वरूप संदिग्ध हो गया है।

युद्धों का सजीव वर्णन : इन ग्रंथों का मुख्य विषय युद्धों का वर्णन है। ये युद्ध वर्णन अत्यन्त सजीव हैं क्योंकि ये कवि राजाओं के साथ युद्ध भूमि में एक सैनिक की तरह भाग लेने वाले होते थे।

संकुचित राष्ट्रीयता : इस काल की रचनाओं में राष्ट्रीयता का पूर्ण अभाव है। इस काल के कवियों के आश्रयदाता ही उनके लिए राष्ट्र थे। राजाओं ने भी अपने सौ-पचास गाँवों को राष्ट्र समझ रखा था। यह देश का दुर्भाग्य था। राजाओं का आपसी संघर्ष ही राष्ट्रीयता के अभाव का प्रतीक है।

वीर और शृंगार रस : इन वीर गाथाओं में वीर तथा शृंगार रस का अच्छा समन्वय दिखाई पड़ता है। उस समय बालक से वृद्ध तक में युद्ध का उत्साह था। उस समय प्रचलित था–

बारह बरस तक कुकुर जीये, और तेरह तक जिये सियार।
बरस अठारह क्षत्रिय जीयै आगे जीवन को धिक्कार।।

युद्धों का कारण प्रायः सुन्दरियां होती थीं। अतः उनका नख-शिख-वर्णन करके राजाओं के मन में प्रेम जगाया जाता था। इस समय का शृंगार वासना से ऊपर नहीं उठ पाया था।

जन-जीवन के चित्रण का अभाव : इस काल के कवियों ने अपने आश्रयदाताओं की झूठी प्रशंसा में जन-जीवन को भुला दिया है।

काव्य के दो रूप : इस काल में मुक्तक तथा प्रबन्ध दोनों प्रकार की रचनाएँ मिलती हैं। जैन-साहित्य में चरित्र साहित्य, पुराण साहित्य, रामकाव्य, कृष्ण काव्य, रोमांटिक काव्य अधिक मिलते हैं। लोक-साहित्य गीति शैली में लिखे गए हैं।

विविध छन्दों का प्रयोग : छन्दों की विशेषता के लिए यह काल सर्वोपरि है। दोहा, रोला, तोटक, तोमर, आर्या आदि इस काल के प्रसिद्ध छन्द हैं। ये छन्द प्रयोग चमत्कार प्रदर्शन से युक्त हैं।

भाषा : इस काल की मुख्य भाषा 'डिंगल' भाषा है। यह भाषा उस समय राजस्थान की साहित्यिक भाषा थी। कुछ लोग इस भाषा को अपभ्रंश भाषा कहते हैं। जैन साहित्य पश्चिमी अपभ्रंश और सिद्ध साहित्य पूर्वी अपभ्रंश में लिखा गया है। वीर काव्य डिंगल-पिंगल में लिखे गए हैं। लौकिक काव्य पिंगल और खड़ी बोली की ओर उन्मुख है।

अन्तर्विरोध : आदिकाल अन्तर्विरोध, मतभेद और विभिन्नताओं का काल है। इसमें पूर्व और पश्चिम का भी भेद है। पश्चिम का साहित्य रूढ़िगत है। इसमें राजाओं की झूठी प्रशंसा है, शृंगारिकता रचनाओं में घोली गई है और मिथ्या नैतिकता का प्रचार किया गया है। पूर्व का साहित्य इसके विपरीत है। इसमें रूढ़ियों का विरोध, ब्राह्मणवाद और जातिभेद पर प्रहार है। इस काल के कवि के एक काव्य में अन्तर्विरोध खोजा जा सकता है। विद्यापति इसी काल के कवि हैं जो शैव भी हैं और वैष्णव भी। वे भक्त भी हैं और शृंगारी भी।

रासक शैली की प्रधानता : आदिकाल में जितने भी काव्य मिलते हैं उनमें अधिकांश की शैली 'रासक' शैली है। रासक गेय रूपक को कहते हैं। इन्हें ताल और लय के अनुसार नाच-नाच कर गाया जाता है। इस काल के रचना ग्रंथों में 'रासो' शब्द जुड़ा हुआ मिलता है। चन्दवरदाई, दलपति विजय, नरपतिनाल्ह, जगनिक आदि इस काल के प्रमुख कवि हैं उनकी श्रेणी में विद्यापति सर्वश्रेष्ठ हैं।

राहुल जी तथा अन्य अनेक विद्वान आदिकाल का आरम्भ सरहपा (हिन्दी के प्रथम कवि, 769 ई॰) से मानते हैं जिसे मानना उचित भी है। अपभ्रंश की साहित्यिक परम्परा पहले से ही चली आ रही थी और आदिकाल में हिन्दी के समान्तर लम्बे समय तक चलती रही। हम इस अध्याय में आदिकाल की समय-सीमा में रची गयी प्रमुख अपभ्रंश-रचनाओं का भी परिचय देंगे।

प्राकृत-/संस्कृत-/अपभ्रंश के लेखक –

1. **हेमचन्द्र (1088-1197)** – ने प्राकृत का व्याकरण 'सिद्ध हेमचन्द्र शब्दानुशासन' नाम से रचा। इसमें अपभ्रंश-रचनाओं से दोहे उद्धृत किये गये हैं। हेमचन्द्र जैन मुनि थे। इनकी अन्य रचनाएं हैं – 'कुमारपालचरित' तथा 'देशीनाम माला'।
2. **जैनाचार्य मेरूतुंग** – ने 'प्रबन्धचिन्तामणि' की रचना संस्कृत में की।
3. **सोमप्रभ सूरि** – की रचना है 'कुमारपाल प्रतिबोध'।
4. **प्राकृत पैंगलम्** – का रचनाकार अज्ञात है। इसमें प्राकृत और अपभ्रंश की स्फुट रचनाएं संग्रहित हैं। यह छंदशास्त्र संबंधी पुस्तक है। आचार्य शुक्ल ने इसमें मिले आठ छंदों के आधार पर ही 'हम्मीर रासो' के अस्तित्व का पता लगाया था तथा उसका रचयिता शार्डगंधर को बताया था। राहुल जी ने 'हम्मीर रासो' को जज्वल कवि की रचना बताया; परन्तु शुक्ल जी का मत ही सही लगता है।

अपभ्रंश साहित्य के प्रमुख कवि/रचनाएं –

वैय्याकरण ने 'अपभ्रंश भाषा' शब्द का उल्लेख किया था। आदि काल की समय सीमा में आने वाले अपभ्रंश भाषा के प्रमुख कवि नीचे दिये जा रहे हैं:

1. **कवि स्वयंभू (कर्नाटक, 783 ई॰ लगभग)** – की रचना 'पउमचरिउ' में राम के चरित्र का विस्तार से वर्णन है। इनकी अन्य कृतियां हैं – 'रिट्ठणेमि चरिउ', 'पंचमी चरिउ', 'स्वयंभू छन्द', 'हरिवंश पुराण'।

2. **पुष्पदंत** (10वीं सदी) शैव थे, बाद में जैन हो गये। इनकी रचना 'महापुराण' में 63 महापुरुषों का चरित्र है। अन्य रचनाएं हैं – 'णयकुमारचरिउ', 'जसहरचरिउ', 'हरवंशपुराण'।
3. **धनपाल** (10वीं सदी) की रचना 'भविसयत कहा' में एक वणिक की कथा में मनुष्य के हृदय की मार्मिक अभिव्यक्ति है।
4. **अद्दहमाण या अब्दुर्रहमान** की श्रृंगारिक रचना 'संदेशरासक' (खण्डकाव्य) में विक्रमपुर की एक वियोगिन की विरह कथा है।
5. **जिनदत्त सूरि** का 'उपदेशरसायन रास' एक नृत्यगीत (रासलीला) काव्य है।
6. **जोइन्दु कवि** की रचनाएं 'परमात्म प्रकाश' तथा 'योगसार' से अपभ्रंश में 'दोहा-काव्य' आरम्भ होता है।
7. **रामसिंह** (11वीं सदी) की रचना 'पाहुड दोहा' में इन्द्रियनिग्रह, त्याग एवं ज्ञान आदि की चर्चा है।
8. **कनकामर मुनि** की रचना है 'करकंडचरिउ'।
9. **विनय चन्द्र सूरि** की रचना 'नेमिनाथ चउपई' में पहली बार बारहमासा मिलता है।
10. **हरिभद्र सूरि** 'नेमिनाथ चरिउ'।

स्मरणीय है कि अपभ्रंश में रामकथा 'पउमचरिउ', 'पउचरियम्' या 'पउमपुराण' जैसे नाम वाले ग्रन्थों में कही गयी है जबकि कृष्णकथा 'हरिवंश पुराण' में।

हिन्दी साहित्य

1. **सिद्ध साहित्य :** सिद्धों की संख्या 84 बतायी जाती है जिनका समय 8वीं से 12वीं सदी तक फैला है। सिद्ध बौद्धधर्म के परवर्ती स्वरूप में वज्रयानी शाखा से सम्बन्धित थे, जिसका स्वरूप आगे गुह्य और विकृत होता चला गया। सिद्धों ने ही 'महासुखवाद' का प्रवर्तन किया।

   प्रथम सिद्ध सरहपाद हिन्दी के प्रथम कवि माने जाते हैं (राहुल जी के अनुसार)। इनके अन्य नाम हैं – सरहपा, सरोरूहपाद, सरोजवज्र। सरहपा ने सहजयान का प्रवर्तन किया। इनका समय राहुलजी ने 769 ई॰ माना है।

   सिद्धों ने नैरात्म्य भावना, कायासाधना, सहज, शून्य तथा समाधि की भिन्न-भिन्न अवस्थाओं का वर्णन किया है। इन्होंने ब्राह्मणवाद, जाति-पाति तथा झूठे आचारों का तीव्र खंडन किया है।

   सिद्धों की भाषा संधा-भाषा है जिसमें प्रतीकों के माध्यम से अंतस्साधनात्मक अनुभूतियों का संकेत होता है। सिद्धों ने चर्यापद (अनुष्ठान गीत) तथा दोहे रचे हैं। अन्य प्रमुख सिद्ध हैं – कण्हपा, लुईपा, शबरपा, डोम्भिपा। (रचनाएं 'डोम्बि-गीतिका तथा अक्षरद्विकोपदेश')।

   म॰म॰ हरप्रसाद शास्त्री ने कुछ सिद्धों के चर्यागीतों और दोहाकोशों का 'बौद्धगान ओ दोहा' नाम से सन् 1917 में संपादन किया। प्रबोधचन्द्र बागची ने 'दोहाकोश' नाम से सिद्धों के दोहों को छपवाया। राहुल जी ने भी 'हिन्दी काव्यधारा' शीर्षक से चर्यापदों और दोहों का एक संकलन संपादित किया।

2. **नाथ साहित्य** – सिद्धों तथा नाथों में बहुत समानता है और केवल थोड़ा सा अन्तर। नाथ ब्रह्मचर्य और योगाभ्यास पर बल देते थे, जबकि सिद्ध कायासाधना पर। नाथों की संख्या 9 मानी जाती है। नाथ साहित्य के प्रारम्भकर्ता गोरखनाथ हैं जिनके गुरु मछंदरनाथ (मत्स्येन्द्रनाथ) एक सिद्ध थे। गोरखनाथ ने पतंजलि के योग को आधार बनाकर 'हठयोग' का प्रवर्तन किया।

   राहुल जी तथा हजारी प्रसाद द्विवेदी गोरखनाथ को दसवीं सदी का मानते हैं जबकि शुक्ल जी 13वीं सदी का। शुक्ल जी ने गोरखनाथ की दस हिन्दी पुस्तकों का उल्लेख किया है। डा॰ पीताम्बर दत्त बडथ्वाल ने गोरखनाथ की 40 रचनाएं मानी हैं। प्रमुख हैं– 'सबदी', 'पद', 'प्राणसंकली'। डा॰ बडथ्वाल ने सर्वप्रथम गोरख की बानियों का संग्रह 'गोरखबानी' (1930) नाम से छपवाया।

3. **जैन साहित्य** – जैन साहित्य मूलतः धार्मिक काव्य है, परन्तु उसमें काव्यत्व भी है। जैन साहित्य की रचना में आचार, रास, फागु, चरित आदि विभिन्न शैलियां मिलती हैं। हिन्दी में रचित जैन साहित्य की प्रमुख रचनाएं ये हैं–

   क. श्रावकाचार (933 ई॰) – एक ग्रन्थ के रूप में हिन्दी की प्रथम रचना है। इसमें 250 दोहों में 'देवसेन' ने श्रावक-धर्म का प्रतिपादन किया है। देवसेन की अन्य रचनाएं हैं – 'दब्ब–सहाव–पयास' (= द्रव्यस्वभावप्रकाश; अपभ्रंश में रचित), लघुनयचक्र, (हिन्दी) 'दर्शनसार' (हिन्दी)।

   ख. भरतेश्वर-बाहुबली रास – शालिभद्र सूरि रचित 205 छन्दों का खण्डकाव्य है। मुनि जिनविजय ने इसे जैनधर्म की रास परम्परा का पहला ग्रन्थ माना है। इसमें भरतेश्वर और बाहुबली का चरित वर्णन है।

   ग. चन्दनबाला रास – में आसुग, कवि ने चन्दनबाला का चरितवर्णन किया है। इनकी अन्य रचनाएं हैं : 'जीवदया रास'।

   घ. स्थूलिभद्र रास – में जिन धर्म सूरि ने स्थूलिभद्र और कोशा वेश्या की कथा कही है।

   ङ. रेवन्तगिरि रास – में विजयसेन सूरि ने तीर्थकंर नेमिनाथ की प्रतिमा तथा रेवंतगिरि तीर्थ का वर्णन किया है।

   च. नेमिनाथ रास – में सुमति गणि ने 58 छन्दों में नेमिनाथ का चरित वर्णन किया है।

4. **रासो-साहित्य** – 'रासो' शब्द की उत्पत्ति आचार्य शुक्ल 'रसायण' से तथा हजारी प्रसाद द्विवेदी 'रासक' से मानते हैं।

   क. खुम्माण रासो – रचयिता 'दलपति विजय'।

   ख. रणमल्ल छंद (1397 ई॰) – रचयिता 'श्रीधर'।
   (अनेक विद्वान् इसे आदिकाल में रचित न मानकर परवर्ती मानते हैं)

   ग. विजयपाल रासो – का रचयिता 'नल्ल सिंह' नामक कवि है। इसमें विजयपाल के पंग राजा से हुए युद्ध का वर्णन है। मिश्रबन्धुओं ने इसे यद्यपि 14वीं सदी की रचना कहा है लेकिन प्रायः सभी विद्वान् इसे आदिकाल से परवर्ती रचना मानते हैं।

   घ. बीसलदेव रासो – इसमें भोज परमार की पुत्री राजमती और अजमेर के चौहान राजा बीसलदेव तृतीय के विवाह, वियोग और पुनर्मिलन की कथा है। इसकी भाषा राजस्थानी हिन्दी है। रचयिता का नाम 'नरपति नाल्ह' है।

   ङ. परमाल रासो – इसे आल्ह खंड भी कहते हैं। इसके रचयिता 'जगनिक' कवि हैं। यह मौखिक परम्परा में इतना लोकप्रिय है कि

'आल्हा' लोकगीत की एक शैली बन गया है। यह पूरा का पूरा 'वीर' छन्द में है।

च. पृथ्वीराज रासो – राजस्थानी पिंगल (डिंगल मिश्रित पिंगल) शैली में लगभग 68 प्रकार के छन्दों में रचित यह ग्रन्थ हिन्दी का प्रथम महाकाव्य है। इस तरह 'चन्द' हिन्दी के प्रथम महाकवि ठहरते हैं।

5. लौकिक साहित्य –

क. ढोला-मारु-रा दूहा – कल्लोल कवि (कुशललाभ) द्वारा रचित यह ग्रन्थ शृंगारकाव्य है। कुछ लोग इसे आदि काल की समय सीमा (11वीं सदी) में रचित मानते हैं और कुछ लोग परवर्ती (भक्तिकाल में)। इसमें नरवर देश के राजकुमार ढोला (दूल्हा) और पूगल देश की राजकुमारी मारवणी के विवाहोत्तर प्रेम और विरह का मार्मिक निरुपण है। भाषा पुरानी राजस्थानी है तथा पूरी रचना दोहा, छन्द में है।

ख. बसन्त विलास – इसके रचयिता का पता नहीं चल सका है। इसमें 84 दोहों में प्रकृति और नारी पर बसन्त के मादक प्रभाव का मनोहारी चित्रण है। सर्वप्रथम 1952 में हाजी मुहम्मद स्मारक से यह रचना प्रकाशित हुई। केशवलाल हर्षदराय ध्रुव इसके प्रथम संपादक थे।

ग. 'जयचन्द प्रकाश' एवं 'जयमयंक जसचन्द्रिका' – 'जयचन्द प्रकाश' का रचयिता 'भट्ट केदार' हैं तथा 'जयमयंक जसचन्द्रिका' का रचयिता 'मधुकर' कवि। दोनों ही रचनाएं अप्राप्त हैं तथा दोनों का उल्लेख सिंघायच दयाल दास कृत 'राठौडॉ री ख्यात' में मिलता है। दोनों में पृथ्वीराज के शत्रु राजा जयचन्द की महिमा का वर्णन है।

घ. खड़ी बोली हिन्दी के प्रथम कवि 'अमीर खुसरो' (1253-1325) – खुसरो के गुरु ख्वाजा निजामुद्दीन औलिया थे। अमीर खुसरो ने फारसी और खड़ी बोली दोनों में प्रभूत मात्रा में रचना की है। इनके ग्रन्थों में 'खालिकबारी', 'पहेलिया', 'मुकरिया', 'गज़ल' एवं 'दो सुखने' प्रसिद्ध हैं।

ङ. मैथिल कोकिल 'विद्यापति (1360-1448) – विद्यापति का जन्म मिथिला के जिला दरभंगा (ग्राम बिसफी) में हुआ था। तिरहुत के राजा शिवसिंह के आश्रय में यह रहे। विद्यापति ने जयदेव (प. बंगाल) तथा चण्डीदास (बंगाल) की परम्परा में राधा-कृष्ण प्रेम की सरस अवतारणा की। उन्होंने संस्कृत, अपभ्रंश और मैथिली तीनों में रचना की है।

संस्कृत – शैवसर्वस्वसार, गंगावाक्यावली, भूपरिक्रमा, पुरुष परीक्षा, विभागसार, गोरक्षविजय नाटक आदि।

देशभाषा मिश्रित अपभ्रंश – कीर्तिलता, कीर्तिपताका

मैथिली – पदावली, लिखनावली।

6. गद्य साहित्य –

क. राउलवेल – यह शिलांकित कृति है। इसके रचयिता 'रोडा' नामक कवि माने जाते हैं। यह चम्पूकाव्य की प्राचीनतम हिन्दी कृति है। इसमें राउल नायिका का नखशिख-सौन्दर्य-वर्णन किया गया है। यह हिन्दी का पहला नख-शिख वर्णन का काव्य है। इसका पाठ बम्बई के प्रिंस ऑफ वेल्स संग्रहालय से उपलब्ध कराकर प्रकाशित कराया गया है। भाषा अपभ्रंश है।

ख. उक्तिव्यक्ति प्रकरण – का रचयिता 'दामोदर भट्ट' है। सुनीति कुमार चटर्जी ने इसकी भाषा को प्राचीन कोसली (अवधी) कहा है।

ग. वर्णरत्नाकर – यह मैथिली की पहली गद्य रचना है। इसके लेखक ज्योतिरीश्वर ठाकुर हैं। यह ग्रन्थ आठ कल्लोलों (अध्यायों) में विभक्त है।

भक्तिकाल

वीरगाथा काल समाप्त होते-होते भारत पर विदेशी प्रभुत्व स्थापित हो चुका था। भारतीय पराधीन हो गए थे; लोगों को अनेक प्रकार के अपमान सहने पड़े। निराशा और हताशा की अवस्था में प्रभु का स्मरण और अवलम्ब स्वाभाविक था। अतः धर्म आन्दोलन आरम्भ हुए और भक्ति-भावनाओं से पूर्ण कविताएं लिखी गईं। कुछ कवियों ने इस काल में ऐसी कविताएं लिखीं; जिससे हिन्दुओं और मुसलमानों के बीच द्वेष की भावना समाप्त हो जाये और वे परस्पर मिलजुल कर रहने लगें। इन कवियों ने संकुचित धार्मिक दृष्टिकोण की निन्दा की; आडम्बर, ढोंग और दिखावे की कटु आलोचना की और यह बताने का प्रयास किया कि सब मनुष्य उसी परमात्मा की सन्तान हैं। उनका आशय था कि जाति-पाति और धर्म का भेद निरर्थक है। उन्होंने एकेश्वरवाद और संसार की नश्वरता का संदेश दिया।

भक्ति काल में लिखे गये काव्य को मोटे तौर पर दो भागों में बांटा गया है–(1) निर्गुण भक्ति काव्य और (2) सगुण भक्ति काव्य। इसी आधार पर इस काल के कवियों को भी हम निर्गुण धारा और सगुण धारा वाले कवियों में बांट सकते हैं। भक्ति काल की कविता का मुख्य विषय ईश्वर की आराधना और भक्ति था। ईश्वर के निर्गुण रूप की आराधना करने वाले निर्गुण धारा के और सगुण रूप की आराधना करने वाले सगुण धारा के कवि कहलाये।

निर्गुण धारा के कवियों में कबीर, नानक, सुन्दरदास, मलूकदास, रज्जब, जायसी, कुतबन और मंझन आदि के नाम उल्लेखनीय हैं। सगुण भक्ति धारा के कवियों में सूरदास, तुलसीदास, मीराबाई, नंददास, रसखान, ध्रुवदास आदि के नाम प्रमुख हैं।

प्रमुख प्रवृत्तियाँ एवं विशेषताएँ

हिन्दी साहित्य के भक्तिकाल को कुछ लोग पूर्व मध्यकाल और कुछ लोग उत्तर मध्यकाल या धार्मिक काल कहते हैं। भक्ति काल में विभिन्न परिस्थितियों पर नजर डालने की आवश्यकता है–

राजनीतिक परिस्थिति : मुहम्मद गोरी के आक्रमण के बाद से ही उत्तरी भारत का शासन मुसलमानों के हाथ में जा चुका था। मुसलमान शासकों की शासन पद्धति इस्लाम के सिद्धान्त पर आधारित थी। उसका शासन सामन्ती था। हिन्दू शासक कमजोर हो गए थे। हिन्दू शासकों में मुसलमान शासकों के विरुद्ध सिर उठाने की शक्ति नहीं रह गई थी। हिन्दुओं की आँखों के समक्ष उनके मंदिर गिराए जा रहे थे। उनके धार्मिक ग्रंथों की होली जलाई जा रही थी। फलतः इस्लामी राजनीति से पीड़ित और लांक्षित हिन्दुत्व किसी अजेय शक्ति का आश्रय ढूँढ रहा था।

सामाजिक परिस्थिति : मुसलमानों के प्रवेश और उनके द्वारा राजसत्ता हस्तगत कर लेने के परिणामस्वरूप इस्लाम की पताका फहराने लगी। हिन्दू अपने ही घर में विदेशी बन बैठे और मुसलमान विदेशी होकर हिन्दुस्तानी का गौरव प्राप्त कर लिए। हिन्दू-समाज के रक्त से इनकी आमोद-प्रमोद और वैभव-विलास की वाटिका सिंचित की गई। इस्लाम ने अपना द्वार खोल दिया था। जातियों, उपजातियों एवं नाना प्रकार के वर्गों में विभाजित हिन्दू जाति अपने ही पैरों में कुल्हाड़ी मारकर अपना गला घोंट रही थी।

धार्मिक परिस्थिति : धर्म के क्षेत्र में उन लोगों का प्रभुत्व था जो इस देश के जन-जीवन को राहु बनकर ग्रास बना लेना चाहते थे। धर्म की वास्तविक आत्मा समाप्त हो गई थी। व्यभिचार, जादू टोना, मंत्र का जाल फैलाकर हिन्दू धर्म को पतन की कीचड़ में डाल दिया गया था। रूढ़िवादियों एवं परम्परा के अंधभक्तों ने समाज की धर्म रूपी नौका को मझधार में छोड़ दिया गया था। धर्म ने जिनके ऊपर अपनी रक्षा का भार छोड़ दिया था वे ही धर्म को भ्रष्ट करने लगे थे।

साहित्यिक परिस्थितियाँ : जिन धार्मिक सम्प्रदायों ने संत काव्य की दार्शनिक पृष्ठभूमि तैयार की उन सम्प्रदायों की साहित्यिक प्रवृत्तियों का सन्त काव्य में स्वतः समावेश हो गया। भक्तिकाल की काव्यगत विशेषताओं को नीचे की सूची से समझा जा सकता है –

भक्ति काल की काव्यगत विशेषताएँ

काव्य-धारा	प्रमुख-कवि	विशेषताएँ
ज्ञानाश्रयी या ज्ञान मार्गी	कबीर	निर्गुण ब्रह्म की उपासना
शाखा (सन्त सम्प्रदाय)	धर्मदास	ईश्वर-प्राप्ति हेतु सद्गुरु आवश्यक
	रैदास	प्रायःकवि निम्न जाति के थे और जाति-पाँति का बन्धन नहीं मानते थे।
	गुरु नानक	रूढ़िवादिता, आडम्बर आदि का विरोध
	दादू दयाल	इस्लाम और वैदिक धर्म के समन्वय पर जोर
	सुन्दरदास	भक्ति और साधना की सफल अभिव्यक्ति परन्तु, काव्य शास्त्र के नियमों का निर्वाह नहीं।
	मलूक दास	वैयक्तिक साधनों पर जोर।
प्रेमाश्रयी या प्रेममार्गी	जायसी	लौकिकता के माध्यम से अलौकिकता का वर्णन
शाखा (सूफी सम्प्रदाय)	कुतुबन	भौतिक प्रेम कथाओं द्वारा ईश्वरीय प्रेम का चित्रण
	मंझन	गुरु का सर्वाधिक महत्त्व, फारसी की मसनवी शैली का प्रयोग, सम्पूर्ण जगत् एक ही ब्रह्म की अभिव्यक्ति है, जीव पति है और परमात्मा पत्नी।
राम-भक्ति शाखा	तुलसी	लोकहित पर सर्वाधिक जोर
	नामदास	समन्वय की भावना, हिन्दू जाति को एक सूत्र में बाँधने का प्रयास, कल्याण की भावना, कला पक्ष और भावपक्ष का उत्कृष्ट रूप
कृष्ण-भक्ति शाखा	सूरदास, नन्ददास	ब्रज भाषा का उत्कृष्ट रूप, मधुरता, सरसता
	परमानन्द दास	एवं रसात्मकता की सफल व्यंजना, शृंगार और वात्सल्य रस का वर्णन, कहीं-कहीं शृंगार का घोर वर्णन,
	कृष्णदास	राम-काव्य के समान यह हमारे सामने उच्च आदर्श नहीं रखता, लोक और शास्त्र-मर्यादा का बन्धन
	कुम्भनदास	अस्वीकार।

भक्तिकाल (हिन्दी साहित्य का स्वर्णयुग)

हिन्दी साहित्य के चार कालों में केवल भक्तिकाल को ही अपने सामाजिक, नैतिक, साहित्यिक मान्यताओं के कारण स्वर्णकाल कहा जा सकता है। आदिकाल में आश्रयदाताओं का प्रशस्ति गान हुआ है। युद्धों के भयानक नाद, तलवारों की झनझनाहट तथा तीरों की सनसनाहट के स्वर इस युग में तीव्र रहे हैं। इस युग का साहित्य केवल वीर तथा शृंगार रस तक सीमित है। हिन्दी का रीतिकाल वासना तथा विलासिता का कुंज है। आधुनिक काल साहित्यिक उपलब्धियों के होते हुए भी अपनी प्रवृत्तियों में नित्य परिवर्तनशील है। जबकि भक्तिकाल के साहित्य का उद्देश्य सर्व उत्थान है। तुलसी ने लिखा है–

"कीरति भनिति भूति भलि सोई,
सुरसरि सम सब कर हित होई।"

आचार्य द्विवेदी के शब्दों में समूचे भारतीय इतिहास में भक्ति काल का साहित्य अपने ढंग का अकेला साहित्य है। इसी का नाम भक्ति-साहित्य है। यहाँ जीवन के सभी विषाद, निराशाएँ तथा कुंठाएँ मिट जाती हैं। इसमें निमज्जन करने से भारतीय जनता को अलौकिक सुख और शांति मिलती है। यह सुख, शांति अन्य किसी कारण में सम्भव नहीं।

भक्तिकाल की ईश्वरोपासना, सगुणात्मक तथा निर्गुणात्मक दोनों प्रकार की है। यह भिन्नता केवल साधन की दृष्टि से है। मध्यकालीन भक्ति धारा हठयोग के रूप में कबीर आदि सन्तों की वाणी में प्रकट हुई है। दूसरी धारा

जयदेव तथा विद्यापति के माध्यम से मधुर पदों में व्यक्त हुई है। तीसरी धारा राम तथा श्रीकृष्ण की सगुण भक्ति के रूप में प्रकट हुई है। इसमें ज्ञान, कर्म और भक्ति की त्रिवेणी बहती है। भक्ति साहित्य में हृदय, मस्तिष्क भाव और विवेक का ऐसा मणिकांचन संयोग हुआ है कि पाठक को बार-बार कहना पड़ता है–'गिरा अनयन नयन बिनु वानी।'

इस समय के काव्य का सौंदर्य तथा धार्मिक भावुकता हृदय को आनंदित करते हैं। यह गौरव अन्य किसी काल को प्राप्त नहीं है। निर्विवाद है कि भक्ति काल का साहित्य जहाँ एक ओर उच्चतम धर्म की व्याख्या करता है वहीं उच्चतम काव्यों के भी दर्शन कराता है। इसमें आत्माभिव्यक्ति है, इस काव्य का जीवन स्रोत रसपूर्ण और कलेवर मानवीय है।

भक्तिकाल की महत्ता अन्य कालों में इसलिए भी बढ़ जाती है क्योंकि इसमें समन्वय की विराट् चेष्टा मिलती है। भाव, काव्य, सगुण-निर्गुण, काव्यरूप, भाषा रूप आदि सभी दृष्टियों से समन्वय की भावना दिखाई पड़ती है। भारतीय संस्कृति केवल भक्ति काल से ही सुरक्षित है। भारतीय संस्कृति की चर्चा करके इन कवियों ने लोक आदर्श का सुन्दर चित्र प्रस्तुत किया है।

इस प्रकार काव्य रूप, लोकप्रियता, संगीतात्मकता, रचना, शैली, आध्यात्मिकता आदि तत्त्वों के आधार पर हम इस निष्कर्ष पर पहुँचते हैं कि भक्ति काल ही हिन्दी साहित्य का स्वर्णकाल या स्वर्ण युग कहलाने का वास्तविक अधिकारी है।

निर्गुण धारा

निर्गुण धारा के कवियों ने ईश्वर के निर्गुण रूप की उपासना की और साथ ही आडम्बर, ढोंग और दिखावे की कटु निन्दा की। उन्होंने जाति-पांति और धर्म के भेदभाव की भी आलोचना की। इस धारा के कवियों को दो श्रेणियों में बांटा जा सकता है : ज्ञानमार्गी और प्रेममार्गी। ज्ञानमार्गी कवि ईश्वर को ज्ञान के आधार पर जानना चाहते थे, जबकि प्रेममार्गी कवि प्रेम के माध्यम से ईश्वर को प्राप्त करने का प्रयत्न करते थे। ज्ञानमार्गी कवियों में कबीरदास सर्वप्रमुख थे। इनके अतिरिक्त नानक, सुन्दरदास, मलूकदास, रैदास, दादूदयाल और रज्जब भी इसी कोटि में आते हैं। इन कवियों को संत कवि कहा जाता है। अधिकांश संत कवि निम्नवर्ग में उत्पन्न हुए थे और उन्होंने जाति-पांति के भेदभाव, धार्मिक पाखंड, आडम्बर, अन्ध-विश्वास, कर्मकाण्ड और रुढ़िवाद की आलोचना की। प्रेममार्गी कवियों में सर्वप्रमुख मलिक मुहम्मद जायसी हैं। उनके अतिरिक्त कुतबन, मंझन और उसमान भी इसी श्रेणी के कवि थे। प्रेममार्गी कवियों का कहना था कि ईश्वर प्रेमस्वरूप है। इन कवियों पर सूफी सम्प्रदाय का बहुत प्रभाव था। अतः इन्होंने हृदय-पक्ष का सहारा लेकर 'प्रेम की पीर' को अभिव्यक्ति प्रदान की। प्रेममार्गी कवियों ने प्रतीक और रूपक के माध्यम से आत्मा को पति या प्रियतम और परमात्मा को पत्नी या प्रियतमा के रूप में मानकर भक्ति का प्रतिपादन किया।

ज्ञानमार्गी कवियों की रचनायें दोहों और पदों में हैं। इनमें ज्ञान,साधना, एकेश्वरवाद, संसार की निस्सारता आदि विषयों का रोचक निरूपण हैं कबीरदास की कवितायें 'बीजक' में संग्रहीत हैं। सन्तों की भाषा खिचड़ी या सधुक्कड़ी है। इनकी रचनाओं में भाव पक्ष प्रधान है और कला पक्ष गौण है।

प्रेममार्गी कवियों ने हृदय पक्ष का सहारा लेकर प्रेम का संदेश दिया। मलिक मुहम्मद जायसी का काव्य 'पद्मावत' प्रेम के सर्वव्यापक रूप तथा मधुर भावना की रहस्यात्मक कविता का उत्कृष्ट उदाहरण है। कुतबन की 'मृगावती' और मंझन की 'मधुमालती' भी प्रेम-मार्ग का प्रतिपादन करती हैं।

प्रेममार्गी कवियों ने दोहा और चौपाई में प्रबंध काव्य लिखे। उन्होंने ठेठ अवधी भाषा का प्रयोग किया।

संत काव्य

प्रवर्तक : कबीरदास (1397 – 1518 ई॰)

आचार्य रामानन्द : भक्तमाल के अनुसार यह आचार्य रामानुज की शिष्य-परम्परा में चतुर्थ शिष्य थे। इनके दीक्षा गुरु स्वामी राघवानन्द हैं। भक्तमाल में रामानन्दजी के बारह शिष्य गिनाये गये हैं। अनंतानंद, सुखानंद, सुरसुरानन्द, नरहर्यानन्द, भावानन्द, पीपा, कबीर, सेन, धन्ना, रैदास, पद्मावती और सुरसरी।

"अनंतानंद, कबीर, सुखा, सुरसुरा, पदमावति, नरहरि।
पीपा, भवानन्द, रैदास, धना, सेन, सुरसर की घरहरि।।"

– भक्तमाल

रामानन्द जी ने रामावत सम्प्रदाय का प्रवर्तन किया, जो आगे चलकर श्री सम्प्रदाय से मिलकर एक जैसा हो गया। वस्तुतः दोनों में अन्तर है – श्री सम्प्रदाय के आराध्य नारायण (विष्णु) हैं। जबकि रामावत सम्प्रदाय के राम। इस सम्प्रदाय का मूलमंत्र 'राम' या सीताराम' है। रामानन्द जी के संस्कृत ग्रन्थ प्रसिद्ध हैं – 'वैष्णव मतादभास्कर' तथा 'श्री रामार्चन पद्धति'। इस शाखा का नामकरण विभिन्न विद्वानों ने इस प्रकार किया है। निर्गुण ज्ञानाश्रयी (रामचन्द्र शुक्ल), निर्गुण भक्तिधारा साहित्य (हजारी प्रसाद द्विवेदी) संतकाव्य परम्परा (डा॰ रामकुमार वर्मा) संत काव्य धारा के आरम्भिक कवि हैं – नामदेव, त्रिलोचन, सदना, बेनी, धन्ना, पीपा, सेन तथा रैदास

नामदेव के अनेक पद हिन्दी में हैं। मराठी में अनेक अभंग प्रसिद्ध हैं।

सूफी काव्य

सूफी काव्यधारा के प्रवर्तक – मुल्ला दाउद (रचना चन्दायन)

परिचय : हमारे यहां लोक में प्रेमकथाओं के कहने की लंबी परम्परा मिलती है। कालिदास ने भी मेघदूत में 'उदयनकथाकोविद ग्रामवृद्धों' का जिक्र किया है। जिस तरह आदिकाल में जैन कवियों ने इन्हें साम्प्रदायिक रंग में रंगकर 'भविस्सयत्त कहा' जैसी रचनाएं की, उसी तरह भक्तिकाल में सूफी कवियों ने लोकप्रचलित कथाओं को सूफी ढाँचों में कसा हो ऐसा नही है। सूफी काव्य के समान्तर लौकिक-प्रेम काव्य भी रचे जाते रहे। इनमें ईश्वर दास की सत्यवती कथा, ढोला मारू रा दूहा, माधवानल-कामकंदला (कुशललाभ और आलम) सारंगा सदावृक्ष पर लिखी गयी प्रेमकाव्य रचनाएं गिनी जा सकती हैं।

सूफी रचनाएं प्रतीकात्मक हैं तथा दोहरा अर्थ (लौकिक के साथ अलौकिक के साथ भी संकेत) देने लगती है। चंदायन पहली सूफी रचना है। सभी भारतीय प्रेमाख्यानों एवं सूफी काव्यों में कथानक रूढ़ियों का प्रायः प्रयोग किया गया है। कथानक रूढ़ि से तात्पर्य किसी ऐसी घटना प्रसंगादि से है जो एक बार प्रयोग में आने के बाद परवर्ती प्रेमाख्यानों में बार-बार दोहराई जाती है तथा इस तरह रूढिगत हो जाती है। जैसे नायक और नायिका का पहली बार किसी मंदिर या फुलवारी में मिलन।

सूफीकाव्य परम्परा : इस्लाम धर्म में शरा (सनातनी) और बेशरा (मस्तमौला फकीर) दो कोटियां हैं। बेशरा साधक मलामती कहलाते हैं। भारतीय सूफी पुष्पतः बेशरा सम्प्रदाय के हैं। इनके प्रमुख उप सम्प्रदाय हैं – चिश्ती, कादिरी, सुहरावर्दी, नक्शावंदी और सत्तारी। 'सूफी' शब्द की व्युत्पति जिन विभिन्न शब्दों से की गयी है, वे हैं – 'सुफ्फा (चबूतरा)' 'सफ्फ (अगली पंक्ति)', 'सफा (पवित्र जीवन बिताने वाला साधु)', सोफिस्त (ज्ञानी)', सूफा (अरबों की जाति विशेष)', 'सुफ्फाह (भक्त विशेष)', 'सूफ (सादा ऊन)'।

इस 'सूफ (सादा ऊन)' शब्द पर अधिकांश विद्वान आज असहमत हैं तथा 'इन्साइक्लोपीडिया ब्रिटानिका' एवं 'इनसाइक्लोपीडिय आव इस्लाम' में भी इसी की पुष्टि है। सूफी मत का आदि स्रोत शायी मत में मिलता है। सूफियों का प्रमुख तत्त्व प्रेम यहीं से आया है इसके अतिरिक्त सूफी मत के विकास में मानी मत तथा प्लेटिनस के चिन्तन का भी प्रभाव पड़ा है। सूफी मत का प्रभाव भक्तिकाल की प्रायः सभी धाराओं पर कुछ न कुछ पड़ा है। पर प्रेमाख्यानक काव्यधारा पर यह सर्वाधिक है। सूफी मत का अपना विश्व तत्व ज्ञान है किन्तु कथा प्रबंधन में तत्व ज्ञान का आग्रह घुलमिल गया है। इन्होंने परम-सत्ता के मधुर दाम्पत्य-भाव ही जोड़ा है, अन्य कोई भाव नहीं। संसार में उसी की प्रतिछवि हैं यह प्रतिछवि में उसका प्रतीक है। सूफह इस प्रतीक को प्रतीकार्य (परम-सत्ता) का साधन मानते हैं। इसलिए उनके यहां प्रेम और उसमें भी विरह की प्रधानता है। सूफी 'प्रेम की पीर' के कवि कहे जाते हैं। इन्होंने प्रबंधकाव्य ही लिखे हैं। अवधी भाषा में दोहा-चौपाई में कड़वक बद्ध हैं। केवल 'अनुराग बांसुरी' में दोहे की जगह बैरवे का प्रयोग है। सूफी प्रबंधकाव्य मसनवी-शैली में रचित है। अर्थात सर्गबद्ध नहीं है, काव्य को घटनाओं के शीर्षक में विभाजित किया गया है।

चाहे शुद्धरूप से लौकिक प्रेमाख्यान हों या सूफी काव्य, दोनों ही काव्यरूप की दृष्टि से प्राकृत अपभ्रंश परम्परा के रोमांचक आख्यानों से जुड़े हैं। मध्यकालीन प्रेमाख्यानों/कथाकाव्यों की यह परम्परा हमें प्रारम्भ से ही मिलती है। ऋग्वेद के उर्वशी-पुरूरवा आख्यान से यह परम्परा शुरू होती है, परन्तु महाभारत से उसका अविच्छिन्न क्रम मिलता है। संस्कृत में वासवदत्ता (सुबन्ध), कादम्बरी (बाण), दशकुमारचरित (दण्डी), नल दमयन्ती प्रसंग (महाभारत), अन्य पुराणों के आख्यान तथा जैन कवियों के प्राकृत एवं अपभ्रंश में अनेक चरितकाव्य मिलते हैं। हिन्दी प्रेमाख्यान परम्परा की पहली कृति चन्दायन मानी जाती है, परन्तु कुछ विद्वानों ने अलग मत भी दिया है–

कृति	मानने वाले आलोचक
मृगावती (कुतुबन)	आचार्य रामचन्द्र शुक्ल
सत्यवती कथा (ईश्वरदास)	आचार्य रामचन्द्र शुक्ल
हंसावली (असाइत)	मोतीलाल मेनारिया
चन्दायन (मुल्ला दाऊद)	रामकुमार वर्मा

कालक्रम से इनका क्रम इस प्रकार है – हंसावली, चन्दायन, सत्यवती कथा तथा मृगावती। हंसावली की भाषा राजस्थानी हिन्दी है, परन्तु गुजराती विद्वान इसे शुद्ध रूप से गुजराती मानते हैं। आजकल प्रायः सभी आलोचक सूफी काव्यधारा की पहली कृति चन्दायन को ही मानते हैं।

सगुण धारा

सगुण धारा के कवियों ने ईश्वर के सगुण रूप की उपासना की और उसके लोकरंजक, लोकरक्षक और लोकलायक रूप को प्रतिष्ठित किया। चूंकि निर्गुण भक्ति दुरुह और भारतीय अवतारवाद की भावना से परे थी, अतः वह अधिक लोकप्रिय न हो सकी। सगुण धारा के कवियों ने कृष्ण और राम की सगुण भक्ति की महिमा गाई और उनकी लीला का वर्णन किया। सूर, तुलसी, मीरा, नंददास, रसखान आदि इस धारा के प्रमुख कवि हैं।

सगुण भक्ति धारा के कवियों को भी दो भागों में बांटा जा सकता है–(1) कृष्ण भक्ति शाखा और (2) रामभक्ति शाखा। कृष्ण भक्ति शाखा के प्रमुख कवि सूरदास थे। उनके अतिरिक्त मीरा, नंददास और रसखान भी इस शाखा के उल्लेखनीय कवि हैं। कृष्ण भक्ति का सर्वांगसुन्दर रूप हमें सूरदास के 'सूर सागर' में मिलता है। सूरदास की भक्ति सख्य-भाव की भक्ति है। उन्होंने अपने आराध्यदेव श्रीकृष्ण की भक्ति, उनके सौन्दर्य और शील का मान किया। भक्ति, शृंगार और वात्सल्य का जितना हृदयग्राही वर्णन हमें सूरदास की रचनाओं में मिलता है, उतना अन्यत्र नहीं मिलता। भक्ति भावना की दृष्टि से मीरा भक्त कवियों में सर्वश्रेष्ठ हैं। मीरा ने भगवान कृष्ण को अपना पति मानकर उनकी भक्ति की। नंददास और रसखान ने भी अपनी लेखनी से कृष्ण-भक्ति की मधुर धारा बहाई।

रामभक्ति शाखा के अग्रणी कवि तुलसीदास हैं। उनका सर्वोत्कृष्ट ग्रंथ 'रामचरितमानस' है। इसके अतिरिक्त विनयपत्रिका, कवितावली, गीतावली आदि उनके उल्लेखनीय ग्रंथ हैं। तुलसी ने रामचरितमानस में ज्ञान-कर्म समन्वित भक्ति मार्ग की स्थापना की है। तुलसी की भक्ति सेवक भाव की भक्ति है। उन्होंने राम के लोकरक्षक, लोकरंजक एवं मर्यादापूर्ण जीवन का अनुपम चित्रण किया है।

सूरदास ने कृष्णलीला, गोपियों के वियोग, उद्धव संदेश और भक्ति भाव के अन्य पद लिखे। तुलसीदास का अवधी और ब्रजभाषा दोनों पर समान रूप से अधिकार था। उन्होंने श्री रामचरितमानस अवधी में लिखा। उनके अनेक पद ब्रजभाषा में हैं।

सगुण भक्ति काव्य

रामकाव्य : (आचार्य रामानुज, आलवार संत, रामानन्द, तुलसी तथा अन्य, प्राकृत-अपभ्रंश में राम काव्य परम्परा, हिन्दी रामकाव्य)

कृष्णकाव्य : (निम्बार्क, वल्लभ, हितहरिवंश, चैतन्य, सूर तथा अन्य कवि, विभिन्न सम्प्र॰ प्राकृत अपभ्रंश तथा हिन्दी कृष्णकाव्य)

मध्यकालीन भक्ति आन्दोलन : मध्यकालीन भक्ति आन्दोलन अखिल भारतीय था। इसकी सबसे बड़ी देन यही रही कि प्राकृत अपभ्रंश की परम्परा से पूरी तरह पल्ला छूटा तथा देश भाषाएं स्थापित हुई। भक्तिकालीन हिन्दी काव्य की प्रमुख भाषा ब्रजभाषा है जो ब्रजभूमि के बाहर भी काव्यभाषा के रूप में स्वीकृत हुई। इसीलिए भिरणीरीदास ने बाद में कहा है - 'ब्रजभाषा हेतु ब्रजभास ही न अनुमानो।' बंगाल-असम से ब्रजभाषा प्रभावित बंगला-असमियां को 'ब्रजबुलि' कहा गया। भक्तिकाल की दूसरी भाषा अवधी है। भक्ति साहित्य अनेक विधाओं और छंदों में रचा गया है। गेय पद और दोहा-चौपाई में निबद्ध कडवक उसके प्रधान रचना रूप है। गेयपदों की परम्परा हिन्दी में सिद्धों से शुरू होती है। कडवक की परम्परा भी सरहपा से मिलने लगती है, किन्तु सरहपा ने कोई प्रबन्ध काव्य नहीं लिखा। अवधी में प्रबंधकाव्यों की परम्परा मिलती है - भीमकवि का 'दंगवे पुराण', सूरज की 'एकादशी कथा', पुरूषोत्तम का 'जैमिनी पुराण', ईश्वर दास की 'सत्यवती कथा', जायसी का 'पद्मावत', तुलसी का 'रामचरित मानस', आदि।

दोहे की परम्परा अपभ्रंश में मिलने लगती है। सरहपा का 'दोहाकोश' प्रसिद्ध है। दोहा नाम से आदिकाल में 'ढोला मारू रा दूहा' जैसा प्रबन्धकाव्य भी मिलता है। कबीर ने 'साखी' तथा तुलसी ने 'दोहावाली' दोहा छंद में लिखी। दोहे का ही एक रूप सोरठा है।

छप्पय, सवैया, कवित्त, भुजंग प्रभात, बैरवे, हरिगीतिका आदि भक्तिकाव्य के बहुप्रयुक्त छन्द हैं। सवैया, कवित्त हिन्दी के अपने (जातीय) छंद है जो भक्तिकाल में मिलत्ते हैं, इनकी स्पष्ट परम्परा पहले नहीं मिलती। तुलसी ने नहछू, कलेऊ, सोहर, मंगलकाव्य जैसे काव्यरूपों का भी उपयोग किया है। मध्यकालीन भक्ति आन्दोलनों के अन्तर्गत सगुण और निर्गुण दोनों धाराएं आती हैं। हम यहां सगुण काव्यधारा की साम्प्रदायिक पृष्ठभूमि की संक्षिप्त चर्चा करेंगें।

धार्मिक पृष्ठभूमि : हिन्दू धर्म के अन्तर्गत शैव, शाक्त, सौर स्मार्त्त और गणपत्य की गणना की जाती थी। शैव धर्म के अन्तर्गत मध्यकाल में पाशुपत, वीरशैव, लिंगायत, कश्मीरी सम्प्र॰ विख्यात थे। वैष्णव धर्म के भागवत सम्प्रदाय से सगुण भक्तिकाव्य का सूत्रपात हुआ। वैष्णव धर्म के उपसम्प्रदायों में रावत, शास्तापूजक, धर्मठाकुर, सहजिया, सत्यपीर।

भागवत धर्म के प्रतिपादक तीन प्रमुख सम्प्रदाय हैं – नारायणी, सात्वत तथा पांचरात्र। भागवत धर्म अत्यन्त प्राचीन है। इसने विष्णु तथा वासुदेव में एक्य स्थापित किया। इसके पश्चात् सात्वत धर्म का स्थान आता है जिसके प्रवर्तक वासुदेव ही माने जाते हैं। 'वासुदेव' तथा 'सात्वत' शब्द पर्याय रूप में भी उपलब्ध हैं। उपर्युक्त दोनों के बाद 'पांचरात्र' धर्म का स्थान आता है। जो अधिक व्यापक शास्त्रीय आधार रखता है। 'पांचरात्र' शब्द में 'रात्र' का अर्थ है 'ज्ञान'। पंचवधि ज्ञान-वचन (परमत्व, मुक्ति, भुक्ति, योग, विषय या संसार) को पांचरात्र माना जाता है तथा उनके समवेत ग्रहण को पांचरात्र धर्म कहते हैं। भागवत धर्म में नवधा भक्ति मान्य हैं –

''श्रवणं, कीर्तनं, विष्णो, स्मरणां, पादसेवनम्।
अर्चनं, वदनं, दास्यम्, सख्यम्, आत्मनिवेदनम्।।''

नवधा भक्ति कहलाती है। मध्यकाल में प्रेम को भक्ति माना गया।

राम काव्य

राम को अवतार मानकर उनकी उपासना का सूत्रपात कब से हुआ यह बताना कठिन है, परन्तु जहां तक रामभक्ति के साम्प्रदायिक स्वरूप का प्रश्न है, वह आठवीं शताब्दी के पश्चात् प्रारम्भ हुआ। गुप्त साम्राज्य के पतन के बाद उत्तर भारत में भागवत धर्म का ह्रास होने लगा। वैष्णव साधना का गढ़ उत्तर भारत से दक्षिण में चला गया। जहां आलवारों ने रामभक्ति को अक्षुण्ण बनाए रखा। आलवारों का समय 800 ई॰- 1100 ई॰ के आसपास तक है। रंगनाथ मुनि (824-924 ई॰) ने इनके पदों का 'प्रबन्धम्' शीर्षक से संग्रह किया। 1100-1400 ई॰ में रंगनाथ मुनि (श्री सम्प्र॰) के परवर्ती आचार्यों पुण्डरीकाक्ष, रामानुज तथा राघवानन्द आदि का युग आता है, जिन्होंने रामभक्ति के दार्शनिक आधार को प्रतिष्ठित किया। चौदहवीं सदी के आरम्भ में रामानन्द ने भक्ति का पुनः उत्तर में प्रचार किया।

हिन्दी रामकाव्य परम्परा : हिन्दी रामकाव्य परम्परा में कुछ जैन कवियों की रचनाएं प्रारम्भ में आती हैं। रावण-मन्दोदरी संवाद (मुनि लावण्य), रामचरित या रामरास (ब्रह्मनिदास), हनुमन्तरास (ब्रह्मजिनदास), हनुमन्तगामी कथा (ग्रह्मराममल्ल), हनुमान चरित (सुन्दरदास)।

रामकाव्य की विशेषताएं

राम का स्वरूप : राम-भक्ति-काव्य-धारा के कवियों ने राम को विष्णु का अवतार और ब्रह्म का स्वरूप माना है। इनके राम दशरथ के पुत्र और शक्ति-शील तथा सौंदर्य के पुंज हैं। मानव का रूप धारण कर उन्होंने धर्म तथा सन्तों की रक्षा की है तथा दुष्टों एवं राक्षसों का संहार किया है। वे राम को अवतारी पुरुष मानते हैं–

"विप्र, धेनु, सुर, सन्त हित लीन्ह मनुज अवतार।"

आदर्श चरित्र : राम-काव्य में राम मर्यादापुरुषोत्तम तथा आदर्श चरित्र प्रधान हैं। भाई, पुत्र, पति आदि सभी रूपों में राम आदर्श चरित्र का प्रतिनिधित्व करते हैं। इस काव्य में राम के साथ-साथ अन्य पात्रों को भी आदर्श के रूप में चित्रित किया गया है। दशरथ आदर्श पिता, कौशल्या आदर्श माता, सीता आदर्श पत्नी, भरत आदर्श भाई तथा हनुमान आदर्श भक्त हैं।

भक्ति की प्रधानता : राम भक्ति-काव्य में भक्ति की ही प्रधानता है। ये कवि ज्ञान और कर्म से भक्ति को श्रेष्ठ मानते हैं। भक्ति द्वारा जीव का लोक-परलोक दोनों सुधरता है। तुलसीदास तो यहाँ तक कह देते हैं–

"तुलसीदास सब भाँति सकल सुख, जो चाहसि मन मेरो।
तो भजु राम कांम सब पूरन, करहिं कृपा निधि तेरो।।"

समन्वय की भावना : राम-काव्य-धारा में विविध प्रकार की समन्वयात्मक प्रवृत्ति दिखलाई पड़ती है। तुलसी का काव्य तो समन्वय की विराट् चेष्टा है। इनमें ज्ञान, भक्ति तथा कर्म के साथ-साथ विविध देवी-देवताओं की स्तुति में भी समन्वय की चेष्टा की गई है। काव्य के कला पक्ष अर्थात् भाषा, छन्द में भी समन्वय देखा जा सकता है। उपासना में समन्वय दिखलाते हुए तुलसीदास लिखते हैं :–

"शिव द्रोही मम दास कहावा,
सो नर सपनेहुँ मोहि न भावा।"

उत्कृष्ट काव्य : विषय वस्तु ही नहीं रचना शैली की दृष्टि से भी राम भक्ति काव्य उच्चकोटि के हैं। भक्तिकाल में प्रबन्ध और मुक्तक दोनों प्रकार के काव्य लिखे गए हैं।

जन-जीवन के कवि : राम-काव्य की परम्परा के कवि सही अर्थ में जनकवि हैं। किसी राजा के आश्रय में रहकर उसकी खुशामद में ये काव्य नहीं लिखे गए हैं। यही कारण है कि इनके काव्य, जीवन का प्रतिनिधित्व करते हैं। ये सभी कवि विनीत और विनम्र हैं। इनकी रचना लोकहितार्थ हुई है।

काव्य-भाषा : राम काव्य-परम्परा की अधिकांश रचनाएँ अवधी भाषा में लिखी गई हैं। ब्रजभाषा में लिखी जाने वाली रचनाएँ कम संख्या में हैं।

निर्गुण तथा सगुण रूपों की स्वीकृति : इस धारा में कवियों ने अपने उपास्य राम के निर्गुण तथा सगुण दोनों रूपों को स्वीकार किया है। राम-काव्य-प्रणेताओं ने स्वीकार किया है–"सगुनहिं अगुनहिं नहिं कहु भेदा"।

सेवक-सेव्य भाव : इस शाखा के कवियों ने राम की भक्ति सेवक-सेव्य भाव से की है। इस भावना से वे मोक्ष में विश्वास करते हैं। तुलसीदास लिखते हैं–

"सेवक सेव्य भाव बिनु, भव न तरिय उरगारि।"

लौकिक पुरुष के वर्णन का अभाव : इन कवियों ने अपने काव्य में किसी लौकिक पुरुष, राजा-महाराजा आदि का वर्णन नहीं किया है। राम के अतिरिक्त किसी को काव्य में चित्रित करना ये काव्य और कवित्व का अपमान समझते थे।

छन्द : इन कवियों ने उस समय की प्रचलित सभी शैलियों–दोहा, सोरठा, चौपाई, छप्पय, कवित्त, सवैया, बरवै आदि को अपनाया है।

हिन्दी साहित्य में रामभक्ति विषयक काव्य देने का सर्वाधिक गौरव तुलसीदास को प्राप्त है। ये ही राम भक्ति काव्य के सम्राट् हैं। तुलसीदास कवि के रूप में क्रान्तिदर्शी थे। धर्म और समाज के साथ इन्होंने राजनीति का मार्ग प्रशस्त किया। अपने समय की प्रचलित सभी काव्य शैलियों को इन्होंने स्वीकार किया।

कृष्ण काव्य

कुछ तथ्य :

– डॉ॰ भण्डारकर तथा लोकमान्य तिलक वैदिक ऋषि आंगिरस कृष्ण तथा गीता के उपदेष्टा महाभारत कालीन कृष्ण को पृथक्-पृथक् मानते हैं। ऋग्वेद के प्रथम, अष्ट्म तथा दशम मंडल में भी कृष्ण का उल्लेख है। डॉ॰ भण्डारकर गोपाल कृष्ण को गीता का उपदेष्टा महाभारतकालीन कृष्ण से भिन्न मानते हैं।

– ग्रियर्सन, कैनेडी, वेबर आदि पाश्चात्य विद्वान् कृष्ण की बाललीलाओं को क्राइस्ट के चरित का अनुकरण मानते हैं। कृष्ण की लीलाओं के भक्त के लिए प्रसाद की प्राप्ति परमध्येय है। इसे उन्होंने लवफीस्ट कहा है।

– श्रीकृष्ण विषयक प्रमुख पुराण भागवत (इसकी रचना दक्षिण भारत में हुई थी।) में राधा को वह महत्वपूर्ण स्थान प्राप्त नहीं है। जो हरिवंश, ब्रह्मवैवर्त आदि पुराणों। रास पंचाध्यायी में तो रासलीला का मोहक वर्णन होते हुए भी राधा का स्पष्ट नामोल्लेख तक नही है।

– रामभक्ति के लिए प्रसिद्ध दक्षिण के आलवार भक्तों में से कई कृष्ण के भी उपासक थे।

– माधुर्य कृष्ण का वर्णन पुराणों से प्रारम्भ होता है। इसके पूर्व महाभारत में षडैश्वर्यशाली कृष्ण (ज्ञान, शक्ति, बल, ऐश्वर्य, वीर्य तथा तेज) का ही वर्णन है।

– सहजिया सम्प्रदाय में कृष्ण और राधा को 'रस' और 'रति' नाम से पुकारते हैं।

संस्कृत/प्राकृत/अपभ्रंश साहित्य में कृष्णकथा

– कृष्णलीलाओं का संस्कृत काव्यों में सबसे पहले उल्लेख अश्वघोष के 'ब्रह्मचरित' काव्य में मिलता है।

– कृष्णकथा की कुछ मुख्य रचनाएं हैं।

गाहा सतसई (हालकवि), वेणीसंहार (नाटक), नाट्यदर्पण, अलंकार कौसतुभ, कंदर्प मंजरी, कृष्ण कथामृत, श्रीकृष्ण लीलामृत तथा गीत गोविन्द (जयदेव)।

– 12वीं से 15वीं सदी के मध्य की प्रमुख रचनाएं हैं।

हरिलीला (बोपदेव), यादवाभ्युदय (वेदान्त देशिक), हरिचरित काव्य, गोपलीला, कंसनिधन महाकाव्य, ब्रजबिहारी, गोपालचरित, मुरारिविजय नाटक हरविलास।

16वीं सदी में कृष्ण चैतन्य (चैतन्य महाप्रभु) के शिष्य षट्गोस्वामियों ने कृष्णभक्ति साहित्य को साहित्यशास्त्र की रस-परिघाटी पर स्थापित किया। इन्होंने संस्कृत में दो ग्रन्थ रचे–उज्जवल नीलमणि (रूपगोस्वामी), हरिभक्तिरसामृत सिन्ध (रूपगोस्वामी), षटसंदर्भ (सनातन गोस्वामी), भगवत्संदर्भ (जीवगोस्वामी)।

कृष्ण काव्य की विशेषताएं

कृष्ण काव्य धारा के प्रमुख कवि सूरदास हैं। इस शाखा में पुष्टिमार्ग और अष्टछाप का विशेष योगदान रहा है। वल्लभाचार्य और उनके अनुयायियों ने कृष्ण की लीलाओं का कीर्तन-गान किया। इस शाखा के कवि कृष्ण के अनन्य उपासक हैं। सूरदास ने सखा के रूप में कृष्ण-चरित्र का वर्णन किया है। इस काव्य की विशेषताओं में निम्नलिखित प्रमुख हैं:–

कृष्ण की लीलाओं का वर्णन : इन कवियों का प्रमुख विषय कृष्ण की लीलाओं का गान है। वात्सल्य भाव के अन्तर्गत कृष्ण की बाल-लीलाओं, चेष्टाओं तथा माँ यशोदा के हृदय की झाँकी मिलती है। सख्य भाव के अन्तर्गत कृष्ण और ग्वालों के जीवन की मनोरंजक घटनाएँ मिलती हैं। माधुर्य भाव के अन्तर्गत गोपी लीला प्रमुख है।

विषय वस्तु की मौलिक उद्भावना : कृष्ण काव्य का आधार भागवत पुराण है किन्तु इन कवियों ने पर्याप्त मौलिक उद्भावनाओं से काम लिया है। इन कवियों ने जयदेव तथा विद्यापति का आधार लेते हुए भी यथेष्ट कल्पना शक्ति से काम लिया है। इन्होंने कृष्ण-चरित्र में नवीन रूप-रंग भरकर उसे उभारा तथा निखारा है।

भक्ति-भावना–कृष्ण-काव्य के सभी सम्प्रदायों ने कान्ता भाव को, भक्ति को अधिक महत्त्व दिया है।

रस-चित्रण : कृष्ण काव्य में एक ही रस है और वह रस है भक्ति रस। शास्त्रीय दृष्टि से वात्सल्य, शान्त एवं शृंगार रस कह सकते हैं। इस काव्य में रस का पूर्ण परिपाक हुआ है। रस की दृष्टि से यह साहित्य अत्यन्त भव्य बन पड़ा है। वात्सल्य एवं शृंगार चित्रण में कृष्ण काव्य के कवि अद्वितीय हैं। शृंगार के संयोग एवं वियोग दोनों पक्षों का वर्णन अत्यन्त मनोरम बन पड़ा है।

प्रकृति-चित्रण : प्रकृति-चित्रण भाव की पृष्ठभूमि में हुआ है। यह उद्दीपन भाव के लिए या अलंकारों के अप्रस्तुत विधान के रूप में हुआ है। प्रकृति का स्वतंत्र चित्रण नहीं के बराबर है।

पात्र एवं चरित्र-चित्रण : कृष्ण-काव्य पात्रों के चरित्र-चित्रण की एक विशेषता है– प्रतीकात्मकता।

राधा–माधुर्य भाव की भक्ति की उच्चतम प्रतीक हैं। श्रीकृष्ण परमात्मा हैं और गोपियाँ जीवात्माएँ हैं।

सामाजिक पक्ष : कृष्ण-काव्य लीलावादी काव्य है। लीला, लीला के लिए होती है। उसका लोक मंगल भावना से विशेष सम्बन्ध नहीं होता है किन्तु इस काव्य में उस समय की सामाजिक, धार्मिक और सांस्कृतिक अवस्था का थोड़ा बहुत यथार्थ वर्णन मिल जाता है। सूर के पदों में परोक्ष रूप से समाज की झलक मिलती है।

काव्य-रूप : कृष्ण-काव्य मुख्य रूप से गेय मुक्तक रूप में लिखा गया है। इन कवियों ने कृष्ण के जीवन के जिस अंश को अपने काव्य के लिए चुना वह मुक्तक के लिए ठीक था। इसमें गीति-काव्य का सुन्दर विकास हुआ है।

शैली : इस काव्य में प्रमुख रूप से गीति शैली का व्यवहार किया गया है, जिसमें गीति शैली के तत्त्व–भावात्मकता, संगीतात्मकता, वैयक्तिकता, संक्षिप्तता, एवं भाषा की कोमलता विद्यमान है।

छन्द : इस साहित्य में अधिकतर गीति पदों का प्रयोग है। इसमें कवित्त, सवैया, छप्पय, कुण्डलियां, गीतिका एवं कुछ अन्य छन्दों का भी प्रयोग मिलता है।

भाषा : कृष्ण-काव्य में लोक-प्रचलित ब्रजभाषा का प्रयोग हुआ है।

रीतिकाल

इस काल में राजाओं और सुल्तानों के दरबारों में कविता और कवियों को आश्रय मिला। भक्ति काल की भक्तिधारा धीरे-धीरे लुप्त होने लगी। राधा-कृष्ण के प्रेम के स्थान पर नायक-नायिका के प्रेम को स्थान दिया जाने लगा।

इस काल को रीति काल इसलिए कहा जाता है कि इस समय रीति ग्रंथों की रचना हुई। रीति का अर्थ है–काव्यशास्त्र के विभिन्न अंगों, रस, ध्वनि, अलंकार, काव्य के गुण-दोष आदि का वर्णन। इस काल में जो रीतिग्रंथ लिखे गये, उनमें नायिका-भेद, नख-शिख, षट्ऋतु वर्णन, ध्वनि, अलंकार और काव्य के लक्षणों की विवेचना की गई। इस काल की कविता में पाण्डित्य प्रदर्शन की भावना दिखाई पड़ती है। कवियों ने भावपक्ष की अपेक्षा कलापक्ष को संवारने में अधिक रुचि दिखाई।

रीतिकाल में मुख्यतः शृंगार, नीति और भक्ति सम्बन्धी कवितायें लिखी गई–प्रधानता शृंगार सम्बन्धी रचनाओं की ही रही। इस काल की तीन मुख्य प्रवृत्तियाँ थीं–(1) शुद्ध शृंगारिक भाव, (2) रीति काव्य अथवा लक्षण ग्रंथों की विवेचना और (3) वीर रस की अभिव्यक्ति।

इस काल के कवियों ने कृष्ण और गोपियों के प्रेम की आड़ में नायक-नायिकाओं, उनके नख-शिख और अंग-प्रत्यंगों का वर्णन किया। इस वर्णन में अलंकारों का चमत्कार प्रचुर मात्रा में है। दरबारी कवियों ने अपने आश्रयदाताओं के बारे में लिखा।

बिहारीलाल, भूषण, मतिराम, देव, पद्माकर, सेनापति और घनानंद आदि इस काल के प्रमुख कवियों में हैं। केशवदास भक्त कवि थे किन्तु उन्हें रीति काल का आचार्य भी माना जाता है। इस काल के अन्य कवि ठाकुर, वृन्द, दीनदयाल गिरि, गिरधरदास, लाल, सूदन, नागरी दास आदि थे।

चिन्तामणि, मतिराम, देव, भिखारीदास, पद्माकर, बिहारी आदि कवियों ने जहां रीति ग्रंथों की रचना की, वहीं शृंगार, नख-शिख और नायिका भेद का भी मार्मिक चित्रण किया। भूषण ने वीर रस की कविताएं लिखीं। दीनदयाल गिरि की अन्योक्तियां उल्लेखनीय हैं। भूषण, सूदन और लाल की रचनायें राष्ट्रीय चेतना की द्योतक हैं। वृन्द और गिरधरदास ने सदाचार और नीति पर लिखा।

इस काल के कविता सम्राट् बिहारी थे। आपके दोहे बिहारी सतसई में संग्रहीत हैं। बिहारी ने छोटे-छोटे दोहों में गम्भीर भाव भर कर 'गागर में सागर' की उक्ति चरितार्थ की है। महाकवि देव ने इस काल में सबसे अधिक लिखा। वह कवि और आचार्य दोनों थे। स्वाभिमानी भूषण ने स्वदेश प्रेम की कविताएं लिखीं।

रीतिकालीन साहित्य मुक्तक रचनाओं में है। आचार्य केशन ने 'राम चन्द्रिका' नामक एक प्रबन्ध काव्य लिखा। अन्य कवियों ने प्रायः मुक्तक रचनायें लिखीं। इस काल में काव्य की भाषा ब्रजभाषा थी। दोहा, कवित्त, सवैया जैसे छंदों की प्रधानता रही–बिहारी ने केवल दोहे लिखे। फारसी और अरबी के शब्दों का प्रयोग करने में भी कवियों को कोई हिचकिचाहट नहीं थी। रीतिकालीन कवियों ने शृंगार रस को रसराज का स्थान दिया। इस काल में अलंकार आदि से कविता के बाह्य रूप को सजाया-संवारा गया। इसलिए इस काल की कविताएं कलात्मक सौन्दर्य की दृष्टि से बड़ी उत्कृष्ट हैं।

प्रमुख प्रवृत्तियाँ एवं विशेषताएं

रीतिकाल को शृंगार काल भी कहा जाता है। रीतिकाल का उदय उस समय हुआ जब महलों में तलवारों की झनझनाहट के स्थान पर चूड़ियों की खन-खनाहट सुनाई पड़ रही थी। समाज में सुरा, स्वर्ण और सुन्दरियों का आदर बढ़ता जा रहा था। इस काल के कवियों ने–'आगे के सुकवि रीझिहैं तो कविताई न तो राधा गोविन्द सुमिरन को बहानो है'–कहकर संतोष कर लिया था। इस काल के कवियों में स्वान्तः सुखाय और परहिताय का अभाव है। इस काल की प्रमुख साहित्यिक प्रवृत्तियों एवं विशेषताओं को निम्नलिखित बिन्दुओं द्वारा स्पष्ट किया जा सकता है :–

लौकिक शृंगारिकता : इस काल के कवियों ने नायिका भेद, नखशिख आदि का जो कुछ भी वर्णन किया है सर्वत्र शृंगार की ही प्रधानता है। डॉ. नगेन्द्र ने ठीक ही कहा है–"साँचा चाहे जैसा भी रहा हो इसमें ढाली शृंगारिकता ही है। इसकी अभिव्यक्ति में किसी प्रकार का संकोच नहीं किया गया है। इस काल की कविता से विवेकहीन एवं विलासमयी वासना की दृष्टि होने लगी। शृंगार रस के संयोग एवं वियोग दोनों पक्षों को अच्छी तरह सजाया गया।" इस काल के कवियों ने संयोग में स्पर्श सुख का भी खुलकर वर्णन किया है। देव की रचना का एक उदाहरण है–

'श्वेद बढ्यो तन कम्प उरोजनि,
आँखिन आँसू कपोलन हाँसी।'

लक्षण ग्रंथों का निर्माण : इस काल में कवि और आचार्य दोनों का काम एक ही व्यक्ति को करना पड़ा है। दोनों में से किसी को भी इस काल के कवि भली-भाँति निभा नहीं सके। उनमें संतुलित विवेचन शक्ति का अभाव था। संस्कृत आचार्यों का अनुकरण वे ठीक तरह से नहीं कर सके। स्वतंत्र और मौलिक रूप से काव्य शास्त्र का विवेचन नहीं हो सका। इस युग में दो प्रकार के कवि हुए। प्रथम श्रेणी के कवियों ने लक्षण लिखकर स्वरचित उदाहरण प्रस्तुत किए। जैसे–भूषण, देव आदि। द्वितीय श्रेणी के कवियों ने केवल उदाहरण दिए। जैसे–बिहारी लाल।

अलंकारिता : इस काल के कवि अलंकार प्रिय थे। उन्हें अपनी कविता-कामिनी को भली-भाँति सजाकर आश्रयदाताओं के समक्ष प्रस्तुत करना पड़ता था। सरस और सीधी सादी कविता उत्तेजना रहित होने के

कारण पसन्द नहीं की जाती थी। राज दरबार में सम्मान प्राप्त करने के लिए कवि को अलंकार शास्त्र का ज्ञान रखना अनिवार्य था।

ब्रजभाषा की प्रधानता : इस काल की प्रमुख साहित्यिक भाषा ब्रजभाषा थी। कोमलता और मधुरता की दृष्टि से भारतीय भाषाओं में इसका बहुत सम्मान है। अपने माधुर्य गुण के कारण यह अनेक मुसलमान कवियों द्वारा भी अपनाई गई।

मुक्तक काव्य शैली की प्रधानता : रीतिकाल प्रबन्ध रचना के लिए उपयुक्त नहीं था। उस समय कवियों में प्रतिक्षण बाजी जीतने की होड़ थी। वासना तृप्ति के लिए मुक्तक काव्य शैली ही उपयुक्त थी। कवि में प्रबन्ध काव्य लिखने के लिए धैर्य नहीं था। कवियों का मन कवित्त, सवैया और दोहा लिखने में विशेष रूप से रम गया।

भक्ति और नीति : रीतिकाल के कवियों का उद्देश्य अपने आश्रयदाता को रिझाना था। भक्ति की ओट में उन्होंने यह काम किया।

प्रकृति का उद्यीपन रूप : इस काल के कवियों ने प्रकृति के उद्यीपन रूप का ही चित्रण किया है। उन्हें प्रकृति के उन्मुक्त प्रांगण में विचरने और उसके स्वतंत्र रूप से चित्रण का अवकाश कहाँ था? संयोग और वियोग के उदाहरणों के लिए प्रकृति को माध्यम बनाया गया। वियोगिनी नायिका चन्द्रमा को कोसती हुई कहती है–

ए रे मतिमन्द चन्द, आवत न तोहि लाज,
होके द्विजराज, काज करत कसाई के।

नारी-चित्रण : नारी सौंदर्य ही वह धुरी है जिसके चारों ओर रीतिकाल की कविता चक्कर लगाती रही। रीतिकाल की नारी अपने आँगन में लाल के द्वारा उड़ाए हुए पतंग की छाया को चूमती फिरती है। ऐसा लगता है जैसे वासना ही उसके जीवन का सब कुछ हो–

उड़ी गुड़ी लखि लाल की अँगना अँगना माह।
बौरी लै दौरी फिरै छुवत छबीली छाँह।।

यहाँ नारी कोई व्यक्ति या समाज के संगठन की इकाई नहीं बल्कि सब प्रकार की विशेषताओं से यथासम्भव मुक्त विलास का एक उपकरण मात्र है। देव ने कहा है–

कौन गने पुखन नगर कामिनी एकै रीति,
देखत हटे विवेक को, चित्त हटै करि प्रीति।

इस प्रकार हम कह सकते हैं कि रीतिकाल, काव्य-शास्त्र की दृष्टि से चाहे इतना महत्वपूर्ण न हो, कवित्त की दृष्टि से बड़ा मनोरम है और इसका साहित्यिक मूल्य अक्षुण्ण है।

रीतिकाल में दो तरह की रचना शैलियां रही हैं– एक वे रचनाएं हैं जो लक्षण-लक्ष्य की परम्परा में आती है। इन्हें रीतिपरक रचनाएं कहते हैं। दूसरी वे रचनाएं हैं जो इस परम्परा से पूर्णतः या अधिकांशतः मुक्त हैं। ये रचनाएं रीतिमुक्त रचनाएं कही जाती हैं। काव्यशास्त्र की परिपाटी पर की गयी काव्य रचना को 'लक्ष्य ग्रन्थ' कहते हैं तथा इन लक्ष्यों को लिखने हेतु निर्मित काव्यशास्त्र 'लक्षण ग्रन्थ' कहलाते हैं। शास्त्र को सुगम बनाने के लिए लक्षणों के साथ प्रायः उदाहरण के रूप भी मिलते हैं जबकि 'लक्ष्य ग्रन्थों में केवल लक्षणों के आधार पर रचा गया काव्य न कि लक्षण'। लक्षण ग्रन्थों को रचने वाले आचार्य कहलाते हैं। विश्वनाथ प्रसाद मिश्र ने इन्हें रीतिबद्ध कवि कहा है तथा डा॰ नगेन्द्र ने रीतिसिद्ध कवि। हम सीधे-सीधे 'लक्षण ग्रन्थकार' एवं 'लक्ष्यग्रंथकार' कह कर ही उनका परिचय देंगे।

लक्षणग्रन्थकार : केशव, चिन्तामणि, कुलपति मिश्र, देव, मतिराम, भिखारीदास, जसवंतसिंह, तोष, सुरति मिश्र, श्रीपति, जनराज, कुमारमणि, सोमनाथ, याकूब खां, रामसिंह, सेवादास, बेनीप्रवीन, पद्माकर, उदयनाथ, कृष्णकवि, कालिदास, भूषण, गोप, दलपतिराम, रघुनाथ, दूलह, बैरीसाल, सुखदेव मिश्र, माखन, जयकृष्ण, भुजंगदास, दशरथ, रामसहाय आदि।

लक्ष्यग्रन्थकार : सेनापति, बिहारी, रसनिधि, वृंद आदि।

रीतिमुक्त कवि : घनानन्द, आलम, ठाकुर बोधा, द्विजदेव।

रीतिकाल की अन्य काव्य प्रवृत्तियां

संतकाव्य–

प्रमुख सन्त : यारी साहब, दरिया साहब, जगजीवनदास, पलटूसाहब, चरनदास, शिवनारायण, तुलसी साहब, गुरु तेगबहादुर, आनन्दघन (जैन), अक्षर अक्षन्य, प्राणनाथ, धरणीदास, बूला साहब, गरीबदास, दयाबाई एवं सहजोबाई।

सम्प्रदाय-प्रवर्तक : सतनामी सम्प्रदाय (जगजीवनदास), चरनदासी सम्प्रदाय (चरनदास), साहबपन्थ (तुलसी साहब), गरीबदास सम्प्रदाय (गरीबदास), राधास्वामी सत्संग (स्वामी शिवदयाल)।

प्रमुख रचनाएं : ज्ञानदीपक (दरिया साहब), गुरु अन्यास (शिवनारायण), घटरामायण (तुलसी साहब), प्रेम प्रगास (धरणीदास), रत्नावली (धरणीदास), शब्दसागर (बूला साहब), सहज प्रकाश (सहजोबाई), ककहरा, शब्द, रमैनी (महाराज विश्वनाथ सिंह)।

सूफी/प्रेमाख्यान काव्य

प्रमुख कवि : कासिमशाह, नूरमुहम्मद, शेख निसार, सूरदास, दुखहरनदास, दामोदर, हंस, बोधा, केसि तथा अन्य।

रामकाव्यधारा

प्रमुखकवि : सेनापति, लालदास, गुरुगोविन्द सिंह, जानकीरसिकशरण, भगवन्तराम खींची, जनकराजकिशोरीशरण, नवलसिंह कायस्थ, विश्वनाथसिंह, रामप्रियाशरणदासजी, रसिकअली, सरजूराम पण्डित, कृपानिवास, मधुसूदन, जानकीशरणजी, बाल अजीजू, गोकुलनाथ, मनियार सिंह, ललकदास, गणेश, प्रेमसखी, रामचरणदास, जीवाराम, युगनान्यशरण।

कृष्णकाव्यधारा

प्रमुखकवि : गुमान मिश्र, ब्रजवासीदासी, मंचित कवि, रूपरसिकदेव, नागरीदास, अलबेली अलि, चाचा हितवृन्दावनदास, भगवतरसिक, वृन्दावनदेव, पीताम्बरदास, सुन्दरी कुंवरिबाई, प्रेमसखीजी, सहचरिसरनदास, मंजरीदास, कृष्णदास, रत्नकुंवरि, दामोदर चौधरी 'उरदाम' भोला भण्डारडी, बणी-ठणी जी।

नीतिकाव्य

वृन्द (वन्द सतसई), गिरिधर कविराय (कुण्डलियां : लिखी हैं जिनमें 'गिरधर कविराय' की छाप है), बैताल ('विक्रम' को सम्बोधित करके कुण्डलियां लिखी हैं।)। सम्मन (दोहे लिखे हैं), रामसहायदास (राम सतसई, ककहरा), दीनदयाल गिरि (अन्योक्तिकल्पद्रम)।

रीतिकालीन गद्य साहित्य

ब्रजभाषा गद्य : चौरासी वैष्णवन की वार्ता (गोकुलनाथ), दो सौ बावन वैष्णवन की वार्ता, (गोकुलनाथ), हरतालिका कथा, (मीनराज प्रधान, 17वीं सदी), अष्टांग योग (अक्षरअनन्य 17वीं सदी), भावना संज्ञक टिप्पणी वाले वल्लभ सम्प्रदायी ग्रन्थ जैसे 'निजवार्ताभावना', 'भावभावना', आदि (हरिराय 18वीं सदी), पुष्टि प्रवाह मर्यादा (हरिराय), सेवक जू कोचरिग (प्रियादास), बैताल पच्चीसी (सूरति मिश्र), हितोपदेश ग्रन्थ महाप्रबोधिनी (देवीचन्द), स्वप्न प्रसंग (अनन्य अली), राजनीति (लल्लू लाल 19वीं सदी), ग्रन्थसजीवन (आलम 19वीं सदी)।

काव्यशास्त्रीय ग्रन्थ जिनमें टिप्पणी ब्रजभाषा गद्य प्रयुक्त है–

शृंगार मंजरी (चिन्तामणि), कविकल्पतरू (चिन्तामणि), रसरहस्य (कुलपति), काव्यनिर्णय (भिखारीदास), अलंकार रत्नाकर (दलपतिराय), रसपीयूषनिधि (सोमनाथ), अलंकार शिरोमणि (बेनी कवि), रसिक गोविन्दानन्दघन (रसिकगोविन्द), पिंगल (सुखदेव मिश्र), बृत्ततरंगिणी (रामसहाय दास), बलभद्रप्रकाश (करनेस), व्यंग्यार्थ कौमुदी (प्रतापसिंह), काव्यविलास (प्रतापसिंह), अलंकार भ्रमभंजन (ग्वाल), पद प्रसंगमाला (नागरीदास), अणभौविलास (रामचरणदास), प्रबोधचन्द्रोदय (जसवन्त सिंह), माधोविलास (लल्लू लाल)।

खड़ी बोली गद्य : 'फर्सनामा' या 'पोथीसलोत्री की' (रचनाकार अज्ञात), सुरासुर निर्णय (मुंशी सदा सुख लाल), मोक्ष मार्ग प्रकाश (टोडरमल जैन), चिद्विलास (दीप चन्द्र जैन), वार्तिक (मुंशी सदा सुख लाल), भाषा योग वशिष्ठ (रामप्रसाद निरंजनी), भाषा पद्मपुराण या 'पदमपुराण वचनिका' (दौलतराम जैन), सुदृष्टि तरंगिणी वचनिका (टेकचन्द जैन), गीतानुवाद (बीरबल), सूर्य सिद्धान्त (पं. कामोदानन्द मिर अनूदित)।

फोर्ट विलियम कॉलेज : नासिकेतोपाख्यान (सदलमिश्र – कठोपनिषद् के नचिकेता प्रसंग पर), प्रेम सागर (लल्लूलाल), रानी केतकी की कहानी या उदयभान चरित (इंशा अल्ला खां), सुखसागर (मुंशी सदा सुख लाल नियाज), रामचरित्र (सदल मिश्र), सिंहासन बत्तीसी (लल्लूलाल), बैताल पच्चीसी (लल्लूलाल)।

दक्खिनी गद्य : रिसाले बजूदिया (शाह बुरहानुद्दीन कादिरी), गंजमखफी (मोहम्मद शरीफ)।

राजस्थानी गद्य : मौलिक गद्य रूप हैं – बात, ख्यात, वचनिका, वर्णन, दशवैत, सलोका, पत्र, वंशावली, पदावली, विगत, पीढी। अनूदित गद्य रूप हैं – बालाबोध, टीका, टिप्पण, भाषा।

भोजपुरी : गद्य रूप हैं – पत्र, दस्तावेज, सनद, पंचनामा आदि।

अवधी गद्य : रसविनोद (भानुमिश्र), उड्डील (नित्यनाथ), 'मानस' टीका (रामचरण), सगुनावली (गौतम ऋषि), व्यवहारदास (प्रियादास), कबीरदास टीका (विश्वनाथ), परमधर्मनिर्णय (विश्वनाथ सिंह)।

आधुनिक काल

इस काल में राष्ट्रीय भावनायें पनपने लगी थीं। राजनीति, धर्म, समाज, अर्थशास्त्र आदि क्षेत्रों में नए विचार आये; नई शिक्षा ने लोगों में नई चेतना, राष्ट्रभक्ति और देश प्रेम पैदा किया। इन सबके समग्र प्रभाव से देश में एक नई लहर पैदा हो गई, जिसे राष्ट्रीयता की लहर कहा जा सकता है।

आधुनिक काल की रचनायें उपरोक्त प्रवृत्तियों और आन्दोलनों से प्रेरित हैं। अध्ययन की सुविधा के लिए आधुनिक काल को तीन भागों में बांटा जा सकता है–(1) प्रथम उत्थान, (2) द्वितीय उत्थान, (3) तृतीय उत्थान। मोटे तौर पर भारतेन्दु बाबू के समय को हम प्रथम उत्थान, महावीर प्रसाद द्विवेदी के समय को द्वितीय उत्थान और उसके बाद के समय को तृतीय उत्थान मान सकते हैं।

प्रमुख प्रवृत्तियाँ एवं विशेषताएं

सामान्यतः आधुनिक काल का प्रारम्भ सन् 1843 ई. से माना गया परन्तु किसी भी नवीन युग की प्रवृत्तियों का जन्म अकस्मात् एक दिन में नहीं हो जाता। युग परिवर्तन की एक निश्चित तिथि का उल्लेख करना या उसकी स्थिर स्पष्ट विभाजन रेखा खींच देना बहुत कठिन है। आचार्य रामचन्द्र शुक्ल ने भी आधुनिक काल का प्रारम्भ सं. 1900 से माना परन्तु हिन्दी में नवीन विचारधाराओं का आगमन या आधुनिक कालीन प्रवृत्तियों का बीजारोपण इसके चालीस पचास वर्ष पूर्व ही हो चुका था। शिक्षा प्रसार और भाषा सम्बन्धी समस्याओं को सुलझाने के लिए सन् 1800 ई. में ही कोलकाता में फोर्ट विलियम कॉलेज की स्थापना हो चुकी थी। खड़ी बोली के विकास की नींव इस कॉलेज की स्थापना के साथ पड़ी। इस प्रकार आधुनिक काल का पूर्ववर्ती काल तभी से प्रारम्भ हुआ माना जाता है।

यह हिन्दी का एक महत्त्वपूर्ण काल है। इस काल में राष्ट्रीयता, स्वाधीनता और स्वदेश प्रेम की लहर फैली। इसमें साहित्यकारों ने राष्ट्र की अधोगति पर आठ-आठ आँसू बहाये, गद्य और पद्य दोनों का विकास हुआ। प्रिय प्रवास, साकेत, कामायनी, गोदान, चित्रलेखा, चन्द्रगुप्त आदि उच्चकोटि के ग्रंथों की रचना हुई। छायावाद, रहस्यवाद, प्रगतिवाद, प्रयोगवाद आदि के माध्यम से कवियों ने माँ सरस्वती का अनुपम शृंगार किया। इसकी प्रमुख प्रवृत्तियों का वर्णन निम्न बिन्दुओं के आधार पर किया जा सकता है–

गद्य का विकास : इस युग की सबसे बड़ी विशेषता गद्य का बहुमुखी विकास है। इस युग के पूर्व विशेषतः मुद्रण यंत्र के अभाव में केवल कविता का ही विकास हो पाया था। पद्य ही साहित्य का पर्यायवाची बना रहा। गद्य के विकास और उन्नति के कारण अनेक आलोचक इस युग को गद्यकाल के नाम से पुकारते हैं। वस्तुतः गद्य अपने विविध रूपों–नाटक, निबन्ध, कहानी, उपन्यास, समालोचना, जीवन चरित्र आदि के साथ इस युग को गौरवान्वित कर रहा है।

खड़ी बोली की प्रधानता : खड़ी बोली की प्रधानता हिन्दी पद्य और गद्य दोनों के लिए स्वीकार की गई। नव-युग की चेतना की अभिव्यक्ति के लिए खड़ी बोली ही उपयुक्त भाषा मानी गई। यही खड़ी बोली बढ़ते-बढ़ते राष्ट्र भाषा के उच्च पद पर आसीन होने योग्य हुई। इसका सम्बन्ध देश की प्रादेशिक भाषाओं से निरन्तर बढ़ता जा रहा है, जो राष्ट्रीय एकता के लिए सर्वथा वांछनीय है।

राष्ट्रीय भावना की वृद्धि : आधुनिक हिन्दी साहित्य में राष्ट्रीय भावना की वृद्धि इसकी तीसरी महान् विशेषता है। इस देश में राजनीतिक चेतना धीरे-धीरे बढ़ी। इसके रूप विभिन्न उत्थानों में परिवर्तित होते रहे। प्रथम उत्थान (भारतेन्दु काल) में साहित्यकारों का ध्यान राजभक्ति और देशभक्ति

दोनों की ओर था। भारत के अतीत गौरव का गान किया गया और उसके वर्तमान पर क्षोभ और असंतोष की भावनाएँ व्यक्त की गईं।

द्वितीय उत्थान (द्विवेदी युग) में राजनीतिक चेतना का विस्तार हुआ। काँग्रेस के कार्यक्रम बढ़े। कितने और मजदूर सामने आए। राष्ट्र-प्रेम का सन्देश देशभर में भली-भाँति गूँज उठा। चतुर्थ उत्थान में राष्ट्र प्रेम की भावना और अधिक प्रबल हो उठी। किसान, श्रमिक और हरिजन, सभी राष्ट्र प्रेम के महत्त्व को समझकर देश के लिए अपना सब कुछ बलिदान करने को प्रस्तुत हो गए और देश स्वतंत्र हुआ।

साधारण जन-जीवन का साहित्य : वीरगाथा काल में राजाओं और सामन्तों से सम्बन्धित काव्य रचना हुई। भक्तिकाल में राम और कृष्ण का गुणगान हुआ। रीतिकाल में आश्रयदाता राजाओं को रिझाने के उद्देश्य से काव्य-सुन्दरी को सँवारा गया। आधुनिक काल में हमारे साहित्यकारों का ध्यान सर्वसाधारण की ओर गया। जो गिरे हुए थे उन्हें उठाने की आवश्यकता महसूस की गई। कृषक, मजदूर, विधवा आदि सहानुभूति के पात्र बने।

कवि के व्यक्तित्व की प्रधानता : आधुनिक युग के पहले हमारे कवियों ने एक प्रकार से दूसरों को प्रसन्न करने के लिए काव्य-रचना की। उन्होंने वीर गाथा काल और रीतिकाल में यही किया। रीतिकाल की कविता खानापूरी मात्र थी। आधुनिक काल की कविता में कवि के व्यक्तित्व की प्रधानता है। इसी कारण इसका झुकाव मुक्तक की ओर अधिक और प्रबन्ध काव्य की ओर कम है।

प्रकृति का सुन्दर वर्णन : प्रकृति चित्रण की दृष्टि से हिन्दी का प्राचीन काव्य संस्कृत की ह्रासोन्मुख प्रवृत्ति और परम्परा का पोषण करता रहा। प्रकृति को नए प्राण देने की क्षमता आधुनिक युग के कवियों में ही पाई जाती है। इन्होंने प्रकृति का वर्णन उद्दीपन रूप में न करके आत्मालम्बन रूप में ही अधिक किया है। श्रीधर पाठक द्वारा रचित 'कश्मीर-सुषमा' में देश के शोभामय गौरव की मनोहर झलक है। पंत ने प्रकृति की कल्पना प्रेमी के रूप में की है। इनके अतिरिक्त महादेवी, प्रसाद, निराला आदि हिन्दी काव्य के प्रकृति-उद्यान में ऐसे कवि माली हैं जिन्होंने कविता-क्यारियों को सुन्दर काव्य पुष्पों से भली-भाँति सजा दिया है।

शृंगार की भावना का विकास : रीतिकालीन शृंगार की भावना का आधुनिक काल में विरोध किया गया। उसे अश्लील माना गया और त्याज्य समझा गया। छायावाद युग में उच्चकोटि के प्रेम काव्य की रचना हुई। शृंगार का शुद्ध, स्वच्छ और निखरा हुआ रूप सामने आया है। जैसे–

शशिमुख पर घूँघट डाले, आँचल में दीप छिपाए,
जीवन की गोधूली में कौतूहल से तुम आए।

वादों की प्रधानता : आधुनिक काल में वादों की प्रधानता रही। इस काल में वादों की बाढ़-सी आ गई। इनसे युग-साहित्य में वृद्धि हुई। इस काल के प्रमुख वाद हैं–छायावाद, रहस्यवाद, प्रगतिवाद, प्रयोगवाद आदि। इन विविध वादों के कारण इस युग का बौद्धिक विकास हुआ और इन्हें अपनाने वाले साहित्यकारों की वृद्धि के कारण साहित्य-निर्माण का क्षेत्र विस्तृत हुआ।

साहित्य पर अंग्रेजी का प्रभाव : आधुनिक युग पर अंग्रेजी साहित्य का प्रभाव भी कम महत्त्व नहीं रखता है। इस युग के पूर्व हमारे साहित्य पर पश्चिम का प्रभाव नहीं था। हिन्दी काव्य, नाटक, उपन्यास, कहानी, निबन्ध, आलोचना आदि विधाओं पर अंग्रेजी का प्रभाव प्रत्यक्ष और अप्रत्यक्ष रूप से पड़ा है। इससे भाषा और भाव दोनों दृष्टियों से हमारे पद्य और गद्य के विविध रूपों का विकास और परिष्कार हुआ है।

मनोविज्ञान का समावेश : आधुनिक काल के साहित्य में मनोविज्ञान का समावेश महत्त्वपूर्ण विशेषता है। मानव मन का अध्ययन मनोविज्ञान कहा जाता है। नाटक, कहानी, उपन्यास आदि के पात्रों का मनोवैज्ञानिक अध्ययन प्रस्तुत करना अच्छी आलोचना का प्रधान कर्त्तव्य है। मनोविज्ञान के आधार पर प्रस्तुत की गई कहानियाँ विशेष आकर्षण रखती हैं।

मार्क्सवाद का प्रभाव : आर्थिक विषमता का विरोध आधुनिक युग के साहित्य की एक बड़ी विशेषता है। वर्तमान युग मानव-मानव में आर्थिक दृष्टि से बहुत अधिक अन्तर नहीं देखना चाहता। यह प्रभाव मार्क्सवाद का है। दिनकर, रामवृक्ष बेनीपुरी, डॉ. देवराज, राम विलास शर्मा, शलभ श्रीराम सिंह आदि का साहित्य मार्क्सवाद से स्पष्टतः प्रभावित है।

भारतेन्दु युग

इस काल में कवियों की वाणी में देशभक्ति का स्वर था। अतः लोक-हित, मातृ-भाषा और समाज-सुधार जैसे विषयों पर कवितायें लिखी गईं। इस काल के आरम्भ में कविता की भाषा ब्रजभाषा ही थी : परन्तु बाद में धीरे-धीरे खड़ी बोली में कवितायें लिखी जाने लगीं। उस समय के प्रमुख कवियों में भारतेन्दु हरिश्चन्द्र, श्रीधर पाठक, जगन्नाथ दास रत्नाकर, प्रताप नारायण मिश्र आदि के नाम उल्लेखनीय हैं। भारतेन्दु बाबू ने भारत के अतीत के गौरव और वर्तमान भारत की दुर्दशा का बड़ा मार्मिक चित्रण किया। इस काल में कविता का हृदय बिल्कुल बदला हुआ था। प्रथम उत्थान काल के साथ ही हिन्दी कविता ने एक नई करवट ली।

रीतिकाल के समापन के समय ब्रजभाषा अपने सशक्त रूप में थी। खड़ी बोली आधुनिक युग की अनिवार्यता के रूप में उभरी। ब्रजभाषा तथा खड़ी बोली का लंबे समय तक संघर्ष चला जो छायावादी युग में जाकर निर्मूल हुआ। भारतेन्दु युग में यह विचित्र अन्तर्विरोध था कि हर कवि खड़ी बोली में एक ओर तो आधुनिक बोध वाली रचनायें कर रहा था, दूसरी ओर ब्रजभाषा में रीतिपरक, शृंगारी तथा भक्तिपरक काव्य रचनायें भी।

भारतेन्दु बाबू ने ब्रजभाषा में प्रभूतमात्रा में काव्यरचना की। प्रमुख हैं- प्रेममालिका, प्रेम सरोवर, गीतगोविन्दानन्द, वर्षाविनोद, विनय प्रेमपचासा, प्रेममाधुरी, प्रेमफुलवारी, वेणु-गीत आदि।

भारतेन्दु उर्दू में 'रसा' उपनाम से कविता करते थे। उन्होंने पहेलियां, मुकरियां, व्यंग्यगीत (पैरोडी, स्यापा, गाली), समस्यापूर्तियाँ तथा खड़ी बोली में देश की स्थिति पर कवितायें रचीं। प्रमुख हैं-

- अमानत के नाटक 'इन्दर सभा' की पैरोडी - 'बन्दर सभा'
- उर्दू की स्यापा (है है उर्दू हाय-हाय / कहाँ सिधारी हाय-हाय)
- समस्यापूर्ति (पिय प्यारे तिहारे निहारे बिना)
- खडी बोली की प्रसिद्ध कवितायें - विजयिनी विजय वैजयन्ती, भरतभिक्षा, विजयवल्लरी, रिपनाष्टक, प्रबोधिनी, बसन्त होली, प्रात समीरन (यह बंगला के पयार छंद में है।) आदि हैं।

द्विवेदी युग

द्वितीय उत्थान काल के अग्रणी साहित्यकार महावीर प्रसाद द्विवेदी थे। उनकी प्रेरणा से हिन्दी की खड़ी बोली में कवितायें धड़ाधड़ लिखी जाने लगीं। इससे खड़ी बोली का अधिकाधिक परिष्कार और संस्कार हुआ। इस काल में खड़ी बोली के प्रमुख कवियों के नाम अयोध्यासिंह उपाध्याय 'हरिऔध', मैथिलीशरण गुप्त और राम नरेश त्रिपाठी थे। इनके अलावा पं. रामचन्द्र शुक्ल, ठाकुर गोपालशरण सिंह, नाथूराम शर्मा शंकर और गया प्रसाद शुक्ल 'सनेही' के नाम भी उल्लेखनीय हैं। इस काल में ब्रजभाषा के प्रमुख कवि वियोगी हरि और श्री सत्यनारायण कविरत्न थे।

भारतेन्दु युग की ही भांति इस युग में भी अधिकांश रचनायें राष्ट्र-प्रेम, देश-भक्ति, समाज-सुधार, राष्ट्रीय अतीत का गौरव, देश की वर्तमान करुणापूर्ण अवस्था, ग्राम्य जीवन की महत्ता आदि विषयों पर लिखी गईं। इस समय तक खड़ी बोली कविता के लिए पूर्ण समर्थ हो गई थी।

द्विवेदी युग के बाद से अब तक का समय तृतीय उत्थान काल माना जाता है। हिन्दी कविता के लिए यह उत्कर्ष का काल है। इस काल में नए-नए छंदों, अलंकारों का प्रयोग शुरू किया गया। अतुकान्त, छंदमुक्त कविता और अकविता भी इसी काल में लिखी गईं। कविता के वस्तुविधान में भी परिवर्तन आया। प्रकृति-चित्रण, राष्ट्रीयता, आर्थिक वैषम्य, सामजिक कुरीतियों और करुणा-वेदना को कविता के माध्यम से व्यक्त किया गया। इसी प्रकार काव्यगत पद-लालित्य, अभिव्यंजना शैली, प्रतीक आदि का उत्कर्ष इस काल में हुआ।

इस काल के प्रमुख कवियों में जयशंकर प्रसाद, सूर्यकान्त त्रिपाठी 'निराला', सुमित्रानंदन पंत, महादेवी वर्मा, रामकुमार वर्मा, बालकृष्ण शर्मा 'नवीन', रामधारी सिंह 'दिनकर', हरिवंशराय बच्चन, श्यामनारायण पाण्डेय, सोहनलाल द्विवेदी, सियाराम शरण गुप्त, सुभद्राकुमारी चौहान, माखनलाल चतुर्वेदी, अज्ञेय, गिरिजा कुमार माथुर, भवानीप्रसाद मिश्र, धर्मवीर भारती आदि के नाम विशेष रूप से उल्लेखनीय हैं।

तृतीय उत्थान काल के विकास-क्रम में छायावाद, रहस्यवाद, प्रगतिवाद और प्रयोगवाद का प्रादुर्भाव स्मरणीय है।

छायावाद

छायावाद स्थूल के प्रति सूक्ष्म का विद्रोह है। छायावादी कविता में व्यक्तिवाद, अतृप्त प्रेम, निराशा और प्रकृति के मानवीकरण का चित्रण मिलता है। नए छन्द-विधान, नए प्रतीकों तथा लाक्षणिक शब्दावली का प्रयोग भी छायावाद की ही देन है। छायावादी कवियों में जयशंकर प्रसाद, सूर्यकान्त त्रिपाठी 'निराला', सुमित्रानन्दन पंत, महादेवी वर्मा और डा. रामकुमार वर्मा के नाम प्रमुख हैं।

रहस्यवादी कवि हृदय की भावुकता की सहायता से प्रकृति के विभिन्न अंगों में ब्रह्म का दर्शन करता है। रहस्यवादी कविता में लाक्षणिक भाषा, प्रतीकों और रूप-विधानों के माध्यम से अनुभूति की अभिव्यक्ति की जाती है। महादेवी वर्मा प्रमुख रहस्यवादी कवयित्री हैं और प्रसादजी की कविता में छायावाद और रहस्यवाद दोनों की छटा देखने को मिलती है। इस तरह छायावादी युग में कवियों ने अपनी अन्तर्मुखी अभिव्यक्ति द्वारा अत्यन्त गहराई की बात सोचने लगे तथा दुनिया की बात न कहकर अपने हृदय की बात कहने लगे।

प्रगतिवाद

प्रगतिवाद का अर्थ है–पुरानी अवांछनीय, हानिकर परम्पराओं का त्याग कर उन्हें बदले हुए समय के अनुरूप बदले हुए रूप में ग्रहण करना। वास्तव में प्रगतिवाद, साम्यवाद का साहित्यिक रूप है। प्रगतिवादी काव्य की मूल चेतना मार्क्स के विचारों से अनुप्राणित है और द्वन्द्वात्मक भौतिकवाद के नाम से जानी जा सकती है। प्रगतिवादी कविता में पीड़ित, शोषित और दलित समाज के प्रति सहानुभूति की तथा पूंजीवाद की कटु आलोचना की अभिव्यक्ति मिलती है। दिनकर और नरेन्द्र शर्मा इस कोटि के अग्रणी कवियों में गिने जाते हैं। इनके अतिरिक्त नागार्जुन, डा. रामविलास शर्मा, गजानन माधव मुक्तिबोध के नाम गिने जा सकते हैं।

प्रयोगवाद

प्रयोगवादी कवियों में अज्ञेय, गिरिजाकुमार माथुर, प्रभाकर माचवे, धर्मवीर भारती, डा. जगदीश गुप्त और नरेश मेहता के नाम उल्लेखनीय हैं। प्रयोगवादी रचनाओं का आरंभ 1943 से माना जाता है, जब 'तार सप्तक' प्रकाशित हुआ। उसके बाद 1950 के लगभग 'प्रतीक' के प्रकाशन से प्रयोगवाद को ठोस भूमि मिली। प्रयोगवादी कविताओं में व्यक्तिवाद की तीव्रतम अनुभूतियाँ अपने स्वाभाविक रूप में प्रकाश में आती हैं। प्रयोगवादी रचनायें बुद्धिवादी और विचित्रतापूर्ण होती हैं। इनमें नवीन विषय, नवीन भाषा और नवीन सृजन शैली और यहां तक कि सब कुछ नवीन होता है। प्रयोगवादी कविता के कवियों ने प्राचीन मूल्यों और परम्पराओं से हटकर नया प्रयोग करने का साहस किया है।

नई कविता

आधुनिक काल के कुछ कवियों ने किसी वाद या विचारधारा से बंधे बिना स्वतंत्र रूप में रचनायें लिखीं। ऐसे कवियों में सुभद्राकुमारी चौहान, सियारामशरण गुप्त, सोहनलाल द्विवेदी, श्यामनारायण पाण्डेय और बालकृष्ण शर्मा 'नवीन' के नाम विशेष उल्लेखनीय हैं।

नई कविता के क्षेत्र में उल्लेखनीय नाम हैं : नरेश मेहता, लक्ष्मीकान्त वर्मा, विजयदेव नारायण साही, सर्वेश्वरदयाल सक्सेना, कुंवरनारायण, रघुवीर सहाय, श्रीकान्त वर्मा, केदार सिंह आदि।

लोक जीवन से सम्बन्धित विषयों पर मधुर गीत लिखने वालों में शम्भूनाथ सिंह, गोपालदास 'नीरज', वीरेन्द्र मिश्र, सोम ठाकुर के नाम स्मरणीय हैं।

हिन्दी काव्य नये विषय, नवीन परिधान, नूतन प्रतीक, शैली और अनुभूतियों से सम्पन्न होकर निरन्तर प्रगति पथ पर अग्रसर हो गई।

वस्तुनिष्ठ प्रश्न

आदि काल

1. निम्नलिखित में से कौन हिन्दी का कवि था?
A. कालिदास B. बाणभट्ट
C. भारवि D. हेमचन्द्र

2. बौद्ध और जैन धर्म साहित्य किस भाषा में बहुलता से मिलता है?
A. हिन्दी में B. अवधी में
C. मागधी में D. पाली में

3. शौरसेनी भाषा किस क्षेत्र में प्रचलित थी?
A. सौराष्ट्र में B. महाराष्ट्र में
C. मथुरा में D. मगध में

4. प्राकृत भाषा की अन्तिम अवस्था जो लोकप्रिय हुई, क्या कहलाई?
A. अपभ्रंश B. मागधी
C. खड़ी बोली D. कन्नौजी

5. आदि काल/वीरगाथा काल का समय था–
A. 11वीं से 14वीं शताब्दी B. 7वीं से 14वीं शताब्दी
C. 7वीं से 11वीं शताब्दी D. 8वीं से 14वीं शताब्दी

6. निम्नलिखित में से कौन सिद्ध नहीं था?
A. सरहपा B. लूईपा
C. कण्हपा D. कल्हण

7. सिद्धों की साधना किस नाम से विख्यात हुई?
A. वज्रयान B. हीनयान
C. सहजयान D. नाथ पंथ

8. 'गोरखवाणी' का रचयिता कौन था?
A. मत्स्येन्द्रनाथ B. गोरखनाथ
C. मलूकदास D. दादू

9. निम्नलिखित प्रवृतियों में से कौन-सी प्रवृति आदिकाल के साहित्य की नहीं थी?
A. धर्म B. वीरता
C. शृंगार D. वात्सल्य

10. वीरगाथा काल की रचनाओं में वीर रस के साथ ही–
A. शान्त रस भी है B. शृंगार रस भी है
C. भक्ति रस भी है D. हास्य रस भी है

11. अमीर खुसरो–
A. फारसी और संस्कृत दोनों के विद्वान थे
B. विनोदी और सहृदय थे
C. की मुकरियां बहुत सरल हैं
D. उपरोक्त सभी

12. खालिकबारी किसकी रचना है?
A. निजामुद्दीन औलिया B. गुरु नानक
C. अमीर खुसरो D. कुतबन

13. अमीर खुसरो की मसनवियां किस भाषा में हैं?
A. उर्दू B. फारसी
C. हिन्दी D. अरबी

14. 'अभिनव जयदेव' की उपाधि किसे मिली थी?
A. चैतन्य महाप्रभु को B. विद्यापति को
C. भट्ट केदार को D. उपरोक्त में से कोई नहीं

15. 'खुमानरासो' का रचयिता कौन था?
A. दलपति विजय B. नरपति नाल्ह
C. चन्दबरदाई D. जगनिक

16. 'पृथ्वीराज रासो' का रचयिता कौन था?
A. नरपति नाल्ह B. चन्दबरदाई
C. शारंगधर D. परमाल

17. हिन्दी का प्रथम महाकाव्य किसे माना जाता है?
A. पृथ्वीराज रासो B. खुमान रासो
C. बीसलदेव रासो D. सन्देश रसिक

18. आल्हा खण्ड में किसकी वीरता का वर्णन है?
A. आल्हा और ऊदल की B. राजा हमीर की
C. पृथ्वीराज की D. बीसलदेव की

19. कुछ लोगों का विचार है कि पृथ्वीराज रासो ग्रंथ को चन्दबरदाई के पुत्र ने पूरा किया, जिसका नाम था–
A. जल्हण B. कल्हण
C. विल्हण D. उपरोक्त में से कोई नहीं

20. वीर काव्य के बारे में कौन-सा कथन गलत है?
A. इसमें युद्धों का वर्णन है
B. इसमें वीर रस के साथ शृंगार रस भी है
C. इनकी भाषा ओजपूर्ण है
D. ये पूर्णतः प्रामाणिक माने जाते हैं

21. अमीर खुसरो की रचना कौन-सी है?
A. आखिरी कलाम B. खालिकबारी
C. मधुमालती D. मृगावती

22. विद्यापति की विख्यात रचना कौन-सी है?
A. पदमावत B. पदावली
C. मधुमालती D. मृगावती

23. शारंगधर द्वारा रचित ग्रंथ है–
A. आल्ह खण्ड B. बीसलदेव रासो
C. पृथ्वीराज रासो D. हम्मीर रासो

24. निम्नलिखित में से किस ग्रंथ में वीर रस की अपेक्षा शृंगार रस अधिक है?
A. पृथ्वीराज रासो B. हम्मीर रासो
C. बीसलदेव रासो D. आल्ह खण्ड

25. वीरगाथा काल की एक रचना 'संदेश रसिक' है। इसका रचयिता कौन था?

A. शारंगधर B. अमीर खुसरो

C. अब्दुल रहमान D. हेमचन्द्र

26. एक प्रतिष्ठित ग्रंथ 'उक्तिव्यक्ति प्रकरण' किसका लिखा हुआ है?

A. विद्याधर का B. मधुकर का

C. श्रीधर का D. दामोदर भट्ट का

27. किस ग्रंथ में राधा-कृष्ण के प्रेम का अनूठा वर्णन है?

A. पद्मावत B. पदावली

C. मृगावती D. मधुमालती

28. संस्कृत साहित्य में जो स्थान जयदेव का है, हिन्दी साहित्य में वही स्थान–

A. दलपति विजय का है B. विद्यापति का है

C. जगनिक का है D. चैतन्य का है

29. अमीर खुसरो की भाषा पर किसका प्रभाव दिखता है?

A. ब्रजभाषा का B. अवधी का

C. मागधी का D. भोजपुरी का

30. पृथ्वीराज रासो में वीर रस के साथ है–

A. भक्ति रस B. करुण रस

C. शान्त रस D. शृंगार रस

31. दलपति विजय की रचना है–

A. कीर्तिपताका B. पदावली

C. खुमान रासो D. बीसलदेव रासो

32. विद्यापति की पदावली में–

A. वीर रस प्रधान है

B. संयोग शृंगार नहीं, वियोग शृंगार है

C. भक्ति और शृंगार दोनों हैं

D. आश्रयदाता की प्रशंसा है

33. खुमान रासो में–

A. राजा शिवसिंह की वीरता का वर्णन है

B. चित्तौड़ के खुमान के युद्धों का वर्णन है

C. पृथ्वीराज के यश का वर्णन है

D. आल्हा-ऊदल की वीरता का वर्णन है

34. आदि काल में निम्नलिखित में से कौन-सी रचना तिरहुत के शासक की प्रशंसा में लिखी गई थी?

A. परमाल रासो B. कीर्तिलता

C. मृगावती D. मधुमालती

35. कौन-सा ग्रंथ-लेखक जोड़ा सही है?

A. पद्मावत – विद्यापति

B. पृथ्वीराज रासो – चन्दबरदाई

C. आल्ह खण्ड – नरपति लाल्ह

D. बीसलदेव रासो – जगनिक

36. किस कवि को हिन्दी का आदि गीतकार माना जाता है?

A. जायसी को B. जगनिक को

C. जयदेव को D. विद्यापति को

37. अपभ्रंश काव्य अधिकतर किस छंद में लिखा गया है?

A. रोला में B. छप्पय में

C. कवित्त में D. दूहा (दोहा) में

38. विद्यापति रचित मैथिली का विख्यात ग्रंथ है–

A. कीर्तिलता B. कीर्तिपताका

C. पदावली D. पद्मावत

39. आदिकाल को कुछ साहित्यकारों ने–

A. महाकाव्य काल कहा है B. आचार्य काल कहा है

C. चारण काल कहा है D. साधना काल कहा है

40. अमीर खुंसरो की पहेलियां और मुकरियां किस भाषा में हैं?

A. अरबी में B. फारसी में

C. अवधी में D. खड़ी बोली में

भक्ति काल

41. निम्नलिखित में से कौन निर्गुण भक्ति धारा का कवि नहीं था?

A. जायसी B. कबीर

C. मीरा D. नानक

42. निम्नलिखित में से कौन सगुण भक्ति धारा का कवि नहीं था?

A. रसखान B. सूरदास

C. नन्द दास D. कुतबन

43. कौन-सा कवि ज्ञानमार्गी शाखा का नहीं था?

A. कबीर दास B. मलूक दास

C. दादू दयाल D. जायसी

44. 'प्रेम की पीर' की अभिव्यक्ति किन कवियों ने की?

A. प्रेममार्गी कवियों ने B. ज्ञानमार्गी कवियों ने

C. सगुण धारा के कवियों ने D. उपरोक्त में से कोई नहीं

45. 'बीजक' में किसकी कविताएँ संग्रहीत हैं?

A. जायसी की B. कबीर की

C. रहीम की D. नानक की

46. प्रेममार्गी कवियों पर किसका गहरा प्रभाव था?

A. सूफी सम्प्रदाय का B. अवतारवाद का

C. विशिष्टाद्वैत का D. नाथ सम्प्रदाय का

47. 'पद्मावत' की रचना किसने की थी?

A. मंझन ने B. कुतबन ने

C. जायसी ने D. रज्जब ने

48. प्रेममार्गी कवियों की रचनायें–

A. खड़ी बोली में हैं B. ब्रज भाषा में हैं

C. ठेठ अवधी में हैं D. मागधी में हैं

49. निम्नलिखित में से किसकी भक्ति सख्य भाव की थी?
A. मीरा की B. तुलसीदास की
C. रसखान की D. सूरदास की

50. सूरदास की रचनाओं में हमें किसका हृदयग्राही वर्णन मिलता है?
A. भक्ति का B. शृंगार का
C. वात्सल्य का D. उपरोक्त तीनों का

51. ज्ञानमार्गी कवियों की रचनाओं में हमें किसका वर्णन मिलता है?
A. ज्ञान का B. साधना का
C. एकेश्वरवाद का D. उपरोक्त तीनों का

52. निर्गुण भक्ति अवतारवाद की धारणा से–
A. ओतप्रोत थी B. पोषित थी
C. परे थी D. निसृत थी

53. निम्नलिखित में से कौन कृष्ण भक्ति शाखा का कवि नहीं था?
A. सूर B. मीरा
C. रसखान D. केशव

54. 'लहरतारा' स्थान का सम्बन्ध किस कवि से है?
A. जायसी से B. रसखान से
C. कबीर से D. मलूकदास से

55. कबीरदास किसके शिष्य थे?
A. रामानंद के B. वल्लभाचार्य के
C. रामानुजाचार्य के D. गोरखनाथ के

56. 'मगहर' और 'लोई' से किसका सम्बन्ध है?
A. रैदास का B. दादू दयाल का
C. मलूकदास का D. कबीर का

57. कबीरदास के सम्बन्ध में कौन-सा कथन गलत है?
A. वे गुरु-महिमा को मानते थे
B. वे अवतारवाद को मानते थे
C. वे धार्मिक पाखंडों के विरोधी थे
D. वे जीव और ब्रह्म की एकता में विश्वास करते थे

58. जायसी का पद्मावत काव्य–
A. मसनवी शैली में लिखा गया है
B. भक्ति काव्य है
C. खड़ी बोली में है
D. उपरोक्त सभी

59. सूरदास ने 'भ्रमरगीत' में–
A. निर्गुण ब्रह्म का उपहास किया है
B. निर्गुण ब्रह्म में आस्था प्रकट की है
C. कृष्ण की बाल लीलाओं का वर्णन किया है
D. यशोदा के वात्सल्य का अनूठा वर्णन है

60. 'रासपंचाध्यायी' किसकी विख्यात रचना है?
A. नंददास B. रसखान
C. कुम्भनदास D. स्वामी हरिदास

61. निम्नलिखित में से कौन 'अष्टछाप' के आठ कवियों में सम्मिलित नहीं था?
A. सूरदास B. नंददास
C. कुम्भनदास D. कबीर दास

62. बांदा जिले का राजापुर गांव किस कवि का जन्म-स्थान था?
A. बिहारी लाल B. मैथिलीशरण गुप्त
C. तुलसीदास D. भूषण

63. 'कवितावली' का रचयिता कौन है?
A. नंददास B. तुलसीदास
C. नरहरिदास D. केशवदास

64. तुलसीदास रचित 'विनय पत्रिका' में–
A. विनय और भक्ति के पद हैं
B. वैराग्य के पद हैं
C. बाल लीला के पद हैं
D. उपरोक्त सभी

65. राम भक्ति काव्य में–
A. ज्ञान को श्रेष्ठता प्रदान की गई है
B. भक्ति को श्रेष्ठ माना गया है
C. वैराग्य को श्रेष्ठ माना गया है
D. उपरोक्त दोनों को बराबर का स्थान दिया गया है

66. केशवदास कवि होने के साथ-साथ–
A. गायक भी थे B. आचार्य भी थे
C. संत भी थे D. पाखण्ड-विरोधी भी थे

67. किस कवि को 'कठिन काव्य का प्रेत' कहा जाता है?
A. घनानंद B. सूरदास
C. केशवदास D. तुलसीदास

68. केशवदास की रचनाओं में सबसे महत्वपूर्ण रचना कौन-सी है?
A. कविप्रिया B. रसिकप्रिया
C. रामचन्द्रिका D. विज्ञानगीता

69. रहीमदास के दोहों में–
A. नीति है B. भक्ति है
C. उपदेश है D. उपरोक्त सभी हैं

70. 'कवित-रत्नाकर' का रचयिता कौन था?
A. नरोत्तमदास B. केशवदास
C. सेनापति D. नंददास

71. 'भक्तमाल' का रचयिता कौन था?
A. अग्रदास B. नाभादास
C. नंददास D. नरोत्तमदास

72. "अजगर करै न चाकरी, पंछी करै न काम", यह उक्ति किसकी है?
A. कबीरदास B. मलूकदास
C. नंददास D. रहीमदास

73. दादू दयाल–
A. पर कबीर का प्रभाव था
B. सरलता व सादगी में विश्वास करते थे
C. ने गुरु को बहुत महत्व दिया
D. उपरोक्त दोनों

74. सूफी सम्प्रदाय के प्रमुख कवि थे–

A. जायसी B. रहीम

C. रसखान D. केशवदास

75. ''खीरा सिर से काटिये, मलियत नमक लगाय'', यह उक्ति किसकी है?

A. कबीर B. रहीम

C. रसखान D. दादू दयाल

76. 'अखरावट' और 'आखिरी कलम' किसकी रचनायें हैं?

A. रसखान B. खुसरो

C. जायसी D. कुतबन

77. 'मधुमालती' किसकी रचना है?

A. जायसी की B. कुतबन की

C. मंझन की D. रसखान की

78. नागमती का विरह वर्णन हिन्दी साहित्य का सर्वश्रेष्ठ विरह-वर्णन है? यह किस ग्रंथ में है?

A. अखरावट में B. पद्मावत में

C. मधुमालती में D. मृगावती में

79. सूफी कवियों के प्रेमाख्यानों में–

A. किसी धर्म-सम्प्रदाय का खंडन-मंडन नहीं है

B. शृंगार रस की प्रधानता है

C. आत्मा को प्रियतम और परमात्मा को प्रिया माना गया है

D. उपरोक्त सभी

80. मीरा के पदों में–

A. राजस्थानी भाषा का प्रयोग हुआ है

B. अवधी का प्रयोग हुआ है

C. खड़ी बोली का प्रयोग हुआ है

D. उपरोक्त सभी

81. 'प्रेमवाटिका' किसकी रचना है?

A. मीराबाई B. रसखान

C. जायसी D. विद्यापति

82. महाप्रभु वल्लभाचार्य ने पुष्टिमार्ग की स्थापना की। पुष्टिमार्ग में ईश्वर प्राप्ति का सबसे मुख्य साधन है–

A. ज्ञान B. वैराग्य

C. भक्ति D. गुरु

83. अष्टछाप के कवि–

A. सूफी थे B. निर्गुण ब्रह्म के उपासक थे

C. कृष्णभक्त थे D. रामभक्त थे

84. अष्टछाप के कवियों ने–

A. केवल ब्रजभाषा में लिखा

B. कृष्णभक्ति के केवल माधुर्य पक्ष को ग्रहण किया

C. किसी महाकाव्य की रचना नहीं की, केवल स्फुट रचनायें लिखीं

D. उपरोक्त सभी

85. केशवदास की रचनाओं में–

A. कला पक्ष की प्रधानता है B. काव्य सरसता है

C. भाव पक्ष की प्रधानता है D. प्रकृति का अनूठा चित्रण है

86. ''इन मुसलमान हरिजनन पै, कोटिक हिन्दू वारिये'', यह उक्ति किस कवि के बारे में है?

A. जायसी के बारे में B. रहीम के बारे में

C. रसखान के बारे में D. खुसरो के बारे में

87. जायसी की रचना 'पद्मावत'–

A. प्रेमाख्यान है B. रीति ग्रंथ है

C. भक्ति काव्य है D. वीर काव्य है

88. कौन-सा कथन सही नहीं है?

A. सूफी काव्य प्रायः अवधी में लिखा गया है

B. सूफी सम्प्रदाय खंडन-मंडन को महत्व देता है

C. सूफी सम्प्रदाय में गुरु की बड़ी महिमा है

D. सूफी संतों ने भारतीय लोकाचार को अपनाया

89. जायसी के ग्रंथ पद्मावत में 'हीरामन तोता' की क्या भूमिका है?

A. नायक की B. खलनायक की

C. गुरु की D. साधक की

90. श्री वल्लभाचार्य की शिष्य परम्परा में–

A. निराकार ब्रह्म की आराधना होती है

B. राम की उपासना होती है

C. कृष्ण की उपासना होती है

D. गुरु की महिमा का गान होता है

91. निम्नलिखित में से किसने 'ब्रह्म सत्यं जगन्मिथ्या' का उपदेश दिया था?

A. वल्लभाचार्य ने B. शंकराचार्य ने

C. विट्ठलनाथ ने D. रामानुजाचार्य ने

92. 'अलवार' संतों ने किस भाषा में लिखा?

A. तेलुगु B. उड़िया

C. गुजराती D. तमिल

93. गोस्वामी तुलसीदास ने रामचरितमानस की रचना किस उद्देश्य से की थी?

A. लोकरंजन के लिए

B. मोक्ष प्राप्ति के लिए

C. राम कथा का स्मरण करने-कराने के लिए

D. स्वान्तः सुखाय

94. निम्नलिखित में से किसने श्री राधावल्लभ सम्प्रदाय नामक नया पंथ चलाया?

A. हितहरिवंश B. वल्लभाचार्य

C. छीतस्वामी D. कृष्णदास

95. किस रस की अभिव्यक्ति में सूरदास संसार के सर्वश्रेष्ठ कवियों में गिने जाते हैं?

A. शृंगार B. शान्त

C. वात्सल्य D. उपरोक्त सभी

96. सूरदास का प्रमुख ग्रंथ 'सूर सागर' है। जनश्रुति के आधार पर इसमें कुल कितने पद थे?
A. एक लाख B. सवा लाख
C. दस हजार D. साठ हजार

97. सूरदास की एक रचना 'साहित्य लहरी' है। इसमें सूरदास ने–
A. कृष्ण की बाल-लीलाओं का चित्रण किया है
B. राधा का नख-शिख वर्णन किया है
C. कृष्ण की रास-लीलाओं का वर्णन किया है
D. उद्धव-गोपी संवाद लिखा है

98. रसखान ने किस भाषा में रचना की?
A. खड़ी बोली में B. अवधी में
C. ब्रजभाषा में D. भोजपुरी में

99. पुष्टिमार्ग के प्रवर्तक कौन थे?
A. रामानंद B. वल्लभाचार्य
C. रामानुजाचार्य D. शंकराचार्य

100. अष्टछाप के कवियों में सबसे बड़ा स्थान किसे प्राप्त है?
A. नंददास को B. छीतस्वामी को
C. सूरदास को D. विट्ठलनाथ को

101. ''जाति-पाति पूछे नहीं कोई, हरी को भजै सो हरि का होई'', उक्त पंक्तियां किस कवि की हैं?
A. नानक की B. कबीर की
C. रहीम की D. मलूक की

102. रतनसेन और पद्मावती की प्रेम-गाथा का वर्णन किस ग्रंथ में है?
A. रतन सेन में B. पद्मावत में
C. ज्ञान बोध में D. मधुमालती में

103. मृगावती किस कवि की रचना है?
A. मंझन की B. जायसी की
C. कुतबन की D. शेखनबी की

104. कृष्णभक्ति का प्रचार कब हुआ था?
A. 15वीं शताब्दी में B. 10वीं शताब्दी में
C. 19वीं शताब्दी में D. 11वीं शताब्दी में

105. श्री वल्लभाचार्य की उपासना में किस पर जोर दिया गया?
A. प्रभु कीर्तन पर
B. राम धुन पर
C. बाल कृष्ण की उपासना पर
D. ब्रह्म की उपासना पर

106. लगभग सारा कृष्ण काव्य–
A. खड़ी बोली में है B. ब्रजभाषा में है
C. अवधी में है D. खिचड़ी भाषा में है

107. चर्यापद किसकी रचना है?
A. विद्यापति की B. खुसरो की
C. जगनिक की D. सरहपा कण्हपा की

108. निर्गुण भक्ति धारा के कवियों ने निम्नलिखित में से किस पर जोर नहीं दिया?
A. निराकार ब्रह्म की उपासना B. आत्मशुद्धि
C. वैयक्तिक साधना D. अवतारवाद

109. निर्गुण भक्ति की प्रेमाश्रयी शाखा के विकास में किसका योगदान प्रमुख रहा?
A. सूफी कवियों का B. मीरा का
C. कबीर का D. नानक का

110. निर्गुण भक्ति की प्रेमाश्रयी शाखा के कवियों की रचनाओं की मुख्य विशेषता है–
A. विरह-वेदना की तीव्रता B. रोचक कथानक
C. प्रेम की पीर D. उपरोक्त सभी

111. निम्नलिखित में से कौन निर्गुण भक्ति धारा का नहीं है?
A. रैदास B. नानक
C. कबीर D. विद्यापति

112. सूफी कवियों ने कैसी प्रेम गाथाओं को अपने काव्य के लिए चुना?
A. अरबी B. फारसी
C. भारतीय D. तीनों

113. रामचरितमानस–
A. मुक्तक रचनाओं का संग्रह है
B. राम के जीवन के कुछ अंशों का वर्णन करता है
C. दोहा-चौपाई में लिखा गया है
D. भक्ति गीतों का संग्रह है

114. कबीरदास–
A. अनपढ़ थे
B. व्यवसाय के जुलाहे थे
C. पर नाथपंथ के हठयोग का प्रभाव था
D. उपरोक्त तीनों

115. रामानंदजी किसके गुरु थे?
A. मीर के B. नंददास के
C. कबीर के D. सूरदास के

116. मगहर नामक स्थान पर किस कवि की मृत्यु हुई थी?
A. केशव की B. चैतन्य की
C. विद्यापति की D. कबीर की

117. संत कबीर–
A. गृहस्थ थे
B. सूफी मत से प्रभावित थे
C. अवतारवाद में विश्वास नहीं करते थे
D. उपरोक्त सभी

118. कुल मिलाकर कबीरदास की भाषा कैसी थी?
A. अपभ्रंश B. खड़ी बोली
C. सधुक्कडी D. अवधी

119. 'भक्तमाल' ग्रंथ का रचयिता कौन है?

A. नंददास B. रामानंद
C. नाभादास D. विट्ठलनाथ

120. किस कवि का जन्म उत्तर प्रदेश के रायबरेली जिले के जायस गांव में हुआ था?

A. नंददास B. जायसी
C. केशवदास D. उपरोक्त में से कोई नहीं

121. किस कवि की निधन तिथि के सम्बन्ध में यह दोहा प्रसिद्ध है

''संवत सोरह सौ असी, असी गंग के तीर''

A. सूरदास B. मीरा
C. कबीर D. तुलसीदास

122. किसका बचपन का नाम 'रामबोला' था?

A. विद्यापति का B. केशवदास का
C. तुलसीदास का D. सूरदास का

123. तुलसी के काव्य में–

A. साधुमत है
B. लोकमत है
C. उपरोक्त दोनों हैं
D. उपरोक्त दोनों में से कोई भी नहीं है

124. कबीर की कविताओं में निम्नलिखित में से एक नहीं है?

A. नीति B. रहस्यवाद
C. सर्वात्मवाद D. छायावाद

125. काल-क्रम की दृष्टि से कौन सबसे पहले हुआ था?

A. कबीर B. मीरा
C. तुलसीदास D. सूरदास

रीति काल

126. रीतिकाल का अभ्युदय–

A. भक्ति काल से पहले हुआ
B. भक्ति काल के बाद हुआ
C. वीरगाथा काल के साथ-साथ हुआ
D. निर्गुण भक्ति और सगुण भक्ति काल के बीच हुआ

127. रीतिकालीन कविता का आरम्भ केशवदास की–

A. 'रामचन्द्रिका' से माना जाता है
B. 'रसिकप्रिया' से माना जाता है
C. 'विज्ञान गीता' से माना जाता है
D. उपरोक्त तीनों से माना जाता है

128. निम्नलिखित में से कौन कवि और आचार्य दोनों रूप में प्रतिष्ठित है?

A. सुमित्रानंदन पन्त B. नाभादास
C. नंददास D. केशवदास

129. कला पक्ष की प्रधानता किस काल की रचनाओं की प्रमुख विशेषता है?

A. वीरगाथा काल B. भक्ति काल
C. रीति काल D. उपरोक्त तीनों

130. रीतिकालीन कवियों ने मुख्यतः किस छंद का प्रयोग किया?

A. चौपाई B. दोहा
C. कवित्त D. कवित्त-सवैया

131. केशवदास किस राजा के आश्रय में थे?

A. बूंदी के राजा भावसिंह B. छत्रसाल
C. शिवाजी D. ओरछा के राजा इन्द्रजीत सिंह

132. नरोत्तम दास की विख्यात कृति कौन-सी है?

A. सुदामाचरित B. कवित्त रत्नाकर
C. नखसिख D. प्रिय-प्रवास

133. रहीम के दोहों में–

A. नीति की बातें हैं B. भक्ति की अभिव्यंजना है
C. उपदेशों की भरमार है D. उपरोक्त तीनों हैं

134. किस कवि की दानशीलता की तुलना 'कर्ण' की दानशीलता के साथ की जाती है?

A. देव B. बिहारी
C. भूषण D. रहीम

135. निम्नलिखित में से कौन-सा ग्रंथ 'रहीमदास' का है?

A. श्रृंगार सोरठ B. ध्यान मंजरी
C. महारामायण D. हनुमन्नाटक

136. 'कवित्त रत्नाकर' का लेखक कौन है?

A. बलभद्र मिश्र B. नरोत्तमदास
C. सेनापति D. केशवदास

137. तुलसी कृत 'रामचरितमानस' कितने काण्डों (अध्यायों) में है?

A. ग्यारह B. नौ
C. सात D. तेरह

138. तुलसी कृत 'रामचरितमानस'–

A. अवधी में है
B. ब्रज और अवधी दोनों में है
C. मागधी में है
D. उपरोक्त में से किसी में भी नहीं

139. चिन्तामणि किस काल के कवि थे?

A. आधुनिक काल B. भक्ति काल
C. रीति काल D. वीरगाथा काल

140. रीति काल की रचनाओं के विशेष लक्षण हैं–

A. रस, अलंकार B. नायिका-भेद, नख-शिख वर्णन
C. षट्ऋतु वर्णन D. उपरोक्त सभी

141. हिन्दी साहित्य का रीतिकालीन युग मोटे तौर से कबसे कब तक रहा?

A. बाबर से अकबर तक
B. अकबर से औरंगजेब तक
C. जहांगीर से बहादुरशाह तक
D. शाहजहां से बहादुरशाह तक

142. रीतिकालीन काव्य में निम्नलिखित में से किसे महत्व नहीं दिया गया?
A. चमत्कारपूर्ण उक्तियों को B. भावों की नजाकत को
C. कल्पना की मौलिकता को D. हृदय पक्ष या भाव पक्ष को

143. रीतिकालीन काल लगभग कितनी शताब्दियों तक चला?
A. चार शताब्दियों तक B. एक शताब्दी तक
C. तीन शताब्दियों तक D. दो शताब्दियों तक

144. निम्नलिखित में से कौन वीर रस का कवि नहीं था?
A. भूषण B. लाल
C. सूदन D. पद्‌माकर

145. रीतिकालीन कवियों ने मुख्यतः श्रृंगार रस की कवितायें लिखीं। उन्होंने श्रृंगार रस की रचनाओं के लिए किस छंद को प्रधानतः अपनाया?
A. कवित्त B. सवैया
C. हरिगीतिका D. छप्पय

146. रीतिकालीन कवियों ने नारी के केवल एक ही रूप का अंकन किया। वह था–
A. माता रूप B. शक्ति रूप
C. नायिका रूप D. जगदम्बा रूप

147. लगभग सभी रीतिकालीन कवियों ने लक्षण ग्रंथों (रीतिग्रंथों) की रचना की। निम्नलिखित रीतिकालीन कवियों में से किसने लक्षण ग्रंथ की रचना नहीं की?
A. बिहारी लाल B. मतिराम
C. भूषण D. पद्‌माकर

148. रीतिकालीन साहित्य में–
A. प्रबन्ध काव्यों की अपेक्षा मुक्तक काव्यों की अधिक रचना हुई
B. नवीन विचारों का अभाव रहा
C. नारी के विभिन्न रूपों (चरित्र) का अंकन प्रायः नहीं हुआ
D. उपरोक्त सभी

149. रीतिकाल में स्वच्छन्द कविता लिखने वाले एक कवि थे–
A. घनानंद B. नंददास
C. भिखारीदास D. देव

150. रीतिकाल के कवियों में नीति सम्बन्धी रचनायें किसने लिखीं?
A. वृन्द B. आलम
C. भिखारीदास D. जोधराज

151. कवि गिरधर की–
A. सूक्तियां प्रसिद्ध हैं B. सतसई प्रसिद्ध हैं
C. अन्योक्तियां प्रसिद्ध हैं D. कुण्डलियां प्रसिद्ध हैं

152. बेनी कवि किस प्रकार की रचनाओं के लिए विख्यात हैं?
A. नीति B. वैराग्य
C. भक्ति D. व्यंग्य

153. ध्रुवदास–
A. रीति काल के आचार्य थे
B. रीति काल के वीर रस के कवि थे
C. रीति काल के कृष्ण भक्त कवि थे
D. रीति काल के राम भक्त कवि थे

154. मधुसूदनदास द्वारा रचित ग्रंथ है–
A. रामाश्वमेध B. राम रसायन
C. सीतायन D. गोविन्द रामायण

155. रीतिकालीन आचार्य-कवि चिन्तामणि की सर्वाधिक विख्यात रचना है–
A. कवि कल्पतरु B. पिंगल
C. काव्यदर्पण D. ललित ललाम

156. निम्नलिखित ग्रंथों में से किस एक के रचनाकार मतिराम नहीं है?
A. रस राज B. वृत्तकौमुदी
C. साहित्यसार D. कविकल्पतरु

157. रीतिकालीन कवियों में केवल एक ग्रंथ लिखकर सर्वाधिक सम्मान पाने वाला कवि कौन-सा है?
A. मतिराम B. बिहारी
C. देव D. पद्‌माकर

158. निम्नलिखित में से किस कवि की रचनाओं के बारे में 'गागर में सागर भरने' की बात कही जाती है?
A. देव B. मतिराम
C. कबीर D. बिहारी

159. श्रृंगार का सर्वश्रेष्ठ कवि किसे माना जाता है?
A. देव B. मतिराम
C. बिहारी D. पद्‌माकर

160. 'भावविलास' किस कवि की रचना है?
A. रत्नाकर B. पद्‌माकर
C. देव D. मतिराम

161. 'काव्य निर्णय' का रचयिता कौन है?
A. बिहारी B. भिखारीदास
C. घनानंद D. मतिराम

162. हिन्दी में उपालम्भ का सर्वश्रेष्ठ कवि किसे कहा जाता है?
A. पद्‌माकर B. बिहारी
C. घनानंद D. लाल कवि

163. रीतिकालीन कौन-सा कवि 'सुजान' नामक वेश्या पर अनुरक्त था और इसी प्रसंग में उसने 'सुजानसागर' नामक ग्रंथ की रचना की?
A. आलम B. रसलीन
C. ग्वाल D. घनानंद

164. 'गंगा लहरी' के रचयिता कौन थे?
A. देव B. मतिराम
C. आलम D. पद्‌माकर

165. 'पद्‌माभरण' का रचयिता कौन था?
A. पद्‌माकर B. जायसी
C. मतिराम D. देव

166. आचार्य केशव का ग्रंथ 'रामचन्द्रिका'–
A. खण्ड काव्य है B. प्रबन्ध काव्य है
C. मुक्तक रचना है D. उपरोक्त में से कोई नहीं

167. कवि भूषण ने शिवाजी की वीरता व यश गान किया है : लाल कवि ने किसका यश गान किया है?

A. राणा प्रताप का B. छत्रसाल का
C. हिम्मत बहादुर D. गोरा-बादल का

168. निम्नलिखित रचनाओं में से एक रचना भूषण की नहीं है?

A. छत्रसाल दशक B. शिवाबावनी
C. शिवराजभूषण D. अष्टयाम

169. 'बिहारी सतसई' में कितने दोहे हैं?

A. 700 B. 701
C. 725 D. 719

170. 'रसकेलिवल्ली' किसकी रचना है?

A. गंग B. घनानंद
C. रसखान D. देव

171. ब्रजभाषा का कौन-सा कवि ऋतु वर्णन के लिए विख्यात है?

A. सेनापति B. पद्माकर
C. देव D. मतिराम

172. कहा जाता है कि सम्राट् अकबर ने एक कवि की रचना से प्रभावित होकर गोवध बंद करवा दिया था। वह कवि था–

A. नरहरि बन्दीजन B. गंग
C. सेनापति D. आलम

173. रीतिकालीन कवियों की रचनाओं का मुख्य प्रयोजन था–

A. साहित्य की समृद्धि B. स्वान्तः सुखाय
C. आश्रयदाताओं का यशगान D. ऋतु वर्णन

174. हिन्दी साहित्य में रीतिकालीन काव्य परम्परा किसने प्रारम्भ की?

A. देव B. मतिराम
C. सेनापति D. केशव

175. केशवदास ने एक आध्यात्मिक ग्रंथ लिखा, जिसका नाम था–

A. रामचन्द्रिका B. कविप्रिया
C. रसिकप्रिया D. विज्ञान गीता

176. कहा जाता है कि निम्नलिखित पंक्तियों ने एक राजा के जीवन में परिवर्तन ला दिया था–

नहि पराग नहि मधुर मधु, नहि विकास इहि काल।
अली कली ही सों विध्यों, आगे कौन हवाल।।

इन पंक्तियों के रचयिता थे–

A. सेनापति B. पद्माकर
C. रहीम D. बिहारी

177. बिहारी ने अपने काव्य में किस छंद को अपनाया?

A. कवित्त B. छप्पय
C. सवैया D. दोहा

178. 'रसराज' ग्रंथ का रचयिता कौन था?

A. मतिराम B. पद्माकर
C. देव D. चिन्तामणि

179. यह किसकी उक्ति है?

'तबही लौं जीवो भलो, दीवो होय न धीम'

A. कबीर B. रहीम
C. तुलसी D. बिहारी

180. रहीम के सम्बन्ध में कौन-सा कथन गलत है?

A. वह विद्या व्यसनी थे
B. वह योद्धा और राजनीतिज्ञ भी थे
C. वह कलामर्मज्ञ थे
D. वह अनपढ़ थे

181. ज्योतिष ग्रंथ "खेट कौतुकम" का रचयिता कौन था?

A. नंददास B. पद्माकर
C. रहीम D. सेनापति

182. महाकवि भूषण–

A. का नाम ही भूषण था B. की जाति भूषण थी
C. की उपाधि भूषण थी D. उपरोक्त में से कोई नहीं

183. भूषण–

A. की भाषा प्रधानतः ब्रज थी
B. ने फारसी और बुन्देलखंडी के शब्दों का भी काफी प्रयोग किया
C. ने शब्दों को तोड़ा-मरोड़ा भी
D. उपरोक्त सभी

184. 'जगद्विनोद' एक श्रेष्ठ रीति ग्रंथ है। इसका रचयिता कौन था?

A. देव B. मतिराम
C. सेनापति D. पद्माकर

185. पद्माकर का सर्वश्रेष्ठ ग्रंथ किसे माना जाता है?

A. प्रबोध पचासा B. गंगालहरी
C. पद्माभरण D. राम रसायन

186. 'कूलन में केलि में कछारन में कुंजन में,
क्यारिन में कलित कलीन किलकंत है।

उपरोक्त अनुप्रासपूर्ण सुन्दर रचना किस कवि की है?

A. पद्माकर B. सेनापति
C. मतिराम D. देव

187. जायसी के पद्मावत में रतनसेन और राजकुमारी पद्मावती के प्रेम का वर्णन है। पद्मावती कहां की राजकुमारी थी?

A. चित्तौड़ B. सिंहलद्वीप
C. नागदेश D. अवन्तिका

188. 'सीतायन' का रचयिता कौन था?

A. मधुसूदनदास B. रसिक बिहारी
C. चिन्तामणि D. रामप्रिया शरण

189. नागरी दास

A. कृष्ण भक्त कवि थे B. राम भक्त कवि थे
C. रीति ग्रंथ कवि थे D. निर्गुण भक्त कवि थे

190. 'पाहन पूजे हरि मिलै, तो मैं पूजूं पहार' यह उक्ति किसकी है?
A. रसखान B. रहीम
C. कबीर D. मलूकदास

191. हिन्दी के किस कवि को वात्सल्य रस का सम्राट् माना जाता है?
A. मीरा B. सूरदास
C. नंददास D. नरोत्तमदास

192. किस कवि का सारा काव्य सरस और गेय है?
A. तुलसीदास B. सूरदास
C. रसखान D. कबीरदास

193. "तन चितउर मन राजा कीन्हा,
हिय सिंहल बुधि पदमिनि चीन्हा।"
उपरोक्त पंक्तियां किस ग्रंथ की हैं?
A. बीजक B. पद्मावत
C. इश्कनामा D. उपरोक्त में से कोई नहीं

194. "अमिय हलाहल मद भरे
श्वेत श्याम रतनार
उठत, गिरत, उठ गिरि परत
जेहिं चितवत इक बार"
ये पंक्तियां किस कवि की हैं?
A. इलह कवि B. लाल कवि
C. रसखान D. रसलीन

195. निम्नलिखित में से किस कवि ने उलटवासियां लिखीं हैं?
A. वृन्द B. गिरधर राय
C. रहीम D. कबीर

196. केशवदास की काव्य भाषा थी–
A. भोजपुरी B. अवधी
C. ब्रज D. बुन्देलखण्डी

197. बिहारी सतसई के दोहों में किस रस की प्रधानता है?
A. शान्त रस B. भक्ति रस
C. वीर रस D. शृंगार रस

198. निम्न पंक्तियां किस कवि का परिचय देती हैं?
"जन्म ग्वालियर जानिए, खंड बुन्देले बाल
तरुणाई आई लसत, बसि मथुरा ससुराल"
A. केशव B. पद्माकर
C. सेनापति D. बिहारी

199. किस कवि की यह पंक्ति है?
'मेरी भव बाधा हरौ, राधा नागरि सोय'
A. सूर B. मीरा
C. घनानंद D. बिहारी

200. भूषण के काव्य की भाषा थी–
A. अवधी B. राजस्थानी
C. भोजपुरी D. ब्रज

आधुनिक काल

201. हिन्दी साहित्य का आधुनिक काल सामान्यतया कब से आरम्भ माना जाता है?
A. 1700 ई. से B. 1750 ई. से
C. 1850 ई. से D. 1900 ई. से

202. हिन्दी के आधुनिक काल के काव्य की एक विशेषता यह है कि–
A. यह जन-जीवन के साथ चला
B. इसमें करुण रस को प्रधानता मिली
C. इसमें जीवन की विभिन्न समस्याओं और उनके समाधान को स्थान मिला
D. उपरोक्त सभी

203. आधुनिक काल की काव्य रचनाओं में–
A. राष्ट्रगौरव जगा
B. राष्ट्रीयता उजागर हुई
C. समाज सुधार की भावनायें मुखरित हुईं
D. उपरोक्त सभी

204. आधुनिक काल के काव्य में–
A. कवितायें खड़ी बोली में लिखी जाने लगीं
B. कवितायें ब्रजभाषा में ही लिखी जाने लगीं
C. कवितायें अवधी में ही लिखी जाती रहीं
D. कवितायें केवल ब्रज व अवधी में लिखी गईं

205. आधुनिक काल के काव्य में–
A. छायावाद आया B. रहस्यवाद अवतरित हुआ
C. प्रगतिवाद का प्रचलन हुआ D. उपरोक्त सभी

206. भारतेन्दु हरिश्चन्द्र ने काव्य धारा को किस ओर मोड़ा?
A. शृंगार प्रियता की ओर B. रीति ग्रंथों की ओर
C. निर्गुण भक्ति की ओर D. स्वदेश प्रेम की ओर

207. हिन्दी कविता के वर्तमान युग का प्रवर्तक किसे माना जाता है?
A. बालकृष्ण भट्ट B. जयशंकर प्रसाद
C. महादेवी वर्मा D. भारतेन्दु हरिश्चन्द्र

208. हिन्दी कविता में राष्ट्रीयता की तान सबसे पहले किसने छेड़ी?
A. मैथिलीशरण गुप्त B. माखनलाल चतुर्वेदी
C. रामधारी सिंह 'दिनकर' D. भारतेन्दु हरिश्चन्द्र

209. भारतेन्दु बाबू के सम्बन्ध में निम्नलिखित में से कौन-सा कथन सही नहीं है?
A. वह रसिक कवि थे
B. वह कविता के लिए किसी वाद से बंधे नहीं थे
C. उन्होंने भक्ति, प्रकृति-चित्रण, हास्य-विनोद पर भी कविताएं लिखीं
D. वह राम भक्त थे

210. निम्नलिखित में से कौन-सी रचना भारतेन्दु की नहीं है?
A. प्रेम पचीसी B. प्रेम माधुरी
C. प्रेम फुलवारी D. प्रेम प्रलाप

211. भारतेन्दु की रचनाओं का संग्रह किस नाम से है?
A. भारतेन्दु दर्पण B. भारतेन्दु प्रसून
C. भारतेन्दु ग्रंथावली D. भारतेन्दु वाणी

212. भारतेन्दु युग को किस नाम से जाना जाता है?
A. समाज-सुधार युग B. छायावादी युग
C. राष्ट्रीय चेतना युग D. महाकाव्य युग

213. "अंगरेज राज सुख साज सजे सब भारी।
पै धन विदेश चलि जात यहै अतिख्वारी"।।
उपरोक्त पंक्तियां किस कवि की हैं?
A. मैथिलीशरण गुप्त B. बालकृष्ण शर्मा 'नवीन'
C. श्रीधर पाठक D. भारतेन्दु हरिश्चन्द्र

214. 'अनुराग रत्न' का रचयिता कौन है?
A. श्रीधर पाठक B. नाथूराम शर्मा शंकर
C. प्रतापनारायण मिश्र D. बदरीनारायण चौधरी 'प्रेमधन'

215. भारतेन्दुजी ने गंगा वर्णन में–
A. हास्य-विनोद लिखा है B. प्रकृति-चित्रण किया है
C. व्यंग्य लिखा है D. रसिकता का परिचय दिया है

216. भारतेन्दुजी ने जो मुकरियां लिखीं, उनमें–
A. धार्मिक पाखण्ड पर व्यंग्य है
B. दिखावटी मित्रता पर व्यंग्य है
C. शासन, शिक्षा की समस्याओं पर मार्मिक चोट है
D. सामाजिक व्यवस्था पर करारी चोट है

217. 'सरस्वती' नामक पत्रिका, जिसके सम्पादक आचार्य महावीर प्रसाद द्विवेदी थे, कहां से प्रकाशित होती थीं?
A. काशी से B. मथुरा से
C. कानपुर से D. प्रयाग से

218. आचार्य महावीर प्रसाद द्विवेदी ने–
A. खड़ी बोली का परिष्कार किया
B. छायावादी कविताएं लिखीं
C. 'प्रिय प्रवास' की रचना की
D. बालकोपयोगी साहित्य लिखा

219. श्रीधर पाठक की 'देहरादून' कविता किस दृष्टि से उल्लेखनीय है?
A. समाज सुधार B. प्रकृति-चित्रण
C. ग्राम्य जीवन D. नारी-उत्थान

220. अयोध्या सिंह उपाध्याय 'हरिऔध' की सर्वोत्तम रचना कौन-सी है?
A. वैदेही वनवास B. रसकलश
C. प्रिय प्रवास D. उपरोक्त में कोई नहीं

221. प्रिय प्रवास का वर्ण्य-विषय क्या है?
A. कृष्ण का मथुरा-प्रवास B. सीता का करुणापूर्ण चित्र
C. राम-वनवास D. बुद्ध का गृहत्याग

222. 'चोखे-चौपदे' किसकी रचना है?
A. रामनरेश त्रिपाठी की B. जगन्नाथ दास रत्नाकर की
C. लाला भगवानदीन की D. उपरोक्त में से किसी की नहीं

223. प्रिय प्रवास–
A. महाकाव्य है
B. खड़ी बोली में है
C. प्रकृति वर्णन की दृष्टि से प्रशंसनीय है
D. उपरोक्त सभी

224. किस ग्रंथ में जगन्नाथदास रत्नाकर को यश मिला?
A. हरिश्चन्द्र B. उद्धवशतक
C. उपरोक्त दोनों D. उपरोक्त में से कोई नहीं

225. 'गंगावतरण' किसकी कृति है?
A. सत्यनारायण 'कविरत्न' B. रामचरित उपाध्याय
C. जगन्नाथ दास 'रत्नाकर' D. लाला भगवान 'दीन'

226. निम्नलिखित में से कौन-सा कवि 'त्रिशूल' नाम से कविता लिखता था?
A. कामता प्रसाद गुरु B. राय देवी प्रसाद 'पूर्ण'
C. गया प्रसाद शुक्ल 'सनेही' D. सत्यनारायण 'कविरत्न'

227. 'जयद्रथ वध' का रचयिता कौन था?
A. रूपनारायण पाण्डेय B. माखनलाल चतुर्वेदी
C. महावीर प्रसाद द्विवेदी D. मैथिलीशरण गुप्त

228. चिरगांव, झांसी किस कवि का जन्म स्थान है?
A. रामनरेश त्रिपाठी B. बालकृष्ण शर्मा 'नवीन'
C. मैथिलीशरण गुप्त D. रामकुमार वर्मा

229. मैथिलीशरण गुप्त की दो अमर रचनाएं हैं–
A. साकेत और यशोधरा B. साकेत और नहुष
C. यशोधरा और अनघ D. यशोधरा और सिद्धराज

230. मैथिलीशरण गुप्त का 'जयद्रथ वध'
A. खण्ड काव्य है
B. ब्रजभाषा में है
C. राष्ट्रीय भावना से ओतप्रोत है
D. महाकाव्य है

231. 'भारत-भारती' का रचयिता कौन था?
A. अयोध्यासिंह उपाध्याय 'हरिऔध'
B. महावीरप्रसाद द्विवेदी
C. रामधारी सिंह 'दिनकर'
D. मैथिलीशरण गुप्त

232. मैथिलीशरण गुप्त के किस ग्रंथ में लक्ष्मण की पत्नी उर्मिला का सुन्दर चरित्र-चित्रण है?
A. भारत भारती B. पंचवटी
C. साकेत D. द्वापर

233. मैथिलीशरण गुप्त का कृष्णकाव्य कौन-सा है?
A. नहुष B. द्वापर
C. सिद्धराज D. चन्द्रहास

234. गौतम बुद्ध की पत्नी के उज्ज्वल चरित्र के अंकन के लिए मैथिलीशरण गुप्त ने किस ग्रंथ की रचना की?
A. द्वापर B. यशोधरा
C. भारत भारती D. अनघ

235. "मैं घमण्डों में भरा ऐंठा हुआ
एक दिन जब था मुंडेरे पर खड़ा
आ अचानक दूर से उड़ता हुआ
एक तिनका आँख में मेरी पड़ा"
उपरोक्त पंक्तियां किस कवि की हैं?
A. मैथिलीशरण गुप्त B. अयोध्यासिंह उपाध्याय
C. रामनरेश त्रिपाठी D. भारतेन्दु हरिश्चन्द्र

236. 'पथिक', 'मिलन' और 'स्वप्न' किसकी रचनायें हैं?
A. रामनरेश त्रिपाठी B. माखनलाल चतुर्वेदी
C. सियारामशरण गुप्त D. लोचनप्रसाद पाण्डेय

237. "हम कौन थे, क्या हो गए हैं और क्या होंगे अभी।
आओ विचारें आज मिलकर ये समस्यायें सभी।।"
ये पंक्तियां किस कवि की हैं?
A. रामधारी सिंह 'दिनकर' B. माखनलाल चतुर्वेदी
C. श्यामनारायण पाण्डेय D. मैथिलीशरण गुप्त

238. "मुझे तोड़ लेना वनमाली,
उस पथ पर देना तुम फेंक।
मातृभूमि पर शीश चढ़ाने,
जिस पथ जायें वीर अनेक।।"
ये पंक्तियां राष्ट्रप्रेम से ओतप्रोत हैं। इनका रचयिता कौन है?
A. सियारामशरण गुप्त B. जयशंकर प्रसाद
C. माखनलाल चतुर्वेदी D. गयाप्रसाद शुक्ल 'सनेही'

239. 'हिमकिरीटिनी' और 'हिमतरंगिणी' किसकी रचनायें हैं?
A. माखनलाल चतुर्वेदी B. रामधारी सिंह 'दिनकर'
C. सुमित्रानंदन पंत D. महादेवी वर्मा

240. कौन-सा कवि 'एक भारतीय आत्मा' के नाम से कविता लिखता था?
A. मैथिलीशरण गुप्त B. बालकृष्ण शर्मा 'नवीन'
C. माखनलाल चतुर्वेदी D. सोहनलाल द्विवेदी

241. "कवि कुछ ऐसी तान सुनाओ
जिससे उथल-पुथल हो जाये।"
ये पंक्तियां किस कवि की हैं?
A. माखनलाल चतुर्वेदी B. बालकृष्ण शर्मा 'नवीन'
C. सियारामशरण गुप्त D. रामेश्वर शुक्ल 'अंचल'

242. द्विवेदी युग में किस कवि ने अन्य कवियों को खड़ी बोली में कविता लिखने हेतु प्रोत्साहित किया?
A. अयोध्यासिंह उपाध्याय B. जगन्नाथ दास 'रत्नाकर'
C. भारतेन्दु हरिश्चन्द्र D. महावीर प्रसाद द्विवेदी

243. जगन्नाथ दास 'रत्नाकर'
A. की काव्य-भाषा ब्रज भाषा है
B. को गंगावतरण से बड़ी ख्याति मिली
C. का भक्ति काव्य 'उद्धव शतक' है
D. उपरोक्त सभी

244. मैथिलीशरण गुप्त की पहली रचना कौन-सी थी?
A. साकेत B. सिद्धराज
C. यशोधरा D. जयद्रथ वध

245. खड़ी बोली का पहला महाकाव्य कौन-सा है?
A. साकेत B. गंगावतरण
C. प्रिय प्रवास D. कामायनी

246. 'प्रिय प्रवास' में किस रस की प्रधानता है?
A. शृंगार रस B. वात्सल्य रस
C. करुण रस D. शान्त रस

247. मैथिलीशरण गुप्त के साहित्यिक गुरु कौन थे?
A. पं. रामचन्द्र शुक्ल B. पं. प्रतापनारायण मिश्र
C. पं. महावीर प्रसाद द्विवेदी D. भारतेन्दु हरिश्चन्द्र

248. गुप्तजी के ग्रन्थ 'साकेत' की नायिका कौन है?
A. कैकेई B. सीता
C. कौशल्या D. उर्मिला

249. 'नवीन' उपनाम से कविता लिखने वाला कवि था–
A. बालकृष्ण शर्मा B. रूपनारायण पाण्डेय
C. सत्यनारायण D. गया प्रसाद शुक्ल

250. 'आर्द्रा' के रचनाकार थे–
A. रामकुमार वर्मा B. सियारामशरण गुप्त
C. सोहनलाल द्विवेदी D. तारा पाण्डे

251. काशी से प्रकाशित होने वाली साहित्यिक पत्रिका कौन-सी थी?
A. इंदु B. सरस्वती
C. कर्मवीर D. मतवाला

252. अयोध्या सिंह उपाध्याय की काव्य-रचना की एक विशेषता है–
A. सधुक्कड़ी हिन्दी का प्रयोग
B. शुद्ध ब्रजभाषा का प्रयोग
C. संस्कृत की समासयुक्त पदावली का प्रयोग
D. उर्दू बहुक्त पदावली का प्रयोग

253. 'पुष्प की अभिलाषा' राष्ट्रीय विचारधारा की कविता है, जिसके शब्द हैं–
"चाह नहीं मैं सुरबाला के गहनों में गूँथा जाऊं"
इस कविता का रचयिता कौन है?
A. मैथिलीशरण गुप्त
B. रामधारी सिंह 'दिनकर'
C. सियारामशरण गुप्त
D. माखनलाल चतुर्वेदी

254. सियारामशरण गुप्त की 'मौर्य विजय'–
A. करुण रस प्रधान रचना है
B. वीर रस प्रधान रचना है
C. पौराणिक घटना पर आधारित है
D. समसामयिक विषय से सम्बन्धित है

255. ''स्वर्ग की तुलना उचित ही है यहां।
किन्तु सुरसरिता कहां, सरयू यहां।
वह मरों को मात्र पार उतारती
यह यहीं से जीवितों को तारती।''
उपरोक्त पंक्तियां किस कवि की हैं?
A. मैथिलीशरण गुप्त B. सुमित्रानंदन पंत
C. रामकुमार वर्मा D. भारतेन्दु हरिश्चन्द्र

256. किस कवि को साधारणतया गांधीवादी कवि कहा जाता है?
A. रामधारी सिंह 'दिनकर'
B. सोहनलाल द्विवेदी
C. मैथिलीशरण गुप्त
D. अयोध्यासिंह उपाध्याय 'हरिऔध'

257. निम्नलिखित में से एक सोहनलाल द्विवेदी का काव्य संग्रह है, वह है–
A. भैरवी B. आर्द्रा
C. चेतना D. गुंजन

258. बालकृष्ण शर्मा 'नवीन' के सम्बन्ध में कौन-सा कथन सही नहीं है?
A. उनकी अधिकांश रचनायें जेल में लिखी गईं
B. वह फकीर बादशाह थे
C. 'हम विषपायी जनम के' उनकी प्रसिद्ध रचना है
D. वह छायावाद के प्रतिनिधि कवि थे

259. खड़ी बोली के प्रथम महाकाव्य रचयिता कौन थे?
A. अयोध्यासिंह उपाध्याय 'हरिऔध'
B. जयशंकर प्रसाद
C. रामधारी सिंह 'दिनकर'
D. मलिक मुहम्मद जायसी

260. हरिऔधजी का ग्रंथ 'प्रियप्रवास' किस भाषा में है?
A. अवधी B. खड़ी बोली
C. संस्कृतनिष्ठ खड़ी बोली D. ब्रज

261. श्यामनारायण पाण्डेय का सुविख्यात महाकाव्य कौन-सा है?
A. राणा प्रताप B. मेघनाद वध
C. हल्दीघाटी D. कुरुक्षेत्र

262. 'चित्राधार' किस कवि की ब्रजभाषा की प्रथम कृति है?
A. रामधारी सिंह 'दिनकर' B. जयशंकर प्रसाद
C. जगन्नाथ दास 'रत्नाकर' D. उपरोक्त में से कोई नहीं

263. 'आंसू' किसकी कृति है?
A. सोहनलाल द्विवेदी B. सुमित्रानंदन पंत
C. हरिवंश राय बच्चन D. जयशंकर प्रसाद

264. प्रसादजी की खड़ी बोली की प्रथम काव्य रचना थी–
A. प्रेम पथिक B. चित्राधार
C. कामायनी D. इनमें से कोई नहीं

265. 'निराला' जी का पूरा नाम क्या था?
A. रमाकान्त त्रिपाठी B. उपाकान्त त्रिपाठी
C. सूर्यकान्त त्रिपाठी D. चन्द्रकान्त त्रिपाठी

266. प्रसादजी का महाकाव्य 'कामायनी'
A. वीर रस का श्रेष्ठ काव्य है
B. भक्ति भाव का अनूठा ग्रंथ है
C. आनन्दवाद की श्रेष्ठ रचना है
D. उपरोक्त सभी

267. प्रसादजी का सारा काव्य किससे प्रभावित दिखता है?
A. राष्ट्र प्रेम से B. भारतीय संस्कृति से
C. बौद्ध धर्म से D. उपरोक्त तीनों से

268. प्रसादजी की भाषा–
A. संस्कृतगर्भित है B. चित्रमय है
C. माधुर्य गुण सम्पन्न है D. उपरोक्त सभी

269. प्रसादजी का गीति काव्य है–
A. कानन-कुसुम B. लहर
C. झरना D. उपरोक्त सभी

270. ''किरण! तुम क्यों बिखरी हो आज,
रंगी हो तुम किसके अनुराग।''
प्रकृति-चित्र की उपरोक्त पंक्तियां किस कवि की हैं?
A. सुमित्रानंदन पंत B. रामकुमार वर्मा
C. महादेवी वर्मा D. जयशंकर प्रसाद

271. आधुनिक हिन्दी साहित्य में रहस्यवाद का जन्मदाता किसे माना जाता है?
A. भगवतीचरण वर्मा B. महादेवी वर्मा
C. सूर्यकान्त त्रिपाठी 'निराला' D. जयशंकर प्रसाद

272. 'बीती विभावरी, जाग री
अम्बर पनघट में डुबा रही
तारा-घट ऊषा नागरी'
उपरोक्त रूपक की एकरूपता वाली पंक्तियां लिखने वाला/वाली कवि/कवयित्री है–
A. महादेवी वर्मा B. सुमित्रानंदन पंत
C. जयशंकर प्रसाद D. मैथिलीशरण गुप्त

273. निम्न पंक्तियां किस कवि की हैं–
''ले चल मुझे भुलावा देकर, मेरे नाविक धीरे-धीरे''
A. सुमित्रानंदन पंत B. सूर्यकान्त त्रिपाठी 'निराला'
C. महादेवी वर्मा D. जयशंकर प्रसाद

274. प्रसादजी की कामायनी में पात्र-प्रतीकों के निम्नलिखित जोड़ों में से कौन-सा गलत है?
A. मनु – मन का प्रतीक
B. इड़ा – बुद्धि का प्रतीक

C. श्रद्धा – हृदय का प्रतीक
D. वृषभ – आनंद का प्रतीक

275. 'आँसू' में किस रस की प्रधानता है?
A. शृंगार रस की B. शान्त रस की
C. करुण रस की D. अद्‌भुत रस की

276. प्रसादजी की रचनाओं में–
A. सांस्कृतिक प्रौढ़त्व है B. विवेक है
C. अनुभूति की गहराई है D. उपरोक्त सभी हैं

277. प्रसादजी का 'आँसू' काव्य–
A. अनुभूति और कल्पना प्रधान है
B. में चमत्कार और उक्ति वैचित्र्य है
C. में उपदेशात्मकता है
D. में विश्वबन्धुत्व की भावना है

278. किस क्षेत्र की रचनाओं के लिए प्रसादजी को अग्रणी कवि माना जाता है?
A. प्रयोगवादी B. प्रगतिवादी
C. छायावादी D. उपरोक्त में से कोई नहीं

279. किस ग्रंथ को प्रसादजी का सर्वोत्कृष्ट काव्य-ग्रंथ माना जाता है?
A. झरना B. लहर
C. आँसू D. कामायनी

280. खड़ी बोली के किस कवि को द्विवेदी युग के बाद विभिन्न साहित्यिक प्रवृत्तियों का जन्मदाता; संक्रान्ति काल का उच्चतम साहित्यकार और रोमांटिक साहित्य का प्रवर्तक माना जाता है?
A. महादेवी वर्मा B. सूर्यकान्त त्रिपाठी 'निराला'
C. जयशंकर प्रसाद D. सुमित्रानंदन पंत

281. निम्नलिखित में से किस प्रतिभाशाली कवि की मृत्यु जवानी में ही (50 वर्ष से कम आयु में) हो गई थी?
A. महादेवी वर्मा B. सुमित्रानंदन पंत
C. जयशंकर प्रसाद D. सूर्यकान्त त्रिपाठी 'निराला'

282. खड़ी बोली के किस कवि को हिन्दी साहित्य का 'शिव' कहा जाता है?
A. जयशंकर प्रसाद B. महादेवी वर्मा
C. सूर्यकान्त त्रिपाठी 'निराला' D. उपरोक्त में से कोई नहीं

283. ''दिवस का अवसान समीप था,
गगन था कुछ लोहित हो चला।''
यह प्रकृति-चित्रण किस महाकाव्य से है?
A. प्रिय प्रवास B. कामायनी
C. उर्वशी D. साकेत

284. हिन्दी कविता में स्वच्छंद छंद रचना का सूत्रपात करने वाला कवि था–
A. मैथिलीशरण गुप्त
B. अयोध्यासिंह उपाध्याय 'हरिऔध'
C. जयशंकर प्रसाद
D. सूर्यकान्त त्रिपाठी 'निराला'

285. 'निराला' जी का प्रथम काव्य संग्रह था–
A. आराधना B. अणिमा
C. अर्चना D. अनामिका

286. 'जूही की कली' नामक सुविख्यात कविता किसकी है?
A. सुमित्रानंदन पंत B. भगवती चरण वर्मा
C. महादेवी वर्मा D. सूर्यकान्त त्रिपाठी 'निराला'

287. निराला के काव्य में–
A. भाषा ओजपूर्ण है
B. भाषा संस्कृतनिष्ठ खड़ी बोली है
C. स्वर-लय की प्रधानता है
D. उपरोक्त सभी

288. 'वर दे, वीणावादिनी, वर दे'
यह सरस्वती वंदना किस कवि ने लिखी है?
A. जयशंकर प्रसाद B. सूर्यकान्त त्रिपाठी 'निराला'
C. सुमित्रानंदन पंत D. उपरोक्त में कोई नहीं

289. ''नारी तुम केवल श्रद्धा हो,
विश्वास रजत नग पग-तल में।
पीयूष स्रोत-सी बहा करो,
जीवन के सुन्दर समतल में।''
नारी के सम्बन्ध में उपर्युक्त उद्‌गार किस कवि के हैं?
A. सुमित्रानंदन पंत B. मैथिलीशरण गुप्त
C. सोहनलाल द्विवेदी D. जयशंकर प्रसाद

290. नारी के सम्बन्ध में निम्नलिखित उद्‌गार किस कवि का है–
''वह इष्टदेव के मन्दिर की पूजा-सी
वह दीप-शिखा-सी शान्त, भाव में लीन''
A. नरेन्द्र शर्मा B. सुमित्रानंदन पंत
C. शान्तिप्रिय द्विवेदी D. सूर्यकान्त त्रिपाठी 'निराला'

291. 'कुकुरमुत्ता' किस कवि की रचना है?
A. बालकृष्ण शर्मा 'नवीन' B. जयशंकर प्रसाद
C. अज्ञेय D. सूर्यकान्त त्रिपाठी 'निराला'

292. निराला जी की निम्नलिखित पंक्तियां उनकी किस कविता से है?
''वह आता–
दो टूक कलेजे के करता
पछताता पथ पर आता।
पेट-पीठ दोनों मिलकर हैं एक
चल रहा लकुटिया टेक''
A. कृषक B. मजदूर
C. भिक्षुक D. एक भारतीय

293. 'निराला' जी की कविताओं में–
A. छायावाद है B. रहस्यवाद है
C. प्रगतिवाद है D. तीनों का समन्वय है

294. हिन्दी गीति-काव्य की परम्परा डालने वाला/वाली कवि/कवयित्री है–
A. महादेवी वर्मा
B. सूर्यकान्त त्रिपाठी 'निराला'
C. रामधारी सिंह 'दिनकर'
D. अज्ञेय

295. 'निराला' की प्रयोगवादी रचना है–
A. वनवेला
B. कुकुरमुत्ता
C. नये पत्ते
D. बादल राग

296. 'निराला जी' की 'तुम और मैं' कविता उच्चकोटि की–
A. छायावादी रचना है
B. रहस्यवादी रचना है
C. प्रयोगवादी रचना है
D. प्रगतिवादी रचना है

297. 'राम की शक्ति पूजा' किसकी कविता है?
A. तुलसीदास
B. मैथिलीशरण गुप्त
C. सूर्यकान्त त्रिपाठी 'निराला'
D. जयशंकर प्रसाद

298. "दिवसावसान का समय, मेधमय आसमान से उतर रही है : वह सन्ध्या सुन्दरी परी सी धीरे-धीरे।"

प्रकृति सौन्दर्य की ये अनुपम पंक्तियां निराला जी की किस कविता से है?
A. भारती वन्दना
B. यामिनी जागो
C. पंचवटी
D. सन्ध्या सुंदरी

299. हिन्दी का 'सुकुमार कवि' किसे कहा जाता है?
A. अज्ञेय
B. सुमित्रानंदन पंत
C. नरेन्द्र शर्मा
D. उपरोक्त में से कोई नहीं

300. पंतजी का महाकाव्य है–
A. शिल्पी
B. लोकायतन
C. चिदम्बरा
D. गुंजन

उत्तरमाला

आदि काल

1	2	3	4	5	6	7	8	9	10
D	D	C	A	A	D	C	B	D	B
11	**12**	**13**	**14**	**15**	**16**	**17**	**18**	**19**	**20**
D	C	B	B	A	B	A	A	A	D
21	**22**	**23**	**24**	**25**	**26**	**27**	**28**	**29**	**30**
B	B	D	C	C	D	B	B	A	D
31	**32**	**33**	**34**	**35**	**36**	**37**	**38**	**39**	**40**
C	C	B	B	B	D	D	C	C	D

भक्ति काल

41	42	43	44	45	46	47	48	49	50
C	D	D	A	B	A	C	C	D	D
51	**52**	**53**	**54**	**55**	**56**	**57**	**58**	**59**	**60**
D	C	D	C	A	D	B	A	A	A
61	**62**	**63**	**64**	**65**	**66**	**67**	**68**	**69**	**70**
D	C	B	A	B	B	C	C	D	C
71	**72**	**73**	**74**	**75**	**76**	**77**	**78**	**79**	**80**
B	B	D	A	B	C	C	B	D	A
81	**82**	**83**	**84**	**85**	**86**	**87**	**88**	**89**	**90**
B	C	C	D	A	C	A	B	C	C
91	**92**	**93**	**94**	**95**	**96**	**97**	**98**	**99**	**100**
B	D	D	A	C	B	B	C	B	C
101	**102**	**103**	**104**	**105**	**106**	**107**	**108**	**109**	**110**
B	B	C	A	C	B	D	D	A	D
111	**112**	**113**	**114**	**115**	**116**	**117**	**118**	**119**	**120**
D	C	C	D	C	D	D	C	C	B
121	**122**	**123**	**124**	**125**					
D	C	C	D	A					

रीति काल

126	127	128	129	130	131	132	133	134	135
B	B	D	C	D	D	A	D	D	A
136	**137**	**138**	**139**	**140**	**141**	**142**	**143**	**144**	**145**
C	C	A	C	D	D	D	D	D	B

146	147	148	149	150	151	152	153	154	155
C	A	D	A	A	D	D	C	A	A
156	157	158	159	160	161	162	163	164	165
D	B	D	C	C	B	C	D	D	A
166	167	168	169	170	171	172	173	174	175
B	B	D	D	B	A	A	C	D	D
176	177	178	179	180	181	182	183	184	185
D	D	A	B	D	C	C	D	D	A
186	187	188	189	190	191	192	193	194	195
A	B	D	A	C	B	B	B	D	D
196	197	198	199	200					
C	D	D	D	D					

आधुनिक काल

201	202	203	204	205	206	207	208	209	210
C	D	D	A	D	D	D	D	D	A
211	212	213	214	215	216	217	218	219	220
C	C	D	B	B	C	D	A	B	C
221	222	223	224	225	226	227	228	229	230
A	D	D	B	C	C	D	C	A	A
231	232	233	234	235	236	237	238	239	240
D	C	B	B	B	A	D	C	A	C
241	242	243	244	245	246	247	248	249	250
B	D	D	D	C	C	C	D	A	B
251	252	253	254	255	256	257	258	259	260
A	C	D	B	A	B	A	D	A	C
261	262	263	264	265	266	267	268	269	270
C	B	D	A	C	C	D	D	D	D
271	272	273	274	275	276	277	278	279	280
D	C	D	D	C	D	A	C	D	C
281	282	283	284	285	286	287	288	289	290
C	C	A	D	D	D	D	B	D	D
291	292	293	294	295	296	297	298	299	300
D	C	D	B	D	B	C	D	B	B

❑❑❑

हिन्दी गद्य साहित्य का विकास

हिन्दी का गद्य-साहित्य बहुत पुराना नहीं है। इसके विपरीत हिन्दी-कविता की जड़ें कम-से-कम एक हजार वर्ष पुरानी हैं। ठीक अर्थों में हिन्दी के वास्तविक गद्य का विकास ईसा की ग्यारहवीं सदी से ही हुआ। वैसे इसके पहले की भी कुछ रचनाएं उपलब्ध होती हैं, लेकिन उनकी भाषा क्षेत्रीय भाषा-मिश्रित खड़ी बोली थी। सन् 1530 में गंग कवि की लिखी 'चन्द्र बरनन की महिमा' और सन् 1624 में जटमल-रचित 'गोरा बादल की कथा' हिन्दी-गद्य की उल्लेखनीय कृतियां मानी जाती हैं। लेकिन इन दोनों पुस्तकों की भाषा में ब्रज बोली और खड़ी बोली का मिश्रण है। सन् 1732 के लगभग पं. रामप्रसाद निरंजनी ने संस्कृत के ग्रंथ 'योग वशिष्ठ' का हिन्दी गद्यानुवाद किया। इसकी भाषा अपेक्षाकृत अधिक परिष्कृत है। तब भी हिन्दी के गद्य का वास्तविक सूत्रपात 19वीं सदी के उत्तरार्ध में ही हुआ। इसे 'खड़ी बोली' कहा गया। यह नामकरण फोर्ट विलियम कालेज की स्थापना के बाद लल्लूलाल ने किया। उन्होंने अपने ग्रंथ 'प्रेम-सागर' में सबसे पहली बार 'खड़ी बोली' शब्द का प्रयोग भाषा-विशेष के लिए किया।

आधुनिक हिन्दी गद्य के उन्नायकों में मुंशी सदासुखलाल (रचनाकाल संवत् 1803-1821), मुंशी इंशाअल्ला खां (संवत् 1855-56), पं. लल्लूलाल (संवत् 1820-22) और सदल मिश्र (संवत् 1884-1905) को माना जाना चाहिए। इन चारों में मुंशी सदासुखलाल की भाषा में सबसे अधिक व्यावहारिक और निखरी हुई खड़ी बोली का रूप मिलता है। मुंशी इंशाअल्ला खां ने 'रानी केतकी की कहानी' में हिन्दी और उर्दू दोनों को देवनागरी लिपि के माध्यम से पास लाने का प्रयत्न किया। उन्होंने 'हिन्दी छुट किसी और का पुट नहीं' लिखकर अपना संकेत 'खड़ी' बोली के लिए ही किया था।

हिन्दी के उक्त चारों लेखकों का रचना-काल लगभग एक ही है। फिर भी इसमें से किसी की भी भाषा पूरी तरह साफ-सुथरी और चुस्त-दुरुस्त नहीं है। किसी में अधिक पंडिताऊपन है, तो किसी में फारसीपन। इन लेखकों के बाद ईसाई मिशनरियों द्वारा हिन्दी गद्य का प्रचार हुआ। मिशनरियों ने अपने धर्म-प्रचार के लिए गद्य में छोटी-छोटी पुस्तकें प्रकाशित कीं। इसी समय सर चार्ल्स वुड ने शिक्षा के प्रचार के लिये गांवों और कस्बों में देशी-स्कूल खुलवाये। उसी समय यह प्रश्न उठा कि शिक्षा का माध्यम हिन्दी हो या उर्दू। काशी के राजा शिवप्रसाद ने, जिनकी शिक्षा-विभाग में इन्सपेक्टर के पद पर नियुक्ति हुई थी, हिन्दी का पक्ष ग्रहण किया। राजा शिवप्रसाद के प्रयत्नों से सरकारी स्कूलों में हिन्दी की शिक्षा को भी स्थान मिला। उन्होंने कतिपय लेखकों से हिन्दी में पाठ्य-पुस्तकें तैयार करवाईं तथा स्वयं भी लगभग 22 पुस्तकें लिखीं। राजा शिवप्रसाद का विरोध उर्दू भाषा से नहीं बल्कि फारसी लिपि से था। वे चाहते थे कि स्कूलों में फारसी लिपि के साथ-साथ नागरी लिपि का भी व्यवहार हो। इसके अतिरिक्त आगरा के राजा लक्ष्मणसिंह ने भी हिन्दी का पक्ष ग्रहण किया। राजा लक्ष्मण सिंह ने राजा शिवप्रसाद की 'उर्दू परस्ती' के विरुद्ध आवाज उठाई। उन्होंने हिन्दी में फारसी-अरबी के प्रचलित शब्दों के प्रयोग तक को अनुचित ठहराया। फारसी के प्रभाव से हिन्दी को मुक्त करने के लिए उन्होंने सन् 1832 में 'प्रजा-हितैषी' नामक पत्रिका निकाली। 'अभिज्ञान शाकुन्तल', 'मेघदूत' तथा 'रघुवंश' के भी हिन्दी में अनुवाद किये। वैसे उनकी भाषा में भी यत्र-तत्र बेढंगे तथा पुराने प्रयोग मिलते हैं, फिर भी उन्होंने हिन्दी गद्य को प्रथम बार पुष्ट एवं व्यवस्थित साहित्यिक रूप दिया। आर्य समाज तथा उसकी स्थापना करने वाले स्वामी दयानन्द सरस्वती ने भी गद्य के विकास में हाथ बंटाया। स्वामी दयानन्द ने अपने मत के प्रचार के लिए एकमात्र पुस्तक 'सत्यार्थ प्रकाश' की रचना हिन्दी में की। वे अपने उपदेश भी खड़ी बोली गद्य में ही दिया करते थे। सन् 1816 में ब्रह्म समाज के संस्थापक राजा राममोहन राय ने वेदान्त-सूत्रों का स्वतन्त्र भाष्य हिन्दी में छपवाया।

सन् 1857 के राजद्रोह के बाद **भारतेन्दु हरिश्चन्द्र** का हिन्दी रंगमंच पर उदय हुआ। भारतेन्दु की भाषा-शैली का प्रभाव उनके समकालीन लेखकों पर भी पड़ा उनकी भाषा-शैली में तत्सम् शब्दों का अभाव था। उन्होंने प्रतिदिन व्यवहार में आने वाले उर्दू शब्दों का भी प्रयोग किया। भारतेन्दु के समकालीन लेखकों में बालकृष्ण भट्ट, प्रतापनारायण मिश्र, बालमुकुन्द गुप्त, बदरी नारायण चौधरी 'प्रेमघन' आदि प्रमुख हैं। इन लेखकों ने हिन्दी में मौलिक नाटक, कविता, उपन्यास, निबन्ध, आलोचना आदि साहित्य के विविध रूपों को जन्म देकर हिन्दी के आरम्भिक विकास में सहायता दी। भारतेन्दु हरिश्चन्द्र को हिन्दी-गद्य का प्रवर्तक मानना चाहिये। उन्होंने गद्य का रूप निर्धारित किया और उसे दो छोरों के झगड़ों से बचाया। एक छोर था राजा शिवप्रसाद सितारेहिंद का, जो उर्दू-प्रधान शैली के उन्नायक थे और दूसरे छोर थे राजा लक्ष्मणसिंह, जो संस्कृत की तत्सम प्रधान शैली का समर्थन कर रहे थे। इन दोनों राजाओं के हाथ से मोर्चे को छीनकर भारतेन्दुजी ने गद्य के विकास और प्रभाव के लिये कई रास्ते निकाले। उन्होंने नाटक, उपन्यास, कहानी, निबन्ध, समालोचना, समाचार-पत्र आदि विविध विधाओं से गद्य को नवजीवन दिया। भारतेन्दु के ही प्रयत्नों से हिन्दी में पत्र-पत्रिकाओं का प्रकाशन आरम्भ हुआ और इससे ही हिन्दी गद्य के परिष्कार में वास्तविक सहायता मिली।

इन्हीं के बाद हुए **महावीरप्रसाद द्विवेदी**। भाषा को परिमार्जित और शुद्ध करने की ओर सबसे पहले द्विवेदीजी ने ही ध्यान दिया। उन्होंने 'सरस्वती' का सम्पादन किया और इस पत्रिका के माध्यम से उन्होंने अशुद्ध गद्य लिखने वालों की आलोचना की। स्वयं शुद्ध भाषा लिखकर उन्होंने सही खड़ी बोली का नमूना उपस्थित किया। उन्होंने अन्य लेखकों को शुद्ध हिन्दी लिखने की प्रेरणा दी। इस तरह समकालीन लेखकों पर द्विवेदीजी का काफी प्रभाव पड़ा। इन लेखकों में माधवप्रसाद मिश्र, चन्द्रधर शर्मा 'गुलेरी', गोपालराम गहमरी, श्यामसुन्दर दास, पूर्णसिंह, पद्मसिंह शर्मा, बदरीनाथ भट्ट आदि मुख्य थे। मिश्र बन्धुओं, आचार्य रामचन्द्र शुक्ल और श्यामसुन्दर दास ने भी उन्हीं के समय लिखना आरम्भ किया। आगे चलकर आचार्य रामचन्द्र शुक्ल ने समास-प्रधान शैली को जन्म देकर आधुनिक हिन्दी गद्य को नया रूप दिया। उन्होंने पहली बार हिन्दी साहित्य का प्रामाणिक इतिहास लिखा। इसी युग में कहानी और उपन्यास के क्षेत्र में प्रेमचन्द का आविर्भाव हुआ। नाटक के क्षेत्र में जयशंकर प्रसाद ने नवीन शैली को जन्म दिया और हिन्दी के नाटकों को एक सुव्यवस्थित रूपरेखा मिली। प्रसाद ने ऐतिहासिक और पौराणिक कथाओं के आधार पर कई नाटक लिखे; उनमें 'अजातशत्रु', 'स्कन्दगुप्त', 'चन्द्रगुप्त',

'जनमेजय का नागयज्ञ', 'ध्रुवस्वामिनी' जैसे साहित्यिक कोटि के नाटक आते हैं।

इस तरह आचार्य रामचन्द्र शुक्ल के बाद से ही हिन्दी का आधुनिक काल आरम्भ होता है। यही हिन्दी के गद्य-विकास का चरम सोपान है और वह नाटक, उपन्यास, कहानी आदि अनेक रूपों में निखर कर सामने आया है।

निबंध

निबन्ध का आविर्भाव और विकास साहित्य में अपेक्षाकृत विलम्ब से होता है : अच्छे निबन्धों की रचना के लिए पहले अन्य साहित्य-विधाओं में श्रेष्ठ साहित्य के निर्माण की शर्त इसलिए होती है कि निबन्ध में प्राण-संचार करने के लिए परिष्कृत रुचि और बुद्धि के पाठक अन्य साहित्य-विधाओं से ही तैयार होते हैं। निबन्ध में केवल साहित्य-सृजन ही नहीं होता, वरन् साथ ही साथ जीवन तथा साहित्य की व्याख्या और आलोचना भी होती है। व्यक्तित्व की छाप साहित्य के अन्य रूपों की अपेक्षा निबन्ध में अधिक दिखाई पड़ती है। शैली के यथार्थ रूप का निखार गद्य में ही होता है। हिन्दी के निबन्ध का यथार्थ विकास भारतेन्दु बाबू से ही प्रारम्भ होता है। भारतेन्दु-युग भारत में राष्ट्रीय नवचेतना का युग था। मध्ययुगीन सामंतीय प्रथा का अन्त होकर समाज का निर्माण एक नये बौद्धिक आधार पर होना आरम्भ हो गया था। तत्कालीन साहित्य में हमें नवचेतना और नव-जागरण के दर्शन होते हैं।

भारतेन्दु-युग के निबन्धों और लेखों में इसी प्रकार हमें सजीवता का पूरा-पूरा आभास मिलता है। प्राचीन रूढ़ियों के प्रति उदासीनता के साथ नये आलोक की माँग उसमें है। उस युग के लेखकों की भाषा प्रवाहपूर्ण, मुहावरेदार, सजीव और चटपटी है। जीवन का ज्वलंत उल्लास और आमोद उसमें छलकता हुआ प्रतीत होता है। उस समय के निबन्ध-लेखक अपनी जिंदादिली का पूरा प्रमाण अपने लेखों और निबंधों में ही देते थे। वे जीवन के सभी क्षेत्रों से विषयों का चयन करते और बिना किसी अड़चन के उन पर स्वच्छंद रीति से प्रवाहमयी भाषा में सशक्त अभिव्यक्ति करते थे। यही कारण है कि भारतेन्दु-युग के निबन्ध-लेखकों की तुलना फ्रांसीसी लेखक मोंटेन और अंग्रेज लेखक बेकन से की जाती है। भारतेन्दु, प्रतापनारायण मिश्र, बालकृष्ण भट्ट और 'प्रेमघन', उस युग के प्रसिद्ध लेखक हैं। भारतेन्दु-युग के लेखकों ने जिस शैली से निबन्ध लिखना प्रारम्भ किया था, यदि वह परम्परा चलती रहती तो निस्संदेह आज हिन्दी निबन्ध अनेक दृष्टियों से बहुत आगे बढ़ गया होता। इस युग के निबन्ध-लेखक अपनी आभ्यन्तर प्रेरणा से ही लिखने में प्रवृत्त होते थे, उन्हें किसी बाह्य प्रेरणा की आवश्यकता नहीं थी। इसी कारण उनके निबंधों में वैयक्तिकता की मात्रा बहुत अधिक है।

भारतेन्दु युग के बाद निबन्ध साहित्य का विकास बहुत संतोषजनक रूप में नहीं हुआ। द्विवेदी युग गद्य तथा पद्य की भाषा के परिष्कार का युग था। स्वयं द्विवेदीजी का ध्यान भाषा को व्याकरण-सम्मत बनाने तथा कविता के अनुरूप करने में रहा। फलतः मौलिक निबन्ध तथा लेख लिखने वालों को भाषा की अशुद्धियों का भय अधिक बना रहा और व्याकरण के कठोर शासन ने त्रस्त होकर स्वच्छंद रूप में लिखने की प्रवृत्ति कम हो गयी। भारतेन्दु-युगीन लेखक बड़े निरंकुश भाव से लिखते थे—वैसी निरंकुशता द्विवेदी युग में नहीं रही। हिन्दी गद्य को व्यवस्थित बनाने के प्रयत्नों से मौलिक निबन्ध लेखकों का अभाव हुआ और जिंदादिली भी कम होती गई। द्विवेदी युग के केवल दो लेखक ही हमें ऐसे दृष्टिगत होते हैं, जो बड़ी स्वतंत्र शैली में लेख निबन्ध लिखने में लीन रहे। बाबू बालमुकुन्द और सरदार पूर्णसिंह ने इस युग में जो निबन्ध लिखे, वे बहुत ही उत्तम कोटि के हैं और उनमें प्रवाह के साथ पूरी मौलिकता विद्यमान है। महावीर प्रसाद द्विवेदी के निबंधों में वैसी मौलिकता तथा वैयक्तिकता नहीं है जैसी इन दोनों लेखकों में पाई जाती है। 'बंगवासी' नामक पत्र में सम्पादक के रूप में गुप्तजी ने जो टिप्पणियाँ और लेख लिखे, वे बहुत मार्मिक और व्यंग्यपूर्ण हैं।

द्विवेदी युग के अन्तिम चरण में एक मौलिक एवं समर्थ निबन्ध-लेखक साहित्य क्षेत्र में अवतरित हुए, जिन्होंने अपने समीक्षात्मक तथा विचारात्मक निबन्धों द्वारा हिन्दी निबन्धों को परिपूर्ण बनाने में सबसे अधिक योग दिया; उनका नाम है आचार्य रामचन्द्र शुक्ल। शुक्लजी हिन्दी के सर्वश्रेष्ठ विवेचक निबन्धकार हैं। उनके निबन्धों का क्षेत्र भाव और मनोविकार के साथ काव्यालोचन था। पहले उन्होंने समीक्षात्मक निबन्ध लिखे, जो जायसी, तुलसी और सूर ग्रन्थावली में भूमिका रूप में प्रकाश में आये। ये निबन्ध विशाल होने के कारण प्रबन्ध कोटि के हैं। इसके बाद ही उन्होंने काव्यशास्त्र के समालोचना-पक्ष से सम्बद्ध विषयों पर फुटकर निबन्ध लिखे। भाव और मनोविकारों पर लिखे हुए उनके निबन्ध हिन्दी साहित्य की अमूल्य निधि हैं। 'चिन्तामणि' उनके निबन्धों का संग्रह है। शुक्लजी के पथ-प्रदर्शन के कारण विचारात्मक तथा भावात्मक निबन्धों का ताँता लग गया। एक ओर आलोचना में स्पष्टता तथा स्वच्छन्दता का समावेश हुआ, तो दूसरी ओर निबन्ध की सीमा-मर्यादा में भी विस्तार हुआ।

आलोचना के शास्त्रीय तथा प्रयोग पक्ष पर निबन्ध लिखने वालों में आचार्य हजारी प्रसाद द्विवेदी, गुलाबराय, शान्तिप्रिय द्विवेदी, डा. नगेन्द्र, डा. विजयेन्द्र स्नातक, नन्ददुलारे वाजपेयी, नलिनविलोचन शर्मा, रामविलास शर्मा और डा. देवराज आदि प्रमुख हैं।

निबन्ध-साहित्य के अन्तर्गत समीक्षात्मक लेख, भावात्मक लेख, विचारात्मक लेख आदि सभी वर्गों के फुटकर गद्य-लेखों का भी समावेश होता है।

नाटक

हिन्दी में लोक-रंगमंच और नाटकों का विकास 15वीं-16वीं सदी में हो गया था। परन्तु इन नाटकों में पद्य की प्रमुखता होती थी। उस समय रामलीला, रासलीला, कीर्तन मंडलियां ही इस कार्य को किया करती थीं। हिन्दी गद्य नाटकों का वास्तविक परिवर्तन भारतेन्दु हरिश्चन्द्र ने किया। उनका प्रहसन 'वैदिकी हिंसा हिंसा न भवति' इस क्षेत्र में प्रथम मौलिक रचना है। भारतेन्दु को संस्कृत, अंग्रेजी और बंगला भाषाओं का ज्ञान था। वे रंगमंच की आवश्यकताओं को भी पूरा ध्यान रखते थे। उन्होंने राजनैतिक, सामाजिक, पौराणिक और प्रेम-प्रधान सभी तरह के नाटक लिखे। उनकी कला में प्राचीन के प्रति श्रद्धा की भावना थी, तो वर्तमान चेतना का भी सुन्दर समन्वय था।

भारतेन्दु ने स्वयं नाटक तो लिखे ही, अपने समकालीन लेखकों को भी नाटक लिखने के लिए प्रेरित किया। उस काल में लाला श्रीनिवासदास का स्थान महत्त्वपूर्ण है। उन्होंने नाट्यशास्त्र के नियमों के अनुसरण के साथ-साथ नवीनता को भी अपनाया। इसके बाद बदरीनारायण चौधरी 'प्रेमघन', राधाकृष्ण दास, किशोरीलाल गोस्वामी, देवकीनन्दन खत्री तथा प्रतापनारायण मिश्र के नाम आते हैं।

आधुनिक नाटकों के विकास का श्रेय जयशंकर प्रसाद को है। प्रसाद ने भारतीय नाट्य-शास्त्र के सिद्धान्तों को पाश्चात्य नाट्य-शास्त्र के सिद्धान्तों के साथ सफलतापूर्वक समन्वय किया। उन्होंने नाटकों में चरित्र-चित्रण की ओर विशेष ध्यान दिया। हिन्दी में ऐतिहासिक नाटक लिखकर प्रसाद ने हिन्दी-नाट्य-साहित्य को एक नई दिशा दी। उन्होंने तेरह नाटक लिखे। उनके नाटकों में प्राचीन भारत की संस्कृति का एक वृहद चित्र देखने को मिलता है।

प्रसाद के पश्चात् उनकी परम्परा का अनुसरण कर लिखने वाले अन्य नाटककार हैं–लक्ष्मीनारायण मिश्र, उदयशंकर भट्ट, हरिकृष्ण प्रेमी, सेठ गोविन्द दास, विष्णु प्रभाकर आदि। पूरे नाटकों के साथ-साथ एकांकी नाटकों का आविर्भाव भी भारतेन्दु के ही समय में हुआ था। परन्तु प्रसाद के बाद उनको विशेष गति मिली। डा. रामकुमार वर्मा, जगदीशचन्द्र माथुर और उपेन्द्रनाथ 'अश्क' ने कई एकांकी नाटक लिखे।

उपन्यास

देवकीनन्दन खत्री को हिन्दी के प्रारम्भिक मौलिक उपन्यासकारों में सबसे ख्याति मिली। उनका लिखा 'चन्द्रकान्ता संतति' रोचक वर्णन और तिलिस्म तथा जासूसी से भरी घटनाओं के कारण जनसाधारण में इतना लोकप्रिय हुआ कि उसको पढ़ने के लिए कई लोगों ने हिन्दी सीखी। किशोरीलाल गोस्वामी ने 60 से ऊपर उपन्यास लिखे। गोपालराम गहमरी के उपन्यास भी उस समय रुचि के साथ पढ़े ज़ाते थे।

हिन्दी की कहानी के बारे में कहा जाता है कि किशोरीलाल गोस्वामी की 'इन्दुमती' ही पहली वास्तविक कहानी थी, लेकिन कहानी और उपन्यास इन दोनों विधाओं को गम्भीर रूप से यदि किसी ने प्रतिष्ठित किया, तो यह थे मुंशी प्रेमचंद। प्रेमचंद ने उपन्यास और कहानी दोनों ही के माध्यम से अपने युग की स्थितियों को समझा। और उन्हें सही ढंग से चित्रित किया। भाषा से लेकर शैली और कथानक तक में प्रेमचन्द ने एकदम नये प्रयोग किए। उस समय के यथार्थ को आदर्श के धरातल पर प्रस्तुत कर उन्होंने साहित्य को जन सामान्य के बीच पहुंचाने का काम किया। प्रेमचंद का सबसे प्रसिद्ध उपन्यास है 'गोदान'। उनके अन्य प्रमुख उपन्यास हैं : रंगभूमि, प्रेमाश्रम, कायाकल्प, कर्मभूमि, गबन आदि।

प्रेमचंद के समय ही जयशंकर प्रसाद ने 'कंकाल' और 'तितली' दो उपन्यास लिखे। वृन्दावनलाल वर्मा ने ऐतिहासिक उपन्यासों की परम्परा को जन्म दिया। चतुरसेन शास्त्री, राहुल सांकृत्यायन और प्रतापनारायण श्रीवास्तव ने भी ऐतिहासिक उपन्यास लिखे।

असल में प्रेमचन्द के उदय के साथ ही हिन्दी में उपन्यास और कहानी साहित्य की प्रगति इस गति से हुई कि दोनों को अलग-अलग करके देखा ही नहीं जा सकता। कौशिक से लेकर जैनेन्द्र, यशपाल, अज्ञेय, अश्क और भगवतीचरण वर्मा ने यदि कहानियां लिखीं, तो उपन्यास भी लिखे। अपने लेखन में इन सबने नये-नये प्रयोग किये। उन्होंने कहानी में सामान्य मानववादी परम्परा को ऊँचे धरातल तक उठा दिया।

यह समय राजनैतिक चेतना का था और विज्ञान की प्रगति काफी हो चुकी थी। संचार के साधनों के बढ़ते हुए आयामों से दुनिया की दूरी कम होती गयी, इसलिए हिन्दी का लेखन विदेशों की श्रेष्ठ रचनाओं से भी प्रभावित हुआ। वहां की श्रेष्ठ कृतियों के हिन्दी में अनुवाद हुए। उनसे हिन्दी-लेखकों को नयी प्रेरणायें मिलीं। इसलिए लेखन के कई स्तरों में बड़े-बड़े प्रयोग हुए।

सन् 1947 में देश आजाद हुआ। आजाद होते ही हिन्दी-साहित्य ने मुक्त रूप से विकास पाया। आज की हिन्दी कहानी और उपन्यासों में इतने अधिक विस्तार हुए हैं कि उनका एक बंधा-बंधाया रूप-रंग ही नहीं रह गया। मुक्त प्रयोगों और नए विचार-दर्शन से कथा-साहित्य प्रभावित हुआ। देहातों को नयी संस्कृति का केन्द्र मानकर नये ढंग से लिखने की प्रेरणा मिली। इस दृष्टि से 'रेणु' कृत 'मैला आंचल' की काफी चर्चा हुई। आज हिन्दी उपन्यास और कहानी में कई ऐसे नाम हैं, जो एकदम सामने आये हैं। उनमें कुछ नाम हैं–धर्मवीर भारती, मोहन राकेश, फणीश्वर नाथ रेणु, कमलेश्वर, लक्ष्मीनारायण लाल, शैलेश मटियानी, भीष्म साहनी, राजेन्द्र यादव, निर्मल वर्मा आदि।

कहानी

कहानी जीवन की मार्मिक अनुभूति की सोद्देश्य अभिव्यक्ति है। इसलिए लेखक का दृष्टिकोण सुधारवादी, आदर्शवादी या प्रगतिवादी हो सकता है। कहानी की घटनाएं यथार्थ और आदर्श में से किसी भी चिन्ताधारा की ओर उन्मुख हो सकती हैं। किन्तु आवश्यक यह है कि कहानी में प्रस्तुत चिन्ताधारा स्वस्थ हो। लक्ष्य की पूर्ति ही कहानी की सफलता है। श्रेष्ठ कहानी में उद्देश्य की अभिव्यक्ति उपदेश के रूप में नहीं, अपितु संकेत द्वारा की जाती है।

कहानी के भेद

साधारण रूप से हिन्दी की कहानियों को चार भागों में बांट सकते हैं–(1) घटना प्रधान, (2) चरित्र प्रधान, (3) वातावरण प्रधान और (4) भाव प्रधान।

(1) **घटना प्रधान कहानी**–जिस कहानी में विविध परिस्थितियों के निर्माण के आधार पर कथानक आगे बढ़ता है, उसे घटना प्रधान कहानी कहते हैं। दूसरे शब्दों में घटना प्रधान कहानी में पात्रों और परिस्थितियों के सम्बन्धों को प्रमुखता दी जाती है। सामान्यतया घटना प्रधान कहानी हम उस कहानी को कह सकते हैं, जिसमें लेखक एक पात्र को विभिन्न परिस्थितियों में डालता है और कहानी आगे बढ़ती रहती है। घटना प्रधान कहानी में घटनाओं की बहुलता होती है। जासूसी और तिलस्मी कहानियां प्रायः इसी श्रेणी में आती हैं। कला की दृष्टि से घटना प्रधान कहानी सबसे साधारण कोटि की मानी जाती है।

(2) **चरित्र प्रधान कहानी**–इस कोटि की कहानियों में लेखक का उद्देश्य कहानी के विभिन्न पात्रों के चरित्र का सुन्दर चित्रण होता है। ऐसी कहानी में लेखक किसी पात्र के चरित्र के किसी एक पक्ष को निखारना या उभारना चाहता है। इसी लक्ष्य को ध्यान में रखकर वह विविध परिस्थितियों तथा प्रसंगों की सृष्टि करता है, ताकि उस पात्र के चरित्र का सुन्दर और प्रभावशाली चित्रण हो सके। संक्षेप में कह सकते हैं कि ऐसी कहानी में कहानीकार का ध्येय चरित्र-निरूपण रहता है। गुलेरीजी की कहानी 'उसने कहा था' एक उत्कृष्ट चरित्र प्रधान कहानी है।

(3) **वातावरण प्रधान कहानी**–वातावरण प्रधान कहानी में उसकी परिस्थितियों के किसी एक अंग या किसी एक भावना को कथानक के विकास का माध्यम बनाकर कहानी को प्रभावोत्पादक बनाया जाता है। संक्षेप में इस प्रकार की कहानी में किसी घटना काल के वातावरण को सजीव तथा अनुप्राणित बनाया जाता है। कला की दृष्टि से वातावरण प्रधान कहानियां उच्च कोटि की मानी जाती हैं। ऐसी कहानियों में कहानीकार को अपनी

प्रतिभा, चातुर्य और कलात्मकता प्रदर्शित करने का पर्याप्त अवसर मिलता है। किसी वातावरण के चित्रण में कहानीकार अनोखे रंग भर सकता है और लाक्षणिक सौन्दर्य की राशि बिखेर सकता है और उनकी अभिव्यक्ति में अपनी कला को निखार सकता है।

(4) भाव प्रधान कहानी–भाव प्रधान कहानी में चरित्र, वातावरण या घटना की अपेक्षा भाव की प्रधानता होती है। इसी भाव के आधार पर कहानी के कथानक का विकास किया जाता है। ऐसी कहानी में कहानीकार पाठकों पर एक विशेष भाव की छाप छोड़ना चाहता है। इसी को दृष्टि में रखकर वह वातावरण तथा चरित्र की सृष्टि करता है। ऐसी कहानियां भी कला की दृष्टि से अच्छी मानी जाती हैं।

कहानी का विकास

आधुनिक हिन्दी कहानी का आरंभ, 'सरस्वती' और 'सुदर्शन' के प्रकाशन से 1900 ई. से माना जा सकता है। इसी आधार पर कहानी साहित्य के विकास को तीन भागों में बांटा जा सकता है–(1) आरम्भ काल (1900-1910), (2) विकास काल (1911-1946), और (3) उत्कर्ष काल (1946 से अब तक)।

आरम्भ काल (1900-1910 ई.)–हिन्दी की सर्वप्रथम आधुनिक कहानी किशोरीलाल गोस्वामी की 'इन्दुमती' थी, जो 1900 ई. में 'सरस्वती' में प्रकाशित हुई। इस कहानी को पूर्णतः मौलिक कहानी नहीं माना जा सकता, क्योंकि इस पर शेक्सपीयर के नाटक 'दी टेम्पेस्ट' (The Tempest) की छाप स्पष्ट दिखती है। इसी समय रामचन्द्र शुक्ल की मौलिक कहानी 'ग्यारह वर्ष का समय' (1903 ई.) प्रकाश में आई। इसके बाद अनेक अनूदित, रूपान्तरित और मौलिक कहानियां लिखी गईं। इसके अतिरिक्त पार्वती नन्दन, उदयनारायण बाजपेयी, स्वामी सत्यदेव और गिरजाकुमार घोष ने भी कहानियां लिखीं।

आरम्भ काल की सबसे सुन्दर तथा महत्वपूर्ण कहानी बंग महिला की 'दुलाई वाली' (सरस्वती, मई 1907 ई.) है। इस कहानी में सामान्य जीवन की एक साधारण-सी घटना का यथार्थवादी चित्रण बहुत प्रभावशाली ढंग से किया गया है। इस कहानी में कहानी कला के समुचित निर्वाह का प्रयास दृष्टिगोचर होता है। अतः यह कहा जा सकता है कि आधुनिक कहानी का आरंभ तो हो गया परन्तु उसमें प्रौढ़ता नहीं आ सकी थी।

विकास काल (1911-1946 ई.)–विकास काल में हिन्दी कहानी में चरित्र-चित्रण और भाव पक्ष सभी को महत्व प्रदान किया गया। विषय की दृष्टि से जहां एक ओर ग्राम जीवन की झांकी, पारिवारिक जीवन की समस्याओं और ऐतिहासिक-सांस्कृतिक गाथाओं का चित्रण किया गया, वहां दूसरी ओर यथार्थवादी, मनोवैज्ञानिक, कलात्मक और हास्य रस की कहानियां भी लिखी गईं।

इस युग के कहानी-लेखकों में चन्द्रधर शर्मा गुलेरी, प्रेमचन्द, जयशंकर प्रसाद, विश्वम्भर नाथ कौशिक, सुदर्शन, चतुरसेन शास्त्री, सियारामशरण गुप्त, वृन्दावनलाल वर्मा, उग्र, यशपाल, भगवती प्रसाद वाजपेयी, भगवतीचरण वर्मा, जैनेन्द्र, सुभद्राकुमारी चौहान, पदुमलाल पुन्नालाल बख्शी, होमवती देवी, शिवपूजन सहाय, उषा देवी मित्रा, रायकृष्ण दास, इलाचन्द्र जोशी, अज्ञेय, विष्णु प्रभाकर और मन्मथनाथ गुप्त के नाम स्मरणीय हैं। इनमें से कुछ का संक्षिप्त वर्णन नीचे दिया गया है–

हिन्दी कथा साहित्य में श्री चन्द्रधर शर्मा गुलेरी का नाम सदैव आदर से लिया जायेगा। उनकी कहानी 'उसने कहा था' हिन्दी की सर्वश्रेष्ठ कहानी मानी गई। पवित्र प्रेम के निःस्वार्थ बलिदान की इस अमर कहानी ने गुलेरीजी को अमर बना दिया। यह कहानी कला-विधान की दृष्टि से अनूठी तथा हिन्दी की पहली यथार्थवादी कहानी है।

प्रेमचन्दजी ने हिन्दी कहानी को एक नई दिशा दी। चरित्र-चित्रण तथा मनोवैज्ञानिक विश्लेषण की दृष्टि से प्रेमचंद की कहानियां अद्वितीय हैं। उनकी प्रसिद्ध कहानियां–बूढ़ी काकी, मंत्र, बड़े घर की बेटी, नशा, पंच परमेश्वर, इस्तीफा, पूस की रात और आत्माराम हैं। प्रेमचंदजी ने राजनैतिक, सामाजिक और धार्मिक सभी समस्याओं पर कहानियां लिखीं तथा खोमचे वाले, तांगे वाले, विद्यार्थी, डॉक्टर, वकील, दुकानदार, बालक, वृद्ध और युवा सबका यथार्थ चित्रण किया।

श्री विश्वम्भरनाथ शर्मा कौशिक की 'ताई' तथा राधिकारमण प्रसादजी की 'कानों में कंगना' कहानी विशेष प्रसिद्ध हुई।

1911 ई. में 'इन्दु' में जयशंकर प्रसाद की सर्वप्रथम कहानी 'ग्राम' प्रकाशित हुई। इसी वर्ष जी.पी. श्रीवास्तव की प्रथम कहानी 'पिकनिक' प्रकाशित हुई। इन कहानियों से हिन्दी कहानी को एक नई दिशा मिली। इनके बाद प्रसादजी ने अन्य कई भाव प्रधान कहानियां लिखीं; जैसे–ममता, इन्द्रजाल, पुरस्कार, आकार दीप, स्वर्ग के खण्डहर आदि। अपनी कहानियों में प्रसादजी ने मानव हृदय के द्वन्द्व को बड़ी सफलता से चित्रित किया। इन कहानियों में ऐतिहासिक, यथार्थवादी, मनोवैज्ञानिक, प्रतीकात्मक, प्रेममूलक और भावनात्मक सब प्रकार की कहानियां हैं।

सुदर्शन की 'हार की जीत' कहानी में मानव-चरित्र के सूक्ष्म अन्तःरहस्यों का अनूठा उद्घाटन है। उनकी अन्य कहानियां न्याय मंत्री, अंधेरी दुनियां, कमल की बेटी आदि हैं।

'भिक्षुराज' चतुरसेन शास्त्री की सुन्दर ऐतिहासिक कहानी है। सियारामशरण गुप्त का एक कहानी संग्रह 'मानुषी' है। वृन्दावनलाल वर्मा के तीन कहानी संग्रह हैं–हरसिंगार, दबे पांव और कलाकार का दण्ड। उग्र ने प्राकृतवादी कहानियाँ लिखी हैं।

यशपाल की कहानियाँ मानव-प्रकृति का सूक्ष्म विश्लेषण करती हैं। उनकी शैली यथार्थवादी है, और आर्थिक समस्याओं को उन्होंने अपनी कहानियों की विषयवस्तु बनाया है। उनकी व्यंग्यात्मक शैली बड़ी समर्थ है। यशपालजी के कहानी संग्रह 'पिंजड़े की उड़ान', 'अभिशप्त', 'ज्ञानदान' और 'सच बोलने की भूल' आदि हैं।

भगवती प्रसाद वाजपेयी सामाजिक समस्याओं तथा पारिवारिक जीवन के सुयोग्य शिल्पी हैं। उनकी 'मिठाई वाला' कहानी में सुन्दर मनोवैज्ञानिक चित्रण है। भगवतीचरण वर्मा की कहानियों में यथार्थ का सुन्दर वर्णन मिलता है। उनके दो कहानी संग्रह 'दो बांके' और 'इन्सटालमेंट' हैं। 'प्रायश्चित' उनकी एक सुन्दर कहानी है।

जैनेन्द्रजी, प्रेमचंदजी की परिपाटी में आते हैं। उनके सात कहानी संग्रह प्रकाशित हो चुके हैं। जैनेन्द्रजी ने अपनी कहानियों के लिए प्रायः सामाजिक और पारिवारिक विषय चुने हैं; परन्तु उनकी कुछ कहानियों में यथार्थ और व्यंग्य का सुघर सम्मिश्रण मिलता है। 'एक रात', 'अपना-अपना भाग्य', 'वातायन', 'नीलम देश की राजकुमारी', 'पाजेब', आदि उनकी उत्कृष्ट कल्पना और भावुकतापूर्ण कहानियां हैं। पदुमलाल पुन्नालाल बख्शी की 'नन्दिनी' एक सुन्दर कहानी है। रायकृष्णदास की 'रमणी का रहस्य' एक सुन्दर कहानी है।

अज्ञेयजी वैयक्तिक व सामाजिक समस्याओं के सूक्ष्म निरीक्षक हैं। उनकी कहानियों में समाज पर करारा व्यंग्य मिलता है। इलाचन्द जोशी ने प्रायः मनोवैज्ञानिक सूझ-बूझ की बारीकी के आधार पर जीवन के चित्र उपस्थित किए हैं।

उत्कर्ष काल (1947 से अब तक)–इस काल में देश की बदली हुई परिस्थितियों का प्रभाव कहानी लेखकों पर भी पड़े बिना न रहा। अब राजनैतिक व सामाजिक विषयों के अलावा राष्ट्र निर्माण की योजनाओं को कहानी का विषय बनाया गया। अनेक मनोवैज्ञानिक और मार्क्सवादी कहानियों का प्रणयन भी किया गया। ऐसी कहानियों में या तो प्रतीकों के माध्यम से कुंठाओं की अभिव्यक्ति की गई है, या फिर लेखकों ने शोषक और शोषित वर्ग को कहानी की विषयवस्तु बनाया है। राहुल, रांगेय राघव और गिरीश अष्ठाना मार्क्सवादी विचारधारा के पोषक हैं। चन्द्रगुप्त विद्यालंकार, इलाचन्द्र जोशी और अज्ञेयजी मनोवैज्ञानिक विश्लेषण करने वाले कहानीकार हैं।

इस काल के अन्य कहानी लेखकों में धर्मवीर भारती, विष्णु प्रभाकर, मार्कण्डेय, रावी, मोहन राकेश, कमलेश्वर, राजेन्द्र यादव, राजेन्द्र अवस्थी, नागार्जुन, भीष्म साहनी और श्रीराम शर्मा के नाम विशेष रूप से उल्लेखनीय हैं।

उत्कर्ष काल में कहानी की दो नई विधाओं का जन्म हुआ। इसमें से एक को आंचलिक कहानी कहते हैं और दूसरी को नई कहानी। आंचलिक कहानी वास्तव में किसी विशेष क्षेत्र (अंचल) के सामाजिक, आर्थिक और सांस्कृतिक जीवन को उभारने का एक सफल प्रयत्न होती है। नई कहानी किसी घटना या विषय की प्रामाणिकता को चित्रित करती है। इस प्रकार के कहानीकारों में मोहन राकेश, राजेन्द्र यादव तथा कमलेश्वर के नाम उल्लेखनीय हैं।

कहानी के विकास में लेखिकाओं ने भी महत्वपूर्ण योग दिया है। इनमें सुभद्राकुमारी चौहान, तेजरानी पाठक, कमलादेवी चौधरी, उषा देवी मित्रा, होमवती, सत्यवती मलिक, चन्द्रवती, महादेवी वर्मा, मन्नू भंडारी, चन्द्रकिरण सोनरिक्सा आदि के नाम उल्लेखनीय हैं। सुभद्राकुमारी चौहान की 'कदम्ब के फूल', उषा देवी मित्रा की 'सान्ध्य तारा', सत्यवती मलिक की 'भाई बहन', कमला देवी चौधरी की 'अधूरा चित्र' होमवती देवी की 'मां' और महादेवी वर्मा की 'लछमा' कहानियाँ विशेष प्रसिद्ध हैं।

हिन्दी गद्य की लघु विधाएं

हिन्दी गद्य-साहित्य के प्रारम्भ में जिन विधाओं का विकास हुआ उनमें–कहानी, उपन्यास, निबन्ध, आलोचना आदि का नामोल्लेख आवश्यक है। किन्तु आगे चलकर अन्य विधाएँ प्रचलित हुईं उन्हें भी जानना उतना ही आवश्यक है। ये नवीन विधाएँ हैं–जीवनी, आत्मकथा, यात्रावृत्त, संस्मरण, रेखाचित्र, रिपोर्ताज, इन्टरव्यू, पत्र-लेखन, अभिनन्दन-ग्रंथ, स्मृति-ग्रंथ, डायरी आदि।

जीवनी

छायावादोत्तर काल में जीवनी-साहित्य का बहुमुखी विकास हुआ है। लोकप्रिय नेताओं, सन्तों, महात्माओं, साहित्यकारों, विदेशी महापुरुषों, वैज्ञानिकों, खिलाड़ियों आदि से सम्बन्धित जीवनियाँ प्रचुर परिमाण में लिखी गई हैं। महात्मा गाँधी इस युग के सर्वाधिक लोकप्रिय नेता थे, फलस्वरूप उनसे सम्बन्धित जीवनियाँ सर्वाधिक संख्या में प्राप्त होती हैं। घनश्याम दास बिड़ला, काका कालेलकर, सुमंगल प्रकाश, सुशीला नायर, डॉ. राजेन्द्र प्रसाद तथा जैनेन्द्र कुमार द्वारा लिखित महात्मा गाँधी की जीवनियाँ उल्लेखनीय हैं। हरिकृष्ण त्रिवेदी, छविनाथ पाण्डेय, गिरीशचन्द्र जोशी आदि ने नेताजी सुभाष चन्द्र बोस की जीवनियाँ लिखी हैं। जवाहर लाल नेहरू की जीवनी लिखने वालों में माता सेवक पाठक, लक्ष्मण सुमन, जगदीश झा विकल, रामवृक्ष बेनीपुरी, वाल्मीकि चौधरी, इन्द्र विद्या वाचस्पति आदि प्रमुख हैं। कई अन्य लेखकों ने भी राष्ट्र नेताओं से सम्बद्ध प्रेरणास्पद जीवनी-ग्रंथों का प्रणयन किया है। सन्तों-महात्माओं के जीवन-चरित लेखन की दिशा में मदन्त आनन्द कौशल्यायन, सुन्दरलाल, दीनदयाल उपाध्याय और बलदेव उपाध्याय उल्लेखनीय हैं। भारतीय इतिहास से सम्बद्ध महापुरुषों की जीवनी लिखने वालों में सीताराम कोहली, लाजपत राय, द्वारका प्रसाद शर्मा, भीमसेन विद्यालंकार, श्री निवास बालाजी हार्डीकर आदि नाम उल्लेख्य हैं। विदेशी महापुरुषों की जीवनी-भाषा को आधार बनाकर लिखने वालों में बनारसी दास चतुर्वेदी, राम इकबाल सिंह, त्रिलोकीनाथ, अनन्त प्रसाद विद्यार्थी, श्रवण लाल अग्रवाल, राहुल सांकृत्यायन आदि के नाम लिये जा सकते हैं। साहित्यकारों के जीवन-चरित्र को प्रस्तुत करने वालों में गंगा प्रसाद पाण्डेय, शिवरानी देवी, उमेशचन्द्र मिश्र, मदन गोपाल, अमृतराय, डॉ. राम विलास शर्मा, शांति जोशी तथा विष्णु प्रभाकर के नाम उल्लेखनीय हैं। जीवनी साहित्य के संदर्भ में यही कहा जा सकता है कि वर्तमानकालीन जीवनी-साहित्य विषय और परिमाण की दृष्टि से तो पर्याप्त सम्पन्न है लेकिन शैली की दृष्टि से आंशिक समृद्ध हैं। विशेष रूप से ध्यातव्य है कि किसी की जीवनी कोई भी लिख सकता है।

आत्मकथा

जीवनी साहित्य की भाँति आत्मकथा-लेखन की प्रवृत्ति छायावादोत्तर काल में बलवती रही है। सामाजिक, राजनीतिक, साहित्यिक आदि विभिन्न क्षेत्रों के महत्त्वपूर्ण व्यक्तियों ने अपनी आत्मकथाएँ लिखकर इस विधा को पल्लवित-पुष्पित किया है। सामाजिक क्षेत्र में कार्य करने वाले जिन व्यक्तियों ने आत्मकथाएँ लिखी हैं, उनमें भवानी दयाल संन्यासी तथा सत्यदेव परिव्राजक उल्लेखनीय हैं। डॉ. राजेन्द्र प्रसाद, जवाहर लाल नेहरू, डॉ. राधा कृष्णन तथा मौलाना अबुल कलाम आजाद इस युग के ऐसे राजनीतिक महापुरुष रहे हैं जिन्होंने सक्रिय राजनीति में भाग लेने के साथ-साथ अत्यन्त महत्त्वपूर्ण आत्मकथाएँ भी लिखी हैं। हिन्दी के जिन साहित्यकारों की आत्मकथाएँ प्रकाशित हुई हैं उनमें डॉ. श्याम सुन्दर दास, राहुल सांकृत्यायन, वियोगी हरि, यशपाल, शांतिप्रिय द्विवेदी, पदुमलाल पुन्नालाल बख्शी, सेठ गोविन्द दास, पाण्डेय बेचन शर्मा उग्र, आचार्य चतुरसेन शास्त्री, डॉ. हरिवंशराय बच्चन आदि उल्लेखनीय हैं। ध्यातव्य है कि अपने जीवन के विषय में खुद लिखा जाता है तो उसे आत्मकथा कहते हैं।

संस्मरण

स्मृति के आधार पर किसी विषय या व्यक्ति के सम्बन्ध में लिखित लेख या ग्रंथ को संस्मरण कह सकते हैं। व्यापकरूप से संस्मरण आत्मचरित के अन्तर्गत आ जाता है। परन्तु इन दोनों के दृष्टिकोणों में मौलिक अन्तर है। आत्मचरित के लेखक का मुख्य उद्देश्य अपनी जीवन-कथा का वर्णन करना रहता है। इसमें कथा का प्रमुख पात्र स्वयं लेखक होता है और अन्य इतिहास की घटनाओं तथा परिस्थितियों का केवल वही रूप उसमें आता है, जो उसके जीवनक्रम को प्रभावित, संचालित या नियंत्रित करता है अथवा जो उससे प्रभावित होता है।

इसके विपरीत संस्मरण का दृष्टिकोण अलग है। इसमें लेखक अपने समय के इतिहास को लिखना चाहता है। वह जो स्वयं देखता है, जिसका वह स्वयं अनुभव करता है, उसी का वर्णन करता है। उसके वर्णन में उसकी अनुभूतियाँ, संवेदनाएँ भी रहती हैं। इस दृष्टि से शैली में वह निबंधकार के समीप है पर वास्तव में वह अपने चतुर्दिक जीवन का सर्जन सम्पूर्ण भावना और जीवन के साथ करता है। रेखाचित्र और संस्मरण में बहुत दूर तक समानता है। जब हम अपने बारे में संस्मरण न लिखकर दूसरों के बारे में लिखते हैं और वह भी संक्षिप्त रूप में तो वह बहुधा रेखाचित्र के समीप होता है। वस्तुतः संस्मरण, रेखाचित्र और आत्मचरित का एक-दूसरे से इतना घनिष्ठ सम्बन्ध है कि एक की सीमा दूसरे से कहाँ मिलती है और कहाँ अलग हो जाती है, इसका निर्णय करना कठिन है।

हिन्दी के प्रारम्भिक संस्मरण-लेखकों में पद्मसिंह शर्मा प्रमुख हैं। इनके अतिरिक्त बनारसी दास चतुर्वेदी, रामवृक्ष बेनीपुरी, शांतिप्रिय द्विवेदी, कन्हैयालाल मिश्र प्रभाकर, राहुल सांकृत्यायन, जगदीश चन्द्र माथुर, सेठ गोविन्द दास, माखनलाल चतुर्वेदी, रामधारी सिंह दिनकर आदि को प्रमुख संस्मरण लेखकों में गिना जाता है। इस कड़ी में हरिवंशराय बच्चन का नामोल्लेख अनिवार्य हो जाता है।

वर्तमान युग में कतिपय अन्य लेखकों ने भी अपनी अमूल्य रचनाओं द्वारा हिन्दी संस्मरण-साहित्य को समृद्ध किया है। इनमें कतिपय उल्लेखनीय हस्ताक्षर हैं–सत्यजीवन शर्मा भारतीय, हरिभाऊ उपाध्याय, रायकृष्णदास, महेन्द्र भटनागर, कुंतल गोयन, डॉ. हर गुलाल, पदमिनी मेनन और लक्ष्मी नारायण सुधांशु आदि।

रेखाचित्र

रेखाचित्र अंग्रेजी के 'स्केच' शब्द का पर्याय है जिसे हिन्दी में शब्दचित्र भी कहते हैं। जो चित्र रेखा द्वारा खींचे जाते हैं उन्हें हम रेखाचित्र कहते हैं। साहित्य में रेखा का काम शब्दों से लिया जाता है। शिवदान सिंह चौहान ने रेखाचित्र के विषय में कहा है–रेखाचित्र पढ़कर किसी वस्तु का चित्र ही हमारे सामने नहीं खिंच जाता, बल्कि अभिव्यक्ति और चित्रण के पीछे अनासक्तिभाव का उपक्रम किये लेखक की छिपी सहानुभूति से भी अप्रत्यक्ष रूप से पाठक प्रभावित होता है, वास्तविकता के उस टुकड़े को उस विराट् संदर्भ से हटाकर जैसे खुर्दबीन से देखकर वह उसे पूरी तौर पर जान लेता है और उसके सम्पूर्ण स्वरूप से उसके आंतरिक सम्बन्धों को पहचान लेता है।

छायावादोत्तर साहित्य में रेखाचित्र-साहित्य के विकास की दिशा में 'हँस' पत्रिका का रेखाचित्र विशेषांक सर्वप्रथम उल्लेखनीय है। इसमें हिन्दी के अतिरिक्त अन्य भारतीय भाषाओं के लेखकों के भी रेखाचित्र प्रकाशित किए गए थे। इन विधाओं के हिन्दी लेखकों में बनारसी दास चतुर्वेदी का स्थान सर्वोच्च है। रेखाचित्र लेखकों में प्रकाश चन्द्र गुप्त, विनय मोहन शर्मा, कन्हैया लाल मिश्र प्रभाकर, शिवपूजन सहाय, सत्यवती मल्लिक, शांतिप्रिय द्विवेदी, सेठ गोविन्ददास, जगदीश चन्द्र माथुर आदि नाम उल्लेख्य हैं।

रेखा चित्र संस्मरणात्मक भी होते हैं। हिन्दी में संस्मरणात्मक रेखाचित्र को उन्नत करने वालों में सत्यजीवन वर्मा, ओंकार शरद, प्रेमनारायण टण्डन, विनोद शंकर व्यास, हरिभाऊ उपाध्याय, राम कृष्ण दास, महेन्द्र भटनागर, कुन्ताव गोयल, डॉ. हरगुलाल, पदमिनी मेनन, लक्ष्मी नारायण सुधांशु , इन्द्र विद्यावाचस्पति आदि प्रमुख हैं।

यात्रा-साहित्य

यात्राओं के वर्णन को साहित्य के रंग से रंजित कर रोचक बनाने वाली रचना को 'यात्रावृत्त' नाम दिया गया। यह इतना रोचक हो गया कि साहित्य की एक विधा के रूप में इसे स्वीकृत कर लिया गया। पाठक को यात्रावृत्त से कहानी और उपन्यास का आनन्द मिलने लगा।

छायावादोत्तर काल में स्वामी सत्यदेव परिव्राजक की कृति 'मेरी पाँचवी जर्मनी यात्रा' से यात्रावृत्त का क्रम प्रारम्भ होता है। कन्हैया लाल मिश्र की भी एक रचना 'मेरी इराक यात्रा' इसी समय प्रकाशित हुई, जिसमें यात्रा मार्ग में पड़ने वाले स्थानों का भी सविस्तार वर्णन किया गया।

यात्रावृत्त को समृद्ध बनाने में राहुल सांकृत्यायन का योगदान अविस्मरणीय है। 'मेरी लद्दाख यात्रा,' 'किन्नर देश में' 'राहुल यात्रावली' 'यात्रा के पन्ने' 'रूस में पच्चीस मास', 'एशिया के दुर्गम भूखण्डों में' आदि उनकी कतिपय उल्लेखनीय रचनाएँ हैं। रामवृक्ष बेनीपुरी ने 'पैरों में पंख बाँधकर' तथा 'उड़ते चलो उड़ते चलो' के माध्यम से यूरोपीय रंगमंच, देहात आदि का हृदयग्राही विवरण अंकित किया है।

यात्रावृत्त का महत्त्व दो कारणों से हैं। एक तो यात्रा के बीच में जहाँ-जहाँ हम रुकते हैं, नए-नए दृश्य देखते हैं और नया-नया अनुभव प्राप्त करते हैं। दूसरे, साहित्यिक भाषा और शैली में वर्णन अत्यन्त रोचक हो जाता है। यात्रावृत्त किसी कहानी या उपन्यास से कम रोचक नहीं होता है। यही कारण है कि साहित्य में इसे विधा के रूप में स्वीकार कर लिया गया है। इतना ही नहीं आजकल यह साहित्य की एक लोकप्रिय विधा है।

गद्य काव्य

'गद्यकाव्य' से अभिप्राय उस रचना से है, जिसमें वैयक्तिक आशा-निराशा, सुख-दुख आदि घनीभूत भावनाओं को साधारण गद्य से भिन्न भावपूर्ण गद्य में व्यक्त किया जाता है–उसमें संवेदनशीलता एवं रसात्मकता तो छंदोबद्ध काव्य के समान होती है, किंतु माध्यम गद्य ओता है। हिंदी में इस प्रकार की रचनाएं रवींद्रनाथ ठाकुर की प्रसिद्ध कृति 'गीतांजलि' के प्रभाव स्वरूप लिखीं गयीं। राय कृष्णदास (1892-1980), वियोगी हरि (1896-1988), चतुरसेन शास्त्री (1891-1960), दिनेशनंदिनी चौरड्या (1915-2006), माखनलाल चतुर्वेदी (1889-1968) और डॉ. रघुवीर सिंह (1908-1991) इस विधा के मुख्य कृतिकार हैं।

वस्तुनिष्ठ प्रश्न

1. हिन्दी साहित्य में गद्य का विकास–
A. पद्य के साथ-साथ हुआ
B. पद्य से पहले हुआ
C. पद्य के बाद हुआ
D. उपरोक्त में से कोई नहीं

2. आधुनिक काल में कुल मिलाकर–
A. पद्य और गद्य बराबर लिखा गया
B. पद्य अधिक लिखा गया
C. गद्य अधिक लिखा गया
D. उपरोक्त में से कोई नहीं

3. हिन्दी में गद्य का प्राचीनतम रूप किस ग्रंथ में मिलता है?
A. चौरासी वैष्णवन की वार्ता B. चन्द छंद बरनन की महिमा
C. पद्मपुराण D. सुख सागर

4. 'चौरासी वैष्णवन की वार्ता' का रचयिता कौन था?
A. विट्ठलनाथ जी B. गोकुलनाथ जी
C. नाभादास जी D. गंग कवि

5. 'अष्टयाम' किसकी रचना है?
A. गोकुलनाथ जी B. विट्ठलनाथ जी
C. नाभादास जी D. रामप्रसाद निरंजनी

6. प्रारम्भिक गद्य की भाषा क्या थी?
A. अपभ्रंश B. खड़ी बोली
C. अवधी D. ब्रजभाषा

7. जैन 'पद्म पुराण' का अनुवाद किसने किया था?
A. लक्ष्मण सिंह B. दौलत राम
C. श्रद्धाराम फिल्लौरी D. रामप्रसाद निरंजनी

8. 19वीं शताब्दी के आरम्भ में हिन्दी गद्य के चार मुख्य लेखक हुए। उनमें से एक ने 'सुखसागर' लिखा। उसका नाम क्या था?
A. सदल मिश्र B. लल्लू लाल
C. सदासुख लाल D. इंशाअल्ला खां

9. 'रानी केतकी की कहानी' किसने लिखी थी?
A. इंशाअल्ला खां B. लक्ष्मण सिंह
C. बालकृष्ण भट्ट D. प्रताप नारायण मिश्र

10. नीचे पुस्तकों और लेखकों के जोड़े दिये गए हैं। इनमें एक जोड़ा गलत है। बताइये कौन-सा जोड़ा गलत है?
A. भाषा योगवशिष्ट – नाभादास
B. नासिकेतोपाख्यान – सदल मिश्र
C. शृंगार रस मंडन – विट्ठल नाथ
D. प्रेमसागर – लल्लू लाल

11. ईसाई पादरियों ने किस प्रकार हिन्दी गद्य के प्रसार में योगदान किया?
A. उन्होंने गद्य लेखन पर पुरस्कार दिये
B. स्वयं हिन्दी गद्य में लिखा
C. बाइबिल का हिन्दी में अनुवाद कराया और उसे बांटा
D. उपरोक्त सभी

12. 'सितारे हिन्द' किसकी उपाधि थी?
A. राजा शिवप्रसाद B. राजा लक्ष्मण सिंह
C. देवकीनंदन खत्री D. श्रीनिवास दास

13. 'इतिहास तिमिर नाशक' ग्रंथ का रचयिता कौन है?
A. भारतेन्दु हरिश्चन्द्र
B. बालकृष्ण भट्ट
C. राजा शिवप्रसाद 'सितारे हिन्द'
D. राजा लक्ष्मण सिंह

14. भारतेन्दु हरिश्चन्द्र के समय में हिन्दी गद्य की बड़ी उन्नति हुई। इसमें इनके दो सहयोगियों की प्रमुख भूमिका थी, जिनमें एक का नाम था प्रतापनारायण मिश्र और दूसरे का नाम था–
A. देवकीनंदन खत्री B. श्यामसुंदर दास
C. श्रीनिवास दास D. बालकृष्ण भट्ट

15. भारतेन्दु हरिश्चन्द्र के काल में हिन्दी गद्य में–
A. नाटक लिखे गये B. निबंध लिखे गये
C. आलोचना लिखी गई D. उपरोक्त तीनों लिखे गये

16. द्विवेदी युग में हिन्दी गद्य–
A. का रूप पूर्णतः स्थिर हो गया
B. उर्दू मिश्रित हो गया
C. की उपेक्षा हुई
D. में केवल कुछ कहानियां लिखी गईं

17. द्विवेदी-युग में रामचन्द्र शुक्ल ने साहित्य के किस क्षेत्र में मूल्यवान योगदान किया?
A. उपन्यास के क्षेत्र में B. कहानी के क्षेत्र में
C. नाटक के क्षेत्र में D. आलोचना के क्षेत्र में

18. मिश्र बंधु का योगदान गद्य के किस क्षेत्र में रहा?
A. नाटक के क्षेत्र में B. कहानी के क्षेत्र में
C. आलोचना के क्षेत्र में D. उपन्यास के क्षेत्र में

19. द्विवेदी युग में ही हिन्दी के महान् उपन्यासकार की रचनायें प्रकाश में आईं। वह उपन्यासकार थे–
A. जैनेन्द्र कुमार B. यशपाल
C. प्रेमचन्द D. इलाचन्द जोशी

20. छायावादी कवियों में जयशंकर प्रसाद ने गद्य की किस विधा को समृद्ध बनाया?
A. नाटक B. उपन्यास
C. निबन्ध D. कहानी

21. छायावादी कवि निराला का प्रसिद्ध उपन्यास है–

A. अलका B. चन्द्रकला
C. सावित्री D. इन्द्रा

22. महादेवी वर्मा की रचना 'अतीत के चलचित्र'–

A. कहानी संग्रह है B. उपन्यास है
C. निबन्ध-संग्रह है D. संस्मरणों का संग्रह है

23. 'भारत दुर्दशा' नाटक का लेखक कौन है?

A. भारतेन्दु हरिश्चन्द्र B. देवकीनंदन खत्री
C. बालकृष्ण भट्ट D. प्रतापनारायण मिश्र

24. 'चन्द्रकान्ता संतति' उपन्यास के कितने खण्ड निकले थे?

A. 14 खण्ड B. 8 खण्ड
C. 3 खण्ड D. 24 खण्ड

25. तिलिस्म और ऐयारी से भरे 'चंद्रकान्ता संतति' उपन्यास का सबसे बड़ा योगदान यह रहा कि–

A. उपन्यास के नए क्षेत्र खुल गए
B. हिन्दी गद्य का रूप निखर गया
C. इसी किस्म के बहुत-से उपन्यास लिखे गये
D. असंख्य लोगों ने इस उपन्यास को पढ़ने के लिए हिन्दी भाषा सीखी

26. मुंशी प्रेमचंद के 'गोदान' उपन्यास में मुख्य पात्र (हीरो) का नाम क्या है?

A. मधुवा B. होरी
C. विशाल देव D. दिव्या

27. निराला के उपन्यास 'निरूपमा' में किस समस्या का वर्णन है?

A. ग्राम्य-जीवन की वास्तविकतायें
B. दहेज प्रथा
C. मध्यवर्गीय समाज की आर्थिक विपन्नता
D. प्रादेशिक भेदभाव और सामाजिक कुरीतियां

28. कुछ विद्वान 'परीक्षा गुरु' को हिन्दी का प्रथम उपन्यास मानते हैं। इसके लेखक हैं–

A. रामचन्द्र शुक्ल B. श्रीनिवास दास
C. बालकृष्ण भट्ट D. बाबू राधाकृष्ण दास

29. बालकृष्ण भट्ट का उपन्यास 'सौ अजान एक सुजान' कैसा उपन्यास है?

A. सांस्कृतिक B. ऐतिहासिक
C. तिलिस्मी D. उपदेशात्मक

30. निम्नलिखित उपन्यासों में से कौन-सा उपन्यास अम्बिकादत्त व्यास का है?

A. नूतन ब्रह्मचारी B. मरता क्या न करता
C. मृण्मयी D. आश्चर्य वृतान्त

31. उपन्यासों के विकास के प्रारम्भिक चरण के सम्बन्ध में कौन-सा कथन सही है?

A. कुछ उपन्यास मौलिक हैं
B. कुछ उपन्यास अनूदित हैं
C. इनका लाभ यह हुआ कि मौलिक उपन्यास लेखन की प्रवृति बढ़ी
D. उपरोक्त सभी

32. निम्नलिखित उपन्यासों में से कौन-सा उपन्यास अयोध्या सिंह उपाध्याय 'हरिऔध' का नहीं है?

A. वेनिस का बाँका B. ठेठ हिन्दी का ठाठ
C. अधलिखा फूल D. रसिक लाल

33. हिन्दी के प्रथम मौलिक उपन्यासकारों में देवकीनंदन खत्री विख्यात हैं। इनका सर्वाधिक लोकप्रिय उपन्यास 'चन्द्रकान्ता संतति' है। इसके अलावा भी इनका एक अन्य उपन्यास है, जिसका नाम है–

A. अंगूठी का नगीना B. भूतनाथ
C. दिल्ली के दलाल D. युगान्तर

34. 'संन्यासी' एक प्रसिद्ध उपन्यास है। इसके लेखक का नाम है–

A. वृन्दावनलाल वर्मा B. यशपाल
C. उपेन्द्रनाथ अश्क D. इलाचन्द्र जोशी

35. निम्नलिखित उपन्यासों में से कौन-सा उपन्यास यशपालजी का नहीं है?

A. दादा कामरेड B. दिव्या
C. देशद्रोही D. भिखारिणी

36. किसको 'उपन्यास सम्राट' माना जाता है?

A. जैनेन्द्र कुमार B. यशपाल
C. उपेन्द्रनाथ अश्क D. प्रेमचंद

37. 'चित्रलेखा' एक अति लोकप्रिय उपन्यास है। इसके लेखक का नाम है–

A. चतुरसेन शास्त्री B. पाण्डेय बेचन शर्मा 'उग्र'
C. वृन्दावनलाल वर्मा D. भगवतीचरण वर्मा

38. जयशंकर प्रसाद के दो उपन्यासों में एक का नाम 'कंकाल' है, और दूसरे का–

A. तीन वर्ष B. मां
C. तितली D. वैशाली की नगरवधू

39. मुंशी प्रेमचंद के उपन्यास–

A. ऐतिहासिक हैं B. सामाजिक हैं
C. रोमांटिक हैं D. मनोवैज्ञानिक हैं

40. निम्नलिखित उपन्यासों में से कौन-सा उपन्यास प्रेमचंदजी का नहीं है?

A. गबन B. निर्मला
C. गोदान D. विसर्जन

41. 'वैशाली की नगरवधू' किसका उपन्यास है?

A. जैनेन्द्र कुमार B. चतुरसेन शास्त्री
C. वृन्दावनलाल वर्मा D. इलाचन्द्र जोशी

42. ऐतिहासिक उपन्यासों के लिए कौन-सा नाम विख्यात है?

A. यशपाल B. अज्ञेय
C. उपेन्द्रनाथ अश्क D. वृन्दावनलाल वर्मा

43. 'शेखर-एक जीवनी' किसका बहुचर्चित उपन्यास है?

A. राहुल सांकृत्यायन B. धर्मवीर भारती

C. अमृतलाल नागर D. अज्ञेय

44. नीचे कुछ उपन्यासों और उनके लेखकों के नामों के जोड़े दिये गए हैं। इनमें से कौन-सा जोड़ा सही नहीं है?

A. जयशंकर प्रसाद – तितली

B. देवकीनंदन खत्री – भूतनाथ

C. जैनेन्द्र कुमार – सुनीता

D. अज्ञेय – दिव्या

45. 'मैला आँचल' उपन्यास का लेखक कौन है?

A. फणीश्वरनाथ रेणु B. धर्मवीर भारती

C. अज्ञेय D. नरेश मेहता

46. 'शेखर-एक जीवनी' अज्ञेय का लिखा हुआ उपन्यास है। यह–

A. अपनी ऐतिहासिक पृष्ठभूमि के लिए विख्यात है

B. अपने सांस्कृतिक मूल्यों के लिए विख्यात है

C. नवीन शैली व पैनी मनोवैज्ञानिक दृष्टि के लिए विख्यात है

D. सामाजिक कुरीतियों का पर्दाफाश करने के लिए विख्यात है

47. प्रेमचन्द जी के 'गोदान' में–

A. जीवन के जीते-जागते चित्र हैं

B. जीवन की कठोर वास्तविकता का सूक्ष्म विवेचन है

C. ग्राम-जीवन की रीतियों का सूक्ष्म विवेचन है

D. उपरोक्त सभी

48. प्रसादजी के 'कंकाल' उपन्यास में–

A. सामाजिक बंधनों की विषमता और व्यक्ति की सहज प्रवृत्तियों का संघर्ष अंकित है

B. समाज-व्यवस्था पर तीखा व्यंग्य है

C. आदर्श और यथार्थ के बीच खड़ी खाई का रूप है

D. उपरोक्त सभी

49. निम्नलिखित में कौन-सा एक उपन्यास वृन्दावनलाल वर्मा का नहीं है?

A. गढ़ कुण्डार B. झांसी की रानी

C. विराटा की पद्मिनी D. देशद्रोही

50. 'बूंद और समुद्र' किसका विख्यात उपन्यास है?

A. उदय शंकर भट्ट B. फणीश्वरनाथ रेणु

C. शैलेश मटियानी D. अमृतलाल नागर

51. निम्नलिखित आंचलिक उपन्यासों में से एक फणीश्वरनाथ रेणु का नहीं है। वह है–

A. मैला आँचल B. परती परिकथा

C. ड्रामा D. पल्टू बाबू रोड

52. 'चिट्ठीरसैनी' किसका प्रसिद्ध उपन्यास है?

A. उपेन्द्रनाथ अश्क B. हरिकृष्ण प्रेमी

C. शैलेश मटियानी D. यशपाल

53. 'चित्रलेखा' और 'तीन वर्ष' के अतिरिक्त भगवतीचरण वर्मा के अन्य उपन्यास हैं–

A. टेढ़े-मेढ़े रास्ते B. भूले-बिसरे चित्र

C. सीधी-सच्ची बातें D. उपरोक्त सभी

54. 'गिरती दीवारें' किसका उत्तम उपन्यास है?

A. उपेन्द्रनाथ अश्क B. धर्मवीर भारती

C. अमृतलाल नागर D. नागार्जुन

55. 'मृगनयनी' किसका उपन्यास है?

A. जैनेन्द्र कुमार का B. वृन्दावनलाल वर्मा का

C. अमृतलाल नागर का D. उपरोक्त में से कोई नहीं

56. निम्नलिखित सूची-I का सूची-II से मिलान कीजिए तथा नीचे दिए गए कूट की सहायता से सही उत्तर का चयन कीजिए :

सूची-I	सूची-II
(*a*) अपने-अपने अजनबी	1. धर्मवीर भारती
(*b*) सूरज का सातवां घोड़ा	2. अज्ञेय
(*c*) खाली कुर्सी की आत्मा	3. इलाचंद जोशी
(*d*) प्रेत और छाया	4. लक्ष्मीकान्त वर्मा

कूट :

	(*a*)	(*b*)	(*c*)	(*d*)
A.	2	1	4	3
B.	1	2	4	3
C.	1	2	3	4
D.	3	4	2	1

57. हरिवंश राय बच्चन की रचना "क्या भूलूं क्या याद करूं" किस कोटि के अन्तर्गत आती है?

A. आत्मकथा B. यात्रा वृत्तान्त

C. इंटरव्यू D. रेखाचित्र

58. महादेवी वर्मा की रचना 'पथ के साथी' किस कोटि के अन्तर्गत आती है?

A. संस्मरण B. रेखाचित्र

C. यात्रा वृत्तान्त D. जीवनी

59. नीचे कुछ रचनायें दी हुई हैं और उनके सामने उनके लेखकों के नाम हैं। कौन-सा जोड़ा गलत है?

A. अरे यायावर याद रहेगा – अज्ञेय

B. मैं इनसे मिला – पद्मसिंह शर्मा कमलेश

C. जंजीरें और दीवार – रामवृक्ष बेनीपुरी

D. माटी हो गई सोना – महादेवी वर्मा

60. धर्मवीर भारती की रचना 'ठेले पर हिमालय' किस कोटि की है?

A. जीवनी B. यात्रा वृत्तान्त

C. संस्मरण D. इंटरव्यू

61. 'एक बूंद सहसा उछली' किसका विख्यात यात्रा संस्मरण है?

A. निर्मल वर्मा का B. रामवृक्ष बेनीपुरी का

C. अज्ञेय का D. डा. रघुवंश का

62. हिन्दी की सर्वप्रथम मौलिक कहानी किसे माना जाता है?
A. इन्दुमती B. आकाशदीप
C. ग्यारह वर्ष का समय D. उसने कहा था

63. हिन्दी की सर्वप्रथम मौलिक कहानी 'इन्दुमती' का लेखक कौन था?
A. गिरिजादत्त वाजपेयी B. किशोरी लाल गोस्वामी
C. रामचन्द्र शुक्ल D. प्रताप नारायण मिश्र

64. चन्द्रधर शर्मा 'गुलेरी' की सुविख्यात कहानी कौन-सी है?
A. छाया B. उसने कहा था
C. बड़े घर की बेटी D. शतरंज के खिलाड़ी

65. प्रेमचंद का सर्वोत्कृष्ट उपन्यास कौन-सा है?
A. निर्मला B. सेवासदन
C. रंगभूमि D. गोदान

66. मुंशी प्रेमचंद ने अपने उपन्यासों में किस समस्या को प्रस्तुत किया है?
A. विधवा विवाह B. अनमेल विवाह
C. दहेज प्रथा D. उपरोक्त तीनों

67. 'मधुआ' कहानी किसकी है?
A. प्रेमचन्द की B. प्रसादजी की
C. यशपाल की D. अज्ञेय की

68. 'जार्ज पंचम की नाक' कहानी का लेखक कौन है?
A. कमलेश्वर B. हरिकृष्ण प्रेमी
C. भीष्म साहनी D. अज्ञेय

69. प्रेमचंद की 'पूस की रात' कहानी–
A. भारतीय किसान की टूटन की कहानी है
B. भारतीय मध्यवर्ग के मिथ्याभिमान की कहानी है
C. वर्ग संघर्ष की कहानी है
D. अशिक्षा के अभिशाप की कहानी है

70. प्रसादजी की मधुआ कहानी एक–
A. शराबी के हृदय-परिवर्तन की कहानी है
B. रईस की हृदयहीनता की कहानी है
C. बालक के शोषण की कहानी है
D. उपरोक्त में से कोई नहीं

71. यशपाल ने अपनी कहानी 'खच्चर और आदमी' में क्या बताया है?
A. खच्चर आदमी से श्रेष्ठ है
B. आदमी खच्चर से श्रेष्ठ है
C. जो अपने को परिस्थितियों में ढाल ले वही बच पाता है
D. मनुष्य परिस्थितियों का दास है

72. अज्ञेय की 'शरणदाता' कहानी–
A. मानव संघर्ष की कहानी है
B. साम्प्रदायिकता-विरोधी कहानी है
C. नारी ममता की कहानी है
D. उपरोक्त तीनों

73. 'कानों में कंगना' नामक कहानी का लेखक कौन है?
A. विश्वम्भर नाथ शर्मा 'कौशिक'
B. राधिकारमण प्रसाद
C. पदुमलाल पुन्नालाल बख्शी
D. रायकृष्ण दास

74. 'ताई' कहानी का लेखक कौन है?
A. वृन्दावनलाल वर्मा B. राजेन्द्र यादव
C. मन्नू भंडारी D. विश्वम्भर नाथ शर्मा 'कौशिक'

75. निम्नलिखित कहानियों में से कौन-सी कहानी उषा देवी मित्रा की लिखी हुई है?
A. भाई-बहन B. लछमा
C. अधूरा चित्र D. सान्ध्य तारा

76. 'आत्माराम' और 'पंच परमेश्वर' किसकी कहानियां हैं?
A. सुदर्शन B. शिवपूजन सहाय
C. चंडी प्रसाद 'हृदयेश' D. प्रेमचंद

77. गिरिजादत्त वाजपेयी की एक उत्तम कहानी है–
A. रानी सारंधा B. प्रतिध्वनि
C. हार की जीत D. पंडित और पंडितानी

78. 'पुरस्कार' और 'आकाशदीप' कहानियां किसकी हैं?
A. रायकृष्ण दास B. सुदर्शन
C. चन्द्रकिरण सौनरिक्सा D. जयशंकर प्रसाद

79. 'हार की जीत' नामक अत्यन्त लोकप्रिय और महान् चरित्र वाली कहानी का लेखक कौन है?
A. सुदर्शन B. चतुरसेन शास्त्री
C. विष्णु प्रभाकर D. यशपाल

80. गुलेरीजी की 'उसने कहा था' कहानी का सार क्या है?
A. अमृतसर का जन-जीवन B. युद्ध की निस्सारता
C. निःस्वार्थ बलिदान D. अपराध का मनोविज्ञान

81. 'बैताल पचीसी' और 'सिंहासनबत्तीसी' कहानियों को हिन्दी में किसने अनूदित किया?
A. लल्लू लाल B. शिवप्रसाद 'सितारे हिन्द'
C. भारतेन्दु हरिश्चन्द्र D. उपरोक्त में से कोई नहीं

82. 'रानी केतकी की कहानी' कहानी के बारे में कौन-सा कथन सही नहीं है?
A. यह कहानी ठेठ हिन्दी में है
B. इसमें रानी केतकी और उदयभान की प्रेम-कथा का वर्णन है
C. इसके लेखक सदल मिश्र हैं
D. इसके लेखक इंशाअल्ला खां हैं

83. 'राजा भोज का सपना' किसकी कहानी है?
A. शिवप्रसाद 'सितारे हिन्द' B. चतुरसेन शास्त्री
C. उषा देवी मित्रा D. सुदर्शन

84. मनोवैज्ञानिक कहानीकारों में किसकी गणना नहीं की जाती?
A. राजेन्द्र यादव B. अज्ञेय
C. इलाचन्द्र जोशी D. पाण्डेय बेचन शर्मा 'उग्र'

85. जैनेन्द्रजी कहानी के सम्बन्ध में प्रेमचंद की परिपाटी में आते हैं; क्योंकि उन्होंने अपनी कहानियों के लिए

A. मनोवैज्ञानिक विषय चुने
B. सामाजिक और पारिवारिक विषय चुने
C. राष्ट्र निर्माण के विषयों को अपनाया
D. उपरोक्त तीनों

86. 'मिठाई वाला' कहानी का लेखक कौन है?

A. भगवतीचरण वर्मा B. भगवती प्रसाद वाजपेयी
C. यशपाल D. सुदर्शन

87. निम्नलिखित कहानियों में से कौन-सी कहानी रायकृष्ण दास की है?

A. रमणी का रहस्य B. अपना-अपना भाग्य
C. नन्दिनी D. कमल की बेटी

88. प्रसाद जी की प्रथम कहानी कौन-सी थी?

A. ग्राम B. मधुआ
C. आकाशदीप D. पुरस्कार

89. निम्नलिखित में से कौन-सा कहानी संग्रह प्रसाद जी का नहीं है?

A. छाया B. आकाशदीप
C. कोठरी की बात D. प्रतिध्वनि

90. 'रक्षा बन्धन' किसकी कहानी है?

A. शिवपूजन सहाय की B. जैनेन्द्र की
C. सुदर्शन की D. कौशिक की

91. निम्नलिखित में से कौन-सा कहानी संग्रह वृन्दावनलाल वर्मा का नहीं है?

A. हर सिंगार B. दबे पांव
C. कलाकार का दण्ड D. मानुषी

92. 'नई कहानी' वर्ग के कहानीकारों में निम्न में से किसका नाम नहीं आता?

A. मोहन राकेश का B. राजेन्द्र यादव का
C. कमलेश्वर का D. विष्णु प्रभाकर का

93. 'दुलाई वाली' कहानी किसकी थी?

A. रामचन्द्र शुक्ल की
B. विश्वम्भर नाथ शर्मा 'कौशिक' की
C. प्रेमचंद की
D. वंग महिला की

94. कहानी के विकास-क्रम में महत्वपूर्ण भूमिका निभाने वाली पत्रिका का नाम है–

A. सरस्वती B. इन्दु
C. उपरोक्त दोनों D. इन्दुमती

95. जैनेन्द्रजी का चिन्तन एवं दृष्टिकोण–

A. गांधीवादी B. प्रगतिशील
C. यथार्थवादी D. साम्यवादी

96. आंचलिक कहानी संग्रह 'ठुमरी' किसका है?

A. उपेन्द्र नाथ 'अश्क' B. शैलेश मटियानी
C. रघुवीर सहाय D. फणीश्वर नाथ 'रेणु'

97. विष्णु प्रभाकर की 'अधूरी कहानी' का उद्देश्य–

A. साम्प्रदायिक सद्भाव है B. नारी-उत्थान है
C. कुंठा-उन्मूलन है D. अहंकार का पतन है

98. 'काकी' कहानी किसकी है?

A. सुदर्शन B. कौशिक
C. सियारामशरण गुप्त D. प्रेमचन्द

99. 'परदा' कहानी में यशपालजी का उद्देश्य–

A. मध्यम वर्ग की निर्धनता का वर्णन करना है
B. उन्माद की निंदा करना है
C. झूठी प्रतिष्ठाप्रियता की पोल खोलना है
D. परदा-प्रथा की बुराइयां बताना है

100. 'दो बांके' किसका कहानी संग्रह है?

A. भगवती प्रसाद वाजपेयी B. भगवतीचरण वर्मा
C. मन्नू भंडारी D. होमवती देवी

101. कालिदास के 'शकुन्तला' नाटक का हिन्दी अनुवाद किसने किया?

A. भारतेन्दु हरिश्चन्द्र B. राजा लक्ष्मण सिंह
C. बाबू गोपाल चन्द्र D. प्रताप नारायण मिश्र

102. निम्नलिखित नाटकों में से कौन-सा नाटक भारतेन्दुजी द्वारा लिखित नहीं है?

A. भारत दुर्दशा B. भारत-सौभाग्य
C. नील देवी D. अन्धेर नगरी

103. भारतेन्दुजी के 'चन्द्रावली' नाटक में–

A. भारत की दयनीय दशा का चित्रण है
B. शासन-व्यवस्था पर व्यंग्य है
C. आदर्श प्रेम का चित्रण है
D. ऐतिहासिक खोज है

104. 'दुखिनी बाला' किसका नाटक है?

A. भारतेन्दु बाबू B. राधाकृष्ण दास
C. प्रतापनारायण मिश्र D. अम्बिकादत्त व्यास

105. द्विवेदी युग में–

A. मौलिक नाटक खूब लिखे गए
B. नाटकों के अनुवाद खूब हुए
C. नाटकों का मनुष्य के जीवन में निकट का सम्बन्ध रहा
D. उपरोक्त सभी

106. द्विजेन्द्र लाल राय के बंगला नाटकों का हिन्दी अनुवाद किसने किया?

A. श्रीनिवास दास B. बाबू सीताराम
C. सत्य नारायण D. रूप नारायण

107. प्रसाद युग से पूर्व मैथिलीशरण गुप्त का कौन-सा नाटक आया था?

A. चन्द्रगुप्त B. चन्द्रहास
C. चन्द्रकला D. चन्द्रोदय

108. प्रसादजी के नाटकों में–
A. साहित्यिक भाषा है
B. ऐतिहासिक पुट है
C. भारतीय सभ्यता और संस्कृति के गौरव का चित्रण है
D. उपरोक्त सभी

109. निम्नलिखित नाटकों में से कौन-सा नाटक प्रसादजी द्वारा लिखित नहीं है?
A. राज्यश्री B. स्कन्दगुप्त
C. अजातशत्रु D. विश्वामित्र

110. उदयशंकर भट्टजी के नाटक–
A. राष्ट्रीयता प्रधान हैं B. पौराणिक हैं
C. ऐतिहासिक हैं D. अन्तर्द्वन्द्व प्रधान हैं

111. 'अम्बा' और 'मतस्यगंधा' किसके नाटक हैं?
A. हरिकृष्ण प्रेमी
B. विश्वम्भर नाथ शर्मा 'कौशिक'
C. सुदर्शन
D. उदय शंकर भट्ट

112. 'सिन्दूर की होली' किसका विख्यात नाटक है?
A. लक्ष्मीनारायण मिश्र B. उपेन्द्रनाथ अश्क
C. सेठ गोविन्द दास D. माखनलाल चतुर्वेदी

113. मोहन राकेश की ख्याति किस नाटक से फैली?
A. शशिगुप्त B. कर्तव्य
C. आषाढ़ का एक दिन D. रेशमी टाई

114. निम्नलिखित में से कौन-सा नाटक लक्ष्मी नारायण लाल का नहीं है?
A. अंधा कुआं B. मादा कैक्टस
C. सूखा सरोवर D. लहरों का राजहंस

115. हिन्दी का प्रथम एकांकी नाटककार कौन था?
A. प्रसादजी B. रामकुमार वर्मा
C. भगवतीचरण वर्मा D. उपेन्द्र नाथ अश्क

116. हिन्दी का सर्वप्रथम एकांकी नाटक किसे माना जाता है?
A. बड़ा आदमी B. एक बूंद
C. कारवां D. दस मिनट

117. 'देवताओं की छाया में' किसका एकांकी-संग्रह है?
A. उपेन्द्रनाथ अश्क B. रामकुमार वर्मा
C. भुवनेश्वर मिश्र D. सेठ गोविन्द दास

118. 'सबसे बड़ा आदमी' किसका एकांकी है?
A. भगवतीचरण वर्मा B. विष्णु प्रभाकर
C. जगदीश चन्द्र माथुर D. उदय शंकर भट्ट

119. 'गरुड़ध्वज' और 'दशाश्वमेध' किसके विख्यात ऐतिहासिक नाटक हैं?
A. रामकुमार वर्मा B. हरिकृष्ण प्रेमी
C. उपेन्द्रनाथ अश्क D. लक्ष्मीनारायण मिश्र

120. 'युगे-युगे क्रान्ति' नाटक किसका है?
A. जगदीशचन्द्र माथुर B. सेठ गोविन्द दास
C. विष्णु प्रभाकर D. देवराज दिनेश

121. जगदीश चन्द्र माथुर का एकांकी संकलन है–
A. कुलीनता B. रंगमंच
C. भोर का तारा D. मां का बेटा

122. 'आधे-अधूरे' किसका नाटक है?
A. नरेश मेहता B. देवराज दिनेश
C. विपिन अग्रवाल D. मोहन राकेश

123. निम्नलिखित नाटकों में से कौन-सा लक्ष्मीकांत वर्मा का है?
A. आदमी का जहर B. तीन अपाहिज
C. नया-पुराना D. उपरोक्त में से कोई नहीं

124. 'पृथ्वीराज की आँखें' और 'कैलेण्डर का आखिरी पन्ना' किसके विख्यात एकांकी हैं?
A. सेठ गोविन्द दास B. विष्णु प्रभाकर
C. रामकुमार वर्मा D. उदय शंकर भट्ट

125. सेठ गोविन्द दास के एकांकियों में–
A. गांधीवादी विचारधारा है
B. राजनैतिक एवं सामाजिक समस्याओं का चित्रण है
C. ऐतिहासिक पृष्ठभूमि है
D. उपरोक्त A और B दोनों

126. सेठ गोविन्ददास के प्रसिद्ध कहानी संग्रह हैं–
A. नवरस B. एकादशी
C. स्पर्द्धा D. उपरोक्त तीनों

127. उदय शंकर भट्ट के एकांकियों में–
A. मनोविश्लेषणात्मक शैली है
B. अन्तर्द्वन्द्व का चित्रण है
C. भाषा पात्रों के अनुकूल है
D. उपरोक्त तीनों

128. 'एकला चलो रे' किसका विख्यात एकांकी है?
A. उदय शंकर भट्ट B. हरिकृष्ण प्रेमी
C. उपेन्द्र नाथ अश्क D. विष्णु प्रभाकर

129. 'अधिकार का रक्षक' और 'लक्ष्मी का स्वागत' किसके विख्यात एकांकी हैं?
A. हरिकृष्ण प्रेमी B. रेवती शरण शर्मा
C. धर्मवीर भारती D. उपेन्द्र नाथ अश्क

130. लोकप्रिय एकांकी 'रीढ़ की हड्डी' किसकी रचना है?
A. गिरजा कुमार माथुर B. लक्ष्मीकान्त वर्मा
C. भारत भूषण अग्रवाल D. जगदीश चन्द्र माथुर

131. 'मुझे जीने दो' किसका लोकप्रिय एकांकी है?
A. लक्ष्मीकान्त मिश्र B. जयनाथ नलिन
C. रेवती शरण शर्मा D. उपरोक्त में से कोई नहीं

132. 'लस्सी का गिलास' एकांकी का लेखक कौन है?
A. सद्‌गुरु शरण अवस्थी B. विष्णु प्रभाकर
C. जयनाथ नलिन D. विनोद रस्तोगी

133. निम्नलिखित में से कौन-सा एकांकी विमला लूथरा का नहीं है?
A. लाइन क्लीअर B. मुन्ने का नामकरण
C. प्रीतिभोज D. डाक्टर बीबी

134. 'रसोईघर में प्रजातंत्र' विष्णु प्रभाकर का एकांकी है, जिसमें–
A. व्यंग्य है B. क्षोभ है
C. उद्‌बोधन है D. निराशा है

135. निम्नलिखित में से किसे हिन्दी का सशक्त नाटककार माना जाता है?
A. मुंशी प्रेमचंद B. सेठ गोविन्द दास
C. जयशंकर प्रसाद D. भारतेन्दु हरिश्चन्द्र

136. 'विशाख' और 'एक घूंट' नाटकों का लेखक कौन है?
A. हरिकृष्ण प्रेमी B. लक्ष्मी नारायण लाल
C. जयशंकर प्रसाद D. उदय शंकर भट्ट

137. 'लहरों का राजहंस' किसका प्रसिद्ध नाटक है?
A. मोहन राकेश B. जगदीश चन्द्र माथुर
C. जयशंकर प्रसाद D. उदय शंकर भट्ट

138. 'आनरेरी मजिस्ट्रेट' का लेखक कौन है?
A. भगवती प्रसाद वाजपेयी B. रामकुमार वर्मा
C. देवकीनंदन खत्री D. हरिकृष्ण प्रेमी

139. 'अम्बपाली' किसकी रचना है?
A. श्रीनिवास दास B. उदय शंकर भट्ट
C. रामवृक्ष बेनीपुरी D. उपेन्द्र नाथ अश्क

140. ऐतिहासिक तथ्यों और काल्पनिक प्रसंगों के मिश्रण से जगदीश चन्द्र माथुर ने किस नाटक की रचना की?
A. क्षत्राणी B. शिवानी
C. कोणार्क D. सूर्यरथ

141. 'धूर्त रसिक लाल' का लेखक कौन है?
A. गोपालराम गहमरी B. भगवतीचरण वर्मा
C. शिवपूजन सहाय D. पं. लज्जा राम मेहता

142. प्रेमचंद रचित 'मान सरोवर' के कितने भाग हैं?
A. तीन भाग B. पांच भाग
C. सात भाग D. आठ भाग

143. 'वयं रक्षामः' किसका उपन्यास है?
A. गुरुदत्त का B. चतुरसेन शास्त्री का
C. भगवतीचरण वर्मा का D. इलाचन्द्र जोशी का

144. 'मुण्डमाल' किसकी रचना है?
A. कौशिक B. रामकुमार वर्मा
C. शिवपूजन सहाय D. उपरोक्त में से कोई नहीं

145. 'कोठरी की बात' कहानी-संग्रह किसका है?
A. यशपाल का B. जैनेन्द्र का
C. अज्ञेय का D. धर्मवीर भारती का

146. 'चारुमित्रा' और 'तैमूर की हार' किस लेखक के एकांकी हैं?
A. उपेन्द्र नाथ अश्क B. भुवनेश्वर प्रसाद
C. विष्णु प्रभाकर D. रामकुमार वर्मा

147. उपेन्द्रनाथ अश्क के अधिकांश एकांकी–
A. आदर्शवादी हैं B. राजनैतिक हैं
C. सामाजिक व पारिवारिक हैं D. मनोवैज्ञानिक हैं

148. 'यशस्वी भोज' किसका एकांकी है?
A. लक्ष्मी नारायण लाल B. देवराज दिनेश
C. उदय शंकर भट्ट D. सेठ गोविन्द दास

149. 'चिरंजीव' का विख्यात एकांकी है–
A. दो कलाकार B. माटी की मूरत
C. पंचकन्या D. दादी मां जागी

150. 'ध्रुवस्वामिनी' प्रसादजी का–
A. सामाजिक नाटक है B. ऐतिहासिक नाटक है
C. पारिवारिक नाटक है D. पौराणिक नाटक है

151. प्रसादजी का ध्रुवस्वामिनी नाटक–
A. व्यंग्यात्मक है
B. नायिका-प्रधान है
C. एक संस्कृत नाटक का हिन्दी अनुवाद है
D. उपरोक्त सभी

152. मोहन राकेश के निम्नलिखित नाटकों में से किस नाटक में कालिदास और मल्लिका के प्रेम का वर्णन है?
A. लहरों का राजहंस B. आधे-अधूरे
C. आषाढ़ का एक दिन D. उपरोक्त में से कोई नहीं

153. 'आहुति' हरिकृष्ण प्रेमी का प्रसिद्ध–
A. ऐतिहासिक उपन्यास है B. राष्ट्रीयतावादी उपन्यास है
C. पारिवारिक उपन्यास है D. व्यंग्यात्मक उपन्यास है

154. हिन्दी निबन्धकारों में सर्वश्रेष्ठ स्थान किसका माना जाता है?
A. जयशंकर प्रसाद का B. बालमुकुन्द गुप्त का
C. रामचन्द्र शुक्ल का D. प्रतापनारायण मिश्र का

155. 'चिन्तामणि' में किसके निबन्ध संग्रहीत हैं?
A. बाबू गुलाबराय B. मिश्रबन्धु
C. महावीर प्रसाद द्विवेदी D. रामचन्द्र शुक्ल

156. 'क्रोध', 'उत्साह' और 'मित्रता' जैसे मनोवैज्ञानिक निबन्ध किसने लिखे?
A. डा. नगेन्द्र B. डा. इन्द्रनाथ मदान
C. नंददुलारे वाजपेयी D. रामचन्द्र शुक्ल

157. 'विचारवीथी' में किसके निबन्ध संग्रहीत हैं?
A. महादेवी वर्मा B. सरदार पूर्ण सिंह
C. माधव प्रसाद मिश्र D. रामचन्द्र शुक्ल

158. निम्नलिखित में से कौन व्यंग्यात्मक और हास्य-प्रधान लेखों के लिए प्रसिद्ध है?

A. बालकृष्ण भट्ट B. बालमुकुंद गुप्त
C. प्रतापनारायण मिश्र D. रामचन्द्र शुक्ल

159. 'बात' और 'भौ' जैसे विषयों पर सुन्दर निबन्ध किसने लिखे?

A. श्यामसुन्दर दास ने B. गुलाबराय ने
C. बालमुकुंद गुप्त ने D. प्रतापनारायण मिश्र ने

160. ''शिवशम्भू का चिट्ठा'' किसका विख्यात व्यंग्यात्मक निबन्ध है?

A. अम्बिका दत्त व्यास B. बदरी नारायण 'प्रेमघन'
C. बालमुकुंद गुप्त D. महावीर प्रसाद द्विवेदी

161. 'फिर निराश क्यों' और 'मेरी कलम का राज्य' किस विद्वान के प्रसिद्ध निबन्ध हैं?

A. माधव प्रसाद मिश्र B. बाबू गुलाबराय
C. सरदार पूर्ण सिंह D. रामचन्द्र शुक्ल

162. निम्नलिखित में से कौन-सा निबंध संग्रह महादेवी वर्मा का है?

A. अशोक के फूल B. मेरी असफलताएं
C. स्मृति की रेखायें D. कला का विवेचन

163. 'कालीदास की निरंकुशता' किसकी विख्यात आलोचना-कृति है?

A. भारतेन्दु की B. श्रीनिवास दास की
C. महावीर प्रसाद द्विवेदी की D. कृष्ण बिहारी मिश्र की

164. 'नैषध चरित चर्चा' किसकी आलोचनात्मक कृति है?

A. महावीर प्रसाद द्विवेदी की B. रामचन्द्र शुक्ल की
C. डा. नगेन्द्र की D. श्याम सुन्दर दास की

165. 'हिन्दी साहित्य का इतिहास' किस विद्वान की अमर कृति है?

A. बाबू श्यामसुंदर दास की B. हजारी प्रसाद द्विवेदी की
C. नंद दुलारे वाजपेयी की D. रामचन्द्र शुक्ल की

166. 'साहित्य लोचन' का लेखक कौन है?

A. बाबू श्यामसुंदर दास B. हजारी प्रसाद द्विवेदी
C. गुलाबराय D. महादेवी वर्मा

167. निम्नलिखित में से कौन-सी रचना रामचन्द्र शुक्ल की नहीं है?

A. कल्पना का आनंद B. चिन्तामणि
C. काव्य में रहस्यवाद D. हिन्दी साहित्य और हिन्दी भाषा

168. हिन्दी व्याकरण के क्षेत्र में किसका महत्वपूर्ण योगदान है?

A. अयोध्या सिंह उपाध्याय B. कामता प्रसाद गुरु
C. रामचन्द्र शुक्ल D. बाबू गुलाबराय

169. निम्नलिखित में से किस विद्वान ने बेकन के अंग्रेजी निबन्धों का हिन्दी में 'बेकन विचार रत्नावली' नाम से अनुवाद किया?

A. रामचन्द्र शुक्ल B. महावीर प्रसाद द्विवेदी
C. श्याम सुंदर दास D. प्रतापनारायण मिश्र

170. महावीर प्रसाद द्विवेदी का नाम किस रूप में स्मरणीय है?

A. व्याकरण की शुद्धता B. व्यास शैली
C. शैली के प्रवर्तक D. उपरोक्त सभी

171. 'हिन्दी साहित्य की भूमिका' और 'सूर साहित्य' किसकी प्रौढ़ रचनायें हैं?

A. बाबू गुलाबराय
B. श्याम सुंदर दास
C. महावीर प्रसाद द्विवेदी
D. हजारी प्रसाद द्विवेदी

172. 'सिद्धान्त और अध्ययन' किसका आलोचना सम्बन्धी ग्रंथ है?

A. श्याम सुंदर दास B. हजारी प्रसाद द्विवेदी
C. नंद दुलारे वाजपेयी D. बाबू गुलाबराय

173. 'बीसवीं शती' किसके आलोचनात्मक निबन्धों का संग्रह है?

A. डा. नगेन्द्र B. डा. दीनदयाल गुप्त
C. डा. भगीरथ मिश्र D. नंददुलारे वाजपेयी

174. 'रीति काव्य की भूमिका' किसकी रचना है?

A. डा. नगेन्द्र B. हजारी प्रसाद द्विवेदी
C. नंददुलारे वाजपेयी D. बाबू गुलाबराय

175. निम्नलिखित में से कौन-सी रचना डा. नगेन्द्र की नहीं है?

A. विचार और अनुभूति B. काव्य-बिम्ब
C. साकेत–एक अध्ययन D. कबीर

176. निम्नलिखित में से रामचन्द्र शुक्ल का निबन्ध संग्रह कौन-सा है?

A. रस मंजरी B. निबन्धावली
C. चिन्तामणि D. आत्म निरीक्षण

177. मिश्र बन्धुओं की समालोचना पुस्तक का नाम है–

A. साहित्यालोक B. हिन्दी नवरत्न
C. नवरस D. काव्य के रूप

178. 'संयोगिता स्वयंवर' किसकी रचना है?

A. राम विलास शर्मा B. वियोगी हरि
C. रामवृक्ष बेनीपुरी D. लाला श्रीनिवास दास

179. 'सच्ची वीरता' निबन्ध का लेखक कौन है?

A. अध्यापक पूर्ण सिंह B. माधव प्रसाद मिश्र
C. डा. श्यामसुंदर दास D. जगन्नाथ प्रसाद चतुर्वेदी

180. नीचे कुछ लेखकों और उनकी रचनाओं के जोड़े दिये हुए हैं। इनमें एक जोड़ा गलत है। बताइये कौन-सा जोड़ा गलत है?

A. नामवर सिंह – बकलम खुद
B. महावीर प्रसाद द्विवेदी – रसज्ञ रंजन
C. श्यामसुंदर दास – साहित्यालोचन
D. हजारी प्रसाद द्विवेदी – खरगोश के सींग

181. निम्नलिखित लेखकों और उनकी रचनाओं का कौन-सा जोड़ा गलत है?

A. त्रिशंकु – अज्ञेय

B. प्रतिक्रियायें – धर्मवीर भारती

C. आत्मनेपद – अज्ञेय

D. भाषा और संवेदना – रामस्वरूप चतुर्वेदी

182. आधुनिक हिन्दी आलोचना का सूत्रपात किस समय हुआ?

A. द्विवेदी युग में B. प्रसाद युग में

C. भारतेन्दु युग में D. शुक्ल युग में

183. निम्नलिखित में से कौन-सी रचना नंद दुलारे वाजपेयी की नहीं है?

A. हिन्दी साहित्य–बीसवीं सदी

B. विचार और अनुभूति

C. प्रसाद की काव्यकला

D. आधुनिक साहित्य

184. आचार्य हजारी प्रसाद द्विवेदी उच्च कोटि के समीक्षक थे। साथ ही उन्होंने एक उत्तम उपन्यास भी लिखा, जिसका नाम था–

A. बाणभट्ट की आत्मकथा B. कल्पना का आनंद

C. शिवशम्भू का चिट्ठा D. उपरोक्त में से कोई नहीं

185. हिन्दी साहित्य में संस्मरण लेखन आरम्भ करने का श्रेय–

A. बनारसीदास चतुर्वेदी को है B. महादेवी वर्मा को है

C. पद्मसिंह शर्मा को है D. श्रीराम शर्मा को है

186. निम्नलिखित में से कौन-सा एक संस्मरण महादेवी वर्मा का लिखा हुआ नहीं है?

A. पथ के साथी B. स्मारिका

C. वे जीते कैसे हैं D. मेरा परिवार

187. रामवृक्ष बेनीपुरी ने 'मील के पत्थर' नामक संस्मरण लिखा। इसमें–

A. महापुरुषों के संस्मरण हैं

B. राजनीतिज्ञों के संस्मरण हैं

C. साहित्यिक व्यक्तियों के संस्मरण हैं

D. उनके सम्पर्क में आने वाले व्यक्तियों के संस्मरण हैं

188. 'मंटो मेरा दुश्मन' संस्मरण किसने लिखा है?

A. रामवृक्ष बेनीपुरी B. श्रीराम शर्मा

C. उपेन्द्र नाथ अश्क D. रामधारी सिंह दिनकर

189. निम्नलिखित में से कौन-सा संस्मरण-लेखक जोड़ा गलत है?

A. भूले हुए चेहरे – कन्हैया लाल मिश्र

B. सन् पर के संस्मरण – श्रीराम शर्मा

C. वे क्रान्ति के दिन – महावीर त्यागी

D. दिन और रात – राम विलास शर्मा

190. साहित्यिक विधा के रूप में जीवनी लेखन का प्रारम्भ कब हुआ?

A. प्रसाद युग में B. रामचन्द्र शुक्ल युग में

C. भारतेन्दु युग में D. महावीर प्रसाद द्विवेदी युग में

191. बनारसीदास चतुर्वेदी ने–

A. क्रान्तिकारियों की जीवनियां लिखीं

B. साहित्यकारों की जीवनियां लिखीं

C. स्वतंत्रता-संग्राम के सेनानियों की कहानियां लिखीं

D. उपरोक्त A और C दोनों

192. नीचे कुछ जीवनियों और उनके लेखकों के जोड़े दिये हुये हैं। बताइये इनमें कौन-सा जोड़ा गलत है?

A. कलम का सिपाही – अमृत राय

B. कलम का मजदूर – राम विलास शर्मा

C. आवारा मसीहा – विष्णु प्रभाकर

D. महात्मा बुद्ध – राहुल सांकृत्यायन

193. 'मालवीय जी के साथ तीन दिन' जीवनी का लेखक कौन है?

A. सीताराम चतुर्वेदी B. रामनरेश त्रिपाठी

C. छविनाथ पाण्डेय D. राधाकृष्ण दास

194. निम्नलिखित में से कौन-सा यात्रावृत्त मोहन राकेश का लिखा हुआ है?

A. सूखे सुनसान नालों में B. आखिरी चट्टान तक

C. धूप में सोई नदी D. अरे यायावर याद रहेगा?

195. निम्नलिखित में से कौन-सा यात्रावृत्त भदन्त आनन्द कौसल्यायन का लिखा हुआ है?

A. रेल का टिकट B. ठेके पर हिमालय

C. सुबह के रंग D. उपरोक्त सभी

196. नीचे कुछ रेखा-चित्र और उनके लेखकों के नाम के जोड़े दिये हुए हैं। बताइये इनमें कौन-सा जोड़ा गलत है?

A. खंडहर बोलते हैं – रास बिहारी लाल

B. हलाकू – वृन्दावनलाल वर्मा

C. माटी हो गई सोना – प्रकाश चन्द्र गुप्त

D. स्मृति की रेखायें – महादेवी वर्मा

197. 'चीड़ों पर चांदनी' किसका यात्रावृत्त है–

A. रघुवंश B. मोहन राकेश

C. अज्ञेय D. निर्मल वर्मा

198. कुछ पत्रिकाओं और उनके संपादक साहित्यकारों के जोड़े दिये गए हैं। बताइये कौन-सा जोड़ा गलत है?

A. सरस्वती – महावीर प्रसाद द्विवेदी

B. हंस – प्रेमचंद

C. माधुरी – रूपनारायण पाण्डेय

D. सुधा – सुमित्रानंदन पंत

199. 'क्या भूलूं क्या याद करूं' किसकी लिखी हुई सुन्दर आत्मकथा है?

A. यशपाल B. अमृतलाल नागर

C. हरिवंश राय बच्चन D. राहुल सांकृत्यायन

200. निराला जी ने कुछ समय तक सम्पादन किया था–

A. प्रभा का B. समालोचना का

C. सरस्वती का D. मतवाला का

उत्तरमाला

1	2	3	4	5	6	7	8	9	10
C	C	A	B	C	D	B	C	A	A
11	**12**	**13**	**14**	**15**	**16**	**17**	**18**	**19**	**20**
C	A	C	D	D	A	D	C	C	A
21	**22**	**23**	**24**	**25**	**26**	**27**	**28**	**29**	**30**
A	D	A	D	D	B	D	B	D	D
31	**32**	**33**	**34**	**35**	**36**	**37**	**38**	**39**	**40**
D	D	B	D	D	D	D	C	B	D
41	**42**	**43**	**44**	**45**	**46**	**47**	**48**	**49**	**50**
B	D	D	D	A	C	D	A	D	D
51	**52**	**53**	**54**	**55**	**56**	**57**	**58**	**59**	**60**
C	C	D	A	B	A	A	A	D	B
61	**62**	**63**	**64**	**65**	**66**	**67**	**68**	**69**	**70**
C	A	B	B	D	D	B	A	A	A
71	**72**	**73**	**74**	**75**	**76**	**77**	**78**	**79**	**80**
C	A	B	D	D	D	D	D	A	C
81	**82**	**83**	**84**	**85**	**86**	**87**	**88**	**89**	**90**
A	C	A	A	B	B	A	A	C	D
91	**92**	**93**	**94**	**95**	**96**	**97**	**98**	**99**	**100**
D	D	D	C	A	D	A	C	C	B
101	**102**	**103**	**104**	**105**	**106**	**107**	**108**	**109**	**110**
B	B	C	B	B	D	B	D	D	B
111	**112**	**113**	**114**	**115**	**116**	**117**	**118**	**119**	**120**
D	A	C	D	A	B	A	A	D	C
121	**122**	**123**	**124**	**125**	**126**	**127**	**128**	**129**	**130**
C	D	A	C	D	D	D	A	D	D
131	**132**	**133**	**134**	**135**	**136**	**137**	**138**	**139**	**140**
C	C	D	A	C	C	A	A	C	C
141	**142**	**143**	**144**	**145**	**146**	**147**	**148**	**149**	**150**
D	D	B	C	C	D	C	B	D	B
151	**152**	**153**	**154**	**155**	**156**	**157**	**158**	**159**	**160**
B	C	A	C	D	D	D	C	D	C
161	**162**	**163**	**164**	**165**	**166**	**167**	**168**	**169**	**170**
B	C	C	A	D	A	D	B	B	D
171	**172**	**173**	**174**	**175**	**176**	**177**	**178**	**179**	**180**
D	D	D	A	D	C	B	D	A	D
181	**182**	**183**	**184**	**185**	**186**	**187**	**188**	**189**	**190**
B	D	B	A	C	C	A	C	D	C
191	**192**	**193**	**194**	**195**	**196**	**197**	**198**	**199**	**200**
D	B	B	B	A	C	D	D	C	D

❑ ❑ ❑

हिन्दी के रचनाकार एवं उनकी रचनाएँ

भारतेन्दु युग

1. **भारतेन्दु हरिश्चन्द्र (1850-1885) :- नाटक**

(अ) **मौलिक :-** वैदिकी हिंसा हिंसा न भवति, चंद्रावली, विषस्य विषमौषधम्, भारत दुर्दशा (1876), नीलदेवी, प्रेमजोगनी और सती प्रताप (अधूरा), अंधेर नगरी (1881), सत्यवादीहरिश्चन्द्र तथा भारत जननी।

(ब) **अनूदित :-** विद्यासुंदर, पाखंड-विडम्बन, धनंजय-विजय, कर्पूरमंजरी, मुद्रा राक्षस, रत्नावली, दुर्लभ बंधु।

निबंध :- कार्तिक-कर्म-विधि, माघ-स्नान-विधि, अथ अंग्रेज स्तोत्र लिख्यते, पाँचवां पैगम्बर, वैष्णवता और भारतवर्ष आदि। चरितावली (जीवनियां), उदयपुरोदय (जीवनी), बूँदी का राजवंश (जीवनी), बादशाह दर्पण (इतिहास), कश्मीर कुसुम (इतिहास), जयदेव का जीवनवृन्त

उपन्यास :- पूर्णप्रकाश और चन्द्रप्रभा (बंगाली से अनुवाद)।

आलोचना :- नाटक (निबंध)–यह सैद्धान्तिक आलोचना की पहली हिन्दी रचना है।

कहानी :- 'एक कहानी कुछ आपबीती कुछ जगबीती'।

पत्र-पत्रिकायें :- कवि वचनसुधा (1868), हरिश्चन्द्र मैगजीन (मासिक, 1873), 1874 में 'हरिश्चन्द्र मैगजीन' का नाम बदल कर 'हरिश्चन्द्र चन्द्रिका' हो गया। 'बालाबोधिनी' (1874, स्त्री शिक्षा संबंधी)।

2. **बाल कृष्ण भट्ट :-**

आचार्य रामचन्द्र शुक्ल ने बालकृष्ण भट्ट और प्रताप नारायण मिश्र को हिन्दी का 'स्टील' और 'एडीसन' कहा है।

नाटक :- कविराज की सभा, रेल का विकट खेल, दमयन्ती स्वयंवर, बाल विवाह, चन्द्रसेन शर्मिन्दा, वृहभला, वेणुसंहार और जैसा काम वैसा परिणाम आदि।

निबंध :- भय, दृढता, प्रेम, भक्ति, चन्द्रोदय, रूचि, ईश्वर भी क्या ठठोल है, चली सो चली, देवताओं से हमारी बातचीत, नये तरह का जुनून, खटका, बाल विवाह आदि।

उपन्यास :- नूतन ब्रह्मचारी, सौ अजान एक सुजान

आलोचना :- सच्ची समालोचना (1886 : लाला श्रीनिवासदास के नाटक 'संयोगिता स्वयंवर' की 'हिन्दी प्रदीप' में समीक्षा, जहाँ से व्यावहारिक समीक्षा की हिन्दी में शुरूआत होती है।), रणधीर प्रेममोहिनी, नीलदेवी, परीक्षा गुरु तथा एकान्तवासी योगी की 'हिन्दी-प्रदीप' में आलोचनायें छपी।

(3) **प्रताप नारायण मिश्र :-**

नाटक :- भारतदुर्दशा, कलिकौतुक रूपक, संगीत शाकुन्तल, हठी हमीर, गोसंकट, जुआरी-खुआरी, कलि प्रभाव।

निबंध :- प्रायः 200 निबंध लिखे । कुछ हैं - धोखा, खुशामद, आप, बात, दांत, भौं, मुच्छ, नारी, परीक्षा, ह, द, मनोयोग, समझदार की मौत आदि।

उपन्यास :- बंकिम चंद्र चटर्जी के चार उपन्यासों 'राजसिंह', 'इन्दिरा', 'राधारानी' तथा 'युगलांगुरीय' का अनुवाद।

पत्र-पत्रिकायें :- ब्राह्मण (मासिक 1883, कानपुर) ; इस पत्र को चलाते रहने के लिए प्रताप नारायण मिश्र को एक बार इन शब्दों में चन्दा माँगना पड़ा था।

"आठ मास बीते जजमान। अब तो करौ दच्छिना दान।।"

कविता :-

प्रेम पुष्पावली, मन की लहर, लोकोक्ति शतक, तृप्यन्ताम्, शृंगार विलास आदि। मिश्र जी कसीदा, शेर, मरसिया भी लिखते थे तथा लोकशैलियों लावनी, कजली, आल्हा का प्रयोग भी करते थे। उनकी एक समस्यापूर्ति 'पपीहा जब पूछिहै पीव कहाँ' बहुत प्रसिद्ध है। वह कानपुर के समस्या पूर्ति मंच 'रसिक समाज' के प्रधान कार्यकर्ता थे ।

4. **बदरीनारायण चौधरी 'प्रेमघन' :-**

उर्दू में 'अब्र' उपनाम से कविता करते थे।

नाटक : भारत सौभाग्य, प्रयाग रामागमन, वीरांगना रहस्य, बुद्ध विलाप।

आलोचना : 'संयोगिता स्वयंवर' (लाला श्रीनिवासदास) तथा बाबू गदाधर सिंह के अनुवाद बंगविजेता की 'आनंद कादम्बिनी' में समीक्षा।

पत्र-पत्रिकायें : 'नागरी नीरद' तथा 'आनंद कादम्बिनी' (मासिक, 1881 मिर्जापुर)

कविता : जीर्ण जनपद (प्रबंधकाव्य), अलौकिक लीला (प्रबंधकाव्य), मयंक महिमा (प्रबंध अपूर्व) जैसे–आनन्द अरूणोदय, हार्दिक हर्षादर्श, वर्षाबिन्दु आदि इनकी एक समस्यापूर्ति प्रसिद्ध है–

'चरचा चलिबे की चलाइए ना'।

5. **लाला श्रीनिवासदास :**

नाटक :- प्रह्लाद चरित्र, तप्तासंवरण, रणधीर प्रेममोहिनी, संयोगिता स्वयंवर (1885)।

उपन्यास : परीक्षागुरू (1882, हिन्दी का पहला मौलिक उपन्यास है।)

पत्र-पत्रिकायें : सदादर्श (1874, दिल्ली)।

प्रमुख रचनायें : नाटक : हिन्दी का प्रथम नाटक 'आनन्दरघुनन्दन नाटक' (महाराजा विश्वनाथ सिंह रीतिकाल), खडी बोली हिन्दी का प्रथम नाटक 'शकुन्तला नाटक' (राजा लक्ष्मण सिंह अनुवाद, पूर्वाभास काल), 'नहुष' (बाबू गोपालचन्द्र गिरधर दास, पूर्वाभास काल)।

उपन्यास :

'देवरानी जेठानी की कहानी' (गौरीदत्त शुक्ल), भाग्यवती (1871, श्रद्धाराम फिल्लौरी), परीक्षागुरू (1882 लाला श्रीनिवास दास), परीक्षागुरू हिन्दी का पहला मौलिक अंग्रेजी छन्द का उपन्यास है। भाग्यवती हिन्दी का पहला उपन्यास है।

उपदेश प्रधान सामाजिक उपन्यास : पूर्ण प्रकाश और चन्द्रप्रभा (भारतेन्दु), भाग्यवती (श्रद्धाराम फिल्लौरी), परीक्षागुरू (लाला श्रीनिवास दास), नूतन ब्रह्मचारी, सौ अजान एक सुजान (बालकृष्णभट्ट), निस्सहाय हिन्दू (राधाकृष्णदास), विधवा विवाह (राधाकृष्ण गोस्वामी तथा देवी प्रसाद शर्मा), जया (कार्तिक प्रसाद खत्री), लवंग लतिका, कुसुम कुमारी, लीलावती वा आदर्श सती, पुनर्जन्मवा सौतिया डाह, अंगूठी का नगीना, त्रिवेणी वा सौभाग्य श्रेणी, हृदाहारिणी वा आदर्श रमणी (किशोरी लाल गोस्वामी), सास पतोहू, बडा

भाई, नये बाबू (गोपालराम गहमरी), धूर्त रसिकलाल, स्वतंत्र रमा और परतंत्र लक्ष्मी चक्र हिन्दी गृहस्थ, आदर्श दम्पति, बिगडों का सुधार, सुशीला विधवा, आदर्श हिन्दू (मेहता लज्जाराम शर्मा), अधखिला फूल, ठेठ हिन्दी का ठाठ (हरिऔध), सौन्दर्योपासक, राधाकान्त (ब्रजनन्दन सहाय), रामलाल (मन्नन दुबे), वनजीवन वा प्रेमलहरी (राधिकारमण प्रसाद सिंह), वीरमणि (1917, मिश्रबंधु) - कोष्ठक के अन्दर की रचनायें द्विवेदी युग की हैं।

ऐतिहासिक उपन्यास : हृदयहारिणी वा आदर्शरमणी (1890), लवंगलता वा आदर्श बाला, तारा (1902), राजकुमारी (1902), कनक कुसुम वा मस्तानी (1903), लखनऊ की कब्र वा शाही महलसरा (1906), रजिया बेगम, प्रणयिनी परिणय, त्रिवेणी, चपला, मल्लिका देवी वा बंग सरोजनी, अंगूठी का नगीना (किशोरी लाल गोस्वामी)।

रोमानी उपन्यास : ठाकुर जगमोहन सिंह का 'श्यामा स्वप्न' आश्चर्य वृतान्त (अम्बिका दत्त व्यास)।

तिलस्मी-ऐयारी उपन्यास : चन्द्रकान्ता (1891), चन्द्रकान्ता सन्तति, नरेन्द्र मोहिनी, वीरेन्द्र वीर अथवा कटोरा भर खून, कुसुम कुमारी, काजर की कोठरी, अनूठी बेगम, गुप्त गोदना, भूतनाथ : छह भाग (देवकीनन्दन खत्री), कुसुमलता, मयंकमोहिनी या मायामहल, कमल कुमारी, निराला नकाबपोश, भयानक खून (हरिकृष्ण जौहर), तिलस्मी शीशमहल (किशोरीलाल गोस्वामी), पुतलीमहल (रामलाल वर्मा), भूतनाथ के शेष भाग (दुर्गाप्रसाद खत्री)।

जासूसी उपन्यास : अद्‌भुत लाश, बेकसूर की फाँसी, गुप्तचर, सरकती लाश, खूनी कौन, बेगुनाह का खून, जासूस की भूल, अद्‌भुत खून, खूनी का भेद, गुप्त भेद (गोपालराम गहमरी)।

अनूदित उपन्यास : बंगविजेता (गदाधर सिंह, बंगला), दुर्गेशनन्दिनी (गदाधर सिंह, बंगला), मृण्मयी (राधाचरण गोस्वामी, बंगला), आँख की किरकिरी (रवीन्द्र नाथ टैगोर), वृतान्तमाला (रामकृष्ण वर्मा, उर्दू), पूना में हलचल (गंगाप्रसाद गुप्त, उर्दू), छत्रसाल (रामचन्द्र मराठी), स्वर्णलता, मरता क्या न करता (राधाकृष्णदास, बंगला), दीपनिर्वाण (मुंशी उदित नारायण लाल), इला प्रमिला, जया, मधुमालती (कार्तिक प्रसाद खत्री), चतुरचंचला, भानमती, नये बाबू (गोपालराम गहमरी), वीरेन्द्र (पुरोहित गोपीनाथ), गुप्तचर (गोपालराम गहमरी), संसार दर्पण अमला वृतान्तमाला, ठग वृतान्तमाला, पुलिस वृतान्तमाला (रामकृष्ण वर्मा), बिरजा जावित्री (राधाचरण गोस्वामी, बंगला)।

यात्रावृत्त : सरयू पार की यात्रा, लखनऊ की यात्रा (भारतेन्दु), गया यात्रा (बालकृष्ण भट्‌ट), विलायत यात्रा (प्रतापनारायण मिश्र), लन्दन यात्रा (श्रीमती हरदेवी), लन्दन का यात्री (भगवान दास वर्मा), मेरी पूर्व दिग्यात्रा, मेरी दक्षिण दिग्यात्रा (दामोदर शास्त्री), ब्रजविनोद (तोताराम वर्मा), बदरी-केदार यात्रा (कल्याण चन्द्र), ब्रजयात्रा (देवीप्रसाद)।

द्विवेदी युग

(1) आचार्य महावीर प्रसाद द्विवेदी (1864-1938)

मौलिक काव्य ग्रन्थ : काव्य मंजूषा, सुमन, कान्यकुब्ज, अबला-विलाप

अनूदित कविता : कुमारसंभवसार, कविता कलाप, गंगालहरी, ऋतुतरंगिणी।

विविध गद्य : सम्पत्तिशास्त्र (1908), हिन्दी महाभारत, बेकन विचार रत्नावली (अनुवाद)।

निबंध : रसज्ञ रंजन, लेखांजलि, कवि कर्त्तव्य, क्या हिन्दी नाम की कोई भाषा ही नहीं आदि।

समालोचना : हिन्दी भाषा की उत्पत्ति, कालिदास की निरंकुशता, कालिदास और उनकी कविता, सुकवि संकीर्तन, साहित्य संदर्भ, आलोचनांजलि, साहित्य सीकर, समालोचना समुच्चय (1930), विक्रमांक देव चरित चर्चा, नैषध चर्चा।

(2) श्रीधर पाठक

कवितायें : जगत सच्चाई सार, कश्मीर सुषमा, जार्ज वंदना, श्रीगोखले प्रशस्ति, सांध्य अटन, गुनवंत हेमंत, भारतगीत, स्वर्गीय वीणा।

अनूदित : 'गोल्डस्मिथ' के 'हरमिट', 'डेजर्टेड विलेज' तथा 'ट्रैवलर' के अनुवाद क्रमशः एकान्तवासी योगी (1886, खडी बोली), ऊजड ग्राम (ब्रजभाषा), श्रांतपथिक (खडी बोली)।

(3) रामनरेश त्रिपाठी

काव्य : मिलन, पथिक (1920), स्वप्न (1939), मानसी

अन्य : बाल साहित्य, कविता कौमुदी (संकलन : इसके एक भाग में ग्रामगीत संकलित है जो हिन्दी में पहला प्रयास है।)

आलोचना : तुलसीदास और उनकी कविता

संस्मरण : तीस दिन : मालावीय जी के साथ (1942)

(4) अयोध्या सिंह उपाध्याय 'हरिऔध' : दो बार 'हिंदी साहित्य सम्मेलन' के सभापति रहे।

काव्य संग्रह : प्रियप्रवास (यह खडी बोली हिन्दी का पहला महाकाव्य है। इस पर मंगलाप्रसाद पारितोषिक मिला। वैदेही वनवास (खडी बोली, प्रबंधकाव्य), रसकलश (ब्रजभाषा), चोखे-चौपदे, चुभते चौपदे, पद्यप्रसून, बोलचाल।

नाटक : प्रद्युमन विजय व्यायोग, रूक्मिणी परिणय नाटक

उपन्यास : ठेठ हिन्दी का ठाठ (1899), अखखिला फूल (1907), वेनिस का बाँका (पहली गद्य पुस्तक)।

(5) मैथिलीशरण गुप्त (1886-1964)

गुप्तजी की पहली कविता 'हेमन्त' 1905 की सरस्वती में छपी। आरम्भिक रचनायें 'वैश्योपकारक' (कलकत्ता) से छपती थी।

काव्य ग्रन्थ : रंग में भंग (खण्डकाव्य, 1909), जयद्रथ-बध, भारत-भारती (1912), पंचवटी, साकेत (1932) महाकाव्य है। लक्ष्मण की पत्नी उर्मिला को नायिका बनाकर रामकथा कही गयी है। यशोधरा (1932) महाकाव्य है। नायिका गौतम बुद्ध की पत्नी यशोधरा है। नहुष, जयभारत (1952), विष्णुप्रिया (1957 महाकाव्य), विकट भट, गुरूकुल, किसान, सिद्धराज, जयिनी (यह मार्क्स की पत्नी जैनी पर रचित रचना है।), शकुन्तला, त्रिपथगा, झंकार, काबा और कर्बला, मंगलघट, स्वदेश संगीत, कुणाल गीत, अजित, द्वापर, वैतालिक।

अनुवाद : प्लासी का युद्ध, मेघनाद वध, वृत्त संहार।

नाटक : तिलोत्तमा, चन्द्रहास, अनघ (गीतिनाट्य)।

(6) बालमुकुंद गुप्त

निबंध : शिवशंभु के चिट्‌ठे (1905), चिट्‌ठे और खत

कविता : ब्रज और खडी बोली में स्फुट रचनायें

अनुवाद : मडेल भगिनी (1892, बंगला उपन्यास का अनुवाद), रत्नावली (हर्ष की नाटिका का अनुवाद)।

समाचार पत्र संपादन : उर्दू : अखबारे चुनार, कोहेनूर

हिन्दी : हिन्दोस्थान (1889-91), हिन्दी बंगवासी, भारत मित्र (1899-1907)।

(7) श्यामसुन्दर दास (1875-1945)

आलोचना : साहित्यालोचन (1922), रूपक रहस्य, भाषा विज्ञान, हिन्दी भाषा और साहित्य।

जीवनी : हिन्दी कोविद रत्नमाला : पहला भाग 1909, दूसरा भाग 1914

आत्मकथा : मेरी आत्मकहानी (1941)

पत्रकारिता : सरस्वती (1900-1902)

संपादन : हिन्दी शब्द सागर (1929), हस्तलिखित ग्रन्थों के खोज विवरण, रामचरितमानस, पृथ्वीराज रासो, कबीर ग्रन्थावली, द्विवेदी अभिनन्दन ग्रन्थ (1933)।

प्रमुख रचनायें : काव्य ग्रन्थ

नाथूराम शर्मा 'शंकर' : अनुराग रत्न, शंकर-सरोज, गर्भरण्डा रहस्य, शंकर सर्वस्व।

राय देवीप्रसाद पूर्ण : बसन्त वियोग, स्वदेशी कुण्डल, मृत्युंजय।

रामचरित उपाध्याय : रामचरित चिन्तामणि (महाकाव्य), राष्ट्रभारती, देवसभा, देवदूत, विचित्र विवाह।

गया प्रसाद शुक्ल 'सनेही' : ('सुकवि' पत्रिका के सम्पादक भी थे।) कृषक-क्रन्दन, प्रेम पचीसी, कुसुमांजलि, करूणा कादम्बिनी, राष्ट्रीय मंत्र, राष्ट्रीय वीणा, त्रिशूल तरंग (यह 'त्रिशूल' उपनाम से कविता करते थे।)

रूपनारायण पाण्डेय : पराग, वनवैभव

मुकुटधर पाण्डेय : पूजा-फूल, कानन कुसुम (द्विवेदी युग के सर्वश्रेष्ठ प्रगीतकार थे।)

रामचन्द्र शुक्ल : 'हृदय का मधुरभार', बुद्धचरित (लाइट ऑफ एशिया का ब्रजभाषा में अनुवाद), कल्पना का आनन्द (एडिसन के 'ऐसे आन इमेजिनेशन का अनुवाद)।

लाला भगवानदीन : वीर क्षत्राणी, वीर बालक, वीर पंचरत्न, नवीन बीन

सैयद अमीर अली मीर : अलाहनापंचक, अन्योक्तिशतक

लोचनप्रसाद पाण्डेय : प्रवासी, मेवाडगाथा, महानदी, पद्यपुष्पांजलि, मृगी दुःखमोचन

ठाकुर गोपालशरण सिंह : माधवी, मानवी, संचिता, ज्योतिष्मती

कामताप्रसाद गुरु : भौमासुर वध (ब्रजभाषा), विनयपचासा (ब्रजभाषा), पद्य पुष्पावली (खडी बोली) : इनका एक प्रसिद्ध व्याकरण ग्रन्थ भी है।

निबंध

सरदार पूर्णसिंह : 'सच्ची वीरता', 'कन्यादान', 'नयनों की गंगा', 'पवित्रता', 'आचरण की सभ्यता', 'मजदूरी और प्रेम', 'अमरीका का मस्त जोगी वाल्ट ह्विटमैन' नामक छह निबंध।

चन्द्रधर शर्मा 'गुलेरी' : 'पुरानी हिन्दी', 'काशी', 'जय जमुना मैया जी', 'कछुवा धरम', 'मारेसि मोंहि कुठाँव'। चर्चित कहानी 'उसने कहा था'।

महावीर प्रसाद द्विवेदी : म्युनिसपैलिटी के कारनामे, आत्मनिवेदन, प्रभात, सुतापराधे जनकस्य दण्ड, रसज्ञ रंजन, लेखांजलि, कवि कर्त्तव्य, 'क्या हिन्दी नाम की कोई भाषा ही नहीं' आदि।

माधव प्रसाद मिश्र : पुष्पांजलि (1916, संकलन)।

जगन्नाथ प्रसाद चतुर्वेदी : ब की बहार, पिक्चरपूजा, अनुप्रास का अन्वेषण।

गंगा प्रसाद अग्निहोत्री : निबंधमालादर्श (चिपलूणकर के मराठी निबंधों का अनुवाद।)

नाटक

मौलिक : वेणुसंहार (बालकृष्ण भट्ट), करूणालय, राज्यश्री (जयशंकर प्रसाद), कृष्णार्जुन युद्ध (माखनलाल चतुर्वेदी), सेनापति उदल (वृन्दावल लाल वर्मा), भारत दुर्दशा (प्रताप नारायण मिश्र), चुंगी की उम्मीदवारी (बदरीनाथ भट्ट), अलट फेर, नोंक झोंक (जी. पी. श्रीवास्तव), चौपट चपट, मयंक मंजरी (किशोरी लाल गोस्वामी), रूक्मिणी परिणय, प्रद्युमन विजय व्यायोग (हरिऔध), सुदामा (शिवनंदन सहाय), चंद्रकला भानुकुमार (राय देवीप्रसाद 'पूर्ण'), कुरूवनदन (बदरीनाथ भट्ट)।

उपन्यास

काजर की कोठरी (1902), अनूठी बेगम, गुप्त गोदना, भूतनाथ : छह भाग (देवकीनन्दन खत्री), मयंक मोहिनी या मायामहल (1901), कमलकुमारी, निराला नकाबपोश, भयानक खून (हरे कृष्ण जौहर), तिलस्मी शीशमहल (किशोरी लाल गोस्वामी), पुतली महल (1908) (रामलाल वर्मा), सरकटी लाश, चक्करदार चोरी (1901), जासूस की भूल, जासूस पर जासूसी (1904), जासूस चक्कर में, इन्द्रजालिक जासूस, गुप्त भेद, जासूस की ऐयारी (1914) (गोपालराम गहमरी), प्रेम का फल या मिस जौहरा (निहालचन्द वर्मा), अद्‌भुत भूत (1916) (दुर्गाप्रसाद खत्री), नवजीवन वा प्रेमलहरी (राधिकारमण प्रसाद सिंह) : प्रेमा (1907), रूठी रानी (1907), सेवासदन (1918) (प्रेमचन्द)।

कहानी

किशोरीलाल गोस्वामी की कहानी 'इन्दुमति' (1900 ई0) को आचार्य शुक्ल ने हिन्दी की पहली कहानी माना है।

अन्य महत्वपूर्ण कहानियाँ : गुलबहार (किशोरीलाल गोस्वामी), पंडित और पंडितानी (गिरिजा दत्त), ग्राम (1911, जयशंकर प्रसाद की पहली कहानी), रसिया बालम (बालम), सौत (1915, प्रेमचंद), बडे घर की बेटी (1916, प्रेमचन्द), टोकरी भर मिट्टी (1901, माधवराव सप्रे), 'इन्दुमती' या 'प्रणयिनी-परिणय' (1900 किशोरीलाल गोस्वामी), सज्जनता का दंड (1916), ईश्वरीय न्याय (1917), दुर्ग का मंदिर (1917) (प्रेमचन्द), रानी सारंधा (प्रेमचन्द)।

आलोचना : 'अलंकार मंजूषा'–लाला भगवानदीन

छायावादी युग

1. **जयशंकर प्रसाद (1890-1937)**

काव्य :- चित्राधर (1918, ब्रजनाथ), यह प्रसाद का पहला काव्य संग्रह है। इसमें एक साथ 10 ग्रन्थ संकलित थे। कानन कुसुम, प्रेमपथिक, महाराणा का महत्व, करूणालय, सम्राट चंद्रगुप्त मौर्य, छाया, उर्वशी (चंपू), राज्यश्री, प्रायश्चित और कल्याणी परिणय। पहले चार इसमें से कविता संग्रह हैं। कानन कुसुम (1912, खड़ी बोली तथा ब्रजभाषा), प्रेमपथिक (1909 ब्रजभाषा, 1914 खडी बोली), करूणालय (1913), महाराणा का महत्व (1914), झरना (1918), आँसू (1925), लहर (1935), तथा कामायनी (1937, पांडुलिपि संस्करण 1971)।

नाटक : सज्जन कल्याणी-परिणय, प्रायश्चित, करूणालय, राज्यश्री, विशाख, अजातशत्रु (1922), कामना (अन्यापदेशिक नाटक या महानाटक), जनमेजय का नागयज्ञ, स्कन्दगुप्त (1928), चन्द्रगुप्त मौर्य (1931), ध्रुवस्वामिनी (1933), एक घूँट (एकांकी), अग्निमित्र (1980)।

उपन्यास : कंकाल (1929), तितली (1934), इरावती (अपूर्ण, 1940)

निबंध : काव्य और कला तथा अन्य निबंध (1939)

कहानियाँ : ग्राम (1911), पुरस्कार, आकाशदीप, मधुवा, गुंडा, सालवती आदि।

'ग्राम' प्रसाद की पहली कहानी थी। उनके कहानी संग्रह हैं–छाया, प्रतिध्वनि, आकाशदीप, आँधी, इन्द्रजाल।

2. **सूर्यकान्त त्रिपाठी 'निराला' (1899-1961 ई॰)**

काव्यग्रन्थ : अनामिका (1923, प्राचीन), परिमल (1929), गीतिका (1936), तुलसीदास (1938), अनामिका (1938, नवीन), कुकुरमुत्ता (1942), अणिमा (1943), बेला (1946), नये पत्ते (1946), अर्चना (1950), आराधना (1953), गीतकुंज (1954), सांध्यकाकली (1969)।

उपन्यास : अप्सरा (1931), अलका (1933), प्रभावती (1936), निरूपमा (1937), चोटी की पकड़ (1946), काले कारनामे (1950)।

कहानी : लिली (1930), सुकुल की बीबी (1941) आदि।

संस्मरण : कुल्ली भाट (1939), बिल्लेसुर बकरिहा (1942)

समीक्षा : रवीन्द्र कविता कानन, पन्त और पल्लव (1928)

अन्य जानकारियाँ : निराला की अत्यधिक प्रसिद्ध कवितायें निम्नलिखित हैं - जूही की कली (परिमल, 1916,यह उनकी पहली रचना है।), रेखा, शेफालिका, जागो फिर एक बार, कवि, पंचवटी प्रसंग, जागरण, बादल राग, महाराज शिवाजी का पत्र (परिमल); वर दे वीणावादिनी वर दे (गीतिका), नव-बेला, सरोज-स्मृति, राम की शक्तिपूजा (अनामिका), सम्राट अष्टम एडवर्ड के प्रति, तोडती पत्थर (अनामिका), कुकुरमुत्ता (नये पत्ते) तथा तुलसीदास।

3. **सुमित्रानन्दन पन्त (1900-1977 ई॰)**

काव्य ग्रन्थ : पहली कविता 'गिरजे का घण्टा' (1916), ग्रन्थि, पल्लव (1926), वीणा (1927), गुंजन (1932), युगांत (1936), युगवाणी (1939), ग्राम्या (1940), स्वर्णकिरण (1947), स्वर्णधूलि (1947), युगपथ (1949), उत्तरा (1949), अतिमा (1955), वाणी (1958), पतझर, कला और बूढा चाँद (1959), लोकायतन (1964, महाकाव्य), सत्यकाम (1975)।

काव्यनाटक : ज्योत्स्ना (1934), रजत शिखर (1952), शिल्पी (1952)

उपन्यास : हार (1960)

आलोचना : गद्यपथ (1953), शिल्प और दर्शन (1961), छायावाद : पुनर्मूल्यांकन (1965)

आत्मकथा : साठ वर्ष एक रेखांकन (1960)

अन्य जानकारियाँ :- पन्त जी की अत्यधिक प्रसिद्ध कवितायें ये हैं– उच्छ्वास, आँसू की बालिका, पर्वत प्रदेश में पावस, बादल, छाया, परिवर्तन, एक तारा, नौकाविहार, मधुस्मिति, भावी पत्नी के प्रति, अनंग, चाँदनी, अप्सरा आदि।

4. **महादेवी वर्मा (1907-1987 ई॰)**

काव्य ग्रन्थ : नीहार (1930), रश्मि (1932), नीरजा (1934), सांध्यगीत (1936), यामा (इसमें ऊपर की चारों काव्य रचनाओं को एक साथ संकलित कर दिया गया), दीपशिखा (1942)।

रेखाचित्र संस्मरण : अतीत के चलचित्र (1941), स्मृति की रेखायें (1943), पथ के साथी (1956)।

निबंध : शृंखला की कड़ियाँ (1942), क्षणदा (1956)।

आलोचना : साहित्यकार की आस्था तथा अन्य निबंध (1962, सम्पादक–गंगाप्रसाद पाण्डेय)।

5. **प्रेमचन्द (1880-1936 ई॰) :** पहले नवाबराय नाम से लिखते थे। प्रेमचन्द का लेखन उर्दू में 1905 से तथा हिन्दी में 1918 से 'सेवासदन' के साथ शुरू होता है।

उपन्यास : सेवासदन (1918, प्रमुख पात्र–सुमन, दरोगा कृष्णचन्द्र, वेश्या जीवन की समस्या पर रचित), वरदान (1921, पहले उर्दू में लिखा जा चुका था, बाद में हिन्दी में आया), प्रेमाश्रम (1921, प्रमुख पात्र–प्रेमशंकर, किसान जीवन पर रचित), रंगभूमि (1924, प्रमुख पात्र–सूरदास, विनय और सोफिया, सुभागी; राष्ट्र की बहुआयामी परिस्थितियों तथा चेतना पर लिखा गया एक राष्ट्रीय उपन्यास), कायाकल्प (1926, प्रमुख पात्र–चक्रधर-मनोरमा, शंखधर-देवप्रिया हिन्दू-मुस्लिम दंगा तथा पुनर्जन्म के साथ अनेक चीजें जैसे समाज-सेवा, राजसी विलास आदि समेटने की कोशिश की गयी है।), निर्मला (1927, निर्मला-तोताराम, रूक्मिणी, मंशाराम, जियाराम और सियाराम दहेज और अनमेल विवाह की समस्या पर रचित), प्रतिज्ञा (1929, उर्दू में पहले ही रचा जा चुका था), गबन (1930, रमानाथ-जालपा, मनोवैज्ञानिक छवि से भरपूर मध्यवर्गीय जीवनयथार्थ पर केन्द्रित रचना है), कर्मभूमि (1932, अमरकान्त-सकीना, सुखदा, डॉ॰ शान्तिकुमार, एक बहुआयामी उपन्यास जिसमें राजनीतिक, सामाजिक तथा आर्थिक चेतना के स्वर गुथे हुए हैं), गोदान (1936, पात्र- होरी, धनिया, गोबर, सिलिया, रायसाहब, मालती तथा मेहता आदि, किसान जीवन पर की समानान्तर कथा), मंगलसूत्र (अपूर्ण, मरणोपरान्त प्रकाशन 1948)।

कहानी : सप्तसरोज (संकलन : 1917), मानसरोवर : आठ भाग।

6. **रामचन्द्र शुक्ल (1884-1941 ई॰)**

निबंध : आचार्य शुक्ल का निबंध 'कविता क्या है' (1909) पहली बार सरस्वती में छपा। उनके मनोविकार संबंधी निबंध हैं–भाव या मनोविकार, उत्साह, श्रद्धा-भक्ति, करूणा, लज्जा और ग्लानि, लोभ और प्रीति, ईर्ष्या, भय और क्रोध। अन्य महत्वपूर्ण निबंध हैं–मानस की धर्मभूमि, काव्य में लोकमंगल की साधनावस्था, साधारणीकरण और व्यक्ति वैचित्र्यवाद तथा रसात्मक बोध के विविधरूप।

संकलन : चिंतामणि, भाग-1 (1939), भाग-2(1945)।

कहानी : ग्यारह वर्ष का समय (1930 'सरस्वती' में छपी)।

कविता : मधुस्रोत (1971, संकलन)

आलोचना : गोस्वामी तुलसीदास (1923), जायसी ग्रन्थावली की भूमिका (1924), भ्रमरगीत सार (1925), रस मीमांसा (1949)।

इतिहास : हिन्दी साहित्य का इतिहास (मूल रूप 'हिन्दी शब्द सागर' की प्रस्तावना के रूप में) 1939, संशोधित-संवर्धित रूप 1940।

अनुवाद : प्रमुख हैं–विश्व प्रपंच (रिड्ल ऑफ दि यूनीवर्स का अनुवाद 1920), शशांक (राखालदास बंद्योपाध्याय के उपन्यास का अनुवाद 1922), बुद्धचरित ('लाइट आफ एशिया' का अनुवाद 'काव्यभाषा' शीर्षक मौलिक भूमिका सहित 1922)।

सम्पादन : हिन्दी शब्द सागर 1929 ।

उपन्यास

1. **विश्वम्भर नाथ 'कौशिक' :** भिखारिणी (1929), माँ (1929)
2. **जयशंकर प्रसाद :** कंकाल (1929, पात्र : निरंजन, वाथम आदि, धार्मिक विसंगतियों एवं वासनात्मक सांसारिक मनोवृत्तियों पर केन्द्रित), तितली (पात्र : मधुआ, इन्द्रदेव-शैला, नंदरानी, तितली आदि प्रसाद की भारतीय दृष्टि और कृषि सभ्यता की गहरी पहचान का उपन्यास), इरावती।

3. **पाण्डेय बेचन शर्मा 'उग्र'** : उग्र की सामाजिक यथार्थ दृष्टि कुछ अंश में प्रकृतिवाद की ओर उन्मुख है। उनके प्रधान उपन्यास हैं– चन्द हसीनों के खतूत (1927, पत्रात्मक शैली का पहला उपन्यास, हिन्दू युवक और मुसलमान युवती के प्रेम की कहानी), 'बुधुवा की बेटी' या 'मनुष्यानन्द' (1928, पात्र–भंगी बुधुवा, रधिया, अघोरी मनुष्यानन्द, अछूत समस्या के आर्थिक सामाजिक पहलुओं पर रचित), शराबी, घंटा, दिल्ली का दलाल, सरकार तुम्हारी आँखों में, जीजी जी, कढी में कोयला और फागुन के दिन चार।
4. **मन्नन द्विवेदी** : कल्याणी, रामलाल
5. **दुर्गाप्रसाद** : लालपंजा
6. **मदारीलाल गुप्त** : सखाराम
7. **चतुरसेन शास्त्री** : हृदय की प्यास, 'अमर अभिलाषा' या 'बहते आँसू' हृदय की परख, आत्मदाह
8. **ऋषभचरण जैन** : भाई, मंदिरदीप, सत्याग्रह, दिल्ली का कलंक, दिल्ली का व्यभिचार, वेश्यापुत्र, रहस्यमयी
9. **वृन्दावन लाल वर्मा** : लगन, संगम, प्रत्यागत, कुंडली चक्र, प्रेम की भेंट
10. **राधिकारमण प्रसादसिंह** : राम-रहीम
11. **प्रताप नारायण श्रीवास्तव** : विदा, विजय, विकास
12. **चंडीप्रसाद 'हृदयेश'** : मनोरमा, मंगलप्रभात
13. **सियाराम शरण 'गुप्त'** : गोद, अंतिम आकांक्षा
14. **शिवपूजन सहाय** : देहाती दुनिया (1926)
15. **अनूपलाल मंडल** : समाज की वेदी, रूपरेखा (दोनों उपन्यासों में पत्रात्मक प्रविधि का प्रयोग)।

नाटक

ऐतिहासिक-सांस्कृतिक नाटक :

1. **मिश्रबन्धु** : पूर्व भारत (1922), उत्तर भारत (1923)
2. **बदरीनाथ भट्ट** : कुरूवन दहन (1912), वेन चरित, तुलसीदास, चन्द्रगुप्त, दुर्गावती
3. **कौशिक** : भीष्म
4. **माखनलाल चतुर्वेदी** : कृष्णार्जुन युद्ध (1918)
5. **वियोगी हरि** : छद्मयोगिनी (1923)
6. **सियाराम शरणगुप्त** : पुण्य पर्व (1933)
7. **ब्रजनन्दन सहाय** : सत्यभामा (1930)
8. **जगन्नाथ प्रसाद मिलिन्द** : प्रताप प्रतिमा (1928)

एकांकी :

जयशंकर प्रसाद (एक घूँट - प्रथम एकांकी है), उग्र (चार बेचारेः संग्रह), भुवनेश्वर प्रसाद (कारवाँ : संग्रह), रामकुमार वर्मा (बादल की मृत्यु : आधुनिक ढंग की पहली एकांकी), जगदीश चन्द्र माथुर (भोर का तारा), भगवतीचरण वर्मा (सबसे बडा आदमी), भुवनेश्वर प्रसाद (स्ट्राइक), अश्क (लक्ष्मी का स्वागत)।

हास्य प्रहसन :

1. **बदरीनाथ भट्ट** : चुंगी की उम्मीदवारी (1919), चबडघोंघों (1926), विवाह का विज्ञापन (1927), मिस अमेरिका (1929)
2. **जी. पी. श्रीवास्तव** : गडबडझाला (1912), दुमदार आदमी (1917), उलटफेर (1918), मर्दानी औरत, न घर का न घाट का, भूलचूक (1926), साहित्य का सपूत
3. **सुदर्शन** : माई हेड (1926)

सामाजिक समस्या प्रधान नाटक :

1. **प्रेमचन्द** : संग्राम (1922), कर्बला (1924), प्रेम की बेदी (1933)
2. **सुदर्शन** : ऑनरेरी मजिस्ट्रेट (1927)
3. **रूपनारायण पाण्डेय** : प्रायश्चित (1928)
4. **रामनरेश त्रिपाठी** : वफाती चाचा (1927)
5. **लक्ष्मण सिंह 'चौहान'** : कुली प्रथा (1913), गुलामी का नशा (1924), उत्सर्ग, एक ही समाधि।

कहानी :

1. **गुलेरी** : उसने कहा था (1915), सुखमय जीवन (1911), बुद्धू का काँटा।
2. **प्रेमचन्द** : पंचपरमेश्वर, नमक का दरोगा, बडे घर की बेटी, रानी सारंधा, सारंगा सदावृक्ष, सवा सेर गेहू, दो बैलों की कथा, दतरी, जुलूस, दीक्षा, लाटरी, माता का हृदय, मैकू, शंखनाथ, अलग्योझा, बूढी काकी, आत्माराम, गरीब की हाय, दुर्गा का मंदिर, ब्रजपात,सेवामार्ग, आभूषण, ठाकुर का कुआँ, शतंरज के खिलाडी, दिल की रानी, मैकू, दो बैलों की कथा, रामलीला, ईदगाह, बडे भाई साहब, नशा, मिस पद्मा, पूस की रात, मोटेराम शास्त्री, इस्तीफा, तावान, कजाकी, कफन, दामुल का कैदी (इस कहानी में पुनर्जन्म का कथा में प्रयोग है।)
3. **'कौशिक'** : रक्षाबंधन, ताई, पगली, उद्धार
   कहानी संग्रह - चित्रशाला, मणिमाला, कल्पमंदिर, कल्लोल
4. **विश्वम्भरनाथ 'जिज्जा'** : संग्रह है - 'घूँघट वाली'
5. **सुदर्शन** : हार की जीत, कवि की स्त्री, एथेंस का सत्यार्थी, कमल की बेटी।
   संग्रह है - सुदर्शन सुधा, तीर्थयात्रा, पुष्पलता, गल्पमंजरी, सुप्रभात, परिवर्तन, पनघट
6. **उग्र** : देशभक्त
   संकलन–चिनगारियां, शैतान मंडली, इन्द्रधनुष, बलात्कार, चाकलेट, दोजख की आग, निर्लज्जा
7. **रायकृष्णदास** : अंतःपुर का आरम्भ, रमणों का रहस्य
8. **चतुरसेन शास्त्री** : दुखवा मै कासो कहूँ मोरी सजनी (हरिसाधन मुखोपाध्याय की कहानी 'सेलिसमा बेगम' का रूपांतर), अंबपालिका, प्रबुद्ध, भिक्षुराज, बावर्चिन, हल्दीघाटी में, बाणवधू।
9. **जयशंकर प्रसाद** : आकाशदीप, देवदासी, रसिया बालम, आँधी, मधुआ, पुरस्कार, ममता, इन्द्रजाल, सालवती, गुंडा।

निबंध :

1. **बाबू गुलाबराय** : ठलुआ क्लब, फिर निराशा क्यों, मेरी असफलताएं, कुछ उथले कुछ गहरे
2. **रघुबीर सिंह** : निबंध संग्रह हैं 'शेष स्मृतियाँ'
3. **शिवपूजन सहाय** : निबंध संग्रह है 'कुछ'
4. **निराला** : संग्रह है : प्रबंध प्रतिमा, चयन, चाबुक

5. **पदुमलाल पुन्नालाल बख्शी :** संग्रह हैं - 'पंचपात्र'। एक प्रसिद्ध निबंध है- 'क्या लिखूँ'
6. **गुलेरी :** विक्रमोवर्शी की मूल कथा, अमंगल के स्थान में मंगलशब्द।

छायावादोत्तर युग

कविता : प्रगति प्रयोग काल के समानान्तर अन्य कई तरह की काव्य रचनायें भी होती रहीं। इनका मुख्य स्वर या तो गाँधीवादी है या फिर विप्लव अथवा मस्ती का। हम पहले इन्हीं का परिचय यहाँ पर दे रहे हैं।

1. **हरिवंशराय बच्चन :** मधुशाला (1935), मधुबाला (1936), मधुकलश (1937), निशा-निमन्त्रण (1938), एकांत संगीत (1939), आकुल अंतर (1943), सतरंगिणी, मिलनयामिनी तथा प्रणय पत्रिका।

   अंतिम चरण में बच्चन ने सामाजिक-राजनीतिक कवितायें लिखीं। ये हैं–बंगाल का अकाल, खादी के फूल, सूत की माला, धार के इधर-उधर, आरती और अंगारे, बुद्ध और नाचघर, त्रिभंगिमा, चार खेमे चौसठ खूँटे, दो चट्टानें, जाल समेटा।

   बच्चन ने उमर खैय्याम की रूबाइयों का अनुवाद 1935 में 'खैय्याम की मधुशाला' नाम से किया।
2. **रामकुमार वर्मा :** रूपराशि, निशीथ, चित्ररेखा, आकाशगंगा, अंजलि, चन्द्रकिरण, एकलव्य (वर्मा जी छायावादी ढंग की ही कविता करते थे।)
3. **माखनलाल चतुर्वेदी :** हिमकिरीटिनी, हिमतंरगिणी, वेणु लो गूँजे धरा, माता, युगचरण, मरणज्वार, बिजुली काजल आँज रही, समर्पण। इनकी कविता 'पुष्प की अभिलाषा' अत्यंत प्रसिद्ध है।
4. **सियारामशरण गुप्त :** इनकी कविता 'एक फूल की चाह' बहुत प्रसिद्ध है। प्रमुख काव्य ग्रन्थ हैं - मौर्य विजय, अनाथ, दूर्वादल, विषाद, आर्द्रा, आत्मोत्सर्ग, पाथेय, मृष्मयी, बापू, उन्मुख, दैनिकी, नकुल, नोआखाली, गोपिका।

   प्रबंधकाव्य : उन्मुक्त (युद्ध की विभीषिका और मानवीय करुणा पर रचित ; अत्याचारी लौह द्वीप के लोग शान्तिप्रिय कुसुमद्वीप को युद्ध पर मजबूर कर देते हैं।)
5. **बालकृष्ण शर्मा 'नवीन' :** इनकी 'साकी' कविता अत्यन्त प्रसिद्ध है। 'आज खड्ग की धार कुंठिता' और 'कवि कुछ ऐसी तान सुनाओ' भी प्रसिद्ध कवितायें हैं। इनके काव्यग्रंथ है- उर्मिला (प्रबन्धकाव्य), कुंकुम (पहला काव्य संग्रह है), रश्मिरेखा और अपलक, विनोबास्तवन, क्वासि, हम विषपायी जन्म के।
6. **भगवती चरण वर्मा :** 'हम दीवानों की क्या हस्ती, हैं आज यहां कल वहां चले।' तथा 'चली आ रही भैंसागाडी' भी इनकी एक चर्चित कविता है। इनके काव्यग्रन्थ हैं–मधुकण, प्रेमसंगीत तथा मानव।
7. **सुभद्राकुमारी चौहान :** झाँसी की रानी, जलियाँवाला बाग में वसंत आदि कवितायें।
8. **रामधारीसिंह 'दिनकर' :** रेणुका (1935), हुंकार, सामधेनी, रसवन्ती, द्वन्द्वगीत, यशोधरा, कुरूक्षेत्र (युद्ध की समस्या पर रचित प्रबंधकाव्य है, जो मुख्यतः भीष्म-युधिष्ठिर संवाद पर आधारित है।), उर्वशी (ज्ञानपीठ पुरस्कार से सम्मानित प्रबंधकाव्य, जिसका उपजीव्य 'उर्वशी-पुरूरवा प्रेमाख्यान' है।), रश्मिरथी (महाभारत के 'कर्ण' को नायक बनाकर रचित प्रबंधकाव्य है।), आत्मा की आँखें, परशुराम की प्रतीक्षा (प्रबंधकाव्य) है। इतिहास के आँसू, धूप और धुआँ, दिल्ली, नीम के पत्ते तथा हारे को हरिनाम। 'संचयिता' हाल में किया गया संकलन है।
9. **नरेन्द्र शर्मा :** शूल-फूल, कर्णफूल, प्रभातफेरी, प्रवासी के गीत, पलाशवन, ग्राम्या, मिट्टी के फूल, हंसमाला, रक्तचंदन, अग्निशस्त्र, कदलीवन, उत्तरजय (प्रबंधकाव्य, युधिष्ठिर तथा अश्वत्थामा के खण्डित और पीड़ाभोगी व्यक्तियों की गाथा), द्रौपदी (महाभारत में 'द्रौपदी' के चरित्र पर आधारित खंडकाव्य।)
10. **रामेश्वर शुक्ल 'अंचल' :** मधुलिका, अपराजिता, लाल चूनर, किरणबेला, करील और वर्षान्त के बादल, अपराधिता (प्रबंधकाव्य)।
11. **सोहन लाल द्विवेदी :** कुणाल, चित्रा, युगाधार।
12. **श्यामनारायण पाण्डेय :** हल्दीघाटी, जौहर।
13. **उदयशंकर भट्ट :** विसर्जन, मानसी, अमृत और विष, युगदीप, यथार्थ और कल्पना, एकला चलो रे, विजयपथ।
14. **जानकी बल्लभ शास्त्री :** रूप-अरूप, शिप्रा, मेघगीत, अवन्तिका।
15. **गुरूभक्तसिंह 'भक्त' :** विक्रमादित्य (प्रबंधकाव्य, कथानक विशाखदत्त के 'देवी चन्द्रगुप्त' नाटक पर आधारित), नूरजहाँ (प्रबन्धकाव्य)।
16. **मोहनलाल महतो 'वियोगी' :** आर्यावर्त (पृथ्वीराज चौहान-गौरी युद्ध पर रचित प्रबन्धकाव्य)
17. **केदारनाथ मिश्र 'प्रभात' :** कैकयी (प्रबंधकाव्य), कर्ण (खण्डकाव्य), शुभ्रा (गीतिकाव्य), बैठो मेरे पास तथा ऋतम्बरा प्रबंधकाव्य है। प्रलयवर्णन से प्रारम्भ होकर मानव-सृष्टि के भविष्य पर रचित।
18. **ठाकुर प्रसादसिंह :** महामानव (प्रबंधकाव्य : गाँधी जी के जीवन पर।)

प्रगतिवादी काव्य

1. **नागार्जुन :** (वास्तविक नाम वैद्यनाथ मिश्र) इन्होंनें 'यात्री' नाम से मैथिली में भी कवितायें रची है। प्रमुख कविता-संग्रह हैं - सतरंगे पंखों वाली, प्यासी पथरायी आँखें, युगधारा, ऐसे भी हम क्या, ऐसे भी तुम क्या, आखिर ऐसा क्या कह दिया मैंने, पुरानी जूतियों का कोरस, रत्नगर्भ, तालाब की मछलियां, तुमने कहा था, खिचडी विप्लव देखा हमने, हजार-हजार बाँहों वाली, पका है यह कटहल, भूमिजा (खण्डकाव्य)। नागार्जुन की बहुत प्रसिद्ध कविताओं में से कुछ हैं–

   बादल को घिरते देखा है, पाषाणी, चन्दना, रवीन्द्र के प्रति, सिंदूर तिलकित भाल, तुम्हारी दंतुरित मुस्कान, ओ जन-मन के सजग चितेरे (यह केदारनाथ अग्रवाल पर लिखी गई है।), गुलाबी चूडियाँ, तन गयी रीढ़, यह तुम थी, जोत की फाँक, भादों की तलैया, प्रेत का बयान, मास्टर तथा अकाल।
2. **केदारनाथ अग्रवाल :** संग्रह है–युग की गंगा, फूल नहीं रंग बोलते हैं, पंख और पतवार, गुलमेंहदी, कहे केदार खरी-खरी, अपूर्वा, आत्मगंध, नीद के बादल, लोक तथा आलोक। केदार की प्रसिद्ध कवितायें हैं -

   बसंती हवा, चन्द्रगहना से लौटती बेर, आज नदी बिल्कुल उदास थी, केन किनारे पाल्थी मारे, केन हमारी तड़प रही है आदि।
3. **रांगेय राघव :** अजेय खंडहर, मेधावी, पांचाली (खंडकाव्य), पिघलते पत्थर, राह के दीपक (संकलन)।
4. **त्रिलोचन :** संग्रह है–धरती, मिट्टी की बारात, ताप के तापे हुए दिन, फूल नाम है एक, शब्द, उस जनपद का कवि हूँ, गुलाब और बुलबुल, दिगंत, अरघान, तुम्हें सौंपता हूँ, सबका अपना आकाश तथा अनकहनी भी कुछ कहनी है। त्रिलोचन का प्रिय छंद 'सॉनेट' है।

5. **'सुमन'** : संग्रह हैं–जीवन के गान, प्रलय-सृजन, हिल्लोल।
6. **रामविलास शर्मा** : ने भी कतिपय काव्य रचना की है, जो प्रगतिवादी काव्य के अंतर्गत ही आती है। इनके संग्रह का नाम है - 'रूपतरंग'।

प्रयोगवादी काव्य

अज्ञेय (1911-1987 ई॰) : के कविता संग्रह है - भग्नदूत (1933), चिंता (1942), इत्यलम् (1946), हरी घास पर क्षण भर (1949), बावरा अहेरी (1954), इंद्रधनुष रौंदे हुए (1957), अरी ओ करूणा प्रभामय (1959), आँगन के पार द्वार (1961), कितनी नावों में कितनी बार (1967), क्योंकि मैं उसे जानता हूँ (1970), सागर मुद्रा (1970), पहले मैं सन्नाटा बुनता हूँ (1974), महावृक्ष के नीचे (1977), नदी की बाँक पर छाया (1981), प्रिजन डेज एण्ड अदर पोएम्स (अंग्रेजी, 1946)। चारों सप्तकों का संपादन।

अज्ञेय की अत्यधिक प्रसिद्ध कवितायें हैं - नदी के द्वीप (संग्रह- हरी घास पर क्षण भर), असाध्य वीणा (आँगन के पार द्वार : संग्रह)। यह दीप अकेला, पूर्वा, सुनहरे शैवाल आदि।

मुक्तिबोध (1917-1964) : के दो काव्य संग्रह है - चाँद का मुँह टेढा है (1964), भूरि-भूरि खाक धूल (1980)। अत्यधिक प्रसिद्ध कवितायें हैं - एक आत्मवक्तव्य, चाँद का मुँह टेढा है, चकमक की चिंगारियाँ, भूल-गलती, दिमागी गुहान्धकार, ब्रह्मराक्षस तथा अँधेरे में।

शमशेरबहादुर सिंह (1911-1993) : के काव्यसंग्रह हैं–सुकून की तलाश में, कुछ कविताएं, कुछ और कविताएं, चुका भी हूँ नही मैं, इतने अपने पास, बात बोलेगी, काल तुझसे होड़ है मेरी, टूटी हुई बिखरी हुई, विविध-शमशेर, कहीं बहुत दूर से सुन रहा हूँ। शमशेर की कुछ अत्यधिक प्रसिद्ध कविताएं हैं–

'वाम, वाम, वाम दिशा', अमनराग, उदिता, चुका भी हूँ नहीं मैं, टूटी हुई बिखरी हुई, एक पीली शाम, सलोना जिस्म आओ न तथा 'अभिव्यक्ति का संघर्ष'।

भवानीप्रसाद मिश्र : कमल के फूल, वाणी की दीनता, टूटने का सुख, सतपुड़ा के जंगल, सन्नाटा, गीतफरोश, असाधारण, स्नेहशपथ, आदि कवितायें दूसरा सप्तक में संग्रहीत हैं। 'सतपुड़ा के जंगल' में प्रबंधत्व की विशेषता है।

काव्य संग्रह हैं–अनाम तुम आते हो, त्रिकाल संध्या, परिवर्तन जिए, मानसरोवर दिन, बुनी हुई रस्सी, खुशबू के शिलालेख। कालजयी (प्रबन्धकाव्य है)।

नरेश मेहता : के काव्य ग्रन्थ हैं–बनपाखी सुनो (1957), बोलने दो चीड़ को (1962), संशय की एक रात (1962), उत्सवा, मेरा समर्पित एकांत (1953), महाप्रस्थान (1975), शबरी (1977), प्रवाद पर्व (1977), 'समय देवता' इनकी एक प्रसिद्ध लंबी कविता है, जो 'मेरा समर्पित एकांत' में संकलित हैं। संशय की एक रात, महा प्रस्थान, शबरी तथा प्रवाद पर्व इनकी महत्वपूर्ण काव्य रचनायें हैं। 'संशय की एक रात' एक पौराणिक काव्य रूपक (नाट्य शैली में रचित लम्बी कविता) है, जिसमें राम-रावण युद्ध से पूर्व राम के मन का संशय चित्रित हुआ है। 'महाप्रस्थान' भी पौराणिक काव्य-रूपक है जिसमें पांडवों के हिमालय में गलने की प्रसिद्ध कथा वर्णित है। 'प्रवाद-पर्व' सीता-बनवास के करूण प्रसंग पर आधारित खण्डकाव्य है। 'शबरी' प्रबंधकाव्य में शबरी (राम कथा से सम्बद्ध) की कथा है। 'चैत्या' हाल मे किया गया संग्रह है।

धर्मवीर भारती : की रचनायें हैं–ठंडा लोहा (काव्य संग्रह, 1952), अंधा युग (1955, प्रतीकवादी काव्य नाटक है, जिसमें महाभारत के अंतिम दिन के युद्ध से लेकर कृष्ण के गोलोकवास तक की घटनाओं को समेटा गया है।), सात गीत वर्ष (1959, 'प्रथुम्य गाथा' इस संग्रह की प्रसिद्ध लम्बी कविता है।), कनुप्रिया (1959, युद्ध और इतिहास की व्यर्थता को संकेतित करता, राधाकृष्ण-प्रेम पर रचित काव्य ग्रन्थ), संकलन : मेरी वाणी गैरिक वासना।

नेमिचन्द जैन : का कविता संग्रह है 'एकांत', 'अचानक हम फिर'।

कुँवरनारायण : की रचनायें हैं–चक्रव्यूह (काव्यसंग्रह), परिवेशः हम तुम (काव्य संग्रह), आत्मजयी (कठोपनिषद के 'नचिकेता-प्रसंग' पर आधारित चिंतनपरक प्रबंधकाव्य है), अपने सामने (काव्य संग्रह), कोई दूसरा नहीं (काव्य संग्रह)।

सर्वेश्वरदयाल सक्सेना : के कविता संग्रह है - काठ की घंटियाँ, बाँस का पुल, एक सूनी नाव में, कुआनों नदी, जंगल का दर्द, खूँटियों पर टंगे लोग। बाद में 'कवितायें-1' तथा 'कवितायें-2' नाम से दो भागों में कुछ रचनायें प्रकाशित हुई हैं।

रघुवीर सहाय (1929-1990) ई॰ : के कविता-संग्रह है - सीढ़ियों पर धूप में (1960), आत्महत्या के विरूद्ध (1967), हँसो हँसो जल्दी हँसो (1975), लोग भूल गये हैं (1982), कुछ पते कुछ चिट्ठियाँ (1989)। रामदास की हत्या इनकी प्रमुख राजनीतिक कविता है।

केदारनाथ सिंह : के कविता संग्रह हैं–अभी बिल्कुल अभी (1960), जमीन पक रही है (1980), यहाँ से देखो, अकाल में सारस, उत्तर कबीर, 'बाघ' प्रसिद्ध लम्बी कविता है।

विजयदेवनारायण साही : कविता संग्रह हैं–'मछलीघर', 'साखी', तथा 'छठवाँ दशक'। हाल में किया गया संग्रह है 'संवाद तुमसे'।

गिरिजाकुमार माथुर : के काव्य संग्रह हैं–मंजीर (1941), नाश और निर्माण (1946), धूप के धान (1955), शिलापंख चमकीले (1961), छाया मत छूना मन, भीतरी नदी की यात्रा, साक्षी रहे वर्तमान, कल्पांतर, अभी कुछ और, मै वक्त के हूँ सामने, 'पृथ्वीकल्प', मुझे और अभी कहना है।

भारत-भूषण अग्रवाल : के काव्य संग्रह हैं–अनुपस्थित लोग, कागज के फूल, छवि के बन्धन, मुक्तिमार्ग, जागते रहो, ओ अप्रस्तुत मन, उतना वह सूरज है।

प्रबन्ध काव्य–'अग्निलीक' (सीता की अग्निपरीक्षा पर रचित)।

प्रभाकर माचवे : के काव्य संग्रह हैं–स्वप्नभंग, मेपल, क्षणभंगुर।

देवराज : दो प्रबंधकाव्य रचे–'आहत आत्माएं', 'इला और अमिताभ'। काव्य संग्रह हैं–धरती और स्वर्ग, उर्वशी ने कहा।

जगदीश गुप्त : काव्य-संग्रह हैं–'नाव के पांव', 'हिमदंश' तथा 'आदिम एकान्त'। प्रबन्धकाव्य 'शंबूक'।

लक्ष्मीकान्त वर्मा : काव्य संग्रह हैं–अतुकांत, तीसरा पक्ष तथा 'आधुनिक कवि - 15'।

इनकी कुछ कवितायें हैं–अपना-अपना जूता, सिर पर जूता पैर में टोपी। चित्रकूट चरित (खंडकाव्य)।

उपन्यास :

प्रेमचन्द के बाद उपन्यास कई धाराओं में बँट गया। विभिन्न धाराओं को अलग-अलग देने के पहले हम यहां पर प्रेमचन्द के समकालीन अन्य उपन्यासकारों की रचनाओं की सूची संक्षेप में दे रहे हैं -

जयशंकर प्रसाद : कंकाल (धार्मिक पाखण्डों पर केन्द्रित), तितली (प्रमुख पात्रा - मधुवन और तितली, इन्द्रदेव और शैल), इरावती (अपूर्ण, पुष्यमित्र के पुत्र अग्निमित्र शुंग और इरावती की प्रेमकथा)।

'कौशिक' : माँ, भिखारिनी

चण्डीप्रसाद शर्मा 'हृदयेश' : मनोरमा, मंगलप्रभात

शिवपूजन सहाय : देहाती दुनियां

सियारामशरण गुप्त : गोद, अंतिम आकांक्षा, नारी

पांडेय बेचन शर्मा 'उग्र' : चन्द हसीनों के ख़तूत (हिन्दी में पत्रात्मक प्रविधि का पहला उपन्यास, 1927), 'बुधुआ की बेटी' या 'मनुष्यानन्द', शराबी, घंटा, दिल्ली का दलाल, सरकार तुम्हारी आँखों में, जीजी जी, कढ़ी में कोयला, फागुन के दिन चार।

वृन्दावनलाल वर्मा : लगन, संगम, प्रत्यागत, कुण्डलीचक्र, प्रेम की भेंट (1931), लोककथा पर आधारित - सोना (1950) तथा अमरबेल (1952)।

चतुरसेन शास्त्री : हृदय की परख (1931), अमर अभिलाषा, आत्मदाह (1934), बहते आँसू ; परवर्ती उप॰ - 'पत्थर युग के दो बुत' (1960, बंबई के नानावरी काण्ड पर)।

राजा-राधिकारमण प्रसाद सिंह : राम-रहीम (1936), पुरूष और नारी (1939), सूरदास, संस्कार, पूरब और पश्चिम।

भगवतीप्रसाद बाजपेयी : मीठी चुटकी, पतिता की साधना, पिपासा, निमंत्रण

प्रतापनारायण 'श्रीवास्तव' : विदा, विनाश के बादल, बेकसी का मज़ार

उषादेवी 'मित्रा' : वचन का मोल, जीवन की मुस्कान, पिया, पथचारी

भगवतीचरण वर्मा : चित्रलेखा (1934, पाप और पुण्य की समस्या पर रचित, प्रमुख पात्र—कुमारगिरि, चाणक्य, बीजगुप्त, चित्रलेखा और चन्द्रगुप्त।

रामेश्वर शुक्ल 'अंचल' : चढ़ती धूप, नयी इमारत, उल्का, मरूप्रदीप

जैनेन्द्र कुमार : (**मनोवैज्ञानिक** उपन्यासकार) : परख (पात्रा : कट्टो), सुनीता (पात्रा : श्रीकान्त, सुनीता और हरिप्रसन्न), त्याग पत्र (पात्र : मृणाल), जयवर्द्धन, कल्याणी, मुक्तिबोध, दशार्क, सुखदा, विवर्त, व्यतीत, अनंतर, अनामस्वामी।

इलाचन्द्र जोशी (मनो॰ उपन्यासकार) : सन्यासी (1941, पात्रा('रामदास की हत्या' कविता से) नन्दकिशोर) पर्दे की रानी (पात्र : निरंजना, मनमोहन तथा इन्द्रमोहन), प्रेतछाया (पात्र : पारसनाथ), निर्वासित (पात्रः महीप), जिप्सी (पात्र : रंजन, मनिया, शोभना), जहाज का पंछी, लज्जा, मुक्तिपथ, सुबह के भूले, भूत का भविष्य, ऋतुचक्र, घृणामयी (पात्रा : लज्जा)

'अज्ञेय' (मनो॰ उपन्यासकार) : शेखर : एक जीवनी (दो भाग 1941-44, पात्र : शशि, शेखर), नदी के द्वीप (1951 : पात्र : भुवन, रेखा, गौरा और चन्द्रमोहन), अपने-अपने अजनबी (1961; पात्र : योटके, सेल्मा, अनेक आलोचक इसे अस्तित्ववादी उपन्यास भी मानते हैं।)

देवराज (मनो॰ उपन्यासकार) : अजय की डायरी, पथ की खोज, बाहर-भीतर, रोड़े और पत्थर, मै वे और आप, न भेजे गए पत्र।

मन्मथनाथ गुप्त : बहता पानी, शहीद और शोहदे

यशपाल (प्रगतिवादी उपन्यासकार) : अमिता, दिव्या (ऐतिहासिक उपन्यास ; पात्रा : दिव्या, पृथुसेन, मारिश, रूद्रधीर तथा देवी मल्लिका), दादा कॉमरेड (पात्रा : शैला, हरीश), पार्टी कॉमरेड, देशद्रोही, मनुष्य के रूप, झूठा-सच (देश विभाजन), मेरी तेरी उसकी बात, बारह घंटे, अप्सरा का श्राप, क्यों फँसे।

अमृतलाल नागर (सामाजिक यथार्थ-वादी उपन्यासकार) : महाकाल ('बंगाल के अकाल' पर ; 1946), सेठ बांकेमल, बूँद और समुद्र, शतरंज के मोहरे, सुहाग के नुपूर, अमृत और विष, सात घूँघट वाला मुखड़ा, एकदा नैमिषारण्ये, नाच्यो बहुत गोपाल, खंजन नयन, बिखरे तिनके, अग्निगर्भा, करवट, पीढ़ियाँ, मानस का हंस, नवाबी मसनद।

उपेन्द्रनाथ 'अश्क' (सामाजिक यथार्थवादी उपन्यासकार) : सितारों के खेल, गिरती दीवारें (1947 : पात्र चेतन), गर्म राख, बड़ी-बड़ी आँखें, पत्थर-अल-पत्थर, निमिषा, शहर में घूमता आईना, एक नन्हीं कन्दील, बाँधों न नाव इस ठाँव (दो भाग- 1974), पलटती धारा।

भगवती चरण वर्मा (सामाजिक यथार्थवादी उपन्यासकार) : पतन, धुप्पल (आत्मकथात्मक उपन्यास), चित्रलेखा (ऐतिहासिक उपन्यास), तीन वर्ष, टेढ़े-मेढ़े रास्ते, भूले बिसरे चित्र, सामर्थ्य और सीमा, रेखा, सीधी सच्ची बातें, सबहिं नचावत राम गोसाईं, प्रश्न और मरीचिका, आखिरी दाँव, युवराज चूण्डा, चाणक्य, अपने खिलौने।

धर्मवीर भारती (मनो॰ उपन्यासकार) : गुनाहों का देवता (पात्र : चन्दर, सुधा, पम्मी, गेसू, विनती), सूरज का सातवाँ घोडा (धर्म कथा शैली में रचित, पात्रा : किस्सागो 'मणिक मुल्ला', यह एक प्रयोगधर्मी रचना है।)

वृन्दावन लाल वर्मा (ऐतिहासिक उपन्यासकार) : गढ़कुण्डार (बुन्देलों और अंगारों पर; पात्र : नागदेव, अग्निदत्त, हेमवती, मानवती), विराटा की पद्मिनी (पात्र : कुमुद, कुंजर), झाँसी की रानी, मृगनयनी (पात्र : राजा मानसिंह, मृगनयनी, अटल, लाखी), माधवजी, सिंधिया, टूटे कांटे (पात्र : मस्तानी), कीचड़ और कमल (पात्र : पद्मावती), कचनार, भुवनविक्रम (पात्र : रोमक, विक्रम, नील, फणिश, हिमानी), मुसाहिबजू, अचल मेरा कोई, अमरबेल, लगन, प्रत्यागत, प्रेम की भेंट, कुण्डली चक्र, संगम, सोना, अहिल्याबाई, आहत, उदयकिरण।

राहुल सांकृत्यायन (प्रगतिवादी उपन्यासकार) : जीने के लिए (सामाजिक उपन्यास), सिंह सेनापति (ऐति0 उप0 ; लिच्छवि सेनापति, रोहिणी, आचार्य बाहुलाश्व, भामा आदि मुख्य पात्र हैं।) मधुर स्वप्न, जय यौधेय, विस्मृत यात्री, दिवोदास।

चतुरसेन शास्त्री (ऐतिहासिक उपन्यासकार) : वैशाली की नगरबधू (दो भाग, पात्रा : अम्बपाली, बिम्बसार, सोम, बुद्ध आदि), वयं रक्षामः, सोमनाथ, आलमगीर, गोली, सोना और खून, धर्मपुत्र, मोती।

हजारीप्रसाद द्विवेदी (ऐतिहासिक उपन्यासकार) : बाणभट्ट की आत्मकथा (1944, बाण, भट्टिनी, निपुणिका), चारूचन्द्रलेखा (सीदीमौला, राजा सातवाहन, चन्द्रलेखा), पुनर्नवा (समुद्रगुप्त, आर्थक, देवरात, सुमेर काका, चन्द्रा, लोरिक-चन्दा की कथा इसी में नियोजित की गई है।) अनामदास का पोथा।

रांगेय राघव (प्रगतिवादी उपन्यासकार) : घरौंदे, विषादमठ, हुजूर, सीधा-साधा रास्ता, राई और पर्वत, छोटी सी बात, प्रतिदान, उबाल शहरी जीवन से सम्बन्धित उपन्यास है।

पथ का पाप, आखिरी आवाज ग्राम जीवन से सम्बन्धित आवाज है।

कब तक पुकारूं (1957), धरती मेरा घर आंचलिक उपन्यास है।

ऐतिहासिक उपन्यास हैं—

मुर्दो का टीला (1948, मोहन जोदडो की पृष्ठभूमि में आर्य-आक्रमण को लेकर) चीवर, अंधेरे के जुगनू, पक्षी और आकाश, राह न रूकी जीवनचरितात्मक उपन्यास है - देवकी का बेटा, यशोधरा जीत गयी, लोई का ताना, रत्ना की बात, भारती का सपूत, लखिमा की आँखे, धूनी का धुँआ।

शिवप्रसाद मिश्र 'रूद्र' : बहती गंगा (ऐतिहासिक उपन्यास)

नागार्जुन (प्रगतिवादी उपन्यासकार) : इनके उपन्यासों में आंचलिकता के तत्व मिलते हैं, परन्तु वे पूरी तरह आंचलिक नहीं हैं। इनके उपन्यास रतिनाथ की चाची (1948), बलचनमा (1952), नई पौध, बाबा बटेसरनाथ (1954), दुखमोचन (1956), वरूण के बेटे (1957), कुंभीपाक, हीरक जयन्ती, उग्रतारा, इमरतिया, जमनिया के बाबा, चेहरे नए पुराने।

फणीश्वरनाथ रेणु (आंचलिक उपन्यासकार) : मैला आंचल (1954 ; मिथिला के पूर्णिया जिले के मीरगंज गाँव पर केन्द्रित प्रमुख पात्र : बालदेव, कालीचरण, लक्ष्मी, बावनदास, कमली तथा डॉक्टर) ; परती परिकथा, जुलूस, दीर्घतपा, पल्टू बाबू रोड, कितने चौराहे, कलंकमुक्ति।

उदयशंकर भट्ट (आंचलिक उपन्यासकार) : वह जो मैंने देखा, नये मोड, लोक-परलोक, सागर लहरें और मनुष्य, (1956, बम्बई की मछुवा बस्ती बरसोवा पर केन्द्रित, पात्र : रत्ना, माणिक, डॉक्टर पांडुरंग), एक नीड दो पंछी, शेष-अशेष।

लक्ष्मीनारायण लाल (प्रयोगशील उपन्यासकार) : धरती की आँखें, बया का घोंसला और साँप, रूपाजीवा, प्रेम एक पवित्र नदी, काले-काले फूलों का पौधा, बसन्त की प्रतीक्षा, देवीना, मन वृन्दावन, बडी चम्पा-छोटी चम्पा।

विष्णुप्रभाकर : ढलती रात, निशिकांत, तट के बंधन, स्वप्नमयी, दर्पण का व्यक्ति, कोई तो, अर्द्धनारीश्वर, संकल्प (तीन उपन्यासों का संकलन)।

भैरवप्रसाद गुप्त (प्रगतिवादी उपन्यासकार) : शोले, मशाल, गंगा मैया, जंजीरें और नया आदमी, सत्ती मैया का चौरा, धरती, आशा, कालिन्दी, रंभा, बांदी, नौ जबान, भाग्यदेवता, अंतिम अध्याय (व्यंग्य उपन्यास), नौजवान, आदमी और जंजीरें।

अमृतराय (प्रगतिवादी उपन्यासकार) : बीज, हाथी के दांत, नागफनी का देश, धुआँ, सुख-दुख, भटियाली, जंगल।

भीष्मसाहनी (प्रगतिवादी उपन्यासकार) : झरोखे, कडियाँ, तमस (1973), बसन्ती, मय्यादास की माड़ी, कुंतो।

स्वातन्त्र्योत्तर हिन्दी साहित्य

उपन्यासकार

राही मासूम रजा : आधा गाँव, (गाजीपुर के एक गाँव गंगोली पर केन्द्रित), टोपी शुक्ला, हिम्मत जौनपुरी, ओस की बूँद, दिल एक सादा कागज, सीन - 75, कटरा बी-आर्जू।

रामदरश मिश्र : पानी के प्राचीर, जल टूटता हुआ, सूखता हुआ तालाब।

विवेकी राय : बबूल, पुरुष पुराण, लोकऋण, श्वेत पत्रा, सोनामाटी, समर शेष है, मंगल भवन।

शैलेश मटियानी : हौलदार, चिट्ठी रसैन, चौथी मुट्ठी, मुख सरोवर के हंस, बोरीवली से बोरीबंदर तक, आकाश कितना अनन्त है, बावन नदियों का संगम, जलतरंग, छोटे-छोटे पक्षी, मुठभेड़, किस्सा नर्मदाबेन गंगूबाई।

राजेन्द्र अवस्थी : सूरज किरण की छाँव, जंगल के फूल।

सच्चिदानन्द धूमकेतु : माटी की महक।

उदयराज सिंह : अँधेरे के विरूद्ध।

हिमांशु जोशी : कगार की आग, बुराँश फूलते तो हैं, समय साक्षी है, छाया मत छूना मन।

हिमांशु श्रीवास्तव : रथ के पहिए, कथा सूर्य की नई यात्रा।

ठाकुरप्रसाद सिंह : सात घरों का गाँव, कुब्जा सुन्दरी।

प्रभाकर माचवे (प्रयोगधर्मी रचनाकार) : साँचा, परन्तु, जो, द्वाभा, किसलिए, द्यूत, दर्द के पैबंद, तीस-चालीस-पचास।

गिरिधर गोपाल (प्रयोगधर्मी रचनाकार) : चाँदनी रात के खण्डहर, कंदील और कुहासे।

लक्ष्मीकान्त वर्मा (प्रयोगधर्मी रचनाकार) : खाली कुर्सी की आत्मा, टेरीकोटा, एक कटी हुई जिन्दगी, एक कटा हुआ कागज।

भारतभूषण अग्रवाल (प्रयोगधर्मी रचनाकार) : लौटती लहरों की बाँसुरी।

सर्वेश्वर दयाल सक्सेना (प्रयोगधर्मी रचनाकार) : सोया हुआ जल, पागल कुत्तों का मसीहा, कच्ची सड़क, उड़ते हुए रंग, अंधेरे पर अन्धेरा।

रामदरश मिश्र : बीच का समय, अपने लोग, रात का सफर, आकाश की छत, बिना दरवाजे का मकान, दूसरा घर।

राजेन्द्र अवस्थी : बीमार शहर, जाने कितनी आँखें, मछली बाजार।

कृष्णचन्द्र शर्मा 'भिक्खु' : लाल ढांग, मौत की सराय (ऐतिहासिक उपन्यास)।

विश्वंभरनाथ उपाध्याय : रीछ, जोगी मत जा

नरेश मेहता : डूबते मस्तूल, यह पथ बंधु था, धूमकेतु : एक श्रुति, उत्तरकथा, दो एकान्त, नदी यशस्वी है।

चन्द्रकिरण सोनरिक्सा : चंदन चांदनी।

आनन्द प्रकाश जैन (ऐति॰ उपन्यासकार) : कुड़ाल की आँखें, ताँबे के पैंसे

नरेन्द्र कोहली : अवसर, युद्ध की ओर, युद्ध, अभिज्ञान, दीक्षा (इसमें रामकथा को वर्तमान परिप्रेक्ष्य में देखा गया है। तथा अनेक राष्ट्रीय, अन्तर्राष्ट्रीय तथा मानवीय पक्षों से जोडा गया है।), जंगल की कहानी, साथ सहा गया दुख, टप्पर गाड़ी, शंखनाद, क्षमा करना जीजी।

वीरेन्द्रकुमार जैन : अनुत्तर योगी (तीन खंड, ऐतिहासिक उप॰, भगवान महावीर के जीवन पर), मुक्तिदूत।

कन्हैया लाल ओझा : मकड़ी का जाल, अर्थान्तर, सिन्धु-सीमान्त, सर्वनाम, सम्भवामि (ऐति॰ उपन्यास है, हड़प्पा सभ्यता पर केन्द्रित)

राजीव सक्सेना : पणिपुत्री सोमा (ऐतिहासिक उपन्यास)

मुक्तिबोध : विपात्र

कृष्णबलदेव वैद : उसका बचपन, गुज़रा हुआ ज़माना, नसरीन, विमल उर्फ जाएँ तो कहाँ, दर्द-ला-दवा, काला-कोलॉज, नर-नारी

मोहनराकेश : अँधेरे बन्द कमरे, न आने वाला कल, अन्तराल

राजेन्द्र यादव : उखड़े हुए लोग, सारा आकाश, मंत्रविद्ध, एक इंच मुस्कान, प्रेत बोलते हैं, अनदेखे अनजाने पुल, शह और मात

शानी : काला जल, कस्तूरी, साँप और सीढ़ी, पत्थरों में बंद आवाज, नदी और सीपियाँ।

निर्मल वर्मा : वे दिन (पात्र : मैं, रायना) लाल टीन की छत, एक चिथड़ा सुख, रात का रिपोर्टर।

गिरिराज किशोर : लोग, जुगलबंदी, यथा प्रस्तावित यात्रायें, चिड़ियाघर, पहला गिरमिटिया (गाँधी जी के अफ्रीका प्रवास काल पर), दो परिशिष्ट, अंतर्ध्वंस ढाई घर, इंद्रसुनें, दावेदार, तीसरी सत्ता।

गिरीश अस्थाना : धूप छाहीं रंग, धूलभरे चेहरे।

जगदम्बा प्रसाद दीक्षित (महानगरीय बोध के उपन्यासकार) : मुरदाघर, कटा हुआ आसमान, अकाल।

गोपाल उपाध्याय : एक टुकड़ा इतिहास।

महीपसिंह (महानगरीय बोध के उपन्यासकार) : यह भी नहीं।

श्रीकान्त वर्मा : दूसरी बार।

शिवसागर मिश्र : अक्षत, दूब जनम आयी, जनमेजय बचो, मगध की जय, अजन्मा वह, राज तिलक।

गंगाप्रसाद विमल : मृगांतक, मरीचिका, कहीं कुछ और, अपने से अलग

ख्वाज़ा बदी उज्जमा : एक चूहे की मौत (महानगरीय जीवन पर), छठा तन्त्र, सभापर्व, छाको की वापसी।

कमलेश्वर : एक सड़क सत्तावन गलियाँ, काली आँधी, समुद्र में खोया हुआ आदमी, डाक बँगला, आगामी अतीत, लौटे हुए मुसाफिर, तीसरा आदमी, कितने पाकिस्तान (साहित्य अकादमी द्वारा पुरस्कृत)।

देवेश ठाकुर : भ्रमभंग, प्रिय शबनम

योगेश गुप्त : उनका फैसला

मनोहर श्याम जोशी : कुरू कुरू स्वाहा (व्यंग्य उप.), कसप, ट-टा-प्रोफेसर, हरिया हरकुलिस की कहानी, हमजाद, नेता जी कहिन।

गोविन्द मिश्र : लाल-पीली जमीन, हुजूर दरबार, वह अपना चेहरा, उतरती हुई धूप, तुम्हारी रोशनी में, धीर-समीर, पाँच आंगनों वाला घर, फूल इमारतें और बंदर।

हरिशंकर परिसांई : रानी नागफनी की कहानी (व्यंग्य उप.)

श्रीलाल शुक्ल (व्यंग्य उपन्यासकार) : अज्ञातवास, रागदरबारी (1968, रिपोर्ताज शैली का प्रयोग), पहला पड़ाव, मकान, सीमाएं टूटती हैं, आदमी का जहर, बिस्रामपुर का संत।

अमरकान्त : सूखा पत्ता, ग्राम सेविका, कंटीली राह के फूल, काल उजले दिन, दीवार और आँगन।

राजकमल चौधरी : नदी बहती थी, मछली मरी हुई, एक अनारः एक बीमार, देहगाथा, बीस रानियों का बाईस्कोप, अग्निस्नान, शहर था शहर नहीं था, ताश के पत्तों का शहर।

केवल सूद : मुर्गीखाना

महेन्द्र भल्ला : एक पति के नोट्स, दूसरी तरफ, उड़ने से पेश्तर, दो देश और तीसरी उदासी।

रमेश बक्षी : अठारह सूरज के पौधे, बैसाखियों वाली इमारत, खुले आम, चलता हुआ लावा, एक घिसा हुआ चेहरा, हम तिनके।

शिवप्रसाद सिंह : अलग-अलग वैतरणी, गली आगे मुड़ती है, शैलूष, औरत, मंजुशिमा, वैश्वानर, नीला चाँद, कुहरे में युद्ध, दिल्ली दूर है।

मार्कण्डेय : अग्निबीज, सानेल का फूल

हृदयेश : हत्या, एक कहानी अंतहीन, सफेद घोडा काला सवार, सांड, पुनर्जन्म, दंडनायक, पगली घंटी, गांठ।

जगदीश चन्द्र : यादों का पहाड़, आधा पुल, मुट्ठी भर काँकर, कभी न छोड़ें खेत, टुण्डा लाट, धरती धन न अपना, नरक कुण्ड में वास, घासगोदाम।

काशीनाथ सिंह : अपना मोर्चा (छात्र-आन्दोलन पर)

सतीश जमाली : प्रतिबद्ध

दुष्यन्त कुमार : आँगन में एक वृक्ष

रमाकान्त : जुलूस वाला आदमी, तीसरा देश, प्यारा फर्जी अदब, छोटे-छोटे महायुद्ध।

स्वयंप्रकाश : बीच में विनय

रमेश उपाध्याय : दण्डद्वीप, स्वप्नजीवी, हरे फूल की खुशबू

कामतानाथ : समुद्र तट पर खुलने वाली खिड़की, एक और हिन्दुस्तान, तुम्हारे नाम, कालकथा

पंकज बिष्ट : लेकिन दरवाजा (महानगरीय जीवन प्रर), उस चिड़िया का नाम

मंजूर एहतेशाम : सूखा बरगद, दास्तान-ए-लापता

अब्दुल बिस्मिल्लाह : झीनी-झीनी बीनी चदरिया, मुखड़ा क्या देखे

रमेशचन्द्र शाह : गोबर गणेश, किस्सा गुलाम, आखिरी दिन, पुनर्वास

संजीव : किसनगढ़ के अहेरी, सर्कस, सावधान ! नीचे आग है, धार, जंगल जहाँ से शुरू होता है

वीरेन्द्र जैन : डूब, पार, पंचनामा

सुरेन्द्र वर्मा : अंधेरे से परे, मुझे चाँद चाहिए (1993, पात्र : यशोदा, वर्षा वशिष्ठ (नायिक), दिव्या कात्याल, हर्ष (नायक)), दो मुर्दो के लिए गुलदस्ता

सुरेश कांत : धम्मं शरणम्

कमलाकान्त त्रिपाठी : पाहीघर (1857 के स्वाधीनता संग्राम की पृष्ठभूमि में अवध की जनता में मानसिक उद्वेलन की कथा), बेदखल

अजगर बजाहत : सात आसमान

विनोद कुमार शुक्ल : नौकर की कमीज (1979), खिलेगें तो देखेंगे (1996), दीवार में एक खिडकी रहती थी (1997)

मणि मधुकर : सफेद मेमने, पिंजरे में पन्ना

रामकुमार भ्रमर : कांचघर

शमशेरसिंह नरूला : एक पंखड़ी की तेज धार

प्रयाग शुक्ल : गठरी, लौट कर आने वाला दिन

श्याम व्यास : एक प्यासा तालाब

ओमप्रकाश दीपक : कुछ जिन्दगानियाँ बेमतलब

हरिप्रकाश त्यागी : दूसरा आदमी लाओ

सुरेन्द्र तिवारी : फिर भी कुछ

रवीन्द्र कालिया : खुदा सही सलामत है

यादवेन्द्र शर्मा चन्द्र : हजार घोडों का सवार, ढ़ोलन कुंजकली

सुदर्शन चोपडा : सम्मोहन

द्रोणवीर : टूटे हुए सूर्य

अनिरूद्ध पाण्डेय : पन्ना पुखराज

मुद्राराक्षस : हम सब मंसाराम दण्डविधान

पानू खोलिया : बिम्ब

भगवानसिंह : अपने-अपने राम, महाभीषण

रवीन्द्र वर्मा : निन्यानबे

दूधनाथ सिंह : नमो अन्धकार

प्रकाश मनु : पापा के जाने के बाद

मायानंद मिश्र : पुरोहित

प्रियंवद : परछाई नाच

रामविलास शर्मा : चार दिन

भगवानदास मोरवाल : काला पहाड़

रघुवंश : अर्थहीन

जगदीश चतुर्वेदी : कनॉट प्लेस

महिला उपन्यासकार

कृष्णासोबती : मित्रो मरजानी (लंबी कहानी के रूप में चर्चित), डार से बिछुड़ी (1958), सूरजमुखी अँधेरे के (1972 पात्र : रती), जिंदगीनामा (1979, की पंजाब की विभाजन पूर्व स्थिति पर), दिल-ओ दानिश (1993), यारों के यार, आदमीनामा, ए-लड़की!

उषा प्रियंवदा : पचपन खंभे लाल दीवारें (सुषमा (नायिका)), रुकोगी नहीं .... राधिका ?, जय यात्रा

मन्नू भण्डारी : आपका बंटी (पात्र : शकुन और जय), महाभोज (राजनीतिक विसंगतियों पर रचित, पात्र : दा साहब, बिसेसर, बिंदा)

शशिप्रभा शास्त्री : अमलतास, नावें, सीढ़ियां, उम्र एक गलियारे की, मीनारें

ममता कालिया : बेघर, नरक दर नरक, प्रेम कहानी, एक पत्नी के नोट्स, साँची

मृदुला गर्ग : उसके हिस्से की धूप, चित्तकोबरा, अनित्य, मैं और मैं, कठगुलाब, वंशज

राजी सेठ : तत्सम्, निष्कवच

निरूपमा सेवती : पतझड़ की आवाजें, बंटता हुआ आदमी, मेरा नरक अपना है

मृणाल पाण्डेय : विरूद्ध, पटरंगपुर पुराण, देवी, रास्तों पर भटकते हुए

मंजुल भगत : अनारो, लेडी क्लब

कमल कुमार : अपार्थ

कुसुम कुमार : हीरामन हाईस्कूल

चित्रा मुद्‌गल : एक जमीन अपनी

इला डालमियां : छत पर अपर्णा

नासिरा शर्मा : सात नदियाँ : एक समुन्दर, शाल्मली, जिंदा मुहावरे, ठीकर की मंगनी

प्रभा खेतान : आओ, पेपे घर चलें, छिन्नमस्ता (पात्र : प्रिया), अपने अपने चेहरे, पीली आँधी।

मैत्रेयी पुष्पा : बेतवा बहती रही, इदन्नमम् (नायिका : मंदा), चाक, झूला नट, स्मृतिदंश, विजन, अग्नपांखी, अल्मा कबूतरी

मेहरून्निसा परवेज : उसका घर, आँखों की दहलीज

सुनीता जैन : बिन्दु

सूर्यबाला : मेरे सन्धिपत्रा

कुसुम अंसल : अपनी-अपनी यात्रा

अलका सरावगी : कलिकथा : वाया बाईपास, शेष कादम्बरी

शिवानी : चौदह फेरे, कृष्णकली

कृष्णा अग्निहोत्री : टपरेवाले

मालती लफकर : इन्नी

रजनी पणिक्कर : महानगर की गीता, दूरियाँ

मालती जोशी : पाषाण युग

मीनाक्षी पुरी : जाने पहचाने अजनबी

कांता भारती : रेत की मछली

मैत्रेयी देवी : झिपय्या, न हन्यते

पद्‌मा सचदेवा : भटको नही धनंजय

ऋता शुक्ल : अग्निपर्व

प्रतिभा डावर : वह मेरा चाँद

नाटककार

लक्ष्मीनारायण मिश्र (समस्यामूलक नाटककार) : अशोक, संन्यासी, राक्षस का मंदिर, मुक्ति का रहस्य, राजयोग, सिन्दूर की होली, आधीरात, गरूड़ध्वज, नारद की वीणा, वत्सराज, दशाश्वमेघ, कवि भारतेन्दु, वितस्ता की लहरें, चक्रव्यूह, वैशाली में वसन्त, जगतगुरू, अपराजिता, धरती का हृदय, चित्रकूट, मृत्यंजय।

हरिकृष्ण प्रेमी : रक्षाबन्धन, शिवसाधना, प्रतिशोध, आहुति, स्वप्नभंग, मित्र, विषपान, प्रथम जौहर, शतरंज के खिलाड़ी, प्रकाशस्तम्भ, भग्नप्राचीर, विदा, साँपों की सृष्टि, रक्तदान, सोहिनी-महिवाल, अमरगान, सीमा संरक्षण, अमर बलिदान, शक्तिसाधना, अमृतपुत्री, स्वर्णविहान, पातालविजय, आन का मान, जौहर, छाया उद्धार, बन्धन।

पाण्डेय बेचन शर्मा 'उग्र' : गंगा का बेटा, माधव महाराज, महात्मा ईसा

गोविन्द वल्लभ 'पंत' : वरमाला, अंतःपुर का छिद्र, ययाति, अप्सरा, तुलसीदास, काशी का जुलाहा, कंजूसी की खोपड़ी, अंगूर की बेटी, राजमुकुट, सिंदूर की बिंदी, सुहागबिंदी।

वृन्दावनलाल वर्मा : सेनापति ऊदल, फूलों की बोरी, हंस मयूर, पूर्व की ओर, ललित विक्रम, झाँसी की रानी, बीरबल

आचार्य चतुरसेन शास्त्री : उत्सर्ग, अमर राठौर, मेघनाद, श्रीराम, अजीत सिंह, पग ध्वनि, छत्रसाल, गांधारी शशि गुप्त, सन्तोष कहाँ

सेठ गोविन्ददास : कुलीनता, शेरशाह, कर्ण, कर्तव्य, सिंहल द्वीप, रहीम, कवि भारतेन्दु महाप्रभु, वल्लभाचार्य, अशोक, भिक्षु से गृहस्थ, गृहस्थ से भिक्षु, स्नेह या स्वर्ग (गीतिनाट्य)।

रामवृक्ष बेनीपुरी : अम्बपाली, तथागत, विजेता चाणक्य, सीता की माँ

चन्द्रगुप्त विद्यालंकार : अशोक, रेखा, देव और दानव, न्याय की रात

परिपूर्णानन्द वर्मा : नाना फड़नवीस, सन् सत्तावन की क्रान्ति, वाजिद अलीशाह

उदयशंकर भट्ट : सागर विजय, विक्रमादित्य, विद्रोहिणी, अम्बा, कमला, मुक्तिदूत, शक विजय, अंतहीन अंत, क्रान्तिकारी, नया समाज, पार्वती, यह स्वतंत्रता का युग है, दाहर अथवा सिन्ध पतन; इनके सात काव्य नाटक हैं–विश्वामित्र, मत्स्यगंधा, राधा, अशोक वननंदिनी, कालिदास, नहुषनिपात, एकला चलो रे

सिद्धनाथ कुमार : सृष्टि की साँझ और अन्य काव्य नाटक

बलराज साहनी : मशाल, जादू की कुर्सी

रामकुमार वर्मा : कौमुदी महोत्सव, विजय पर्व, अशोक का शोक, नौहर की ज्योति, नाना फड़नवीस, महाराणा प्रताप, जय आदित्य, जय बांग्ला, अग्निशिखा, पृथ्वी का स्वर्ग, संत तुलसीदास, समुद्रगुप्त पराक्रमांक, भगवान बुद्ध, अहिल्याबाई, स्वयंवरा, अनुशासन पर्व, सम्राट कनिष्क, कुन्ती का परिताप, सरजा शिवाजी, कर्मवीर कर्ण।

राधिकारमण प्रसाद सिंह : धर्म की धुरी, अपना पराया

रांगेयराघव : स्वर्गभूमि का यात्री, रामानुज, विरूढ़क

भगवती चरण वर्मा : कर्ण, सबसे बडा आदमी, रूपया तुम्हें खा गया, वसीयत, तारा (काव्यनाटक)।

उपेन्द्रनाथ अश्क : जय पराजय, अंधीगली, उड़ान, छटा बेटा, पैंतरे, कैद, अलग अलग रास्ते, बड़े खिलाडी, अंजोदीदी, तूफान से पहले, स्वर्ग की झलक, पड़ोसिन का कोट, भँवर, आपस का समझौता, पर्दा उठाओ पर्दा गिराओ, लौटता हुआ दिन।

जगदीश चन्द्र माथुर : कोणार्क, शारदीया, पहला राजा, दशरथनन्दन, रघुकुल रीति, कुँवरसिंह की टेक

भुवनेश्वर : ऊसर (1938, एकांकी), ताँबे के कीड़े, (1946), एकाकी, कारवां (संकलन)

विष्णुप्रभाकर : डॉक्टर, नव-प्रभात, समाधि, युगे-युगे क्रान्ति, टूटते परिवेश, कुहासा और किरण, सत्ता के आर-पार, अब और नहीं, गांधार की भिक्षुणी, श्वेतकमल, बंदिनी (प्रभात कुमार मुखोपाध्याय के 'देवी' का नाट्यानुवाद)

हंसकुमार तिवारी : कच-देवयानी

केदारनाथ मिश्र 'प्रभात' : अंगुलिमाल

देवराज दिनेश : मानव प्रताप, यशस्वी भोज

धर्मवीर भारती : अंधा युग

गिरिजाकुमार माथुर : इन्दुमती, पृथ्वीकल्प, रोटी और कमल

भारतभूषण अग्रवाल : पलायन, सेतुबंधन, अग्निलीक

दुष्यन्त कुमार : एक कंठ विषपायी, मसीहा मर गया

अज्ञेय : उत्तर प्रियदर्शी

अमृतलाल नागर : युगावतार, उतार-चढाव, बात की बात, चंदन वन, चक्करदार सीढ़ियाँ और अन्धेरा, चुक्कड पर

नरेश मेहता : खण्डित यात्राएं, संशय की एक रात, अपराधी कौन, सरोवर के फूल, महाप्रस्थान, सुबहे के घण्टे

भीष्मसाहनी : हानुश, कबिरा खडा बाजार में, माधवी, मुआवजे

कमलेश्वर : अधूरी आवाज, चारूलता

शिवप्रसाद सिंह : घाटियाँ गूँजती हैं, चिरंजीत, तस्वीर उसकी

रमेश बक्शी : देवयानी का कहना है, तीसरा हाथी, बामाचार, कसे हुए तीर

ख्वाजा अहमद अब्बास : मैं कौन हूँ

शील : बेकारी, संघर्ष

गिरिराज किशोर : प्रजा ही रहने दो, घास और घोडा, चेहरे-चेहरे किसके चेहरे, नरमेध, केवल मेरा नाम लो, जुर्म आयद

मृणाल पाण्डेय : मौजूदा हालात को देखते हुए, जो राम रचि राखा, काजर की कोठरी, आदमी जो मछुवारा नहीं था, चोर निकल के भागा

नरेन्द्र कोहली : शम्बूक की हत्या

सुदर्शन चोपड़ा : अपनी पहचान

मन्नू भण्डारी : बिना दीवारों के घर, महाभोज (उपन्यास का नाट्य रूपान्तर)

भैरव प्रसाद गुप्त : चन्दवरदायी

सुरेन्द्र तिवारी : दीवारें

अमृत नाहटा : किस्सा कुरसी का

प्रियदर्शी प्रकाश : सभ्य साँप

गंगाप्रसाद विमल : आज नहीं कल

कृष्णबलदेव वैद : हाय हाय क्या

ममता कालिया : आप न बदलेंगे

रमेशचन्द्र शाह : मारा जाई खुसरो

विभुकुमार : तालों में बंद प्रजातंत्र, कहें ईसा सुनें मूसा

आशीष सिन्हा : एक उदास शाम

जगदीश चतुर्वेदी : पीली दोपहर

सुदर्शन नारंग : शवयात्रा

विश्वेश्वर : बहिष्कार

राजेश जोशी : जादू जंगल

मधुकर सिंह : सुबह के लिए

मोहन राकेश : आषाढ़ का एक दिन, लहरों के राजहंस, आधे-अधूरे, पैर तलें की जमीन, छतरियाँ, रात बीतने तक (ध्वनि नाटक), पाँच परदे

लक्ष्मीनारायण लाल : अंधा कुआँ, सुन्दर रस, मादा कैक्टस, रातरानी, दर्पन, सूर्यमुख, कलंकी, मि॰ अभिमन्यु, कर्फ्यू, अब्दुला दीवाना, रक्तकमल, गंगाद्वार, व्यक्तिगत, खेल नहीं नाटक, यक्ष प्रश्न, चतुर्भुज राक्षस, एक सत्य हरिश्चन्द्र, संस्कार ध्वज, सगुन पंछी, गंगा माटी, पंच पुरूष, सूखा सरोवर, उत्तर युद्ध, नरसिंह कथा, राम की लड़ाई

दयाप्रकाश सिन्हा : साँझ सबेरा, भँवर, दुश्मन, इतिहास चक्र, ओह अमरीका, कथा एक कंस की, सादर आपका, मेरे भाई मेरे दोस्त, सीढियाँ

ललित सहगल : हत्या एक आकार की, वरदान, गुफावासी

नागबोडस : खूबसूरत बहू

अमृतराय : चिन्दियों की झालर, शताब्दी, हम लोग।

ललितमोहन थपलियाल : मछलियों का तालाब, सुबह होती है शाम होती है, काला राजा, चिमटे वाले बाबा, अलग-अलग राहें

ज्ञानदेव अग्निहोत्री : नेफा की एक शाम, वतन की आबरू, चिराग जल उठा, शुतुरमुर्ग, अनुष्ठान, माटी जागी रे

विपिन कुमार अग्रवाल : तीन अपाहिज, ऊँची' नीची टाँग का जंघिया, उत्तर प्रश्न, उल्टा-सीधा स्वेटर, रेल कब आयेगी, यह पूरा नाटक एक शब्द है, कूड़े का पीपा, लोटन, खोये हुए आदमी की खोज।

शंकर शेष : मूर्तिकार, नयी सभ्यता के नये नमूने, रत्नगर्भा, विवाह मण्डप, बेटों वाला बाप, तिल का ताड, बिन बाती के दीप, बंधन अपने अपने, फन्दी, खजुराहों का शिल्पी, एक और द्रोणाचार्य, घरौंदा, अरे मायावी सरोवर, रत्नगर्भा आधी रात के बाद, बाढ का पानी।

मृदुला गर्ग : एक और अजनबी, तुम लौट जाओ, जादू का कालीन।

असगर वजाहत : इन्ना की आवाज, वीरगति, फिरंगी लौट आये, सबसे सस्ता गोश्त (संकलन), पाँच नाटक (संकलन), जिस लाहौर नही देखया वो जन्मेई नई।

बृजमोहन शाह : त्रिशंकु, शह ये मात, युद्धमन, अलगोजा

मुद्राराक्षस : तिलचट्टा, योर्स फेथफुली, मरजीना, तेंदुआ, गुफाँए, सन्तोला, आला अफसर

हमीदुल्ला : समय संदर्भ, एक और युद्ध, उलझी आकृतियाँ, दरिन्दे, घरवन्द, दूसरा पक्ष, अपना अपना दर्द, उत्तर उर्वशी, हर बार

सुशील कुमार सिंह : बापू की हत्या हजारहवीं बार, सूरज जल धरती पर, अँधेरे के राही, सिंहासन खाली है, चार यारों की यार, नागपाश, गुडबाई स्वामी, नारी की सलीब।

सर्वेश्वर दयाल सक्सेना : बकरी, लडाई, कल भात आयेगा, अब गरीबी हटाओ।

सुरेन्द्र वर्मा : सेतुबंध, 'नायक, खलनायक और विदूषक', द्रौपदी, सूर्य की अन्तिम किरण से सूर्य की पहली किरण तक, आठवाँ सर्ग, नींद क्यों रात भर नही आती, वे नाक से बोलते हैं, मरणोपरान्त, हरी घास पर घण्टे भर, शनिवार को दो बजे, छोटे सैयद बडे सैयद, शकुन्तला की अंगूठी, एक दूनी एक, कैद-ए-हयात

मणि मधुकर : रस गंधर्व, बुलबुल सराय, दुलारी बाई, खेला पोलमपुर, इकतारे की आँख, सारे सर्वनाम, इलायची बेंगम, सुने बोधिवृक्ष, छत्रभंग (संगीत), फूले मंदे (काव्यनाटिका), सलवटों में संवाद (एकांकी संग्रह)

कुसुम कुमार : ओम क्रान्ति-क्रान्ति, सुनो शेफाली, दिल्ली ऊँची सुनती है, सुनती है, संस्कार को नमस्कार, रावणलीला, मरसिया, पवन चतुर्वेदी की डायरी, मादा मिट्टी।

चिरंजीत (हास्यनाटककार) : बेकारी, संघर्ष

बलराज पण्डित : पाँचवाँ सवार, लोग उदासी, एक और तथागत, जनाने दाँत का अस्पताल।

प्रभाकर श्रोत्रिय : इला, फिर से जहाँपनाह।

शरद जोशी : अंधों का हाथी, एक था गधा उर्फ अलादाद खाँ

शंकर पुण्ताम्बेकर : बचाओ मुझे डॉक्टरों से बचाओ, शीशे के टुकड़े।

विलास गुप्ते : आदमी का गोश्त, आपके कर कमलों से

सतीश जमाली : आदमी आजाद है

आलोक शर्मा : चेहरों का जंगल

लक्ष्मीकान्त वर्मा : आदमी का जहर, अपना अपना जूता

सत्यव्रत सिन्हा : अमृतपुत्र

विनोद रस्तोगी : आजादी के बाद, नया हाथ, बर्फ की मीनार

डॉ० विनय : एक प्रश्न मृत्यु, पहला विद्रोही

सन्तोषकुमार नौटियाल : चाय पार्टियाँ

कणद ऋषि 'भटनागर' : जहर, जनता का सेवक

रमेश उपाध्याय : पेपर वेट

हबीब तनवीर : आगरा बाजार, राज चम्बा और चार भाई, गाँव के नॉव ससुरार मोर नॉव दामाद, ख्याल ठाकुर पृथ्वीपालसिंह, चरनदास चोर

सत्यप्रकाश संगर : दीप से दीप जले

रेवतीशरण शर्मा : अपनी धरती

रामकुमार वर्मा : जग बंग्ला

रघुवीर सहाय : बरनम वन

रामविलास शर्मा : पाप के पुजारी

काशीनाथ सिंह : घोआस

दूधनाथ सिंह : यमगाथा

शीला भाटिया : दर्द आएगा दबे पाँव (फैज के जीवन पर)

बलवन्त गार्गी : चाकू

राजेश जैन : कोयल चली हंस की चाल

शंभूनाथ सिंह : दीवार की वापसी

सुरेन्द्र गुलारी (हास्य नाटककार) : दाल में काला, शाबाश अनारकली

कहानीकार

उषादेवी मित्रा	:	पिंड कहाँ
राहुल सांकृत्यायन	:	सतमी के बच्चे, वोल्गा से गंगा
भगवती चरण वर्मा	:	दो बाँके, मुगलों ने सल्तनत बख्श दी, इन्स्टालमेंन्ट, प्रायश्चित, राख और चिंगारी, प्रजेन्ट्स
राधिकारमण प्रसाद सिंह	:	दरिद्रनारायण, पैसे की घुघनी
भगवती प्रसाद बाजपेयी	:	मिठाई वाला, निंदिया लागी
सुभद्राकुमारी चौहान	:	बिखरे मोती, उन्मादिनी, पापी पेट
'उग्र'	:	देशभक्त, खुदाराम, चिन्गारियां, इन्द्रधनुष, चाकलेट, दोजख की आग, बलात्कार
अमृतलाल नागर	:	गरीब की हाय, नवाबी चक्कर, गोरखधन्धा, कालदण्ड की चोरी
उपेन्द्रनाथ 'अश्क'	:	गोखरू, अंकुर, चट्टान, डाची, पिंजरा, मेमने, काले साहब, कैप्टेन रशीद, टेबुल लैण्ड, जादुई शासन की गति, (संग्रह), कांगडा का तेली
जैनेन्द्र कुमार	:	तत्सत्, जाह्नवी, हत्या, खेल, वातायन, अपना-अपना भाग्य, बाहुबली, ध्रुवतारा, नीलम देश की राजकन्या, कः पन्थः, फाँसी, एक रात, पाजेब, स्पर्धा, दो चिडियाँ, एक दिन, पत्नी
'अज्ञेय'	:	अमरवल्लरी, शरणार्थी, विपथगा, परम्परा, कोठरी की बात, जयदोल, पठार का धीरज, गैंग्रीन, ये तेरे प्रतिरूप, रोज, मेजर चौधरी की वापसी, शत्रु, हिली बोन की बतखें, पुलिस की सीट, कडियाँ, मैना, सिगनिलर, रेल की सीटी, हरसिंगार
'मुक्तिबोध'	:	काठ का सपना, क्लाड ईथरली, विपात्र, सतह से उठता आदमी
यशपाल	:	परदा, मक्रील, कुछ न समझ सका, सूखी गण्डेरी, ज्ञानदान, अभिशप्त, तर्क का तूफान, भस्मावृत चिनगारी, वो दुनियाँ, फूलों का कुर्ता, धर्मयुद्ध,

उत्तराधिकारी, उत्तमी की माँ, तुमने क्यों कहा कि मै सुन्दर हूँ, पिंजरे की उडान, चित्र का शीर्षक, दो मुँह की बात, पाप का कीचड, सच बोलने की भूल।

विद्यालंकार : एक और हिन्दुस्तानी का जन्म हुआ, हूक

विष्णुप्रभाकर : धरती अब भी घूम रही है

कमल जोशी : शीराजी, पत्थर की आँखें

निर्मल वर्मा : परिन्दे, दहलीज, लंदन की एक रात, कुत्ते की मौत, जलती झाडी, बीच बहस में, हिल स्टेशन, लवर्स, एक दिन का मेहमान, पिछली गर्मियों में, कव्वे और कालापानी

राजेन्द्र यादव : शहर के बीच एक वृक्ष, किनारे से किनारे तक, मेहमान, टूटना, अभिमन्यु की आत्महत्या, देवताओं की मूर्तियां, जहाँ लक्ष्मी कैद है, छोटे-छोटे ताजमहल, प्रतीक्षा, ढोल और अपने पार, एक दुनियां: समानान्तर (संग्रह), वहां तक पहुँचने की दौड

मोहन राकेश : कई एक अकेले, पाँचवे माले का लैट, मिस पाल, मलबे मालिक, सेफ्टीपिन, एक और जिन्दगी, जख्म, ठहरा हुआ चाकू, जानवर और जानवर, मवाली,

भीष्मसाहनी : चीफ की दावत, इन्द्रजाल, वांगचू, पहला पाठ, भटकी राख, शोभायात्रा, निशाचरी।

कमलेश्वर : राजा निरबंसिया, खोया हुआ आदमी, तलाश, पीला गुलाब, खोई हुए दिशाएं, एक अश्लील कहानी, नीली झील, मांस का दरिया, इतने अच्छे दिन, देवा की माँ, कस्बे का राजा, हमपेशा

अमरकान्त : जिन्दगी और जोंक, बहादुर, दोपहर का भोजन, डिप्टी कल्कटरी, खलनायक, हत्यारे, बस्ती, मूस, सप्ताहांत, मकान

फणीश्वरनाथ रेणु : तीसरी कसम, लाल पान की बेगम, ठुमरी

कमलाकान्त वर्मा : खंडहर, तकली, पगडण्डी

शैलेश मटियानी : प्यास, घोडे, हारा हुआ

मन्नू भण्डारी : क्षण, यही सच है, आकाश के आईने में, कृषक, मै हार गयी, तीन निगाहों की एक तस्वीर, एक लैट सैलाब, आँखों देखा झूठ, रेत की दीवार, त्रिशंकु, अलगाव, तीसरा आदमी, एखाने आकाश नेई।

शिवानी : सती, करिये छिमा

नरेश मेहता : चाँदनी, अनबीता व्यतीत, तथापि, निशाजी, एक समर्पित महिला

श्रीकान्त वर्मा : टेरसो, टुकडों में बंटी जिन्दगी ठंड

सुरेश सिन्हा : पानी की मीनारें, नीली धुंध के आरपार, कई कुहरे, एक अपरिचित दायरा

मार्कण्डेय : हंसा जाई अकेला, आदर्शो का नायक, बीच लोग, भूदान, माही, गुलरा के बाबा, महुए का पेड, पानफूल

ज्ञानरंजन : फेस के इधर और उधर, घण्ट, बहिर्गमन, एक और अनुभव, पिता, संबंध, रचनाप्रक्रिया, यात्रा, शेष होते हुए, सपना नहीं

शेखर जोशी : दाज्यू, कोसी का घटवार, शुभो दीदी, प्रश्नवाचक आकृतियाँ, मेंटल, बोझ, बच्चे का सपना, गाइड, प्रथम साक्षात्कार, नौरंगी, बीमार है, विड्वा, संवादहीन, किस्सागो, बिरादरी, नेकलेस, निर्णय, आशीर्वचन, डांगरीवाले, बदबू, हलवाहा।

भैरव प्रसाद गुप्त : चाय का प्याला, मंगली की टिकुली, चुपचाप, ज्योतिष, झण्डा बाबा, लोहे की दीवार, सोने का पिंजडा, एक खामोश मौत, अपरिचय का घेरा, यही जिन्दगी है, कदम के नीचे, घुरघुआ, फूल एक मकान एक मौत, आप क्या कर रहे हैं, आँख की पट्टी, चरम बिन्दु

रांगेय राघव : पंच परमेश्वर, गदल

सतीश जमाली : प्रथम पुरूष, सहपाठी, निर्णय, चुनौती

काशीनाथ सिंह : सुधीर घोषाल, कहानी सराय मोहन की, अपना रास्ता लो बाबा, चाय घर में मृत्यु चोट, हस्तक्षेप, सूचना, कविता की नई तारीख, लालकिले का बाज

रमेश उपाध्याय : किसी बहाने

गिरिराज किशोर : नया, चार मोती, बेआब, नीम के फूल, पेपरवेट, रिश्ता

भुवनेश्वर : सूर्यपूजा, भेडिये

इलाचन्द्र जोशी : खंडहर की आत्माएं, डायरी के नीरस पृष्ठ, आहुति, दीवाली और होली

भगवानदास मोरबाल : पहली हत्या, ललिहार, जीने के लिए, सूर्यास्त से पहले

उदयप्रकाश : डिबिया, तिरिछ, हीरालाल का भूत, दद्दू तिवारी, रामसजीवन की प्रेमकथा, टेपचू, वारेन हेस्टिंग्स का साँड, पॉलगोमरा का स्कूटर, दरियाई घोडा और अंत में प्रार्थना, पीली छतरी वाली लड़की, दिल्ली की दीवार

दूधनाथ सिंह : गुप्त दान, रीछ, इंतजार, दुःस्वप्न, आइसबर्ग, सपाट चेहरे वाला आदमी, माई का ,शोकगीत, सुखांत, ममी तुम उदास क्यों हो, प्रतिशोध, रक्तपात

रवीन्द्र कालिया : कहानी अधूरी ही है, छाया मद्ध

जितेन्द्र भादिया : शहादतनामा

मधुकर सिंह : तीसरी सांस, शिकस्त

नीरज सिंह : मोहभंग, उसकी वापसी, जमीन, एक होते हुए, तिलचट्टा

विवेकानन्द : गुंजन शर्मा बीमार है, देर से आई बारात, लाल लकीर, शरीफ लोग, शिवालिंगम्, चोंचले, मटुआ छाया

रघुवीर सहाय : रास्ता इधर से है, जो आदमी हम बना रहे हैं, सीढ़ियों पर धूम में (कहानी, कविता, संस्मरण आदि का संग्रह)

धर्मवीर सहाय : गुलकी बन्नो, सावित्री नम्बर-2, बंद गली का आखिरी मकान, चाँद और टूटते हुए लोग, स्पर्श और पृथ्वी

रामदरश मिश्र : खाली घर, एक वह, दिनचर्या, सर्पदंश, सड़क

मृदुला गर्ग : कितनी कैदें, टुकड़ा-टुकड़ा आदमी उर्फ सैम, डैफोडिल जल रहे हैं,, ग्लेशियर से, शहर के राम, दुनिया का कायदा, उसका विद्रोह

मैत्रीयी पुष्पा : चिन्टार, ललमलियाँ

कृष्णा सोबती : मित्रो मरजानी, डार से बिछुड़ी, यारों की यार, तीन पहाड़, नामपट्टिका का, से लड़की (लंबी कहानियाँ हैं।), बादलों के घेरे (संग्रह)

शिवप्रसाद सिंह : खैरा पीपल कभी न डोले, नन्हो, आरपार की माला, मुर्दासराय, इन्हें इतजार है, दादी माँ, बिन्दा महाराज

उषा प्रियंवदा : वापसी, जिंदगी और गुलाब के फूल, एक कोई दूसरा, फिर बसंत आया

गंगाप्रसाद विमल : प्रश्नचिन्ह्, एक और विदाई

हरिशंकर परसाई : भोलाराम का जीव

अमृतराय : ओर से पहले

मुद्राराक्षस : मुठभेड़

अखिलेश : जलडमरूमध्य, शापग्रस्त

महेन्द्र भल्ला : तीन चार दिन

प्रकाश : अंधेरे के सिलसिले (संग्रह)

गोविन्द्र मिश्र : गिद्ध, आसमान कितना नीला, हताबाज

इसराइल : अर्थहीन

योगेश गुप्त : एन्क्लोजर

वेद राही : हर रोज

अजगर वजाहत : केक

अमितेश्वर : हुक्कापाली, तीलियाँ

दिनेश पालीवाल : तोताचश्य, स्वीकारोक्ति, गिरता जटायु

मंजुल भगत : सफेद कौआ, मृत्यु की ओर, बूँद, गुलमोहर के गुच्छे

रमेश बत्तरा : थप्पड, लडाई

सुरेन्द्रतिवारी : वार्ड नम्बर टू

यादवेन्द्र शर्मा 'चन्द्र' : स्वयं के निगलते हुए, महापुरूष

मंजूर एहतेशाम : तसबीह

विनोदकुमार शुक्ल : महाविद्यालय

अलका सरावगी : कहानी की तलाश में, दूसरी कहानी

मृणाल पाण्डेय : चार दिन की जवानी तेरी, यानि कि एक बात थी, बचुली चौकीदारिन

नाग बोडस : पाजामें में आदमी

कुँवरनारायण : अकारों के आसपास

संजीव : आप यहां हैं

विकल गौतम : शापित गंधर्व

नासिरा शर्मा : खुदा की वापसी

राजी सेठ : यह कहानी नहीं, पुल

विजयमोहन सिंह : शेरपुर 15 मील, एक बंगला बने न्यारा, गमे हस्ती का हो किसके

त्रिलोचन : देशकाल

शानी : इमारत ढहाने वाले

अब्दुल बिस्मिल्लाह : सुलह

निबन्धकार

गुलाबराय : ठलुवा क्लब, फिर निराशा क्यों, मेरी असफलताएं, कुछ उथल कुछ गहरे, मन की बातें, मेरे निबन्ध

निराला : प्रबंध प्रतिमा, चाबुक, चयन, संग्रह

रघुवीर सिंह : शेष कहानियाँ

पदुमलाल : पंचपात्र

पुन्नालाल बख्शी

जयशंकर प्रसाद : काव्य कला और अन्य निबंध

महादेवी वर्मा : शृंखला की कडियाँ, क्षणदा, साहित्यकार की आस्था और अन्य निबंध

प्रेमचन्द : साहित्य का उद्देश्य

गुलेरी : विक्रमादित्य की मूल कथा, अमंगल के स्थान में मंगल शब्द

'अज्ञेय' : आत्मनेपद, भवन्ती, त्रिशंकु, आलावाल, लिखि कागद कोरे, हिन्दी साहित्य, एक आधुनिक परिदृश्य, केन्द्र और परिधि अद्यतन, स्रोत और सेतु, युगसंधियों पर घाट के किनारे, सर्जना और संदर्भ, जाग लिखी, अन्तरा, सब रंग कुछ राग (कुट्टिचातन नाम से)

नन्ददुलारे वाजपेयी : जयशंकर प्रसाद, आधुनिक साहित्य, नया साहित्य : प्रश्न

हजारी प्रसाद द्विवेदी (ललित निबंधकार)

: नाखून क्यों बढते हैं, ठाकुर की बटोर, कालिदास की लालित्य योजना, अशोक के फूल, विचार और वितर्क, कल्पता, विचार-प्रवाह, कुटज, मध्यकालीन धर्मसाधना, आलोकपर्व, शिरीष का फूल, बसंत आ गया, देवदारू, आम फिर बौरा गये आदि।

जैनेन्द्र कुमार : पूर्वोदय, मंथन, समय और हम, जड की बात, साहित्य का श्रेय और प्रेय, सोच-विचार, ये और वे इतस्ततः

शान्तिप्रिय द्विवेदी : संचारिणी, युग और साहित्य, सामयिकी, धरातल, प्रतिष्ठान, आधान, वृन्त और विकास, साकल्य।

दिनकर : अर्द्धनारीश्वर, मिट्टी की ओर, रेती के फूल, हमारी सांस्कृतिक एकता, पंत, प्रसाद और मैथिलीशरण, संस्कृति के चार अध्याय, शुद्ध कविता की खोज, राष्ट्रभाषा और राष्ट्रीय साहित्य

नगेन्द्र : यौवन के द्वार पर, चेतना के बिम्ब, आस्था के चरण, आलोचक की आस्था

रामवृक्ष बेनीपुरी : गेहूँ और गुलाब, बन्दे वाणी विनायकौ

देवेन्द्र सत्यार्थी : धरती गाती है, एक युग एक प्रतीक, रेखायें बोल उठी

भदन्त आनन्द कोसल्यायन : जो भूल न सका

वासुदेवशरण अग्रवाल : पृथ्वीराज, कला और संस्कृति

यशपाल : चक्कर क्लब, देखा सोचा समझ गया, बात बात में बात, गाँधी की शव परीक्षा, न्याय का संघर्ष

बनारसीदास चतुर्वेदी : साहित्य और जीवन, हमारे आराध्य

माखनलाल चतुर्वेदी : अमीर इरादे : गरीब इरादे

कन्हैयालाल मिश्र 'प्रभाकर' : जिन्दगी मुस्कराई, बाजे पायलिया के घुंघरू, कारवां आगे बढ गये, जिन्दगी लहलहायी, माटी हो गयी सोना, महके आँगन चहके द्वार

भगवतशरण 'उपाध्याय' : ठूँठा आम

'अश्क' : मंटो : मेरा दुश्मन

प्रभाकर माचवे : खरगोश के सींग

विद्यानिवास मिश्र (ललित निबंधकार) : तुम चन्दन हम पानी, मेरे राम का मुकुट भीग रहा है, जीवन अलभ्य है, जीवन सौभाग्य है, शिरीष की याद आयी, चितवन की छाँह, आँगन का पंछी और बनजारा मन, मैने सिल पहुँचाई

धर्मवीर भारती : ठेले पर हिमालय, कहनी-अनकहनी, पश्यन्ती

शिवप्रसाद सिंह : शिखरों के सेतु

कुबेरनाथ राय (ललित निबंधकार) : प्रिया नीलकण्ठी, रस आखेटक, गन्धमादन, निषाद बाँसुरी, विषाद योग, दृष्टि अभिसार, कामधेनु

विद्यानिवास मिश्र : हिन्दू धर्म : जीवन में सनातन की खोज, परम्परा बन्धन नही, बसन्त आ गया पर उत्कण्ठा नही, कँटीले तारों के आर पार, संचारिणी, कौन तू फुलवा बीननहारी, अस्मिता के लिये, भ्रमरानन्द के पत्र, अंगद की नियति, कदम की फूली डाल साहित्य की चेतना, महाभारत का काव्यार्थ, लागौ रंग हरी, अग्निरथ, देश-धर्म और साहित्य, तमाल के झरोखे से, व्यक्ति व्यंजना

मुक्तिबोध : नयी कविता का आत्मसंघर्ष, नये साहित्य का सौन्दर्यशास्त्र, समीक्षा की समस्या, एक साहित्यिक की डायरी

विजयदेव नारायण 'साही' : लघुमानव के बहाने हिन्दी कविता पर एक बहस, शमशेर की काव्यानुभूति की बनावट, अपनी-अपनी ढपली अपना-अपना राग, हस्ताक्षर, ठलुवा बुद्धिजीवी, हँसना मना है अतिथि की मूर्खता पर

निर्मल वर्मा : शब्द और स्मृति, कला का जोखिम, हर बारिश में, शताब्दी के ढलते वर्षों में, दूसरे शब्दों में

नेमिचन्द्र जैन : अधूरे साक्षात्कार, रंगदर्शन, बदलते परिप्रेक्ष्य, जनान्तिक

रमेश कुन्तल मेघ : क्योंकि समय एक शब्द है, अथातो सौन्दर्य जिज्ञासा, साक्षी है सौन्दर्य प्राश्किक

राहुल सांकृत्यायन : घुमक्कडशास्त्र, अथातो घुमक्कड जिज्ञासा

रामविलास शर्मा : आस्था और सौन्दर्य, भाषा साहित्य और संस्कृति, विराम चिन्ह, मार्क्सवाद और प्रगतिशील साहित्य, परम्परा का मूल्यांकन, मानव सभ्यता का विकास, भाषा युगबोध और कविता, कथा-विवेचना और गद्यशिल्प, भारत में अंग्रेजीराज और मार्क्सवाद, मार्क्स और पिछडे हुए समाज

विवेकीराय : बबूल, फिर बैतलवा डाल पर, जलूस रूका है, गंवई पाँव की गंध में

रवीन्द्रनाथ त्यागी : शोकसभा, देवदार के पेड, अतिथिकक्ष

हरिशंकर परसाई (व्यंग्यकार) : भूत के पाँव पीछे, विन्दारस, सदाचार का ताबीज, निठल्ले की डायरी, जैसे उनके दिन फिरे

शरद जोशी (व्यंग्यकार) : तिलस्म, जीप पर सवार इल्लिया, यथासंभव, श्रीगणेशाय नमः, भैसन्ह मांह रहता नित, बकुला, हम भ्रष्टन के भ्रष्ट हमारे, सरकार का जादू, बिल्लियों का अर्थशास्त्र, दूतावासों के चक्कर, हर फूल दिल्लीमुख, बंसी वाले का पुजारी, साहित्य का महाबली, बुद्धिजीवी, अर्थब्रहम, नदी में खड़ा कवि, प्रभु हमें डॉक्ट्रेट से बचा, अब मै रीतिकाल की ओर लौट रहा हूँ, मधुबाला से टीवी बाला तक, नये मेघदूत यत्र-तत्र सर्वत्र

भवानी प्रसाद मिश्र : जिन्होंने मुझे रचा, कुछ नीति कुछ राजनीति

रघुवीर सहाय : लिखने का कारण, दिल्ली मेरा परदेश, अर्थात्, और होगें जो मारे जायेंगे, ऊबे हुए सुखी, 'सीढियों पर घूप में' के कुछ निबंध हैं (ये हैं–लेखक के चारों ओर, दिल्ली-बसंत, आदि दिल्ली के एक सम्पादक से भेंट आदि)

श्रीकान्त वर्मा : जिरह

जगदीश चतुर्वेदी : दस्तावेज

अशोक वाजपेयी : फिलहाल, कवि कह गया है

रमेशचन्द्र शाह : समानान्तर, बागार्थ, शैतान के बहाने, साहित्य में आज का गतिरोध, समकालीन रचना में स्वतंत्रता का अर्थ

विष्णु प्रभाकर : हम जिनके ऋणी

जानकी वल्लभ शास्त्री : मन की बात, जो न बिक सकी

कृष्णदत्त पालीवाल : नया सृजन नया बोध

दूधनाथ सिंह : लौट आ ओ धार

गोविन्द मिश्र : परतों के बीच

श्रीनारायण चतुर्वेदी : राजभवन की सिगरेटदानी

लक्ष्मीचन्द्र : कागज की किश्तियां

लक्ष्मीकान्त : मैंने कहा

केदारनाथ अग्रवाल : समय-समय पर

नामवर सिंह : बकलमखुद

कृष्णबिहारी मिश्र : बेहया का जंगल, चुनाव जीत गया गाँव हार गया

विष्णुकान्त शास्त्री : कुछ चन्दन की कुछ कपूर की

मृदुला गर्ग : रंग ढंग

नन्दकिशोर नवल : कविता की मुक्ति, प्रेमचंद का सौन्दर्यशास्त्र, शब्द जहाँ सक्रिया हैं, दृश्यालेख

समालोचक

नंददुलारे वाजपेयी : आधुनिक साहित्य, नया साहित्य-नये प्रश्न, कवि निराला, जयशंकर प्रसाद, राष्ट्रीय साहित्य, प्रकीर्णिका, हिन्दी साहित्य-बीसवीं शताब्दी, महाकवि सूरदास, आधुनिक काव्यः रचना और विचार, सम्पादन - सूरसागर, रामचरितमानस

शान्तिप्रिय द्विवेदी (प्रभाववादी समीक्षा के जनक) : साहित्यकी, कवि और काव्य, सामयिकी, संचारिणी, युग और साहित्य, ज्योति विहग (सुमित्रानन्दन पन्त पर), हमारे साहित्य निर्माता

आचार्य हजारी प्रसाद द्विवेदी (1907-1979 ई॰) : हिन्दी साहित्य की भूमिका (1940), सूर-साहित्य, कबीर (1942), हिन्दी साहित्य का आदिकाल (1952), मध्यकालीन बोध का स्वरूप (1970), मेघदूत एक कहानी, कालिदास की लालित्य योजना, भाषा साहित्य और देश, हिन्दी साहित्य का उद्भव और विकास, संदेश रासक (आलोचना)

डॉ॰ नगेन्द्र (1915-2000 ई॰) : सुमित्रानन्दन पन्त (1938), साकेत : एक अध्ययन (1939), शोध और सिद्धान्त, काव्यबिम्ब, हिन्दी साहित्य की प्रवृतियां, विचार और अनुभूति, रीतिकाव्य की भूमिका, देव और उनकी कविता, रस सिद्धान्त (1964), मिथक और साहित्य, आधुनिक हिन्दी नाटक, कामायनी के अध्ययन की समस्यायें, नयी समीक्षा : नये संदर्भ, साहित्य का समाजशास्त्र, भारतीय सौन्दर्य की भूमिका, आधुनिक हिन्दी कविता की मुख्य प्रवृत्तियां, शैली विज्ञान, भारतीय समीक्षा और आचार्य शुक्ल की काव्य दृष्टि

अनुवाद : अभिनव भारती, वक्रोक्ति जीवत, ध्वन्यालोक तथा नाट्यदर्पण (नगेन्द्र की देख-रेख में आचार्य विश्वम्भर ने किया) अरस्तू का काव्यशास्त्र, काव्य में उदान्त तत्व (द सब्लाइम–लोंजाइनिस), काव्य कला (आर्स पोएतिका - होरेस), पाश्चात्य काव्यशास्त्र की परम्परा (लोसाई क्रिटिकाई - सेन्ट्सबरी)

निराला	: रवीन्द्र कविता कानन, पन्त और पल्लव
सुमित्रानन्दन पन्त	: गद्यपथ, शिल्प और दर्शन, छायावाद पुनर्मूल्यांकन
प्रेमचंद	: साहित्य का उद्देश्य
दिनकर	: पंत, प्रसाद और मैथिलीशरण, शुद्ध कविता की खोज
गुलाबराय	: सिद्धान्त और अध्ययन, काव्य के रूप, अध्ययन और आस्वाद, नवरस
विश्वनाथ प्रसाद मिश्र	: वाङ्मय विमर्श, बिहारी की वाग्विभूति, हिन्दी साहित्य का अतीत, हिन्दी का सम सामयिक साहित्य, हिन्दी नाट्य साहित्य का विकास **संपादन :** घनआनंद ग्रंथावली, पद्माकर ग्रन्थावली, केशव ग्रन्थावली, भिखारीदास ग्रन्थावली, रामचरित मानस
पं॰ कृष्णशंकर शुक्ल	: केशव की काव्यकला, कविवर रत्नाकर
लक्ष्मीनारायण सुधांशु	: काव्य में अभिव्यंजनावाद, जीवन के तत्व और काव्य के सिद्धान्त
रामकुमार वर्मा	: साहित्य समालोचना, कबीर का रहस्यवाद, हिन्दी साहित्य का आलोचनात्मक इतिहास
जनार्दन प्रसाद झा 'द्विज'	: प्रेमचंद की उपन्यास कला
गिरिजादत्त शुक्ल गिरीश	: महाकवि हरिऔध, गुप्त की काव्य धारा
रामनाथ सुमन	: प्रसाद की काव्य कला
सत्येन्द्र	: गुप्तजी की कला

शिवदानसिंह चौहान (पहले मार्क्सवादी आलोचक) : 1937 ई॰ के 'विशाल भारत' में चौहान जी का एक महत्वपूर्ण लेख 'भारत में प्रगतिशील साहित्य की आवश्यकता' छपा था। इनकी प्रमुख पुस्तकें है : प्रगतिवाद, साहित्य की परख, आलोचना के मान, साहित्य की समस्याएं, साहित्यनुशीलन

प्रकाशचंद्र गुप्त (मार्क्सवादी आलोचक) : नया हिन्दी साहित्य, आधुनिक हिंदी साहित्य, हिन्दी सहित्य की जनवादी परम्परा

रामविलास शर्मा (प्रगतिशील आलोचक) : प्राचीन भारत के भाषा-परिवार, मार्क्स और पिछडे हुए समाज, प्रगति और परम्परा, प्रगतिशील साहित्य की समस्याएं, आस्था और सौंन्दर्य, भाषा साहित्य और संस्कृति, मार्क्सवाद और प्राचीन साहित्य का मूल्यांकन, आचार्य रामचन्द्र शुक्ल और हिन्दी आलोचना, महावीर प्रसाद द्विवेदी और हिन्दी नवजागरण, निराला की साहित्य साधना, लोकजागरण और हिन्दी साहित्य, नयी कविता और अस्तित्ववाद, भारतेन्दु हरिश्चन्द्र, भारतेन्दु युग और हिन्दी भाषा की विकास परम्परा, भाषा और समाज, परम्परा का मूल्यांकन, भारतीय इतिहास की समस्याएं, मार्क्सवाद और प्रगतिशील साहित्य, स्वाधीनता और राष्ट्रीय साहित्य, कथा विवेचन और गद्य शिल्प, मार्क्स, त्रातस्की और एशियाई समाज, प्रगतिशील विचारधारा और केदारनाथ अग्रवाल, भारतीय इतिहास और ऐतिहासिक भौतिकवाद, निराला, भारत में अंग्रेजी राज्य और मार्क्सवाद, प्रेमचन्द और उनका युग

अमृतराय (मार्क्सवादी आलोचक) : नयी समीक्षा

नामवरसिंह (प्रगतिशील) : इतिहास और आलोचना, आधुनिक साहित्य की प्रवृत्तियां, छायावाद, कहानी : नई कहानी, कविता के नये प्रतिमान, दूसरी परम्परा की खोज, कला के विकास में अपभ्रंश का योग, वाद विवाद संवाद, काल मार्क्स : कला और साहित्यचिंतन, पृथ्वीराज रासो : भाषा और साहित्य

चन्द्रबली सिंह (प्रगतिशील आलोचक) : लोकदृष्टि और साहित्य

'अज्ञेय' : त्रिशंकु, आत्मनेपद, अद्यतन, संवतसर, कवि-दृष्टि, हिन्दी साहित्य : एक आधुनिक परिदृश्य, लिखि कागद कोरे, सर्जन और संदर्भ, जोग लिखी

पं॰ देवराज : छायावाद का पतन, साहित्य चिन्ता, आधुनिक समीक्षा प्रतिक्रियाएं

इलाचन्द्र जोशी : साहित्य सर्जना, विवेचना, साहित्य सन्तरण, विशेषण, साहित्य चिन्तन

देवराज उपाध्याय : आधुनिक हिन्दी कथा साहित्य और मनोविज्ञान

मुक्तिबोध : कामायनी : एक पुनर्विचार, एक साहित्यिक की डायरी, नयी कविता का आत्म संघर्ष, नये साहित्य का सौन्दर्यशास्त्र, भारत : इतिहास और संस्कृति (प्रतिबंधित)

विजयदेवनारायण साही : इतिहास और परम्परा, गोदान, राजनीति और साहित्य, जनवादी साहित्य, साहित्य क्यों, धर्मसापेक्ष और धर्मनिरपेक्ष तत्वों की तलाश हिन्दी साहित्य और उसके आसपास, 'पद्मावत' (जायसी की रचना 'पद्मावत' की समीक्षा है)

रमेशचन्द्र शाह : छायावाद की प्रासंगिकता, जयशंकर प्रसाद, वागर्थ, समानान्तर भारतीय साहित्य के निर्माता, अज्ञेय : भागर्थ का वैभव

रमेशकुन्तल मेघ : आधुनिकताबोध और आधुनिकीकरण, मध्ययुगीन रसदर्शन, अथातो सौन्दर्य जिज्ञासा, क्योंकि समय एक शब्द है, साक्षी है सौन्दर्य प्राश्निक

नेमिचन्द्र जैन : अधूरे साक्षात्कार, रंगदर्शन, बदलते, परिप्रेक्ष्य, जनान्तिक

मैनेजर पाण्डेय : साहित्य का समाजशास्त्र, साहित्य और इतिहास दृष्टि, भक्ति आंदोलन और सूरदास का काव्य, शब्द और कर्म अनभै साँचा।

रामस्वरूप चतुर्वेदी : मध्ययुगीन हिन्दी काव्यभाषा, नवलेखन, भाषा और संवेदना, अज्ञेयः आधुनिक रचना की समस्या, कामायनीः पुनर्मूल्यांकन, हिन्दी साहित्य और संवेदना का विकास, समकालीन हिन्दी साहित्य : विविध परिदृश्य

लक्ष्मीकान्त वर्मा : नयी कविता के प्रतिमान, नये प्रतिमान पुराने निकष

रवीन्द्रनाथ श्रीवास्तव : शैलीविज्ञान की भूमिका, संरचनात्मक शैली विज्ञान, शैली विज्ञान और हिन्दी का समाजशास्त्र, हिन्दी भाषा के संरचना के विविध आयाम, आलोचना की नयी भूमिका, भाषा विज्ञान : सैद्धान्तिक चिन्तन

धर्मवीर भारती : साहित्य और मानव मूल्य, पश्यन्ती

रघुवंश : साहित्य का नया परिप्रेक्ष्य, आधुनिक साहित्य का परिप्रेक्ष्य

देवीशंकर अवस्थी : विवेक के रंग, नयी कहानी : संदर्भ और प्रकृति, साहित्य विधाओं की प्रकृति

इन्द्रनाथ मदान : प्रेमचन्द : एक विवेचन, आलोचना और काव्य, आधुनिक कविता का मूल्यांकन, आज का हिन्दी उपन्यास, आधुनिकता और हिन्दी आलोचना, महादेवी, कामायनी : मूल्यांकन और मूल्यांकन

बलदेव उपाध्याय : भारतीय साहित्यशास्त्र

रामदहिन मिश्र : काव्य दर्पण, काव्य विमर्श

बच्चनसिंह : समकालीन साहित्य : आलोचना को चुनौती, आलोचक और आलोचना, आधुनिक हिन्दी आलोचना के बीजशब्द, साहित्य का समाजशास्त्र और रूपवाद, आधुनिक हिन्दी साहित्य का इतिहास, हिन्दी साहित्य का दूसरा इतिहास, हिन्दी नाटक

निर्मला जैन : पाश्चात्य साहित्य चिन्तन, इतिहास और आलोचना के वस्तुवादी सरोकार, अंतस्थल का पूरा विप्लव : अंधेरे में, हिन्दी आलोचना की बीसवीं सदी, कविता का प्रतिसंसार, नयी समीक्षा के प्रतिमान, रस सिद्धान्त और सौन्दर्यशास्त्र, आधुनिक साहित्य : मूल्य और मूल्यांकन

विद्यानिवास मिश्र : रीतिविज्ञान, नयी कविता की मुक्तधारा, साहित्य का प्रयोजन

परमानन्द श्रीवास्तव : समकालीन कविता का व्याकरण, शेखर एक जीवनी का महत्व, काव्य शास्त्र

भगीरथ मिश्र : हिन्दी काव्यशास्त्र का इतिहास, हिन्दी रीतिसाहित्य, भारतीय काव्यशास्त्र

आनन्दप्रकाश दीक्षित : रस सिद्धान्त : स्वरूप और विश्लेषण, रस चिन्तन के विविध आयाम

रामानन्द तिवारी : सत्यं शिवम् सुन्दरम्

सुरेशचन्द गुप्त : आधुनिक हिन्दी कवियों के काव्यसिद्धान्त

गिरिजाकुमार माथुर : नयी कविता : सीमायें और संभावनायें

भोलानाथ तिवारी : अभिव्यक्ति विज्ञान

गंगाप्रसाद विमल : समकालीन कहानी का रचना विधान

रामचन्द्र तिवारी : आचार्य रामचन्द्र शुक्ल, हिन्दी गद्य साहित्य

कृष्णदत्त पालीवाल : आचार्य रामचन्द्र शुक्ल का चिन्तन जगत्

जगदीश गुप्त : नयी कविता : शक्ति और सीमा, नयी कविताः स्वरूप और समस्यायें

जगदीशकुमार : शमशेर का काव्यलोक

प्रभाकर श्रोत्रिय : संवाद, रचना एक यातना है, कालयात्री है कविता, मेघदूत : एक अन्तर्यात्रा, जयशंकर प्रसाद की प्रासंगिकता

नरेन्द्र मोहन : लंबी कविता का रचना विधान

केदारनाथ सिंह : आधुनिक हिन्दी कविता में बिम्बविधान, मेरे समय के शब्द

मलयज : कविता से साक्षात्कार

दूधनाथ सिंह : निराला : आत्महंता आस्था

अशोक बाजपेयी : फिलहाल, कविता का गल्प, कविता का जनपद, कवि कह गया है, कुछ पूर्वाग्रह

विश्वनाथ त्रिपाठी : लोकवादी तुलसीदास, हिंदी आलोचना

नन्दकिशोर नवल : निराला और मुक्तिबोध : चार लंबी कवितायें, हिन्दी आलोचना का विकास, महावीर प्रसाद द्विवेदी, मुक्बिोध : ज्ञान और संवेदना, समकालीन हिन्दी कवि

राममूर्ति त्रिपाठी : भारतीय काव्यशास्त्र : नव मूल्यांकन

मार्कण्डेय : कहानी की बात

मधुरेश : आज की हिन्दी कहानी : विचार और प्रतिक्रिया, **सिलसिला :** समकालीन कहानी की पहचान, हिन्दी कहानी : अस्मिता की तलाश, हिन्दी कहानी का विकास, हिन्दी उपन्यास का विकास, यशपाल : एक समर्पित व्यक्तित्व, राहुल का कथाकर्म

रामदरश मिश्र : हिन्दी उपन्यास : एक अन्तर्यात्रा

सुनीति कुमार चटर्जी : भारतीय आर्यभाषा और हिन्दी

हरदेव बाहरी : भाषा विज्ञान

कुमार विमल : सौंन्दर्यशास्त्र के तत्व, कला विवेचन

चंद्रभूषण तिवारी : आलोचना की धार

विजयमोहन सिंह : कथा समय

देवेन्द्रनाथ शर्मा : भाषा विज्ञान की भूमिका, पाश्चात्य काव्यशास्त्र, काव्य के तत्व

प्रेमशंकर : प्रसाद का काव्य, भक्ति काव्य का समाजशास्त्र, भक्तिकाव्य की भूमिका, हिन्दी स्वच्छंदतावादी काव्य

विजयेन्द्र स्नातक : कबीर

मन्नू भण्डारी : संकल्प का सौन्दर्यशास्त्र

शेफालिका : रेणु का कथा संसार

रेखा खरे : निराला की कवितायें और काव्य भाषा

गोपालराम : हिन्दी उपन्यास कोश

अशोक चक्रधर : मुक्तिबोध की कविताई, मुक्तिबोध की समीक्षाई

नलिन विलोचन शर्मा : साहित्य का इतिहास-दर्शन

निर्मल वर्मा : शब्द और स्मृति

विपिन कुमार अग्रवाल : आधुनिकता के पहलू

वस्तुनिष्ठ प्रश्न

1. 'बादल की मृत्यु' एकांकी के रचनाकार हैं–
A. रामकुमार वर्मा B. आचार्य शुक्ल
C. प्रसाद D. विष्णु प्रभाकर

2. धर्मवीर भारती के एकांकी का नाम है–
A. निशानेबाज B. नदी प्यासी थी
C. उपर्युक्त दोनों D. इनमें से कोई नहीं

3. अमृतराय की एकांकी है–
A. राह चलते B. रूसी लोग
C. उपर्युक्त दोनों D. इनमें से कोई नहीं

4. 'एक साहित्यिक की डायरी' के लेखक हैं–
A. अज्ञेय B. मुक्तिबोध
C. धर्मवीर-भारती D. अमृतराय

5. उपन्यास और रचनाकारों को सुमेलित करें–

रचनाकार	उपन्यास
(*i*) राजेन्द्र यादव	(*a*) अंधेरे बंद कमरे
(*ii*) मोहन राकेश	(*b*) एक सड़क सत्तावन गलियाँ
(*iii*) कमलेश्वर	(*c*) आँचल में कोई
(*iv*) वृन्दावन लाल वर्मा	(*d*) कुलटा

	(*i*)	(*ii*)	(*iii*)	(*iv*)
A.	(*a*)	(*d*)	(*c*)	(*b*)
B.	(*b*)	(*d*)	(*c*)	(*a*)
C.	(*d*)	(*a*)	(*b*)	(*c*)
D.	(*b*)	(*a*)	(*d*)	(*c*)

6. 'टेढ़े-मेढ़े रास्ते' उपन्यास के लेखक हैं–
A. रांगेय राघव B. अमृतराय
C. मन्नू भंडारी D. भगवती चरण वर्मा

7. 'निशिकान्त' उपन्यास के लेखक हैं–
A. विष्णु प्रभाकर B. प्रभाकर माचवे
C. नरेश मेहता D. राम नरेश त्रिपाठी

8. 'अपने-अपने अजनबी' उपन्यास लिखा है–
A. मुक्तिबोध B. अज्ञेय
C. चतुरसेन शास्त्री D. शमशेर

9. 'नागार्जुन' के उपन्यास का नाम है–
A. हीरक जयंती B. मशाल
C. जंजीरे D. उपर्युक्त सभी

10. 'दीर्घतपा' उपन्यास लिखा है–
A. नरेश मेहता B. रांगेय राघव
C. रेणु D. मन्नू भण्डारी

11. उषा प्रियंवदा के उपन्यास का नाम है–
A. हम तिनके B. पचपन खम्भे, लाल दीवारें
C. जंगल के फूल D. धूमकेतु

12. भीष्म साहनी का उपन्यास है–
A. सोनल का फूल B. वृषित
C. गंगामैया D. बसन्ती

13. अमृतराय के उपन्यास का नाम है :
A. धुँआ B. छोटे-छोटे पक्षी
C. कुरू-करू स्वाहा D. नई ईमारत

14. 'नवनिधी' किसका कहानी संग्रह है?
A. पंकज बिष्ट B. नागार्जुन
C. प्रेमचंद D. अज्ञेय

15. 'कोठरी की बात' कहानी संग्रह के रचयिता हैं–
A. मुक्तिबोध B. अज्ञेय
C. लाला श्रीनिवासदास D. प्रभाकर माचवे

16. यशपाल के कहानी संग्रह का नाम है–
A. फूलों का कुर्ता B. पिंजड़े की उड़ान
C. उपर्युक्त दोनों D. इनमें से कोई नहीं

17. 'संगीनों का साया' किसका काव्य संग्रह है?
A. प्रभाकर माचवे B. राहुल सांकृत्यायन
C. यशपाल D. अज्ञेय

18. कहानी संग्रह और लेखकों के नाम को सुमेलित करें–

लेखक	कहानी संग्रह
(*i*) मोहन राकेश	(*a*) फिर बसन्त आया
(*ii*) कमलेश्वर	(*b*) पहला पाठ
(*iii*) भीष्म साहनी	(*c*) नए बादल
(*iv*) उषा प्रियंवदा	(*d*) मांस का दरिया

	(*i*)	(*ii*)	(*iii*)	(*iv*)
A.	(*d*)	(*a*)	(*c*)	(*b*)
B.	(*d*)	(*c*)	(*d*)	(*a*)
C.	(*c*)	(*d*)	(*b*)	(*a*)
D.	(*a*)	(*c*)	(*b*)	(*d*)

19. 'मेरी जीवन रेखा' आत्मकथा के रचयिता हैं–
A. हजारी प्रसाद द्विवेदी B. महावीर प्रसाद द्विवेदी
C. राहुल सांकृत्यायन D. प्रभाकर माचवे

20. 'मेरा जीवन साथी' किसकी आत्मकथा है?
A. नंद दुलारे वाजपेयी B. अज्ञेय
C. राम कुमार वर्मा D. प्रेमचंद

21. 'मेरी जीवन यात्रा' किसकी रचना है?
A. नागार्जुन B. राहुल सांकृत्यायन
C. महावीर प्रसाद द्विवेदी D. मुक्तिबोध

22. 'आत्मकथा' किसकी रचना है?
A. महात्मा गाँधी B. जवाहर लाल नेहरू
C. डॉ॰ राजेन्द्र प्रसाद D. लाल बहादुर शास्त्री

23. 'मेरी आत्म कहानी' आत्मकथा किसने लिखी है?
A. चतुरसेन शास्त्री B. महावीर प्रसाद द्विवेदी
C. राहुल सांकृत्यायन D. महात्मा गाँधी

24. 'सौष्ठववादी' किसकी समीक्षा पद्धति को कहा जाता है?
A. डॉ॰ नगेन्द्र B. हजारी प्रसाद द्विवेदी
C. आचार्य शुक्ल D. नंद दुलारे वाजपेयी

25. रामविलास शर्मा द्वारा लिखित है–
A. प्रगति और परम्परा B. भाषा, युगबोध और कविता
C. परम्परा का मूल्यांकन D. उपर्युक्त सभी

26. 'भारतीय साहित्य के इतिहास की समस्याएँ' लिखा है–
A. राम कुमार वर्मा B. राम विलास शर्मा
C. नंद दुलारे वाजपेयी D. हजारी प्रसाद द्विवेदी

27. 'पाप के पुजारी' नाटक के रचयिता हैं–
A. प्रभाकर माचवे B. दिनकर
C. रामविलास शर्मा D. नरेश मेहता

28. 'आचार्य रामचन्द्र शुक्ल और हिन्दी आलोचना' लिखा है–
A. डॉ॰ नगेन्द्र B. रामविलास शर्मा
C. हजारी प्रसाद द्विवेदी D. नामवर सिंह

29. 'मार्क्स, त्रात्सकी और एशियाई समाज' लिखा है–
A. रामकुमार वर्मा B. डॉ॰ नगेन्द्र
C. हजारी प्रसाद द्विवेदी D. राम विलास शर्मा

30. 'ऐन्दुई हिन्दुस्तानी' का प्रकाशन हुआ–
A. 1849 ई॰ B. 1839 ई॰
C. 1832 ई॰ D. 1843 ई॰

31. रीतिकाव्य की भूमिका किसने लिखी?
A. रामविलास शर्मा B. डॉ॰ राम कुमार वर्मा
C. आचार्य शुक्ल D. डॉ॰ नगेन्द्र

32. शुक्ल जी ने रासो शब्द की उत्पत्ति किसके द्वारा मानी है?
A. रास शब्द से B. रासक शब्द से
C. रसायण शब्द से D. रस शब्द से

33. रोमांस शब्द आया है–
A. अंग्रेजी भाषा में B. यूनानी भाषा में
C. जर्मन भाषा में D. फ्रांसीसी भाषा में

34. भारत में रोमांटिक कथाओं का उद्भव काल माना जाता है–
A. हड़प्पा काल से B. वेद काल से
C. महाभारत काल से D. आदि काल से

35. 'विकलांग श्रद्धा का दौर' के लेखक हैं–
A. प्रभाकर माचवे B. नरेश मेहता
C. बालकृष्ण भट्ट D. हरिशंकर परसाई

36. परसाई जी की कृति है–
A. निठल्ले की डायरी B. तुलसी भूषण
C. राम रत्नाकर D. रुक्मिणी परिणय

37. भारतेन्दु की भक्ति परक रचना का नाम है–
A. भक्त सर्वस्त B. रुक्मिणी परिणय
C. उपर्युक्त दोनों D. इनमें से कोई नहीं

38. भारतेन्दु की प्रेम संबंधी रचना का नाम है–
A. प्रेम सरोवर B. प्रेम मालिका
C. उपर्युक्त दोनों D. इनमें से कोई नहीं

39. अम्बिका दत्त व्यास की प्रसिद्ध कृति का नाम है–
A. षटऋतु B. प्रेमतरंग
C. प्रेम माधुरी D. बिहारी बिहार

40. 'प्रेम पथिक' के रचनाकार हैं–
A. अम्बिकादत्त व्यास B. नरेश मेहता
C. ठाकुर जगमोहन सिंह D. वियोगी हरि

41. 'बैशाख माहात्म्य' रचना हैं–
A. बालकृष्ण भट्ट B. भारतेन्दु
C. वियोगी हरि D. ठाकुर जगमोहन सिंह

42. 'नये जमाने की मुकरी' के रचनाकार का नाम है–
A. अम्बिकादत्त व्यास B. प्रताप नारायण मिश्र
C. बद्रीनारायण चौधरी D. भारतेन्दु

43. 'हिन्दी हिन्दू, हिन्दुस्तान' के रचयिता हैं–
A. भारतेन्दु B. प्रतापनारायण मिश्र
C. वियोगी हरि D. अम्बिकादत्त व्यास

44. नीचे कुछ रचनाकारों और रचनाओं के नाम दिए जा रहे हैं, उन्हें सुमेलित करें।

रचनाकार	रचना
(*i*) प्रताप नारायण मिश्र	(*a*) युगल स्त्रोत
(*ii*) राधाचरण गोस्वामी	(*b*) शिवशम्भू के चिट्ठे
(*iii*) बालमुकुन्द गुप्त	(*c*) नव भक्त माल
(*iv*) बद्री नारायण चौधरी	(*d*) मन की लहर

	(*i*)	(*ii*)	(*iii*)	(*iv*)
A.	(*d*)	(*b*)	(*a*)	(*c*)
B.	(*d*)	(*c*)	(*b*)	(*a*)
C.	(*b*)	(*c*)	(*a*)	(*d*)
D.	(*a*)	(*b*)	(*c*)	(*d*)

45. खड़ी बोली के लिए सशक्त आंदोलन चलाया–
A. आचार्य शुक्ल B. हजारी प्रसाद द्विवेदी
C. महावीर प्रसाद द्विवेदी D. नंद दुलारे वाजपेयी

46. 'विरहिणी ब्रजांगना' के रचयिता हैं–
A. माखनलाल चतुर्वेदी B. मैथिलीशरण गुप्त
C. दिनकर D. श्रीधर पाठक

47. 'मिलन' किसकी रचना है?
A. राम नरेश त्रिपाठी B. रामचरित उपाध्याय
C. श्रीधर पाठक D. मैथिलीशरण गुप्त

48. 'शाकुन्तलम्' के रचयिता हैं–
A. दिनकर B. केदारनाथ अग्रवाल
C. माखनलाल चतुर्वेदी D. मैथिलीशरण गुप्त

49. 'काव्य मंजूषा' और 'सुमन' किसकी पद्य रचनाएँ हैं?
A. महावीर प्रसाद द्विवेदी B. प्रसाद
C. मैथिलीशरण गुप्त D. अज्ञेय

50. मैथिलीशरण गुप्त की पद्य रचना है–
A. किसान B. स्वर्गीय पीपा
C. प्रेम प्रबंध D. रस कलश

51. 'पारिजात' महाकाव्य किसके द्वारा रचित है?
A. मैथिलीशरण गुप्त B. सियाराम शरण गुप्त
C. हरिऔध D. श्रीधर पाठक

52. प्रिय प्रवास आधारित है–
A. स्कंध पुराण पर B. उपनिषद पर
C. महाभारत पर D. भागवत पुराण पर

53. 'दिवस का अवसान समीप था' कहाँ से उद्‌धृत है?
A. प्रिय प्रवास से B. करुणालय से
C. झरना से D. युगांत से

54. सियाराम शरण गुप्त की रचना है–
A. मौर्य विजय B. रसिक रहस्य
C. विष्णुप्रिया D. स्वदेश संगीत

55. 'वीर क्षत्राणी' के रचनाकार हैं–
A. देवी प्रसाद पूर्ण B. सियाराम शरण गुप्त
C. लाला भगवानदीन D. रामचरित उपाध्याय

56. 'महामानव' प्रबंध काव्य किसने लिखा?
A. मोहन लाल महतो वियोगी B. गुरुभक्त सिंह
C. मैथिलीशरण गुप्त D. ठाकुर प्रसाद सिंह

57. 'छायावाद को स्थूल के प्रति सूक्ष्म का विद्रोह' किसने माना है–
A. आचार्य शुक्ल B. हजारी प्रसाद द्विवेदी
C. नंद दुलारे वाजपेयी D. डॉ॰ नगेन्द्र

58. छायावाद पर किसका प्रभाव है?
A. द्वैतवाद का B. अद्वैतवाद का
C. विशिष्ट द्वैतवाद का D. मार्क्सवाद का

59. किसे 'भारतीय आत्मा' कहा जाता है?
A. दिनकर B. मैथिलीशरण गुप्त
C. प्रसाद D. माखनलाल चतुर्वेदी

60. 'उच्छ्‌वास' किसका काव्य संग्रह है?
A. प्रसाद B. निराला
C. हरिऔध D. पंत

61. छायावाद की प्रथम कृति का नाम है–
A. आँसू B. गुंजन
C. झरना D. पल्लव

62. रजत शिखर और शिल्पी किसके द्वारा लिखे गए?
A. निराला द्वारा B. प्रसाद द्वारा
C. पंत द्वारा D. महादेवी वर्मा

63. 'ग्रंथि' काव्य संग्रह के रचयिता हैं–
A. निराला B. पंत
C. मैथिलीशरण गुप्त D. प्रसाद

64. 'चित्रलेखा' के रचयिता हैं–
A. चन्द्रधर शर्मा 'गुलेरी' B. भगवती चरण वर्मा
C. जैनेन्द्र D. प्रसाद

65. बच्चन जी की प्रमुख काव्य कृति है–
A. निशा निमंत्रण B. अभिशाप
C. चित्राधार D. महाराणा का महत्व

66. 'सृजन के क्षण' किसका प्रमुख काव्य है?
A. अज्ञेय B. मुक्तिबोध
C. भगवतीचरण वर्मा D. दिनकर

67. 'महाराणा का महत्व' किसकी रचना है?
A. निराला B. प्रसाद
C. पंत D. केदारनाथ अग्रवाल

68. 'हिमकिरीटिनी' किसका प्रसिद्ध काव्य संग्रह है?
A. धूमिल B. आरसी प्रसाद सिंह
C. माखनलाल चतुर्वेदी D. दिनकर

69. 'उर्मिला' किसका काव्य संग्रह है?
A. प्रेमचंद B. भारतेंदु
C. मैथिलीशरण गुप्त D. नवीन जी

70. द्वन्द्व गीत किसका काव्य संग्रह है?
A. जगन्नाथ प्रसाद मिलिन्द B. दिनकर
C. माखनलाल चतुर्वेदी D. देवराज दिनेश

71. 'इतिहास के आँसू' काव्य संग्रह के रचयिता हैं–
A. दिनकर B. माखनलाल चतुर्वेदी
C. मैथिलीशरण गुप्त D. हरिवंश राय बच्चन

72. 'स्वर्णोदय' और 'कर्ण' किसका काव्य संग्रह है?
A. हरिऔध B. श्रीधर पाठक
C. मुक्तिबोध D. केदारनाथ मिश्र

73. 'ऋतुम्भरा' किसका काव्य संग्रह है?
A. माखन लाल चतुर्वेदी B. प्रसाद
C. सुभद्रा कुमारी चौहान D. दिनकर

74. 'मेघगीत' व 'अवन्तिका' किसका काव्य संग्रह है?
A. देवकी नंदन विभव B. जानकी वल्लभ शास्त्री
C. महेश चंद प्रसाद D. सुभद्रा कुमारी चौहान

75. 'रूप रश्मि' किसका काव्य संग्रह है?
A. हरिकृष्ण B. शम्भूनाथ सिंह
C. देवकी नंदन विभव D. नवीन

76. कवि और उनके काव्य संग्रह को सुमेलित करें–

कवि	काव्य संग्रह
(*i*) नरेन्द्र शर्मा	(*a*) प्रवास के गीत
(*ii*) उपेन्द्रनाथ 'अश्क'	(*b*) उर्मियां
(*iii*) विद्यावती कोकिल	(*c*) कुसुमांजलि
(*iv*) देवकी नंदन विभव	(*d*) सुहागिन

	(*i*)	(*ii*)	(*iii*)	(*iv*)
A.	(*a*)	(*b*)	(*c*)	(*d*)
B.	(*d*)	(*a*)	(*c*)	(*b*)
C.	(*a*)	(*b*)	(*d*)	(*c*)
D.	(*b*)	(*d*)	(*c*)	(*a*)

77. 'आधुनिक कवि' किसका काव्य संग्रह है?
A. दिनकर B. भारतेन्दु
C. हरिऔध D. उपेन्द्रनाथ 'अश्क'

78. पेरिस में प्रगतिशील लेखक संघ की स्थापना कब हुई?
A. 1931 ई॰ B. 1932 ई॰
C. 1934 ई॰ D. 1935 ई॰

79. निराला की भिक्षुक, विधवा और बादल कविताएँ संग्रहीत हैं–
A. अनामिका में B. परिमल में
C. गीतिका में D. तुलसीदास में

80. 'मधुकण' किसका काव्य संग्रह है?
A. दिनकर B. भगवती चरण वर्मा
C. पंत D. प्रसाद

81. कालक्रम से हिन्दी के प्रथम प्रगतिवादी कवि हैं–
A. केदारनाथ अग्रवाल B. रांगेय राघव
C. रामेश्वर करूण D. रामविलास शर्मा

82. कवि और उनके द्वारा रचित काव्य संग्रह को सुमेलित करें।

कवि	काव्य संग्रह
(*i*) केदारनाथ अग्रवाल	(*a*) युगधारा
(*ii*) नागार्जुन	(*b*) रूप तरंग
(*iii*) रामविलास शर्मा	(*c*) नींद के बादल
(*iv*) शिवमंगल सिंह	(*d*) कल्लोल

	(*i*)	(*ii*)	(*iii*)	(*iv*)
A.	(*a*)	(*b*)	(*d*)	(*c*)
B.	(*a*)	(*c*)	(*b*)	(*d*)
C.	(*d*)	(*a*)	(*c*)	(*b*)
D.	(*b*)	(*c*)	(*a*)	(*d*)

83. 'अजेय खण्डहर' काव्य संग्रह है–
A. रांगेय राधव B. नागार्जुन
C. रामविलास शर्मा D. माखनलाल चतुर्वेदी

84. 'दूब के आंसू' किसका काव्य संग्रह है?
A. रणजीत B. सुदर्शन
C. कमलेश D. मुक्तिबोध

85. 'नई कविता' नाम का प्रचार किया–
A. कमलेश ने B. डॉ. जगदीश गुप्त ने
C. हरिनारायण विद्रोही D. अज्ञेय ने

86. 'नई कविता' पत्रिका का संपादन वर्ष है–
A. 1952 ई. B. 1953 ई.
C. 1954 ई. D. 1955 ई.

87. नकेनवादी परम्परा के प्रतिनिधि कवि हैं–
A. नलिन विलोचन शर्मा B. केसरी कुमार
C. नरेश मेहता D. उपर्युक्त सभी

88. प्रतीकवाद की स्थापना कहाँ हुई?
A. इटली B. फ्रांस
C. जर्मनी D. यूनान

89. बिम्बवाद की स्थापना हुई–
A. इंग्लैंड B. यूनान
C. जर्मनी D. फ्रांस

90. दादावाद के विकसित रूप को कहते हैं–
A. प्रयोगवाद B. यथार्थवाद
C. अतियथार्थवाद D. आदर्शवाद

91. 'भग्नदूत' किसका काव्य संग्रह है?
A. मुक्तिबोध B. अज्ञेय
C. माखन लाल चतुर्वेदी D. कमलेश

92. 'मंजीर' काव्य संग्रह के रचयिता हैं–
A. प्रयाग नारायण त्रिपाठी B. दिनकर
C. गिरिजा कुमार माथुर D. रामस्वरूप चतुर्वेदी

93. 'सात गीत वर्ष' किसका काव्य संग्रह है?
A. गिरिजा कुमार माथुर B. नलिन विलोचन
C. लक्ष्मीकांत वर्मा D. धर्मवीर भारती

94. 'जागते रहो' किसका काव्य-संग्रह है?
A. गिरिजा कुमार माथुर B. केदारनाथ अग्रवाल
C. भारतभूषण अग्रवाल D. दिनकर

95. नीचे कवि और उसके काव्य संग्रह को सुमेलित करें।

कवि	काव्य संग्रह
(*i*) शमशेर	(*a*) मेपल
(*ii*) डॉ. रघुवीर सहाय	(*b*) कुछ कविताएँ, कुछ और कविताएँ
(*iii*) दुष्यंत कुमार	(*c*) लोग भूल गए हैं
(*iv*) प्रभाकर माचवे	(*d*) सूर्य का स्वागत

	(*i*)	(*ii*)	(*iii*)	(*iv*)
A.	(*a*)	(*b*)	(*d*)	(*c*)
B.	(*b*)	(*c*)	(*a*)	(*d*)
C.	(*d*)	(*b*)	(*c*)	(*a*)
D.	(*b*)	(*c*)	(*d*)	(*a*)

96. 'चन्द्रगुप्त मौर्य' रचना की–
A. बालकृष्ण शर्मा B. श्याम नारायण प्रसाद
C. नटवर लाल सनेही D. राम खेलावन

97. 'संशय की एक रात' के रचनाकार हैं–
A. नवीन B. नरेश मेहता
C. दिनकर D. मुक्तिबोध

98. 'दिग्विजय' के रचयिता हैं–
A. अरूण पोद्धार B. आचार्य तुलसी
C. कमलेश D. बलदेव प्रसाद मिश्र

99. नीचे रचनाकार और रचनाओं को सुमेलित करें–

रचनाकार	रचना
(*i*) नागार्जुन	(*a*) सुवर्णा
(*ii*) नरेन्द्र शर्मा	(*b*) भस्मांकुर
(*iii*) परमानंद	(*c*) उत्तरायण
(*iv*) रामकुमार वर्मा	(*d*) निष्कासिका

	(*i*)	(*ii*)	(*iii*)	(*iv*)
A.	(*b*)	(*a*)	(*c*)	(*d*)
B.	(*b*)	(*a*)	(*d*)	(*c*)
C.	(*a*)	(*d*)	(*c*)	(*b*)
D.	(*c*)	(*a*)	(*d*)	(*b*)

100. नीचे रचनाकार और रचनाओं को सुमेलित करें–

रचनाकार	रचना
(*i*) नरेश मेहता	(*a*) सत्यकाम
(*ii*) सुमित्रानंदन पंत	(*b*) प्रणभंग
(*iii*) दिनकर	(*c*) महाप्रस्थान
(*iv*) भारतभूषण अग्रवाल	(*d*) अग्निलीक

	(*i*)	(*ii*)	(*iii*)	(*iv*)
A.	(*a*)	(*b*)	(*c*)	(*d*)
B.	(*b*)	(*a*)	(*d*)	(*c*)
C.	(*a*)	(*d*)	(*c*)	(*b*)
D.	(*c*)	(*a*)	(*d*)	(*b*)

101. नीचे दिए गए रचनाकार और रचनाओं को सुमेलित करें–

रचनाकार	रचना
(i) भवानी प्रसाद मिश्र	(a) कालजयी
(ii) पंत	(b) पुरूषोत्तम राम
(iii) नरेंद्र शर्मा	(c) द्रौपदी
(iv) केदार नाथ मिश्र	(d) ऋतुम्भरा

	(i)	(ii)	(iii)	(iv)
A.	(a)	(d)	(c)	(b)
B.	(a)	(b)	(d)	(c)
C.	(c)	(a)	(d)	(b)
D.	(a)	(b)	(c)	(d)

102. 'सारथी' के रचनाकार हैं–

A. अनूपशर्मा
B. भारतभूषण अग्रवाल
C. राम गोपाल शर्मा
D. नरेन्द्र शर्मा

103. नीचे रचनाकारों और रचनाओं को सुमेलित करें?

रचनाकार	रचना
(i) बालकृष्ण शर्मा नवीन	(a) कालजयी (प्रबंध काव्य)
(ii) देवेन्द्र शर्मा	(b) प्राण अपर्ण
(iii) उपेन्द्रनाथ 'अश्क'	(c) सुनंदा (प्रबंध काव्य)
(iv) सियाराम शरण गुप्त	(d) चांदनी रात

	(i)	(ii)	(iii)	(iv)
A.	(a)	(b)	(d)	(c)
B.	(b)	(a)	(d)	(c)
C.	(c)	(a)	(d)	(b)
D.	(d)	(b)	(a)	(c)

104. 'नई कविता' के प्रमुख कवि हैं-

A. दिनकर B. प्रसाद
C. निराला D. अज्ञेय

105. नवगीत के प्रवर्तन का श्रेय किसे है?

A. राजेन्द्र प्रसाद सिंह B. अज्ञेय
C. डॉ. देवराज D. शमशेर

106. प्रज्ञा नामक साहित्यिक संस्था है–

A. कोलकाता में B. इलाहाबाद में
C. दिल्ली में D. मेरठ में

107. रंगायन संस्था है–

A. मुम्बई में B. कोलकाता में
C. दिल्ली में D. हैदराबाद में

108. साहित्यिक संस्था कहाँ है?

A. मुम्बई B. दिल्ली
C. बनारस D. कोलकाता

109. नवगीत परम्परा में सर्वाधिक प्रसिद्धि किसे मिली?

A. राजेन्द्र प्रसाद सिंह B. अज्ञेय
C. नीरज D. इनमें से कोई नहीं

110. नीचे दिए गए कवि और उनके काव्य संग्रह को सुमेलित करें।

कवि	काव्य संग्रह
(i) नीरज	(a) संघर्ष
(ii) रवीन्द्र भ्रमर	(b) सोन मछरी मन बसो
(iii) राजेन्द्र प्रसाद सिंह	(c) मिट्टी बोलती है
(iv) रमेश रंजक	(d) संजीवनी कहाँ

	(i)	(ii)	(iii)	(iv)
A.	(a)	(b)	(c)	(d)
B.	(a)	(d)	(b)	(c)
C.	(b)	(c)	(a)	(d)
D.	(a)	(b)	(d)	(c)

111. नीचे दिए गए कवि और उनकी रचनाओं को सुमेलित करें–

कवि	रचना
(i) रामदरश मिश्र	(a) मेंहदी और महावर
(ii) जगदीश श्रीवास्तव	(b) वंशी और बादल
(iii) ठाकुर प्रसाद सिंह	(c) कंधे पर सूरज
(iv) उमाकांत मालवीय	(d) तारीख

	(i)	(ii)	(iii)	(iv)
A.	(c)	(b)	(a)	(d)
B.	(a)	(b)	(d)	(c)
C.	(c)	(d)	(b)	(a)
D.	(d)	(b)	(a)	(c)

112. अभिव्यक्ति पत्रिका का प्रकाशन किसने किया?

A. उमाकांत मालवीय B. जगदीश श्रीवास्तव
C. इंद्रनाथ मदान D. श्याम परमार

113. ओम ने किस पत्रिका का सम्पादन किया?

A. भारत दर्पण B. विशाल भारत
C. भारत मिश्र D. उपर्युक्त सभी

114. जगदीश चतुर्वेदी किसके अन्तर्गत आते हैं?

A. प्रगतिवाद B. प्रयोगवाद
C. नई कविता D. अकविता

115. राजकमल चौधरी आते हैं–

A. नई कविता B. अकविता
C. छायावाद D. प्रगतिवाद

116. 'संघर्षमूलक' या 'वाम कविता' का प्रवर्तक किसे माना जाता है?

A. राजेन्द्र प्रसाद सिंह B. जगदीश श्रीवास्तव
C. शलभ श्री राम सिंह D. रवीन्द्र भ्रमर

117. 'चिंता' और 'पूर्वा' किसकी कविताएँ हैं–

A. प्रसाद B. अज्ञेय
C. निराला D. मुक्तिबोध

118. नवल किशोर का किस पत्रिका से संबंध है?

A. नया प्रतीक B. युयुत्सा
C. प्रतीक D. कविता

119. वातायन पत्रिका का सम्पादन कौन करता था?

A. जगदीश चतुर्वेदी B. इंद्रनाथ मदान
C. शलभ श्री राम सिंह D. हरीश मादानी

120. आज की कविता आंदोलन चलाया–
A. राजकमल चौधरी B. जगदीश चतुर्वेदी
C. हरीश मादानी D. नवल किशोर

121. वीरेंद्र कुमार जैन किस पत्रिका का प्रकाशन करते थे?
A. भारती B. आर्य दर्पण
C. नया प्रतीक D. सैनिक

122. सहज कविता आंदोलन के प्रवर्तक हैं–
A. रवीन्द्र भ्रमर B. परमानंद श्रीवास्तव
C. रामदरश मिश्र D. विश्वनाथ त्रिपाठी

123. इसमे कौन-सा रीति ग्रंथ है?
A. चुभते चौपदे B. चोखे चौपदे
C. रस कलश D. बोलचाल

124. 'त्रिशूल' उपनाम से काव्य रचना किया करते थे?
A. गया प्रसाद शुक्ल B. रामचरित उपाध्याय
C. रायदेवी प्रसाद 'पूर्ण' D. सैयद अमीर अली 'मीर'

125. मैथिलीशरण गुप्त की प्रथम रचना का नाम बतावें–
A. झंकोर B. पंचवटी
C. जयद्रथ वध D. वृत्त-संहार

126. आचार्य रामचन्द्र शुक्ल खड़ी बोली की पहली पुस्तक कौन-सी मानते हैं?
A. श्रांत पथिक B. उजड़ ग्राम
C. एकांतवासी योगी D. इनमें से कोई नहीं

127. 'प्रिय-प्रवास' की विशेषता नहीं है–
A. संस्कृत के वर्ण वृत्त B. कोमलकांत पदावली
C. खंडकाव्य D. भाव व्यंजनात्मय

128. 'नागरी तेरी यह दशा' कविता के रचयिता हैं–
A. अयोध्या सिंह उपाध्याय B. भारतेन्दु हरिशचंद्र
C. अम्बिकादत्त व्यास D. महावीर प्रसाद द्विवेदी

129. महावीर प्रसाद द्विवेदी मूलतः किससे प्रभावित थे?
A. कीट्स B. वर्डस्वर्थ
C. शैली D. क्रोचे

130. महावीर प्रसाद द्विवेदी की काव्य-रचना की विशेषता नहीं है–
A. वर्डसवर्थ का प्रभाव B. इतिवृत्तात्मकता
C. संस्कृत वृतों का प्रयोग D. गद्यात्मकता

131. द्विवेदी-युग में समस्या पूर्ति का केन्द्र था–
A. बनारस B. कानपुर
C. इलाहाबाद D. मेरठ

132. मैथिलीशरण गुप्त के काव्य की विशेषता नहीं है–
A. इतिवृत्तात्मकता B. मात्रिक छन्द
C. संस्कृत वृत्तों का प्रयोग D. खड़ी बोली का प्रयोग

133. कुणाल-गीत के रचयिता का नाम बतावें।
A. माखनलाल चतुर्वेदी B. मैथिलीशरण गुप्त
C. मुक्तिबोध D. दिनकर

134. 'उर्वशी' महाकाव्य के रचयिता हैं–
A. बालकृष्ण शर्मा B. दिनकर
C. रामनरेश त्रिपाठी D. विश्वनाथ त्रिपाठी

135. बालकृष्ण शर्मा नवीन की रचना नहीं है–
A. हल्दी घाटी B. क्वासि
C. उर्वशी D. विप्लव ग्राम

136. जयद्रथ वध का प्रकाशन वर्ष बतावें–
A. 1905 B. 1910
C. 1912 D. 1913

137. मैथिलीशरण गुप्त की रचना नहीं है–
A. पंचवटी B. विष्णुप्रिया
C. करूणा कादम्बिनी D. वृत-संहार

138. 'प्रथम रश्मि का आना' कविता पंत के किस संग्रह से है–
A. वीणा B. पल्लव
C. ग्रन्थि D. इनमे से कोई नहीं

139. रवीन्द्र नाथ टैगोर-कृत गीतांजलि को नोबेल पुरस्कार कब मिला?
A. 1903 ई. B. 1907 ई.
C. 1909 ई. D. 1913 ई.

140. 'राम की शक्ति पूजा' पर किसका प्रभाव है?
A. बांग्ला रामायण B. वाल्मीकी रामायण
C. रामचरित मानस D. रामचन्द्रिका

141. सरोज स्मृति का रचना वर्ष क्या है?
A. 1935 B. 1936
C. 1937 D. 1934

142. 'पंत' का आरम्भिक काव्य-ग्रंथ है–
A. ग्रंथि B. गुंजन
C. उच्छ्वास D. वीणा

143. 'हिमतरंगिनी' के रचयिता हैं–
A. दिनकर B. माखनलाल चतुर्वेदी
C. रामनरेश त्रिपाठी D. सियाराम शरण गुप्त

144. कौन 'कवि सम्राट' की उपाधि से विभूषित हुआ?
A. माखनलाल चतुर्वेदी B. मैथिलीशरण गुप्त
C. दिनकर D. महावीर प्रसाद द्विवेदी

145. नीहार काव्य संग्रह के रचयिता हैं–
A. सुमित्रानंदन पंत B. महादेवी वर्मा
C. रामचरित उपाध्याय D. श्रीकांत वर्मा

146. सुमित्रानंदन पंत को ज्ञानपीठ पुरस्कार प्राप्त हुआ–
A. कला और बूढ़ा चाँद B. चिदम्बरा
C. पल्लव D. युगांत

147. 'मधुकण' कृति के रचयिता हैं–
A. भगवतीचरण वर्मा B. रामकुमार वर्मा
C. महादेवी वर्मा D. दिनकर

148. 'बादल-राग' कविता के कवि हैं–
A. नागार्जुन B. निराला
C. पंत D. केदारनाथ अग्रवाल

149. 'मांझी न बजाओ वंशी' कविता किस कवि की है?
A. केदारनाथ अग्रवाल B. रामविलास शर्मा
C. शिवमंगलसिंह सुमन D. त्रिलोचन शास्त्री

150. 'वैद्यनाथ मिश्र' किस कवि का उपनाम है?
A. रांगेय राधव B. सर्वेश्वर दयाल सक्सेना
C. नागार्जुन D. केदारनाथ सिंह

151. 'यात्री' नाम से नागार्जुन किस भाषा में कविता लिखते थे?
A. खड़ी बोली B. मैथिली
C. उर्दू D. ब्रजभाषा

152. दूसरा तार-सप्तक के कवि नहीं हैं–
A. हरिनारायण व्यास B. शमशेर बहादुर सिंह
C. भवानी प्रसाद मिश्र D. अज्ञेय

153. प्रथम तार-सप्तक के कवि नहीं है–
A. शकुंतला माथुर B. मुक्तिबोध
C. रामविलास शर्मा D. प्रभाकर माचवे

154. पृथ्वी-कल्प काव्य-नाटक के रचयिता हैं–
A. शमशेर बहादुर सिंह B. गिरिजा कुमार माथुर
C. भारतभूषण अग्रवाल D. प्रभाकर माचवे

155. जापानी लोक कथा पर आधारित कविता है–
A. शब्द B. असाध्य वीणा
C. अँधेरे में D. ब्रह्मराक्षस

156. 'मन' का राग कविता के रचनाकार हैं–
A. भारतभूषण अग्रवाल B. शमशेर
C. जगदीश गुप्त D. बालकृष्ण भट्ट

157. फैंटेसी शिल्प पर आधारित रचनाकार का नाम बतावें।
A. भवानी प्रसाद मिश्र B. मुक्तिबोध
C. शमशेर बहादुर सिंह D. गिरिजा कुमार माथुर

158. 'कनुप्रिया' कृति का काव्य-रूप है–
A. प्रबंध B. मुक्तक
C. खंड काव्य D. गीतिनाट्य

159. 'नई कविता' पत्रिका का प्रकाशन स्थल है–
A. काशी B. प्रयाग
C. कोलकाता D. कानपुर

160. 'अमर का राग' कविता का काव्य-रूप है–
A. प्रगीत B. गीत
C. काव्य-नाटक D. लंबी कविता

161. 'अतुकांत' काव्य संकलन से संबंधित है–
A. कुंवर नारायण B. लक्ष्मीकांत वर्मा
C. केदारनाथ सिंह D. केदारनाथ अग्रवाल

162. 'आत्मजयी' कृति का प्रकाशन वर्ष है–
A. 1955 B. 1958
C. 1961 D. 1965

163. 'माया-दर्पण' कविता के रचयिता हैं–
A. श्री राम वर्मा B. दुष्यन्त कुमार
C. श्रीकान्त वर्मा D. दूधनाथ सिंह

164. विश्व काव्य चयनिका के सम्पादक हैं–
A. रामविलास शर्मा B. नगेन्द्र
C. नंद दुलारे वाजपेयी D. नामवर सिंह

165. 'मधुस्रोत' के रचयिता हैं–
A. जगदीश गुप्त B. बच्चन
C. रामचन्द्र शुक्ल D. केदारनाथ सिंह

166. 'शंख-ध्वनि' के रचयिता हैं–
A. पंत B. भवानी प्रसाद मिश्र
C. केदारनाथ अग्रवाल D. भारतभूषण अग्रवाल

167. 'इति' के रचयिता हैं–
A. दिनेश नंदिनी डालमिया B. त्रिलोचन
C. अज्ञेय D. नरेश मेहता

168. 'इला और अमिताभ' के रचनाकार हैं–
A. देवराज B. दिनेशनंदिनी डालमिया
C. त्रिलोचन D. नरेश मेहता

169. 'जलते हुए वन का वसंत' के रचयिता हैं–
A. देवराज B. दुष्यंत कुमार
C. जगूडी D. धूमिल

170. तीसरा अंधेरा के रचयिता हैं–
A. धूमिल B. अशोक वाजपेयी
C. कैलाश वाजपेयी D. दुष्यंत कुमार

171. 'मिट्टी की बारात' किसकी रचना है?
A. शिवमंगल सिह सुमन B. दिनेश कुमार शुक्ल
C. नागार्जुन D. दिनकर

172. 'शून्य पुरुष और वस्तुएँ' के रचनाकार हैं–
A. उदय प्रकाश B. राजेश जोशी
C. वीरेन्द्र कुमार जैन D. भवानी प्रसाद मिश्र

173. 'आस्था' के रचयिता–
A. रमेशचन्द्र शाह B. पंत
C. आलोक धन्वा D. बौधिसत्व

174. 'कछुए की पीठ पर' के रचयिता हैं–
A. प्रभाकर माचवे B. रमेशचन्द्र शाह
C. शकुन्तला माथुर D. मंगलेश डबराल

175. 'खुशबू के शिलालेख' के रचयिता हैं–
A. सर्वेश्वर B. शमशेर
C. भवानी प्रसाद मिश्र D. भारतभूषण अग्रवाल

176. 'गन्धवीथी' के रचयिता हैं–
A. पंत B. जगुड़ी
C. शमशेर D. धूमिल

177. 'जाल समेटा' के रचयिता हैं–
A. पंत B. भवानी प्रसाद मिश्र
C. केदारनाथ अग्रवाल D. बच्चन

178. 'युग्म' के रचयिता हैं–
A. पंत B. जगदीश गुप्त
C. जगदीश चतुर्वेदी D. रघुवीर सहाय

179. 'व्यक्तिगत' के रचयिता हैं–
A. भवानी प्रसाद मिश्र B. शमशेर
C. सर्वेश्वर D. धर्मवीर भारती

180. 'तालाब की मछलियाँ' के रचनाकार हैं–
A. केदारनाथ सिंह B. नागार्जुन
C. दुष्यंत कुमार D. अज्ञेय

181. 'दीवारों पर खून से' के रचनाकार हैं–
A. मंगलेश डबराल B. वल्लभ डोभाल
C. चंद्रकात देवताले D. बलदेव जोशी

182. 'महा प्रस्थान' के रचनाकार हैं–
A. रघुवीर सहाय B. प्रयाग शुक्ल
C. नरेश मेहता D. कैलाश वाजपेयी

183. 'अग्निलीक' के रचयिता हैं–
A. भवानी प्रसाद मिश्र B. केदारनाथ अग्रवाल
C. भारतभूषण अग्रवाल D. बच्चन

184. 'जंगल का दर्द' के रचयिता हैं–
A. सर्वेश्वर B. शमशेर
C. रघुवीर सहाय D. धर्मवीर भारती

185. 'प्रवाद पर्व' के रचयिता हैं–
A. नरेश मेहता B. पंत
C. भवानी प्रसाद मिश्र D. केदारनाथ अग्रवाल

186. 'बची हुई पृथ्वी' के रचयिता हैं–
A. जगूड़ी B. धूमिल
C. सर्वेश्वर D. लक्ष्मीकांत वर्मा

187. 'पानी की पुकार' के रचनाकार हैं–
A. रामदरश मिश्र B. गोविन्द मिश्र
C. विद्यानिवास मिश्र D. बच्चन

188. 'आमने-सामने' के रचयिता हैं–
A. इब्बार रब्बी B. गिरधर लाठी
C. कुंवर नारायण D. भवानी प्रसाद मिश्र

189. 'सामना होने पर' के रचयिता हैं–
A. गिरधर लाठी B. सोमदत्त
C. नरेन्द्र मोहन D. जगूडी

190. 'आदिम एकान्त' के रचनाकार हैं–
A. जगदीश गुप्त B. शमशेर
C. बच्चन D. नागार्जुन

191. 'उदिता' के रचयिता हैं–
A. त्रिलोचन B. सर्वेश्वर
C. शमशेर D. केदारनाथ सिंह

192. 'जमीन पक रही है' के रचयिता हैं–
A. रामदरश मिश्र B. केदारनाथ सिंह
C. वेणु गोपाल D. नागार्जुन

193. 'जिप्सी लड़की' के रचयिता हैं–
A. सोमदत्त B. राजेश जोशी
C. सुमन राजे D. अवधेश कुमार

194. 'मंटो मेरा दुश्मन' के रचनाकार हैं–
A. हरिनारायण व्यास B. उपेन्द्रनाथ 'अश्क'
C. मदन वात्स्यायन D. प्रयाग शुक्ल

195. 'यह एक दिन है' के रचयिता हैं–
A. सोमदत्त B. प्रयाग शुक्ल
C. प्रयाग त्रिपाठी D. नंद किशोर आचार्य

196. 'सुनो कारीगर' के रचनाकार हैं–
A. उदय प्रकाश B. प्रयाग शुक्ल
C. गिरधर राठी D. सोमदत्त

197. 'माया दर्पण' के रचयिता हैं–
A. श्रीकांत वर्मा B. रघुवीर सहाय
C. नरेश मेहता D. कैलाश वाजपेयी

198. 'अपूर्वा' के रचयिता हैं–
A. अज्ञेय B. केदारनाथ अग्रवाल
C. भवानी प्रसाद मिश्र D. अरूण कमल

199. 'हजार-हजार बाहों वाली' के रचयिता हैं–
A. नागार्जुन B. लक्ष्मीकांत वर्मा
C. जगदीश गुप्त D. केदारनाथ सिंह

200. 'मगध' के रचयिता हैं–
A. कैलाश वाजपेयी B. अशोक वाजपेयी
C. श्रीकांत वर्मा D. नरेश मेहता

201. 'पहाड पर लालटेन' के रचयिता हैं–
A. मंगलेश डबराल B. इब्बार रबी
C. चंद्रकांत देवताले D. विनोद कुमार शुक्ल

202. 'फूल नहीं रंग बोलते हैं' के रचयिता हैं–
A. केदारनाथ अग्रवाल B. त्रिलोचन
C. शमशेर D. सर्वेश्वर

203. 'कटौती' के रचयिता हैं–
A. मदन वात्स्यायन B. कीर्ति चौधरी
C. सुमन राजे D. निलय उपाध्याय

204. 'मगर एक आवाज' के रचनाकार हैं–
A. जगूड़ी B. लीलाधर मंडलोई
C. विनोद कुमार शुक्ल D. मंगलेश डबराल

205. 'हम जो नदियों का संगम है' के रचयिता हैं–
A. गीतांजलि श्री B. नमिता सिंह
C. अनामिका D. बौधिसत्व

206. 'घर का रास्ता' के रचयिता हैं–
A. मंगलेश डबराल B. इब्बार रबी
C. अरूण कमल D. प्रयाग शुक्ल

207. 'कोई दूसरा नहीं' के रचनाकार का नाम है–
A. अशोक वाजपेयी B. कुंवर नारायण
C. अरूण कमल D. विनोद कुमार शुक्ल

208. 'मैं हूँ वक्त के सामने' के रचयिता हैं–
A. विनोद कुमार शुक्ल B. सर्वेश्वर
C. शमशेर D. गिरिजाकुमार शुक्ल

209. 'खूँटियों पर टंगे लोग' के रचयिता हैं–
A. रघुवीर सहाय B. शमशेर
C. सर्वेश्वर D. धर्मवीर भारती

210. 'आग का आइना' के रचयिता हैं–
A. भवानी प्रसाद मिश्र B. केदारनाथ अग्रवाल
C. भारतभूषण अग्रवाल D. केदार नाथ सिंह

211. 'परीक्षा गुरु' उपन्यास का नायक है–
A. ब्रजकिशोर B. मदनमोहन
C. चुन्नीलाल D. शम्भूदयाल

212. 'नूतन ब्रह्मचारी' उपन्यास के लेखक हैं–
A. बालकृष्ण भट्ट B. प्रेमधन
C. प्रतापनारायण मिश्र D. श्रीनिवासदास

213. 'कंकाल' उपन्यास की कथावस्तु है–
A. सामाजिक B. ऐतिहासिक
C. बौद्धकालीन D. सांस्कृतिक

214. बौद्धकालीन परिदृश्य पर आधारित उपन्यास है–
A. कंकाल B. इरावती
C. तितली D. चित्रलेखा

215. 'गोदान' उपन्यास में गाँधी और मार्क्स को जैसे प्रेमचन्द ने 'फेंट कर मिलाया हो'– कथन किसका है?
A. रामविलास शर्मा B. नंदकिशोर आचार्य
C. नामवर सिंह D. रामस्वरूप चतुर्वेदी

216. निम्न में कौन प्राकृतवादी उपन्यासकार नहीं है–
A. चतुरसेन शास्त्री B. पांडेय बेचन शर्मा 'उग्र'
C. ऋषभचरण जैन D. अमृतलाल नागर

217. प्राकृतवादी उपन्यासों के जनक माने जाते हैं–
A. जोला B. चतुरसेन शास्त्री
C. उपेन्द्रनाथ 'अश्क' D. ऋषभचरण जैन

218. 'शहर में घूमता आईना' उपन्यास के रचयिता हैं–
A. अमृतलाल नागर B. चतुरसेन शास्त्री
C. बेचन शर्मा 'उग्र' D. उपेन्द्रनाथ 'अश्क'

219. 'मुक्तिबोध' उपन्यास के रचयिता हैं–
A. लक्ष्मीनारायण लाल B. जैनेन्द्र
C. रामेश्वर शुक्ल अंचल D. मुक्तिबोध

220. जैनेन्द्र का अन्तिम उपन्यास है–
A. अनाम स्वामी B. दर्शाक
C. व्यतीत D. मुक्तिबोध

221. गाँधी जी के दक्षिण अफ्रीकी जीवन पर आधारित उपन्यास है–
A. ढ़ाई घर
B. पहला गिरमिटिया
C. दीवार में एक खिड़की रहती थी
D. कालिकथा : वाया बाइपास

222. 'आलोक पूर्व' रचना की विधा है–
A. उपन्यास B. कहानी
C. संस्मरण D. निबंध

223. नागार्जुन का पहला उपन्यास है–
A. नई पौध B. रतिनाथ की चाची
C. कुम्भीपाक D. इमरतिया

224. राही मासूम रजा का उपन्यास नहीं है–
A. आधा गाँव B. जाग मछंदर गोरख आया
C. दिल एक सादा कागज D. असंतोष के दिन

225. हरिजनों के उत्पीड़न की कथा पर आधारित उपन्यास है–
A. कटरा बी आरजू B. धरती धन न अपना
C. सात धूँधट वाला मुखड़ा D. मुर्दों का टीला

226. नरेश मेहता का उपन्यास नहीं है–
A. डूबते मस्तूल B. प्रथम फाल्गुन
C. उत्तर कथा D. अन्तराल

227. आधुनिकता बोध का आशय है–
(a) अकेलेपन का बोध
(b) विजातीयता की अनुभूति
(c) उदासी, तनाव तथा जीव की निरर्थकता
(d) महायुद्ध का संत्रास
A. केवल *(a)* B. केवल *(a)*, *(b)*
C. केवल *(b)*, *(c)*, *(d)* D. सभी *(a)*, *(b)*, *(c)*, *(d)*

228. उषा प्रियम्वदा के उपन्यास 'पचपन खम्भे लाल दीवारें' की नायिका है–
A. राधिका B. नमिता
C. अनु D. सुषमा

229. द्वितीय महायुद्ध के बाद की स्थिति पर केन्द्रित उपन्यास है–
A. वे दिन B. रात का रिपोर्टर
C. लाल टीन की छत D. एक चिथड़ा सुख

230. 'स्मृतिलेखा' के रचयिता हैं–
A. प्रेमचन्द B. जैनेन्द्र
C. अज्ञेय D. शरतचन्द्र

231. 'मृगनयनी' उपन्यास के रचयिता हैं–
A. वृंदावनलाल वर्मा B. भगवती चरण वर्मा
C. निर्मल वर्मा D. रांगेय राधव

232. गाँधी-इरविन समझौते से संबंधित उपन्यास है–
A. कायाकल्प B. कर्मभूमि
C. रंगभूमि D. गबन

233. 'चितकोबरा' उपन्यास की लेखिका हैं–
A. मन्नू भण्डारी B. कृष्णा सोबती
C. मृदुला गर्ग D. मंजुल भगत

234. 'डूब' उपन्यास का संबंध है–
A. विनोद कुमार शुक्ल B. वीरेन्द्र जैन
C. मैत्रेयी पुष्पा D. कमलेश्वर

235. 'अन्तराल' उपन्यास के लेखक हैं–
A. गिरिराज किशोर B. मणि मधुकर
C. मोहन राकेश D. महेन्द्र भल्ला

236. नागार्जुन का उपन्यास नहीं है–
A. कुम्भीपाक B. नदी बहती थी
C. गरीबदास D. मर्यादा पुरूषोत्तम

237. अमृतलाल-नागर का उपन्यास नहीं है–
A. एक इंच मुस्कान B. उग्रतारा
C. बिखरे तिनके D. नाच्यौ बहुत गोपाल

238. मृदुला गर्ग का उपन्यास नहीं है–
A. कठगुलाब B. वंशज
C. जुलूस D. चितकोबरा

239. 'एक चूहे की मौत' के रचयिता हैं–
A. रामदरश मिश्र B. राही मासूम रजा
C. बदी उज्जमां D. संजीव

240. 'सफेद मेमने' उपन्यास लिखा है–
A. मणि मधुकर B. गिरिराज किशोर
C. जगदीश चन्द्र D. अखिलेश

241. 'कटा हुआ आसमान' के उपन्यासकार हैं–
A. अब्दुल बिस्मिल्लाह B. राही मासूम रजा
C. नागार्जुन D. मोहन राकेश

242. 'अन्तराल' के रचयिता हैं–
A. भीष्म साहनी B. मोहन राकेश
C. राजेन्द्र यादव D. कमलेश्वर

243. 'प्रेम एक अपवित्र नदी' के रचनाकार हैं–
A. अमृतलाल नागर B. लक्ष्मीनारायण लाल
C. अखिलेश D. नागार्जुन

244. 'बीस रानियों के बाइस्कोप' के रचयिता हैं–
A. नागार्जुन B. शिवानी
C. रांगेय राधव D. राजकमल चौधरी

245. 'सूरजमुखी अँधेरे के' उपन्यास के रचयिता हैं–
A. कृष्णा सोबती B. शिवानी
C. ममता कालिया D. महेन्द्र भल्ला

246. 'तमस' उपन्यास लिखा है–
A. भीष्म साहनी B. राजेन्द्र यादव
C. कृष्णा सोबती D. उदय प्रकाश

247. 'पुनर्नवा' उपन्यास के लेखक हैं–
A. कृष्णा सोबती B. भीष्म साहनी
C. अमृतलाल नागर D. हजारी प्रसाद द्विवेदी

248. 'सीमाएँ टूटती हैं' उपन्यास लिखा है–
A. श्रीलाल शुक्ल B. गिरिराज किशोर
C. शिवप्रसाद सिंह D. निर्मल वर्मा

249. 'काली आँधी' के रचयिता हैं–
A. मोहन राकेश B. कमलेश्वर
C. शिवप्रसाद सिंह D. काशीनाथ सिंह

250. 'मुर्दाघर' उपन्यास के रचनाकार हैं–
A. जगदम्बा प्रसाद दीक्षित B. गोविन्द मिश्र
C. महीप सिंह D. बदी उज्जमां

251. 'लाल टीन की छत' उपन्यास लिखा है–
A. जैनेन्द्र कुमार B. निर्मल वर्मा
C. अमृतलाल नागर D. मोहन राकेश

252. 'नरक-दर-नरक' उपन्यास लिखा है–
A. रवीन्द्र कालिया B. ममता कालिया
C. बदी उज्जमां D. मृदुला गर्ग

253. 'मुठ्ठी भर कांकर' के रचनाकार हैं–
A. गोविन्द मिश्र B. जगदीश चन्द्र
C. रांगेय राघव D. वीरेन्द्र जैन

254. 'लाल-पीली जमीन' के रचयिता हैं–
A. उदय प्रकाश B. गोविंद मिश्र
C. रामदरश मिश्र D. शैलेश मटियानी

255. 'तीसरा आदमी' के उपन्यासकार हैं–
A. जैनेन्द्र कुमार B. मोहन राकेश
C. हिमाशु जोशी D. कमलेश्वर

256. 'एक चिथड़ा सुख' उपन्यास के रचयिता हैं–
A. निर्मल वर्मा B. मृणाल पाण्डेय
C. राजेन्द्र यादव D. मन्नु भण्डारी

257. 'कसम' के रचयिता हैं–
A. कृष्ण बलदेव वैद B. मनोहर श्याम जोशी
C. कमलेश्वर D. प्रभाकर माचवे

258. यथार्थवादी लेखन की विशेषता है कि वह–
A. आदर्श का अनुकूल प्रयोग करता है
B. फोटोग्राफिक चित्रण करता है
C. ब्यौरेवार चित्रण नहीं करता
D. कल्पना प्रधान होता है

259. मानवतावादी लेखक की विशेषता यह है कि वह–
A. प्रकृतिवादी लेखक का अनुसरण करता है
B. प्रकृतिवादी लेखक का अनुसरण नहीं करता
C. प्रकृतिवादी लेखक से सद्भाव बनाता है
D. यथार्थवाद का विरोधी होता है

260. प्रेमचंद की कहानी 'कफन' का प्रकाशन वर्ष है–
A. 1933 B. 1934
C. 1935 D. 1936

261. 'आँधी' किस लेखक की कहानी है?
A. भगवती प्रसाद वाजपेयी B. जयशंकर प्रसाद
C. कमलेश्वर D. पाण्डेय बेचन शर्मा 'उग्र'

262. प्रेमचंद को कबीर के बाद हिन्दी का सबसे बड़ा व्यंग्यकार किसने माना है?
A. नंद दुलारे वाजपेयी B. रामविलास शर्मा
C. विजयदेव नारायण साही D. नामवर सिंह

263. जनवादी विचार मंच की स्थापना सन् 1977 ई॰ में किस विश्वविद्यालय में हुई?
A. दिल्ली विश्वविद्यालय B. काशी हिन्दू विश्वविद्यालय
C. कोलकाता विश्वविद्यालय D. इलाहाबाद विश्वविद्यालय

264. वैराग्य कथा-संग्रह के रचनाकार हैं–
A. अलका सरावगी B. गीतांजलि श्री
C. मैत्रेयी पुष्पा D. वीरेन्द्र जैन

265. 'वारेन हेस्टिंग्ज का सांड' कहानी के लेखक हैं–
A. स्वयं प्रकाश B. उदय प्रकाश
C. काशीनाथ सिंह D. बाल मुकुन्द गुप्त

266. अज्ञेय की कहानियों की विशेषता है–
A. को-संघर्ष B. व्यक्ति का आत्मसंघर्ष
C. पैना व्यंग्य D. अर्थ का असामंजस्य

267. हिन्दी के प्रथम नाटक 'नहुष' का रचना वर्ष है–
A. 1835 B. 1836
C. 1859 D. 1869

268. दुःखिनी बाला' नाटक का प्रकाशन वर्ष है–
A. 1876 B. 1880
C. 1882 D. 1886

269. मोहन राकेश का पहला नाटक है–
A. लहरों के राजहंस B. आषाढ़ का एक दिन
C. आधे-अधूरे D. इनमे से कोई नहीं

270. गोदान उपन्यास का नाट्य रूपान्तर किया–
A. प्रतिभा अग्रवाल B. गिरीश रस्तोगी
C. मृदुला गर्ग D. मृणाल पाण्डेय

271. 'कर्फ्यू' के रचयिता हैं–
A. रामकुमार वर्मा B. उदयशंकर भट्ट
C. लक्ष्मीनारायण लाल D. रमेश बक्षी

272. 'अमृत पुत्र' के रचयिता हैं–
A. लक्ष्मीनारायण लाल B. रामकुमार वर्मा
C. सत्यव्रत सिन्हा D. ब्रजमोहन शाह

273. 'बकरी' के रचयिता हैं–
A. सर्वेश्वर B. निर्मल वर्मा
C. ज्ञानदेव अग्निहोत्री D. रमेश बक्षी

274. 'दरिन्दे' के रचयिता हैं–
A. सर्वेश्वर B. हमीदुल्ला
C. मुद्राराक्षस D. रमेश बक्षी

275. 'सत्य हरिशचन्द्र' के रचनाकार हैं–
A. लक्ष्मीनारायण लाल B. रामगोपाल गोयल
C. अज्ञात D. सुरेन्द्र तिवारी

276. 'उत्तर उर्वशी' के रचयिता हैं–
A. अज्ञेय B. दिनकर
C. हमीदुल्ला D. लक्ष्मीनारायण लाल

277. गोपालराम गहमरी कृत 'चीन देश का विवरण' की विधा है–
A. यात्रा-साहित्य B. संस्मरण
C. निबंध D. उपन्यास

278. 'रेल का टिकट' निबंध संग्रह है–
A. धीरेन्द्र वर्मा का B. शान्ति प्रिय द्विवेदी का
C. यशपाल का D. भदन्त आनंद कौसल्यायन का

279. 'साहित्यकार की आस्था तथा अन्य निबंध नामक निबंध संग्रह संबंधित है–
A. जयशंकर प्रसाद B. बालकृष्ण भट्ट
C. महादेवी वर्मा D. महावीर प्रसाद द्विवेदी

280. हजारी प्रसाद द्विवेदी की निबंध कला की विशेषता नहीं है–
A. मनुष्य की जय यात्रा
B. समस्या का सांस्कृतिक समाधान
C. लालित्य और आत्मव्यंजना
D. गाँधी और रवीन्द्रनाथ टैगोर का प्रभाव

281. हजारी प्रसाद द्विवेदी का प्रथम निबंध संग्रह है–
A. कल्पलता B. साहित्य सहचर
C. अशोक के फूल D. विचार प्रवाह

282. 'प्रगतिशील साहित्य की समस्याएँ' निबंध संग्रह के लेखक हैं–
A. रामविलास शर्मा B. विजयेन्द्र स्नातक
C. नगेन्द्र D. विद्यानिवास मिश्र

283. आस्था के चरण निबंध संग्रह का प्रकाशन वर्ष है–
A. 1949 B. 1961
C. 1966 D. 1968

284. विद्यानिवास मिश्र का पहला निबंध संग्रह है–
A. कदम की फूली डाल B. छितवन की छाँह
C. तमाल के झरोखे से D. गाँव का मन

285. इनमें से कौन सहज कविता के कवि नहीं हैं–
A. परमानंद श्रीवास्तव B. रामदरश मिश्र
C. प्रभाकर माचवे D. विश्वनाथ त्रिपाठी

286. समकालीन कविता आंदोलन का सूत्रपात किसने किया?
A. विश्वम्भरनाथ उपाध्याय B. वीरेन्द्र कुमार जैन
C. शलभ श्री राम सिंह D. जगदीश चतुर्वेदी

287. समकालीन कविता की भूमिका पुस्तक किसने लिखी है?
A. प्रभाकर माचवे B. विश्वम्भरनाथ उपाध्याय
C. अज्ञेय D. नवल किशोर

288. निम्न में कौन-सी पत्रिका निराला द्वारा संपादित नहीं है?
A. मतवाला B. गंगा पुस्तक माला
C. सुधा D. इनमे से कोई नहीं

289. निम्न में कौन-सा उपन्यास निराला का नहीं है?
A. निष्पक्ष B. नीला चांद
C. चोटी की पकड़ D. काले कारनामे

290. निम्न में निराला के रेखाचित्र बताएं–
A. बिल्लेसुर बकरीहा B. कुल्ली भाट
C. उपर्युक्त दोनों D. इनमें से कोई नहीं

291. निराला के कहानी संग्रह का नाम है–
(*a*) लिली (*b*) सखी
(*c*) चतुरी चमार (*d*) सुकुल की बीबी
A. केवल (*a*), (*b*) B. केवल (*a*), (*c*), (*d*)
C. केवल (*c*), (*d*) D. सभी (*a*), (*b*), (*c*), (*d*)

292. 'रवीन्द्र कविता कानन' किसकी समीक्षा पुस्तक हैं?
A. नंद दुलारे वाजपेयी B. हजारी प्रसाद द्विवेदी
C. निराला D. अज्ञेय

293. इनमे से कौन निराला का नाट्य संग्रह नहीं है?
A. समाज B. अमृत और विष
C. शकुन्तला D. उषा अनिरुद्ध

294. पंत को साहित्य अकादमी पुरस्कार किस कृति पर मिला?
A. कला और बूढ़ा चाँद B. पल्लव
C. वीणा D. गुंजन

295. पंत को सोवियत पुरस्कार मिला–
A. वीणा पर B. उच्छ्वास पर
C. लोकायतन पर D. ग्रन्थि पर

296. पंत को ज्ञानपीठ पुरस्कार मिला–
A. युगान्त पर B. चिदम्बरा पर
C. स्वर्णधूलि पर D. रजतशिखर पर

297. 'हार' किसका उपन्यास है?
A. प्रसाद B. निराला
C. पंत D. दिनकर

298. मधुवन कहानी किसकी है?
A. सियाराम शरण गुप्त B. नवीन
C. निराला D. पंत

299. उमर-खय्याम की रूबाइयों का हिन्दी में अनुवाद किसने किया था?
A. आचार्य शुक्ल B. केदारनाथ अग्रवाल
C. पंत D. भवानी प्रसाद मिश्र

300. 'महावृक्ष के नीचे' किसकी काव्य रचना है?
A. मुक्तिबोध B. पंत
C. अज्ञेय D. दिनकर

301. 'कल्पना' फिल्म के लिए किसने गीत लिखे थे?
A. हरिवंश राय बच्चन B. पंत
C. मैथिलीशरण गुप्त D. माखनलाल चतुर्वेदी

302. 'साहित्यकार' किसके द्वारा संपादित मुख्य पत्र था?
A. प्रसाद B. निराला
C. पंत D. महादेवी वर्मा

303. 'पथ के साथी' हिन्दी की कौन-सी विधा है?
A. उपन्यास B. कहानी
C. संस्मरण D. इनमे से कोई नहीं

304. 'साहित्यकार की आस्था' किसका निबंध संग्रह है?
A. हजारी प्रसाद द्विवेदी B. आचार्य शुक्ल
C. अज्ञेय D. महादेवी वर्मा

305. महादेवी की प्रौढ़तम काव्य रचना कौन है?
A. यामा B. रश्मि
C. सान्ध्यगीत D. दीपशिखा

306. 'मैं नीर भरी....' कहाँ की पंक्ति है–
A. नीरजा B. सान्ध्यगीत
C. नीहार D. रश्मि

307. 'अरूणोदय' कविता के लेखक हैं–
A. प्रसाद B. बच्चन
C. दिनकर D. माखनलाल चतुर्वेदी

308. 'पथिक' के काव्य-संग्रह किसका है?
A. महादेवी का B. सियाराम शरण गुप्त
C. रामनरेश त्रिपाठी D. प्रभाकर माचवे

309. 'प्रणमंत्र' खंडकाव्य के रचयिता हैं–
A. जगदीश चतुर्वेदी B. मैथिलीशरण गुप्त
C. शमशेर D. दिनकर

310. इनमें से कौन दिनकर का मुक्तक काव्य संग्रह नहीं है–
A. इतिहास के आंसू B. नील कुसुम
C. उतना वह सूरज है D. धूप-छांह

311. 'सीपी और शंख' के रचयिता हैं–
A. सुरेन्द्र वर्मा B. सर्वेश्वर दयाल सक्सेना
C. त्रिलोचन D. दिनकर

312. आत्मा की आँखें के रचयिता हैं–
A. विष्णु प्रभाकर B. दिनकर
C. नरेश मेहता D. केदारनाथ सिंह

313. 'हुंकार' किसका काव्य संग्रह है?
A. मुक्तिबोध B. धूमिल
C. दिनकर D. श्रीकांत वर्मा

314. इनमें से दिनकर का निबंध-संग्रह कौन नहीं है–
A. अर्द्धनारीश्वर B. वट वृक्ष
C. धर्म, नैतिकता और विज्ञान D. इनमें से कोई नहीं

315. 'कस्मैदे वाय' नामक कविता के रचयिता कौन हैं?
A. दिनकर B. हजारी प्रसाद द्विवेदी
C. भारत भूषण अग्रवाल D. श्रीकांत वर्मा

316. 'भारत' नामक पत्र का सम्पादन किसने किया?
A. निर्मल वर्मा B. केदारनाथ अग्रवाल
C. नरेन्द्र शर्मा D. अज्ञेय

317. निम्न में कौन सी रचना नरेंद्र शर्मा की नहीं है–
A. अरण्य B. प्रवासी के गीत
C. रक्त चंदन D. द्रौपदी

318. 'अंधेरे में' के लेखक हैं–
A. नरेश मेहता B. मुक्ति बोध
C. दिनकर D. सियाराम शरण गुप्त

319. सबसे पुराने साहित्यिक पत्र का नाम है–
A. कर्मवीर B. भारत जीवन
C. आर्य दर्पण D. ब्राह्मण

320. 'भारतेन्दु का साहित्य व्यापक स्तर पर गदर से प्रभावित' उक्ति है–
A. आचार्य शुक्ल B. हजारी प्रसाद द्विवेदी
C. डॉ॰ रामविलास शर्मा D. डॉ॰ नगेन्द्र

321. 'भारतेन्दु जी साहित्य के नए युग प्रवर्तक तथा नवजागरण के अग्रदूत हैं'- उक्ति है–
A. आचार्य शुक्ल B. नंद दुलारे वाजपेयी
C. नामवर सिंह D. रामविलास शर्मा

322. भारतेन्दु रचित "स्वर्ग की विचार सभा" साहित्य की विधा है–
A. कविता B. संस्मरण
C. निबंध D. कहानी

323. निम्न में कौन प्रतापनारायण मिश्र का निबंध नहीं है–
A. खुशामद B. भौं
C. कवि और कविता D. नारी

324. 'यमलोक की यात्रा' क्या है?
A. कहानी B. नाटक
C. संस्मरण D. निबंध

325. 'यमलोक की यात्रा' के रचनाकार हैं–
A. बालकृष्ण भट्ट B. प्रतापनारायण मिश्र
C. भारतेन्दु हरिश्चन्द्र D. राधाचरण गोस्वामी

326. निम्न में कौन-सा निबंध बाल कृष्ण भट्ट का नहीं है?
A. बाल विवाह B. आँख
C. देश सेवा महत्व D. इनमें से कोई नहीं

327. इनमें से कौन-सा नाटक भारतेन्दु कृत नहीं है–
A. चंद्रावली B. हठी हमीर
C. अंधेर नगरी D. सती प्रताप

328. निम्न में कौन-सा नाटक प्रतापनारायण मिश्र का नहीं है–
A. प्रेम जोगिनी B. कलि कौतुक रूपक
C. गौ संकट D. भारत दुर्दशा

329. राधाकृष्ण दास रचित नाटक है–
A. महाराणा प्रताप B. दुःखिनी बाला
C. उपर्युक्त दोनों D. इनमें से कोई नहीं

330. 'संयोगिता स्वयंवर' नाटक लिखा है–
A. लाला श्री निवासदास B. राधाकृष्ण दास
C. राधाचरण गोस्वामी D. भारतेंदु

331. इनमे से कौन गोपाल राम गहमरी का नाटक नहीं है–
A. प्रहलाद चरित्र B. बूढ़े मुँह मुँहासे
C. तन-मन-धन D. श्रीदामा अमर सिंह राठौर

332. प्रेमघन के नाटक का नाम है–
A. विषस्य विषमौषधम B. भारत सौभाग्य
C. मयंक मंजरी D. तप्तासंवरण

333. किशोरी लाल गोस्वामी का नाटक है–
A. प्रणियिनी B. चंद्रावली
C. जुआरी-खुआरी D. प्रहलाद चरित्र

334. हिन्दी का पहला दुःखांत नाटक माना जाता है–
A. भारत दुर्दशा B. सती प्रताप
C. दुःखिनी बाला D. तप्ता संवरण

335. 'भाग्यवती' उपन्यास के रचयिता हैं–
A. लाला श्रीनिवास दास B. श्रद्धाराम फुल्लौरी
C. किशोरी लाल गोस्वामी D. गोपाल राम गहमरी

336. 'रहस्य कथा' उपन्यास लिखा है–
A. बालकृष्ण भट्ट B. लाला श्री निवासदास
C. भारतेन्दु D. लाल कृष्ण भट्ट

337. 'हिन्दी कालिदास की आलोचना है'- किसका कथन है?
A. नंद दुलारे वाजपेयी B. आचार्य शुक्ल
C. हजारी प्रसाद द्विवेदी D. महावीर प्रसाद द्विवेदी

338. किसने कहा था कि "खड़ी-बोली नीरस और कर्णकटु है।"
A. बालकृष्ण भट्ट B. लाला भगवान दीन
C. पद्मसिंह शर्मा D. राधाचरण गोस्वामी

339. रामचन्द्र शुक्ल ने हिन्दी साहित्य का आरंभ माना है–
A. वि॰ सं॰ 1043 B. वि॰ सं॰ 1047
C. वि॰ सं॰ 1050 D. वि॰ सं॰ 1052

340. 'मनुष्य ही साहित्य का लक्ष्य है।' किसकी उक्ति है?
A. नंद दुलारे वाजपेयी B. डॉ॰ नगेन्द्र
C. आचार्य शुक्ल D. हजारी प्रसाद द्विवेदी

341. साकेत लिखा गया–
A. 1930 ई॰ B. 1931 ई॰
C. 1932 ई॰ D. 1933 ई॰

342. कामायनी की रचना हुई–
A. 1932 ई॰ B. 1934 ई॰
C. 1936 ई॰ D. 1937 ई॰

343. इनमे से कौन सियाराम शरण गुप्त की रचना नहीं है–
A. विषाद B. रक्त चंदन
C. बापू D. नकुल

344. 'हार की जीत' कहानी के लेखक हैं–
A. सुदर्शन B. कौशिक
C. जैनेन्द्र D. प्रेमचंद

345. लक्ष्मीकांत वर्मा किससे संबंधित हैं–
A. प्रगतिवाद B. प्रयोगवाद
C. नई कविता D. अकविता

346. 'औरंगजेब की आखिरी रात', एकांकी के लेखक हैं–
A. माखनलाल चतुर्वेदी B. दिनकर
C. मैथिलीशरण गुप्त D. रामकुमार वर्मा

347. कौन-सी नाट्य रचना भारतेन्दु की नहीं है?
A. भारत दुर्दशा B. नील देवी
C. अंधेर नगरी D. भारत भारती

निर्देश : नीचे दो वक्तव्य दिए गए हैं। एक को **कथन (A)** और दूसरे को **कारण (R)** कहा गया है। दोनों वाक्यों का सावधानी पूर्वक परीक्षण करें और निर्णय करें कि क्या **कथन A** और **कारण R** स्वतंत्र रूप से सही हैं और यदि ऐसा है तो क्या **कारण (R) कथन (A)** का सही स्पष्टीकरण है। इन प्रश्नों का उत्तर नीचे दिए गए कूटों की सहायता से चुनिए।

कूट :
A. कूट A और R दोनों सही हैं, और R, A का सही स्पष्टीकरण है।
B. A और R दोनों सही हैं, किन्तु R, A का सही स्पष्टीकरण नहीं है।
C. A सही है परन्तु R गलत है।
D. A गलत है परन्तु R सही है।

348. **कथन (A) :** महादेवी प्रगतिवादी कवयित्री हैं।
कारण (R) : उन्हें आधुनिक युग की मीरा कहा जाता है।

349. सुमेलित कीजिए–

सूची-क (रचना)	**सूची-ख (रचनाकार)**
(*a*) राम रावण विरोध	1. रामनरेश त्रिपाठी
(*b*) वैदेही वनवास	2. राय देवी प्रसाद पूर्ण
(*c*) मुक्तावली	3. हरिऔध
(*d*) मिलन	4. राम चरित उपाध्याय

कूट :	(a)	(b)	(c)	(d)
A.	1	2	3	4
B.	4	3	2	1
C.	2	3	4	1
D.	3	2	4	1

350. सुमेलित कीजिए–

सूची-क (रचना)	सूची-ख (रचनाकार)
(a) विचित्र प्रवाह	1. अज्ञेय
(b) वसन्त वियोग	2. दिनकर
(c) रसवंती	3. राम चरित उपाध्याय
(d) महावृक्ष के नीचे	4. राय देवी प्रसाद पूर्ण

कूट :	(a)	(b)	(c)	(d)
A.	1	2	3	4
B.	3	4	2	1
C.	4	3	2	1
D.	3	2	1	4

351. सुमेलित कीजिए–

सूची-क (रचना)	सूची-ख (रचनाकार)
(a) आंसू	1. निराला
(b) आर्द्रा	2. प्रसाद
(c) अपरा	3. मुक्ति बोध
(d) भूल गलती	4. सियाराम शरण गुप्त

कूट :	(a)	(b)	(c)	(d)
A.	4	3	2	1
B.	1	2	3	4
C.	3	2	1	4
D.	2	4	1	3

352. सुमेलित कीजिए–

सूची-क (रचना)	सूची-ख (रचनाकार)
(a) चुभते चौपदे	1. राम नरेश त्रिपाठी
(b) देव सभा	2. हरिऔध
(c) मृत्युंजय	3. राम चरित उपाध्याय
(d) पथिक	4. राय देवी प्रसाद पूर्ण

कूट :	(a)	(b)	(c)	(d)
A.	2	3	4	1
B.	1	2	3	4
C.	4	3	2	1
D.	2	1	4	3

353. सुमेलित कीजिए–

सूची-क (रचना)	सूची-ख (रचनाकार)
(a) समर्पण	1. राम नरेश त्रिपाठी
(b) चोखे चौपदे	2. रामचरित उपाध्याय
(c) राम चरित चिंतामणि	3. हरिऔध
(d) मानसी	4. माखन लाल चतुर्वेदी

कूट :	(a)	(b)	(c)	(d)
A.	2	1	4	3
B.	4	3	2	1
C.	3	2	1	4
D.	1	2	3	4

354. सुमेलित कीजिए–

सूची-क (रचना)	सूची-ख (रचनाकार)
(a) सूक्ति	1. राम चरित उपाध्याय
(b) रस कलश	2. हरि औध
(c) स्वप्न	3. राम नरेश त्रिपाठी
(d) वेणुलो गूंजे धरा	4. माखन लाल चतुर्वेदी

कूट :	(a)	(b)	(c)	(d)
A.	1	2	3	4
B.	4	3	2	1
C.	1	4	3	2
D.	4	2	1	3

निर्देश : नीचे दो वक्तव्य दिए गए हैं। एक को **कथन (A)** और दूसरे को **कारण (R)** कहा गया है। दोनों वाक्यों का सावधानी पूर्वक परीक्षण करें और निर्णय करें कि क्या **कथन A** और **कारण R** स्वतंत्र रूप से सही हैं और यदि ऐसा है तो क्या **कारण (R) कथन (A)** का सही स्पष्टीकरण है। इन प्रश्नों का उत्तर नीचे दिए गए कूटों की सहायता से चुनिए।

कूट :

A. कूट A और R दोनों सही हैं, और R, A का सही स्पष्टीकरण है।

B. A और R दोनों सही हैं, और R, A का सही स्पष्टीकरण नहीं है।

C. A सही है परन्तु R गलत है।

D. A गलत है परन्तु R सही है।

355. कथन (A) : निराला ने बड़ी संख्या में यथार्थवादी कविताएँ लिखीं हैं।

कारण (R) : उनके अनुसार 'कविता परिवेश की पुकार' है।

356. सुमेलित कीजिए–

सूची-क (रचना)	सूची-ख (रचनाकार)
(a) अनाथ	1. राम नरेश त्रिपाठी
(b) युगदीप	2. मोहन लाल महतो वियोगी
(c) निर्माल्य	3. उदयशंकर भट्ट
(d) मिलन	4. सियाराम शरण गुप्त

कूट :	(a)	(b)	(c)	(d)
A.	4	3	2	1
B.	1	2	3	4
C.	4	3	2	1
D.	2	4	3	1

357. सुमेलित कीजिए–

सूची-क (रचना)	सूची-ख (रचनाकार)
(a) पथिक	1. उदयशंकर भट्ट
(b) अमृत और विष	2. रामनरेश त्रिपाठी
(c) प्रिय प्रवास	3. रामचरित उपाध्याय
(d) राष्ट्रभारती	4. हरिऔध

कूट :	(*a*)	(*b*)	(*c*)	(*d*)
A.	1	4	2	3
B.	4	3	2	1
C.	2	1	4	3
D.	1	2	3	4

358. सुमेलित कीजिए–

सूची-क (रचना)	सूची-ख (रचनाकार)
(*a*) आर्द्रा	1. हरिऔध
(*b*) एकतारा	2. सियाराम शरण गुप्त
(*c*) युगचारण	3. मोहन लाल महतो वियोगी
(*d*) प्रद्यप्रसून	4. माखन लाल चतुर्वेदी

कूट :	(*a*)	(*b*)	(*c*)	(*d*)
A.	1	2	3	4
B.	2	3	4	1
C.	4	3	2	1
D.	3	4	1	2

359. सुमेलित कीजिए–

सूची-क (रचना)	सूची-ख (रचनाकार)
(*a*) रश्मि रेखा	1. उदयशंकर भट्ट
(*b*) करूणा कादम्बिनी	2. सियाराम शरण गुप्त
(*c*) पाथेय	3. गयाप्रसाद शुक्ल सनेही
(*d*) राका	4. बालकृष्ण शर्मा नवीन

कूट :	(*a*)	(*b*)	(*c*)	(*d*)
A.	1	2	3	4
B.	4	3	1	2
C.	3	2	4	1
D.	4	3	2	1

360. सुमेलित कीजिए–

सूची-क (रचना)	सूची-ख (रचनाकार)
(*a*) मृण्मयी	1. गयाप्रसाद शुक्ल सनेही
(*b*) प्रेम पचीसी	2. माखन लाल चतुर्वेदी
(*c*) हिम किरीटिनी	3. उदयशंकर भट्ट
(*d*) मानसी	4. सियाराम शरण गुप्त

कूट :	(*a*)	(*b*)	(*c*)	(*d*)
A.	4	2	1	3
B.	1	2	3	4
C.	4	1	2	3
D.	4	3	2	1

361. सुमेलित कीजिए–

सूची-क (रचना)	सूची-ख (रचनाकार)
(*a*) हिम तरंगिनी	1. सियाराम शरण गुप्त
(*b*) त्रिशूल तरंग	2. गया प्रसाद शुक्ल सनेही
(*c*) बापू	3. माखन लाल चतुर्वेदी
(*d*) विसर्जन	4. उदयशंकर भट्ट

कूट :	(*a*)	(*b*)	(*c*)	(*d*)
A.	3	2	1	4
B.	3	1	2	4
C.	4	2	3	1
D.	1	2	3	4

362. सुमेलित कीजिए–

सूची-क (रचना)	सूची-ख (रचनाकार)
(*a*) जय भारत	1. गयाप्रसाद शुक्ल सनेही
(*b*) कविता कलाप	2. बालकृष्ण शर्मा नवीन
(*c*) क्वासि	3. मैथिलीशरण गुप्त
(*d*) कृषक कृन्दन	4. महावीर प्रसाद द्विवेदी

कूट :	(*a*)	(*b*)	(*c*)	(*d*)
A.	1	2	3	4
B.	4	3	2	1
C.	1	3	2	4
D.	3	4	2	1

363. सुमेलित कीजिए–

सूची-क (रचना)	सूची-ख (रचनाकार)
(*a*) हम विषपायी जन्म के	1. महावीर प्रसाद द्विवेदी
(*b*) नहुष	2. बालकृष्ण शर्मा नवीन
(*c*) काव्य मंजूषा	3. मैथिलीशरण गुप्त
(*d*) दूर्वादल	4. सियाराम शरण गुप्त

कूट :	(*a*)	(*b*)	(*c*)	(*d*)
A.	1	3	2	4
B.	2	3	1	4
C.	1	2	3	4
D.	3	4	2	1

364. सुमेलित कीजिए–

सूची-क (रचना)	सूची-ख (रचनाकार)
(*a*) विषाद	1. महावीर प्रसाद द्विवेदी
(*b*) कान्यकुब्ज अबला विलाप	2. सियाराम शरण गुप्त
(*c*) विनोबा स्तवन	3. गया प्रसाद शुक्ल सनेही
(*d*) राष्ट्रीय वीणा	4. बालकृष्ण शर्मा नवीन

कूट :	(*a*)	(*b*)	(*c*)	(*d*)
A.	2	4	3	1
B.	4	3	2	1
C.	2	1	4	3
D.	1	2	3	4

365. सुमेलित कीजिए–

सूची-क (रचना)	सूची-ख (रचनाकार)
(*a*) द्वापर	1. नाथू राम शर्मा शंकर
(*b*) बिहार विहार	2. मैथिली शरण गुप्त
(*c*) अनुराग रत्न	3. बाल कृष्ण शर्मा नवीन
(*d*) कुंकुम	4. अम्बिका दत्त व्यास

कूट :	(*a*)	(*b*)	(*c*)	(*d*)
A.	2	4	1	3
B.	1	2	3	4
C.	4	3	2	1
D.	1	2	4	3

366. सुमेलित कीजिए–

सूची-क (रचना)	सूची-ख (रचनाकार)
(a) कंसवध	1. नाथू राम शर्मा शंकर
(b) यशोधरा	2. अम्बिका दत्त व्यास
(c) शंकर सरोज	3. मैथिलीशरण गुप्त
(d) उर्मिला	4. बालकृष्ण शर्मा नवीन

कूट :	(a)	(b)	(c)	(d)
A.	1	2	3	4
B.	2	3	1	4
C.	4	3	2	1
D.	1	3	4	2

367. सुमेलित कीजिए–

सूची-क (रचना)	सूची-ख (रचनाकार)
(a) झंकार	1. मैथिलीशरण गुप्त
(b) अपलक	2. बालकृष्ण शर्मा नवीन
(c) गर्भरण्डा रहस्य	3. नाथूराम शर्मा शंकर
(d) मौर्य विजय	4. सियाराम शरण गुप्त

कूट :	(a)	(b)	(c)	(d)
A.	1	2	3	4
B.	1	3	4	2
C.	2	3	1	4
D.	4	1	2	3

368. सुमेलित कीजिए–

सूची-क (रचनाकार)	सूची-ख (रचना)
(a) नरेन्द्र मोहन	1. एक अग्निकाण्ड जगहें बदलता
(b) वीरेन्द्र कुमार डंगवाल	2. दुष्चक्र में सृष्टा
(c) बिजेन्द्र	3. त्रास
(d) पंकज सिहं	4. कुछ आहटें आसपास

कूट :	(a)	(b)	(c)	(d)
A.	1	2	3	4
B.	1	4	2	3
C.	3	2	1	4
D.	4	3	2	1

369. सुमेलित कीजिए–

सूची-क (रचना)	सूची-ख (रचनाकार)
(a) एक दिन लौटेगी लड़की	1. ऋतुराज
(b) इस हादसे में	2. अनामिका शिव
(c) कोई और नाम दो	3. नरेन्द्र मोहन
(d) अंगीरस	4. गगन गिल

कूट :	(a)	(b)	(c)	(d)
A.	3	2	4	1
B.	4	3	2	1
C.	4	1	2	3
D.	2	3	1	4

370. सुमेलित कीजिए–

सूची-क (रचना)	सूची-ख (रचनाकार)
(a) एक मरण धर्मा और अन्य	1. पंकज सिंह
(b) पवन जैसे पानी	2. ऋतुराज
(c) आकाश विभाजित है	3. कात्यायनी
(d) इस पौरूषपूर्ण समय में	4. विष्णुचन्द्र शर्मा

कूट :	(a)	(b)	(c)	(d)
A.	1	2	3	4
B.	4	3	2	1
C.	4	2	3	1
D.	2	1	4	3

371. सुमेलित कीजिए–

सूची-क (रचना)	सूची-ख (रचनाकार)
(a) अपनी केवल धार	1. लीलाधर मण्डलोई
(b) घर-घर घूमा	2. कैलाश वाजपेयी
(c) महास्वप्न का मध्यांतर	3. स्वप्निल श्रीवास्तव
(d) ईश्वर एक लाठी है	4. अरूण कमल

कूट :	(a)	(b)	(c)	(d)
A.	2	1	4	3
B.	4	3	1	2
C.	4	1	2	3
D.	1	2	3	4

372. सुमेलित कीजिए–

सूची-क (रचना)	सूची-ख (रचनाकार)
(a) खिलाफ हवा से गुजरते हुए	1. केदारनाथ सिंह
(b) नए इलाके में	2. विनोददास
(c) यहां से देखो	3. अरूण कमल
(d) प्रकाश वर्ष	4. संजय चतुर्वेदी

कूट :	(a)	(b)	(c)	(d)
A.	1	2	3	4
B.	2	3	1	4
C.	4	3	2	1
D.	3	4	1	2

373. सुमेलित कीजिए–

सूची-क (रचना)	सूची-ख (रचनाकार)
(a) सबूत	1. केदारनाथ सिंह
(b) एक और अयोध्या	2. विनोददास
(c) अकाल में सारस	3. धूमिल
(d) सुदामा पाण्डेय का प्रजातंत्र	4. अरूण कमल

कूट :	(a)	(b)	(c)	(d)
A.	1	2	3	4
B.	3	1	2	4
C.	2	4	1	3
D.	4	2	1	3

374. सुमेलित कीजिए–

सूची-क (रचनाकार)	**सूची-ख (रचना)**
(*a*) राजेश जोशी	1. समरगाथा
(*b*) धूमिल	2. पटकथा
(*c*) राजकमल चौधरी	3. दास कवि
(*d*) सौमित्र मोहन	4. लुकमान अली

कूट :	(*a*)	(*b*)	(*c*)	(*d*)
A.	1	2	3	4
B.	2	4	1	3
C.	1	3	4	2
D.	2	4	3	1

375. सुमेलित कीजिए–

सूची-क (रचनाकार)	**सूची-ख (रचना)**
(*a*) कुमार विकल	1. रात में हारमोनियम
(*b*) विमल कुमार	2. अनंतिम
(*c*) कुमार अंबुज	3. यह मुखौटा किसका है
(*d*) उदय प्रकाश	4. एक छोटी सी लड़ाई

कूट :	(*a*)	(*b*)	(*c*)	(*d*)
A.	3	1	4	2
B.	1	2	3	4
C.	2	4	3	1
D.	4	3	2	1

376. सुमेलित कीजिए–

सूची-क (रचना)	**सूची-ख (रचनाकार)**
(*a*) अबूतर कबूतर	1. बलदेव वंशी
(*b*) किवाड़	2. ललित शुक्ल
(*c*) अंतर्गत	3. उदय प्रकाश
(*d*) बच्चे की दुनिया	4. कुमार अंबुज

कूट :	(*a*)	(*b*)	(*c*)	(*d*)
A.	1	3	2	4
B.	4	3	2	1
C.	3	4	2	1
D.	1	2	3	4

377. सुमेलित कीजिए–

सूची-क (रचना)	**सूची-ख (रचनाकार)**
(*a*) मोचीराम	1. ठाकुर प्रसाद सिंह
(*b*) जमीन पक रही है	2. धूमिल
(*c*) अन्न हैं मेरे शब्द	3. केदारनाथ सिंह
(*d*) हारी हुई लड़ाई लड़ते हुए	4. एकांत श्रीवास्तव

कूट :	(*a*)	(*b*)	(*c*)	(*d*)
A.	2	3	4	1
B.	1	2	3	4
C.	4	3	2	1
D.	3	2	1	4

378. सुमेलित कीजिए–

सूची-क (रचना)	**सूची-ख (रचनाकार)**
(*a*) कल सुनना मुझे	1. उदय प्रकाश
(*b*) प्रार्थना बन्द करो	2. आलोक धन्वा
(*c*) क से कबूतर	3. धूमिल
(*d*) दुनिया रोज बनती है	4. ज्ञानेन्द्रपति

कूट :	(*a*)	(*b*)	(*c*)	(*d*)
A.	1	2	3	4
B.	3	4	1	2
C.	4	3	2	1
D.	1	4	3	2

379. सुमेलित कीजिए–

सूची-क (रचना)	**सूची-ख (रचनाकार)**
(*a*) सुनो कारीगर	1. राजेश जोशी
(*b*) एक दिन बोलेंगे पेड़	2. उदय प्रकाश
(*c*) संसद से सड़क तक	3. विमल कुमार
(*d*) सपने में एक औरत से बातचीत	4. धूमिल

कूट :	(*a*)	(*b*)	(*c*)	(*d*)
A.	1	2	4	3
B.	3	2	4	1
C.	1	2	3	4
D.	2	1	4	3

380. सुमेलित कीजिए–

सूची-क (रचना)	**सूची-ख (रचनाकार)**
(*a*) रोशनी के मैदान की तरफ	1. चन्द्रकांत देवताले
(*b*) अत्याचारी के प्रमाण	2. मंगलेश डबराल
(*c*) यह एक दिन है	3. प्रयाग शुक्ल
(*d*) साथ चलते हुए	4. विश्वनाथ प्रसाद तिवारी

कूट :	(*a*)	(*b*)	(*c*)	(*d*)
A.	1	2	3	4
B.	4	3	2	1
C.	2	1	4	3
D.	3	4	1	2

381. सुमेलित कीजिए–

सूची-क (रचना)	**सूची-ख (रचनाकार)**
(*a*) बेहतर दुनिया के लिए	1. राजकमल चौधरी
(*b*) दीवारों पर खून से	2. धूमिल
(*c*) भाषा की रात	3. चन्द्रकांत देवताले
(*d*) मुक्ति प्रसंग	4. विश्वनाथ प्रसाद तिवारी

कूट :	(*a*)	(*b*)	(*c*)	(*d*)
A.	1	2	3	4
B.	4	2	1	3
C.	1	3	2	4
D.	4	3	2	1

382. सुमेलित कीजिए–

सूची-क (रचना)	**सूची-ख (रचनाकार)**
(*a*) लुकमान अली तथा अन्य कविताएं	1. मुक्ति बोध
(*b*) कंकावती	2. सौमित्र मोहन
(*c*) जो नितांत मेरी है	3. राजकमल चौधरी
(*d*) चांदा का मुंह टेड़ा है	4. बाल स्वरूप राही

कूट :	(*a*)	(*b*)	(*c*)	(*d*)
A.	2	3	4	1
B.	1	2	3	4
C.	4	3	1	2
D.	2	1	4	3

383. सुमेलित कीजिए–

सूची-क (रचना)	**सूची-ख (रचनाकार)**
(*a*) उदय प्रकाश	1. इतना जो मिला
(*b*) श्याम विमल	2. पहाड़ पर लालटेन
(*c*) बलदेव वंशी	3. बच्चे की दुनिया
(*d*) मंगलेश डबराल	4. महापुरूष

कूट :	(*a*)	(*b*)	(*c*)	(*d*)
A.	4	1	3	2
B.	1	2	3	4
C.	4	3	2	1
D.	1	2	4	3

384. सुमेलित कीजिए–

सूची-क (रचना)	**सूची-ख (रचनाकार)**
(*a*) कोई आवाज नहीं	1. मणि मधुकर
(*b*) घर का रास्ता	2. मलयज
(*c*) बलराम के हजारों हाथ	3. बलदेव वंशी
(*d*) जख्म पर धूल	4. मंगलेश डबराल

कूट :	(*a*)	(*b*)	(*c*)	(*d*)
A.	1	2	3	4
B.	3	4	1	2
C.	1	2	4	3
D.	4	3	2	1

385. सुमेलित कीजिए–

सूची-क (रचना)	**सूची-ख (रचनाकार)**
(*a*) लक्कड़ बग्घा हंस रहा है	1. दिविक रमेश
(*b*) हम जो देखते हैं	2. चन्द्रकांत देवताले
(*c*) मुझे मालूम है	3. मंगलेश डबरवाल
(*d*) खुली आंखों का आकाश	4. कन्हैयालाल नन्दन

कूट :	(*a*)	(*b*)	(*c*)	(*d*)
A.	2	1	4	3
B.	4	3	2	1
C.	2	3	4	1
D.	1	2	3	4

386. सुमेलित कीजिए–

सूची-क (रचना)	**सूची-ख (रचनाकार)**
(*a*) भूरी भूरी खाक धूल	1. रणजीत मिश्र
(*b*) नाटक जारी है	2. मुक्ति बोध
(*c*) मंजीर	3. लीलाधर जगूड़ी
(*d*) इतिहास का दर्द	4. गिरिजा कुमार माथुर

कूट :	(*a*)	(*b*)	(*c*)	(*d*)
A.	1	2	3	4
B.	2	3	4	1
C.	4	3	2	1
D.	3	2	4	1

387. सुमेलित कीजिए–

सूची-क (रचना)	**सूची-ख (रचनाकार)**
(*a*) झुलसा हुआ रक्त कमल	1. लीलाधर जगूड़ी
(*b*) ब्रह्म राक्षस	2. गिरिजा कुमार माथुर
(*c*) रात अब भी मौजूद है	3. मुक्तिबोध
(*d*) नाश और निर्माण	4. रणजीत मिश्र

कूट :	(*a*)	(*b*)	(*c*)	(*d*)
A.	4	3	1	2
B.	1	2	3	4
C.	4	3	2	1
D.	2	1	4	3

388. सुमेलित कीजिए–

सूची-क (रचना)	**सूची-ख (रचनाकार)**
(*a*) बची हुई पृथ्वी	1. लीलाधर जगूड़ी
(*b*) अंधेरे में	2. गिरिजा कुमार माथुर
(*c*) बेरंग बेनाम चिट्ठियां	3. मुक्ति बोध
(*d*) धूप के धान	4. रामदरश मिश्र

कूट :	(*a*)	(*b*)	(*c*)	(*d*)
A.	2	1	4	3
B.	4	3	2	1
C.	1	2	3	4
D.	1	3	4	1

389. सुमेलित कीजिए–

सूची-क (रचना)	**सूची-ख (रचनाकार)**
(*a*) घबराए हुए शब्द	1. रामदरश मिश्र
(*b*) भूल गलती	2. गिरिजा कुमार माथुर
(*c*) साक्षी रहे वर्तमान	3. मुक्तिबोध
(*d*) कंधे पर सूरज	4. लीलाधर जगूड़ी

कूट :	(*a*)	(*b*)	(*c*)	(*d*)
A.	4	3	2	1
B.	1	2	3	4
C.	3	4	2	1
D.	2	3	4	1

390. सुमेलित कीजिए–

सूची-क (रचना)	सूची-ख (रचनाकार)
(*a*) दिन एक नदी बन गया	1. रामदरश मिश्र
(*b*) भीतरी नदी की यात्रा	2. गिरिजा कुमार माथुर
(*c*) तीसरा पक्ष	3. लक्ष्मीकांत वर्मा
(*d*) कलम के फूल	4. भवानी प्रसाद मिश्र

कूट :	(*a*)	(*b*)	(*c*)	(*d*)
A.	2	3	1	4
B.	1	4	2	3
C.	2	3	4	1
D.	1	2	3	4

391. सुमेलित कीजिए–

सूची-क (रचना)	सूची-ख (रचनाकार)
(*a*) अतुकांत	1. अजित कुमार
(*b*) कविताएं	2. लक्ष्मीकांत वर्मा
(*c*) शिलापंख चमकीले	3. कीर्ति चौधरी
(*d*) अंकित होने दो	4. गिरिजा कुमार माथुर

कूट :	(*a*)	(*b*)	(*c*)	(*d*)
A.	2	1	4	3
B.	4	3	2	1
C.	2	3	4	1
D.	1	2	3	4

392. सुमेलित कीजिए–

सूची-क (रचनाकार)	सूची-ख (रचना)
(*a*) साही	1. संवाद तुम से
(*b*) भवानी प्रसाद मिश्र	2. सन्नाटा
(*c*) रघुवीर सहाय	3. आत्महत्या के विरूद्ध
(*d*) सौमित्र मोहन	4. चाकू से खेलते हुए

कूट :	(*a*)	(*b*)	(*c*)	(*d*)
A	1	2	3	4
B.	4	3	2	1
C.	2	1	3	4
D.	3	4	1	2

393. सुमेलित कीजिए–

सूची-क (रचनाकार)	सूची-ख (रचना)
(*a*) रघुवीर सहाय	1. इतिहास पुरूष
(*b*) धर्मवीर भारती	2. गीत फरोश
(*c*) भवानी प्रसाद मिश्र	3. अंधायुग
(*d*) डा. देवराज	4. हंसो-हंसो जल्दी हंसो

कूट :	(*a*)	(*b*)	(*c*)	(*d*)
A.	1	2	3	4
B.	4	3	2	1
C.	2	1	3	4
D.	4	3	2	1

394. सुमेलित कीजिए–

सूची-क (रचना)	सूची-ख (रचनाकार)
(*a*) भटका मेघ	1. भवानी प्रसाद मिश्र
(*b*) ठण्डा लोहा	2. श्रीकांत वर्मा
(*c*) लोग भूल गए हैं	3. धर्मवीर भारती
(*d*) चूंकि है दुख	4. रघुवीर सहाय

कूट :	(*a*)	(*b*)	(*c*)	(*d*)
A.	3	2	1	4
B.	4	3	2	1
C.	2	3	4	1
D.	1	2	3	4

395. सुमेलित कीजिए–

सूची-क (रचना)	सूची-ख (रचनाकार)
(*a*) अकेले कण्ठ की पुकार	1. भवानी प्रसाद मिश्र
(*b*) छायामत छूना	2. हरिनारायण व्यास
(*c*) मृग और तृष्णा	3. अजित कुमार
(*d*) वाणी की दीनता	4. गिरिजाकुमार माथुर

कूट :	(*a*)	(*b*)	(*c*)	(*d*)
A.	1	2	3	4
B.	3	4	2	1
C.	4	3	1	2
D.	1	2	4	3

396. सुमेलित कीजिए–

सूची-क (रचना)	सूची-ख (रचनाकार)
(*a*) टूटने का सुख	1. हरिनारायण व्यास
(*b*) मछली घर	2. भवानी प्रसाद मिश्र
(*c*) पृथ्वी कल्प	3. साही
(*d*) त्रिकोण पर सूर्योदय	4. गिरिजा कुमार माथुर

कूट :	(*a*)	(*b*)	(*c*)	(*d*)
A.	2	1	4	3
B.	4	3	1	2
C.	2	3	4	1
D.	1	2	3	4

397. सुमेलित कीजिए–

सूची-क (रचना)	सूची-ख (रचनाकार)
(*a*) कल्पांतर	1. भवानी प्रसाद मिश्र
(*b*) साखी	2. रघुवीर सहाय
(*c*) सतपुड़ा के जंगल	3. गिरिजा कुमार माथुर
(*d*) सीढ़ियों पर धूप में	4. साही

कूट :	(*a*)	(*b*)	(*c*)	(*d*)
A.	1	2	3	4
B.	4	3	2	1
C.	2	3	4	1
D.	3	4	1	2

398. सुमेलित कीजिए–

सूची-क (रचनाकार)	**सूची-ख (रचना)**
(*a*) रघुवीर सहाय	1. अंधेरी कविताएं
(*b*) धर्मवीर भारती	2. माया दर्पण
(*c*) श्रीकांत वर्मा	3. कुछ पते कुछ चिट्ठियां
(*d*) भवानी प्रसाद मिश्र	4. कनुप्रिया

कूट :	(*a*)	(*b*)	(*c*)	(*d*)
A.	2	1	3	4
B.	4	3	2	1
C.	3	4	2	1
D.	1	2	3	4

399. सुमेलित कीजिए–

सूची-क (रचनाकार)	**सूची-ख (रचना)**
(*a*) श्रीकांत वर्मा	1. सूर्य का स्वागत
(*b*) भवानी प्रसाद मिश्र	2. मगध
(*c*) धर्मवीर भारती	3. गांधी पंचशती
(*d*) दुष्यंत कुमार	4. देशांतर

कूट :	(*a*)	(*b*)	(*c*)	(*d*)
A.	2	1	4	3
B.	2	3	4	1
C.	4	3	1	2
D.	1	2	3	4

400. सुमेलित कीजिए–

सूची-क (रचनाकार)	**सूची-ख (रचना)**
(*a*) दुष्यंत कुमार	1. बुनी हुई रस्सी
(*b*) नरेश मेहता	2. दिनारंभ
(*c*) श्रीकांत वर्मा	3. वनपांखी सुनो
(*d*) भवानी प्रसाद मिश्र	4. जलते हुए वन का वसंत

कूट :	(*a*)	(*b*)	(*c*)	(*d*)
A.	3	4	1	2
B.	1	3	2	4
C.	1	2	3	4
D.	4	3	2	1

उत्तरमाला

1	**2**	**3**	**4**	**5**	**6**	**7**	**8**	**9**	**10**
A	B	C	B	C	D	A	B	A	C
11	**12**	**13**	**14**	**15**	**16**	**17**	**18**	**19**	**20**
B	D	A	C	B	C	A	C	B	D
21	**22**	**23**	**24**	**25**	**26**	**27**	**28**	**29**	**30**
B	C	A	D	D	B	C	B	D	B
31	**32**	**33**	**34**	**35**	**36**	**37**	**38**	**39**	**40**
D	C	D	C	D	A	A	C	D	D
41	**42**	**43**	**44**	**45**	**46**	**47**	**48**	**49**	**50**
B	D	B	B	C	B	A	D	A	A
51	**52**	**53**	**54**	**55**	**56**	**57**	**58**	**59**	**60**
C	D	A	A	C	D	D	B	D	D
61	**62**	**63**	**64**	**65**	**66**	**67**	**68**	**69**	**70**
C	C	B	B	A	A	B	C	D	B
71	**72**	**73**	**74**	**75**	**76**	**77**	**78**	**79**	**80**
A	D	C	B	B	C	C	D	B	B
81	**82**	**83**	**84**	**85**	**86**	**87**	**88**	**89**	**90**
C	B	A	C	B	C	D	B	A	C
91	**92**	**93**	**94**	**95**	**96**	**97**	**98**	**99**	**100**
B	C	D	C	D	D	B	C	B	C
101	**102**	**103**	**104**	**105**	**106**	**107**	**108**	**109**	**110**
D	C	B	D	A	C	A	D	C	D
111	**112**	**113**	**114**	**115**	**116**	**117**	**118**	**119**	**120**
C	C	B	D	B	C	B	D	D	C
121	**122**	**123**	**124**	**125**	**126**	**127**	**128**	**129**	**130**
A	A	C	A	C	C	C	D	B	A
131	**132**	**133**	**134**	**135**	**136**	**137**	**138**	**139**	**140**
B	C	B	A	A	B	C	A	D	A
141	**142**	**143**	**144**	**145**	**146**	**147**	**148**	**149**	**150**
A	C	B	D	B	B	A	B	A	C
151	**152**	**153**	**154**	**155**	**156**	**157**	**158**	**159**	**160**
B	D	A	B	B	B	B	A	B	D

161	162	163	164	165	166	167	168	169	170
B	D	C	B	C	A	A	A	B	C
171	**172**	**173**	**174**	**175**	**176**	**177**	**178**	**179**	**180**
A	C	B	B	C	A	D	B	A	B
181	**182**	**183**	**184**	**185**	**186**	**187**	**188**	**189**	**190**
C	C	C	A	A	A	C	C	C	A
191	**192**	**193**	**194**	**195**	**196**	**197**	**198**	**199**	**200**
C	B	D	B	B	A	A	A	A	C
201	**202**	**203**	**204**	**205**	**206**	**207**	**208**	**209**	**210**
A	A	D	B	D	A	B	D	C	B
211	**212**	**213**	**214**	**215**	**216**	**217**	**218**	**219**	**220**
B	A	A	B	D	D	A	D	B	C
221	**222**	**223**	**224**	**225**	**226**	**227**	**228**	**229**	**230**
B	D	B	B	B	D	D	D	A	C
231	**232**	**233**	**234**	**235**	**236**	**237**	**238**	**239**	**240**
A	B	C	B	A	B	A	B	C	A
241	**242**	**243**	**244**	**245**	**246**	**247**	**248**	**249**	**250**
A	B	B	D	C	A	D	A	B	A
251	**252**	**253**	**254**	**255**	**256**	**257**	**258**	**259**	**260**
B	B	B	B	D	A	B	B	B	D
261	**262**	**263**	**264**	**265**	**266**	**267**	**268**	**269**	**270**
B	B	A	B	B	B	C	B	B	A
271	**272**	**273**	**274**	**275**	**276**	**277**	**278**	**279**	**280**
C	C	A	B	A	C	C	D	C	D
281	**282**	**283**	**284**	**285**	**286**	**287**	**288**	**289**	**290**
C	A	D	B	C	A	B	D	B	C
291	**292**	**293**	**294**	**295**	**296**	**297**	**298**	**299**	**300**
D	C	B	A	C	B	C	B	C	C
301	**302**	**303**	**304**	**305**	**306**	**307**	**308**	**309**	**310**
B	D	C	D	D	B	C	C	D	C
311	**312**	**313**	**314**	**315**	**316**	**317**	**318**	**319**	**320**
D	B	C	D	A	C	A	B	A	C
321	**322**	**323**	**324**	**325**	**326**	**327**	**328**	**329**	**330**
A	C	C	D	D	D	B	A	C	A
331	**332**	**333**	**334**	**335**	**336**	**337**	**338**	**339**	**340**
A	B	A	D	B	A	D	C	C	D
341	**342**	**343**	**344**	**345**	**346**	**347**	**348**	**349**	**350**
C	C	B	A	C	D	D	D	C	B
351	**352**	**353**	**354**	**355**	**356**	**357**	**358**	**359**	**360**
D	A	B	A	A	A	C	B	D	C
361	**362**	**363**	**364**	**365**	**366**	**367**	**368**	**369**	**370**
A	D	B	C	A	B	A	A	B	D
371	**372**	**373**	**374**	**375**	**376**	**377**	**378**	**379**	**380**
C	B	D	A	D	C	A	B	D	A
381	**382**	**383**	**384**	**385**	**386**	**387**	**388**	**389**	**390**
D	A	A	B	C	B	A	D	A	D
391	**392**	**393**	**394**	**395**	**396**	**397**	**398**	**399**	**400**
C	A	D	C	B	C	D	C	B	D

❑❑❑

काव्य के भेद

काव्यशास्त्रीय दृष्टिकोण से काव्य का विभाजन अनेक प्रकार से किया गया है। संस्कृत काव्यशास्त्र में व्यंग्यार्थ की प्रधानता और अप्रधानता के आधार पर काव्य के मुख्यतः तीन भेद बताए गए हैं–

1. **उत्तम काव्य :** जिस काव्य में वाच्यार्थ की अपेक्षा व्यंग्यार्थ अनेक चमत्कारी होता है, उसे उत्तम काव्य माना जाता है। इसे ध्वनि काव्य भी कहा जाता है, क्योंकि इसमें ध्वनि (व्यंग्यार्थ) की प्रधानता होती है।
2. **मध्यम काव्य :** जिस काव्य में व्यंग्यार्थ अथवा ध्वनि का चमत्कार वाच्यार्थ के चमत्कार की अपेक्षा न्यून होता है अथवा वाच्यार्थ के समान होता है, उस काव्य को मध्यम काव्य माना जाता है। इसे गुणीभूत व्यंग्य काव्य भी कहा जाता है, क्योंकि व्यंग्यार्थ वाच्यार्थ की अपेक्षा गौण होता है।
3. **अधम काव्य :** जिस काव्य में व्यंग्यार्थ अस्फुट रूप में हो तथा शब्दालंकार, अर्थालंकार तथा वर्ग व्यंजनकता आदि का प्राधान्य हो, उस काव्य को अधम कोटि का काव्य माना जाता है।

रस

काव्य को पढ़ने या सुनने में उसमें वर्णित वस्तु या विषय का शब्द-चित्र मन में बनता है। इससे मन को अलौकिक आनन्द प्राप्त होता है। इस आनन्द और इसकी अनुभूति को शब्दों में व्यक्त नहीं किया जा सकता, केवल अनुभव किया जा सकता है। यही काव्य में रस कहलाता है। किसी विनोदपूर्ण कविता को सुनकर हँसी से वातावरण गूँज उठता है। किसी करुण-कथा या कविता को सुनकर हृदय में दया का स्रोत उमड़ पड़ता है। यह रस की अनुभूति है।

स्थायी भाव : भाव आनन्द है। काव्य में नौ भाव प्रधान माने गए हैं–प्रेम (रति), हास, शोक, क्रोध, उत्साह, भय, घृणा (जुगुप्सा), विस्मय (आश्चर्य) और निर्वेद या वैराग्य। ये मनुष्य के मन में सदैव सुप्तावस्था में विद्यमान रहते हैं। लेकिन अनुकूल अवसर पाकर (कोई काव्य सुनने या पढ़ने पर या कोई नाटक देखने पर) जाग उठते हैं। ये मन में आस्वाद का मूल-भाव होते हैं। चूँकि ये मन में स्थायी रूप से विद्यमान रहते हैं, इसीलिए इन्हें स्थायी भाव कहा जाता है। इन्हीं के फलस्वरूप क्रमशः शृंगार, हास्य, करुण, रौद्र, वीर, भयानक, वीभत्स, अद्भुत और शान्त रस की उत्पत्ति होती है।

काव्य के दो अंग होते हैं–भाव और विभाव।

भाव : भाव मन की वह स्थिति है, जो किसी विशेष वस्तु या व्यक्ति के प्रति किसी विशेष दशा में होती है।

विभाव : जिस वस्तु या व्यक्ति के प्रति वह भाव प्रकट होता है, उसे विभाव कहते हैं।

आश्रय : जिसके मन में भाव संचरित होता है, उसे आश्रय कहते हैं। जैसे सीता-स्वयंवर के अवसर पर लक्ष्मण की बातों से परशुराम क्रुद्ध हो जाते हैं। क्रोध का संचार परशुराम के मन में हुआ, अतः परशुराम आश्रय हुए।

आलम्बन : जिसके प्रति भाव उत्पन्न होता है, उसे आलम्बन कहते हैं। उपर्युक्त उदाहरण में परशुराम आश्रय हैं और लक्ष्मण आलम्बन।

उद्दीपन : भावों को उद्दीप्त करने वाले कार्यों या वस्तुओं को उद्दीपन कहते हैं। जैसे उपर्युक्त उदाहरण में लक्ष्मण के कठोर वचन सुनकर परशुराम का क्रोध बढ़ जाता है। अतः लक्ष्मण के कठोर वचन उद्दीपन हैं।

संचारी या व्यभिचारी भाव : जो भाव स्थायी भावों को पुष्ट करते हैं या उनके सहकारी का काम करते हैं और अपना काम करने के बाद स्थायीभाव में ही लुप्त हो जाते हैं, उन्हें संचारी या व्यभिचारी भाव कहते हैं। संचारी या व्यभिचारी भाव 33 माने गए हैं; जैसे–निर्वेद, ग्लानि, शंका, असूया, मद, श्रम, आलस्य, दैन्य, चिन्ता, मोह, स्मृति आदि।

रस के भेद

1. **शृंगार रस :** कामदेव का अंकुरित होना या प्रादुर्भाव। इसकी उत्पत्ति का कारण, अधिकांश उत्तम प्रकृति से युक्त रस 'शृंगार' कहलाता है।
   स्थायी भाव–रति अथवा प्रेम।
2. **हास्य रस :** अनोखे अलंकरण आदि असंगतिपूर्ण वस्तुओं या क्रियाओं को देखकर हृदय में जो विनोद का भाव उत्पन्न होता है, वही हास्य रस कहलाता है।

   स्थायी भाव–किसी अनोखे वेश, मूर्खतापूर्ण वचन, ऊटपटाँग चेष्टा आदि अथवा असाधारण कुरूप व्यक्ति को देखने से उत्पन्न रस हास्य रस कहलाता है।
3. **करुण रस :** प्रिय व्यक्ति के पीड़ित या इष्ट वस्तु के अभाव और अनिष्ट वस्तु के प्राप्त होने से हृदय को जो क्षोभ होता है, वह करुण रस कहलाता है।

   स्थायी भाव–शोक।
4. **रौद्र रस :** शत्रु पक्ष या किसी अविनीत की चेष्टाओं, कृतियों अथवा गुरुजनों की निन्दा आदि के कारण उत्पन्न मनोविकार को क्रोध कहते हैं। उससे रौद्र रस का संचार होता है।
   स्थायी भाव–क्रोध
5. **वीर रस :** शत्रु का उत्कर्ष, उसकी ललकार आदि से जो मन में 'उत्साह' उत्पन्न और क्रियाशील होता है वह वीर रस कहलाता है।

   स्थायी भाव–उत्साह।
6. **भयानक रस :** किसी डरावने जीव, प्राणी या पशु आदि को देखने से या घोर अपराध के लिए दण्ड पाने की कल्पना आदि से मन की व्याकुलता को भय कहते हैं।

   स्थायी भाव–भय।
7. **वीभत्स रस :** गंदी, भद्दी, घृणा उत्पन्न करने वाली अशुद्ध वस्तुओं, व्यक्तियों, स्थलों, कार्यों आदि के वर्णन से हृदय में जो ग्लानि होती है, उसी से वीभत्स रस का जन्म होता है।

   स्थायी भाव–जुगुप्सा व घृणा।

8. **अद्भुत रस :** 'आश्चर्य' का भाव होने से किसी वर्णन में 'अद्भुत रस' का संचार होता है।

स्थायी भाव–विस्मय या आश्चर्य।

9. **शांत रस :** संसार की असारता, सभी वस्तुओं की नश्वरता आदि का बोध होने से मन को विश्राम मिलता है, जो हृदय में 'शांत रस' का उद्भाव करता है।

स्थायी भाव–निर्वेद।

10. **वात्सल्य रस :** शिशुओं के सौंदर्य, उनके क्रिया-कलाप आदि को देखकर मन बरबस उनकी ओर खिंचता है। फलतः मन में जो स्नेह उत्पन्न होता है, वह वात्सल्य रस कहलाता है।

स्थायी भाव–स्नेह।

छंद

अर्थ

छन्द शब्द नियम विशेष के आधार पर गति-लय-युक्त रचना होती है। इसमें वर्ण तथा मात्राओं का विशेष प्रतिबन्ध रहता है। इस प्रकार 'पद्य' या 'छन्द' ऐसी शब्द-योजना है, जिसमें मात्राओं तथा वर्णों का नियमित क्रम होता है और उसमें विराम, गति या प्रवाह आदि की व्यवस्था होती है।

छंद रचना

छन्द रचना के शब्दों की मात्राएँ तथा उनके वर्ण होते हैं। मात्रा के आधार पर रचित छन्द या पद्य 'मात्रिक' या 'जाति' और वर्ण के आधार पर निर्मित पद्य 'वृत' या 'वर्णिक' कहे जाते हैं। अक्षर या वर्ण दो प्रकार के होते हैं– ह्रस्व या लघु तथा दीर्घ या गुरु। लघु का चिह्न एक खड़ी पाई (।) और गुरु का चिह्न टेढ़ी रेखा (ऽ) है। लघु-गुरु का संक्षिप्त रूप ल और गु भी है।

मात्रिक विचार

मात्रिक छन्दों में मात्राओं की गणना होती है। 'लघु' में 'एक' तथा 'गुरु' में 'दो' मात्राएँ मानी जाती हैं। यथा–राज शब्द में रा 'दो' मात्रा वाला तथा ज 'एक' मात्रा वाला है। इस प्रकार 'राज' में कुल तीन मात्राएँ हुईं।

लघु मात्राएँ

1. जिन वर्णों के उच्चारण में कम समय लगे अर्थात् अ, इ, उ, ऋ तथा उनसे युक्त वर्ण।
2. जिन वर्णों के ऊपर चन्द्रबिन्दु लगा हो किन्तु वर्ण ह्रस्व हो जैसे हँसना का 'हँ'।
3. पद का अन्तिम वर्ण गति एवं लय के आधार पर दीर्घ होते हुए भी ह्रस्व मान लिया जाता है।
4. कभी-कभी संयुक्ताक्षर के पूर्व का अक्षर लघु मान लिया जाता है जैसे तुम्हारा, कुम्हड़ा।

गुरु मात्राएँ

1. जिन वर्णों के उच्चारण में अधिक समय एवं बल लगे अर्थात् आ, ई, ऊ, ए, ऐ, ओ, औ और उनसे युक्त वर्ण।
2. जिन वर्णों में अनुस्वार अथवा विसर्ग के चिह्न लगे हों जैसे मंजन का 'मं', या दुःख का 'दुः'।
3. पद का अन्तिम वर्ण गति एवं लय के आधार पर लघु होते हुए भी दीर्घ हो सकता है।
4. संयुक्ताक्षर के पूर्व का अक्षर ह्रस्व होते हुए भी दीर्घ माना जाता है यथा–धर्म का 'ध'।

वर्णिक-विचार

वर्णिक छन्दों में वर्णों अथवा गणों का ध्यान रखना होता है। गण तीन वर्णों में होता है। गणों की संख्या आठ है। नीचे के सूत्र से गणों का बोध सरल है–

।ऽऽऽ।ऽ।।।ऽ

यमाताराज भानसलगा

इस सूत्र का प्रत्येक अक्षर गण का सूचक है। तीन-तीन अक्षरों का समूह बनाकर पहले अक्षर से उनका नाम और उन अक्षरों के लघु-गुरु से उनके स्वरूपों का बोध करना चाहिए। जैसे-यमाता (।ऽऽ।) यगण, मतारा (ऽऽऽ) मगण, ताराज (ऽऽ।) तगण, राजभा) (ऽ।ऽ) रगण, जमान (।ऽ।) जगण, मानस, (ऽ।।) भगण, नसत (।।।) नगण, सलगा (।।ऽ) सगण, ल (।) लघु और गा (ऽ) गुरु।

गणों की पहचान के लिए निम्न बातों पर ध्यान देना चाहिए।

गण	वर्ण क्रम	चिह्न मात्राएँ	उदाहरण
यगण	लघु गुरु गुरु	।ऽऽ	कहानी, अनूठी
मगण	गुरु गुरु गुरु	ऽऽऽ	आजादी, यूनानी
तगण	गुरु गुरु लघु	ऽऽ।	मारीचि, आमोद
रगण	गुरु लघु गुरु	ऽ।ऽ	सभ्यता, वीरता
जगण	लघु गुरु लघु	।ऽ।	विज्ञान, समाज
भगण	गुरु लघु लघु	ऽ।।	धार्मिक, लोहित
नगण	लघु लघु लघु	।।।	कमल, दिवस
सगण	लघु लघु गुरु	।।ऽ	कमला, जिसकी

प्रत्येक छन्द के चार चरण, होते हैं जो 'पद' या 'पाद' भी कहलाते हैं। बहुत से छन्दों के चारों चरण दो ही पंक्तियों में लिखे जाते हैं। जैसे–दोहा, सोरठा, बरवै आदि ऐसे छन्दों की प्रत्येक पंक्ति 'दल' नाम से प्रसिद्ध है। वर्णिक तथा मात्रिक छन्दों की मुख्य पहचान यह है कि वर्णिक छन्दों में वर्ण लघु-गुरु-क्रम से समान संख्या में होते हैं। इसी कारण इनकी मात्राएँ भी समान होती हैं। इनमें वर्णों की संख्या, समानता को प्रमुखता दी जाती है।

मात्रिक छन्दों में वर्णों की संख्या तथा लघु-गुरु के क्रम का नियम नहीं होता। उनमें मात्राओं में समानता होती है। जैसे–

ऽऽ। ऽ।। ऽ। ।।ऽ ।। ।ऽ ऽऽऽ।ऽ = 28 मात्रा।

निश्चेष्ट होकर बैठे रहना यह महा दुष्कर्म है। = 20 अक्षर।

ऽऽ। ।।ऽ ऽ। ऽऽ ऽ। ऽऽ ऽ।ऽ = 28 मात्रा।

न्यायार्थ अपने बन्धु को भी दण्ड देना धर्म है। = 17 अक्षर।

स्पष्ट है कि दोनों चरणों में मात्राएँ 28-28 हैं किन्तु अक्षर 20,17 हैं। लघु-गुरु का कोई भी क्रम नहीं है। अतः यह मात्रिक छन्द हुआ।

नीचे के चरणों को देखिए–

।।। ऽ।। ऽ। ।ऽ। ऽ = 4 गण।

दिवस का अवसान समीप था। = 12 वर्ण।

।।। ऽ।। ऽ। ।ऽ। = 4 गण।

गगन था कुछ लोहित हो चला।

ऊपर के चरणों में वर्णों का लघु गुरु क्रम भी समान है। अतः यह वर्णिक वृत हुआ।

झिल्ली झनकारे पिक, चातक पुकारे वन। = 8, 8 वर्ण।

इसमें केवल वर्णों की संख्या समान है।

कुछ मात्रिक छन्द

चौपाई– यह मात्रिक सम छन्द है। इसके प्रत्येक चरण में 16 मात्राएँ होती हैं; चरण के अन्त में जगण (।ऽ।) या तगण (ऽऽ।) नहीं होते हैं। प्रथम और द्वितीय चरणों में तुक समान होते हैं।

16 मात्रा।

बरनि न जाई मनोहर जोरी। = 16 मात्रा।

शोभा बहुत मोरी मति थोरी।। = 16 मात्रा।

राम लखन सिय सुन्दरताई। = 16 मात्रा।

सब चितवहिं चित मन मति लाई।।

रोला– यह मात्रिक सम छन्द है। इसके प्रत्येक चरण में 11, 13 मात्राओं के विराम से कुल 24 मात्राएँ होती हैं। अन्त में दो लघु या गुरु आना उत्तम है। जैसे–

= 11+13 = 24 मात्रा।

पर सहमा यह, रूप देख होता है विस्मय।

= 11+13 = 24 मात्रा।

आर्य लोग क्या एक समय थे ऐसे निर्भय 11

= 11+13 = 24 मात्रा।

क्या हम सब जो आज, बने हैं निर्बल कामी।

= 11+13 = 24 मात्रा।

रहते थे स्वाधीन समर में होकर नामी।।

हरिगीतिका–यह मात्रिक सम छन्द है। इसके प्रत्येक चरण में 16 और 12 विराम से कुल 28 मात्राएँ होती हैं। अन्त में रगण (ऽ।ऽ) होने से सुनने में मधुर होता है। इसमें 5वीं, 12वीं, 18वीं मात्राएँ लघु होनी चाहिए। जैसे–

= 28 मात्रा।

अधिकार खोकर बैठ रहना यह महा दुष्कर्म है।

= 28 मात्रा।

न्यायार्थ अपने बन्धु को भी दण्ड देना धर्म है।।।

= 28 मात्रा।

इस ध्येय पर ही कौरवों और पाण्डवों का रण हुआ।।

= 28 मात्रा।

जो भव्य भारतवर्ष के कल्पांत का कारण हुआ।।

दोहा–यह मात्रिक अर्द्धसम छन्द है। इसके पहले और तीसरे चरण में 13, 13 और दूसरे तथा चौथे चरण में 11, 11 मात्राएँ होती हैं। दूसरे-चरण के अन्त में गुरु, लघु होते हैं। जैसे–

222 11 212 1112 11 21

= 13+11 = 24 मात्रा।

थोरेई गुन रीझते बिसराई वह बानि।

= 13+11 = 24 मात्रा।

तुमहू कान्ह मनौ भये, आजु-कालिह के दानि।।

सोरठा–यह दोहे के ठीक विपरीत होता है , अर्थात् इसके पहले और तीसरे चरण में 11,11 और दूसरे तथा चौथे चरण में 13, 13 मात्राएँ होती हैं। जैसे–

= 11+13 = 24 मात्रा।

रहिमन मोहिं न सुहाय, अमिय पियावत मान बिनु।

= 11+13 = 24 मात्रा।

जो विष देय बुलाय, मान सहित मरिबो भलो।।

छप्पय–यह मात्रिक विषय तथा संयुक्त छन्द होता है। इसमें छः चरण होते हैं। इसके प्रथम चार चरणों में चौबीस-चौबीस मात्राएँ तथा अन्त के दोनों चरणों में अट्ठाइस-अट्ठाइस मात्राएँ होती हैं। प्रथम चार चरणों तक 12-13 पर यति होती है तथा पाँचवें और छठे चरणों में 15-13 पर यति होती है। छः पद होने के कारण इसे षट्पदी भी कहते हैं।

उदाहरण– निर्मल तेरा नीर, अमृत के सम उत्तम है,
शीतल मन्द-सुगन्ध, पवन हर लेता श्रम है।
षड्ऋतुओं का विविध, दृश्ययुक्त अद्‌भुत क्रम है,
हरियाली का फर्श, नहीं मखमल से कम है,
शुचि सुधा सींचता रात में, तुझ पर इन्द्र प्रकाश है।
हे मातृभूमि! दिन में तरणि, करता तम का नाश है।

बरवै–यह मात्रिक अर्द्धसम छन्द है जिसके प्रथम और तृतीय चरणों में 12 तथा द्वितीय और चतुर्थ चरणों में 7 मात्राएँ होती हैं। सम अर्थात् द्वितीय और चतुर्थ चरणों में जगण या तगण के प्रयोग से कविता में सरसता पैदा होती है। यथा–

=12+7 = 19 मात्रा।

संकट सोच विमोचन, मंगल-गेहु

=12+7 = 19 मात्रा।

तुलसी राम नाम पर, करिय सनेहु

कुण्डलियां–यह मात्रिक विषय छन्द है जो दोहा और रोला छन्दों के मेल से बनता है। इसमें 6 चरण होते हैं। आरम्भ में दोहा तथा तत्पश्चात् दो छन्द रोला के होते हैं। इस तरह प्रत्येक चरण में 24 मात्राएँ होती है। दोहे के अन्त के शब्द रोला के आरम्भ में आते हैं। यथा–

जुगनू बोले सूर्य सों, हम बिन जग अँधियाला।
दिन के ठाकुर तुम भये, रात के हम कोतवाला।।
रात के हम कोतवाल, जुगनू अस नाम हमारो।
तुम आकाश में रहौ, हमरो पृथ्वी हारौ।।
कह गिरधर कविराय, सुनों हो मन के मगनू।
ऐंडि ऐंडि बतराय, सूर्य के सम्मुख जुगनू।।

कुछ वर्णिक शब्द

द्रुतविलम्बित–यह वर्णिक समवृत छन्द है। इसके प्रत्येक चरण में अक्षरों की संख्या 12 होती है, तथा गणों की दृष्टि से क्रमशः नगण (।।।) भगण (ऽ।।) भगण (ऽ।।) और रगण (ऽ।ऽ) होता है। जैसे–

।।। ऽ । ।ऽ। ।ऽ। ऽ।ऽ
दिवस का अवसान समीप था।
।।। ऽ।। ऽ।। ऽ। ऽ
गगन था कुछ लोहित हो चला।
।। ।ऽ।।ऽ ।। ऽ।ऽ
तरु शिखा पर थी अब राजती।
।।। ऽ ।। ऽ।। ऽ। ऽ
कमलिनी-कुल-बल्लभ की प्रभा।।

मनहरण–यह वर्णिक समृत छन्द है। इसके प्रत्येक चरण में 16, 15 अक्षरों के विराम से कुल 31 अक्षर होते हैं। अन्त में एक 'गुरु' वर्ण होता है। चारों चरणों में तुक होता है। यथा–

साजि चतुरंग सैन अंग मैं उमंग धारि = 16 अक्षर।
सरजा शिवाजी जंग जीतन चलत हैं। = 15 अक्षर।
'भूषन' भनत नाद बिहद नगारन के, = 16 अक्षर।
नदी-नद मद गैबरन के रलत हैं। = 15 अक्षर।
ऐल-फैल खैल भैल खलफ में गैस-गैल = 16 अक्षर।
गजन की ठैल-पैल सैल उसलत है। = 15 अक्षर।
तारा सो तरनि धूरि धारा मैं लगत जिनि = 16 अक्षर।
थारा पर पारा पारावार यों हलत हैं। = 15 अक्षर।

शिखरिणी–इस छन्द में चार चरण होते हैं। प्रत्येक चरण में यगण (।ऽऽ), मगण (ऽऽऽ) नगण (।।।), सगण (।।ऽ) भगण (ऽ।।) तथा अन्त में लघु-गुरु होता है और प्रत्येक चरण में 17 वर्ण होते हैं। 6 और 11 वर्णों या अक्षरों पर यति होती है।

।ऽऽ ऽऽ ।।। ।।ऽ ।।ऽ
उदाहरण– अनूठी आभा से सरस सुषमा से सुरस से।
बना जो देती थी, वह गुणमयी भू विपिन को।
निराले फूलों की, विविध दलवाली अनुपमा।
जड़ी-बूटी हो, हो, बहु फलवती थी विलसती।

मालिनी–यह समवृत वर्णिक छन्द है। इसके चार चरणों में प्रत्येक चरण 15 वर्ण या अक्षर का होता है तथा गणों की दृष्टि से हर चरण में एक नगण (।।।) एक मगण (ऽऽऽ) और अन्त में दो यगण (।ऽऽ) होते हैं। क्रमशः सात और आठ वर्णों या अक्षरों पर यति होती है।

।। ।। ।। ऽऽऽ ।ऽऽ ।ऽऽ
उदाहरण– प्रियपति! वह मेरा प्राण-प्यारा कहाँ है?
दुःख-जलनिधि डूबी का सहारा कहाँ है?
मुख लख जिसका मैं आज लौं जी सकी हूँ–
वह हृदय हमारा नयन-तारा कहाँ है?

वंशस्थ–यह समवृत वर्णिक छन्द है। इसके चार चरणों में से प्रत्येक चरण में 12 वर्ण होते हैं, पहला, दूसरा, छठा, सातवाँ, नवाँ तथा ग्यारहवाँ वर्ण या अक्षर लघु तथा शेष अक्षर गुरु होते हैं। इस प्रकार प्रत्येक चरण में क्रमशः जगण (।ऽ।), तगण (ऽऽ।), जगण (।ऽ।) तथा रगण (ऽ।ऽ) होते हैं।

।ऽ। ऽऽ ।।ऽ ।ऽ।ऽ
उदाहरण– दिनांत था थे दिननाथ डूबते।
सधेनु आते गृह ग्वाल बाल थे।
दिगंत में गो राज थी समुत्थिता।
विषाण नाना बजते सवेणु थे।।

अलंकार

काव्य की शोभा बढ़ाने वाले शब्दों को अलंकार कहते हैं। जिस प्रकार नारी के सौन्दर्यवर्द्धन के लिए अनेक आभूषण होते हैं, उसीं प्रकार भाषा के सौन्दर्य के उपकरणों को अलंकार कहते हैं।

शब्द और अर्थ के विशेष प्रयोग के कारण काव्य की भाषा में जो लालित्य या सौन्दर्य आ जाता है, उसे अलंकार कहते हैं।

अलंकार के भेद–इनके तीन भेद होते हैं।

1. शब्दालंकार 2. अर्थालंकार 3. उभयालंकार

1. शब्दालंकार

जहाँ वर्णों की पुनरावृत्ति अथवा समान शब्दों के एक से अधिक बार प्रयोग से भाषा में लालित्य उत्पन्न हो, वहाँ शब्दालंकार होता है।

शब्दालंकार के भेद–

शब्दालंकार के तीन भेद होते हैं– 1. अनुप्रास 2. यमक 3. श्लेष

1. अनुप्रास अलंकार : अनुप्रास शब्द अनु (बार-बार) और प्रास (चमत्कारित ढंग से रचना) दो शब्दों के मेल से बना है, अर्थात् जहाँ समान वर्णों की चमत्कारित ढंग से पुनरावृत्ति एक या अनेक बार हो भले ही स्वरों में वैषम्य हो, वहाँ अनुप्रास अलंकार होता है।

उदाहरण–'सम ससुर गुरु सुजन सुहाई।
सुठि सुन्दर सुशील सुखदाई।।

अनुप्रास अलंकार के भेद–

अनुप्रास अलंकार के तीन भेद होते हैं।

(अ) छेकानुप्रास
(ब) वृत्यानुप्रास
(स) लाटानुप्रास

(अ) छेकानुप्रास– जहाँ एक या अनेक वर्णों की आवृत्ति केवल दो बार होती है उसे छेकानुप्रास कहते हैं, जैसे–

"राधा के घर बैन सुनि, चीनी चकित सुभाय।
दास दुखी मिशरी मुरी, सुधा रही सकुचाय।"

इसमें च, द, म और स की आवृत्ति भाव दो बार हुई है। अतः यहाँ छेकानुप्रास है।

(ब) वृत्यानुप्रास–जहाँ एक या अनेक वर्णों की आवृत्ति बार-बार हो वहाँ वृत्यानुप्रास होता है, जैसे–

"तरनि-तनूजा तट तमाल तरुवर बहु छाये।"

यहाँ 'त' शब्द की आवृत्ति बार-बार होने से वृत्यानुप्रास हुआ।

(स) लाटानुप्रास–जहाँ शब्दों या वर्णों की आवृत्ति बार-बार हो तथा प्रत्येक स्थान पर अर्थ भी वही रहे पर अन्वय करने पर भिन्नता आ जाय वहाँ लाटानुप्रास होता है, जैसे–

"लाली मेरे लाल की जित देखो तित लाल"।
"लाली देखन मैं चली मैं भी हो गयी लाल"।

यहाँ पर दोनों स्थानों में 'लाल' और 'लाली' शब्द देखने से एक ही प्रतीत होते हैं पर दोनों में अन्वय करने पर भिन्नता आ जाती है।

2. यमक अलांकार : जहाँ एक ही शब्द अधिक बार प्रयुक्त हो लेकिन अर्थ हर बार भिन्न हो, वहाँ यमक अलंकार होता है।

उदाहरण– कनक-कनक तें सौगुनी, मादकता अधिकाय।
वा खाये बौराय जग, वा पाये बौराय।।

यहाँ कनक शब्द की दो बार आवृत्ति हुई है जिसमें एक कनक का अर्थ धतूरा, और दूसरे का स्वर्ण है।

3. श्लेष : जहाँ पर एक शब्द के दो अर्थ होते हैं, श्लेष अलंकार होता है।

उदाहरण– चिर जीवो जोरी जुरै, क्यों न सनेह गम्भीर
को घटि ये वृषभानुजा, 'व हलधर के वीर।।

यहाँ 'वृषभानुजा' और हलधर के दो-दो अर्थ हैं 'वृषभानुजा' शब्द का एक अर्थ है-वृषभानु की पुत्री राधिका और दूसरा अर्थ है–वृषभ की अनुजा अर्थात् बैल की बहन (गाय)। इसी प्रकार 'हलधर' के दो अर्थ हैं–एक हलधर अर्थात् श्री कृष्ण के भाई बलराम और दूसरा हलधर-हल को धारण करने वाला अर्थात् बैल। इन दोनों शब्दों के अर्थों से दोहे के अलग-अलग दो अर्थ निकलते हैं। अतः यह श्लेष अलंकार है।

2. अर्थालंकार : जहाँ शब्द के आन्तरिक अर्थ से भाषा या वाणी का सौन्दर्य बढ़े, वहाँ अर्थालंकार होता है।

अर्थालंकार के भेद–अर्थालंकार के 9 भेद होते हैं।

1. **उपमालंकारः** जहाँ दो वस्तुओं में अन्तर रहते हुए भी आकृति एवं गुण की समता दिखाई जाय वहाँ उपमालंकार होता है।

उपमालंकार के अंग–

उपमा के चार अंग हैं– 1. उपमेय 2. उपमान, 3. साधारण धर्म, और 4. वाचक।

1. **उपमेय**–जिस वस्तु का वर्णन किया जाता है उसे उपमेय कहते हैं।
2. **उपमान**–जिस वस्तु से समता की जाती है उसे उपमान कहते हैं।
3. **साधारण धर्म**–जिस विशेषता के कारण उपमेय और उपमान की समानता दिखाई जाती है उसे साधारण धर्म कहते हैं।
4. **वाचक**–जिस शब्द से उपमेय और उपमान की समता सूचित की जाती है, उसे वाचक कहते हैं।

वाचक शब्द ये हैं–
सो, से, सी, इव, तूल, लौ, सम, सदृश, समान।
ज्यों, जैसे, इयि, सरिस, जिमि, उपमा वाचक जान।।

उपमा का उदाहरण– "दादुर धुनि चहुँदिशा सुहाई।
वेद पढ़त जनु वटु समुदाई"।।

इसमें 'दादुर' उपमेय, 'बटु' उपमान, 'धुनि' साधारण धर्म और 'जनु' वाचक है।

उपमालंकार के भेद– उपमा के दो भेद होते हैं– 1. पूर्णोपमा और 2. लुप्तोपमा।

1. **पूर्णोपमा**–इसमें उपमा के सभी अंग जैसे– उपमेय, उपमान, साधारण धर्म एवं वाचक उपस्थित होते हैं, अतः यह पूर्णोपमा कहलाती है, यथा–
   "सागर-सा गम्भीर हृदय हो,
   गिरि-सा ऊँचा हो जिसका मन"।
   इसमें सागर तथा गिरि उपमान, मन और हृदय उपमेय, सा वाचक, गम्भीर एवं ऊँचा साधारण धर्म हैं।
2. **लुप्तोपमा**–जहाँ उपमा के चारों अंगों में से किसी एक, दो या तीनों का लोप हो वहाँ लुप्तोपमा होती है।
   "कल्पना-सी अतिशय कोमल।"
   इसमें उपमेय लुप्त है। इसमें कल्पलता उपमान है, 'अतिशय कोमल' साधारण धर्म।

2. **रूपक अलंकार**–जहाँ उपमेय पर उपमान का आरोप किया जाय वहाँ रूपक अलंकार होता है अर्थात् उपमेय और उपमान में कोई अन्तर न दिखाई पड़े।

उदाहरण– उदित उदय गिरि मंच पर रघुबर बाल पतंग।
बिकसे सन्त सरोज सब हरषे लोचन भृंग।।

यहाँ 'मंच' में उदय गिरि पर्वत का, 'रघुबर' में मोर के शिशु-सूर्य का, 'सन्त' में सरोज का तथा 'लोचन' में भृंग का अर्थात् भ्रमर का आरोप किया गया है।

रूपक अलंकार के भेद
रूपक अलंकार के तीन भेद होते हैं–

1. सम   2. अधिक   3. न्यून

(अ) सांग   (ब) निरंग   (ख) परंपरित

1. **सम रूपक**–इसमें उपमेय एवं उपमान में समानता दिखाई जाती है। कोई भी एक दूसरे की अपेक्षा कम या अधिक नहीं होता है– तब सम, अभेद या तद्रूप रूपक होता है।
   जैसे–मुख चंद्र है।
2. **अधिक रूपक**–जहाँ उपमेय में उपमान की तुलना में कुछ अधिकता दिखाई जाती है, तब वहाँ अधिक रूपक होता है। जैसे–मुख निष्कलंक चंद्रमा है।
3. **न्यून रूपक**–जब उपमान की तुलना में उपमेय को न्यून दिखाया जाता है, तब उसे न्यून रूपक कहते हैं। जैसे–मुख घर को प्रकाशित करने वाला चंद्रमा है।
   (अ) सांग रूपक–इसमें रूपक के सभी अंग उपस्थित रहकर उपमान का उपमेय पर आरोप प्रकट करते हैं।
   (ब) निरंग रूपक–इसमें उपमेय पर उपमान के प्रधान गुण का आरोप होता है।
   (स) परंपरित रूपक–इसमें दो रूपक होते हैं अर्थात् रूपक अपने स्पष्टीकरण के लिए अप्रधान रूपक पर आश्रित होता है।

उदाहरण–

"टूक-टूक ह्वै है मन मुकुट हमारे, हाथ।
चूकिहू कठोर बैन-पाहन चलाओ ना।
एक मनमोहन तो हिय बसि के उजारयौं हमें
हिय में अनेक मनमोहन बसाओ ना।।"

इनमें मन पर मुकुट का एवं बैन पर पाहन का आरोप किया गया है।

3. **उत्प्रेक्षा अलंकार :** जब उपमेय में उपमान से भिन्नता जानते हुए भी उसमें उपमान की संभावना की जाती है, तब उत्प्रेक्षा अलंकार होता है। इस अलंकार के वाचक शब्द मनु, मानो, इव, जनु, जानो, आदि होते हैं।

उदाहरण–

"लता-भवन ते प्रगट में तेहि अवसर दोऊ भाई।
निकसे जनु जुग विमल विधु जलद पटल बिलगाई।"

इसमें लता भवन से निकलते हुए दोनों भाई अर्थात् राम एवं लक्ष्मण को बादलों से निकलते हुए दो चन्द्रमा बताया गया है। यहाँ भिन्नता से अभिन्नता दिखाई गई है अतः उत्प्रेक्षा है।

उत्प्रेक्षा अलंकार के भेद :

उत्प्रेक्षा अलंकार के तीन भेद होते हैं–

(अ) वस्तुप्रेक्षा (ब) हेतुत्प्रेक्षा (स) फलोत्प्रेक्षा

(अ) वस्तुप्रेक्षा–जहाँ प्रस्तुत में अप्रस्तुत की सम्भावना प्रकट की जाय उसे वस्तुप्रेक्षा कहते हैं।

उदाहरण–

"सखि सोहत गोपाल के, उर गुज्जन की माल।
बाहर लसत मनो पिये, दावानल की ज्वाल।"

(ब) हेतु प्रेक्षा–जहाँ अहेतु में हेतु की सम्भावना की जाती है। अर्थात् जहाँ वास्तविक कारण को छोड़कर अन्य हेतु को मान लिया जाता है।

(स) फलोत्प्रेक्षा–इनमें वास्तविक फल के न होने पर भी उसी को फल मान लिया जाता है।

उदाहरण–

"खजरी नहिं लखि परत कुछ रिन साँची बात।
बाल दृगन सम हीन को करन मनो तप जात।।"

4. **अपहनुति अलंकार :** अपहनुति का अर्थ ही होता है 'छिपना', अतः इस अलंकार में उपमेय को छिपाकर उपमान को स्थापित किया जाता है। अर्थात् इसमें सत्य को छिपाकर असत्य को सत्य बना दिया जाता है।

उदाहरण–

"उड़न पराग न चित्त उड़ावत।
भ्रमर भ्रमत नहीं जीव भ्रमावत।।"

अपहनुति अलंकार के भेद–इस अलंकार के छः भेद होते हैं :

अपहनुति अलंकार

शुद्ध हेतु पर्यस्त भ्रान्त धेय केतव

5. **सन्देह अलंकार :** जहाँ दो वस्तुओं में समता होने के कारण दोनों के एक ही होने का सन्देह हो जाता है, पर निश्चय नहीं हो पाता, सन्देह अलंकार कहते हैं, अर्थात् उपमेय का उपमान के रूप में वर्णन किया जाता है।

उदाहरण–

"साड़ी बीच नारी है कि नारी बीच साड़ी है,
कि साड़ी ही की नारी है कि नारी ही की साड़ी है।"

इसमें चीर हरण के समय बढ़ती हुई द्रोपदी की साड़ी को देखकर नारी में सारी एवं सारी में नारी का सन्देह होता है। सन्देह और भ्रान्तिमान, अलंकार में यही अन्तर होता है कि सन्देह अलंकार में निश्चय नहीं होता, मात्र संशय ही रहता है परन्तु भ्रान्तिमान अलंकार में निश्चय रहता है।

6. **भ्रान्तिमान अलंकार :** जहाँ उपमान एवं उपमेय दोनों को एक साथ देखने पर उपमान का निश्चयात्मक भ्रम हो जाए अर्थात् जहाँ एक वस्तु को देखने पर दूसरी वस्तु का भ्रम हो जाए, वहाँ भ्रान्तिमान अलंकार होता है।

उदाहरण–

"पाँव महावर दैन को नाइनि बैठी आय।
फिरि-फिरि जानि महावरी एँड़ी मोड़ती जाय।

इसमें नायिका की लाल एँड़ियों को देखकर नाइन महावर समझ कर रगड़ती जाती है।

एक अन्य उदाहरण--

"नाक का मोती अधर की कांति से
बीज दाड़िम का समझ कर भ्रान्ति से।
देखकर सहसा हुआ शुक मौन है
सोचता है, अन्य शुक यह कौन है?

इसमें नायिका की नुकीली नाक को देखकर तोता नाक में पहने मोती को अनार का दाना समझता है।

7. **दृष्टांत अलंकार :** जहाँ दो वाक्यों में बिम्ब-प्रतिबिम्ब का भाव हो अर्थात् जहाँ दो वाक्यों के गुण तो अलग-अलग हों परन्तु प्रथम वाक्य को स्पष्ट करने के लिए दूसरे वाक्य का प्रयोग होता है। उसे दृष्टांत अलंकार कहते हैं।

उदाहरण–

"बड़े न छूजे गुननु, विरद बड़ाई पाइ।
कहत धतूरे सौ कनक, गहनों गदयों न जाई"

यहाँ पर गुणों से बना होना एक बात और 'गहने गढ़ना 'दूसरी बात है। फिर भी 'बिना गुणों के बड़ा होना 'तथा धतूरे से गहना गढ़ना दोनों धर्म समान ज्ञात होते हैं और पुनः प्रथम कथन का स्पष्टीकरण द्वितीय से किया गया है। अतः यहाँ दृष्टांत अलंकार है।

8. **व्याजस्तुति अलंकार :** इसमें किसी की व्यंग रूप में स्तुति की जाती है, अर्थात् जो इस स्तुति के योग्य नहीं है उसकी भी स्तुति की जाती है मात्र दिखाने के लिए पर वास्तव में यह स्तुति नहीं होती– यह एक प्रकार का व्यंग्य होता है।

उदाहरण–

"ऊधौ भलो कियो तुम आयो,
पर निर्गुण भक्ति की यह गठरी क्यों लायो!"

इसमें ब्रज-गोपियाँ ऊधो को आया देखकर चिढ़ जाती हैं कि ये क्यों चले आये और श्याम को क्यों नहीं लाये। घर पर आये मेहमान का स्पष्ट शब्दों में अनादर नहीं करके व्याज स्तुति द्वारा प्रशंसा करती हैं (वे कहती हैं कि ऊधो अच्छा हुआ कि तुम आ गये लेकिन निर्गुण भक्ति की गठरी क्यों उपहार स्वरूप हमारे लिए लाये हो? हमें यह गठरी नहीं चाहिए।

9. **अर्थान्तरन्यास अलंकार :** जहाँ सामान्य कथन का किसी भी विशेष कथन द्वारा समर्थन किया जाता है, वहाँ अर्थान्तरन्यास अलंकार होता है।

उदाहरण–

लोकन के अपवाद को डर करिए दिन-रैन।
रघुपति सीता परिहरी सुनत रजक कर बैन।।

इस उदाहरण में सामान्य कथन तो यह है कि लोक अपवाद से डरना चाहिए और विशेष कथन द्वारा समर्थन किया है कि राम ने भी धोबी की निंदा सुनकर सीता का परित्याग कर दिया था।

उभयालंकार : जहाँ शब्द में भी अलंकार हो और अर्थ में भी अलंकार हो वहाँ उभयालंकार की स्थिति होती है। उभयालंकार कोई अलंकार नहीं है। यह एक स्थिति है जिसमें शब्द और अर्थ दोनों में चमत्कार दिखते हैं। उभयालंकार का मतलब ही है– दोनों अलंकार यानी शब्द में भी अलंकार (शब्दालंकार) और अर्थ में भी अलंकार (अर्थालंकार)। वस्तुतः विद्यार्थी

शब्दालंकार और अर्थालंकार ही पढ़ते हैं। काव्य शास्त्रवेत्ताओं ने उभयालंकार को अलंकार के भेदों में जोड़ कर तीन भेद कर डाले हैं। वस्तुतः अलंकार के दो ही भेद हैं– शब्दालंकार और अर्थालंकार। उभय (दोनों) + अलंकार = उभयालंकार। श्रेष्ठ कवियों की रचनाओं में उभयालंकार प्राप्त होते हैं।

काव्य गुण

सर्वप्रथम आचार्य भरतमुनि ने नाट्यशास्त्र में दस गुणों को निर्धारित किया है, जो निम्न हैं–श्लेष, प्रसाद, समता, समाधि, माधुर्य, ओज, पद सौकुमार्य, अर्थ, व्यक्ति उदारता तथा कान्ति।

''श्लेषः प्रसादः सामाधिर्माधुर्य भोजः पदसौकुमार्यम।
अर्थस्थ च व्यक्तिरुदारता च कान्तिश्च काव्यार्थगुणा दशैते।।''

काव्य में आकर्षण, प्रवाह, ओज एवं चमत्कार उत्पन्न करने वाले तत्वों को गुणों की संज्ञा दी जाती है। तात्पर्य है–काव्य शोभा की वृद्धि करने वाले तत्व गुण हैं।

''काव्य-शोभायाः कर्त्तारो धर्मा गुणोंः।''

आचार्य भामह ने काव्य के केवल तीन गुण माने हैं, जो इस प्रकार हैं–माधुर्य, ओज तथा प्रसाद।

1. **माधुर्य :** सानुनासिक वर्णों (ङ्, ञ्, ण्, न्, म्) से युक्त छोटे-छोटे समास तथा कोमल वर्णों से परिपूर्ण गुण माधुर्य कहलाता है। शृंगार, करुण तथा शान्त रस में इस गुण का प्रयोग प्रभावशाली होता है। प्रेम, करुणा अथवा शान्ति के क्षणों में माधुर्यगुणयुक्त रचना सुनकर चित्त प्रसन्न हो उठता है।
2. **ओज :** कठोर वर्णों, लम्बे-लम्बे समासों से युक्त तथा ट वर्ग विशेष के प्रयोग वाला गुण ओज कहलाता है। यह गुण चित्त में उत्साह बढ़ाने वाला तथा दीप्ति लाने वाला है। इसका प्रयोग वीर, रौद्र तथा वीभत्स रसों में उपयुक्त होता है।
3. **प्रसाद :** प्रसाद गुण सरल शब्दावली से युक्त होता है, इसमें क्लिष्टता नाममात्र की भी नहीं होती। इसे सुनते ही अर्थ स्पष्ट हो जाता है। प्रसाद गुण का प्रयोग सभी रसों और सभी प्रकार की रचनाओं में होता है।

काव्य दोष

'दोष' शब्द 'दुण' धातु से बना है, जिसका सामान्य अर्थ है–भूल, त्रुटि, रोग, गुणरहित। आचार्य भरत ने गुण के अभाव को ही दोष माना है। आचार्य विश्वनाथ ने अनुसार, ''दोष वह तत्व है, जो रस की हानि करता है।'' आचार्य मम्मट मुख्यार्थ में बाधक तत्त्वों को दोष मानते हैं–''मुख्यार्थ हतिदोष।'' उपरोक्त तथ्यों से यह स्पष्ट होता है कि काव्यानुभूति में अवरोध पैदा करने वाले, रस में बाधक और शब्दार्थ को नष्ट या कम करने वाले तत्व दोष माने जाते हैं।

काव्य-दोष के प्रमुख भेद निम्न हैं–

1. **शब्द दोष :** रस भाव के कर्णकटु शब्दों का प्रयोग, अप्रचलित, ग्रामीण, अश्लील, क्लिष्ट तथा अनुचितार्थ वाले शब्दों का प्रयोग शब्द दोष के अन्तर्गत आता है।
2. **अर्थ दोष :** काल का ध्यान न रखना, एक ही शब्द या भाव बार-बार दोहराना, शास्त्र विरुद्ध कथन और लोकविरुद्ध कथन अर्थ दोष के अन्तर्गत आता है।
3. **रस दोष :** रस दोष और उसके भावों की अभिधात्मक व्यंजना करना अथवा रस के विपरीत भावों का वर्णन या रस पुष्टि के पूर्व ही विपरीत कहकर रसभंग की स्थिति उत्पन्न करना रस दोष के अन्तर्गत आता है।

वस्तुनिष्ठ प्रश्न

1. काव्य में कितने स्थायी भाव प्रधान माने गए हैं?
A. पाँच B. सात
C. नौ D. ग्यारह

2. मन में जिसके प्रति भाव (स्थायी भाव) प्रकट होता है, इसे कहते हैं–
A. आलम्बन B. आश्रय
C. उद्दीपन D. संचारी भाव

3. संचारी भाव कितने माने गए हैं?
A. ग्यारह B. बाईस
C. तैंतीस D. सात

4. शृंगार रस का स्थायी भाव क्या है?
A. उत्साह B. शोक
C. रति D. विनोद

5. संचारी भाव
A. स्थायी भाव को पुष्ट करता है
B. स्थायी भाव के सहयोगी का काम करता है
C. अपना काम करने के बाद स्थायी भाव में ही लुप्त हो जाता है
D. उपरोक्त तीनों

6. रौद्र रस का स्थायी भाव क्या है?
A. शोक B. जुगुप्सा
C. क्रोध D. भय

7. वात्सल्य रस का स्थायी भाव क्या है?
A. स्नेह B. उत्साह
C. प्रेम D. जुगुप्सा

8. जिसके कारण हृदय में भाव प्रवृत्त होता है, वह क्या कहलाता है?
A. विभाव B. आलम्बन
C. उद्दीपन D. आश्रय

9. हास्य रस के कितने भेद हैं?
A. दो B. तीन
C. छह D. आठ

10. करुण रस का स्थायी भाव क्या है?

A. क्रोध B. भय

C. जुगुप्सा D. शोक

11. रस का आधार क्या है?

A. अनुभूति B. काव्य

C. संचारी भाव D. अलंकार

12. एक ओर अजगरहिं लखि एक ओर मृग राय।
विकल बटोही बीच ही परयौ मूरछा खाय।

उक्त पद में रस कौन-सा है?

A. करुण रस B. रौद्र रस

C. वीभत्स रस D. भयानक रस

13. जशोदा हरि पालने झुलावै।
हलरावै दुलरावै जोई सोई कछु गावै।

उक्त पद में रस कौन-सा है?

A. श्रृंगार रस B. वात्सल्य रस

C. वीभत्स रस D. वीर रस

14. 'क्या भाग रहा है भार देख?
तू मेरी ओर निहार देख
मैं त्याग चला निस्सार देख
अटकेगा मेरा कौन काम?

उक्त पद में रस कौन-सा है?

A. शांत रस B. वात्सल्य रस

C. रौद्र रस D. करुण रस

15. 'अखिल भुवन चर-अचर सब, हरि मुख में लखि मातु।
चकित भई गद्‌गद् बचन, विकसित दृग पुलकातु।'

उक्त पद में रस कौन-सा है?

A. शांत रस B. वात्सल्य रस

C. अदभुत रस D. वीभत्स रस

16. इसमें रस कौन-सा है–
'बरतस लालच लाल की मुरली धरी लुकाय।
सौंह करै, भौंहन हँसै, दैन कहै, नटिं जाय।।'

A. करुण रस B. हास्य रस

C. श्रृंगार रस D. रौद्र रस

17. 'सभय बिलोके लोग सब जानि जानकी भीर।
हृदय न हरप विषाद कछु बोले श्रीरघुवीर।।

उक्त पद में रस कौन-सा है?

A. शांत रस B. श्रृंगार रस

C. वीर रस D. करुण रस

18. वीर रस कितने प्रकार के होते हैं?

A. तीन B. चार

C. पाँच D. छह

19. रस की भांति भाव के भी शुद्ध रूप में न होने और किसी विकार या दोष से युक्त होने के कारण उसे कहा जाता है–

A. रसाभाव B. भावाभाव

C. भाव-सन्धि D. भाव सबलता

20. जहाँ किसी भाव के शांत होते ही सहसा किसी दूसरे भाव के उदय होने का वर्णन होता है, वहां–

A. भावोदय होता है B. भाव-संधि होती है

C. भावसबलता होती है D. रसाभाव होता है

21. 'चेतक के पीछे दो काल, पड़े हुए ये ले असि ढाल।
उसके पथ में उनको मार, पावन की अपनी करवान।'

उक्त पंक्तियों में क्या है?

A. भाव-संधि B. भावोदय

C. भाव-शांति D. भावाभास

22. जहाँ दो भावों का संचार एक ही साथ वर्णन किया जाए, वहाँ क्या होता है?

A. भावाभास B. रसाभाव

C. भाव-शांति D. भाव-संधि

23. जहाँ दो से अधिक परस्पर विरोधी व उदासीन भावों के गड्डमड्ड होने अथवा एक साथ उदय होने का भाव हो, वहाँ क्या होता है–

A. भावाभास B. भाव-संधि

C. भाव-शांति D. भावसबलता

24. रस में विरोध कितने प्रकार का माना जाता है?

A. दो B. तीन

C. चार D. पाँच

25. जो स्वर दो स्वरों के योग से उच्चारित होते हैं, वे क्या कहलाते हैं?

A. ह्रस्व B. दीर्घ

C. व्यंजन D. गुरु

26. स्वर के उच्चारण में जो समय लगता है, उस अवधि को क्या कहते हैं?

A. मात्रा B. ह्रस्व

C. लघु D. वर्ण

27. लघु वर्ण की कितनी मात्रा होती है?

A. एक B. दो

C. चार D. पाँच

28. गुरु वर्ण की कितनी मात्रा होती है?

A. एक B. दो

C. चार D. तीन

29. 'मान्धाता' शब्द में तीनों मात्राएँ क्या हैं?

A. लघु B. गुरु

C. ह्रस्व D. दीर्घ

30. छंदों में प्रवाह होना चाहिए, जिससे पढ़ने में रुकावट न हो। इस प्रवाह को क्या कहते हैं?

A. क्रम B. यति

C. गण D. गति

31. चरणों में रुकावट, विराम, विश्राम को क्या कहते हैं?

A. गण B. क्रम
C. गति D. यति

32. छंद में गण शब्द का क्या तात्पर्य है?

A. दो अक्षरों का समूह B. तीन अक्षरों का समूह
C. पाँच अक्षरों का समूह D. छह अक्षरों का समूह

33. छंदों में त्रि-वर्ण के कितने समूह हैं?

A. तीन B. चार
C. सात D. आठ

34. छंद के दो या चार चरणों के अन्त में जब कोई एक स्वर आता है, तब उस अक्षर की एकता को क्या कहते हैं?

A. यति B. गति
C. क्रम D. तुक

35. छंदों के कितने भेद हैं?

A. दो B. तीन
C. चार D. आठ

36. चौपाई छंद के एक चरण में कितनी मात्राएँ होती हैं?

A. 16 B. 14
C. 17 D. 13

37. 'खंजन मंजु तिरीछे नयननि, निज पति कहेऊ तिन्हहि सिय सयननि।' प्रस्तुत छंद क्या है?

A. चौपाई B. सोरठा
C. दोहा D. रोला

38. वर्णों के अनुसार गणों का मिलान कीजिए तथा दिए गए कूट की सहायता से सही उत्तर का चयन कीजिए–

गण	वर्ण
(*a*) रगण	1. सावन
(*b*) तगण	2. सौतेला
(*c*) भगण	3. साधना
(*d*) मगण	4. साकार

कूट :

	(*a*)	(*b*)	(*c*)	(*d*)
A.	3	4	1	2
B.	1	2	4	3
C.	1	2	3	4
D.	3	4	2	1

39. वर्णों के अनुसार गणों का मिलान कीजिए तथा दिए गए कूट की सहायता से सही उत्तर का चयन कीजिए–

गण	वर्ण
(*a*) नगण	1. सुभाषा
(*b*) यगण	2. सुजाता
(*c*) जगण	3. सरिता
(*d*) सगण	4. सरल

कूट :

	(*a*)	(*b*)	(*c*)	(*d*)
A.	2	1	4	3
B.	4	2	1	3
C.	1	2	3	4
D.	3	4	2	1

40. मगण गण में गण का क्या लक्षण है?

A. पहला वर्ण गुरु B. बीच वर्ण गुरु
C. अन्त वर्ण गुरु D. तीनों वर्ण गुरु

41. तगण गण में गण का क्या लक्षण है?

A. अन्त का वर्ण लघु B. बीच का वर्ण लघु
C. तीनों वर्ण लघु D. पहला वर्ण लघु

42. जगण गण में गण का क्या लक्षण है?

A. बीच का वर्ण लघु B. बीच का वर्ण गुरु
C. अन्त का वर्ण लघु D. अन्त का वर्ण गुरु

43. निम्न में अर्द्धमात्रिक छंद कौन-सा है?

A. दोहा B. रोला
C. सोरठा D. चौपाई

44. निम्न में अर्द्धसममात्रिक छंद कौन-सा है?

A. दोहा B. रोला
C. सोरठा D. कुण्डलिया

45. छंदों में विषम चरणों से तात्पर्य है–

A. पहला और दूसरा चरण
B. दूसरा और तीसरा चरण
C. पहला और चौथा चरण
D. पहला और तीसरा चरण

46. दोहे के सम्बन्ध में कौन-सा कथन सही नहीं है?

A. यह अर्द्ध मात्रिक छंद है
B. प्रत्येक दल में 24 मात्राएँ होती हैं
C. विषम चरणों में 11 मात्राएँ, सम चरणों में 13 मात्राएँ होती हैं
D. दूसरे और चौथे चरण की तुक मिलती है

47. चौपाई के एक चरण में कितनी मात्राएँ होती हैं?

A. 16 मात्राएँ B. 13 मात्राएँ
C. 11 मात्राएँ D. 17 मात्राएँ

48. अर्द्धाली किसे कहते हैं?

A. एक चरण की चौपाई को
B. दो चरण की चौपाई को
C. चार चरण की चौपाई को
D. सोरठा छंद को

49. दोहे का उल्टा रूप किसे कहा जाता है?

A. सोरठा छंद B. रोला छंद
C. कुण्डलियां छंद D. चौपाई छंद

50. हरिगीतिका के प्रत्येक चरण में कितनी मात्राएँ होती हैं?
A. 4 मात्राएँ B. 3 मात्राएँ
C. 6 मात्राएँ D. 8 मात्राएँ

51. रोला के प्रत्येक चरण में कुल कितनी मात्राएँ होती हैं?
A. 2 मात्राएँ B. 6 मात्राएँ
C. 4 मात्राएँ D. 8 मात्राएँ

52. निम्न पद्य में कौन-सा छंद है?
'जीती जाती हुई जिन्होंने भारत बाजी
निज बल दल मेट विरोधी सबल कुराजी
जिनके आगे ठहर सके जंगी न जहाजी
हैं ये वही प्रसिद्ध छत्रपति भूप शिवाजी।'
A. सोरठा B. रोला
C. चौपाई D. कुण्डलिया

53. कुण्डलियां में कुल कितने पद होते हैं?
A. दो B. चार
C. छह D. आठ

54. कुण्डलियां में कुल कितनी मात्राएँ होती हैं?
A. 134 मात्राएँ B. 140 मात्राएँ
C. 142 मात्राएँ D. 144 मात्राएँ

55. वंशस्थ के प्रत्येक चरण में कितनी मात्राएँ होती हैं?
A. 10 मात्राएँ B. 12 मात्राएँ
C. 14 मात्राएँ D. 17 मात्राएँ

56. वंशस्थ में कौन-सा गण है?
A. ज त र B. र म ज
C. त स य D. भ न य

57. मालिनी छंद में प्रत्येक चरण में कितनी मात्राएँ होती हैं?
A. 15 मात्राएँ B. 17 मात्राएँ
C. 22 मात्राएँ D. 24 मात्राएँ

58. वसन्ततिलका छंद में कौन-सा गण है?
A. त भ र र म B. त भ ज ज ग
C. त भ ग म स D. त भ र ज म

59. वसन्ततिलका छंद में कितनी मात्राएँ होती हैं?
A. 11 मात्राएँ B. 12 मात्राएँ
C. 14 मात्राएँ D. 24 मात्राएँ

60. "केवल मनोरंजन न कवि का कर्म होना चाहिए।
उसमें उचित उपदेश का भी मर्म होना चाहिए।।"
उक्त छंद कौन-सा है?
A. कुण्डलियां B. शिखरिणी
C. वंशस्थ D. हरिगीतिका

61. मनहरण छंद का दूसरा नाम क्या है?
A. कवित्त B. घनाक्षरी
C. गीतिका D. दण्डवृत्त

62. छप्पय में कुल कितने चरण होते हैं?
A. दो B. चार
C. छह D. पाँच

63. सरसी के प्रत्येक चरण में कितनी मात्राएँ होती हैं?
A. 12 मात्राएँ B. 24 मात्राएँ
C. 26 मात्राएँ D. 27 मात्राएँ

64. गीतिका के प्रत्येक चरण में कितनी मात्राएँ होती हैं?
A. 12 मात्राएँ B. 24 मात्राएँ
C. 26 मात्राएँ D. 28 मात्राएँ

65. तीमर के प्रत्येक चरण में कितनी मात्राएँ होती हैं?
A. 4 मात्राएँ B. 5 मात्राएँ
C. 10 मात्राएँ D. 12 मात्राएँ

66. उल्लाला के प्रत्येक चरण में कितनी मात्राएँ होती हैं?
A. 6 मात्राएँ B. 8 मात्राएँ
C. 10 मात्राएँ D. 13 मात्राएँ

67. हिन्दी में कौन-सा छंद विषम कहलाता है?
A. चौपाई B. दोहा
C. सोरठा D. छप्पय

68. मात्राओं और वर्णो की संख्या के विचार से सम छंदों के कितने भेद होते हैं?
A. दो B. तीन
C. चार D. छह

69. अलंकार के कितने मुख्य भेद होते हैं?
A. दो B. तीन
C. चार D. पाँच

70. काव्य का अस्थिर धर्म क्या है?
A. रस B. शब्द शक्ति
C. अलंकार D. छंद

71. जहाँ एक साथ शब्द और अर्थ दोनों में विशेषता हो, वहाँ–
A. शब्दालंकार होता है B. अर्थालंकार होता है
C. अनुप्रास अलंकार होता है D. उभयालंकार होता है

72. जब किसी कविता में एक शब्द का एक ही बार प्रयोग हो, परन्तु उसके दो या अधिक अर्थ हों, तब कौन-सा अलंकार होता है?
A. रूपक B. उपमा
C. प्रतीप D. श्लेष

73. निम्न में कौन-सा शब्दालंकार नहीं है?
A. उपमा, रूपक B. व्यतिरेक, दृष्टांत
C. अनुप्रास, यमक D. श्लेष, वक्रोक्ति

74. 'कुन्द इन्दु सम देह, उमा रमन करुण अयन'
उक्त पद में अलंकार कौन-सा है?
A. श्लेष B. उपमा
C. अनुप्रास D. रूपक

75. 'कनक कनक ते सौ गुनी मादकता अधिकाय।
वा खाये बौराय जग या पाये बौराय।'
उक्त पद में अलंकार कौन-सा है?

A. यमक B. अनुप्रास
C. रूपक D. प्रतीप

76. 'स्वर्ग की तुलना उचित ही है यहाँ, किन्तु सुरसरिता कहाँ सरयू कहाँ?
वह मरों को मात्र पार उतारती, यह यहीं से जीवितों को तारती।'
उक्त पद में अलंकार कौन-सा है?

A. श्लेष B. व्यतिरेक
C. रूपक D. भ्रान्तिमान

77. 'हनुमान की पूँछ में लगन न पाई आग।
लंका सिगरी जल गई, गए निसाचर भाग।'
उक्त पद में अलंकार कौन-सा है?

A. उत्प्रेक्षा B. भ्रान्तिमान
C. दृष्टान्त D. अतिशयोक्ति

78. 'एक राज्य न हो बहुत से हों जहाँ, राष्ट्र का बल बिखर जाता है वहाँ,
बहुत तारे थे अँधेरा कब मिटा, सूर्य का आना सुना जब तब मिटा।'
उक्त पद में अलंकार कौन-सा है?

A. दृष्टान्त B. व्यतिरेक
C. भ्रान्तिमान D. उपमा

79. 'मेरी भव बाधा हरौ, राधा नागरि सोई।
जो तन की झाईं परत, स्यामु हरित दुति होई।'
उक्त पद में अलंकार कौन-सा है?

A. व्यतिरेक B. श्लेष
C. उपमा D. अनुप्रास

80. जब शब्द (पद) में एक या कई व्यंजन एक से अधिक बार एक ही क्रम में आएं, वह कौन-सा अलंकार होता है?

A. यमक B. दृष्टान्त
C. भ्रान्तिमान D. अनुप्रास

81. काव्य में शब्दगत और अर्थगत सौंदर्य की वृद्धि उत्पन्न करने वाले साधन को क्या कहते हैं?

A. अलंकार B. रस
C. छंद D. शब्द-शक्ति

82. निम्न पंक्तियों में कौन-सा अलंकार है?

"बहुरि अंजली बांधि ध्यान विधि को विधिवत गहि।
माँगी गंग उमंग सहित पूरब प्रसंग कहि।।"

A. अनुप्रास B. उत्प्रेक्षा
C. मालोपमा D. भ्रान्तिमान

83. अनुप्रास के कितने भेद होते हैं?

A. दो B. तीन
C. चार D. पाँच

84. जब कविता में एक ही शब्द दो या अधिक बार आये हर बार उसका अर्थ भिन्न हो, तो कौन-सा अलंकार होता है?

A. यमक B. अतिशयोक्ति
C. अनुप्रास D. प्रतीप

85. किस अलंकार में लक्षण से चमत्कार घटित होता है?

A. प्रतीप B. रूपक
C. अतिशयोक्ति D. अनन्वय

86. किस अलंकार में प्रसिद्ध उपमानों को उपमेय के रूप में कर लिया जाता है?

A. रूपक B. अनुप्रास
C. प्रतीप D. उपमा

87. प्रस्तुत वर्ण्य को बढ़ा-चढ़ाकर अतिरंजित रूप में अभिव्यक्त करने से कौन-सा अलंकार होता है?

A. अतिशयोक्ति B. दृष्टान्त
C. विभावना D. विशेषोक्ति

88. किस अलंकार में कविता में उपमेय और उपमान बिम्ब-प्रतिबिम्ब भाव से होते हैं?

A. अतिशयोक्ति B. प्रतीप
C. विशेषोक्ति D. दृष्टान्त

89. जब भ्रववश किसी एक चीज को देखकर उसके समान की किसी अन्य वस्तु का भ्रम हो तो कौन-सा अलंकार होता है?

A. विभावना B. उत्प्रेक्षा
C. भ्रान्तिमान D. विशेषोक्ति

90. उपमान की अपेक्षा उपमेय के वर्णन में जब उत्कृष्टता दिखाई जाती है, तो कौन-सा अलंकार होता है?

A. प्रतीप B. विभावना
C. उत्प्रेक्षा D. व्यतिरेक

91. किस अलंकार में उपमेय में उपमान की सम्भावना की जाती है?

A. उत्प्रेक्षा B. विभावना
C. प्रतीप D. अनुप्रास

92. कविता में जब बिना पर्याप्त कारण के कार्य सम्पन्न होने का चमत्कार घटित होता है, तो कौन-सा अलंकार होता है?

A. प्रतीप B. उत्प्रेक्षा
C. अतिशयोक्ति D. विभावना

93. प्रबल कारणों के उपस्थित होते हुए भी जब कार्य सिद्ध न होने का वर्णन किया जाए तो कौन-सा अलंकार होता है?

A. विशेषोक्ति B. विभावना
C. व्यतिरेक D. प्रतीप

94. जहाँ किसी उक्ति में वक्ता के अभिप्रेत आशय से भिन्न अर्थ की कल्पना की जाये, वहाँ कौन-सा अलंकार होता है?

A. प्रतीप B. अनुप्रास
C. वक्रोक्ति D. विभावना

95. जहाँ सादृश्य के कारण किसी वस्तु को देखकर यह निश्चय न हो सके कि यह वही वस्तु है या अन्य, अर्थात् दोनों में दुविधा वही वस्तु है या अन्य, अर्थात् दोनों में दुविधा बनी रहे, वहाँ कौन-सा अलंकार होता है?

A. भ्रान्तिमान B. विभावना
C. सन्देह D. प्रतीप

96. जहाँ सामान्य कथन का विशेष कथन द्वारा और विशेष कथन का सामान्य कथन द्वारा समर्थन किया जाता है, वहाँ कौन-सा अलंकार होता है?

A. विशेषोक्ति B. विभावना
C. अर्थान्तरन्यास D. वक्रोक्ति

97. जहाँ कविता में एक ही चीज उपमान और उपमेय भाव से कही जाती है, वहाँ कौन-सा अलंकार होता है?

A. प्रतीप B. अनन्वय
C. अनुप्रास D. रूपक

98. वर्णन में जो प्रस्तुत विषय के रूप में होता है (जैसे सीता का मुख) उसे क्या कहते हैं?

A. उपमेय
B. उपमान
C. धर्म
D. वाचक

99. वर्ण्य वस्तु की शोभा बढ़ाने के लिए जिस अप्रस्तुत (जैसे चन्द्रमा) की कल्पना की जाती है, उसे क्या कहते हैं?

A. धर्म B. वाचक
C. उपमान D. उपमेय

100. जिस गुण के कारण उपमेय और उपमान में समानता स्थापित की जाती है (जैसे सुन्दर), उसे क्या कहते हैं?

A. उपमेय B. उपमान
C. वाचक D. धर्म

उत्तरमाला

1	**2**	**3**	**4**	**5**	**6**	**7**	**8**	**9**	**10**
C	A	C	C	D	C	A	C	C	D
11	**12**	**13**	**14**	**15**	**16**	**17**	**18**	**19**	**20**
A	D	B	A	C	B	C	B	B	A
21	**22**	**23**	**24**	**25**	**26**	**27**	**28**	**29**	**30**
B	D	D	B	B	A	A	B	B	D
31	**32**	**33**	**34**	**35**	**36**	**37**	**38**	**39**	**40**
D	B	D	D	C	A	A	A	B	D
41	**42**	**43**	**44**	**45**	**46**	**47**	**48**	**49**	**50**
A	B	A	C	D	C	A	B	A	D
51	**52**	**53**	**54**	**55**	**56**	**57**	**58**	**59**	**60**
C	B	C	D	B	A	A	B	C	D
61	**62**	**63**	**64**	**65**	**66**	**67**	**68**	**69**	**70**
A	C	D	C	B	D	D	A	A	C
71	**72**	**73**	**74**	**75**	**76**	**77**	**78**	**79**	**80**
D	D	B	C	A	B	D	A	B	D
81	**82**	**83**	**84**	**85**	**86**	**87**	**88**	**89**	**90**
A	A	D	A	B	C	A	D	C	D
91	**92**	**93**	**94**	**95**	**96**	**97**	**98**	**99**	**100**
A	D	A	C	C	C	B	A	C	D

❑ ❑ ❑

हिन्दी की बोलियाँ

हिंदी भाषा का क्षेत्र हिमाचल प्रदेश, पंजाब का कुछ भाग, हरियाणा, राजस्थान, दिल्ली, उत्तर प्रदेश, उत्तराखंड, छत्तीसगढ़, झारखंड, मध्य प्रदेश तथा बिहार है, जिसे हिंदी (भाषी) प्रदेश कहते हैं।

इस पूरे क्षेत्र में हिंदी की पांच उपभाषाएं हैं, जिनके अंतर्गत मुख्यतः 10 बोलियां हैं:

भाषा	उपभाषाएं	बोलियां
हिंदी	1. पश्चिमी हिंदी	1. खड़ी बोली या कौरवी, 2. ब्रजभाषा 3. हरियाणी, 4. बुंदेली, 5. कन्नौजी
	2. पूर्वी हिंदी	1. अवधी, 2. बघेली, 3. छत्तीसगढ़ी
	3. राजस्थानी	1. पश्चिमी राजस्थानी (मारवाड़ी), 2. पूर्वी राजस्थानी (जयपुरी), 3. उत्तरी राजस्थानी (मेवाती), 4. दक्षिणी राजस्थानी (मालवी)
	4. पहाड़ी	1. पश्चिमी पहाड़ी, 2. मध्यवर्ती पहाड़ी (कुमाऊंनी-गढवाली),
	5. बिहारी	1. भोजपुरी, 2. मगही, 3. मैथिली

खड़ी बोली

'खड़ी बोली' शब्द का प्रयोग दो अर्थों में होता है: एक तो साहित्यिक हिंदी खड़ी बोली के अर्थ में और दूसरे, दिल्ली-मेरठ के आसपास की लोक बोली के अर्थ में। यहाँ दूसरे अर्थ में ही इस शब्द का प्रयोग किया जा रहा है। इसी अर्थ में 'कौरवी' का भी प्रयोग कुछ लोग करते हैं। 'खड़ी बोली' में 'खड़ी' शब्द का अर्थ विवादास्पद है। कुछ लोगों ने 'खड़ी' का अर्थ 'खरी' (Pure) अर्थात् शुद्ध माना है, तो दूसरों ने 'खड़ी' (Standing)। कुछ अन्य लोगों ने इसका संबंध खड़ी बोली में अधिकता से प्रयुक्त खड़ी पायी 'ा' (गया, बड़ा, का) तथा उसके ध्वन्यात्मक प्रभाव कर्कशता से जोड़ा है। यों, अभी तक यह प्रश्न अनिश्चित है। खड़ी बोली या कौरवी का उद्‌भव शौरसेनी अपभ्रंश के उत्तरी रूप से हुआ है तथा इसका क्षेत्र देहरादून का मैदानी भाग सहारनपुर, मुजफ्फरनगर, मेरठ, दिल्ली का कुछ भाग, बिजनौर, रामपुर तथा मुरादाबाद है। लोक-साहित्य की दृष्टि से खड़ी बोली बहुत संपन्न है और इसमें पवाड़ा, नाटक, लोककथा, लोकगीत आदि पर्याप्त मात्रा में मिलते हैं। इनका काफी अंश प्रकाशित भी हो चुका है। हिंदी, उर्दू, हिंदुस्तानी तथा दक्खिनी एक सीमा तक खड़ी बोली पर आधारित हैं।

ब्रजभाषा

ब्रज का पुराना अर्थ 'पशुओं' या 'गौओं का समूह' या 'चरागाह' आदि है। पशुपालन के प्राधान्य के कारण यह क्षेत्र ब्रज कहलाया, और इसी आधार पर इसकी बोली ब्रजभाषा कहलायी। इसका विकास शौरसेनी अपभ्रंश के मध्यवर्ती रूप से हुआ है। ब्रजभाषा आगरा, मथुरा, अलीगढ़, धौलपुर, मैनपुरी, एटा, बदायूं, बरेली तथा आसपास के क्षेत्रों में बोली जाती है। साहित्य और लोकसाहित्य दोनों ही दृष्टियों से ब्रजभाषा बहुत संपन्न है। हिंदी प्रदेश के बाहर भी भारत के अनेक क्षेत्रों में ब्रजभाषा में साहित्य-रचना होती रही है। सूरदास, तुलसीदास, नंददास, रहीम, रसखान, बिहारी, देव, रत्नाकर आदि इसके प्रमुख कवि हैं।

हरियाणी

'हरियाना' शब्द की व्युत्पत्ति विवादास्पद है। हरि + यान (कृष्ण का यान इधर से ही द्वारका गया था), हरि + अरण्य (हरा वन) तथा अहीर + आना (राजपूताना, तिलंगाना की तरह) आदि कई मत दिये गये हैं, किंतु कोई भी सर्वमान्य नहीं है। हरियाणी का विकास उत्तरी शौरसेनी अपभ्रंश के पश्चिमी रूप से हुआ है। खड़ी बोली, अहीरवाटी, मारवाड़ी, पंजाबी से घिरी इस बोली को कुछ लोग खड़ी बोली का पंजाबी से प्रभावित रूप मानते हैं। इसका क्षेत्र मोटे रूप से हरियाणा तथा दिल्ली का देहाती भाग है। हरियाणी में केवल लोकसाहित्य है, जिसका कुछ अंश मुद्रित भी है।

बुंदेली

बुंदेले राजपूतों के कारण मध्यप्रदेश तथा उत्तरप्रदेश की सीमारेखा के झांसी, छतरपुर, सागर आदि तथा आसपास के भाग को बुंदेलखंड कहते हैं। वहीं की बोली बुंदेली या बुंदेलखंडी है। इसका क्षेत्र झांसी, जालौन, हमीरपुर, ग्वालियर, ओरछा, सागर, नृसिंहपुर, सिवनी, होशंगाबाद तथा आसपास का क्षेत्र है। बुंदेली का विकास शौरसेनी अपभ्रंश से हुआ है। बुंदेली में लोकसाहित्य काफी है, जिसमें ईसुरी के फाग बड़े प्रसिद्ध हैं। कहा जाता है कि हिंदी प्रदेश की प्रसिद्ध लोकगाथा 'आल्हा', जिसे हिंदी साहित्य में भी स्थान मिला है, मूलतः बुंदेली की एक उपबोली बनाफरी में लिखी गयी थी।

कन्नौजी

कन्नौज (संस्कृत कान्यकुब्ज) इस बोली का केंद्र है, अतः इसका नाम कन्नौजी पड़ा है। यह इटावा, फर्रूखाबाद, शाहजहांपुर, कानपुर, हरदोई, पीलीभीत आदि में बोली जाती है। कन्नौजी भी शौरसेनी अपभ्रंश से ही निकली है। यह ब्रजभाषा से इतनी अधिक समान है कि कुछ लोग इसे ब्रजभाषा की ही एक उपबोली मानते हैं। कन्नौजी में केवल लोकसाहित्य मिलता है, जिसमें से कुछ अंश प्रकाशित भी हो चुका है।

अवधी

इस बोली का केंद्र अयोध्या है। 'अयोध्या' का ही विकसित रूप 'अवध' है, जिससे 'अवधी' शब्द बना है। इसके उद्भव के संबंध में विवाद है। अधिकांश विद्वान इसका संबंध अर्धमागधी अपभ्रंश से मानते हैं, किंतु कुछ लोग इससे पाली की समानता के आधार पर इस मत को नहीं मानते। अवधी का क्षेत्र लखनऊ, इलाहाबाद, फतेहपुर, मिर्जापुर (अंशतः), उन्नाव, रायबरेली, सीतापुर, फैजाबाद, गोंडा, बस्ती, बहराइच, सुल्तानपुर, प्रतापगढ़, बाराबंकी आदि है। अवधी में साहित्य तथा लोकसाहित्य दोनों ही पर्याप्त मात्रा में हैं। इसके प्रसिद्ध कवि मुल्ला दाऊद, कुतुबन, जायसी, तुलसीदास, उस्मान, सबलसिंह आदि हैं।

बघेली

बघेले राजपूतों के आधार पर रीवा तथा आसपास का इलाका बघेलखंड कहलाता है, और वहाँ की बोली को बघेलखंडी या बघेली कहते हैं। बघेली का उद्भव अर्धमागधी अपभ्रंश के ही एक क्षेत्रीय रूप से हुआ है। यद्यपि जनमत इसे अलग बोली मानता है, किंतु भाषा वैज्ञानिक स्तर पर यह अवधी की ही एक उपबोली ज्ञात होती है और इसे दक्षिणी अवधी कह सकते हैं। इसका क्षेत्र रीवां, नागौद, शहडोल, सतना, महर तथा आसपास का क्षेत्र है। कुछ अपवादों को छोड़ कर बघेली में केवल लोकसाहित्य है।

छत्तीसगढ़ी

मुख्य क्षेत्र छत्तीसगढ़ होने के कारण इसका नाम छत्तीसगढ़ी पड़ा है। अर्धमागधी अपभ्रंश के दक्षिणी रूप से इसका विकास हुआ है। इसका क्षेत्र सरगुजा, कोरिया, बिलासपुर, रायगढ़, खैरगढ़, रायपुर, दुर्ग, नंदगांव, कांकेर आदि है। छत्तीसगढ़ी में भी लोकसाहित्य है।

पश्चिमी राजस्थानी

राजस्थानी का यह रूप पश्चिमी राजस्थान अर्थात जोधपुर, अजमेर, किशनगढ़, मेवाड़, सिरोही, जैसलमेर, बीकानेर आदि में बोला जाता है। इसे मारवाड़ी भी कहते हैं। शौरसेनी अपभ्रंश से इसका विकास हुआ है। मारवाड़ी में साहित्य तथा लोकसाहित्य दोनों ही पर्याप्त मात्रा में हैं। मीरा के पद इसी भाषा में हैं।

उत्तरी राजस्थानी

उत्तरी राजस्थान में इसका क्षेत्र अलवर, गुड़गांव, भरतपुर तथा आसपास है। मेओ जाति के इलाके मेवात के नाम पर इसे 'मेवाती' भी कहते हैं। इसकी एक मिश्रित बोली अहीरवाटी है, जो गुड़गांव, दिल्ली तथा करनाल के पश्चिमी क्षेत्रों में बोली जाती है। इस पर हरियाणी का बहुत प्रभाव है। मेवाती में केवल लोकसाहित्य है। उत्तरी राजस्थानी का उद्भव शौरसेनी अपभ्रंश से हुआ है।

पूर्वी राजस्थानी

राजस्थान के पूर्वी भाग में जयपुर, अजमेर, किशनगढ़ आदि में यह बोली जाती है। इसकी प्रतिनिधि बोली जयपुरी है, जिसका केंद्र जयपुर है। जयपुरी को 'ढूंढाणी' भी कहते हैं, क्योंकि इस क्षेत्र का नाम ढूंढाण है। शौरसेनी अपभ्रंश से विकसित इस बोली में केवल लोक-साहित्य है।

दक्षिणी राजस्थानी

इंदौर, उज्जैन, देवास, रतलाम, भोपाल, होशंगाबाद तथा इनके आसपास इसका क्षेत्र है। इसकी प्रतिनिधि बोली मालवी है, जिसका मुख्य क्षेत्र मालवा है। शौरसेनी अपभ्रंश से विकसित इस बोली में कुछ साहित्य तथा पर्याप्त लोकसाहित्य है।

पश्चिमी पहाड़ी

जौनसार, सिरमौर, शिमला, मंडी, चंबा तथा आसपास इसका क्षेत्र है। शौरसेनी अपभ्रंश से विकसित इस बोली में केवल लोक साहित्य है।

मध्यवर्ती पहाड़ी

शौरसेनी अपभ्रंश से विकसित इस बोली का क्षेत्र गढ़वाल, कुमाऊं तथा आसपास का कुछ क्षेत्र है। वस्तुतः यह गढ़वाली और कुमाऊंनी, इन दो बोलियों का ही सामूहिक नाम है। इन बोलियों में लोकसाहित्य तो पर्याप्त मात्रा में है, साथ ही कुछ साहित्य भी है।

भोजपुरी

बिहार के शाहाबाद जिले के भोजपुर गांव के नाम के आधार पर इस बोली का नाम 'भोजपुरी' पड़ा है। मागधी अपभ्रंश के पश्चिमी रूप से विकसित इस बोली का क्षेत्र बनारस, जौनपुर, मिर्जापुर, गाजीपुर, बलिया, गोरखपुर, देवरिया, आजमगढ़, बस्ती, शाहाबाद, चंपारन, सारन तथा आसपास का कुछ क्षेत्र है। हिंदी प्रदेश की बोलियों में भोजपुरी बोलने वाले सबसे अधिक हैं। भोजपुरी में मुख्यतः लोकसाहित्य ही मिलता है, शिष्ट साहित्य बहुत कम है। भारतेंदु, प्रेमचंद, प्रसाद आदि इसी क्षेत्र के रहे हैं, किंतु साहित्य में इन्होंने इसका प्रयोग नहीं किया।

मगही

संस्कृत 'मगध' से विकसित शब्द 'मगह' पर इसका नाम आधारित है। मागधी अपभ्रंश से विकसित यह बोली पटना, गया, पलामू, हजारीबाग, मुंगेर, भागलपुर तथा उनके आसपास बोली जाती है। इसमें लोकसाहित्य काफी है। कुछ ललित साहित्य भी है।

मैथिली

मागधी अपभ्रंश के मध्यवर्ती रूप से विकसित यह बोली हिंदी और बांग्ला क्षेत्र की संधि पर मिथिला में बोली जाती है। दरभंगा, मुजफ्फरपुर, सहरसा, पूर्णिया तथा मुंगेर आदि में इसका क्षेत्र है। लोकसाहित्य की दृष्टि में मैथिली बहुत संपन्न है, साथ ही इसमें साहित्य-रचना अत्यंत प्राचीन काल से होती चली आयी है। हिंदी साहित्य को विद्यापति जैसे रससिद्ध कवि देने का श्रेय मैथिली को ही है। इनके अतिरिक्त ज्योतिरीश्वर ठाकुर, गोविंददास, उमानाथ, हरिमोहन झा आदि भी इनके अच्छे साहित्यकार हैं।

हिन्दी की शब्द सम्पदा

शब्द

ध्वनियों के मेल से बने सार्थक वर्ण समुदाय को 'शब्द' कहते हैं। दूसरे शब्दों में– एक अक्षर या एक से अधिक अक्षरों का समूह, जिसका कुछ अर्थ होता है, शब्द कहा जाता है।

जैसे– पुष्प, पहाड़, लड़का, मैं, तुम आदि।

शब्दों का वर्गीकरण

साधारणतः शब्दों का वर्गीकरण चार आधारों पर किया जाता है। ये आधार निम्नलिखित हैं :

(1) व्युत्पत्ति के आधार पर
(2) उत्पत्ति के आधार पर
(3) अर्थ के आधार पर
(4) विकार के आधार पर

(1) व्युत्पत्ति के आधार पर

व्युत्पत्ति के आधार पर शब्दों के तीन भेद होते हैं :-
(क) रूढ़ (ख) यौगिक (ग) योगरूढ़

(क) रूढ़ : रूढ़ वे शब्द हैं जिनका खण्ड नहीं हो सकता। यदि इन शब्दों को खण्डित कर दिया जाता है तो उनके खण्डों का कोई अर्थ नहीं होता। जैसे- नाक, कान, घर, जल, फल, शीला, सीता, राम, हल, रात आदि।

(ख) यौगिक : वे शब्द जिनका निर्माण अन्य शब्दों के या प्रत्ययों के जोड़ से होता है, यौगिक कहे जाते हैं। जैसे- पाठशाला, दहीवाली, नाकवाला, शक्तिवान, पानीवाला आदि।

(ग) योगरूढ़ : योगरूढ़ शब्द दूसरे शब्दों के योग से निर्मित होते हैं। खण्ड करने पर इनके प्रत्येक खण्ड या योग का अपना अर्थ होता है। परन्तु जब दोनों खण्डों को एक कर दिया जाता है तो उस शब्द का अपना एक विशेष अर्थ होता है। इस प्रकार, योगरूढ़ वे शब्द हैं जो दूसरे शब्दों के योग से बनते हैं और प्रत्येक योग का अपना अर्थ होता है तथापि उनका एक विशेष अर्थ होता है। उदाहरणतः जलज में जल का अर्थ है पानी और 'ज' का अर्थ है– जन्म लेने वाला। इस प्रकार दोनों का अर्थ हुआ जल में जन्म लेने वाला। परन्तु यह शब्द जल में उत्पन्न होने वाले सेवार आदि अन्य पदार्थों के लिए व्यवहृत नहीं होता है, वरन् कमल के लिए रूढ़ हो गया है और उससे मात्र कमल का बोध होता है। इसी प्रकार जलद, कुशल, पीताम्बर, लम्बोदर आदि शब्द हैं।

(2) उत्पत्ति के आधार पर

उत्पत्ति के अनुसार शब्दों का वर्गीकरण निम्नलिखित है : (क) तत्सम (ख) तद्भव (ग) देशज (घ) विदेशज

(क) तत्सम : तत्सम मूलतः संस्कृत के शब्द हैं। संस्कृत के इन शब्दों के प्रयोग हिन्दी में ज्यों-के-त्यों होते हैं। जैसे:- कवि, घृत, अग्नि, रवि, माता, भ्राता, पिता, अमृत, महान् आदि।

(ख) तद्भव : तद्भव वे शब्द हैं जिनका विकास संस्कृत के शब्दों से हुआ है। तद्भव का अर्थ है- 'तत्' (तस्य) = उसके अर्थात् 'संस्कृत से' और 'भव' अर्थात् उत्पन्न। जैसे- घृतः = घी, अग्नि = आग, कर्म = काम, दाद्य = दही, अमृत = अमरित, कार्य = कारज, दुग्ध = दूध, जन्म = जनम, धर्म = धरम आदि।

(ग) देशज : देशज का अर्थ है– देश में उत्पन्न। हिन्दी भाषा के वे शब्द जो भारत की विभिन्न बोलियों एवं भाषाओं से आए हैं, देशज कहे जाते हैं। जैसे- कटोरी, थाली, पेट, पैर, पेड़, लोटा, डोरी आदि।

(घ) विदेशज : हिन्दी भाषा के वे शब्द जिनका आगम विदेशी भाषाओं से हुआ है, विदेशज शब्द कहे जाते हैं। जैसे- चाकू, मोटर, ट्रेन, स्टेशन, आदमी, अमीर, फालतू, किताब, तारीख़, तकिया, गवाह, देहात, जहर, बाल्टी, चेहरा, लगाम, कालीन, कैंची, बेग़म, तम्बाकू, बहादुर, प्रेस, पार्टी, स्टेशन, गजट, डायरी, रेडियो, नम्बर, नोटिस आदि।

(3) अर्थ के आधार पर

अर्थ के अनुसार शब्दों के दो भेद हैं : (क) सार्थक (ख) निरर्थक

(क) सार्थक : सार्थक शब्द वे हैं, जिनका कुछ अर्थ होता है। जैसे- घर, घोड़ा, कमल, कलम, पुस्तक आदि। ये सभी शब्द सार्थक हैं, क्योंकि इन शब्दों के कहने से किसी परिचित पदार्थ का बिम्ब बनता है। जैसे– पुस्तक कहने से पढ़ने के काम में आने वाली किताब का बोध होता है। इस प्रकार ऊपर सभी शब्द सार्थक हैं।

(ख) निरर्थक : निरर्थक शब्द वे हैं जिनका कुछ भी अर्थ नहीं होता है। जैसे– अल्ल, बल्ल, गर्र, फर्र, मलक, नीपा, धदू आदि।

(4) विकार के आधार पर

विकार के अनुसार सार्थक शब्दों के दो भेद किए गए हैं : (क) विकारी (ख) अविकारी

(क) विकारी शब्द : विकारी शब्द वे शब्द हैं, जिनके रूप में विकार या परिवर्तन होता है। यह विकार लिंग, वचन और कारक में होता है। जैसे– घोड़ा।

लिंग के कारण परिवर्तन	घोड़ा से घोड़ी।
वचन के कारण परिवर्तन	घोड़ा से घोड़े, घोड़ों।
कारक के कारण परिवर्तन	घोड़ा से घोड़ों ने, घोड़े से आदि।

विकारी शब्दों के भेद

विकारी शब्दों के चार भेद हैं : (i) संज्ञा (ii) सर्वनाम (iii) विशेषण (iv) क्रिया

(i) संज्ञा : संज्ञा का अर्थ है नाम। किसी वस्तु, व्यक्ति, स्थान आदि के नाम को संज्ञा कहते हैं। जैसे- घर, पटना, कलम, बुढ़ापा आदि।

(ii) सर्वनाम : सर्वनाम उन शब्दों को कहते हैं जिनका प्रयोग संज्ञा के स्थान पर होता है। जैसे- वह, मैं, तुम, उस, आप, वे आदि।

(iii) विशेषण : संज्ञा अथवा सर्वनाम की विशेषता प्रकट करने वाले शब्द को विशेषण कहते हैं। जैसे- सुन्दर, मोटा, लाल, काला, दुबला आदि।

(iv) क्रिया : क्रिया उन शब्दों को कहते हैं जिनसे किसी काम का होना या करना प्रकट हो, जैसे- खाना, रोना, हँसना, लिखना आदि।

(ख) अविकारी शब्द : वे शब्द जिनके रूप में विकार अथवा परिवर्तन नहीं होता है, अविकारी शब्द कहलाते हैं, अर्थात लिंग वचन और कारक की दृष्टि से कोई परिवर्तन या विकार नहीं होता है। अविकारी शब्द 'अव्यय' भी कहलाते हैं।

अविकारी शब्दों के चार भेद हैं-

(i) क्रिया विशेषण (ii) समुच्चय बोधक (iii) सम्बन्ध बोधक (iv) विस्मयादि बोधक

(i) क्रिया विशेषण : क्रिया की विशेषता प्रकट करने वाले शब्द क्रिया विशेषण कहलाते हैं। जैसे- धीरे-धीरे, जल्दी-जल्दी आदि।

(ii) समुच्चय बोधक : समुच्चय बोधक शब्द वे हैं जो दो शब्दों, वाक्यों या वाक्यांशों को परस्पर जोड़ते हैं। जैसे- परन्तु, किन्तु, तथा और आदि।

(iii) सम्बन्ध बोधक : सम्बन्ध बोधक वे अव्यय हैं जो एक शब्द का दूसरे शब्द से सम्बन्ध स्थापित करते हैं। जैसे- ऊपर, नीचे, समीप, पास, निकट आदि।

(iv) विस्मयादि बोधक : विस्मय, हर्ष, शोक, घृणा, आदि भावों को प्रकट करने के लिए जिन शब्दों का प्रयोग किया जाता है, उन्हें विस्मयादि बोधक अव्यय कहते हैं। जैसे- हाय! छिः! अरे! हे! आदि।

प्रमुख विदेशी शब्द

अंग्रेजी भाषा के शब्द : अफसर, अपील, अस्पताल, ऑर्डर, ऑर्डरली, इंच, इंजन, इन्जीनियर, इन्सपेक्टर, एजेन्ट, एजेन्सी, कप्तान, कम्पनी, कमिश्नर, कमीशन, कैम्प, कोर्ट, क्वार्टर, क्रिकेट, केबिन, गार्ड, गजट, गवर्नर, गारंटी, जेलर, जेल, डॉक्टर, डायरी, डेयरी, डिप्टी, डिस्ट्रिक्ट, ट्यूशन, टीचर, पेन, पेंसिल, पॉकेट, नोटिस, नर्स, नम्बर, पार्टी, पार्सल, प्लेट, पाउडर, मीटिंग, मिनिस्टर, मोनीटर, मेनेजमेंट, मार्केट, म्युनिस्पेलटी, पार्लियामेंट, क्वालिटी, कॉलेज, कस्टमर, टिकट, चेन, चैलेंज, टेलीविजन, रेडियो, कम्प्यूटर, मीडिया, मेम्बर, ट्राफिक, ट्रेन, प्लेटफार्म, ड्रेस, ड्रामा, कार्बन, हेलिकॉप्टर, कॉर्पोरेशन आदि।

अरबी भाषा के शब्द : अमीर, अजीब, अजब, अहमियत, आखिर, आदमी, अक्ल, असर, आदत, इनाम, इज्जत, इमारत, इलाज, ईनाम, औरत, औलाद, कसूर, कदम, कर्ज, किस्त, किस्मत, कसम, कीमत, कसरत, कुर्सी, किताब, खबर, खत्म, खराब, गरीब, जवाब, तकदीर, तारीख, तकिया, तमाशा, तरक्की, दिमाग, दवा, दावा, दावत, दावात, दफ्तर, दुकान, दौलत, नतीजा, नशा, नकद, नकल, नहर, फकीर, फैसला, बहस, मुहावरा, माल, मालूम, मल्लाह, मवाद, मौसम, मुसाफिर, लिफाफा, लायक, वकील, शराब, हिम्मत, हैजा, कैद, हक, हुक्म, हाल, हवालात, हाकिम आदि।

तुर्की भाषा के शब्द : उर्दू, कालीन, कैंची, कुली, कुर्की, चेचक, चमचा, चुगली, चकमक, तमगा, तलाश, तोप, बहादुर, बेगम, लफंगा, लाश, सुराग, कुर्ता, खच्चर, दारोगा, बारूद आदि।

पुर्तगाली भाषा के शब्द : अलकतरा, अनन्नास, आया, आलपीन, आलमारी, इंसान, इस्तिरी, कमीज, किरानी, कमरा, काजू, गमला, गोदाम, गोभी, चाभी, तम्बाकू, तौलिया, नीलाम, पादरी, पिस्तौल, फीता, मेज, लबादा, साया आदि।

फारसी भाषा के शब्द

आराम, आमदनी, अफसोस, आतिशबाजी, आवारा, आफत, आवाज, आईना, उम्मीद, कबूतर, कमीना, कुश्ती, किशमिश, कमरबन्द, किनारा, खाल, खुद, खामोश, खरगोश, खुश, खुराक, खूब, गल्ला, गवाह, गिरफ्तार, गरम, गुलाब, चाबुक, चिराग, चश्मा, चर्खा, चूंकि, चेहरा, जहर, जिन्दगी, जादू, जान, जुर्माना, जोश, तमाशा, तेज, तीर, ताक, ताजा, दीवार, देहात, दुकान, दरबान, दंगल, दिल, दवा, नाव, पलंग, पैदावार, पलक, पुल, पारा, पेशा, बहरा, बीमार, मुफ्त, मोर्चा, मुर्गा, मरहम, याद, यार, रंग, रात, लेकिन, शादी, शोर, सितारा, सरदार, सरकार, सूद, सौदागर आदि।

तत्सम-तद्भव शब्द

तत्सम	तद्भव	तत्सम	तद्भव
आम्र	आम	अग्नि	आग
उष्ट्र	ऊँट	वत्स	बच्चा
नव	नौ	मध्य	में
शलाका	सलाई	गृह	घर
पुष्प	फूल	मयूर	मोर
नारिकेल	नारियल	हरिद्रा	हल्दी
कर्पूर	कपूर	घृत	घी
सक्तु	सत्तू	हस्त	हाथ
चतुर्दश	चौदह	क्षीर	खीर

हिन्दी की ध्वनियाँ

वर्ण

वर्ण वह मूल ध्वनि है जिसका खण्ड नहीं किया जा सकता है। जैसे- अ, आ, क्, ख्, ग्, च्, ट् आदि।

वर्ण को लिखने के लिए जिन चिह्नों का प्रयोग किया जाता है, उसे अक्षर कहते हैं। अक्षर का अर्थ है, जिसका क्षर न हो अर्थात् जो नष्ट न हो।

वर्णमाला : वर्णों के समूह को वर्णमाला कहते हैं। अंग्रेजी में इसे ही Alphabet कहते हैं। हिन्दी वर्णमाला को दो भागों में विभक्त किया जा सकता है– (i) स्वर (ii) व्यंजन

स्वर (Vowel)

स्वर उन मूल ध्वनियों या वर्णों को कहा जाता है जिनका उच्चारण बिना किसी अवरोध के होता है। वस्तुतः इनका उच्चारण अबाध एवं स्वतंत्रतापूर्वक होता है। हिन्दी के भाषा-वैज्ञानिकों ने स्वर वर्णों की संख्या ग्यारह निर्धारित की है। स्वर निम्नलिखित हैं :- अ, आ, इ, ई, उ, ऊ, ए, ऐ, ओ, औ, ऋ।

विद्वानों का एक वर्ग 'ऋ' को अब हिन्दी वर्णमाला के अन्तर्गत नहीं रखता है। क्योंकि इसका प्रयोग मात्र तत्सम शब्दों में ही होता है। वास्तव में 'ऋ' के प्रयोग की अपनी सीमाएँ हैं।

स्वरों का वर्गीकरण : सामान्यतः स्वरों का वर्गीकरण चार आधारों पर किया जाता है–(i) उच्चारण काल (ii) उत्पत्ति (iii) जाति (iv) उच्चारण स्थान।

उच्चारण-काल का आधार

उच्चारण-काल का आधार स्वर के उच्चारण में लगे हुए समय हैं। कुछ स्वर ऐसे हैं जिनके उच्चारण में कम समय लगता है और कुछ ऐसे हैं जिनके उच्चारण में अधिक। उच्चारण में लगे समय का मापन मात्रा से किया जाता

है। उच्चारण के काल-मान को मात्रा कहते हैं। उच्चारण-काल के आधार पर स्वरों के दो भेद किये जाते हैं :

(क) ह्रस्व स्वर (Short Vowel) (ख) दीर्घ स्वर (Long Vowel)

(क) ह्रस्व स्वर : जिनके उच्चारण में समय कम लगता है उन स्वरों को ह्रस्व स्वर कहते हैं। जैसे– अ, इ, उ, ए, ऋ।

(ख) दीर्घ स्वर : जिनके उच्चारण में अधिक समय लगता है, उन्हें दीर्घ स्वर कहते हैं। जैसे– आ, ई, ऊ, ऐ, औ।

उत्पत्ति का आधार

उत्पत्ति को आधार मानकर भी स्वरों का वर्गीकरण दो रूपों में किया गया है-(i) मूल स्वर (ii) संधि स्वर

(i) मूल स्वर : मूल स्वर उन स्वरों को कहते हैं जिनकी उत्पत्ति में दूसरे स्वरों की आवश्यकता नहीं होती है। जैसे- अ, इ, उ, ऋ।

(ii) संधि स्वर : संधि स्वर उन स्वरों को कहते हैं जिनकी उत्पत्ति मूल स्वरों के योग से होती है। संधि स्वर के भी दो भेद हैं- (अ) दीर्घ संधि स्वर (ब) संयुक्त संधि स्वर

(अ) दीर्घ संधि स्वर : किसी एक मूल स्वर में उसी मूल स्वर के योग से बने स्वर को दीर्घ संधि कहते हैं। जैसे : आ, ई, ऊ।

(ब) संयुक्त संधि स्वर : दो भिन्न स्वरों के मेल से निर्मित स्वर संयुक्त संधि स्वर कहे जाते हैं। जैसे- अ + इ = ए, अ + उ = ओ, आ + ए = ऐ, आ + ओ = औ। इस प्रकार- ए, ऐ, ओ, औ– संयुक्त संधि स्वर हैं।

जाति का आधार

जाति के आधार पर स्वरों को निम्नलिखित वर्गों में विभक्त किया गया है–(i) सवर्ण स्वर (ii) असवर्ण स्वर

(i) सवर्ण स्वर : सवर्ण स्वर वे हैं जिनका उच्चारण समान स्थान तथा प्रयत्न से होता है। इन्हें सजातीय स्वर भी कहते हैं। जैसे : अ, आ, इ, ई, उ, ऊ।

(ii) असवर्ण स्वर : असवर्ण स्वर वे हैं जिनका उच्चारण अलग-अलग स्थानों तथा असमान प्रयत्नों से होता है। इसे विजातीय स्वर भी कहते हैं। जैसे : अ + इ = ए, आ + ए = ऐ, अ + उ = ओ, अ + ओ = औ।

उच्चारण-स्थान का आधार

स्वरों के उच्चारण में जिह्वा तथा ओष्ठ की विशेष भूमिका है। अतएव इनको आधार मानकर स्वरों के अनेक भेद किये गये हैं।

जिह्वा के भागों के आधार पर

स्वरों के उच्चारण में कभी जिह्वा का अग्रभाग काम करता है तो कभी पश्चभाग और कभी मध्यभाग। अतः इस दृष्टि से स्वरों के निम्नलिखित भेद हो सकते हैः

(i) अग्रस्वर : ये वे स्वर हैं जिनके उच्चारण में जिह्वा का अग्रभाग कार्य करता है। जैसे- इ, ई, ए, ऐ।

(ii) मध्य स्वर : यह स्वर जिह्वा के मध्य भाग से उच्चरित होता है। जैसे-अ।

(iii) पश्च स्वर : पश्च स्वर वे स्वर हैं जिनका उच्चारण जिह्वा के पश्चभाग से होता है। जैसे- आ, उ, ऊ, ओ, औ।

जिह्वा की ऊँचाई के आधार पर : तालु और जिह्वा के मध्य की ऊँचाई के अनुसार स्वरों के निम्नलिखित चार भेद हैं :-

(i) संवृत : संवृत स्वरों के उच्चारण में जिह्वा तालु से नीचे सटी रहती है। जैसे- इ, ई, उ, ऊ।

(ii) अर्द्ध संवृत : अर्द्ध संवृत स्वरों के उच्चारण करते समय जिह्वा अपेक्षाकृत कम सटी रहती है। जैसे- ए, ओ।

(iii) विवृत : विवृत स्वर के उच्चारण में जिह्वा ऊपर उठी रहती है। जैसे–आ।

(iv) अर्द्ध विवृत : अर्द्ध विवृत स्वर के उच्चारण में जिह्वा विवृत की अपेक्षा कुछ समय ऊपर जाती है। जैसे- ऐ, औ।

ओष्ठ की स्थिति के आधार पर

इसके अनुसार स्वरों के तीन भेद किये गए हैं :

(i) वर्तुल : वर्तुल स्वर वे हैं जिनके उच्चारण में ओष्ठ की स्थिति गोलाकार हो जाती है। जैसे-उ, ऊ।

(ii) अर्द्ध वर्तुल : इन स्वरों के उच्चारण में ओष्ठ वर्तुल स्वरों की अपेक्षा कुछ कम गोल होते हैं। जैसे- ओ, औ।

(iii) अवर्तुल : ऐसे स्वर जिनके उच्चारण में ओष्ठ फैले रहते हैं, अवर्तुल कहे जाते हैं। जैसे- इ, ई, ए, ऐ, अ, आ।

व्यंजन (Consonant)

व्यंजन : वे ध्वनियाँ जिनके उच्चारण में बाहर निकलती हुई वायु मुख विवर में किसी न किसी स्थान पर बाधित होती है, व्यंजन कहलाती हैं। व्यंजन ध्वनि का उच्चारण स्वतंत्र रूप से नहीं होता है। अर्थात् इनके उच्चारण में स्वर की सहायता की आवश्यकता पड़ती है। जैसे- क, च, ट, त, प, आदि। हिन्दी में व्यंजन ध्वनियों की संख्या 33 है।

व्यंजन की परिभाषा दूसरे प्रकार से भी दी जा सकती है। जिन वर्णों का उच्चारण किसी दूसरे वर्ण की सहायता से (स्वर की सहायता से) होता है या स्वरों की सहायता के बिना नहीं हो सकता– उन्हें व्यंजन वर्ण कहते हैं। 'अ' के बिना व्यंजन का उच्चारण संभव नहीं है। उदाहरण- क् + अ = क, ग् + अ = ग आदि।

व्यंजनों को निम्नलिखित वर्गों में रखा जाता है :

क वर्ग	क ख ग घ ङ
च वर्ग	च छ ज झ ञ
ट वर्ग	ट ठ ड ढ ण
त वर्ग	त थ द ध न
प वर्ग	प फ ब भ म
अन्तस्थ	य र ल व
उष्म	श ष स ह
संयुक्त व्यंजन	क्ष त्र ज्ञ
द्विगुण व्यंजन	ड़ ढ़
अनुस्वार	(-)
विसर्ग	(:)

हिन्दी व्यंजन ध्वनियों का उच्चारण निम्नलिखित आधार पर किया जाता है–

(i) उच्चारण स्थान के आधार पर

(ii) उच्चारण प्रयत्न के आधार पर

उच्चारण स्थान के आधार पर

ध्वनि का उच्चारण मुख के जिस स्थान विशेष से होता है उसको उस ध्वनि विशेष का उच्चारण स्थान कहा जाता है। उच्चारण स्थान को दृष्टि में रखकर व्यंजन के निम्नलिखित भेद किये गये हैं :

(क) कंठ्य (ख) तालव्य (ग) मूर्धन्य (घ) दन्त्य (ङ) ओष्ठ्य (च) दन्तोष्ठ्य (छ) नासिक्य (ज) कण्ठ तालव्य (झ) कण्ठोष्ठ्य

(क) **कंठ्य :** कंठ से उच्चरित ध्वनियों को कंठ्य ध्वनियाँ कहते हैं। जैसे- क, ख, ग, घ, ङ। अ, आ, और विसर्ग भी।

(ख) **तालव्य :** तालु से उच्चारण की जाने वाली ध्वनियाँ तालव्य ध्वनियाँ कही जाती हैं। जैसे- च, छ, ज, झ, ञ, श, य। इ, ई भी।

(ग) **मूर्धन्य :** मूर्धा का स्थान कठोर तालु और कोमल तालु के मध्य है। जैसे : ट, ठ, ड, ढ, ण।

(घ) **दन्त्य :** दन्त्य ध्वनियाँ वे हैं जिनके उच्चारण में जिह्वा ऊपर की दन्तावली का स्पर्श करती है। जैसे- त, थ, द, ध, न, ल, स।

(ङ) **ओष्ठ्य :** वे ध्वनियाँ जिनका उच्चारण दोनों ओष्ठों के सम्पर्क में आने से होता है ओष्ठ्य कहलाती है। जैसे- प, फ, ब, भ, म। उ, ऊ भी।

(च) **दन्तोष्ठ्य :** दन्तोष्ठ्य वे ध्वनियाँ हैं जिनका उच्चारण ऊपर की दन्तावली और अधरोष्ठ के सम्पर्क से होता है।

(छ) **नासिक्य :** जिन ध्वनियों के उच्चारण में नासिका की सहायता लेनी पड़ती है उन्हें नासिक्य या आनुनासिक ध्वनियाँ कहते हैं। जैसे- ङ, ञ, ण, न, य।

(ज) **कण्ठ तालव्य :** जिन ध्वनियों के उच्चारण में तालु और कण्ठ दोनों को सहयोग करना पड़ता है, उन्हें कण्ठ तालव्य ध्वनियाँ कहते हैं। जैसे- ए, ऐ।

(झ) **कण्ठोष्ठ्य :** वे ध्वनियाँ कण्ठोष्ठ्य हैं जिनका उच्चारण कण्ठ और ओष्ठ्य के मिले-जुले प्रयत्न से होता है। जैसे- ओ, औ।

उच्चारण प्रयत्न के आधार पर

व्यंजन ध्वनियों के उच्चारण-काल में उनमें स्पष्टता लाने के लिए जो क्रिया करनी पड़ती है उसे 'प्रयत्न' कहते हैं।

उच्चारण-प्रयत्न की दृष्टि से हिन्दी के व्यंजनों का वर्गीकरण निम्नलिखित है—

(क) **स्पर्श :** इन व्यंजनों के उच्चारण के समय वागेन्द्रिय विभिन्न उच्चारण अवयवों को संस्पर्शित करती है। वस्तुतः इनके उच्चारण-काल में वायु बाहर निकलते समय अवरुद्ध होती है। तदन्तर वायु वेग से बाहर निकलती है और उसी समय व्यंजन ध्वनि का निर्माण करती है। इस प्रक्रिया से उत्पन्न व्यंजन को स्पर्श व्यंजन कहते हैं। क वर्ग, च वर्ग, ट वर्ग, तथा प वर्ग की व्यंजन ध्वनियाँ स्पर्श हैं।

(ख) **उष्म :** कुछ ध्वनियों के उच्चारण के समय वायु पूर्ण रूप से अवरुद्ध नहीं होती वरन् आंशिक रूप में अवरुद्ध होती है। इस समय वायु मुख-विवर से संकीर्ण मार्ग से बाहर निकलती है जिससे उसका संघर्षण होता है। इस संघर्षण की क्रिया से उत्पन्न ध्वनि को उष्म कहते हैं। श, ष, स, ह उष्म व्यंजन ध्वनियाँ हैं।

(ग) **पार्श्विक :** पार्श्विक ध्वनि के उच्चारण में जिह्वा का अगला हिस्सा मसूड़े को स्पर्श करता है और वायु जिह्वा के दाहिने तथा बायें पार्श्व से बाहर निकल जाती है। केवल 'ल' ध्वनि पार्श्विक है।

(घ) **लुण्ठित :** लुण्ठित ध्वनि वह है जिसके उच्चारण में जिह्वा का अग्रांश दन्त मूल को छूता है और छूते समय उसमें कम्पन उत्पन्न होता है। केवल 'र' लुण्ठित व्यंजन ध्वनि है।

(ङ) **उत्क्षिप्त :** इन ध्वनियों को उच्चारित करते समय जिह्वा का निचला हिस्सा कठोर तालु को ताड़ित करता है अर्थात् उसमें ठोकर मारता है और तेजी से सामान्य स्थिति में लौट आता है। ड़, ढ़ उत्क्षिप्त ध्वनियाँ हैं।

(च) **अल्पप्राण :** जिन वर्णों के उच्चारण में अल्पप्राण अर्थात् कम वायु की आवश्यकता पड़ती है, उन्हें अल्पप्राण कहते हैं। प्रत्येक वर्ण की प्रथम, तृतीय, पंचम ध्वनियाँ अल्पप्राण होती हैं। जैसे- क, ग, ङ, च, ज, ञ, ट, ड, ण, त, द, न, प, ब, म तथा य, र, ल, व अल्पप्राण हैं।

(छ) **महाप्राण :** महाप्राण ध्वनियाँ वे हैं जिनके उच्चारण में अधिक वायु की जरूरत होती है। इन ध्वनियों के उच्चारण में हकार की ध्वनि सुनाई देती पड़ती है। प्रत्येक वर्ग के द्वितीय, और चतुर्थ व्यंजन महाप्राण हैं। जैसे- ख, घ, छ, झ, ठ, ढ़, थ, ध, फ, भ, तथा श, ष, ह।

(ज) **घोष व्यंजन :** घोष व्यंजन वे हैं जिनके उच्चारण में स्वर यंत्रों में प्रकम्पन होते हैं। इन्हें नाद ध्वनियाँ भी कहते हैं। प्रत्येक वर्ग का तीसरा, चौथा और पाँचवा व्यंजन घोष या नाद वर्ण है। जैसे- ग, घ, ङ, ज, झ, ञ, द, ध, न, ब, भ, म।

(झ) **अघोष व्यंजन :** अघोष व्यंजन के उच्चरित होने में स्वर यंत्रों में कम्पन नहीं होता है। प्रत्येक वर्ग का प्रथम और द्वितीय वर्ण अघोष होता है। जैसे- क, ख, च, छ, त, थ, प, फ।

(ञ) **अन्तस्थ वर्ण :** य और व को अंतस्थ माना जाता है।

नवागत ध्वनियाँ

हिन्दी में कुछ विदेशी ध्वनियों का आगम हुआ है। ये ध्वनियाँ मूलतः अरबी-फारसी की हैं जो उर्दू के माध्यम से हिन्दी में पहुँची हैं। इन ध्वनियों को हिन्दी ने आत्मसात् कर लिया है। जैसे—क़, ख़, ग़, ज़, फ़।

अनुस्वार और विसर्ग

अनुस्वार और विसर्ग भी व्यंजन वर्ण हैं। अनुस्वार के लिए एक बिन्दु तथा विसर्ग के लिए दो बिन्दुओं का प्रयोग किया जाता है। अनुस्वार का प्रयोग स्वर/व्यंजन के ऊपर तथा विसर्ग का स्वर/व्यंजन के बाद किया जाता है। जैसे—अं, अः, पं, तः।

देवनागरी लिपि नामकरण

डॉ. धीरेन्द्र वर्मा के अनुसार, मध्यकाल की एक स्थापत्य शैली का नाम नगर था, जिसकी आकृतियाँ चौकोर होती थीं, नागरी लिपि के अधिकतर अक्षर भी चौकोर हैं। अतएव इसी साम्य पर यह लिपि नागर या नागरिक कहलाई। बाद में, सम्मानसूचक देव शब्द के जुड़ने पर इसका नाम 'देवनागरी' हो गया।

उपरोक्त मत कल्पना अथवा अनुमान पर ही आधारित हैं। वास्तव में वर्तमान नागरी लिपि का विकास प्राचीन नागरी से ही हुआ है और इसमें देव शब्द इसी प्रकार जुड़ गया, जैसे संस्कृत को देवभाषा या देववाणी, आदि कहते हैं।

भारत की प्राचीन लिपियों में सिन्धु घाटी की लिपि, खरोष्ठी लिपि और ब्राह्मी लिपि प्रसिद्ध हैं। सिन्धु घाटी की लिपि कुछ चित्राक्षर और कुछ ध्वन्याक्षर रूप में थी। यह लिपि 400 ई.पू. से पहले भारत के उत्तर-पश्चिमी प्रदेश में प्रचलित थी। खरोष्ठी लिपि दाएँ से बाएँ की ओर लिखी जाती थी। यह लिपि उत्तर-पश्चिमी भारत में एक हजार वर्ष तक प्रचलन में थी। कुछ विद्वानों का मत है कि ब्राह्मी लिपि का विकास वैदिक काल की किसी लिपि से हुआ है। लिपि विज्ञान के आचार्य डॉ. राजबली पाण्डे का मत है कि ब्राह्मी लिपि का आविष्कार ब्रह्म या वेद की रक्षा के लिए हुआ था।

विशेषताएँ

- देवनागरी लिपि का यह गुण है कि वह उच्चारण के अनुसार हिन्दी भाषा को अंकित करने में पूर्णतया समर्थ है। इससे उच्चारणगत एकरूपता लाने में सहायता मिलती है साथ ही स्थिरता एवं सुव्यवस्था आ गई।
- व्याकरण का भाषा के मानकीकरण में आवश्यक योगदान होता है। महावीर प्रसाद द्विवेदी की प्रेरणा से कामता प्रसाद गुरू ने व्याकरण का निर्माण किया।
- केन्द्रीय हिन्दी निदेशालय ने नागरीलिपि और अंकों में एक रूपता लाने हेतु उपयोगी सुझाव प्रसारित किये हैं। शिक्षा के क्षेत्र में विश्वविद्यालयों का योगदान भी सराहनीय रहा। वैज्ञानिक और तकनीकी शब्दावली आयोग ने विज्ञान, आयुर्विज्ञान, अभियांत्रिकी, मानविकी आदि विश्वविद्यालीय विषयों पर अनेक शब्दावलियों को प्रकाशित करके उच्चतम् शिक्षा में हिन्दी के प्रयोग में भारी सहायता पहुंचाई है – गैर सरकारी स्तर पर हिन्दी के मानकीकरण में सिनेमा, रेडियो, पत्र-पत्रिकाओं, छापेखानों और उनसे निकलने वाली असंख्य पुस्तकों ने सहायता पहुंचाई।
- वर्तनी का मानकीकरण किया गया।
- शब्दावली का मानकीकरण किया।
- व्याकरण निश्चित किया।

त्रुटियाँ

- देवनागरी लिपि चिह्नों के अनेक रूपता है : जैसे–श्र, अ रण, अ, रा, ण, भ्र, झ, ळ, ल आदि।
- देवनागरी लिपि में कुछ चिह्नों के रूप समान होने के कारण भ्रम उत्पन्न करते हैं : जैसे–ख, र, व अर्थात् ख पढ़ते समय र, व भी प्रतीत होता है।
- कुछ ऐसे चिह्नों का प्रयोग होता है, जिनमें सम्बन्धित ध्वनियाँ हिन्दी में नहीं हैं, जैसे–ऋ, ॠ, ष आदि।
- संयुक्त अक्षरों की बनावट भ्रम उत्पन्न करती है, जैसे–धर्म में 'र' का उच्चारण 'म' से पहले चिह्न बनाकर लिखा जाता है।
- उच्चारण की दृष्टि से स्वरों की मात्राएँ व्यंजनों के पीछे लगनी चाहिए, परन्तु वे व्यंजनों के आगे, पीछे, ऊपर और नीचे लगती हैं।

सुधार के प्रयत्न

भारत की पुरातन लिपियों में सिंधुघाटी की लिपि, खरोष्ठी और ब्राह्मी लिपि प्रसिद्ध है। सिंधुघाटी सभ्यता की लिपि कुछ चित्राक्षर थी और कुछ ध्वन्याक्षर। सन् 400 ई॰पू॰ से पूर्व इस भाषा को भारत के उत्तर-पश्चिमी प्रदेश में व्यवहृत किया जाता था। खरोष्ठी लिपि का प्रचलन उत्तर-पश्चिमी भारत में एक हजार वर्ष तक रहा। यह दाहिनें से बायें ओर चलती हुई लिखी जाती थी। इन दोनों लिपियों का देवनागरी से कोई प्रत्यक्ष सम्बंध नहीं रहा। व्यवहार में ब्राह्मी लिपि की प्रचलितता प्रमाणित होती है। डा॰ राजबली पाण्डेय का मत है कि ब्राह्मी का आविष्कार ब्रह्म या वेद की रक्षा के लिए हुआ था। ब्राह्मी लिपि के बहुत से अक्षर सिंधु घाटी की लिपि से मिलते-जुलते हैं।

देवनागरी का सर्वप्रथम प्रयोग गुजरात के राजा जयभट्ट (7वीं-8वीं शती ई॰) के एक शिलालेख में हुआ है। राष्ट्रकूट नरेशों और विजयनगर के राजाओं के राज्यकाल में इसका भरपूर प्रसार हुआ। इस समय यह लिपि हिन्दी प्रदेश के अतिरिक्त महाराष्ट्र और नेपाल में प्रचलित है। इसका वैदिक और संस्कृत वाङ्मय देवनागरी लिपि में उपलब्ध है।

मानकीकरण

सन् 1996 में 'मानक देवनागरी वर्णमाला' प्रकाशित की गई। इसके अनुसार देवनागरी के जो वर्ग एक से अधिक रूपों में लिखे जाते थे, उनके स्थान पर प्रत्येक वर्ण का एक ही मानक रूप निर्धारित किया गया।

- 1967 में 'हिन्दी वर्तनी' का मानकीकरण' नामक पुस्तिका प्रकाशित की।
- 1983 में केन्द्रीय हिन्दी निदेशालय की ओर से देवनागरी लिपि तथा हिन्दी वर्तनी का मानकीकरण का प्रकाशन हुआ।

हिन्दी प्रसार के आंदोलन

भारत के संविधान में स्वीकृत भाषाओं की संख्या बाईस है, जिनमें संघ की राजभाषा हिन्दी है, जिसकी लिपि देवनागरी है। इसके साथ ही, अनुच्छेद-351 के अनुसार हिन्दी भाषा का प्रसार करना, उसका विकास करना ताकि वह भारत की सामाजिक संस्कृति के तत्वों की अभिव्यक्ति का माध्यम् हो सके, भारतीय भाषाओं के रूप, शैली और पदावली को आत्मसात करते हुए, जहाँ आवश्यक या वांछनीय हो वहाँ, उसके शब्द भंडार के लिए मुख्यतः संस्कृत से तथा गौणत अन्य भाषाओं से शब्द ग्रहण करते हुये उसकी समृद्धि सुनिश्चित करना संघ का कर्तव्य होगा।

पहला शिक्षा आयोग सन् 1949 ई॰ में डॉ॰ सर्वपल्ली राधाकृष्णन की अध्यक्षता में 'विश्वविद्यालय आयोग' के नाम से नियुक्त हुआ। उसे 'राधाकृष्णन आयोग' के नाम से भी अभिहित किया गया। इस आयोग ने उच्चशिक्षा का माध्यम् मातृ भाषा हो इस पर विचार किया।

डा॰ ताराचंद की अध्यक्षता में एक उच्चस्तरीय समिति गठित की गई, जो संघीय राजभाषा के माध्यम् पर विचार करने के लिए बनायी गई। इस समिति ने मातृभाषा के अतिरिक्त संघीय भाषा हिन्दी को उच्च बेसिक स्तर पर अनिवार्य करने की सिफारिश की।

- सन् 1952 में 'माध्यमिक शिक्षा आयोग' बना जिसके अध्यक्ष डॉ॰ लक्ष्मण स्वामी मुदलियार थे। मातृ भाषा या क्षेत्रीय भाषा के प्रयोग पर इस समिति ने बल दिया।
- सन् 1956 में केन्द्रीय शिक्षा परामर्शदात्री परिषद् ने त्रिभाषा-सूत्र का आविष्कार किया। मातृभाषा हिन्दी और अंग्रेजी पर बल दिया।
- गुजरात का सरदार पटेल विश्वविद्यालय (वल्लभ विद्यानगर) सबसे पहला विश्वविद्यालय था जिसने हिन्दी को उच्चस्तरीय शिक्षा का माध्यम् बनाया था।

भारत में पुनर्जागरण की लहर बंगाल में तदंनतर उत्तर भारत में आयी। बंगाल में राजा राजमोहन राय इसके कर्णधार बने और स्वभाषा प्रचार का कार्य किया।

– उत्तर भारत में पुनर्जागरण का श्रेय स्वामी दयानंद सरस्वती को है। स्वामी जी ने अपनी मातृभाषा गुजराती और प्रत्यलब्ध संस्कृत को छोड़कर हिन्दी द्वारा सुधार-आंदोलन चलाया और दर्जनों ग्रंथों का हिन्दी में प्रचलन किया। पुनर्जागरण की उस लहर में भारतेंदु हरिश्चंद्र युग के लेखक पूरी तरह से योगदान देते रहे। महावीर प्रसाद द्विवेदी, प्रेमचन्द, मैथिलीशरण गुप्त, श्रीधर पाठक आदि इसी युग की देन हैं।

– इटली के भाषाविद् जान टी. प्लेट्स ने अपने व्याकरण में उर्दू को स्वतंत्र भाषा न मानकर हिंदुस्तानी ही माना है। इन विद्वानों के अतिरिक्त हिन्दी भाषा और साहित्य पर विचार करने वाले जॉन शेक्सपीयर, विलियम प्राइस, विलियम परे, जेम्स आर. वैलटाइन, सैड फोर्ट आनर्ट आदि हैं। इन सभी ने हिन्दी को स्वतंत्र भाषा मानते हुये उसे माध्यम के रूप में प्रचालित करने की सिफारिश की है। 'भाषा भास्कर' लिखने वाले रेवरैंड विलियम ऐथरिंगटन थे।

श्री राजगोपालाचारी दक्षिणी हिन्दी प्रचार सभा, मद्रास के संस्थापकों में थे।

★ हिन्दी के प्रचार में संलग्न प्रमुख संस्थायें

1. अखिल भारतीय हिन्दी संस्था संघ, दिल्ली – 5 अगस्त, 1964
2. नागरीप्रचारणी सभा, काशी – 1893
3. दक्षिण भारत हिन्दी प्रचार सभा, मद्रास – 1918
4. केन्द्रीय सचिवालय हिन्दी परिषद्, नई दिल्ली – 3 मई, 1980
5. महाराष्ट्र राष्ट्रभाषा सभा, पूना –1937
6. गुजरात विद्यापीठ, अहमदाबाद
7. राष्ट्रभाषा प्रचार समिति, बर्धा – 1936
8. केरल हिन्दी प्रचार सभा, तिरूअनन्तपुरम – 1934
9. बिहार राष्ट्रभाषा परिषद्, पटना – 1947
10. असम राष्ट्रभाषा प्रसार समिति, गुवाहाटी – 1954
11. मणिपुर हिन्दी परिषद्, इम्फाल – 1953
12. प्रगतिशील लेखक संघ, लखनऊ – 1936
13. हिन्दी साहित्य सम्मेलन, प्रयाग –1910
14. सरस्वती पत्रिका – चिंतामणि घोष द्वारा संस्थापित – 1900
15. परिमल – 1935
16. दक्षिण भारत हिन्दी प्रचार संस्था, मद्रास में – गांधी जी द्वारा स्थापित – 1915
17. संगीत नाटक अकादमी – 1953
18. राष्ट्रीय नाटक अकादमी – 1959
19. साहित्य अकादमी – 1955
20. IPTA (Indian Peoples Theatre Association) 1942
21. हिन्दी भाषा संवर्द्धनी सभा, अलीगढ़
22. अखिल भारतीय संगीत परिषद् – 1919
23. फोर्ट विलियम कॉलेज –1801 ई॰

★ राजभाषा के रूप में हिन्दी

राजकाज संचालन हेतु किसी न किसी भाषा की आवश्यकता पड़ती है। स्वतंत्रता के बाद राजसत्ता जनता के हाथ में आ गई। लोकतांत्रिक व्यवस्था में यह आवश्यक हो गया कि देश का राजकाज, लोक की भाषा में हो, अतः राजभाषा के रूप में हिन्दी को स्वीकार किया गया। 14 सितम्बर, 1949 ई. को भारत के संविधान में हिन्दी को मान्यता प्रदान की गई।

संविधान की धारा 120 के अनुरूप संसद का कार्य हिन्दी में या अंग्रेजी में किया जाता है।

धारा 210 के अंतर्गत राज्यों के विधानमंडलों का कार्य अपने-अपने राज्य की राजभाषा या हिन्दी में या अंग्रेजी में किया जा सकता है।

धारा 343 – संघ की राजभाषा हिन्दी और लिपि देवनागरी होगी और अंकों रूप भारतीय अंकों का अंतराष्ट्रीय रूप होगा।

धारा 344 – राष्ट्रपति द्वारा निर्धारित किया जाएगा कि कौन-2 से शासकीय कार्यों हेतु हिन्दी का प्रयोग अधिकाधिक किया जाये। 345, 346, 347, 348, 349, 350, 351 आदि सभी में राजभाषा के विकास और प्रसार का वर्णन है।

राजभाषा और राष्ट्रभाषा

राजभाषा का अर्थ है राजा या राज्य की भाषा – वह भाषा जिसमें शासक या शासन का काम होता है और राष्ट्र भाषा वह है जिसका व्यवहार राष्ट्र के सामान्य जन करते हैं। राजभाषा का क्षेत्र सीमित होता है। राष्ट्रभाषा सारे देश की संपर्क भाषा है। राष्ट्र भाषा के साथ जनता का भावात्मक लगाव रहता है क्योंकि उसके साथ जनसाधारण की सांस्कृतिक परम्परायें जुड़ी रहती हैं। राजभाषा के प्रति वैसा सम्मान हो तो सकता है, लेकिन नहीं भी हो सकता है, क्योंकि वह अपने देश की भी हो सकती है। किसी गैर देश से आए शासक की भी हो सकती है।

वस्तुनिष्ठ प्रश्न

1. भाषा किसका साधन है?
   A. लिखने का B. बोलने का
   C. अध्ययन का D. अभिव्यक्ति का
2. भाषा—
   A. जड़ होती है B. विकासोन्मुख होती है
   C. बोधगम्य होती है D. उपर्युक्त तीनों
3. भाषा में किन शब्दों का बाहुल्य होता है?
   A. तत्सम B. तद्भव
   C. विदेशी D. लोक व्यवहार के
4. हिन्दी के विकास के आदिकाल में इस पर किसका प्रभाव रहा?
   A. संस्कृत का B. देशज शब्दों का
   C. ब्रज भाषा का D. अपभ्रंश का
5. खड़ी बोली का विकास कब हुआ?
   A. आधुनिक युग में B. मध्य युग में
   C. आदिकाल में D. उपर्युक्त में से कोई भी नहीं

6. अपभ्रंश भाषा का व्याकरण किसने लिखा?
A. हेमचन्द्र B. चन्द्रनाथ
C. उमानाथ D. धर्मेन्द्र

7. निम्नलिखित में से कौन-सी बिहारी बोली है?
A. ब्रज B. मैथिली
C. बुन्देली D. अवधी

8. भाषा को बोलने में किसका प्रयोग किया जाता है?
A. लिपि का B. ध्वनियों का
C. दोनों का D. दोनों में से कोई भी नहीं

9. व्याकरण—
A. भाषा की लिपि निर्धारित करता है
B. भाषा को सुबोध बनाता है
C. भाषा का रूप निर्धारित करता है
D. भाषा के वर्णों का अध्ययन करता है

10. वर्ण—
A. स्वर हैं B. व्यंजन हैं
C. ध्वनियाँ हैं D. उच्चारण हैं

11. हिन्दी में कितने वर्ण हैं?
A. 56 B. 26
C. 44 D. 36

12. स्वर/स्वरों—
A. मूल ध्वनियाँ हैं
B. को किसी अन्य ध्वनि की सहायता के बिना उच्चरित किया जा सकता है
C. की संख्या 11 है
D. उपरोक्त सभी

13. जिन स्वरों के उच्चारण में 'अ' के उच्चारण के बराबर समय लगता है, उन्हें क्या कहते हैं?
A. दीर्घ स्वर B. ह्रस्व स्वर
C. प्लुत स्वर D. पूर्ण स्वर

14. संयुक्त स्वर का एक उदाहरण है—
A. आ B. अ
C. इ D. उ

15. क् + ष =
A. श B. क्ष
C. ष D. उपर्युक्त में से कोई नहीं

16. व्यंजन तीन प्रकार के होते हैं—(i) स्पर्श, (ii) अन्तर्स्थ और (iii) . . . .
A. ऊष्म B. कन्ठ्य
C. दन्तोष्ठ D. नासिका

17. त, थ, द, ध, का उच्चारण—
A. दाँतों के साथ जिह्वा के मेल से होता है
B. कंठ और ओठों के मेल से होता है
C. केवल ओठों से होता है
D. जीभ के प्रयोग के बिना होता है

18. एक या एक से अधिक वर्णों के संयोग से बनी ध्वनियों को क्या कहते हैं?
A. स्वर B. व्यंजन
C. शब्द D. रूढ़ि

19. व्युत्पत्ति के आधार पर शब्दों के तीन भेद होते हैं—(i) रूढ़ि, (ii) यौगिक और (iii) . . .
A. मिश्र B. योगरूढ़ि
C. तद्भव D. उपर्युक्त में से कोई भी नहीं

20. 'पाठशाला' शब्द किस वर्ग का है?
A. यौगिक B. रूढ़ि
C. योगरूढ़ि D. उपर्युक्त में से कोई भी नहीं

21. 'नीलकंठ' शब्द किस वर्ग का है?
A. यौगिक B. रूढ़ि
C. योगरूढ़ि D. उपर्युक्त में से कोई भी नहीं

22. जो शब्द संस्कृत के हैं और जिन्हें हिन्दी में ज्यों-का-त्यों इस्तेमाल किया जाता है, क्या कहलाते हैं?
A. तत्सम B. तद्भव
C. देशज D. उपर्युक्त में से कोई भी नहीं

23. 'अग्नि' शब्द किस वर्ग का है?
A. तत्सम B. तद्भव
C. देशज D. उपरोक्त में से कोई नहीं

24. संस्कृत मूल वाले शब्दों को जब हिन्दी में कुछ परिवर्तन के साथ इस्तेमाल किया जाता है, तो उन्हें क्या नाम दिया जाता है?
A. अविकारी B. तद्भव
C. तत्सम D. देशज

25. 'खेत' शब्द किस वर्ग का है?
A. देशज B. तत्सम
C. तद्भव D. विदेशी

उत्तरमाला

1	2	3	4	5	6	7	8	9	10
D	B	D	D	A	A	B	B	C	C
11	12	13	14	15	16	17	18	19	20
C	D	B	A	B	A	A	C	B	A
21	22	23	24	25					
C	A	A	B	C					

गणित
(MATHEMATICS)

1

संख्या पद्धति (Number System)

प्रायः सभी संख्याओं का निर्माण अंकों से होता है। दाशमिक संख्या प्रणाली में शून्य से लेकर नौ तक (0, 1, 2, 3, 4, 5, 6, 7, 8 तथा 9) कुल दस अंक होते हैं। संख्याएँ अनेक प्रकार की होती हैं, नीचे संख्याओं के कुछ प्रकार दिए गए हैं।

प्राकृत संख्याएँ (Natural Numbers)

वे संख्याएँ जो वस्तुओं की गिनती करने में प्रयुक्त की जाती हैं, प्राकृत संख्याएँ कहलाती हैं।

$$N = \{1, 2, 3, 4, ...\}$$

पूर्ण संख्याएँ (Whole Numbers)

यदि प्राकृत संख्याओं के साथ शून्य को भी सम्मिलित कर लिया जाए, तो वे संख्याएँ पूर्ण संख्याएँ कहलाती हैं।

$$W = \{0, 1, 2, 3, ...\}$$

पूर्णांक (Integers)

धन पूर्णांक $(I^+) = \{1, 2, 3, ...\}$, शून्य पूर्णांक '0' तथा ऋण पूर्णांक $(I^-) = \{..., -3, -2, -1\}$ के सम्मिलित समुच्चय को पूर्णांकों का समुच्चय कहते हैं।

$$I = \{..., -3, -2, -1, 0, 1, 2, 3,...\}$$

परिमेय संख्याएँ (Rational Numbers)

वे सभी संख्याएँ जिन्हें p/q के रूप में व्यक्त किया जा सके, परिमेय संख्याएँ कहलाती हैं; जहाँ $q \neq 0$

$Q = \{p/q : p$ तथा q पूर्णांक हैं और $q \neq 0\}$

जैसे $7, -2, \frac{7}{5}, 0$ इत्यादि परिमेय संख्याएँ हैं।

अपरिमेय संख्याएँ (Irrational Numbers)

वे सभी संख्याएँ जिन्हें p/q के रूप में व्यक्त नहीं किया जा सकता, अपरिमेय संख्याएँ कहलाती हैं; जैसे $\sqrt{2}, \sqrt{3}, \sqrt{5}$ इत्यादि अपरिमेय संख्याएँ हैं।

- परिमेय तथा अपरिमेय संख्याओं का योग तथा अन्तर अपरिमेय होता है। **उदाहरण :** $3+\sqrt{5}$ एक अपरिमेय संख्या है।
- परिमेय तथा अपरिमेय संख्याओं का गुणनफल अपरिमेय संख्या होता है। **उदाहरण :** $3\sqrt{5}$ एक अपरिमेय संख्या है।

वास्तविक संख्याएँ (Real Numbers)

वास्तविक संख्याओं में परिमेय तथा अपरिमेय दोनों प्रकार की संख्याएँ आती हैं।

सम संख्याएँ (Even Numbers)

वे सभी प्राकृत संख्याएँ जो 2 से पूर्णतः विभाजित हो जाती हैं, सम संख्याएँ कहलाती हैं। **उदाहरण :** 2, 4, 6, 8, ... सम संख्याएँ हैं।

विषम संख्याएँ (Odd Numbers)

वे सभी प्राकृत संख्याएँ जो 2 से पूर्णतः विभाजित नहीं होती हैं, विषम संख्याएँ कहलाती हैं। **उदाहरण :** 1, 3, 5, 7, ... विषम संख्याएँ हैं।

अभाज्य संख्याएँ (Prime Numbers)

वे सभी संख्याएँ जो 1 तथा स्वयं के अतिरिक्त किसी अन्य संख्या से पूर्णतः विभाजित न हो, अभाज्य संख्याएँ कहलाती हैं। सबसे छोटी अभाज्य संख्या 2 है। **उदाहरण :** 2, 3, 5, 7, 11, ... सभी अभाज्य संख्याएँ हैं।

भाज्य संख्याएँ (Composite Numbers)

1 के अतिरिक्त वे सभी प्राकृत संख्याएँ जो अभाज्य नहीं है। सबसे छोटी भाज्य संख्या 4 है।

भाज्यता की जाँच (Test of Divisibility)

2 से भाज्य : यदि दी गई संख्या के इकाई के स्थान पर शून्य या सम संख्या हो, तो वह संख्या 2 से भाज्य होगी।

3 से भाज्य : यदि दी गई संख्या के सभी अंकों का योग 3 से विभाजित हो जाता है, तो वह संख्या 3 से भाज्य होगी।

4 से भाज्य : यदि दी गई संख्या के इकाई व दहाई के अंकों द्वारा बनी संख्या 4 से विभाजित है, तो वह संख्या 4 से विभाजित होगी।

5 से भाज्य : यदि दी गई संख्या के इकाई के स्थान पर शून्य या 5 हो, तो वह संख्या 5 से भाज्य होगी।

6 से भाज्य : यदि दी गई संख्या 2 तथा 3 से पूर्णतः विभाजित हो जाती है, तो वह संख्या 6 से भाज्य होगी।

8 से भाज्य : यदि दी गई संख्या के अन्तिम तीन अंकों द्वारा बनी संख्या 8 से विभाजित हो जाती है, तो वह संख्या 8 से भाज्य होगी।

9 से भाज्य : यदि दी गई संख्या के सभी अंकों का योग 9 से विभाजित हो जाता है, तो वह संख्या 9 से भाज्य होगी।

11 से भाज्य : यदि दी गई संख्या के विषम स्थानों के अंकों तथा सम स्थानों के अंकों के योग का अन्तर या तो शून्य है या 11 से विभाजित हो जाता है, तो वह संख्या 11 से भाज्य होगी।

उदाहरण : 3 के चार क्रमागत गुणज का योग 162 है। उनमें बड़ी संख्या क्या है?

हल : यदि संख्याएँ $x, x+3, x+6$ तथा $x+9$ हों, तो

$\therefore x + x + 3 + x + 6 + x + 9 = 162$

$\Rightarrow \quad 4x + 18 = 162 \Rightarrow x = \frac{162-18}{4} = 36$

अतः सबसे बड़ी संख्या $x + 9 = 36 + 9 = 45$.

भिन्न (Fraction)

वह संख्या जो p/q के रूप में व्यक्त हो तथा $q \neq 0$ हो, भिन्न कहलाती है। जहाँ p को भिन्न का अंश तथा q को भिन्न का हर कहते हैं। **उदाहरण :** 3/7 एक भिन्न है, जिसमें 3 भिन्न का अंश तथा 7 भिन्न का हर है।

भिन्न के प्रकार (Types of Fractions)

भिन्नों के प्रमुख प्रकार निम्नवत् हैं :

1. **दशमलव भिन्न (Decimal Fraction) :** वे भिन्न जिनके हर 10 या 10 की घात में हो, दशमलव भिन्न कहलाती हैं।

   उदाहरण : $\frac{3}{10}, \frac{9}{100}, \frac{13}{1000}$ आदि।

2. **उचित भिन्न (Proper Fraction) :** वे भिन्न जिनके अंश, हर से कम होते हैं, उचित भिन्न कहलाती हैं।

   उदाहरण : $\frac{3}{7}, \frac{4}{9}$ आदि।

3. **अनुचित भिन्न (Improper Fraction) :** वे भिन्न जिनके अंश, हर से अधिक होते हैं, अनुचित भिन्न कहलाती हैं।

भिन्नों की तुलना (Comparison of Fractions)

भिन्नों की तुलना करने में निम्न विधियों का प्रयोग करते हैं :

1. **भिन्नों को दशमलव रूप में परिवर्तित करके :** जब दो या दो से अधिक भिन्नों की तुलना करनी हो, तो उन्हें दशमलव रूप में परिवर्तित करके उनकी तुलना की जा सकती है।
2. **भिन्नों का हर समान करके :** दिए गए भिन्नों में सभी भिन्नों के हरों का ल.स. लेकर उनके हर समान कर लिए जाते हैं, फिर उनके अंशों की तुलना की जाती है। बड़े अंश वाली भिन्न बड़ी होती है।

महत्त्वपूर्ण तथ्य एवं सूत्र

- भाज्य = (भाजक × भागफल) + शेषफल
- शून्य न तो धन पूर्णांक है और न ही ऋण पूर्णांक।
- शून्य न तो सम संख्या है और न ही विषम संख्या है।
- 1 न तो अभाज्य संख्या है और न ही भाज्य।
- एकमात्र सम अभाज्य संख्या 2 है।
- 1 से 100 के मध्य केवल 25 अभाज्य संख्याएं हैं।
- प्रथम n प्राकृत संख्याओं का योग = $\frac{n(n+1)}{2}$
- प्रथम n सम प्राकृत संख्याओं का योग = $n(n + 1)$
- प्रथम n तक की सम प्राकृत संख्याओं का योग = $\frac{n}{2}\left(\frac{n}{2}+1\right)$
- प्रथम n विषम प्राकृत संख्याओं का योग = n^2

भिन्नों पर संक्रियाएँ

1. **भिन्नों का योग (Addition of Fractions)**

   (*i*) जब हर समान हो • $a\frac{b}{c}+d\frac{e}{c}=(a+d)+\frac{(b+e)}{c}$

   (*ii*) जब हर असमान हो

   • $a\frac{b}{c}+d\frac{e}{c}=a+d+\left(\frac{b\times f+c\times e}{c\times f}\right)$

   जैसे : (*i*) $2\frac{3}{2}+3\frac{5}{2}=(2+3)+\frac{(3+5)}{2}=5+\frac{8}{2}=5+4=9$

   (*ii*) $2\frac{3}{2}+4\frac{2}{3}=(2+4)+\frac{9+4}{6}=6+\frac{13}{6}=6\frac{13}{6}=8\frac{1}{6}$

2. **भिन्नों का अन्तर (Subtraction of Fractions)**

   (*i*) जब हर समान हो

   • $a\frac{b}{c}-d\frac{e}{c}=(a-d)+\left(\frac{b-e}{c}\right)$

   (*ii*) जब हर असमान हो

   • $a\frac{b}{c}-d\frac{e}{f}=a-d+\left(\frac{b\times f-c\times e}{c\times f}\right)$

   जैसे : (*i*) $5\frac{2}{3}-3\frac{1}{3}=(5-3)+\frac{(2-1)}{3}=2+\frac{1}{3}=2\frac{1}{3}$

   (*ii*) $4\frac{2}{3}-2\frac{1}{2}=(4-2)+\left(\frac{4-3}{6}\right)=2+\frac{1}{6}=2\frac{1}{6}$

3. **भिन्नों का गुणा (Multiplication of Fractions)**

   • $a\times b\frac{c}{d}=(a\times b)+\left(a\times\frac{c}{d}\right)$

   • $a\frac{b}{c}\times d\frac{e}{f}=\frac{(ac+b)(df+e)}{c\times f}$

   जैसे : (*i*) $3\times 2\frac{3}{4}=(3\times 2)+\left(3\times\frac{3}{4}\right)=6+\frac{9}{4}=6\frac{9}{4}$

   (*ii*) $1\frac{2}{3}\times 2\frac{3}{4}=\frac{(3\times 1+2)(4\times 2+3)}{3\times 4}=\frac{5\times 11}{12}=\frac{55}{12}$

4. **भिन्नों का भाग (Division of Fractions)**

   • $a\div\frac{b}{c}=\frac{ac}{b}$ • $\frac{a}{b}\div c=\frac{a}{bc}$ • $\frac{a}{b}\div\frac{c}{d}=\frac{ad}{bc}$

   जैसे : (*i*) $3\div\frac{4}{5}=\frac{15}{4}$ (*ii*) $\frac{3}{2}\div 4=\frac{3}{8}$ (*iii*) $\frac{2}{3}\div\frac{4}{5}=\frac{5}{6}$

- यदि $\frac{a}{b}$ तथा $\frac{c}{d}$ दो भिन्न हैं तथा $ad > bc$,

  तब, $\frac{a}{b}>\frac{c}{d}$
- यदि दिए गए भिन्नों के अंश व हर का अन्तर समान हो, तो सबसे बड़े अंश वाली भिन्न सबसे बड़ी तथा सबसे छोटे अंश वाली भिन्न सबसे छोटी होती है।

अभ्यास प्रश्न

1. निम्न में से कौन-सी संख्या अपरिमेय है?

A. $\frac{22}{7}$ B. π

C. 1.333... D. 3.14

2. निम्न में से कौन-सी संख्या परिमेय है?

A. $\sqrt{4}$ B. $\sqrt{3}$

C. $2+\sqrt{3}$ D. $5\sqrt{3}$

3. प्रथम 40 प्राकृत संख्याओं का योग कितना है?

A. 420 B. 840

C. 480 D. 820

4. 50 से 90 के बीच सभी अभाज्य संख्याओं का योग कितना है?

A. 485 B. 572

C. 722 D. 635

5. 5332624 निम्न में से किस संख्या से विभाजित होती है?

A. 4 B. 8

C. 11 D. इन सभी से

6. 100 तथा 200 के बीच आने वाले उन पूर्णांकों, जो 9 तथा 6 दोनों से विभाजित हों, की कुल संख्या होगी :

A. 5 B. 7

C. 6 D. 8

7. 3453426 निम्न में से किस संख्या से विभाजित हो जाती है?

A. 2 B. 3

C. 9 D. इन सभी से

8. $\left(1-\frac{1}{2}\right)\left(1-\frac{1}{3}\right)\left(1-\frac{1}{4}\right).....\left(1-\frac{1}{n}\right)$ का मान है :

A. $\frac{1}{n}$ B. $\frac{2}{n}$

C. $\frac{2(n-1)}{n}$ D. $\frac{2}{n(n+1)}$

9. प्रथम 68 तक की सम प्राकृत संख्याओं का योग कितना है?

A. 1180 B. 1170

C. 1190 D. 1160

10. चार अंकों की बड़ी से बड़ी तथा छोटी-से-छोटी संख्याओं का योग क्या होगा?

A. 10999 B. 1099

C. 10111 D. 111101

11. निम्नलिखित में से कौन-सा कथन असत्य है?

A. दो सम संख्याओं का योग सम संख्या होता है।

B. दो विषम संख्याओं का योग हमेशा सम संख्या होगा।

C. दो विषम संख्याओं का गुणनफल सदैव सम संख्या होगा।

D. सबसे छोटी प्राकृत संख्या 1 होती है।

12. तीन अंकों की बड़ी से बड़ी संख्या, जो 35 से पूर्णतः विभाजित हो, होगी?

A. 999 B. 990

C. 980 D. 995

13. $2\div\frac{1}{2}+\frac{1}{3}\div\frac{2}{3}+\frac{1}{3}\div 4=?$

A. $7\frac{3}{12}$ B. $12\frac{4}{7}$

C. $12\frac{3}{7}$ D. $4\frac{7}{12}$

14. $9-\left(1\frac{3}{4}+6\frac{2}{3}\right)$ का मान है :

A. $\frac{7}{12}$ B. $\frac{3}{5}$

C. 3 D. $\frac{13}{5}$

15. $\left(3\frac{2}{3}-3\frac{1}{6}\right)+\frac{16}{9}$ का मान है :

A. $\frac{22}{9}$ B. $\frac{20}{3}$

C. $2\frac{5}{18}$ D. $1\frac{5}{9}$

16. यदि $x+\frac{5}{6}+\frac{5}{7}+\frac{4}{9}=2\frac{125}{126}$ हो, तो x का मान है :

A. 1 B. 3

C. 1/9 D. 3/7

17. $\frac{1}{1+\frac{1}{2+\frac{1}{3}}}$ का मान है :

A. 3/7 B. 10/7

C. 7/10 D. 7/9

18. $3\frac{2}{5}+1\frac{3}{7}+1\frac{6}{35}$ का मान है :

A. 5 B. $7\frac{2}{7}$

C. $5\frac{11}{35}$ D. 6

19. निम्न भिन्नों में कौन-सी भिन्न सबसे बड़ी है?

$\frac{7}{12},\frac{11}{16},\frac{12}{17},\frac{13}{18},\frac{31}{36}$

A. $\frac{31}{36}$ B. $\frac{7}{12}$

C. $\frac{12}{17}$ D. $\frac{11}{16}$

20. निम्नलिखित भिन्नों में से कौन-सी सबसे छोटी है?

$\frac{9}{13},\frac{17}{26},\frac{28}{39},\frac{33}{52}$

A. $\frac{33}{52}$ B. $\frac{17}{26}$

C. $\frac{9}{13}$ D. $\frac{28}{39}$

उत्तरमाला

1	2	3	4	5	6	7	8	9	10
B	A	D	D	D	C	D	A	C	A
11	**12**	**13**	**14**	**15**	**16**	**17**	**18**	**19**	**20**
C	C	D	A	C	A	C	D	A	A

व्याख्यात्मक उत्तर

4. 50 तथा 90 के बीच अभाज्य संख्याएँ 53, 59, 61, 67, 71, 73, 79, 83 व 89 हैं।

= अभीष्ट योग

= 53 + 59 + 61 + 67 + 71 + 73 + 79 + 83 + 89 = 635

5. 5332624 के इकाई तथा दहाई के अंकों द्वारा बनी संख्या 4 से विभाजित होती है।

अतः संख्या 4 से विभाजित होती है तथा संख्या के इकाई, दहाई तथा सैकड़े से बनी संख्या 8 से विभाजित होती है।

अतः संख्या 8 से विभाजित होती है तथा संख्या के विषम स्थानों के अंकों का योग तथा सम स्थानों के अंकों का अन्तर = (5 + 3 + 6 + 4) – (3 + 2 + 2) = 11 है।

अतः संख्या 11 से विभाजित होती है।

7. 3453426 में इकाई का अंक सम संख्या है।

अतः संख्या 2 से विभाजित होती है तथा संख्या के अंकों का योग = 3 + 4 + 5 + 3 + 4 + 2 + 6 = 27, 3 तथा 9 से विभाजित होती है। अतः संख्या 3 तथा 9 से विभाजित होती है।

9. प्रथम n तक की सम प्राकृत संख्याओं का योग

$$\therefore \quad = \frac{n}{2}\left(\frac{n}{2}+1\right)$$

प्रथम 68 तक की सम प्राकृत संख्याओं का योग

$$= \frac{68}{2}\left(\frac{68}{2}+1\right)$$

$$= 34(34 + 1) = 34 \times 35$$

$$= 1190$$

10. चार अंकों की बड़ी से बड़ी संख्या = 9999

चार अंकों की छोटी से छोटी संख्या = 1000

अतः अभीष्ट योग = 9999 + 1000 = 10999

12. तीन अंकों की बड़ी से बड़ी संख्या = 999

$$35\overline{)999}\;(28$$
$$\begin{array}{r} 70 \\ \hline 299 \\ 280 \\ \hline 19 \end{array}$$

अतः तीन अंकों की सबसे बड़ी अभीष्ट संख्या

= 999 – 19

= 980.

16. $$x+\frac{5}{6}+\frac{5}{7}+\frac{4}{9} = 2\frac{125}{126}$$

$$x = \frac{377}{126}-\frac{5}{6}-\frac{5}{7}-\frac{4}{9}$$

$$x = \frac{377-105-90-56}{126}$$

$$= \frac{377-251}{126}=\frac{126}{126}=1$$

17. $$\frac{1}{1+\frac{1}{2+\frac{1}{3}}}=\frac{1}{1+\frac{1}{\frac{7}{3}}} = \frac{1}{1+\frac{3}{7}}=\frac{1}{\frac{7+3}{7}}=\frac{7}{10}$$

18. $$3\frac{2}{5}+1\frac{3}{7}+1\frac{6}{35} = \frac{17}{5}+\frac{10}{7}+\frac{41}{35}$$

$$= \frac{119+50+41}{35}$$

$$= \frac{210}{35}=6$$

19. प्रत्येक भिन्न के अंश तथा हर का अन्तर निकालने पर,

12 – 7 = 5

16 – 11 = 5

17 – 12 = 5

18 – 13 = 5

36 – 31 = 5

स्पष्ट है, कि भिन्न के अंश व हर का अन्तर समान है। अतः बड़े अंश वाली भिन्न बड़ी होगी।

$\therefore$ भिन्न $\frac{31}{36}$ सबसे बड़ी भिन्न है।

□□□□□

2

वर्ग तथा वर्गमूल (Square and Square Root)

वर्ग (Square)

जब किसी दी गई संख्या को उसी संख्या से गुणा की जाती है, तो प्राप्त गुणनफल दी गई संख्या का वर्ग कहलाता है।

उदाहरण : 7 का वर्ग $= 7^2 = 7 \times 7 = 49$

वर्गमूल (Square Root)

किसी दी गई संख्या का वर्गमूल वह संख्या है, जिसका वर्ग करने पर दी गई संख्या प्राप्त होती है। इसे चिन्ह $\sqrt{\ }$ द्वारा प्रदर्शित करते हैं।

उदाहरण : 16 का वर्गमूल $= \sqrt{16} = 4$

वर्गमूल ज्ञात करने की विधियाँ

वर्गमूल ज्ञात करने की निम्न दो विधियाँ हैं :

1. **गुणनखण्ड विधि :** यह विधि निम्न उदाहरण द्वारा समझी जा सकती है। **उदाहरण :** 900 का वर्गमूल क्या है?

हल :

2	900
2	450
3	225
3	75
5	25
5	5
	1

$\Rightarrow \quad 900 = 2 \times 2 \times 3 \times 3 \times 5 \times 5$

$\Rightarrow \quad \sqrt{900} = \sqrt{\underline{2 \times 2} \times \underline{3 \times 3} \times \underline{5 \times 5}}$

$= 2 \times 3 \times 5 = 30$

2. **भाग विधि :** यह विधि निम्न उदाहरण द्वारा समझी जा सकती है।

उदाहरण : 99856 का वर्गमूल ज्ञात करो।

हल :

```
        316
   3  | 9 98 56
      | 9
  ----|--------
  61  |   98
      |   61
  ----|--------
  626 |  3756
      |  3756
      |--------
      |    ×
```

अतः 99856 वर्गमूल 316 है।

एक (पूर्ण वर्ग) दशमलव संख्या का वर्गमूल ज्ञात करना

किसी दशमलव संख्या को परिमेय संख्या के रूप में बदले बिना भी हम इसका वर्गमूल ज्ञात कर सकते हैं। यह प्रक्रिया इस प्रकार की जाती है।

1. दशमलव संख्या के पूर्णांकीय भाग में सामान्य रीति से दण्ड खींचिए।
2. दशमलव भाग में प्रथम दशमलव स्थान से आरम्भ कर अंकों के प्रत्येक युग्म पर दण्ड लगाइए।
3. अब सामान्य विभाजन विधि से वर्गमूल निकालना आरम्भ कीजिए।
4. जैसे ही पूर्णांकीय भाग समाप्त हो, भागफल में दशमलव बिन्दु स्थापित कर दीजिए।
5. शून्य शेषफल प्राप्त होते ही प्रक्रिया रोक दीजिए। इस स्थिति में, भागफल ही संख्या का वर्गमूल है।

उदाहरण : 37.0881 का वर्गमूल विभाजन विधि से ज्ञात करें।

हल :

```
         6.09
   6   | 37.081
       | 36
  -----|--------
  120  |  108
       |    0
  -----|--------
  1209 | 10881
       | 10881
       |--------
       |     0
```

$\therefore \quad \sqrt{37.0881} = 6.09$

महत्वपूर्ण तथ्य एवं सूत्र

- यदि किसी पूर्ण वर्ग संख्या के इकाई के स्थान पर 1 हो, तो वर्गमूल में इकाई के स्थान पर 1 या 9; 4 हो, तो 2 या 8; 5 हो, तो 5; 6 हो, तो 4 या 6 तथा 9 हो, तो 3 या 7 होगा।
- सम संख्या का वर्गमूल सम संख्या तथा विषम संख्या का वर्गमूल विषम संख्या होता है।
- जिस संख्या के अन्त में इकाई का अंक 2, 3, 7 या 8 हो, तो वह संख्या पूर्ण वर्ग नहीं होगी।

कुछ महत्वपूर्ण वर्गमूल

(*i*) $\sqrt{2} = 1.414$ (*ii*) $\sqrt{3} = 1.732$

(*ii*) $\sqrt{5} = 2.236$ (*iv*) $\sqrt{6} = 2.449$

(*v*) $\sqrt{7} = 2.646$ (*vi*) $\sqrt{10} = 3.162$

- 4 अंकों की सबसे बड़ी पूर्ण वर्ग संख्या = 9801
- 5 अंकों की सबसे बड़ी पूर्ण वर्ग संख्या = 99856
- 6 अंकों की सबसे बड़ी पूर्ण वर्ग संख्या = 998001
- 4 अंकों की सबसे छोटी पूर्ण वर्ग संख्या = 1024
- 5 अंकों की सबसे छोटी पूर्ण वर्ग संख्या = 10000
- 6 अंकों की सबसे छोटी पूर्ण वर्ग संख्या = 100489
- यदि $\sqrt{\ }$ के अन्दर एक ही value बार-बार repeat करता है तो :

$\sqrt{a\sqrt{a\sqrt{a\sqrt{a}}}}\ ....n$ बार $= a^{\left(\frac{2^n-1}{2^n}\right)}$

जहाँ n = root की संख्या

- $\sqrt{a\sqrt{a\sqrt{a\sqrt{a}}}}\ ....\infty = 1$

  यदि $a = n(n+1)$

- $\sqrt{a+\sqrt{a+\sqrt{a+....\infty}}} = (n+1)$
- $\sqrt{a-\sqrt{a-\sqrt{a-....\infty}}} = n$
- $\sqrt{a\pm\sqrt{a\pm\sqrt{a\pm....\infty}}} = \frac{\sqrt{4a+1}\pm 1}{2}$

अभ्यास प्रश्न

1. यदि $\frac{x}{\sqrt{0.09}} = 12$ हो, तो x का मान क्या होगा?

A. 0.3 B. 3
C. 36 D. 3.6

2. $\sqrt{32}-\sqrt{128}+\sqrt{50}$ का मान क्या होगा?

A. 1.414 B. 4.141
C. 1.732 D. 2.000

3. $\sqrt{128}+\sqrt{160}-\sqrt{16}$ का मान क्या होगा?

A. 17.96 B. 16.66
C. 19.96 D. 18.86

4. $\sqrt{15612+\sqrt{154+\sqrt{225}}}$ बराबर है :

A. 135 B. 155
C. 105 D. 125

5. यदि $\sqrt{1+\frac{25}{144}} = 1+\frac{x}{12}$ हो, तो x का मान बराबर है :

A. 1 B. 2
C. 5 D. 9

6. यदि $\sqrt{x}+238 = 360$ का 4/5 हो, तो x का मान है :

A. 2500 B. 3025
C. 3600 D. 6400

7. यदि $\frac{\sqrt{32.4}}{\sqrt{x}} = 2$ हो, तो x का मान है :

A. 9 B. 0.9
C. 0.09 D. इनमें से कोई नहीं

8. $\sqrt{\frac{36.1}{102.4}}$ बराबर है :

A. $\frac{29}{32}$ B. $\frac{19}{72}$
C. $\frac{19}{32}$ D. $\frac{29}{62}$

9. $\sqrt{\frac{0.289}{0.00121}}$ बराबर है :

A. $\frac{170}{11}$ B. $\frac{17}{110}$
C. $\frac{17}{11}$ D. $\frac{0.17}{11}$

10. $\sqrt{\frac{0.081\times 0.484}{0.0064\times 6.25}}$ बराबर है :

A. 9 B. 0.9
C. 99 D. 0.99

11. यदि $\sqrt{75.24+x} = 8.71$ हो, तो x का मान है :

A. 0.6241 B. 6.241
C. 62.41 D. इनमें से कोई नहीं

12. $\left(\sqrt{72}-\sqrt{18}\right)\div\sqrt{12}$ का मान है :

A. $\sqrt{6}$ B. $\sqrt{\frac{5}{2}}$
C. $\sqrt{\frac{2}{3}}$ D. $\frac{\sqrt{6}}{2}$

13. $\frac{\sqrt{24}+\sqrt{216}}{\sqrt{96}} = ?$

A. $2\sqrt{6}$ B. 2
C. $6\sqrt{2}$ D. $\frac{2}{\sqrt{6}}$

14. $\sqrt{10+\sqrt{25+\sqrt{108+\sqrt{154+\sqrt{225}}}}}$ का मान है :

A. 10 B. 8
C. 6 D. 4

15. 294 को किस छोटी-से-छोटी संख्या से गुणा किया जाए, कि इस प्रकार प्राप्त संख्या एक पूर्ण वर्ग हो?

A. 2 B. 3
C. 6 D. 24

उत्तरमाला

1	2	3	4	5	6	7	8	9	10
D	A	C	D	A	A	D	C	A	D
11	**12**	**13**	**14**	**15**					
A	D	B	D	C					

व्याख्यात्मक उत्तर

1. $\frac{x}{\sqrt{0.09}} = 12$

$\Rightarrow \quad \frac{x}{0.3} = 12$

$\Rightarrow \quad x = 3.6$

2. $\sqrt{32} - \sqrt{128} + \sqrt{50}$

$= \sqrt{\underline{2\times2}\times\underline{2\times2}\times2}$
$-\sqrt{\underline{2\times2}\times\underline{2\times2}\times\underline{2\times2}\times2} + \sqrt{\underline{5\times5}\times2}$

$= 4\sqrt{2} - 8\sqrt{2} + 5\sqrt{2}$

$= 9\sqrt{2} - 8\sqrt{2} = \sqrt{2}$

$= 1.414$

3. $\sqrt{128} + \sqrt{160} - \sqrt{16}$

$= \sqrt{4\times4\times4\times2} + \sqrt{4\times4\times5\times2} - \sqrt{4\times4}$

$= 8\sqrt{2} + 4\sqrt{10} - 4$

$= 11.314 + 12.649 - 4 = 19.96$

4. $\sqrt{15612 + \sqrt{154 + \sqrt{225}}}$

$= \sqrt{15612 + \sqrt{154 + 15}}$

$= \sqrt{15612 + \sqrt{154 + 15}}$

$= \sqrt{15612 + \sqrt{169}}$

$= \sqrt{15612 + 13}$

$= \sqrt{15625} = 125$

5. $\sqrt{1 + \frac{25}{144}} = 1 + \frac{x}{12}$

$\Rightarrow \quad \sqrt{\frac{144+25}{144}} = 1 + \frac{x}{12}$

$\Rightarrow \quad \sqrt{\frac{169}{144}} = 1 + \frac{x}{12}$

$\Rightarrow \quad \frac{13}{12} - 1 = \frac{x}{12}$

$\Rightarrow \quad \frac{13-12}{12} = \frac{x}{12}$

$\Rightarrow \quad x = 1$

6. $\sqrt{x} + 238 = 360 \times \frac{4}{5}$

$\Rightarrow \sqrt{x} + 238 = 288$

$\Rightarrow \sqrt{x} = 50$

$\Rightarrow \quad x = 2500$

7. $\frac{\sqrt{32.4}}{\sqrt{x}} = 2$

$\Rightarrow \quad \frac{32.4}{x} = 4$

$\Rightarrow \quad x = \frac{32.4}{4} = 8.1$

9. $\sqrt{\frac{0.289}{0.00121}} = \sqrt{\frac{289\times100}{121}}$

$= \frac{17\times10}{11} = \frac{170}{11}$

10. $\sqrt{\frac{0.081\times0.484}{0.0064\times6.25}} = \sqrt{\frac{81\times484}{64\times625}}$

$= \frac{9\times22}{8\times25} = \frac{198}{200} = 0.99$

11. $\sqrt{75.24 + x} = 8.71$

$\Rightarrow 75.24 + x = 75.8641$

$\Rightarrow \quad x = 75.8641 - 75.24$

$\Rightarrow \quad x = 0.6241$

13. $\frac{\sqrt{24} + \sqrt{216}}{\sqrt{96}} = \frac{\sqrt{6\times4} + \sqrt{6\times6\times6}}{\sqrt{16\times6}}$

$= \frac{2\sqrt{6} + 6\sqrt{6}}{4\sqrt{6}}$

$= \frac{8\sqrt{6}}{4\sqrt{6}} = 2$

❑❑❑❑❑

3

घन तथा घनमूल (Cube and Cube Root)

घन (Cube)

किसी संख्या को उसके वर्ग से गुणा करने पर जो गुणनफल प्राप्त होता है, उसे उस संख्या का घन कहते हैं।

उदाहरण : 5 का घन $= 5^3 = 5 \times 5^2 = 125$

घनमूल (Cube Root)

किसी संख्या a का घनमूल b होगा, यदि $a = b^3$ घनमूल को $\sqrt[3]{\ }$ से प्रदर्शित करते हैं।

अतः $\sqrt[3]{a} = b$

किसी दी गई संख्या का घनमूल ज्ञात करने के लिए अभाज्य गुणनखण्ड विधि का प्रयोग करते हैं। इसमें पहले दी गई संख्या के अभाज्य गुणनखण्ड ज्ञात करते हैं।

अब, इन गुण्नखण्डों के तीन-तीन के युग्म बनाते हैं। घनमूल के लिए इन तीन-तीन के युग्म में से एक गुणनखण्ड लेते हैं।

इनको गुणा करने पर प्राप्त गुणनफल दी गई संख्या का घनमूल होता है।

उदाहरण : $\sqrt[3]{64} = \sqrt[3]{4 \times 4 \times 4} = 4$

दशमलव संख्याओं का घनमूल ज्ञात करना

दशमलव में दी हुई संख्या का घनमूल निकालने के लिए निम्नलिखित चरणों का पालन करेंगे।

(*i*) सर्वप्रथम संख्या को भिन्न के रूप में इस प्रकार व्यक्त करते हैं, कि दशमलव के बाद जितने अंक होते हैं, अंक 1 के आगे उतने ही शून्य लगाकर उसे हर के रूप में प्रकट कर सकें तथा शेष पूर्णांक संख्या को अंश के रूप में व्यक्त कर सकें।

जैसे :

$$0.000216 = \frac{216\ (\text{अंश})}{1000000\ (\text{हर})}$$

(*ii*) तत्पश्चात् अंश और हर के गुणनखण्ड करते हैं

$$\frac{216}{1000000} = \frac{2 \times 2 \times 2 \times 3 \times 3 \times 3}{10 \times 10 \times 10 \times 10 \times 10 \times 10}$$

(*iii*) गुणनखण्डों में 3-3 के समूह बनाते हैं :

$$\frac{\underline{2 \times 2 \times 2} \times \underline{3 \times 3 \times 3}}{\underline{10 \times 10 \times 10} \times \underline{10 \times 10 \times 10}}$$

(*iv*) अन्त में प्रत्येक समूह (ऊपर-नीचे) को गुणा करके गुणनफल में अन्त से उतने ही अंक बाद दशमलव लगा देते हैं, नीचे जितनी शून्य होती हैं,

$$= \frac{2 \times 3}{10 \times 10} = \frac{6}{100} = 0.06$$

महत्वपूर्ण तथ्य एवं सूत्र

- यदि a तथा b दो अशून्य घन संख्याएँ हों, तो

1. $\sqrt[3]{a.b} = \sqrt[3]{a}\,.\sqrt[3]{b}$ **2.** $\sqrt[3]{\frac{a}{b}} = \frac{\sqrt[3]{a}}{\sqrt[3]{b}}$

कुछ महत्वपूर्ण संख्याओं के घन

$(2)^3 = 8$	$(3)^3 = 27$
$(4)^3 = 64$	$(5)^3 = 125$
$(6)^3 = 216$	$(7)^3 = 343$
$(8)^3 = 512$	$(9)^3 = 729$
$(10)^3 = 1000$	$(11)^3 = 1331$
$(12)^3 = 1728$	$(13)^3 = 2197$
$(14)^3 = 2744$	$(15)^3 = 3375$

कुछ महत्वपूर्ण संख्याओं के घनमूल

$\sqrt[3]{8} = 2$	$\sqrt[3]{27} = 3$
$\sqrt[3]{64} = 4$	$\sqrt[3]{125} = 5$
$\sqrt[3]{216} = 6$	$\sqrt[3]{343} = 7$
$\sqrt[3]{512} = 8$	$\sqrt[3]{729} = 9$
$\sqrt[3]{1000} = 10$	$\sqrt[3]{1331} = 11$
$\sqrt[3]{1728} = 12$	$\sqrt[3]{2197} = 13$
$\sqrt[3]{2744} = 14$	$\sqrt[3]{3375} = 15$

अभ्यास प्रश्न

1. 972 को किस छोटी-से-छोटी संख्या से गुणा किया जाए, कि गुणनफल पूर्ण घन हो?

A. 5 B. 6
C. 7 D. 8

2. 4 अंकों की बड़ी-से-बड़ी संख्या जो पूर्ण घन हो, होगी :

A. 9999 B. 9261
C. 8000 D. इनमें से कोई नहीं

3. $\sqrt[3]{\sqrt{0.000729}}$ का मान है :

A. 0.03 B. 0.3
C. 3 D. इनमें से कोई नहीं

4. $\sqrt[3]{5\frac{104}{125}}$ का मान है :

A. $1\frac{3}{5}$ B. $1\frac{2}{5}$
C. $1\frac{4}{5}$ D. $2\frac{2}{5}$

5. 0.000001 का घनमूल होगा :

A. 0.1 B. 0.01
C. 0.001 D. 0.0001

6. 2744 का घनमूल ज्ञात करो :

A. 16 B. 14
C. 18 D. 12

7. 5832 का घनमूल क्या है?

A. 18 B. 16
C. 14 D. 22

8. $2\sqrt[3]{32}-3\sqrt[3]{4}+\sqrt[3]{500}$ बराबर है :

A. $4\sqrt[3]{6}$ B. $3\sqrt{24}$
C. $6\sqrt[3]{4}$ D. $\frac{9}{6}$

9. $\frac{\sqrt[3]{8}}{16} \div \sqrt{\frac{100}{49}} \times \sqrt[3]{125}$ बराबर है :

A. $\frac{7}{4}$ B. $\frac{3}{4}$
C. – 2 D. 1

10. $\sqrt[3]{216^{-3} \div (343)^{-2}}$ का मान है :

A. $\frac{36}{156}$ B. $\frac{17}{54}$
C. $\frac{49}{216}$ D. $\frac{49}{412}$

उत्तरमाला

1	2	3	4	5	6	7	8	9	10
B	B	B	C	B	B	A	C	A	C

व्याख्यात्मक उत्तर

1. ∵ $972 = 6 \times 6 \times 3 \times 3 \times 3$

उपरोक्त से स्पष्ट है, कि यदि 972 को 6 से गुणा किया जाए, तो गुणनफल पूर्ण घन होगा।

3. $\sqrt[3]{\sqrt{0.000729}} = \sqrt[3]{0.027} = 0.3$

4. $\sqrt[3]{5\frac{104}{125}} = \sqrt[3]{\frac{729}{125}} = \frac{9}{5} = 1\frac{4}{5}$

5. $\sqrt[3]{0.000001} = \sqrt[3]{\frac{1}{1000000}}$

$= \sqrt[3]{\frac{1}{100 \times 100 \times 100}} = \frac{1}{100} = 0.01$

6. $\sqrt[3]{2744} = \sqrt[3]{\underline{2 \times 2 \times 2} \times \underline{7 \times 7 \times 7}} = 2 \times 7 = 14.$

7. $\sqrt[3]{5832} = \sqrt[3]{\underline{2 \times 2 \times 2} \times \underline{9 \times 9 \times 9}}$

$= 2 \times 9 = 18$

8. $2\sqrt[3]{32} - 3\sqrt[3]{4} + \sqrt[3]{500}$

$= 4\sqrt[3]{4} - 3\sqrt[3]{4} + 5\sqrt[3]{4} = 6\sqrt[3]{4}$

9. $\frac{\sqrt[3]{8}}{\sqrt{16}} \div \sqrt{\frac{100}{49}} \times \sqrt[3]{125} = \frac{2}{4} \times \frac{7}{10} \times 5 = \frac{7}{4}$

10. $\sqrt[3]{(216)^{-3} \div (343)^{-2}} = \sqrt[3]{(6^3)^{-3} \times \frac{1}{(7^3)^{-2}}}$

$= \sqrt[3]{6^{-9} \times (7^3)^2}$

$= \frac{7^2}{6^3} = \frac{49}{216}$

□□□□□

4

घातांक, करणी और सरलीकरण
(Indices, Surds and Simplification)

घातांक (Indices)

यदि $a \times a \times a \times .... \times m$ बार को a^m लिखा जाए, तो इसे a की घात m पढ़ा जाता है। a को आधार तथा m को घातांक कहते हैं।

घातांक के नियम (Rules of Indices)

माना a तथा b दो वास्तविक संख्याएँ हैं तथा m और n दो धन पूर्णांक हैं, तब

(i) $a^m \times a^n = a^{m+n}$ (ii) $\frac{a^m}{a^n} = a^{m-n}$

(iii) $(a^m)^n = a^{m \times n}$ (iv) $a^{-m} = \frac{1}{a^m}$

(v) $(ab)^m = a^m b^m$ (vi) $\left(\frac{a}{b}\right)^m = \frac{a^m}{b^m}$

(vii) $a^0 = 1$

करणी (Surds)

यदि किसी संख्या के मूल का निश्चित मान ज्ञात नहीं किया जा सकता हो, तो उस मूल को करणी कहते हैं।

उदाहरण : $\sqrt{3}, \sqrt[3]{4}, \sqrt[3]{6}$ आदि।

करणी के नियम (Rules of Surds)

माना a एक परिमेय संख्या है तथा m और n दो धन पूर्णांक हैं, तब

(i) $\left(\sqrt[n]{a}\right)^n = a$ (ii) $\sqrt[m]{ab} = \sqrt[m]{a} \cdot \sqrt[m]{b}$

(iii) $\sqrt[m]{\frac{a}{b}} = \frac{\sqrt[m]{a}}{\sqrt[m]{b}}$ (iv) $\left(\sqrt[m]{a}\right)^n = \sqrt[m]{a^n}$

(v) $\sqrt[m]{\sqrt[n]{a}} = \sqrt[mn]{a}$

सरलीकरण (Simplification)

सरलीकरण के अन्तर्गत दिए गए व्यंजकों में गणितीय संक्रियाओं; जैसे– जोड़ घटाव, गुणा, भाग, ... आदि का जब एक-साथ अथवा कुछ चिह्नों के साथ प्रयोग किया जाता है तब, हम BODMAS क्रम का पालन कर क्रियाओं को सम्पन्न करते हैं।

BODMAS क्रम में सर्वप्रथम कोष्ठकों (Bracket) की क्रियाओं को ध्यान में रखते हैं, (यदि कोष्ठक दिए हों) जो Vi Ci Cu Sq के अनुरूप होती हैं। कोष्ठकों के बाद 'का' (of) की क्रिया, फिर 'भाग' (÷) की क्रिया, फिर गुणा (×) की क्रिया, फिर जोड़ (+) की क्रिया तथा अन्त में घटाव (–) की क्रिया को सम्पन्न करते हैं।

दोनों क्रमों का संक्षिप्त रूप इस प्रकार है :

B → कोष्ठक (Bracket)
 Vi (रेखा कोष्ठक), Ci (छोटा कोष्ठक),
 Cu (मंझला कोष्ठक), Sq (बड़ा कोष्ठक)

O → का (Of)

D → भाग (Division)

M → गुणा (Multiplication)

A → योग (Addition)

S → अन्तर (Subtraction)

उपरोक्त क्रम के अलावा व्यंजकों के सरलीकरण में विभिन्न बीजगणितीय सूत्रों का भी प्रयोग किया जाता है।

महत्वपूर्ण तथ्य एवं सूत्र

- किसी द्विपद द्विघात करणी तथा उसके संयुग्मी का गुणनफल सदैव एक परिमेय संख्या होती है।
- किसी द्विपद द्विघात करणी का परिमेयकारी गुणक, उस करणी का संयुग्मी होता है अर्थात $\sqrt{a} + \sqrt{b}$ का परिमेयकारी गुणक $\sqrt{a} - \sqrt{b}$ होता है।
- सरलीकरण के अन्तर्गत व्यंजक में यदि तीनों कोष्ठक दिए हैं, तो सर्वप्रथम छोटा कोष्ठक (Circular Bracket) उसके बाद मंझला कोष्ठक (Curly Bracket), तत्पश्चात् बड़ा कोष्ठक (Square Bracket) खोलने की संक्रिया करते हैं।
- किसी संक्रिया या कोष्ठक की अनुपस्थिति में उनके क्रम में परिवर्तन नहीं होता।
- $a^2 - b^2 = (a + b)(a - b)$

- $(a+b)^2 = a^2 + 2ab + b^2$
- $(a-b)^2 = a^2 - 2ab + b^2$
- $(a+b)^3 = a^3 + b^3 + 3ab(a+b)$
- $(a-b)^3 = a^3 - b^3 - 3ab(a-b)$
- $a^3 + b^3 = (a+b)(a^2 - ab + b^2)$
- $a^3 - b^3 = (a-b)(a^2 + ab + b^2)$
- $(a+b+c)^2 = a^2 + b^2 + c^2 + 2ab + 2bc + 2ca$
- $a^2 + b^3 + c^3 - 3abc$
  $= (a+b+c)(a^2 + b^2 + c^2 - ab - bc - ca)$
- यदि $a + b + c = 0$ हो, तो
  $a^3 + b^3 + c^3 = 3abc$
- $(a+b)^2 = (a-b)^2 + 4ab$

अभ्यास प्रश्न

1. $\left(-\frac{1}{512}\right)^{-2/3}$ का मान है :

A. $-\frac{1}{64}$ B. $\frac{1}{64}$
C. -64 D. 64

2. यदि $(27)^{1/3} \times (81)^{-1/2} = 3^n$ हो, तो n का मान है :

A. -1 B. 0
C. 27 D. 81

3. $\frac{2^{\frac{2}{3}} \times \sqrt[3]{2^7}}{\sqrt[3]{2^6}} = ?$

A. 0 B. 2
C. 1 D. 4

4. $\frac{2^{n+4} - 2 \cdot 2^n}{2 \cdot 2^{n+3}} + 2^{-3}$ का मान है :

A. 2^{n+1} B. $-2^{n+1} + \frac{1}{8}$
C. $\frac{9}{8} - 2^n$ D. 1

5. यदि $\frac{9^n \times 3^5 \times (27)^3}{3 \times (81)^4} = 27$ हो, तो n बराबर है :

A. 0 B. 2
C. 3 D. 4

6. $\sqrt{5 + \sqrt[3]{x}} = 3$ हो, तो x का मान है :

A. 125 B. 64
C. 27 D. 9

7. यदि $a^x = b^y = c^z$ तथा $b^2 = ac$ हो, तो y बराबर है :

A. $\frac{xz}{x+z}$ B. $\frac{xz}{2(x-z)}$
C. $\frac{xz}{2(z-x)}$ D. $\frac{2xz}{x+z}$

8. $\frac{3^{n+2} - 3^n}{3^{n+1} + 3^n}$ का मान, जहाँ n एक वास्तविक संख्या है, हैं :

A. 2 B. 3
C. 4 D. 0

9. यदि $4^x - 4^{x-1} = 24$ हो, तो $(2x)^x$ का मान है :

A. 25 B. 125
C. $\sqrt{5}$ D. $25\sqrt{5}$

10. $\sqrt{\frac{x}{0.0064}} = \sqrt[3]{0.008}$ में x का मान है :

A. 0.256 B. 0.0256
C. 0.000256 D. 0.00256

11. $\frac{\left(x+\frac{1}{y}\right)^a \left(x-\frac{1}{y}\right)^b}{\left(y+\frac{1}{x}\right)^a \left(y-\frac{1}{x}\right)^b}$ बराबर है :

A. $\left(\frac{x}{y}\right)^{(a+b)}$ B. $\left(\frac{y}{x}\right)^{(a+b)}$
C. $(xy)^{a+b}$ D. $\frac{x^a}{y^b}$

12. $[x^{(b-c)}]^{.(b+c)} . [x^{(c-a)}]^{.(c+a)} . [x^{(a-b)}]^{(a+b)})$ बराबर है :

A. 0 B. x^{abc}
C. 1 D. x^{a+b+c}

13. $\left(\frac{x^a}{x^b}\right)^{1/ab} \times \left(\frac{x^b}{x^c}\right)^{1/bc} \times \left(\frac{x^c}{x^a}\right)^{1/ca} = ?$

A. 1 B. $x^{1/abc}$
C. $x^{1/(ab+bc+ca)}$ D. इनमें से कोई नहीं

14. $\left(\frac{x^b}{x^c}\right)^{(b+c-a)} \times \left(\frac{x^c}{x^a}\right)^{(c+a-b)} \times \left(\frac{x^a}{x^b}\right)^{(a+b-c)} = ?$

A. x^{abc} B. x^{a+b+c}
C. $x^{ab+bc+ca}$ D. 1

15. $\frac{1}{1 + x^{(b-a)} + x^{(c-a)}} + \frac{1}{1 + x^{(a-b)} + x^{(c-b)}}$
$+ \frac{1}{1 + x^{(b-c)} + x^{(a-c)}} = ?$

A. x^{a-b-c} B. 1
C. 0 D. 3

उत्तरमाला

1	2	3	4	5	6	7	8	9	10
D	A	B	D	C	B	D	A	D	C
11	**12**	**13**	**14**	**15**					
A	C	A	D	B					

व्याख्यात्मक उत्तर

1. $\left(-\frac{1}{512}\right)^{-2/3} = (-512)^{2/3} = (-8^3)^{2/3} = (-8)^2 = 64$

2. $(27)^{1/3} \times (81)^{-1/2} = 3^n$

$\Rightarrow (3^3)^{1/3} \times (3^4)^{-1/2} = 3^n$

$\Rightarrow 3 \times 3^{-2} = 3^n$

$\Rightarrow 3^{-1} = 3^n$

$\Rightarrow n = -1$

3. $\frac{2^{\frac{2}{3}} \times \sqrt[3]{2^7}}{\sqrt[3]{2^6}} = \frac{2^{\frac{2}{3}} \times 2^{\frac{7}{3}}}{2^{\frac{6}{3}}} = 2^{\left(\frac{2}{3}+\frac{7}{3}-\frac{6}{3}\right)} = 2^{\left(\frac{2+7-6}{3}\right)}$

$= 2^{\frac{3}{3}} = 2^1 = 2$

4. $\frac{2^{n+4} - 2.2^n}{2 \cdot 2^{n+3}} + 2^{-3} = \frac{2^n \cdot 2^4 - 2.2^n}{2 \cdot 2^n \cdot 2^3} + \frac{1}{2^3}$

$= \frac{2^n(16-2)}{2^n(16)} + \frac{1}{8}$

$= \frac{14}{16} + \frac{1}{8} = \frac{14+2}{16} = \frac{16}{16} = 1$

5. $\frac{(3^2)^n \times 3^5 \times (3^3)^3}{3 \times (3^4)^4} = 3^3$

$\Rightarrow \frac{3^{2n} \times 3^5 \times 3^9}{3 \times 3^{16}} = 3^3$

$\Rightarrow 3^{2n+5+9-1-16} = 3^3$

$\Rightarrow 2n - 3 = 3 \Rightarrow n = 3$

6. $\sqrt{5 + \sqrt[3]{x}} = 3$

$\Rightarrow 5 + \sqrt[3]{x} = 9$

$\Rightarrow \sqrt[3]{x} = 4 \Rightarrow x = 64$

7. माना $a^x = b^y = c^z = k$

$\Rightarrow a = k^{1/x},\ b = k^{1/y}$

तथा $c = k^{1/2}$ तथा $b^2 = ac$

$\Rightarrow k^{2/y} = k^{1/x} . k^{1/z}$

$\Rightarrow k^{2/y} = k^{1/x + 1/z}$

$\Rightarrow \frac{2}{y} = \frac{1}{x} + \frac{1}{z}$

$\Rightarrow \frac{2}{y} = \frac{z+x}{xz} \Rightarrow y = \frac{2xz}{x+z}$

8. $\frac{3^{n+2} - 3^n}{3^{n+1} + 3^n} = \frac{3^n.9 - 3^n}{3^n.3 + 3^n} = \frac{9-1}{3+1} = \frac{8}{4} = 2$

9. $4^x - 4^{x-1} = 24$

$\Rightarrow 4^x - 4^x . 4^{-1} = 24$

$\Rightarrow 4^x\left(1 - \frac{1}{4}\right) = 24$

$\Rightarrow 4^x\left(\frac{3}{4}\right) = 24$

$\Rightarrow 4^x = \frac{24 \times 4}{3}$

$\Rightarrow 4^x = 2^5$

$\Rightarrow 2^{2x} = 2^5$

$\Rightarrow 2x = 5$

$\Rightarrow x = \frac{5}{2}$

अब, $(2x)^x = (5)^{5/2} = 25\sqrt{5}$

13. $\left(\frac{x^a}{x^b}\right)^{1/ab} \times \left(\frac{x^b}{x^c}\right)^{1/bc} \times \left(\frac{x^c}{x^a}\right)^{1/ac}$

$= \left(\frac{x^{a/ab}}{x^{b/ab}}\right) \times \left(\frac{x^{b/bc}}{x^{c/bc}}\right) \times \left(\frac{x^{c/ac}}{x^{a/ac}}\right)$

$= \left(\frac{x^{\frac{1}{b}}}{x^{\frac{1}{a}}}\right) \times \left(\frac{x^{\frac{1}{c}}}{x^{\frac{1}{b}}}\right) \times \left(\frac{x^{\frac{1}{a}}}{x^{\frac{1}{c}}}\right)$

$= x^{\frac{1}{b}-\frac{1}{a}} \times x^{\frac{1}{c}-\frac{1}{b}} \times x^{\frac{1}{a}-\frac{1}{c}}$

$= x^{\frac{1}{b}-\frac{1}{a}+\frac{1}{c}-\frac{1}{b}+\frac{1}{a}-\frac{1}{c}} = x^0 = 1.$

❑❑❑❑❑

5

सीधा अनुपात, विलोमानुपात और मिश्र अनुपात
(Direct, Indirect and Chain Rule)

सीधा अनुपात (Direct Proportion)

यदि दो राशियाँ इस प्रकार हों कि एक राशि के घटने (या बढ़ने) पर दूसरी राशि भी उसी अनुपात में घटे (या बढ़े), तो ये राशियाँ सीधे अनुपात में कहलाती हैं।

विलोमानुपात (Indirect Proportion)

यदि दो राशियाँ इस प्रकार हों कि एक राशि को घटाने से दूसरी राशि बढ़े या एक को बढ़ाने से दूसरी घटे, तो ये राशियाँ विलोमानुपात में कहलाती हैं।

यूँ तो Chain Rule से संबंधित सभी प्रश्नों को Repeated use of Rule Three से हल किया जा सकता है, लेकिन इस नियम के अनुप्रयोग में समय अपेक्षाकृत अधिक लगता है। अतः ऐसे प्रश्नों को सूत्रों से हल करना अधिक सुविधाजनक होता है।

मिश्र समानुपात (Chain Rule)

जब तीन समानुपात दिए गये हों तो चौथा समानुपात ज्ञात करना साधारण समानुपात (Simple Proportion) या "Rule of Three" कहलाता है। "Rule of three" का बार-बार प्रयोग (Repeated Use) मिश्र समानुपात (Chain Rule) कहलाता है।

दूसरे शब्दों में, यदि चार राशियाँ समानुपाती हों तथा इनमें से तीन राशियाँ ज्ञात हों, तो चौथी राशि को x मानकर समानुपात के गुण का प्रयोग करके इसका मान ज्ञात करते हैं।

$$(a : b) : : (c : x) \Rightarrow ax = bc \Rightarrow x = \frac{bc}{a}$$

METHOD–1

यदि m_1 आदमी किसी काम को d_1 दिनों में समाप्त करें तथा m_2 आदमी उसी काम को d_2 दिनों में समाप्त करें तो $m_1d_1 = m_2d_2$

उदाहरण : यदि 36 आदमी किसी काम को 25 दिनों में पूरा कर सकते हों, तो उसी काम को 15 आदमी कितने दिनों में पूरा करेंगे?

हलः $m_1d_1 = m_2d_2$

$$36 \times 25 = 15 \times d_2$$

$$\therefore \quad d_2 = \frac{36 \times 25}{15} = 60 \text{ दिन}$$

अतः 15 आदमी इस काम को 60 दिनों में समाप्त करेंगे।

METHOD–2

यदि m_1 व्यक्ति h_1 घंटे प्रतिदिन काम करके d_1 दिनों में किसी काम को समाप्त करें और उसी काम को m_2 व्यक्ति h_2 घंटे प्रतिदिन करके d_2 दिनों में समाप्त करें तो

$$m_1h_1d_1 = m_2h_2d_2$$

उदाहरण : 40 आदमी 5 घंटे प्रतिदिन काम करके किसी काम को 21 दिनों में समाप्त करते हैं। उसी काम को 15 आदमी 8 घंटे प्रतिदिन काम करके कितने दिनों में समाप्त करेंगे?

हलः $40 \times 5 \times 21 = 15 \times 8 \times d_2$

$$\therefore \quad d_2 = \frac{40 \times 5 \times 21}{15 \times 8} = 35$$

अतः 15 आदमी 8 घंटे प्रतिदिन करके 35 दिनों में समाप्त करेंगे।

METHOD–3

यदि m_1 मजदूरों के d_1 दिनों की मजदूरी R_1 हो और m_2 मजदूरों के d_2 दिनों की मजदूरी R_2 हो तो,

$$\frac{m_1d_1}{R_1} = \frac{m_2d_2}{R_2}$$

उदाहरण : 10 मजदूरों की 15 दिनों की मजदूरी ₹ 1800 है। 12 मजदूरों की 8 दिनों की मजदूरी कितनी होगी?

हलः

$$\frac{10 \times 15}{1800} = \frac{12 \times 8}{R_2}$$

$$\Rightarrow \quad R_2 = \frac{1800 \times 12 \times 8}{10 \times 15} = ₹\ 1152$$

अतः अभीष्ट मजदूरी = ₹ 1152

METHOD–4

यदि m_1 व्यक्ति d_1 दिनों में W_1 काम करें और m_2 व्यक्ति d_2 दिनों में W_2 काम करें तो,

$$\frac{m_1 d_1}{W_1} = \frac{m_2 d_2}{W_2}$$

उदाहरण : 14 मजदूर 1176 किताबें 7 दिनों में तैयार करते हैं, तो 1200 किताबें 5 दिनों में तैयार करने के लिए कितने और मजदूरों की आवश्यकता होगी?

हलः

$$\frac{14 \times 7}{1176} = \frac{m_2 \times 5}{1200}$$

$$\Rightarrow \quad m_2 = \frac{14 \times 7 \times 1200}{5 \times 1176} = 20$$

$\therefore$ मजदूरों की अतिरिक्त संख्या = 20 – 14 = 6

METHOD–5

$$\text{शेष खाद्य सामग्री} = \frac{m_1(d_1 - d_2)}{m_1 \pm m_2}$$

उदाहरणः किसी किले में 800 व्यक्तियों के लिए 50 दिनों की खाद्य सामग्री थी। परन्तु 20 दिन के बाद 200 व्यक्ति और आ गये। अब शेष खाद्य सामग्री कितने दिनों के लिए पर्याप्त होगी?

हलः

$$\frac{m_1(d_1 - d_2)}{m_1 + m_2} = \frac{800(50-20)}{800+200}$$

$$= \frac{800 \times 30}{1000} = 24 \text{ दिन}$$

METHOD–6

$$\text{शेष कार्य} = \frac{m_1(d_1 - d_2)}{m_1 \pm m_2}$$

उदाहरणः 90 व्यक्तियों ने किसी कार्य को पूरा करने के लिए 45 दिन का ठेका लिया। परन्तु किसी कारणवश 24 दिन के बाद 20 व्यक्ति बाहर चले गये तो शेष कार्य कितने दिनों में समाप्त होगा?

हलः $\text{शेष कार्य} = \frac{90(45-24)}{90-20} = \frac{90 \times 21}{70} = 27$ दिन

अतः शेष काम 27 दिनों में पूरा होगा।

अभ्यास प्रश्न

1. यदि 4.5 मीटर लम्बी लोहे की एक समांग छड़ का भार 17.1 किग्रा. हो, तो इसी प्रकार की 12 मीटर लम्बी छड़ का भार क्या होगा?

A. 48 किग्रा. B. 52 किग्रा.
C. 45.6 किग्रा. D. 47 किग्रा.

2. एक मानचित्र में यदि 0.8 सेमी., 8.8 किमी. वास्तविक दूरी को प्रदर्शित करे, तो 80.5 सेमी. कितनी वास्तविक दूरी को व्यक्त करेगा?

A. 820 किमी. B. 885.5 किमी.
C. 845 किमी. D. इनमें से कोई नहीं

3. किसी समय झन्डे में लगी 17.5 मीटर ऊँची छड़ की परछाई 40.25 मीटर है, उसी समय 28.75 मीटर लम्बी परछाई कितनी ऊँची इमारत की होगी?

A. 15.5 मीटर B. 12.5 मीटर
C. 16.5 मीटर D. 14.5 मीटर

4. यदि 5 व्यक्ति एक खाई 1 घण्टे में खोद सकें, तो 12 व्यक्ति ऐसी ही खाई खोदने में कितना समय लेंगे?

A. 15 मिनट B. 25 मिनट
C. 18 मिनट D. 35 मिनट

5. कुछ व्यक्ति एक कार्य को 40 दिन में समाप्त कर सकते है। यदि 8 व्यक्ति और होते तो यह कार्य 10 दिन कम में समाप्त हो जाता। आरम्भ में कितने व्यक्ति थे?

A. 20 B. 22
C. 24 D. 23

6. एक किले में 40 व्यक्तियों के लिए 12 दिन का राशन है। यही राशन 30 व्यक्तियों के लिए कितने दिन के लिए पर्याप्त होगा?

A. 8 दिन B. 12 दिन
C. 16 दिन D. 18 दिन

7. एक किले में 500 सैनिकों के लिए 24 दिन का भोजन था। 300 सैनिक और आ जाने पर यह भोजन कितने दिन चलेगा?

A. 15 दिन B. 14 दिन
C. 16 दिन D. 17 दिन

8. यदि 10 व्यक्ति 60 घरों में रंग रोगन 120 दिन में करें, तो 5 व्यक्ति 30 घरों का रंग रोगन कितने दिन में करेंगे?

A. 85 दिन B. 80 दिन
C. 90 दिन D. 120 दिन

9. यदि 6 मजदूरों का 15 दिन का वेतन ₹ 700 हो, तो 9 मजदूरों का 12 दिन का वेतन कितना होगा?

A. ₹ 790 B. ₹ 840
C. ₹ 830 D. ₹ 850

10. यदि 39 मजदूर 5 घण्टे प्रतिदिन कार्य करके एक सड़क की मरम्मत 12 दिन में कर सकें, तो 30 मजदूर 6 घण्टे प्रतिदिन कार्य करके इस सड़क की मरम्मत कितने दिनों में पूरी कर सकेंगे?

A. 12 दिन B. 13 दिन
C. 16 दिन D. 11 दिन

उत्तरमाला

1	2	3	4	5	6	7	8	9	10
C	B	B	B	C	C	A	D	B	B

व्याख्यात्मक उत्तर

1. माना अभीष्ट भार = x किग्रा.
अधिक लम्बाई, अधिक भार (सीधा अनुपात)
$4\cdot5 : 12 :: 17\cdot1 : x$
$\Leftrightarrow 4\cdot5 \times x = 12 \times 17.1$
$\Leftrightarrow \quad x = \frac{(12\times17\cdot1)}{4\cdot5} = 45.6$ किग्रा.

2. माना अभीष्ट भार = x किग्रा.
मानचित्र में अधिक दूरी, वास्तव में अधिक दूरी (सीधा अनुपात)
$0\cdot8 : 80\cdot5 :: 8\cdot8 : x$
$\Leftrightarrow \quad 0\cdot8 \times x = 80\cdot5 \times 8\cdot8$
$\Leftrightarrow \quad x = \frac{(80\cdot5\times8\cdot8)}{0\cdot8} = 885.5$ किग्रा.

3. माना इमारत की अभीष्ट ऊँचाई = x मीटर
कम परछाई, कम ऊँचाई (सीधा अनुपात)
$40\cdot25 : 28\cdot75 :: 17\cdot5 : x$
$\Leftrightarrow 40\cdot25 \times x = 28\cdot75 \times 17\cdot5$
$\Leftrightarrow \quad x = \frac{28\cdot75\times17\cdot5}{40\cdot25} = 12\cdot5$ मीटर

4. माना अभीष्ट समय = x मिनट
अधिक व्यक्ति, कम समय (विलोमानुपात)
$12 : 5 :: 60 : x \Leftrightarrow 12 \times x = (5 \times 60)$
$\Leftrightarrow \quad x = \frac{(5\times60)}{12} = 25$ मिनट

5. माना आरम्भ में x व्यक्ति थे।
तब, $40 : 30 :: (x + 8) : x$
$\Leftrightarrow \frac{40}{30} = \frac{x+8}{x} \Leftrightarrow 4x = 3x + 24 \quad \Leftrightarrow x = 24$ व्यक्ति

6. माना अभीष्ट दिनों की संख्या = x
कम व्यक्ति, अधिक दिन का राशन (विलोमानुपात)
$30 : 40 :: 12 : x$
$\Leftrightarrow (30 \times x) = (40 \times 12)$
$\Leftrightarrow \quad x = \frac{(40\times12)}{30} = 16$ दिन

7. माना अभीष्ट दिनों की संख्या = x
अधिक व्यक्ति, कम दिन का भोजन (विलोमानुपात)
$800 : 500 :: 24 : x$
$\Leftrightarrow (800 \times x) = (500 \times 24)$
$\Leftrightarrow \quad x = \frac{(500\times24)}{800} = 15$ दिन

8. माना अभीष्ट दिनों की संख्या = x
कम व्यक्ति, अधिक दिन (विलोमानुपात)
कम घर, कम दिन (सीधा अनुपात)

$$\left.\begin{array}{ll}\text{व्यक्ति} & 5 : 10 \\ \text{घर} & 60 : 30\end{array}\right\} :: 120 : x$$

$\therefore (5 \times 60 \times x) = (10 \times 30 \times 120)$
$\Leftrightarrow \quad x = \frac{(10\times30\times120)}{(5\times60)} = 120$ दिन

9. माना अभीष्ट वेतन = x रु.
अधिक मजदूर, अधिक दिन (समानुपात)
कम दिन, कम वेतन (समानुपात)

$$\left.\begin{array}{ll}\text{मजदूर} & 6 : 9 \\ \text{दिन} & 15 : 12\end{array}\right\} :: 700 : x$$

$\therefore (6 \times 15 \times x) = (9 \times 12 \times 700)$
$\Leftrightarrow \quad x = \frac{(9\times12\times700)}{(6\times15)} =$ ₹ 840

10. माना अभीष्ट दिनों की संख्या = x.
कम मजदूर, अधिक दिन (विलोमानुपात)
अधिक घण्टे प्रतिदिन, कम दिन (विलोमानुपात)

$$\left.\begin{array}{ll}\text{मजदूर} & 30 : 39 \\ \text{घण्टे प्रतिदिन} & 6 : 5\end{array}\right\} :: 12 : x$$

$\therefore (30 \times 6 \times x) = (39 \times 5 \times 12)$
$\Leftrightarrow \quad x = \frac{(39\times5\times12)}{(30\times6)} = 13$ दिन

❑❑❑❑❑

6

राशियों की तुलना (Comparing Quantities)

प्रतिशतता (Percentage)

❖ **प्रतिशतता:** प्रतिशत वह भिन्न है जिसका हर (Denominator) 100 हो। अंश (Numerator) को दर प्रतिशत कहा जाता है। इसे प्रायः % चिह्न द्वारा व्यक्त किया जाता है।

x प्रतिशत का अर्थ है, किसी वस्तु के 100 बराबर भागों में से x भाग। इसे $x\%$ से व्यक्त करते हैं। स्पष्ट है कि, $x\% = \frac{x}{100}$.

उदाहरण: $25\% = \frac{25}{100} = \frac{1}{4}$.

❖ **प्रतिशत को भिन्न में बदलना:** किसी प्रतिशत को भिन्न में बदलने के लिए उसे 100 से भाग दिया जाता है।

जैसे: $15\% = \frac{15}{100} = \frac{3}{20}$.

❖ **भिन्न को प्रतिशत में बदलना:** भिन्न को प्रतिशत में बदलने के लिए उसे 100 से गुणा किया जाता है।

जैसे: $\frac{3}{5} = \frac{3}{5} \times 100 = 60\%$.

❖ **दशमलव को प्रतिशत में बदलना:** दशमलव को प्रतिशत में बदलने के लिए उसे 100 से गुणा किया जाता है।

जैसे: $0.3 = 0.3 \times 100 = \frac{3}{10} \times 100 = 30\%$.

स्मरणीय तथ्य

$5\% = \frac{1}{20}$	$10\% = \frac{1}{10}$	$80\% = \frac{4}{5}$
$30\% = \frac{3}{10}$	$75\% = \frac{3}{4}$	$60\% = \frac{3}{5}$
$8\frac{1}{3}\% = \frac{1}{12}$	$40\% = \frac{2}{5}$	$90\% = \frac{9}{10}$
$12\frac{1}{2}\% = \frac{1}{8}$	$33\frac{1}{3}\% = \frac{1}{3}$	$150\% = \frac{3}{2}$

महत्वपूर्ण सूत्र

- जब A की आय B से $x\%$ अधिक हो, तो B की आय A से प्रतिशत कमी $= \frac{x}{(100+x)} \times 100$
- जब A की आय B से $x\%$ कम हो, तो B की आय A से प्रतिशत अधिक $= \frac{x}{(100-x)} \times 100$
- किसी वस्तु के भाव में R% वृद्धि हो जाने पर इस मद पर खर्च न बढ़े, इसके लिए

  वस्तु की खपत में कमी $= \left\{\frac{R}{100+R} \times 100\right\}\%$
- किसी वस्तु के भाव में R% कमी आ जाने पर इस मद पर खर्च कम न हो, इसके लिए

  वस्तु की खपत में वृद्धि $= \left\{\frac{R}{100-R} \times 100\right\}\%$
- गेहूँ के मूल्य में $m\%$ की कमी होने से कोई व्यक्ति ₹ x में y किलोग्राम गेहूँ अधिक खरीद लेगा, गेहूँ का प्रतिकिलो घटा हुआ मूल्य $= \frac{m}{100} \times \frac{x}{y}$
- चावल के मूल्य में $m\%$ की वृद्धि होने से कोई व्यक्ति ₹ x में y किलो चावल कम खरीदता है। उसका बढ़ा हुआ मूल्य $= \frac{m}{100} \times \frac{x}{y}$
- किसी मशीन का वर्तमान मूल्य x है तथा उसके मूल्य में प्रतिवर्ष $m\%$ का अवमूल्यन हो रहा है। t वर्षों के बाद उसका मूल्य $= x\left(1-\frac{m}{100}\right)^t$
- किसी वस्तु का मूल्य ₹ m/kg से घटकर ₹ n/kg हो जाए, तो खर्च पूर्ववत रखने के लिए खपत में प्रतिशत वृद्धि

  $$= \frac{(m-n)}{n} \times 100$$
- किसी वस्तु का मूल्य ₹ m/kg से बढ़कर ₹ n/kg हो जाय, तो खर्च पूर्ववत रखने के लिए खपत में प्रतिशत कमी

  $$= \frac{(n-m)}{n} \times 100$$

लाभ, हानि और बट्टा (Profit, Loss and Discount)

❖ **क्रय मूल्य (Cost Price):** जिस मूल्य पर कोई वस्तु खरीदी जाती है वह मूल्य उस वस्तु का क्रय मूल्य कहलाता है।

जैसे: राम ने एक पंखा ₹ 500 में खरीदा तथा ₹ 600 में बेच दिया। यहाँ क्रय मूल्य ₹ 500 है।

❖ **विक्रय मूल्य (Selling Price):** जिस मूल्य पर कोई वस्तु बेची जाती है, उसे उस वस्तु का विक्रय मूल्य कहते हैं।

जैसेः राम ने एक पुस्तक ₹ 50 में खरीदी तथा ₹ 80 में बेच दी। यहाँ विक्रय मूल्य ₹ 80 है।

❖ **लाभ (Profit):** यदि किसी वस्तु का विक्रय-मूल्य उसके क्रय-मूल्य से अधिक हो, तो वहाँ लाभ होता है।

❖ **हानि (Loss):** यदि किसी वस्तु का क्रय-मूल्य उसके विक्रय-मूल्य से अधिक हो, तो वहाँ हानि होती है।

❖ **अंकित मूल्य (Marked Price):** यह वह मूल्य है जो किसी वस्तु पर या उसके पैकेट पर अंकित रहता है।

जैसेः किसी साबुन के पैकेट पर लिखा है "Price ₹ 10 (inclusive of all taxes)" अर्थात् अंकित मूल्य ₹ 10 है। इसे सूची मूल्य भी कहा जाता है।

❖ **बट्टा (Discount):** किसी वस्तु के अंकित मूल्य पर जो छूट दी जाती है उसे बट्टा कहते हैं।

जैसेः एक साड़ी की कीमत ₹ 200 है तथा यह 20% छूट पर बेची जाती है। अतः बट्टा = 20%.

❖ **क्रमिक बट्टा (Successive Discount):** जब किसी वस्तु के अंकित मूल्य पर r_1 % की छूट देने के बाद शेष धनराशि पर r_2 % की छूट दी जाए, फिर r_2 % की छूट देने के बाद शेष धनराशि पर r_3 % की छूट दी जाए, तो r_1 %, r_2 % तथा r_3 % को क्रमिक बट्टा कहा जाता है।

महत्त्वपूर्ण सूत्र

- क्रय मूल्य (CP) = विक्रय मूल्य (SP) – लाभ (Profit)
- क्रय मूल्य (CP) = विक्रय मूल्य (SP) + हानि (Loss)
- लाभ (Profit) = विक्रय मूल्य (SP) – क्रय मूल्य (CP)
- हानि (Loss) = क्रय मूल्य (CP) – विक्रय मूल्य (SP)
- प्रतिशत लाभ = $\dfrac{\text{लाभ}}{\text{क्रय मूल्य}} \times 100$
- प्रतिशत हानि = $\dfrac{\text{हानि}}{\text{क्रय मूल्य}} \times 100$
- जब m वस्तु का क्रय मूल्य n वस्तु के विक्रय मूल्य के बराबर हो, तो प्रतिशत

  $$\text{लाभ} = \frac{m-n}{n} \times 100 \text{ जहाँ } m > n$$

  $$\text{हानि} = \frac{n-m}{n} \times 100 \text{ जहाँ } n > m$$

- जब ₹ m में n वस्तु खरीदकर ₹ n में m वस्तु बेची जाए, तो

  $$\text{प्रतिशत लाभ} = \frac{n^2-m^2}{m^2} \times 100 \text{ जब } n > m$$

  $$\text{प्रतिशत हानि} = \frac{m^2-n^2}{m^2} \times 100 \text{ जब } m > n$$

- यदि कोई दुकानदार क्रय मूल्य पर ही वस्तुओं को बेचते हुए एक किलो के स्थान पर m ग्राम का इस्तेमाल करता है, तो उसका

  $$\text{प्रतिशत लाभ} = \frac{(1000-m)}{m} \times 100$$

- यदि किसी वस्तु को ₹ x में बेचने पर m% की हानि हो, तो उसे कितने ₹ में बेचने पर n% का लाभ होगा?

  $$\text{विक्रय मूल्य} = x \times \left(\frac{100+n}{100-m}\right)$$

  $$\text{यदि } m\% \text{ लाभ हो, तो विक्रय मूल्य} = x \times \left(\frac{100+n}{100+m}\right)$$

  $$\text{यदि } n\% \text{ हानि हो, तो विक्रय मूल्य} = x \times \left(\frac{100-n}{100-m}\right)$$

  अर्थात् लाभ की स्थिति में (+) तथा हानि की स्थिति में (–) चिह्न का प्रयोग करें।

- किसी वस्तु को m% लाभ के बदले n% लाभ पर बेचा जाता है, तो ₹ x अधिक/कम प्राप्त होते हैं। अतः

  $$\text{क्रय मूल्य} = \frac{x}{m \text{ और } n \text{ में अंतर}} \times 100$$

- किसी वस्तु को m% हानि के बदले n% हानि पर बेचा जाता है, तो ₹ x कम/अधिक प्राप्त होते हैं। अतः

  $$\text{क्रय मूल्य} = \frac{x}{m \text{ और } n \text{ में अंतर}} \times 100$$

- किसी वस्तु को m% हानि के बदले n% लाभ पर बेचा जाता है, तो ₹ x अधिक प्राप्त होता है। अतः

  $$\text{क्रय मूल्य} = \frac{x}{(m+n)} \times 100$$

- यदि m वस्तुओं के बेचने से n वस्तुओं के विक्रय मूल्य के बराबर लाभ हो, तो प्रतिशत लाभ = $\dfrac{n}{m-n} \times 100$
- यदि m वस्तुओं के बेचने से n वस्तुओं के विक्रय मूल्य के बराबर हानि हो, तो प्रतिशत हानि = $\dfrac{n}{m+n} \times 100$
- किसी वस्तु को ₹ m में बेचने से उतने ही ₹ का लाभ होता है जितना उसे ₹ n में बेचने से हानि होती है, तब वस्तु का क्रय मूल्य = $\dfrac{m+n}{2}$
- किसी वस्तु को ₹ m में बेचने से होने वाले प्रतिशत लाभ का संख्यात्मक मान क्रय मूल्य के बराबर है, ऐसी स्थिति में वस्तु का क्रय मूल्य = $10\sqrt{m+25} - 50$
- उपरोक्त कथन में प्रतिशत हानि का संख्यात्मक मान क्रय मूल्य के बराबर हो, तो क्रय मूल्य = $10\sqrt{25-m} + 50$
- **क्रय मूल्य**

  $$= \text{विक्रय मूल्य} \times \left(\frac{100}{100+\text{P}}\right) = \text{विक्रय मूल्य} \times \left(\frac{100}{100-\text{L}}\right)$$

- **विक्रय मूल्य**

  $= \text{क्रय मूल्य} \times \left(\frac{100+P}{100}\right) = \text{क्रय मूल्य} \times \left(\frac{100-L}{100}\right)$

  (जहाँ P = प्रतिशत लाभ तथा L = प्रतिशत हानि)

साधारण ब्याज (Simple Interest)

❖ **साधारण ब्याज (Simple Interest):** जब कोई व्यक्ति, किसी व्यक्ति से कोई राशि उधार लेता है, तो उस राशि के अतिरिक्त वह जो धन (राशि) लौटाता है। वही साधारण ब्याज कहलाता है।

❖ **मूलधन (Principal):** उधार दी गई या ली गई राशि मूलधन कहलाती है।

❖ **मिश्रधन (Amount):** ब्याज सहित लौटाई गई राशि मिश्रधन कहलाती है। इसमें मूलधन तथा ब्याज दोनों शामिल होते हैं।

❖ **समय (Time):** कर्ज के रूप में लिया गया धन एक निश्चित अवधि के बाद देय होता है। यह अवधि समय कहलाता है।

❖ **दर (Rate):** प्रत्येक कर्ज एक निश्चित दर पर दिया जाता है, जिसे प्रायः प्रतिशत में व्यक्त किया जाता है।

महत्वपूर्ण सूत्र

- साधारण ब्याज (SI) $= \frac{\text{मूलधन} \times \text{दर} \times \text{समय}}{100}$
- मिश्रधन (Amount) = मूलधन + साधारण ब्याज
- मूलधन (Principal) $= \frac{\text{साधारण ब्याज} \times 100}{\text{दर} \times \text{समय}}$
- दर (Rate) $= \frac{\text{साधारण ब्याज} \times 100}{\text{मूलधन} \times \text{समय}}$
- समय (Time) $= \frac{\text{साधारण ब्याज} \times 100}{\text{मूलधन} \times \text{दर}}$
- ब्याज (Interest) = मिश्रधन − मूलधन
- कोई राशि साधारण ब्याज की दर से t वर्षों में n गुनी हो जाती है तो, दर $= \frac{(n-1)\times 100}{t}$
- कोई राशि साधारण ब्याज पर r % की दर से n गुनी हो जाती है, तो समय $= \frac{(n-1)\times 100}{r}$
- कोई राशि t_1 वर्षों में n_1 गुनी हो जाती है, तो कितने वर्षों में n_2 गुनी हो जाएगी?

  $$\frac{(n_1-1)}{t_1} = \frac{(n_2-1)}{t_2} \Rightarrow t_2 = \frac{(n_2-1)}{(n_1-1)} \times t_1$$

- यदि उपरोक्त कथन में समय के बदले दर हो, तो

  $$\frac{(n_1-1)}{r_1} = \frac{(n_2-1)}{r_2} \Rightarrow r_2 = \frac{(n_2-1)}{(n_1-1)} \times r_1$$

- कोई राशि एक निश्चित समय (t) के लिए r_1% वार्षिक दर पर दी गयी। यदि वह r_2% दर पर दी गयी होती, तो ₹ x अधिक/कम ब्याज के रूप में प्राप्त होता। ऐसी स्थिति में,

  $$\text{मूलधन} = \frac{x \times 100}{(\text{दर में अन्तर}) \times t}$$

- यदि कोई धन साधारण ब्याज पर t_1 वर्षों में A_1 हो जाती है तथा t_2 वर्षों में A_2 हो जाती है तो मूलधन

  $$P = A_1 - \left[\frac{(A_2 - A_1)}{(t_2 - t_1)} \times t_1\right]$$

- किसी राशि पर साधारण ब्याज मूलधन का $\frac{m}{n}$ है। यदि ब्याज की दर तथा समय समान हो, तो

  $$\text{वार्षिक ब्याज दर} = \text{समय} = \sqrt{\frac{m}{n} \times 100}$$

- कोई धन P पर पहले t_1 वर्षों के लिए दर r_1%, अगले t_2 वर्षों के लिए दर r_2% तथा अगले t_3 वर्षों के लिए दर r_3% हो तथा कुल ब्याज ₹ x हो, तो

  $$\text{मूलधन (P)} = \frac{x \times 100}{(r_1t_1 + r_2t_2 + r_3t_3)}$$

- कोई राशि P को दो भागों में इस तरह बाँटा जाता है कि पहले भाग पर r_1% दर से t_1 वर्षों का ब्याज, दूसरे भाग r_2% दर से t_2 वर्षों का ब्याज समान होता है।

  ऐसी स्थिति में–

  $$\frac{\text{पहला भाग}}{\text{दूसरा भाग}} = \frac{r_2 \times t_2}{r_1 \times t_1}$$

चक्रवृद्धि ब्याज (Compound Interest)

❖ **चक्रवृद्धि ब्याजः** कभी-कभी उधार दिये गये धन को चुकता करने के लिए एक निश्चित अवधि तय कर ली जाती है जो कि प्रायः वार्षिक, छमाही अथवा तिमाही होती है। इस अवधि के बाद मूलधन तथा ब्याज को जोड़ने पर बना मिश्रधन अगली अवधि के लिए मूलधन बन जाता है। प्रत्येक अबधि के लिए यही क्रिया दोहराई जाती है। अन्त में बना मिश्रधन चक्रवृद्धि-मिश्रधन कहलाता है।

चक्रवृद्धि ब्याज = (चक्रवृद्धि मिश्रधन) − (मूलधन)।

महत्वपूर्ण सूत्र

- यदि ब्याज वार्षिक देय हो, तो मिश्रधन $= P\left(1+\frac{R}{100}\right)^n$.
- यदि ब्याज छमाही देय हो, तो दर $= \frac{R}{2}$% प्रति छमाही तथा

  समय = $2n$ छमाही

  $$\text{चक्रवृद्धि मिश्रधन} = P\left(1+\frac{R}{2\times 100}\right)^{2n}.$$

- यदि ब्याज तिमाही देय हो, तो दर $= \frac{R}{4}\%$ प्रति तिमाही तथा समय $= 4n$ तिमाही

  चक्रवृद्धि मिश्रधन $= P\left(1+\frac{R}{4\times 100}\right)^{4n}$.

- यदि ब्याज वार्षिक हो तथा ब्याज की दर पहले वर्ष $R_1\%$, दूसरे वर्ष $R_2\%$ तथा तीसरे वर्ष $R_3\%$ हो, तो 3 वर्ष बाद चक्रवृद्धि मिश्रधन

  $= P\left(1+\frac{R_1}{100}\right)\times\left(1+\frac{R_2}{100}\right)\times\left(1+\frac{R_3}{100}\right)$.

- यदि समय एक परिमेय संख्या हो, जैसे $3\frac{2}{5}$ वर्ष।

  तब, $3\frac{2}{5}$ वर्ष बाद चक्रवृद्धि मिश्रधन

  $= P\left(1+\frac{R}{100}\right)^3 \times \left(1+\frac{2}{5}.\frac{R}{100}\right)$.

- n वर्ष बाद देय किसी धन x का वर्तमान मूल्य $= \frac{x}{\left(1+\frac{R}{100}\right)^n}$.

- किसी धन (P) को $r\%$ वार्षिक चक्रवृद्धि ब्याज की दर से $t\frac{x}{y}$ वर्षों के लिए दिया गया हो, तो

  मिश्रधन (A) $= P\left(1+\frac{r}{100}\right)^t\left(1+\frac{r}{100}\times\frac{x}{y}\right)$

- किसी मूलधन (P) को $r_1\%$ दर पर t_1 वर्षों के लिए, $r_2\%$ दर पर t_2 वर्षों तथा r_3 दर पर t_3 वर्षों के लिए दी गयी हो, तो

  मिश्रधन (A) $= P\left(1+\frac{r_1}{100}\right)^{t_1}\left(1+\frac{r_2}{100}\right)^{t_2}\left(1+\frac{r_3}{100}\right)^{t_3}$

- कोई मूलधन (P), t वर्षों में ₹ A हो जाती है, तो चक्रवृद्धि ब्याज की दर $= \left\{\left(\frac{A}{P}\right)^{\frac{1}{t}}-1\right\}\times 100$

- चक्रवृद्धि ब्याज दर से यदि कोई मूलधन t_1 वर्षों में n_1 गुनी तथा t_2 वर्षों में n_2 गुनी हो जाए, तो

  दर $= \left\{\left(\frac{n_2}{n_1}\right)^{\frac{1}{t_2-t_1}}-1\right\}\times 100$

- किसी धन पर 2 वर्षों में $r\%$ वार्षिक चक्रवृद्धि ब्याज की दर से साधारण ब्याज m हो, तो

  चक्रवृद्धि ब्याज $= m+\left(\frac{m\times r}{200}\right)$

  जब समय = 3 वर्ष हो, तो

  चक्रवृद्धि ब्याज $= \left(\frac{m\times r^2}{30000}+\frac{m\times r}{100}+m\right)$

- किसी निश्चित दर से 2 वर्षों में किसी धन पर साधारण ब्याज ₹ m तथा चक्रवृद्धि ब्याज ₹ n हो, तो

  ब्याज की दर $= \frac{2(n-m)\times 100}{m}$

- उपरोक्त कथन में मूलधन $= \frac{m^2}{4(n-m)}$

- यदि कोई धन t वर्षों में n गुना हो जाता है, तो चक्रवृद्धि ब्याज से n^x गुना होने में लगा समय $= t\times x$

- यदि कोई धन t वर्ष में n गुणा हो जाय, तो चक्रवृद्धि ब्याज से $(t\times x)$ वर्ष में वह धन n^x गुना हो जाएगा।

- किसी राशि P पर 2 वर्षों में $r\%$ वार्षिक दर से साधारण तथा चक्रवृद्धि ब्याज का अन्तर d हो, तो

  मूलधन (P) $= \frac{d\times(100)^2}{r^2}$

  या, $d = \frac{Pr^2}{(100)^2}$ या, $r = \sqrt{\frac{d}{p}}\times 100$

अभ्यास प्रश्न

1. 800 का 40% क्या होगा?

A. 420 B. 320
C. 440 D. 220

2. 1200 का कितने प्रतिशत 900 है?

A. 65%
B. 70%
C. 75%
D. 85%

3. राम का वेतन ₹ 800 से बढ़कर ₹ 1000 हो गया, तो बताओ उसके वेतन में कितने प्रतिशत की वृद्धि हुई?

A. 24% B. 25%
C. 35% D. 28%

4. किसी संख्या में से 15 घटाने पर उस संख्या में 20% की कमी हो जाती है, तो उस संख्या का 60% क्या है?

A. 75 B. 35
C. 45 D. 55

5. 5 घंटा, एक दिन का कितना % है?

A. 22% B. $20\frac{5}{6}\%$
C. 26% D. 40%

6. एक संख्या में 25% कमी करने पर यह 225 हो जाती है। इसमें कितने प्रतिशत वृद्धि की जाये कि वह 375 हो जाये?

A. 25% B. 45%
C. 35% D. 15%

7. यदि x, y से 10% अधिक हो, तो y, x से कितने प्रतिशत कम है?

A. $9\frac{2}{11}\%$ B. $9\frac{1}{11}\%$

C. $2\frac{9}{11}\%$ D. $4\frac{11}{12}\%$

8. एक पुस्तकालय में कुल पुस्तकों में से 40% अंग्रेजी में, शेष का 40% हिन्दी में तथा शेष पुस्तकें उड़िया में हैं। यदि हिन्दी में पुस्तकों की संख्या 4800 हो, तो पुस्तकालय में कुल कितनी पुस्तकें हैं?

A. 18000 B. 20000
C. 22000 D. 24000

9. एक पृष्ठ की फोटोकापी कराने में ₹ 1 खर्च होता है। 1000 कापी होने के बाद होने वाली फोटोकापी पर 2% बट्टा दिया जाता है। 5000 कापी कराने में क्या खर्च आयेगा?

A. ₹ 3820 B. ₹ 4820
C. ₹ 4930 D. ₹ 4920

10. ताजा फल में 68% पानी है तथा सूखे फल में 20% पानी है। 100 किग्रा ताजा फल से कितना सूखा फल प्राप्त होगा?

A. 36 किग्रा B. 40 किग्रा
C. 48 किग्रा D. 15 किग्रा

11. यदि 16 वस्तुओं का विक्रय-मूल्य 20 वस्तुओं के क्रय-मूल्य के बराबर हो, तो विक्रेता को:

A. 10% हानि होगी
B. 15% लाभ होगा
C. 25% हानि होगी
D. 25% लाभ होगा

12. एक फल-विक्रेता ने 100 संतरे ₹ 350 में खरीदकर ₹ 48 प्रति दर्जन के भाव से बेच दिये। उसे कितने प्रतिशत लाभ अथवा हानि हुई?

A. $14\frac{2}{7}\%$ लाभ B. 12% लाभ

C. $14\frac{2}{7}\%$ हानि D. 12% हानि

13. A ने कोई वस्तु ₹ 400 की खरीदकर B को 20% लाभ पर बेच दी। B ने इसे C को 10% लाभ पर बेच दिया। C ने इसे कितने में खरीदा?

A. ₹ 482 B. ₹ 582
C. ₹ 528 D. ₹ 428

14. प्रीति ने एक पुस्तक 10% हानि पर बेची। यदि वह इसे ₹ 85 अधिक में बेचती, तो उसे 7% लाभ होता। पुस्तक का क्रय-मूल्य क्या है?

A. ₹ 500 B. ₹ 600
C. ₹ 625 D. ₹ 725

15. एक व्यापारी अपनी वस्तुओं को क्रय-मूल्य पर बेचने का दिखावा करता है। परन्तु वह 1 किग्रा. के स्थान पर 900 ग्राम का बाट प्रयोग करता है। उसका लाभ प्रतिशत कितना है?

A. $16\frac{2}{3}\%$ B. $33\frac{1}{3}\%$

C. $8\frac{1}{3}\%$ D. $11\frac{1}{9}\%$

16. एक दुकानदार दो घड़ियों में से प्रत्येक को ₹ 616 में बेचता है। इस प्रकार वह एक घड़ी पर 12% लाभ कमाता है तथा दूसरी पर 12% हानि। कुल पर उसे कितना लाभ अथवा हानि होती है?

A. न लाभ न हानि

B. $1\frac{11}{25}\%$ लाभ

C. $1\frac{11}{25}\%$ हानि

D. $3\frac{2}{25}\%$ हानि

17. एक व्यक्ति को कोई वस्तु एक निश्चित मूल्य पर बेचने से 20% लाभ होता है। यदि वह इसे इससे दुगुने मूल्य पर बेचे, तो उसे कितने प्रतिशत लाभ होगा?

A. 125% B. 130%
C. 135% D. 140%

18. एक फल विक्रेता को ₹ 9 प्रति किग्रा. की दर से आम बेचने पर 20% हानि होती है। इस पर 5% लाभ कमाने के लिए उसे कितने ₹ प्रति किग्रा. की दर से बेचना होगा?

A. ₹ 11.81 B. ₹ 12
C. ₹ 12.25 D. ₹ 12.31

19. एक फल विक्रेता ने ₹ 34 के 8 की दर से सेब खरीदे तथा उन्हें ₹ 57 के 12 की दर से बेच दिया। ₹ 45 का लाभ कमाने हेतु उसे कितने सेब बेचने होंगे?

A. 90 B. 80
C. 120 D. 110

20. 17 गेंदें ₹ 720 में बेचने पर, 5 गेंदों के क्रय-मूल्य के बराबर हानि होती है। एक गेंद का क्रय मूल्य क्या होगा?

A. ₹ 40 B. ₹ 55
C. ₹ 45 D. ₹ 60

21. कितने समय में ₹ 4500 की राशि पर 5% वार्षिक दर से साधारण ब्याज की राशि ₹ 1012.50 हो जाएगी?

A. $3\frac{1}{2}$ वर्ष B. $4\frac{1}{2}$ वर्ष

C. $2\frac{1}{2}$ वर्ष D. $5\frac{1}{2}$ वर्ष

22. विजय ने ₹ 4800 नीरू से 3 वर्षों के लिए कर्ज लिया। समय की समाप्ति के बाद वह ₹ 5808 वापस करता है। साधारण ब्याज की वार्षिक दर क्या है?

A. 7% B. 6%
C. 9% D. 8%

23. चमन ने ₹ 5000 एक सेठ से ऋण लिया। वह 12% वार्षिक साधारण ब्याज दर से 5 वर्षों के बाद ऋण की राशि लौटा देता है तथा ब्याज के रूप में एक घड़ी तथा पेन देता है जिसके मूल्यों में 23 : 7 का अनुपात है। घड़ी की कीमत क्या है?

A. ₹ 2325 B. ₹ 2300
C. ₹ 2350 D. ₹ 2320

24. कोई राशि 12 वर्षों में तीन गुनी हो जाती है। साधारण ब्याज की दर क्या है?

A. $16\frac{2}{3}\%$ B. $12\frac{1}{2}\%$
C. 15% D. 18%

25. मैंने एक व्यक्ति को 7.57% वार्षिक साधारण ब्याज पर कुछ रुपये $2\frac{1}{2}$ वर्षों के लिए ऋण के रूप में दिये। मैंने गणना की कि यदि दर 1.37% कम होती, तो मुझे ₹ 3425 कम प्राप्त होते। मैंने कितने रुपये उसे ऋण के रूप में दिये?

A. ₹ 97000 B. ₹ 98000
C. ₹ 99000 D. ₹ 100000

26. कोई धनराशि 4 वर्षों में ₹ 750 तथा 7 वर्षों में ₹ 900 हो जाती है। साधारण ब्याज की दर क्या है?

A. $9\frac{1}{11}\%$ B. $8\frac{2}{3}\%$
C. $12\frac{1}{2}\%$ D. $8\frac{3}{11}\%$

27. कोई धनराशि $4\frac{1}{2}$ वर्षों में 163% हो जाती है। साधारण ब्याज की वार्षिक दर क्या है?

A. 12% B. 15%
C. 14% D. 18%

28. किसी मूलधन का साधारण ब्याज मूलधन का $\frac{25}{36}$ वाँ भाग है। यदि वार्षिक ब्याज दर तथा समय समान हो, तो वह वार्षिक दर क्या है?

A. $8\frac{1}{3}\%$ B. $6\frac{1}{4}\%$
C. $10\frac{1}{2}\%$ D. 12%

29. किसी मूलधन का साधारण ब्याज मूलधन का 81% है। यदि वार्षिक दर तथा समय का संख्यात्मक मान समान हो, तो समय क्या है?

A. 6 वर्ष B. 7 वर्ष
C. 9 वर्ष D. 10 वर्ष

30. एक धनराशि 2 वर्षों में बढ़कर ₹ 6000 हो जाती है। यदि उतने समय के लिए उस धनराशि पर ₹ 1000 ब्याज प्राप्त होता है, तो सामान्य ब्याज-दर ज्ञात करें।

A. 8% B. 10%
C. 9% D. 15%

31. कोई धन चक्रवृद्धि ब्याज से 15 वर्ष में दुगुना हो जाता है। कितने वर्ष में यह अपने से 8 गुना हो जायेगा?

A. 28 वर्ष B. 35 वर्ष
C. 45 वर्ष D. 40 वर्ष

32. ₹ 12000 की राशि 10% चक्रवृद्धि ब्याज की दर से उधार दी जाती है, तो बताओ 3 वर्ष का मिश्रधन क्या होगा?

A. ₹ 14748 B. ₹ 16000
C. ₹ 15972 D. इनमें से कोई नहीं

33. अर्द्धवार्षिक रूप में संयोजित, ₹ 6250 का 12% वार्षिक दर से एक वर्ष का चक्रवृद्धि ब्याज होगा:

A. ₹ 772.50 B. ₹ 772
C. ₹ 672.50 D. ₹ 672

34. कोई राशि 4 वर्ष में 3 गुनी हो जाती है, तो बताओ वह कितने वर्ष में स्वयं की 9 गुनी हो जाएगी?

A. 9 वर्ष B. 8 वर्ष
C. 15 वर्ष D. 12 वर्ष

35. ₹ 6400 की राशि 5% की दर से 2 वर्ष के लिए उधार दी जाती है, तो चक्रवृद्धि ब्याज व सरल ब्याज का अन्तर क्या होगा?

A. ₹ 18 B. ₹ 16
C. ₹ 14 D. ₹ 10

36. कोई राशि 10% की दर से 3 वर्ष के लिए उधार दी जाती है, तो चक्रवृद्धि ब्याज व सरल ब्याज का अन्तर ₹ 279 प्राप्त होता है, तो वह राशि क्या है?

A. ₹ 8000 B. ₹ 9000
C. ₹ 8250 D. ₹ 7800

37. किसी मूलधन पर 3 वर्षों में 6% वार्षिक चक्रवृद्धि ब्याज की दर से साधारण ब्याज की राशि ₹ 150 है, तो चक्रवृद्धि ब्याज की राशि क्या होगी?

A. ₹ 162.25 B. ₹ 160.50
C. ₹ 161 D. ₹ 159.18

38. 2.5% वार्षिक ब्याज की दर से 2 वर्षों में किसी धनराशि पर साधारण ब्याज की राशि ₹ 240 है, तो इसी दर तथा धनराशि पर उतने ही समय में चक्रवृद्धि ब्याज की राशि क्या होगी?

A. ₹ 250 B. ₹ 240
C. ₹ 255 D. ₹ 243

39. किसी धनराशि पर 2 वर्षों में साधारण ब्याज तथा चक्रवृद्धि ब्याज क्रमशः ₹ 300 तथा ₹ 315 है। चक्रवृद्धि ब्याज की वार्षिक दर प्रतिशत क्या है?

A. 8% B. 6%
C. 9% D. 10%

40. ₹ 5500 की राशि 6 वर्ष में 3 गुना हो जाती है। चक्रवृद्धि ब्याज की वार्षिक दर से 12 वर्ष में वह राशि कितनी हो जाएगी?

A. ₹ 49200 B. ₹ 50000
C. ₹ 49800 D. ₹ 49500

उत्तरमाला

1	2	3	4	5	6	7	8	9	10
B	C	B	C	B	A	B	B	D	B
11	**12**	**13**	**14**	**15**	**16**	**17**	**18**	**19**	**20**
D	A	C	A	D	C	D	A	A	D
21	**22**	**23**	**24**	**25**	**26**	**27**	**28**	**29**	**30**
B	A	B	A	D	A	C	A	C	B
31	**32**	**33**	**34**	**35**	**36**	**37**	**38**	**39**	**40**
C	C	A	B	B	B	D	D	D	D

व्याख्यात्मक उत्तर

1. $800 \times \frac{40}{100} = 320$

2. $1200 \times x\% = 900$

$\Rightarrow \frac{1200 \times x}{100} = 900$

$\Rightarrow x = \frac{900}{1200} \times 100 = 75\%$

अर्थात् जिसके साथ "का" लगा होता है उसे नीचे लिखते हैं।

3. वेतन में वृद्धि = 1000 − 800 = ₹ 200

% वृद्धि = $\frac{200}{800} \times 100 = 25\%$.

4. माना वह संख्या = x

$x - 15 = \frac{80x}{100}$

$5x - 75 = 4x$

$x = 75$

तो $75 \times \frac{60}{100} = 45$

दूसरी विधि $20\% = 15$

तो $60\% = \frac{15}{20} \times 60 = 45$.

5. $\frac{5}{24} \times 100 = 20\frac{5}{6}\%$.

6. माना संख्या = x

तब, x का $75\% = 225$

$\Rightarrow x \times \frac{75}{100} = 225$

$\Rightarrow x = \left(\frac{225 \times 100}{75}\right) = 300$

अब मूल संख्या = 300

वृद्धि के बाद संख्या = 375

इच्छित % वृद्धि = $\left(\frac{75}{300} \times 100\right)\% = 25\%$.

7. $x = y$ का $110\% = \left(y \times \frac{110}{100}\right) = \frac{11y}{10}$

$\Rightarrow y = \frac{10x}{11}$

अभीष्ट % = $\left\{\frac{(x-y)}{x} \times 100\right\}\%$

$= \left\{\frac{\left(x - \frac{10x}{11}\right)}{x} \times 100\right\}\%$

$= \frac{100}{11}\% = 9\frac{1}{11}\%$.

8. माना कुल पुस्तकों की संख्या = x

अंग्रेजी में पुस्तकें = (x का 40%) = $\left(x \times \frac{40}{100}\right) = \frac{2x}{5}$

शेष = $\left(x - \frac{2x}{5}\right) = \frac{3x}{5}$

हिन्दी में पुस्तकें = $\left(\frac{3x}{5}\text{ का } 40\%\right) = \left(\frac{3x}{5} \times \frac{40}{100}\right) = \frac{6x}{25}$

$\therefore \frac{6x}{25} = 4800$

$\Rightarrow x = \left(4800 \times \frac{25}{6}\right) = 20000$

अतः कुल पुस्तकों की संख्या = 20000.

9. कुल खर्च = ₹ (1000 × 1) + (4000 × 1 का 98%)

= ₹ $\left\{1000 + \left(4000 \times \frac{98}{100}\right)\right\}$ = ₹ (1000 + 3920)

= ₹ 4920.

10. 100 किग्रा ताजे फल से प्राप्त निचोड़ = 100 किग्रा का (100 − 68)% = 32 किग्रा

माना 100 किग्रा ताजे फल से प्राप्त सूखे फल = x किग्रा

x किग्रा सूखे फल से प्राप्त निचोड़ x किग्रा का

$(100 - 20)\% = \left(x \times \frac{80}{100}\right) = \frac{4x}{5}$ किग्रा

$\therefore \quad \frac{4x}{5} = 32$

$x = \left(32 \times \frac{5}{4}\right) = 40$ किग्रा।

11. माना प्रत्येक वस्तु का क्रय-मूल्य = ₹ 1
तब, 16 वस्तुओं का क्रय-मूल्य = ₹ 16
16 वस्तुओं का विक्रय-मूल्य = 20 वस्तुओं का क्रय-मूल्य = ₹ 20
₹ 16 पर लाभ = ₹ 4

$\Rightarrow$ लाभ % = $\left(\frac{4}{16} \times 100\right)\% = 25\%$

12. 100 संतरों का क्रय-मूल्य = ₹ 350

100 संतरों का विक्रय-मूल्य = ₹ $\left(\frac{48}{12} \times 100\right)$ = ₹ 400

अतः लाभ = ₹ (400 – 350) = ₹ 50

$\Rightarrow$ लाभ % = $\left(\frac{50}{350} \times 100\right)\% = 14\frac{2}{7}\%.$

13. A का विक्रय-मूल्य = ₹ 400 का 120% = ₹ $\left(400 \times \frac{120}{100}\right)$
= ₹ 480

B का विक्रय-मूल्य = ₹ 480 का 110% = ₹ $\left(480 \times \frac{110}{100}\right)$
= ₹ 528

अतः C ने इसे ₹ 528 में खरीदा।

14. माना क्रय मूल्य = ₹ x
तब, (7% लाभ पर विक्रय-मूल्य) – (10% हानि पर विक्रय-मूल्य) = 85

$\Rightarrow \quad \left(x \times \frac{107}{100}\right) - \left(x \times \frac{90}{100}\right) = 85$

$\Rightarrow \quad 107x - 90x = 8500$

$\Rightarrow \quad 17x = 8500$

$\Rightarrow \quad x = 500$

अतः पुस्तक का क्रय-मूल्य = ₹ 500.

15. माना 1 किग्रा. का क्रय-मूल्य = ₹ 1000
तब, 900 ग्राम का क्रय-मूल्य = 900
900 ग्राम का विक्रय-मूल्य = 1000
₹ 900 पर लाभ = ₹ 100

$\Rightarrow$ लाभ % = $\left(\frac{100}{900} \times 100\right)\% = 11\frac{1}{9}\%.$

16. इसमें सदैव हानि होती है।

हानि % = $\left(\frac{\text{उभयनिष्ठ लाभ व हानि \%}}{10}\right)^2 \%$

$= \left(\frac{12}{10}\right)^2 = \left(\frac{12}{10} \times \frac{12}{10}\right)\% = \frac{36}{25}\% = 1\frac{11}{25}\%.$

17. माना क्रय मूल्य = ₹ x

तब, विक्रय मूल्य = ₹ x का 120% = ₹ $\left(x \times \frac{120}{100}\right)$ = ₹ $\frac{6x}{5}$

नया विक्रय मूल्य = ₹ $\left(2 \times \frac{6x}{5}\right)$ = ₹ $\frac{12x}{5}$

तब, लाभ = ₹ $\left(\frac{12x}{5} - x\right)$ = ₹ $\frac{7x}{5}$

$\therefore$ लाभ % = $\left(\frac{7x}{5} \times \frac{1}{x} \times 100\right)\% = 140\%.$

18. माना फल विक्रेता ने 1 किग्रा. आम बेचे।
विक्रय मूल्य = ₹ 9, हानि = 20%

$\Rightarrow$ क्रय मूल्य = ₹ $\left(\frac{100}{80} \times 9\right)$ = ₹ $\frac{45}{4}$

अब, क्रय मूल्य = ₹ $\frac{45}{4}$, लाभ = 5%

विक्रय मूल्य = ₹ $\left(\frac{105}{100} \times \frac{45}{4}\right)$ = ₹ 11.81

अतः आम बेचने की दर = ₹ 11.81 प्रति किग्रा.।

19. 1 सेब का क्रय-मूल्य = ₹ $\left(\frac{34}{8}\right)$ = ₹ 4.25

1 सेब का विक्रय मूल्य = ₹ $\left(\frac{57}{12}\right)$ = ₹ 4.75

प्रत्येक सेब पर लाभ = ₹ (4.75 – 4.25) = ₹ .50

अभीष्ट सेबों की संख्या = $\left(\frac{45}{0.50}\right) = \left(45 \times \frac{100}{50}\right) = 90.$

20. (17 गेंदों का क्रय-मूल्य) – (17 गेंदों का विक्रय-मूल्य)
= (5 गेंदों का क्रय-मूल्य)

$\Rightarrow$ (12 गेंदों का क्रय-मूल्य) = (17 गेंदों का विक्रय-मूल्य) = ₹ 720

$\Rightarrow$ 1 गेंद का क्रय-मूल्य = ₹ $\left(\frac{720}{12}\right)$ = ₹ 60.

21. समय = $\frac{1012.50 \times 100}{4500 \times 5} = 4\frac{1}{2}$ वर्ष।

22. ब्याज = 5808 – 4800 = ₹ 1008.

दर = $\frac{1008 \times 100}{4800 \times 3} = 7\%.$

23. ब्याज = $\frac{5000 \times 12 \times 5}{100}$ = ₹ 3000

अतः घड़ी की कीमत = $\frac{23}{(23+7)} \times 3000$

= $\frac{23}{30} \times 3000$ = ₹ 2300.

24. दर $= \frac{(3-1)\times 100}{12} = \frac{200}{12} = \frac{50}{3} = 16\frac{2}{3}\%.$

25. ऋण की राशि अर्थात्

मूलधन $= \frac{3425\times 100}{1.37\times \frac{5}{2}} = \frac{3425\times 100\times 2}{1.37\times 5} =$ ₹ 100000.

26. मूलधन $= 750 - \frac{(900-750)}{(7-4)}\times 4$

$= 750 - \frac{150}{3}\times 4$

$= 750 - 200 =$ ₹ 550.

4 वर्ष का ब्याज $= 750 - 500$

$=$ ₹ 200

$\therefore$ दर $= \frac{200\times 100}{550\times 4} = 9\frac{1}{11}\%.$

27. मूलधन = P (माना)

मिश्रधन $= \left(\text{P का } \frac{163}{100}\right) = \frac{163}{100}\text{P}$

ब्याज $= \frac{163}{100}\text{P} - \text{P} = \frac{63}{100}\text{P}$

अतः दर $= \frac{63\text{P}\times 100\times 2}{100\times \text{P}\times 9} = 14\%.$

28. दर $= \sqrt{\frac{25}{36}\times 100} = \frac{5}{6}\times 10 = \frac{25}{3} = 8\frac{1}{3}\%.$

29. समय $= \sqrt{\frac{81}{100}\times 100} = \sqrt{81} = 9$ वर्ष।

30. मूलधन = ₹ (6000 − 1000) = ₹ 5000

दर $= \frac{\text{साधारण ब्याज} \times 100}{\text{मूलधन} \times \text{समय}}$

$= \frac{1000\times 100}{5000\times 2} = 10\%$

31. माना मूलधन = ₹ x, तब 15 वर्ष में मिश्रधन = ₹ $2x$

$\therefore \quad x \times \left(1+\frac{\text{R}}{100}\right)^{15} = 2x \Leftrightarrow \left(1+\frac{\text{R}}{100}\right)^{15} = 2$

माना n वर्ष में मूलधन 8 गुना हो जायेगा। तब,

$x \times \left(1+\frac{\text{R}}{100}\right)^{n} = 8x \Leftrightarrow \left(1+\frac{\text{R}}{100}\right)^{n} = 8 = 2^3$

$= \left\{\left(1+\frac{\text{R}}{100}\right)^{15}\right\}^3 = \left(1+\frac{\text{R}}{100}\right)^{45}$

अतः $n = 45$.

32. मिश्रधन = मूलधन $\times \left(1+\frac{\text{दर}}{100}\right)^{\text{समय}}$

$= 12000\times \frac{110}{100}\times \frac{110}{100}\times \frac{110}{100} =$ ₹ 15972.

33. $6250\times \frac{106}{100}\times \frac{106}{100} =$ ₹ 7022.50

ब्याज = ₹ 772.50.

34. 4 वर्ष में 3 गुनी $= 3^1$

? = 9 गुनी 3^2

समय $= \frac{\text{बाद वाली घात}}{\text{पहली घात}}\times t$

$= \frac{2}{1}\times 4 = 8$ वर्ष

35. जब समय 2 वर्ष हो, तो

अन्तर = मूलधन $\times \left(\frac{\text{दर}}{100}\right)^2$

$= 6400 \times \left(\frac{5}{100}\right)^2 = 6400 \times \frac{1}{400} =$ ₹ 16.

36. यहाँ समय 3 वर्ष है और चक्रवृद्धि ब्याज व सरल ब्याज का अन्तर ₹ 279 है।

अन्तर = मूलधन $\times \left(\frac{\text{दर}}{100}\right)^2 \left(\frac{300+\text{दर}}{100}\right)$

$279 = x\left(\frac{10}{100}\right)^2 \left(\frac{310}{100}\right)$

$279 = x\times \frac{1}{100}\cdot \frac{31}{10}$

$x =$ ₹ 9000.

37. चक्रवृद्धि ब्याज $= \frac{150\times 6^2}{30000} + \frac{150\times 6}{100} + 150$

$= 0.18 + 9 + 150 =$ ₹ 159.18.

38. चक्रवृद्धि ब्याज $= 240 + \left(\frac{240\times 2.5}{200}\right)$

$= 240 + 3 =$ ₹ 243

39. दर $= 2\frac{(315-300)}{300}\times 100$

$= \frac{2\times 15}{300}\times 100 = 10\%$

40. $\because 12 = 6\times 2$

$\therefore$ राशि $= 3^2 = 9$ गुनी हो जाएगी।

अतः अभीष्ट मिश्रधन = 5500 × 9 = ₹ 49500.

□□□□□

7

सरलीकरण (Simplification)

बीजगणितीय सूत्र (Algebraic Identities)

(i) $(a + b)^2 = a^2 + 2ab + b^2$

(ii) $(a - b)^2 = a^2 - 2ab + b^2$

(iii) $a^2 - b^2 = (a - b)(a + b)$

(iv) $(a + b + c)^2 = a^2 + b^2 + c^2 + 2ab + 2bc + 2ca$

(v) $(a + b - c)^2 = a^2 + b^2 + c^2 + 2ab - 2bc - 2ca$

(vi) $(a - b + c)^2 = a^2 + b^2 + c^2 - 2ab - 2bc + 2ca$

(vii) $(-a + b + c)^2 = a^2 + b^2 + c^2 - 2ab + 2bc - 2ca$

(viii) $(a + b)^3 = a^3 + b^3 + 3ab(a + b)$ या
$= a^3 + b^3 + 3a^2b + 3ab^2$

(ix) $(a - b)^3 = a^3 - b^3 - 3ab\,(a - b)$ या
$= a^3 - b^3 - 3a^2b + 3ab^2$

(x) $a^3 + b^3 = (a + b)\,(a^2 + b^2 - ab)$ या
$= (a + b)^3 - 3ab(a + b)$

(xi) $a^3 - b^3 = (a - b)\,(a^2 + b^2 + ab)$ या
$= (a - b)^3 + 3ab\,(a - b)$

(xii) $a^3 + b^3 + c^3 - 3abc$
$= (a + b + c)(a^2 + b^2 + c^2 - ab - bc - ca)$
यदि $a + b + c = 0$;
$a^3 + b^3 + c^3 = 3abc$

(xiii) $(x + a)\,(x + b) = x^2 + (a + b)x + ab$

(xiv) $(a + b)^2 + (a - b)^2 = 2(a^2 + b^2)$

(xv) $(a + b)^2 - (a - b)^2 = 4ab$

(xvi) $(a + b)^3 + (a - b)^3 = 2(a^3 + 3ab^2)$

(xvii) $(a + b)^3 - (a - b)^3 = 2(b^3 + 3a^2b)$

(xviii) यदि $x+\frac{1}{x}=t$ तब, $x^2+\frac{1}{x^2}=t^2-2$

(xix) यदि $x-\frac{1}{x}=t$ तब, $x^2+\frac{1}{x^2}=t^2+2$

(xx) $x^3+\frac{1}{x^3}=\left(x+\frac{1}{x}\right)^3-3\left(x+\frac{1}{x}\right)$

(xxi) $x^2-\frac{1}{x^3}=\left(x-\frac{1}{x}\right)^3+3\left(x-\frac{1}{x}\right)$

(xxii) $x+\frac{1}{x}=\sqrt{x^2+\frac{1}{x^2}+2}$

(xxiii) $x-\frac{1}{x}=\sqrt{x^2+\frac{1}{x^2}-2}$

गुणनखण्ड (Factorisation)

यदि कोई व्यंजक दो या दो से अधिक व्यंजक का गुणनफल है, तो इनमें से प्रत्येक व्यंजक को मूल व्यंजक का गुणनखण्ड तथा उस मूल व्यंजक को, अभाज्य गुणनखण्डों के रूप में प्रदर्शित करने की क्रिया को गुणनखण्ड (Factorisation) कहते हैं।

अभ्यास प्रश्न

1. यदि $2x + 3y = 26$, $2y + z = 19$ और $x + 2z = 29$ हो, तो $x + y + z$ का मान क्या होगा?

A. 20 B. 21
C. 22 D. 23

2. यदि $\frac{(x-y)^2}{x^2-y^2}=9$ हो, तो $\frac{x+y}{x-y}$ का मान क्या होगा?

A. 1/3 B. 1/9
C. 1/27 D. 1/18

3. यदि $\frac{2x}{3}+\frac{y}{2}=4$ और $\frac{x}{3}-\frac{y}{2}=1$ हो, तो x का मान क्या होगा?

A. 2 B. 3
C. 4 D. 5

4. यदि $a = -5$, $b = -6$, $c = 10$ हो, तो व्यंजक $\frac{(a^3+b^3+c^3-3abc)}{(ab+bc+ca-a^2-b^2-c^2)}$ का मान क्या होगा?

A. 0 B. 1
C. 4 D. 8

5. यदि $a+b+c=0$ हो, तो व्यंजक $\frac{(a^2+b^2+c^2)^2}{a^2b^2+b^2c^2+c^2a^2}$ का मान क्या होगा?

A. 4 B. 8
C. 12 D. 16

6. यदि $x = 1$, $y = -3$ तथा $z = 2$ हो, तो व्यंजक $(x^3+y^3+z^3).\frac{(x^2-yz)}{(x^2+y^2+z^2)}$ का मान क्या होगा?

A. 9 B. −9
C. −3 D. 3

7. व्यंजक $\frac{(1.5)^3+(4.7)^3+(3.8)^3-3\times1.5\times4.7\times3.8}{(1.5)^2+(4.7)^2+(3.8)^2-1.5\times4.7-4.7\times3.8-1.5\times3.8}$ का मान क्या होगा?

A. 0 B. 1
C. 10 D. 50

8. व्यंजक $\frac{(0.22)^3+(0.11)^3+(0.32)^3}{(0.66)^3+(0.96)^3+(0.33)^3}$ $+\frac{(0.32)^3+(0.45)^3-(0.77)^3}{81(0.32)(0.45)(0.77)}$ का मान क्या होगा?

A. 0 B. 1
C. 10 D. 100

9. व्यंजक $\frac{(0.1)^3+(0.2)^3+(0.3)^3-3\times0.1\times0.2\times0.3}{(0.1)^2+(0.2)^2+(0.3)^2-0.1\times0.2-0.1\times0.3-0.2\times0.3}$ का मान क्या होगा?

A. 60 B. 0.6
C. 0.06 D. 0.006

10. यदि $x^2 + y^2 - 2x + 6y + 10 = 0$ हो, तो $(x^2 + y^2)$ का मान होगा :

A. 4 B. 6
C. 8 D. 10

11. यदि $a = 25, b = 15, c = -10$, तो व्यंजक $\frac{a^3+b^3+c^3-3abc}{(a-b)^2+(b-c)^2+(c-a)^2}$ का मान क्या होगा?

A. 30 B. –15
C. –30 D. 15

12. यदि $a^2 + b^2 + c^2 = 2(a - b - c) - 3$, तो $(a - b + c)$ का मान क्या होगा?

A. –1 B. 3
C. 1 D. –2

13. यदि $x^2 + 3x + 1 = 0$, तो $x^3+\frac{1}{x^3}$ का मान क्या होगा?

A. –18 B. 18
C. 36 D. –36

14. यदि $x^a . x^b . x^c = 1$, तो $a^3 + b^3 + c^3$ का मान क्या होगा?

A. 9 B. abc
C. $a + b + c$ D. $3abc$

15. यदि a, b, c तीन शून्येतर वास्तविक संख्याएँ हैं और $a + b + c = 0$ तथा $b^2 \neq ca$, तो $\frac{a^2+b^2+c^2}{b^2-ca}$ का मान क्या होगा?

A. 3 B. 2
C. 0 D. 1

उत्तरमाला

1	2	3	4	5	6	7	8	9	10
C	B	D	B	A	B	C	A	B	D
11	**12**	**13**	**14**	**15**					
D	C	A	D	B					

व्याख्यात्मक उत्तर

1. दिया है, $2x + 3y = 26$ ...(*i*)

$2y + z = 19$ ....(*ii*)

तथा $x + 2z = 29$ ....(*iii*)

समी. (*i*) तथा (*ii*) से,

$[2x + 3y = 26] \times 2$

$2y + z = 19] \times 3$

$- \quad - \quad -$

घटाने पर, $4x - 3z = -5$

समी. (*iii*) से, $[x + 2z = 29] \times 4$

$- \quad - \quad -$

घटाने पर, $-11z = -121$

या $z = 11$

$\because$ समी. (*iii*) से, $x + 2z = 29$

$x = 29 - 2 \times 11 = 7$

पुनः समी. (*iii*) से, $2y + z = 19$

$y = \frac{19-11}{2} = 4$

$\therefore \quad x + y + z = 7 + 4 + 11 = 22$

2. $\because$ दिया है $\frac{(x-y)^2}{x^2-y^2} = 9$

या $\frac{(x-y)^2}{(x+y)(x-y)} = 9$ या $\frac{x-y}{x+y} = 9$

$\therefore \quad \frac{x+y}{x-y} = \frac{1}{9}$

3. $\because \quad \frac{2x}{3}+\frac{y}{2} = 4$ ...(*i*)

$\frac{x}{3}-\frac{y}{2} = 1$ ...(*ii*)

समी. (*i*) तथा (*ii*) को जोड़ने पर,

$\frac{2x}{3}+\frac{x}{3} = 4 + 1 \Rightarrow x = 5$

4. $\frac{a^3+b^3+c^3-3abc}{ab+bc+ca-a^2-b^2-c^2}$

$= \frac{(a+b+c)(a^2+b^2+c^2-ab-bc-ca)}{-(a^2+b^2+c^2-ab-bc-ca)}$

$= -(a + b + c) = -(-5 - 6 + 10)$

$= -1(-11 + 10) = -1 \times -1 = 1$

5. दिया है, $a + b + c = 0$

$\Rightarrow \quad (a + b + c)^2 = 0$

$\Rightarrow \quad a^2 + b^2 + c^2 + 2ab + 2bc + 2ca = 0$

$\Rightarrow \quad a^2 + b^2 + c^2 = -2(ab + bc + ca)$

$\Rightarrow \quad (a^2 + b^2 + c^2)^2 = 4(a^2b^2 + b^2c^2 + c^2a^2 + 2ab^2c + 2bc^2a + 2ca^2b)$

$\Rightarrow \quad (a^2 + b^2 + c^2)^2 = 4[a^2b^2 + b^2c^2 + c^2a^2 + 2abc\ (a + b + c)]$

$\because \quad a + b + c = 0$

$\Rightarrow \quad (a^2 + b^2 + c^2)^2 = 4(a^2b^2 + b^2c^2 + c^2a^2)$

$$\Rightarrow \quad \frac{(a^2+b^2+c^2)^2}{a^2b^2+b^2c^2+c^2a^2} = \frac{4(a^2b^2+b^2c^2+c^2a^2)}{(a^2b^2+b^2c^2+c^2a^2)} = 4$$

6. $x + y + z = 1 - 3 + 2$

$\therefore \quad x + y + z = 0$

$\therefore \quad x^3 + y^3 + z^3 = 3xyz$

$\Rightarrow \quad x^2 - yz = [-(y + z)]^2 - yz$

$= y^2 + 2yz + z^2 - yz$

$= y^2 + yz + z^2$

$x^2 + y^2 + z^2 = [-(y + z)]^2 + y^2 + z^2$

$[\because x = -(y + z)]$

$= y^2 + z^2 + 2yz + y^2 + z^2$

$= 2(y^2 + z^2 + yz)$

$$\therefore \ (x^3+y^3+z^3)\cdot\frac{(x^2-yz)}{(y^2+y^2+z^2)} = \frac{3xyz(y^2+yz+z^2)}{2(y^2+yz+z^2)}$$

$$= \frac{3\times 1\times(-3)\times 2}{2} = -9$$

7. माना $a = 15$, $b = 4.7$ तथा $c = 3.8$ तब

प्रश्नानुसार, $\dfrac{a^3+b^3+c^3-3abc}{a^2+b^2+c^2-ab-bc-ca}$

$$\Rightarrow \frac{(a+b+c)(a^2+b^2+c^2-ab-bc-ca)}{(a^2+b^2+c^2-ab-bc-ca)}$$

$a + b + c = 1.5 + 4.7 + 3.8 = 10.0$

9. माना $a = 0.1$, $b = 0.2$ तथा $c = 0.3$ तब

प्रश्नानुसार,

$$= \frac{a^3+b^3+c^3-3abc}{a^2+b^2+c^2-ab-bc-ca}$$

$$= \frac{(a+b+c)(a^2+b^2+c^2-ab-bc-ca)}{(a^2+b^2+c^2-ab-bc-ca)}$$

$= a + b + c = 0.1 + 0.2 + 0.3 = 0.6$

10. $x^2 + y^2 - 2x + 6y + 10 = 0$

$\Rightarrow \quad x^2 - 2x + 1 + y^2 + 6y + 9 = 0$

$\Rightarrow \quad (x - 1)^2 + (y + 3)^2 = 0$

$\Rightarrow \quad x = 1$ तथा $y = -3$

$\therefore \quad x^2 + y^2 = (1)^2 + (-3)^2$

$= 1 + 9 = 10$

11. $\because \ a^3 + b^3 + c^3 - 3abc$

$$= \frac{1}{2}(a+b+c)[(a-b)^2+(b-c)^2+(c-a)^2]$$

$$\therefore \quad \frac{a^3+b^3+c^3-3abc}{(a-b)^2+(b-c)^2+(c-a)^2}$$

$$= \frac{\frac{1}{2}(a+b+c)[(a-b)^2+(b-c)^2+(c-a)^2]}{(a-b)^2+(b-c)^2+(c-a)^2}$$

$$= \frac{a+b+c}{2} = \frac{25+15-10}{2} = \frac{30}{2} = 15$$

12. $\because \quad a^2 + b^2 + c^2 = 2(a - b - c) - 3$

$\Rightarrow \quad a^2 + b^2 + c^2 = 2a - 2b - 2c - 3$

$\Rightarrow \quad a^2 - 2a + 1 + b^2 + 2b + 1 + c^2 + 2c + 1 = 0$

$\Rightarrow \quad (a - 1)^2 + (b + 1)^2 + (c + 1) = 0$

$\therefore \quad a = 1,\ b = -1$ तथा $c = -1$

$\therefore \quad a - b + c = 1 + 1 - 1 = 1$

13. $\because \quad x^2 + 3x + 1 = 0$

$$x + \frac{1}{x} = -3$$

दोनों ओर घन करने पर,

$$\left(x+\frac{1}{x}\right)^3 = (-3)^3$$

$$\Rightarrow \quad x^3 + \frac{1}{x^3} + 3\cdot x\cdot\frac{1}{x}\left(x+\frac{1}{x}\right) = -27$$

$$\Rightarrow \quad x^3 + \frac{1}{x^3} + 3\times -3 = -27$$

$$\Rightarrow \quad x^3 + \frac{1}{x^3} = 27 + 9 = -18$$

14. $x^a \cdot x^b \cdot x^c = 1$

$\Rightarrow \quad x^{a+b+c} = x^0$

$\Rightarrow \quad a + b + c = 0$

$\because \quad a + b + c = 0$

$\therefore \quad a^3 + b^3 + c^3 = 3abc$

15. $a + b + c = 0$

या $\quad b^2 = [-(a + c)]^2$

या $\quad b^2 = a^2 + c^2 + 2ac$

$$\therefore \quad \frac{a^2+b^2+c^2}{b^2-ca} = \frac{a^2+b^2+c^2+c^2+2ac}{a^2+c^2+2ac-ac}$$

$$= \frac{2[a^2+c^2+ac]}{[a^2+c^2+ac]} = 2$$

❐❐❐❐❐

8

क्षेत्रमिति (Mensuration)

PART-1
समतल आकृतियाँ (Plane Figures)

- यदि किसी आयत की आसन्न भुजाओं में एक को स्थिर रखकर, दूसरे को k गुना किया जाए, तो आयत का क्षेत्रफल भी k गुना हो जाएगा।
- यदि किसी आयत की आसन्न भुजाओं में से एक को स्थिर रखकर दूसरी भुजा को $k\%$ से बढ़ाया या घटाया जाए, तो क्षेत्रफल भी $k\%$ से क्रमशः बढ़ेगा या घटेगा।
- यदि एक वर्ग तथा आयत की परिमिति समान हो, तो वर्ग का क्षेत्रफल हमेशा अधिक होगा।
- दो वृत्तों की त्रिज्याओं में यदि $m : n$ का अनुपात हो, तो उसकी परिधियों का भी वही अनुपात ($m : n$) होगा। वृत्तों की त्रिज्याओं में यदि $m : n$ का अनुपात हो, तो इसके क्षेत्रफलों का अनुपात $m^2 : n^2$ होगा।
- दो वृत्तों के क्षेत्रफल का अनुपात $m : n$ हो, तो उसकी त्रिज्याओं का अनुपात $\sqrt{m} : \sqrt{n}$ होगा।
- यदि दो वर्गों की भुजाओं या विकर्णों का अनुपात $m : n$ हो, तो उसके क्षेत्रफलों का अनुपात $m^2 : n^2$ होगा।
- यदि एक वर्ग की भुजा, समबाहु त्रिभुज की भुजा तथा वृत्त की त्रिज्या में से प्रत्येक को n से गुणा कर दिया जाए, तो उनके क्षेत्रफल n^2 गुना हो जाएगा।

आयत (Rectangle)

- परिमिति = 2 × (लम्बाई + चौड़ाई)
- क्षेत्रफल = लम्बाई × चौड़ाई
- विकर्ण = $\sqrt{(\text{ल०})^2 + (\text{चौ०})^2}$

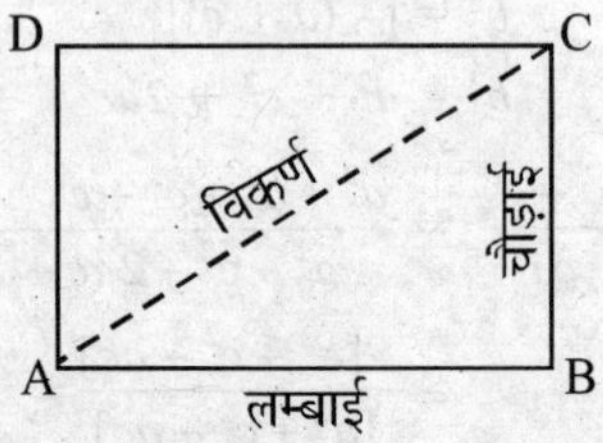

वर्ग (Square)

- क्षेत्रफल = $(\text{भुजा})^2 = \frac{(\text{विकर्ण})^2}{2}$
- परिमिति = 4 × भुजा $\Rightarrow$ भुजा = $\frac{\text{परिमिति}}{4}$
- भुजा = $\sqrt{\text{क्षेत्रफल}}$
- विकर्ण = $\sqrt{2} \times \text{भुजा} = \sqrt{2 \times \text{क्षेत्रफल}}$

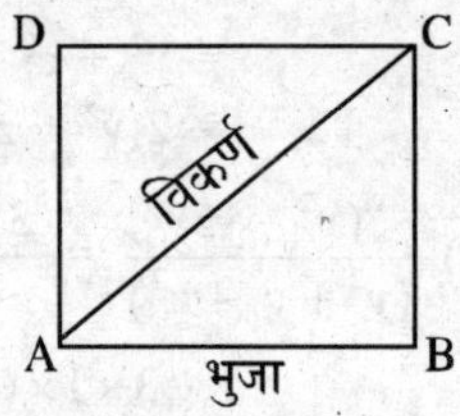

त्रिभुज (Trianlges)

- विषमबाहु त्रिभुज का क्षेत्रफल

$$= \sqrt{s(s-a)(s-b)(s-c)}$$

जहाँ $s = \frac{a+b+c}{2}$

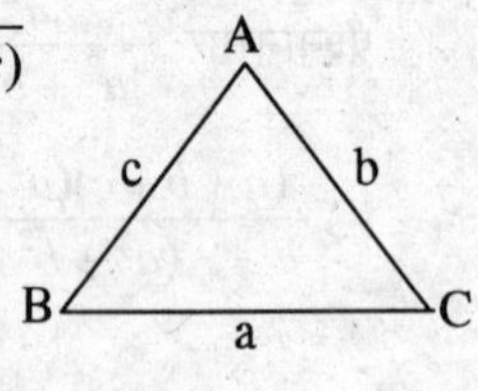

- समद्विबाहु त्रिभुज का क्षेत्रफल

$$= \sqrt{s(s-a)(s-b)^2}$$

जहाँ $s = \frac{a+2b}{2}$

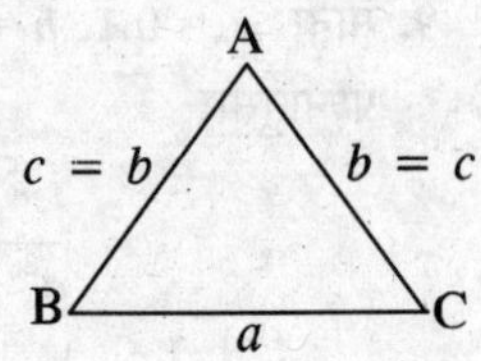

- समबाहु त्रिभुज का क्षेत्रफल

$$= \frac{\sqrt{3}}{4} \times \text{भुजा}^2$$

समबाहु त्रिभुज की ऊँचाई

$$= \frac{\sqrt{3}}{2} \times \text{भुजा}$$

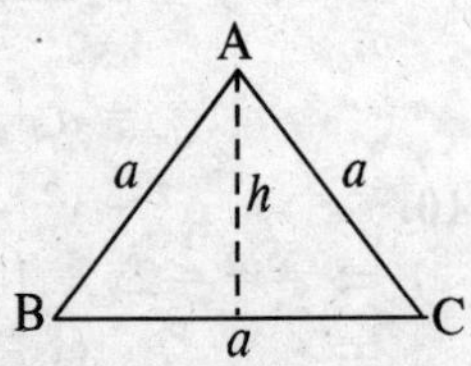

❖ समकोण त्रिभुज का क्षेत्रफल

$= \frac{1}{2} \times$ आधार $\times$ ऊँचाई

कर्ण^2 = लम्ब^2 + आधार^2

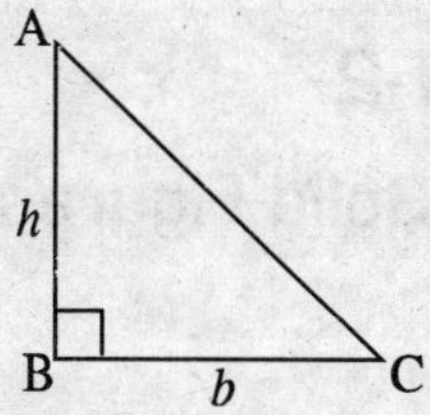

चतुर्भुज (Quadrilaterals)

❖ समानान्तर चतुर्भुज (Parallelogram) का क्षेत्रफल = आधार × ऊँचाई

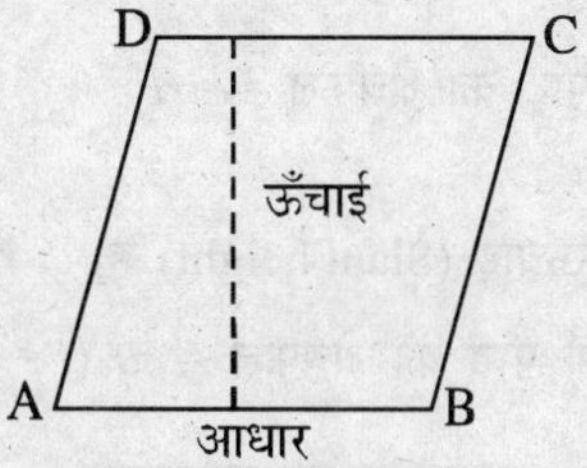

❖ समचतुर्भुज (Rhombus) का क्षेत्रफल

$= \frac{1}{2} \times$ पहला विकर्ण × दूसरा विकर्ण

$= \frac{1}{2} \times AC \times BD$

$= \frac{1}{2} \times d_1 \times d_2$

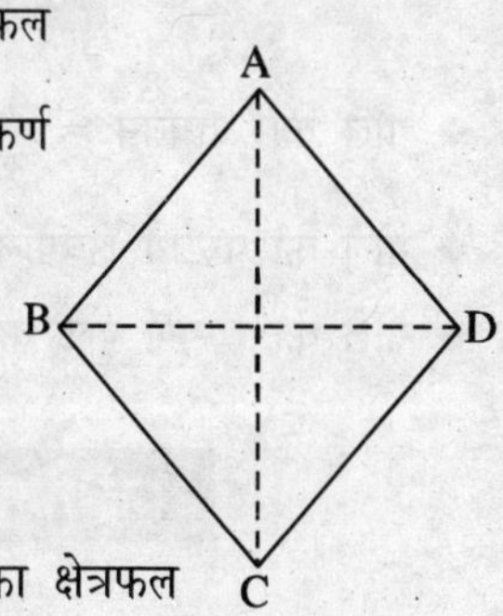

❖ समलम्ब चतुर्भुज (Trapezium) का क्षेत्रफल

$= \frac{1}{2} \times$ समानान्तर भुजाओं का योग × ऊँचाई

$= \frac{1}{2} \times (b_1 + b_2) \times h$

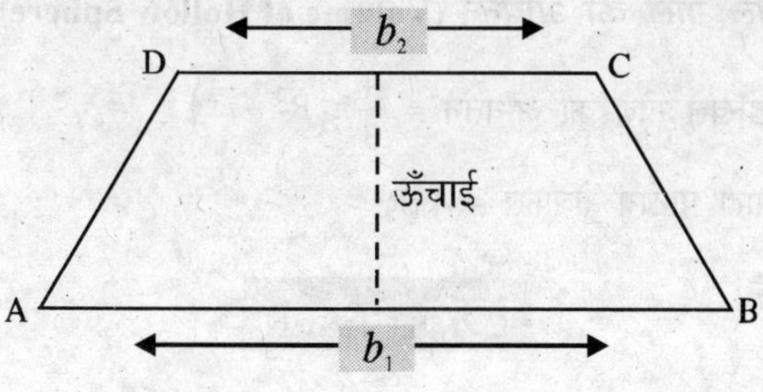

वृत्त (Circle)

❖ वृत्त का क्षेत्रफल $= \pi r^2$

❖ वृत्त की परिधि $= 2\pi r$

❖ वृत्त की त्रिज्या $= r$
तथा व्यास $= 2r$

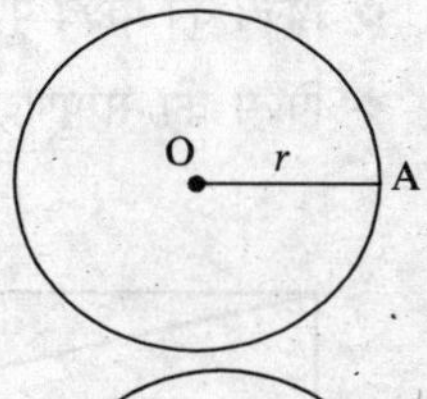

❖ वृत्तखण्ड या त्रिज्यखण्ड का क्षेत्रफल

$= \frac{\theta}{360} \times \pi r^2$

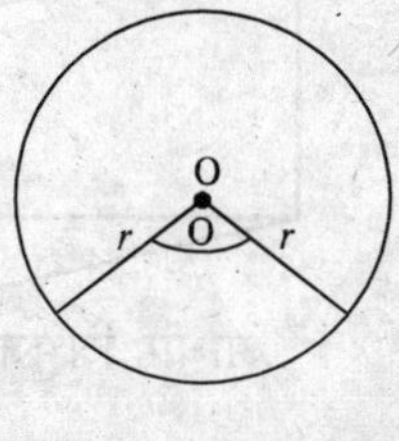

❖ अर्द्धवृत्त का क्षेत्रफल $= \frac{1}{2} \pi r^2$

❖ अर्द्धवृत्त का परिमाप $= \pi r + 2r$

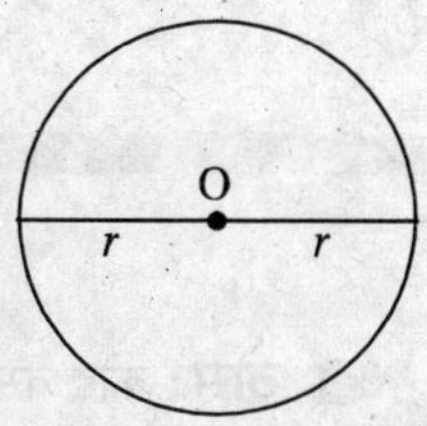

महत्वपूर्ण तथ्य एवं सूत्र

- यदि किसी आयत की लम्बाई तथा चौड़ाई में क्रमशः $x\%$ तथा $y\%$ की वृद्धि कर दी जाए तो उस आयत के क्षेत्रफल में $\left(x + y + \frac{xy}{100}\right)\%$ वृद्धि हो जाएगी।
- यदि किसी आयत की लम्बाई में $x\%$ वृद्धि तथा चौड़ाई में $y\%$ कमी कर दी जाए तो उस आयत के क्षेत्रफल में $\left(x - y - \frac{xy}{100}\right)\%$ वृद्धि या कमी हो जाएगी।
- यदि किसी आयत की लम्बाई में $x\%$ वृद्धि कर दी जाए तो उस आयत के क्षेत्रफल को मूल स्थिति में रखने के लिए उसकी चौड़ाई में $\left(\frac{100 \times x}{100 + x}\right)\%$ की कमी करनी पड़ेगी।
- यदि किसी आकृति के एक आयाम में $x\%$ की वृद्धि तथा दूसरे आयाम में $x\%$ की कमी हो तो उसके क्षेत्रफल में हमेशा कमी ही होगी और यह कमी $\frac{x^2}{100}\%$ होगी।
- यदि किसी वर्ग की भुजा में $x\%$ की वृद्धि कर दी जाए तो उस वर्ग के क्षेत्रफल में $\left(2x + \frac{x^2}{100}\right)\%$ की वृद्धि हो जाएगी।
- यदि किसी वर्ग की भुजा में $x\%$ की कमी कर दी जाए तो उसके क्षेत्रफल में $\left(2x - \frac{x^2}{100}\right)\%$ की कमी हो जाएगी।
- यदि किसी वृत्त की त्रिज्या में $x\%$ की वृद्धि कर दी जाए तो उसके क्षेत्रफल में $\left(2x + \frac{x^2}{100}\right)\%$ की वृद्धि हो जाएगी।
- यदि किसी वृत्त की त्रिज्या में $x\%$ की कमी कर दी जाए तो उसके क्षेत्रफल में $\left(2x - \frac{x^2}{100}\right)\%$ की कमी हो जाएगी।
- किसी x सेमी. भुजा वाले वर्ग के अन्दर बड़े से बड़े वृत्त का क्षेत्रफल $\left(\pi \times \frac{x^2}{4}\right)$ वर्ग सेमी. होगा।
- किसी x सेमी. त्रिज्या वाले वृत्त के अन्दर बने वर्ग का क्षेत्रफल $2x^2$ वर्ग सेमी. होगा।

PART-2
ठोस आकृतियाँ (Solid Figures)

❑ **ठोस:** कोई वस्तु जो स्थान घेरती है, भार रखती है तथा जिसका आकार निश्चित होता है, ठोस कहलाती है। इस प्रकार ठोस की तीन माप होती हैं–

1. लम्बाई 2. चौड़ाई
3. ऊँचाई (मोटाई)।

❑ **आयतन:** ठोस के द्वारा घिरी हुई जगह ठोस का आयतन कहलाती है।

❑ **घनाभ:** एक ठोस जो 6 आयताकार तलों द्वारा घिरा होता है, घनाभ कहलाता है।

❑ **घन:** एक ठोस जो 6 वर्गाकार तलों द्वारा घिरा होता है, घन कहलाता है।

पृष्ठीय क्षेत्रफल और आयतन (Surface area and Volume)

घन (Cube)

❖ घन का आयतन = a^3 = (भुजा)^3

❖ घन का वक्र पृष्ठीय क्षेत्रफल = $4a^2$

❖ घन का कुल पृष्ठीय क्षेत्रफल = $6a^2$

❖ घन का विकर्ण = $a\sqrt{3}$

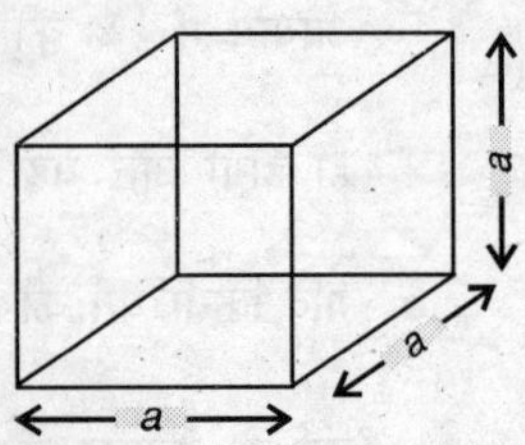

घनाभ (Cuboid)

❖ घनाभ का आयतन
= लम्बाई × चौड़ाई × ऊँचाई
= $l \times b \times h$

❖ घनाभ का पृष्ठीय क्षेत्रफल
= $2(l + b) \times h$

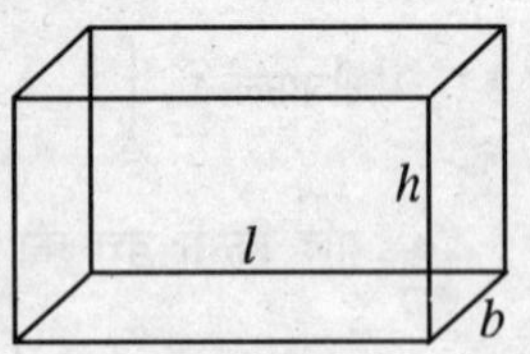

❖ घनाभ का कुल पृष्ठीय क्षेत्रफल = $2(lb + bh + hl)$

❖ घनाभ का विकर्ण = $\sqrt{l^2 + b^2 + h^2}$

बेलन (Cylinder)

❖ बेलन का आयतन = $\pi r^2 h$

❖ बेलन का वक्र पृष्ठ का क्षेत्रफल = $2\pi rh$

❖ बेलन का सम्पूर्ण पृष्ठ का क्षेत्रफल = $2\pi r(h + r)$

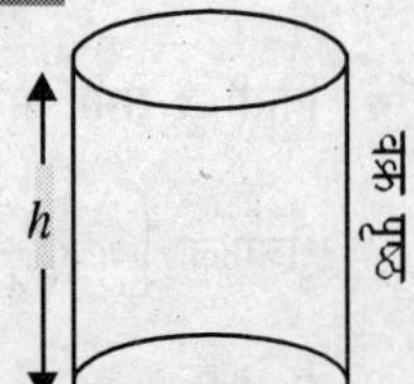

❖ बेलन का आयतन = आधार का क्षेत्रफल × ऊँचाई

शंकु (Cone)

❖ शंकु का आयतन = $\frac{1}{3}\pi r^2 h$

❖ शंकु का वक्र पृष्ठ का क्षेत्रफल = πrl
[$l^2 = r^2 + h^2$,
जहाँ l तिर्यक ऊँचाई (Slant height) है]

❖ शंकु का सम्पूर्ण पृष्ठ का क्षेत्रफल = $\pi r(l + r)$

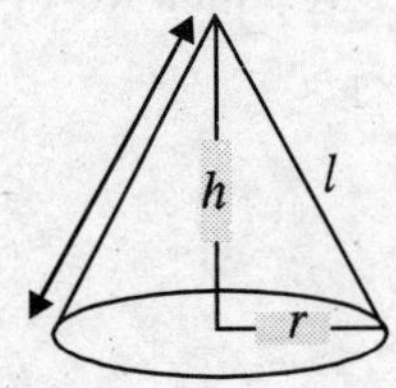

गोला (Sphere)

❖ गोले का आयतन = $\frac{4}{3}\pi r^3$

❖ गोले का पृष्ठीय क्षेत्रफल = $4\pi r^2$

❖ गोले का सम्पूर्ण पृष्ठ का क्षेत्रफल = $4\pi r^2$

अर्द्धगोला (Hemisphere)

❖ अर्द्ध गोले का आयतन = $\frac{2}{3}\pi r^3$

❖ अर्द्ध गोले का पृष्ठीय क्षेत्रफल = $2\pi r^2$

❖ अर्द्ध गोले का सम्पूर्ण पृष्ठ का क्षेत्रफल = $3\pi r^2$

***खोखले गोले का आयतन* (Volume of Hollow Sphere)**

❖ खोखले गोले का आयतन = $\frac{4}{3}\pi\left(R^3 - r^3\right)$

❖ बाह्य पृष्ठीय क्षेत्रफल = $4\pi R^2$

प्रिज्म (Prism)

❖ प्रिज्म का आयतन = आधार का क्षेत्रफल × ऊँचाई

❖ प्रिज्म का पार्श्व पृष्ठीय क्षेत्रफल = आधार का परिमाप × ऊँचाई

❖ प्रिज्म का सम्पूर्ण पृष्ठीय क्षेत्रफल = पार्श्व पृष्ठीय क्षेत्रफल +2 (आधार का क्षेत्रफल)

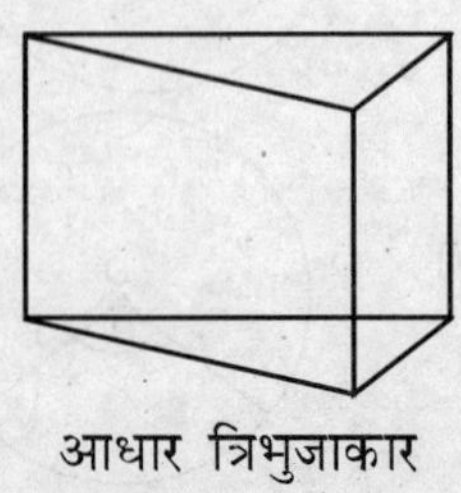

आधार त्रिभुजाकार

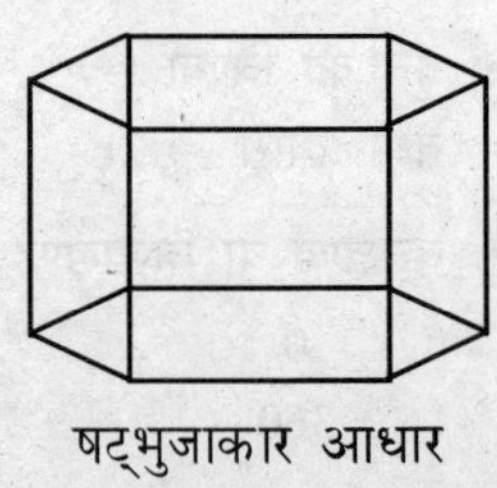

षट्भुजाकार आधार

पिरामिड (Pyramid)

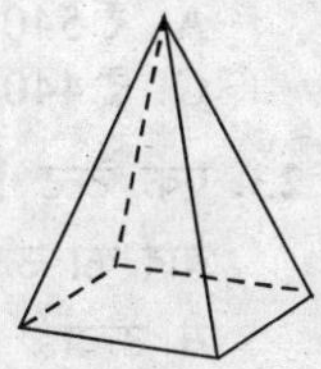

❖ पिरामिड का आयतन

$= \frac{1}{3}$ (आधार का क्षेत्रफल × ऊँचाई)

❖ पिरामिड का पार्श्व पृष्ठीय क्षेत्रफल

$= \frac{1}{2} \times$ आधार का परिमाप × तिरछी ऊँचाई

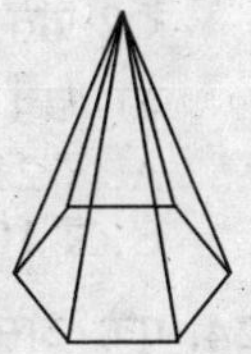

❖ पिरामिड का कुल पृष्ठीय क्षेत्रफल

= पार्श्व पृष्ठीय क्षेत्रफल + आधार का क्षेत्रफल

एक लम्ब वृत्तीय शंकु का छिन्नक (Frustum of a Right Circular Cone)

❖ छिन्नक का आयतन $= \frac{1}{3}\pi h(R^2 + Rr + r^2)$

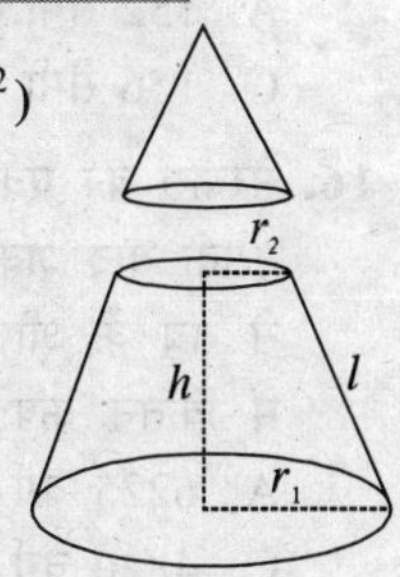

❖ छिन्नक का वक्र पृष्ठीय क्षेत्रफल

$= \pi(R + r)l$

❖ छिन्नक का कुल पृष्ठीय क्षेत्रफल

$= \pi[(R + r)l + R^2 + r^2]$

अभ्यास प्रश्न

1. एक वर्गाकार मैदान का परिमाप 580 मी. है, तो बताइये उस मैदान का क्षेत्रफल कितना होगा?

A. 21025 वर्ग मी. B. 20050 वर्ग मी.
C. 20075 वर्ग मी. D. 20060 वर्ग मी.

2. यदि किसी त्रिभुज का आधार 8 सेमी. तथा ऊँचाई 10 सेमी. हो, तो उस त्रिभुज का क्षेत्रफल कितना होगा?

A. 40 वर्ग सेमी. B. 35 वर्ग सेमी.
C. 42 वर्ग सेमी. D. 28 वर्ग सेमी.

3. एक आयताकार खेत का परिमाप 760 मी. है तथा इसकी लम्बाई व चौड़ाई में 11 : 8 का अनुपात है। तो बताइये आयताकार खेत का क्षेत्रफल क्या होगा?

A. 35200 वर्ग मी. B. 34700 वर्ग मी.
C. 35600 वर्ग मी. D. 45200 वर्ग मी.

4. उस वर्ग की एक भुजा की लम्बाई क्या होगी जिसका क्षेत्रफल क्रमशः 6.4 मी. लम्बे तथा 2.5 मी. चौड़े आयत के क्षेत्रफल के बराबर हो?

A. 8 मी. B. 5.4 मी.
C. 3.8 मी. D. 4 मी.

5. दो वर्गों के क्षेत्रफल में 225 वर्ग मी. का अन्तर है। यदि बड़े वर्ग की भुजा 25 मी. हो, तो छोटे वर्ग की भुजा कितनी होगी?

A. 18 मी. B. 21 मी.
C. 20 मीटर D. 22 मी.

6. एक आयताकार मैदान की भुजायें 3 : 4 के अनुपात में हैं। यदि इस मैदान का क्षेत्रफल 7500 वर्ग मीटर हो, तो इसके चारों ओर 25 पैसे प्रतिमीटर की दर से बाड़ लगाने का खर्च क्या होगा?

A. ₹ 55.50 B. ₹ 67.50
C. ₹ 86.50 D. ₹ 87.50

7. एक आयताकार कमरे की लम्बाई तथा चौड़ाई प्रत्येक में 1 मीटर की वृद्धि कर दें तो इसके फर्श के क्षेत्रफल में 21 वर्ग मीटर की वृद्धि हो जाती है। यदि लम्बाई में 1 मीटर की वृद्धि कर दें तथा चौड़ाई में 1 मीटर कमी कर दें, तो फर्श का क्षेत्रफल 5 मीटर कम हो जाता है। फर्श की परिमिति कितनी है?

A. 42 मीटर B. 28 मीटर
C. 35 मीटर D. 40 मीटर

8. एक वर्गाकार खेत का क्षेत्रफल 0.5 हेक्टेयर है। इसके विकर्ण की लम्बाई क्या होगी?

A. 75 मीटर B. 80 मीटर
C. 100 मीटर D. 110 मीटर

9. एक वर्ग तथा इसके विकर्ण पर बनाये गये वर्ग के क्षेत्रफलों का अनुपात क्या होगा?

A. 1 : 2 B. 2 : 3
C. 3 : 4 D. 4 : 5

10. यदि दो वर्गों के विकर्ण का अनुपात 2 : 5 हो, तो इनके क्षेत्रफलों का अनुपात क्या होगा?

A. $\sqrt{2} : \sqrt{5}$ B. 2 : 5
C. 4 : 25 D. इनमें से कोई नहीं

11. एक समलम्ब चतुर्भुज का क्षेत्रफल 1440 वर्गमीटर है तथा इसकी समान्तर भुजाओं के बीच की दूरी 24 मीटर है। यदि समान्तर भुजाओं का अनुपात 5 : 3 हो, तो इन भुजाओं में से बड़ी भुजा की लम्बाई कितनी होगी?

A. 60 मीटर B. 65 मीटर
C. 75 मीटर D. 80 मीटर

12. किसी वृत्त की त्रिज्या में 30% कमी करने पर इसके क्षेत्रफल में कितने प्रतिशत की कमी आयेगी?

A. 30% B. 60%
C. 45% D. इनमें से कोई नहीं

13. दो वृत्तों की परिधियों का अनुपात 2 : 3 है। इन वृत्तों के क्षेत्रफलों का अनुपात क्या होगा?

A. 2 : 3 B. 4 : 9
C. 9 : 4 D. इनमें से कोई नहीं

14. एक पहिये की त्रिज्या 0.25 मीटर है। 11 किमी. दूरी तय करने में यह कितने चक्कर लगायेगा?

A. 8000 B. 6000
C. 9000 D. 7000

15. एक अर्द्ध-वृत्त के आकार की एक खिड़की का व्यास 63 सेमी. है। इसकी परिमिति कितनी है?

A. 152 सेमी. B. 162 सेमी.
C. 156 सेमी. D. 165 सेमी.

16. सरकस का एक तंबू 22 मीटर की ऊँचाई तक बेलनाकर है तथा उसके बाद शंक्वाकार है। उसका व्यास 48 मीटर है तथा जमीन से तंबू के शीर्ष की ऊँचाई 32 मीटर है। उस तंबू को बनवाने में कितने कपड़े की आवश्यकता होगी?

A. 6225 वर्ग मी. B. 5280 वर्ग मी.
C. 4840 वर्ग मी. D. 4785 वर्ग मी.

17. धातु का एक बेलनाकार खोखला टुकड़ा है जिसका बाहरी व्यास 28 सेमी. और आन्तरिक व्यास 14 सेमी. है। इसका वजन 115.5 किलोग्राम है तथा इसका घनत्व 10 ग्राम प्रति घन सेमी. है। यदि इस टुकड़े को 5 भागों में बाँट दिया जाए, तो प्रत्येक भाग की लम्बाई क्या होगी?

A. 1 सेमी. B. 3 सेमी.
C. 4 सेमी. D. 5 सेमी.

18. एक लोहे का खम्भा जिसका ऊपरी भाग शंकुनुमा है और नीचे का भाग बेलनाकार है। बेलन की त्रिज्या 8 सेमी., ऊँचाई 240 सेमी. और शंकु की ऊँचाई 36 सेमी. है। यदि 1 घन सेमी. लोहे का भार 7.8 ग्राम हो, तो खम्भे का भार ज्ञात कीजिए।

A. 395.3664 किग्रा. B. 235.2324 किग्रा.
C. 365.3664 किग्रा. D. 275.2324 किग्रा.

19. एक अर्द्धगोलाकार बर्तन जिसका आन्तरिक व्यास 36 सेमी. है, में द्रव भरा हुआ है। इस द्रव को 3 सेमी. त्रिज्या और 6 सेमी. ऊँचाई वाली बेलनाकार बोतलों में खाली किया जाना है। बर्तन को पूरा खाली करने के लिए ऐसी कितनी बोतलों की आवश्यकता होगी?

A. 60 B. 50
C. 72 D. 82

20. एक शंकु के छिन्नक के आधारों का परिमाप 48 सेमी. और 36 सेमी. है। यदि छिन्नक की ऊँचाई 11 सेमी. है, तो आयतन ज्ञात कीजिए।

A. 1554 सेमी.^{3} B. 1264 सेमी.^{3}
C. 1624 सेमी.^{3} D. 1444 सेमी.^{3}

21. एक लोहे का बड़ा गोला, जिसको पिघलाकर तीन विभिन्न प्रकार के गोले बनाये जाते हैं जिसकी त्रिज्या क्रमशः 3 सेमी., 4 सेमी. तथा 5 सेमी. है। बड़े गोले का व्यास कितना होगा?

A. 6 सेमी. B. 8 सेमी.
C. 12 सेमी. D. 16 सेमी.

22. ढक्कन वाली एक घनाकार पानी की टंकी, जिसका प्रत्येक बाहरी किनारा 1.5 मी. लम्बा है। टंकी के बाहरी पृष्ठ पर, तली को छोड़ते हुए 25 सेमी. भुजा वाली वर्गाकार टाइलें (Tiles) लगाना है। यदि टाइलों की लागत ₹ 360 प्रति दर्जन है, तो उसे टाइल लगवाने में कितना व्यय करना पड़ेगा?

A. ₹ 5400 B. ₹ 5000
C. ₹ 4400 D. ₹ 4850

23. एक टैन्ट 3 मीटर ऊँचाई तक लम्बवृत्तीय बेलनाकार है। उसके बाद का ऊपरी हिस्सा शंक्वाकार है। यदि शंकु के शीर्ष की जमीन से ऊँचाई 13.5 मीटर और आधार की त्रिज्या 14 मीटर हो, तो ₹ 2 प्रति वर्गमीटर की दर से टैन्ट को अन्दर से पेन्ट करवाने का खर्च ज्ञात करें।

A. ₹ 2142 B. ₹ 2346
C. ₹ 1020 D. ₹ 2068

24. एक ठोस बेलन के वृत्तीय सिरों पर समान आधार के गोलार्द्ध चिपके हुए हैं। ठोस की सम्पूर्ण लम्बाई 19 सेमी. और व्यास 7 सेमी. है। सम्पूर्ण पृष्ठ का क्षेत्रफल ज्ञात कीजिए।

A. 312 सेमी.^{2} B. 418 सेमी.^{2}
C. 512 सेमी.^{2} D. 360 सेमी.^{2}

25. एक 6 सेमी. व्यास का गोला एक 12 सेमी. व्यास के बेलनाकार बर्तन में, जिसमें पानी है, डाला जाता है। पानी कितना ऊपर चढ़ जायेगा?

A. 1 सेमी. B. 2 सेमी.
C. 3 सेमी. D. 4 सेमी.

26. एक कमरे की लं., चौ. व ऊँ. क्रमश: 12 मी., 9 मी. तथा 8 मी. है, तो बताइये उस छड़ की अधिक-से-अधिक लम्बाई क्या होगी जो कमरे में ठीक प्रकार रखी जो सके?

A. 17 मी. B. 18 मी.
C. 25 मी. D. 16 मी.

27. किसी लम्बवृत्तीय शंकु की त्रिज्या तथा ऊँचाई में 3 : 5 का अनुपात है। यदि शंकु का आयतन 120π घन मी. हो, तो उसकी तिरछी ऊँचाई कितनी होगी?

A. $3\sqrt{34}$ मी. B. $2\sqrt{28}$ मी.
C. $2\sqrt{44}$ मी. D. $2\sqrt{34}$ मी.

28. यदि किसी बेलन के आधार की परिधि 88 सेंमी. तथा ऊंचाई 42 सेंमी. हो, तो उस बेलन का आयतन कितना होगा?

A. 25872 घन सेंमी. B. 28572 घन सेंमी.
C. 25870 घन सेंमी. D. 22584 घन सेंमी.

29. एक आयताकार कागज के टुकडे की लम्बाई व चौड़ाई क्रमश: 30 सेंमी. तथा 20 सेंमी. है। यदि कागज को मोड़कर एक बेलन का वक्रपृष्ठ बनाया जाये, तो बेलन कितने तरीके से बनाया जा सकता है?

A. तीन तरीके से B. दो तरीके से
C. एक तरीके से D. चार तरीके से

30. किसी रोलर का व्यास 2.4 मी. तथा लम्बाई 1.68 मी. है। यदि किसी मैदान को समतल करने में रोलर को 1000 पूर्ण चक्कर लगाने पड़े, तो उस मैदान का क्षेत्रफल क्या होगा?

A. 12672 वर्ग मी. B. 12671 वर्ग मी.
C. 12762 वर्ग मी. D. 11768 वर्ग मी.

उत्तरमाला

1	2	3	4	5	6	7	8	9	10
A	A	A	D	C	D	D	C	A	C
11	**12**	**13**	**14**	**15**	**16**	**17**	**18**	**19**	**20**
C	D	B	D	B	B	D	A	C	A
21	**22**	**23**	**24**	**25**	**26**	**27**	**28**	**29**	**30**
C	A	D	B	A	A	D	A	B	A

व्याख्यात्मक उत्तर

1. $\because$ वर्गाकार मैदान का परिनाप = 4 × भुजा

प्रश्नानुसार, $\therefore$ $4 \times$ भुजा $= 580 \Rightarrow$ भुजा $= \frac{580}{4} = 145$ सेमी.

$\therefore$ क्षेत्रफल = $(\text{भुजा})^2 = (145)^2 = 21025$ वर्ग सेमी.

2. त्रिभुज का क्षेत्रफल

$= \frac{1}{2} \times$ आधार × ऊँचाई $= \frac{1}{2} \times 8 \times 10 = 40$ वर्ग सेमी.।

3. माना कि आयताकार खेत की लम्बाई व चौड़ाई क्रमशः $11x$ मी. व $8x$ मी. है।

$\therefore$ खेत का परिमाप $= 2(11x + 8x) = 2 \times 19x = 38x$ मी.

प्रश्नानुसार, आयताकार खेत का परिमाप = 760 मी. है।

$\therefore 38x = 760 \quad \Rightarrow x = \frac{760}{38} = 20$

$\therefore$ खेत की लम्बाई व चौड़ाई क्रमशः $(11 \times 20 = 220$ मी.) व $(8 \times 20 = 160$ मी.) होगी।

$\therefore$ आयताकार खेत का क्षेत्रफल $= 220 \times 160 = 35200$ वर्ग मी.।

4. आयत का क्षेत्रफल $= 6.4 \times 2.5 = 16.00$ वर्ग.मी.

प्रश्नानुसार, वर्ग का क्षेत्रफल = आयत का क्षेत्रफल

$\therefore$ वर्ग का क्षेत्रफल = 16 वर्ग मी.

$\therefore$ वर्ग की भुजा $= \sqrt{16} = \sqrt{4 \times 4} = 4$ मी.।

5. माना कि छोटे वर्ग की भुजा x मी. है

चूँकि बड़े वर्ग का क्षेत्रफल $= (25)^2 = 625$ वर्ग मी.

तथा छोटे वर्ग का क्षेत्रफल $= x^2$ वर्ग मी.

प्रश्नानुसार, दोनों वर्गों के क्षेत्रफल में अन्तर = 225 वर्ग मी.

$\therefore 625 - x^2 = 225 \Rightarrow x^2 = 625 - 225 = 400$

$\Rightarrow x = \sqrt{20 \times 20} = 20$ मी.

अतः छोटे वर्ग की भुजा 20 मी. होगी।

6. माना भुजायें क्रमशः $3x$ तथा $4x$ मीटर हैं।

तब, $3x \times 4x = 7500 \Leftrightarrow x^2 = 625 \Leftrightarrow x = 25$

अतः भुजाओं की लम्बाई 75 मी. तथा 100 मी. हैं।

$\therefore$ परिमिति = 2(75 + 100) मी. = 350 मी.

बाड़ लगाने का खर्च $= \left(350 \times \frac{25}{100}\right) =$ ₹ 87.50

7. माना फर्श की लम्बाई = x मीटर तथा चौड़ाई = y मीटर

तब, क्षेत्रफल = xy वर्ग मीटर

$\therefore (x + 1)(y + 1) - xy = 21 \quad \Leftrightarrow x + y = 20$

$xy - (x + 1)(y - 1) = 5 \quad \Leftrightarrow x - y = 4$

(*i*) तथा (*ii*) को हल करने पर, $x = 12$ तथा $y = 8$

फर्श की परिमिति = 2(12 + 8) मीटर = 40 मीटर

8. वर्ग का क्षेत्रफल $= \frac{1}{2} \times (\text{विकर्ण})^2$

$\Leftrightarrow (0.5 \times 10000)$ वर्ग मी. $= 0.5 \times (\text{विकर्ण})^2$

$\Leftrightarrow (\text{विकर्ण})^2 = 10000$ मीटर $\Leftrightarrow$ विकर्ण = 100 मीटर

9. माना वर्ग की प्रत्येक भुजा = x मी.

विकर्ण पर बने वर्ग की भुजा $= \sqrt{2}x$ मी.

पहले वर्ग का क्षेत्रफल $= x^2$ वर्ग मी.,

दूसरे वर्ग का क्षेत्रफल $= 2x^2$ वर्ग मी.

क्षेत्रफलों का अभीष्ट अनुपात $= x^2 : 2x^2 = 1 : 2$

10. माना दिये गये वर्गों के विकर्ण $2x$ मी. तथा $5x$ मी. हैं।

तब, इन वर्गों के क्षेत्रफलों का अनुपात

$= \frac{1}{2}(2x)^2 : \frac{1}{2}(5x)^2 = 2x^2 : \frac{25}{2}x^2 = 4 : 25$

11. माना समान्तर भुजाओं की लम्बाई $5x$ तथा $3x$ हैं।

तब, $\frac{1}{2} \times (5x + 3x) \times 24 = 1440 \Leftrightarrow 8x = 120 \Leftrightarrow x = 15$

अतः बड़ी भुजा की लम्बाई = (5 × 15) मीटर = 75 मीटर

12. माना वृत्त की त्रिज्या = R, तब, क्षेत्रफल $= \frac{49\pi R^2}{100}$

नये वृत्त की त्रिज्या = (R का 70%) $= \frac{7R}{10}$

नया क्षेत्रफल $= \frac{49\pi R^2}{100}$

क्षेत्रफल में कमी $= \left(\pi R^2 - \frac{49\pi R^2}{100}\right) = \frac{51\pi R^2}{100}$

क्षेत्रफल में कमी % $= \left(\frac{51\pi R^2}{100} \times \frac{1}{\pi R^2} \times 100\right)\% = 51\%$

13. $\frac{2\pi R_1}{2\pi R_2} = \frac{2}{3} \Leftrightarrow \frac{R_1}{R_2} = \frac{2}{3}$

इन वृत्तों के क्षेत्रफलों का अनुपात $= \frac{\pi R_1^2}{\pi R_2^2} = \left(\frac{R_1}{R_2}\right)^2 = \left(\frac{2}{3}\right)^2 = \frac{4}{9}$

14. पहिये की परिधि $= 2\pi R = \left(2\times\frac{22}{7}\times\frac{25}{100}\right)$ मी. $= \frac{11}{7}$ मी.

11 किमी. दूरी तय करने में लगे चक्करों की संख्या

$$= \left(11000\times\frac{7}{11}\right) = 7000$$

15. यहाँ अर्द्धव्यास, $R = \frac{63}{2}$ सेमी.

अर्द्धव्यास की परिमिति $= \pi R + 2R = (\pi + 2)R$

$= \left[\left(\frac{22}{7}+2\right)\times\frac{63}{2}\right]$ सेमी. $= \left(\frac{36}{7}\times\frac{63}{2}\right)$ सेमी. = 162 सेमी.

16. प्रश्नानुसार, बेलनाकार भाग की ऊँचाई = 22 मीटर

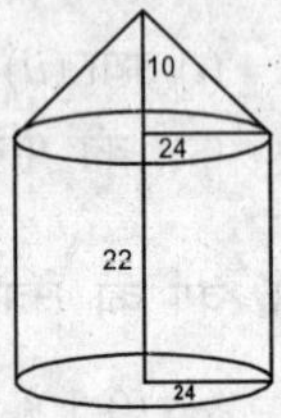

तम्बू की त्रिज्या $= \frac{48}{2} = 24$ मीटर

शंक्वाकार भाग की ऊँचाई $= 32 - 22 = 10$ मीटर

शंक्वाकार भाग की तिर्यक ऊँचाई

$= \sqrt{(24)^2+(10)^2} = \sqrt{576+100} = \sqrt{676} = 26$ मीटर

अतः कपड़े का कुल क्षेत्रफल

= बेलन का वक्रपृष्ठ का क्षेत्रफल + शंक्वाकार का वक्र पृष्ठ का क्षेत्रफल

$= 2\pi rh + \pi rl = \pi r(2h + l)$

$= \frac{22}{7}\times 24(2\times 22+26) = \frac{22}{7}\times 24(44+26)$

$= \frac{22}{7}\times 24\times 70 = 22\times 24\times 10 = 5280$ वर्ग मीटर

17. माना कि बेलनाकार खोखले टुकड़े की ऊँचाई या लम्बाई h है।

इसकी बाहरी त्रिज्या $= \frac{28}{2} = 14$ सेमी.

तथा इसकी भीतरी त्रिज्या $= \frac{14}{2} = 7$ सेमी.

बेलन का आयतन $= \pi(R^2 - r^2)h = \frac{22}{7}[(R+r)(R-r)]\times h$

$= \frac{22}{7}[(14+7)(14-7)]\times h = \frac{22}{7}\times 21\times 7\times h$

$= 462\,h$ घन सेमी.

इसका वजन $= 462\,h \times 10 = 4620\,h$ ग्राम

प्रश्नानुसार, $4620\,h = 115.5\times 1000$ ग्राम

$$h = \frac{115.5\times 1000}{4620} = \frac{11500}{4620} = 25 \text{ सेमी.}$$

अतः प्रत्येक टुकड़े की लम्बाई $= \frac{25}{5} = 5$ सेमी.

18. खम्भे का कुल आयतन = बेलन का आयतन + शंकु का आयतन

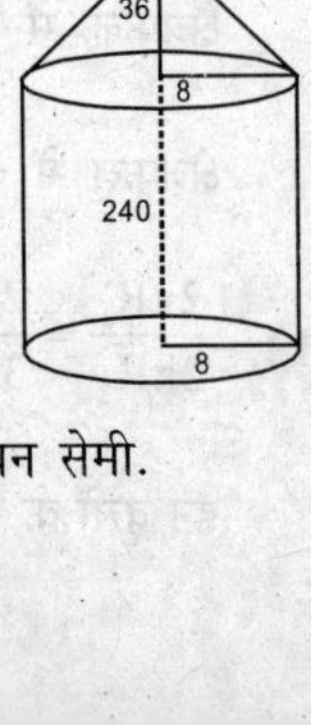

खम्भे का कुल आयतन

$= \pi\times 8\times 8\times 240 + \frac{\pi}{3}\times 8\times 8\times 36$

$= \pi\times 64(240+12)$

$= \frac{22}{7}\times 64\times 252 = 22\times 64\times 36 = 50688$ घन सेमी.

$\because$ 1 घन सेमी. का भार = 7.8 ग्राम

$\therefore$ 50688 घन सेमी. का भार $= 50688\times 7.8$

$= 395366.4$ ग्राम $= 395.3664$ किलोग्राम

19. अर्द्धगोलाकार बर्तन की त्रिज्या = 18 सेमी.

$\therefore$ बर्तन का आयतन $= \frac{2}{3}\pi r^3 = \frac{2}{3}\times\frac{22}{7}\times 18\times 18\times 18$ घन सेमी.

बेलनाकार बोतल का आयतन $= \pi r^2 h$

$= \frac{22}{7}\times 3\times 3\times 6$ घन सेमी.

$\therefore$ बोतलों की संख्या $= \frac{\text{बर्तन का आयतन}}{\text{1 बोतल का आयतन}}$

$$\frac{\frac{2}{3}\times\frac{22}{7}\times 18\times 18\times 18}{\frac{22}{7}\times 3\times 3\times 6} = \frac{2\times 18\times 18\times 18}{3\times 3\times 3\times 6} = 72$$

अतः बर्तन को खाली करने के लिए 72 बोतलों की आवश्यकता होगी।

20. माना R और r छिन्नक के वृत्तीय सिरों की त्रिज्याएँ और h ऊँचाई है, तो

$2\pi R = 48$, $2\pi r = 36$ तथा $h = 11$ सेमी.

$R = \frac{48}{2\pi} = \frac{24}{\pi}$, $r = \frac{36}{2\pi} = \frac{18}{\pi}$

छिन्नक का आयतन $= \frac{1}{3}\pi h(R^2 + r^2 + Rr)$

$= \frac{1}{3}\times\frac{22}{7}\times 11\left(\frac{576}{\pi^2}+\frac{324}{\pi^2}+\frac{24}{\pi}\times\frac{18}{\pi}\right)$

$= \frac{1}{3}\times\frac{22}{7}\times 11\left(\frac{576+324+432}{\pi^2}\right)$

$= \frac{11}{3}\times\frac{1332\times 7}{22} = \frac{1332\times 7}{6} = 222\times 7 = 1554$ सेमी.^{3}

21. माना कि बड़े गोले की त्रिज्या R सेमी. है।

बड़े गोले का आयतन = 3 छोटे गोले का आयतन

$\Rightarrow \quad \frac{4}{3}\pi R^3 = \frac{4}{3}\pi\left[(3)^3+(4)^3+(5)^3\right]$

$\Rightarrow \quad R^3 = 27 + 64 + 125 = 216$

$\Rightarrow \quad R^3 = (6)^3 \Rightarrow R = 6$ सेमी.

अतः बड़े गोले का व्यास $= 2\times 6 = 12$ सेमी.।

22. प्रश्नानुसार, पाँच बाहरी फलकों पर टाइलें लगवाना है।

घनाकार टंकी का एक किनारा = 1.5 मी.

$= \frac{15}{10}\times 100 = 150$ सेमी.

अतः टंकी का पृष्ठीय क्षेत्रफल $= 5\times 150\times 150$ सेमी.^{2}

एक टाइल का क्षेत्रफल = भुजा × भुजा $= 25\times 25 = 625$ सेमी.^{2}

अतः टाइलों की वांछित संख्या $= \frac{5\times 150\times 150}{25\times 25} = 180$

अब 1 दर्जन या 12 टाइलों की लागत = ₹ 360

$\therefore$ 1 टाइल की लागत $= \frac{360}{12} =$ ₹ 30

अतः 180 टाइलों की लागत $= 180\times 30 =$ ₹ 5400.

23. माना कि बेलन की त्रिज्या $r = 14$ मीटर तथा ऊँचाई $h = 3$ मीटर बेलन का वक्र पृष्ठ का क्षेत्रफल

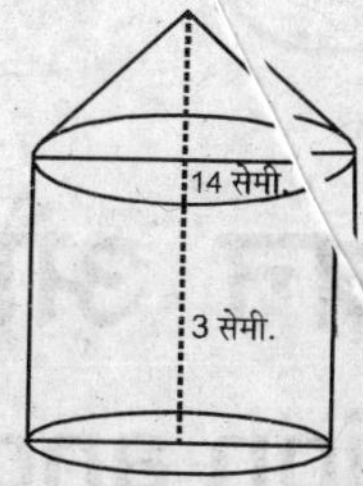

$= 2\pi rh = 2 \times \frac{22}{7} \times 14 \times 3 = 264$ वर्ग मी.

शंकु की त्रिज्या $r_1 = 14$ मी.

शंकु की ऊँचाई $h_1 = (13.5 - 3) = 10.5$ मी.

तिर्यक ऊँचाई $l = \sqrt{(14)^2 + (10.5)^2}$

$= \sqrt{196 + 110.25} = \sqrt{306.25} = 17.5$ मी.

शंकु के वक्रपृष्ठ का क्षेत्रफल $= \pi r_1 l$

$= \frac{22}{7} \times 14 \times 17.5 = 770$ वर्ग मी.

अतः पेन्ट करवाने योग्य कुल क्षेत्रफल

= बेलन का वक्र पृष्ठ + शंकु का वक्र पृष्ठ

= 264 + 770 = 1034 वर्ग मीटर

$\therefore$ पेन्ट करवाने का खर्च = 1034 × 2 = ₹ 2068.

24. माना कि बेलन की त्रिज्या r सेमी. और ऊँचाई h सेमी.

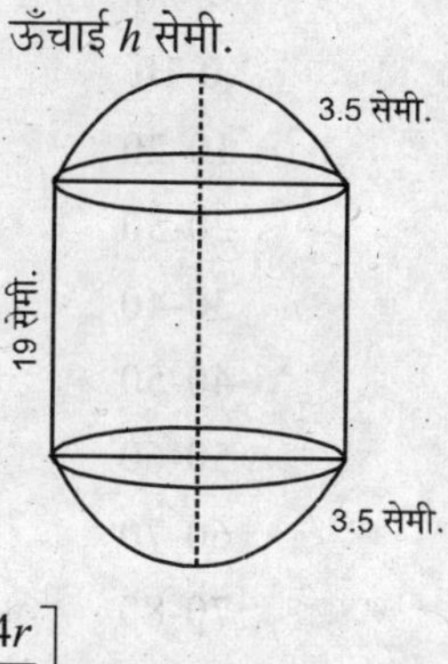

$\therefore r = \frac{7}{2}$ सेमी.,

$h = \left(19 - 2 \times \frac{7}{2}\right) = 12$ सेमी.

स्पष्टतः गोलार्द्ध की त्रिज्या $= \frac{7}{2}$ सेमी.

पुनः ठोस का आयतन = बेलन का आयतन + दो गोलार्द्धों का आयतन

$= \left[\pi r^2 h + 2\left(\frac{2}{3}\pi r^3\right)\right] = \pi r^2 \left[h + \frac{4r}{3}\right]$

$= \frac{22}{7} \times \left(\frac{7}{2}\right)^2 \times \left[12 + \frac{4}{3} \times \frac{7}{2}\right] = \frac{22}{7} \times \frac{7}{2} \times \frac{7}{2} \times \frac{50}{3}$

= 641.66 घन सेमी.

ठोस का सम्पूर्ण पृष्ठ = बेलन का वक्रपृष्ठ का क्षेत्रफल + दो गोलार्द्ध का पृष्ठीय क्षेत्रफल $= 2\pi rh + 2 \times 2\pi r^2 = 2\pi r(h + 2r)$

$= 2 \times \frac{22}{7} \times \frac{7}{2} \times \left[12 + 2 \times \frac{7}{2}\right] = \left[2 \times \frac{22}{7} \times \frac{7}{2} \times 19\right]$

= 418 वर्ग सेमी.

25. गोले की त्रिज्या = 3 सेमी.

गोले का आयतन $= \frac{4}{3}\pi(3)^3 = 36\pi$ घन सेमी.

बेलनाकार बर्तन की त्रिज्या = 6 सेमी.

माना कि बेलनाकार बर्तन में पानी का तल h सेमी. ऊँचाई वाले बर्तन का आयतन $= \pi \times 6^2 \times h = 36\pi h$ घन सेमी.

प्रश्नानुसार, $36\pi h = 36\pi$

$\Rightarrow h = 1$ सेमी.

अतः पानी 1 सेमी. ऊपर चढ़ जायेगा।

26. $\because$ अधिक-से-अधिक लम्बाई की छड़ = घनाभ के विकर्ण की लम्बाई

$= \sqrt{(\text{लं.})^2 + (\text{चौ.})^2 + (\text{ऊं})^2} = \sqrt{(12)^2 + (9)^2 + (8)^2}$

$= \sqrt{144 + 81 + 64} = \sqrt{289} = 17$ मी.

अतः उस छड़ की अधिक-से-अधिक लम्बाई जो ठीक प्रकार से कमरे में रखी जा सके 17 मी. होगी।

27. माना कि लम्बवृत्तीय शंकु की त्रिज्या व ऊंचाई क्रमशः $3x$ मी. व $5x$ मी. है

$\therefore$ शंकु का आयतन $= \frac{1}{3}\pi r^2 h = \frac{1}{3}\pi \times (3x)^2 \times 5x$ घन मी.

प्रश्नानुसार, शंकु का आयतन $= 120\pi$ घन मी. (दिया है)

$\therefore \frac{1}{3}\pi \times 9x^2 \times 5x = 120\pi \Rightarrow x^3 = \frac{120 \times 3}{9 \times 5}$

$\Rightarrow x^3 = 8 \Rightarrow x^3 = (2)^3 \Rightarrow x = 2$ मी.

$\therefore$ लम्बवृत्तीय शंकु की त्रिज्या व ऊंचाई क्रमशः 3 × 2 = 6 मी. तथा 5 × 2 = 10 मी. होगी।

$\therefore$ तिर्यक ऊंचाई $= \sqrt{(\text{त्रिज्या})^2 + (\text{ऊँचाई})^2}$

$= \sqrt{(6)^2 + (10)^2} = \sqrt{36 + 100} = \sqrt{136} = 2\sqrt{34}$ मी.।

28. माना कि बेलन के आधार की त्रिज्या $= r$ सेंमी.

$\therefore$ बेलन के आधार की परिधि $= 2\pi r$ सेंमी.

प्रश्नानुसार, $2\pi r = 88$

$\Rightarrow r = \frac{88}{2\pi} = \frac{88}{2 \times \frac{22}{7}} = \frac{88 \times 7}{2 \times 22} = 14$ सेंमी.

$\therefore$ बेलन का आयतन $= \pi r^2 h = \frac{22}{7} \times (14)^2 \times 42$

$= 22 \times 2 \times 14 \times 42 = 25872$ घन सेंमी.।

29. कागज के टुकड़े को दो तरीके से मोड़कर बेलन बनाया जा सकता है।

I. आयताकार कागज को इस प्रकार मोड़ा जाए ताकि उसकी लम्बाई 30 सेंमी. तथा चौड़ाई 20 सेंमी. बेलन की क्रमशः वृत्तीय आधार की परिधि तथा ऊंचाई हो।

II. पुनः आयताकार कागज को इस प्रकार से मोड़ा जाये ताकि उसकी लम्बाई 30 सेंमी. तथा चौड़ाई 20 सेंमी. बेलन की क्रमशः ऊंचाई व वृत्तीय आधार की परिधि हो।

30. $\because$ रोलर का व्यास = 2.4 मी. $\therefore$ रोलर की त्रिज्या = 1.2 मी.

तथा रोलर की लम्बाई (ऊंचाई) = 1.68 मी.

$\therefore$ रोलर की वक्रपृष्ठ $= 2\pi rh = 2 \times \frac{22}{7} \times 1.2 \times 1.68$

= 12.672 वर्ग मी.

$\therefore$ 1 चक्कर में रोलर मैदान पर चला = 12.672 वर्ग मी.

$\therefore$ 1000 चक्कर में मैदान पर चलेगा = 12.672 × 1000

= 12672 वर्ग मी.

अर्थात् मैदान का क्षेत्रफल = 12672 वर्ग मी. होगा।

□□□□□

9

आंकड़ों का निर्वचन और सांख्यिकी
(Data Interpretation and Statistics)

परिभाषा (Definition)

तर्कसंगत मापदंड के अनुसार संख्यात्मक रूप से व्यक्त, निर्धारित अथवा पूर्वनिर्धारित उद्देश्य के लिए व्यवस्थित ढंग से संग्रहित और एक-दूसरे से संबंधित स्थितियों की विविधता से प्रभावित तथ्यों का संचय, सांख्यिकी कहलाता है।

आंकड़ों का संग्रह : कुछ विधियों (प्रयोगों) के सम्पादन द्वारा मूल स्रोत का संग्रह आंकड़ा कहलाता है।

अपरिष्कृत आंकड़ा (Raw Data) : मूल रूप में संग्रहीत आंकड़ा अपरिष्कृत आंकड़ा (Raw Data) या अवर्गीकृत आंकड़ा (Ungrouped Data) कहलाता है।

वर्ग-अंतराल (Class Interval) : वर्ग-अंतराल वह समूह होता है जिसमें अपरिष्कृत आंकड़ा सम्मिलित होता है।

वर्ग आमाप (Class Size) : किसी वर्ग की वास्तविक ऊपरी सीमा और वास्तविक निम्न सीमा, वर्ग अंतराल का आमाप कहलाती हैं।

वर्ग-चिह्न (Class Mark) : किसी वर्ग के वर्ग-चिह्न को निम्नलिखित रूप में परिभाषित किया जा सकता है।

$$\text{वर्ग-चिह्न} = \frac{\text{ऊपरी वर्ग सीमा} + \text{निम्न वर्ग सीमा}}{2}$$

विचर (Variate) : संख्याओं के दिए गए समूह से कोई भी मान ली जाने वाली राशि विचर कहलाती है।

विचर दो प्रकार के होते हैं:

(*i*) **असंतत विचर (Discrete Variate) :** यह वह विचर होता है जो सभी मानों को नहीं ले सकता है और एक मान तथा अन्य मानों के बीच असंतत अंतराल होता है।

(*ii*) **संतत विचर (Continuous Variate) :** यह वह विचर है जो नियत अंतराल में निहित मानों को ले सकता है।

बारंबारता (Frequency) : विचर के मानों की पुनरावृत्ति की संख्या उनकी बारंबारता कहलाती है।

बारंबारता बंटन (Frquency Distribution) : अवर्गीकृत आंकड़ों द्वारा तब तक किसी भी विषय-वस्तु को कोई स्पष्ट विचार नहीं दिया जा सकता जब तक ये व्यवस्थित ढंग से व्यवस्थित नहीं किए जाते हैं, इसलिए सर्वप्रथम हम अपरिष्कृत आंकड़ों को उनके माप के आरोही या अवरोही क्रम में व्यवस्थित करते हैं—

उदाहरण के लिए किसी कक्षा में 30 विद्यार्थियों द्वारा विज्ञान में प्राप्त अंकों को नीचे सारणीबद्ध किया गया है:

प्राप्तांक	*विद्यार्थियों की संख्या*
0-10	1
10-20	2
20-30	3
30-40	2
40-50	5
50-60	6
60-70	7
70-80	4
	30

परिसर (Range) : अपरिष्कृत आंकड़ों में अधिकतम और न्यूनतम प्रेक्षणों का अंतर परिसर कहलाता है।

संचयी बारंबारता (Cumulative Frequency) : विचर के किसी मान के संगत संचयी बारंबारता पूर्व की सभी बारंबारताओं सहित विचर-मान का योग है।

बारंबारता बंटन का आलेखी निरूपण : सांख्यिकी आंकड़े के आलेखों को खींचते समय विचर या वर्ग अंतराल के मानों को क्षैतिज रेखा x-अक्ष पर लिया जाता है और उनकी बारंबारताओं को y-अक्ष पर लिया जाता है।

आयत चित्र (Histogram)

यह ऐसा सांख्यिकीय ग्राफ है जिसमें आयताकार स्तंभों की ऊंचाई द्वारा यह निरूपित या प्रदर्शित किया जाता है कि किसी प्रतिदर्श या प्रयोग में किसी परिणाम विशेष का प्रत्येक वर्ग कितनी बार आ रहा है। उदाहरण : नीचे की सारणी में किसी शहर में (15-50) आयु-वर्ग के प्रौढ़ व्यक्तियों की संख्या प्रदर्शित की गई है।

आयु वर्ग	व्यक्तियों की संख्या
15-20	200
20-25	350
25-30	475
30-35	600
35-40	750
40-45	900
45-50	100

उपर्युक्त आंकड़ों का आयत-चित्र नीचे दिया गया है :

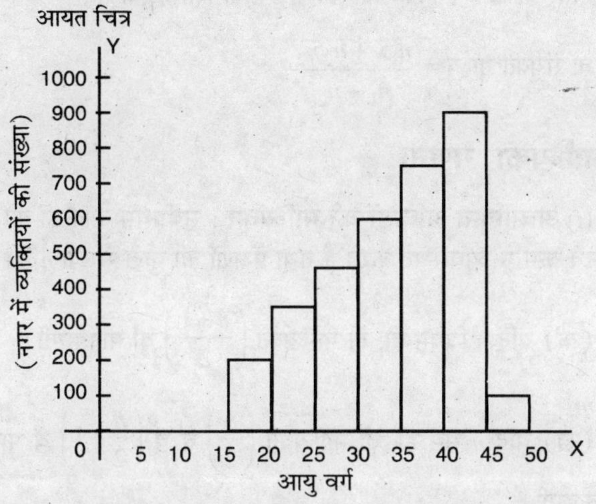

बारंबारता बहुभुज (Frequency Polygon)

समान वर्ग-अंतराल के आयत-चित्र में प्रत्येक दो क्रमागत आयतों की ऊपरी भुजाओं के मध्य बिंदुओं को एक रेखाखंड द्वारा मिलाने से प्राप्त आकृति को बारंबारता बहुभुज कहते हैं।

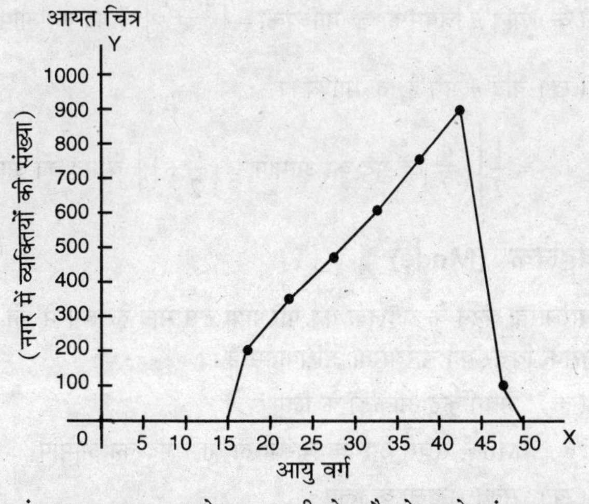

बारंबारता बहुभुज का क्षेत्रफल वही होता है जो उसके संगत आयत चित्र का है। उदाहरण : उपर्युक्त आंकड़ों का बारंबारता बहुभुज चित्र में दर्शाया गया है।

दंड चार्ट (Bar Chart)

यह आंकड़ों का एक ऐसा ग्राफीय निरूपण है जिसमें आंकड़ों के किसी समुच्चय में दी गई राशियों की समानुपाती लंबाइयों के दंड बने होते हैं। इसका प्रयोग तब किया जाता है जबकि किसी एक अक्ष का कोई सांख्यिकीय पैमाना नहीं हो सकता। उदाहरण के लिए यदि किसी अक्ष द्वारा यह निरूपित किया जाना हो कि मिश्रित बीजों के एक पैकेट से फूलों की अलग-अलग कितनी क्यारियां बनाई जा सकती हैं।

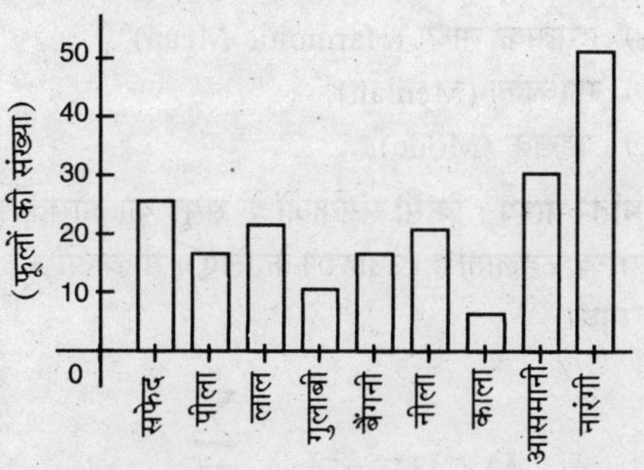

पाई चार्ट (Pie-chart)

इस प्रकार के आरेख में समानुपातों को किसी वृत्त के त्रिज्यखंडों (sectors) के रूप में प्रदर्शित किया जाता है। त्रिज्यखंडों के सापेक्षिक क्षेत्रफल विभिन्न अनुपातों को निरूपित करते हैं। उदाहरण : यदि 100 सैनिकों में से 25 सैनिक टैंक का, 30 सैनिक युद्धपोतों का, 40 सैनिक वायुयानों का और शेष सैनिक बंदूकों का प्रयोग करते हों तो उपर्युक्त आंकड़ों का पाई-चार्ट निम्नवत् होगा :

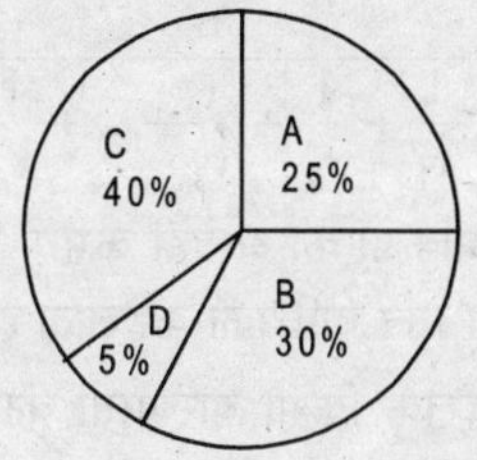

A टैंक का प्रयोग करने वाले सैनिक $= \frac{25 \times 360}{100} = 90°$

B युद्धपोतों का प्रयोग करने वाले सैनिक $= \frac{30 \times 360}{100} = 108°$

C वायुयानों का प्रयोग करने वाले सैनिक $= \frac{40 \times 360}{100} = 144°$

D बंदूकों का प्रयोग करने वाले सैनिक $= \frac{5 \times 360}{100} = 18°$

तोरण या संचयी बारंबारता वक्र (Ogive)

बिंदुओं को भुज के रूप में वर्ग-अंतरालों की ऊपरी सीमाओं और कोटि के रूप में संगत वर्ग अंतरालों की संचयी बारंबारता लेकर आलेखित किया जाता है। तोरण प्राप्त कराने के लिए निष्कोण वक्र द्वारा इन बिंदुओं को जोड़ा जाता है।

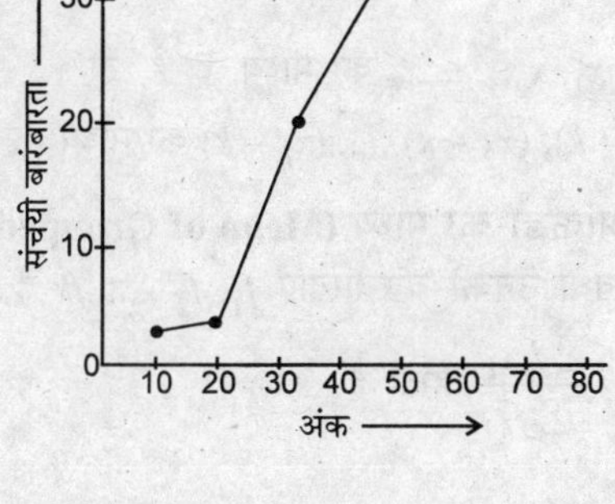

केन्द्रीय प्रवृत्ति की माप : औसत की पांच सामान्य माप निम्नलिखित हैं :

(i) समांतर माध्य (Arithmetic Mean)

(ii) गुणोत्तर माध्य (Geometric Mean)

(iii) हरात्मक माध्य (Harmonic Mean)

(iv) माध्यिका (Median)

(v) बहुलक (Mode)

(i) **समांतर माध्य :** किसी संख्याओं के समूह का औसत, इन संख्याओं का समांतर माध्य कहलाता है। उदाहरण के लिए n संख्याओं $x_1, x_2, x_3 ... x_n$, का समांतर माध्य,

$$x = \frac{x_1 + x_2 + x_3 + ... + x_n}{n} = \frac{\sum_{i=1}^{n} x_i}{n}$$

(ii) **गुणोत्तर माध्य :** अवर्गीकृत आंकड़ों के लिए गुणोत्तर माध्य निम्नलिखित है–

$$G.\ M. = (x_1 .\ x_2 .\ x_3 \ ....x_n)^{1/n}$$

(iii) **हरात्मक माध्य :** अवर्गीकृत आंकड़ों के लिए हरात्मक माध्य निम्नलिखित है–

$$H.\ M. = \frac{n}{\frac{1}{x_1} + \frac{1}{x_2} + \frac{1}{x_3} + ... + \frac{1}{x_n}}$$

(iv) **माध्यिका :** आंकड़ों को आरोही क्रम में व्यवस्थित किए जाने के बाद मध्यवर्ती प्रेक्षणों का मान माध्यिका कहलाता है।

(v) **बहुलक :** बहुलक किसी बारंबारता बंटन के लिए वह मान है जिसके विचर की बारंबारता अधिक है।

महत्वपूर्ण तथ्य एवं सूत्र

माध्य के कुछ अन्य परिणाम :

n संख्याओं $x_1, x_2, x_3 ....x_n$ का समांतर माध्य है

$$\bar{x} = \frac{x_1 + x_2 + x_3 + ... + x_n}{n} = \frac{\sum_{i=1}^{n} x_1}{n}$$

(i) यदि n प्रेक्षणों $x_1, x_2 ...... x_n$ का माध्य $\bar{x}$ है, तो

$$\sum_{i=1}^{n} (xi - \bar{x}) = 0$$

(ii) यदि $x_1, x_2, ...x_n$ का माध्य $\bar{x}$ है, तो $(x_1 + k), (x_2 + k).......(x_n + k)$ का माध्य $(\bar{x} + k)$ होता है।

(iii) यदि $x_1, x_2, ...x_n$ का माध्य $\bar{x}$ है, तो $(x_1 - k), (x_2 - k).......(x_n - k)$ का माध्य $(\bar{x} - k)$ होता है।

वर्गीकृत आंकड़ों का माध्य (Mean of Grouped Data) : यदि $x_1, x_2........x_k$ तथा उनकी बारंबारताएं $f_1, f_2 ....fk$ हैं, तो माध्य

$$\bar{x} = \frac{\sum f_i x_i}{\sum f_i} \text{ होता है}$$

भारित समांतर माध्य (Weighted Arithmetic Mean) : यदि $w_1, w_2 ...., w_n$ क्रमशः $x_1, x_2 ....x_n$ के लिए निर्धारित भार है, तो

$$\text{भारित समांतर माध्य} = \frac{w_1 x_1 + w_2 x_2 + ... + w_n x_n}{w_1 + w_2 + ... + w_n}$$

$$\text{या भारित समांतर माध्य} = \frac{\sum w_i x_i}{\sum w_i}$$

संयुक्त माध्य (Combinded Mean) : यदि $\bar{x}_1, \bar{x}_2$ उन दो श्रृंखलाओं के समांतर माध्य हैं जिनके पदों की संख्या क्रमशः n_1, n_2 है,

$$\text{तो संयुक्त माध्य} = \frac{n_1 \bar{x} + n_2 \bar{x}_2}{n_1 + n_2}$$

माध्यिका गणना

(i) **अवर्गीकृत आंकड़ों की माध्यिका :** सर्वप्रथम आंकड़ों को बढ़ते या घटते क्रम में व्यवस्थित करते हैं तथा प्रेक्षणों की कुल संख्या n है।

(क) यदि n विषम हो, तो माध्यिका $\left(\frac{n+1}{2}\right)$ वां मान होगी।

(ख) यदि n सम हो, तो माध्यिका $\left(\frac{n}{2}\right)$ वें व $\left(\frac{n}{2}+1\right)$ वें मान का औसत होगी।

(ii) **असंतत श्रेणी की माध्यिका (Median of Discrete Series) :** सर्वप्रथम पदों को आरोही क्रम में व्यवस्थित करते हैं, इसके पश्चात् संचयी बारंबारता सारणी तैयार करते हैं। माना कुल बारंबारता n है।

(क) यदि n विषम है, तो माध्यिका $= \left(\frac{n+1}{2}\right)$ वें पद का आमाप

(ख) यदि n सम है, तो माध्यिका

$$= \frac{1}{2}\left[\left(\frac{n}{2}\right) \text{ वें पद का आमाप} + \left(\frac{n}{2}+1\right) \text{ वें पद का आमाप}\right]$$

बहुलक (Mode)

एक बारंबारता बंटन के बहुलक की परिभाषा उस मान के रूप में की जाती है, जिसके विचर की बारंबारता अधिकतम है।

(क) अवर्गीकृत आंकड़ों के लिए

Mo = सबसे अधिक बारंबारता वाले पद का आमाप

(ख) सतत् श्रृंखला के लिए

$$Mo = 1 + \left(\frac{f_f - m_1}{2f_m - f_1 - f_2}\right) \times i$$

प्रत्येक आंकड़े और बंटन के लिए बहुलक होना आवश्यक नहीं है।

माध्य, माध्यिका तथा बहुलक में मुलानुपाती सम्बन्ध

(i) बहुलक = 3 × माध्यिका – 2 × माध्य

(ii) माध्य – बहुलक = 3 (माध्य – माध्यिका)

अभ्यास प्रश्न

निर्देश (प्र.सं. 1 से 5): *निम्नलिखित ग्राफ को सावधानीपूर्वक अध्ययन कर प्रश्नों का उत्तर दीजिए।*

मोतियों का निर्यात करोड़ रुपयों में

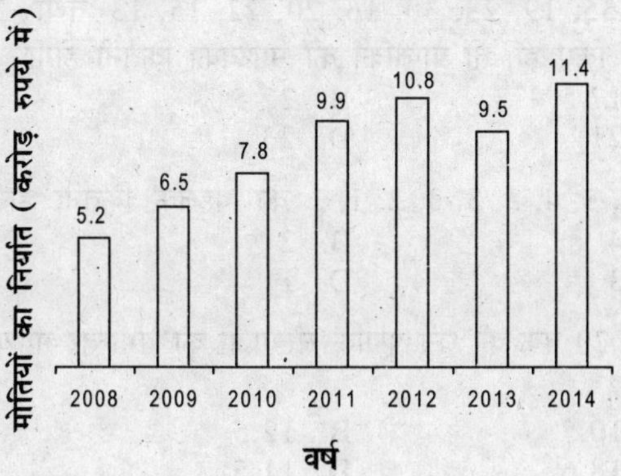

1. दिए गए वर्षों के मोतियों का औसत निर्यात (रुपये करोड़ में) था:

A. 8.7 B. 8.73
C. 9.73 D. 8.85

2. किस वर्ष उसके पिछले वर्ष की तुलना में मोतियों के निर्यात में प्रतिशत वृद्धि अधिकतम हुई थी?

A. 2009 B. 2014
C. 2012 D. 2011

3. दिए गये वर्षों में औसत निर्यात से कितने वर्ष का निर्यात अधिक था?

A. 2 B. 4
C. 5 D. 3

4. किस लगातार दो वर्षों का मोतियों का औसत निर्यात ₹ 9 करोड़ के करीब था?

A. 2009 तथा 2010 B. 2010 तथा 2011
C. 2011 तथा 2012 D. 2012 तथा 2013

5. 2013 से 2014 तक निर्यात में प्रतिशत वृद्धि क्या थी?

A. $16\frac{2}{3}\%$ B. 19%
C. 20% D. $33\frac{1}{3}\%$

निर्देश (6 एवं 7) : *निम्नलिखित वृत्तारेख में किसी एक वर्ष में 360 छात्रों की परीक्षा में उपलब्धि दिखाई गई है। वृत्तारेख का अध्ययन करें और प्रश्नों के उत्तर दें।*

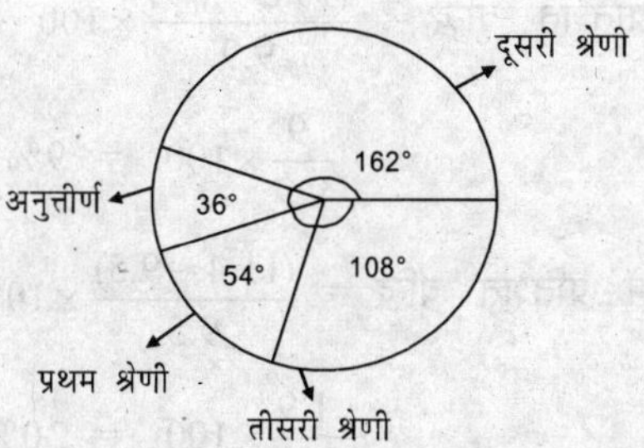

6. प्रथम श्रेणी में उत्तीर्ण छात्रों की संख्या है :

A. 45 B. 54
C. 64 D. 74

7. दूसरी श्रेणी में उत्तीर्ण छात्रों की संख्या प्रथम श्रेणी में उत्तीर्ण छात्रों की संख्या से कितनी अधिक है?

A. 111 B. 112
C. 109 D. 108

निर्देश (8 से 12) : *नीचे दिया गया पाई चार्ट किसी परिवार के विभिन्न मदों पर खर्च को दर्शाता है। इस पर आधारित दिए गए प्रश्नों के उत्तर दीजिए।*

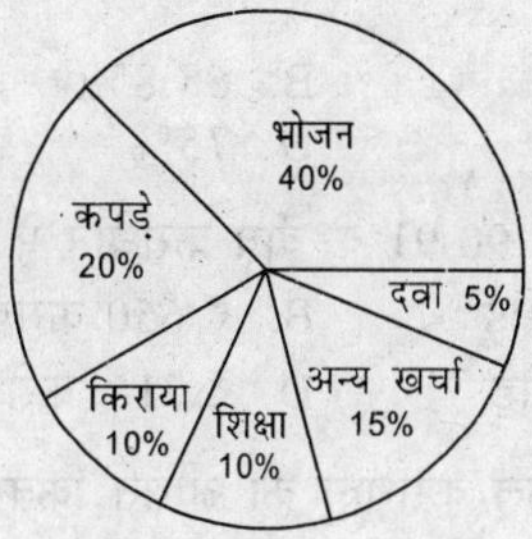

8. यदि शिक्षा पर ₹ 375 खर्च होते हैं, तो उतने ही रुपये निम्नलिखित में से किस पर खर्च होंगे?

A. दवा B. अन्य खर्च
C. किराया D. कपड़े

9. यदि भोजन पर खर्च ₹ 750 प्रति माहवार हो, तो शिक्षा पर वार्षिक व्यय कितने रुपये होगा?

A. ₹ 2150 B. ₹ 1022.50
C. ₹ 2250 D. ₹ 1400

10. यदि परिवार का कुल खर्च ₹4500 हो, तो उस परिवार का कपड़े पर कितना खर्च होता है?

A. ₹ 800 B. ₹ 900
C. ₹ 840 D. ₹ 950

11. इस चार्ट में अन्य खर्च पर व्यय द्वारा केन्द्रीय कोण कितना होगा?

A. 64° B. 54°
C. 36° D. 15°

12. किराये तथा कपड़े पर मिलाकर खर्च तथा दवा एवं अन्य खर्च पर मिलाकर खर्चों का क्या अनुपात है?

A. 2 : 3 B. 3 : 4
C. 3 : 5 D. 3 : 2

निर्देश (13 से 17) : *नीचे दिये गये ग्राफ में सरकार द्वारा क्रमिक वर्षों में अतिरिक्त कराधान से प्राप्त रुपयों का विवरण दिया गया है। ग्राफ का सावधानीपूर्वक अध्ययन करके नीचे दिये गये प्रश्नों के उत्तर दो।*

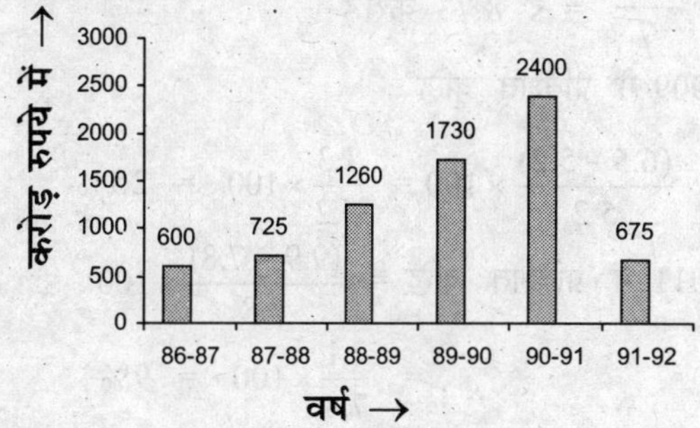

13. कराधान में सबसे अधिक वृद्धि किन-किन वर्षों के मध्य हुई है?
A. 1986-87 व 1987-88
B. 1989-90 व 1990-91
C. 1990-91 व 1991-92
D. 1988-89 व 1989-90

14. वर्ष 88-89 एवं 89-90 के बीच कुल वृद्धि कितने प्रतिशत है?
A. 37.3% B. 35.4%
C. 38.5% D. 36.6%

15. वर्ष 90-91 एवं 91-92 के बीच कराधान में कमी का प्रतिशत क्या है?
A. 71.8% B. 68.8%
C. 72.6% D. 75%

16. वर्ष 89-90 एवं 90-91 के बीच कराधान में कितनी वृद्धि हुई है?
A. ₹ 670 करोड़ B. ₹ 650 करोड़
C. ₹ 700 करोड़ D. ₹ 715 करोड़

17. सभी वर्षों में कुल कराधान का औसत कितना है?
A. ₹ 1233.7 करोड़ B. ₹ 1433.5 करोड़
C. ₹ 1231.7 करोड़ D. ₹ 1400 करोड़

18. निम्नलिखित बंटन में 3 की बारंबारता कितनी होगी?
3, 7, 0, 5, 3, 2, 3, 4, 3, 2, 7, 8, 3 व 3.
A. 6 B. 3
C. 2 D. 5

19. यदि किसी बंटन में एक वर्ग का मध्यमान 47 तथा वर्ग अन्तराल 5 हो, तो उस वर्ग की निम्नतम सीमा क्या होगी?
A. 44.5 B. 47.5
C. 52.5 D. 42.5

20. 9, 10, 14, 16, 18 की माध्यिका क्या होगी?
A. 10 B. 14
C. 16 D. 15

21. एक विद्यालय के 12 छात्रों ने गणित में 50 अंकों में से क्रमशः 25, 32, 35, 19, 23, 30, 16, 20, 22, 15, 13 तथा 27 अंक प्राप्त किए हों, तो प्राप्तांकों की माध्यिका कितनी होगी?
A. 17.5 B. 22.5
C. 21 D. 23

22. 3, 2, 3, 4, 5, 3, 3, 2, 1, 1 का बहुलक कितना होगा?
A. 4 B. 2
C. 3 D. 1

23. 1 से 20 तक की धन पूर्णांक संख्याओं का समान्तर माध्य कितना होगा?
A. 10.5 B. 12.5
C. 18.6 D. 11.5

24. एक परीक्षा में 8 छात्रों को गणित विषय में क्रमशः 40, 52, 65, 35, 36, 79, 81 व 39 अंक मिले हों, तो इसका परिसर क्या होगा?
A. 36 B. 46
C. 41 D. 49

25. 1, 1, 2, 2, 2, 3, 3, 3, 3, 4, 4, 4, 4, 4 का बहुलक क्या होगा?
A. 2 B. 3
C. 4 D. 1

उत्तरमाला

1	2	3	4	5	6	7	8	9	10
B	A	B	B	C	B	D	C	C	B
11	**12**	**13**	**14**	**15**	**16**	**17**	**18**	**19**	**20**
B	D	B	A	A	A	C	D	A	B
21	**22**	**23**	**24**	**25**					
B	C	A	B	C					

व्याख्यात्मक उत्तर

1. औसत $= \dfrac{5.2+6.5+7.8+9.9+10.8+9.5+11.4}{7}$

$= \dfrac{61.1}{7}$ = ₹ 8.73 करोड़

2. 2009 में प्रतिशत वृद्धि

$= \dfrac{(6.5-5.2)}{5.2}\times 100 = \dfrac{1.3}{5.2}\times 100 = 25\%$

2011 में प्रतिशत वृद्धि $= \dfrac{(9.9-7.8)}{7.8}\times 100$

$= \dfrac{2.1}{7.8}\times 100 = 9\%$

2012 प्रतिशत वृद्धि $= \dfrac{(10.8-9.9)}{9.9}\times 100$

$= \dfrac{.9}{9.9}\times 100 = 9\%$

2014 में प्रतिशत वृद्धि $= \dfrac{(11.4-9.5)}{9.5}\times 100$

$= \dfrac{1.9}{9.5}\times 100 = 20\%$

3. 2011, 2012, 2013, 2014
चार वर्ष दिए गए वर्षों में औसत निर्यात से ज्यादा हैं।

4. 2010 तथा 2011 में मोतियों का औसत निर्यात

$= \frac{7.8+9.9}{2} = \frac{17.7}{2} = 8.85$

₹ 9 करोड़ के लगभग

5. 2013 से 2014 तक निर्यात में प्रतिशत वृद्धि

$= \frac{(11.4-9.5)}{9.5} \times 100 = \frac{1.9}{9.5} \times 100$

$= \frac{19}{95} \times 100 = \frac{1}{5} \times 100 = 20\%$

6. प्रथम श्रेणी में उत्तीर्ण छात्रों की संख्या $\frac{54}{360} \times 360 = 54$

7. प्रथम श्रेणी में उत्तीर्ण छात्रों की संख्या = 54

दूसरी श्रेणी में उत्तीर्ण छात्रों की संख्या = $\frac{162}{360} \times 360 = 162$

अंतर = 162 – 54 = 108

8. $\because$ केन्द्रीय कोण 36° शिक्षा तथा किराए के लिए एक ही है, अतः इन दोनों मदों पर खर्चा बराबर होगा। अर्थात् ₹ 375 किराए पर खर्च होंगे।

9. $\because$ भोजन पर खर्च = ₹ 750

$\because$ कुल खर्च = $\frac{100 \times 750}{40}$ = ₹ 1875

$\because$ शिक्षा पर खर्च = 10%

$\because$ शिक्षा पर खर्च धनराशि = $1875 \times \frac{10}{100}$ = ₹ 187.50

$\because$ शिक्षा पर वार्षिक खर्च = 187.50 × 12 = ₹ 2250.00.

10. $\because$ कपड़े पर खर्च = 20%

$\therefore$ कपड़े पर कुल खर्च = $\frac{20}{100} \times 4500$ = ₹ 900.

11. 15% के लिए केन्द्रीय कोण = $\frac{15}{100} \times 360° = 54°$.

12. किराये व कपड़े पर खर्चा = 10% + 20% = 30%

तथा दवा व अन्य मद का खर्चा = 5% + 15% = 20%

$\therefore$ दोनों के बीच अनुपात = 30% : 20% = 3 : 2.

13. वर्ष 1989-90 एवं 90-91 के बीच सबसे अधिक वृद्धि ₹ 670 करोड़ की दर्ज की गई है।

14. कुल वृद्धि का प्रतिशत = $\frac{(1730-1260)}{1260} \times 100$

$= \frac{470 \times 100}{1260} = 37.3\%$.

15. वर्ष 90-91 एवं 91-92 के बीच कुल कमी का प्रतिशत

$= \frac{(2400-675)}{2400} \times 100$

$= \frac{1725 \times 100}{2400} = 71.8\%$.

16. वर्ष 89-90 एवं 90-91 के बीच कराधान में वृद्धि = 2400 – 1730 = ₹ 670 करोड़।

17. सभी वर्षों के कराधान का कुल औसत

$= \frac{600+725+1260+1730+2400+675}{6}$

$= \frac{7390}{6}$ = ₹ 1231.7 करोड़।

18. चूँकि दिये गये बंटन में 3 सबसे अधिक 5 बार आया है।

$\therefore$ 3 की बारंबारता = 5 होगी।

19. माना कि बंटन वर्ग की निम्नतम व उच्चतम सीमा क्रमशः x_1 व x_2 है।

$\therefore$ मध्यमान $= \frac{x_1 + x_2}{2}$

$\therefore$ $47 = \frac{x_1 + x_1}{2}$

$\Rightarrow$ $x_1 + x_2 = 94$ ... (*i*)

तथा $x_2 - x_1 = 5$ (दिया हुआ है) ... (*ii*)

समीकरण (*i*) व (*ii*) से 2, $x_1 = 94 - 5 = 89$

$\therefore$ $x_1 = \frac{89}{2} = 44.5$

अतः वर्ग की निम्नतम सीमा = 44.5 होगी।

20. $\because$ दी हुई संख्याओं को आरोही क्रम में लिखने पर श्रेणी 9, 10, 14, 16, 18

चूँकि श्रेणी में मध्य पद का मान = 14

$\therefore$ माध्यिका = 14 होगी।

21. $\because$ दिये गये प्राप्तांकों को आरोही क्रम में लिखने पर,

13, 15, 16, 19, 20, 22, 23, 25, 27, 30, 32 व 35

चूँकि इसमें 22 तथा 23 दो मध्य पद हैं।

$\therefore$ माध्यिका $= \frac{22+23}{2} = \frac{45}{2} = 22.5$.

22. $\because$ दिये गये आँकड़ों में 3 सबसे अधिक 4 बार आया है

$\therefore$ अभीष्ट बहुलक = 3 होगा।

23. $\because$ 1 से 20 तक की धन पूर्णांक संख्याएँ क्रमशः 1, 2, 3, 4, 5, ... 20 तक होंगी

$\therefore$ स. मा. $= \frac{1+2+3+...+20}{20}$

$= \frac{20 \times 21}{20 \times 2} = 10.5$

[$\because$ 1 + 2 + 3 + ... + *n* पदों का योग $= \frac{n(n+1)}{2}$]

24. परिसर = चर राशि का अधिकतम मान – चर राशि का न्यूनतम मान

= 81 – 35 = 46.

25. $\because$ 4 की बारंबारता सबसे अधिक 5 है।

$\therefore$ दिये गये आँकड़ों का बहुलक = 4 होगा।

❑❑❑❑❑

10

प्रायिकता (Probability)

किसी घटना की निश्चितता या अनिश्चितता की माप को संख्याओं में निरूपित करना ही प्रायिकता या सम्भाविता कहलाती है।

यादृच्छिक प्रयोग (Random Experiment)

ऐसा प्रयोग जिसके परिणामों के बारे में कोई भविष्यवाणी न की जा सके वह यादृच्छिक प्रयोग कहलाता है।

जैसेः एक सिक्के को उछालना या पासे को फेंकना। वैसे प्रायिकता से जुड़े अधिकांश प्रश्न यादृच्छिक प्रयोगों पर आधारित होते हैं।

प्रतिदर्श समष्टि (Sample Space)

किसी प्रयोग के बार-बार किये जाने पर प्राप्त परिणामों के समुच्चय को प्रतिदर्श समष्टि या प्रायिकता समष्टि कहते हैं।

इसका प्रत्येक अवयव एक घटना (event) कहलाता है। इसे S से तथा इसके अवयवों की संख्या को $n(S)$ से दर्शाते हैं।

जैसे : एक सिक्के को फेंका जाए तो

$$S = (H, T)$$

$$\because \quad n(S) = 2$$

यदि प्रतिदर्श समष्टि S हो तो किसी घटना E की प्रायिकता

$$P(E) = \frac{n(E)}{n(S)} \text{ या प्रायिकता } = \frac{\text{अनुकूल स्थिति}}{\text{कुल स्थिति}}$$

यहाँ, $n(E)$ = घटना है।

$n(S)$ = अवयवों की संख्या

यहाँ ध्यान रखना है कि E कोई घटना है। जैसे : एक पासे को फेंका जाए तो E किसी एक अंक आने की घटना है जबकि (S) उसमें कुल अवयव (6 अंक) हैं। ताश की गड्डी में इक्का, बादशाह, बेगम तथा गुलाम को चित्र वाला पत्ता कहा जाता है।

उदाहरण 1 : एक पासा फेंकने पर 5 आने की प्रायिकता क्या होगी?

हलः यहाँ $S = \{1, 2, 3, 4, 5, 6\}$

अतः $n(S) = 6$ तथा $E = \{5\}$

$$\therefore \quad P(E) = \frac{n(E)}{n(S)} = \frac{1}{6}$$

उदाहरण 2 : एक पासे को फेंकने पर 5 से कम अंक आने की प्रायिकता क्या है?

हलः यहाँ पर, $n(S) = 6,\ n(E) = 4$

$$\therefore \quad P(E) = \frac{n(E)}{n(S)} = \frac{4}{6} = \frac{2}{3}$$

उदाहरण 3 : ताश की एक गड्डी में से एक पत्ता यादृच्छिक निकाला जाता है तो हुक्म का पत्ता आने की क्या संभावना है?

हलः ताश में कुल पत्ते = 52

तथा हुक्म के पत्ते की संख्या = 13

$$\therefore \quad P(E) = \frac{n(E)}{n(S)} = \frac{13}{52} = \frac{1}{4}$$

उदाहरण 4 : एक थैले में 5 लाल, 4 सफेद एवं 3 काली गेंदें हैं तो एक लाल गेंद निकालने की प्रायिकता क्या होगी?

हलः कुल गेंद = 5 + 4 + 3 = 12

$$n(S) = {}^{12}C_1 = \frac{12!}{11!} = \frac{12 \times 11!}{11!} = 12$$

$$n(E) = {}^{5}C_1 = \frac{5!}{4!} = \frac{5 \times 4!}{4!} = 5$$

$$\therefore \quad P(E) = \frac{n(E)}{n(S)} = \frac{5}{12}$$

अभ्यास प्रश्न

1. एक पासे को दो बार उछाला जाता है तो उस पर आने वाले अंकों का योग 7 आने की क्या सम्भावना है?

A. $\frac{1}{6}$ B. $\frac{1}{8}$

C. $\frac{2}{6}$ D. $\frac{2}{5}$

2. सीता 75% सत्य बोलती है जबकि गीता 80% सत्य बोलती है तो दोनों का विरोधाभास होने की प्रायिकता क्या है?

A. 32% B. 40%

C. 36% D. 35%

3. एक बक्से में 5 काली, 4 पीली तथा 3 नीली कलमें हैं। उसमें से 3 कलम को यादृच्छिक निकाला जाता है तो क्या सम्भावना है कि निकाली गई कलमें काले रंग की नहीं हैं?

A. $\frac{7}{44}$ B. $\frac{6}{33}$
C. $\frac{3}{44}$ D. $\frac{13}{220}$

4. एक पासे को फेंकने में यदि सम संख्या आती हो, तो उसके 2 से अधिक होने की क्या प्रायिकता है?
A. 1/3 B. 5/6
C. 2/3 D. 1/6

5. 15 बल्ब हैं जिनमें 5 दोषपूर्ण हैं इनमें से 3 बल्ब यादृच्छिक चुने जाते हैं तो केवल एक बल्ब दोषपूर्ण होने की प्रायिकता क्या होगी?
A. $\frac{30}{91}$ B. $\frac{45}{91}$
C. $\frac{65}{91}$ D. $\frac{33}{91}$

6. मनोज के पॉकेट में 4 दस रुपये, 5 पचास रुपये तथा 6 सौ रुपये के नोट हैं। यादृच्छिक रूप से यदि वह कोई भी दो नोट निकाले तो इस बात की क्या संभावना है कि दोनों नोट समान रुपये के निकलें?
A. $\frac{32}{105}$ B. $\frac{29}{105}$
C. $\frac{28}{105}$ D. $\frac{31}{105}$

7. किसी थैली में 2 लाल, 3 हरी और 2 नीली गेंदें हैं। 2 गेंदें यादृच्छिक रूप से निकाली जाती हैं। निकाली गई गेंदों में से किसी नीली गेंद के नहीं होने की प्रायिकता क्या है?
A. $\frac{5}{7}$ B. $\frac{10}{21}$
C. $\frac{2}{7}$ D. $\frac{11}{21}$

8. एक थैले में 3 सफेद तथा 2 काली गोलियाँ हैं। यादृच्छया एक सफेद गोली निकालने की प्रायिकता क्या होगी?
A. 5 B. 3
C. 5/3 D. 3/5

9. अक्षर B, G, I, N और R को पुनः व्यवस्थित किया जाए तो 'BRING' शब्द आने की क्या प्रायिकता होगी?
A. $\frac{1}{12}$ B. $\frac{1}{120}$
C. $\frac{1}{115}$ D. $\frac{1}{211}$

10. ZENITH इन्स्टीट्यूट में 6 गणित, 4 अंग्रेजी तथा 5 तर्कशक्ति के शिक्षक हैं। यादृच्छता के आधार पर किन्हीं चार शिक्षकों को चुनना है। कम-से-कम एक शिक्षक अंग्रेजी का चुना जाए, इसकी क्या सम्भावना है?
A. $\frac{71}{91}$ B. $\frac{1123}{1365}$
C. $\frac{69}{96}$ D. $\frac{69}{91}$

11. एक जोड़ी पासे फेंके जाते हैं। इसकी प्रायिकता ज्ञात कीजिए, जबकि उनका योग 8 या उससे बड़ा हो, अगर पहले पासे पर हमेशा 4 आता हो:
A. $\frac{3}{2}$ B. $\frac{1}{3}$
C. $\frac{1}{2}$ D. $\frac{5}{2}$

12. 3 छात्र बैंक पोस्ट ऑफिस प्रवेश परीक्षा में शामिल होते हैं। उनकी नियुक्ति की प्रायिकता क्रमशः $1/3$, $1/4$ तथा $1/5$ है। कम-से-कम दो छात्रों के नियुक्ति की प्रायिकता ज्ञात कीजिए:
A. $\frac{1}{6}$ B. $\frac{7}{15}$
C. $\frac{2}{15}$ D. $\frac{4}{15}$

13. जसप्रीत कौर 75% मामलों में सत्य बोलती है तथा प्रीति कौर 60% मामलों में सत्य बोलती है। दोनों का विरोधाभास होने की सम्भाविता ज्ञात कीजिए।
A. 25% B. 32%
C. 45% D. 44%

14. A के 15 वर्ष और अधिक जीवित रहने की सम्भावना $\frac{7}{8}$ है तथा B के 15 वर्ष और अधिक जीवित रहने की संभावना $\frac{9}{10}$ है। दोनों के 15 वर्ष बाद जीवित रहने की संभावना कितनी है?
A. $\frac{1}{5}$ B. $\frac{1}{20}$
C. $\frac{63}{80}$ D. $\frac{1}{15}$

15. तीन छात्रों को एक प्रश्न हल करने को कहा गया। इस प्रश्न को हल करने की इनकी प्रायिकता क्रमशः $\frac{1}{3}, \frac{2}{5}$ तथा $\frac{5}{12}$ है। इस प्रश्न के हल होने की प्रायिकता क्या है?
A. $\frac{1}{2}$ B. $\frac{1}{18}$
C. $\frac{2}{5}$ D. $\frac{23}{30}$

16. एक व्यक्ति तथा उसकी पत्नी एक ही पद की दो रिक्तियों के लिए साक्षात्कार देते हैं। व्यक्ति तथा उसकी पत्नी के चयनित होने की प्रायिकता क्रमशः $\frac{1}{7}$ तथा $\frac{1}{5}$ है। इन दोनों में से एक के चयनित होने की प्रायिकता क्या है?
A. $\frac{1}{5}$ B. $\frac{1}{7}$
C. $\frac{2}{7}$ D. $\frac{11}{35}$

17. 4 पुरुषों तथा 2 स्त्रियों में से दो सदस्यों की कमेटी बनानी है। क्या प्रायिकता है कि इस कमेटी में एक स्त्री हो?

A. $\frac{1}{3}$ B. $\frac{1}{4}$

C. $\frac{7}{15}$ D. $\frac{8}{15}$

18. यदि A तथा B दो स्वतंत्र घटनायें हों तथा $P(A) = 0.15$, $P(A \cup B) = 0.45$ हो तो P(B) का मान क्या होगा?

A. $\frac{6}{13}$ B. $\frac{6}{17}$

C. $\frac{6}{19}$ D. $\frac{6}{23}$

19. एक ही प्रकार के तीन पांसे एक साथ फेंके जाते हैं। क्या प्रायिकता है कि तीनों पर एक ही संख्या आये?

A. $\frac{1}{6}$ B. $\frac{1}{18}$

C. $\frac{1}{36}$ D. $\frac{3}{28}$

20. एक व्यक्ति को 7 अंकों के फोन नम्बर के पहले चार अंक ठीक प्रकार से ज्ञात हैं परन्तु अन्त के तीन अंक याद नहीं हैं। पहले वह पहले चार अंक पूर्ण रूप से ठीक डायल करे, तो सही नम्बर डायल करने की प्रायिकता क्या है?

A. $\frac{1}{990}$ B. $\frac{1}{999}$

C. $\frac{1}{1000}$ D. $\frac{1}{1100}$

21. एक पासे को 6 बार फेंका जाता है। यदि एक विषम संख्या प्राप्त करना सफलता का सूचक हो, तो 5 बार सफलता प्राप्त करने की प्रायिकता क्या है?

A. $\frac{25}{36}$ B. $\frac{5}{6}$

C. $\frac{3}{32}$ D. $\frac{1}{10}$

22. 6 सिक्के एक साथ उछाले जाते हैं। कम-से-कम एक बार पट (Tail) आने की प्रायिकता क्या है?

A. $\frac{1}{12}$ B. $\frac{63}{64}$

C. $\frac{53}{54}$ D. $\frac{71}{72}$

23. एक डिब्बे में 100 पेंच हैं जिनमें से 10 दोषपूर्ण हैं। इनमें से तीन पेंच यादृच्छिक उठा लिये जाते हैं। तीनों पेचों के दोषरहित होने की प्रायिकता क्या है?

A. 70.65% B. 71.65%

C. 72.65% D. 74.65%

24. तीन पासे एक साथ फेंके जाते हैं। उन पर आने वाले अंकों का योग 17 या 18 होने की प्रायिकता है–

A. $\frac{1}{72}$ B. $\frac{1}{9}$

C. $\frac{1}{54}$ D. $\frac{1}{85}$

25. दो पासों को फेंका जाता है। दोनों संख्याओं का योग अभाज्य संख्या प्राप्त होने की प्रायिकता है–

A. $\frac{5}{12}$ B. $\frac{1}{6}$

C. $\frac{1}{2}$ D. $\frac{1}{3}$

उत्तरमाला

1	2	3	4	5	6	7	8	9	10
A	D	A	C	B	D	B	D	B	D
11	**12**	**13**	**14**	**15**	**16**	**17**	**18**	**19**	**20**
C	A	C	C	B	C	D	B	C	C
21	**22**	**23**	**24**	**25**					
C	B	C	C	A					

व्याख्यात्मक उत्तर

1. कुल स्थिति $n(S) = 6^2$

$= 36$

अंकों का योग 7 होने की संभावित स्थिति

(1, 6), (6, 1), (2, 5), (5, 2), (3, 4), (4, 3) = 6

तो $P(E) = \frac{n(E)}{n(S)} = \frac{6}{36} = \frac{1}{6}$

2. सीता 75% सत्य बोलती है तो झूठ = 25%

गीता 80% सत्य बोलती है तो झूठ = 20%

अतः दोनों की विरोधाभास होने की प्रायिकता

$= 75\% \times 20\% + 80\% \times 25\%$

$= \frac{75}{100} \times \frac{20}{100} + \frac{80}{100} \times \frac{25}{100}$

$$= \frac{3}{4} \times \frac{1}{5} + \frac{4}{5} \times \frac{1}{4}$$

$$= \frac{3}{20} + \frac{1}{5} = \frac{3+4}{20} = \frac{7}{20}$$

या $\frac{7}{20} \times 100 = 35\%$

3. कुल कलम $= 5 + 4 + 3 = 12$

अर्थात् $^{12}C_3 = 220$

यदि 3 कलम, 4 पीली तथा 3 नीली यानि 7 कलमों से निकाली जाएं तो काले रंग की नहीं होगी।

$$n(E) = {}^7C_3 = 35$$

तो $P(E) = \frac{35}{220} = \frac{7}{44}$

4. पासे के ऊपर सम संख्या आने की कुल घटना = (2, 4, 6)

ऊपर सम संख्या 2 से अधिक की घटना = (4, 6)

तो $P(E) = \frac{n(E)}{n(S)} = \frac{2}{3}$

5. दोषयुक्त बल्ब = 10

केवल एक दोषपूर्ण बल्ब का चुनाव $= \frac{{}^5C_1 \times {}^{10}C_2}{{}^{15}C_3}$

$$= \frac{5 \times 10 \times 9 \times 3 \times 2}{2 \times 15 \times 14 \times 13}$$

$$= \frac{45}{91}$$

6. कुल नोटों की संख्या = (4 + 5 + 6) = 15

मनोज के पॉकेट में 15 नोटों में से 2 नोट निकालने के तरीकों की कुल संख्या

$$n(S) = {}^{15}C_2 = 105$$

15 नोटों में से निकाले गये दो नोट एक ही प्रकार के हों उसकी संख्या $n(E)$

$$= {}^4C_2 + {}^5C_2 + {}^6C_2$$
$$= 6 + 10 + 15 = 31$$

अतः 15 नोटों में से खींचे गये दो नोट एक ही प्रकार के हों इसकी प्रायिकता $\frac{31}{105}$ होगी।

7. कुल गेंदों की संख्या = (2 + 3 + 2) = 7

$$n(S) = {}^7C_2$$

नीली गेंदों को छोड़कर शेष गेंदों की संख्या = (2 + 3) = 5

$$n(E) = {}^5C_2$$

$\therefore$ $P(E) = \frac{n(E)}{n(S)} = \frac{{}^5C_2}{{}^7C_2} = \frac{10}{21}$

8. कुल गोलियों की संख्या = (3 + 2) = 5

$$n(S) = {}^5C_1 = 5$$
$$n(E) = {}^3C_1 = 3$$

$\therefore$ $P(E) = \frac{n(E)}{n(S)} = \frac{3}{5}$

9. B, G, I, N और R से बनाए गये शब्दों की संख्या $n(S) = {}^5P_5 = \lfloor 5 = 120$

$\therefore$ अभीष्ट प्रायिकता $= \frac{1}{120}$

10. 'ZENITH' इन्स्टीट्यूट में कुल शिक्षकों की संख्या = (6 + 4 + 5) = 15

15 शिक्षकों में से 4 शिक्षकों को एक साथ चुनने के तरीकों की संख्या

$$n(S) = {}^{15}C_4 = 1365$$

15 शिक्षकों में से चुने गये 4 शिक्षकों में से एक English का हो, इनकी संख्या

$$n(E) = {}^{15}C_4 - {}^{11}C_4 = 1365 - 330 = 1035$$

अतः अभीष्ट प्रायिकता $= \frac{1035}{1365} = \frac{69}{91}$ होगी।

11. $\because$ पहले पासे पर 4 आता है।

$\therefore$ प्रतिदर्श समष्टि S = {(4, 1), (4, 2), (4, 3), (4, 4), (4, 5), (4, 6)}

$\therefore$ $n(S) = 6$

इच्छित परिणाम = {(4, 4), (4, 5), (4, 6)}

$$n(E) = 3$$

$\therefore$ अभीष्ट प्रायिकता $= \frac{3}{6} = \frac{1}{2}$

12. अभीष्ट घटनाओं को हम विभिन्न चार तरीकों से दिखा सकते हैं :

(*i*) पहला छात्र नियुक्त नहीं होता है और दो छात्र नियुक्त होते हैं।

इसकी प्रायिकता $= \left(1 - \frac{1}{3}\right) \times \frac{1}{4} \times \frac{1}{5} = \frac{1}{30}$

(*ii*) दूसरा छात्र नियुक्त नहीं होता है और बाकी दो नियुक्त होते हैं।

इसकी प्रायिकता $= \frac{1}{3}\left(1 - \frac{1}{4}\right) \times \frac{1}{5} = \frac{1}{20}$

(*iii*) तीसरा छात्र नियुक्त नहीं होता है और बाकी दो नियुक्त होते हैं।

इसकी प्रायिकता $= \frac{1}{3} \times \frac{1}{4}\left(1 - \frac{1}{5}\right) = \frac{1}{15}$

(*iv*) तीनों छात्रों की नियुक्ति की प्रायिकता $= \frac{1}{3} \times \frac{1}{4} \times \frac{1}{5} = \frac{1}{60}$

अतः अभीष्ट प्रायिकता $= \frac{1}{30} + \frac{1}{20} + \frac{1}{15} + \frac{1}{60}$

$$= \frac{2+3+4+1}{60} = \frac{10}{60} = \frac{1}{6}$$

13. दोनों की बातों में विरोधाभास होने की प्रायिकता

$$= 75\% \times 40\% + 60\% \times 25\%$$

$$= \frac{3}{4} \times \frac{2}{5} + \frac{3}{5} \times \frac{1}{4} = \frac{3}{10} + \frac{3}{20} = \frac{6+3}{20} = \frac{9}{20}$$

$$= \frac{9}{20} \times 100 = 45\%$$

14. अभीष्ट प्रायिकता $= \frac{7}{8} \times \frac{9}{10} = \frac{63}{80}$

15. प्रश्न हल होने की प्रायिकता $= \frac{1}{3} \times \frac{2}{5} \times \frac{5}{12} = \frac{1}{18}$

16. $P(A) = \frac{1}{7} \Rightarrow P(\bar{A}) = \left(1 - \frac{1}{7}\right) = \frac{6}{7}$

$P(B) = \frac{1}{5} \Rightarrow P(\bar{B}) = \left(1 - \frac{1}{5}\right) = \frac{4}{5}$

$\therefore$ अभीष्ट प्रायिकता

$$= P(A\bar{B}) + P(\bar{A}B)$$

$$= P(A) \cdot P(\bar{B}) + P(\bar{A}) \cdot P(B)$$

$$= \frac{1}{7} \times \frac{4}{5} + \frac{6}{7} \times \frac{1}{5}$$

$$= \frac{4}{35} + \frac{6}{35} = \frac{10}{35} = \frac{2}{7}$$

17. अभीष्ट प्रायिकता $= \frac{{}^4C_1 \times {}^2C_1}{{}^6C_2} = \frac{4 \times 2}{15} = \frac{8}{15}$

18. $P(A \cup B) = P(A) + P(B) - P(A) \times P(B)$

$\Rightarrow 0.45 = 0.15 + x - 0.15 \times x$

$\Rightarrow 0.85\,x = 0.30$

$\Rightarrow x = \frac{0.30}{0.85} = \frac{30}{85} = \frac{6}{17}$

अतः $P(B) = \frac{6}{17}$

19. $n(S) = (6 \times 6 \times 6) = 216$

$E = \{(1, 1, 1), (2, 2, 2), (3, 3, 3), (4, 4, 4), (5, 5, 5), (6, 6, 6)\}$

$n(E) = 6$

$\Rightarrow P(E) = \frac{n(E)}{n(S)} = \frac{6}{216} = \frac{1}{36}$

20. अन्तिम तीन स्थानों को भरने के कुल तरीके

$$= 10 \times 10 \times 10 = 1000$$

अतः अभीष्ट प्रायिकता $= \frac{1}{1000}$

21. $P(S) = \frac{3}{6} = \frac{1}{2}$,

$P(\bar{S}) = 1 - \frac{1}{2} = \frac{1}{2}$

पाँच बार सफलता प्राप्त करने की प्रायिकता

$$= P(SSSSS\bar{S}) + P(SSSS\bar{S}S) + P(SSS\bar{S}SS) + P(SS\bar{S}SSS) + P(S\bar{S}SSSS) + P(\bar{S}SSSSS)$$

$$= \left(\frac{1}{2} \times \frac{1}{2} \times \frac{1}{2} \times \frac{1}{2} \times \frac{1}{2} \times \frac{1}{2}\right) + \text{........ छः बार}$$

$$= \left(\frac{1}{2}\right)^6 \times 6 = \frac{1}{2^6} \times 6 = \frac{3}{32}$$

22. 6 सिक्के उछाले जाने पर सभी संभावनाओं की संख्या $= 2^6 = 64$

सभी सिक्के चित आने के तरीके $= 1$

कम-से-कम एक बार पट आने की प्रायिकता

$= (1 -$ सभी चित आने की प्रायिकता$)$

$$= 1 - \frac{1}{64} = \frac{63}{64}$$

23. 100 में से 3 पेंच चुनने के कुल तरीके $= {}^{100}C_3$

तीनों पेचों के दोष रहित होने के कुल तरीके $= {}^{90}C_3$

अभीष्ट प्रायिकता $= \frac{{}^{90}C_3}{{}^{100}C_3}$

$$= \frac{90 \times 89 \times 88}{3 \times 2 \times 1} \times \frac{3 \times 2 \times 1}{100 \times 99 \times 98}$$

$$= \frac{178}{245} \times 100 = 72.65\%$$

24. तीन पासे $6 \times 6 \times 6 = 216$ प्रकार से फेंके जा सकते हैं।

योग 17 निम्न 3 प्रकार से प्राप्त किया जा सकता है

(5, 6, 6), (6, 5, 6), (6, 6, 5)

योग 18 निम्न 1 प्रकार से प्राप्त किया जा सकता है (6, 6, 6)

अतः 17 या 18 का अंकों का योग आने के तरीकों की संख्या = 4

$\therefore$ अभीष्ट प्रायिकता $= \frac{4}{216} = \frac{1}{54}$.

25. अभाज्य संख्याएँ {2, 3, 5, 7, 11} हैं।

दो पासों का योग 2, 3, 5, 7, तथा 11 आने के तरीकों की संख्या क्रमशः 1, 2, 4, 6, तथा 2 है।

अतः तरीकों की संख्या = 15

पासे उछालने के कुल तरीकों की संख्या $= 6 \times 6 = 36$

$\therefore$ अभीष्ट प्रायिकता $= \frac{15}{36} = \frac{5}{12}$.

□□□□□

विज्ञान (Science)

1. न्यूमोनिया के लिए उत्तरदायी है:

A. न्यूमोकोकाई B. क्रोमोसोम
C. एक्सेटॉल D. उपर्युक्त में से कोई नहीं

2. कार्बामाइड किसे कहते हैं?

A. पोटाश को B. यूरिया को
C. फास्फेट को D. कैल्सियम को

3. इमली में कौनसा अम्ल होता है?

A. फार्मिक अम्ल B. टार्टरिक अम्ल
C. पोल बोल्ट अम्ल D. उपर्युक्त सभी

4. मधुमक्खियों के काटने पर उत्पन्न दर्द किसके कारण होता है?

A. रस्किन अम्ल B. पोल बोल्ट अम्ल
C. टार्टरिक अम्ल D. फार्मिक अम्ल

5. डायनामाइट का प्रमुख अवयव क्या है?

A. प्लूटोनियम B. नाइट्रोग्लिसरीन
C. यूरेनियम D. गैस

6. मनुष्य के रुधिर में श्वेत रुधिराणुओं (WBC) तथा लाल रुधिराणुओं (RBC) का अनुपात सामान्यतः कितना होता है?

A. 1 : 100 B. 1 : 200
C. 1 : 500 D. 1 : 600

7. लार (Saliva) का टायलिन (Ptyalin) किस माध्यम से सक्रिय होता है?

A. अधिक क्षारीय (More alkaline)
B. अधिक अम्लीय (More acidic)
C. हल्का क्षारीय (Mild alkaline)
D. हल्का अम्लीय (Mild acidic)

8. निम्नलिखित में से कौनसी बीमारी लिंग गुणसूत्र (Sex chromosomes) के माध्यम से होती है?

A. रतौंधी (Night blindness)
B. वर्णान्धता (Colour blindness)
C. निकट दृष्टि (Myopia)
D. दूर दृष्टि (Hypermetropia)

9. जीव वैज्ञानिक साम्य (Equilibrium) एक साम्य होता है:

A. उत्पादकों (Producers) के बीच
B. प्राथमिक उपभोक्ताओं (Primary consumers) के बीच
C. अपघटक (Decomposers) तथा उत्पादकतों के बीच
D. उत्पादकों, उपभोक्ताओं एवं अपघटकों के बीच

10. विटामिन डी की कमी से कौनसा रोग होता है?

A. रतौंधी B. बेरी-बेरी
C. रिकेट्स D. दूर दृष्टि

11. आनुवांशिक गुणों के वाहक कौन होते हैं?

A. क्रोमोसोम B. जेनेटिक्स
C. सैक्रल D. उपर्युक्त सभी

12. प्लांट ब्रीडिंग का निम्नलिखित में से किसके साथ घनिष्ठ सम्बन्ध है?

A. जेनेटिक्स (Genetics) B. साइटोलॉजी (Cytology)
C. बायोमेट्री (Biometry) D. उपर्युक्त A और B दोनों

13. माइकोजेनेटिक्स (Mycogenetics) का क्या अर्थ है?

A. सूक्ष्म जीवों का अध्ययन B. परजीवियों का अध्ययन
C. कवकों का अध्ययन D. शैवालों का अध्ययन

14. टेटेनस जीवाणुओं (Tetanus bacteria) द्वारा उत्पादित विष (Toxin) मनुष्य के किस भाग को प्रभावित करता है?

A. ऐच्छिक पेशियां (Voluntary muscles)
B. अनैच्छिक पेशियां (Involuntary muscles)
C. उपर्युक्त A तथा B दोनों
D. जबड़े की हड्डियां (Jaw bones)

15. मनुष्य में किस कशेरुकी (Vertebra) पर खोपड़ी (Skull) का सम्पूर्ण भार होता है?

A. एक्सिस (Axis) B. सैक्रल (Sacral)
C. सरवाइकल (Cervical) D. एटलस (Atlas)

16. एक उपग्रह पृथ्वी के चारों ओर वृत्ताकार कक्षा में चक्कर लगा रहा है। उपग्रह पर कार्यकारी बल है:

A. पृथ्वी के गुरुत्वाकर्षण के कारण केवल अभिकेन्द्री बल (Centripetal force)
B. कक्षीय गति के कारण केवल अपकेन्द्री बल (Centrifugal force)
C. शून्य, क्योंकि अभिकेन्द्री तथा अपकेन्द्री बल परस्पर सन्तुलित हो जाते हैं
D. कक्षा का स्पर्शरिखावत जो कि उपग्रह में लगी मशीन द्वारा उत्पन्न किया जाता है

17. जब कोई तरंग एक माध्यम से दूसरे माध्यम में जाती है तो उसमें क्या बदल जाता है?

A. आवृत्ति तथा वेग B. आवृत्ति तथा तरंगदैर्ध्य
C. तरंगदैर्ध्य तथा वेग D. आवृत्ति, तरंगदैर्ध्य तथा वेग

18. शरीर की संरचना का अध्ययन विज्ञान की निम्नलिखित में से किस शाखा में किया जाता है?
A. ऑटोमेशन (Automation) B. एनाटोमी (Anatomy)
C. बायोमेट्री (Biometry) D. बायोनिक्स (Bionics)

19. शरीर में आयोडीन की कमी से कौन-सा रोग हो जाता है?
A. सूखा B. स्कर्वी
C. एनीमिया D. घेंघा

20. पृथ्वी के पलायन वेग (Escape velocity) का मान कितना है?
A. 11.2 कि.मी./से. B. 11.2 मी./से.
C. 7.0 कि.मी./से. D. 1.5 कि.मी./से.

21. निम्नलिखित में से किसमें कोबाल्ट विद्यमान रहता है?
A. हीमोग्लोबिन में B. विटामिन C में
C. विटामिन B_{12} में D. क्लोरोफिल में

22. एलिसा (Elisa) नामक परीक्षण किस रोग से निदान के लिए किया जाता है?
A. एड्स B. टी.बी.
C. हेपेटाइटिस D. डिप्थीरिया

23. निम्नलिखित में से तत्व कौनसा है?
A. माणिक्य (Ruby) B. नीलम (Sapphire)
C. हीरा (Diamond) D. पन्ना (Emerald)

24. वायुमण्डल में ओजोन स्तर में कमी के लिए कौनसा रसायन प्रमुख रूप से उत्तरदायी है?
A. कार्बन डाइऑक्साइड B. सल्फर डाइऑक्साइड
C. नाइट्रस ऑक्साइड D. क्लोरो-फ्लोरो कार्बन

25. दोषपूर्ण जीन के कारण निम्नलिखित में से कौनसी बीमारी होती है?
A. कैंसर B. मधुमेह
C. अल्सर D. हीमोफीलिया

26. निम्नलिखित में से कौनसा कार्बन का स्वरूप क्रिस्टलीय है?
A. लिग्नाइट B. हीरा
C. चारकोल D. कोयला

27. प्रसिद्ध शीतलक फ्रियॉन वास्तव में क्या है?
A. कैल्सियम फ्लोराइड B. फ्लोरोस्पार
C. हाइड्रोफोलिएसिक अम्ल D. डाइक्लोरो डाइफ्लूरो मीथेन

28. हेरोइन नामक प्रसिद्ध नशीली दवा किससे प्राप्त होती है?
A. मॉरफीन B. कॉडीन
C. हेपारीन D. कैफीन

29. अन्तरिक्ष विज्ञान के क्षेत्र में मीर एक उल्लेखनीय नाम है, यह मीर क्या है?
A. रूस का उपग्रह निर्माण केन्द्र
B. बैकानूर कॉस्मोड्रोम
C. कक्षीय अन्तरिक्ष स्टेशन
D. लैण्ड अर्थ स्टेशन

30. दो धन आवेशों को पास लाने से स्थितिज ऊर्जा पर क्या प्रभाव पड़ता है?
A. बढ़ती है
B. घटती है
C. अपरिवर्तित रहती है
D. पहले घटती है तथा एक न्यूनतम मान पर स्थिर हो जाती है

31. निम्नलिखित रंगों की तरंगदैर्ध्यों का बढ़ता हुआ क्रम क्या है?
1. नारंगी (Orange) 2. जामुनी (Indigo)
3. पीला (Yellow) 3. बैंगनी (Violet)
A. 1, 2, 3, 4 B. 4, 2, 3, 1
C. 4, 3, 2, 1 D. 4, 1, 2, 3

32. सीमेन्ट में जिप्सम मिलाए जाने का क्या कारण है?
A. सीमेन्ट के तन्य बल को बढ़ाने के लिए
B. कैल्सियम सिलिकेट के कणों को आपस में बांधने के लिए
C. कोलाइडीय जैल के बनने में सहायता करने के लिए
D. सीमेन्ट के सैट होने की दर को कम करने के लिए

33. नौसादर का रासायनिक नाम क्या है?
A. अमोनियम क्लोराइड B. कैल्सियम सल्फेट
C. फेरिक सल्फेट D. अमोनियम नाइट्रेट

34. फोटोक्रोमिक (Photochromic) कांच का आवश्यक अवयव क्या है?
A. सिल्वर ब्रोमाइड B. सिल्वर आयोडाइड
C. सिल्वर क्लोराइड D. उपर्युक्त में से कोई नहीं

35. एल.एस.डी. (L.S.D.) निम्नलिखित में से किससे निष्कर्षित (Extract) की जाती है?
A. शैवाल (Algae) B. कवक (Fungi)
C. विषाणु (Virus) D. जीवाणु (Bacteria)

36. पृथ्वी की सतह से कितनी ऊंचाई पर भूस्थिर (Geostationary) उपग्रह स्थित किया जाता है?
A. 3600 कि.मी. B. 36000 कि.मी.
C. 3,60,000 कि.मी. D. 360 कि.मी.

37. पोटैशियम क्लोरेट का माचिस की तीली में प्रयोग किसलिए होता है?
A. ऑक्सीकारक के रूप में
B. अन्य पदार्थों को बांधने के लिए
C. शीघ्र ज्वलन के लिए
D. घर्षण बढ़ाने के लिए

38. अतिचालकों (Super conductors) में परम शून्य ताप (Absolute Zero Temperature) पर क्या होता है?
A. विद्युत प्रतिरोध शून्य हो जाता है
B. चालकता कम हो जाती है
C. पदार्थ कुचालक बन जाता है
D. उपर्युक्त में से कोई नहीं

39. खाने योग्य प्रोटीन के दो सर्वोत्तम स्रोत कौन-कौनसे हैं?
A. मांस व अण्डा B. सोयाबीन एवं मूंगफली
C. दुग्ध एवं पत्तेदार सब्जी D. कुछ शैवाल एवं सूक्ष्मजीव

40. निम्नलिखित में से कौनसे पादप वायु से ऑक्सीजन ग्रहण करके यौगिकीकरण करते हैं?

A. मटर B. मक्का
C. गेहूं D. धान

41. कैमरे का कौनसा अवयव आंख के रेटिना जैसा काम करता है?

A. लेन्स B. फिल्म
C. शटर D. आइरिश डायफ्राम

42. इन्सुलिन की कमी से कौनसा रोग हो जाता है?

A. मधुमेह B. पीलिया
C. स्कर्वी D. इनमें से कोई नहीं

43. वेल्डिंग में कौनसी गैस प्रयोग में लायी जाती है?

A. ऑक्सीजन B. एसिटिलीन
C. इथेन D. नाइट्रोजन

44. यीस्ट द्वारा ग्लूकोज का किण्वन होने से कौनसा उत्पाद बनता है?

A. जल तथा कार्बन डाइऑक्साइड
B. इथेनोल (Ethyl alcohol) तथा कार्बन डाइऑक्साइड
C. जल तथा इथेनोल
D. मीथेनोल तथा कार्बन डाइऑक्साइड

45. पृथ्वी पर 'ग्रीनहाउस प्रभाव' का मुख्य स्रोत कौनसी गैस है?

A. कार्बन डाइऑक्साइड B. कार्बन मोनोऑक्साइड
C. क्लोरोफ्लोरो कार्बन D. फ्रिओन

46. अनुगुणित (हैप्लॉयड) पौधे प्राप्त किए जा सकते हैं:

A. परागकणों से B. भ्रूणपोष से
C. मूलाग्र से D. नई-नई पत्तियों से

47. 'सुपर नोवा' क्या है?

A. तारों में हुआ विस्फोट B. एक क्षुद्रग्रह (Asteroid)
C. एक आकाशगंगा D. खगोलीय दूरदर्शी

48. "ब्रह्माण्ड का निरन्तर प्रसार हो रहा है" – यह तथ्य सर्वप्रथम किसने खोजा था?

A. कॉपरनिकस ने B. न्यूटन ने
C. हब्बल ने D. जार्ज डार्विन ने

49. सूर्य का आकार पृथ्वी के आकार का लगभग कितने गुना है?

A. 90 गुना B. 109 गुना
C. 87 गुना D. 95 गुना

50. आकार की दृष्टि से हमारी आकाशगंगा (गैलेक्सी) है:

A. सर्पिलाकार B. परवलयाकार
C. गोलाकार D. दीर्घ वृत्ताकार

51. सामान्य ताप और दाब (NTP) पर वायु में ध्वनि की चाल 300 मी॰/से॰ है। यदि वायुदाब बढ़ाकर चार गुना कर दिया जाए तो ध्वनि की चाल कितनी हो जाएगी?

A. 600 मी॰/से॰ B. 150 मी॰/से॰
C. 300 मी॰/से॰ D. 1200 मी॰/से॰

52. एक इंजन 25 मी॰/से॰ की चाल से 200 मी॰ त्रिज्या के वृत्त की परिधि पर चक्कर लगा रहा है। यदि इंजन 500 हर्ट्ज आवृत्ति की सीटी बजाए तो वृत्त के केन्द्र पर स्थित खड़े प्रेक्षक को ध्वनि की आवृत्ति प्रतीत होगी:

A. 40 हर्ट्ज B. 500 हर्ट्ज
C. 560 हर्ट्ज D. इनमें से कोई नहीं

53. एक रोगी का ताप 40°C है, °F में उसका ताप कितना होगा?

A. 150°F B. 37°F
C. 104°F D. 97°F

54. यदि रेडियम का रेडियोएक्टिव क्षयांक (Decay constant) 4.8 x 10^{-4} प्रतिवर्ष हो तो इसकी अर्द्ध आयु (Half life) लगभग कितनी होगी?

A. 3240 वर्ष B. 810 वर्ष
C. 2140 वर्ष D. 1620 वर्ष

55. टी.बी॰ रोग से बचने के लिए निम्नलिखित में से कौनसा टीका लगाया जाता है?

A. A.T.S. B. B.C.G
C. L.S.D. D. इनमें से कोई नहीं

56. पक्षियों की कौनसी हड्डी टूटने पर वह उड़ने में असमर्थ हो जाते हैं?

A. ह्यूमरस B. स्टेपीज
C. क्लेविकल D. स्टर्नम

57. पुस्तक 'ओरिजिन ऑफ लाइफ' के लेखक थे:

A. चार्ल्स डार्विन B. आई॰ ए॰ ओपेरिन
C. स्टेन्ले मिलर D. विलियम हार्वे

58. पित्त रस का क्या कार्य है?

A. भोजन को पचाना B. भोजन को सोखना
C. भोजन को तरल बनाना D. भोजन में चर्बी उत्पन्न करना

59. भोजन का कौनसा अंश शरीर की कोशिकाओं का निर्माण करता है?

A. वसा (चर्बी) B. कार्बोहाइड्रेट
C. प्रोटीन D. विटामिन

60. पाचन क्रिया ज्यादातर कहां होती है?

A. आमाशय में B. छोटी आंत में
C. बड़ी आंत में D. जिगर में

61. किस क्रिया द्वारा पौधे सूर्य के प्रकाश में क्लोरोफिल की मदद से भोजन तैयार करते हैं?

A. फोटोसिन्थसिस B. न्यूट्रीशन
C. डिफ्यूजन D. आयोनाइजेशन

62. मिट्टी में किस तत्व की कमी/अधिकता से पौधों के पत्ते मुरझाते हैं?

A. नाइट्रेट की अधिकता B. क्लोराइड की अधिकता
C. फॉस्फोरस की कमी D. नाइट्रोजन की कमी

63. बीज के अंकुरण में किसकी प्रमुख भूमिका होती है?

A. हवा और पानी की B. हवा और ताप की
C. ताप और पानी की D. हवा, ताप और पानी की

64. पेड़-पौधों का रंग हरा क्यों होता है?

A. प्रोटीन के कारण B. कार्बोहाइड्रेट के कारण
C. मिट्टी में उगने के कारण D. क्लोरोफिल के कारण

65. किसी एक वस्तु को यदि भिन्न-भिन्न स्थानों पर तोला जाये तो उसके भार में अन्तर पाया जाता है, इसका क्या कारण होता है?
A. गुरुत्वाकर्षण में परिवर्तन
B. बनावट में परिवर्तन
C. ताप का प्रभाव पड़ना
D. मात्रा में परिवर्तन हो जाना

66. दूध की शुद्धता नापने के लिए किस उपकरण का प्रयोग किया जाता है?
A. थर्मामीटर B. बैरोमीटर
C. लैक्टोमीटर D. गैल्वेनोमीटर

67. राडार का क्या उपयोग होता है?
A. ऊंचे तापक्रम को नापते हैं
B. वायु की शुद्धता जांची जाती है
C. वायुयानों की गतिविधि का पता चलता है
D. कैमरे की सक्रियता बढ़ जाती है

68. किसी चुम्बक को गर्म करने से उसके चुम्बकत्व पर क्या असर पड़ता है?
A. घट जाता है B. बढ़ जाता है
C. नष्ट हो जाता है D. अप्रभावित रहता है

69. कास्टिक सोडे का रासायनिक नाम क्या है?
A. सोडियम क्लोराइड B. सोडियम हाइड्रोक्साइड
C. सोडियम कार्बोनेट D. सोडियम नाइट्रेट

70. सबसे अधिक दहनशील गैस कौनसी है?
A. हाइड्रोजन B. ऑक्सीजन
C. एसिटिलीन D. कार्बन डाइऑक्साइड

71. सेंटीग्रेड को फारेनहाइट से बदलने का क्या सूत्र है?
A. $Cx^{5/9} + 32$ B. $Cx^{10/5} + 32$
C. $Cx^{8/5} + 32$ D. $Cx^{9/5} + 32$

72. फास्फोरस को हमेशा पानी में क्यों रखा जाता है?
A. ठंडा रखने के लिए
B. आग लगने से बचाने के लिए
C. बाहर रखने पर इसमें जंग लग जाती है
D. पानी में न रखने पर इसमें जहरीला धुंआ निकलता है

73. पीलिया का शरीर के किस अंग पर सबसे ज्यादा असर पड़ता है?
A. फेफड़े पर B. हृदय पर
C. यकृत (जिगर) पर D. सारे शरीर पर

74. कौनसा खनिज जमीन में सबसे गहराई से निकाला जाता है?
A. तांबा B. जस्ता
C. मिट्टी का तेल D. पैट्रोलियम

75. जब गुर्दे काम करना बंद कर देते हैं तो निम्नांकित में क्या जमा होने लगता है?
A. शरीर में प्रोटीन
B. खून में नाइट्रोजन-युक्त बेकार पदार्थ
C. शरीर में वसा
D. रक्त में शक्कर

76. सूर्य से पृथ्वी तक ऊष्मा किस प्रक्रिया से पहुंचती है?
A. संवहन B. विकिरण
C. संचालन D. घर्षण

77. सबसे कड़ी धातु किसे माना जाता है?
A. हीरे को B. इस्पात को
C. एल्युमीनियम को D. सीसे को

78. मानव शरीर का सामान्य तापमान कितना होता है?
A. 32° से. B. 27° से.
C. 37° से. D. 40° से.

79. चिकनाई वाले सभी पदार्थों में कौनसा विटामिन पाया जाता है?
A. A B. B
C. C D. D

80. कैंसर की रोकथाम करने वाली नई दवा 'इंटर फेरान' मनुष्य के किस भाग से बनती है?
A. डब्ल्यू. बी. सी. (श्वेत रक्त कणिकाएं)
B. आर. बी. सी. (लाल रक्त कणिकाएं)
C. प्लाज्मा
D. प्लीहा

81. रेडियम का इस्तेमाल किस रोग के उपचार के लिए किया जाता है?
A. कैंसर B. ब्राइट
C. हीमोफीलिया D. टायफायड

82. जेम्स वॉट के भाप इंजिन का इस्तेमाल सबसे पहले कहां किया गया?
A. खानों में B. कारखानों में
C. रेलों में D. समुद्री जहाजों में

83. मलेरिया और पीत ज्वर के रोगाणु किसके द्वारा फैलते हैं?
A. पक्षी B. मक्खियों
C. मच्छर D. पिस्सू

84. सामान्य स्वास्थ्य वाले व्यक्ति को प्रतिदिन कितनी ऊर्जा की आवश्यकता होती है?
A. 1800 कैलोरी की B. 2000 कैलोरी की
C. 2500 कैलोरी की D. 3000 कैलोरी की

85. भारत की प्रथम और विश्व की द्वितीय सौर बिजली प्रकाश व्यवस्था कहां शुरू की गई है?
A. चोगलामसर, लद्दाख में B. चमोली, कुल्लू में
C. कंडाघाट, शिमला में D. घोमसर, किन्नौर में

86. एनिमोमीटर से क्या मापते हैं?
A. वर्षा की मात्रा B. वातावरण का दबाव
C. हवा की गति D. बिजली की धारा का एम्पीयर

87. निम्नांकित में से कौनसा पदार्थ प्रोटीन का सबसे बड़ा स्रोत है?
A. सोयाबीन B. दालें
C. दूध D. मूंगफली

88. अधिकतर पौधों के लिए सबसे अधिक भोजन किस स्रोत से मिलता है?

A. मिट्टी से B. सूर्य से
C. पानी से D. हवा से

89. निम्नांकित में से कौनसा पदार्थ सबसे अधिक ज्वलनशील है?

A. रूई B. नायलान
C. ऊन D. रेशम

90. अफीम किससे प्राप्त की जाती है?

A. पोस्त से B. हैम्प से
C. नारियल से D. रूई से

91. निम्नलिखित में से सबसे अधिक ऊर्जा किसमें होती है?

A. चीनी में B. वसा में
C. प्रोटीन में D. विटामिन में

92. वयस्क व्यक्ति के शरीर में निम्नांकित में से सबसे बड़ा आंतरिक अंग कौनसा है?

A. यकृत B. हृदय
C. गुर्दा D. प्लीहा

93. निम्नलिखित में से कौन रोगों से शरीर की रक्षा करता है?

A. लाल रक्त कणिकाएं B. श्वेत रक्त कणिकाएं
C. ब्लड प्लेटलेट (रक्त विम्बाणु) D. शुक्राणु

94. निम्न में से किस माध्यम में ध्वनि की गति सबसे अधिक होती है?

A. सीसे में B. पानी में
C. लोहे में D. हाइड्रोजन में

95. शरीर को सबसे ज्यादा लोहा निम्नलिखित में से किससे प्राप्त होता है?

A. अण्डे की जर्दी से B. गेहूं से
C. दूध से D. हरी सब्जियों से

96. दिल का दौरा पड़ने पर तत्काल क्या करना चाहिए?

A. सीने को मलना चाहिए
B. मुं, से मुंह में सांस फूंकना चाहिए
C. पीठ पर बार-बार थपथपाना चाहिए
D. एड्रीनलीन का टीका देना चाहिए

97. निम्नांकित में से कौनसा जीव मानव के लिए उपयोगी है?

A. फीताकृमि B. केंचुआ
C. सैंडवर्म D. पैरामीसियम

98. फफूंदी के कारण निम्न में से कौनसा रोग होता है?

A. डेंगू बुखार B. पीत ज्वर
C. दाद D. खसरा

99. अण्डे में कौनसा विटामिन बिल्कुल नहीं पाया जाता?

A. विटामिन ए B. विटामिन बी काम्प्लेक्स
C. विटामिन सी D. विटामिन डी

100. ऊंचे पहाड़ों पर अधिक चौड़े मुंह वाले बर्तन में खाना पकाना मुश्किल क्यों हो जाता है?

A. ऊंचे स्थानों पर तापमान कम होना
B. द्रव के क्वथनांक का कम होना
C. द्रव के क्वथनांक का बढ़ जाना
D. क्वथनांक का कम हो जाना, साथ ही साथ वातावरण के तापमान का कम होना

101. मानव त्वचा का क्या कार्य होता है?

A. शरीर के तापमान को नियंत्रित करना
B. ज्ञानेन्द्रिय में रोगाणुओं के प्रवेश को रोककर उसकी रक्षा करना
C. ज्ञानेन्द्रिय के रूप में कार्य करना
D. उपरोक्त सभी सही हैं

102. निम्नांकित में से कौन शरीर का उत्सर्जक अंग है?

A. गुर्दे B. फेफड़े
C. गुर्दे और फेफड़े दोनों D. हृदय

103. मानव-शरीर में प्रोटीन की पाचन क्रिया कहां से शुरू होती है?

A. उदर से B. छोटी आंत से
C. मुंह से D. यकृत से

104. निम्न में से कौनसा पदार्थ पानी मिलाते ही कड़ा बन जाता है?

A. प्लास्टर ऑफ पेरिस B. जिप्सम लवण
C. चूना D. सिलिका

105. यीस्ट (Yeast) क्या है?

A. जीवाणु (Bacteria)
B. कवक (Fungus)
C. सूक्ष्म जीव (Micro-organism)
D. फफूंदी (Mould)

106. रक्त का थक्का बनाने (Blood clotting) में कौनसा विटामिन मदद करता है?

A. A B. E
C. D D. K

107. क्लोरीन की निम्नलिखित में से किसके साथ प्रतिक्रिया के फलस्वरूप ब्लीचिंग पाउडर प्राप्त होता है?

A. कैल्सियम हाइड्रोक्साइड के तनु विलयन के साथ
B. कैल्सियम हाइड्रोक्साइड के सान्द्र विलयन के साथ
C. शुष्क बुझे चूने (Slaked lime) के साथ
D. शुष्क कैल्सियम ऑक्साइड के साथ

108. निम्नलिखित में से किस विटामिन में धातु (Metal) होती है?

A. विटामिन B_2 B. विटामिन B_6
C. विटामिन B_{12} D. विटामिन D

109. परमाणु में कौनसे मूल कण (Fundamental particles) समान संख्या में उपस्थित होते हैं?

A. प्रोटॉन तथा न्यूट्रॉन B. प्रोटॉन तथा इलेक्ट्रॉन
C. न्यूट्रॉन तथा इलेक्ट्रॉन D. प्रोटोन, न्यूट्रॉन तथा इलेक्ट्रॉन

110. आलू का खाने योग्य (Edible) भाग है:

A. जड़ (Root) B. तना (Stem)
C. फल (Fruit) D. कली (Bud)

111. सूची I व II को सुमेलित कीजिए तथा दिए हुए कूटों में से सही उत्तर चुनिएः

सूची-I	**सूची-II**
(*a*) स्ट्रौन्शियन कार्बोनेट	1. पीला रंग
(*b*) बेरियम के लवण	2. आसमानी रंग
(*c*) स्ट्रौन्शियम सल्फेट	3. हरा रंग
(*d*) स्ट्रौन्शियम नाइट्रेट	4. लाल रंग

	(*a*)	(*b*)	(*c*)	(*d*)
A.	1	3	2	4
B.	1	3	4	2
C.	3	1	2	4
D.	3	1	4	2

112. निम्नलिखित में से कौनसी ग्रन्थि अन्तःस्रावी (Endocrine) तथा बहिर्स्रावी (Exocrine) दोनों की भांति कार्य करती है?
A. पीयूषिका (Pituitary) B. अन्याशय (Pancreas)
C. थायरॉयड (Thyroid) D. एड्रीनल (Adrenal)

113. निम्न में से किराकी विशिष्ट ऊष्मा सबसे अधिक है?
A. सीसा B. अल्कोहल
C. जल D. मिट्टी का तेल

114. किसी ध्वनि को सुनने में लगने वाला कम-से-कम समयः
A. 1 सेकेण्ड B. 1/20 सेकेण्ड
C. 1/10 सेकेण्ड D. 1/5 सेकेण्ड

115. स्त्रियों की आवाज पुरुषों की अपेक्षा प्रायः पतली होती है क्योंकि स्त्रियों के मुंह से निकली आवाजः
A. का वेग अधिक होता है
B. की तरंगदैर्ध्य अधिक होती है
C. की आवृत्ति अधिक होती है
D. उपर्युक्त तीनों ही अधिक होती हैं

116. पहाड़ों की घाटी में बोलने पर आवाज कई बार सुनाई पड़ती हैः
A. अधिक पेड़-पौधों के कारण
B. शुष्क वातावरण के कारण
C. गहराई के कारण
D. प्रतिध्वनि के कारण

117. एक तनी हुई रस्सी में कौनसी तरंग पैदा की जा सकती है?
A. अनुदैर्ध्य B. केवल अनुप्रस्थ तरंगें
C. उपर्युक्त में से कोई नहीं D. उपर्युक्त दोनों

118. एक टेबल पंखे को बन्द कमरे में चलाने पर कमरे की हवाः
A. गरम होगी B. ठंडी होगी
C. कोई प्रभाव नहीं पड़ेगा D. उपर्युक्त में से कोई नहीं

119. प्रेशर कुकर में खाना शीघ्र पकता है क्योंकिः
A. जल का क्वथनांक बढ़ जाता है
B. 100^oC तापक्रम से भोजन पर दाब अधिक हो जाता है
C. क्वथनांक घट जाता है
D. उपरोक्त सभी गलत हैं

120. एक आदमी हरा चश्मा लगाए हुए है। वह एक लाल रंग की मोटर साइकिल देखता है। मोटर साइकिल उसको दिखेगीः
A. हरी B. लाल
C. काली D. सफेद

121. इन्द्रधनुष बनने का कारण होता हैः
A. वर्षा के बाद सूर्य का दिखाई पड़ना
B. बादल में उपस्थित जल कणों द्वारा बादल के विपरीत स्थित सूर्य प्रकाश का उनके संघटक रंगों में विघटन
C. दैवी कृपा द्वारा
D. पृथ्वी की गति के कारण

122. सूर्य अस्त एवं उदय के समय लाल दिखता है क्योंकिः
A. सुबह और शाम को सूर्य का तापक्रम अपेक्षाकृत कम होता है
B. सुबह और शाम को सूर्य का तापक्रम अपेक्षाकृत अधिक होता है
C. इस समय अपेक्षाकृत अधिक लाल किरणें उत्सर्जित होती हैं
D. लाल किरणों की स्कैटरिंग (Scattering) क्रम तरंगदैर्ध्य किरणों की अपेक्षा कम होती है

123. कैण्डेल इकाई हैः
A. ध्वनि वेग मापने की
B. प्रकाश वेग मापने की
C. प्रकाश तीव्रता मापने की
D. मोमबत्ती से निकले प्रकाश का गुण जानने की

124. विद्युत ट्रांसफार्मर के लिए निम्न में से कौनसा कथन सत्य है?
A. यह वोल्टेज बढ़ाने के काम आता है
B. इसका उपयोग वोल्टेज घटाने में होता है
C. यह केवल ए॰ सी॰ धारा परिपथ में ही उपयोगी है
D. उपर्युक्त तीनों ही सत्य हैं

125. घरों में जलायी जाने वाली ट्यूब लाइट में चोक का उपयोग किया जाता है। यहः
A. ए॰ सी॰ धारा को घटाती है
B. डी॰ सी॰ धारा को घटाती है
C. समान प्रतिरोध वाले प्रतिरोध तार द्वारा प्रतिस्थापित की जा सकती है
D. A और C सत्य हैं

126. आइन्स्टीन की प्रमुख खोज हैः
A. विद्युत की उत्पत्ति
B. सापेक्षता का सिद्धान्त
C. विद्युत विच्छेदन का सिद्धान्त
D. उपर्युक्त में से कोई नहीं

127. निम्न में कौनसा परमाणु का भाग नहीं है?
A. इलेक्ट्रॉन B. प्रोटॉन
C. फोटॉन D. मेसान

128. चन्द्रमा रात को चमकता है क्योंकिः
A. उसमें परमाण्विक विस्फोट से ऊर्जा पैदा होती है
B. उसकी सतह पर पड़ने वाली सूर्य किरणों का परावर्तन होता है
C. दिन में अवशोषित ऊर्जा रात को विकरित होती है
D. उपर्युक्त सभी सत्य हैं

129. बोतल के पेंदे भारी बनाये जाते हैं ताकिः
A. अधिक द्रव भरा जा सके
B. कम द्रव भरा जा सके
C. गुरुत्व केन्द्र नीचे हो जाये
D. गुरुत्व केन्द्र ऊपर हो जाये

130. जल से लबालब भरे गिलास में तैर रहे बर्फ के टुकड़े के पिघलने परः
A. जल का स्तर गिरेगा
B. जल का स्तर बढ़ने से जल बाहर गिरेगा
C. निश्चित रूप से कुछ नहीं कहा जा सकता है
D. जल के स्तर में कोई परिवर्तन नहीं होगा

131. कोई वस्तु संतुलन की अवस्था में तभी रह सकती है जबकिः
A. गुरुत्व केन्द्र से जाने वाली ऊर्ध्वाधर रेखा आधार के बाहर से जाये
B. गुरुत्व केन्द्र से जाने वाली ऊर्ध्वाधर रेखा आधार से होकर जाये
C. इसके लिए कोई निश्चित नियम नहीं है
D. उपरोक्त सभी गलत हैं

132. स्वच्छ जल का सबसे अधिक घनत्व होता हैः
A. 4^oC पर B. -4^oC पर
C. 0^oC पर D. 100^oC पर

133. पौधों में नाइट्रोजन पाया जाता हैः
A. प्रोटीन के रूप में B. विटामिन के रूप में
C. स्टार्च के रूप में D. कार्बोहाइड्रेट के रूप में

134. आटे में खाने वाला सोडा मिलाने से डबल रोटी फूलती है क्योंकिः
A. खाने वाला सोडा गर्म होकर कार्बन डाइऑक्साइड मुक्त करता है जोकि रोटी को बुलबुले के रूप में भरकर फुला देती है
B. खाने वाला सोडा आटे से क्रिया करके आटे को फुला देता है
C. खाने वाले सोडे में अद्भुत शक्ति होती है
D. उपरोक्त सभी गलत हैं

135. पृथ्वी के वायुमण्डल से बाहर निकलने पर अन्तरिक्ष यात्रियों को काला दिखाई देता है। यदि पृथ्वी पर वायुमण्डल न होता तो दिन की अवधिः
A. कम होती
B. अधिक होती
C. सर्दियों में बढ़ती एवं गर्मियों में घटती
D. अपरिवर्तित रहती

136. एन्टी प्रोटॉन हैः
A. धनावेशित इलेक्ट्रॉन B. ऋणावेशित प्रोटॉन
C. उदासीन D. उपरोक्त में से कोई नहीं

137. ग्रहों की गति का नियम किसने प्रतिपादित किया?
A. न्यूटन B. केप्लर
C. गैलीलियो D. कोपरनिकस

138. लिफ्ट में व्यक्ति का भार उसके वास्तविक भार से अधिक होता है, जब लिफ्टः
A. नियत वेग से ऊपर जाती है
B. नीचे की ओर त्वरित होती है
C. नियत वेग से नीचे उतरती है
D. ऊपर की ओर त्वरित होती है

139. जब किसी वस्तु को पृथ्वी से चन्द्रमा पर ले जाया जाता है तो इसकाः
A. द्रव्यमान बदल जाता है जबकि भार अपरिवर्तित रहता है
B. भार बदल जाता है जबकि द्रव्यमान अपरिवर्तित रहता है
C. द्रव्यमान व भार दोनों बदल जाते हैं
D. द्रव्यमान व भार दोनों अपरिवर्तित रहते हैं

140. जब सेना पुल को पार करती है तो सैनिकों को कदम से कदम मिला कर न चलने का निर्देश दिया जाता है, क्योंकिः
A. दाब बढ़ने से पुल टूटने का खतरा रहता है
B. पैरों से उत्पन्न ध्वनि के अनुनाद के कारण पुल टूटने का खतरा रहता है
C. डॉप्लर प्रभाव के कारण
D. सभी सत्य हैं

141. रंगीन टेलीविजन में प्रयुक्त होने वाले रंग हैंः
A. लाल, नीला, हरा B. लाल, नीला, पीला
C. पीला, हरा, लाल D. काला, सफेद, लाल

142. साबुन के बुलबुले सफेद प्रकाश में रंगीन दिखाई पड़ते हैंः
A. परावर्तित प्रकाश के व्यतिकरण के कारण
B. प्रकाश के ध्रुवण के कारण
C. प्रकाश के अपवर्तन के कारण
D. प्रकाश के परावर्तन के कारण

143. प्रेशर कुकर में खाना जल्दी पक जाता है, क्योंकिः
A. प्रेशर कुकर के अन्दर दाब कम होता है
B. प्रेशर कुकर के अन्दर दाब अधिक होता है
C. प्रेशर कुकर के आकार के कारण
D. उपर्युक्त में से कोई नहीं

144. बिल्ली की आंखें रात में क्यों चमकती हैं?
A. विशेष लेंस के कारण B. टेपिटम लुसीडम के कारण
C. जीन प्रभाव के कारण D. इनमें से कोई नहीं

145. मां का दूध शिशु के लिए लाभदायक क्यों होता है?
A. यह स्वादिष्ट होता है B. इसमें एन्टीबॉडी होते हैं
C. इसमें लोहा पाया जाता है D. इसमें कैल्सियम होता है

146. इकोसिस्टम में खाद्य-शृंखला का सही क्रम कौनसा है?
A. अपघटक-पौधे-शाकाहारी-मांसाहारी
B. पौधे-शाकाहारी-मांसाहारी-अपघटक
C. शाकाहारी-मांसाहारी-अपघटक-पौधे
D. मांसाहारी-अपघटक-पौधे-शाकाहारी

147. दूध का दही में परिवर्तन किसके द्वारा होता है?
A. बैक्टीरिया द्वारा B. कवक द्वारा
C. विटामिन द्वारा D. इन्जाइम द्वारा

148. शिशु के विकास के लिए अधिक आवश्यक क्या है?
A. प्रोटीन B. विटामिन
C. हाइड्रोजन D. वसा

149. मनुष्य के शरीर में सबसे अधिक तत्व कौनसा पाया जाता है?
A. नाइट्रोजन B. कार्बन
C. हाइड्रोजन D. कार्बोहाइड्रेट

150. परमाणु भट्ठियों में ईंधन के रूप में प्रयुक्त होता है:
A. कैडमियम B. प्लूटोनियम
C. एल्यूमीनियम D. ग्रेफाइट

151. निम्न युग्मों में कौनसा बेमेल है?
A. लाल रुधिर का निर्माण–अस्थिमज्जा में
B. ऊर्जा का निर्माण–माइटोकॉन्ड्रिया
C. श्वेत रक्त कणिका का निर्माण–यकृत में
D. इन्सुलिन का निर्माण–अग्नाशय में

152. निम्नलिखित में कौनसा कथन गलत है?
A. कुष्ठ रोग आनुवांशिक होता है
B. क्षय रोग संक्रामक रोग है
C. प्लेग रोग चूहे के कारण होता है
D. रतौंधी विटामिन ए की कमी से होती है

153. यदि वृक्कों में मूत्र निर्माण क्रिया न हो तो कौनसा रोग होता है?
A. एन्यूरिया B. एटकेप्टेन्यूरिया
C. क्रिटेनाइट D. हिमेटोयूरिया

154. जीव वैज्ञानिक निम्न में से किस विवाह को मना करते हैं?
A. Rh^+ पुरुष तथा Rh^+ स्त्री का
B. Rh^+ पुरुष तथा Rh^- स्त्री का
C. Rh^- पुरुष तथा Rh^+ स्त्री का
D. Rh^- पुरुष तथा Rh^- स्त्री का

155. एक दम्पत्ति के 5 लड़कियां हैं, लड़का कोई नहीं है। छठे बच्चे के लड़का होने की संभावना क्या है?
A. 1/5 B. 1
C. 1/2 D. कोई नहीं

156. कौनसा विटामिन गर्म होने पर नष्ट हो जाता है?
A. विटामिन A B. विटामिन B_6
C. विटामिन D D. विटामिन B_1

157. एक शराबी व्यक्ति में किस विटामिन की कमी हो जाती है?
A. विटामिन A B. विटामिन D
C. विटामिन K D. विटामिन C

158. निम्नलिखित में से कौनसा युग्म सही है?
A. सांप-रेप्टेलिया B. पक्षी-मैमेलिया
C. स्तनधारी-एम्फिबिया D. मेंढ़क-एवीज

159. खेसरी दाल खाने से कौनसा रोग होता है?
A. लैथाइरिज्म B. मधुमेह
C. पेचिस D. पीलिया

160. भारत में विषैले सांपों की कुल प्रतिशत संख्या है:
A. 35% B. 60%
C. 75% D. 80%

161. डायबिटीज के रोगी का कौन-सा अंग सही ढंग से कार्य नहीं करता?
A. हृदय B. मस्तिष्क
C. अग्न्याशय D. यकृत

162. सर्प किस वर्ग से सम्बन्धित है?
A. मैमेलिया B. इकाइनोडरमेटा
C. रेप्टिलिया D. एनेलिडा

163. भारतीय मोर का वैज्ञानिक नाम क्या है?
A. पैन्थेरा टाइग्रिस B. रानी टिग्रिना
C. पैवो क्रिस्टेटस D. होमो सेपिएन्स

164. मोटापा किसकी अधिकता के कारण होता है?
A. शर्करा B. वसा ऊतक
C. प्रोटीन D. संयोजी ऊतक

165. यदि पृथ्वी पर सभी कवक और जीवाणु न रहें तो:
A. सभी जन्तु मर जाएंगे
B. मृत विघटनीय पदार्थ की मात्रा बढ़ेगी
C. प्रकाश संश्लेषण क्रिया नहीं होगी
D. ऑक्सीजन की कमी हो जाएगी

166. किस विटामिन की कमी होने पर घाव से रक्त बहना बन्दनहीं होता?
A. विटामिन E B. विटामिन D
C. विटामिन K D. विटामिन C

167. निम्नलिखित में से किनसे खसरा रोग फैलता है?
A. जीवाणु B. बैक्टीरिया
C. वाइरस D. प्रोटोजोआ

168. मनुष्य के शरीर में हड्डियां होती हैं:
A. 50 B. 206
C. 75 D. 106

169. यदि दूध से क्रीम को अलग कर लिया जाए तो दूध का घनत्व:
A. कम हो जाता है
B. वही रहता है
C. बढ़ जाता है
D. पहले कम होता है, फिर बढ़ता है

170. कृत्रिम वर्षा के लिए प्रयोग में लाया जाता है:
A. सिल्वर ब्रोमाइड B. अमोनियम नाइट्रेट
C. सिल्वर आयोडाइड D. उपर्युक्त सभी

171. दूध खट्टा हो जाता है:
A. ऐसीटिक अम्ल बनने के कारण
B. ऐस्कार्बिक अम्ल बनने के कारण
C. नाइट्रिक अम्ल बनने के कारण
D. लैक्टिक अम्ल बनने के कारण

172. शुद्धतम जल है:
A. समुद्र का B. वर्षा का
C. नदी का D. कुएं का

173. वे पौधे जिनमें कभी पुष्प या बीज नहीं बनते हैं:
A. आर्किडस B. जिम्नोस्पर्म
C. क्रिप्टोगैस D. एन्जियोस्पर्म

174. 'पृथ्वी तथा अन्य ग्रह सूर्य के चारों ओर चक्कर लगाते हैं' – यह सबसे पहले सिद्ध किया थाः

A. कोपरनिकस ने　　B. अरस्तू ने
C. एडविन हबल ने　　D. गैलीलियो ने

175. वायुयानों के टायरों में भरने के लिए किस गैस का प्रयोग किया जाता हैः

A. हाइड्रोजन　　B. नाइट्रोजन
C. हीलियम　　D. नियॉन

176. सबसे भारी धातु हैः

A. लीथियम　　B. ओसमियम
C. आयरन　　D. सिल्वर

177. उगते व डूबते समय सूर्य लाल प्रतीत होता है क्योंकिः

A. लाल रंग का प्रकीर्णन सबसे अधिक होता है
B. लाल रंग का प्रकीर्णन सबसे कम होता है
C. लाल रंग का प्रकीर्णन नहीं होता
D. उगते व डूबते समय सूर्य का ताप अधिक होता है

178. चन्द्रमा पर एक बम-विस्फोट होता है। इसकी आवाज पृथ्वी परः

A. सुनाई नहीं देगी　　B. सुनाई देगी
C. 24 घंटे बाद सुनाई देगी　　D. 48 घंटे बाद सुनाई देगी

179. चौराहों पर पानी के फुहारे में गेंद नाचती रहती है क्योंकिः

A. पानी का वेग अधिक होने से दाब घट जाता है
B. पानी का वेग अधिक होने से दाब अधिक हो जाता है
C. पानी के पृष्ठ तनाव के कारण
D. पानी की श्यानता के कारण

180. तारे टिमटिमाते हैंः

A. अपवर्तन के कारण　　B. परावर्तन के कारण
C. ध्रुवण के कारण　　D. प्रकीर्णन के कारण

181. निम्न में कौनसा बम जीवन को नष्ट कर देता है लेकिन भवनों को अधिक क्षति नहीं पहुंचाता?

A. न्यूट्रॉन बम　　B. हाइड्रोजन बम
C. परमाणु बम　　D. सभी असत्य हैं

182. आग बुझाने में काम आने वाली गैस हैः

A. क्लोरीन　　B. अमोनिया
C. हाइड्रोजन　　D. कार्बन डाइऑक्साइड

183. निम्न में क्या असत्य है?

A. समतल दर्पण में बना प्रतिबिम्ब सदैव वस्तु के आकार का एवं दर्पण से समान दूरी पर बनता है
B. अवतल दर्पण में प्रतिबिम्ब की आकृति, दूरी, प्रकृति वस्तु की दर्पण से दूरी पर निर्भर करती है
C. उत्तल दर्पण में प्रतिबिम्ब सदैव वस्तु से छोटा, सीधा व आभासी बनता है
D. अवतल लैंस द्वारा बना प्रतिबिम्ब पर्दे पर लिया जा सकता है

184. निम्न में क्या असत्य है?

A. स्पष्ट दृष्टि के लिए आंख से वस्तु की न्यूनतम दूरी 25 से.मी. होनी चाहिए
B. पदार्थ के अपवर्तनांक का मान उसके ताप पर निर्भर करता है
C. स्लिट कांच के प्रिज्म से शुद्ध स्पेक्ट्रम प्राप्त होता है
D. उपरोक्त सभी असत्य हैं

185. निम्न में से किस उर्वरक में नाइट्रोजन का प्रतिशत सर्वाधित है?

A. यूरिया　　B. अमोनियम सल्फेट
C. अमोनियम नाइट्रेट　　D. डाई अमोनियम फास्फेट

186. किसी ग्रह या उपग्रह की सूर्य से सबसे निकट स्थिति को क्या कहते हैं?

A. पेरिजी　　B. पेरीहिलीयन
C. अपोजी　　D. अपहीलियन

187. परमाणु बम बनाने में कौनसी विधि का प्रयोग होता है?

A. नाभिकीय संलयन　　B. नाभिकीय विखण्डन
C. दोनों का　　D. उपर्युक्त सभी गलत हैं

188. पृथ्वी पर वायुमण्डल बने रहने का कारण हैः

A. वायुमण्डलीय दाब　　B. पृथ्वी का चुम्बकीय क्षेत्र
C. पृथ्वी की घूर्णन गति　　D. गुरुत्वाकर्षण

189. यदि पृथ्वी एवं सूर्य के बीच की दूरी दुगुनी हो जाये तो उनके बीच लगने वाले गुरुत्वाकर्षण बल का मानः

A. चार गुना हो जाएगा　　B. दोगुना हो जाएगा
C. आधा हो जाएगा　　D. चौथाई हो जाएगा

190. इलेक्ट्रॉन हैः

A. अल्फाकण　　B. बीटा कण
C. पॉजीट्रॉन　　D. कोई नहीं

191. किस देश ने सर्वप्रथम अंतरिक्ष उपग्रह भेजा?

A. पूर्व सोवियत संघ　　B. अमेरिका
C. फ्रांस　　D. जापान

192. वायुमण्डल की वह सतह, जिससे रेडियो तरंगें परावर्तित होकर पृथ्वी पर वापस आती हैं, कहलाती हैः

A. आइनोस्फियर　　B. ट्रोपोस्फीयर
C. स्ट्रेटोस्फीयर　　D. उपरोक्त तीनों

193. कौनसी मशीन वैद्युत ऊर्जा को यान्त्रिक ऊर्जा में परावर्तित करती है?

A. डायनमो　　B. विद्युत मोटर
C. ट्रांसफार्मर　　D. कोई नहीं

194. एक्स एम. पी.-14 क्या है?

A. कैंसर की दवा　　B. सुपरसॉनिक विमान
C. मिसाइल　　D. सुपर कम्प्यूटर

195. किस रेडियो एक्टिव आइसोटोप का कैंसर के उपचार में प्रयोग होता है?

A. आयोडीन 73　　B. कोबाल्ट-60
C. यूरेनियम 139　　D. एल्यूमीनियम-36

196. टेलीविजन में काम आने वाली मुख्य ट्यूब होती हैः

A. डायोड　　B. ट्रायोड
C. टेक्नोस्कोप　　D. कैथोड-रे-आसिलोग्राफ

197. इलेक्ट्रॉन वोल्ट किसकी इकाई है?
A. ऊर्जा B. विभव
C. बल D. शक्ति

198. पादप कोशिका की पहचान हैः
A. जीवद्रव्य कला B. कोशिका भित्ति व रिक्तिका
C. माइटोकॉण्ड्रिया D. सेन्ट्रोसोम

199. प्राणी की सूक्ष्मतम इकाई हैः
A. माइटोकॉण्ड्रिया B. कोशिका
C. जीवद्रव्य कला D. केन्द्रक

200. माइटोकॉण्ड्रिया का कार्य हैः
A. उत्सर्जन B. प्रजनन
C. श्वसन D. पाचन

201. राइबोसोम का कार्य हैः
A. डी॰ एन॰ ए॰ संश्लेषण B. कोशिका विभाजन
C. प्रोटीन संश्लेषण D. प्रकाश संश्लेषण

202. निम्नलिखित में कौन वायु की नाइट्रोजन को नाइट्रेट्स में बदल देते हैं?
A. कवक B. विशिष्ट प्रकार के जीवाणु
C. सभी प्रकार के शैवाल D. कोई नहीं

203. निम्नलिखित में कौनसा पौधा वायुमण्डल की नाइट्रोजन का स्थिरीकरण करता है?
A. गेहूं B. सभी प्रकार की सब्जियां
C. दाल वाले पौधे D. कुछ प्रकार के कवक

204. ल्यूकोप्लास्ट होते हैंः
A. लाल रंग के B. हरे रंग के
C. रंगहीन D. पीले रंग के

205. भोजन का संचय करने वाली जड़ हैः
A. आलू B. शकरकन्द
C. गाजर D. हल्दी

206. कभी-कभी पौधे भूमि में पर्याप्त जल रहते हुए भी सूख जाते हैंः
A. लवणों की कमी से
B. लवणों की अधिकता से
C. विशेष लवण न मिलने के कारण
D. वायु न मिलने के कारण

207. कुष्ठ रोग होता हैः
A. जीवाणु द्वारा B. कवक द्वारा
C. शैवाल द्वारा D. कीटों द्वारा

208. प्रकाश संश्लेषण की क्रिया होती हैः
A. सभी शैवालों में B. सभी पौधों में
C. जन्तुओं में D. हरे पौधों में

209. पौधे वायु शुद्ध करते हैंः
A. वाष्पोत्सर्जन द्वारा B. आक्सीय श्वसन द्वारा
C. प्रकाश संश्लेषण द्वारा D. उपरोक्त सभी द्वारा

210. वायुमण्डल की आर्द्रता प्रभावित करती हैः
A. प्रकाश संश्लेषण क्रिया को B. वाष्पोत्सर्जन क्रिया को
C. श्वसन क्रिया को D. उपर्युक्त सभी को

211. विषाणु द्वारा होने वाला रोग हैः
A. कुष्ठ रोग B. चेचक
C. प्लेग D. दमा

212. एक पीढ़ी के गुण उसकी संतानों में जाने का अध्ययन करने वाली जीव विज्ञान शाखा को कहते हैंः
A. आनुवंशिकी B. भ्रूण
C. जीवाश्म D. जैव विकास

213. मानव शरीर में ऑक्सीजन का परिवहन होता हैः
A. रुधिर की श्वेत कणिकाओं द्वारा
B. हीमोग्लोबिन द्वारा
C. विस्फोसाइट द्वारा
D. मोनोसाइट द्वारा

214. जीवों का प्राकृतिक चयन सिद्धान्त दिया थाः
A. लैमार्क ने B. डार्विन ने
C. ह्यूगो डी ब्रीज ने D. मेण्डल ने

215. सजीव एवं निर्जीव के बीच की कड़ी हैः
A. जीवाणु B. हरे नीले शैवाल
C. विषाणु D. प्रोटोजोआ

216. हरे पौधे सूर्य से प्रकाश लेकर कार्बनिक भोजन बनाते हैं, इसलिए ये कहलाते हैंः
A. उपभोक्ता B. उत्पादक
C. उपरोक्त दोनों D. उपरोक्त कोई नहीं

217. पेचिस नामक रोग किससे फैलता है?
A. हुकवर्म B. एण्टअमीबा
C. अमीबा D. युग्लीना

218. मानव शरीर की सबसे बड़ी ग्रंथि हैः
A. जठर ग्रंथि B. यकृत
C. थायराइड D. गुर्दे

219. भोजन का कौनसा अवयव यूरिया बनाता है?
A. प्रोटीन B. खनिज लवण
C. लवण D. कार्बोहाइड्रेट

220. मलेरिया रोग के परजीवी का वाहक हैः
A. मादा एनाफीलिज मच्छर B. नर एनाफीलिज मच्छर
C. क्यूलेक्स मच्छर D. एडीज मच्छर

221. हाइड्रोफोबिया नामक बीमारी किस जानवर के काटने से होती है?
A. घोड़े B. कुत्ते
C. उल्लू D. बिल्ली

222. हैजा की बीमारी फैलने पर उससे बचाव किया जा सकता हैः
A. हैजा के टीके लगवा कर B. स्वच्छ पानी पीकर
C. ताजे फल खाकर D. एण्टीबायोटिक दवाइयां लेकर

223. पांच वर्ष के बच्चे में दांतों की संख्या होती है:

A. 20 B. 18
C. 24 D. 32

224. शरीर में वसा संग्रहीत रहता है:

A. हड्डियों में B. प्लीहा में
C. मांसपेशियों में D. चर्बी में

225. विटामिन ''सी'' का मुख्य स्रोत है:

A. कच्चे एवं ताजे फल B. दूध
C. घी D. दालें

226. डी॰ पी॰ टी॰ का टीका बच्चों को किन-किन बीमारियों से बचाता है?

A. डिफ्थीरिया, पोलियो, टिटनेस
B. डायरिया, पोलियो, टायफायड
C. डिफ्थीरिया, काली खांसी, टायफायड
D. डिफ्थीरिया, काली खांसी, टिटनेस

227. शराब का अत्यधिक मात्रा में प्रयोग करने से शरीर का कौनसा अंग विशेष रूप से प्रभावित होता है?

A. गुर्दे B. अमाशय
C. यकृत D. अग्नाशय

228. हृदय गति अचानक बन्द हो जाने पर सबसे पहले करना चाहिए:

A. मरीज को तख्त पर पैर ऊंचे कर लेटा देना चाहिए
B. कृत्रिम श्वास देना चाहिए
C. कार्डियक मसाज देना चाहिए
D. डॉ॰ को बुलाकर उचित उपचार की तैयारी करनी चाहिए

229. निम्नलिखित में से कौन-कौनसी बीमारियां बैक्टीरिया द्वारा होती हैं:

(*a*) टायफायड (*b*) तपेदिक
(*c*) कुष्ठ रोग (*d*) पोलियो

A. केवल (*a*) और (*d*) B. केवल (*a*), (*b*) और (*c*)
C. उपर्युक्त सभी D. केवल (*a*) और (*b*)

230. बच्चे के लिंग का निर्धारण होता है:

A. शुक्राणु के मादा जननांग में प्रवेश के समय
B. गर्भावस्था के दूसरे सप्ताह में
C. निषेचन के समय
D. जन्म के कुछ समय पूर्व

231. बुद्धि लब्धता (I.Q.) नापी जाती है:

A. $\frac{\text{शारीरिक आयु} \times 12.5}{\text{मानसिक आयु}}$ B. $\frac{\text{मानसिक आयु} \times 100}{\text{शारीरिक आयु}}$

C. $\frac{\text{शारीरिक आयु} \times 100}{\text{मानसिक आयु}}$ D. $\frac{\text{मानसिक आयु} \times 12.5}{\text{शारीरिक आयु}}$

232. कोशिका का ''पावर हाउस'' कहलाता है:

A. केन्द्रक B. माइटोकॉण्ड्रिया
C. राइबोसोम D. कोशिका भित्ति

233. Mycology (माइकोलोजी) में अध्ययन करते हैं:

A. शैवाल का B. कवक का
C. ब्रायोफाइटा का D. विषाणु का

234. आलू है:

A. रूपान्तरित तना B. रूपान्तरित जड़
C. रूपान्तरित बीज D. एक फल

235. स्तनधारी जो अपरिपक्व शिशु को जन्म देता है:

A. कंगारू B. बिल्ली
C. गाय D. मनुष्य

236. न्यूमोनिया बीमारी है:

A. अमाशय की B. यकृत की
C. फेफड़ों की D. तिल्ली की

237. मनुष्य के लिंग का निर्धारण होता है:

A. हार्मोनों द्वारा B. वातावरण द्वारा
C. क्रोमोसोम द्वारा D. मां के रुधिर वर्ग द्वारा

238. दर्द निवारक दवाएं कहलाती हैं:

A. एण्टीसेप्टिक B. एण्टीटसिव
C. एण्टीवीनस D. एनलजेसिक

239. ल्यूकोमिया नामक रोग में:

A. अस्थिमज्जा का कैंसर होता है जिसके कारण शरीर में बहुत अधिक परन्तु असामांन्य श्वेत रक्त कणिकाएं बनती हैं
B. यकृत में सूजन आ जाती है
C. वृक्क में सूजन आ जाती है
D. सफेद दाग पड़ जाते हैं

240. ''नेत्रदान'' में रोगी में प्रत्यारोपण (Transplantation) होता है:

A. पूर्ण नेत्र का
B. केवल लेन्स का
C. लेन्स व कार्निया दोनों का
D. केवल कार्निया का

241. टिटनेस के जीवाणु शरीर में प्रवेश करते हैं:

A. भोजन से
B. लैंगिक सम्बन्धों से
C. पानी द्वारा
D. कान के बहने व चोट लगने से

242. मधुमक्खियां भोजन मिलने की सूचना आपस में किस प्रकार देती हैं?

A. अपनी ध्वनि से B. नाच कर
C. पंखों की गति से D. उपरोक्त तीनों प्रकार से

243. गर्मी में बिजली के खंभों पर लगे तार नीचे को लटक जाते हैं, क्यों?

A. तार पिघलकर ढीले हो जाते हैं
B. गर्म होकर पदार्थ फैलता है अतः फैलने के कारण तारों की लम्बाई बढ़ जाती है और वे नीचे को लटक जाते हैं
C. गर्मी में आंधी आते रहने के कारण तार नीचे लटक जाते हैं
D. उपर्युक्त में से कोई कथन सही नहीं है

244. डाइनामाइट का आविष्कार किसने किया था?

A. अल्फ्रेड नोबल B. एडीसन
C. शोल्स D. रोजर बेकन

245. टेलीविजन (मैकेनिकल) का आविष्कार किसने किया था?
A. मारकोनी B. जे.एल. बेयर्ड
C. कॉपरनिकस D. जे. सी. बोस

246. ट्रांजिस्टर का आविष्कार किया था:
A. शोल्स ने B. बेब्सटर ने
C. डब्ल्यू. शोकले ने D. रौंटगेन ने

247. टेलीफोन का आविष्कार किया था:
A. ई. स्विटन ने B. ए. ग्राहम बेल ने
C. जेम्स वाट ने D. जार्ज ईस्टमैन ने

248. थर्मामीटर का आविष्कार निम्नलिखित में से किसने किया?
A. माइकेल फैराडे
B. डनलप
C. डेनियल गैबरियल फॉरेनहाइट
D. पार्किस

249. पैराशूट का आविष्कार किसने किया?
A. गटनवर्ग B. जे.पी. ब्लानचार्ड
C. टी. ए. एडीसन D. अल्फ्रेड नोबेल

250. स्टीम इंजन का आविष्कार किया था:
A. जी. मारकोनी ने B. जेम्स वाट ने
C. वाल्टर हेट ने D. ग्लेन कर्टिस ने

251. कम्प्यूटर का आविष्कार किसने किया था?
A. डेवी ने B. चार्ल्स बैवेज ने
C. फैराडे ने D. जिलेट ने

252. ध्वनि का अधिकतम वेग किसमें होता है?
A. ठोस B. द्रव्यं
C. गैस D. भाप

253. गठिया किस अंग की बीमारी है?
A. त्वचा B. यकृत
C. गुर्दे D. जोड़ों

254. शरीर में लौह तत्व की कमी से कौन-सा रोग होता है?
A. रतौंधी B. एनीमिया
C. उच्च रक्तचाप D. मधुमेह

255. गलत जोड़ा इंगित कीजिए:
A. वाकिंग – अमेरिका
B. सोयुज – अमेरिका
C. एपिल – भारत
D. एरियन – फ्रांस

256. निम्नलिखित में से कौनसी खोज भारतीय वैज्ञानिक से सम्बन्धित है?
A. हृदय परिवर्तन B. टेस्ट ट्यूब बेबी
C. जेनेटिक कोड D. मलेरिया की चिकित्सा

257. जमने के बाद पानी नल का पाइप तोड़ देता है, क्यों?
A. जमने के बाद पानी का घनत्व कम हो जाता है
B. जमने के बाद पानी के पाइप की धातु गल जाती है
C. जमने के बाद पानी कठोर हो जाता है अतः उसकी वह कठोरता पाइप को तोड़ देती है
D. जमने के बाद पानी का घनत्व बढ़ जाता है जिसके दबाव के कारण पाइप फट जाते हैं

258. बन्द कमरे में कोयले (चारकोल) की जली हुई अंगीठी रखना क्यों खतरनाक है?
A. कोयले से विषैली गैस कार्बन डाइऑक्साइड निकलती है
B. कोयले से कमरे में आग लगने का डर रहता है
C. कोयले के जलने से बन्द कमरे में बहुत गर्मी पैदा हो जाती है
D. कोयले (चारकोल) के जलने पर उसमें से विषैली गैस कार्बन मोनोऑक्साइड निकलती है

259. ध्वनि की गति 760 मील प्रति घंटा है। इससे अधिक गति से उड़ने वाले वायुयानों को:
A. सुपर फास्ट वायुयान कहते हैं
B. सुपरसोनिक वायुयान कहते हैं
C. सुपर मोबाइल वायुयान कहते हैं
D. अल्ट्रा सुपर क्राफ्ट कहते हैं

260. कवक (Fungii) के अध्ययन को कहते हैं:
A. माइक्रोलॉजी
B. बैक्टीरियोलॉजी
C. माइकोलॉजी
D. बायरोलॉजी

261. बादलों की गरज की आवाज सुनने से पहले उसकी विद्युत चमक दिखाई पड़ जाती है, ऐसा क्यों होता है?
A. वास्तव में आवाज और प्रकाश साथ-साथ ही दिखाई तथा सुनाई पड़ते हैं, किन्तु हमको उनका अनुभव आगे-पीछे होता है
B. प्रकाश की गति आवाज की अपेक्षा अधिक तेज होने के कारण होता है
C. हमारी सुनने की प्रक्रिया इतनी तेज नहीं होती जितनी कि देखने की प्रक्रिया होती है
D. उपर्युक्त में से कोई कथन सही नहीं है

262. नदी की अपेक्षा समुद्र में तैरना सुगम है, क्योंकि समुद्र के जल का घनत्व नदी के जल के घनत्व की अपेक्षा:
A. अधिक होता है
B. थोड़ा-सा कम होता है
C. बराबर होता है
D. बहुत कम होता है

263. यदि किसी शीशे के गिलास में उबलता हुआ पानी डाला जाये तो वह टूट जाता है, क्योंकि:
A. सीसा ताप को तेजी से गुजरने नहीं देता

B. सीसे में शीघ्र टूट जाने का गुण होता है
C. उबलता हुआ पानी सीसे पर भारी दबाव डालता है
D. सीसा पारदर्शी होता है

264. मिट्टी के बर्तन में पानी ठण्डा हो जाता है किन्तु धातु अथवा कांच के बर्तन में ठण्डा नहीं होता, क्यों?
A. मिट्टी के बर्तन की दीवारें पानी के ताप को खींच लेती हैं
B. मिट्टी के बर्तन की दीवारें ताप की कुचालक होती हैं अतः गर्मी का पानी पर कोई प्रभाव नहीं पड़ता
C. मिट्टी के बर्तन की दीवारों में छिद्र होते हैं और इन छिद्रों के माध्यम से बर्तन का पानी वायु ग्रहण करता है और यह वायु पानी के ताप को खींच लेती है
D. उपर्युक्त में से कोई भी कथन सही नहीं

265. जंग लगने से लोहे का भारः
A. घट जाता है B. बढ़ जाता है
C. न घटता है न बढ़ता है D. कभी घटता है कभी बढ़ता है

266. 10 ग्राम तथा 100 ग्राम की दो वस्तुएं यदि किसी टावर से एक साथ नीचे डाली जायें तोः
A. वे जमीन पर एक साथ गिरेंगी
B. 10 ग्राम की वस्तु 100 ग्राम की वस्तु से पहले गिरेगी
C. 100 ग्राम की वस्तु 10 ग्राम की वस्तु से पहले गिरेगी
D. वे गिरने पर एक ही तरह ही आवाज करेंगी

267. गर्मी के मौसम में तारों भरी रात की तुलना में बादलों वाली रात ज्यादा गर्म होती है, क्योंकिः
A. बादल ठण्डी हवा को पृथ्वी तक पहुंचने नहीं देते हैं
B. बादल पृथ्वी से निकलने वाली गर्मी को ऊपर आकाश की ओर जाने से रोक देते हैं
C. बादल एक मोटे कम्बल का काम करते हैं और उनके कारण गर्मी पैदा होती है
D. बादलों के कारण गर्मी पैदा होती है और वह गर्मी पृथ्वी तक आ जाती है

268. निम्नलिखित में कौनसा जोड़ा गलत है?
A. सेक्सटेन्ट–भूकम्पन को ग्राफ पर अंकित करने वाला यंत्र
B. स्पेक्ट्रोमीटर–रिफ्रेक्टिव इन्डेक्स नापने वाला यंत्र
C. रोनाल्ड रांस–मलेरिया का कारण और चिकित्सा का अनुसंधानकर्ता ब्रिटिश वैज्ञानिक
D. पोलीनेशन–हवा, पानी या कीटों के द्वारा परागकोष गर्भाशय तक पराग कणों के पहुंचने की क्रिया

269. विटामिन डी की कमी की पूर्ति करने के लिए खुराक में निम्नलिखित में कौनसी वस्तु का अधिक सेवन करेंगे?
A. अण्डे या दूध या दूध से बनी चीजें
B. रस वाले फल
C. लाल माँस
D. ताजी सब्जियां

270. रोन्टेगन ने निम्न में से किसका आविष्कार किया?
A. परमाणु सिद्धान्त B. क्वेन्टम सिद्धान्त
C. एक्स किरणों का D. आपेक्षिकता सिद्धान्त का

271. हैण्डपम्प से निकाला हुआ जल जाड़ों में गर्म क्यों होता है?
A. पम्पिंग की क्रिया में पानी गर्म हो जाता है
B. क्योंकि जाड़ों में हमारा शरीर गर्म रहता है इसलिए पानी भी गर्म मालूम पड़ता है
C. क्योंकि जमीन के अन्दर का ताप वायुमण्डल के ताप से अधिक है, अतः पम्प का पानी हमको गर्म लगता है
D. यह केवल महसूस करना मात्र है

272. किसी भी वस्तु का भार विषुवत रेखा की अपेक्षा ध्रुवों पर अधिक होता है, क्यों?
A. ध्रुवों पर जमीन चपटी होती है
B. पृथ्वी की विषुवत रेखा पर परिभ्रमण की गति सबसे अधिक तेज है
C. ध्रुवों पर गहरी बर्फ के कारण आकर्षण शक्ति कम हो जाती है
D. उपर्युक्त में से कोई उत्तर सही नहीं है

273. आकाश में ऊंचाई पर उड़ते हुए पक्षी की पृथ्वी पर छाया नहीं पड़ती। इसका कारण यह है किः
A. पक्षी का आकार पृथ्वी के आकार की तुलना में बहुत छोटा होता है
B. प्रकाश की किरणें पक्षी पर अभिलम्बवत् पड़ती हैं
C. पक्षी का आकार सूर्य की तुलना में अति छोटा है
D. पक्षी आकाश में लगातार उड़ता रहता है

274. जब कोई जहाज नदी के पश्चात् समुद्र में प्रवेश करता है तो उठने लगता है, क्यों?
A. समुद्र का पानी नदी के पानी से कम गहराई पर होने के कारण
B. समुद्र की लहरों की क्रिया के कारण
C. कुछ पानी लीकेज से समुद्र में भारी हाइड्रोस्टेटिक दबाव के कारण जहाज में प्रवेश कर जाता है
D. समुद्र के पानी का घनत्व नदी के पानी के घनत्व से अधिक होता है

275. चन्द्रतल पर यदि दो व्यक्ति आपस में बातचीत करें तोः
A. वह एक-दूसरे की बात नहीं सुन सकेंगे
B. पृथ्वी पर लगने वाले समय की तुलना में जल्दी एक-दूसरे की बात सुन सकेंगे
C. पृथ्वी पर लगने वाले समय की तुलना में अधिक समय में एक-दूसरे की बात सुन सकेंगे
D. उपरोक्त तीनों ही कथन असत्य हैं

276. किस ताप पर पानी का सबसे कम आयतन होता है?
A. 0° सेन्टीग्रेड B. 4° सेन्टीग्रेड
C. पूर्ण शून्य ताप D. 100° सेन्टीग्रेड

277. जब दीवार के पीछे से तुम्हें तुम्हारा कोई मित्र आवाज देता है तो तुम उसकी आवाज पहचान लेते हो, उसकी ध्वनि में एक निश्चितः
A. तारत्व (Pitch) होता है
B. तीव्रता (Intensity) होती है
C. गुणता (Quality) होती है
D. लय (Melody) होती है

278. ऐसा देखा जाता है कि सन्तान में सदा ही अपने माता-पिता के कुछ न कुछ लक्षण अवश्य विद्यमान होते हैं। इस घटना को कहते हैं:
A. आनुवांशिकी B. जैव विकास
C. जेनेटिक्स D. जीव विज्ञान

279. निम्नलिखित में कौनसा जोड़ा सही नहीं है?
A. हारमोंस–मानव शरीर में प्रणाली रहित ग्रन्थियों से प्राप्त होने वाला रस
B. इलेक्ट्रोलाइसिस–विद्युत द्वारा द्रवयौगिकों का विश्लेषण
C. फोटोसिन्थेसिस–बहुत से फोटोग्राफों को एक फोटोग्राफ से जोड़ना
D. जीरोफाइट्स–रेगिस्तान में पायी जाने वाली वनस्पति

280. निम्नलिखित में कौनसा जोड़ा गलत है?
A. बायोनिक्स–नेत्रों के लेंस बनाने की विधि
B. हाइड्रोफोनिक्स–बिना मिट्टी के पानी द्वारा पौधे उगाने का विज्ञान
C. इकालॉजी–वनस्पति और जीवों के वातावरण या प्रकृति से सम्बन्ध का अध्ययन
D. एन्टोमोलोजी–कीट पतंगों के सूक्ष्म अध्ययन करने का विज्ञान

281. लालटेन में मिट्टी का तेल बत्ती के सहारे ऊपर चढ़ जाता है, इसका कारण है:
A. बत्ती में होकर तेल का प्रसारण
B. मिट्टी के तेल का कम घनत्व
C. मिट्टी के तेल का तल तनाव
D. बत्ती द्वारा मिट्टी के तेल को आकर्षित करना

282. प्रायः डॉक्टर अपनी सिरिंजों को इंजेक्शन देने के पहले पानी में उबालते हैं, सर्जन भी अपने औजारों को उबालते हैं, वे ऐसा करते हैं:
A. उनसे धूल के कणों को हटाने के लिए
B. उनकी सफाई करने के लिए
C. उनको स्टरलाइज करने के लिए
D. उनको हानिकारक कवकों से सुरक्षित रखने हेतु

283. निम्नलिखित में गलत जोड़ा ढूंढिए।
A. केटेरेक्ट–आंख की बीमारी
B. डिप्थीरिया–गले की बीमारी
C. प्लूरिसी–मस्तिष्क की बीमारी
D. निमोनिया–फेफड़ों की बीमारी

284. तालाब में पानी पर मिट्टी का तेल छिड़क देने पर मच्छर पानी पर बैठ नहीं पाते हैं, इसका कारण है:
A. मिट्टी के तेल के कारण पानी का तलतनाव कम हो जाता है, जिसके कारण द्रव की खिंचावयुक्त झिल्ली मच्छर के भार को सहन नहीं कर पाती
B. मच्छर मिट्टी के तेल की गंध से दूर भागते हैं
C. इससे मच्छर पानी पर तैर नहीं पाते
D. मच्छरों को मिट्टी के तेल की गंध में तैरना अच्छा नहीं लगता

285. थर्मस फ्लास्क का आविष्कार किसने किया?
A. एडवर्ड जेनर B. जेम्स डेवर
C. शोलेस D. जी॰ मारकोनी

286. यदि सामान्य पानी में कोई अण्डा डाला जाये तो वह डूब जाता है, किन्तु यदि पानी में काफी मात्रा में नमक मिला हुआ हो तो:
A. अण्डा उसमें पूरी तरह से डूब जायेगा
B. अण्डा पानी के बर्तन के बीच में रहेगा
C. अण्डा पानी पर तैरता रहेगा
D. अण्डा कभी डूबेगा, कभी तैरेगा

287. एक सन्तुलित आहार में अवश्य होना चाहिए:
A. कार्बोहाइड्रेट्स B. ऑयल और वसा
C. प्रोटीन्स D. विटामिन
E. उपर्युक्त सभी

288. बायोलॉजी शब्द है:
A. जर्मन भाषा का B. अंग्रेजी भाषा का
C. ग्रीक भाषा का D. लैटिन भाषा का

289. हवा भी ताप की उतनी ही कुचालक है जितना कि:
A. पानी B. कपास की रूई
C. चांदी D. टंगस्टन

290. चार्ल्स डार्विन ने किस सिद्धान्त का आविष्कार किया?
A. विकास सिद्धान्त का
B. गुरुत्वाकर्षण के सिद्धान्त का
C. ग्रहों की गति के सिद्धान्त का
D. हाइड्रोफोबिया के उपचार का

291. जीव विज्ञान के क्षेत्र में इस शताब्दी की सबसे महत्त्वपूर्ण खोज है:
A. एण्टीबायोटिक इकाइयों की
B. एण्टीटाक्सिक दवाइयों की
C. 'जीन' की
D. डी॰ एन॰ ए॰ मॉडल की

292. प्रायः पौधे दिन में ऑक्सीजन और रात में कार्बन डाइऑक्साइड निकालते हैं। किन्तु दिन और रात के 24 घण्टों में एक ऐसा भी समय होता है जब पौधे न तो ऑक्सीजन छोड़ते हैं और न कार्बन डाइऑक्साइड। ऐसा होता है:
A. सूर्य के प्रकाश में B. रात्रि के अन्धकार में
C. दोपहर के समय में D. गोधूलि की बेला में

293. मनुष्य के मस्तिष्क का कुल भार है लगभग:
A. 2 पौण्ड B. 2.5 पौण्ड
C. 3 पौण्ड D. 3.06 पौण्ड

294. निम्नलिखित में से यौगिक (Compound) कौनसा है?
A. पारा B. ओजोन
C. वायु D. अमोनिया

295. अल्कोहॉली पेयों (Alcoholic beverages) में होती है:
A. ब्युटाइल एल्कोहॉल (Butyl alcohol)
B. मिथाइल एल्कोहॉल (Methyl alcohol)
C. इथाइल एल्कोहॉल (Ethyl alcohol)
D. मिथेनॉल (Methanol)

296. मोम निम्नलिखित में से किसमें समृद्ध होता है?
A. पॉलीईथर्स (Polyethers)
B. पॉली एल्कोहॉल्स (Poly alcohols)
C. कार्बोहाइड्रेट्स (Carbohydrates)
D. हाइड्रोकार्बन्स (Hydrocarbons)

297. चावल का प्रोटीन उत्तम प्रकार का होता है। यह निम्नलिखित में से किसमें समृद्ध होता है?
A. लाइसिन (Lysine) B. थायमिन (Thiamine)
C. ग्लूटामिन (Glutamine) D. ग्लाइडिन (Gliadine)

298. डेडली नाइट शेड (Deadly Night Shade) नामक पौधा (Airopa Belladona) निम्नलिखित में से किस एल्कालॉइड (Alkaloid) का स्रोत है?
A. कुनैन (Quinine) B. कोकीन (Cocaine)
C. एट्रोपिन (Atropine) D. निकोटिन (Nicotine)

219. गैसोल (Gashol) गैसोलीन निम्नलिखित में से किसका मिश्रण है?
A. इथेनॉल B. मिथाइल ऐल्कोहॉल
C. ब्यूटाइल ऐल्कोहॉल D. ब्यूटेन

300. सॉक वैक्सीन (Salk vaccine) का प्रयोग किस रोग से बचाव के लिए किया जाता है?
A. टी॰ बी॰ B. चेचक
C. पोलियो D. खसरा

301. वनों के रख-रखाव एवं प्रबन्धन से सम्बन्धित विज्ञान को क्या कहते हैं?
A. सिल्वीकल्चर (Silviculture)
B. सेरीकल्चर (Sericulture)
C. पिसीकल्चर (Pisciculture)
D. एपीकल्चर (Apiculture)

302. सही जोड़ा मिलाइए:

रोग	विटामिन की कमी
(*a*) स्कर्वी	1. विटामिन A
(*b*) रिकेट्स	2. विटामिन C
(*c*) बेरी-बेरी	3. विटामिन D
(*d*) रतौंधी	4. विटामिन B_1

	(*a*)	(*b*)	(*c*)	(*d*)
A.	1	2	3	4
B.	2	3	4	1
C.	1	4	3	2
D.	2	4	3	1

303. सही जोड़ा मिलाइए:

पशु	गर्भावस्था दिन
(*a*) भैंस	1. 114 दिन
(*b*) बकरी	2. 337 दिन
(*c*) सूअर	3. 310 दिन
(*d*) घोड़ी	4. 151 दिन

	(*a*)	(*b*)	(*c*)	(*d*)
A.	2	4	1	3
B.	3	1	4	2
C.	2	1	4	3
D.	3	4	1	2

304. गाजर (Carrot) क्या है?
A. जड़ (Root) B. तना (Stem)
C. पत्ती (Leaf) D. शाखा (Branch)

305. भारी पानी (Heavy water) है:
A. D_2O
B. NaOH
C. H_2O_2
D. कैल्शियम कार्बोनेट, कैल्शियम एवं मैग्नीशियम युक्त जल

306. पोटेशियम परमैंगनेट का सामान्य उपयोग है:
A. ब्लीचिंग पाउडर के रूप में B. जीवाणुनाशक के रूप में
C. वाइरस को मारने में D. कीटों को मारने में

307. एथोनोल में क्या मिलाने पर यह मनुष्य के लिए विषैला है?
A. मेथानोल B. एनीलीन
C. एसेटिक एसिड D. क्लोरीन

308. वह जीन (Gene) जो दमनकर (Repressor molecule) के उत्पादन का कार्य करता है, कहलाता है:
A. ओपेरॉन (Operon)
B. नियामक (Regulator)
C. ऑपरेटर (Operator)
C. संरचनात्मक जीन (Structural Gene)

309. निम्नलिखित में से किसका क्वथनांक सबसे कम है?
A. Ar B. He
C. Ne D. Xe

310. सोडियम थायोसल्फेट, आयोडीन से अभिक्रिया करके निम्नलिखित में से क्या बनता है:
A. सोडियम डाइथायोनेट B. सोडियम ट्राइथायोनेट
C. सोडियम टेट्राथायोनेट D. सोडियम हेक्जाथायोनेट

उत्तरमाला

1	2	3	4	5	6	7	8	9	10
A	B	B	D	B	D	D	B	D	C
11	**12**	**13**	**14**	**15**	**16**	**17**	**18**	**19**	**20**
A	A	C	A	D	A	C	B	D	A
21	**22**	**23**	**24**	**25**	**26**	**27**	**28**	**29**	**30**
C	A	C	D	D	B	D	A	C	A

31	32	33	34	35	36	37	38	39	40
B	D	A	C	B	B	A	A	B	A
41	42	43	44	45	46	47	48	49	50
B	A	B	B	A	A	A	C	B	A
51	52	53	54	55	56	57	58	59	60
C	B	C	D	B	C	A	A	C	B
61	62	63	64	65	66	67	68	69	70
A	D	D	D	A	C	C	A	B	A
71	72	73	74	75	76	77	78	79	80
D	D	C	D	B	B	A	C	D	A
81	82	83	84	85	86	87	88	89	90
A	B	C	D	A	C	A	B	B	A
91	92	93	94	95	96	97	98	99	100
B	A	B	C	D	A	B	C	C	D
101	102	103	104	105	106	107	108	109	110
D	C	A	A	B	D	A	C	B	B
111	112	113	114	115	116	117	118	119	120
A	B	C	C	C	D	A	A	A	C
121	122	123	124	125	126	127	128	129	130
B	D	C	D	D	B	C	B	C	D
131	132	133	134	135	136	137	138	139	140
B	A	A	B	A	B	B	D	B	B
141	142	143	144	145	146	147	148	149	150
A	A	B	B	B	B	A	A	D	A
151	152	153	154	155	156	157	158	159	160
C	A	A	B	C	C	D	A	A	A
161	162	163	164	165	166	167	168	169	170
C	C	C	B	B	C	C	B	C	C
171	172	173	174	175	176	177	178	179	180
D	B	C	A	C	B	B	A	A	A
181	182	183	184	185	186	187	188	189	190
A	D	D	D	A	B	B	D	D	B
191	192	193	194	195	196	197	198	199	200
A	A	B	B	B	D	D	B	B	C
201	202	203	204	205	206	207	208	209	210
C	B	C	C	C	B	A	D	C	B
211	212	213	214	215	216	217	218	219	220
C	A	B	B	C	B	B	B	A	A
221	222	223	224	225	226	227	228	229	230
B	A	A	D	A	D	C	C	B	C
231	232	233	234	235	236	237	238	239	240
B	B	B	A	A	C	C	D	A	D
241	242	243	244	245	246	247	248	249	250
D	B	B	A	B	C	B	C	B	B
251	252	253	254	255	256	257	258	259	260
B	A	D	B	B	C	D	D	B	C
261	262	263	264	265	266	267	268	269	270
B	A	A	C	B	A	B	A	A	C
271	272	273	274	275	276	277	278	279	280
C	D	C	D	A	B	C	A	C	A
281	282	283	284	285	286	287	288	289	290
C	C	C	A	B	C	E	B	B	A
291	292	293	294	295	296	297	298	299	300
C	D	C	D	C	D	B	C	A	C
301	302	303	304	305	306	307	308	309	310
A	B	D	A	A	B	A	B	B	C

●●●

सामान्य अध्ययन
(GENERAL STUDIES)

1

भारत के पड़ोसी देश

(इतिहास, भूगोल, राजव्यवस्था, अर्थव्यवस्था एवं संस्कृति आदि)

नेपाल

नेपाल–एक दृष्टि में

- **राजधानी** : काठमांडू
- **अन्य प्रमुख शहर** : बिराटनगर, ललितपुर
- **क्षेत्रफल** : 1,47,181 वर्ग किलोमीटर
- **स्वतंत्रता** : 1768
- **भूगोल** : नेपाल हिमालय पर्वत के दक्षिण ढलान पर भारत और चीन के बीच में स्थित है। इसके उत्तर में तिब्बत है और पूर्व में भारत का प्रांत सिक्किम तथा पश्चिम बंगाल एवं दक्षिण–पश्चिम में बिहार व उत्तर प्रदेश हैं।

महत्वपूर्ण तिथियां

- **1769** : गोरखा राजा ने काठमांडू जीता।
- **1775** : युनीफाइड किंगडम बना।
- **1846–1951** : तक राणा परिवार का शासन रहा।
- **1960** : राजनीतिक दलों पर प्रतिबंध।
- **1990** : महाराजा ने नये संविधान की घोषणा की।
- **2008** : नेपाल गणतंत्र बना।
- **2015** : जबरदस्त भूकंप से 8000 से अधिक लोग मारे गए।

अर्थव्यवस्था

- मुख्य रूप से कृषि पर निर्भर है। नेपाल वन सम्पदा और क्वाट्र्ज भंडार की दृष्टि से समृद्ध है। यहाँ से निर्यात होने वाली मुख्य वस्तुएँ पटसन, चावल, पशु खालें, गेहूँ तथा जड़ी–बूटियाँ हैं।

संघीय लोकतांत्रिक गणतंत्र नेपाल एक बहुत खूबसूरत दक्षिण एशियाई स्थलरुद्ध राष्ट्र है। नेपाल के उत्तर में चीन का स्वायत्तशासी प्रदेश तिब्बत है और दक्षिण, पूर्व व पश्चिम में भारत अवस्थित है। नेपाल के 81.3 प्रतिशत नागरिक हिन्दू धर्मावलम्बी हैं।

एक छोटे से क्षेत्र के लिए नेपाल की भौगोलिक विविधता बहुत उल्लेखनीय है। यहाँ तराई के उष्ण भाग से लेकर ठंडे हिमालय की श्रृंखलाएँ अवस्थित हैं। संसार की सबसे ऊँची 14 हिम श्रृंखलाओं में से आठ नेपाल में हैं जिसमें संसार का सर्वोच्च शिखर सागरमाथा एवरेस्ट (नेपाल और चीन की सीमा पर) भी एक है। नेपाल की राजधानी और सबसे बड़ा नगर काठमांडू है। काठमांडू उपत्यका के अन्दर ललितपुर (पाटन), भक्तपुर, मध्यपुर और किर्तीपुर नाम के नगर भी हैं अन्य प्रमुख नगरों में पोखरा, विराटनगर, धरान, भरतपुर, वीरगंज, महेन्द्रनगर, बुटवल, हेटोडा, भैरहवा, जनकपुर, नेपालगंज, वीरेन्द्रनगर, महेन्द्रनगर आदि हैं।

वर्तमान नेपाली भू–भाग अठारहवीं सदी में गोरखा के शाह वंशीय राजा पृथ्वी नारायण शाह द्वारा संगठित नेपाल राज्य का एक अंश है। अंग्रेजों के साथ हुई संधियों में नेपाल को उस समय (1814 में) एक तिहाई नेपाली क्षेत्र ब्रिटिश इंडिया को देने पड़े, जो आज भारतीय राज्य पश्चिम बंगाल में विलय हो गये हैं। बीसवीं सदी में प्रारंभ हुए जनतांत्रिक आन्दोलनों में कई बार विराम आया जब राजशाही ने जनता और उनके प्रतिनिधियों को अधिकाधिक अधिकार दिए। अन्ततः 2008 में जनता द्वारा चुने गए प्रतिनिधि माओवादी नेता प्रचंड के प्रधानमंत्री बनने से यह आन्दोलन समाप्त हुआ।

नेपाल एशिया का हिस्सा है। दक्षिण एशिया में नेपाल की सेना पाँचवीं सबसे बड़ी सेना है और विशेषकर विश्व युद्धों के दौरान, अपने गोरखा इतिहास के लिए उल्लेखनीय रहे हैं और संयुक्त राष्ट्र शांति अभियानों के लिए महत्वपूर्ण योगदानकर्ता रही है।

'नेपाल' शब्द की व्युत्पत्ति के संबंध में विद्वानों की विभिन्न धारणाएँ हैं। ''नेपाल'' शब्द की उत्पत्ति के बारे में ठोस प्रमाण कुछ नहीं है, लेकिन एक प्रसिद्ध विश्वास के अनुसार यह शब्द 'ने' ऋषि तथा *पाल* (गुफा) मिलकर बना है। माना जाता है कि एक समय नेपाल की राजधानी

काठमांडू 'ने' ऋषि का तपस्या स्थल था। 'ने' मुनि द्वारा पालित होने के कारण इस भूखंड का नाम नेपाल पड़ा, ऐसा कहा जाता है। तिब्बती भाषा में 'ने' का अर्थ 'मध्य' और 'पा' का अर्थ 'देश' होता है। तिब्बती लोग 'नेपाल' को 'नेपा' ही कहते हैं। 'नेपाल' और 'नेवार' शब्द की समानता के आधार पर डॉ. ग्रियर्सन और यंग ने एक ही मूल शब्द से दोनों की व्युत्पत्ति होने का अनुमान किया है। टर्नर ने नेपाल, नेवार, अथवा नेवार, नेपाल दोनों स्थिति को स्वीकार किया है। 'नेपाल' शब्द का प्रयोग सर्वप्रथम कौटिल्य ने अपने अर्थशास्त्र में किया है। उस काल में बिहार में जो मागधी भाषा प्रचलित थी उसमें 'र' का उच्चारण नहीं होता था। सम्राट् अशोक के शिलालेखों में 'राजा' के स्थान पर 'लाजा' शब्द व्यवहार हुआ है। अतः नेपार, नेबार, नेवार इस प्रकार विकास हुआ होगा।

बांग्लादेश

बांग्लादेश–एक दृष्टि में

- **राजधानी** : ढाका
- **अन्य प्रमुख शहर** : चिटगांग, खुलना
- **क्षेत्रफल** : 1,47,570 वर्ग किलोमीटर
- **विजय दिवस** : 16 दिसम्बर, 1971
- **स्वतंत्रता दिवस** : 26 मार्च 1971
- **भूगोल** : बांग्लादेश तीन तरफ से भारत से घिरा हुआ है। इसके दक्षिण-पूर्व में म्यांमार है। इसकी भूमि सीमाएं भारत और म्यांमार से मिलती हैं। पहले यह पूर्वी पाकिस्तान के नाम से मशहूर था। हालांकि आबादी इस हिस्से में अधिक थी लेकिन पाकिस्तान की सत्ता पर पश्चिमी पाकिस्तान का नियंत्रण था। भारत से विभाजन के बाद से ही पूर्वी पाकिस्तान की भाषा पाकिस्तान के लिए प्रमुख समस्या रही।

महत्वपूर्ण तिथियां

- **1971** : स्वाधीन देश के रूप में उदय।
- **1975** : सेना का विद्रोह, राष्ट्रपति शेख मुजीब और उनके परिवार की हत्या।
- **1978** : में राष्ट्रपति के सीधे चुनाव में जनरल जियाउर रहमान विजयी हुए।
- **1981** : सेना के विद्रोह के दौरान 30 मई को जिया उर रहमान की हत्या।
- **1996** : आम चुनाव में शेख मुजीब की बेटी शेख हसीना वाजेद प्रधानमंत्री बनीं।
- **2007** : देश में आपात काल लगाया गया।
- **2013** : ढाका में आठ मंजिला इमारत राणा प्लाजा ढहने से 24 अप्रैल को 1,100 से अधिक लोग मारे गए।
- **2016** : ढाका के अति सुरक्षित इलाके में रेस्तरां में एक भारतीय सहित सौ से अधिक विदेशी मार डाले गए।
- **2016** : अक्तूबर में चीन के राष्ट्रपति शी जिनपिंग की ऐतिहासिक बांग्लादेश यात्रा, 30 वर्ष में बांग्लादेश आने वाले पहले चीनी राष्ट्रपति बने, 27 समझौतों पर हस्ताक्षर।

अर्थव्यवस्था

- बांग्लादेश के सकल घरेलू उत्पाद का आधा से अधिक सेवा क्षेत्र से पैदा होता है। लगभग दो-तिहाई आबादी कृषि पर आधारित है। चावल सबसे मुख्य अनाज फसल हैं बांग्लादेश संसार में जूट का सबसे बड़ा उत्पादक है। संसार में पैदा होने वाले संपूर्ण जूट का 80 प्रतिशत इसी देश में पैदा होता है।

बांग्लादेश दक्षिण एशिया का एक राष्ट्र है। बांग्लादेश विश्व में आठवाँ सबसे अधिक आबादी वाला देश है, जिसकी आबादी 16.4 करोड़ से अधिक है। भू-क्षेत्रफल के मामले में, बांग्लादेश 92वें स्थान पर है, जिसका क्षेत्रफल 1,47,570 वर्ग किलोमीटर है, जो इसे सबसे घनी आबादी वाले देशों में से एक बनाता है। बंगाली, बांग्लादेश की कुल आबादी का 98% हिस्सा बनाते हैं, जो इसे दुनिया में सबसे अधिक सजातीय राज्यों में से एक बनाता है। बांग्लादेश की बड़ी मुस्लिम आबादी इसे तीसरा सबसे बड़ा मुस्लिम-बहुल देश बनाती है। बांग्लादेश का संविधान इस्लाम को राज्य पंथ के रूप में स्थापित करते हुए बांग्लादेश को एक पंथनिरपेक्ष राज्य घोषित करता है।

पाकिस्तान के गठन के समय पश्चिमी क्षेत्र में सिंधी, पठान, बलोच और मुहाजिरों की बड़ी संख्या थी, जिसे पश्चिम पाकिस्तान कहा जाता था, जबकि पूर्व हिस्से में बंगाली बोलने वालों का बहुमत था, जिसे पूर्व पाकिस्तान कहा जाता था। हालांकि पूरबी भाग में राजनैतिक चेतना की कभी कमी नहीं रही लेकिन पूर्वी हिस्सा देश की सत्ता में कभी भी उचित प्रतिनिधित्व नहीं पा सका एवं हमेशा राजनीतिक रूप से उपेक्षित रहा। इससे पूर्वी पाकिस्तान के लोगों में जबर्दस्त नाराजगी थी। और इसी नाराजगी के परिणामरूवरूप उस समय पूर्व पाकिस्तान के नेता शेख मुजीब–उर–रहमान ने अवामी लीग का गठन किया और पाकिस्तान के अंदर ही और स्वायत्तता की मांग की। 1970 में हुए आम चुनाव में पूर्वी क्षेत्र में शेख की पार्टी ने जबर्दस्त विजय हासिल की। उनके दल ने संसद में बहुमत भी हासिल किया लेकिन बजाए उन्हें प्रधानमंत्री बनाने के उन्हें जेल में डाल दिया गया और यहीं से पाकिस्तान के विभाजन की नींव रखी गई।

1971 के समय पाकिस्तान में जनरल याह्या खान राष्ट्रपति थे और उन्होंने पूर्वी हिस्से में फैली नाराजगी को दूर करने के लिए जनरल टिक्का खान को जिम्मेदारी दी। लेकिन उनके द्वारा दबाव से मामले को हल करने के प्रयास किये गये जिससे स्थिति पूरी तरह बिगड़ गई। 25 मार्च, 1971 को पाकिस्तान के इस हिस्से में सेना एवं पुलिस की अगुआई में जबर्दस्त नरसंहार हुआ। इससे पाकिस्तानी सेना में काम कर रहे पूर्वी क्षेत्र के निवासियों में जबर्दस्त रोष हुआ और उन्होंने अलग मुक्तिवाहिनी बना ली। पाकिस्तानी फौज का निरपराध, हथियार विहीन लोगों पर अत्याचार जारी रहा। जिससे लोगों का पलायन आरंभ हो गया जिसके कारण भारत ने अंतर्राष्ट्रीय समुदाय से लगातार अपील की कि पूर्वी पाकिस्तान की स्थिति सुधारी जाए, लेकिन किसी देश ने ध्यान नहीं दिया और जब वहाँ के विस्थापित लगातार भारत आते रहे तो अप्रैल, 1971 में तत्कालीन प्रधानमंत्री इंदिरा गांधी ने मुक्ति वाहिनी को समर्थन देकर, बांग्लादेश को आजादी में सहायता करने का निर्णय लिया।

पाकिस्तान

पाकिस्तान–एक दृष्टि में

- **राजधानी** : इस्लामाबाद
- **अन्य प्रमुख शहर** : कराची, लाहौर, पेशावर
- **क्षेत्रफल** : 8,81,912 वर्ग किलोमीटर
- **दिवस** : 14 अगस्त, 1947
- **भूगोल** : पाकिस्तान की सीमाएं अफगानिस्तान, ईरान, भारत और चीन से मिलती हैं।

महत्वपूर्ण तिथियां

- **1947** : ब्रिटिश शासन में भारत के विभाजन से अस्तित्व में आया।
- **1956** : गणतंत्र बना।
- **1958** : सेना का विद्रोह।
- **1965** : भारत के साथ युद्ध।
- **1971** : पूर्वी पाकिस्तान अलग होकर बांग्लादेश बना।
- **1977** : सेना का विद्रोह।
- **1979** : पूर्व राष्ट्रपति जुल्फिकार अली भुट्टो को फांसी।
- **1985** : असैन्य सरकार बनी।
- **1988** : राष्ट्रपति जिया उल हक की मृत्यु। बेनजीर भुट्टो किसी मुस्लिम देश की पहली महिला प्रधानमंत्री बनी।
- **1998** : परमाणु परीक्षण।
- **1999** : बेनजीर और उनके पति जरदारी को भ्रष्टाचार के जुर्म में जेल, कारगिल युद्ध, जनरल परवेज मुशर्रफ का सत्ता पर कब्जा।
- **2007** : चुनाव रैली में बेनजीर भुट्टो की हत्या।
- **2014** : मलाला यूसुफजई सबसे कम आयु में नोबल से सम्मानित होने वाली किशोरी बनी।

अर्थव्यवस्था

- पाकिस्तान की अर्थव्यवस्था का मूल आधार कृषि है। गेहूँ, गन्ना, कपास और चावल यहाँ की मुख्य फसलें हैं।

पाकिस्तान भारत के पश्चिम में स्थित एक इस्लामी गणराज्य है। 21 करोड़ की आबादी के साथ ये दुनिया का पांचवीं बड़ी आबादी वाला देश है। पाकिस्तान में दुनिया की दूसरी सबसे बड़ी मुस्लिम आबादी है। यह 881,912 वर्ग किलोमीटर (340,509 वर्ग मील) क्षेत्र में फैला 33वां सबसे बड़ा देश है। यहाँ की प्रुख भाषाएँ उर्दू, पंजाबी, सिंधी, बलूची और पश्तो हिन्दी हैं। पाकिस्तान की राजधानी इस्लामाबाद और अन्य महत्वपूर्ण नगर कराची, लाहौर व रावलपिंडी हैं। पाकिस्तान के चार सूबे हैं : पंजाब, सिंध, बलोचिस्तान और खैबर-पख्तूनख्वा। कबाइली इलाके और इस्लामाबाद भी पाकिस्तान में शामिल हैं। इनके अलावा गिलगित-बल्तिस्तान भी पाकिस्तान द्वारा नियंत्रित हैं।

पाकिस्तान का जन्म सन् 1947 में भारत के विभाजन के फलस्वरूप हुआ था। सर्वप्रथम सन् 1930 में कवि (शायर) मुहम्मद इकबाल ने द्विराष्ट्र सिद्धांत का जिक्र किया था। उन्होंने भारत के उत्तर-पश्चिम में सिंध, बलूचिस्तान, पंजाब तथा अफगान (सूबा-ए-सरहद) को मिलाकर एक नया राष्ट्र बनाने की बात की थी। सन् 1933 में कैम्ब्रिज विश्वविद्यालय के छात्र चौधरी रहमत अली ने पंजाब, सिंध, कश्मीर तथा बलोचिस्तान के लोगों के लिए *पाक्स्तान* (जो बाद में पाकिस्तान बना) शब्द का सृजन किया। सन् 1947 से 1970 तक पाकिस्तान दो भागों में बंटा रहा–पूर्वी पाकिस्तान और पश्चिमी पाकिस्तान दिसम्बर, 1971 में भारत के साथ हुई लड़ाई के फलस्वरूप पूर्वी पाकिस्तान बांग्लादेश बना और पश्चिमी पाकिस्तान, पाकिस्तान रह गया।

आज के पाकिस्तानी भू-भाग का मानवीय इतिहास कम से कम 5000 साल पुराना है। ईसापूर्व 3300-1800 के बीच यहाँ सिंधुघाटी सभ्यता का विकास हुआ। यह विश्व की चार प्राचीन ताम्र–कांस्यकालीन सभ्यताओं में से एक थी। इसका क्षेत्र सिंधु नदी के किनारे अवस्थित था पर गुजरात (भारत) और राजस्थान में भी इस सभ्यता के अवशेष पाए गए हैं। मोहनजोदड़ो, हड़प्पा इत्यादि स्थल पाकिस्तान पाकिस्तान में इस सभ्यता के प्रमुख अवशेष-स्थल हैं। इस सभ्यता के लोग कौन थे इसके बारे में विद्वानों में मतैक्य नहीं है। कुछ इसे आर्यों की पूर्ववर्ती शाखा कहते हैं तो कुछ इसे द्रविड़। कुछ इसे बलोची भी ठहराते हैं। इस मतभेद का एक कारण सिंधु-घाटी सभ्यता की लिपि का नहीं पढ़ा जाना भी है।

ऐसा माना जाता है कि 1500 ईसापूर्व के आसपास आर्यों का आगमन पाकिस्तान के उत्तरी क्षेत्रों के मार्फत भारत में हुआ। आर्यों का निवास

स्थान कैस्पियन सागर के पूर्वी तथा उत्तरी हिस्सों में माना जाता है जहाँ से वे इसी समय के करीब ईरान, यूरोप और भारत की ओर चले गए थे। सन् 543 ईसापूर्व में पाकिस्तान का अधिकांश इलाका ईरान (फारस) के हखामनी साम्राज्य के अधीन आ गया। लेकिन उस समय इस्लाम का उदय नहीं हुआ था; ईरान के लोग जरदोश्त के अनुयायी थे और देवताओं की पूजा करते थे। सन् 330 ईसापूर्व में मकदूनिया (यूनान) के विजेता सिकन्दर ने दारा तृतीय को तीन बार हराकर हखामनी वंश का अन्त कर दिया। इसके कारण मिस्र से पाकिस्तान तक फैले हखामनी साम्राज्य का पतन हो गया और सिकन्दर पंजाब तक आ गया। ग्रीक स्रोतों के मुताबिक उसने सिंधु नदी के तट पर भारतीय राजा पुरु (ग्रीक-पोरस) को हरा दिया। पर उसकी सेना ने आगे बढ़ने से इनकार कर दिया और वह भारत में प्रवेश किये बिना वापस लौट गया। इसके बाद उत्तरी पाकिस्तान और अफगानिस्तान में यूनानी-बैक्ट्रियन सभ्यता का विकास हुआ। सिकन्दर के साम्राज्य को उसके सेनापतियों ने आपस में बाँट लिया। सेल्युकस नेक्टर सिकन्दर के सबसे शक्तिशाली उत्तराधिकारियों में से एक था।

मौर्यों ने 3000 ईसापूर्व के आसपास पाकिस्तान को अपने साम्राज्य के अधीन कर लिया। इसके बाद पुनः यह ग्रीको- बैक्ट्रियन शासन में चला गया। इन शासकों में सबसे प्रमुख मिनांदर ने बौद्ध धर्म को प्रोत्साहित किया। पार्थियनों के पतन के बाद यह फारसी प्रभाव से मुक्त हुआ। सिंध के राय राजवंश (सन् 489-632) ने इस पर शासन किया। इसके बाद यह उत्तर भारत के गुप्त और फारस के सासानी साम्राज्य के बीच बँटा रहा।

सोलहवीं सदी में मध्य-एशिया से भाग कर आए हुए बाबर ने दिल्ली की सत्ता पर अधिकार किया और पाकिस्तान मुगल साम्राजय का अंग बन गया। मुगलों ने काबुल तक के क्षेत्र को अपने साम्राज्य में मिला लिया था। अठारहवीं सदी के अंत तक विदेशियों (खासकर अंग्रेजों) का प्रभुत्व भारतीय उपमहाद्वीप पर बढ़ता गया। सन् 1857 के गदर के बाद सम्पूर्ण भारत अंग्रेजों के शासन में आ गया।

अंग्रेजों के शासन काल में, खासकर पंजाब में कई विरोध आंदोलन हुए। इस दौरान पंजाब और सिंध में अच्छी खासी हिंदू आबादी थी। पर जनतंत्र की मांग को लेकर और मुस्लिमों के अल्पमत में होने के कारण अलग मुस्लिम राष्ट्र की मांग होने लगी। पहले सन् 1930 में शायर मुहम्मद इकबाल ने भारत के उत्तर-पश्चिमी चार प्रांतों-सिंध, बलूचिस्तान, पंजाब तथा अफगान (सूबा-ए-सरहद)-को मिलाकर एक अलग राष्ट्र की मांग की थी। अगस्त 1947 में भारत के विभाजन के फलस्वरूप पाकिस्तान का जन्म हुआ। उस समय पाकिस्तान में वर्तमान पाकिस्तान और बांग्लादेश दोनों सम्मिलित थे। सन् 1971 में भारत के साथ हुए युद्ध में पाकिस्तान का पूर्वी हिस्सा (जिसे उस समय तक पूर्वी पाकिस्तान कहा जाता था) बांग्लादेश के रूप में स्वतंत्र हो गया।

अफगानिस्तान

अफगानिस्तान-एक दृष्टि में

- **राजधानी** : काबुल
- **अन्य प्रमुख शहर** : कंधार, हेरात, मजार-ए-शरीफ।
- **क्षेत्रफल** : 6,52,230 वर्ग किलोमीटर
- **इतिहास** : अफगानिस्तान मध्य एशिया का गणराज्य है। आरंभ में इसका नाम एरियाना था, बाद में खुरासान (उगते सूर्य का देश) नाम पड़ा।

महत्वपूर्ण तिथियां

- **1747** : अहमद शाह दुर्रानी ने पृथक अफगानिस्तान राज्य की स्थापना की।
- **1973** : राज्यतंत्र की समाप्ति हुई।
- **1978** : नूर तराकी की सेना ने विद्रोह कर मार्क्सवादी पीपुल्स रिपब्लिक की स्थापना की।
- **1986** : ले. जनरल नजीबुल्ला राष्ट्रपति बने। अफगानिस्तान में सोवियत सेनाओं का मुजाहिदों ने निरंतर विरोध किया।
- **1988** : सोवियत संघ के साथ समझौता।
- **1989** : सोवियत सेनाएं वापस लौट गयीं।
- **1992** : अप्रैल में सत्ता हस्तांतरण असफल।
- **1994** : राष्ट्रपति बुरहानुद्दीन और प्रधानमंत्री गुलबुदीन हिकमतयार अलग हुए।
- **1994** : तालिबान नयी शक्ति के रूप में उभरा।
- **1996** : 27 सितम्बर को बिना किसी प्रतिरोध के तालिबान ने काबुल शहर पर कब्जा करके पूर्व राष्ट्रपति नजीबुल्ला को उनके भाई के साथ खुलेआम फांसी पर लटका दिया। तालिबान ने अफगानिस्तान को मुस्लिम राज्य घोषित किया।
- **1998** : अमरीका ने ओसामा बिन लादेन के संदिग्ध ठिकानों पर मिसाइल हमले किए।
- **2001** : उत्तरी गठबंधन ने अमरीका के सहयोग से तालिबान सरकार को उखाड़ फेंका।
- **2002** : हामिद करजई सरकार के अंतरिम प्रमुख। जून में हामिद करजई को राष्ट्रपति पद के लिये भारी बहुमत मिला।
- **2009** : नवबर में हामिद करजई फिर से राष्ट्रपति चुने गए।
- **2021** : नाटो की सेनाओं ने अफगानिस्तान छोड़ा, तालिबान की सत्ता में वापसी।

अर्थव्यवस्था

- मुख्य आधार कृषि है। गेहूँ मुख्य फसल है। पशु-पालन एक अन्य मुख्य धंधा है और निर्यात की मुख्य वस्तुएं हैं : पशु, फल, ऊन, और चमड़ा। कोयला, नमक, प्राकृतिक गैस, पेट्रोलियम, लोहा और तांबा प्रमुख खनिज हैं। अफगानिस्तान में हर वर्ष करीब 1.2 अरब डॉलर मूल्य की 3,400 टन अफीम पैदा होती है।

अफगानिस्तान दक्षिण एशिया में अवस्थित देश है, जो विश्व का एक भू-आवेष्टित देश है। अप्रैल 2007 में अफगानिस्तान सार्क का आठवाँ सदस्य बना। अफगानिस्तान के पूर्व में पाकिस्तान, उत्तर पूर्व में भारत तथा चीन, उत्तर में ताजिकिस्तान, उज्बेकिस्तान तथा तुर्कमेनिस्तान तथा पश्चिम में ईरान है।

अफगानिस्तान रेशम मार्ग और मानव प्रवास का एक प्राचीन केन्द्र बिन्दु रहा है। पुरातत्वविदों को मध्य पाषाण काल के मानव बस्ती के साक्ष्य मिले हैं। इस क्षेत्र में नगरीय सभ्यता की शुरुआत 3,000 से 2,000 ई.पू. के रूप में मानी जा सकती है। यह क्षेत्र एक ऐसे भू-रणनीतिक स्थान पर अवस्थित है जो मध्य एशिया और पश्चिम एशिया को भारतीय उपमहाद्वीप की संस्कृति से जोड़ता है। इस भूमि पर कुषाण, हफ्थलिट, समानी, गजनवी, मोहम्मद गौरी, मुगल, दुर्रानी और अनेक दूसरे प्रमुख साम्राज्यों का उत्थान हुआ है। प्राचीन काल में फारस तथा शक साम्राज्यों का अंग रहा अफगानिस्तान कई सम्राटों, आक्रमणकारियों तथा विजेताओं की कर्मभूमि रहा है। इनमें सिकन्दर, फारसी शासक दारा प्रथम, तुर्क, मुगल शासक बाबर, मुहम्मद गौरी, नादिर शाह सिख साम्राज्य इत्यादि के नाम प्रमुख हैं। ब्रिटिश सेनाओं ने भी कई बार अफगानिस्तान पर आक्रमण किया।

अफगानिस्तान के प्रमुख नगर हैं—राजधानी काबुल, कन्धार (गन्धार प्रदेश)। भारत के प्राचीन ग्रंथ महाभारत में इसे राजा सकुनी का प्रदेश गन्धार प्रदेश कहा जाता था। यहाँ कई नस्ल के लोग रहते हैं जिनमें पश्तून (पठान या अफगान) सबसे अधिक हैं। इसके अलावा उज्बेक, ताजिक, तुर्कमेन और हजारा शामिल हैं। यहाँ की मुख्य भाषा पश्तो है। फारसी भाषा के अफगान रूप को दरी कहते हैं।

वर्तमान में अफगानिस्तान में तालिबान नामक संगठन का नियंत्रण है। अब वहाँ शरिया कानून लागू किया गया है।

भूटान

भूटान—एक दृष्टि में

- **राजधानी** : थिम्फू
- **क्षेत्रफल** : 38,394 वर्ग किलोमीटर
- **स्वतंत्रता दिवस** : 8 अगस्त, 1949
- **भूगोल** : भूटान हिमालय का पहाड़ी राज्य है। इसके उत्तर में चीन और दक्षिण में भारत है।

महत्वपूर्ण तिथियां

- **1630** : तिब्बत से अलग हुआ।
- **1907** : राजतंत्र की स्थापना।
- **1910** : ब्रिटेन के संरक्षण में आया।
- **1949** : स्वतंत्र हुआ, भारत से मदद मिली।
- **1953** : नैशनल असैम्बली की स्थापना।
- **1959** : तिब्बत पी चीन के कब्जे के बाद चार हजार तिब्बती शरणार्थियों को शरण दी।
- **1990** : भूटानी रीति-रिवाज लागू करने के बाद नेपाली भाषी लोगों का प्रदर्शन।
- **2008** : पहले संसदीय चुनाव।

अर्थव्यवस्था

- मुख्य उद्यम कृषि है। मुख्य उपज चावल, मक्का, ज्वार-बाजरा और मोम, गोंद, कस्तूरी जैसे वन उत्पादन हैं। यहां से इमारती लकड़ी और फलों का निर्यात होता है।

भूटान हिमालय पर बसा दक्षिण एशिया का एक छोटा और महत्वपूर्ण देश है। यह चीन (तिब्बत) और भारत के बीच स्थित भूमि आबद्ध (Land Lock) देश है। इस देश का स्थानीय नाम ड्रग युल है, जिसका अर्थ होता है अझदहा का देश। यह देश मुख्यतः पहाड़ी है और केवल दक्षिणी भाग में थोड़ी-सी समतल भूमि है। यह सांस्कृतिक और धार्मिक तौर से तिब्बत से जुड़ा है, लेकिन भौगोलिक और राजनीतिक परिस्थितियों के मद्देनजर वर्तमान में यह देश भारत के करीब है तथा भारत के परम्-मित्रों में से एक है।

भूटान का धरातल विश्व के सबसे ऊबड़-खाबड़ धरातलों में से एक है, जो 100 किमी. की दूरी के बीच में 150 से 7000 मी. की ऊँचाई पायी जाती है। भूटान पहले भारत, पाकिस्तान, बांग्लादेश तथा मालदीव से कोई प्रवेश कर नहीं लेता था, पर अब लेना शुरू कर दिया है।

सत्रहवीं सदी के अंत में भूटान ने बौद्ध धर्म को अंगीकार किया। 1865 में ब्रिटेन और भूटान के बीच सिनचुलु संधि पर हस्ताक्षर हुआ, जिसके तहत भूटान को सीमावर्ती कुछ भूभाग के बदले कुछ वार्षिक अनुदान के करार किए गए। ब्रिटिश प्रभाव के तहत 1907 में वहाँ राजशाही की स्थापना हुई। तीन साल बाद एक और समझौता हुआ, जिसके तहत ब्रिटिश इस बात पर राजी हुए कि वे भूटान के आंतरिक मामलों में हस्तक्षेप नहीं करेंगे लेकिन भूटान की विदेश नीति इंग्लैंड द्वारा तय की जाएगी। बाद में 1947 के पश्चात यही भूमिका भारत को मिली। दो साल बाद 1949 में भारत भूटान समझौते के तहत भारत ने भूटान की वो सारी जमीन उसे लौटा दी जो अंग्रेजों के अधीन थी। इस समझौते के तहत भारत का भूटान की विदेश नीति एवं रक्षा नीति में काफी महत्वपूर्ण भूमिका दी गई।

भूटान के राजप्रमुख राजा अर्थात् द्रुक ग्यालपो होते हैं, जो वर्तमान में जिग्मे खेसर नामग्याल वांग्चुक हैं। हालांकि यह पद वंशानुगत है लेकिन भूटान के संसद शोगडू के दो तिहाई बहुमत द्वारा उसे हटाया जा सकता है। शोगडू में 154 सीटें होती हैं, जिसमें स्थानीय रूप से चुने गए प्रतिनिधि (105), धार्मिक प्रतिनिधि (12) और राजा द्वारा नामांकित प्रतिनिधि (37) शामिल होते हैं। राजा की कार्यकारी शक्तियाँ शोगडू के माध्यम से चुने गए मंत्रिपरिषद में निहित होती हैं। मंत्रिपरिषद के सदस्यों का चुनाव राजा करता है और इनका कार्यकाल पाँच वर्षों का होता है। सरकार की नीतियों का निर्धारण इस बात को ध्यान में रखकर किया जाता है कि इससे पारंपरिक संस्कृति और मूल्यों का संरक्षण हो सके।

चीन

चीन–एक दृष्टि में

- **राजधानी** : बीजिंग (पीकिंग)।
- **अन्य प्रमुख शहर** : शंघाई, कैंटन, शेनझेन।
- **क्षेत्रफल** : 95,72,900 वर्ग किलोमीटर
- **स्वतंत्रता दिवस** : 221 ई.पू. (एकीकरण क्वन या चिन शासन) 01 जनवरी, 1912 में क्विंग डायनेस्टी को गणतंत्र में बदला गया, 01 अक्तूबर, 1949 से जन गणतंत्र बना।

महत्वपूर्ण तिथियां

- **1911** : गणतंत्र घोषित।
- **1949** : लोकतंत्रात्मक गणराज्य घोषित।
- **1971** : ताइवान की जगह संयुक्त राष्ट्र सदस्य बना।
- **1997** : ब्रिटेन ने हांगकांग चीन को लौटाया।
- **2010** : जापान को पछाड़कर आधिकारिक रूप से विश्व की दूसरी बड़ी अर्थव्यवस्था बना।
- **2015** : दशकों से चली आ रही एक बच्चे की नीति समाप्त।

अर्थव्यवस्था

- चीन मुख्यत: कृषि प्रधान देश है। प्रमुख फसलें हैं : चावल, चाय, तम्बाकू, गन्ना, जूट, सोयाबीन, मूंगफली और सन। चीन अणुशक्ति सम्पन्न देश है और अन्तरिक्ष प्रौद्योगिकी में काफी आगे है।

चीनी जनवादी गणराज्य जिसे प्रायः चीन नाम से भी संबोधित किया जाता है, भारत का प्रमुख पड़ोसी देश है। 1.3 अरब निवासियों के साथ यह विश्व का सर्वाधिक जनसंख्या वाला देश है और 96,72,900 वर्ग किलोमीटर क्षेत्रफल के साथ यह रूस, कनाडा और अमेरिका के बाद विश्व का चौथा सबसे बड़ा क्षेत्रफल वाला देश है। इतना विशाल क्षेत्रफल होने के कारण इसकी सीमा से लगते देशों की संख्या भी विश्व में सर्वाधिक (रूस के बराबर) है।

चीनी जनवादी गणराज्य की स्थापना 1 अक्टूबर, 1949 को हुई थी, जब साम्यवादियों ने गृहयुद्ध में कुओमिन्तांग पर जीत प्राप्त की। कुओमिन्तांग की हार के बाद वे लोग ताइवान या चीनी गणराज्य को चले गए और मुख्यभूमि चीन पर साम्यवादी दल ने साम्यवादी गणराज्य की स्थापना की। लेकिन चीन, ताईवान को अपना स्वायत्त क्षेत्र कहता है जबकि ताइवान का प्रशासन स्वयं को स्वतंत्र राष्ट्र कहता है। चीनी जनवादी गणराज्य और ताइवान दोनों अपने–अपने को चीन का वैध प्रतिनिधि कहते हैं।

चीन विश्व की सबसे प्राचीन सभ्यताओं में से एक है जो अभी भी अस्तित्व में है। इसकी सभ्यता 5,000 वर्षों से भी अधिक पुरानी है। वर्तमान में यह एक ''समाजवादी गणराज्य'' है, जिसका नेतृत्व एक दल के हाथों में है, जिसका देश के 22 प्रान्तों, 5 स्वायत्तशासी क्षेत्रों, 4 नगरपालिकाओं और 2 विशेष प्रशासनिक क्षेत्रों पर नियन्त्रण है।

चीन विश्व की दूसरी सबसे बड़ी अर्थव्यवस्था है और यह संयुक्त राष्ट्र सुरक्षा परिषद का स्थाई सदस्य भी है। यह विश्व का सबसे बड़ा निर्यातक और दूसरा सबसे बड़ा आयातक है और एक मान्यता प्राप्त नाभिकीय महाशक्ति है। चीनी साम्यवादी दल के अधीन रहकर चीन में ''समाजवादी बाजार अर्थव्यवस्था'' को अपनाया गया जिसके अधीन पूंजीवाद और अधिकारवादी राजनैतिक नियंत्रण सम्मिलित है। विश्व के राजनैतिक, आर्थिक और सामाजिक ढाँचे में चीन को 21वीं सदी की अपरिहार्य महाशक्ति के रूप में माना और स्वीकृत किया जाता है।

यहाँ की मुख्य भाषा चीनी है जिसका पारम्परिक तथा आधुनिक दोनों रूपों में उपयोग किया जाता है। प्रमुख नगरों में बीजिंग (राजधानी), शंघाई (प्रमुख वित्तीय केन्द्र), हांगकांग, शेन्ज़ेन, ग्वांगझोउ इत्यादि हैं।

श्रीलंका

श्रीलंका–एक दृष्टि में

- **राजधानी** : कोलम्बो।
- **अन्य प्रमुख शहर** : कैंडी, जाफना, गाले।
- **क्षेत्रफल** : 65,610 वर्ग किलोमीटर
- **स्वतंत्रता दिवस** : 4 फरवरी, 1948।
- **भूगोल** : श्रीलंका एक द्वीप है जिसे उथला पाक जलडमरू भारत से अलग करता है। इसके पश्चिम में पाक जलडमरू और मन्नार की खाड़ी, उत्तर और पूर्व में बंगाल की खाड़ी तथा दक्षिण में हिन्द महासागर है।

महत्वपूर्ण तिथियां

- **1600–1658** : पुर्तगाली शासन।
- **1658–1795** : डच शासन।
- **1802–1948** : ब्रिटेन का उपनिवेश।
- **1948** : स्वतंत्रता।
- **2016** : विश्व स्वास्थ्य संगठन ने देश को मलेरिया मुक्त घोषित किया।
- **2017** : भ्रष्टाचार पर काबू पाने के लिए सूचना का अधिकार कानून लागू।

अर्थव्यवस्था

- श्रीलंका के मुख्य कृषि उत्पाद चाय, रबड़ और नारियल हैं। व्यापारिक दृष्टि से महत्वपूर्ण खनिज ग्रेफाइट है। उद्योगों में सीमेंट, कपड़ा और उर्वरक सम्मिलित हैं।

श्रीलंका (आधिकारिक नाम श्रीलंका समाजवादी जनतांत्रिक गणराज्य) दक्षिण एशिया में हिन्द महासागर के उत्तरी भाग में स्थित एक द्वीपीय देश है। भारत के दक्षिण में स्थित इस देश की दूरी भारत से मात्र 31 किलोमीटर है। 1972 तक इसका नाम सीलोन था, जिसे 1972 में बदलकर लंका तथा 1978 में इसके आगे सम्मानसूचक शब्द "श्री" जोड़कर श्रीलंका कर दिया गया। श्रीलंका का सबसे बड़ा नगर कोलम्बो समुद्री परिवहन की दृष्टि से एक महत्वपूर्ण बन्दरगाह है। श्रीलंका में (वेदास) जनजाति पायी जाती है। पाक जलसंधि भारत-श्रीलंका के मध्य में है। श्रीलंका और भारत के बीच राम सेतु भी मौजूद है।

श्रीलंका का पिछले 5000 वर्ष का लिखित इतिहास उपलब्ध है। 125,000 वर्ष पूर्व यहाँ मानव बस्तियाँ होने के प्रमाण मिले हैं। यहाँ से 29 ईसापूर्व में चतुर्थ बौद्ध संगीति के समय रचित बौद्ध ग्रंथ प्राप्त हुए हैं।

प्राचीन काल से ही श्रीलंका पर शाही सिंहल वंश का शासन रहा है। समय-समय पर दक्षिण भारतीय राजवंशों का आक्रमण भी इस पर होता रहा है। तीसरी सदी ईसा पूर्व में मौर्य सम्राट अशोक के पुत्र महेन्द्र के यहां आने पर बौद्ध धर्म का आगमन हुआ।

सोलहवीं सदी में यूरोपीय शक्तियों ने श्रीलंका में अपना व्यापार स्थापित किया। यह देश चाय, रबड़, चीनी, कॉफी, दालचीनी सहित अन्य मसालों का निर्यातक बन गया। पहले पुर्तगाल ने कोलम्बो के पास अपना दुर्ग बनाया। धीरे-धीरे पुर्तगालियों ने अपना प्रभुत्व आसपास के इलाकों में बना लिया। श्रीलंका के निवासियों में उनके प्रति घृणा घर कर गई। उन्होंने डच लोगों से मदद की अपील की। 1630 ईस्वी में डचों ने पुर्तगालियों पर हमला बोला और उन्हें मार गिराया, लेकिन इसका असर श्रीलंकाई पर भी हुआ और उन पर डचों ने और ज्यादा कर थोप दिया। 1660 तक अंग्रेजों का ध्यान भी इस पर गया। नीदरलैंड पर फ्रांस के अधिकार होने के बाद अंग्रेजों को डर हुआ कि श्रीलंका के डच इलाकों पर फ्रांसिसी अधिकार हो जाएगा। तदुपरांत उन्होंने डच इलाकों पर अधिकार करना आरंभ कर दिया। 1800 ईस्वी के आते-आते तटीय इलाकों पर अंग्रेजों का अधिकार हो गया। 1818 तक अंतिम राज्य कैंडी के राजा ने भी आत्मसमर्पण कर दिया और इस तरह सम्पूर्ण श्रीलंका पर अंग्रेजों का अधिकार हो गया। द्वितीय विश्वयुद्ध के बाद 4 फरवरी 1948 को देश को यूनाइटेड किंगडम से पूर्ण स्वतंत्रता मिली।

म्यांमार

म्यांमार–एक दृष्टि में

- **राजधानी** : ने पी ता
- **अन्य प्रमुख शहर** : मांडले, बास्सेन।
- **क्षेत्रफल** : 6,76,578 वर्ग किलोमीटर
- **स्वतंत्रता दिवस** : 4 जनवरी, 1948।

महत्वपूर्ण तिथियां

- **1886** : तीन युद्धों के बाद ब्रिटेन का कब्जा, ब्रिटिश भारत का प्रांत।
- **1974** : नया संविधान।
- **1989** : म्यांमार नाम रखा गया।
- **1991** : आंग सान सू की नोबल शांति पुरस्कार से सम्मानित।
- **1997** : आसियान में शामिल।
- **2006** : ने पी ता प्रशासनिक राजधानी बनी।
- **2011** : थीन सीन राष्ट्रपति बने।
- **2012** : बराक ओबामा यहाँ आने वाले पहले अमरीकी राष्ट्रपति बने।

अर्थव्यवस्था

- यहाँ के मुख्य खनिज हैं : पेट्रोलियम, सीसा, टिन, जस्ता, टंगस्टन, तांबा, एण्टीमनी, चांदी और रत्न। यहाँ के माणिक्य, नीलम और पहिताश्म विशेष रूप से प्रसिद्ध हैं।

म्यांमार अथवा ब्रह्मदेश दक्षिण एशिया का एक देश है। इसका पुराना अंग्रेजी नाम बर्मा (ब्रह्मा) था जो यहाँ के सर्वाधिक मात्रा में आबाद जाति (नस्ल) बर्मी के नाम पर रखा गया था। इसके उत्तर में चीन, पश्चिम में भारत, बांग्लादेश एवं हिन्द महासागर तथा दक्षिण एवं पूर्व की दिशा में थाईलैंड एवं लाओस देश स्थित हैं। यह भारत एवं चीन के बीच एक रोधक राज्य का भी काम करता है। इसकी राजधानी नेपिता है और सबसे बड़ा शहर देश की पूर्व राजधानी यांगून है, जिसका पूर्व नाम रंगून था।

म्यांमार दक्षिण पूर्व एशिया का सबसे बड़ा देश है, जिसका कुल क्षेत्रफल 6,76,578 वर्ग किलोमीटर है। म्यांमार विश्व का चालीसवाँ सबसे बड़ा देश है। इसकी उत्तर पूर्व सीमाएँ भारत के मिज़ोरम, नगालैण्ड, मणिपुर, अरुणाचल प्रदेश और बांग्लादेश के चिटगाँव प्रान्त से मिलती हैं। उत्तर में देश की सबसे लम्बी सीमा तिब्बत और चीन के उनान प्रांत के साथ है। म्यांमार के दक्षिण-पूर्व में लाओस और थाईलैंड देश हैं। म्यांमार की तट रेखा (1,930 किलोमीटर) देश के कुल सीमा का एक-तिहाई है। बंगाल की खाड़ी और अंडमान सागर देश के दक्षिण-पश्चिम और दक्षिण में क्रमशः पड़ते हैं। उत्तर में हेंगडुआन शान पर्वत चीन के साथ सीमा बनाते है।

म्यांमार में तीन पर्वत शृंखलाएँ हैं जो कि हिमालय से शुरू होकर उत्तर से दक्षिण दिशा में फैली हुई हैं। इनका नाम है रखिने योमा, बागो

योमा और शान पठार। यह शृंखला म्यांमार को तीन नदी तंत्र में बाँटती है। इनका नाम है ऐयारवाडी, सालवीन् और सीतांग। ऐयारवाडी म्यांमार की सबसे लम्बी नदी है। इसकी लम्बाई 2,170 किलोमीटर है। मरतबन की खाड़ी में गिरने से पहले यह नदी इस देश के सबसे उपजाऊ भूमि से होकर गुजरती है। म्यांमार की अधिकतर जनसंख्या इसी नदी की घाटी में निवास करती है जो कि रखिने योमा और शान पठार के बीच स्थित है। देश का अधिकतम भाग कर्क रेखा और भूमध्य रेखा के बीच में स्थित है।

यहाँ की जलवायु उष्णकटिबन्धीय है जिसमें तीन ऋतुएँ होती हैं : प्रथम, वर्षा ऋतु, जो मध्य मई से मध्य अक्टूबर तक रहती है; द्वितीय, ग्रीष्म ऋतु, जो अप्रैल-मई से अक्टूबर या नवम्बर तक रहती है। तृतीय, जाड़े की ऋतु, जो दिसम्बर से मार्च तक रहती है। मानसून के मौसम में ऊपरी म्यांमार में 200 इंच था दक्षिण में स्थित रंगून में 100 इंच तक वर्षा होती है। मध्य के शुष्क भाग में 25 से 35 इंच वर्षा होती है। निम्न म्यांमार का जाड़े का ताप 15.5 डिग्री से. तथा गरमी का ताप 38 डिग्री से. तक रहता है। मध्य म्यांमार में गरमी का ताप निम्न म्यांमार के जाड़े के ताप से अधिक तथा गरमी के ताप से कम हो जाता है।

मालदीव

मालदीव-एक दृष्टि में

- **राजधानी** : माले।
- **क्षेत्रफल** : 300 वर्ग किलोमीटर।
- **स्वतंत्रता दिवस** : 26 जुलाई, 1965।
- **भूगोल** : मालदीव हिन्द महासागर में भारत के दक्षिण-पश्चिम में और श्रीलंका के पश्चिम में एक द्वीपसमूह है। इस द्वीप समूह में मूंगे के लगभग 1,200 छोटे-छोटे द्वीप हैं। यह उत्तर से दक्षिण तक लगभग 300 मील लम्बा है।

महत्वपूर्ण तिथियां

- **1558-1573** : पुर्तगाली शासन।
- **1573-1887** : इस्लामी सुल्तान का शासन।
- **1887** : ब्रिटेन के संरक्षण में आया।
- **1965** : स्वतंत्र हुआ, राष्ट्रमंडल छोड़ा।
- **1968** : सुल्तान को हटाकर गणराज्य बना।

अर्थव्यवस्था

- नारियल, फल और ज्वार-बाजरा मुख्य फसलें हैं। मुख्य उद्यम मछली पकड़ना है और मुख्य उद्योग मछलियों का प्रसंस्करण है। पर्यटन सकल घरेलू उत्पाद में 28 प्रतिशत योगदान देता है।

मालदीव गणराज्य, हिंद महासागर में स्थित एक द्वीप देश है, जो मिनिकॉय आईलेंड और चागोस अर्किपेलेगो के बीच 26 प्रवाल द्वीपों की एक दोहरी चेन, जिसका फैलाव भारत के लक्षद्वीप टापू की उत्तस-दक्षिण दिशा में है, से बना है। यह लक्षद्वीप सागर में स्थित है, जो श्रीलंका की दक्षिण-पश्चिमी दिशा से करीब 700 किलोमीटर की दूरी पर है।

मालदीव के प्रवाल द्वीप लगभग 90,000 वर्ग किलोमीटर में फैला क्षेत्र सम्मिलित करते हैं, जो इसे दुनिया के सबसे पृथक देशों में से एक बनाता है। इसमें 1,192 टापू हैं, जिसमें से 200 पर बस्ती है। मालदीव गणराज्य की राजधानी और सबसे बड़ा शहर है माले। यह काफू प्रवाल द्वीप में, उत्तर माले प्रवाल द्वीप के दक्षिणी किनारे पर स्थित है। यह मालदीव का एक प्रशासकीय विभाग भी है। पारम्परिक रूप से यह राजा का द्वीप था, जहाँ से प्राचीन मालदीव राजकीय राजवंश शासन करते थे और जहाँ उनका महल स्थित था। मालदीव जनसंख्या और क्षेत्र, दोनों ही प्रकार से एशिया का सबसे छोटा देश है।

❑❑❑

2

भारत का इतिहास

प्राचीन भारत

सिंधु घाटी सभ्यता

- सिंधु सभ्यता की खोज 1921 ई. में दयाराम साहनी ने की।
- सिंधु घाटी की सभ्यता का नामकरण, हड़प्पा नामक स्थान, जहाँ यह संस्कृति पहली बार खोजी गई थी, के नाम पर हड़प्पा संस्कृति भी किया गया है।
- हड़प्पा संस्कृति का काल निर्धारण लगभग 2600 और 1900 ई.पू. के बीच किया गया है।
- हड़प्पा सभ्यता प्राक्ऐतिहासिक अथवा कांस्ययुगीन थी। इस सभ्यता के मुख्य निवासी भूमध्यसागरीय एवं द्रविड़ थे।
- हड़प्पा संस्कृति का भौगोलिक विस्तार वृहद था। यह उत्तर में कश्मीर के माण्डा से दक्षिण में ताप्ती नदी के मुहाने पर स्थित भगतराव तथा पश्चिम में बलूचिस्तान के सुत्कागेंडोर से पूर्व में पश्चिमी उत्तर प्रदेश के आलमगीरपुर तक विस्तृत है।
- भारत में हड़प्पा सभ्यता के सर्वाधिक क्षेत्र गुजरात, राजस्थान, हरियाणा तथा पंजाब में प्राप्त हुए हैं।

नगर योजना

- हड़प्पा सभ्यता नगरीय सभ्यता थी जहाँ नियोजित जल–निकास प्रणाली भी विकसित थी।
- नगर दो भागों में विभाजित हैं–ऊपरी तथा निम्न भाग। ऊपरी भाग दुर्गीकृत है जिसमें राजकीय इमारतें, खाद्य भंडार गृह एवं स्नानागार आदि निर्मित हैं तथा निम्न भाग में सामान्य बस्ती अवस्थित थी।
- भवनों का निर्माण पक्की ईंटों से हुआ है। प्रत्येक घर के अंदर स्नानागार भी होता था।
- मोहनजोदड़ो से एक विशाल स्नानागार भी मिला है।
- मोहनजोदड़ो सिंधु नदी के किनारे जबकि हड़प्पा रावी नदी के तट पर अवस्थित है।
- मोहनजोदड़ो से प्राप्त अन्नागार संभवतः हड़प्पा सभ्यता की सबसे बड़ी इमारत है।

धार्मिक व्यवस्था

- हड़प्पाई मुहर संभवतः हड़प्पा अथवा सिंधु घाटी सभ्यता की सबसे विशिष्ट पुरावस्तु है। सेलखड़ी नामक पत्थर से बनाई गई इन मुहरों पर सामान्य रूप से जानवरों के चित्र तथा चित्राक्षर लिपि प्राप्त होती है। लिपि प्रायः बाईं से दाईं ओर है।
- मोहनजोदड़ो से कांसे की नर्तकी की मूर्ति मिली है।
- मोहनजोदड़ो से प्राप्त एक मुहर पर तीन मुख वाले देवता की मूर्ति मिली है। उनके चारों ओर हाथी, गैंडा, चीता एवं भैंसे की आकृति मिलती है। देवता की पहचान 'पशुपतिनाथ' के रूप में हुई है।
- हड़प्पा की मुहरों पर सबसे अधिक एकश्रृंगी पशु का अंकन मिलता है।
- मनका निर्माण की कर्मशाला चन्हुदड़ो और लोथल में प्राप्त हुई है।
- हड़प्पा सभ्यता से मातृदेवी की मृण्मूर्तियां अधिक संख्या में मिली हैं। लिंग पूजा की प्रथा भी प्रचलित थी। सिंधु सभ्यता में मंदिर के अवशेष नहीं मिले हैं।

आर्थिक जीवन

- कृषि के प्राचीनतम साक्ष्य मेहरगढ़ से प्राप्त हुए हैं।
- कोल्डीहवा (बेलन घाटी) से चावल की कृषि का साक्ष्य मिला है।
- हड़प्पा सभ्यता की प्रमुख खाद्य फसल गेहूँ और जौ थी।
- लोथल एवं रंगपुर से चावल के साक्ष्य मिले हैं।
- हड़प्पा संस्कृति के लोग काले रंग के चित्रित लाल मिट्टी के बर्तन प्रयोग करते थे।

वैदिक काल

- आर्यों की सामाजिक–सांस्कृतिक तथा आर्थिक व्यवस्था वैदिक संस्कृति के रूप में जानी जाती है। आर्यों के बारे में जानकारी मुख्यतः वेदों–ऋग्वेद, यजुर्वेद, सामवेद एवं अथर्ववेद से मिलती है।

- वैदिक काल को दो भागों में विभाजित किया जाता है– ऋग्वैदिक काल (1500–1000 ई.पू.) और उत्तर वैदिक काल (1000–600 ई.पू.)।

ऋग्वैदिक काल (1500–1000 ई.पू.)

- आर्यों के निवास के विस्तृत क्षेत्र को 'सप्तसैन्धव' प्रदेश कहा गया। इस क्षेत्र में सात प्रमुख नदियाँ प्रवाहित हैं। ये नदियाँ हैं–सिंधु, सतलज, रावी, चिनाब, झेलम, व्यास तथा सरस्वती।
- सप्तसैन्धव प्रदेश को ब्रह्मावर्त भी कहा गया है।
- ऋग्वैदिक समाज ग्रामीण कबीलाई समाज था; सामाजिक संरचना समतावादी तथा वर्णविहीन थी।
- परिवार पितृसत्तात्मक था परन्तु महिलाओं को उचित सम्मान प्राप्त था।
- परिवार के मुखिया को कुलप कहा जाता था।
- आर्यों की प्रशासनिक इकाई आरोही क्रम से निम्नलिखित पाँच भागों में बंटी थी–कुल, ग्राम, विश, जन, राष्ट्र।
- जन के अधिपति को राजा कहा जाता था।
- ग्राम के प्रधान को ग्रामणी कहा जाता था।
- राज्याधिकारियों में पुरोहित एवं सेनानी प्रमुख थे।
- सभा, समिति तथा विदथ जनप्रतिनिधि संस्थाएँ थीं। इन संस्थाओं में राजनीतिक, सामाजिक, धार्मिक तथा आर्थिक प्रश्नों पर विचार किया जाता था।
- राजा युद्ध में कबीले का नेतृत्व करता था। युद्ध के लिए गविष्ठि (गायों की खोज) का प्रयोग किया गया है।
- राजा का चयन किया जाता था।
- ऋग्वेद में दाशराज्ञ युद्ध का वर्णन है जिसमें भरत जन के स्वामी सुदास ने रावी नदी के तट पर दश राजाओं के संघ को हराया था।
- इन्द्र ऋग्वैदिक आर्यों का सबसे महत्वपूर्ण देवता था जिसे पुरन्दर कहा गया है। वरुण, सूर्य, मित्र, अग्नि, इत्यादि अन्य प्रमुख देवता थे।
- ऋग्वेद में सर्वाधिक पवित्र नदी के रूप में 'सरस्वती' का वर्णन हुआ है।
- गायत्री–मंत्र का उल्लेख ऋग्वेद के तृतीय मंडल में मिलता है।
- ऋग्वेद के 10वें मंडल के पुरुषसूत्र में चतुर्वर्ण– ब्राह्मण, क्षत्रिय, वैश्य और शूद्र की उत्पत्ति के उल्लेख मिलते हैं।
- आर्यों का मुख्य व्यवसाय कृषि एवं पशुपालन था।

उत्तर वैदिक काल (1000–600 ई.पू.)

- उत्तर वैदिक काल में आर्यों ने स्थायी जीवन व्यतीत करना प्रारंभ कर दिया था। इस समय आर्य मुख्य रूप से गंगा–यमुना दोआब में फैल गए थे।
- आर्यों ने पशुपालन की जगह कृषि कार्य को जीवन का प्रमुख आधार बनाया।
- चित्रित धूसर–मृदभाण्ड तथा धातुओं में लोहा इस काल की प्रमुख विशिष्टता हैं।
- उत्तर वैदिक काल में राजा का पद वंशानुगत होने लगा। शासकों ने राजसूय, वाजपेय तथा अश्वमेध यज्ञों के माध्यम से अपनी शक्ति में वृद्धि की।
- इस काल में इन्द्र के स्थान पर प्रजापति सर्वाधिक महत्वपूर्ण देवता हो गए थे। विभिन्न कर्मकाण्डों तथा अंधविश्वासों का विस्तार हुआ जिनका उल्लेख अथर्ववेद में मिलता है।
- पूषण जो ऋग्वैदिक काल में पशुओं के देवता थे अब शूद्रों के देवता के रूप में प्रचलित हो गए।
- उत्तर वैदिक काल में वर्ण विभाजन कर्म मूलक ही था परन्तु धीरे–धीरे यह जन्म मूलक बन रहा था।
- गोत्र नामक संस्था का उदय उत्तर वैदिक काल में हुआ।
- अथर्ववेद में 'सभा' एवं 'समिति' को प्रजापति की दो पुत्रियां कहा गया है। अथर्ववेद के मंत्रों का उच्चारण करने वाले पुरोहित को 'ब्रह्मा' कहा जाता था।
- अथर्ववेद में मगध एवं अंग महाजनपद का उल्लेख है।
- उपनिषदों एवं दर्शनों की रचना शुरू हो गई थी।

धार्मिक आन्दोलन

जैन धर्म

- जैन धर्म के संस्थापक तथा प्रथम तीर्थंकर ऋषभदेव थे।
- जैन परंपरा के अनुसार जैन धर्म में कुल 24 तीर्थंकर हुए।
- जैन धर्म के 23वें तीर्थंकर पार्श्वनाथ थे।
- जैन धर्म के मुख्य प्रवर्तक तथा 24वें एवं अंतिम तीर्थंकर महावीर स्वामी थे।

महावीर स्वामी

जन्म	: 540 ई.पूर्व
जन्म स्थान	: वैशाली के निकट कुण्ड ग्राम
पिता	: सिद्धार्थ (ज्ञातृक क्षत्रिय कुल)
माता	: त्रिशला (लिच्छिवी नरेश चेटक की बहन)
पत्नी	: यशोदा
संन्यास ग्रहण	: 30 वर्ष की आयु में (गृह त्याग)
मृत्यु	: 468 ई.पूर्व; 72 वर्ष की आयु, पावापुरी

- वर्द्धमान महावीर ने तीस वर्ष की अवस्था में गृह त्याग दिया तथा 12 वर्षों की कठिन तपस्या के बाद ऋजुपालिका नदी के तट पर श्रम्भिक ग्राम में उन्हें ज्ञान प्राप्त हुआ, जिसके बाद उन्हें 'जिन', निर्ग्रंथ, अर्हत तथा केवलिन कहा गया।
- महावीर से पहले पार्श्वनाथ ने चार जैन–सिद्धांत दिए थे। ये हैं–सत्य, अहिंसा, अपरिग्रह तथा अस्तेय। महावीर ने इसमें पाँचवाँ सिद्धांत 'ब्रह्मचर्य' जोड़ा।
- महावीर की मृत्यु के बाद जैन संघ दो भागों में विभाजित हुआ–**दिगम्बर** (भद्रबाहु के समर्थक) तथा **श्वेताम्बर** (स्थूलभद्र के समर्थक)। श्वेताम्बर श्वेत वस्त्र धारण करते हैं, जबकि दिगम्बर पन्थ को मानने वाले वस्त्रों का परित्याग करते हैं।

- जैन धर्म ग्रंथों की रचना प्राकृत भाषा में हुई।
- जैन ग्रंथों को पूर्व या आगम कहा जाता है। इनकी संख्या 12 है।
- जैन धर्म के अनुसार मोक्ष के लिए तीन तत्वों का होना जरूरी है। ये हैं–

❑ सम्यक दर्शन

❑ सम्यक ज्ञान

❑ सम्यक कर्म या सम्यक आचरण

- जैन धर्म में ईश्वर की मान्यता नहीं है।

बौद्ध धर्म

- महात्मा बुद्ध का जन्म 563 ई.पू. में कपिलवस्तु के निकट लुम्बिनी में हुआ था।
- बुद्ध के पिता शुद्धोधन शाक्य गणराज्य के शासक थे। उनकी माता का नाम महामाया था। माता की मृत्यु के बाद मौसी महाप्रजापति ने उनका पालन–पोषण किया।
- बुद्ध के बचपन का नाम सिद्धार्थ था।
- गौतम बुद्ध का विवाह 16 वर्ष की आयु में यशोधरा से हुआ था। इनके पुत्र का नाम राहुल था।
- पुत्र जन्म के कुछ समय पश्चात् ही 29 वर्ष की अवस्था में उन्होंने गृह त्याग दिया।
- आलार कलाम बुद्ध के प्रथम गुरू थे।

महात्मा बुद्ध

जन्म	:	563 ई.पूर्व
जन्म स्थान	:	लुम्बिनी (कपिलवस्तु)
गृह त्याग	:	महाभिनिष्क्रमण
ज्ञान प्राप्ति	:	उरूवेला (बोधगया) (सम्बोधि)
प्रथम उपदेश	:	सारनाथ (धर्म चक्र प्रवर्तन)
मृत्यु	:	483 ई.पूर्व; कुशीनारा (महापरिनिर्वाण)
त्रिरत्न	:	बुद्ध, धम्म एवं संघ

- निरंजना नदी (गया) के तट पर उरूवेला नामक स्थान पर वैशाख पूर्णिमा के दिन सिद्धार्थ को ज्ञान की प्राप्ति हुई जिसके बाद वे बुद्ध कहलाए।
- बौद्ध धर्म के सिद्धांत चार सत्यों पर आधारित हैं जिन्हें **'चार आर्यसत्य'** कहा जाता है, जो निम्नलिखित हैं–

❑ जीवन दुखमय है।

❑ तृष्णा, लालसा, मोह आदि सांसारिक जीवन के कारण हैं।

❑ तृष्णा, लालसा, मोह आदि को समाप्त कर सांसारिक जीवन से मुक्ति पाई जा सकती है।

❑ इसके लिए अष्टांगिक मार्ग का अनुसरण करना चाहिए।

- बुद्ध ने निर्वाण (मोक्ष) प्राप्ति के लिए निम्न **अष्टांगिक मार्ग** बताए–

1. सम्यक दृष्टि	2. सम्यक संकल्प
3. सम्यक वाणी	4. सम्यक कर्म
5. सम्यक आजीविका	6. सम्यक व्यायाम
7. सम्यक स्मृति	8. सम्यक समाधि

त्रिपिटक

❑ **सुत्तपिटक**–इसमें बौद्ध धर्म के सिद्धांतों का उल्लेख है।

❑ **विनयपिटक**–इसमें बौद्ध संघ के नियमों की व्याख्या की गई है।

❑ **अभिधम्मपिटक**–इसमें बौद्ध दर्शन पर प्रकाश डाला गया है।

- महात्मा बुद्ध के महापरिनिर्वाण के बाद बौध धर्म कई सम्प्रदायों में विभक्त हो गया। इनमें प्रमुख हैं–हीनयान तथा महायान।

बौद्ध संगीतियाँ

संगीति	*काल*	*स्थान*	*शासक*	*अध्यक्ष*
प्रथम संगीति	483 ई.पू.	राजगृह	अजातशत्रु	महाकस्यप
द्वितीय संगीति	383 ई.पू.	वैशाली	कालाशोक	साबकमीर
तृतीय संगीति	250 ई.पू.	पाटलिपुत्र	अशोक	मोगलिपुत्र तिस्स
चतुर्थ संगीति		कुण्डलवन (कश्मीर)	कनिष्क	वसुमित्र

शैव धर्म

- **लकुलिश** ने पाशुपत शैव सम्प्रदाय की स्थापना की थी।
- शैव धर्म पांच सिद्धांतों पर आधारित है। ये हैं–कार्य, कारण, योग, विधि तथा दुखान्त।
- कश्मीरी शैव सम्प्रदाय के संस्थापक **वसुगुप्त** तथा दक्षिण के लिंगायत सम्प्रदाय के संस्थापक वासवराज थे।
- लिंग पूजा का वर्णन **मत्स्य पुराण** में मिलता है।

वैष्णव धर्म

- वैष्णव धर्म के संस्थापक वासुदेव कृष्ण थे।
- वैष्णव धर्म को पहले भागवत धर्म कहा जाता था।
- मेगास्थनीज ने कृष्ण को हेराक्लीज कहा है।
- अवतारवाद वैष्णव धर्म का आधारभूत सिद्धान्त है।
- विष्णु एवं कृष्ण का एकीकरण नारायण से हुआ है। नारायण के उपासक **पंचरात्रिक** कहलाए।

महाजनपद काल

- आरंभिक भारतीय इतिहास में छठी शताब्दी ई.पू. में 16 महाजनपदों का उदय हुआ। बौद्ध ग्रंथ अंगुत्तर निकाय में पहली बार 16 महाजनपदों की चर्चा मिलती है।
- जनपद का अर्थ एक ऐसा भूखंड है जहाँ कोई 'जन' अपना पाँव रखता है अथवा बस जाता है। इस शब्द का प्रयोग संस्कृत और प्राकृत दोनों में मिलता है।
- अधिकांश महाजनपदों पर राजा का शासन होता था लेकिन गण और संघ के नाम से प्रसिद्ध राज्यों में कई लोगों का समूह शासन करता था, इस समूह का प्रत्येक व्यक्ति राजा कहलाता था। भगवान महावीर और भगवान बुद्ध इन्हीं गणों से सम्बन्धित थे।

महाजनपदों की स्थिति

क्र.स.	महाजनपद	राजधानी	क्र.स.	महाजनपद	राजधानी
1.	मगध	राजगृह	9.	वत्स	कौशाम्बी
2.	अवन्ति	उज्जयिनी	10.	कुरू	हस्तिनापुर
3.	वज्जि	वैशाली	11.	मत्स्य	विराटनगर
4.	कोसल	श्रावस्ती	12.	पांचाल	अहिच्छत्र
5.	काशी	वाराणसी	13.	शूरसेन	मथुरा
6.	अंग	चम्पा	14.	गान्धार	तक्षशिला
7.	मल्ल	कुशीनारा	15.	कम्बोज	राजपुर
8.	चेदि	शुक्तिमती	16.	अश्मक	पोतन

- छठी से चौथी शताब्दी ई.पू. में मगध सबसे शक्तिशाली महाजनपद बन गया।
- मगध पर शासन करने वाला शासकीय वंश हर्यक वंश था। इसके बाद शिशुनाग तथा नन्द वंश ने शासन किया। नन्दों को समाप्त कर मौर्य वंश ने शासन आरंभ किया।
- प्रारंभ में, राजगाह (राजगीर) मगध की राजधानी थी। इस शब्द का अर्थ है 'राजाओं का घर'।
- बिम्बिसार हर्यक वंश का पहला साम्राज्यवादी शासक था। उसकी राजधानी गिरिव्रज (राजगृह) थी।
- बिम्बिसार की हत्या कर उसका पुत्र अजातशत्रु शासक बना।
- अजातशत्रु के बाद उसका पुत्र उदयिन शासक बना। उसने पाटलिपुत्र नगर की स्थापना की तथा उसे अपनी राजधानी बनाया।
- हर्यक वंश के अंतिम शासक नागदासक की हत्या कर शिशुनाग ने शिशुनाग वंश की स्थापना की।
- शिशुनाग का उत्तराधिकारी कालाशोक था। उसके समय में द्वितीय बौद्ध संगीति का आयोजन वैशाली में हुआ था।
- शिशुनाग वंश के अंतिम शासक नंदिवर्धन की हत्या कर महापद्मनंद ने 'नंद वंश' की नींव रखी।
- घनानंद के शासन के दौरान जनता के असन्तोष का लाभ उठाकर चन्द्रगुप्त मौर्य ने चाणक्य की सहायता से मगध पर आधिपत्य कायम किया।

मौर्य साम्राज्य

चन्द्रगुप्त मौर्य

- 322 ई.पू. में चंद्रगुप्त मौर्य ने मौर्य साम्राज्य की स्थापना की।
- चंद्रगुप्त ने 305 ई.पू. में यूनानी शासक सेल्यूकस के साथ संधि की। संधि शर्तों के अनुसार सेल्यूकस ने 500 हाथियों के बदले चार प्रांत काबुल, कन्धार, हेरात एवं मकरान चंद्रगुप्त को दिए।
- सेल्यूकस ने चन्द्रगुप्त के दरबार में अपने राजदूत मेगस्थनीज की नियुक्ति की।
- मेगस्थनीज ने पाटलिपुत्र में रहते हुए इण्डिका की रचना की।
- स्ट्रैबो तथा जस्टिन की रचनाओं में चंद्रगुप्त मौर्य को 'सैण्ड्रोकोट्स' कहा गया है। जबकि एरियन तथा प्लूटार्क ने उसे 'एण्ड्रोकोट्स' कहा है।
- चन्द्रगुप्त मौर्य के मंत्री चाणक्य (कौटिल्य) ने अर्थशास्त्र की रचना की थी।

बिन्दुसार

- चन्द्रगुप्त का उत्तराधिकारी बिन्दुसार बना।
- बिंदुसार के शासनकाल में तक्षशिला में दो विद्रोह हुए प्रथम को अशोक ने दबाया तथा दूसरे विद्रोह को सुसीम ने दबाया।
- सीरिया के शासक एण्टीओकस ने डायमेकस को बिंदुसार के दरबार में अपना राजदूत बनाया।

अशोक

- बिंदुसार का उत्तराधिकारी अशोक था जो 272 ई.पू. में मगध का शासक बना।
- अशोक शासक बनने से पूर्व उज्जयिनी तथा तक्षशिला का गवर्नर था।
- राज्याभिषेक के कई वर्षों बाद 261 ई.पू. में अशोक ने कलिंग पर आक्रमण किया। कलिंग युद्ध में व्यापक हिंसा से उसका मन द्रवित हो गया एवं उसने युद्ध विजय की जगह धम्म विजय की नीति अपनाई।
- अशोक बौद्ध धर्म का अनुयायी बन गया तथा उसके प्रचार–प्रसार में लग गया। अशोक ने अपने पुत्र महेंद्र तथा पुत्री संघमित्रा को बौद्ध धर्म के प्रचार के लिए श्रीलंका भेजा।
- जेम्स प्रिंसेप ने 1837 ई. में अशोक के शिलालेखों को पढ़ने में सफलता प्राप्त की।

शुंग वंश

- मौर्य सेनापति पुष्यमित्र शुंग ने अंतिम मौर्य शासक वृहद्रथ की हत्या कर 184 ई.पू. में शुंग वंश की स्थापना की।
- पुष्यमित्र ब्राह्मण धर्म का समर्थक था तथा उसने दो बार अश्वमेध यज्ञ किए।
- शुंग वंश का अन्तिम शासक देवभूति था, जिसकी हत्या कर उसके सेनापति वसुदेव ने कण्व वंश की स्थापना की।
- कण्व वंश के अंतिम शासक सुशर्मा को सातवाहन शासक सिमुक ने पराजित किया।

हिन्द–यूनानी शासक

- बैक्ट्रिया के शासक डेमेट्रियस ने भारत पर 190 ई.पू. में आक्रमण कर अफगानिस्तान, पंजाब, सिंध के बड़े भूभाग पर अधिकार कर शाकल को अपनी राजधानी बनाया। इसे हिन्द–यवन राज्य कहा गया।
- हिन्द–यूनानी शासकों में मिनान्डर का नाम प्रमुख है जिसने नागसेन से बौद्ध धर्म की दीक्षा ली जो मिलिन्दपन्हों ग्रंथ में संकलित है।
- भारत में सोने के सिक्के सर्वप्रथम 'हिन्द–यूनानी' शासकों ने ही जारी किए।

शक

- यूनानियों के बाद शक आए। शकों की पांच शाखाएं थीं और हर शाखा की राजधानी भारत और अफगानिस्तान में अलग–अलग भागों में थी।

- शक मूलतः मध्य एशिया के निवासी थे और चरागाह की खोज में भारत आए।
- शकों का सबसे प्रतापी शासक रूद्रदामन प्रथम (130–150 ई.) था जिसका शासन गुजरात के बड़े भाग पर था। इसने काठियावाड़ की अर्धशुष्क सुदर्शन झील (मौर्यों द्वारा निर्मित) की मरम्मत करवाई।

कुषाण

- कुषाण वंश का संस्थापक कुजुल कडफिसस था। इसका उत्तराधिकारी विम कडफिसस था।
- इस वंश का सबसे प्रसिद्ध शासक कनिष्क था। कुषाणों की एक राजधानी पुरूषपुर या पेशावर थी और दूसरी राजधानी मथुरा थी।
- कनिष्क ने 78 ई. अर्थात् अपने राज्याभिषेक के वर्ष में एक संवत् चलाया, जो शक संवत् कहलाता है, जिसे भारत सरकार द्वारा प्रयोग में लाया जाता है।

गुप्त साम्राज्य

- गुप्त साम्राज्य के शासनकाल को प्राचीन भारतीय इतिहास का स्वर्णकाल कहा जाता है।
- गुप्त वंश का संस्थापक श्रीगुप्त (240–280 ई.) को माना जाता है।

चन्द्रगुप्त प्रथम

- चंद्रगुप्त प्रथम ने गुप्त सम्वत् की स्थापना 319–320 ई. में की थी।
- चंद्रगुप्त प्रथम गुप्त वंश का प्रथम महान सम्राट था। इसने 'महाराजधिराज' की उपाधि धारण की।
- गुप्त वंश में सर्वप्रथम चंद्रगुप्त प्रथम ने ही चांदी के सिक्कों का प्रचलन करवाया था।

समुद्रगुप्त

- चंद्रगुप्त प्रथम के पश्चात् उसका पुत्र समुद्रगुप्त शासक बना। उसने स्वयं को लिच्छवी दौहित्र कहा।
- समुद्रगुप्त ने आर्यावर्त के 9 शासकों को और दक्षिणावर्त के 12 शासकों को पराजित किया। इन्हीं विजयों के कारण इसे भारत का नेपोलियन कहा जाता है।
- हरिषेण रचित प्रयाग प्रशस्ति से समुद्रगुप्त की विजयों की विस्तृत जानकारी मिलती है।
- समुद्रगुप्त ने 'कविराज' नाम से कई उच्च कोटि की कविताएं भी लिखीं। एक सिक्के पर उसे वीणा बजाते दिखाया गया है।

चन्द्रगुप्त द्वितीय

- चंद्रगुप्त द्वितीय को देवराज और देवगुप्त दोनों नामों से भी जाना जाता है। इसने 'देवश्री', 'विक्रम', 'विक्रमादित्य', 'प्रतिरथ', 'सिंहविक्रम', 'परमभागवत', 'विक्रमांक' आदि उपाधियां धारण कीं।
- चंद्रगुप्त द्वितीय का काल साहित्य और कला का स्वर्णकाल भी कहा जाता है।
- चंद्रगुप्त द्वितीय के शासनकाल में चीनी बौद्ध यात्री फाह्यान भारत आया था।
- चंद्रगुप्त द्वितीय के दरबार में नौरत्न थे–कालिदास, धनवन्तरि, क्षपणक, अमरसिंह, शंकु, बैताल भट्ट, घटकर्पर, वराहमिहिर और वररूचि।

कुमारगुप्त प्रथम

- चंद्रगुप्त द्वितीय का उत्तराधिकारी कुमारगुप्त प्रथम था।
- कुमारगुप्त प्रथम (412–454 ई.) ने नालंदा विश्वविद्यालय की स्थापना की थी।

स्कन्दगुप्त

- स्कन्दगुप्त (454–467 ई.) गुप्त वंश का अंतिम महान शासक था। इसने देवराज, विक्रमादित्य, क्रमादिव्य आदि उपाधियां ग्रहण की।
- स्कन्दगुप्त ने मौर्यों द्वारा निर्मित सुदर्शन झील का पुनरुद्धार करवाया था।
- स्कन्दगुप्त ने पर्णदत्त को सौराष्ट्र का गवर्नर नियुक्त किया था।

गुप्तकाल में प्रशासन

- गुप्त साम्राज्य की सबसे बड़ी प्रादेशिक इकाई 'देश' थी, जिसके शासक को गोप्ता कहा जाता था। 'भुक्ति' एक दूसरी प्रादेशिक इकाई थी, जिसके शासक उपरिक कहलाते थे।
- भुक्ति के बाद विषय नामक प्रशासनिक इकाई होती थी, जिसके प्रमुख विषयपति कहलाते थे।
- पुलिस विभाग का मुख्य अधिकारी 'दण्डपाशिक' कहलाता था।
- कालिदास, हरिषेण, वीरसेन, विशाखदत्त आदि इस युग के प्रसिद्ध विद्वान थे। बौद्ध विद्वानों में असंग, वसुबन्धु, दिग्ङनाग तथा धर्मपाल आदि प्रमुख थे।

गुप्तकाल में सामाजिक–आर्थिक–धार्मिक विकास

- गुप्तकाल में स्त्रियों की दशा पहले से निम्न हो गई। सती–प्रथा की प्रथम घटना का उल्लेख इसी काल में मिलता है।
- गुप्त शासक वैष्णव धर्म के अनुयायी थे।
- गुप्तकाल में मंदिरों तथा मूर्तियों का निर्माण आरंभ हो गया था।
- सारनाथ की बुद्ध मूर्ति, मथुरा की वर्धमान महावीर की मूर्ति, झांसी की शेषशायी विष्णु की मूर्ति, विदिशा की वराह अवतार की मूर्ति, काशी की गोवर्धनधारी कृष्ण की मूर्ति आदि इस युग की मूर्तिकला के प्रमुख उदाहरण हैं।

विज्ञान

- गुप्तकाल में गणित, भौतिक विज्ञान, रसायन विज्ञान, धातु विज्ञान, ज्योतिष एवं चिकित्सा विज्ञान की बहुत उन्नति हुई।
- दशमलव तथा शून्य का अन्वेषण गुप्तकाल में ही हुआ।
- आर्यभट्ट इस युग के प्रख्यात गणितज्ञ एवं खगोलशास्त्री थे। आर्यभट्टीयम इनकी सुप्रसिद्ध रचना है, जिसमें अंकगणित, बीजगणित तथा रेखागणित की विवेचना की गई है। आर्यभट्ट ने सूर्य सिद्धांत नामक ग्रंथ में यह प्रमाणित किया कि पृथ्वी सूर्य का चक्कर लगाती है।
- सुश्रुत और धनवन्तरि इस युग के प्रख्यात वैद्य थे।

गुप्तोत्तर काल

- गुप्त वंश के पतन के बाद कई नये राजवंशों का उद्भव हुआ, उनमें मैत्रक, मौखरि, पुष्यभूति, परवर्ती गुप्त और गौड़ प्रमुख हैं। इन राजवंशों में पुष्यभूति सबसे प्रमुख थे।

हर्षवर्द्धन

- पुष्यभूति वंश का संस्थापक पुष्यभूति था। इनकी राजधानी थानेश्वर थी।
- राज्यवर्द्धन की मृत्यु के बाद 606 ई. में 16 वर्ष की अवस्था में हर्षवर्द्धन थानेश्वर का शासक बना। इसने 'परमभट्टारक' की उपाधि धारण की। हर्ष को शिलादित्य के नाम से भी जाना जाता है।
- हर्षवर्द्धन के शासन की जानकारी बाणभट्ट की रचना हर्षचरित से मिलती है।
- हर्ष और पुलकेशिन–II के बीच नर्मदा नदी के तट पर युद्ध हुआ जिसमें हर्ष की पराजय हुई। इस युद्ध का वर्णन पुलकेशिन–II के एहोल अभिलेख में मिलता है।
- चीनी यात्री ह्वेनसांग हर्षवर्द्धन के शासनकाल में भारत आया।

ह्वेनसांग को यात्रियों में राजकुमार, नीति का पंडित एवं वर्तमान शाक्यमुनि कहा जाता है। वह नालंदा विश्वविद्यालय में पढ़ने एवं बौद्ध ग्रंथ संग्रह करने के उद्देश्य से हर्ष के काल में भारत आया था।

दक्षिण एवं उत्तर भारत के प्रमुख राजवंश

पल्लव वंश

- पल्लव वंश का संस्थापक **सिंहविष्णु** (575–600 ई.) था। इनकी राजधानी कांची थी।
- प्रसिद्ध लेखक भारवि जिन्होंने किरातार्जुनीयम की रचना की थी, सिंहविष्णु के दरबार में रहते थे।
- महाबलीपुरम के एकाश्म मंदिर जिन्हें रथ कहा जाता है का निर्माण पल्लव राजा नरसिंहवर्मन प्रथम के द्वारा करवाया गया था। रथ मंदिरों की संख्या सात है। रथ मंदिरों में सबसे छोटा द्रोपदी रथ है।

चालुक्य वंश (वातापी)

- जयसिंह ने वातापी के चालुक्य–वंश की स्थापना की जिसकी राजधानी वातापी थी।
- वातापी के चालुक्य वंश के प्रमुख शासक थे–पुलकेशिन प्रथम, कीर्तिवर्मन, पुलकेशिन द्वितीय, विक्रमादित्य, विनयादित्य एवं विजयादित्य। इनमें सबसे प्रतापी राजा पुलकेशिन द्वितीय था।

चालुक्य वंश (कल्याणी)

- कल्याणी के चालुक्य वंश की स्थापना **तैलप द्वितीय** ने की थी। इस वंश का सबसे प्रतापी शासक विक्रमादित्य–VI था।
- विल्हण एवं विज्ञानेश्वर विक्रमादित्य–VI के दरबार में ही रहते थे। विज्ञानेश्वर ने मिताक्षरा की रचना की थी।
- विल्हण ने विक्रमांकदेवचरित की रचना की थी। इसमें विक्रमादित्य–VI के जीवन पर प्रकाश डाला गया है।

राष्ट्रकूट

- राष्ट्रकूट राजवंश का संस्थापक दन्तिदुर्ग (752 ई.) था। इसकी राजधानी मान्यखेत थी।
- राष्ट्रकूट वंश के प्रमुख शासक थे : कृष्ण प्रथम, ध्रुव, गोविन्द तृतीय, अमोघवर्ष, कृष्ण द्वितीय, इन्द्र तृतीय एवं कृष्ण तृतीय।
- कृष्ण प्रथम प्रसिद्ध राष्ट्रकूट शासक था, जिसने एलोरा में कैलाशनाथ मंदिर का निर्माण करवाया।
- एलोरा एवं ऐलिफेंटा में गुहामंदिरों का निर्माण राष्ट्रकूटों के समय में हुआ। ध्रुव राष्ट्रकूट वंश का पहला शासक था, जिसने कन्नौज पर अधिकार करने हेतु त्रिपक्षीय संघर्ष में भाग लिया और प्रतिहार नरेश वत्सराज एवं पाल नरेश धर्मपाल को पराजित किया।

चोल

- चोल वंश का संस्थापक विजयालय था। इसकी राजधानी तंजौर थी। विजयालय ने नरकेसरी की उपाधि धारण की।
- राजराज प्रथम ने श्रीलंका पर आक्रमण किया। वहाँ के राजा को पराजित कर एक नया प्रांत 'मुम्मिडचोलमंडलम' बनाया और पोलन्नरूवा को इसकी राजधानी बनाया।
- राजराज प्रथम शैव धर्म का अनुयायी था। इसने तंजौर में राजराजेश्वर शिव मंदिर बनवाया।
- स्थानीय स्वशासन चोल प्रशासन की मुख्य विशेषता थी।

पाल वंश

- आठवीं शताब्दी के मध्य में बंगाल में पाल राजवंश की स्थापना हुई। पाल वंश का संस्थापक गोपाल था।
- गोपाल बौद्ध धर्म का अनुयायी था। इसने ओदन्तपुरी विश्वविद्यालय की स्थापना की।
- पालवंश का सबसे महान शासक धर्मपाल था जिसने विक्रमशिला विश्वविद्यालय की स्थापना की थी।

सेन वंश

- बंगाल में सेनवंश की स्थापना सामन्त सेन ने राढ़ में की थी। सेन वंश की राजधानी नदिया (लखनौती) थी।
- सेन वंश के प्रमुख शासक विजय सेन, बल्लालसेन एवं लक्ष्मण सेन थे।
- लक्ष्मणसेन की राजसभा में गीतगोविन्द के लेखक जयदेव रहते थे।

कश्मीर के राजवंश

- कश्मीर पर विभिन्न शासक वंशों ने क्रमानुसार शासन किया–कार्कोट वंश, उत्पल वंश, लोहार वंश।
- दुर्लभवर्द्धन ने 627 ई. में कश्मीर में कार्कोट वंश (हिंदू वंश) की स्थापना की।
- कश्मीर के मार्तण्ड मंदिर का निर्माण ललितादित्य ने करवाया था।

राजपूत राजवंश

- अग्निकुल सिद्धान्त के अनुसार प्रतिहार, चालुक्य, चौहान तथा परमार की उत्पत्ति आबू पर्वत पर वशिष्ठ के अग्नि कुंड से हुई। यह सिद्धान्त चन्दबरदाई की पृथ्वीराज रासो पर आधारित है।

गुर्जर प्रतिहार वंश

- नागभट्ट प्रथम मालवा के गुर्जर प्रतिहार वंश का संस्थापक था।
- मिहिरभोज प्रतिहार वंश का सर्वाधिक शक्तिशाली एवं प्रतापी शासक था। इसने आदिवाराह की उपाधि धारण की।
- मिहिरभोज की राजधानी कन्नौज थी।
- प्रसिद्ध कवि राजशेखर, प्रतिहार शासक महेन्द्रपाल के दरबार में रहते थे।
- राजशेखर ने काव्य मीमांसा लिखी थी।

चौहान वंश

- चौहान वंश का संस्थापक वासुदेव था। इनकी प्रारंभिक राजधानी अहिच्छत्र थी।
- अजयराज द्वितीय ने अजमेर नगर की स्थापना की और उसे राजधानी बनाया।
- पृथ्वीराज तृतीय इस वंश का अंतिम शासक था।
- चन्दबरदाई पृथ्वीराज तृतीय का राजकवि था, जिसकी रचना पृथ्वीराजरासो है।
- तराइन का प्रथम युद्ध 1191 में हुआ जिसमें पृथ्वीराज तृतीय की विजय एवं मुहम्मद गोरी की हार हुई।
- तराइन का द्वितीय युद्ध 1192 में हुआ, जिसमें गोरी की विजय एवं पृथ्वीराज तृतीय की हार हुई।

परमार वंश

- परमार वंश की स्थापना 9वीं शताब्दी में उपेन्द्र कृष्णराज ने की। इसकी राजधानी धारा नगरी (उज्जैन) थी।
- परमार वंश का सर्वाधिक शक्तिशाली शासक राजा भोज था।
- भोज ने चिकित्सा, गणित एवं व्याकरण पर अनेक ग्रंथ लिखे। भोजकृत युक्तिकल्पतरू में वास्तुशास्त्र के साथ–साथ विविध वैज्ञानिक यंत्रों व उनके उपयोग का उल्लेख है। इसने कविराज की उपाधि ग्रहण की थी।

चंदेल वंश

- 831 ई. में नन्नुक ने बुंदेलखंड में चंदेल वंश की स्थापना की थी। इसकी प्रारंभिक राजधानी कालिंजर (महोबा) थी।
- राजा धंग ने अपनी राजधानी कालिंजर से खजुराहो में स्थानान्तरित की थी। कंदरिया महादेव मंदिर का निर्माण धंग ने ही करवाया।
- चंदेल वंश का सबसे प्रतापी राजा यशोवर्मन था।

मध्यकालीन भारत

- भारत पर आक्रमण करने वाला प्रथम मुस्लिम शासक मुहम्मद बिन कासिम था।
- मुहम्मद बिन कासिम के आक्रमण के समय सिन्ध का शासक दाहिर था। कासिम ने 712 ई. में सिंध पर विजय प्राप्त की। इसने मुल्तान को भी जीता।

महमूद गजनवी

- महमूद गजनवी खुरासान का शासक था।
- महमूद ने 1001 से 1027 ई. तक भारत पर 17 बार आक्रमण किया। उसके आक्रमण का उद्देश्य धन लूटना था।
- महमूद गजनवी ने भारत पर पहला आक्रमण 1001 ई. में शाही राजा जयपाल के विरुद्ध किया था। इस युद्ध में जयपाल पराजित हुआ था।
- महमूद गजनवी ने 1025 ई. में सोमनाथ मंदिर पर आक्रमण किया तथा वहां से प्रचुर मात्रा में संपत्ति को लूटा।
- महमूद गजनवी का अंतिम आक्रमण 1027 ई. में जाटों के विरुद्ध था।

मुहम्मद गोरी

- शिहाबुद्दीन मुहम्मद गोरी ने 1175 ई. में भारत में मुल्तान के विरुद्ध पहला आक्रमण किया।
- मुहम्मद गोरी का दूसरा आक्रमण 1178 ई. में पाटन पर हुआ। यहां के शासक भीम द्वितीय ने गोरी को पराजित किया था।
- तराइन का प्रथम युद्ध 1191 में हुआ जिसमें मुहम्मद गोरी पृथ्वीराज चौहान से पराजित हुआ था।
- तराइन का द्वितीय युद्ध 1192 में हुआ, जिसमें मुहम्मद गोरी ने पृथ्वीराज चौहान को पराजित किया था।
- 1206 ई. में खोखरों के साथ युद्ध में मुहम्मद गोरी मारा गया।
- मुहम्मद गोरी को भारत में तुर्की राज्य का संस्थापक माना जाता है।

दिल्ली सल्तनत

- 1206 से 1526 ई. तक भारत पर दिल्ली सल्तनत के शासकों ने शासन किया।

दिल्ली सल्तनत के राजवंश

गुलाम वंश	1206–1290 ई.
खिलजी वंश	1290–1320 ई.
तुगलक वंश	1320–1414 ई.
सैयद वंश	1414–1451 ई.
लोदी वंश	1451–1526 ई.

गुलाम वंश

- गुलाम वंश की स्थापना 1206 ई. में कुतुबुद्दीन ऐबक ने की। उसने लाहौर को अपनी राजधानी बनाया।
- कुतुबुद्दीन को अपनी उदारता के कारण **लाखबक्श** कहा जाता था।
- कुतुबमीनार की नींव कुतुबुद्दीन ऐबक ने डाली थी।

- ऐबक ने दिल्ली का कुव्वत–उल–इस्लाम मस्जिद एवं अजमेर का ढाई दिन का झोंपड़ा नामक मस्जिद का निर्माण करवाया था।
- 1210 ई. में चौगान खेलते हुए, कुतुबुद्दीन ऐबक की मृत्यु हो गई थी। ऐबक का मकबरा लाहौर में स्थित है।

इल्तुतमिश

- आरामशाह की हत्या करके इल्तुतमिश 1211 ई. में दिल्ली की गद्दी पर बैठा।
- इल्तुतमिश पहला शासक था, जिसने 1229 ई. में बगदाद के खलीफा से सुल्तान पद की वैधानिक स्वीकृति प्राप्त की।
- इल्तुतमिश ने कुतुबमीनार का निर्माण कार्य पूरा करवाया।

रजिया सुल्तान

- इल्तुतमिश ने अपनी पुत्री रजिया को अपना उत्तराधिकारी नियुक्त किया था।
- रजिया दिल्ली सल्तनत की प्रथम तथा अंतिम महिला शासिका थी। 1236 ई. में तुर्की अमीरों ने रूक्नुद्दीन फिरोज को गद्दी से हटाकर रजिया को शासक बनाया।
- रजिया एक योग्य शासक थी परन्तु गैर तुर्कों को सामंत बनाने के रजिया के प्रयासों से तुर्की अमीर उसके विरुद्ध हो गए तथा उसे सत्ता से हटा दिया गया।
- रजिया की हत्या 13 अक्टूबर, 1240 ई. को डाकुओं के द्वारा कैथल के पास कर दी गई।

बलबन

- रजिया के बाद बहरामशाह, मसूदशाह तथा नासिरूद्दीन महमूद शासक बने।
- 1266 ई. में ग्यासुद्दीन बलबन दिल्ली की गद्दी पर बैठा। अपने विरोधियों के प्रति इसने 'लौह एवं रक्त' की नीति अपनाई।
- बलबन ने मंगोलों के आक्रमण से भारत की सफलतापूर्वक रक्षा की।
- सिजदा एवं पैबोस प्रथा की शुरुआत बलबन ने की।
- बलबन ने फारसी रीति–रिवाज पर आधारित नवरोज उत्सव को प्रारंभ करवाया।

खिलजी वंश

- गुलाम वंश के शासन को समाप्त कर 1290 ई. में जलालुद्दीन फिरोज खिलजी ने खिलजी वंश की नींव डाली।
- जलालुद्दीन की हत्या कर 1296 ई. में अलाउद्दीन खिलजी ने शासन पर अधिकार कर लिया।
- अलाउद्दीन अपनी बाजार नियंत्रण प्रणाली के लिए जाना जाता है। उसने मूल्य नियंत्रण के लिए 'दीवान–ए–रियासत', एवं 'शहना–ए–मण्डी' की नियुक्ति की। 'बरीद' तथा 'मुनहिस' गुप्तचर विभाग से संबंधित थे।
- अलाउद्दीन खिलजी ने जमैयत खाना मस्जिद, दिल्ली में अलाई दरवाजा, हौजखास, सीरी का किला इत्यादि का निर्माण करवाया।

तुगलक वंश

गयासुद्दीन तुगलक

- गाजी मलिक उर्फ गयासुद्दीन तुगलक ने 1320 ई. में दिल्ली में तुगलक वंश की स्थापना की।
- उसने दिल्ली के निकट तुगलकाबाद नामक नगर की स्थापना की।
- ग्यासुद्दीन प्रथम सुल्तान था जिसने नहरों का निर्माण करवाया।

मुहम्मद–बिन तुगलक

- गयासुद्दीन की मृत्यु के बाद उसका पुत्र 'जूना खां' मुहम्मद–बिन–तुगलक' के नाम से सुल्तान बना।
- मुहम्मद–बिन–तुगलक ने अपनी राजधानी दिल्ली से देवगिरि में स्थानांतरित की तथा इसका नाम दौलताबाद रखा।
- सांकेतिक मुद्रा के अंतर्गत तांबे के सिक्के चलवाए गए जिनका मूल्य चांदी के रुपए टंका के बराबर था। यह प्रयोग विफल रहा।
- इब्नबतूता नामक अफ्रीकी यात्री लगभग 1333 ई. में भारत आया। मुहम्मद–बिन–तुगलक ने इसे दिल्ली का काजी नियुक्त किया। 1342 ई. में सुल्तान ने इसे अपने राजदूत के रूप में चीन भेजा।
- जियाउद्दीन बरनी मुहम्मद बिन तुगलक के दरबार में था।

फिरोजशाह तुगलक

- मुहम्मद–बिन–तुगलक की मृत्यु के बाद तुर्की सरदारों ने फिरोजशाह तुगलक को सुल्तान बनाया।
- फिरोज ने शरीयत के अनुसार स्वीकृत चार कर लगाए–खराज, खुम्स, जजिया तथा जकात।
- फिरोज ने ब्राह्मणों पर सर्वप्रथम जजिया कर लगवाया।
- उसने गरीबों की सहायता के लिए दीवान–ए–खैरात नामक दान विभाग की स्थापना की।
- फिरोज तुगलक ने लगभग 300 नये नगरों की स्थापना की जिनमें हिसार, फिरोजाबाद (दिल्ली), फतेहाबाद, फिरोजपुर आदि प्रमुख हैं।
- तैमूरलंग ने तुगलक शासक नासिरूद्दीन महमूद तुगलक के समय 1398 ई. में दिल्ली पर आक्रमण किया।

सैय्यद वंश

- सैय्यद वंश का संस्थापक खिज्र खाँ था। इसने 1414 ई. में 'रैयत–ए–आला' की उपाधि के साथ शासन संभाला।
- मुबारक शाह के दरबार में याह्या अहमद सरहिन्दी रहते थे जिन्होंने तारीख–ए–मुबारक शाही की रचना की।
- सैय्यद वंश का अंतिम शासक अलाउद्दीन आलमशाह था।

लोदी वंश

- बहलोल लोदी ने 1451 ई. में लोदी वंश की स्थापना की। इसने गाजी की उपाधि ग्रहण की।

- बहलोल लोदी को दिल्ली में प्रथम अफगान राज्य की स्थापना का श्रेय दिया जाता है।

सिकंदर लोदी

- बहलोल का पुत्र निजाम खाँ सिकन्दर लोदी के नाम से 1489 ई. में शासक बना।
- सिकन्दर लोदी ने 1504 ई. में आगरा शहर की स्थापना की।
- इसने आगरा को अपनी राजधानी बनाया।
- इसने भूमि की पैमाइश के लिए प्रामाणिक पैमाना 'गजे सिकन्दरी' का प्रचलन करवाया।

इब्राहिम लोदी

- 1517 ई. में सिकन्दर लोदी की मृत्यु के पश्चात् इब्राहिम लोदी शासक बना। वह दिल्ली सल्तनत का अंतिम शासक था।
- 21 अप्रैल, 1526 ई. में पानीपत की प्रथम लड़ाई में इब्राहिम लोदी बाबर से पराजित हुआ, जिसके पश्चात् लोदी वंश एवं दिल्ली सल्तनत का अंत हुआ।

प्रान्तीय राज्यों का उदय

जौनपुर

- जौनपुर की स्थापना फिरोजशाह तुगलक ने अपने भाई जौना खाँ की स्मृति में की थी।
- जौनपुर स्थापत्य की शर्की कला के लिए जाना जाता है। इसे भारत का सिराज कहा जाता है।

गुजरात

- जफरखाँ ने 1407 में सुल्तान मुजफ्फरशाह की उपाधि धारण कर स्वतन्त्र राज्य की स्थापना की।
- अहमदशाह ने 'अहमदाबाद' नगर बसाया एवं इसे अपनी राजधानी बनाया।

विजयनगर (1335–1614 ई.)

- विजयनगर साम्राज्य की स्थापना हरिहर तथा बुक्का नामक दो भाइयों ने अपने गुरू विद्यारण्य की सहायता से की।
- हम्पी विजयनगर की राजधानी थी।
- विजयनगर पर चार वंशों ने शासन किया। ये हैं–संगम, सालुव, तुलुव तथा आरविडु।

विजयनगर आने वाले प्रमुख विदेशी यात्री

यात्री	वर्ष	देश	शासक
निकोलो कोण्टी	1420 ई.	इटली	देवराय प्रथम
अब्दुर्रज्जाक	1442 ई.	फारस	देवराय द्वितीय
नूनीज	1450 ई.	पुर्तगाल	मल्लिकार्जुन
डोमिंगो पायस	1515 ई.	पुर्तगाल	कृष्णदेव राय

- कृष्णदेव राय विजयनगर का सर्वाधिक प्रसिद्ध एवं सफल शासक था। वह 1509 ई. में शासक बना।

बहमनी साम्राज्य

- 1347 ई. में अलाउद्दीन बहमनशाह ने बहमनी साम्राज्य की स्थापना की तथा गुलबर्गा को अपनी राजधानी बनाया।
- अहमदशाह ने बीदर को बहमनी साम्राज्य की राजधानी बनाया।
- मुहम्मद तृतीय के शासनकाल में रूसी यात्री निकितिन बहमनी राज्य की यात्रा की थी।
- कालान्तर में बहमनी राज्य पांच स्वतंत्र राज्यों में विभक्त हो गया था जो निम्नलिखित हैं–

राज्य	स्थापना वर्ष	वंश	संस्थापक
बीजापुर	1489 ई.	आदिलशाही	युसुफ आदिलशाह
अहमदनगर	1490 ई.	निजामशाही	मलिक अहमद
बरार	1490 ई.	इमादशाही	फतेहउल्लाह इमादशाह
गोलकुण्डा	1512 ई.	कुतुबशाही	कुली कुतुबशाह
बीदर	1526 ई.	बरीदशाही	अमीर अली बरीद

धार्मिक आंदोलन

सूफी आंदोलन

- सूफी दर्शन एकेश्वरवाद में विश्वास करता था। यह एक प्रकार का रहस्यवादी दर्शन था। अजमेर के ख्वाजा मुइनुद्दीन चिश्ती, दिल्ली के शेख निजामुद्दीन औलिया और नासिरुद्दीन, फतेहपुर सीकरी के शेख सलीम चिश्ती तथा फरीदुद्दीन गंजशकर प्रसिद्ध सूफी सन्त थे।

सूफी सम्प्रदाय एवं उनके संस्थापक

सम्प्रदाय	संस्थापक	भारत में प्रचारक
चिश्ती	अबू अब्दाल चिश्ती	ख्वाजा मुइनुद्दीन चिश्ती
सुहारावर्दी	जियाउद्दीन अबुलजीव	बहाउद्दीन जकारिया
कादिरी	अब्दुल कादिर	शाह नियामतुल्ला
नक्शबन्दी	बहाउद्दीन	मखदूम जिलानी
शत्तारिया	अब्दुल शत्तार	ख्वाजा बाकीबिल्लाह

भक्ति आंदोलन

- छठी शताब्दी में भक्ति आन्दोलन की शुरूआत तमिल क्षेत्र से हुई, जो कर्नाटक और महाराष्ट्र में फैल गई। भक्ति आंदोलन का विकास 12 अलवार (वैष्णव सन्त) तथा 63 नयनार (शैव सन्त) ने किया।
- दक्षिण में रामानुज, उत्तर में रामानन्द और कबीर, महाराष्ट्र में नामदेव, बंगाल में चैतन्य एवं पंजाब में गुरु नानक भक्ति आन्दोलन के प्रमुख सन्त थे।
- कबीर की शिक्षाएँ बीजक में संगृहीत हैं।

मुगल साम्राज्य

बाबर

- भारत में मुगल वंश की स्थापना बाबर ने 1526 ई. में की। बाबर का जन्म 1483 में फरगना में हुआ था।
- बाबर को अपनी उदारता के लिए 'कलन्दर' की उपाधि दी गई।

- बाबर ने पानीपत के प्रथम युद्ध में तोपखाना का प्रयोग किया तथा युद्ध में 'तुलुगमा' नीति अपनाई।
- बाबर ने तुर्की भाषा में अपनी आत्मकथा 'तुजुक-ए-बाबरी' (बाबरनामा) लिखी।
- बाबर की मृत्यु 1530 ई. में आगरा में हुई।

बाबर द्वारा लड़े गए प्रमुख युद्ध

युद्ध	वर्ष	युद्धरत पक्ष	परिणाम
पानीपत का प्रथम युद्ध	21 अप्रैल, 1526 ई.	इब्राहिम लोदी एवं बाबर	बाबर की विजय
खानवा का युद्ध	17 मार्च, 1527 ई.	राणा सांगा एवं बाबर	बाबर की विजय
चन्देरी का युद्ध	29 जनवरी, 1528 ई.	मेदनी राय एवं बाबर	बाबर की विजय
घाघरा का युद्ध	6 मई, 1529 ई.	अफगान एवं बाबर	बाबर की विजय

हुमायूँ

- हुमायूँ 29 दिसम्बर, 1530 ई. को आगरा में सिंहासन पर बैठा।
- 1533 ई. में हुमायूँ ने दीनपनाह नामक नगर की स्थापना दिल्ली में की।
- अफगान सरदार शेरशाह सूरी ने उसे चौसा (1539 ई.) एवं कन्नौज (बिलग्राम) के युद्ध में 1540 ई. में पराजित कर दिया। परिणामस्वरूप उसे भारत से बाहर शरण लेनी पड़ी।
- शेरशाह की मृत्यु के पश्चात् वह पुनः भारत आया और 1555 ई. में दिल्ली की सत्ता हासिल की।
- 1556 ई. में पुस्तकालय की सीढ़ियों से गिरने के कारण हुमायूँ की मृत्यु हो गई।
- हाजी बेगम ने दिल्ली में हुमायूँ का मकबरा बनवाया।
- हुमायूँ की बहन गुलबदन बेगम ने हुमायूँनामा की रचना की।

शेरशाह

- शेरशाह ने **बिलग्राम युद्ध (1540)** में हुमायूँ को पराजित कर सूर साम्राज्य की स्थापना की।
- शेरशाह की मृत्यु कलिंजर के किले को जीतने के क्रम में 22 मई, 1545 ई. को हो गई।
- शेरशाह का मकबरा **सासाराम** में है।
- डाक प्रथा का प्रचलन शेरशाह द्वारा किया गया।
- पद्मावत की रचना करने वाले मालिक मुहम्मद जायसी शेरशाह के समकालीन थे।
- शेरशाह ने 'ग्रैंड ट्रंक रोड' बनवाई।

अकबर

- अकबर का जन्म 1542 ई. में हुमायूँ के निर्वासन के दौरान, अमरकोट में राणा बीरसाल के महल में हुआ। अकबर की माँ का नाम हमीदाबानो बेगम था।
- अकबर का राज्याभिषेक 14 फरवरी, 1556 ई. को पंजाब के कलानौर नामक स्थान पर हुआ। 1556 ई. में ही पानीपत के द्वितीय युद्ध में हेमू विक्रमादित्य को पराजित किया।
- बैरम खाँ 1556 से 1560 ई. तक अकबर का संरक्षक रहा।
- 1580 ई. में अकबर ने भू-राजस्व के लिए आइन-ए-दहशाला पद्धति लागू की। इसमें उसे राजा टोडरमल का सहयोग मिला।
- अकबर ने मनसबदारी प्रथा लागू की।
- 1605 ई. में अकबर की मृत्यु हो गई।
- अकबर का मकबरा सिकन्दरा में है।
- अकबर के दरबार का प्रसिद्ध संगीतकार तानसेन था।
- अकबर के दरबार का प्रसिद्ध चित्रकार अब्दुस्समद था।
- दसवंत एवं बसावन अकबर के दरबार के चित्रकार थे।
- अकबर प्रसिद्ध सूफी सन्त शेख सलीम चिश्ती का भक्त था।
- स्थापत्य कला के क्षेत्र में अकबर की महत्वपूर्ण कृतियां हैं–दिल्ली में हुमायूँ का मकबरा, आगरा का लाल किला, फतेहपुर सीकरी में शाहीमहल, दीवान-ए-खास, पंचमहल, बुलंद दरवाजा, जोधाबाई का महल, इबादतखाना, इलाहाबाद का किला और लाहौर का किला।
- अबुल फजल दीन-ए-इलाही धर्म का मुख्य पुरोहित था। इसने अकबरनामा ग्रंथ की रचना की।

जहाँगीर

- अकबर का उत्तराधिकारी जहाँगीर था जो 24 अक्टूबर, 1605 ई. को शासक बना।
- जहाँगीर को न्याय की जंजीर के लिए जाना जाता है।
- जहाँगीर ने सिखों के पांचवें गुरु, गुरु अर्जुनदेव को शाहजादा खुसरो की सहायता करने के कारण मृत्युदंड दिया।
- जहाँगीर ने फारसी में अपनी आत्मकथा तुजुक-ए-जहाँगीरी की रचना की।
- जहाँगीर के शासनकाल में प्रथम अंग्रेज मिशन कैप्टन हॉकिंस के नेतृत्व में मुगल दरबार में आया जिसे व्यापारिक अनुमति नहीं मिली।
- जहाँगीर के शासनकाल में 1613 ई. में अंग्रेजों ने सूरत में प्रथम व्यापार केन्द्र की स्थापना की।
- जहाँगीर के समय को चित्रकला का स्वर्णकाल कहा जाता है।
- जहाँगीर के दरबार के प्रमुख चित्रकार थे–आगा रजा, अबुल हसन, मुहम्मद नासिर, मुहम्मद मुराद, उस्ताद मंसूर, बिशनदास, मनोहर एवं गोवर्धन आदि।
- नूरजहाँ का वास्तविक नाम मेहरुन्निसा था।
- नूरजहाँ की मां अस्मत बेगम ने गुलाब से इत्र निकालने की विधि खोजी थी।

शाहजहाँ

- शाहजहाँ 4 फरवरी, 1628 ई. को आगरा में सिंहासन पर बैठा।
- शाहजहाँ के शासनकाल को स्थापत्यकला का स्वर्णयुग कहा जाता है।
- शाहजहाँ द्वारा बनवायी गई प्रमुख इमारतें हैं–दिल्ली का लालकिला, दिल्ली की जामा मस्जिद, आगरा की मोती मस्जिद, ताजमहल इत्यादि।
- शाहजहाँ ने दिल्ली के निकट शाहजहाँनाबाद नगर की स्थापना की और आगरा से राजधानी को यहाँ स्थानांतरित किया।
- शाहजहाँ के पुत्रों में दारा शिकोह सर्वाधिक विद्वान था। इसने भगवद्गीता, योगवशिष्ट, उपनिषद् एवं रामायण का अनुवाद फारसी में करवाया।
- 1658 में औरंगजेब ने शाहजहाँ को बन्दी बना लिया, 1666 में उसकी मृत्यु हो गई।

मुगलकालीन महत्वपूर्ण शासकों के मकबरे

शासक		मकबरा
बाबर	–	काबुल
हुमायूँ	–	दिल्ली
अकबर	–	सिकन्दरा
जहाँगीर	–	शाहदरा (लाहौर)
शाहजहाँ	–	आगरा
औरंगजेब	–	दौलताबाद

औरंगजेब

- औरंगजेब ने आलमगीर की उपाधि से 31 जुलाई, 1658 को आगरा में प्रथम बार तथा 5 जून, 1659 को दिल्ली में दूसरी बार अपना राज्याभिषेक करवाया।
- औरंगजेब ने उलेमा वर्ग की सलाह के अनुसार इस्लामी ढंग से राज किया। इसने गैर मुस्लिम जनता पर (1679 ई.) जजिया कर लगा दिया।
- औरंगजेब को व्यक्तिगत चारित्रिक गुणों के कारण जिन्दापीर के नाम से जाना जाता है।
- इस्लाम नहीं स्वीकार करने के कारण सिक्खों के 9वें गुरु, गुरु तेग बहादुर की 1675 ई. में दिल्ली में हत्या करवा दी।
- औरंगजेब ने दरबार में संगीत पर पाबन्दी लगा दी। इसने नौरोज, झरोखा दर्शन एवं तुलादान पर भी रोक लगा दी।
- औरंगजेब ने **बीबी का मकबरा** का निर्माण 1679 ई. में औरंगाबाद (महाराष्ट्र) में करवाया।

उत्तर मुगल शासक

- बहादुर शाह को **शाहे बेखबर** के नाम से जाना जाता है।
- मुहम्मदशाह के शासनकाल में 1739 ई. में ईरानी आक्रमणकारी नादिरशाह ने दिल्ली पर आक्रमण किया। नादिरशाह मयूर सिंहासन और कोहिनूर हीरा भारत से ले गया।
- शाह आलम द्वितीय के समय अहमदशाह अब्दाली एवं मराठों के बीच पानीपत का तीसरा युद्ध (1761 ई.) हुआ। इस युद्ध में मराठों की हार हुई।
- अंतिम मुगल सम्राट बहादुरशाह जफर ने 1857 ई. के विद्रोह का नेतृत्व किया। यह विद्रोह असफल रहा और उन्हें बर्मा निर्वासित कर दिया गया।

मराठा साम्राज्य

- शिवाजी मराठा साम्राज्य के संस्थापक थे।
- शिवाजी के पिता शाहजी भोंसले और माता जीजाबाई थीं।
- शिवाजी के आध्यात्मिक गुरु समर्थ रामदास थे।
- शिवाजी ने 1656 ई. में रायगढ़ को अपनी राजधानी बनाया।
- औरंगजेब के सेनापति जयसिंह ने शिवाजी को पुरन्दर की संधि (1664 ई.) करने के लिए विवश किया जिसमें शिवाजी के काफी दुर्ग मुगलों के पास चले गए।
- 1674 ई. में शिवाजी ने रायगढ़ के दुर्ग में स्वतंत्र मराठा शासक के रूप में अपना राज्याभिषेक कराया और छत्रपति की उपाधि ली।
- 12 अप्रैल, 1680 ई. को शिवाजी की मृत्यु हो गई।
- शिवाजी के प्रशासन की प्रमुख विशेषता उनके आठ मंत्री थे जिन्हें 'अष्ट प्रधान' कहा जाता था।
- पानीपत का तृतीय युद्ध (1761 ई॰) बालाजी बाजीराव के समय ही लड़ा गया था जिसमें अहमदशाह अब्दाली के द्वारा मराठे बुरी तरह पराजित हुए।

सिख शक्ति

सिख गुरु एवं उनसे संबंधित तथ्य

गुरु	तथ्य
गुरु नानक (1469-1539):	सिख धर्म की स्थापना, आदिग्रन्थ की रचना।
गुरु अंगद (1539-1552):	गुरुमुखी लिपि के जनक।
गुरु अमरदास (1552-1574):	22 गद्दियों की स्थापना।
गुरु रामदास (1574-1581):	अमृतसर की स्थापना।
गुरु अर्जुन देव (1581-1606):	हरमन्दिर साहब (स्वर्ण मन्दिर) का निर्माण।
गुरु हरगोविन्द (1606-1645):	अकालतख्त की स्थापना।
गुरु हरराय (1645-1661):	मुगलों से युद्ध।
गुरु हरकिशन (1661-1664):	कम आयु में निधन।
गुरु तेगबहादुर (1664-1675):	मुगलों से संघर्ष।
गुरु गोविन्द सिंह (1675-1708):	खालसा पंथ की स्थापना।

मैसूर राज्य

- 1761 ई. में हैदर अली मैसूर का शासक बना। इसने डिंडिगुल में आधुनिक शस्त्रागार की स्थापना की।
- हैदर अली ने प्रथम आंग्ल-मैसूर युद्ध (1767-1769 ई.) में अंग्रेजों को पराजित किया एवं मद्रास की संधि की।
- द्वितीय आंग्ल-मैसूर युद्ध में हैदर अली की लड़ते हुए मृत्यु हो गई।
- तृतीय आंग्ल-मैसूर युद्ध (1789-1792 ई॰) में अंग्रेज, निजाम और मराठों ने मिलकर टीपू को हरा दिया और उसे श्रीरंगपट्टनम की संधि करनी पड़ी।
- चतुर्थ आंग्ल-मैसूर युद्ध (1799 ई॰) के दौरान टीपू सुल्तान की मृत्यु हुई और अंग्रेजों ने मैसूर पर नियंत्रण स्थापित कर लिया।

बंगाल

- मुर्शीद कुली खाँ ने बंगाल के स्वतंत्र राज्य की स्थापना की थी। इसने 1717 ई. में बंगाल की राजधानी ढाका से स्थानांतरित कर मुर्शिदाबाद कर दी।
- 1739 ई. में अलीवर्दी खाँ शासक बना।
- 1757 ई. में प्लासी के युद्ध में अंग्रेजों ने क्लाइव के नेतृत्व में बंगाल के नवाब सिराजुद्दौला को पराजित कर दिया।
- 1764 ई. में बक्सर के युद्ध में मीर कासिम अंग्रेजों से पराजित हुआ।
- 1765 ई. में इलाहाबाद की संधि के साथ बंगाल पर ईस्ट इंडिया कम्पनी का प्रभुत्व हो गया।

आधुनिक भारत

यूरोपीय कम्पनियों का भारत आगमन

- 1498 ई. में वास्को–डि–गामा ने भारत के समुद्री मार्ग की खोज की और कालीकट के समुद्र तट पर उतरा।
- पुर्तगालियों का पहला गवर्नर द् अल्मीडा (1505–1509 ई.)था।
- नौसैनिक शक्ति के आधार पर पुर्तगालियों ने भारत में घोड़े के आयात पर एकाधिकार कायम किया था।
- पुर्तगालियों ने भारत में तम्बाकू की खेती तथा प्रिंटिंग प्रेस का काम आरंभ किया।
- पुर्तगालियों ने अपनी पहली व्यापारिक कोठी कोचीन में खोली।
- डचों ने 1605 ई. में मसुलीपट्टनम में अपनी पहली फैक्ट्री स्थापित की। इसके बाद पुलीकट, चिनसुरा, पटना, सूरत, नागपट्टनम, बालासोर तथा कासिम बाजार में डचों ने अपनी फैक्ट्री स्थापित की।
- 1759 ई. में बेदरा की लड़ाई में अंग्रेजों के हाथों पराजित होने के बाद डच कम्पनी का नियन्त्रण भारतीय क्षेत्रों से समाप्त हो गया।

भारत में यूरोपीय कम्पनियां

कम्पनी	स्थापना वर्ष
पुर्तगाली ईस्ट इण्डिया कम्पनी	1498 ई.
अंग्रेजी ईस्ट इण्डिया कम्पनी	1600 ई.
डच ईस्ट इण्डिया कम्पनी	1602 ई.
डैनिश ईस्ट इण्डिया कम्पनी	1616 ई.
फ्रांसीसी ईस्ट इण्डिया कम्पनी	1664 ई.

- इंग्लिश ईस्ट इण्डिया कम्पनी की स्थापना 1600 ई. में हुई थी। 1611 ई. में दक्षिण–पश्चिम में मसुलीपट्टम में व्यापारिक कोठी की स्थापना की।
- अंग्रेजों ने 1608 ई. में अपनी पहली फैक्ट्री सूरत में स्थापित की।
- 1664 ई. में फ्रेंच ईस्ट इंडिया कम्पनी की स्थापना हुई।

1857 की क्रांति

- 1857 की क्रान्ति को प्रथम स्वतंत्रता संग्राम कहा जाता है। 1857 की क्रांति का प्रारंभ 29 मार्च, 1857 को मंगल पांडे ने बैरकपुर छावनी में किया।
- विद्रोहियों ने 11 मई, 1857 को बहादुरशाह जफर को भारत का बादशाह घोषित किया। इस क्रांति के समय ब्रिटिश प्रधानमंत्री पामर्स्टन था।
- 1857 का विद्रोह असफल रहा परन्तु इसका प्रभाव यह हुआ कि कम्पनी का शासन समाप्त करके ब्रिटिश सरकार ने भारत का शासन प्रत्यक्ष रूप से अपने हाथ में ले लिया। इसके लिए भारत शासन अधिनियम, 1858 पारित हुआ।

1857 के विद्रोह के प्रमुख केन्द्र

केन्द्र	विद्रोही नायक	विद्रोह की तिथि	ब्रिटिश सेनापति
दिल्ली	बहादुरशाह द्वितीय, बख्त खाँ	11 मई, 1857	निकलसन, हडसन
कानपुर	नाना साहब, तात्याँ टोपे	5 जून, 1857	कॉलिन कैम्पबेल
लखनऊ	बेगम हजरत महल, बिरजिस कादर	4 जून, 1857	कॉलिन कैम्पबेल
झाँसी	रानी लक्ष्मीबाई	4 जून, 1857	जनरल ह्यूरोज
जगदीशपुर	कुँवर सिंह	12 जून, 1857	विलियम टेलर, विंसेट आयर
फैजाबाद	मौलवी अहमदुल्ला	जून 1857	जनरल रेनॉर्ड
इलाहाबाद	लियाकत अली	जून 1857	कर्नल नील
बरेली	खान बहादुर	जून 1857	विंसेंट आयर

सामाजिक-धार्मिक आंदोलन

थियोसोफिकल सोसायटी

- इस सोसायटी की स्थापना 1875 ई. में मैडम ब्लावात्सकी एवं कर्नल अल्काट ने न्यूयॉर्क (यू.एस.ए.) में की थी।
- 1882 ई. में इसका अन्तर्राष्ट्रीय कार्यालय मद्रास के निकट अड्यार में स्थापित हुआ। 1893 ई. में एनी बेसेन्ट भारत आईं और थियोसोफिकल आन्दोलन का नेतृत्व सम्भाला।

अलीगढ़ आन्दोलन

- इस आन्दोलन का नेतृत्व सैयद अहमद खान ने किया। 1877 ई. में उन्होंने आंग्ल–मुस्लिम स्कूल की स्थापना अलीगढ़ में की। यह 1920 ई. में अलीगढ़ मुस्लिम विश्वविद्यालय बना।

यंग–बंगाल आन्दोलन

- इस आन्दोलन की स्थापना बंगाल में 1828 ई. में हेनरी विवियन डेरोजियो नामक एंग्लो इण्डियन ने की।

अहमदिया आन्दोलन

- इस आन्दोलन का नेतृत्व गुलाम अहमद ने 1889 ई. में किया।

राष्ट्रीय आन्दोलन

भारतीय राष्ट्रीय कांग्रेस (1885 ई.)

- भारतीय राष्ट्रीय कांग्रेस की स्थापना 1885 ई. में **ए.ओ. ह्यूम** ने बम्बई में की।
- मुंबई में पहले अधिवेशन में 72 प्रतिनिधियों ने भाग लिया था। इसके प्रथम अध्यक्ष व्योमेशचन्द्र बनर्जी थे।
- 1885–1907 ई. के बीच कांग्रेस में उदारवादी नेताओं का प्रभाव रहा, लेकिन आगे गरमपंथी नेताओं की प्रमुखता रही।
- दादाभाई नौरोजी, सुरेन्द्रनाथ बनर्जी, फिरोजशाह मेहता, गोविन्द रानाडे, गोपाल कृष्ण गोखले आदि उदारवादी कांग्रेसी नेता थे।
- बाल गंगाधर तिलक, विपिन चन्द्र पाल तथा लाला लाजपत राय आदि गरमपंथी नेता थे।

बंगाल विभाजन (1905 ई.)

- राष्ट्रीय चेतना का दमन, करने के लिए लॉर्ड कर्जन ने 20 जुलाई, 1905 को बंगाल विभाजन की घोषणा की, जो 16 अगस्त, 1905 से प्रभावी हुई।
- 1905 में बंगाल के विभाजन के विरोध में स्वदेशी आंदोलन प्रारंभ हुआ।

मुस्लिम लीग की स्थापना (1906 ई.)

- मुस्लिम लीग की स्थापना 30 दिसम्बर, 1906 को ढाका में नवाब सलीमुल्ला खाँ एवं आगा खाँ के नेतृत्व में हुई।
- मुस्लिम लीग ने अमृतसर अधिवेशन (1908 ई.) में मुसलमानों के लिए पृथक निर्वाचन मण्डल की मांग की, जिसे 1909 में मार्ले–मिण्टो सुधारों में मान लिया गया।

दिल्ली दरबार (1911 ई.)

- इंग्लैण्ड के सम्राट जॉर्ज पंचम एवं महारानी मेरी के स्वागत में 1911 ई. में दिल्ली में एक भव्य दरबार का आयोजन किया गया।
- इसमें बंगाल का विभाजन रद्द करने तथा भारत की राजधानी को कलकत्ता से दिल्ली स्थानान्तरित करने की घोषणा हुई।

होमरूल आंदोलन (1916 ई.)

- बाल गंगाधर तिलक ने 28 अप्रैल, 1916 को पूना में होमरूल लीग की स्थापना की।
- सितम्बर 1916 में एनी बेसेण्ट ने भी होमरूल लीग की मद्रास में स्थापना की।

गाँधी युग (महात्मा गांधी)

- महात्मा गाँधी का जन्म 2 अक्टूबर, 1869 को गुजरात के पोरबन्दर में हुआ था।
- गाँधी जी 1893 ई. में दक्षिण अफ्रीका गए तथा रंगभेद नीति के खिलाफ आवाज उठाई।
- गाँधी जी 1915 में भारत लौटे तथा 1916 ई. में अहमदाबाद के निकट साबरमती आश्रम की स्थापना की।
- गाँधी जी ने सन् 1917 में बिहार के **चम्पारन** के नील किसानों के समर्थन में सर्वप्रथम 'सत्याग्रह' का प्रयोग किया।
- गाँधी जी ने 1918 में अहमदाबाद मिल हड़ताल के मुद्दे पर हस्तक्षेप किया।
- गाँधी जी ने 1918 में गुजरात के खेड़ा में लगान अदायगी के विरुद्ध आन्दोलन चलाया।

जलियाँवाला बाग हत्याकांड (1919 ई.)

- 13 अप्रैल, 1919 को बैसाखी के दिन अमृतसर के जलियाँवाला बाग में डॉ. सत्यपाल एवं सैफुद्दीन किचलू की गिरफ्तारी के विरोध में एक सार्वजनिक सभा का आयोजन किया गया।
- जनरल ओ डायर ने बिना किसी पूर्व सूचना के हजारों की संख्या में मौजूद लोगों पर गोलियाँ चलवा दी, जिसमें लगभग 1000 लोग मारे गए।
- इस हत्याकांड के विरोध स्वरूप रवीन्द्रनाथ टैगोर ने **नाइट हुड,** महात्मा गाँधी **कैसर–ए–हिन्द** तथा जमना लाल बजाज ने **राय बहादुर** की उपाधि त्याग दी।

खिलाफत आंदोलन (1919 ई.)

- 1919 ई. में मोहम्मद अली तथा शौकत अली ने अखिल भारतीय खिलाफत कमेटी का गठन किया।
- 31 अगस्त 1920 को खिलाफत दिवस मनाया गया।

असहयोग आंदोलन (1920 ई.)

- 1920 ई. में लाला लाजपत राय की अध्यक्षता में हुए कलकत्ता अधिवेशन में असहयोग आंदोलन का प्रस्ताव पारित किया गया।
- अगस्त, 1920 में गाँधी जी ने असहयोग आन्दोलन की शुरुआत की।
- 5 फरवरी, 1922 को चौरी–चौरा की घटना के बाद गाधीजी ने असहयोग आंदोलन स्थगित करने की घोषणा की।

साइमन कमीशन (1927 ई.)

- साइमन कमीशन का गठन 1927 में हुआ तथा 3 फरवरी, 1928 को यह भारत पहुँचा। इस कमीशन के सभी सदस्य ब्रिटिश थे परिणामस्वरूप भारत में इसका व्यापक विरोध हुआ।
- साइमन कमीशन के विरोध में आयोजित आंदोलन का नेतृत्व करते हुए लाला लाजपत राय को पुलिस की लाठियां लगीं और वह गम्भीर रूप से घायल हो गए। बाद में उनकी मृत्यु हो गई।

नेहरू रिपोर्ट (1928 ई.)

- भारतीय संविधान के प्रारूप को तैयार करने के लिए 11 मई, 1928 को पण्डित मोतीलाल नेहरू की अध्यक्षता में 8 सदस्यीय समिति गठित की गई।
- इस समिति ने अगस्त, 1928 में संविधान का प्रारूप तैयार किया। इस प्रारूप को **नेहरू रिपोर्ट** कहते हैं।
- नेहरू रिपोर्ट में भारत को **डोमिनियन स्टेट्स** का समर्थन किया गया था।

पूर्ण स्वराज की घोषणा (1929 ई.)

- दिसम्बर 1929 में हुए कांग्रेस के लाहौर अधिवेशन में **पूर्ण स्वराज** की मांग की गई।
- इस अधिवेशन की अध्यक्षता **जवाहरलाल नेहरू** ने की थी।
- 26 जनवरी, 1930 को पूरे देश में स्वतंत्रता दिवस के रूप में मनाने का निर्णय लिया गया।

सविनय अवज्ञा आंदोलन (1930 ई.)

- गाँधी जी ने वायसराय इरविन के समक्ष 13 जनवरी, 1930 को 11 सूत्रीय प्रस्ताव रखा।
- 5 अप्रैल, 1930 को नमक कानून तोड़कर गांधी जी सविनय अवज्ञा आंदोलन आरंभ किया।
- 12 मार्च, 1930 को गाँधी जी ने 79 स्वयंसेवकों के साथ साबरमती आश्रम से 322 किमी. दाण्डी तट की यात्रा आरंभ की। इस यात्रा का उद्देश्य नमक कानून का उल्लंघन करना था।

प्रथम गोलमेज सम्मेलन (1930–31 ई.)

- प्रथम गोलमेज सम्मेलन का आयोजन 12 नवम्बर, 1930 से 13 जनवरी, 1931 तक लन्दन में हुआ।
- इस सम्मेलन में कांग्रेस ने भाग नहीं लिया परन्तु बी.आर. अम्बेडकर ने दलित वर्ग का प्रतिनिधित्व किया।

गांधी–इर्विन समझौता (1931 ई.)

- 5 मार्च, 1931 को गांधीजी तथा वायसराय इर्विन के मध्य एक समझौता हुआ। इसे **गांधी–इर्विन समझौता** कहा जाता है। समझौते के परिणामस्वरूप कांग्रेस ने सविनय अवज्ञा आंदोलन वापस ले लिया तथा गांधीजी ने द्वितीय गोलमेज सम्मेलन में भाग लेने का प्रस्ताव मान लिया।

द्वितीय गोलमेज सम्मेलन (1931 ई.)

- द्वितीय गोलमेज सम्मेलन का आयोजन दिसम्बर, 1931 में लन्दन में हुआ। गांधीजी ने कांग्रेस के प्रतिनिधि के रूप में इस सम्मेलन में भाग लिया। यह सम्मेलन विफल रहा।

तृतीय गोलमेज सम्मेलन (1932 ई.)

- 17 नवम्बर, 1932 से आरम्भ तृतीय गोलमेज सम्मेलन में कांग्रेस ने भाग नहीं लिया।
- तीनों गोलमेज सम्मेलनों के दौरान इंग्लैंड के प्रधानमंत्री रैम्जे मैकडोनाल्ड थे।
- इस सम्मेलन में भारत सरकार अधिनियम, 1935 को अंतिम रूप दिया गया।

कम्युनल अवॉर्ड (1932 ई.)

- 16 अगस्त, 1932 को तत्कालीन ब्रिटिश प्रधानमंत्री रैम्जे मैक्डोनाल्ड ने 'कम्युनल अवार्ड' जारी किया। इसमें मुसलमानों, सिखों, ईसाइयों के साथ दलित वर्गों के लिए भी पृथक निर्वाचन पद्धति लागू की गई।
- 'कम्युनल अवार्ड' का विरोध करने के लिए 20 सितम्बर, 1932 को गांधीजी ने यरवदा जेल में आमरण अनशन आरंभ किया। मदन मोहन मालवीय के प्रयासों से 25 सितम्बर, 1932 को बी.आर. अम्बेडकर तथा गाँधीजी के बीच एक समझौता हुआ, जिसमें संयुक्त निर्वाचक मण्डल के अन्तर्गत दलितों के लिए सुरक्षित स्थानों की संख्या बढ़ाकर 148 करने की बात कही गई। इस समझौते को पूना पैक्ट कहा गया।

अगस्त प्रस्ताव (1940 ई.)

- 8 अगस्त, 1940 को तत्कालीन वायसराय लॉर्ड लिनलिथगो ने अगस्त प्रस्ताव की घोषणा की। अगस्त प्रस्ताव के अन्तर्गत भारतीयों को वायसराय की कार्यकारिणी में प्रतिनिधित्व देने की बात कही गई।
- कांग्रेस ने अगस्त प्रस्ताव को अस्वीकार कर दिया।

क्रिप्स मिशन (1942 ई.)

- क्रिप्स मिशन 1942 ई. में भारत आया। इसने युद्ध के उपरान्त भारत को डोमिनियन स्टेटस देने की बात प्रस्तावित की थी।

भारत छोड़ो आंदोलन (1942 ई.)

- गांधीजी के भारत छोड़ो प्रस्ताव को कांग्रेस कार्यसमिति ने 8 अगस्त, 1942 ई. को स्वीकार कर लिया। भारत छोड़ो आंदोलन की शुरुआत 9 अगस्त, 1942 ई. को हुई। इसी आंदोलन में गांधीजी ने **'करो या मरो'** का नारा दिया।
- मुस्लिम लीग ने 'भारत छोड़ो आन्दोलन का विरोध किया। 23 मार्च, 1943 को पाकिस्तान दिवस मनाया गया।

वेवेल योजना (1945 ई.)

- 4 जून, 1945 को वेवेल योजना का प्रस्ताव रखा गया। वेवेल योजना के अन्तर्गत वायसराय की कार्यकारिणी परिषद् को पुनर्गठित करने एवं इसमें सभी दलों को प्रतिनिधित्व देने का प्रस्ताव था तथा युद्ध के उपरान्त भारत को स्वयं संविधान बनाने की जिम्मेदारी दी जानी थी।

कैबिनेट मिशन (1946 ई.)

- 15 फरवरी, 1946 को कैबिनेट मिशन भारत आया। जुलाई 1946 में कैबिनेट मिशन योजना के अन्तर्गत संविधान सभा के सदस्यों का चुनाव हुआ।
- मुस्लिम लीग ने कैबिनेट मिशन योजना को अस्वीकार कर दिया तथा 16 अगस्त, 1946 को प्रत्यक्ष कार्रवाई दिवस की घोषणा की।

माउण्टबेटन योजना (3 जून, 1947 ई.)

- 22 मार्च, 1947 को भारत के अन्तिम ब्रिटिश वायसराय लॉर्ड माउण्टबेटन भारत आए।
- उनके द्वारा 3 जून, 1947 को एक योजना की घोषणा की गई, जिसे 'माउण्टबेटन योजना' के नाम से जाना जाता है।
- माउण्टबेटन योजना के आधार पर ही 'भारतीय स्वतंत्रता विधेयक' ब्रिटिश संसद में 4 जुलाई, 1947 को प्रस्तुत किया गया, जिसे 18 जुलाई को मंजूरी मिली।
- 15 अगस्त, 1947 को भारत को स्वतंत्रता दे दी गई।

क्रान्तिकारी गतिविधियाँ

- भारत में प्रथम क्रान्तिकारी घटना 22 जून, 1897 को घटी थी, जब चापेकर बन्धुओं ने पूना में प्लेग अधिकारियों आयर्स्ट एवं रैंड की हत्या कर दी थी।
- वी.डी. सावरकर ने अभिनव भारत की स्थापना की थी।
- चन्द्रशेखर आजाद, राम प्रसाद बिस्मिल, शचीन्द्र सान्याल और जोगेशचन्द्र चटर्जी ने अक्टूबर 1924 में कानपुर में क्रान्तिकारी संस्था हिन्दुस्तान रिपब्लिकन एसोसिएशन (एचआरए) का गठन किया था।
- इस क्रांतिकारी संस्था द्वारा 9 अगस्त, 1925 को लखनऊ–सहारनपुर सम्भाग के काकोरी स्थान पर ट्रेन में डकैती कर सरकारी खजाना लूटा गया। यह घटना काकोरी काण्ड के नाम से प्रचलित है।
- 'काकोरी षड्यन्त्र' में रामप्रसाद बिस्मिल, अशफाक उल्ला, रोशन सिंह और राजेन्द्र लाहिड़ी को फांसी दी गई।
- 30 अक्टूबर, 1928 को भगत सिंह, चन्द्रशेखर आजाद और राजगुरु ने लाला लाजपत राय पर लाठियों से प्रहार करने वाले पुलिस अधिकारी साण्डर्स की हत्या कर दी।
- भगत सिंह और बटुकेश्वर दत्त ने 8 अप्रैल, 1922 को केन्द्रीय विधानमण्डल में बम फेंका।
- चन्द्रशेखर आजाद 27 फरवरी, 1931 को इलाहाबाद के अल्फ्रेड पार्क में पुलिस मुठभेड़ में शहीद हुए।
- 23 मार्च, 1931 को भगत सिंह, सुखदेव और राजगुरु को लाहौर में फाँसी दी गई।
- अक्टूबर, 1943 में सुभाषचन्द्र बोस को **आजाद हिन्द फौज** का सर्वोच्च सेनापति बनाया गया।

ऐतिहासिक उपाधि, प्राप्तकर्ता एवं दाता

उपाधि	प्राप्तकर्ता	दाता
गुरुदेव	रवीन्द्रनाथ टैगोर	महात्मा गाँधी
महात्मा	महात्मा गाँधी	रवीन्द्रनाथ टैगोर
राष्ट्रपिता	महात्मा गाँधी	सुभाष चन्द्र बोस
देशरत्न	डॉ. राजेन्द्र प्रसाद	महात्मा गाँधी
सरदार	बल्लभभाई पटेल	बारदोली की महिलाएँ
नेताजी	सुभाष चन्द्र बोस	एडोल्फ हिटलर
राजा	राजा राममोहन राय	अकबर द्वितीय

राष्ट्रीय स्वतंत्रता आंदोलन संबंधी प्रमुख वचन, नारे

प्रसिद्ध वचन	सम्बद्ध व्यक्ति
स्वराज हमारा जन्मसिद्ध अधिकार है	—बाल गंगाधर तिलक
सरफरोशी की तमन्ना अब हमारे दिल में है	—राम प्रसाद बिस्मिल
भारत को तलवार के बल पर जीता गया था और तलवार के बल पर उसे ब्रिटानी कब्जे में रखा जायेगा	—लार्ड एल्गिन
सारे जहां से अच्छा हिन्दोस्तां हमारा	—इकबाल
वन्दे मातरम्	—बंकिम चन्द्र चटर्जी
हे राम	—महात्मा गांधी
जन-गण-मन-अधिनायक जय हे	—रवीन्द्र नाथ टैगोर
हू लिव्स इफ इण्डिया डाइज	—जवाहर लाल नेहरू
इन्कलाब जिन्दाबाद	—भगत सिंह
दिल्ली चलो	—सुभाष चंद्र बोस
करो या मरो	—महात्मा गांधी
जय हिन्द	—सुभाष चन्द्र बोस
हमने घुटने टेककर रोटी मांगी, किन्तु उत्तर में हमें पत्थर मिले (सविनय अवज्ञा आंदोलन के पूर्व)	—महात्मा गांधी
यह एक ऐसा चैक था, जिसका बैंक पहले ही नष्ट हो जाने वाला था (क्रिप्स प्रस्ताव के संदर्भ में)	—महात्मा गांधी
समूचा भारत एक विशाल बन्दीगृह है	—सी.आर. दास
मेरे शरीर पर पड़ी एक-एक लाठी ब्रिटिश साम्राज्य के कफन में कील सिद्ध होगी	—लाला लाजपत राय
पूर्ण स्वराज	—जवाहर लाल नेहरू
हिन्दी, हिन्दू, हिन्दोस्तान	—भारतेन्दु हरिश्चन्द्र
तुम मुझे खून दो मैं तुम्हें आजादी दूंगा	—सुभाष चन्द्र बोस
वेदों की ओर लौटो	—दयानन्द सरस्वती
आराम हराम है	—जवाहर लाल नेहरू
भारत छोड़ो	—महात्मा गांधी
विजयी विश्व तिरंगा प्यारा	—श्याल लाल गुप्त

❑❑❑

3

भारतीय राजव्यवस्था

भारत का संविधान

- संविधान का निर्माण भारतीय जनता द्वारा चुने गए प्रतिनिधियों की संविधान सभा द्वारा किया गया।
- संविधान सभा का प्रथम अधिवेशन 9 दिसम्बर, 1946 को दिल्ली में हुआ जिसकी अध्यक्षता डॉ. सच्चिदानंद सिन्हा ने की थी।
- 11 दिसम्बर, 1946 को डॉ. राजेन्द्र प्रसाद को संविधान सभा का स्थायी अध्यक्ष नियुक्त किया गया।
- डॉ. भीमराव अम्बेडकर की अध्यक्षता में सात सदस्यों वाली प्रारूप समिति ने संविधान का अन्तिम रूप से निर्माण किया।
- 26 नवम्बर, 1949 को संविधान अंगीकृत किया गया तथा 26 जनवरी, 1950 से इसे सम्पूर्ण भारत में लागू किया गया। इसी कारण 26 जनवरी को गणतंत्र दिवस मनाया जाता है।
- 26 नवम्बर, 1949 को पारित भारतीय संविधान में 22 भाग, 395 अनुच्छेद तथा 8 अनुसूचियां थी।
- वर्तमान में इसमें 12 अनुसूचियां हैं।
- भारतीय संविधान का लगभग दो-तिहाई भाग 'भारत शासन अधिनियम 1935' से लिया गया था।
- संविधान की प्रस्तावना को संविधान की कुंजी कहा जाता है।
- संविधान के 42वें संशोधन अधिनियम 1976 के द्वारा इसमें 'पन्थ निरपेक्ष' तथा 'समाजवादी' एवं 'अखंडता' शब्द जोड़े गए।
- भारतीय संविधान के निर्माण में विभिन्न देशों के संविधान से उनके महत्वपूर्ण तत्व समावेशित किए गए थे।

भारतीय संविधान के स्रोत

राष्ट्र	*विविध स्रोत*
• संयुक्त राज्य अमेरिका	मौलिक अधिकार, न्यायिक पुनर्विलोकन, संविधान की सर्वोच्चता, न्यायपालिका की स्वतंत्रता, निर्वाचित राष्ट्रपति एवं उस पर महाभियोग, उपराष्ट्रपति का पद, उच्चतम एवं उच्च न्यायालयों के न्यायाधीशों को हटाने की विधि एवं वित्तीय आपात।
• ब्रिटेन	संसदीय शासन प्रणाली; एकल नागरिकता व विधि निर्माण प्रक्रिया।
• आयरलैंड	नीति निर्देशक तत्व, राष्ट्रपति के निर्वाचक मंडल की व्यवस्था, आपातकालीन उपबंध।
• ऑस्ट्रेलिया	प्रस्तावना की भाषा, समवर्ती सूची का प्रावधान, केन्द्र व राज्यों के बीच संबंध तथा शक्तियों का विभाजन।
• सोवियत संघ (रूस)	मौलिक कर्त्तव्य।
• जापान	विधि द्वारा स्थापित प्रक्रिया।
• फ्रांस	गणतंत्रात्मक शासन पद्धति।
• कनाडा	संघात्मक शासन व्यवस्था एवं अवशिष्ट शक्तियों का केन्द्र के पास होना।
• द० अफ्रीका	संविधान संशोधन की प्रक्रिया का प्रावधान।
• जर्मनी	आपातकाल के प्रवर्तन के दौरान राष्ट्रपति को मौलिक अधिकारों से संबंधित शक्तियां।

भारतीय संविधान की प्रस्तावना

"हम भारत के लोग, भारत को एक सम्पूर्ण प्रभुत्व सम्पन्न समाजवादी', पंथ निरपेक्ष', लोकतांत्रिक गणराज्य बनाने के लिए तथा उसके समस्त नागरिकों को सामाजिक, आर्थिक और राजनीतिक न्याय, विचार, अभिव्यक्ति, विश्वास, धर्म और उपासना की स्वतंत्रता, प्रतिष्ठा और अवसर की समता प्राप्त करने के लिए तथा उन सब में व्यक्ति की गरिमा और राष्ट्र की एकता और अखण्डता सुनिश्चित करने वाली बंधुता बढ़ाने के लिए, दृढ़ संकल्प होकर इस संविधान सभा में आज दिनांक 26 नवम्बर, 1949 ई० को एतद् द्वारा इस संविधान को अंगीकृत, अधिनियमित और आत्मार्पित करते हैं।"

नागरिकता

- भारत में एकल नागरिकता का प्रावधान किया गया है।
- भारतीय नागरिकता अधिनियम, 1955 के अनुसार निम्नलिखित में से किसी एक आधार पर नागरिकता प्राप्त की जा सकती है

1. जन्मजातः इसके अन्तर्गत 26 जनवरी, 1950 तथा उसके बाद भारत में जन्म लेने वाला व्यक्ति भारत का जन्मजात नागरिक होगा।

2. वंशानुगत, **3.** देशीयकरण द्वारा, **4.** पंजीकरण द्वारा, **5.** भूमि विस्तार द्वारा।

भारतीय नागरिकता का अंत

- नागरिकता का परित्याग करने पर, किसी अन्य देश की नागरिकता स्वीकार कर लेने पर या सरकार द्वारा इसे छीनने पर नागरिकता का अंत हो जाता है।

मौलिक अधिकार

- जब संविधान का प्रवर्तन किया गया, उस समय मूल अधिकारों की संख्या 7 थी। लेकिन 44वें संविधान संशोधन, 1976 के द्वारा सम्पत्ति के मूल अधिकार को समाप्त करके इस अधिकार को विधिक अधिकार बना दिया गया।
- भारतीय नागरिकों को निम्नलिखित छः प्रकार के मौलिक अधिकार प्राप्त हैं–

1. समता का अधिकार (अनुच्छेद 14–18)

- **अनुच्छेद 14:** विधि के समक्ष समता का अधिकार।
- **अनुच्छेद 15:** धर्म, नस्ल, जाति, लिंग या जन्म–स्थान के आधार पर भेदभाव का निषेध।
- **अनुच्छेद 16:** लोक नियोजन के विषय में अवसर की समता।
- **अनुच्छेद 17:** अस्पृश्यता का अंत।
- **अनुच्छेद 18:** उपाधियों का अंत।

2. स्वतंत्रता का अधिकार (अनुच्छेद 19–22)

- **अनुच्छेद 19:** इसके अंतर्गत ये अधिकार सम्मिलित हैं:
  - (*i*) बोलने की स्वतंत्रता,
  - (*ii*) शांतिपूर्वक बिना हथियारों के एकत्रित होने और सभा करने की स्वतंत्रता,
  - (*iii*) संघ बनाने की स्वतंत्रता,
  - (*iv*) देश के किसी भी क्षेत्र में आवागमन की स्वतंत्रता,
  - (*v*) देश के किसी भी क्षेत्र में निवास करने और बसने की स्वतंत्रता,
  - (*vi*) अपनी पसंद की वृत्ति, व्यवसाय की स्वतंत्रता।
- **अनुच्छेद 20:** अपराधों के लिए दोष–सिद्धि के संबंध में संरक्षण।
- **अनुच्छेद 21:** प्राण एवं दैहिक स्वतंत्रता का संरक्षण।
- **अनुच्छेद 21 (क):** राज्य 6 से 14 वर्ष की आयु के समस्त बच्चों को इस ढंग से जैसा कि राज्य, विधि द्वारा अवधारित करें, निःशुल्क तथा अनिवार्य शिक्षा उपलब्ध करेगा। (86वाँ संशोधन–2002 के द्वारा।)
- **अनुच्छेद 22:** कुछ दशाओं में गिरफ्तारी और निरोध में संरक्षण।

3. शोषण के विरूद्ध अधिकार (अनुच्छेद 23–24)

- **अनुच्छेद 23:** मानव के दुर्व्यापार और बलात् श्रम का प्रतिषेध।
- **अनुच्छेद 24:** बालकों के नियोजन का प्रतिषेध।

4. धार्मिक स्वतंत्रता का अधिकार (अनुच्छेद 25–28)

- **अनुच्छेद 25:** अंतःकरण की और धर्म के अबाध रूप से मानने, आचरण और प्रचार करने की स्वतंत्रता।
- **अनुच्छेद 26:** धार्मिक कार्यों के प्रबंध की स्वतंत्रता।
- **अनुच्छेद 27:** राज्य किसी भी व्यक्ति को ऐसे कर देने के लिए बाध्य नहीं कर सकता है, जिसकी आय किसी विशेष धर्म अथवा धार्मिक सम्प्रदाय की उन्नति या पोषण में व्यय करने के लिए विशेष रूप से निश्चित कर दी गई है।
- **अनुच्छेद 28:** राज्य–विधि से पूर्णतः पोषित किसी शिक्षा संस्था में कोई धार्मिक शिक्षा नहीं दी जाएगी।

5. संस्कृति एवं शिक्षा संबंधी अधिकार (अनुच्छेद 29–30)

- **अनुच्छेद 29:** अल्पसंख्यक वर्गों के हितों का संरक्षण।
- **अनुच्छेद 30:** शिक्षा संस्थाओं की स्थापना और प्रशासन करने का अल्पसंख्यक वर्गों को अधिकार।

6. संवैधानिक उपचारों का अधिकार

- **अनुच्छेद 32:** इसके अन्तर्गत मौलिक अधिकारों को प्रवर्तित कराने के लिए समुचित कार्रवाइयों द्वारा उच्चतम न्यायालय में आवेदन करने का अधिकार प्रदान किया गया है। इस सन्दर्भ में सर्वोच्च न्यायालय को पाँच तरह के रिट (writ) निकालने की शक्ति प्रदान की गयी है। ये रिट निम्नलिखित हैं–
- **बन्दी प्रत्यक्षीकरणः** जब किसी व्यक्ति को अवैध रूप से बन्दी बनाया जाता है, तो सर्वोच्च न्यायालय उस बन्दी बनाने वाले अधिकारी को आदेश देता है कि वह बन्दी बनाए गए व्यक्ति को 24 घण्टे के भीतर न्यायालय में पेश करे। यह आपराधिक जुर्म के मामलों में जारी नहीं किया जा सकता।
- **परमादेशः** यह उस समय जारी किया जाता है, जब कोई पदाधिकारी अपने सार्वजनिक कर्त्तव्य का निर्वाह नहीं करता है।
- **प्रतिषेधः** यह निचली अदालत को ऐसा कार्य करने से रोकता है, जो उसके अधिकार क्षेत्र से बाहर है।
- **अधिकार–पृच्छाः** यह एक व्यक्ति को एक जन कार्यालय में काम करने से मना करता है, जिसका उसे अधिकार नहीं है।
- **उत्प्रेषणः** यह तभी जारी किया जाता है जब एक अदालत या न्यायालय अपने न्याय क्षेत्र से बाहर कार्य करता है। यह 'निषेध' से अलग है और यह कार्य सम्पादित होने के बाद ही जारी किया जाता है।

राज्य के नीति निदेशक सिद्धांत (भाग–4, अनुच्छेद 36 से 51 तक)

- नीति निदेशक सिद्धांत राष्ट्र के प्रशासकों के लिए एक आचार संहिता है।
- इसे न्यायालय द्वारा लागू नहीं किया जा सकता अर्थात् इसे वैधानिक शक्ति प्राप्त नहीं है।

- राज्य के नीति निर्देशक सिद्धांत निम्न हैं–
- **अनुच्छेद 38:** राज्य लोक कल्याण की अभिवृद्धि के लिए सामाजिक व्यवस्था बनायेगा।
- **अनुच्छेद 39:** राज्य का यह कर्त्तव्य है कि वह समान कार्य के लिए समान वेतन प्रदान करे।
- **अनुच्छेद 40:** ग्राम पंचायतों का गठन।
- **अनुच्छेद 41:** कुछ दशाओं में काम, शिक्षा और लोक सहायता पाने का अधिकार।
- **अनुच्छेद 42:** काम की न्याय संगत और मानवोचित दशाओं तथा प्रसूति सहायता का उपबंध।
- **अनुच्छेद 43:** कर्मकारों के लिए निर्वाचन मजदूरी एवं कुटीर उद्योग को प्रोत्साहन।
- **अनुच्छेद 44:** नागरिकों के लिए एक समान सिविल संहिता।
- **अनुच्छेद 45:** बालकों के लिए निःशुल्क और अनिवार्य शिक्षा का उपबन्ध।
- **अनुच्छेद 46:** राज्य की अनुसूचित जातियों, अनुसूचित जनजातियों और अन्य दुर्बल वर्गों की शिक्षा और अर्थ संबंधी हितों की अभिवृद्धि।
- **अनुच्छेद 47:** पोषाहार स्तर और जीवन स्तर को ऊंचा करने तथा लोक स्वास्थ्य का सुधार करने का राज्य कर्त्तव्य।
- **अनुच्छेद 48:** कृषि और पशुपालन का संगठन।
- **अनुच्छेद 48 (क):** पर्यावरण का संरक्षण तथा संवर्धन और वन्य जीवों की रक्षा का प्रयास करेगा।
- **अनुच्छेद 49:** राष्ट्रीय महत्व के संस्मारकों, स्थानों और वस्तुओं का संरक्षण।
- **अनुच्छेद 50:** कार्यपालिका से न्यायपालिका का पृथक्करण।
- **अनुच्छेद 51:** अन्तर्राष्ट्रीय शांति और सुरक्षा की अभिवृद्धि।

मौलिक कर्त्तव्य (भाग–4 (क) में), अनुच्छेद 51 (क)

- मौलिक कर्त्तव्य सरदार स्वर्ण सिंह समिति की अनुशंसा पर संविधान के 42वें संशोधन अधिनियम द्वारा अनुच्छेद 51 (क) के अन्तर्गत अंतःस्थापित किये गये हैं।
- ये न्यायालय के माध्यम से प्रवृत्त तो नहीं कराए जा सकते, किन्तु संविधान के निर्वचन में दिशा दर्शन के रूप में महत्वपूर्ण हैं।
- वर्तमान में मौलिक कर्त्तव्यों की संख्या 11 है, जो इस प्रकार हैं: प्रत्येक नागरिक का यह कर्त्तव्य होगा कि–

1. संविधान का पालन करे और उसके आदर्शों, संस्थाओं, राष्ट्रध्वज और राष्ट्रगान का आदर करें।
2. स्वतंत्रता के लिए हमारे राष्ट्रीय आन्दोलन को प्रेरित करने वाले उच्च आदर्शों को हृदय में संजोये रखे और उनका पालन करे।
3. भारत की प्रभुता, एकता और अखण्डता की रक्षा करे और उसे अक्षुण्ण रखे।
4. देश की रक्षा करें और आह्वान किये जाने पर राष्ट्र की सेवा करे।
5. भारत के सभी लोगों में समरसता और समान भ्रातृत्व की भावना का निर्माण करे।
6. हमारी सामाजिक संस्कृति की गौरवशाली परंपरा का महत्व समझें और उसका परिरक्षण करे।
7. प्राकृतिक पर्यावरण की रक्षा और उसका संवर्द्धन करे।
8. वैज्ञानिक दृष्टिकोण और ज्ञानार्जन की भावना का विकास करे।
9. सार्वजनिक संपत्ति को सुरक्षित रखें।
10. व्यक्तिगत और सामूहिक गतिविधियों के सभी क्षेत्रों में उत्कर्ष की ओर बढ़ने का सतत् प्रयास करें।
11. 6 से 14 साल तक की आयु के बच्चे के माता–पिता या अभिभावक अपने बच्चे को शिक्षा दिलाने के लिए अवसर उपलब्ध कराने का प्रयास करेंगे।

संघीय कार्यपालिका

- भारत में संसदीय शासन प्रणाली को अपनाया गया है। संसद के अन्तर्गत राष्ट्रपति, राज्य सभा और लोक सभा आते हैं।

राष्ट्रपति

- राष्ट्रपति देश का संवैधानिक प्रधान होता है। भारतीय संघ की कार्यपालिका शक्तियाँ उसी में निहित हैं। उसका कार्यकाल पांच वर्ष का होता है।

योग्यताएँ

- अनुच्छेद 58 के अनुसार कोई व्यक्ति राष्ट्रपति होने योग्य तब होगा, जब वह–
  1. भारत का नागरिक हो।
  2. 35 वर्ष की आयु पूरी कर चुका हो।
  3. लोक सभा का सदस्य निर्वाचित किए जाने योग्य हो।
  4. चुनाव के समय लाभ का पद धारण नहीं किया हो।

राष्ट्रपति का चुनाव

- राष्ट्रपति का निर्वाचन एक निर्वाचक मंडल के द्वारा होता है।
- निर्वाचक मंडल में राज्य सभा, लोक सभा और राज्यों की विधानसभाओं में निर्वाचित सदस्य शामिल होते हैं।
- राष्ट्रपति का निर्वाचन समानुपातिक प्रतिनिधित्व प्रणाली और एकल संक्रमणीय मत पद्धति के द्वारा होता है।
- राष्ट्रपति के निर्वाचन से संबंधित विवादों का निपटारा उच्चतम न्यायालय द्वारा किया जाता है।
- उच्चतम न्यायालय का प्रधान न्यायाधीश राष्ट्रपति को शपथ दिलाता है।

पद त्याग

- राष्ट्रपति अपना पदत्याग उपराष्ट्रपति को संबोधित अपने त्यागपत्र के द्वारा कर सकता है।
- राष्ट्रपति द्वारा संविधान के प्रावधानों के उल्लंघन पर संसद में उस पर महाभियोग चलाया जा सकता है।

कार्य एवं शक्तियाँ

- **कार्यपालिका सम्बन्धी शक्तियाँ :** महत्त्वपूर्ण अधिकारियों की नियुक्ति व पदच्युति, शासन संचालन सम्बन्धी शक्ति, सैनिक क्षेत्र में शक्ति, इत्यादि।
- **विधायी शक्तियाँ :** विधायी क्षेत्रों का प्रशासन, सदस्यों का मनोनयन, अध्यादेश जारी करने की शक्ति, आदि।
- **आपातकालीन शक्तियाँ :** संविधान में अनुच्छेद 352 से अनुच्छेद 360 तक आपातकालीन उपबंध किए गए हैं। केन्द्रीय मंत्रिपरिषद् के परामर्श से राष्ट्रपति तीन प्रकार के आपात लागू कर सकता है–

(*i*) युद्ध या बाह्य आक्रमण या सशस्त्र विद्रोह के कारण लगाया गया आपात (अनु॰ 352)। (*ii*) राज्यों में सांविधानिक तंत्र के विफल होने से उत्पन्न आपात (अनु॰ 356)। (*iii*) वित्तीय आपात (अनु॰ 360)।

प्रमुख तथ्य

- भारत के प्रथम राष्ट्रपति डॉ. राजेन्द्र प्रसाद थे। वह लगातार दो बार राष्ट्रपति निर्वाचित हुए।
- नीलम संजीव रेड्डी निर्विरोध चुने जाने वाले एकमात्र राष्ट्रपति थे।
- डॉ. एस. राधाकृष्णन लगातार दो बार उपराष्ट्रपति तथा एक बार राष्ट्रपति रहे।
- भारत की प्रथम महिला राष्ट्रपति प्रतिभा पाटिल थीं।
- राष्ट्रपति का पद खाली होने के बाद छः महीने के अन्दर भरा जाना अनिवार्य है।
- राष्ट्रपति का वेतन संचित निधि पर भारित तथा आयकर से मुक्त होता है।

उपराष्ट्रपति

- संविधान के अनुच्छेद 63 के अनुसार, भारत का एक उपराष्ट्रपति होगा। इसका कार्यकाल 5 वर्षों का होता है।
- उपराष्ट्रपति राज्य सभा का पदेन सभापति होता है।
- उपराष्ट्रपति का निर्वाचन संसद के दोनों सदनों के सदस्यों से मिलकर बनने वाले निर्वाचक मंडल द्वारा आनुपातिक प्रतिनिधित्व पद्धति के अनुसार एकल संक्रमणीय मत द्वारा होगा तथा ऐसा निर्वाचन गुप्त होगा। कोई व्यक्ति उपराष्ट्रपति निर्वाचित होने का पात्र तभी होगा जब वह–
  (*i*) भारत का नागरिक हो,
  (*ii*) पैंतीस वर्ष की आयु पूरी कर चुका हो,
- डॉ. एस. राधाकृष्णन भारत के पहले उपराष्ट्रपति थे।
- उप–राष्ट्रपति के चुनाव से संबंधित कोई भी विवाद सर्वोच्च न्यायालय द्वारा निपटाया जाता है।

प्रधानमंत्री एवं मंत्रिपरिषद्

- अनु॰ 74 के अनुसार, राष्ट्रपति को सहायता और सलाह देने के लिए मंत्रिपरिषद् होगी, जिसका प्रमुख **प्रधानमंत्री** होगा।
- प्रधानमंत्री की नियुक्ति राष्ट्रपति करता है तथा अन्य मंत्रियों की नियुक्ति राष्ट्रपति प्रधानमंत्री की सलाह पर करता है।
- मंत्री राष्ट्रपति के प्रसादपर्यंत अपने–अपने पद धारण करते हैं।
- मंत्रिपरिषद् लोक सभा के प्रति सामूहिक रूप से उत्तरदायी होती है।
- राष्ट्रपति मंत्रियों को पद एवं गोपनीयता की शपथ दिलाता है।
- किसी भी गैर संसद सदस्य को मंत्री बनाया जा सकता है, लेकिन उसे 6 मास की अवधि तक संसद का सदस्य हो जाना चाहिए।
- प्रधानमंत्री नीति (NITI) आयोग का पदेन अध्यक्ष होता है।
- संवैधानिक रूप से देश की समस्त शक्तियाँ राष्ट्रपति के हाथों में होती हैं किन्तु उसकी समस्त शक्तियों का उपयोग मंत्रिपरिषद् प्रधानमंत्री के नेतृत्व में संचालित करती है।

विधायिका

संसद

- भारत की केन्द्रीय व्यवस्थापिका को संसद कहा जाता है। भारतीय संसद के तीन अंग हैं–राष्ट्रपति, राज्य सभा और लोक सभा।
- संसद के **उच्च सदन** को राज्य सभा तथा निम्न सदन को **लोक सभा** कहा जाता है।

राज्य सभा

- संविधान के अनुच्छेद 80 के अनुसार, राज्य सभा का गठन 250 सदस्यों द्वारा होता है। इनमें 12 सदस्य राष्ट्रपति द्वारा नाम निर्देशित किये जाते हैं तथा शेष 238 का चुनाव राज्य तथा संघ राज्य क्षेत्रों की विधानसभाओं द्वारा किया जाता है। वर्तमान में राज्य सभा सदस्यों की संख्या 245 है।
- राज्य सभा का कभी विघटन नहीं होता, लेकिन इसके एक तिहाई सदस्य हर दो वर्ष बाद सेवानिवृत्त हो जाते हैं।
- राज्य सभा के सदस्य 6 वर्ष की अवधि के लिए निर्वाचित किए जाते हैं।
- राज्य सभा में उत्तर प्रदेश की सबसे अधिक सीटें (31) हैं।
- राज्य सभा पहली बार 3 अगस्त, 1952 को विधिवत गठित हुई थी।
- राज्य सभा का कोई सदस्य यदि सदन की अनुमति के बिना सदन से 60 दिनों से अधिक अनुपस्थित रहता है, तो सदन में उसका स्थान समाप्त हो सकता है।
- राज्य सभा के सदस्यों का चुनाव अप्रत्यक्ष रूप से होता है।

राज्य सभा का सदस्य होने के लिए अर्हता

1. वह भारत का नागरिक हो।
2. उसकी आयु सीमा 30 वर्ष या उससे अधिक हो।
3. संसदीय विधि द्वारा निर्धारित सभी योग्यताएँ रखता हो।

शक्तियाँ एवं कार्य

- राज्य सभा को यह अधिकार प्राप्त है कि वह संविधान के अनुच्छेद 249 के तहत राज्य सूची के किसी विषय को राष्ट्रीय महत्व का घोषित कर सके।
- केवल राज्य सभा को यह अधिकार प्राप्त है कि वह संविधान के अनुच्छेद 312 के तहत अखिल भारतीय सेवाओं का सृजन कर सके।
- किसी भी धन विधेयक को राज्य सभा में पेश नहीं किया जा सकता।
- लोकसभा द्वारा पारित धन विधेयक को राज्यसभा केवल 14 दिनों के लिए रोककर रख सकती है। वह विधेयक को रद्द नहीं कर सकती।

लोकसभा

- अनुच्छेद 81 के अनुसार, लोक सभा का गठन 5 वर्ष के लिए किया जाता है। वर्तमान में लोकसभा की सदस्य संख्या 543 है। ये सदस्य राज्यों तथा केन्द्र शासित प्रदेशों से निर्वाचित होते हैं। लोकसभा में आंग्ल भारतीय वर्ग के दो सदस्यों के राष्ट्रपति द्वारा मनोनयन की व्यवस्था को 104वें संविधान संशोधन अधिनियम, 2019 द्वारा समाप्त कर दिया गया है।

- लोक सभा के सदस्यों का चुनाव गुप्त मतदान के द्वारा वयस्क मताधिकार (18 वर्ष) के आधार पर होता है।

लोकसभा की सदस्यता के लिए योग्यताएँ

(*i*) भारत का नागरिक हो,

(*ii*) उसकी आयु 25 वर्ष या इससे अधिक हो,

(*iii*) भारत सरकार अथवा किसी राज्य सरकार के अन्तर्गत वह कोई लाभ के पद पर नहीं हो,

(*iv*) वह पागल तथा दिवालिया न हो।

- आपातकाल की घोषणा लागू होने पर विधि द्वारा संसद लोक सभा के कार्यकाल में वृद्धि कर सकती है, जो एक बार में एक वर्ष से अधिक नहीं होगी।
- लोक सभा की दो बैठकों में 6 माह से अधिक का अन्तर नहीं होना चाहिए। लोक सभा की गणपूर्ति या कोरम कुल सदस्य संख्या का दसवाँ भाग होता है।
- संविधान के अनुच्छेद 108 में संसद के संयुक्त अधिवेशन की व्यवस्था है। संयुक्त अधिवेशन की अध्यक्षता लोक सभा अध्यक्ष करता है।
- धन विधेयक के सम्बन्ध में लोक सभा का निर्णय अंतिम होता है। इस संबंध में संयुक्त अधिवेशन की व्यवस्था नहीं है।

लोकसभा अध्यक्ष

- संविधान के अनुच्छेद 93 के अनुसार, लोक सभा स्वयं ही अपने सदस्यों में से एक अध्यक्ष और एक उपाध्यक्ष का निर्वाचन करेगी। लोकसभा अध्यक्ष को **स्पीकर** भी कहा जाता है।
- प्रथम लोक सभा अध्यक्ष **जी.वी. मावलंकर** एवं उपाध्यक्ष **श्री अनंतशयनम आयंगर** थे।
- लोकसभा अध्यक्ष यह निर्णय करता है कि कोई विधेयक धन विधेयक है या नहीं और उसका निर्णय अन्तिम होता है।
- देश की पहली महिला लोकसभा अध्यक्ष मीरा कुमार थीं।

न्यायपालिका

उच्चतम न्यायालय

- अनुच्छेद 124 में उच्चतम न्यायालय के गठन संबंधी प्रावधान किये गये हैं।
- उच्चतम न्यायालय में एक मुख्य न्यायाधीश तथा 33 अन्य न्यायाधीश होते हैं।
- उच्चतम न्यायालय के मुख्य न्यायाधीश तथा अन्य न्यायाधीशों की नियुक्ति राष्ट्रपति द्वारा की जाती है।

योग्यताएँ

(*i*) वह भारत का नागरिक हो।

(*ii*) वह किसी उच्च न्यायालय अथवा दो या दो से अधिक न्यायालयों में लगातार कम–से–कम 5 वर्षों तक न्यायाधीश के रूप में कार्य कर चुका हो।

या

किसी उच्च न्यायालय या न्यायालयों में लगातार 10 वर्षों तक अधिवक्ता रह चुका हो।

या

राष्ट्रपति की राय में पारंगत विधिवेत्ता हो।

न्यायाधीश को हटाया जाना

- उच्चतम न्यायालय का प्रत्येक न्यायाधीश तब तक पद धारण करेगा जब तक वह 65 वर्ष की आयु प्राप्त नहीं कर लेता। इससे पूर्व उसे उसके पद से साबित कदाचार या असमर्थता के आधार पर हटाया जा सकता है।
- कदाचार या असमर्थता के आधार पर हटाये जाने के लिए संसद के प्रत्येक सदन द्वारा अपनी कुल सदस्य संख्या के बहुमत द्वारा तथा उपस्थित और मत देने वाले सदस्यों के कम–से–कम दो–तिहाई बहुमत द्वारा पारित प्रस्ताव को राष्ट्रपति के समक्ष उसी सत्र में रखा जाता है, तब राष्ट्रपति के आदेश से न्यायाधीश को हटाया जा सकताहै।

उच्चतम न्यायालय का क्षेत्राधिकार

- प्रारंभिक क्षेत्राधिकार के अन्तर्गत उच्चतम न्यायालय उसी विवाद को निर्णय के लिए स्वीकार करेगा, जिसमें किसी तथ्य या विधि का प्रश्न शामिल है।
- **अपीलीय क्षेत्राधिकार:** देश का सबसे बड़ा अपीलीय न्यायालय उच्चतम न्यायालय है। भारत के राज्य क्षेत्र के किसी उच्च न्यायालय के निर्णय के विरुद्ध अपील सुनने का उसे अधिकार है।
- **न्यायिक पुनरीक्षण:** उच्चतम न्यायालय को अमेरिका के उच्चतम न्यायालय के समान न्यायिक पुनरीक्षण के रूप में व्यापक शक्तियाँ प्रदान की गई हैं।

उच्च न्यायालय

- संविधान के अनुच्छेद 214 में यह उपबंध है कि प्रत्येक राज्य में एक उच्च न्यायालय होगा।
- प्रत्येक उच्च न्यायालय में एक मुख्य न्यायाधीश सहित अन्य अनेक न्यायाधीश होते हैं जो समय–समय पर राष्ट्रपति द्वारा नियुक्त किये जाते हैं।

योग्यताएँ

(*i*) वह भारत का नागरिक हो।

(*ii*) भारत में कम–से–कम 10 वर्ष तक न्यायाधीश के पद पर कार्य कर चुका हो अथवा किसी उच्च न्यायालय अथवा दो या दो से अधिक न्यायालयों में लगातार कम–से–कम 10 वर्ष तक अधिवक्ता रहा हो।

या

राष्ट्रपति की दृष्टि में प्रतिष्ठित विधिवेत्ता हो।

(*iii*) जिसकी आयु 62 वर्ष से अधिक न हो।

(*iv*) उच्च न्यायालय के न्यायाधीशों की अवकाश ग्रहण करने की अधिकतम आयु सीमा 62 वर्ष है।

उच्च न्यायालय के कार्य एवं क्षेत्राधिकार

1. प्रारंभिक क्षेत्राधिकार
2. अपीलीय क्षेत्राधिकार
3. रिट जारी करने का अधिकार
4. अधीनस्थ न्यायालयों पर नियंत्रण

राज्य की कार्यपालिका

राज्यपाल

- राज्य की कार्यपालिका का प्रधान राज्यपाल होता है, जो मंत्रिपरिषद् की सलाह के अनुसार कार्य करता है।
- राज्यपाल की नियुक्ति राष्ट्रपति करता है।
- राज्यपाल की नियुक्ति 5 वर्षों के लिए होती है। पाँच वर्ष की अवधि से पूर्व भी उसे राष्ट्रपति के द्वारा हटाया जा सकता है।
- राज्यपाल अपने कार्यकाल की समाप्ति के पूर्व भी राष्ट्रपति को अपना त्यागपत्र भेज सकता है।

राज्यपाल के कार्य तथा अधिकार

कार्यपालिका संबंधी

- राज्य के समस्त कार्यपालिका संबंधी कार्य राज्यपाल के नाम से किए जाते हैं।
- राज्यपाल मुख्यमंत्री की नियुक्ति करता है तथा मुख्यमंत्री की सलाह पर मंत्रिपरिषद् के अन्य सदस्यों की नियुक्ति करता है।

विधायी शक्तियां

- राज्यपाल राज्य विधान मंडल का अंग होता है।
- राज्य विधान मंडल का सत्रावसान करने, सत्र बुलाने तथा विधान सभा को विघटित करने का अधिकार है।

राज्यपाल की न्यायिक शक्तियां

- राज्यपाल को उस विषय संबंधी, जिस विषय पर उस राज्य की कार्यपालिका शक्ति का विस्तार है, किसी विधि के विरुद्ध, किसी अपराध के लिए सिद्ध दोष ठहराये गए किसी व्यक्ति के दंड को क्षमा, उसका प्रविलंबन, लघुकरण या परिहार कर सकता है।

राज्य मंत्रिपरिषद्/मुख्यमंत्री

- अनुच्छेद 163 के अन्तर्गत राज्यपाल की सहायता और सलाह देने के लिए एक मंत्रिपरिषद् होती है जिसका प्रधान **मुख्यमंत्री** होता है।
- अनुच्छेद 164 के अनुसार, मुख्यमंत्री की नियुक्ति राज्यपाल करता है तथा अन्य मंत्रियों की नियुक्ति राज्यपाल, मुख्यमंत्री की सलाह पर करता है।
- मंत्रिपरिषद् राज्य की विधान सभा के प्रति सामूहिक रूप से उत्तरदायी होता है। सामान्यतः मुख्यमंत्री अपने पद पर तब तक बना रहता है जब तक उसे विधान सभा का विश्वास प्राप्त होता है।

राज्य विधायिका

विधानपरिषद्

- विधान परिषद् राज्य विधानमण्डल का उच्च सदन होता है।
- विधान परिषद् का सदस्य बनने के लिए न्यूनतम आयु सीमा 30 वर्ष है।
- विधान परिषद् एक स्थायी सदन है। इसका विघटन नहीं होता।
- इसके सदस्यों का कार्यकाल 6 वर्ष का होता है। इसके 1/3 सदस्य प्रत्येक दो वर्ष की समाप्ति पर अपना पद त्याग करते हैं और उनके स्थान पर नए सदस्यों का चुनाव होता है।
- निम्नलिखित छह राज्यों में विधान परिषद् विद्यमान हैं– 1. उत्तर–प्रदेश, 2. कर्नाटक, 3. महाराष्ट्र, 4. आंध्र प्रदेश, 5. बिहार, 6. तेलंगाना
- संविधान में विधान परिषद् के लिए एक सभापति (chairman) तथा उप–सभापति (Vice-chairman) की व्यवस्था की गई है।

विधानसभा

- अनुच्छेद 170 के अनुसार, विधान सभा के सदस्यों की संख्या अधिकतम 500 और न्यूनतम 60 होगी। अपवादस्वरूप सिक्किम (32), गोवा (40) एवं मिजोरम (40) हैं।
- विधान सभा में निर्वाचित होने के लिए न्यूनतम आयु सीमा 25 वर्ष है।
- विधान सभा का कार्यकाल 5 वर्ष है, किन्तु राज्य मंत्रिपरिषद् की सिफारिश पर इसे समय से पूर्व भी भंग किया जा सकता है।
- राज्य विधान सभा का सदस्य बनने के लिए आवश्यक है कि व्यक्ति भारत का नागरिक हो तथा उसमें ऐसी अन्य योग्यताएं हों, जो संसद निर्धारित करे।
- संविधान में विधानसभा के लिए अध्यक्ष (Speaker) तथा उपाध्यक्ष (Deputy-Speaker) की व्यवस्था की गई है।

स्थानीय प्रशासन

पंचायती राज

- पंचायती राज का शुभारंभ 2 अक्टूबर, 1959 को नागौर, राजस्थान में हुआ। बाद में इसे आन्ध्र प्रदेश में लागू किया गया।
- पंचायती राज का लक्ष्य लोगों को विकास और योजनाओं से जोड़ना है, ताकि अफसरशाही पर निर्भरता को कम किया जा सके।
- 73वाँ संविधान संशोधन पंचायती राज से संबंधित है। इसके मुख्य प्रावधान निम्नलिखित हैं–
  1. पंचायती राज का ढाँचा त्रिस्तरीय होगा। ग्राम स्तर पर ग्राम पंचायत, प्रखण्ड स्तर पर पंचायत समिति तथा जिला स्तर पर जिला परिषद् के गठन की व्यवस्था की गई है।
  2. इसका निर्वाचन पाँच वर्षों के लिए होता है। समय पूर्व पंचायत के भंग होने पर 6 माह के अन्दर निर्वाचन होंगे।
  3. पंचायती राज संस्था के प्रत्येक स्तर में महिलाओं को एक–तिहाई स्थानों पर आरक्षण का प्रावधान है।

नगरपालिकाएँ

- 74वां संविधान संशोधन अधिनियम, 1993 के तहत भारतीय संविधान के अनुच्छेद 243(त) से 243(य)(छ) तक इसका विशेष उल्लेख है।
- इसके अन्तर्गत तीन प्रकार की नगरीय व्यवस्था का उल्लेख है–
  (1) नगर पंचायत
  (2) नगरपालिका परिषद्
  (3) नगर निगम
- नगरपालिकाओं में महिलाओं के लिए एक–तिहाई स्थान आरक्षित है।
- नगरीय संस्थाओं का कार्यकाल पाँच वर्ष का होता है। विघटन की स्थिति में छह माह के अन्दर चुनाव अनिवार्य होते हैं।

❑❑❑

4

भारतीय अर्थव्यवस्था

- अर्थव्यवस्था एक ऐसा तंत्र या ढाँचा है जिसके अन्तर्गत विभिन्न प्रकार की आर्थिक क्रियाएँ सम्पादित की जाती हैं, जैसे–कृषि, उद्योग, व्यापार, बैंकिंग, बीमा, परिवहन तथा संचार आदि। दूसरे शब्दों में, अर्थव्यवस्था आर्थिक क्रियाओं का एक ऐसा संगठन है जिसके अन्तर्गत लोग कार्य करके अपनी आजीविका चलाते हैं।

भारतीय अर्थव्यवस्था की संरचना

आर्थिक क्रियाओं को तीन भागों में बाँटा जाता है–

(i) **प्राथमिक क्षेत्र** (Primary Sector): प्राथमिक क्षेत्र को कृषि क्षेत्र भी कहा जाता है। इसके अन्तर्गत कृषि, पशु पालन, मछली पालन, जंगलों से वस्तुओं को प्राप्त करना जैसे व्यवसाय आते हैं।

(ii) **द्वितीयक क्षेत्र** (Secondary Sector): द्वितीयक क्षेत्र को औद्योगिक क्षेत्र भी कहा जाता है। इसके अन्तर्गत खनिज व्यवसाय, निर्माण कार्य, जनोपयोगी सेवाएँ, जैसे– गैस और बिजली आदि के उत्पादन आते हैं।

(iii) **तृतीयक क्षेत्र** (Tertiary Sector): तृतीयक क्षेत्र को सेवा क्षेत्र भी कहा जाता है। इसके अन्तर्गत बैंक एवं बीमा, परिवहन, संचार एवं व्यापार आदि क्रियाएँ सम्मिलित होती हैं। ये क्रियाएँ प्राथमिक एवं द्वितीयक क्षेत्रों की क्रियाओं को सहायता प्रदान करती हैं। इसलिए इसे सेवा क्षेत्र कहा जाता है।

अर्थव्यवस्था के प्रकार

विश्व में तीन प्रकार की अर्थव्यवस्था पाई जाती है–

1. **पूँजीवादी अर्थव्यवस्था** (Capitalist Economy): पूँजीवादी अर्थव्यवस्था वह अर्थव्यवस्था है जहाँ उत्पादन के साधनों का स्वामित्व निजी व्यक्तियों के पास होता है जो इसका उपयोग अपने निजी लाभ के लिए करते हैं। जैसे–अमेरिका, जापान, फ्रांस आदि।
2. **समाजवादी अर्थव्यवस्था** (Socialist Economy): समाजवादी अर्थव्यवस्था वह अर्थव्यवस्था है जहाँ उत्पादन के साधनों का स्वामित्व एवं संचालन देश की सरकार के पास होता है जिसका उपयोग सामाजिक कल्याण के लिए किया जाता है। चीन, क्यूबा, रूस आदि देशों में समाजवादी अर्थव्यवस्था है।
3. **मिश्रित अर्थव्यवस्था** (Mixed Economy): मिश्रित अर्थव्यवस्था पूँजीवादी तथा समाजवादी अर्थव्यवस्था का मिश्रण है। मिश्रित अर्थव्यवस्था वह अर्थव्यवस्था है जहाँ उत्पादन के साधनों का स्वामित्व सरकार तथा निजी व्यक्तियों के पास होता है। भारत में मिश्रित अर्थव्यवस्था है।

भारत में आर्थिक नियोजन

- **योजना आयोग** की स्थापना 15 मार्च, 1950 को नियोगी समिति की सिफारिश पर हुई थी। यह एक गैर-संवैधानिक संस्था है। 1 जनवरी 2015 को योजना आयोग को समाप्त कर उसकी जगह नीति (NITI) आयोग का गठन किया गया।
- **राष्ट्रीय विकास परिषद्** (National Development Council) का गठन 6 अगस्त, 1952 को किया गया था। यह योजनाओं को अन्तिम रूप से अनुमोदन प्रदान करती है।

भारतीय अर्थव्यवस्था के लक्षण

भारतीय अर्थव्यवस्था के निम्नलिखित लक्षण हैं–1. प्रति व्यक्ति आय का कम होना; 2. जनसंख्या के एक बड़े भाग का अर्थव्यवस्था के प्राथमिक क्षेत्र में संलग्न होना; 3. तकनीकी पिछड़ापन; 4. पर्याप्त पूँजी का अभाव; 5. त्रुटिपूर्ण सम्पत्ति वितरण; 6. बेरोजगारी की समस्या; 7. अर्थव्यवस्था पर जनसंख्या का बढ़ता प्रभाव

राष्ट्रीय आय

- राष्ट्रीय आय द्वारा किसी अर्थव्यवस्था में प्रतिवर्ष वस्तुओं और सेवाओं के प्रवाह का अनुमान लगाया जाता है।
- एक वर्ष में जो अंतिम वस्तुएं तथा सेवाएं उत्पन्न होती हैं, उनके बाजार मूल्य के जोड़ को राष्ट्रीय आय कहा जाता है।
- स्वतंत्रता के पश्चात् 1949 में भारत सरकार ने प्रोफेसर महालनोविस की अध्यक्षता में राष्ट्रीय आय समिति गठित की थी। इस समिति ने अपनी पहली रिपोर्ट 1951 में तथा अन्तिम रिपोर्ट 1954 में प्रस्तुत की थी।
- उसके बाद से राष्ट्रीय आय का अनुमान केन्द्रीय सांख्यिकी संगठन (CSO) लगा रहा है।
- **सकल घरेलू उत्पाद** (Gross Domestic Product): किसी देश की सीमा के अन्दर किसी भी दी गई समयावधि, प्रायः एक वर्ष में उत्पादित

समस्त अंतिम वस्तुओं तथा सेवाओं का कुल बाजार या मौद्रिक मूल्य उस देश का सकल घरेलू उत्पाद (GDP) कहा जाता है।

- **सकल राष्ट्रीय उत्पाद** (Gross National Product): किसी देश में एक साल के अन्तर्गत जितनी वस्तुओं तथा सेवाओं का उत्पादन होता है उनके मौद्रिक मूल्य को कुल राष्ट्रीय उत्पाद कहते हैं। कुल राष्ट्रीय उत्पाद को निकालने के लिए सकल घरेलू उत्पादन में देशवासियों द्वारा विदेशों में उत्पादित वस्तुओं और सेवाओं के मूल्य को जोड़ दिया जाता है तथा विदेशियों द्वारा देश में उत्पादित वस्तुओं के मूल्य को घटा दिया जाता है।
- **शुद्ध राष्ट्रीय उत्पाद** (Net National Product): सकल राष्ट्रीय उत्पाद में से मूल्य ह्रास की राशि घटा देने के उपरान्त शुद्ध राष्ट्रीय उत्पाद ज्ञात किया जाता है।
- **प्रति व्यक्ति आय** (Per Capita Income): राष्ट्रीय आय में देश की कुल जनसंख्या से भाग देने पर जो राशि प्राप्त होती है उसे प्रतिव्यक्ति आय कहते हैं।

पंचवर्षीय योजनाएँ

- 1 अप्रैल, 1951 से भारत की प्रथम पंचवर्षीय योजना की शुरुआत की गई। तत्पश्चात् वर्ष 2017 तक 12 पंचवर्षीय योजनाएँ लागू की गईं। 31 मार्च, 2017 को 12वीं पंचवर्षीय योजना के पूरी होने के साथ ही देश में पंचवर्षीय योजनाओं की व्यवस्था समाप्त हो गई है। इसके स्थान पर 15 वर्षीय दृष्टिकोण, सात वर्षीय रणनीति व तीन वर्षीय कार्य योजना नीति आयोग द्वारा तैयार की गई है।
- पंचवर्षीय योजनाओं के अतिरिक्त सात वार्षिक योजनाएँ भी बनीं। ये वार्षिक योजनाएँ 1966–67, 67–68, 68–69, 78–79, 79–80 तथा 90–91, 91–92 के लिए बनी थीं।
- 1978–83 के लिए जनता सरकार ने अनवरत–योजना बनायीं थी, परन्तु कांग्रेस सरकार ने 1980 ई० में छठी पंचवर्षीय योजना प्रारंभ की।

पंचवर्षीय योजनाएँ

योजना क्रम	योजना अवधि	लक्षित विकास दर	वास्तविक विकास दर	सर्वोच्च प्राथमिकता वाले क्षेत्र
• प्रथम योजना	1951–56	2.1	3.6	कृषि
• द्वितीय योजना	1956–61	4.5	4.27	भारी उद्योग
• तृतीय योजना	1961–66	5.6	2.84	खाद्यान्न एवं कृषि
• चतुर्थ योजना	1969–74	5.5	3.30	कृषि एवं सिंचाई
• पंचम योजना	1974–78	4.4	5.00	जनस्वास्थ्य एवं समाज कल्याण
• षष्टम योजना	1980–85	5.2	5.66	कृषि उद्योग एवं ऊर्जा
• सप्तम योजना	1985–90	5.4	5.8	ऊर्जा, खाद्यान्न एवं मानव संसाधन
• अष्टम योजना	1992–97	5.6	6.50	मानव संसाधन
• नवम योजना	1997–2002	6.5	5.40	सामाजिक न्याय एवं ग्रामीण विकास
• दशम योजना	2002–07	8.0	7.8	रोजगार एवं ऊर्जा
• एकादश योजना	2007–12	9.0	7.9	व्यापक तथा समावेशी विकास
• द्वादश योजना	2012–17	8.0		त्वरित, सतत और समावेशी विकास

भारत सरकार की प्रमुख कल्याणकारी योजनाएँ

कार्यक्रम का नाम	वर्ष	उद्देश्य
• मिड-डे-मील योजना	1995	स्कूली बच्चों को दोपहर का भोजन उपलब्ध कराना।
• स्वर्ण जयंती शहरी रोजगार योजना	1997	शहरी क्षेत्रों में निर्धनता निवारण योजना।
• स्वर्ण जयन्ती ग्राम स्वरोजगार	1999	सामूहिक प्रयास पर बल। सहायता प्राप्त गरीब व्यक्ति को 3 वर्ष में BPL के ऊपर लाना। इसमें छः कार्यक्रमों का विलय कर दिया गया। *(i)* IRDP *(ii)* TRYSEM *(iii)* DWCRA *(iv)* SITRA *(v)* MWS *(vi)* GKY
• कृषि श्रमिक सामाजिक सुरक्षा योजना	2001	कृषि श्रमिकों को जीवन बीमा निगम के सहयोग से सामाजिक सुरक्षा उपलब्ध कराना।
• वाल्मीकि अम्बेडकर आवास योजना	2001	शहरी स्लम आबादी को स्वच्छ आवास उपलब्ध कराने हेतु।
• प्रधानमंत्री स्वास्थ्य सुरक्षा योजना	2003	देश के पिछड़े राज्यों में 6 नए AIIMS अस्पतालों को स्थापित करने हेतु।
• भारत निर्माण योजना	2006	ग्रामीण अवस्थापना, सर्वांगीण तथा व्यापक विकास योजना।
• आम आदमी बीमा योजना	2007-08	भूमि रहित ग्रामीण परिवार के मुखिया या आयअर्जक व्यक्ति की बीमा योजना।
• राजीव आवास योजना	2010	भारत को अगले पाँच वर्षों में स्लम मुक्त बनाना।
• राजीव खाद्य सुरक्षा योजना	2013	देश की 67% जनसंख्या को भोजन की गारंटी का अधिकार देना।
• प्रधानमंत्री जन-धन योजना	2014	ऐसे लोगों का खाता खोलना जिनका पहले से किसी बैंक में खाता न हो।
• अटल पेंशन योजना	2015	असंगठित क्षेत्र के लोगों के लिए मासिक पेंशन।

कार्यक्रम का नाम	वर्ष	उद्देश्य
• दीनदयाल उपाध्याय ग्राम ज्योति योजना	2015	इस कार्यक्रम का उद्देश्य ग्रामीण भारत में सभी घरों को 24 × 7 निर्बाध विद्युत आपूर्ति उपलब्ध कराने है।
• डिजिटल भारत कार्यक्रम	2015	सरकारी सेवाओं को इलेक्ट्रॉनिक रूप में नागरिकों के लिए उपलब्ध कराना हैं और लोगों को नवीनतम सूचना और संचार प्रौद्योगिक से लाभ सुनिश्चित करना है।
• प्रधानमंत्री सुरक्षा बीमा योजना	2015	₹ 12 के वार्षिक प्रीमियम के साथ दुर्घटना बीमा।
• प्रधानमंत्री जीवन ज्योति बीमा योजना	2015	यह मूल रूप से एक वार्षिक आधार पर या समय की एक लम्बी अवधि के लिए होता है। यह पॉलिसी धारक के मृत्यु पर जीवन बीमा कवरेज प्रदान करता है।
• कौशल भारत कार्यक्रम (राष्ट्रीय कौशल विकास मिशन)	2015	2022 तक कम से कम 40 करोड़ कुशल लोगों को प्रशिक्षित करने के लिए संस्थागत क्षमता प्रदान करना है।
• प्रधानमंत्री उज्ज्वला योजना	2016	ऐसी महिलाएँ जो गरीबी रेखा से नीचे जीवनयापन करती हैं, उन्हें मुफ्त एलपीजी कनेक्शन प्रदान करना है।
• प्रधानमंत्री गरीब कल्याण योजना	2020	'कोरोना वायरस' के खिलाफ लड़ाई लड़ने में मदद करना।

मुद्रा एवं बैंकिंग

मुद्रा

- भारत की मुद्रा प्रणाली में धात्विक मुद्रा और कागजी मुद्रा दोनों शामिल हैं।
- धात्विक मुद्रा का नियंत्रण भारत सरकार द्वारा किया जाता है और कागजी मुद्रा का नियंत्रण रिजर्व बैंक ऑफ इण्डिया (आरबीआई) द्वारा किया जाता है।
- सिक्के (धात्विक मुद्रा) भारत की टकसालों में ढाले जाते हैं। कागजी मुद्रा में एक रुपए के नोट के अतिरिक्त अन्य सभी नोट आरबीआई जारी करता है।
- भारत में सिक्कों की दाशमिक प्रणाली 1 अप्रैल, 1957 से लागू हुई।
- रुपया '₹' प्रामाणिक मुद्रा (standard money) है।

बैंकिंग

- बैंकिंग पद्धति पर भारत में विदेशी पूंजी से खुलने वाला पहला बैंक 'बैंक ऑफ हिन्दुस्तान था, जो 1770 में खोला गया था।
- 1806 में बैंक ऑफ बंगाल, 1840 में बैंक ऑफ बम्बई और 1843 में बैंक ऑफ मद्रास की स्थापना हुई।
- इन्हीं तीनों बैंकों को मिलाकर 1921 में इम्पीरियल बैंक ऑफ इण्डिया बनाया गया। इसका राष्ट्रीयकरण 1 जुलाई, 1955 को किया गया और तब इसका नाम बदलकर स्टेट बैंक ऑफ इण्डिया कर दिया गया।
- स्टेट बैंक ऑफ इण्डिया के राष्ट्रीयकरण के समय इसके सहयोगी बैंकों का भी राष्ट्रीयकरण किया गया था, परन्तु बाद में सरकार ने स्टेट बैंक ऑफ सौराष्ट्र तथा स्टेट बैंक ऑफ इन्दौर का स्टेट बैंक ऑफ इण्डिया में विलय कर दिया।
- 1 अप्रैल, 2017 को SBI के सभी 5 सहयोगी बैंकों–स्टेट बैंक ऑफ हैदराबाद; स्टेट बैंक ऑफ बीकानेर एण्ड जयपुर; स्टेट बैंक ऑफ त्रावणकोर; स्टेट बैंक ऑफ पटियाला; स्टेट बैंक ऑफ मैसूर एवं भारतीय महिला बैंक का SBI में विलय कर दिया गया।

बैंकों का राष्ट्रीयकरण

- 50 करोड़ से अधिक पूँजी वाले 14 बड़े व्यावसायिक बैंकों का राष्ट्रीयकरण 19 जुलाई, 1969 को किया गया था।
- 200 करोड़ से अधिक पूँजी वाले 6 अनुसूचित बैंकों का राष्ट्रीयकरण 15 अप्रैल, 1980 को किया गया था।
- न्यू बैंक ऑफ इण्डिया का विलय पंजाब नेशनल बैंक में 4 सितम्बर, 1993 को हुआ था।
- देना बैंक और विजया बैंक का 1 अप्रैल, 2019 को बैंक ऑफ बड़ौदा में विलय हो गया है।
- वर्ष 2020 में ओरिएंटल बैंक ऑफ कॉमर्स और यूनाइटेड बैंक ऑफ इंडिया का पंजाब नेशनल बैंक में, सिंडीकेट बैंक का केनरा बैंक में, आंध्र बैंक और कॉर्पोरेशन बैंक का यूनियन बैंक ऑफ इंडिया में और इलाहाबाद बैंक का इंडियन बैंक में विलय हो गया है।
- भारतीय रुपए का प्रतीक चिह्न '₹' है।

भारतीय रिजर्व बैंक

- भारतीय रिजर्व बैंक की स्थापना 1 अप्रैल, 1935 को 5 करोड़ रुपए की अधिकृत पूंजी से की गई थी। इसका राष्ट्रीयकरण 1 जनवरी, 1949 को किया गया था। इसका मुख्यालय मुम्बई में स्थित है।
- भारत में वित्तीय वर्ष 1 अप्रैल से 31 मार्च तक होता है।
- 5, 10, 20, 50, 100, 500 तथा 2000 रुपए के करेन्सी नोट भारतीय रिजर्व बैंक निर्गत करता है।

भारतीय रिजर्व बैंक के कार्य

1. करेंसी नोटों का निर्गमन
2. सरकारी बैंकर का काम
3. बैंकों के बैंक का काम
4. विदेशी विनिमय को नियंत्रित करना
5. साख नियंत्रण का कार्य
6. आंकड़ों का संग्रहण और प्रकाशन

कृषि

- कृषि भारतीय अर्थव्यवस्था का एक प्रमुख आधार स्तंभ है। निजी क्षेत्र का यह सबसे प्रमुख व्यवसाय है।
- भारत में हरित क्रांति को डॉ. एम.एस. स्वामीनाथन ने सफल बनाया।
- गेहूँ, चना, जौ, सरसों, तोरिया, मटर, रबी की प्रमुख फसलें हैं।
- धान, ज्वार, बाजरा, मक्का, कपास, गन्ना, सोयाबीन, अरहर, खरीफ की प्रमुख फसलें हैं।
- तिलहन, गन्ना, चुकन्दर, चाय, कपास, जूट, मेस्टा, कहवा, तम्बाकू, दलहन, प्रमुख नकदी फसलें हैं।

कृषि के प्रकार

• एपीकल्चर	–	मधुमक्खी पालन
• हॉर्टीकल्चर	–	बागवानी
• फ्लोरीकल्चर	–	फलों की कृषि
• विटीकल्चर	–	अंगूर की कृषि
• वर्मीकल्चर	–	केंचुआ पालन
• पिसीकल्चर	–	मत्स्य पालन
• मैरीकल्चर	–	समुद्री जीवों का उत्पादन
• आर्वरीकल्चर	–	वृक्षों तथा झाड़ियों की कृषि

कृषि क्षेत्र की विभिन्न क्रांतियाँ

• श्वेत क्रांति	दुग्ध उत्पादन
• नीली क्रांति	मछली उत्पादन
• पीली क्रांति	तिलहन उत्पादन
• ग्रे क्रांति	ऊन उत्पादन
• इन्द्रधनुषी क्रांति	समग्र कृषि उत्पादन
• सिल्वर क्रांति	अण्डा एवं पोल्ट्री उत्पादन
• सुनहरी क्रांति	बागवानी उत्पादन

उद्योग

- देश में पहला लौह–इस्पात कारखाना 1874 ई. में कुल्टी (पश्चिम बंगाल) नामक स्थान पर खुला था।
- देश में सबसे प्रथम बड़े स्तर का कारखाना वर्ष 1907 में तत्कालीन बिहार राज्य में स्वर्ण रेखा नदी की घाटी में साकची नामक स्थान पर जमशेदजी टाटा द्वारा स्थापित किया गया था।
- सन् 1948 में प्रथम, 1956 में द्वितीय तथा 1991 में तृतीय औद्योगिक नीति घोषित की गई थी।
- सार्वजनिक क्षेत्र के उपक्रमों को वाणिज्य एवं प्रबंधन की स्वायत्तता देने के लिए नवरत्न एवं मिनीरत्न की संकल्पना सन् 1997 में शुरू की गई थी। यह दर्जा 'केन्द्रीय लोक उद्यम विभाग' द्वारा दिया जाता है। अक्टूबर 2021 तक कुल 13 कंपनियों को नवरत्न एवं 75 कंपनियों को मिनी रत्न का दर्जा प्राप्त है।
- 21 दिसम्बर, 2009 को सार्वजनिक क्षेत्र की कंपनियों के लिए महारत्न क्षेत्रों का सृजन किया गया। यह कम्पनियाँ अपने कुल निवल मूल्य के 25% तक का निवेश करने के लिए स्वतंत्र हैं। अक्टूबर 2021 तक कुल 11 कंपनियों को महारत्न का दर्जा प्राप्त है।

भारत का विदेश व्यापार

- भारत का विश्व व्यापार में कुल हिस्सा मात्र 1.4% है।
- भारत के आयात में सर्वाधिक हिस्सा पेट्रोलियम उत्पादों का है।
- भारत का प्रथम निर्यात संवर्धन औद्योगिक पार्क सीतापुर (जयपुर) में स्थापित किया गया है।
- एशिया का प्रथम निर्यात प्रसंस्करण केन्द्र काण्डला में 1965 ई० में स्थापित किया गया था।

प्रमुख निर्यात विकास केन्द्र

• **तिरुपुर** : हौजरी एवं बुनाई उद्योग; • **मुरादाबाद** : ब्रासवेयर हैण्डीक्राफ्ट; • **लुधियाना** : भारी मशीनरी तथा हौजरी; • **सूरत** : रत्न और आभूषण; • **पानीपत** : हथकरघा; • **अलेप्पी** : नारियल के रेशे और इससे निर्मित सामान; • **जालन्धर** : खेल का सामान; • **रानीपत (अम्बूर)**: चमड़ा; • **नागपुर** : हस्त उपकरण; • **मेरठ** : खेल का सामान; • **अलीगढ़** : पीतल के ताले; • **आगरा** : चमड़ा फुटवियर; • **खुर्जा** : मिट्टी के बर्तन; • **कांचीपुरम** : रेशम; • **शिवाकाशी** : माचिस; • **अम्बाला** : वैज्ञानिक उपकरण; • **जामनगर** : ब्रास पार्टस्; • **बटाला** : मशीन उपकरण।

भारत की जनगणना 2011

भारत में जनगणना का विधिवत् कार्य 1881 में आरम्भ हुआ। 2011 की जनगणना के अनुसार भारत की कुल जनसंख्या 121,08,54,977 थी। जबकि 10 वर्ष पूर्व 2001 में कुल जनसंख्या 102,70,15,247 थी। वर्ष 2011 की जनगणना के प्रमुख तथ्य निम्नलिखित हैं:–

• कुल जनसंख्या	–	121,08,54,977
• पुरुष	–	62,32,70,258
• महिला	–	58,75,84,719
• कुल जनसंख्या में पुरुषों का प्रतिशत	–	51.53%
• कुल जनसंख्या में महिलाओं का प्रतिशत	–	48.46%
• भारत की जनसंख्या का विश्व जनसंख्या में भाग	–	17.5%
• दशकीय वृद्धि दर (2001-2011)	–	17.7%
• सर्वाधिक वृद्धि दर	–	मेघालय 27.9%
• न्यूनतम वृद्धि दर	–	नगालैंड – 0.6%
• सर्वाधिक जनसंख्या वाला राज्य	–	उत्तर प्रदेश (19,98,12,341)
• न्यूनतम जनसंख्या वाला राज्य	–	सिक्किम (6,10,577)
• स्त्री-पुरुष अनुपात	–	943 : 1000
• सर्वाधिक लिंगानुपात	–	केरल, 1084 : 1000
• न्यूनतम लिंगानुपात	–	हरियाणा 879 : 1000
• जनसंख्या घनत्व	–	382 व्यक्ति प्रति वर्ग किलोमीटर
• सर्वाधिक घनत्व	–	बिहार (1,106)
• न्यूनतम घनत्व	–	अरुणाचल प्रदेश (17)
• केन्द्रशासित प्रदेशों में सर्वाधिक घनत्व	–	दिल्ली (11,320)
• केन्द्रशासित प्रदेशों में न्यूनतम घनत्व	–	अण्डमान निकोबार द्वीप समूह (46)
• साक्षरता प्रतिशत	–	73%
• पुरुष साक्षरता	–	80.9%
• महिला साक्षरता	–	64.6%
• सर्वाधिक साक्षरता	–	केरल (94%)
• न्यूनतम साक्षरता	–	बिहार (61.8%)

❑❑❑

5

भूगोल

हमारी पृथ्वी

पृथ्वी : तथ्य और आँकड़े	
• पृथ्वी का द्रव्यमान	5.882×10^{21} टन
• पृथ्वी का घनत्व	पानी की अपेक्षा 5.517 गुणा
• पृथ्वी का आयतन	1.083×10^{11} घन किमी.
• भूमध्यरेखीय परिधि	4.007×10^{4} किमी.
• ध्रुवीय व्यास	12,714 किमी.
• विषुवतीय व्यास	12,756 किमी.
• ध्रुवीय परिधि	4.0×10^{4} किमी.
• अनुमानित आयु	लगभग 4600 करोड़ वर्ष
• भू-पृष्ठ	148,951,000 वर्ग किमी.
• जलीय सतह	361,150,000 वर्ग किमी.
• भू-सतह का सबसे उच्च बिन्दु	माउंट एवरेस्ट (8,848 मीटर)
• भू-सतह का सबसे निम्न बिन्दु	मृत सागर का तट (समुद्र तल से 396 मीटर नीचे)
• महासागर की सर्वाधिक गहराई	फिलीपींस के पूर्व में मेरियाना ट्रेंच (समुद्र तल से 11,033 मीटर नीचे)

सौरमण्डल			
• सबसे बड़ा ग्रह	बृहस्पति (Jupiter)	• सबसे अधिक गर्म ग्रह	शुक्र (Venus)
• सबसे छोटा ग्रह	बुध (Mercury)	• रात्रि में लाल दिखाई देने वाला ग्रह	मंगल (Mars)
• पृथ्वी का उपग्रह	चन्द्रमा (Moon)	• सबसे बड़ा उपग्रह	गैनीमेड (Gannymede)
• सूर्य के सबसे निकट ग्रह	बुध (Mercury)	• सबसे छोटा उपग्रह	डिमोस (Deimos)
• सूर्य से सबसे दूर स्थित ग्रह	वरुण (Neptune)	• नीला ग्रह	पृथ्वी (Earth)
• पृथ्वी के सबसे निकट स्थित ग्रह	शुक्र (Venus)	• भोर का तारा	शुक्र (Venus)
• सबसे अधिक चमकीला ग्रह	शुक्र (Venus)	• साँझ का तारा	शुक्र (Venus)
• सबसे अधिक चमकीला तारा	साइरस (Dog Star)	• पृथ्वी की बहन	शुक्र (Venus)
• सबसे अधिक ठण्डा ग्रह	वरुण (Neptune)	• हरा ग्रह	वरुण (Neptune)
		• विशाल लाल धब्बे वाला ग्रह	बृहस्पति (Jupiter)

विश्व का भूगोल

विभिन्न देशों के राष्ट्रीय प्रतीक

देश	प्रतीक	देश	प्रतीक	देश	प्रतीक
ऑस्ट्रेलिया	कंगारू	कनाडा	सफेद लिली	डेनमार्क	वुलिन
फ्रांस	लिली	जर्मनी	कार्न फ्लावर	भारत	सिंह स्तम्भ
ईरान	गुलाब	आयरलैंड	तीन पत्ती वाली घास	इटली	सफेद लिली
जापान	गुलदाउदी	पाकिस्तान	अर्द्धचंद्र	स्पेन	बाज
यूनाइटेट किंगडम	गुलाब	यू.एस.ए.	सुनहरी छड़ी		

महत्त्वपूर्ण सीमा रेखाएं

- **डूरंड लाइन** : यह भारत और अफगानिस्तान के बीच सीमा के विभाजन को परिलक्षित करती थी। इसका सीमांकन सर मोर्टीमर डूरंड ने 1896 में किया था। अब यह पाकिस्तान और अफगानिस्तान के बीच की सीमा रेखा है।
- **हिंडेनवर्ग लाइन** : यह वह रेखा है जहां से विश्व युद्ध के दौरान जर्मनी की सेना वापस लौट गई थी। यह रेखा पोलैण्ड और जर्मनी के बीच की सीमा रेखा है।
- **मैकमोहन रेखा** : यह भारत और चीन के बीच सीमा रेखा है जिसका सीमांकन सर हेनरी मैकमोहन ने किया था।
- **मैगिनोट रेखा** : यह फ्रांस और जर्मनी के बीच सीमा रेखा है।
- **रेडक्लिफ रेखा** : यह भारत और पाकिस्तान के बीच सीमा रेखा है जिसका सीमांकन सर सिरिल रेडक्लिफ ने किया था।
- **17वां पैरेलल** : यह उत्तरी एवं दक्षिणी वियतनाम के बीच की सीमा रेखा है।
- **38वां पैरलल** : यह उत्तर और दक्षिण कोरिया के बीच सीमा रेखा है।
- **49वां पैरलल** : यह यू.एस. और कनाडा के बीच सीमा रेखा है।
- **अदूर निसे रेखा** : यह रेखा पोलैण्ड और पूर्वी जर्मनी के बीच की सीमा रेखा है जो द्वितीय विश्व युद्ध में खींची गई थी।
- **सिंगफ्रेड रेखा** : प्रथम विश्व युद्ध में फ्रांस और जर्मनी के बीच की सीमा रेखा।

विश्व की प्रमुख नदियाँ

नाम	उद्गम स्थल	गिरने का स्थान	लम्बाई (किमी)	प्रमुख स्थान
नील (विश्व की सबसे लम्बी नदी)	विक्टोरिया झील	भूमध्य सागर	6670	आस्वान बाँध व नासिर झील स्थित है।
अमेजन (आयतन की दृष्टि से विश्व की सबसे बड़ी नदी)	एण्डीज पर्वत	अटलांटिक महासागर	6448	
मिसीसिपी मिसौरी	अलास्का झील	मैक्सिको की खाड़ी	6300	पक्षीपाद डेल्टा बनाती है।
यांग्टिसीक्यांग	तिब्बत का पठार	चीन सागर	5494	
ह्वांग हो	कुललुन पर्वत	चीन की खाड़ी	4840	
कांगो / जायरे	लुआलिया और लुआपुआ का संगम	अटलाण्टिक महासागर	4800	विषुवत् रेखा को दो बार काटती है।
अमूर	शिल्का रूस, आरगून का संगम	टार्टई स्ट्रेट	4510	चीन और रूस की सीमा बनाती है।
वोल्गा	बल्डाई पठार	कैस्पियन सागर	3700	यूरोप की सबसे लम्बी नदी
डेन्यूब	ब्लैक फॉरेस्ट	काला सागर	2820	बेलग्रेड, बुखारेस्ट, बुडापेस्ट और वियना शहर स्थित है।
सेंट लारेंस	आण्टेरियो झील	सेंट-लॉरेंस की खाड़ी	3058	नियाग्रा जल प्रपात स्थित है।
कोलोरेडो	ग्रैण्ड कंट्री	कैलीफोर्निया की खाड़ी	2333	ह्यूबर बाँध स्थित
नाइजर	गिनी	गिनी की खाड़ी	4800	तेल नदी कहलाती है।
मेकांग	तिब्बत का पठार	दक्षिण चीन सागर	4023	द.पू. एशिया की सबसे लम्बी नदी।
सिन्धु	मानसरोवर झील के पास	अरब सागर	3180	
ब्रह्मपुत्र	मानसरोवर झील	बंगाल की खाड़ी	2900	
डार्लिंग-मर्रे	ऑस्ट्रेलिया आल्पस	हिन्द महासागर	3720	ऑस्ट्रेलिया की सबसे बड़ी नदी।

विश्व की प्रमुख झीलें

झील का नाम	भौगोलिक क्षेत्र	क्षेत्रफल (वर्ग.किमी.)	विशेष तथ्य
कैस्पियन सागर	पूर्व सोवियत संघ तथा ईरान	3,94,299	खारे पानी की सबसे बड़ी झील
सुपीरियर झील	संयुक्त राज्य अमेरिका एवं कनाडा	82,414	ताजे पानी की सबसे बड़ी झील
विक्टोरिया झील	केन्या, युगाण्डा तथा तंजानिया	69,485	
अरल सागर झील	कजाकिस्तान एवं उज्बेकिस्तान	64,457	
ह्यूरन झील	संयुक्त राज्य अमेरिका तथा कनाडा	59,600	
मिशीगन झील	संयुक्त राज्य अमेरिका	57,800	
बैकाल झील	रूस	31,500	यह सबसे गहरी (1940 मी.) झील है।
ग्रेट बेरियर झील	कनाडा	31,080	
ग्रेट स्लेव झील	कनाडा	28,438	
विनीपेग झील	कनाडा	24,341	
ओण्टेरियो झील	सं.रा. अमेरिका तथा कनाडा	19,529	
टिटिकाका	पेरू-बोलीविया	9,065	यह विश्व की सबसे ऊँची (3811 मी.) झील है।
आयर झील	ऑस्ट्रेलिया	9,583	

नदियों के तट पर बसे विश्व के प्रमुख नगर

नगर	नदी	नगर	नदी	नगर	नदी
लन्दन (इंग्लैंड)	टेम्स	कैन्टन (चीन)	सीक्यांग	मास्को (रूस)	मस्कोवा
न्यूयार्क (सं.रा.अ.)	हडसन	बर्लिन (जर्मनी)	स्प्री	बेलग्रेड	डेन्यूब
पेरिस (फ्रांस)	सीन	बुडापेस्ट (हंगरी)	डेन्यूब	पर्थ (ऑस्ट्रेलिया)	स्वान
वाशिंगटन	पोटोमेक	बगदाद (इराक)	टाइग्रिस	वियाना (ऑस्ट्रिया)	डेन्यूब
आस्वान (मिस्र)	नील	टोकियो (जापान)	अराकावा	सेंट लुईस (अमेरिका)	मिसिसिपी
शंघाई (चीन)	यांग्टिसीक्यांग	रोम (इटली)	टाइबर	यंगून (म्यांमार)	इरावदी
प्राग	वितावा	ओटावा (कनाडा)	सेंट लारेंस	सिडनी (ऑस्ट्रेलिया)	डार्लिंग
मैड्रिड (स्पेन)	मैजेनसेस	लिस्बन	टेगस	लिस्बन (पुर्तगाल)	टंगस
अंकारा (तुर्की)	किजिल	लाहौर (पाकिस्तान)	रावी	मॉण्ट्रियल (कनाडा)	सेंट लारेंस
कराची (पाकिस्तान)	सिंधु	बोन (जर्मनी)	राइन	डबलिन (आयरलैंड)	लीफें
काहिरा (मिस्र)	नील	दिल्ली (भारत)	यमुना	ब्यूनस आयर्स (अर्जेंटीना)	लाप्लाटा
शिकागो (सं.रा.अ.)	शिकागो	लिवरपुल (इंग्लैंड)	मर्सी	ब्रिस्टल (इंग्लैंड)	एवन्
बसरा (इराक)	दजला एवं फरात	कीव (यूक्रेन)	नीपर		

विश्व के प्रमुख औद्योगिक नगर

नगर	उद्योग	नगर	उद्योग	नगर	उद्योग
बेलफास्ट	जहाज निर्माण	चेलियाबिंस्क	लोहा इस्पात	बर्मिंघम	लोहा इस्पात
डेट्रायट	ऑटोमोबाइल	एसेन (जर्मनी)	लोहा इस्पात	ग्लासगो	जहाज निर्माण
हवाना	सिगार	हॉलीवुड	फिल्म उद्योग	लॉस एंजिल्स	पेट्रोलियम, फिल्म
कंशास	मांस उद्योग	कोबे	लोहा इस्पात	कीव	इंजीनियरिंग उद्योग
लियोन्स (फ्रांस)	सिल्क उद्योग	मैनचेस्टर	सूती वस्त्र उद्योग	मिलान	सिल्क वस्त्र उद्योग
फिलाडेल्फिया	लोकोमोटिव	प्लेमाउथ	जहाज निर्माण	पिट्सबर्ग	लोहा एवं इस्पात
शेफील्ड (ब्रिटेन)	कैंची, छुरी	सिएटल	वायुयान निर्माण	वेनिस	काँच उद्योग
ब्लाडीवोस्टक	जहाज निर्माण	बेलिंगटन	डेयरी उद्योग	मुल्तान	मिट्टी के बर्तन
ढाका	कालीन उद्योग	म्युनिख (जर्मनी)	लेंस निर्माण	नागोया	जहाज निर्माण

भारत का भूगोल

प्रसिद्ध पर्वत शिखर

पर्वत शिखर	समुद्र तल से ऊंचाई (मीटर में)	पर्वत शिखर	समुद्र तल से ऊंचाई (मीटर में)
1. K_2	8,611 पाकिस्तान के कब्जे में	6. डिस्तगिल सर	7,885 पाकिस्तान के कब्जे में
2. कंचनजंगा	8,598	7. माशेर ब्रुम (पूर्वी)	7,821
3. नंगा पर्वत	8,126	8. नंदा देवी	7,817
4. गशेर ब्रुम	8,068 पाकिस्तान के कब्जे में	9. माशेर ब्रुम (पश्चिम)	7,806 पाकिस्तान के कब्जे में
5. ब्रॉड पीक	8,047 पाकिस्तान के कब्जे में	10. राकापोशी	7,788 पाकिस्तान के कब्जे में

भारत के प्रमुख दर्रे

दर्रे	राज्य/(के. शा. प्र.)	दर्रे	राज्य/(के. शा. प्र.)	दर्रे	राज्य/(के. शा. प्र.)
काराकोरम	लद्दाख	माना	उत्तराखण्ड	जोजिला	लद्दाख
नीति	उत्तराखण्ड	पीरपंजाल	जम्मू-कश्मीर	नाथूला	सिक्किम
बनिहाल	जम्मू-कश्मीर	जैलेप्ला	सिक्किम	बुर्जिल	जम्मू-कश्मीर
बोम्डिला	अरुणाचल प्रदेश	शिपकी	हिमाचल प्रदेश	यांग्याप	अरुणाचल प्रदेश
रोहतांग	हिमाचल प्रदेश	दिफू	अरुणाचल प्रदेश	बड़ालाचा	हिमाचल प्रदेश
तुजु	मणिपुर	लिपुलेख	उत्तराखण्ड		

भारत की प्रमुख नदियाँ

नदी	उद्गम	मुहाना	लम्बाई (किमी.)
सिन्धु	मानसरोवर झील (तिब्बत)	अरब सागर	3100 (भारत में 1114)
सतलज	राक्षसताल	चिनाब	1450 (भारत में 1050)
गंगा	गंगोत्री के पास गोमुख से	बंगाल की खाड़ी	2525
यमुना	यमुनोत्री के पास बंदरपूंछ से	गंगा	1376
चम्बल	महूँ (जानपाव पहाड़ी)	यमुना	1050
गण्डक	धौलाधार पर्वत	गंगा	300
सोन	अमरकंटक पहाड़ी	गंगा	784
ब्रह्मपुत्र	मानसरोवर झील (तिब्बत)	बंगाल की खाड़ी	2900 (भारत में 916)
नर्मदा	अमरकंटक	अरब सागर	1290
ताप्ती	मुलताई (बैतूल)	खम्भात की खाड़ी	720
महानदी	सिहावा के समीप	बंगाल की खाड़ी	890
कृष्णा	पश्चिमी घाट की पहाड़ी (महाबलेश्वर के पास)	बंगाल की खाड़ी	1290
गोदावरी	त्रयम्बक गाँव की पहाड़ी	बंगाल की खाड़ी	1450
कावेरी	ब्रह्मगिरि की पहाड़ी	बंगाल की खाड़ी	760
तुंगभद्रा	कर्नाटक के पश्चिमी घाट	कृष्णा	331
माही	विन्ध्याचल पर्वत	खम्भात की खाड़ी	533

प्रमुख बहुउद्देशीय नदी घाटी परियोजनाएँ

परियोजना का नाम	नदी	लाभान्वित राज्य/केन्द्र शासित प्रदेश
दामोदर घाटी परियोजना	दामोदर	झारखंड, पश्चिम बंगाल
टिहरी बाँध परियोजना	भागीरथी	उत्तराखंड
नागार्जुन सागर परियोजना	कृष्णा	आन्ध्र प्रदेश
कोसी परियोजना	कोसी	बिहार तथा नेपाल
हीराकुड बाँध परियोजना	महानदी	ओडिशा
व्यास परियोजना	व्यास	राजस्थान, पंजाब, हरियाणा, हिमाचल प्रदेश
चम्बल परियोजना	चम्बल	राजस्थान, मध्य प्रदेश
मयूराक्षी परियोजना	मयूराक्षी	पश्चिम बंगाल

परियोजना का नाम	नदी	लाभान्वित राज्य/केन्द्र शासित प्रदेश
तुंगभद्रा परियोजना	तुंगभद्रा	आन्ध्र प्रदेश, कर्नाटक
गण्डक परियोजना	गण्डक	बिहार, नेपाल
फरक्का परियोजना	गंगा, भागीरथी	पश्चिम बंगाल
काकरापारा परियोजना	ताप्ती	गुजरात
नागपुर शक्तिगृह परियोजना	कोराडी	महाराष्ट्र
इन्दिरा गाँधी नहर परियोजना	सतलज	राजस्थान, पंजाब तथा हरियाणा
रिहन्द परियोजना	रिहन्द	उत्तर प्रदेश
महानदी डेल्टा परियोजना	महानदी	ओडिशा
कुण्डा परियोजना	कुण्डा	तमिलनाडु
इडुक्की परियोजना	पेरियार	केरल
कोयना परियोजना	कोयना	महाराष्ट्र
सतलज परियोजना	चिनाब	जम्मू-कश्मीर
रंजीत सागर बाँध परियोजना	रावी	पंजाब
नाथपा-झाकरी परियोजना	सतलज	हिमाचल प्रदेश
शरावती परियोजना	शरावती	कर्नाटक
नर्मदा सागर परियोजना	नर्मदा	मध्य प्रदेश, गुजरात
जवाहर सागर परियोजना	चम्बल	राजस्थान
तुलबुल परियोजना	झेलम	जम्मू कश्मीर
सरदार सरोवर परियोजना	नर्मदा	गुजरात, मध्य प्रदेश, महाराष्ट्र एवं राजस्थान
दुलहस्ती परियोजना	चिनाब	जम्मू-कश्मीर
तिलैया परियोजना	बराकर	झारखंड

राष्ट्रीय उद्यान और अभयारण्य

कुछ महत्त्वपूर्ण अभयारण्यों और उद्यानों के नाम नीचे दिए गए हैं।

- कान्हा राष्ट्रीय उद्यान (म.प्र.)
- जलदापाड़ा अभयारण्य (प. बंगाल)
- मानस अभयारण्य (असम)
- पलामू राष्ट्रीय उद्यान (झारखंड)
- सेमलीपाल राष्ट्रीय पार्क (ओडिशा)
- भरतपुर वन्य जीव अभयारण्य (राजस्थान)
- कॉर्बेट राष्ट्रीय उद्यान (उत्तराखंड)
- डाचीगाम अभयारण्य (जम्मू-कश्मीर)
- नन्दा देवी कस्तूरी मृग वन (उत्तराखंड)
- रणथम्भौर वन्य जीव अभयारण्य (राजस्थान)
- रंगथिट्टू पक्षी अभयारण्य (कर्नाटक)
- डंडेली अभयारण्य (कर्नाटक)
- पेरियार अभयारण्य (केरल)
- गिरि वन (गुजरात)
- मोलेम क्रीड़ा अभयारण्य (गोवा)
- नागजीरा वन्य जीव अभयारण्य (महाराष्ट्र)
- घाट प्रभा पक्षी अभयारण्य (कर्नाटक)
- पेंच राष्ट्रीय उद्यान (महाराष्ट्र)
- सुल्तानपुर सरोवर पक्षी अभयारण्य (हरियाणा)
- मुदमलाई अभयारण्य (तमिलनाडु)
- नाल सरोवर पक्षी अभयारण्य (गुजरात)
- तनसा झील वन्य जीव अभयारण्य (महाराष्ट्र)
- ईराविकुलम राजमल्ली राष्ट्रीय उद्यान (केरल)
- शिवपुरी राष्ट्रीय उद्यान (म.प्र.)
- काजीरंगा अभयारण्य (असम)
- हजारीबाग राष्ट्रीय उद्यान (झारखंड)
- डालमा वन्य जीव अभयारण्य (झारखंड)
- वनकटना वन्य जीव अभयारण्य (उ.प्र.)
- डर्राह वन्य जीव अभयारण्य (राजस्थान)
- चन्द्रप्रभा अभयारण्य (उ.प्र.)
- दुधवा राष्ट्रीय उद्यान (उ.प्र.)
- माउंट आबू वन्य जीव अभयारण्य (राजस्थान)
- सरिस्का क्रीड़ा अभयारण्य (राजस्थान)
- बांदीपुर अभयारण्य (कर्नाटक)
- महावीर अभयारण्य (गोवा-कर्नाटक सीमा)
- वेदान्त-गाल पक्षी अभयारण्य (तमिलनाडु)
- बोरीवल्ली राष्ट्रीय उद्यान (महाराष्ट्र)
- कोट्टीगांव क्रीड़ा अभयारण्य (गोवा)
- वान्धवगढ़ राष्ट्रीय उद्यान (मध्य प्रदेश)
- खगचन्दजेन्दा राष्ट्रीय उद्यान (सिक्किम)
- रोहिया राष्ट्रीय उद्यान (हिमाचल प्रदेश)
- तोदोवा राष्ट्रीय उद्यान (महाराष्ट्र)
- नगर होल अभयारण्य (कर्नाटक)
- बोंडला क्रीड़ा अभयारण्य (गोवा)
- बनारघट्टा राष्ट्रीय उद्यान (कर्नाटक)

परिवहन

रेलवे

महत्वपूर्ण तथ्य

- रेलवे भारत का सबसे बड़ा उपक्रम है।
- भारत में पहली रेलगाड़ी 16 अप्रैल, 1853 को मुंबई और थाणे के बीच (34 कि॰मी॰) चली।
- स्वतंत्रता मिलने के बाद भाप से चलने वाले रेल इंजन बनाने का कारखाना चितरंजन में स्थापित किया गया (26 जनवरी, 1950)। लेकिन अब इस कारखाने में बिजली से चलने वाले रेल इंजन बनाए जाते हैं।
- मार्च 2022 तक देश में रेलवे स्टेशनों की संख्या 7,308 है।
- मार्च 2022 तक भारतीय रेल मार्गों की कुल लंबाई 68,043 कि॰मी॰ है।
- मार्च 2022 तक भारतीय रेल के पास 13,215 इंजन, 84,847 यात्री डिब्बे तथा 3,18,896 माल के डिब्बे हैं।
- मार्च 2022 तक भारतीय रेलवे के कुल रेलमार्ग के लगभग 74.06% भाग का विद्युतीकरण हो चुका है।
- रेल वित्त को 1924-25 से सामान्य राजस्व से अलग रखा जाता था, लेकिन वर्ष 2017-2018 से इसे पुनः सामान्य राजस्व में मिला दिया गया है।
- देश का एकमात्र सबसे पुराना चालू हालत इंजन 'फेयरी क्वीन' है।
- भारतीय रेल की पहली विद्युत चालित गाड़ी 3 फरवरी, 1925 को मुंबई और कुर्ला के बीच चली।
- कोलकाता मैट्रो देश की सबसे पहली और एकमात्र भूमिगत रेलवे है।
- दिल्ली में मैट्रो रेल का चालन 24 दिसम्बर, 2002 को, बेंगलुरु में 20 अक्टूबर, 2011 को, मुंबई में 8 जून, 2014 को, जयपुर में 3 जून, 2015 को तथा चेन्नई में 29 जून, 2015 को शुरू हुआ।
- भारतीय रेल की सबसे लम्बी रेल यात्रा डिब्रूगढ़ से कन्या कुमारी के बीच 4,286 किमी. की है। इस दूरी को तय करने में 82.30 घंटे का समय लगता है।
- गोरखपुर रेलवे स्टेशन का प्लेटफार्म विश्व का सबसे लम्बा प्लेटफॉर्म है। इसकी लम्बाई 1355.4 मीटर है।
- भारतीय रेल की सबसे लम्बी सुरंग जम्मू कश्मीर में बनिहाल एवं काजीगुंड स्टेशनों के मध्य स्थित पीर पंजाल रेल सुरंग है, जो 11.21 किमी. लम्बी है।
- भारतीय रेलवे बोर्ड की स्थापना 1905 में हुई थी।
- भारतीय रेलों के तीन गेज हैं–ब्रॉड गेज, मीटर गेज, और नैरो गेज।
- रेलवे में वातानुकूलित, प्रथम श्रेणी और द्वितीय श्रेणी हैं। तृतीय श्रेणी 1974 से समाप्त कर दी गई।
- देश में कुल 95% स्थानों पर कम्प्यूटर रिजर्वेशन की व्य॰स्था है।
- देश में सबसे लम्बा रेल पुल वेम्बानद रेल पुल है। यह केरल में स्थित है।

भारतीय रेलवे के जोन एवं मुख्यालय

जोन	मुख्यालय
1. दक्षिण रेलवे	चेन्नई
2. पश्चिमी रेलवे	मुंबई-चर्चगेट
3. मध्य रेलवे	मुंबई वी॰टी॰
4. उत्तर रेलवे	नई दिल्ली
5. पूर्वी रेलवे	कोलकाता
6. दक्षिण-पूर्वी रेलवे	कोलकाता
7. उत्तर-पूर्वी रेलवे	गोरखपुर
8. दक्षिण-मध्य रेलवे	सिकंदराबाद
9. उत्तर-पूर्वी सीमान्त	मालेगांव (गुवाहाटी)
10. पूर्व-मध्य रेलवे	हाजीपुर
11. उत्तरी-पश्चिमी रेलवे	जयपुर
12. पूर्वी तटीय रेलवे	भुवनेश्वर
13. पश्चिमी-मध्य रेलवे	जबलपुर
14. दक्षिणी-पश्चिमी रेलवे	हुब्बल्लि (हुबली)
15. दक्षिण-पूर्व मध्य रेलवे	बिलासपुर
16. उत्तर-मध्य रेलवे	प्रयागराज
17. कोलकाता मैट्रो रेलवे	कोलकाता
18. दक्षिण तटीय रेलवे	विशाखापत्तनम (प्रस्तावित)

सड़क परिवहन

महत्वपूर्ण तथ्य

- भारत दुनिया की सबसे बड़ी सड़क प्रणाली वाले देशों में से एक है।
- मार्च 2021 तक देश में सड़कों की कुल लंबाई 63.71 लाख किलोमीटर है।
- देश के सड़क नेटवर्क में राष्ट्रीय राजमार्ग, राज्यों के राजमार्ग, प्रमुख/अन्य जिला सड़कें और ग्रामीण/देहाती सड़कें शामिल हैं।
- देश में 1,40,995 कि॰मी॰ (मार्च 2021 तक) लम्बे राष्ट्रीय राजमार्ग की जिम्मेदारी केन्द्र सरकार पर है।
- सीमा सड़क संगठन का गठन 1960 में किया गया था।
- देश में राष्ट्रीय राजमार्गों की लंबाई, सड़कों की कुल लंबाई का मात्र दो प्रतिशत है, मगर 40 प्रतिशत सड़क यातायात इनसे होकर गुजरता है।
- देश में महाराष्ट्र में सड़कों की लम्बाई सबसे ज्यादा और सबसे कम लक्षद्वीप में है।
- देश के चारों कोनों को चार या छह लेन के राजमार्ग के एक नेटवर्क से जोड़ने हेतु राष्ट्रीय राजमार्ग विकास परियोजना बनाई गई है। जिसके अन्तर्गत चार महानगरों कोलकाता, दिल्ली, चेन्नई और मुम्बई को 5,882 कि॰मी॰ लम्बे स्वर्ण चतुर्भुज से जोड़ा जाएगा।

जहाजरानी

महत्वपूर्ण तथ्य

- परिवहन क्षेत्र में देश की अर्थव्यवस्था को मजबूत करने में जहाजरानी की प्रमुख भूमिका है। लगभग 95 प्रतिशत माल समुद्री रास्ते से ही ढोया जाता है।
- भारत के संपूर्ण समुद्र तट की लंबाई 7,517 किलोमीटर है।
- विकासशील देशों में भारत के पास व्यापारिक जहाजों का सबसे बड़ा बेड़ा है। भारत व्यापारिक जहाजरानी बेड़े की दृष्टि से विश्व में 16वें स्थान पर है।
- सार्वजनिक क्षेत्र की सरकारी जहाजरानी कंपनी, शिपिंग कारपोरेशन ऑफ इंडिया लिमिटेड की स्थापना 2 अक्टूबर, 1961 को हुई थी।
- भारत में 13 बड़े और 200 अन्य बंदरगाह हैं। बड़े बंदरगाह केन्द्र सरकार के अधीन आते हैं, जबकि अन्य बंदरगाह सम्बद्ध राज्य सरकारों के क्षेत्राधिकार में आते हैं।

देश के बड़े बंदरगाह

1. श्यामा प्रसाद मुखर्जी (कोलकाता), 2. मुंबई, 3. जवाहर लाल नेहरू (न्हावासेवा), 4. वी.ओ. चिदंबरनार (तूतीकोरिन), 5. चेन्नई, 6. मोरमुगाओ, 7. न्यू मंगलूर, 8. पारा दीप, 9. दीनदयाल (कांडला), 10. विशाखापट्टनम, 11. कोच्चि, 12. कामराजार (एन्नौर)

राष्ट्रीय जलमार्ग

जलमार्ग	लम्बाई	विस्तार	नदी
एन डब्ल्यू-1	1629 किमी	प्रयागराज से हल्दिया तक	गंगा
एन डब्ल्यू-2	819 किमी	सादिया से धुबरी पट्टी तक	ब्रह्मपुत्र
एन डब्ल्यू-3	186 किमी	कोल्लम से कोट्टापुरम तक	चम्पाक्कारा
एन डब्ल्यू-4	1100 किमी	काकीनाडा से मरक्कानम तक	कृष्णा-गोदावरी

वायु परिवहन

सार्वजनिक क्षेत्र की इकलौती विमान सेवा कम्पनी एयर इंडिया का जनवरी 2022 में पूर्ण निजीकरण कर दिया गया है। इस हेतु मार्ग अक्टूबर 2021 में उस समय प्रशस्त हो गया था जब इसके लिए टाटा संस की ₹ 18,000 करोड़ की उच्चतम बोली को सरकार ने स्वीकार कर लिया था तथा इसके 100 प्रतिशत शेयरों की टाटा समूह को बिक्री के लिए शेयर परचेज एग्रीमेंट पर हस्ताक्षर 26 अक्टूबर, 2021 को सम्पन्न किए थे। इससे एयर इंडिया का स्वामित्व एक बार पुनः अब टाटा संस के हाथ में आ गया है। भारी घाटे में चल रही इस एयरलाइंस में अपनी 100 प्रतिशत हिस्सेदारी निजी क्षेत्र को बेचने के लिए इच्छुक निवेशकों से अभिरुचि पत्र (Expression of interest) सरकार ने वर्ष 2020 में आमंत्रित किए थे। देश की अन्य प्राइवेट एयरलाइन्स इंडिगो, विस्तारा, स्पाइस जेट और गो एयर आदि हैं।

देश के प्रमुख हवाई अड्डे

नाम	स्थान	नाम	स्थान
वीर सावरकर अन्तर्राष्ट्रीय हवाई अड्डा	पोर्ट ब्लेयर	छत्रपति शिवाजी अन्तर्राष्ट्रीय हवाई अड्डा	मुम्बई
राजीव गांधी अन्तर्राष्ट्रीय हवाई अड्डा	हैदराबाद	डॉ. बाबा साहेब अम्बेडकर अन्तर्राष्ट्रीय हवाई अड्डा	नागपुर
लोकप्रिय गोपीनाथ बोरदोलोई अन्तर्राष्ट्रीय हवाई अड्डा	गुवाहाटी	श्री गुरु रामदासजी अन्तर्राष्ट्रीय हवाई अड्डा	अमृतसर
इन्दिरा गांधी अन्तर्राष्ट्रीय हवाई अड्डा	नई दिल्ली	जयपुर अन्तर्राष्ट्रीय हवाई अड्डा	जयपुर
दाबोलिम हवाई अड्डा	गोवा	अन्ना अन्तर्राष्ट्रीय हवाई अड्डा	चेन्नई
सरदार वल्लभभाई पटेल अन्तर्राष्ट्रीय हवाई अड्डा	अहमदाबाद	कोयम्बटूर अन्तर्राष्ट्रीय हवाई अड्डा	कोयम्बटूर
श्रीनगर हवाई अड्डा	श्रीनगर	चौधरी चरण सिंह अन्तर्राष्ट्रीय हवाई अड्डा	लखनऊ
बेंगलुरू अन्तर्राष्ट्रीय हवाई अड्डा	बेंगलुरू	लाल बहादुर शास्त्री अन्तर्राष्ट्रीय हवाई अड्डा	वाराणसी
मंगलुरू अन्तर्राष्ट्रीय हवाई अड्डा	मंगलुरू	नेताजी सुभाषचन्द्र बोस अन्तर्राष्ट्रीय हवाई अड्डा	कोलकाता
कोचीन अन्तर्राष्ट्रीय हवाई अड्डा	कोच्चि	बीजू पटनायक अन्तर्राष्ट्रीय हवाई अड्डा	भुवनेश्वर
त्रिवेन्द्रम अन्तर्राष्ट्रीय हवाई अड्डा	तिरुवनंतपुरम	गया हवाई अड्डा	गया
देवी अहिल्याबाई होल्कर अन्तर्राष्ट्रीय हवाई अड्डा	इन्दौर	पुणे हवाई अड्डा	पुणे

6

सामान्य विज्ञान

विज्ञान की विविध शाखाएं

नाम	अध्ययन	नाम	अध्ययन
एरोनॉटिक्स	वैमानिकी का अध्ययन	एन्टोमोलॉजी	कीट-पतंगों का अध्ययन
एनाटोमी	मानव शरीर की रचना	फिलाटेली	टिकट संग्रह कला
आर्कियोलॉजी	पुरातत्व अध्ययन	हार्टीकल्चर	बागवानी
एकॉस्टिक	ध्वनि से संबंधित अध्ययन	सीस्मोलॉजी	भूकंप का अध्ययन
		ऑस्टोलॉजी	हड्डियों का अध्ययन
एस्ट्रोनामी	खगोल अध्ययन	जेनेटिक्स	आनुवंशिकी का अध्ययन
एण्टोमोलॉजी	कीटाणुओं का अध्ययन	जूलॉजी	जन्तु विज्ञान
एस्ट्रोफिजिक्स	ग्रह-मंडल का अध्ययन	बायलॉजी	प्राणी विज्ञान
कैलिस्थेनिक्स	व्यायाम विद्या का अध्ययन	जिओलॉजी	भूगर्भ की बनावट का अध्ययन
क्रोनोलॉजी	ऐतिहासिक क्रम का अध्ययन	पैथॉलाजी	रोगों का अध्ययन
बॉटनी	वनस्पति का अध्ययन	फिजिक्स	भौतिक विज्ञान
केमिस्ट्री	रसायन का अध्ययन	बायोकेमिस्ट्री	प्राणी का रासायनिक अध्ययन
सेरामिक्स	चीनी के बर्तनों के निर्माण का अध्ययन	युजेनिक्स	नस्ल सुधार का अध्ययन
इकोलॉजी	जीव एवं पर्यावरण संबंधों का अध्ययन	एटिमोलॉजी	शब्द व्युत्पत्ति का अध्ययन

आविष्कार और आविष्कारक

आविष्कार	आविष्कारक	देश	सन्
वायुयान	ओरविल और विलबर राइट	अमेरिका	1903
बॉल-पाइंट	जॉन जे० लाउड	अमेरिका	1888
बैरोमीटर	इवेंजलिस्ता टौरीसेली	इटली	1644
बाईसिकिल	कर्कपैट्रिक मैकमिलन	इंग्लैंड	1839-40
बाईफोकल लेंस	बेन्जामिन फ्रैंकलिन	अमेरिका	1780
बनसेन बर्नर	आर० विल्हेम वोन बनसेन	जर्मनी	1855
कार (पेट्रोल)	कार्ल बेन्ज	जर्मनी	1888
सीमेंट (पोर्टलैंड)	जोसेफ एस्पडिन	इंग्लैंड	1824
सिनेमा	निकोलस और जीन लूमियर	फ्रांस	1895
क्लॉक (मैकेनिकल)	आई.सिंग और लियांग लिंग-तसान	चीन	1725
डीजल इंजन	रूडोल्फ डीजल	जर्मनी	1895
डायनेमो	हाइपोलाइट पिक्सी	फ्रांस	1832
इलैक्ट्रिक लैम्प	थॉमस अल्वा एडिसन	अमेरिका	1879
सेफ्टी पिन	वाल्टर हन्ट	अमेरिका	1849

आविष्कार	आविष्कारक	देश	सन्
सिलाई मशीन	बार्थलेमी थिम्मोनियर	फ्रांस	1829
जहाज (भाप)	जे.सी. पेरियर	फ्रांस	1775
जहाज (टरबाइन)	होन. सर सी. पारसंस	इंग्लैंड	1894
स्लाइड रूल	विलियम ऑग्ट्रेड	इंग्लैंड	1621
भाप का इंजन	जेम्स वॉट	इंग्लैंड	1765
स्टेनलेस स्टील	हेरि ब्रियरले	इंग्लैंड	1913
समुद्री जहाज	डेविड बुशनेल	अमेरिका	1776
टैंक	सर अर्नस्ट स्विनटन	इंग्लैंड	1914
टेलीग्राफ	एम. लम्मोंड	फ्रांस	1787
टेलीग्राफ कोड	सैमुअल एफ. बी. मोर्स	अमेरिका	1837
टेलीफोन (परफैक्टेड)	अलेक्जैण्डर ग्राहम बेल	अमेरिका	1876
टेलीस्कोप	हेन्स लिप्परशे	नीदरलैंड्स	1608
टेलीविजन (मैकेनिकल)	जे.एल. बेयर्ड	इंग्लैंड	1926
टेलीविजन (इलेक्ट्रॉनिक)	पी.टी. फार्न्सवर्थ	अमेरिका	1927
थर्मामीटर	गैलिलियो गैलिली	इटली	1593
ट्रांसफार्मर	माइकल फैराडे	इंग्लैंड	1831
ट्रांजिस्टर	बरडीन, शोकले तथा ब्राट्टेन	अमेरिका	1948
टाइपराइटर	पेलेग्रिन टेर्री	इटली	1808
कपड़ा धोने की मशीन (विद्युत)	हर्ले मशीन कम्पनी	अमेरिका	1907
घड़ी	बारथोलोम्यू मैनफ्रेडी	इटली	1462

विटामिन की कमी से होने वाले रोग

विटामिन	रोग	स्रोत	विटामिन	रोग	स्रोत
विटामिन A	रतौंधी	गाजर, दूध, अंडा	विटामिन B_{12}	अरक्तता	कलेजी, अंडा
विटामिन B_1	बेरी-बेरी	दाल, अंडा, मूंगफली	विटामिन C	स्कर्वी	संतरा, टमाटर
विटामिन B_2	मुँह की त्वचा	कलेजी, दूध, मांस	विटामिन D	सूखा रोग	सूर्य का प्रकाश, मछली का तेल
विटामिन B_6	एनीमिया और होंठ फटना	कलेजी, दूध, मांस	विटामिन E	बांझपन	हरी सब्जियाँ, दूध, कलेजी
विटामिन B_7	पेलाग्रा	मछली, अंडा	विटामिन K	रक्त का थक्का जमने में कमी	हरी सब्जी

प्रमुख बीमारियों द्वारा प्रभावित अंग

बीमारी	प्रभावित अंग	बीमारी	प्रभावित अंग
निमोनिया	फेफड़े	टायफाइड	आँत
डिप्थीरिया	श्वसन नलिका	सिफलिस	जनन अंग
मेनिनजाइटिस	मस्तिष्क	आर्थ्राइटिस	जोड़ों की सूजन
एग्जीमा	चमड़ी	पीलिया	यकृत
अतिसार	आँत का अग्रभाग	सुजाक, श्वेत प्रदर	मूत्र मार्ग
प्लूरिसी	छाती	पायरिया	दाँत तथा मसूड़े
गठिया या ट्यूमैटिज्म	जोड़ों में	टिटनेस	तंत्रिका तंत्र, मांसपेशी
कुष्ठ	त्वचा, तंत्रिकाएं	हैजा	आँत, आहार नाल
रिकेट्स	हड्डियाँ	गोइटर (गण्डमाला)	थाइराइड ग्रंथि
काली खाँसी	श्वसन तंत्र	बॉट्यूलिज्म	तंत्रिका-तंत्र
एड्स	सम्पूर्ण शरीर	प्लेग	फेफड़े, लाल रक्त कणिकाएं
रेबीज या हाइड्रोफोबिया	तंत्रिका तंत्र	खसरा	सम्पूर्ण शरीर
कालाजार	रुधिर, प्लीहा व अस्थि मज्जा	हरपीस	त्वचा, श्लेष्मकला
केटेरेक्ट, ग्लाइकोमा,	आँख	क्षय रोग	शरीर का कोई भी अंग, विशेषकर फेफड़े
ट्रेकोमा, मायोपिया		चेचक	सम्पूर्ण शरीर, विशेषकर चेहरा तथा हाथ-पैर

परमाणु शक्ति एवं अंतरिक्ष अनुसंधान

- **परमाणु शक्तिः** अगस्त, 1948 में परमाणु-शक्ति आयोग की स्थापना की गयी। यह परमाणु-शक्ति के शांतिपूर्ण उपयोग पर बल देता है। परमाणु-शक्ति की खोज और विकास के लिए मुंबई के निकट ट्राम्बे (महाराष्ट्र) में भाभा परमाणु-शक्ति अनुसंधान केंद्र (बी॰ए॰आर॰सी॰) की स्थापना की गई है। ट्राम्बे में छः परमाणु भट्टियाँ हैं–(1) 'अप्सरा', (2) 'साइरस', (3) 'जरलीना', (4) 'पूर्णिमा' I, (5) 'पूर्णिमा' II, (6) ध्रुव। देश के सबसे बड़े परमाणु केन्द्र ध्रुव ने 8 अगस्त, 1985 से काम करना शुरू कर दिया है। देश में सात परमाणु विद्युत केन्द्र हैं–(1) कलपक्कम (तमिलनाडु), (2) रावतभाटा (राजस्थान), (3) तारापुर (महाराष्ट्र), (4) नरौरा (उ॰प्र॰), (5) काकरापारा (गुजरात), (6) कैगा (कर्नाटक) और (7) कुडनकुलंम (तमिलनाडु)।
- **भारत द्वारा परमाणु विस्फोटः** भारत ने 18 मई, 1974 को प्रातः 8 बजकर 5 मिनट पर राजस्थान के रेगिस्तानी इलाके के पोखरण क्षेत्र में जमीन के 100 मीटर नीचे एक आणविक विस्फोट किया। यह पहला भारतीय परमाणु विस्फोट प्लूटोनियम पर आधारित 100% भारतीय सामग्री, तकनीक व कौशल का प्रमाण था। विशुद्ध अनुसंधान व अध्ययन के लिए किए गए इस विस्फोट ने, जिसका उद्देश्य शांति-कार्यों के लिए अणु शक्ति का प्रयोग करना है, भारत को विश्व की छठी अणु-शक्ति बना दिया। अन्य पाँच देश हैं–संयुक्त राज्य अमेरिका, रूस, इंग्लैंड, फ्राँस व चीन। भारत ने पोखरण में ही पांच परमाणु परीक्षण क्रमशः 11 मई और 13 मई 1998 को किए। भारत ने अभी तक NPT और CTBT पर हस्ताक्षर नहीं किए हैं।
- **अंतरिक्ष अनुसंधानः** भारत में अंतरिक्ष अनुसंधान का कार्य 1969 में स्थापित 'भारतीय अंतरिक्ष अनुसंधान संगठन' (Indian Space Research Organisation—ISRO) के अधीन है। जून, 1972 में अंतरिक्ष आयोग (Space Commission) की स्थापना की गई। थुम्बा इक्वेटोरियल राकेट लांचिंग स्टेशन (केरल में थुम्बा नामक स्थान पर) से बहुत से राकेट सफलतापूर्वक छोड़े जा चुके हैं। इस केंद्र को 1968 में अंतर्राष्ट्रीय सहयोग के लिए राष्ट्र संघ को समर्पित कर दिया गया था। आंध्र प्रदेश में श्रीहरिकोटा नामक स्थान पर सैटेलाइट लांचिंग स्टेशन स्थापित किया गया है।

अन्तरिक्ष में प्रथम

• अन्तरिक्ष उड़ानों से सम्बन्धित नियमों का प्रथम प्रणेता	आइजक न्यूटन
• अन्तरिक्ष में भेजा गया प्रथम कृत्रिम उपग्रह	स्पूतनिक-1 (1957)
• अन्तरिक्ष में जाने वाला प्रथम जीव	'लाइका', एक कुत्ता
• मानव चालित प्रथम अन्तरिक्ष यात्रा	वास्टोक-1 (1961)
• अन्तरिक्ष में प्रथम व्यक्ति	यूरी गैगरिन, सोवियत संघ, (1961)
• प्रथम महिला अन्तरिक्ष यात्री	वेलेन्तीना तेरेश्कोवा (सोवियत संघ, जून 1963)
• अन्तरिक्ष में यान से बाहर विचरण करने वाला प्रथम व्यक्ति	एलेक्सी लियोनोव (सोवियत संघ, जून 1965)
• चाँद पर कदम रखने वाला प्रथम मानव	नील आर्मस्ट्रांग (अमेरिका, 21 जुलाई, 1969)
• चाँद पर प्रथम मानवरहित बग्घी	ल्यूनोखेव-1 (सोवियत संघ, 1970)
• कक्षा में प्रथम अन्तरिक्ष प्रयोगशाला	स्काईलैब (अमेरिका, 1973)
• प्रथम अन्तरिक्ष शटल	कोलम्बिया (अमेरिका, 1981)
• अन्तरिक्ष में प्रथम भारतीय (पुरुष)	स्क्वाड्रन लीडर राकेश शर्मा (13 अप्रैल, 1984)
• अन्तरिक्ष में प्रथम भारतीय (महिला)	कल्पना चावला (19 नवम्बर, 1997)
• प्रथम अमेरिकी महिला अन्तरिक्ष यात्री	सैलीराइड (1983)
• मंगल ग्रह पर पहला अन्तरिक्ष यान	पाथफाइंडर (6 जुलाई, 1997)
• प्रथम महिला जिसने अन्तरिक्ष यान का नेतृत्व किया	एलीन कोलिस (अमेरिका)
• प्रथम मानव रहित अन्तरिक्ष यान	शेन्जू (चीन) 20 नवम्बर, 1999

❑❑❑

7

पंचायती राज व्यवस्था

भारत में मौजूदा ग्रामीण शासन की रूपरेखा

पंचायती राज

भारत में पंचायत व्यवस्था अत्यंत प्राचीन संस्था है। इस संस्था के अंतर्गत गांवों में कुछ प्रमुख व्यक्तियों को पंच बनाकर सामाजिक समस्याओं का निदान किया जाता था, लेकिन अंग्रेजी शासन ने इस पंचायत व्यवस्था को पूर्णतः नष्ट कर दिया और इसके स्थान पर प्रांतीय सरकारें स्थापित कर दीं। लेकिन आजादी के उपरांत तत्कालीन बुद्धिजीवियों का ध्यान पंचायत व्यवस्था की तरफ गया और उन्होंने इस व्यवस्था का समर्थन किया। वास्तव में स्वतंत्रता प्राप्ति के पश्चात देश के समुचित आर्थिक विकास के लिए क्षेत्रीय असमानता को दूर करना जरूरी था और इसके लिए जनता की भागीदारी की आवश्यकता थी।

तत्कालीन प्रधानमंत्री जवाहर लाल नेहरू ने भारत के ग्रामीण विकास में नागरिकों की सहभागिता के लिए अमरीका के 'ब्लॉक मॉडल' को भारत में अपनाया। उनकी पहल पर ही भारत में 1952 से 1957 तक ब्लॉक विकास अधिकारी ग्रामीण विकास के लिए सामुदायिक कार्यक्रम के अंतर्गत कार्य करते रहे, लेकिन यह सामुदायिक विकास कार्यक्रम विकास अधिकारियों तक सीमित रहा और जनता की सहभागिता को सुनिश्चित नहीं कर पाया।

अतः इसकी कार्य प्रणाली तथा उपलब्धियों को ध्यान में रखते हुए ग्रामीण विकास के लिए एक सुनियोजित कार्यक्रम एवं व्यवस्था पर विचार-विमर्श करने के लिए भारत सरकार ने बलवंत राय मेहता की अध्यक्षता में 1956 में एक समिति का गठन किया–

बलवंत राय मेहता समिति

1956 में बलवंत राय मेहता की अध्यक्षता में एक समिति का गठन किया गया। इस समिति का मुख्य कार्य यह अध्ययन करना था कि कार्य सम्पादन में अधिक तीव्रता लाने के उद्देश्य से कार्यक्रम का संगठनात्मक ढांचा तथा कार्य करने के तरीके कहां तक उपयुक्त थे। इस समिति ने विकास कार्यक्रम की इस त्रुटि को उजागर किया कि इसे जनता का सहयोग प्राप्त नहीं हो पाया जिसके कारण यह अपने लक्ष्य प्राप्ति में असफल रहा। 1957 में इस समिति ने अपनी संस्तुतियां सरकार को दी। जिसमें निम्नलिखित बातों का उल्लेख था–

1. यह स्थानीय स्वशासन की गांव से लेकर जिला स्तर तक परस्पर संबद्ध त्रिस्तरीय रचना होनी चाहिए अर्थात् ग्राम स्तर पर ग्राम पंचायत, ब्लॉक स्तर पर पंचायत समिति और जिला स्तर पर जिला परिषद।
2. स्थानीय प्रशासन की इन संस्थाओं को प्रशासन की वास्तविक शक्तियां तथा उतरदायित्व प्रदान करना चाहिए।
3. इन संस्थाओं को पर्याप्त संसाधन प्रदान करना चाहिए।
4. आयोजना के द्वारा बनाए गए आर्थिक एवं सामाजिक विकास के कार्यक्रमों को इन संस्थाओं के माध्यम से चलाया जाना चाहिए।

12 जनवरी, 1958 को राष्ट्रीय विकास परिषद ने बलवंत राय मेहता समिति की प्रजातांत्रिक विकेन्द्रीकरण की सिफारिशों को स्वीकार करते हुए राज्यों से इसे कार्यान्वित करने के लिए कहा। जिसके फलस्वरूप 2 अक्टूबर, 1959 को जवाहरलाल नेहरू ने राजस्थान के नागौर जिले में प्रजातांत्रिक विकेन्द्रीकरण की योजना का श्रीगणेश किया और इसी दिन संपूर्ण राजस्थान में लागू कर दिया गया। इस लोकतांत्रिक विकेन्द्रीकरण को ही पंचायती राज कहा जाने लगा। इस प्रकार राजस्थान में सर्वप्रथम पंचायती राज की स्थापना की गई।

अशोक मेहता समिति

पंचायती राज व्यवस्था को और अधिक प्रभावी बनाने के लिए जनता सरकार द्वारा 12 सितम्बर, 1977 में अशोक मेहता समिति का गठन किया गया। इसके द्वारा 1978 में प्रतिवेदन प्रस्तुत किया गया जिसमें निम्नलिखित बातों का उल्लेख था–

1. पंचायती राज संस्थाओं में त्रिस्तरीय संगठन के स्थान परः द्विस्तरीय संगठन होना चाहिए, जिला स्तर पर जिला परिषद तथा निम्न स्तर पर मण्डल पंचायत जो कई गांवों को मिलाकर बनेगी। इस समिति द्वारा ग्राम पंचायत को समाप्त करने की बात कही गई।
2. जिला परिषद में छः प्रकार के सदस्य होंगे जिसमें पंचायत समिति के अध्यक्ष, सहकारी समितियों एवं म्यूनिसिपलिटीज के प्रतिनिधि, 2 महिला सदस्य, अनुसूचित जाति तथा जनजाति के सदस्य, क्षेत्र

के निर्वाचित एम॰एल॰ए॰ तथा एम॰पी॰ जिला परिषद के पदेन सदस्य होंगे। जिला परिषद के अध्यक्ष का चुनाव उसके सदस्यों द्वारा चार वर्ष के लिए किया जाएगा।

3. पंचायती राज संस्थाओं को करारोपण की अनिवार्य शक्ति प्रदान करनी चाहिए जिससे वह राज्य सरकार के अनुदान पर निर्भर न रहें तथा स्वयं आय के स्रोत बना सके।
4. मंडल पंचायत में 15 सदस्य होंगे जो ग्रामीणों द्वारा प्रत्यक्ष रूप से चुने जाएंगे।
5. पंचायती राज संस्थाओं के चुनावों में राजनीतिक दलों को भाग लेना चाहिए।
6. राज्य सरकारें राजनीतिक आधार पर पंचायती राज संस्थाओं का विघटन न करें और यदि ऐसा होता है तो उन संस्थाओं का चुनाव छः माह के अंदर हो जाने चाहिए।

इस प्रकार अशोक मेहता समिति द्वारा बलवंत राय मेहता के प्रतिमानों में कुछ परिवर्तन किया गया लेकिन सरकार ने इनमें से एक भी संस्तुति को स्वीकार नहीं किया। आज भी भारत में पंचायत राज व्यवस्था बलवंत राय मेहता द्वारा सुझाए गए प्रतिमानों पर ही कार्य कर रही है।

जी.वी.के. राव और एल.एम. सिंघवी समिति

ग्रामीण विकास एवं गरीबी उन्मूलन कार्यक्रम की प्रशासनिक व्यवस्था के लिए योजना आयोग द्वारा 1985 ई. में जी.वी.के. राव की अध्यक्षता में एक समिति का गठन किया गया। समिति इस निष्कर्ष पर पहुँची कि विकास प्रक्रिया दफ्तरशाही युक्त होकर पंचायती राज से विच्छेदित हो गई है। परिणामस्वरूप प्रशासनिक विकास में दफ्तरशाही का यह रिवाज उसी तरह है जैसे लोकतंत्र के विरुद्ध पंचायती राज कमजोर होना, जिसे 'बिना जड़ की घास' कहना उपयुक्त होगा। अतः समिति ने पंचायती राज पद्धति को मजबूत और पुनर्जीवित करने हेतु विभिन्न सिफारिशें कीं। इसने प्रशासन के विकास में पंचायती राज की प्रमुख भूमिका का हवाला दिया और जिला मजिस्ट्रेट की विकास भूमिका को कम करने की सिफारिश की।

1986 में राजीव गांधी सरकार ने 'लोकतंत्र व विकास के लिए पंचायती राज संस्थाओं के पुनर्जीवन' पर एक समिति का गठन एल.एम. सिंघवी की अध्यक्षता में किया। इसने पंचायती राज संस्थाओं को संवैधानिक रूप से मान्य, संरक्षित एवं परिरक्षित करने की सिफारिश की।

1989 ई. में गठित पी. के. थुंगन समिति ने भी स्थानीय निकायों की संवैधानिक मान्यता की अनुशंसा की।

एल.एम. सिंघवी समिति द्वारा दी गई अनुशंसाओं के मद्देनजर राजीव गांधी सरकार ने पंचायती राज संस्थाओं को संवैधानिक दर्जा दिलाने के लिए जुलाई 1989 में 64वां संविधान संशोधन विधेयक लोकसभा में पेश किया। यद्यपि अगस्त 1989 में लोकसभा ने यह विधेयक पारित कर दिया किंतु राज्यसभा में यह पारित न हो सका।

अन्ततः पी.वी. नरसिम्हा राव सरकार ने एक बार पुनः पंचायती राज को संवैधानिक करने हेतु विचार किया और सितम्बर 1991 को लोकसभा में एक संविधान संशोधन विधेयक प्रस्तुत किया। यह विधेयक 73वें संविधान संशोधन कानून, 1992 के रूप में परिणत हुआ और अप्रैल 1993 से प्रभाव में आया।

पंचायती राज व्यवस्था और 73वां संविधान संशोधन

संसद ने 24 अप्रैल, 1993 को 73वां संविधान संशोधन अधिनियम पारित कर राज्यों को निर्देश दिया कि वे एक वर्ष में इस संशोधन के अनुसार पंचायती राज कानून बनाएं। 17 राज्यों व केन्द्रशासित प्रदेशों द्वारा उपर्युक्त निर्देशानुसार कानून बनाए गए। इस अधिनियम के पारित हो जाने से पंचायती राज संस्थाओं को अब संवैधानिक दर्जा प्राप्त हो गया है और निचले स्तर पर भी लोकतंत्र को मान्यता प्राप्त हुई है।

इस अधिनियम द्वारा संविधान में एक नया अध्याय 9 जोड़ा गया जिसके अंतर्गत अनुच्छेद-243 से लेकर अनुच्छेद-243 (O) तक व्यवस्थाएं की गईं और साथ ही 11वीं अनुसूची भी जोड़ी गई। इस संशोधन द्वारा पंचायती राज व्यवस्थाओं के लिए किए गए प्रावधानों का वर्णन निम्न प्रकार से किया जा सकता है–

1. **ग्राम सभा :** इस संविधान संशोधन के अनुच्छेद 243 (b) के अनुसार पंचायत के अधिकार क्षेत्र में आने वाले गांव या गांवों के मतदाता ही ग्राम सभा के सदस्य हो सकते हैं और यही सारे सदस्य मिलकर ग्राम सभा का निर्माण करेंगे। ग्राम सभा का निर्माण राज्य विधान मंडल द्वारा निर्धारित कानून के अनुसार ही किया जाएगा।
2. **संरचना संबंधी :** संविधान के 73वें संविधान संशोधन द्वारा यह भी स्पष्ट किया गया कि प्रत्येक स्तर की पंचायत की रचना राज्य विधान मंडल द्वारा ही निर्धारित की जाएगी।
3. **सदस्यों का चुनाव :** 73वें संविधान संशोधन द्वारा यह व्यवस्था की गई है कि पंचायत के सदस्यों के चुनाव के लिए पंचायत क्षेत्रों को निर्वाचन क्षेत्रों में बांट दिया जाएगा और इन निर्वाचन क्षेत्रों में से ही पंचायत के सदस्यों का मतदाताओं द्वारा प्रत्यक्ष रूप से चुनाव किया जाएगा।
4. **पंचायतों के चुनाव :** 73वें संशोधन द्वारा यह व्यवस्था की गई कि पंचायतों के चुनाव राज्य चुनाव आयोग की देखरेख, नियंत्रण एवं निर्देशन में होंगे। चुनाव आयोग पंचायती राज संस्थाओं के चुनावों से संबंधित अधिसूचना जारी होने के बाद चुनावों की तिथि निश्चित करता है, नामांकन पत्रों की छानबीन करता है, चुनाव चिह्न जारी करता है और स्वतंत्र व निष्पक्ष चुनावों की व्यवस्था करता है। इसके लिए अनुच्छेद-243 K में राज्य चुनाव आयोग की व्यवस्था की गई है। राज्य चुनाव आयुक्त की नियुक्ति राज्यपाल द्वारा की जाएगी और उसकी सेवा शर्तें एवं कार्यकाल राज्य विधानमंडल द्वारा निर्धारित किए जायेंगे। कार्यकाल के दौरान चुनाव आयुक्त की सेवा शर्तों में कोई ऐसा परिवर्तन नहीं किया जाएगा जो उसके लिए अहितकर हो। चुनाव आयुक्त को उसी प्रक्रिया द्वारा हटाया जा सकेगा जिस प्रक्रिया द्वारा उच्च न्यायालय के न्यायाधीशों को हटाया जाता है।
5. **73वें संशोधन के अनुसार संसद सदस्यों तथा विधानमंडल के सदस्यों के लिए प्रतिनिधित्व :**
   (*i*) पंचायत समिति और जिला परिषद् के चुनाव क्षेत्र में आने वाले लोक सभा और राज्य विधान सभा के सदस्यों को इन संस्थाओं में प्रतिनिधित्व दिया जाएगा।

(*ii*) राज्य सभा और विधान परिषद् उन सदस्यों को जिनका नाम पंचायत समिति और जिला परिषद् के चुनाव क्षेत्र की मतदाता सूची में अंकित है प्रतिनिधित्व दिया जाएगा। लेकिन संसद तथा राज्य विधान मंडलों के सदस्यों को ग्राम पंचायत में कोई प्रतिनिधित्व नहीं दिया गया है। इन सदस्यों को पंचायत समिति और जिला परिषद् में मत देने का अधिकार दिया गया है।

6. **पंचायत के अध्यक्ष का चुनाव तथा पदच्युति :** अब पंचायत के अध्यक्ष यानि सरपंच का चुनाव ग्राम सभा के सदस्यों द्वारा प्रत्यक्ष रूप से किया जाएगा। अध्यक्ष को उसका कार्यकाल पूरा होने से पूर्व भी हटाने की व्यवस्था की गई है। इसके लिए आवश्यक है कि पंचायत अपने कुल सदस्यों के बहुमत और उपस्थित तथा मत देने वाले सदस्यों के 2/3 बहुमत से अध्यक्ष को हटाने संबंधी प्रस्ताव पास कर दे। ग्राम पंचायत द्वारा पारित किया गया ऐसा प्रस्ताव ग्राम सभा के विचार के लिए भेजा जाएगा। ग्राम सभा इस प्रस्ताव पर विचार करने के लिए एक विशेष बैठक बुलाएगी जिसमें ग्राम सभा के 50% सदस्यों का उपस्थित होना अनिवार्य है। यदि इस बैठक में ग्राम सभा पंचायत के अध्यक्ष को पद से हटाने संबंधी प्रस्ताव को उपस्थित तथा मत देने वाले सदस्यों के बहुमत से पास कर दे तो अध्यक्ष को उसके पद से अलग कर दिया जाएगा।

7. **पंचायत समिति और जिला परिषद् के अध्यक्षों का चुनाव व पदच्युति :** 73वें सवैधानिक संशोधन के अनुसार, यह व्यवस्था की गई है कि मध्य स्तरीय पंचायतों और जिला परिषदों के अध्यक्षों का चुनाव संबंधित पंचायतों के निर्वाचित सदस्यों द्वारा अपने में से ही किया जाएगा। यदि संबंधित पंचायत समिति के सदस्य उपस्थित तथा मत देने वाले सदस्यों के 2/3 बहुमत, जो कुल सदस्यों का बहुमत भी होना चाहिए, से अध्यक्ष को हटाने संबंधी प्रस्ताव पास कर दे तो अध्यक्ष को अपना पद त्यागना पड़ता है।

8. **आरक्षण :** 73वें संविधान संशोधन द्वारा पंचायती राज व्यवस्था में आरक्षण की निम्नलिखित व्यवस्थाएं की गई हैं—

- **अनुसूचित जातियों, अनुसूचित जन-जातियों तथा पिछड़े वर्गों के लिए :** पंचायती राज संस्थाओं में उनकी जनसंख्या के अनुपात में आरक्षण दिया जाएगा।
- **महिलाओं के लिए भी आरक्षण :** सभी स्तर की पंचायतों के कुल स्थानों का 1/3 भाग महिलाओं के लिए आरक्षित होगा। जिसमें अनुसूचित जातियों तथा अनुसूचित जनजातियों की स्त्रियों के लिए भी आरक्षण शामिल होगा।
- विभिन्न स्तरों की पंचायत संस्थाओं के अध्यक्षों तथा उपाध्यक्षों की कुल संख्या का 1/3 भाग महिलाओं के लिए आरक्षित होगा, जिसमें अनुसूचित जातियों और अनुसूचित जनजातियों की महिलाओं के लिए आरक्षण भी शामिल है।
- सभी पंचायती राज् की संस्थाओं में अध्यक्षों तथा उपाध्यक्षों के पदों में से कुछ स्थान अनुसूचित जाति तथा अनुसूचित जन-जाति के सदस्यों के लिए आरक्षित रखे जाएंगे।

9. **चुनाव और निश्चित अवधि :** 73वें संविधान संशोधन के अनुसार पंचायती राज की प्रत्येक संस्था का कार्यकाल 5 वर्ष निश्चित किया गया है। यह कार्यकाल पंचायत की प्रथम बैठक से प्रारम्भ माना जाएगा। पंचायत का कार्यकाल समाप्त होने से पहले ही नई पंचायत के लिए चुनाव करवाना अनिवार्य है। राज्य सरकार पंचायत संस्थाओं को इनके निधारित कार्यकाल से पूर्व भी भंग कर सकती है। यदि पंचायत को भंग कर दिया जाता है तो 6 माह के भीतर नई पंचायत के लिए चुनाव करवाना अनिवार्य है।

10. **सदस्यों की योग्यताएं :** पंचायती राज की विभिन्न संस्थाओं का सदस्य बनने के लिए वही योग्यताएं होंगी जो राज्य विधानमंडल का सदस्य बनने के लिए निधारित की गई हैं। उल्लेखनीय है कि 73वें संशोधन द्वारा पंचायती राज संस्थाओं का सदस्य बनने के लिए आयु 21 वर्ष निर्धारित की गई है।

11. **वित्त आयोग :** पंचायती राज अधिनियम में पंचायती संस्थाओं को वित्तीय संसाधनों के हस्तांतरण तथा इसके लिए उचित कसौटियां सुझाने के लिए हर वर्ष एक वित्त आयोग गठित करने का भी प्रावधान है।

शक्तियां व कार्य

73वें संविधान संशोधन द्वारा संविधान में एक नई अनुसूची (11वीं अनुसूची) जोड़ी गई है जिसमें पंचायती राज व्यवस्था की शक्तियों व कार्यों का वर्णन किया गया है, जो इस प्रकार हैं—

1. खेती बाड़ी 2. सिंचाई और जल प्रबंधन 3. भूमि सुधार 4. वन उत्पादन 5. पशुपालन, मुर्गी व डेयरी पालन 6. लघु उद्योग 7. ग्रामीण आवास 8. सड़कों तथा पुलों का निर्माण व यातायात के साधनों का प्रबंध 9. तकनीकी व रोजगार शिक्षा 10. समाज कल्याण 11. कमजोर वर्गों, विशेष रूप से अनुसूचित जातियों व जनजातियों का कल्याण आदि।

❑❑❑

8

सामुदायिक विकास

1952 में प्रारंभ किया गया सामुदायिक विकास कार्यक्रम भारतवर्ष में ग्राम्य विकास के विभिन्न दृष्टिकोणों तथा किए गए प्रयोगों पर आधारित था। ग्राम्य विकास का सम्भवतः प्रथम प्रयोग 1920 में रवीन्द्रनाथ टैगोर द्वारा श्री निकेतन परियोजना के रूप में किया गया। इसके अतिरिक्त 1920 के अन्त में एफ.एल. ब्रेन द्वारा संचालित गुडगांव परियोजना, 1921 में यंग मैन्स क्रिश्चियन एसोसिएशन द्वारा कन्याकुमारी जिले में चलाई गई मार्टैन्डम परियोजना, 1932 में बी.टी. कृष्णाचारी द्वारा डा. स्पेंसर हैच के सहयोग से चलाई गई बड़ोदा परियोजना, 1936 में महात्मा गांधी द्वारा वर्धा में क्रियान्वित की गई सेवाग्राम परियोजना, 1948 में एस.के.डी. द्वारा चलाई गई नीलोखेड़ी परियोजना तथा इसी वर्ष उत्तर प्रदेश में श्री एलबर्ट मेयर द्वारा इटावा परियोजना का उल्लेख किया जा सकता है।

सामुदायिक विकास कार्यक्रम मुख्य रूप से इटावा परियोजना पर आधारित था। यह परियोजना सामुदायिक विकास कार्यक्रम की अग्रगामी परियोजना कहलाती है, जिसके प्रमुख लक्ष्य इस प्रकार रखे गए :

- उत्पादन, सामाजिक महत्व, पहल, लोगों के आत्मविश्वास तथा सहयोग इत्यादि की दृष्टि से कृषि के विकास के स्तर को आंकना।
- इस बात का पता लगाना कि कितने जल्दी परिणाम प्राप्त किए जा सकते हैं।
- यह ज्ञात करना कि क्या इस कार्यक्रम विशेष के बन्द किए जाने के बाद भी इसके परिणाम लोगों में स्थायी रह सकते हैं।
- यह निर्धारित करना कि परियोजना के परिणाम देश के अन्य भागों में कहाँ तक दोहराये जा सकते हैं।

ग्राम्य विकास कार्यक्रम के आधार

इसके दो प्रमुख आधार रखे गए :

- ग्रामीण समुदाय के सम्पूर्ण विकास के लिए आवश्यक तकनीकी तथा अन्य सेवाओं के सहयोग के साथ-साथ व्यक्तियों की सहभागिता को सुनिश्चित किया जाए, तथा
- गांवों के विकास की समस्या को सुलझाने के लिए सम्पूर्णता के अभिगम को अपनाते हुए कार्य किया जाना चाहिए जिसमें समस्या के समस्त आयामों पर ध्यान दिया जाना चाहिए।

सामुदायिक विकास कार्यक्रम के प्रमुख घटक

1952 में चलाए गए सामुदायिक विकास कार्यक्रम के प्रमुख घटक निम्नलिखित थे :

1. कृषि तथा इससे संबंधित विषय

- उपलब्ध किन्तु प्रयोग न की जा रही बंजर भूमि का सुधार।
- ग्राम विद्युतीकरण का विकास।
- रासायनिक खादों की व्यवस्था।
- उत्तम किस्म के बीजों की व्यवस्था।
- उन्नत कृषि तकनीकों का विकास तथा भूमि का पूर्ण सदुपयोग।
- पशु चिकित्सा की व्यवस्था।
- कृषि संबंधी तकनीकी सूचना, सामग्री तथा बुलेटिनों की व्यवस्था।
- वृक्ष लगाने के साथ-साथ वृक्षों के रख-रखाव की व्यवस्था करना।

2. सिंचाई

इसके अन्तर्गत नहरों, नककूपों, कुओं, तालाबों इत्यादि के माध्यम से खेती के लिए पानी की व्यवस्था करना।

3. परिवहन

- सड़कों की व्यवस्था।
- आवागमन के साधनों में वृद्धि।
- पशुओं को इधर-उधर ले जाने की सुविधाओं का विकास सम्मिलित थे।

4. स्वास्थ्य

- सफाई तथा जन-स्वास्थ्य उपायों की व्यवस्था।
- मलेरिया तथा अन्य बीमारियों पर नियंत्रण।
- पीने के पानी की व्यवस्था।
- बीमारी के लिए चिकित्सा सहायता।
- गर्भवती माताओं की देखभाल तथा प्रसूति संबंधी सेवाओं।
- सामान्यीकृत लोक स्वास्थ्य सेवा तथा शिक्षा को रखा गया।

5. पूरक रोजगार

- मुख्य अथवा गौण व्यवसाय के रूप में कुटीर उद्योगों तथा शिल्पों को बढ़ावा देना।
- स्थानीय आवश्यकताओं के लिए अथवा परियोजना से बाहर के क्षेत्रों के व्यक्तियों को रोजगार में लगाने के लिए मध्यम तथा लघु उद्योगों को बढ़ावा देना।
- व्यापार तथा कल्याण सेवाओं के माध्यम से रोजगार को बढ़ावा देना।
- स्थानीय आवश्यकताओं की पूर्ति के लिए भवन निर्माण सामग्री प्रदान करने के लिए ईंटों तथा आरा मशीनों की व्यवस्था करना।

उपरिलिखित कार्यक्रम विभिन्न प्रकार के लक्ष्यों तथा स्थितियों में सुधार लाने के लिए चलाए गए। मुख्य रूप से कार्यक्रम गरीब व्यक्तियों के रहन-सहन के स्तर को ऊँचा उठाने के लिए चलाए गए।

❑ ❑ ❑

9

विविध

भारत एक दृष्टि में

• राजधानी	–	नई दिल्ली
• क्षेत्रफल	–	32,87,263 वर्ग कि.मी.
• क्षेत्रफल की दृष्टि से विश्व में स्थान	–	सातवां
• स्थित	–	भूमध्य रेखा के उत्तर में 8°4′ और 37°6′ उत्तरी अक्षांश और 68°7′ तथा 97°25′ पूर्वी देशांतर के मध्य
• विस्तार	–	उत्तर से दक्षिण तक 3,214 किमी. पूर्व से पश्चिम तक 2,933 किमी.
• भूमि सीमा	–	15,200 किमी.
• समुद्री तट	–	7,516.6 किमी.
• सीमावर्ती देश	–	उत्तर-पश्चिम में पाकिस्तान और अफगानिस्तान, उत्तर में चीन, नेपाल और भूटान, पूर्व में म्यांमार और बंगलादेश, दक्षिण में मन्नार की खाड़ी और पाक-जलडमरूमध्य श्रीलंका से अलग करते हैं।
• प्राकृतिक संरचना	–	मुख्य भूमि चार भागों में विभक्त–विस्तृत पर्वतीय क्षेत्र, सिंधु और गंगा के मैदान, रेगिस्तानी क्षेत्र, दक्षिणी प्रायद्वीप
• प्रमुख नदियाँ	–	(क) **हिमालय समूह** : गंगा, यमुना, सिन्धु तथा ब्रह्मपुत्र; (ख) **दक्षिणी नदियाँ** : कृष्णा, कावेरी, गोदावरी, महानदी, दामोदर, नर्मदा, ताप्ती, पम्बा, पेरियार, पेण्णार, शरावती, नेत्रवती
• जलवायु	–	ऊष्ण कटिबंधीय चार ऋतुएँ–शीत ऋतु, ग्रीष्म ऋतु, वर्षा ऋतु, शरद ऋतु
• जीव-जंतु	–	लगभग 89,451 किस्म के
• जनसंख्या (2011)	–	121,08,54,977
• साक्षरता (2011)	–	73.0%
• राजभाषा	–	हिन्दी
• मान्य भाषाएं	–	22
• राज्यों की संख्या	–	28
• संघशासित प्रदेशों की संख्या	–	8
• उच्च न्यायालयों की संख्या	–	25

भारतीय संघ : राज्य व संघीय प्रदेश

संघ राज्य एवं संघीय प्रदेश	राजधानी	क्षेत्रफल (वर्ग कि॰मी॰)	भाषा
भारत	नई दिल्ली	32,87,263	हिन्दी-राजभाषा
	राज्य		
आंध्र प्रदेश	अमरावती	1,60,229	तेलुगू
असम	दिसपुर	78,438	असमिया
ओडिशा	भुवनेश्वर	1,55,707	ओडिया
उत्तर प्रदेश	लखनऊ	2,40,928	हिन्दी
केरल	तिरुवनन्तपुरम्	38,863	मलयालम
गुजरात	गांधीनगर	1,96,024	गुजराती
तमिलनाडु	चेन्नई	1,30,058	तमिल
त्रिपुरा	अगरतला	10,492	त्रिपुरी, बंगला
नगालैण्ड	कोहिमा	16,579	अंग्रेजी, सेमा
पंजाब	चण्डीगढ़	50,362	पंजाबी
प. बंगाल	कोलकाता	88,752	बांग्ला
बिहार	पटना	94,163	हिन्दी, मैथिली, भोजपुरी, मगही
मध्य प्रदेश	भोपाल	3,08,000	हिन्दी
महाराष्ट्र	मुम्बई	3,07,713	मराठी
मेघालय	शिलांग	22,429	खासा भारा
मणिपुर	इम्फाल	22,327	मणिपुरी, अंग्रेजी
राजस्थान	जयपुर	3,42,239	हिन्दी, मारवाड़ी
हरियाणा	चण्डीगढ़	44,212	हिन्दी
हिमाचल प्रदेश	शिमला	55,673	हिन्दी, पहाड़ी
कर्नाटक	बंगलुरू	1,91,791	कन्नड़
सिक्किम	गंगटोक	7,096	लेपचा, नेपाली, हिन्दी
मिजोरम	आईजॉल	20,987	मिजो, अंग्रेजी
अरुणाचल प्रदेश	ईटानगर	83,743	बिस्सी, वांची
गोवा	पणजी	3,702	कोंकणी, मराठी
छत्तीसगढ़	रायपुर	1,35,191	हिन्दी
झारखण्ड	रांची	79,714	हिन्दी, संथाली, बांग्ला तथा ओडिया
उत्तराखंड	देहरादून	53,483	हिन्दी, गढ़वाली, कुमायुँनी
तेलंगाना	हैदराबाद	1,14,840	तेलुगू
	संघ शासित प्रदेश		
अण्डमान निकोबार द्वीप समूह	पोर्टब्लेयर	8,249	निकोबारी, हिन्दी
चण्डीगढ़	चण्डीगढ़	114	हिन्दी, पंजाबी
दिल्ली	दिल्ली	1,483	हिन्दी, पंजाबी
दादरा और नागर हवेली और दमन और दीव	दमन	603	भीली, गुजराती
पुडुचेरी	पुडुचेरी	480	तमिल, हिन्दी
लक्षद्वीप	कावारत्ती	32	मलयालम
जम्मू-कश्मीर	श्रीनगर (ग्रीष्मकाल में) जम्मू (शीतकाल में)	2,22,236*	कश्मीरी, उर्दू, डोगरी
लद्दाख	लेह	–	लद्दाखी

* पाकिस्तान और चीन द्वारा अवैध रूप से कब्जा किए गए क्षेत्र तथा केन्द्रशासित प्रदेश लद्दाख के क्षेत्रफल सहित।

विभिन्न राज्यों में मिलने वाली जनजातियां

प्रदेश	जनजातियां	प्रदेश	जनजातियां
उत्तर प्रदेश, उत्तराखंड	बुक्सा, थारू, बिड़कोल भोटिया खरवार, जौनसारी, राजी	केरल	कडर, इरुला, मुथुवन, कनिक्कर, मलायन, मलनकुरावन, मलयारायन, मलावेतन, मन्नान, उल्लातन, यूराली, पनियां, पुलायन, मल्लार, कुरुम्बा
पश्चिम बंगाल, बिहार, झारखंड	संथाल, भुइया, कोरबा, उरांव, हो, विरहोर, असुर, मुंडा, कोल		
राजस्थान	मीणा, भील, गरासिया, सहरिया, सांसी, दमोर, मेव, रावत, मेरात,कोली	महाराष्ट्र, आन्ध्र प्रदेश, तेलंगाना	भील, गोंड, अगरिया, असुरा, भारिया, कोया, वर्ली, कोली, डुका, बैगा, गडावास, कामर, खडिया, खोंडा, कोल, कोलम, कोरबा, मुन्डा
अण्डमान-निकोबार द्वीप समूह	ओंग, सोपन, आरबा, अण्डमानी, निकोबारी		
हिमाचल प्रदेश, जम्मू एवं कश्मीर	बकरवाल, गद्दी, गुर्जर, लाहौल लांबा, पंगवाला, किन्नर	मध्य प्रदेश, छत्तीसगढ़	कोरकू, भील, बैगा, गोंड, अगरिया, भारिया, कोरबा, कोल, उरांव, प्रधान, नगेशिया, हल्वा, भतरा, माड़िया, सहरिया, कमार, कंवर
असम, अरुणाचल प्रदेश, नगालैंड, मेघालय, मणिपुर	न्याशी, गुरूंग, रियांग, चकमा, मिनीपोंग, पासी, ग्लोंग, सिंगपो, रेंगमा, सेंगमा, यांग, नागा, गारो	त्रिपुरा	लुभाई, माग, हलम, खशिया, भूटिया, मुन्डा, संथाल, भील, जमनिया, रियांग, उचाई
मिजोरम	खासी		
गुजरात	टोड़िया, भील, डाफर, रैवारी, पटेलिया, डूबला, कथोड़ी, सिद्दीस	कर्नाटक	गौडालू, हक्की, पिक्की, इरुगा, जेनु, कुरुव, मलाईकुड, भील, गोंड, टोडा, वर्ली, चेन्यू, कोया, अर्नादन, चेरवा, होलेया, कोरमा
तमिलनाडु, ओड़िशा	जुवांग, खोंड, गोंड, बड़गा, बोंडो, जुआंग, परजा, भूमिज	पंजाब	गद्दी, स्वांगला, भोट

भारत में प्रथम

● नोबेल पुरस्कार प्राप्तकर्ता	**1. साहित्यः** रवीन्द्रनाथ टैगोर (1913) **2. भौतिकीः** सी॰वी॰ रमन (1929) **3. शान्तिः** मदर टेरेसा (1979) **4. अर्थशास्त्रः** अमर्त्य सेन (1998)
● स्वतंत्र भारत के भारतीय गवर्नर जनरल (अन्तिम भी)	चक्रवर्ती राजगोपालाचारी
● महिला राष्ट्रपति	प्रतिभा पाटिल
● महिला राज्यपाल	श्रीमती सरोजिनी नायडू
● सुप्रीम कोर्ट की महिला न्यायाधीश	श्रीमती मीरा साहिब फातिमा बीबी
● महिला प्रधानमंत्री	श्रीमती इंदिरा गांधी
● भारतीय सेनापति	जनरल के॰ एम॰ करियप्पा
● महिला मुख्यमंत्री	श्रीमती सुचेता कृपलानी
● संयुक्त राष्ट्र महासभा की महिला अध्यक्ष	श्रीमती विजयलक्ष्मी पंडित (1954)
● अंतर्राष्ट्रीय न्यायालय के भारतीय अध्यक्ष	डॉ॰ नगेन्द्र सिंह
● इंगलिश चैनल तैरकर पार करने वाली भारतीय महिला	आरती गुप्ता
● इंगलिश चैनल तैरकर पार करने वाला भारतीय पुरुष	मिहिर सेन
● ब्रिटिश पार्लियामेंट के भारतीय सदस्य	दादा भाई नौरोजी
● फील्ड मार्शल	एस॰एच॰एफ॰जे॰ मानेकशा
● एवरेस्ट शिखर पर चढ़ने वाला भारतीय	शेरपा तेंजिंग (29 मई, 1953)
● एवरेस्ट पर चढ़ने वाली भारतीय महिला	कु॰ बछेन्द्रीपाल (23 मई, 1984)
● भारतीय अंतरिक्ष यात्री (पुरुष)	राकेश शर्मा (3 अप्रैल, 1984)
● चीफ ऑफ डिफेंस स्टाफ (CDS)	जनरल बिपिन रावत
● भारतीय अंतरिक्ष यात्री (महिला)	कल्पना चावला (19 नवम्बर, 1997)
● भारत रत्न से विभूषित महिला	श्रीमती इंदिरा गांधी
● भारतीय महिला मिस यूनिवर्स	कु॰ सुष्मिता सेन
● भारतीय महिला मिस वर्ल्ड	रीता फरिया
● समाचार-पत्र	बंगाल गजट (27 जनवरी, 1780)
● डाक टिकट	1852

• तार लाइन	1851 (कलकत्ता-डायमंड हार्बर)
• रेल	16 अप्रैल, 1853 (बम्बई-थाणे)
• विद्युत रेल	1925 (बम्बई-कुर्ला)
• उपग्रह	आर्यभट्ट (1975)
• रॉकेट	रोहिणी (1967)
• आणविक रियेक्टर	अप्सरा (1956)
• आणविक बिजलीघर	तारापुर आणविक बिजलीघर (1969)
• भारतीय वायु सेना की महिला पायलट	हरित कौर देओल
• फास्ट ब्रीडर आणविक रियेक्टर	कलपक्कम
• बिना ऑक्सीजन एवरेस्ट की चोटी पर पहुंचने वाला भारतीय	फु दोरजी (1987)
• मेट्रो रेलवे	कोलकाता (1984)
• फिल्म	राजा हरिश्चन्द्र (1913) (मूक) एवं आलम आरा (1931) (बोलती हुई)
• इंडियन नेशनल कांग्रेस की प्रथम महिला अध्यक्ष	श्रीमती एनी बेसेंट
• इंडियन नेशनल कांग्रेस के प्रथम अध्यक्ष	व्योमेशचन्द्र बनर्जी (1888)
• आई॰सी॰एस॰ में सफल होने वाला प्रथम भारतीय	सत्येन्द्र नाथ टैगोर

भारत में सबसे बड़ा/लम्बा/ऊँचा आदि

• सबसे ऊंची चोटी*	के-2
• सर्वाधिक आबादी वाला शहर	मुम्बई
• सबसे लम्बी नदी	गंगा (2525 कि.मी.)
• सबसे बड़ा राज्य (क्षेत्रफल में)	राजस्थान
• सबसे बड़ा राज्य (आबादी में)	उत्तर प्रदेश
• सबसे लंबा पुल (सड़क)	असम में लोहित नदी पर भूपेन हजारिका सेतु (9.15 कि.मी.)
• सर्वाधिक जनसंख्या घनत्व वाला राज्य	बिहार (1,106 प्रति वर्ग कि.मी.)
• सर्वाधिक साक्षर राज्य	केरल (साक्षरता लगभग 94%)
• सबसे बड़ा अजायबघर	इण्डिया म्यूजियम, कोलकाता
• सबसे लम्बा पुल (रेल)	वेम्बानद रेल पुल (केरल, 4.62 किमी.)
• सबसे लम्बा बांध	हीराकुड (ओडिशा)
• सबसे लम्बी सुरंग (सड़क)	डॉ. श्यामा प्रसाद मुखर्जी सुरंग (जम्मू–कश्मीर, 9.28 किमी.)
• सबसे लम्बी सुरंग (रेलवे)	पीर पंजाल रेल सुरंग, 11.21 कि.मी. (जम्मू-कश्मीर में बनिहाल एवं काजीगुंड स्टेशनों के मध्य)
• सबसे बड़ा चिड़ियाघर	जुलोजिकल गार्डन्स, कोलकाता
• सबसे लम्बी सड़क	ग्राण्ड ट्रंक रोड (1500 मील)
• सबसे ऊंची मीनार	कुतुबमीनार, दिल्ली (72.5 मी.)
• सबसे बड़ी मस्जिद	जामा मस्जिद, दिल्ली
• बहादुरी के लिए सबसे बड़ा पुरस्कार	परमवीर चक्र
• सबसे बड़ा रेगिस्तान	थार (राजस्थान)
• सबसे बड़ा डेल्टा	सुन्दरवन डेल्टा, (75,000 वर्ग कि.मी.)
• सबसे बड़ा गुम्बज	गोल गुम्बज (बीजापुर-42 मी॰ व्यास)
• सबसे ऊँचा बांध	टिहरी बांध (261 मी.)
• सबसे ऊँचा दरवाजा	बुलंद दरवाजा (फतेहपुर सीकरी: 176 फीट)
• सबसे बड़ी मीठे पानी की झील	वुलर झील (जम्मू–कश्मीर)
• सबसे लम्बा प्लेटफार्म	श्री सिद्धारूढ़ा स्वामीजी रेलवे स्टेशन हुब्बल्लि, कर्नाटक का प्लेटफॉर्म (1507 मी. लम्बा)
• सर्वाधिक वर्षा (वार्षिक॰औसत)	चेरापूंजी के निकट मासिनराम (12,000 मि.मी.)
• झरना, सबसे ऊँचा	कुंचिकल (कर्नाटक : 455 मी.)
• सबसे बड़ा पशुओं का मेला	सोनपुर (बिहार)
• सबसे बड़ा गुफा मंदिर	कैलाश मंदिर (एलोरा)
• सबसे अधिक वन क्षेत्र वाला राज्य	मध्य प्रदेश
• सबसे बड़ी कृत्रिम झील	गोविन्द सागर (भाखड़ा)

* विश्व की सबसे ऊंची चोटी मांउट एवरेस्ट है जो नेपाल में है। के-2 विश्व की दूसरी सबसे ऊँची और भारत की सबसे ऊँची (8611 मी॰) चोटी है।

राष्ट्रीय प्रतीक

- **राष्ट्रीय ध्वज :** भारत का राष्ट्रीय ध्वज **तिरंगा** है। यह आयताकार तीन पट्टियों से बना है। इसमें सबसे ऊपर केसरिया, मध्य में श्वेत और नीचे हरा रंग है। केसरिया शक्ति, श्वेत शांति और हरा समृद्धि का प्रतीक माना जाता है। झण्डे की लम्बाई-चौड़ाई का अनुपात 3 : 2 है। श्वेत पट्टी के मध्य नीले रंग का एक चक्र है। चक्र में 24 तीलियाँ हैं। झण्डा फहराने के संबंध में भारत सरकार ने कुछ नियम बनाए हैं जिनका पालन करना अति आवश्यक है। संविधान सभा ने इसे 22 जुलाई 1947 को अंगीकार किया था।
- **राजचिह्न :** भारत का राजचिह्न सारनाथ में अशोक निर्मित सिंह स्तम्भ की अनुकृति है। इस चिह्न में चार सिंह हैं, जो एक दूसरे के विपरीत दिशा में घूम कर बैठे हुए हैं। इन चार में से केवल तीन सिंह दिखाई देते हैं, चौथा पीछे की ओर छिपा हुआ है और दिखाई नहीं देता। नीचे चौरस पट्टी के मध्य में उभरी हुई नक्काशी में एक चक्र है, जिसके दाईं ओर एक सांड़ और बाईं ओर एक घोड़ा है। नीचे मुण्डकोपनिषद से लिया गया सूत्र 'सत्यमेव जयते' देवनागरी लिपि में लिखा गया है। इसका अर्थ है 'सत्य की ही विजय होती है'। सरकार ने राजचिह्न को 26 जनवरी 1950 को स्वीकृत किया।
- **राष्ट्रगीत :** श्री बंकिम चन्द्र चटर्जी द्वारा रचित गीत 'वन्दे मातरम्' को राष्ट्रगान के समकक्ष स्थान दिया गया है। उनके विख्यात उपन्यास 'आनन्द मठ' से उद्धृत यह गीत राष्ट्रीय आन्दोलन में एक महान प्रेरणा-स्रोत रहा है। इस गीत को सबसे पहले 1896 में भारतीय राष्ट्रीय कांग्रेस के अधिवेशन में गाया गया था।
- **राष्ट्रगान :** रवीन्द्र नाथ टैगोर के गीत 'जन गण मन' को 24 जनवरी, 1950 को राष्ट्रगान के रूप में स्वीकार किया गया। यह गीत 'भारत-विधाता' शीर्षक से सर्वप्रथम 'तत्व-बोधिनी' पत्रिका के जनवरी 1912 के अंक में प्रकाशित हुआ था। यह गीत पहली बार 27 दिसम्बर 1911 को भारतीय कांग्रेस के कलकत्ता (कोलकाता) अधिवेशन में गाया गया था। पूरे गीत के 5 पद हैं। इसमें से प्रथम पद को राष्ट्रगान स्वीकार किया गया है। इसे गाने का निर्धारित समय लगभग 52 सेकण्ड है।
- **राष्ट्रीय पंचांग :** सरकारी कार्यों में प्रयोग हेतु राष्ट्रीय पंचांग 22 मार्च, 1957 से अपनाया गया है। यह पंचांग शक संवत् पर आधारित है। 78 ई. में प्रारम्भ हुए शक संवत् का पहला महीना चैत्र है और वर्ष 365 दिन का है। इस पंचांग के दिन स्थायी रूप से ग्रेगेरियन कैलेंडर से सम्बद्ध दिनों के अनुरूप बैठते हैं। इस प्रकार सामान्य वर्षों में इस पंचांग का पहला दिन 22 मार्च के दिन आता है और लौंद (लीप) वर्ष में 21 मार्च के दिन।

  राष्ट्रीय पंचांग के माह इस प्रकार हैं: 1. चैत्र, 2. बैशाख, 3. ज्येष्ठ, 4. आषाढ़, 5. श्रावण, 6. भाद्रपद, 7. आश्विन, 8. कार्तिक, 9. मार्गशीर्ष, 10. पौष, 11. माघ, 12. फाल्गुन।
- **राष्ट्रीय पशु :** बाघ (पैंथरा टाइग्रिस-लिन्नायस); **राष्ट्रीय पक्षी :** मोर (पावो क्रिस्टेटस); **राष्ट्रीय पुष्प :** कमल।

संयुक्त राष्ट्र

• स्थापना	:	24 अक्टूबर, 1945
• संस्थापक सदस्य	:	50
• मुख्यालय	:	न्यूयार्क
• वर्तमान सदस्य संख्या	:	193 (इस संगठन का सदस्य बनने वाला अन्तिम देश दक्षिण सूडान है)।
• ध्वज	:	ध्वज की पृष्ठभूमि हल्की नीली है और उस पर श्वेत रंग से राष्ट्र संघ का प्रतीक बना हुआ है।
• कार्यकारी भाषाएँ	:	अंग्रेजी तथा फ्रेंच
• अन्य मान्यता प्राप्त भाषाएँ	:	रशियन, अरबी, स्पेनिश तथा चीनी।

संयुक्त राष्ट्र के लक्ष्य और उद्देश्य

संयुक्त राष्ट्र के कार्यों को तीन भागों में विभाजित किया जा सकता है, यथा–सुरक्षा, कल्याण और मानव अधिकार। संयुक्त राष्ट्र के सदस्य राष्ट्रों से चार कर्त्तव्यों के पालन की अपेक्षा की जाती है कि–(क) वे अपने विवादों को शांतिपूर्वक ढंग से निपटायेंगे, (ख) वे सैन्यबल का प्रयोग नहीं करेंगे, (ग) घोषणा-पत्र के पालन में सहायता करेंगे और (घ) आक्रामक की सहायता नहीं करेंगे। संयुक्त राष्ट्र–जाति, भाषा, लिंग और धर्म का विचार किए बिना सब मनुष्यों के मानवीय अधिकारों को मान्यता देता है।

संयुक्त राष्ट्र के प्रमुख अंग

प्रमुख अंग 6 हैं–**1.** साधारण महासभा, **2.** सुरक्षा परिषद्, **3.** आर्थिक व सामाजिक परिषद्, **4.** अंतर्राष्ट्रीय न्यायालय, **5.** प्रन्यास परिषद्, **6.** सचिवालय

प्रमुख अंतर्राष्ट्रीय संगठन और उनके मुख्यालय

अंतर्राष्ट्रीय संगठन	मुख्यालय	अंतर्राष्ट्रीय संगठन	मुख्यालय
संयुक्त राष्ट्र (UN)	न्यूयार्क	अरब लीग	काहिरा
अंतर्राष्ट्रीय मुद्रा कोष (IMF)	वाशिंगटन डी.सी.	राष्ट्रमंडल (Commonwealth)	लंदन
विश्व स्वास्थ्य संगठन (WHO)	जेनेवा	विश्व व्यापार संगठन (WTO)	जेनेवा
खाद्य एवं कृषि संगठन (FAO)	रोम	अंतर्राष्ट्रीय विकास संघ (IDA)	वाशिंगटन डी.सी.
अंतर्राष्ट्रीय श्रम संगठन (ILO)	जेनेवा	अंतर्राष्ट्रीय पुनर्निर्माण एवं विकास बैंक (विश्व बैंक) (IBRD)	वाशिंगटन डी.सी.
यूनेस्को (UNESCO)	पेरिस	विश्व बौद्धिक संपदा संगठन (WIPO)	जेनेवा
अंतर्राष्ट्रीय न्यायालय	हेग	मुस्लिम राष्ट्रों का संघ (OIC)	जेद्दा
विश्व डाक संघ (UPU)	बर्न	यूरोपियन संघ	ब्रुसेल्स
अंतर्राष्ट्रीय नागरिक उड्डयन संगठन (ICAO)	मांट्रियल	रेडक्रास	जेनेवा
सं॰ रा॰ औद्यो॰ विकास संगठन (UNIDO)	वियना	इंटरपोल (INTERPOL)	लियोन
अंतर्राष्ट्रीय परमाणु ऊर्जा अभिकरण (IAEA)	वियना	एशियाई विकास बैंक (ADB)	मनीला
अंतर्राष्ट्रीय वित्त निगम (IFC)	वाशिंगटन डी.सी.	उत्तरी अटलांटिक संधि संगठन (NATO)	ब्रुसेल्स
सं॰ रा॰ विकास कार्यक्रम (UNDP)	न्यूयॉर्क	आसियान (ASEAN)	जकार्ता
यूनिसेफ (UNICEF)	न्यूयॉर्क	BRICS बैंक	शंघाई
अंतर्राष्ट्रीय समुद्री संगठन (IMO)	लंदन	संयुक्त राष्ट्र व्यापार एवं विकास सम्मेलन (UNCTAD)	जेनेवा
विश्व मौसम विज्ञान संगठन (WMO)	जेनेवा	जी-15	जेनेवा
अंतर्राष्ट्रीय दूर संचार संघ (ITU)	जेनेवा	दक्षेस (SAARC)	काठमांडू

रक्षा

भारत की रक्षा सेनाओं का सर्वोच्च कमाण्डर भारत का राष्ट्रपति होता है। भारत की सशस्त्र सेनाओं में तीन मुख्य सेवाएं हैं–थल सेना, नौ सेना और वायु सेना। तीनों सेनाओं के प्रमुख क्रमशः थल सेनाध्यक्ष, नौ सेनाध्यक्ष और वायु सेनाध्यक्ष होते हैं।

सेना में कमीशंड पद (Commissioned Ranks)

थल सेना	नौ सेना	वायु सेना
जनरल	एडमिरल	एयर चीफ मार्शल
लेफ्टिनेन्ट-जनरल	वाइस-एडमिरल	एयर मार्शल
मेजर जनरल	रियर-एडमिरल	एयर वाइस मार्शल
ब्रिगेडियर	कमोडोर	एयर कमोडोर
कर्नल	कैप्टेन	ग्रुप कैप्टेन
लेफ्टिनेंट कर्नल	कमाण्डर	विंग कमाण्डर
मेजर	लेफ्टिनेंट कमाण्डर	स्क्वाड्रन लीडर
कैप्टेन	लेफ्टिनेंट	फ्लाइट लेफ्टिनेंट
लेफ्टिनेंट	सब-लेफ्टिनेंट	फ्लाइंग ऑफिसर

थल सेना कमाण्ड :

कमाण्ड	मुख्यालय
पश्चिमी कमाण्ड	चांडी मंदिर (चंडीगढ़)
पूर्वी कमाण्ड	कोलकाता
उत्तरी कमाण्ड	ऊधमपुर
दक्षिणी कमाण्ड	पुणे
मध्य कमाण्ड	लखनऊ
द.प. कमाण्ड	जयपुर
ट्रेनिंग कमाण्ड	शिमला

नौ सेना कमाण्ड :

कमाण्ड	मुख्यालय
पूर्वी कमाण्ड	विशाखापट्टनम
दक्षिणी कमाण्ड	कोच्चि
पश्चिमी कमाण्ड	मुम्बई

वायु सेना कमाण्ड :

कमाण्ड	मुख्यालय
पूर्वी कमाण्ड	शिलांग
पश्चिमी कमाण्ड	नई दिल्ली
केन्द्रीय कमाण्ड	प्रयागराज
दक्षिणी कमाण्ड	तिरुअनंतपुरम
द.-प. कमाण्ड	गांधीनगर
ट्रेनिंग कमाण्ड	बेंगलुरु
मेन्टेनेन्स कमाण्ड	नागपुर

थल सेना प्रशिक्षण संस्थान :

संस्थान	मुख्यालय
नेशनल डिफेन्स एकेडमी (NDA)	खड़कवासला
नेशनल डिफेन्स कॉलिज	नई दिल्ली
इंडियन मिलिट्री एकेडमी (IMA)	देहरादून
डिफेन्स सर्विस स्टाफ कॉलिज	विलिंग्टन
इन्फेनटरी स्कूल	महू
आर्म्ड सेण्टर	अहमदनगर
आर्टीलरी स्कूल	देवलाली

वायु सेना प्रशिक्षण संस्थान :

संस्थान	मुख्यालय
एयर फोर्स एडमिनिस्ट्रेटिव कॉलिज	कोयम्बटूर
एयर फोर्स एकेडमी	हैदराबाद
पैराटूपर ट्रेनिंग स्कूल	आगरा
एयर फोर्स टेक्निकल कॉलिज	जलाहली (बेंगलुरु)
एलीमेन्ट्री फ्लाइंग स्कूल	बिदर

नौ सेना प्रशिक्षण संस्थान :

संस्थान	मुख्यालय
आइ.एन.एस. चिल्का	भुवनेश्वर
आइ.एन., बेन्दुरथी	कोच्चि
आइ.एन.एस. तसिरकार्स	विशाखापट्टनम
इण्डियन नेवल एकेडमी	कोच्चि
आइ.एन.एस. शिवाजी	लोनावाला

आंतरिक सुरक्षा के संगठन

संगठन	स्थापना वर्ष	मुख्यालय
असम राइफल्स	1835	शिलांग
केन्द्रीय रिजर्व पुलिस बल	1939	नई दिल्ली
भारत-तिब्बत सीमा पुलिस	1962	नई दिल्ली
सीमा सुरक्षा बल (BSF)	1965	नई दिल्ली
केन्द्रीय औद्योगिक सुरक्षा बल	1969	नई दिल्ली
तट रक्षक बल	1978	नई दिल्ली
राष्ट्रीय सुरक्षा गार्ड	1984	नई दिल्ली

रक्षा स्टाफ प्रमुख (सीडीएस)

देश में उच्चतर रक्षा प्रबंधन में सुधार लाने के लिए सेवा प्रमुख समतुल्य वेतन और अतिरिक्त सुविधाओं वाले रक्षा स्टाफ प्रमुख (सीडीएस) का पद गठित किया गया है जो फोर स्टार वाले जनरल रैंक का है। रक्षा स्टाफ प्रमुख (चीफ ऑफ डिफेंस स्टाफ) रक्षा मंत्रालय में बनाये जाने वाले सैन्य मामलों के विभाग (डीएमए) के भी मुखिया होंगे और इसके सचिव के रूप में कार्य करेंगे। जनरल विपिन रावत ने 1 जनवरी, 2020 से 08 दिसम्बर, 2021 तक देश के प्रथम सीडीएस के रूप में कार्य किया।

कला एवं साहित्य

भारत में कला और संस्कृति की समृद्ध परंपरा रही है। भारतीय राजे-महाराजे कला और संस्कृति के बड़े पारखी और हितैषी थे। उन्होंने न सिर्फ कला की विविध शाखाओं को आश्रय दिया, उनके फलने-फूलने में मदद की बल्कि कलाकारों, फनकारों को भी भरपूर समर्थन एवं पुरस्कार प्रदान किया। संस्कृति विचारने और क्रिया करने की पद्धति है जो सीखी जाती है अपनायी जाती है। इनमें मूल्य, रहन-सहन के तौर-तरीके, विचारने की पद्धतियां, भाषा, शिक्षा, कलाकारिता, सामाजिक संरचना की संस्थाएँ आदि शामिल हैं।

ललित कला

विजुअल आर्ट के जरिए चित्रों को उकेरने, कर्मकांडों को सामने रखने और भावनाओं को अभिव्यक्त करने की परंपराएं उतनी ही पुरानी हैं जितनी कि प्राचीन भारत की सभ्यता। पत्थरों पर नक्काशी करने और चिकनी मिट्टी के नमूने तैयार करने का कार्य आरंभिक दिनों में विकसित हुआ। बाद में धातु की मूर्तियाँ बनाने, धातु की वस्तुएँ बनाने, चित्रकारी करने और बेल-बूटों की कढ़ाई करने का कार्य विकसित हुआ।

भारत के प्रमुख चित्रकार एवं उनकी कृतियां

अवनीन्द्र नाथ टैगोर	शाहजहाँ का ताज को देखना, बुद्ध और सुजाता, वन साम्राज्ञी, औरंगजेब का बुढ़ापा, भारतमाता आदि।
गगनेन्द्र नाथ टैगोर	माँ से विदा लेते चैतन्य, कल्कि अवतार आदि।
राजा रवि वर्मा	दुष्यन्त को प्रेम-पत्र लिखती शकुन्तला, नायर लेडी, शकुन्तला वियोग आदि।

नन्द लाल बोस	उमा की तपस्या, घायल बकरी को ले जाते भगवान बुद्ध, कृष्णार्जुन, प्रणाम, बसन्त, गोपिनी आदि।
के॰ वेंकटप्पा	हनुमान द्वारा लंका दहन, स्वर्ण मृग, राम और मृग तृष्णा आदि।
जॉर्ज कीट	कृष्ण जन्म, कर्ण जन्म, यम मार्कण्डेय, निराभरण गोपियाँ आदि।
भवेश चन्द्र सन्याल	आश्रयहीन लड़की, गोल मार्केट के भिखारी आदि।
मनीषी डे	नारी-शृंगार, पनघट की ओर, बंगाली शरणार्थी।
अमृता शेरगिल	एलिफेन्ट्स बाथिंग इन ग्रीन पुल, हिल साइड, भारतीय लड़कियाँ आदि।
नारायण श्रीधर बेन्द्रे	स्टेशन पर यात्री, बुद्ध पूजा आदि।
देवी प्रसाद राय चौधरी	लेपचा कुमारी, भौटिया आदि।
शोभा सिंह	हीर-रांझा
सतीश गुजराल	काला चांद

संगीत

भारत में चार प्रकार के संगीत-साज मिलते हैं—तंतु या तार वाले, समीर या वायु वाले, अवनाद अथवा थाप से संचालित होने वाले और घन जिसमें घंटियाँ, मंजीरे, घड़ियाल आदि शामिल हैं। तंतु या तार वाले सामान्य साज हैं जैसे—वीणा, सितार, सारंगी, सरोद, दिलरुबा, इसराज, एकतारा, तानपुरा और मयूरी। वायु संचालित साज हैं शहनाई, बाँसुरी, नादस्वरम, निनकिर्नस और पोंगी। थाप अथवा संघात से संचालित होने वाले साज हैं: तबला, मृदंग, ढोलक, पखावज, घटाम तथा कंजीरा-मंजीरा। करतल, जल तरंग आदि अन्य भारतीय साज हैं।

गायन के क्षेत्र में विष्णु नारायण भातखण्डे, बेगम अख्तर, बड़े गुलाम अली, हीराबाई बरोडकर, भीमसेन जोशी, केसरभाई केलकर, ओंकारनाथ ठाकुर, सिद्धेश्वरी देवी, त्यागराज, विष्णु दिगंबर पलुसकर, पंकज मलिक, एम.एस. सुब्बालक्ष्मी, पंडित जसराज, गंगूभाई हंगल, मल्लिकार्जुन मंसूर, डागर बंधु, डी.के. जयरामन, के.जे. यशुदास, गुलाम मुस्तफा खान, कुमार गंधर्व, के.एल. वसंधा कुमारी, किशोरी अमोनकर, गिरिजा देवी, वी.के. नारायण स्वामी दीक्षित, तानसेन, श्यामा शास्त्री, स्वाति तिरूनल आदि साजपरक संगीत के कुछ दिग्गज कलाकार रहे हैं।

पुस्तकें और उनके लेखक

पुस्तकें	लेखक	पुस्तकें	लेखक
आधे-अधूरे	मोहन राकेश	गीतांजलि	रवीन्द्रनाथ टैगोर
आग का दरिया	कुर्रतुल-एन-हैदर	ग्लिम्पसेज ऑफ वर्ल्ड हिस्ट्री	जवाहरलाल नेहरू
ए मिलियन म्युटिनीज नाऊ	वी.एस. नायपॉल	गोदान	मुंशी प्रेमचंद
ए सूटेबल ब्वाय	विक्रम सेठ	द गॉड ऑफ स्माल थिंग्स	अरुंधति राय
ए पैसेज टू इंग्लैंड	नीरद सी-चौधरी	गोल्डन गेट	विक्रम सेठ
ए वॉयस ऑफ फ्रीडम	नयनतारा सहगल	गोरा	रवीन्द्र नाथ टैगोर
एक्सेशन टू इंस्टिंक्शन	डॉ. आर. मनेकर	द गाइड	आर.के. नारायण
आदि ग्रंथ	गुरु अर्जुन देव	हर्ष चरित	बाणभट्ट
बिट्विन द लाइंस	कुलदीप नैयर	हिंदू व्यू ऑफ लाइफ	राधाकृष्णन
भगवत गीता, महाभारत	वेदव्यास	हितोपदेश	नारायण भट्ट
भारत भारती	मैथिलीशरण गुप्त	हंग्री स्टोन्स	रवीन्द्र नाथ टैगोर
विसर्जन	रवीन्द्रनाथ टैगोर	आई एम नॉट एन आइलैंड	ख्वाजा अहमद अब्बास
ब्रोकन विंग	सरोजिनी नायडू	आईडोल्स	सुनील गावस्कर
बुद्ध चरित	अश्वघोष	लौरिंगन	वी.के. भट्टाचार्य
बाय गाड्स डिक्री	कपिल देव	जूही की कली	सूर्यकांत त्रिपाठी "निराला"
चंडालिका	रवीन्द्रनाथ टैगोर	जुग बदल गया	सोहन सिंह शीतल
चैमिन	शिवशंकर पिल्लई	जाब्स फॉर मिलियंस	वी.वी. गिरि
चिदंबरा	सुमित्रानंदन पंत	कादंबरी	बाणभट्ट
देवदास	शरत चंद्र	कामसूत्र	वात्स्यायन
डिस्कवरी ऑफ इंडिया	जवाहरलाल नेहरू	कामायनी	जयशंकर प्रसाद
डिवाइन लाइफ	शिवानंद	कपाल-कुंडला	बंकिम चंद्र चटर्जी
गीत गोविन्द	जयदेव	कर्पूर मंजरी	राजशेखर
घासीराम कोतवाल	विजय तेंदुलकर	खाक-ए-दिल	जां निसार अख्तर

शब्द संक्षेप

ABC	ऑडिट ब्यूरो ऑफ सरकुलेशन्स	**INSAT**	इण्डियन नेशनल सैटेलाइट
ADB	एशियन डेवलपमेण्ट बैंक	**ISD**	इण्टरनेशनल सब्सक्राइबर डायलिंग
AIDS	एक्वायर्ड इम्यूनो डेफिसियेन्सी सिण्ड्रोम	**JPC**	ज्वाइंट पार्लियामेण्टरी कमेटी
AIIMS	ऑल इण्डिया इन्स्टीट्यूट ऑफ मेडिकल साइंसेज	**Lbw**	लेग बिफोर विकेट
BBC	ब्रिटिश ब्रॉडकास्टिंग कॉरपोरेशन	**NCC**	नेशनल कैडेट कापर्स
BP	ब्लड प्रेशर	**NCERT**	नेशनल काउन्सिल ऑफ एजूकेशन रिसर्च एण्ड ट्रेनिंग
BSF	बॉर्डर सिक्योरिटी फोर्स	**PIN**	पोस्टल इण्डेक्स नम्बर
CA	चार्टर्ड एकाउण्टेण्ट	**RBI**	रिजर्व बैंक ऑफ इण्डिया
CAG	कॉम्पट्रोलर एण्ड ऑडिटर जनरल	**SSC**	स्टाफ सलेक्शन कमीशन
CBI	सेण्ट्रल ब्यूरो ऑफ इन्वेस्टीगेशन	**SSP**	सीनियर सुपरिन्टेण्डेन्ड ऑफ पुलिस
CTBT	कम्प्रेहेन्सिव टेस्ट बैन ट्रीटी	**VAT**	वैल्यू एडेड टैक्स
GIC	जनरल इंश्योरेन्स कॉरपोरेशन	**WHO**	वर्ल्ड हेल्थ ऑर्गेनाइजेशन
HIV	ह्यूमेन इम्युनो-डेफिशिएंसी वाइरस	**GST**	गुड्स एंड सर्विसेज टैक्स

महत्वपूर्ण दिवस

तिथि	दिवस	तिथि	दिवस
9 जनवरी	प्रवासी दिवस	21 जून	अन्तर्राष्ट्रीय योग दिवस
15 जनवरी	थल सेना दिवस	11 जुलाई	विश्व जनसंख्या दिवस
25 जनवरी	भारतीय पर्यटन दिवस	6 अगस्त	विश्व शांति दिवस, हिरोशिमा दिवस
26 जनवरी	भारतीय गणतंत्र दिवस	10 अगस्त	अंतर्राष्ट्रीय युवा दिवस
30 जनवरी	शहीद दिवस, विश्व कुष्ठ निवारण दिवस (महात्मा गाँधी की पुण्य तिथि)	29 अगस्त	राष्ट्रीय खेल दिवस
		5 सितम्बर	शिक्षक दिवस
1 फरवरी	तटरक्षक दिवस, डाक जीवन बीमा दिवस	8 सितम्बर	विश्व साक्षरता दिवस
4 फरवरी	विश्व कैंसर दिवस	14 सितम्बर	हिन्दी दिवस
22 फरवरी	पल्स पोलियो दिवस	21 सितम्बर	अन्तर्राष्ट्रीय शांति दिवस
8 मार्च	अन्तर्राष्ट्रीय महिला दिवस	27 सितम्बर	विश्व पर्यटन दिवस
15 मार्च	विश्व उपभोक्ता अधिकार दिवस, विश्व विकलांगता दिवस	2 अक्टूबर	गाँधी जयन्ती / अन्तर्राष्ट्रीय अहिंसा दिवस
		3 अक्टूबर	विश्व पर्यावास दिवस
22 मार्च	विश्व जल दिवस	5 अक्टूबर	विश्व आवास दिवस
23 मार्च	शहीद दिवस, विश्व मौसम विज्ञान दिवस	9 अक्टूबर	विश्व डाक दिवस
24 मार्च	विश्व तपेदिक दिवस	16 अक्टूबर	विश्व खाद्य दिवस
7 अप्रैल	विश्व स्वास्थ्य दिवस	17 अक्टूबर	विश्व गरीबी उन्मूलन दिवस
22 अप्रैल	विश्व पृथ्वी दिवस	24 अक्टूबर	संयुक्त राष्ट्र दिवस
1 मई	मई दिवस (अन्तर्राष्ट्रीय श्रम दिवस)	14 नवम्बर	बाल दिवस
8 मई	विश्व रेडक्रॉस दिवस	19 नवम्बर	अन्तर्राष्ट्रीय नागरिक दिवस
24 मई	कॉमनवेल्थ दिवस	26 नवम्बर	विश्व पर्यावरण संरक्षण दिवस
31 मई	धूम्रपान विरोध दिवस	1 दिसम्बर	विश्व एड्स दिवस
5 जून	विश्व पर्यावरण दिवस	10 दिसम्बर	अन्तर्राष्ट्रीय मानवाधिकार दिवस

खेल जगत

खेलों से जुड़ी शब्दावली

- **बेसबॉल (Baseball):** बेस, टैपर, पिचर, कैचर, डायमंड, पुलआउट, पुटइन, स्ट्राइक, हिटर, पिंच, प्लेट, इन फिल्ड।
- **बास्केटबॉल (Basketball):** बॉल, ब्लाकिंग, शिफ्टिंग, होल्डिंग, हेल्ड बॉल, जम्प बॉल।
- **बैडमिंटन (Badminton):** ड्यूस, ड्रॉप, लेट, स्मैश, लव ऑल, डबल फाल्ट, मिक्सड डबल।
- **बिलियर्ड्स (Billiards):** क्यू, जिगर, पॉट, इनऑफ, इन बॉक, कैनन, ब्रेक, स्कैच, पोस्टमैन नॉक, बॉल लाइन।
- **शतरंज (Chess):** किंग, क्वीन, नाईट, पॉन, रूक, कैशल, बिशप, गैमबिट, चेकमेट, स्टेलमेट।
- **क्रिकेट (Cricket):** क्रीज, एल.बी.डब्लू., ब्रेक, बाई, लेगबाई, नो बॉल, सिली प्वाइंट, सिली मीडऑन, हिट विकेट।
- **हॉकी (Hockey):** बुली, कैरी, कॉर्नर, ड्रिब्बल, हैट्रिक, ऑफसाइड, स्कूप, शार्ट, कॉर्नर, स्ट्रिक, स्ट्राइकिंग।
- **फुटबॉल (Football):** कॉर्नर, किक, डायरेक्ट फ्री कीक, ड्रिब्बल, गोल किक, हैट्रिक, ऑफ साइड, पेनाल्टी किक।
- **गोल्फ (Golf):** पुट, बंकर, कैडी, बॉगी, टी पार, निब्लिक, लिंक्स, बेस्टबॉल, फेरसाम, प्रीमस, ग्रीडहोल्स।
- **वॉलीबॉल (Volleyball):** लव, हीव, बॉली प्वाईट, सर्विस, ब्लैकिंग, होल्डिंग, डब्बलिंग, बुस्टर, स्पाइकर, ड्यूस।
- **लॉन टेनिस (Lawn Tennis):** ड्यूस, फॉल्ट, डबल फॉल्ट, लेट स्मैश, वॉली, हाफ वॉली, ग्राउण्ड स्ट्रोक।
- **नौकायन (Rowing):** बो, वुकेट, काऊ, फीदर, पैडल, रेगेटा, कॉक्स, ईर्गेमीटर।
- **तैराकी (Swimming):** क्रॉल, ब्रेस्ट स्ट्रॉक।
- **कुश्ती (Wrestling):** हेड लॉक, हीव होल्ड, रीबाउट्स, ए हॉफ नेशेस, ए फुल नेल्सन सीजर।
- **पोलो (Polo):** बंकर, चुकर, मैलेट।
- **वाटर पोलो (Water Polo):** दो एवं चार मीटर लाईन, गोल लाईन, होल्ड, सिंकपुल, बॉलअंडर।
- **निशानेबाजी (Shooting):** मजल, प्लग, बैग, टारगेट, बुल्स आई।
- **खो-खो (Kho-Kho):** क्रॉसलेन, फ्रीजो, पोल, चेज, एक्टिव, चेजर, रनर्स।
- **कबड्डी (Kabaddi):** मार्च लाईन, वकलाईन, बैटिंग ब्लॉक, लाबी, रेडर, एण्टीरेडर।
- **तलवारबाजी (Fencing):** टच

ओलंपिक

- प्राचीन काल में अपने नागरिकों को स्वस्थ एवं फिट बनाए रखने के लिए यूनानवासी प्रतियोगी खेल स्पर्द्धाओं का आयोजन करते थे। जौस देवता के सम्मान में प्रथम ओलम्पिक खेलों का आयोजन ओलम्पस माउंट में ईसा पूर्व 776 में किया गया था। इसके बाद 394 ईस्वी जबकि यूनानी सभ्यता का पतन हो गया, प्रत्येक 4 वर्षों के अंतराल के बाद ओलम्पिक खेलों का आयोजन किया जाता रहा।
- आधुनिक समय में फ्रांस के धनकुबेर पियरे डी कुबर्टिन ने आधुनिक खेलों को पुनर्जीवित किया। प्रथम आधुनिक ओलम्पिक खेल का आयोजन 1896 में एथेंस (यूनान) में किया गया। इसके बाद से विश्व युद्धों को छोड़कर प्रत्येक 4 वर्ष के अंतराल पर ओलम्पिक खेलों का आयोजन होता रहा है। ओलम्पिक खेलों का ध्वज श्वेत रंग का है जिस पर 5 रंगीन छल्ले बने हैं। प्रत्येक रिंग एक महादेश का प्रतिनिधित्व करता है। एक ही वर्ष में ग्रीष्मकालीन और शीतकालीन ओलंपिक खेलों का आयोजन किया जाता है।

एशियाई खेल

- द्वितीय विश्व युद्ध के पश्चात् अनेकों एशियाई देशों ने स्वतंत्रता प्राप्त की। ओलंपिक खेलों की तर्ज पर प्रत्येक चार वर्षों बाद एशियाई खेलों के आयोजन की योजना बनायी गई। भारत ने 1951 में नई दिल्ली में प्रथम एशियाई खेलों का आयोजन किया।

राष्ट्रमंडल खेल

- राष्ट्रमंडल खेल भी प्रत्येक चार वर्ष बाद आयोजित किए जाते हैं उसी वर्ष में जिसमें एशियाई खेल आयोजित होते हैं।
- सभी राष्ट्रमंडल देश (ब्रिटेन के पूर्व उपनिवेश) इसमें भाग ले सकते हैं। प्रथम राष्ट्रमंडल खेल 1930 में हैमिल्टन (कनाडा) में आयोजित हुआ।
- पहले राष्ट्रमंडल खेल, जो 1930 में कनाडा के हैमिल्टन में आयोजित किये गये थे, को ''ब्रिटिश अम्पायर गेम'' के नाम से जाना गया। 1954 में इनका नाम बदलकर ''ब्रिटिश अम्पायर एण्ड कॉमनवेल्थ गेम्स'' कर दिया गया। 1970 में एक बार फिर इनका नाम परिवर्तन कर 'ब्रिटिश कॉमनवेल्थ गेम्स' किया गया। वर्ष 1978 से इन्हें कामनवेल्थ गेम्स अथवा राष्ट्रमंडल खेलों के नाम से जाना जा रहा है।

विश्व के प्रसिद्ध कप और ट्राफियाँ

- अमेरिकन कप — याच रेसिंग
- एशेज — क्रिकेट (इंग्लैंड बनाम आस्ट्रेलिया)
- कनाडा कप — गोल्फ (विश्व चैम्पियनशिप)
- कोलम्बो कप — सॉकर
- चैम्पियन ट्रॉफी — हॉकी (पुरुष) विश्व की 6 श्रेष्ठ टीमों के मध्य
- कोरबिलन कप — टेबल टेनिस (महिला) विश्व कप
- डेविस कप — लॉन टेनिस (पुरुष)
- डर्बी — घुड़ दौड़ (इंग्लैंड)
- जुल्स रिमेट कप — सॉकर—विश्व कप (पुरुष)

- किंग्स कप — एयर रेसेज (इंग्लैंड)
- मर्डेका कप — सॉकर (पुरुष) (मलेशिया)
- प्रिंस ऑफ वेल्स कप — गोल्फ (इंग्लैंड)
- रोथमेंस कप — क्रिकेट
- रायडर कप — गोल्फ (इंग्लैंड)
- स्वेथलिंग कप — विश्व टेबल टेनिस (पुरुष)
- थॉमस कप — विश्व बैडमिंटन (पुरुष)
- टुंकु अब्दुल रहमान कप — बैडमिंटन
- उबेर कप — विश्व बैडमिंटन (महिला)
- वाकर कप — गोल्फ (इंग्लैंड)
- विटमैन कप — लॉन टेनिस (महिला)
- विम्बलडन कप — लॉन टेनिस (इंग्लैंड)

प्रसिद्ध खेल मैदान एवं उनसे सम्बन्धित खेल

खेल-मैदान	खेल	स्थान
नरेन्द्र मोदी स्टेडियम	क्रिकेट	अहमदाबाद
इंदिरा गांधी स्टेडियम	इन्डोर गेम	दिल्ली
जवाहरलाल नेहरू स्टेडियम	एथलेटिक्स	दिल्ली
अरुण जेटली स्टेडियम	क्रिकेट	दिल्ली
अम्बेडकर स्टेडियम	फुटबॉल	दिल्ली
शिवाजी स्टेडियम	हॉकी	दिल्ली
नेशनल स्टेडियम	हॉकी	दिल्ली
हेनले स्टेडियम	रेगाटा	इंग्लेंड

खेल-मैदान	खेल	स्थान
नेशनल स्टेडियम	हॉकी	मुम्बई
वानखेडे स्टेडियम	क्रिकेट	मुम्बई
ब्रेबोर्न स्टेडियम	क्रिकेट	मुम्बई
ईडन गार्डन	क्रिकेट	कोलकाता
ग्रीन पार्क स्टेडियम	क्रिकेट	कानपुर
कीनन स्टेडियम	क्रिकेट	जमशेदपुर
नेहरू (चेपक) स्टेडियम	क्रिकेट	चेन्नई
वाराबती स्टेडियम	क्रिकेट	कटक
हेडिंग्ले मानचेस्टर	क्रिकेट	ब्रिटेन
लार्ड्स, ओवल, लीड्स	क्रिकेट	ब्रिटेन
ब्लैक हीथ	रग्बी फुटबॉल	लन्दन
विम्बलडन	लॉन टेनिस	लन्दन
वेम्बले स्टेडियम	फुटबॉल	लन्दन
ब्रुकलैण्ड	फुटबॉल	इंग्लैंड
टिबंकहम	रग्बी फुटबॉल	इंग्लैंड
टेंट ब्रिज	क्रिकेट	इंग्लैंड
एण्ट्री	घुड़दौड़	इंग्लैंड
हरलिघम	पोलो	इंग्लैंड
पर्थ, ब्रिस्बेन, मेलबोर्न	क्रिकेट	आस्ट्रेलिया
यांकी स्टेडियम	बॉक्सिंग	न्यूयार्क
ब्रूकलिन	बेसबॉल	न्यूयार्क
फोरस्ट हिल	टेनिस	न्यूयार्क

पुरस्कार एवं सम्मान

राष्ट्रीय पुरस्कार

- **भारत रत्नः** यह भारत का सर्वोच्च असैनिक सम्मान है। यह कला, साहित्य, विज्ञान एवं खेलकूद के क्षेत्र में अतिविशिष्ट सेवाओं तथा सार्वजनिक क्षेत्र में उत्कृष्टतम योगदान के लिए प्रदान किया जाता है। सरकारी सेवाओं में लगे व्यक्तियों को यह पुरस्कार नहीं दिया जाता।
- **पद्म विभूषणः** यह अलंकरण सभी क्षेत्रों में उल्लेखनीय योगदान के लिए दिया जाता है। सरकारी सेवाओं में लगे व्यक्ति भी इसके पात्र माने जाते हैं।
- **पद्म भूषणः** सभी क्षेत्रों में उल्लेखनीय योगदान के लिए यह उपाधि प्रदान की जाती है। सरकारी सेवाओं में रत व्यक्ति भी इसे पाने के हकदार हैं।
- **पद्म श्रीः** विविध क्षेत्रों में उत्तम कार्य करने के उपलक्ष्य में यह उपाधि प्रदान की जाती है। सरकारी सेवा में लगे लोगों को भी इस उपाधि से अलंकृत किया जा सकता है।

शौर्य पदक

- **परमवीर चक्रः** शत्रु के समक्ष दृढ़ता से वीरता-प्रदर्शन के फलस्वरूप दिया जाने वाला यह सबसे बड़ा पुरस्कार है। यह अत्यन्त वीरतापूर्ण कार्य जल, थल तथा नभ में से किसी भी सेना के कर्मचारी द्वारा किये जाने पर दिया जाता है।
- **महावीर चक्रः** यह दूसरा सर्वोच्च पदक है जो शत्रु के समक्ष अद्वितीय शौर्य प्रदर्शन के फलस्वरूप प्रदान किया जाता है। इस प्रकार का वीरतापूर्ण कार्य थल, जल एवं नभ सेनाओं में से किसी के भी द्वारा किया गया हो सकता है।
- **वीर चक्रः** यह तीसरी श्रेणी का सेना पदक है जो शत्रु के समक्ष वीरता-प्रदर्शन करने के उपलक्ष्य में प्रदान किया जाता है। यह पदक जल, थल और नभ सेना के किसी भी वर्ग के कर्मचारी को वीरतापूर्ण कार्य के लिए प्राप्त हो सकता है।
- **अशोक चक्रः** यह ऐसा पदक है जो जल, थल और नभ कहीं पर भी उत्कृष्ट वीरतापूर्ण कार्य करने अथवा आत्म-बलिदान होने के फलस्वरूप प्रदान किया जाता है। लेकिन इस प्रकार का काम शत्रु के समक्ष होना आवश्यक नहीं। गुणों के आधार पर इस पदक के तीन वर्ग हैं–प्रथम, द्वितीय तथा तृतीय। द्वितीय पदक का नाम कीर्ति चक्र तथा तृतीय पदक का नाम शौर्य चक्र है।

अन्य राष्ट्रीय पुरस्कार/सम्मान

- **ज्ञानपीठ पुरस्कारः** यह पुरस्कार सांस्कृतिक एवं साहित्यिक संस्था 'भारतीय ज्ञानपीठ' द्वारा वर्ष 1965 से प्रदान किया जाता है। प्रत्येक वर्ष यह पुरस्कार संविधान की आठवीं अनुसूची में सम्मिलित 22 भारतीय भाषाओं और अंग्रेजी में से चयनित भारतीय लेखकों को प्रदान किया जाता है। इस पुरस्कार से पुरस्कृत साहित्यकार को 11 लाख रुपए नकद, एक स्मृति चिह्न, एक प्रशस्ति-पत्र तथा वाग्देवी (सरस्वती) की प्रतिमा प्रदान की जाती है।
- **दादा साहब फाल्के पुरस्कारः** इस पुरस्कार की स्थापना भारतीय फिल्म उद्योग के संस्थापक दादा साहब फाल्के की याद में भारत सरकार के सूचना एवं प्रसारण मंत्रालय द्वारा की गई है। इस पुरस्कार की धनराशि 10 लाख रुपए है।
- **जमनालाल बजाज पुरस्कारः** यह पुरस्कार रचनात्मक सामाजिक कार्य क्षेत्र में महत्त्वपूर्ण योगदान, ग्रामीण विकास हेतु विज्ञान एवं प्रौद्योगिकी के उपयोग तथा महिलाओं एवं बच्चों के उत्थान व कल्याण कार्यों हेतु प्रदान किया जाता है।
- **मेजर ध्यानचंद खेल रत्न पुरस्कार (पहले राजीव गांधी खेल रत्न पुरस्कार):** 1992 में स्थापित यह पुरस्कार भारत सरकार द्वारा खेलों में सराहनीय प्रदर्शन करने वाले खिलाड़ियों को प्रदान किया जाता है। इसमें 25 लाख रुपये की धनराशि, एक पदक और एक प्रशस्ति पत्र प्रदान किया जाता है।
- **अर्जुन पुरस्कारः** 1961 में स्थापित यह पुरस्कार भारत सरकार द्वारा विभिन्न खेलों में विशेष उपलब्धि प्राप्त करने वाले खिलाड़ियों को प्रदान किया जाता है। इसमें अर्जुन की काँस्य प्रतिमा, प्रशस्ति–पत्र तथा 15 लाख रुपये की धनराशि और समारोह परिधान प्रदान किया जाता है।
- **द्रोणाचार्य पुरस्कारः** 1985 में स्थापित यह पुरस्कार भारत सरकार द्वारा खेल प्रशिक्षकों द्वारा की गयी उत्कृष्ट सेवाओं के लिए प्रदान किया जाता है। यह पुरस्कार दो वर्गों आजीवन और नियमित में प्रदान किया जाता है। द्रोणाचार्य (आजीवन) में 15 लाख रुपए और द्रोणाचार्य (नियमित) में 10 लाख रुपए गुरु द्रोणाचार्य की प्रतिमा, प्रशस्ति–पत्र, तथा समारोह परिधान प्रदान किया जाता है।

अंतर्राष्ट्रीय पुरस्कार

- **नोबेल पुरस्कारः** इस पुरस्कार का प्रवर्तन सन् 1901 में डाइनामाइट के आविष्कारक अल्फ्रेड बर्नहर्ड नोबेल (1833-1896 ई०) द्वारा व्यक्त की गई इच्छा के परिणामस्वरूप किया गया था। नोबेल पुरस्कार प्रति वर्ष रसायन शास्त्र, भौतिकी, साहित्य, चिकित्सा, शान्तिप्रोत्साहन और अर्थशास्त्र (अर्थशास्त्र के लिए यह पुरस्कार 1969 से दिया जाना शुरू किया गया) के क्षेत्र में दिये जाते हैं।
- **रेमन मैग्सेसे पुरस्कारः** एशिया महाद्वीप का सबसे बड़ा पुरस्कार फिलीपीन्स के भूतपूर्व राष्ट्रपति की स्मृति में वर्ष 1957 से प्रदान किया जाता है। इसमें एक स्वर्ण पदक तथा नगद पुरस्कार प्रदान किये जाते हैं। इसे एशिया का नोबेल पुरस्कार भी कहा जाता है।
- **शान्ति, निःशस्त्रीकरण व विकास के लिए इन्दिरा गांधी पुरस्कारः** 1986 में स्थापित यह पुरस्कार अन्तर्राष्ट्रीय शान्ति, निरस्त्रीकरण एवं विकास के क्षेत्र में उल्लेखनीय योगदान हेतु प्रदान किया जाता है। इसमें नगद पुरस्कार व साथ में एक स्मृति-चिन्ह दिया जाता है।
- **महात्मा गांधी अन्तर्राष्ट्रीय शांति पुरस्कारः** एक करोड़ रु० की राशि का यह पुरस्कार भारत सरकार का सर्वोच्च असैनिक अन्तर्राष्ट्रीय पुरस्कार है जो 1995 में शुरू किया गया था। यह पुरस्कार अहिंसा के जरिए सामाजिक, आर्थिक और राजनीतिक परिवर्तन के लिए काम करने वाले व्यक्ति को दिया जाता है।
- **मैन बुकर पुरस्कारः** ब्रिटेन की संस्था बुकर मैकोनल कंपनी एंड पब्लिशर्स एसोसियेशन के द्वारा यह पुरस्कार 1969 में स्थापित हुआ। यह प्रतिवर्ष दुनियाभर के देशों के किसी लेखक को अंग्रेजी भाषा की उत्कृष्ट रचना हेतु प्रदान किया जाता है।
- **ऑस्कर पुरस्कारः** संयुक्त राज्य अमेरिका की 'नेशनल एकेडमी ऑफ मोशन पिक्चर आर्ट्स एण्ड साइंसेज' द्वारा फिल्म जगत का अत्यन्त प्रतिष्ठित यह पुरस्कार प्रतिवर्ष प्रदान किया जाता है।
- **अन्तर्राष्ट्रीय नेहरू पुरस्कारः** भारत सरकार द्वारा 1964 में स्थापित यह पुरस्कार प्रत्येक वर्ष ऐसे व्यक्ति को प्रदान किया जाता है, जिसने विश्व में अन्तर्राष्ट्रीय सद्भावना और मित्रता का प्रसार करने में उल्लेखनीय भूमिका अदा की हो। वर्ष 1965 में पहला नेहरू सद्भावना पुरस्कार यू थांट (संयुक्त राष्ट्र संघ के तृतीय महासचिव) को प्रदान किया गया था।

❑❑❑

10

वस्तुनिष्ठ प्रश्न

1. भारत के संविधान को कब अपनाया गया था?
A. 15 अगस्त, 1947 B. 26 जनवरी, 1950
C. 26 नवंबर, 1949 D. 15 अगस्त, 1950

2. उपराष्ट्रपति को पद व गोपनीयता की शपथ कौन दिलाता है?
A. भारत का मुख्य न्यायाधीश
B. भारत का राष्ट्रपति
C. लोकसभा का अध्यक्ष
D. भारत का महाधिवक्ता

3. निम्नलिखित में से किसकी नियुक्ति राष्ट्रपति द्वारा नहीं की जाती है?
A. संघ लोकसेवा आयोग के अध्यक्ष
B. राज्य के राज्यपाल
C. उच्च न्यायालय के न्यायाधीश
D. उपराष्ट्रपति

4. राष्ट्रपति किसकी सलाह पर लोकसभा को समयपूर्व भंग कर सकता है?
A. प्रधानमंत्री B. स्पीकर
C. उपराष्ट्रपति D. निर्वाचन आयुक्त

5. मौलिक कर्तव्यों का विचार कहां के संविधान से लिया गया है?
A. रूस के संविधान
B. ब्रिटेन के संविधान
C. अमेरिका के संविधान
D. जर्मनी के संविधान

6. निम्नलिखित में से किसकी अध्यक्षता एक गैर-सदस्य करता है?
A. लोकसभा
B. राज्यसभा
C. विधानसभा
D. लोकसभा और राज्यसभा की संयुक्त बैठक

7. निम्नलिखित में किसमें कानून बनाने की शक्ति है?
A. राष्ट्रपति B. प्रधानमंत्री
C. संसद D. गवर्नर

8. राज्यसभा की सदस्यता के लिए निर्धारित न्यूनतम आयु सीमा है :
A. 18 वर्ष B. 21 वर्ष
C. 25 वर्ष D. 30 वर्ष

9. राष्ट्रपति पद के लिए निर्धारित न्यूनतम आयु सीमा है :
A. 21 वर्ष B. 25 वर्ष
C. 30 वर्ष D. 35 वर्ष

10. राष्ट्रपति और उपराष्ट्रपति की अनुपलब्धता की स्थिति में राष्ट्रपति का कार्य निर्वहन कौन करता है?
A. प्रधानमंत्री
B. लोकसभा का अध्यक्ष
C. वरिष्ठ कैबिनेट मंत्री
D. भारत का मुख्य न्यायाधीश

11. किस मौलिक अधिकार की व्याख्या 'संविधान की आत्मा और उसके हृदय' के रूप में की जाती है?
A. समानता की अधिकार
B. समृद्धि का अधिकार
C. संवैधानिक उपचारों का अधिकार
D. भाषण की स्वतंत्रता का अधिकार

12. अध्यादेश कौन लागू करता है?
A. प्रधानमंत्री B. लोकसभा का अध्यक्ष
C. राष्ट्रपति D. राज्यसभा का अध्यक्ष

13. भारतीय राज्य मुख्यत: किस आधार पर गठित किए गए हैं?
A. भौगोलिक स्थिति B. भाषा
C. प्रशासन की सहूलियत D. आर्थिक स्थिति

14. मुख्य निर्वाचन आयुक्त को किसके द्वारा हटाया जा सकता है?
A. प्रधानमंत्री
B. राष्ट्रपति
C. सर्वोच्च न्यायालय का मुख्य न्यायाधीश
D. संसद

15. राज्य विधान सभा के सदस्यों की संख्या कितनी हो सकती है ?

A. 30 से 300 B. 40 से 400
C. 50 से 600 D. 60 से 500

16. उच्चतम न्यायालय के न्यायाधीशों के लिए अवकाश प्राप्ति की उम्र है :

A. 58 वर्ष B. 60 वर्ष
C. 62 वर्ष D. 65 वर्ष

17. राष्ट्रपति राज्यसभा के लिए कुल कितने सदस्यों को मनोनीत कर सकता है ?

A. 6 B. 12
C. 15 D. 18

18. संघीय कार्यपालिका किसके प्रति उत्तरादायी होती है ?

A. लोकसभा B. राज्यसभा
C. राष्ट्रपति D. उच्चतम न्यायालय

19. भारत के महान्यायवादी की नियुक्ति किसके द्वारा होती है ?

A. यूपीएससी B. राष्ट्रपति
C. प्रधानमंत्री D. लोकसभा अध्यक्ष

20. संसद के दो सत्रों के बीच कितने से अधिक की अवधि नहीं होनी चाहिए ?

A. 3 माह B. 6 माह
C. 1 वर्ष D. कोई तय अवधि नहीं

21. सुरक्षा बलों का सर्वोच्च कमाण्डर कौन होता है ?

A. सेना प्रमुख B. रक्षामंत्री
C. प्रधानमंत्री D. राष्ट्रपति

22. निम्नलिखित में कौन एक पूर्ण राज्य नहीं है ?

A. मिजोरम B. मणिपुर
C. पुडुचेरी D. अरुणाचल प्रदेश

23. एकमात्र राष्ट्रपति, जिन्हें दोबारा राष्ट्रपति चुना गया :

A. राजेन्द्र प्रसाद
B. राधाकृष्णन
C. वी.वी. गिरि
D. नीलम संजीवा रेड्डी

24. उपराष्ट्रपति अपना त्यागपत्र किसे दे सकता है ?

A. राष्ट्रपति को
B. प्रधानमंत्री को
C भारत के मुख्य न्यायाधीश को
D. राज्यसभा के उपसभापति को

25. संविधान के प्रारूप समिति के अध्यक्ष कौन थे ?

A. राजेन्द्र प्रसाद
B. जवाहरलाल नेहरू
C. बी.आर. अम्बेडकर
D. सरदार पटेल

26. राष्ट्रपति निम्नलिखित में से किसकी नियुक्ति नहीं करता ?

A. प्रधानमंत्री
B. लोकसभा अध्यक्ष
C. निर्वाचन आयुक्त
D. नियंत्रक और महालेखा परीक्षक

27. उपराष्ट्रपति होता है :

A. राज्यसभा का सदस्य
B. राज्यसभा का सभापति
C. लोकसभा का सदस्य
D. लोकसभा का अध्यक्ष

28. भारत की अधिकारिक भाषा है :

A. देवनागरी लिपि में हिन्दी
B. रोमन लिपि में हिन्दी
C. रोमन लिपि में अंग्रेजी
D. हिन्दी और अंग्रेजी

29. संविधान में मौजूद अनुसूचियों की संख्या — है।

A. 395 B. 100
C. 12 D. 8

30. वित्त आयोग का गठन कौन करता है ?

A. संसद B. राष्ट्रपति
C. प्रधानमंत्री D. लोकसभा अध्यक्ष

31. भारत में पहली महिला राष्ट्रपति बनने का श्रेय किसे प्राप्त है?

A. प्रतिभा पाटिल B. ममता बनर्जी
C. जयललिता D. सुषमा स्वराज

32. चार वेदों में से पहला वेद है :

A. ऋग्वेद B. सामवेद
C. यजुर्वेद D. अथर्ववेद

33. रामायण के रचनाकार हैं :

A. वेद व्यास B. तुलसीदास
C. द्रोणाचार्य D. वाल्मीकि

34. वर्द्धमान महावीर जैन धर्म के कौन से तीर्थंकर थे ?

A. प्रथम B. द्वितीय
C. तृतीय D. चौबीसवें

35. सिकंदर और पोरस की सेनाओं ने किस नदी के तट पर लड़ाई लड़ी थी ?

A. रावी B. झेलम
C. सतलज D. सिंधु

36. सिकंदर के आक्रमण के समय मगध पर किसका शासन था ?

A. नंद राजाओं का B. गुप्त राजाओं का
C. मौर्य राजाओं का D. वर्द्धमान राजाओं का

37. सातवाहनों ने मुख्य रूप से किस पर शासन किया?

A. अवध B. आंध्र

C. मध्य भारत D. मगध

38. अशोक संबंधित था :

A. गुप्त वंश से B. मौर्य वंश से

C. कुषाण वंश से D. शक वंश से

39. विक्रमादित्य का नाम निम्न में से किसे दिया गया था?

A. चंद्रगुप्त मौर्य B. बिंदुसार

C. चंद्रगुप्त द्वितीय D. समुद्रगुप्त

40. उत्तर भारत के अंतिम महान् हिंदू शासक हर्षवर्द्धन ने कब शासन किया?

A. दूसरी शताब्दी में B. चौथी शताब्दी में

C. सातवीं शताब्दी में D. दसवीं शताब्दी में

41. गुलाम वंश की स्थापना निम्न में से किसने की?

A. बलवन ने B. इल्तुतमिश ने

C. रजिया बेगम ने D. कुतुबुद्दीन ऐबक ने

42. रजिया बेगम बेटी थी :

A. इल्तुतमिस B. बलवन

C. अलाउद्दीन खिलजी D. गयासुद्दीन तुगलक

43. तुगलक राजवंश ने किस वंश के पतन के बाद दिल्ली का तख्त संभाला?

A. लोदी वंश B. खिलजी वंश

C. गुलाम वंश D. सूरी वंश

44. अपनी राजधानी को दिल्ली से हटाकर दौलताबाद ले जाने वाला राजा कौन था?

A. फिरोज तुगलक

B. गयासुद्दीन तुगलक

C. मोहम्मद तुगलक

D. मुहम्मद बिन कासिम

45. पानीपत के प्रथम युद्ध में बाबर ने किसके खिलाफ लड़ाई लड़ी थी?

A. शेरशाह सूरी B. फिरोज तुगलक

C. हुमायूं D. इब्राहिम लोदी

46. फतेहपुर सीकरी का निर्माण किसने करवाया?

A. बाबर B. औरंगजेब

C. अकबर D. जहांगीर

47. खुर्रम का वास्तविक नाम था :

A. अकबर B. जहांगीर

C. शाहजहां D. शाह आलम

48. दीन-ए-इलाही की शुरुआत किसने की?

A. अकबर B. हुमायूं

C. बाबर D. जहांगीर

49. शेरशाह ने किस मुगल शासक को पराजित किया?

A. बाबर B. हुमायूं

C. अकबर D. औरंगजेब

50. अंतिम मुगल शासक था :

A. शाह आलम B. मुहम्मद शाह रंगीला

C. बहादुरशाह जफर D. दोस्त मुहम्मद

51. भारत में अंग्रेजों के पांव जमाने की दृष्टि से कौन-सी लड़ाई निर्णायक साबित हुई?

A. प्लासी की लड़ाई

B. बक्सर की लड़ाई

C. पानीपत की तीसरी लड़ाई

D. मैसूर की लड़ाई

52. सती प्रथा की समाप्ति किसने की थी?

A. लार्ड कार्नवालिस B. लार्ड क्लाइव

C. लार्ड वेलेजली D. लार्ड बैंटिक

53. बंगाल का विभाजन किसने कराया था?

A. लार्ड मिंटो B. लार्ड कर्जन

C. लार्ड कैनिंग D. लार्ड रिपन

54. स्वतंत्रता प्राप्ति के समय भारत के गवर्नर जनरल थे :

A. लार्ड माउंटबेटन B. लार्ड वेवेल

C. राजगोपालाचारी D. लार्ड लिंगलिथगो

55. कृष्णदेव राय महान् थे :

A. चोल राजा

B. पल्लव राजा

C. राष्ट्रकूट राजा

D. विजय नगर साम्राज्य के राजा

56. औरंगजेब ने किस गुरु की हत्या करवा दी थी?

A. गुरु गोविंद सिंह का B. गुरु तेगबहादुर का

C. गुरु अंगद देव का D. गुरु अर्जुन देव का

57. 1857 के विद्रोह में निम्न में से कौन शामिल नहीं था?

A. नाना साहब B. कुंवर सिंह

C. रणजीत सिंह D. रानी झांसी

58. ओंग जनजाति कहां रहती है?

A. अंडमान द्वीप B. बिहार

C. नीलगिरि पहाड़ी D. मेघालय

59. राजपूत राजा राणा प्रताप ने किस लड़ाई में मुगल सेना से युद्ध किया था?

A. खानवा की लड़ाई

B. हल्दीघाटी संग्राम

C. थानेसर की लड़ाई

D. वंडीवास की लड़ाई

60. चांद बीबी जानी जाती हैं :

A. 1857 के विद्रोह में भाग लेने के लिए

B. सामाजिक धार्मिक सुधार के लिए

C. मुगल शासकों के खिलाफ बहादुरी से लड़ने के लिए

D. उपर्युक्त में से कोई नहीं

61. साइमन कमीशन किस वर्ष में भारत आया?

A. 1927 B. 1928

C. 1929 D. 1930

62. कांग्रेस किस वर्ष में चरमपंथियों और नरमपंथियों के बीच विभाजित हो गई?

A. 1906 B. 1917

C. 1907 D. 1927

63. चौरा-चौरी कांड के बाद किस आंदोलन को वापस ले लिया गया?

A. सविनय अवज्ञा आंदोलन

B. भारत छोड़ो आंदोलन

C. खिलाफत आंदोलन

D. असहयोग आंदोलन

64. कांग्रेस ने किस गोलमेज सम्मेलन में भाग लिया?

A. केवल प्रथम B. केवल दूसरे

C. प्रथम और तीसरे D. सभी तीनों में

65. भारत की स्वतंत्रता के समय ब्रिटेन पर किसका शासन था?

A. लेबर पार्टी B. कंजर्वेटिव पार्टी

C. लिबरल पार्टी D. राष्ट्रीय सरकार

66. ब्रिटिश सरकार ने दिल्ली को किस वर्ष में राजधानी बनाया?

A. 1892 B. 1905

C. 1911 D. 1927

67. बंगाल में कब स्थायी बंदोबस्त की शुरुआत हुई?

A. 1757 B. 1763

C. 1793 D. 1858

68. कांग्रेस के प्रथम अध्यक्ष थे :

A. ए.ओ. ह्यूम B. एस.एन. बनर्जी

C. डी.बी. नौरोजी D. डब्ल्यू.सी. बनर्जी

69. ग्रैंड ट्रंक रोड का निर्माण किसने करवाया था?

A. चंद्रगुप्त B. शेरशाह सूरी

C. जहांगीर D. लार्ड बैंटिक

70. बलबन संबद्ध था :

A. खिलजी वंश B. तुगलक वंश

C. गुलाम वंश D. सूरी वंश

71. निम्नलिखित में से कौन राजपूत राजवंश नहीं था?

A. सोलंकी B. राष्ट्रकूट

C. चौहान D. चंदेल

72. आर्यभट्ट किस रूप में प्रसिद्ध थे?

A. गुप्त राजा

B. खगोलविद् और गणितज्ञ

C. कवि

D. जासूस

73. ह्वेनसांग किसके शासनकाल में भारत आया था?

A. अशोक B. चंद्रगुप्त

C. स्कंदगुप्त D. हर्षवर्द्धन

74. निम्नलिखित में से कौन औषधियों का विशेषज्ञ था?

A. बाणभट्ट B. अश्वघोष

C. चरक D. सतकरणी

75. पूर्ववर्ती आर्यों की फुर्सतकालीन गतिविधि थी :

A. रथों की दौड़ B. पांसे खेलना

C. चित्रकारी D. नृत्य और संगीत

76. कवि अमीर खुसरो किसके समकालीन थे?

A. बलवन B. कुतुबुद्दीन एबक

C. इल्तुतमिश D. अलाउद्दीन खिलजी

77. चीनी तीर्थयात्री फाहियान कब भारत में आया था?

A. ईसापूर्व तीसरी शताब्दी

B. ईसापूर्व चौथी शताब्दी

C. ईस्वी सन् पांचवीं शताब्दी

D. ईस्वी सन् चौथी शताब्दी

78. अधिकांश सूफी संत संबंधित थे :

A. इस्लाम धर्म B. हिन्दू धर्म

C. ईसाई धर्म D. बौद्ध धर्म

79. निम्नलिखित में से किसे भारत का नेपोलियन कहा जाता है?

A. चंद्रगुप्त मौर्य B. समुद्रगुप्त

C. चंद्रगुप्त विक्रमादित्य D. बिंदुसार

80. बहमनी साम्राज्य किस शताब्दी में मौजूद था?

A. 13वीं शताब्दी B. 14वीं शताब्दी

C. 15वीं शताब्दी D. 16वीं शताब्दी

81. निम्नलिखित में से कौन सार्वजनिक क्षेत्र के अंतर्गत नहीं आता?

A. टिस्को B. इस्को

C. सेल D. ऑर्डिनेंस फैक्टरी

82. कुडनकुलम नाभिकीय विद्युत परियोजना किस राज्य में स्थित है?

A. कर्नाटक B. केरल

C. तमिलनाडु D. आंध्र प्रदेश

83. निम्नलिखित इस्पात संयंत्रों में से कौन रूस की सहायता से निर्मित हुआ है?

A. राऊरकेला B. भिलाई

C. दुर्गापुर D. कोथागुडम

84. 'नीली क्रान्ति' का सम्बन्ध निम्नलिखित में से किससे है?
A. नील की खेती
B. मुर्गी पालन
C. पीने योग्य जल की आपूर्ति
D. मत्स्यपालन

85. 'काला सोना' के नाम से किसे जाना जाता है?
A. नरम लोहा B. कोयला
C. खनिज तेल D. यूरेनियम

86. मुद्रास्फीति किस वजह से उत्पन्न होती है ?
A. साधारण ब्याज में कमी से
B. धन की आपूर्ति में कमी से
C. औद्योगिक और कृषि उत्पादन में वृद्धि से
D. सामान्य व्यय में बढ़ोतरी या धन आपूर्ति में वृद्धि से

87. मनरेगा कार्यक्रम किस वर्ष लागू हुआ?
A. 2006 B. 2005
C. 2004 D. 1998

88. भारत में गुड्स एंड सर्विसेज टैक्स (GST) किस वर्ष लागू किया गया?
A. 2017 में B. 2018 में
C. 2019 में D. 2020 में

89. श्वेत क्रांति किसका संकेत करती है ?
A. सीमेंट उद्योग
B. डेरी फार्मिंग
C. कपास और टैक्सटाइल उद्योग
D. संगमरमर उद्योग

90. भारत में सिंचाई का सर्वप्रमुख माध्यम है :
A. कुएं एवं नलकूप
B. नहरें
C. तालाब
D. पशु द्वारा खींचा गया जल

91. भारतीय खाद्य निगम का मुख्य कार्य है :
A. उच्च उत्पादकता वाले बीजों का वितरण
B. किसानों को ऋण उपलब्ध कराना
C. खाद्यान्नों की मांग पर नियंत्रण करना
D. आपूर्ति को नियंत्रित कर खाद्यान्नों के मूल्यों में उतार-चढ़ाव को नियंत्रित करना

92. राज्यों में से सर्वाधिक जनसंख्या किस राज्य की है ?
A. बिहार B. पश्चिम बंगाल
C. उत्तर प्रदेश D. मध्य प्रदेश

93. निम्नलिखित में से किसे 'सनराइज इंडस्ट्री' का नाम दिया जाता है ?
A. कॉफी B. उच्च प्रौद्योगिकी
C. लघु उद्योग D. भारी उद्योग

94. निम्नलिखित में से कौन आर्थिक संवृद्धि का माप नहीं है ?
A. प्रतिव्यक्ति आय
B. सकल राष्ट्रीय उत्पाद
C. कुल घरेलू उत्पाद
D. प्रसारित मुद्रा

95. एच-1बी वीजा का संबंध किस देश से है?
A. ब्रिटेन B. ऑस्ट्रेलिया
C. जर्मनी D. अमेरिका

96. एक ब्लू चिप कंपनी को इसलिए यह संज्ञा दी जाती है क्योंकि :
A. यह कंप्यूटर हार्डवेयर का उत्पादन करता है
B. यह कंप्यूटर सॉफ्टवेयर का उत्पादन करता है
C. यह उच्च लाभ देता है और इसमें कम जोखिम होता है
D. यह अपने अधिकांश उत्पादों का निर्यात करता है

97. निर्धनता रेखा का निर्धारण किस के आधार पर किया जाता है ?
A. लोगों की जीवन दशा
B. प्रत्येक परिवार पर बच्चों की संख्या
C. प्रति परिवार आय
D. प्रति व्यक्ति हेतु कैलोरी की आवश्यकता

98. निम्नलिखित में से किस दिन को विश्व उपभोक्ता अधिकार दिवस के रूप में प्रतिवर्ष मनाया जाता है?
A. 15 मार्च B. 15 जनवरी
C. 15 फरवरी D. 15 अप्रैल

99. भारत में सबसे प्राचीन वृहद् उद्योग किस क्षेत्र में है?
A. लोहा और इस्पात क्षेत्र
B. जूट क्षेत्र
C. कॉटन टैक्सटाइल क्षेत्र
D. चीनी क्षेत्र

100. मौसमी बेरोजगारी किस क्षेत्र में सर्वाधिक है ?
A. उद्योग क्षेत्र B. कृषि क्षेत्र
C. सेवा क्षेत्र D. हथकरघा क्षेत्र

101. भारत में सबसे पुराना ट्रेड यूनियन संगठन है :
A. हिन्द मजदूर सभा
B. भारतीय राष्ट्रीय ट्रेड यूनियन कांग्रेस
C. अखिल भारतीय ट्रेड यूनियन कांग्रेस
D. केन्द्रीय औद्योगिक ट्रेड यूनियन

102. सिन्दरी, हल्दिया और पारादीप में क्या है ?
A. बंदरगाह
B. इस्पात संयंत्र
C. विशाल बहुद्देशीय जलाशय
D. उर्वरक संयंत्र

103. आयात-निर्यात बैंक की स्थापना कब हुई ?
A. 1969 B. 1980
C. 1982 D. 1985

104. 'बुल' एवं 'बीयर' वाक्यांश का संबंध किससे है?
A. आयकर विभाग से
B. मुद्रा बाजार से
C. स्टॉक एक्सचेंज से
D. बिक्री से

105. बैंक दर कौन निश्चित करता है?
A. भारत सरकार B. वित्त मंत्रालय
C. नीति आयोग D. रिजर्व बैंक

106. निम्नलिखित में से किसकी भारतीय निर्यात में सबसे बड़ी हिस्सेदारी है?
A. इंजीनियरिंग उत्पाद B. रत्न एवं आभूषण
C. समुद्री उत्पाद D. खाद्य तेल

107. दीनदयाल (कांडला) बन्दरगाह किस राज्य में स्थित है?
A. महाराष्ट्र B. गुजरात
C. आन्ध्र प्रदेश D. तमिलनाडु

108. ब्याज दर नीति निम्नलिखित में से किसके अन्तर्गत आती है?
A. राजकोषीय नीति B. औद्योगिक नीति
C. मौद्रिक नीति D. इनमें से कोई नहीं

109. विश्व में चाय का सबसे बड़ा उत्पादक देश कौन-सा है?
A. केन्या B. इंडोनेशिया
C. चीन D. भारत

110. रुपए को कब चालू खाते में परिवर्तनीय बना दिया गया?
A. 1991 B. 1994
C. 1995 D. 1997

111. योजना आयोग के स्थान पर नीति आयोग की स्थापना कब हुई?
A. जनवरी 2013 B. जनवरी 2014
C. जनवरी 2015 D. जनवरी 2011

112. 'STEP' .... की सहायतार्थ कल्याण कार्यक्रम का संक्षिप्त नाम है।
A. बच्चों B. किसानों
C. वरिष्ठ नागरिकों D. महिलाओं

113. खाद्यान्नों का उत्पादन ..... में सर्वाधिक होता है :
A. खरीफ मौसम
B. रबी मौसम
C. खरीफ और रबी मौसम के मध्य
D. कोई तय मौसम नहीं

114. मोनो कल्चर एक विशिष्ट लक्षण है :
A. आजीविका कृषि का
B. स्थानान्तरित कृषि व्यवस्था का
C. व्यापारिक अनाज की कृषि
D. विशिष्ट बागवानी

115. उर्वरकों के इस्तेमाल हेतु एनपीके का आदर्श अनुपात है :
A. 2 : 4 : 1 B. 2 : 1 : 4
C. 4 : 2 : 1 D. 1 : 2 : 4

116. राजकोषीय नीति का निर्माण करता है :
A. भारत सरकार B. रिजर्व बैंक
C. नाबार्ड D. व्यापारिक बैंक

117. 2001-2011 में जनसंख्या की दशकीय प्रतिशत वृद्धि दर थी :
A. 18.2 प्रतिशत B. 20.34 प्रतिशत
C. 17.7 प्रतिशत D. 14.46 प्रतिशत

118. सबसे निम्न साक्षरता वाला राज्य है :
A. अरुणाचल प्रदेश B. राजस्थान
C. बिहार D. उत्तर प्रदेश

119. भारत में बैंकों का बैंक है :
A. रिजर्व बैंक B. मुद्रा कोष
C. विश्व बैंक D. औद्योगिक बैंक

120. एक रुपये के नोट पर किसके हस्ताक्षर होते हैं?
A. रिजर्व बैंक के गवर्नर के
B. वित्त मंत्री के
C. सचिव, वित्त मंत्रालय के
D. उप-वित्तमंत्री के

121. राष्ट्रीय विकास परिषद् की स्थापना किस वर्ष हुई थी?
A. 1949 B. 1950
C. 1951 D. 1952

122. बैंक कार्यालयों की सर्वाधिक संख्या किस राज्य में है?
A. महाराष्ट्र B. आंध्र प्रदेश
C. उत्तर प्रदेश D. दिल्ली

123. लद्दाख को किस वर्ष एक केन्द्रशासित प्रदेश बनाया गया?
A. 2018 में B. 2019 में
C. 2016 में D. 2017 में

124. निम्लिखित में से कौन-सी नदी भारतीय हिमालय से निकलती है?
A. गंडक B. घाघरा
C. कोसी D. यमुना

125. किस पंचवर्षीय योजना का मुख्य उद्देश्य 'गरीबी हटाओ' रखा गया था?
A. पांचवीं पंचवर्षीय योजना
B. चौथी पंचवर्षीय योजना
C. छठी पंचवर्षीय योजना
D. सातवीं पंचवर्षीय योजना

126. भारत में सबसे अधिक ईंधन रिजर्व किसका है?
A. तेल B. गैस
C. कोयला D. जल

127. ऑपरेशन कुटीर ज्योति किससे संबंधित है ?
A. प्रौढ़ साक्षरता B. स्वरोजगार
C. गरीबी उतन D. ग्रामीण विद्युतीकरण

128. 'मुद्रा प्रसार' (Inflation) का क्या परिणाम होता है?
A. कीमतों में बहुत अधिक वृद्धि
B. कीमतों में बेहद गिरावट
C. कीमतों का स्थिर हो जाना
D. कीमतों में अस्थिरता

129. ग्रामीण विद्युतीकरण निगम की स्थापना कब की गई थी ?
A. 1979 में B. 1989 में
C. 1959 में D. 1969 में

130. ओ.एन.जी.सी. का सम्बन्ध निम्नलिखित में से किससे है ?
A. अणु ऊर्जा B. खनिज तेल एवं गैस
C. जल ऊर्जा D. तापीय ऊर्जा

131. सबसे बड़ा ग्रह कौन-सा है ?
A. शनि B. मंगल
C. बुध D. बृहस्पति

132. विश्व का सबसे छोटा महाद्वीप कौन-सा है ?
A. ग्रीनलैंड B. आस्ट्रेलिया
C. दक्षिण अमेरिका D. यूरोप

133. विश्व का सबसे निम्नतम जल भंडार है ?
A. काला सागर B. मृत सागर
C. एड्रियाटिक सागर D. लाल सागर

134. बांग्लादेश का स्वाधीन देश के रूप में उदय किस वर्ष हुआ?
A. 1968 B. 1969
C. 1970 D. 1971

135. विश्व का सबसे ठंडा प्रायद्वीप सागर है ?
A. कैरेबियन सागर B. मेडीटेरियन सागर
C. लाल सागर D. ब्योफोर्ट सागर

136. विश्व का सबसे बड़ा महाद्वीप है ?
A. एशिया B. अफ्रीका
C. आस्ट्रेलिया D. उत्तर अमेरिका

137. भारतीय उप-महाद्वीप की सबसे ऊंची चोटी का नाम :
A. नंदादेवी B. एवरेस्ट
C. त्रिशूल D. कंचनजंगा

138. विश्व का सबसे बड़ा द्वीप है ?
A. न्यू गुयाना B. बर्नियो
C. मेडागास्कर D. ग्रीनलैंड

139. मानचित्रों की पुस्तक को क्या कहते हैं?
A. एटलस B. विश्वकोश
C. शब्दकोश D. डायरी

140. सबसे बड़ा महासागर है ?
A. प्रशांत महासागर
B. अटलांटिक महासागर
C. अंटार्कटिक महासागर
D. हिन्द महासागर

141. विश्व का सबसे बड़ा प्रायद्वीप है ?
A. प्रशांत B. अरब
C. बांग्लादेश D. अफ्रीका

142. विश्व का सबसे बड़ा द्वीप समूह है ?
A. इंडोनेशिया B. मलेशिया
C. न्यूजीलैंड D. माल्टा

143. विश्व का सबसे गहरा महासागर है ?
A. आर्कटिक B. अटलांटिक
C. प्रशांत D. हिन्द

144. किस पर्वतमाला को नीला पर्वत कहते हैं ?
A. नीलगिरि पर्वत B. आल्पस
C. माउंट एवरेस्ट D. हिमालय

145. 'अंध महाद्वीप' किसे कहते हैं ?
A. अफ्रीका B. ऑस्ट्रेलिया
C. ग्रीनलैंड D. दक्षिण अमेरिका

146. एशिया माइनर स्थित है :
A. इराक में B. तुर्की में
C. जार्डन में D. ईरान में

147. उत्तर का वेनिस किस शहर को कहा जाता है?
A. पेरिस B. इस्तांबुल
C. स्टॉकहोम D. मैड्रिड

148. पेरिस किस नदी के किनारे बसा है ?
A. तिबिया B. सीन
C. डेन्यूब D. उपर्युक्त में से कोई नहीं

149. ऑस्ट्रेलिया है :
A. दक्षिणी गोलार्द्ध का एकमात्र देश
B. द्वीपीय महाद्वीप
C. सबसे छोटा महाद्वीप
D. उपर्युक्त सभी बिंदु सत्य हैं

150. जायरे किस महाद्वीप में स्थित है ?
A. यूरोपीय B. ऑस्ट्रेलियाई
C. एशियाई D. अफ्रीकी

151. चीन का शोक है :
A. लिन पियाओ B. सिंकियांग
C. ह्वांगहो D. सैंग हो

152. विश्व का चीनी का कटोरा किसे कहा जाता है?
A. मनीला B. जापान
C. क्यूबा D. हवाना

153. उगते हुए सूरज की भूमि है :
A. जापान B. नार्वे
C. असम D. म्यांमार

154. विश्व का सबसे बड़ा कोयला उत्पादक है :
A. अमेरिका B. चीन
C. भारत D. फ्रांस

155. विश्व की सबसे लंबी नदी है :
A. नील B. अमेजन
C. यांग्त्ज D. मिसीसिपी-मिसौरी

156. मानसून वाली भूमि में लोगों का मुख्य धंधा है :
A. वानिकी B. कृषि
C. उद्योग D. खनन

157. क्षेत्रफल की दृष्टि से विश्व का सबसे बड़ा देश कौन-सा है?
A. यूएसए B. रूस
C. चीन D. कनाडा

158. भारत में थोक मूल्य सूचकांक का आधार वर्ष अब क्या है?
A. 2011-12 B. 2004-05
C. 2009-10 D. 2010-11

159. कोरबा—के लिए प्रसिद्ध है।
II. ताप ऊर्जा संयंत्र
II. अल्युमिनियम संयंत्र
III. हाइड्रो इलेक्ट्रिक ऊर्जा संयंत्र
IV. इनमें से सही उत्तर है
A. I और II B. केवल II
C. केवल I D. I, II और III

160. झारखंड का छोटा नागपुर क्षेत्र किसलिए प्रसिद्ध है?
A. तेल परिशोधनशाला B. उपजाऊ भूमि
C. लाख उद्योग D. टेक्सटाइल

161. निम्नलिखित में से कौन-सा युग्म सही है?
A. भिलाई-बिहार B. बोकारो-मध्य प्रदेश
C. दुर्गापुर-कर्नाटक D. राउरकेला-ओडिशा

162. खेतड़ी प्रसिद्ध है :
A. तांबा काम्प्लेक्स
B. सोने के क्षेत्र
C. अल्युमिनियम काम्प्लेक्स
D. उर्वरक

163. भारत के किस राज्य का क्षेत्रफल सबसे बड़ा है?
A. असम B. उत्तर प्रदेश
C. पश्चिम बंगाल D. राजस्थान

164. जादूगोड़ा किस लिए प्रसिद्ध है?
A. यूरेनियम B. तांबा
C. कोयला D. सैंडस्टोन

165. ब्राजील की राजधानी है :
A. साओ पोलो B. ब्राजीलिया
C. पोर्ट लुइस D. सेन सल्वाडोर

166. हीराकुड बांध किस नदी पर बना हुआ है?
A. गोदावरी B. महानदी
C. सतलज D. कृष्णा

167. भारत का ज्वारीय बंदरगाह है :
A. मुम्बई B. कांडला
C. मंगलुरु D. कोच्चि

168. महात्मा गांधी सेतु किस नदी पर बना है?
A. ब्रह्मपुत्र B. गोदावरी
C. गंगा D. कावेरी

169. पिम्परी किस लिए विख्यात है?
A. उर्वरक कारखाना
B. सीमेंट कारखाना
C. रसायन फैक्टरी
D. एंटीबायोटिक फैक्टरी

170. भारत की सबसे बड़ी नदी है?
A. ब्रह्मपुत्र B. गंगा
C. गोदावरी D. कृष्णा

171. 'तिस्ता जल' का भारत और किसके बीच बंटवारा होता है?
A. नेपाल B. भूटान
C. चीन D. बांग्लादेश

172. कार्बेट नेशनल पार्क कहां स्थित है?
A. गुजरात B. उत्तराखंड
C. मध्य प्रदेश D. असम

173. मैंगनीज पाया जाता है :
A. पंजाब में B. जम्मू-कश्मीर में
C. मध्य प्रदेश में D. उपर्युक्त सभी में

174. नागार्जुन सागर परियोजना किस नदी पर चलाई जा रही है?
A. कावेरी B. कृष्णा
C. गोदावरी D. तुंगभद्रा

175. निम्नलिखित में से कौन खरीफ फसल है?
A. चना B. जौ
C. गेहूं D. चावल

176. प्रसिद्ध पर्वतीय स्थल 'मसूरी' किस राज्य में स्थित है?
A. हिमाचल प्रदेश B. मेघालय
C. महाराष्ट्र D. उत्तराखंड

177. भारतीय संघ का क्षेत्रफल है ?
A. 32,87,263 वर्ग किमी.
B. 55,26,892 वर्ग किमी.
C. 32,00,000 वर्ग किमी.
D. 35,00,000 वर्ग किमी.

178. संपूर्ण भारतवर्ष के लिए औसत वार्षिक वर्षा है :
A. 180 सेमी. B. 105 सेमी.
C. 70 सेमी. D. 120 सेमी.

179. भारत इनके बीच स्थित है :
A. 8°4' उ. से 37°6' उ. अक्षांश और 60°7' पूर्व से 98°25' पूर्वी देशांतर
B. 8° उ. से 37° उ. अक्षांश और 68° पूर्वी और 97° पूर्वी देशांतर
C. 8° उ. से 38° उ. अक्षांश और 60° पूर्वी और 90° पूर्वी देशांतर
D. 9° उ. से 38° उ. अक्षांश और 64° पूर्वी से 100° पूर्वी देशांतर

180. भारत का सबसे लंबा रेलवे प्लेटफार्म कहाँ स्थित है?
A. हावड़ा B. नई दिल्ली
C. हुब्बल्लि (कर्नाटक) D. मुगलसराय

181. किस विटामिन की कमी से रिकेट्स रोग होता है ?
A. A B. B
C. C D. D

182. घेंघा रोग किसकी कमी से होता है ?
A. साधारण नमक B. आयोडीन
C. चीनी D. शुद्ध जल

183. साइकिल के ट्यूब सबसे अधिक किस समय फटते हैं ?
A. जाड़े में B. गर्मी में
C. बरसात में D. वर्ष भर

184. हैपेटाइटिस रोग से मनुष्य के शरीर का कौन सा अंग प्रभावित होता है ?
A. यकृत B. फेफड़ा
C. हृदय D. मस्तिष्क

185. मलेरिया रोग निम्नलिखित में से किस मच्छर के काटने से होता है ?
A. नर क्यूलेक्स B. मादा एनोफ्लीज
C. नर एनोफ्लीज D. मादा क्यूलेक्स

186. ऑक्सीजन की आपूर्ति ……… के द्वारा होती है।
A. श्वेत रक्त कण
B. लाल रक्त कण
C. प्लाज्मा
D. सभी के द्वारा

187. 'कैटरेक्ट' बीमारी शरीर के किस अंग से संबंधित है?
A. यकृत B. फेफड़े
C. आँख D. नांक

188. निकट दृष्टि दोष में उपयोग में लाया जाने वाला लैंस है—
A. उत्तल लैंस B. अवतल लैंस
C. बेलनाकार लैंस D. बायोफोकस लैंस

189. बरसात में कपड़े के देर से सूखने का क्या कारण है ?
A. वायुमंडल में अधिक आर्द्रता के कारण
B. गर्मी के कारण
C. बादल के कारण
D. इनमें से कोई नहीं

190. 'निमोनिया' किस अंग की बीमारी है?
A. फेफड़े B. आँत
C. मस्तिष्क D. दांत

191. 'डिप्थीरिया' रोग से प्रभावित होने वाला अंग है—
A. छाती B. पेट
C. आंख D. श्वास नली

192. वयस्क मानव में रुधिर की रचना किसके द्वारा की जाती है ?
A. हृदय B. तिल्ली
C. लाल अस्थिमज्जा D. पीत अस्थिमज्जा

193. सर्वदाता वह व्यक्ति है जिसका रुधिर वर्ग होता है—
A. B B. A
C. AB D. O

194. एक हॉर्स पावर (Horse Power) का मान होता है—
A. 576 वॉट B. 646 वॉट
C. 814 वॉट D. 746 वॉट

195. क्षयरोग (तपेदिक) से बचाव के लिए कौन-सा टीका लगाया जाता है ?
A. डी.पी.टी. B. बी.सी.जी.
C. ए.टी.एस. D. इनमें से कोई नहीं

196. अरक्तता (एनीमिया) किसकी कमी से होता है ?
A. आयोडीन B. लोहा
C. कैल्सियम D. फॉस्फोरस

197. शरीर को सबसे अधिक कैलोरी ऊर्जा प्रदान करता है—
A. कार्बोहाइड्रेट B. प्रोटीन
C. वसा D. खनिज लवण

198. कागज का आविष्कार सर्वप्रथम कहां हुआ ?
A. थाईलैंड में B. चीन में
C. भारत में D. जापान में

199. किसी वयस्क व्यक्ति का सामान्य रक्तचाप होता है—
A. 120/80 B. 90/60
C. 160/20 D. 140/100

200. कैलोरी किसकी इकाई है ?
A. कार्य B. ऊष्मा
C. ऊर्जा D. प्रकाश

201. जल का सबसे शुद्ध रूप है—
A. नदी का जल B. वर्षा का जल
C. झील का जल D. हिम नदी का जल

202. रक्त के थक्के जमने का कारण है—
A. थ्राम्बिन B. हीमोग्लोबिन
C. पेक्टिन D. उपरोक्त सभी

203. ध्वनि की तीव्रता नापी जाती है—
A. डेसीबल से B. डेसीमीटर से
C. ईकोबल से D. उपर्युक्त सभी से

204. पृथ्वी के पलायन वेग का मान है :
A. 11.2 किमी./से. B. 11.2 मी./से.
C. 7.0 किमी./से. D. 1.5 किमी./से.

205. टायफॉयड में शरीर का कौन-सा अंग प्रभावित होता है ?
A. श्वासनली B. फेफड़ा
C. आंत D. यकृत (लीवर)

206. सौरमंडल का सबसे बड़ा और भारी ग्रह कौन-सा है ?
A. पृथ्वी B. बृहस्पति
C. शनि D. वरुण

207. कुनैन कहां से प्राप्त होता है ?
A. सिनकोना के छाल से B. पेड़ के रस से
C. पेड़ की जड़ से D. पशुओं से

208. विटामिन 'सी' क्या कहलाता है ?
A. एस्कॉर्बिक एसिड
B. टारटारिक एसिड
C. अमीनो एसिड
D. ग्लाइकोलिक एसिड

209. किलोवाट किसकी इकाई है ?
A. शक्ति की B. कार्य की
C. ऊर्जा की D. विद्युतधारा की

210. 'फैदम' किसकी माप की इकाई है ?
A. समय B. गहराई
C. ध्वनि D. ऊर्जा

211. दूध में सबसे कम पाया जाता है—
A. लोहा B. कैल्शियम
C. प्रोटीन D. विटामिन

212. सबसे अधिक मात्रा में प्रोटीन प्रति ग्राम किसमें पाया जाता है ?
A. मूंगफली B. सोयाबीन
C. गेहूं D. मक्का

213. सूर्य से सबसे अधिक दूरी पर स्थित ग्रह है—
A. यूरेनस B. शनि ग्रह
C. नेप्चून D. बुध

214. निम्नलिखित में कौन-सा रोग वंशानुगत है ?
A. रतौंधी B. रक्ताल्पता
C. वृक्कशोध D. मधुमेह

215. शरीर की सरंचना का अध्ययन विज्ञान की किस शाखा में किया जाता है?
A. ऑटोमेशन B. एनाटोमी
C. बायोमेट्री D. बायोनिक्स

216. किसकी कमी के कारण भोजन का पाचन नहीं हो सकता?
A. एंजाइम B. हॉरमोन
C. विटामिन D. उपर्युक्त (B) और (C)

217. एलिसा नामक परीक्षण किस रोग से निदान के लिए किया जाता है?
A. एड्स B. टी.बी.
C. हेपेटाइटिस D. डिप्थीरिया

218. 'ग्लूकोमा' मानव शरीर के किस अंग से संबंधित बीमारी है ?
A. फेफड़ा B. हृदय
C. कान D. आंख

219. 'जेट इंजन' का आविष्कारक कौन था ?
A. जेम्स वाट
B. चार्ल्स पारसन्स
C. आर्विल और विल्टर राइट
D. फ्रेंक व्हीटल

220. विटामिन डी का उत्तम स्रोत है—
A. अंडा B. दूध
C. सूर्य की किरणें D. पालक

221. किस मच्छर के काटने से डेंगू बुखार होता है ?
A. एनाफिलीज B. एडीज
C. बुचेरिया D. बाटफलाई

222. निम्नलिखित में कौन-सा सुमेलित नहीं है ?
A. विटामिन ए - मलेरिया B. विटामिन बी - बेरीबेरी
C. विटामिन सी - स्कर्वी D. विटामिन ई - बांझपन

223. पेस मेकर का क्या कार्य है ?
A. पाचन क्रिया का नियमन
B. मूत्र बनाने का नियमन
C. दिल की धड़कन प्रारम्भ करना
D. श्वास क्रिया प्रारम्भ करना

224. 'हीलियम गैस' को गुब्बारों में क्यों भरा जाता है ?
A. वह एक उत्कृष्ट गैस है
B. वह वायु से हल्का है
C. उसका परमाणु क्रमांक 2 है
D. वह जल के अवयवों में से एक है

225. मोटर वाहनों में किस दर्पण का उपयोग होता है ?
A. उत्तल दर्पण B. अवतल दर्पण
C. समतल दर्पण D. गोलीय दर्पण

226. प्रकाश संश्लेण होता है—
A. रात्रि में B. दिन व रात्रि में
C. दिन में अथवा रात्रि में D. केवल दिन में

227. कौन-सा पेड़ सबसे शीघ्र बढ़ता है ?
A. पीपल B. नीम
C. बरगद D. युक्लिप्टिस

228. विटामिन सी सबसे अधिक किसमें पाया जाता है ?
A. संतरा B. आम
C. गाजर D. अमरूद

229. थायराइड भोजन में ·········की कमी से होता है ?
A. कैल्शियम B. आयरन
C. क्लोरीन D. आयोडीन

230. रक्त-स्कन्दन में कौन-सा विटामिन क्रियाशील होता है ?
A. डी B. ए
C. सी D. के

231. पेड़-पौधों के पत्तों का रंग हरा किस तत्त्व के कारण होता है ?
A. हीमोग्लोबिन B. क्लोरोफिल
C. लेटिन फ्लू D. पेयरीक्लीफ

232. निम्नलिखित में से किस ग्रह को लालतारा की संज्ञा दी जाती है ?
A. शनि B. मंगल
C. शुक्र D. बुध

233. एक स्वस्थ वयस्क व्यक्ति का हृदय एक मिनट में औसतन कितनी बार धड़कता है ?
A. 86 B. 98
C. 72 D. 64

234. बॉक्साइट किसका अयस्क है ?
A. जस्ता B. तांबा
C. ऐल्युमिनियम D. मैंगनीज

235. हॉर्स पावर क्या है ?
A. घोड़े की शक्ति B. बल का मात्रक
C. शक्ति का मात्रक D. इनमें से कोई नहीं

236. ग्रैंड स्लेम निम्नलिखित में से किस खेल से संबंधित है?
A. फुटबॉल B. टेनिस
C. हॉकी D. पोलो

237. वायु में कौन सी गैस सर्वाधिक मात्रा में उपस्थित है ?
A. ऑक्सीजन
B. नाइट्रोजन
C. कार्बन डाइ आक्साइड
D. हाइड्रोजन

238. वायुमंडलीय दाब ·······से नापा जाता है ?
A. हाइड्रोमीटर (द्रवमापी)
B. बैरोमीटर (दाबमापी)
C. हाइग्रोमीटर (आर्द्रतामापी)
D. एल्टीमीटर (ऊंचाई मापी)

239. विटामिन D किसमें पाया जाता है ?
A. मक्खन B. यकृत
C. अण्डा D. उपर्युक्त सभी में

240. प्रकाश वर्ष·········की इकाई है।
A. दूरी B. समय
C. वजन D. प्रकाश की तीव्रता

241. भारतीय ज्ञानपीठ पुरस्कार किसे प्रदान किया जाता है?
A. उत्कृष्ट हिन्दी कविता के लिए
B. भारतीय साहित्य में उत्कृष्ट योगदान के लिए
C. हिन्दी साहित्य में उत्कृष्ट योगदान के लिए
D. भारतीय दर्शन की उत्कृष्ट समीक्षा के लिए

242. अध्यापकों के लिए राष्ट्रीय पुरस्कारों की घोषणा कब की जाती है?
A. 14 नवम्बर B. 5 सितम्बर
C. 30 जनवरी D. 26 जनवरी

243. निम्नलिखित में से किस विषय पर नोबेल पुरस्कार नहीं दिया जाता है?
A. चिकित्सा B. गणित
C. अर्थशास्त्र D. रसायन शास्त्र

244. बुकर पुरस्कार किस क्षेत्र में प्रदान किया जाता है?
A. कल्पना साहित्य लेखन
B. औषधि
C. साहस के कार्य
D. विज्ञान

245. गांधी शान्ति पुरस्कार में कितनी धनराशि प्रदान की जाती है?
A. 50 लाख B. 2 करोड़
C. 1 करोड़ D. 10 लाख

246. सर्वोच्च शौर्य पुरस्कार 'परमवीर चक्र' के प्रथम विजेता कौन थे?
A. मेजर ध्यान सिंह
B. के。 गुरुवचन सिंह
C. मेजर शैतान सिंह
D. मेजर सोमनाथ शर्मा

247. धन्वन्तरि पुरस्कार किस क्षेत्र में विशिष्ट योगदान के लिए दिया जाता है?
A. संगीत B. नृत्य
C. दर्शन D. चिकित्सा

248. कलिंग पुरस्कार किस क्षेत्र में दिया जाता है?
A. साहित्य के क्षेत्र में
B. विज्ञान के क्षेत्र में
C. सामाजिक कल्याण के लिए किये गए कार्य के लिए
D. अन्तर्राष्ट्रीय शान्ति एवं सद्भावना के लिए

249. नोबेल पुरस्कार का आरम्भ कब से हुआ?
A. सन् 1901 से B. सन् 1905 से
C. सन् 1896 से D. सन् 1934 से

250. अर्थशास्त्र के लिए नोबेल पुरस्कार कब से आरम्भ हुआ?
A. सन् 1969 ई॰ से
B. सन् 1939 ई॰ से
C. सन् 1901 ई॰ से
D. सन् 1935 ई॰ से

251. ग्रेमी पुरस्कार किस क्षेत्र में अभूतपूर्व उपलब्धियों के लिए दिए जाते हैं?
A. खेल B. कृषि
C. विज्ञान D. संगीत

252. होमी भाभा पुरस्कार किस क्षेत्र में विशेष योगदान के लिए दिया जाता है?
A. सैद्धान्तिक भौतिकी
B. नाभिकीय ऊर्जा
C. लेसर भौतिकी
D. अन्तरिक्ष अनुसन्धान

253. नेहरू पुरस्कार कौन-सी संस्था प्रदान करती है?
A. इंडियन कौंसिल ऑफ कल्चरल रिलेशन्स
B. इंडो-सोवियत कल्चरल सोसाइटी
C. भारतीय राष्ट्रीय कांग्रेस
D. भारतीय ज्ञानपीठ

254. वीरता का सर्वोच्च सम्मान सूचक पदक जो शत्रु के सामने असीम शौर्य और अदम्य साहस दिखाने या आत्म-बलिदान करने पर भेंट किया जाता है, उसका क्या नाम है?
A. चक्रव्यूह B. अशोक चक्र
C. महावीर चक्र D. परमवीर चक्र

255. प्रथम मरणोपरान्त 'भारत-रत्न' अलंकरण किसे प्रदान किया गया था?
A. के॰ कामराज नाडार
B. आचार्य विनोबा भावे
C. लाल बहादुर शास्त्री
D. एम॰जी॰ रामचन्द्रन

256. निम्नलिखित में से कौन-सा पुरस्कार केवल एशियावासियों को दिया जाता है?
A. नेहरू सद्भावना पुरस्कार
B. पुलित्ज़र पुरस्कार
C. इन्दिरा गांधी शान्ति पुरस्कार
D. मैग्सेसे पुरस्कार

257. अर्जुन पुरस्कार कब से प्रारम्भ हुए?
A. 1961 ई॰ से B. 1962 ई॰ से
C. 1963 ई॰ से D. 1964 ई॰ से

258. लोक संस्कृति के विकास के लिए 'तुलसी पुरस्कार' किस राज्य ने स्थापित किया है?
A. उत्तर प्रदेश ने B. बिहार ने
C. राजस्थान ने D. मध्य प्रदेश ने

259. ऑस्कर में नामित प्रथम भारतीय फिल्म कौन थी?
A. मदर इंडिया B. सलाम बॉम्बे
C. लगान D. पहेली

260. ललित कला के विभिन्न क्षेत्रों में उत्कृष्ट योगदान के लिए कालिदास सम्मान किस सरकार की ओर से प्रदान किया जाता है?
A. उत्तर प्रदेश B. राजस्थान
C. मध्य प्रदेश D. पश्चिम बंगाल

261. निम्नलिखित में से किसे सबसे पहले 'दादा साहेब फाल्के पुरस्कार से सम्मानित किया गया था?
A. शोभना समर्थ B. दुर्गा खोटे
C. देविका रानी D. कानन देवी

262. कृषि अनुसंधान के क्षेत्र में उत्कृष्ट योगदान के लिए एक पुरस्कार दिया जाता है, उसका नाम क्या है?
A. कृषि पंडित पुरस्कार
B. कालिंजर पुरस्कार
C. अर्जुन पुरस्कार
D. बोरलॉग पुरस्कार

263. रुइया ट्रॉफी निम्नलिखित में से किस खेल से संबंधित भारत की सर्वाधिक प्रतिष्ठित ट्रॉफी है?
A. स्क्वैश B. तैराकी
C. ब्रिज D. शतरंज

264. ओलंपिक पदक विजेता नीरज चोपड़ा का संबंध किस खेल से है?
A. भाला फेंक B. टेनिस
C. कुश्ती D. हॉकी

265. सर्वप्रथम क्रिकेट टैस्ट मैच किस देश में खेला गया था?
A. न्यूज़ीलैण्ड में B. भारत में
C. इंग्लैण्ड में D. ऑस्ट्रेलिया में

266. आधुनिक ओलंपिक खेलों में विजेताओं को स्वर्ण पदक देने की प्रथा कब से आरम्भ हुई?

A. 1908 से B. 1912 से
C. 1918 से D. 1922 से

267. ओवल (क्रिकेट) स्टेडियम विश्व के किस देश में है?
A. ऑस्ट्रेलिया B. भारत
C. न्यूज़ीलैंड D. इंग्लैंड

268. भारत ने पहली बार विश्व कप हॉकी स्पर्धा कब जीती थी?
A. 1975 B. 1971
C. 1979 D. 1967

269. किस खेल में प्रत्येक पक्ष में खिलाड़ियों की संख्या सर्वाधिक होती है?
A. फुटबॉल B. रग्बी फुटबॉल
C. हॉकी D. आइस हॉकी

270. 'ददा' के नाम से किसे जाना जाता है?
A. मेजर ध्यानचंद B. रूप सिंह
C. के. डी. सिंह D. उधम सिंह

271. निम्नलिखित में से कौन-सा कप / ट्रॉफी फुटबॉल से सम्बन्धित नहीं है?
A. मर्डेका कप B. डूरण्ड कप
C. सन्तोष ट्रॉफी D. दिलीप ट्रॉफी

272. सन् 1975 में प्रथम क्रिकेट विश्व कप किस देश में आयोजित किया गया था?
A. ऑस्ट्रेलिया B. इंग्लैंड
C. वेस्टइंडीज D. न्यूजीलैंड

273. मारिया शारापोवा किस देश की महिला टेनिस खिलाड़ी है?
A. स्पेन B. बेल्जियम
C. रूस D. सं. रा. अ.

274. निम्नलिखित में से कौन-सी अन्तर्राष्ट्रीय टेनिस खेल प्रतियोगिता घास के मैदान में खेली जाती है?
A. यू॰एस॰ ओपन B. फ्रेंच ओपन
C. विम्बलडन D. ऑस्ट्रेलियाई ओपन

275. 'विम्बलडन ट्रॉफी' का सम्बन्ध किस खेल से है?
A. पोलो (इंग्लैंड) से B. समुद्री दौड़ से
C. घुड़दौड़ से D. टेनिस से

276. निम्न में से किस पदक का सम्बन्ध हॉकी से नहीं है?
A. आगा खां कप B. वर्दवान ट्रॉफी
C. ध्यानचन्द ट्रॉफी D. बम्बई गोल्ड कप

277. 'रिवर्स स्विंग' एवं 'बीमर' नामक शब्दावलियां किस खेल से संबंधित हैं?
A. नौकायन B. क्रिकेट
C. फुटबॉल D. हॉकी

278. 'बोगी' शब्द किस खेल से जुड़ा हुआ है?
A. गोल्फ B. बेसबॉल
C. तैराकी D. मुक्केबाजी

279. 'ज्यूल्स रिमेट ट्रॉफी' का सम्बन्ध किस खेल से है?
A. फुटबॉल (विश्व) से
B. गोल्फ से
C. हॉकी (भारत) से
D. लॉन टेनिस (विश्व) से

280. 'मर्डेका' कप का सम्बन्ध किस खेल से है?
A. टेनिस B. बैडमिंटन
C. फुटबॉल D. क्रिकेट

281. प्रथम ओलम्पिक खेल ओलम्पिया (ग्रीस) में कब खेले गए थे?
A. 233 ई॰पू॰ में B. 1500 ई॰पू॰ में
C. 500 ई॰पू॰ में D. 776 ई॰पू॰ में

282. 394 ई॰ में रोम के बाद एक सम्राट् ने ओलम्पिक खेलों को बंद कर दिया था। इसको पुनः किसने शुरू किया?
A. मि॰ स्पोर्ट्समैन ने
B. बैरन पीयरे डी कोबर्टिन ने
C. जनरल फ्रेंको ने
D. अब्राहम लिंकन ने

283. 'थर्ड आई' शब्द किस खेल से संबंधित है?
A. तीरंदाजी B. बिलियर्ड्स
C. क्रिकेट D. हॉकी

284. ग्रैंड स्लेम (Grand Slam) निम्नलिखित में से किस खेल से संबंधित है?
A. फुटबॉल B. टेनिस
C. हॉकी D. पोलो

285. निम्नलिखित पुस्तकों में से कौन-सी पुस्तक महादेवी वर्मा द्वारा लिखित है?
A. यशोधरा B. यामा
C. ययाति D. उर्वशी

286. 'मेरी इक्यावन कवितायें' किसकी पुस्तक है?
A. धर्मवीर भारती
B. आशापूर्णा देवी
C. अटल बिहारी वाजपेयी
D. कुंवर नारायण

287. 'इण्डिया डिवाइडेड' किसकी रचना है?
A. आचार्य कृपलानी
B. डॉ॰ राजेन्द्र प्रसाद
C. मौलाना अबुल कलाम आजाद
D. डॉ॰ अम्बेडकर

288. 'सैटनिक वर्सेज़' किस लेखक की पुस्तक है?
A. मुल्कराज आनंद B. सलमान रुश्दी
C. आर॰के॰ नारायण D. तस्लीमा नसरीन

289. 'क्रिकेट माई स्टाइल' पुस्तक का लेखक कौन है?
A. सुनील गावस्कर B. इमरान खान
C. मो. अजहरुद्दीन D. कपिल देव

290. 'ए सूटेबल ब्वाय' पुस्तक का लेखक कौन है?
A. खुशवंत सिंह B. अरुण शोरी
C. विक्रम सेठ D. इनमें कोई नहीं

291. 'कैन्टरबरी टेल्स' पुस्तक का लेखक कौन है?
A. ज्योफरी चॉसर
B. लियो टॉलस्टाय
C. गुन्नार मिर्डल
D. विलियम शेक्सपियर

292. निम्नलिखित में से कौन-सी पुस्तक प्रेमचन्द द्वारा रचित नहीं है?
A. गोदान B. गबन
C. प्रेम पचीसी D. आनंदमठ

293. बांग्लादेश की लेखिका तस्लीमा नसरीन को किस पुस्तक से ख्याति मिली?
A. शर्म B. लज्जा
C. नारी स्वातन्त्रय D. अबला

294. 'पावर्टी एण्ड अन-ब्रिटिश रूल इन इण्डिया' का लेखक कौन है?
A. लाला लाजपत राय
B. लाला हरदयाल
C. विनायक दामोदर सावरकर
D. दादाभाई नौरोजी

295. 'मुद्राराक्षस' ग्रंथ का लेखक कौन है?
A. विशाखदत्त B. कालिदास
C. भारवि D. माघ

296. 'माई प्रेसिडेंशल ईयर्स' पुस्तक का लेखक कौन है?
A. ज्ञानी जैल सिंह
B. वी॰वी॰ गिरि
C. आर॰ वेंकटरमन
D. डॉ॰ शंकर दयाल शर्मा

297. 'माई कंट्री माई लाइफ' किस राजनेता द्वारा लिखी पुस्तक है?
A. एल.के. आडवाणी B. एम.एम. जोशी
C. सीताराम येचुरी D. नरेंद्र मोदी

298. वर्शिपिंग फाल्स गॉड्स (Worshiping False Gods) पुस्तक के लेखक हैं–
A. विक्रम सेठ B. अरुण शौरी
C. सलमान रुश्दी D. खुशवन्त सिंह

299. निम्नलिखित पुस्तकों में से कौन-सी पुस्तक सलमान रुश्दी की है?
A. दि वर्ल्ड ऑफ फतवाज़
B. दि मूर्स लास्ट साई
C. दि अदर हाफ
D. फूल्स पैराडाइज़

300. 'एस अगेंस्ट ऑड' किस खिलाड़ी की आत्मकथा है?
A. सायना नेहवाल B. सानिया मिर्जा
C. सचिन तेन्दुलकर D. एम.एस. धोनी

301. 'फ्रीडम एट मिडनाइट' के लेखक कौन हैं?
A. जवाहरलाल नेहरू तथा डॉ॰ राजेन्द्र प्रसाद
B. एम॰ओ॰ मथाई तथा फ्रैंक मोरेस
C. मैक्सिम गोर्की तथा दोस्तोवस्की
D. लैरी कॉलिन्स और डोमिनिक लापियर

302. 'अंकल टॉम्स केबिन' के लेखक का क्या नाम है?
A. एच॰बी॰ स्टोव B. एडम स्मिथ
C. टॉलस्टाय D. थॉमस मूर

303. 'वार एण्ड पीस' और 'अन्ना कैरेनिना' दोनों एक ही अन्तर्राष्ट्रीय ख्यातिप्राप्त लेखक की कृतियां हैं। उस लेखक का क्या नाम है?
A. ओलीवर गोल्डस्मिथ B. स्वेतलाना
C. लुई ब्रोमफील्ड D. लियो टॉलस्टाय

304. 'कोर्ट मार्शल' क्या होता है?
A. सैनिक कानूनों के तहत सैनिक अदालत में एक व्यक्ति के खिलाफ कानूनी कार्रवाई
B. कोर्ट में व्यवस्था बनाने वाला व्यक्ति
C. साधारण कोर्ट में किसी व्यक्ति के खिलाफ मुकदमा
D. इनमें से कोई नहीं

305. 'कैलिग्राफी' क्या होता है?
A. सुन्दर दिखने की कला
B. सुन्दर लिखने की कला
C. साहित्य अथवा कला के क्षेत्र में किया गया सर्वोत्कृष्ट कार्य
D. अच्छा गाने की कला

306. 'हॉटलाइन' का क्या अर्थ है?
A. दो व्यक्तियों के बीच एकल लाइन के रूप में सीधी टेलीफोन सेवा
B. बिजली के करंट दौड़ते हुए तार
C. ऐसी सीमा रेखा जहाँ गर्मी पड़ती है
D. गर्म प्रदेशों के बीच सीमा रेखा

307. 'शून्य काल' का क्या अर्थ होता है?
A. रात्रि और दिन के मिलने का समय
B. संसद के दोनों सदनों में प्रश्नकाल के ठीक बाद का समय

C. जिस समय कोई लाभ देने वाला काम नहीं हुआ हो

D. इनमें से कोई नहीं

308. 'काकस' का क्या अर्थ होता है?

A. किसी राजनीतिक दल अथवा गुट के प्रमुख सदस्यों की बैठक

B. बजट तैयार करने की प्रक्रिया

C. अनुदान मांगों में कटौती का प्रस्ताव

D. किसी मंत्री द्वारा सदन को दी गई जानकारी

309. 'रिसेशन' का क्या अर्थ होता है?

A. एक शासन पद्धति

B. एक आर्थिक प्रक्रिया जहाँ मांग उत्पादन से कम होती है

C. समाज सुधार की एक प्रक्रिया

D. खेल की एक विधि

310. 'बार्टर' क्या है?

A. व्यापार की एक प्राचीन प्रथा

B. जापान की चित्रकला

C. गाने की एक विधा

D. एक नृत्य रूपक

311. 'ब्लैक होल' क्या होता है?

A. चन्द्रमा पर पाए जाने वाले काले धब्बे

B. पृथ्वी पर स्थित गहरे काले धब्बे

C. प्राणी में मौजूद संरचनाएं

D. अंतरिक्ष में स्थित एक अदृश्य क्षेत्र

312. 'एंटीडॉट' क्या होता है?

A. एक ऐसा तत्व जो विष के प्रभाव का शमन करता है

B. सड़न रोकने वाला रसायन

C. फलों को पकाने वाला रसायन

D. कार्य स्थगन प्रस्ताव

313. 'हिंटरलैंड' से क्या तात्पर्य है?

A. महासागर के वह हिस्से जो तटों से काफी दूर होते हैं

B. वनस्पति अथवा प्राणी के लिए अनुकूल उनका प्राकृतिक परिवेश

C. एक समुद्री बंदरगाह का भीतरी क्षेत्र जो बंदरगाह की सुविधा का सर्वाधिक उपयोग करता है

D. इनमें से कोई नहीं

314. कम्प्यूटर–

A. एक उपकरण है, जो गणितीय और तार्किक संक्रियायें सम्पन्न करता है

B. एक उपकरण है, जो केवल गणितीय संक्रियायें सम्पन्न करता है

C. एक स्मृति उपकरण है

D. एक गणना उपकरण है

315. 'PC' का अर्थ है--

A. प्राइवेट कम्प्यूटर B. पर्सनल कैल्कुलेटर

C. पर्सनल कम्प्यूटर D. प्रोफेशनल कम्प्यूटर

316. 'बाइनरी अंक प्रणाली' में अधिकतम अंक (Digit) कितने होते हैं?

A. 1 B. 10

C. 2 D. 4

317. निम्नलिखित में से कौन-सा 'इनपुट' उपकरण है?

A. मॉनीटर B. प्रिंटर

C. प्लॉटर D. माउस

318. CPU का पूरा नाम है–

A. सेन्ट्रल प्रोग्रामिंग यूनिट

B. सेन्ट्रल प्रोसेसिंग यूनिट

C. सेन्ट्रल प्रोग्रामिंग अण्डरस्टैंडिंग

D. सेन्ट्रल प्रोसेसिंग अण्डरस्टैंडिंग

319. गणना हेतु प्रयोग में लाया गया पहला उपकरण था–

A. ENIAC B. ABACUS

C. एनालिटिकल इंजन D. EDSAC

320. ABACUS का प्रयोग कब शुरू हुआ था?

A. 250 ई॰ में B. 450 ई॰पू॰ में

C. 1200 ई॰पू॰ में D. 1200 ई॰ में

321. किस अंग्रेज को 'कम्प्यूटर का जनक' कहा जाता है?

A. ब्लेज़ पास्कल B. लेबनित्ज़

C. चार्ल्स बैबेज D. जे॰पी॰ एकर्ट

322. निम्नलिखित में से कौन-सी कम्प्यूटर की सेकेण्डरी मेमोरी है?

A. RAM B. ROM

C. रजिस्टर्स D. फ्लॉपी

323. निम्नलिखित में से कौन पैकेज नहीं है?

A. BASIC B. dBASE

C. वर्ड परफेक्ट D. पेज मेकर

324. कौन-सा बेमेल है?

A. वर्ड स्टार B. वर्ड परफेक्ट

C. DOS Editor D. विण्डो

325. डाटा के समुच्चय (Set) को क्या कहते हैं?

A. फील्ड B. रेकार्ड

C. फाइल D. इनमें से कोई नहीं

326. IBM का पूरा नाम क्या है?

A. इण्टरनेशनल बिजनेस मशीन

B. इण्टर बिजनेस मैकनिज्म

C. इण्टरनल बिजनेस मैनेजमेंट

D. उपरोक्त में से कोई भी नहीं

327. प्रिन्टर–

A. आउटपुट यूनिट है B. इनपुट यूनिट है

C. उपरोक्त दोनों हैं D. इनमें से कोई नहीं

328. फ्लॉपी–
A. इनपुट यूनिट है
B. आउटपुट यूनिट है
C. इनपुट यूनिट और आउटपुट यूनिट दोनों है
D. उपरोक्त में से कोई भी नहीं है

329. कम्प्यूटर की विशेषतायें हैं–
1. तेज रफ्तार 2. स्वचालन
3. कार्यशीलता 4. परिवर्तनशीलता
निम्नलिखित में से कौन-सी विशेषता सही है?
A. 1 और 2 सही हैं B. 1, 2 और 4 सही हैं
C. 1, 2 और 3 सही हैं D. उपरोक्त सभी सही हैं

330. 1 बाइट किसके बराबर है?
A. 8 बिट B. 16 बिट
C. 36 बिट D. 64 बिट

331. असंसाधित (Unprocessed) तथ्य को क्या कहा जाता है?
A. डाटा B. डाटम
C. फाइल D. फील्ड

332. कम्प्यूटर–
A. सूचना ग्रहण करता है
B. सूचना को निर्दिष्ट प्रयोजन के लिए अनुकूल बनाता है
C. परिणाम प्रदर्शित करता है
D. उपरोक्त सभी बातें सही हैं

333. भारत के राष्ट्रीय ध्वज में केसरिया, सफेद और हरे रंग की तीन–
A. आड़ी पट्टियाँ हैं
B. खड़ी पट्टियाँ हैं
C. एक दूसरे को काटती हुई पट्टियाँ हैं
D. तिरछी पट्टियाँ हैं

334. हमारे राष्ट्रीय ध्वज की लम्बाई और चौड़ाई का अनुपात–
A. 2 : 3 है B. 3 : 4 है
C. 4 : 3 है D. 3 : 2 है

335. भारत के राष्ट्रीय ध्वज के बीच में एक गोल चक्र है; यह चक्र–
A. तीनों रंग की पट्टियों पर है
B. केसरिया रंग की पट्टी पर है
C. सफेद रंग की पट्टी पर है
D. हरे रंग की पट्टी पर है

336. किसी भाषा को किसी राज्य की राजभाषा के रूप में अंगीकार करने का अधिकार किसे है?
A. राष्ट्रपति B. संसद
C. राज्य विधान सभा D. राजभाषा आयोग

337. हमारे राष्ट्रीय ध्वज में तीन पट्टियाँ हैं; उनमें सबसे नीचे वाली पट्टी किस रंग की है?
A. केसरिया B. सफेद
C. हरे D. इनमें से कोई नहीं

338. हमारे राष्ट्रगान 'जन–गण–मन' में कुल कितने पद हैं?
A. तीन B. पाँच
C. चार D. दो

339. राष्ट्रगीत 'वन्देमातरम्', 'आनन्दमठ' नामक ग्रंथ से लिया गया है, जिसके लेखक हैं–
A. बंकिम चन्द्र चटर्जी B. रवीन्द्र नाथ टैगोर
C. व्योमेश चन्द्र बनर्जी D. सुरेन्द्रनाथ बनर्जी

340. हमारे राजचिन्ह में ऊपर चार सिंह बने हैं और उनके नीचे देवनागरी लिपि में 'सत्यमेव जयते' लिखा है। यह 'सत्यमेव जयते' कहाँ से उद्धृत किया गया है?
A. भगवद्गीता से B. मुण्डक उपनिषद से
C. ऋग्वेद से D. स्कन्द पुराण से

341. भारत का राष्ट्रीय पंचांग–
A. शक संवत् पर आधारित है
B. हिजरी संवत् पर आधारित है
C. विक्रमी संवत् पर आधारित है
D. विक्रमांक–चालुक्य संवत् पर आधारित है

342. भारत का राष्ट्रीय पशु है–
A. गाय B. हाथी
C. अश्व D. टाइगर

343. भारत की सशस्त्र रक्षा सेनाएं कितने भागों (वर्गों) में गठित है?
A. चार B. पांच
C. तीन D. छः

344. भारत की सशस्त्र रक्षा सेनाओं का सर्वोच्च सेनापति कौन है?
A. रक्षा मंत्री B. स्थल सेनाध्यक्ष
C. प्रधानमंत्री D. राष्ट्रपति

345. भारत के पहले चीफ ऑफ डिफेंस स्टाफ (CDS) कौन थे?
A. जनरल मोहन सिंह
B. जनरल राकेश आहूजा
C. जनरल अनिल अस्थाना
D. जनरल बिपिन रावत

346. कोस्ट गार्ड की स्थापना कब की गई थी?
A. 1980 B. 1978
C. 1985 D. 1963

347. असम राइफल्स का मुख्यालय कहाँ है?
A. इम्फाल B. कोहिमा
C. नई दिल्ली D. शिलांग

348. होमगार्ड का गठन कब हुआ था?
A. 1972 B. 1962
C. 1968 D. 1965

349. स्थल सेना के निम्नलिखित पदों में सबसे छोटा कौन–सा है?
A. लेफ्टीनेंट B. ब्रिगेडियर
C. कर्नल D. कैप्टन

350. प्रादेशिक सेना का गठन कब हुआ था?
A. 1949 B. 1957
C. 1962 D. 1972

उत्तरमाला

1	2	3	4	5	6	7	8	9	10
C	B	D	A	A	B	C	D	D	D
11	12	13	14	15	16	17	18	19	20
C	C	B	D	D	D	B	A	B	B
21	22	23	24	25	26	27	28	29	30
D	C	A	A	C	B	B	A	C	B
31	32	33	34	35	36	37	38	39	40
A	A	D	D	B	A	B	B	C	C
41	42	43	44	45	46	47	48	49	50
D	A	B	C	D	C	C	A	B	C
51	52	53	54	55	56	57	58	59	60
A	D	B	A	D	B	C	A	B	C
61	62	63	64	65	66	67	68	69	70
B	C	D	B	A	C	C	D	B	C
71	72	73	74	75	76	77	78	79	80
B	B	D	C	A	D	C	A	B	C
81	82	83	84	85	86	87	88	89	90
A	C	B	D	B	D	A	A	B	A
91	92	93	94	95	96	97	98	99	100
D	C	B	D	D	C	D	A	C	B
101	102	103	104	105	106	107	108	109	110
C	D	C	C	D	A	B	C	C	B
111	112	113	114	115	116	117	118	119	120
C	D	A	B	C	A	C	C	A	C
121	122	123	124	125	126	127	128	129	130
D	C	B	D	A	C	D	A	D	B
131	132	133	134	135	136	137	138	139	140
D	B	B	D	B	A	B	D	A	A
141	142	143	144	145	146	147	148	149	150
B	A	C	A	A	B	C	B	D	D
151	152	153	154	155	156	157	158	159	160
C	C	A	B	A	B	B	A	A	C
161	162	163	164	165	166	167	168	169	170
D	A	D	A	B	B	B	C	D	B
171	172	173	174	175	176	177	178	179	180
D	B	C	B	D	D	A	B	B	C
181	182	183	184	185	186	187	188	189	190
D	B	B	A	B	B	C	B	A	A
191	192	193	194	195	196	197	198	199	200
D	C	D	D	B	B	C	B	A	B
201	202	203	204	205	206	207	208	209	210
B	A	A	A	C	B	A	A	A	B
211	212	213	214	215	216	217	218	219	220
A	B	C	D	B	A	A	D	D	C

221	222	223	224	225	226	227	228	229	230
B	A	C	B	A	D	D	A	D	D
231	232	233	234	235	236	237	238	239	240
B	B	C	C	C	B	B	B	D	A
241	242	243	244	245	246	247	248	249	250
B	B	B	A	C	D	D	B	A	A
251	252	253	254	255	256	257	258	259	260
D	B	A	D	C	D	A	D	A	C
261	262	263	264	265	266	267	268	269	270
C	D	C	A	D	A	D	A	B	A
271	272	273	274	275	276	277	278	279	280
D	B	C	C	D	B	B	A	A	C
281	282	283	284	285	286	287	288	289	290
D	B	C	B	B	C	B	B	D	C
291	292	293	294	295	296	297	298	299	300
A	D	B	D	A	C	A	B	B	B
301	302	303	304	305	306	307	308	309	310
D	A	D	A	B	A	B	A	B	A
311	312	313	314	315	316	317	318	319	320
D	A	C	A	C	C	D	B	B	A
321	322	323	324	325	326	327	328	329	330
C	D	A	D	A	A	A	C	D	A
331	332	333	334	335	336	337	338	339	340
B	D	A	D	C	C	C	B	A	B
341	342	343	344	345	346	347	348	349	350
A	D	C	D	D	B	D	B	A	A

❑❑❑

बिहार सामान्य ज्ञान

1. नालंदा विश्वविद्यालय का संस्थापक कौन था?
A. चन्द्रगुप्त प्रथम B. कुमारगुप्त
C. रामगुप्त D. स्कंदगुप्त

2. बिहार के प्राचीन राजवंशों में आप निम्न में से किसे शामिल नहीं करेंगे?
A. कुषाण वंश B. हर्यक वंश
C. गुप्त वंश D. लिच्छवी वंश

3. निम्नलिखित में से कौन सी रियासत बिहार में नहीं थी?
A. टेकारी B. देव
C. गिद्धौर D. संकिया

4. सुमेलित कीजिए :

रियासत	***जिले***
(a) टेकारी	1. गढ़वा
(b) हथुआ	2. गया
(c) अमावाँ	3. पटना
(d) बरारी	4. सारण

	(a)	*(b)*	*(c)*	*(d)*
A.	1	2	3	4
B.	2	3	4	1
C.	2	4	3	1
D.	4	3	2	1

5. बिहार राज्य का क्षेत्रफल कितना है?
A. 94,163 वर्ग किमी. B. 77,200 वर्ग किमी.
C. 81,200 वर्ग किमी. D. 88,200 वर्ग किमी.

6. बिहार प्रांतीय सम्मेलन का पहला अधिवेशन 1908 में कहाँ हुआ था?
A. पटना B. भागलपुर
C. मुजफ्फरपुर D. राँची

7. बिहार के भौतिक विभाग में निम्नलिखित में से कौन सम्मिलित नहीं है?
A. गंगा का उत्तरी मैदान
B. उत्तरी दलदली मैदान
C. गंगा का दक्षिणी मैदान
D. उत्तर पश्चिम का तराई क्षेत्र

8. सोमेश्वर की पहाड़ी राज्य के किस भाग में स्थित है?
A. दक्षिणी भाग में
B. दक्षिणी पश्चिमी भाग में
C. उत्तरी पश्चिमी भाग में
D. दक्षिणी पूर्वी भाग में

9. बिहार का क्षेत्रफल भारत के कुल क्षेत्रफल का कितने प्रतिशत है?
A. 2.86 प्रतिशत
B. 6.2 प्रतिशत
C. 6.9 प्रतिशत
D. 7.6 प्रतिशत

10. बिहार राज्य की पश्चिम से पूर्व तक की लम्बाई कितने किलोमीटर है?
A. 412 किमी. B. 483 किमी.
C. 524 किमी. D. 585 किमी.

11. निम्नलिखित में से किस राज्य से बिहार की सीमा स्पर्श नहीं करती?
A. उत्तर प्रदेश B. ओडिशा
C. पश्चिम बंगाल D. झारखण्ड

12. बिहार में वर्तमान समय में कितने जिले हैं?
A. 38 B. 35
C. 32 D. 30

13. सन् 1956 में राज्य पुनर्गठन के समय बिहार का कौन सा जिला प. बंगाल में शामिल किया गया था?
A. वीरभूम B. मिदनापुर
C. बांकुरा D. पुरुलिया

14. एलेक्जेंडर का भारत पर आक्रमण नंद वंश के किसके शासनकाल में हुआ था?
A. महापदमनंद B. घनानंद
C. श्रवणनंद D. स्वरूपानंद

15. निम्नलिखित में से कौन सा शासक मौर्य वंश से संबंधित नहीं है?
A. देववर्मन B. दशरथ
C. बिन्दुसार D. शशांक

16. मौर्य वंश के पतन के बाद मगध पर किस वंश का शासन रहा?
A. शुंग वंश B. नंद वंश
C. हर्यक वंश D. शिशुनाग वंश

17. बिम्बिसार किस वंश का शासक था?
A. मौर्य वंश B. हर्यक वंश
C. शिशुनाग वंश D. शुंग वंश

18. बौद्ध धर्म के त्रिरत्नों में निम्नलिखित में से कौन सा नहीं है?
A. बुद्ध B. अहिंसा
C. धम्म D. संघ

19. गौतम बुद्ध किस वंश से संबंधित थे?
A. लिच्छवी वंश B. शाक्य वंश
C. हर्यक वंश D. उपर्युक्त किसी से नहीं

20. निम्नलिखित में से किस वंश की राजधानी पाटलिपुत्र में नहीं थी?
A. कण्व वंश B. शुंग वंश
C. नन्द वंश D. पुष्यभूति वंश

21. बिहार के राजगृह में किस वंश की राजधानी थी?
A. शिशुनाग वंश B. गुप्त वंश
C. मौर्य वंश D. कण्व वंश

22. सुमेलित कीजिए.:

वंश	*संस्थापक*
(a) शिशुनाग वंश	1. शिशुनाग
(b) कण्व वंश	2. वसुदेव
(c) गुप्त वंश	3. श्रीगुप्त
(d) हर्यक वंश	4. बिम्बिसार

	(a)	*(b)*	*(c)*	*(d)*
A.	1	2	3	4
B.	2	3	4	1
C.	4	2	3	1
D.	1	2	4	3

23. निम्नलिखित में से किस वंश की राजधानी बिहार में स्थित थी?
A. गहडवाल वंश B. गंग वंश
C. पाल वंश D. उत्पल वंश

24. बिहार के प्राचीन व आधुनिक नगरों के युग्मों में कौन सा युग्म गलत है?
A. ओदवन्त पुरी - बिहार शरीफ
B. राजगृह - राजगीर
C. ब्रजासन - बोधगया
D. वैशाली - हाजीपुर

25. बिहार का नाम "बिहार" कैसे पड़ा?
A. प्राचीन काल में बिहार जनजाति के निवास करने के कारण
B. बिहार में बौद्ध बिहारों के अधिक संख्या में पाये जाने के कारण
C. बिहार नाम के जंगली जीव अधिक संख्या में पाये जाने के कारण
D. उपर्यक्त सभी

26. बिहार का कौन सा शासक दिल्ली की गद्दी पर बैठा था?
A. शेरशाह सूरी B. गोपाल
C. मुहम्मद शाह D. राजा मदनशाह

27. 1857 के सिपाही विद्रोह में बिहार के कौन से जमींदार ने अंग्रेजों के विरुद्ध युद्ध लड़ा था?
A. टेकारी नरेश धीर सिंह
B. दरभंगा महाराज महेश नारायण
C. जहम दुल्ला
D. कुंवर सिंह

28. बिहार को पृथक् राज्य के रूप में स्थापित कराने में किस राजनेता का सक्रिय योगदान था?
A. डॉ. सच्चिदानंद सिन्हा
B. डॉ. कृष्ण सिंह
C. अनुग्रह नारायण सिंह
D. डॉ. राजेद्र सिंह

29. कौन सा राज्य पहले बिहार में सम्मिलित था?
A. सिक्किम B. प. बंगाल
C. ओडिशा D. मध्य प्रदेश

30. बिहार राज्य की स्थापना की घोषणा किस दिन हुई थी?
A. 12 दिसम्बर, 1911 B. 12 दिसम्बर, 1912
C. 10 जनवरी, 1913 D. 15 अप्रैल, 1914

31. बौद्ध गाथाओं में हाथी किसका प्रतीक है?
A. बुद्ध के महापरिनिर्वाण का
B. बुद्ध के जन्म का
C. बुद्ध के महाभिनिष्क्रमण का
D. धर्मचक्र परिवर्तन का

32. पाटलिपुत्र बहुत से राजवंशों की राजधानी थी। कालक्रम के अनुसार नीचे दिए गए राजवंशों का सही उत्तर चुनें।
A. मौर्य वंश, गुप्त वंश, हर्यक वंश, शिशुनाग वंश
B. हर्यक वंश, शिशुनाग वंश, मौर्य वंश, गुप्त वंश
C. शिशुनाग वंश, हर्यक वंश, मौर्य वंश, गुप्त वंश
D. गुप्त वंश, शिशुनाग वंश, मौर्य वंश, हर्यक वंश

33. ऋग्वैदिक काल में गंडक नदी को क्या कहा जाता था?
A. विपाशा B. शतुद्रि
C. सदानीरा D. सुवस्तु

34. बुद्ध के जन्म से पूर्व अंग महाजनपद बिहार में स्थित था, उसकी राजधानी कहां थी?
A. चम्पा B. श्रावस्ती
C. कौशाम्बी D. शक्तिमती

35. गया जिले में स्थित बराबर व नागार्जुनी चट्टानों को काटकर शैलकृत गुफाओं का निर्माण ई.पू. तीसरी शताब्दी में किसने कराया था?
A. चन्द्रगुप्त मौर्य B. अशोक
C. बिम्बिसार D. अजातशत्रु

36. बिहार की सबसे बड़ी नदी कौन सी है?
A. सोन नदी B. गंगा नदी
C. दामोदर नदी D. कोसी नदी

37. बिहार में गंगा के उत्तरी मैदान में गंगा में बहुत सी नदियां मिलती हैं। मिलने वाली नदियों में आप निम्न में से किसे शामिल नहीं करेंगे?
A. कमला नदी B. बूढ़ी गंडक नदी
C. पनार नदी D. सकरी नदी

38. बिहार के प्रमुख जलकुंड व उनके जिलों के जोड़ों में से कौन सा सही है

A. ब्रह्मकुण्ड - गया
B. सप्त कुण्ड - राजगीर
C. लक्ष्मणकुण्ड - वैशाली
D. सीताकुण्ड - मुंगेर

39. बिहार की नदियों व उनके उद्गम स्थलों के जोड़े बनाओ।

नदी	*उद्गम स्थल*
(a) सरयू नदी	1. नेपाल के नाम्पा नामक स्थान से
(b) गंडक नदी	2. अन्नपूर्णा पहाड़ियों के समीप मानगमोट और कुतांग के समीप से
(c) बागमती नदी	3. महाभारत श्रेणी से
(d) बूढ़ी गंडक नदी	4. सोमेश्वर श्रेणी से

	(a)	(b)	(c)	(d)
A.	1	2	3	4
B.	4	3	2	1
C.	3	2	1	4
D.	4	3	1	2

40. बिहार में शीतकालीन वर्षा किस कारण होती है?
A. लौटते मानसूनों से
B. बंगाल की खाड़ी से आने वाले चक्रवातों से
C. भूमध्य सागर की ओर से आने वाले चक्रवातों से
D. उपर्युक्त सभी कारणों से

41. सुमेलित कीजिए :

सूची I	*सूची II*
(a) बिम्बिसार	1. नंद वंश
(b) बिन्दुसार	2. मौर्य वंश
(c) कालाशोक	3. हर्यक वंश
(d) महापदमनंद	4. शिशुनाग वंश

	(a)	(b)	(c)	(d)
A.	1	3	4	2
B.	3	2	4	1
C.	3	2	1	4
D.	3	1	4	2

42. बिन्दुसार ने किस सम्प्रदाय को आश्रय दिया था?
A. बौद्ध सम्प्रदाय B. जैन सम्प्रदाय
C. आजीवक सम्प्रदाय D. उपर्युक्त में से कोई नहीं

43. बराबर पहाड़ियों पर अशोक ने किस सम्प्रदाय के लिए कर्ण, चौपार, सुदाम एवं विश्व झोंपड़ी नाम की गुफाओं का निर्माण करवाया?
A. बौद्ध सम्प्रदाय B. जैन सम्प्रदाय
C. आजीवक सम्प्रदाय D. वैष्णव सम्प्रदाय

44. किसने 'पाटलिपुत्र' को 'पोलिब्रोथा' कहा था?
A. मेगस्थनीज़ B. स्ट्रैबो
C. प्लूटार्क D. एरियन

45. बुद्ध की सबसे पुरानी मूर्ति कहां से मिली है?
A. वैशाली B. पाटलिपुत्र
C. बोधगया D. नालन्दा

46. गुप्तकाल का प्रसिद्ध खगोलशास्त्री कौन था?
A. भास्कराचार्य B. वराहमिहिर
C. आर्यभट्ट D. ब्रह्मगुप्त

47. गुप्तकाल के अन्तिम दिनों में किस नगर का पूर्ण रूप से पतन हुआ?
A. नालन्दा B. बोधगया
C. पाटलिपुत्र D. राजगृह

48. ह्वेनसांग ने किस गुप्त शासक को नालन्दा विश्वविद्यालय का संस्थापक माना?
A. कुमारगुप्त प्रथम महेन्द्रादित्य
B. स्कन्दगुप्त
C. समुद्रगुप्त
D. उपर्युक्त में से कोई नहीं

49. श्रीलंका के राजा मेघवर्मन ने बिहार के किस स्थान पर भगवान बुद्ध का मन्दिर बनवाने के लिए समुद्रगुप्त से अनुमति मांगी थी?
A. पाटलिपुत्र B. बोधगया
C. नालन्दा D. राजगृह

50. बिहार के राजगीर में अनेक जलस्त्रोत हैं, बताइये निम्नलिखित में से कौन सा जलस्त्रोत नहीं है?
A. मंदारकुण्ड B. सूर्यकुण्ड
C. गोमुखकुण्ड D. नानककुण्ड

51. गर्म जलस्त्रोत में स्नान करने पर त्वचा रोग ठीक हो जाते हैं, क्योंकि इसमें मिले होते हैं:
A. गन्धक व खनिज लवण
B. सोडियम क्लोराइड
C. थोरियम
D. कैल्सियम

52. बिहार की जलवायु में कितनी ऋतुएं होती हैं?
A. शीत व ग्रीष्म
B. शीत, वर्षा व ग्रीष्म
C. शीत व वर्षा
D. ग्रीष्म व वर्षा

53. राज्य में पुलिस-प्रशासन का प्रमुख कौन होता है?
A. आरक्षी (पुलिस) महानिदेशक
B. आरक्षी महानिदेशक
C. आरक्षी अपर महानिदेशक
D. पुलिस अधीक्षक

54. बिहार में ग्रीष्मकाल में अत्यधिक गर्म हवाएं चलती हैं, इन्हें क्या कहते हैं?
A. टायफून B. धुंध
C. लू D. गर्म हवा का झोंका

55. बिहार में वर्षा किस मानसून से होती है?

A. भूमध्यसागरीय मानसूनB. अरब सागर
C. बंगाल की खाड़ी D. उपर्युक्त सभी

56. बिहार के किस क्षेत्र में सर्वाधिक वर्षा होती है?

A. उत्तरी पूर्वी बिहार के सीमावर्ती क्षेत्र में
B. उत्तरी प्रश्चिमी बिहार के सीमावर्ती क्षेत्र में
C. गंगा नदी की पेटी में
D. उपर्युक्त तीनों क्षेत्रों में

57. बिहार के किस भाग को भांगर मिट्टी का क्षेत्र कहते हैं?

A. पूर्णिया, सहरसा, दरभंगा और मुजफ्फरपुर का क्षेत्र
B. पलामू, गढ़वा, दुमका, भागलपुर और साबिहगंज का क्षेत्र
C. धनबाद, दुमका, भागलपुर और साहिबगंज का क्षेत्र
D. गया, औरंगाबाद, नवादा और मुंगेर का क्षेत्र

58. बिहार के उत्तरी गंगा के मैदान में निम्नलिखित में से कौन सी मिट्टी नहीं पायी जाती है?

A. बलथर मिट्टी B. दलदली मिट्टी
C. नवीन जलोढ़ मिट्टी D. बाल सुन्दरी मिट्टी

59. बिहार के दक्षिणी गंगा के मैदान में निम्नलिखित में से कौन सी मिट्टी नहीं पायी जाती है?

A. ताल या टाल की मिट्टियां
B. पुरानी जलोढ़ मिट्टी
C. बलथर मिट्टी
D. बाल सुन्दरी मिट्टी

60. बिहार के किस भाग में दलदली मिट्टी पायी जाती है?

A. उत्तरी-पश्चिम मैदान में
B. गंगा के तटवर्ती भागों में
C. गंगा के उत्तरी पूर्वी मैदानी भागों में
D. तराई क्षेत्र में

61. निम्नलिखित में से कौन सा स्थान बिहार का पर्यटन स्थल नहीं है?

A. टेकारी B. नालन्दा
C. पावापुरी D. गया

62. 'बिहार' शब्द का उल्लेख किस ऐतिहासिक ग्रंथ में मिलता है?

A. नवाकत-ए-नासिरी
B. कीर्तिलता
C. नवाकत-ए-नासिरी व कीर्तिलता
D. उपर्युक्त में से किसी में नहीं

63. बिहार नगर पालिका अधिनियम कब लागू हुआ था?

A. 1990 B. 1991
C. 1993 D. 1992

64. किस खनिज के उत्पादन में बिहार का विश्व में प्रमुख स्थान है?

A. चीनी मिट्टी B. चूना पत्थर
C. अभ्रक D. सीसा

65. बिहार का राजकीय वृक्ष है :

A. बड़ B. पीपल
C. अशोक D. आम

66. गौतम बुद्ध अभयारण्य किस जिले में है?

A. मुंगेर B. भागलपुर
C. प. चम्पारण D. गया

67. बिहार में सर्वाधिक क्षेत्र में बोयी जाने वाली फसल कौन सी है?

A. गेहूं B. चावल
C. मक्का D. गन्ना

68. बिहार में जूट सर्वाधिक किस जिले में पैदा किया जाता है?

A. कटिहार B. पूर्णिया
C. किशनगंज D. अररिया

69. बिहार में तम्बाकू उत्पादक जिले निम्नलिखित में से कौन से हैं?

A. औरंगाबाद, गया, नवादा व पटना
B. रोहतास, भोजपुर व बक्सर
C. दरभंगा, मुंगेर, पूर्णिया, मुजफ्फरपुर व समस्तीपुर
D. सारण, सिवान, गोपालगंज व हाजीपुर

70. जूट की भांति रेशे की फसल जो बिहार में पैदा होती है, निम्नलिखित में से कौन सी है?

A. मेस्टा B. पटसन
C. सई D. उपर्युक्त सभी

71. पटना उच्च न्यायालय की स्थापना हुई थी :

A. 7 फरवरी, 1916 B. 9 फरवरी, 1916
C. 8 फरवरी, 1916 D. 10 फरवरी, 1916

72. बिहार में सबसे अधिक सिंचाई किन साधनों से होती है?

A. नलकूपों से B. नहरों से
C. तालाबों से D. अन्य साधनों द्वारा

73. बिहार का साक्षरता-दर का प्रतिशत (जनगणना 2011) क्या है?

A. 61.5 प्रतिशत B. 61.6 प्रतिशत
C. 61.7 प्रतिशत D. 61.8 प्रतिशत

74. बिहार के किस जिले में सर्वाधिक संख्या में महाविद्यालय हैं?

A. सारण B. समस्तीपुर
C. पटना D. भागलपुर

75. बिहार में नहरों द्वारा सिंचाई निम्नलिखित में से किस भाग में अधिक होती है?

A. उत्तरी गंगा का मैदान B. गंगा का तटवर्ती मैदान
C. बिहार का तराई प्रदेश D. दक्षिण गंगा का मैदान

76. निम्नलिखित में से किस स्थान पर सूती वस्त्र केन्द्र नहीं है?

A. फुलवारी शरीफ B. गया
C. मुंगेर D. शिवनगर

77. गलत जोड़ा इंगित करें :
A. चीनी उद्योग - मढौरा
B. तेल शोधक कारखाना - बरौनी
C. रेशमी वस्त्र - भागलपुर
D. लाख उद्योग - सीतामढ़ी

78. गलत जोड़ा इंगित करें :
A. जूट उद्योग - कटिहार
B. कागज व लुग्दी उद्योग - समस्तीपुर
C. चमड़ा उद्योग - मोकामा
D. सीमेंट उद्योग - राजपुर

79. बिहार में तेलशोधक कारखाना कहां स्थित है ?
A. मुंगेर B. बक्सर
C. गया D. बरौनी

80. बिहार में रेल का शुभारम्भ कब से माना जाता है ?
A. 1860-62 से B. 1871-74 से
C. 1876-79 से D. 1883-85 से

81. बिहार की प्रथम रेलवे लाइन का निर्माण निम्नलिखित में से किन स्थानों के मध्य हुआ था?
A. मुगलसराय से पटना तक
B. राजमहल से मुगलसराय तक
C. कलकत्ता (कोलकाता) से जमशेदपुर तक
D. राजमहल से पटना तक

82. सम्राट अशोक द्वारा बनवाए गए राजमार्ग का किस शासक ने उद्धार करवाया था?
A. हुमायूँ B. शेरशाह
C. अकबर D. बाबर

83. मोतीहारी रेलवे स्टेशन का नाम बदलकर क्या रखा गया है?
A. महात्मा गाँधी रेलवे स्टेशन
B. राष्ट्रपिता रेलवे स्टेशन
C. गाँधी स्टेशन
D. बापू धाम मोतीहारी

84. बिहार में आकाशवाणी के प्रमुख केन्द्रों में कौन सा नगर शामिल नहीं है ?
A. मधुबनी B. पटना
C. दरभंगा D. भागलपुर

85. बिहार के किस नगर में दूरदर्शन का प्रथम केन्द्र स्थापित हुआ था ?
A. गया B. मुजफ्फरपुर
C. भागलपुर D. पटना

86. बिहार में दूरदर्शन केंद्र का शुभारंभ हुआ था :
A. 10 मई, 1971 B. 14 अगस्त, 1978
C. 18 मार्च, 1977 D. 26 जून, 1957

87. बिहार में सर्वाधिक साक्षरता निम्न में से किसकी है ?
A. ग्रामीण महिलाएं B. ग्रामीण पुरुष
C. नगरीय महिलाएं D. नगरीय पुरुष

88. बिहार का सबसे पुराना चिकित्सा महाविद्यालय कौन सा है ?
A. मगध मेडिकल कॉलेज, गया
B. जवाहर लाल मेडिकल कॉलेज, भागलपुर
C. एस.के. मेडिकल कॉलेज, मुजफ्फपुर
D. पटना मेडिकल कॉलेज़, पटना

89. 'ललित नारायण मिश्र इंस्टीट्यूट ऑफ इकोनॉमिक ग्रोथ एण्ड सोशल चेन्ज' कहां स्थापित है ?
A. रामगढ़ B. पटना
C. गया D. बिहार शरीफ

90. मैथिली भाषा किस जिले की प्रमुख भाषा है ?
A. दरभंगा B. समस्तीपुर
C. गया D. बेगूसराय

91. मैथिली भाषा के प्रमुख कवि कौन थे ?
A. गणेश सिंह B. विद्यापति
C. राजेन्द्र महतो D. सुदामा मिस्त्री

92. वैशाख की पूर्णिमा के दिन बिहार में कौन सा पर्व मनाया जाता है ?
A. विशुआ B. वैशाखी
C. बुद्ध जयन्ती D. उपर्युक्त सभी

93. बिहार का विश्वविख्यात मेला कौन सा है ?
A. सोनपुर का मेला
B. बिष्णु पद मेला, गया
C. कार्तिक पूर्णिमा मेला, पटना
D. मालामास मेला, राजगृह

94. सुमेलित कीजिए :
(a) आत्म कथा 1. पटना
(b) देववाणी 2. मुंगेर
(c) अग्रदूत 3. आरा
(d) लक्ष्मी 4. गया

	(a)	*(b)*	*(c)*	*(d)*
A.	1	2	3	4
B.	2	3	1	2
C.	3	4	1	2
D.	1	3	2	4

95. बिहार के किस जिले में सर्वाधिक संख्या में अनुसूचित जाति के लोग निवास करते हैं?
A. गया B. जहानाबाद
C. औरंगाबाद D. नवादा

96. बिहार की जनसंख्या की दशकीय वृद्धि दर (2001-2011) का प्रतिशत क्या है?
A. 25.3 प्रतिशत B. 25.5 प्रतिशत
C. 25.4 प्रतिशत D. 25.6 प्रतिशत

97. जनगणना 2011 के अंतिम आंकड़ों के अनुसार बिहार की कुल जनसंख्या कितनी है?
A. 104099680 B. 104099452
C. 104099960 D. 104099760

98. बिहार की जनसंख्या देश की कुल जनसंख्या की कितनी प्रतिशत है?
A. 7.58 प्रतिशत B. 8.60 प्रतिशत
C. 9.59 प्रतिशत D. 10.61 प्रतिशत

99. बिहार का सर्वाधिक लिंगानुपात वाला जिला कौन है?
A. सीवान B. गोपालगंज
C. सारण D. किशनगंज

100. बिहार का न्यूनतम लिंगानुपात वाला जिला कौन है?
A. भागलपुर B. मुंगेर
C. खगड़िया D. शिवहर

101. बिहार में कुल जनसंख्या का कितना भाग कार्यशील है?
A. एक-तिहाई B. एक-चौथाई
C. आधा D. दो-तिहाई

102. मिथिला के प्रख्यात कवि विद्यापति ने किस राग का सृजन किया था?
A. नयारी B. जितिया
C. बिरहा D. उपर्युक्त सभी

103. फाग राग का सृजन बिहार में किसने किया था?
A. उपेन्द्र कुमार सिंह B. अरुण सिंह
C. महाराजा नवल किशोर D. उदय शंकर सिंह

104. बिहार के प्रसिद्ध संगीत केन्द्रों में आप किस नगर को शामिल नहीं करेंगे?
A. गया B. पटना
C. दरभंगा D. मुंगेर

105. बिहार के प्रख्यात गायक राजा शाह ने किस नए वाद्ययन्त्र का शुभारम्भ किया था?
A. ढाट B. मंजीरा
C. शहनाई D. बांसुरी

106. निम्नलिखित में से किस महापुरुष का जन्म स्थान बिहार नहीं है?
A. जय प्रकाश नारायण B. गुरु गोविन्द सिंह
C. भगवान बुद्ध D. राजा राम मोहन राय

107. उत्तरी गंगा के मैदानी भाग का सबसे बड़ा नगर कौन सा है?
A. मुजफ्फरपुर B. दरभंगा
C. पूर्णिया D. छपरा

108. चैता किस जिले के लोगों का मनपसन्द गीत है?
A. पटना और बक्सर
B. भोजपुर और रोहतास
C. गया और औरंगाबाद
D. उपर्युक्त सभी जिलों का

109. प्राचीन काल से पटना बिहार की राजधानी रहा है तथा इसके समय-समय पर नाम परिवर्तित होते रहे हैं। निम्नलिखित में कौन सा नाम पटना का नहीं रहा है?
A. पुष्पपुरी B. पाटलिपुत्र
C. कुसुमपुर D. टेकारी

110. गंगा के तट पर मुंगेर नामक प्राचीन नगर बसा है। इस नगर की स्थापना का श्रेय किसे जाता है?
A. गुप्तेश्वर सिंह B. सम्राट चन्द्रगुप्त मौर्य
C. मीरकासिम D. शिवाजी

111. गया नगर हिन्दुओं का तीर्थ स्थल है। यहां विष्णुपद का भव्य मन्दिर है, इस मन्दिर का निर्माण किसने करवाया था?
A. रंका राजा शिवाजी ने
B. मराठी रानी अहिल्याबाई ने
C. शिवनगर के राजपूत जमींदारों द्वारा
D. चक्रवती राय ने

112. बोधगया से सम्बन्धित कौन सा वाक्य सही है?
A. यहां गौतम बुद्ध को ज्ञान प्राप्त हुआ था
B. यहां गौतम बुद्ध ने 12 वर्ष तक तपस्या की थी
C. यहां सम्राट अशोक ने बौद्ध धर्म की दीक्षा ली थी
D. उपर्युक्त सभी सही हैं

113. पटना प्रमण्डल में निम्नलिखित में से कौन सा जिला सम्मिलित नहीं है?
A. नालन्दा B. भोजपुर
C. रोहतास D. जहानाबाद

114. फेकल्टी ऑफ फाइन आर्ट्स एण्ड क्रॉफ्ट कहां पर स्थित है?
A. गया B. बिहार शरीफ
C. भागलपुर D. पटना

115. बिहार में गोवर्धन पर्व कब मनाया जाता है?
A. कार्तिक मास शुक्ल पक्ष
B. वैशाख मास कृष्ण पक्ष
C. माघ मास की षष्ठी को
D. फाल्गुन मास की तृतीया को

116. अफगान बादशाह शेरशाह सूरी का मकबरा बिहार के किस नगर में है?
A. पटना B. सिवान
C. सासाराम D. जहानाबाद

117. वैशाली नगर निम्नलिखित में से किससे सम्बन्धित नहीं है?
A. प्रसिद्ध नर्तकी आम्रपाली
B. विख्यात शासक राजा वैशाला
C. भगवान महावीर
D. चीनी यात्री ह्वेनसांग

118. अरेराज में शिव मंदिर है, यह कस्बा किस जिले में स्थित है?
A. पूर्वी चम्पारण B. दरभंगा
C. भोजपुर D. चम्पारण

119. कुम्हारर नाम की एक जगह बिहार में कहां है, जहां प्राचीन पाटलिपुत्र के कुछ खण्डहर निकले हैं?

A. पटना में B. आरा में
C. पूर्णिया में D. सहरसा में

120. वैशाली किस धर्म का प्रमुख तीर्थ स्थल है?

A. हिन्दू धर्म का B. जैन धर्म का
C. बौद्ध धर्म का D. जैन एवं बौद्ध धर्म का

121. बिहार में लीची का उत्पादन किस जिले में सबसे अधिक होता है?

A. वैशाली B. पटना
C. मुजफ्फरपुर D. दरभंगा

122. तीज का पर्व बिहार में महिलाओं द्वारा मनाया जाता है, यह पर्व महिलाएं किसकी सुख-शांति के लिए मनाती हैं?

A. अपने पति के लिए
B. अपने पुत्रों के लिए
C. बहन अपने भाइयों के लिए
D. उपर्युक्त सभी के लिए

123. दरभंगा रियासत के संस्थापक कौन थे?

A. महामहोपाध्याय पं. महेश ठाकुर
B. श्री सुरेन्द्र नाथ झा
C. पं. सिद्धेश्वर नाथ
D. महामहिम धीरेद्र नाथ झा

124. गया नगर में फल्गु नदी के किनारे स्थित प्रसिद्ध मन्दिर किस देवता का है?

A. शिव B. विष्णु
C. राम D. हनुमान

125. बिहार के तिरहुत कमिश्नरी में स्थित निम्न में से कौन से तीन जिले नेपाल की सीमा पर स्थित हैं?

A. प. चम्पारण, पूर्वी चम्पारण, सीतामढ़ी
B. गोपालगंज, मधुबनी, सुपौल
C. सहरसा, मधेपुरा, अररिया
D. उपर्युक्त में से कोई नहीं

126. बिहार के प्रथम राज्यपाल कौन थे?

A. श्री नित्यानंद कानूनगो
B. श्री माधव श्रीहरि अणे
C. डॉ. जाकिर हुसैन
D. श्री जयराम दास दौलत राम

127. बिहार में प्रमण्डलों की संख्या है?

A. 9 B. 8
C. 7 D. 10

128. निम्न में से कौन जिला सारण प्रमण्डल के अन्तर्गत नहीं है?

A. सारण B. सीवान
C. मधुबनी D. गोपालगंज

129. 'पतराही मेला' बिहार के किस जिले में लगता है?

A. सहरसा B. बेतिया
C. भागलपुर D. मुंगेर

130. प्राकृतिक रूप से गर्म जल का कुण्ड 'सीताकुण्ड' बिहार के किस जिले में स्थित है?

A. मधुबनी B. मुंगेर
C. गया D. पूर्णिया

131. पितृपक्ष का मेला बिहार के किस नगर में लगता है, जिसमें भारत के विभिन्न क्षेत्रों के लोग आते हैं?

A. बिहार शरीफ B. हाजीपुर
C. गया D. औरंगाबाद

132. नालन्दा विश्वविद्यालय को किस आक्रमणकारी ने जला कर नष्ट कर दिया था?

A. अलाउद्दीन खिजली B. बख्तियार खिलजी
C. मुहम्मद शाह D. नादिरशाह

133. पटना में स्थित 'पादरी की हवेली' का निर्माण किसने करवाया था?

A. कपुचिन फादर्स B. रानी एलिजाबेथ
C. कैप्टन जॉन D. क्लाइव लायड

134. सुमेलित कीजिए :

(a) सैयद सब्बा करीम	1. पूर्व मुख्यमंत्री
(b) सतीश प्रसाद सिंह	2. क्रिकेट खिलाड़ी
(c) शिवपूजन सहाय	3. साहित्यकार
(d) श्री नित्यानंद कानूनगो	4. पूर्व राज्यपाल

	(a)	*(b)*	*(c)*	*(d)*
A.	1	2	3	4
B.	2	1	3	4
C.	4	3	2	1
D.	1	3	4	2

135. सुमेलित कीजिए :

स्टेडियम	***स्थान***
(a) इन्दिरा गांधी स्टेडियम	1. पूर्णिया
(b) मोइनुल हक स्टेडियम	2. गया
(c) सुब्रह्मण्यम स्टेडियम	3. पटना
(d) खुदीराम बोस स्टेडियम	4. मुजफ्फरपुर

	(a)	*(b)*	*(c)*	*(d)*
A.	1	2	3	4
B.	4	3	2	1
C.	1	3	2	4
D.	3	2	1	4

136. सुमेलित कीजिए :

खिलाड़ी	***खेल***
(a) कीर्ति आजाद	1. फुटबॉल खिलाड़ी
(b) ललन दूबे	2. शतरंज खिलाड़ी
(c) दिव्येंदु बरुआ	3. क्रिकेट खिलाड़ी
(d) सुनील सिंह	4. बेसबॉल खिलाड़ी

	(a)	(b)	(c)	(d)
A.	1	2	3	4
B.	3	1	2	4
C.	3	4	1	2
D.	2	1	3	4

137. कर्मनाशा नदी दो राज्यों की सीमा पर बहती है, वे दो राज्य कौन-कौन से हैं?

A. बिहार और उत्तर प्रदेश

B. बिहार और मध्य प्रदेश

C. बिहार और ओडिशा

D. बिहार और प. बंगाल

138. सुमेलित कीजिए :

(a) महावीर का जन्म (लगभग 540 ई.पू.)	1. वैशाली
(b) महावीर की मृत्यु (लगभग 468 ई.पू.)	2. कुण्डग्राम
(c) महावीर को ज्ञान की प्राप्ति	3. पावापुरी
(d) महावीर का सर्वाधिक प्रभाव	4. जुम्भिक ग्राम के समीप

	(a)	(b)	(c)	(d)
A.	1	2	3	4
B.	2	3	1	4
C.	2	3	4	1
D.	2	4	3	1

139. 'राजगृह' में महावीर स्वामी ने सर्वाधिक निवास किस ऋतु में किया?

A. ग्रीष्म ऋतु में B. वर्षा ऋतु में

C. शीत ऋतु में D. बसंत ऋतु में

140. महावीर स्वामी 'यती' कब कहलाये?

A. घर त्यागने के बाद

B. इन्द्रियों को जीतने के बाद

C. ज्ञान प्राप्त करने के बाद

D. उपर्युक्त में से कोई नहीं

141. पूर्णिमा की रात के बारे में निम्न में से कौन सा कथन महात्मा बुद्ध के लिए महत्त्वपूर्ण है?

A. पूर्णिमा को ही बुद्ध का जन्म हुआ

B. पूर्णिमा को ही बुद्ध ने ज्ञान प्राप्त किया

C. पूर्णिमा की रात को ही बुद्ध ने गृहत्याग किया

D. पूर्णिमा को ही बुद्ध का महापरिनिर्वाण हुआ

142. बोधगया में स्थित वह बोधिवृक्ष जिसके नीचे बुद्ध को ज्ञान प्राप्त हुआ था, किस शासक द्वारा कटवाया गया?

A. पुष्यमित्र शुंग B. हूण राजा मिहिरकुल

C. गौड़ के राजा शशांक D. महमूद गजनवी

143. मौर्यकालीन इतिहास के बारे में सर्वाधिक जानकारी निम्न में से किस स्रोत द्वारा मिलती है?

A. अभिलेखों द्वारा B. बौद्ध ग्रंथों द्वारा

C. तत्कालीन मुद्राओं द्वारा D. पुरातत्व द्वारा

144. किस ग्रंथ में चन्द्रगुप्त मौर्य के लिए 'वृषल' शब्द का प्रयोग किया गया?

A. ब्राह्मण साहित्य B. जैन साहित्य

C. मुद्राराक्षस D. बौद्ध ग्रंथ

145. यूनानी ग्रंथों में चन्द्रगुप्त मौर्य को क्या कहा गया है?

A. अमित्रोचेडस B. अग्रमीज

C. सैन्ड्रोकोटस D. अमित्रघात

146. 305 ई.पू. में चन्द्रगुप्त मौर्य एवं सेल्युकस के मध्य युद्ध हुआ। युद्ध में हुई संधि के बाद सेल्युकस ने कुछ प्रान्तों का अधिकार चन्द्रगुप्त मौर्य को सौंपा, निम्न में से वह कौन सा प्रान्त है जो चन्द्रगुप्त को नहीं सौंपा गया?

A. काबुल B. कंधार

C. हेरात D. बमियान

147. चन्द्रगुप्त मौर्य ने जीवन के अंतिम समय में किस धर्म में दीक्षा ली?

A. बौद्ध धर्म B. जैन धर्म

C. वैष्णव धर्म D. शैव धर्म

148. चन्द्रगुप्त मौर्य चाणक्य के सहयोग से मगध के सिंहासन पर बैठा। अशोक ने किसके सहयोग से मौर्य सिंहासन ग्रहण किया?

A. चाणक्य B. बिन्दुसार

C. खल्लाटपट्ट D. राधागुप्त

149. किस ग्रंथ में चाणक्य की पत्नी का नाम 'यशोमती' मिलता है?

A. अर्थशास्त्र B. मुद्राराक्षस

C. बृहतकथाकोश D. महीपरिनिब्बानसुत

150. बिन्दुसार के शासन काल में किस प्रान्त में हुए विद्रोह को दबाने के लिए अशोक को भेजा गया?

A. तक्षशिला B. सौराष्ट्र

C. पाटलिपुत्र D. सुवर्णगिरी

151. किस शासक ने युद्धास्त्रों में 'शिलाकंटक' व 'रथ-मूसल' जैसे नवीन शस्त्रों की खोज की थी?

A. स्कन्दगुप्त B. चन्द्रगुप्त मौर्य

C. अशोक D. अजातशत्रु

152. बिहार में सबसे पहले आने वाला चर्चित विदेशी यात्री कौन था?

A. मेगस्थनीज B. फाह्यान

C. ह्वेनसांग D. इत्सिंग

153. अशोक ने अपने शासनकाल में तक्षशिला में हुए विद्रोह को दबाने के लिए निम्न में से किसे भेजा?

A. कुणाल B. दशरथ

C. राधागुप्त D. उपर्युक्त में से कोई नहीं

154. गुप्त काल में भगवान बुद्ध की कांस्य निर्मित प्रतिमा कहां से प्राप्त हुई थी?

A. सुल्तानगंज B. बोधगया
C. अजन्ता D. मथुरा

155. किस युद्ध को जीतने के बाद शेरशाह ने दिल्ली में अफगान सत्ता की स्थापना की?
A. बिलग्राम का युद्ध B. कालिंजर का युद्ध
C. चौसा का युद्ध D. उपर्युक्त में से कोई नहीं

156. फरीद (शेरशाह) को शेर खां की उपाधि किसने दी?
A. मुहम्मद खां ने B. बहार खां लोहानी ने
C. जलाल खां ने D. बाबर ने

157. किस अभियान के समय अचानक बारूद में विस्फोट हो जाने के कारण शेरशाह की मृत्यु हो गई?
A. रायसीन अभियान के समय
B. मालदेव की सेनाओं से संघर्ष के समय
C. राजस्थान के अभियान के समय
D. कालिंजर के अभियान के समय

158. शेरशाह के बारे में कौन सा कथन असत्य है?
A. शेरशाह ने उपज का 1/3 भाग कर के रूप में निर्धारित किया।
B. शेरशाह के समय में किसानों को 'जरीबाना' (सर्वेक्षण शुल्क) तथा 'मुहासिलाना' (कर संग्रह शुल्क) शुल्क भी चुकाना पड़ता था।
C. भूमि की पैमाइश हेतु शेरशाह ने 32 अंक वाले 'सिकन्दरीगंज' एवं 'सन की डंडी' का प्रयोग किया।
D. शेरशाह ने सासाराम में एक सुन्दर किले का निर्माण करवाया।

159. सुमेलित कीजिए :

ट्राफी, शील्ड, कप	***खेल से सम्बन्ध***
(a) मोइनुल हक ट्रॉफी	1. फुटबॉल
(b) जसपाल सिंह कप	2. हॉकी
(c) रवि मेहता शील्ड	3. वालीबॉल
(d) रणधीर वर्मा शील्ड	4. क्रिकेट

	(a)	*(b)*	*(c)*	*(d)*
A.	2	3	4	1
B.	1	2	3	4
C.	3	2	4	1
D.	4	3	2	1

160. सुमेलित कीजिए :

नेता	***पद***
(a) डॉ. राजेन्द्र प्रसाद	1. भारत के प्रथम राष्ट्रपति
(b) जगजीवन राम	2. भारत के उपप्रधान-मंत्री (भूतपूर्व)
(c) डॉ. सच्चिदानन्द सिन्हा	3. संविधान सभा के अस्थायी अध्यक्ष
(d) श्री जयराम दास दौलतराम	4. बिहार के प्रथम राज्यपाल

	(a)	*(b)*	*(c)*	*(d)*
A.	1	3	2	4
B.	1	2	4	3
C.	1	2	3	4
D.	1	4	2	3

161. बिहार में छठ का पर्व किस देसी महीने में मनाया जाता है?
A. अश्विन B. कार्तिक
C. पौष D. माघ

162. निम्नलिखित वस्तुओं और उनसे सम्बन्धित स्थानों में से गलत जोड़े को इंगित करें?
A. तिलकुट - गया B. लड्डू - मनेर
C. पेड़ा - देवघर D. लीची - हाजीपुर

163. 'मलमास मेला' बिहार के किस स्थान पर लगता है?
A. राजगीर B. नालन्दा
C. हाजीपुर D. सोनपुर

164. नीचे दी गई पहाड़ियों में से कौन सी पहाड़ी गया जिले में स्थित नहीं है?
A. बराबर B. रामशिला
C. प्रेतशिला D. गिरियक

165. नीचे दी गई नदियों में से कौन सी नदी बूढ़ी गंडक की सहायक नदी नहीं है?
A. बाण गंगा नदी B. हरहा नदी
C. बागमती नदी D. कापन नदी

166. पटना नगर का संस्थापक निम्न में से किसे माना जाता है?
A. अजातशत्रु B. शेरशाह सूरी
C. उदयन D. चन्द्रगुप्त मौर्य

167. बिहार में ग्रीष्म काल का समय क्या है?
A. मार्च से मध्य जून तक
B. मार्च से जुलाई तक
C. मार्च से जून तक
D. फरवरी से मध्य मई तक

168. थावे का तीर्थस्थल कहाँ स्थित है?
A. गोपालगंज B. मुंगेर
C. पटना D. मधुबनी

169. सुमेलित कीजिए :

रियासत	***संस्थापक***
(a) टेकारी	1. धीर सिंह
(b) गिद्धौर	2. राजा वीर विक्रमादित्य
(c) हथुआ	3. वीरसेन
(d) देव	4. राय मान सिंह

	(a)	*(b)*	*(c)*	*(d)*
A.	1	2	3	4
B.	3	2	4	1
C.	4	3	2	1
D.	4	2	3	1

170. बिहार का सबसे कम वर्षा वाला क्षेत्र है?
A. उतर-पूर्वी बिहार
B. दक्षिण-पूर्वी बिहार
C. दक्षिण-पश्चिमी बिहार
D. मध्य बिहार

171. बिहार में सबसे अधिक कौन-कौन सी फसलें बोयी जाती हैं, अवरोही क्रम में सही उत्तर चुनिए?
A. चावल, गेहूं, मक्का, दलहन
B. चावल, गेहूं, दलहन, मक्का
C. चावल, दलहन, गेहूं, मक्का
D. गेहूं, चावल, दलहन, मक्का

172. बिहार में कितने प्रकार की नहरे हैं?
A. 3 B. 2
C. 4 D. 5

173. भारत के स्वतंत्रता संग्राम में बिहार के निम्न में से किस नेता को शामिल नहीं किया जा सकता है?
A. डॉ. राजेन्द्र प्रसाद B. जय प्रकाश नारायण
C. अनुग्रह नारायण सिंह D. अम्बिका प्रसाद

174. निम्नलिखित में से कौन-सा विद्रोह बिहार में नहीं हुआ था?
A. होज विद्रोह B. कोल विद्रोह
C. संथाल विद्रोह D. कूका विद्रोह

175. त्रिवेणी नहर का निर्माण किस वर्ष हुआ था?
A. 1904 B. 1905
C. 1906 D. 1907

176. गलत जोड़ा इंगित करें :
A. केन्द्रीय कारागार - बक्सर
B. बिहार कॉलेज ऑफ इंजीनियरिंग - पटना
C. बिहार लोग सेवा आयोग - नालन्दा
D. आलू अनुसंधान केन्द्र - नालन्दा

177. निम्नलिखित में से कौन-सा लोकनृत्य बिहार का लोकनृत्य नहीं है?
A. छऊ नृत्य B. करमा नृत्य
C. करिया झूमर D. बिहू नृत्य

178. क्षेत्रफल की दृष्टि से बिहार का सबसे छोटा जिला है :
A. शेखपुरा B. अरवल
C. शिवहर D. सुपौल

179. धर्म एवं उनके धार्मिक स्थान नीचे दिए गए हैं, गलत जोड़े को इंगित करें :
A. हिदु धर्म - गया
B. मुस्लिम धर्म - मनेर (पटना)
C. बौद्ध धर्म - बोधगया
D. जैन धर्म - दरभंगा

180. बिहार में बक्सर का युद्ध कब हुआ था?
A. 1757 ई. B. 1760 ई.
C. 1761 ई. D. 1764 ई.

181. ईसा पूर्व 8वीं शताब्दी में भारत में 16 साम्राज्य थे, उनमें से बिहार में भी एक था, वह साम्राज्य कौन-सा था?
A. मगध B. वैशाली
C. अंग D. मिथिला

182. 'बिहार प्रादेशिक सम्मेलन' का प्रथम अधिवेशन कब और कहां हुआ था?
A. पटना (1908 ई.)
B. रामगढ़ (1909 ई.)
C. गया (1910 ई.)
D. हजारीबाग (1911 ई.)

183. पूर्णिया प्रमण्डल का सबसे बड़ा नगर कौन सा है?
A. कटिहार B. पूर्णिया
C. अररिया D. किशनगंज

184. निम्नलिखित में से कौन से महापुरुष बिहार के नहीं हैं?
A. जय प्रकाश नारायण
B. गौतम बुद्ध
C. मौलाना अबुल कलाम आजाद
D. डॉ. राजेन्द्र प्रसाद

185. मुजफ्फपुर बम काण्ड में लिप्त निम्नलिखित में से किस स्वतंत्रता सेनानी को 1908 में अलीपुर सेन्ट्रल जेल में फांसी दी गई?
A. खुदीराम बोस
B. प्रफुल्ल चाकी
C. उपर्युक्त दोनों को
D. उपर्युक्त में से किसी को नहीं

186. 'भारतीय राष्ट्रीय कांग्रेस का अधिवेशन' निम्नलिखित में से किस स्थान पर नहीं हुआ था?
A. रामगढ़ (1940 ई.)
B. गया (1922 ई.)
C. रांची (1914 ई.)
D. बांकीपुर (1912 ई.)

187. पालवंशीय राजाओं की राजधानी उदवन्तपुरी थी, जिसका आधुनिक नाम है :
A. भागलपुर B. राजगीर
C. बिहारशरीफ D. बसाढ़

188. 1539 ई. में और 1764 ई. में बिहार के किस स्थान पर दो युद्ध हुए थे?
A. बिहारशरीफ में B. मुंगेर में
C. बेतिया में D. बक्सर में

189. बिहार के किस साहित्यकार को हिन्दी भाषा के लिए भारतीय ज्ञानपीठ का पुरस्कार मिला है?
A. नागार्जुन
B. रामवृक्ष बेनीपुरी
C. केदारनाथ मिश्र 'प्रभात'
D. रामधारी सिंह 'दिनकर'

190. 'बिहार केसरी' बिहार के किस नेता को कहा जाता है?
A. डॉ. अनुग्रह नारायण सिंह
B. सच्चिदानन्द सिन्हा
C. डॉ. श्रीकृष्ण सिंह
D. सीताराम केसरी

191. बिहार की जलवायु को किस नाम से पुकारते हैं?
A. मानसूनी जलवायु B. उष्ण-आद्र जलवायु
C. सवाना जलवायु D. भूमध्यरेखीय जलवायु

192. 'अल्पसंख्यक कल्याण आयोग अधिनियम' बिहार में पारित किया गया :
A. 1990 में B. 1991 में
C. 1992 में D. 1993 में

193. बिहार के पूर्वी भाग में कौन-सी जलवायु पायी जाती है?
A. अर्द्धशुष्क जलवायु B. आर्द्र जलवायु
C. शुष्क जलवायु D. इनमें से कोई नहीं

194. 'लगनी राग' के रचयिता कौन हैं?
A. महाकवि विद्यापति
B. महामहिम राधिका रमण प्रसाद सिंह
C. रास बिहारी सिंह
D. महावीर सिंह

195. बिहार में अंग्रेजों ने पहली फैक्ट्री कब लगाई थी?
A. 1628 ई. में B. 1639 ई. में
C. 1648 ई. में D. 1658 ई. में

196. बिहार के किस नेता को भारतीय स्वतंत्रा संग्राम के समय अंग्रेजों ने जिन्दा या मुर्दा पकड़ कर लाने वाले को इनाम घोषित किया था?
A. डॉ. श्रीकृष्ण सिंह B. अनुग्रह नारायण सिंह
C. जय प्रकाश नारायण D. जगजीवन राम

197. पावापुरी बिहार के किस जिले में है?
A. पटना B. वैशाली
C. नालन्दा D. नवादा

198. बिहार में गंगा नदी किस जिले में सबसे पहले प्रवेश करती है?
A. बक्सर B. भोजपुर
C. रोहतास D. सारण

199. 1942 के आन्दोलन में बिहार के महान् क्रान्तिकारियों ने नेपाल की तराई में एक प्रशिक्षण केन्द्र बनाया था, उस प्रशिक्षण केन्द्र का नाम क्या था?
A. क्रान्तिवीर प्रशिक्षण केन्द्र
B. आजाद दस्ते
C. आजाद क्रान्तिवीर
D. युवा सेनानी प्रशिक्षण केन्द्र

200. 'कैटल फीड प्लान्ट' निम्नलिखित में से किससे सम्बन्धित है?
A. वन विकास B. दुग्ध उत्पादन
C. कृषि D. उपर्युक्त सभी से

201. बिहार के पश्चिमी भाग में कौन-सी जलवायु पायी जाती है?
A. अर्द्धशुष्क जलवायु B. आर्द्र जलवायु
C. शुष्क जलवायु D. आद्र-शुष्क जलवायु

202. बिहार में होमरुल लीग की स्थापना कब और कहां हुई थी?
A. गया (1912) B. पटना (1916)
C. मुजफ्फरपुर (1919) D. भागलपुर (1921)

203. 11 अगस्त, 1942 को पटना सचिवालय के द्वार पर छात्रों के एक दल ने तिरंगा फहराया था, जिसमें मारे गए छात्रों की संख्या थी:
A. सात B. नौ
C. ग्यारह D. तेरह

204. पटना स्थित गोलघर किस वर्ष बनाया गया था?
A. 1620 B. 1702
C. 1786 D. 1834

205. 1942 ई. में बिहार में कांग्रेस कार्यकर्ताओं ने सुल्तानपुर (भागलपुर) में एक समानान्तर सरकार की स्थापना की, इस सरकार का नेतृत्व किसने किया था?
A. प्रताप सिंह B. सियाराम सिंह
C. सुखदेव सिंह D. बलिराम सिंह देव

206. गलत जोड़ा इंगित कीजिए :
A. अंगिका - भागलपुर, मुंगेर
B. वज्जिका - वैशाली, मुजफ्फरपुर
C. मगधी भाषा - पटना, गया
D. मैथिली - मुजफ्फरपुर, सीतामढ़ी

207. बिहार का सर्वाधिक लिंगानुपात वाला जिला 2011 की जनगणना के अनुसार कौन-सा है?
A. गोपालगंज B. सारण
C. सिवान D. मुंगेर

208. पूर्वी सोन नहर से बिहार के निम्न में से किस जिले में सिंचाई नहीं की जाती है?
A. गया B. औरंगाबाद
C. पटना D. नालन्दा

209. बिहार के डॉ. राजेन्द्र प्रसाद को भारत रत्न से कब सम्मानित किया गया था?
A. 1956 ई. में B. 1958 ई. में
C. 1960 ई. में D. 1962 ई. में

210. बिहार का सर्वोच्च साहित्यिक पुरस्कार कौन सा है?
A. राजेन्द्र सम्मान B. भारत भारती सम्मान
C. सरला सम्मान D. इकबाल सम्मान

211. जूट का उत्पादन निम्नलिखित में से किस जिले में नहीं होता है?
A. पूर्णिया B. सहरसा
C. कटिहार D. रोहतास

212. बिहार में सबसे अधिक दूध की प्राप्ति किस जानवर से होती है?
A. गाय B. भैंस
C. बकरी D. भेड़

213. बिहार में 2011 की जनगणना के अनुसार सर्वाधिक नगरीकरण प्रतिशतता वाला जिला कौन है?
A. बक्सर B. पूर्णिया
C. पटना D. कटिहार

214. वर्ष 1917 में गांधीजी ने प्रथम सविनय अवज्ञा आन्दोलन चम्पारण में आरम्भ किया जिसमें बिहार के कौन-कौन से प्रमुख नेता गांधीजी के साथ थे?
A. जय प्रकाश नारायण और जगजीवन राम
B. डॉ. श्रीकृष्ण सिंह और सच्चिदानन्द सिन्हा
C. डॉ. राजेद्र प्रसाद और अनुग्रह नारायण सिंह
D. श्याम सुन्दर प्रसाद और रामानन्द सिंह

215. संविधान सभा में बिहार को कितनी सीटें आवंटित की गई थीं?
A. 31 सामान्य 5 मुस्लिम B. 29 सामान्य 4 मुस्लिम
C. 27 सामान्य 3 मुस्लिम D. 23 सामान्य 2 मुस्लिम

216. 1956 में भारत राज्य पुनर्गठन के समय बिहार का कौन-सा जिला पश्चिम बंगाल में शामिल किया गया था?
A. मानभूम B. बर्दमान
C. पुरलिया D. मालदा

217. निम्नलिखित में से कौन-से नेता भारतीय राष्ट्रीय आन्दोलन से सम्बन्धित नहीं थे?
A. रामानन्द सिंह B. श्याम सुन्दर प्रसाद
C. कार्तिक प्रसाद D. कमला सिंह

218. निम्नलिखिखत में से कौन-से साहित्यकार बिहार के नहीं हैं?
A. शिवपूजन सहाय B. जानकी बल्लभ शास्त्री
C. फणीश्वर नाथ रेणु D. मैथिलीशरण गुप्त

219. 2011 की जनगणना के अनुसार बिहार का सर्वाधिक साक्षरता दर वाला जिला कौन है?
A. भागलपुर B. दरभंगा
C. रोहतास D. मुजफ्फरपुर

220. बिहार का नाम बिहार क्यों पड़ा?
A. प्राचीन समय में यहां असंख्य बौद्ध मठ थे जिन्हें विहार कहा जाता था, इसी नाम के कारण इस प्रदेश का नाम बिहार पड़ा
B. इसका कोई सुनिश्चित कारण नहीं है क्योंकि इतिहासकार बिहार की नामावली में किसी एक कारण को नहीं मानते
C. मुस्लिम आक्रमणकारियों ने इसका नाम बिहार रखा
D. इस प्रदेश का नाम पाल वंश के शासकों ने बिहार रखा

221. दुर्योधन ने बिहार के किस प्रदेश का राजा कर्ण को बनाया था?
A. अंग B. मगध
C. वैशाली D. मिथिला

222. नालन्दा विश्वविद्यालय को किसने बनवाया था?
A. पाल वंश के शासकों ने
B. गुप्त वंश के शासकों ने
C. मौर्य वंश के शासकों ने
D. गुप्त और मौर्य वंश के शासक का कार्यालय ने मिलकर

223. बिहार में रिजर्व बैंक ऑफ इंडिया कहां पर स्थित है?
A. पटना B. मुजफ्फरपुर
C. मालदा D. समस्तीपुर

224. भारत सरकार द्वारा मान्यता प्राप्त स्टॉक एक्सचेंज बिहार में कहां पर स्थित है?
A. भोजपुर B. पटना
C. वैशाली D. गया

225. क्षेत्रफल के अनुसार बिहार का सबसे बड़ा जिला कौन-सा है?
A. पूर्णिया B. रोहतास
C. सहरसा D. प. चम्पारण

226. 1917 ई. में गांधीजी को बिहार आने के लिए किस नेता ने आमंत्रित किया था?
A. डॉ. अनुग्रह नारायण सिंह
B. राजकुमार शुक्ल
C. डॉ. राजेन्द्र प्रसाद
D. मजरूल हक

227. महाभारत काल के प्रसिद्ध जनपद 'अंग' बिहार के किस जिले के अन्तर्गत आते हैं?
A. मुंगेर और भागलपुर
B. नालन्दा और पटना
C. पूर्णिया और कटिहार
D. पूर्वी चम्पारण और पश्चिमी चम्पारण

228. प्राचीन पाटलिपुत्र के बारे में कौन-कौन से विदेशी भ्रमणकारियों ने वर्णन किया है?
A. मेगस्थनीज एवं फाह्यान
B. ह्वेनसांग एवं अलबरूनी
C. सैन्ड्रोकोटस एवं प्लूटार्क
D. उपर्युक्त में से कोई नहीं

229. 'मगध' नाम का उल्लेख सर्वप्रथम किस वैदिक ग्रंथ में मिलता है?
A. ऋग्वेद B. सामवेद
C. यजुर्वेद D. अथर्ववेद

230. मगध के प्राचीनतम राजवंश का संस्थापक कौन था तथा उसकी राजधानी कहां थी?
A. बृहद्रथ (राजगृह)
B. जरासंध (ओदवन्तपुर)
C. रिपुंजय (पाटलिपुत्र)
D. उदयन (पाटलिपुत्र)

231. 'प्रथम जैन सम्मेलन' बिहार के किस स्थान पर हुआ था?
A. राजगृह B. वैशाली
C. पाटलिपुत्र D. नालन्दा

232. निम्नलिखित जिले एवं जिला मुख्यालय को सुमेलित कीजिए :

जिला	***जिला मुख्यालय***
(a) पश्चिमी चम्पारण	1. मोतीहारी
(b) पूर्वी चम्पारण	2. बेतिया
(c) नालन्दा	3. बिहारशरीफ
(d) रोहतास	4. सासाराम

	(a)	*(b)*	*(c)*	*(d)*
A.	1	2	3	4
B.	2	1	3	4
C.	3	2	1	4
D.	1	2	4	3

233. बिहार में सबसे अधिक कौन सी मिट्टी पायी जाती है?
A. जलोढ़ मिट्टी B. काली मिट्टी
C. लाल मिट्टी D. लेटराइट मिट्टी

234. सोन नदी बहुत से जिलों की सीमा बनाती है। यह निम्नलिखित में से किन जिलों की सीमा नहीं बनाती है?
A. पटना - भोजपुर B. जहानाबाद - भोजपुर
C. औरंगाबाद - रोहतास D. गया - रोहतास

235. पटना उच्च न्यायालय के प्रथम मुख्य न्यायाधीश कौन थे?
A. सर एडवर्ड मायनर्ड डेस चैम्पस चामियर
B. सर थामस फ्रेडरिक डावसन मिलर
C. सर कर्टनी टेरेल
D. सर आर्थर ट्रेवर हैरीज

236. चरवाहा विद्यालयों का शुभारम्भ किस मुख्यमंत्री के शासनकाल में हुआ?
A. डॉ. जगन्नाथ मिश्र B. लालू प्रसाद यादव
C. सत्येन्द्र नारायण सिंह D. भगवत झा आजाद

237. पटना संग्रहालय का भवन किस प्रकार की स्थापत्य कला का सुन्दर नमूना है?
A. मुगल-राजपूत स्थापत्य कला
B. गुप्तकालीन स्थापत्य कला
C. मौर्यकालीन स्थापत्य कला
D. बौद्ध स्थापत्य कला

238. 'संगीत नृत्य नाट्य संस्थान' बिहार में कहां स्थित है?
A. पटना B. मधुबनी
C. गया D. मुंगेर

239. बिहार के किस जिले में सोने के नवीन भण्डारों का पता लगा है?
A. आरा B. सीतामढ़ी
C. अररिया D. मुंगेर

240. बिहार में कौन-कौन सी फसलें उगायी जाती हैं?
A. रबी B. खरीफ
C. जायद D. उपर्युक्त सभी

241. बिहार के लोगों की जीविका का मुख्य आधार निम्नलिखित में से कौन सा है?
A. खनिज उद्योग B. कृषि उद्योग
C. कुटीर उद्योग D. बड़े उद्योग

242. बिहार के गेहूं उत्पादक प्रमुख जिलों में आप किसे शामिल नहीं करेंगे?
A. चम्पारण B. मुजफ्फरपुर
C. गया D. भोजपुर

243. बिहार में चावल उत्पादक प्रमुख जिलों में आप किसे शामिल नहीं करेंगे?
A. पटना B. गया
C. मुजफ्फरपुर D. दरभंगा

244. बिहार का एकमात्र तेलशोधक कारखाना निम्नलिखित में से किस स्थान पर है?
A. मुंगेर B. बरौनी
C. सिन्दरी D. भागलपुर

245. बिहार को विभाजित करके झारखण्ड राज्य का गठन किस तिथि को किया गया?
A. 9 नवम्बर B. 12 नवम्बर
C. 15 नवम्बर D. 17 नवम्बर

246. कौन सा दर्शनीय स्थल पटना में स्थित नहीं है?
A. पादरी की हवेली B. जालान का किला
C. शहीद स्मारक D. स्नानागार स्तूप

247. बिहार में ऐसा कौन सा ऐतिहासिक राज्य था जहां सर्वप्रथम गणतन्त्र की स्थापना की गयी थी?
A. मगध B. अंग
C. वैशाली D. मिथिला

248. मुंगेर मध्यकालीन समय में किस राजा की राजधानी रहा?
A. मीरकासिम B. मीरजाफर
C. सिराजुद्दौला D. अली वर्दी खां

249. शेरशाह का बचपन का नाम क्या था?
A. फरीद B. सलीम
C. अशरफ D. नौशाद

250. बरौनी औद्योगिक नगर बिहार के किस जिले में स्थित है?
A. समस्तीपुर B. बेगूसराय
C. खगड़िया D. मुंगेर

251. भीष्म नारायण सिंह को बिहार के किस क्षेत्र में ख्याति प्राप्त है?
A. साहित्य B. राजनीति
C. कला D. खेल

252. बिहार का पहला हिन्दी समाचार पत्र था :
A. सर्व हितैषी B. बिहार बंधु
C. पीयुष प्रवाह D. चम्पारण चंद्रिका

253. प्रमुख मेलों एवं उनके जिलों के नाम नीचे दिए गए हैं, गलत जोड़ा इंगित करें :
A. सोनपुर मेला – सारण
B. ककोलत मेला – नवादा
C. पतराही मेला – बेतिया
D. सहोदरा मेला – रोहतास

254. धोबिया नाच बिहार के किस जिले में अधिक मात्रा में प्रचलित है?
A. भोजपुर B. पटना
C. गया D. औरंगाबाद

255. विदापद नाच बिहार के किस जिले में अधिक मात्रा में प्रचलित है?
A. मोतीहारी B. मुंगेर
C. पूर्णिया D. गया

256. गिद्धौर रियासत की स्थापना चन्द्रवंशी राजा वीर विक्रमादित्य ने की थी। गिद्धौर बिहार के किस जिले में स्थित है?
A. दरभंगा B. भोजपुर
C. मुंगेर D. रोहतास

257. सन 1199 ई. में बख्तियार खिलजी ने नालन्दा विश्वविद्यालय को जला दिया था। बख्तियार खिलजी कहां का शासक था?
A. दिल्ली का सूबेदार B. आगरा का शासक
C. मिर्जापुर का जागीरदार D. जौनपुर का गवर्नर

258. 'अंग' राज्य की स्थापना किसने की थी?
A. अंग नामक एक राजकुमार
B. बिम्बिसार
C. दृढ़वर्मन
D. विक्रमादित्य प्रथम

259. बिहार राज्य के गर्म जलकुण्डों का जल त्वचा रोगियों के लिए लाभप्रद है क्योंकि :
A. यह जल स्वच्छ होता है
B. यह गर्म होता है
C. इसमें खनिज लवण व गन्धक मिली होती है
D. इसमें अनेक रासायनिक मिश्रण होते हैं

260. बिहार का शोक कही जाने वाली कोसी नदी से निम्नलिखित में से कौन सी नहर नहीं निकली है?
A. पूर्वी कोसी नहर B. पश्चिमी कोसी नहर
C. राजपुर नहर D. सकरी नहर

261. सोन बैराज योजना का निर्माण कहां किया जा रहा है?
A. अमरकंटक के पास
B. मध्य प्रदेश व बिहार की सीमा पर
C. डेहरी एनीकट के पास
D. चुटिया रेलवे स्टेशन के समीप

262. बिहार की सबसे पुरानी लाइब्रेरी कौन-सी है?
A. सच्चिदानन्द सिन्हा लाइब्रेरी, पटना
B. खुदाबख्श लाइब्रेरी, पटना
C. शारदा सदन पुस्तकालय, लालगंज, हाजीपुर
D. आर्कियोलॉजिकल म्यूजियम लाइब्रेरी, बोधगया

263. सोनपुर का मेला किस दिन आयोजित होता है?
A. चैत्र माह की नवमी
B. कार्तिक पूर्णिमा
C. चैत्र शुक्ल की त्रयोदशी
D. इनमें से किसी दिन नहीं

264. बिहार में सर्वप्रथम किसके मुख्यमंत्रित्व काल में राष्ट्रपति शासन लागू हुआ था?
A. श्री भोला पासवान शास्त्री
B. श्री दरोगा प्रसाद राय
C. श्री अब्दुल गफूर
D. डॉ. जगन्नाथ मिश्र

265. उत्तरी बिहार में पश्चिम से पूर्व नदियों का क्रम है :
A. गण्डक, बूढ़ी गण्डक, बागमती, कोसी
B. बूढ़ी गण्डक, गण्डक, बागमती, कोसी
C. बूढ़ी गण्डक, बागमती, गण्डक, कोसी
D. बूढ़ी गण्डक, गण्डक, कोसी, बागमती

266. किस निर्णायक युद्ध में बिहार, बंगाल, उड़ीसा की दीवानी ईस्ट इण्डिया कम्पनी के हाथ में चली गयी थी?
A. प्लासी का युद्ध
B. बक्सर का युद्ध
C. मीरकासिम और अंग्रेजों के बीच युद्ध
D. उपर्युक्त में से कोई नहीं

267. निम्नलिखित में से कौन सा महापुरुष बिहार से सम्बन्धित नहीं है?
A. गौतम बुद्ध B. महावीर
C. गुरु गोविन्द सिंह D. श्रीकृष्ण

268. बिहार का पाटलिपुत्र और मुंगेर पाल साम्राज्य का अंग कौन सी शताब्दी में बन गया था?
A. 11वीं शताब्दी B. 12वीं शताब्दी
C. 13वीं शताब्दी D. 14वीं शताब्दी

269. सम्राट अशोक का सम्बन्ध निम्नलिखित में से किस वंश से है?
A. शिशुनाग वंश B. गुप्त वंश
C. हर्यक वंश D. मौर्य वंश

270. मगध राज्य को साम्राज्य का गौरव प्रदान कराने का श्रेय किसे दिया जाता है?
A. जरासंध B. चन्द्रगुप्त मौर्य
C. बिन्दुसार D. बिम्बिसार

271. बिहार के प्राचीन राजवंशों में आप किसे शामिल नहीं करेंगे?
A. नन्द वंश B. सेन वंश
C. गुप्त वंश D. मौर्य वंश

272. लाल मिट्टी बिहार के किस भाग में मिलती है?
A. सोन नदी के दक्षिणी भाग में
B. गंगा नदी के दक्षिणी भाग में
C. गया जिले में
D. पश्चिमी चम्पारण जिले में

273. बिहार में 'बिहारशरीफ' नामक स्थान मुसलमानों का तीर्थ स्थल माना जाता है। इस नगर का सम्बन्ध किस संत से रहा है?
A. सूफी संत पीर हजरत मखादुन याहिया
B. संत पीर मखदूम शाह शरीफुद्दीन
C. महाकवि बिहारी
D. खुदाबख्श खां

274. निम्नलिखित में से कौन सा पुरस्कार बिहार राजभाषा विभाग द्वारा प्रदत्त पुरस्कार में सम्मिलित नहीं है?
A. चाणक्य पुरस्कार
B. शिवपूजन सहाय पुरस्कार
C. फणीश्वर नाथ रेणु पुरस्कार
D. रजनी शर्मा पुरस्कार

275. राजगीर बिहार के किस जिले में स्थित है?
A. पटना B. नवादा
C. बिहारशरीफ D. मुंगेर

276. बिहार की राजधानी कौन-सी है?
A. पूर्णिया B. गया
C. पटना D. कटिहार

277. ओडिशा को बिहार से कब अलग किया गया था?
A. 1935 में B. 1936 में
C. 1937 में D. 1938 में

278. 'बिहार दिवस' कब मनाया जाता है?
A. 22 मार्च B. 23 अप्रैल
C. 24 मई D. 25 जून

279. निम्नलिखित में से किस कार्य में सबसे अधिक जनसंख्या बिहार में संलग्न है?
A. काश्तकारी B. खनन और उत्खनन
C. वाणिज्य एवं व्यापार D. खेतिहर मजदूर

280. रेलवे लाइन का घनत्व बिहार के किस क्षेत्र में सबसे अधिक है?
A. उत्तरी बिहार
B. मध्य बिहार
C. पूर्वी बिहार
D. सभी क्षेत्रों में एक समान है

281. पटना को किस प्रकार के नगर में शामिल नहीं किया जा सकता?
A. प्रशासनिक नगर B. धार्मिक नगर
C. शैक्षणिक नगर D. औद्योगिक नगर

282. सुमेलित कीजिए :

उद्योग	*केन्द्र*
(a) जमालपुर	1. जूट कारखाना
(b) दीघा	2. चीनी उद्योग
(c) ब्हिटा	3. रेलवे कारखाना
(d) मुक्तापुर (समस्तीपुर)	4. जूट मिल

	(a)	*(b)*	*(c)*	*(d)*
A.	1	2	3	4
B.	2	3	4	1
C.	3	2	1	4
D.	3	1	2	4

283. शहर की ओर ग्रामीण जनता के पलायन को रोकने के लिए बिहार सरकार ने कौन से कार्यक्रम को लागू किया है?
A. आई.सी.डी.एस. कार्यक्रम
B. ग्रामीण शिक्षा विकास कार्यक्रम
C. औद्योगिक विकास कार्यक्रम
D. समेकित ग्रामीण विकास कार्यक्रम

284. बिहार का राजकीय पशु क्या है?
A. घोड़ा B. हिरन
C. बैल D. ऊँट

285. बिहार का सबसे प्रमुख कृषि आधारित उद्योग क्या है?
A. कागज B. चीनी
C. उर्वरक D. मखाना

286. बिहार के किस जिले में सर्वाधिक संख्या में उद्योग स्थापित है?
A. पटना B. मधेपुरा
C. बक्सर D. नवादा

287. बिहार राज्य सहकारी दुग्ध उत्पादक महासंघ (कॉम्फेड) की स्थापना किस वर्ष हुई थी?
A. 1981 B. 1982
C. 1983 D. 1984

288. कौन सी चित्रशैली बिहार की नहीं है?
A. मंजूषा चित्रशैली B. मिथिला चित्रशैली
C. पाटलिपुत्र चित्रशैली D. मौर्या चित्रशैली

289. बिहार में फिल्म निर्माण का कार्य कब प्रारम्भ हुआ था?
A. 1931 में B. 1933 में
C. 1935 में D. 1939 में

290. बिहार में प्रादेशिक समाचार का प्रसारण कब से किया जाने लगा?
A. 28 अप्रैल, 1959 B. 1 जनवरी, 1961
C. 5 अप्रैल, 1963 D. 14 मई, 1965

291. बिहार में खेलों की सर्वोच्च संस्था कौन सी है?
A. अखिल बिहार खेल संघ
B. बिहार ओलम्पिक संघ

C. बिहार एमेच्योर एथलेटिक संघ

D. उपर्युक्त सभी

292. सुमेलित कीजिए :

समाचार पत्र	*स्थान*
(a) अग्रदूत	1. दरभंगा
(b) आर्यावर्त	2. मुजफ्फरपुर
(c) उदित वाणी	3. पटना
(d) प्रदीप	4. आरा

	(a)	(b)	(c)	(d)
A.	1	2	3	4
B.	3	4	1	2
C.	4	1	2	3
D.	2	3	4	1

293. बिहार में स्काउट का प्रारम्भ कब हुआ था?

A. 1932-33 में B. 1935-36 में

C. 1939-40 में D. 1945-46 में

294. बिहार में किस प्रकार के तम्बाकू का उत्पादन नहीं होता है?

A. हुक्का तम्बाकू B. सिगरेट तम्बाकू

C. खाने की तम्बाकू D. चुरुट की तम्बाकू

295. 'बिहार कोकिला' के रूप में किसे जाना जाता है?

A. घोषा B. राम दुलारी सिन्हा

C. विंध्यवासिनी देवी D. कृष्णा शाही

296. मगध साम्राज्य की स्थापना किस वंश के शासकों ने की थी?

A. हर्यक वंश B. शिशुनाग वंश

C. मौर्य वंश D. गुप्त वंश

297. 'कल्पसूत्र' जैसे महाग्रंथ की रचना किस वंश के शासनकाल में हुई थी?

A. हर्यक वंश B. मौर्य वंश

C. शिशुनाग वंश D. गुप्त वंश

298. नवीं शताब्दी तक भारत में तीन राजवंशों पाल, गुर्जर-प्रतिहार और राष्ट्रकूट का बोलबाला रहा। इनमें से किस वंश के राजाओं की राजधानी उदवन्तपुरी (वर्तमान में बिहारशरीफ) में थी?

A. पाल वंश B. गुर्जर प्रतिहार

C. राष्ट्रकूट D. उपर्युक्त सभी का

299. पाल वंश के किस शासक ने वर्तमान भागलपुर जिले में कहलगांव में विक्रमशिला विश्वविद्यालय की स्थापना की थी?

A. धर्मपाल B. गोपाल

C. देवपाल D. महिपाल प्रथम

300. नालन्दा से 25 किमी. दूर पावापुरी एक प्रमुख तीर्थ स्थल है, इसका सम्बन्ध किससे सही माना जाए?

A. भगवान महावीर जी का जन्म स्थल

B. भगवान महावीर का कार्यक्षेत्र

C. भगवान महावीर का निर्वाण स्थल

D. उपर्युक्त में से कोई नहीं

301. बिहार में लगनी राग किस अवसर पर गाया जाता है?

A. जन्मोत्सव B. विवाहोत्सव

C. अन्तिम संस्कार D. यज्ञोपवीत

302. बिहार में सर्वप्रथम किस स्थान पर कृषि विश्वविद्यालय स्थापित किया गया था?

A. पूसा (समस्तीपुर) B. गया

C. साबौर (भागलपुर) D. मुजफ्फरपुर

303. बिहार का राजकीय पक्षी क्या है?

A. तोता B. मोर

C. गौरैया D. कबूतर

304. गौतम मुनि को किस क्षेत्र में ख्याति प्राप्त है?

A. न्याय शास्त्र के विख्यात आचार्य

B. प्रसिद्ध ज्योतिषाचार्य

C. प्रसिद्ध संस्कृत विद्वान

D. उपर्युक्त सभी

305. बिस्मिल्ला खां किस क्षेत्र में विश्वविख्यात थे?

A. शहनाई वादन B. तबला वादन

C. बांसुरी वादन D. उपर्युक्त में से कोई नहीं

306. बिहार में प्रचलित संगीत में निम्नलिखित में से कौन सा राग नहीं गाया जाता है?

A. लगनी B. मल्हार

C. चैता D. नचारी

307. बिहार में किस भाग को 'भारत का उद्यान' कहा जाता है?

A. गंगा का मैदानी भाग

B. उत्तरी बिहार का तराई प्रदेश

C. पूर्वी बिहार

D. उपर्युक्त में से कोई नहीं

308. कौन से यूनानी राजदूत ने पाटलिपुत्र को संसार का सबसे सुन्दर और वैभवशाली महानगर बताया था?

A. अलेक्ज़ेण्डर प्रथम B. मेगस्थनीज़

C. प्लूटो D. टॉलमी

309. श्रीमती राधिका सिंह इंस्टीट्यूट एण्ड लाइब्रेरी कहां स्थित है?

A. पटना B. दरभंगा

C. गया D. वैशाली

310. बिहार में कोसी परियोजना के निर्माण की शुरुआत कब हुई?

A. 1948 में B. 1954 में

C. 1950 में D. 1952 में

311. बिहार का राजकीय पुष्प क्या है?

A. कमल B. गुलाब

C. गेंदा फूल D. गुड़हल

312. बिहार में सोन बैराज योजना कहाँ पर स्थित है?

A. बिहार व पश्चिम बंगाल की सीमा पर

B. अमरकण्टक के पास

C. दरभंगा जिले में
D. डेयरी एनीकट के पास

313. सारण होम्योपैथिक मेडिकल कालेज बिहार में किस जिले में स्थित है?
A. छपरा B. भागलपुर
C. पटना D. गया

314. शिवानन्द मण्डल लॉ कॉलेज बिहार के किस जिले में स्थित है?
A. मधुबनी B. मधेपुरा
C. समस्तीपुर D. मुजफ्फरपुर

315. शेरशाह द्वारा निर्मित शेरशाही मस्जिद बिहार के किस जिले में स्थित है?
A. सासाराम B. नालन्दा
C. पटना D. मुंगेर

316. गौतम बुद्ध वन्य जीव अभयारण्य बिहार में कहां स्थित है?
A. वैशाली B. नालन्दा
C. छपरा D. गया

317. मेदक परियोजना बिहार और किस राज्य की संयुक्त परियोजना है?
A. पश्चिम बंगाल B. उत्तर प्रदेश
C. ओडिशा D. मध्य प्रदेश

318. बिहार में रेल परिवहन का शुभारम्भ कब हुआ?
A. 1852-54 B. 1854-56
C. 1860-62 D. 1864-66

319. प्रसिद्ध लोक कलाकार भिखारी ठाकुर किस लोकनाट्य के प्रणेता रहे हैं?
A. जट-जटिन B. डोमकच
C. सामा चकेवा D. विदेसिया

320. बिहार से लोकसभा के लिए कितने सदस्य निर्वाचित होते हैं?
A. 40 B. 45
C. 50 D. 55

321. कालाशोक किस शासक का उत्तराधिकारी था?
A. महापद्मनन्द B. घननन्द
C. शिशुनाग D. अशोक

322. अशोक महान का राज्यारोहण कब हुआ था?
A. 273 ई.पू. B. 231 ई.पू.
C. 335 ई.पू. D. 209 ई.पू.

323. मौर्यकालीन इतिहास के महत्त्वपूर्ण साक्ष्य कहाँ से प्राप्त हुए हैं?
A. सासाराम से B. राजगीर से
C. कुम्हरार से D. चम्पा से

324. मगध महाजनपद की राजधानी कौन-सी थी?
A. राजगृह B. सासाराम
C. वैशाली D. नालन्दा

325. महान सिक्ख गुरु गोविन्द सिंह जी का जन्म कहां हुआ था?
A. बोधगया B. पटना
C. मुंगेर D. पावापुरी

326. ई.पू. छठी शताब्दी में मगध में किस राजवंश का शासन स्थापित था?
A. शाक्यवंश B. नंद वंश
C. मौर्य वंश D. हर्यक वंश

327. अठारहवीं शताब्दी ई. में बिहार किस उद्योग का चर्चित केन्द्र था?
A. चाय उद्योग B. चीनी उद्योग
C. शराब उद्योग D. शीरा उद्योग

328. कर्णाट वंश का संस्थापक कौन था?
A. नान्य देव B. समुद्रगुप्त
C. कुमार गुप्त D. उदयिन

329. निम्न में कौन सुमेलित नहीं है?
A. वैशाली - शिशुनाग
B. प्रथम बौद्ध संगीति - कालाशोक
C. जीवक - बिम्बिसार
D. वस्सकार - अजातशत्रु

330. पाटलिपुत्र नगर की स्थापना कब हुई थी?
A. 255 ई.पू. B. 355 ई.पू.
C. 455 ई.पू. D. 555 ई.पू.

331. ओदन्तपुरी महाविहार की स्थापना कब हुई थी?
A. 470 ई.पू. B. 570 ई.पू.
C. 670 ई.पू. D. 770 ई.पू.

332. संथाल विद्रोह कब हुआ था?
A. 1880 B. 1860
C. 1855 D. 1805

333. मरांग गोमके के नाम से कौन प्रसिद्ध था?
A. कुंअर सिंह B. बिरसा मुण्डा
C. राजकुमार शुम्ब D. बुद्धू भगत

334. मंजूषा चित्रशैली बिहार के किस क्षेत्र में लोकप्रिय थी?
A. नालन्दा क्षेत्र में B. अंग क्षेत्र में
C. पाटलिपुत्र क्षेत्र में D. संथाल क्षेत्र में

335. शाहजहां के शासनकाल में बिहार का सूबेदार कौन था?
A. मुराद B. औरंगजेब
C. शाइस्ता खां D. दारा

336. बिहार की सीमाओं को निम्नलिखित में से कौन-सा राज्य स्पर्श नहीं करता है?
A. आन्ध्रप्रदेश B. उत्तर प्रदेश
C. झारखंड D. पश्चिम बंगाल

337. बिहार के लोगों की जीविका का मुख्य साधन निम्न में से क्या है?
A. बड़े उद्योग B. कुटीर उद्योग
C. कृषि D. खनिज पदार्थ

338. पारस नाथ किसलिए प्रसिद्ध है?
A. जैन मन्दिर के कारण
B. भव्य इमारतों के कारण
C. शंकर मन्दिर के कारण
D. गर्म जल स्रोत के कारण

339. निम्न में से कौन-सा जिला मुंगेर प्रमण्डल के अन्तर्गत आता है?
A. जमुई B. शेखपुरा
C. बेगुसराय D. इनमें से सभी

340. पटना में अंग्रेजों द्वारा सर्वप्रथम फैक्ट्री की स्थापना कब की गई थी?
A. 1651 में B. 1551 में
C. 1751 में D. 1851 में

341. नेपाल जाने के लिए बिहार के किस हवाई अड्डे का सबसे ज्यादा उपयोग होता है?
A. मुजफ्फरपुर B. गया
C. पटना D. सभी का

342. बिहार में जूट सर्वाधिक किस जिले में पैदा होता है?
A. चम्पारण B. पूर्णिया
C. मुजफ्फरपुर D. सहरसा

343. बिहार में किस वर्ष दूरदर्शन का केन्द्र स्थापित किया गया था?
A. 1943 B. 1947
C. 1956 D. 1988

344. बिहार राज्य की प्रमुख प्रचलित भाषाओं में किसे शामिल नहीं किया जा सकता?
A. मैथिली B. भोजपुरी
C. मगधी D. अवधी

345. बिहार में भगवान श्री रामचन्द्र जी के जन्म दिवस के दिन को किस पर्व के रूप में मनाते हैं?
A. शिवरात्रि B. विजयादशमी
C. रामनवमी D. रक्षाबन्धन

346. सीताजी की जन्म स्थली सीतामढ़ी में कौन सा मेला लगता है?
A. सीता पंचमी मेला
B. जानकी नवमी का मेला
C. वैशाली मेला
D. मकर संक्रान्ति मेला

347. पटना व उसके निकट के पर्यटन स्थलों में आप किसे शामिल नहीं करेंगे :
A. हरमिन्दर
B. कुम्हरार
C. खुदाबख्श खां का पुस्तकालय
D. नेतरहाट

348. शिव का प्रसिद्ध गुप्तेश्वर मन्दिर कहाँ स्थित है?
A. खडगपुर की पहाड़ियों में
B. कैमूर की पहाड़ियों में
C. गिरियक की पहाड़ियों में
D. जेठियान की पहाड़ियों में

349. 'मलाहया' शब्द को बिहार में किस अर्थ में प्रयुक्त किया जाता है?
A. गणेश पूजन
B. देवोत्थान
C. पितृपक्ष
D. गोवर्धन

350. बिहार की वाल्मीकि नगर (भैंसालोटन) स्थान किसलिए प्रसिद्ध है?
A. यहां कोयले से बिजली बनाने का कारखाना है
B. यहां एक खाद का कारखाना लगाया जा रहा है
C. यहां गण्डक नदी पर एक बांध बनाया गया है
D. उपरोक्त सभी सही हैं

उत्तरमाला

1	2	3	4	5	6	7	8	9	10
B	A	D	C	A	A	B	C	A	B
11	**12**	**13**	**14**	**15**	**16**	**17**	**18**	**19**	**20**
B	A	D	B	D	A	B	B	B	D
21	**22**	**23**	**24**	**25**	**26**	**27**	**28**	**29**	**30**
A	A	C	D	B	A	D	A	C	A
31	**32**	**33**	**34**	**35**	**36**	**37**	**38**	**39**	**40**
B	B	C	A	B	B	D	C	A	C
41	**42**	**43**	**44**	**45**	**46**	**47**	**48**	**49**	**50**
B	C	C	A	B	C	C	A	B	A
51	**52**	**53**	**54**	**55**	**56**	**57**	**58**	**59**	**60**
A	B	A	C	D	D	A	A	D	D

61	**62**	**63**	**64**	**65**	**66**	**67**	**68**	**69**	**70**
A	C	D	C	B	D	B	B	C	A
71	**72**	**73**	**74**	**75**	**76**	**77**	**78**	**79**	**80**
B	B	D	C	A	D	D	D	D	A
81	**82**	**83**	**84**	**85**	**86**	**87**	**88**	**89**	**90**
B	B	D	A	B	B	D	D	B	A
91	**92**	**93**	**94**	**95**	**96**	**97**	**98**	**99**	**100**
B	C	A	A	A	C	B	B	B	B
101	**102**	**103**	**104**	**105**	**106**	**107**	**108**	**109**	**110**
A	A	C	D	A	D	A	D	D	B
111	**112**	**113**	**114**	**115**	**116**	**117**	**118**	**119**	**120**
B	A	D	C	A	C	D	A	A	D
121	**122**	**123**	**124**	**125**	**126**	**127**	**128**	**129**	**130**
C	A	A	B	A	D	A	C	B	B
131	**132**	**133**	**134**	**135**	**136**	**137**	**138**	**139**	**140**
C	B	A	B	C	B	A	C	B	A
141	**142**	**143**	**144**	**145**	**146**	**147**	**148**	**149**	**150**
C	C	A	C	C	D	B	D	C	A
151	**152**	**153**	**154**	**155**	**156**	**157**	**158**	**159**	**160**
C	A	A	A	C	B	D	D	B	C
161	**162**	**163**	**164**	**165**	**166**	**167**	**168**	**169**	**170**
B	D	A	D	C	C	A	A	A	D
171	**172**	**173**	**174**	**175**	**176**	**177**	**178**	**179**	**180**
B	B	D	D	A	D	D	C	D	D
181	**182**	**183**	**184**	**185**	**186**	**187**	**188**	**189**	**190**
A	A	A	C	A	C	C	D	D	C
191	**192**	**193**	**194**	**195**	**196**	**197**	**198**	**199**	**200**
A	B	B	A	D	C	C	A	B	C
201	**202**	**203**	**204**	**205**	**206**	**207**	**208**	**209**	**210**
A	B	A	C	B	D	A	D	D	A
211	**212**	**213**	**214**	**215**	**216**	**217**	**218**	**219**	**220**
D	B	C	C	A	C	D	D	C	A
221	**222**	**223**	**224**	**225**	**226**	**227**	**228**	**229**	**230**
A	A	A	B	D	B	A	A	D	A
231	**232**	**233**	**234**	**235**	**236**	**237**	**238**	**239**	**240**
A	B	A	D	A	B	A	A	D	D
241	**242**	**243**	**244**	**245**	**246**	**247**	**248**	**249**	**250**
B	C	D	B	C	D	C	A	A	B
251	**252**	**253**	**254**	**255**	**256**	**257**	**258**	**259**	**260**
B	B	D	A	C	C	C	A	C	D
261	**262**	**263**	**264**	**265**	**266**	**267**	**268**	**269**	**270**
C	B	B	A	A	B	D	A	D	D
271	**272**	**273**	**274**	**275**	**276**	**277**	**278**	**279**	**280**
B	B	B	D	C	C	B	A	A	A
281	**282**	**283**	**284**	**285**	**286**	**287**	**288**	**289**	**290**
D	D	D	C	B	A	C	D	A	A
291	**292**	**293**	**294**	**295**	**296**	**297**	**298**	**299**	**300**
B	C	A	D	C	A	B	A	A	C

301	302	303	304	305	306	307	308	309	310
B	A	C	A	A	B	A	B	A	B
311	312	313	314	315	316	317	318	319	320
C	D	A	B	C	D	B	C	D	A
321	322	323	324	325	326	327	328	329	330
C	A	C	A	B	D	D	A	B	C
331	332	333	334	335	336	337	338	339	340
D	C	B	B	C	A	C	A	D	A
341	342	343	344	345	346	347	348	349	350
C	B	D	D	C	B	A	B	D	C

2303